이필찬 교수의 주해와 설교 시리즈 **1**

에덴 회복의 관점에서 읽는

요한계시록

1-11장: 때가 가까우니라

이필찬 지음

에스카톤

에덴 회복의 관점에서 읽는

요한계시록

1-11장: 때가 가까우니라

초판 2쇄 발행   2022년 11월

지은이   이필찬
펴낸이   구경희
펴낸곳   에스카톤
등록일   2007. 9. 11
등록번호   251002007000023
주소   경기도 용인시 기흥구 구성로 105-15
홈페이지   www.jeschaton.com/48

디자인   토라디자인(010-9492-3951)

ISBN   978-8-98712-438-4 03230
가격   63,000 원

이필찬

총신대학교와 합동신학대학원대학교(M.Div)를 졸업하고, 미국 칼빈신학교(Th.M)를 거쳐 영국 스코틀랜드의 세인트앤드류스 대학교에서 세계적인 학자인 리처드 보쿰의 지도로 박사학위(Ph.D)를 취득했으며, 박사학위 논문은 독일 튀빙겐의 Mohr Siebeck에서 *The New Jerusalem in the Book of Revelation* 이란 제목으로 단행본으로 출간되었다. 15년간 웨스트민스터신학대학원대학교에서 신약학 교수를 역임하였고, 현재 이필찬요한계시록연구소 소장이며 성경적종말론전문가과정 책임 교수로 교수 사역을 계속하고 있다.
저서로는 『에덴회복의 관점에서 읽는 요한계시록 12-22장: 만물을 새롭게 하노라』, 『요한계시록 어떻게 읽을 것인가』 (성서유니온), 『요한계시록 40일간 묵상 여행』 (이레서원), 『신천지 요한계시록 해석 무엇이 문제인가』, 『백투예루살렘 무엇이 문제인가』 (이상 새물결 플러스) 등이 있다.

에덴 회복의 관점에서 읽는

요한계시록

1-11장: 때가 가까우니라

일러두기

새예루살렘, 새에덴, 새성전, 새창조와 같은 문구는 국어 문법적으로는 새 예루살렘, 새 에덴, 새성전, 새 창조로 띄어쓰기를 하여 표현하는 것이 원칙이지만 이것들이 하나의 단어로서 성경 안에서 고유한 신학 적 개념을 가지고 있다고 판단하여 이 책에서는 붙여쓰기로 하였습니다.

저자 이메일 주소

pclee21@gmail.com

표지 설명

표지는 이 책을 관통하는 관점인 에덴을 이미지로 표현한 것이다. 에덴은 하나님의 임재로 질서가 있 고 생명이 충만한 곳이다. 그곳에는 비옥한 땅이 있고 강이 흐르며 정원에는 풀과 나무와 꽃이 넘쳐난 다. 하나님의 임재는 책 위쪽에 얼룩처럼 보이는 구름의 이미지로 표현했다. 그리고 비옥한 땅은 황토 색으로, 초원과 나무는 초록색으로, 꽃은 노란색과 주황색으로, 강은 푸른색으로 표현하였다.

추천의 글 1

요한계시록은 많은 그리스도인들이 생각하는 것과는 달리 단지 미래에 대한 책이 아니다. 그것은 세상의 마지막 미래가 어떻게 현재에 영향을 주는지에 대한 책이다. 그것은 모든 시대의 교회에 대한 책이기 때문에 모든 시대의 교회를 위한 책이다. 그러나 많은 그리스도인들에게 요한계시록은 여전히 봉인된 책으로 남아 있다. 그들은 고도로 상징적인 이 환상들이 자신들의 삶과 어떻게 연관되는지를 알지 못한다.

이필찬의 책은 많은 사람들로 하여금 이 환상들 속으로 들어가 그것들이 지금 여기에서 교회의 삶을 어떻게 조명해 주는지를 보게 할 것이다. 이 책에서 이필찬은 그가 박사 논문에서 수행했던 의미 있는 작업을 발판으로 삼아 목회자들이나 다른 기독교인들과 같은 폭넓은 독자층이 그의 통찰을 활용하게 해 줄 것이다. 그는 특별히 요한계시록이 말하는 지상적이며 천상적인 교회의 정체성에 초점을 맞추고 있다. 이런 교회의 정체성은 전통적으로 "전투하는 교회"와 "승리한 교회"로 불린다. 그러한 용어들은 요한계시록이 지상에 있는 교회의 역할을 특징짓기 위해 사용하는 압도적인 전쟁 이미지의 관점에서 보면 매우 적절하다.

이필찬은 요한계시록의 이미지와 상징주의에 대해 많은 부분을 설명해 주는 유대적 배경을 잘 숙지하고 있다. 그는 또한 최근의 학문적 경향에도 정통하다. 그는 요한계시록을 읽고 설교할 수 있게 이끄는 신뢰할 만하고 통찰력 있는 안내자이며, 나는 이 책이 많은 사람들로 하여금 요한계시록 안에 담긴 풍성한 의미들을 스스로 탐구하도록 이끄는 좋은 안내서가 되기를 바란다.

리처드 보쿰
세인트 앤드루스 대학교, 명예교수

The book of Revelation is not just, as many Christians think, a book about the future. It is a book about how the final future of the world impacts the present. It is a book for the church in every age because it is a book about the church in every age. Yet for many Christians it remains a sealed book. They do not see how these highly symbolic visions can be relevant to their lives.

Pilchan Lee's book will help many to enter into these visions and see how they illuminate the life of the church here and now. In this book he builds on the significant work he did in his doctoral thesis and makes his insights available to a wider audience of pastors and other Christian readers. He focuses especially on the earthly and heavenly identities of the church in Revelation. These have traditionally been called the 'church militant' and the 'church triumphant,' and those terms are very apt in view of the dominant image of warfare that Revelation uses to characterize the role of the church on earth.

Pilchan Lee knows well the Jewish background that explains so much of the imagery and symbolism of Revelation, and he is also well acquainted with recent scholarship. He is a reliable and insightful guide to reading and preaching on Revelation, and I hope this book will guide many their own explorations of the wealth of meaning in the book of Revelation.

Richard Bauckham
University of St. Andrews, an emeritus Professor

추천의 글 2

성경 66권이 우리 주 예수 그리스도와 하나님 나라를 알려 주는 하나의 문장이라면, 창세기는 주어이고 요한계시록은 그 주어를 떠받치는 마지막 서술어입니다. 창세기는 하나님의 창조와 구원 이야기를 장엄하게 시작하고, 요한계시록은 새 창조와 완성된 구원 이야기를 황홀하게 마무리합니다. 성경의 마지막 책인 요한계시록에는, 교회가 무엇인지, 예배하는 성도의 영원한 삶은 얼마나 아름다운지, 이 세상 악인들의 마지막은 얼마나 허망한 것인지, 하나님 나라의 영광스러운 모습은 어떤 것인지를 알려 주는 보석 같은 말씀이 글자 하나하나마다 빼곡히 담겨 있습니다.

그런데도 많은 신자들이 종종 요한계시록 읽기를 몹시 부담스러워하는 이유는, 그 앞에 놓여 있는 65권의 내용(특히 구약 성경의 상징적 그림 언어)을 잘 모르기 때문입니다. 또한, 그동안 요한계시록의 지리멸렬한 해석사(解釋史)에서 확인할 수 있듯이, 학자마다 본문 해석의 진폭이 너무 컸기 때문입니다. 그런 부담감 때문에, 대부분의 기독교인들이, 요한계시록을 통해 날마다 때마다 풍성하게 맛볼 수 있었던 하나님 나라의 찬란한 영광을 제대로 즐기지 못하게 되고 말았습니다. 안타깝게도 이처럼 혼란한 틈을 타 수많은 이단들이 이 요한계시록을 훔쳐 제멋대로 악용하는 바람에, 요한계시록은 오늘날 꽤 건강한 신자들조차 지레 과민 반응을 보일 수밖에 없는, 가까이하기에는 너무 먼 책이 되고 말았습니다.

요한계시록의 역사적 문맥과 문학 장르를 무시하고 입맛대로 일부분만 골라 읽고 해석하는 이들이 많고, 고난당하는 성도들을 위로하기 위해 주어진 이 복된 책을 오히려 신자들을 겁주는 무시무시한 도구로 함부로 악용하는 자들도 아주 많습니다. 요한계시록이 기대고 있는 구약의 상징적인 그림 언어를 멋대로 무시하고 그 말씀을 악착같이 문자적으로만 읽으면서 요한계시록을 마치 하나님의 시간 계획표처럼 여기는 한심한 시한부 종말론자들도 많습니다. 그동안 현실 도피, 역사 포기, 시한부 관점 등등의 왜곡된 종말론뿐만 아니라 때로는 매우 불건전한 선민 의식을 은근히 부추기는 데도 이 요한계시록이 자주 악용되었습니다. 교회 역사에서, 그리스도의 몸인 교회의 타락과 교회의 세속화는, 이 요한계시록 말씀에 대한 외면 혹은 무지와도 아주 깊은 관련이 있다고 단언할 수 있습니다. 우리 한국 교회도 예외는 아닙니다. 기독교 역사상 가장 빨리, 가장 추하게 타락한 교회가 한국 교회라는 속 쓰린 지적에 감히 반론을 제기할 수 없을 만큼, 그리스도의 신부인 이 땅의 교회가 신부의 정절을 거의 다 상실한 것처럼 느껴집니다.

별은 어둠 속에서만 빛납니다. 어둠이 짙을수록 별빛은 더 또렷해집니다. 그리스도의 영광스러운 몸이자 더없이 아름다운 신부인 교회가 우리 조국 대한민국에서 "공공의 적"이 되고 걸핏하면 "개독"으로 능욕당하는 이 참혹한 어둠의 시대에, 하나님께서 요한계시록에 관한 한 세계적인 학자인 이필찬 교수님을 통해 이번에 한국 교회에 정말 큰 선물을 내어 주셨습니다. 교수님의 이 책은 앞으로 한국 교회는 물론 세계 신학계에도 불후의 업적이자 보배가 될 것이라 생각합니다. 잘 아시다시피 이필찬 교수님은, 세계적인 요한계시록 권위자인 리처드 보쿰 교수님 곁에서 요한계시록 연구로 신학 박사 학위를 받았고, 학위 과정을 마친 뒤에도 오늘까지 오직 올바른 기독교 종말관을 확립, 제시하기 위해 밤낮없이 오롯하게 정진해 왔습니다. 요한계시록과 관련된 주옥 같은 책을 이미 여러 권 펴낸 바 있지만, 그동안의 추가 연구 결과를 집대성하여 이번에 또 다시 필생(畢生)의 역작인 이 책을 펴내게 되었습니다.

이 책에서 이필찬 교수님은, 고대에서부터 오늘날까지 기독교 역사에 등장했던 다양한 종말론 관련 자료들을 폭넓게 정리하고, 요한계시록 본문의 해석사를 치밀하게 살핀 다음, 요한계시록 본문의 가장 정확한 번역문을 확정하였습니다. 그렇게 다듬어진 번역 본문을 한 절 한 절 세심하게 해석한 다음, 그 내용을 바탕으로 언약과 성취의 틀 안에서 하나님의 구속 경륜이 어떻게 치밀하고 섬세하게 펼쳐지는지를 독자들에게 아주 또렷하게 보여주고 있습니다. 그렇게 해서, 모든 이들이 요한계시록에 담긴 하나님의 장엄한 음성을 또렷하게 들을 수 있도록 아주 건실하고 탄탄한 다리를 놓아 주었습니다. 죽은 다음에 가는 천국만 그리워하며, 돈 귀신의 노예가 되어 어리석은 부자처럼 욕심껏 나만의 평안을 추구하며 살아가려는 어설픈 신자들에게, 이필찬 교수님의 이 책은 하나님께서 지으신 세상의 아름다움, 하나님의 형상인 사람의 영광스러움은 물론, 주 예수 그리스도의 대속(代贖)을 통해 은혜로 주어진 구원은 무엇이며, 영광스런 청지기의 삶이 무엇인지, 우리가 생애를 통틀어 한결같이 추구해야 할 하나님 나라 백성의 삶은 어떤 것인지를 처음부터 다시 꼼꼼하고 친절하게 알려 줄 것입니다.

이필찬 교수님 필생의 역작인 만큼, 책의 부피가 좀 크지만, 사실은 그 많은 페이지 하나하나마다 주옥같은 통찰이 새벽이슬처럼 맑게 깔려 있는 아주 보배로운 책입니다. 이 책을 꼼꼼히 살펴 읽다 보면, 아주 자연스럽게, 요한계시록이 그동안 사람들이 오해했던 것처럼 어려운 책이 결코 아니며, 오히려 성경 66권 가운데 그 어떤 책보다도 사랑스럽고 따스한 책이라는 것을 누구나 실감할 수 있을 것입니다. 이 책은, 우리 하나님 아버지께서 우리 조국 교회와 세상의 모든 성도들을 지극히 사랑하셔서 이필찬 교수님을 통해 우리에게 주신 정말 보배로운 하나님의 선물이기 때문입니다. 그러기에 이 책은, 목회자들과 성도들이 모두 다 한 권씩 반드시 곁에 두고 틈틈이 읽고 꾸준히 묵상해야 할 정말 귀한 생명의 만나이자, 영원한 진리의 구도자들이 대대로 가보로 삼을 만한 아주 귀한 보배입니다.

이필찬 교수님을 이처럼 높이 들어 쓰시는 하나님을 찬양합니다. 이필찬 교수님이 고귀한 생명을 불살라 오랫동안 이 귀한 책을 쓰는 동안 내내 함께하시며 도우셨던 성령님의 지혜와 은혜가, 이 책을 읽으시는 모든 동역자들께도, 한 장 한 장 책장을 넘길 때마다 넉넉히 부어질 것을 확신합니다.

2021년 3월

이광우 목사(전주열린문교회)

감사의 글

이 책을 저술하는 데 가장 감사드릴 분은 당연히 하나님이시다. 하나님은 이 책을 써야 될 이유이시며 목적이시다. 책을 저술하다 보면 불현듯 피로감이 찾아올 때가 있다. 그러나 하나님은 성경 본문을 연구할 때마다 마음에 시원함을 주시고 때로는 연구하는 본문의 의미를 깨달으면서 기쁨을 만끽할 수 있는 경험을 허락해 주셨다. 그럴 때마다 다시 저술 작업을 지속해 갈 수 있는 새 힘이 생겨나게 되는 것을 무수히 경험했다.

또한 가족들에게 감사하고 싶다. 아내 구경희와 아들 재형이, 딸 혜리와의 대화는 언제나 샘솟는 지혜의 순간이 된다. 그들을 통해 위로와 격려를 얻고 힘을 얻을 수 있었다.

그리고 무엇보다도 이 책의 편집 교열을 맡아 주었던 차주엽 목사님께 감사하고 싶다. 차주엽 목사님은 이 분야에 있어서 타의추종을 불허하는 전문가라고 나는 감히 말할 수 있다. 나의 글들을, 그것이 전문적인 내용이라 할지라도, 정확하게 파악하고 논리적 허점이 무엇인지 찾아내어 지적해 주었다. 이것이 중요한 것은 독자의 입장에서 책을 읽을 때 불필요한 노력을 줄이고 책 자체에 몰입할 수 있도록 도와주기 때문이다. 그리고 이 책은 큰 제목 안에 소제목들이 적지 않은데 자칫 난잡할 수 있는 구성을 매우 짜임새 있게 배열해 주었다. 지난 8월부터 함께 작업을 하면서 신뢰감을 가지고 함께할 수 있어서 매우 행복했다.

그리고 편집 디자인을 맡은 김진우 형제님은 여러 가지 까다로운 요청에도 늘 기꺼운 마음으로 응해주어서 책을 만드는 일에 크게 기여해 주었다. 특별히 김진우 형제님은 멋진 표지 디자인을 창작해 주었다. 이 표지는 에덴을 모티브로 한 것이다. 위쪽 부분은 하나님이 임재하시는 이미지로서 구름을 표시하기 위해 약간의 흔적을 남겼고, 주황색과 노랑색 그리고 녹색으로 정원 이미지를 장식했고, 강 이미지를 하늘색으로 표현하는 재치를 발휘해 주었다. 이런 구성은 이 책의 전체적인 모티브와도 조화를 이루고 있어서, 보는 이들로 하여금 아주 편안한 마음을 가져다 주기에 충분하다고 생각한다.

그리고 감사하는 대상에서 장규성 목사님을 빼 놓을 수 없다. 그는 현재 미국 트리니티 신학대학원에서 요한계시록을 주제로 박사학위 논문을 쓰고 있다. 그의 역할은 표절이 의심되는 부분을 집중적으로 찾아내는 것이다. 많은 자료를 다루다보면 의도적이지 않게 자료에 대한 출처 표시를 누락하거나 인용 표시를 하지 않아 표절의 의혹을 살 수 있는 경우가 발생하기도 한다. 따라서 그러한 실수를 미연에 방지할 수 있는 작업이 필요하다고 생각하여 그 역할을 장규성 목사에게 부탁한 것이다. 학업으로 분주한 가운데에도 이 역할이 꼭 필요하다는 나의 요청에 기꺼이 참여해 주었다. 그는 적지 않은 분량의 글을 두 번씩이나 반복해서 읽으며 성심을 다해 자신의 역할을 감당해 주었다. 덕분에 부주의하여 표절 의혹을 받을 가능성이 있는 부분들을 피할 수 있게 도와주었다.

또한 최종적인 단계에서 우리말 어법을 중심으로 교정을 봐 주셨던 이광우 목사님(전주열린문교회)께도 감사를 드리고싶다. 대학과 대학원에서 국어국문학을 전공하시고 오랫동안 출판사에서 의뢰받은 출판 도서들을 교정해 오신 전문가답게 1,000쪽이 넘는 원고를 꼼꼼하게 살피시며 영어식 구문으로 어색하게 표현한 것들을 비롯하여 부자연스런 표현과 오탈자를 찾아내어 매끄럽게 바로잡아 주셨다. 사실상 나의 글을 최초로 읽은 독자라고 해도 과언이 아닐 것이다. 그래서 나는 이광우 목사님께 추천의 글도 부탁드렸다. 목회 현장에 있으시면서 내 글을 가장 잘 읽고 그 내용을 가장 잘 파악하신 분에게 추천의 글을 부탁하는 것이 그 어떤 경우보다도 의미 있는 일이라고 생각했기 때문이다.

그리고 마지막이지만 가장 크게 감사해야 할 분들이 있다. 그것은 바로 이 책의 저술을 위해 기금 조성(크라우드 펀딩)에 기쁨으로 참여해 주신 189명의 후원자 분들이다. 이분들의 후원이 있었기 때문에 책을 출간할 용기를 낼 수 있었다. 그분들을 찾아가 일일이 감사 인사를 드리고 싶지만 우선 이 지면을 통해 감사한 마음을 전해 드린다. 모쪼록 이 책이, 후원자 한 분 한 분께 아주 만족스런 열매로 받아들여지면 참 좋겠다. 그것이 저자로서 그분들에게 드리는 최고의 보답이라 생각하기 때문이다. 여기에 한 가지 더 덧붙이고 싶은 것은 오랫동안 이 책의 출간을 인내심을 가지고 기다리며 응원해 주었던 이름도 소속도 알 수 없는 수많은 독자들에게도 감사하고 싶다.

그리고 이 감사의 글을 마치기 전에 꼭 기억해야 할 분이 있다. 그분은 바로 나의 박사 학위 논문 지도 교수였던 리처드 보쿰이다. 지금까지도 나는 보쿰 교수님의 사려 깊은 지도를 잊을 수가 없다. 왜냐하면 20여 년이 지났어도 나의 연구의 모든 길목마다 보쿰 교수님의 흔적들이 느껴지기 때문이다. 특별히 유대 문헌 연구 방법론은 내가 보쿰 교수님께 배운 가장 큰 자산 중 하나다. 그래서 지금도 내가 보쿰 교수님의 제자였다는 것이 얼마나 감사한 일인지 새삼 생각하게 된다. 이 책을 저술하는 데 직접적인 참여는 없었지만 이러한 연구의 기초를 마련하는 데 지대한 영향을 주었다는 점을 감사하는 마음으로 꼭 밝혀 두고 싶다.

하나님의 은혜 안에서 이토록 많은 분들의 참여와 협력으로 이 책이 탄생하였다. 그런 만큼 이 책이 많은 목회자, 신학생, 그리고 성도들 모두의 삶 속에 "에덴 회복의 놀라운 역사"가 일어나는 데 튼튼한 디딤돌이 될 수 있기를 바라며 기도한다.

저자 서문

드디어 우여곡절 끝에 『에덴 회복의 관점에서 읽는 요한계시록 1-11장: 때가 가까우니라』라는 제목으로 책이 출간되었다. "에덴 회복"이라는 관점은 창세기부터 요한계시록까지 성경 66권을 관통하는 큰 그림이다. 따라서 이런 관점에서 요한계시록을 조명하는 것은 지극히 당연하다. 책의 분량이 많은 까닭에 어쩔 수 없이 책을 두 권으로 나눠 출간하게 되었는데 상권에서는 1-11장을 다루고 하권에서는 12-22장을 다룬다. 상권의 부제인 "때가 가까우니라"는 요한계시록 1장 3절 말씀인데 이것은 "때가 왔다!"는 의미이며 예수님의 초림으로 인한 은 혜로운 결과를 가리키는 것이다. 1-11장은 이 초림 사건과 관련된 내용이 지배적이기 때문에 이 말씀을 부제로 정했다. 12-22장을 다룬 하권의 부제는 21장 5절 말씀을 따서 "만물을 새롭게 하노라"로 정하였다. 12-22장은 예수님의 재림과 관련된 분량이 상대적으로 많기 때문이다.

2006년에 『내가 속히 오리라』를 처음 펴낸 뒤 지난 10여 년 동안, 한국 교회에서 요한계시록을 설교하고자 하는 목회자들에게 나의 책이 과분한 사랑을 받아 왔다. 이번에 출간하는 책은 『내가 속히 오리라』를 모태로 하지만, 그저 단순한 개정이나 개정증보 수준이 아닌 거의 완벽한 신간 수준으로 처음부터 다시 쓴 것이다. 이렇게 말할 수 있는 것은, 이번에 내는 책이 양적으로 두 배에 가까운 이천 쪽에 가깝기 때문이고, 책의 내용 또한 예전의 책에 비해 훨씬 많은 변화와 발전이 있었다고 생각하기 때문이다. 지난 시간 동안 나는, 여러 새로운 정보와 자료들을 알게 되고, 그것들을 자세히 살피면서 이전보다 훨씬 더 정리된 생각을 가지게 되었고, 다소 불분명했던 것들이 좀 더 명확해지게 되었으며, 문제가 아닌 것 같았던 점들이 문제로 보이게 되어 그것을 해결하려고 노력했고, 또 어떤 경우에는 이전에 가지고 있었던 입장의 문제점이 드러나 그것을 정직하게 수정해야만 했다. 이런 과정에서 더욱 큰 그림을 그릴 수 있게 되었고 또 세부적인 면에서 훨씬 더 견고한 학술적 근거를 제시할 수 있게 되었다. 특별히 "종말론전문가과정"에서 요한계시록 전체를 여러 차례 한 절 한 절 반복 강의하는 동안, 요한계시록의 다양한 세부 의미를 파악하는 데 상당한 진보가 있었다. 그래서 당연히 이전 책보다는 훨씬 더 진보된 내용을 참신하게 담을 수 있게 되었다.

책의 완성도를 높이기 위해 자료를 많이 이용하다 보니 책의 분량이 대충 2천 페이지가 넘어가게 되었다. 책의 방대한 분량 때문에 여러 출판사에서 출판을 주저하는 모습이 보였다. 책 판매에 문제가 있기 때문이라는 것이었다. 그러나 나는 판매가 오히려 더 잘 될 것이라 생각하고 설득했지만 별 소용이 없었다. 그렇지만 나는 평생 요한계시록을 연구한 학자로서 책(연구 결과)의 분량을 줄이고 싶은 생각이 추호도 없었다. 그래서 나는 또 다른 출판사의 문을 두드렸고, 마침내 유명 출판사에서 출판해 주기로 했다. 그런데, 코로나19가 발생하면서 그 출판사가 경제적으로 큰 타격을 받게 되어 내 책을 출간할 수 없겠다고 통고해 왔다. 위기는 기회인가? 이런 일을 겪으면서 나는, 내 남은 생애에 공들여 저술한 책들을 출판사의 상업적인 요구에 맞추지 않고 내가 저술한 책을 마음껏 출간하기 위해 독자적인 출판사를 만들어야겠다는 결심을 하게 되었다. 많이 기도한 끝에, "종말"을 의미하는 '에스카톤'이라는 이름의 출판사를 출범시키게 되었다. 여기에 덧붙여서 텀블벅이라는 크라우드 펀딩 플랫폼을 사용하여 초기 출간 비용을 마련하는 길도 찾을 수 있었다. 그 결과 지금 이 책이 이렇게 빛을 보게 된 것이다.

1999년 2월 요한계시록 연구로 박사학위를 받은 지 이제 22년이 지나가고 있다. 처음 귀국했을 때만 해도 한국 교회는 요한계시록 연구에 관한 한 불모지나 다름없어 보였다. 귀국 직후 2000년 12월에 성서유니온을 통해 『요한계시록 어떻게 읽을 것인가』를 펴냈다. 이 책은, 성서유니온의 "어떻게 읽을 것인가" 시리즈 최초의 책으로서 그 이후에 나온 책들의 표본이 되기도 하였으며, 하나님의 은혜로 지금까지 스테디셀러로 자리 잡고 있다. 이어서 2006년에 『내가 속히 오리라』를 펴냈다. 이 책은 적지 않은 부피에도 불구하고 예상을 깨고 적지 않은 독자들의 사랑을 듬뿍 받게 되었다. 책을 읽은 많은 목회자들이 자신감을 얻어 요한계시록을 설교할 수 있게 되었다고 고백하였고, 그때 이후로 설교 강단에서 요한계시록 메시지가 유행처럼(?) 울려 퍼지게 된 것은 요한계시록 연구자로서 큰 기쁨과 보람이 아닐 수 없었다. 이제 15년이 더 지난 2021년 3월에 출간되는 이 책이 한국 교회에 어떤 역할을 할 것인지 다시 한 번 기대가 크다.

안타까운 것은, 내가 학위를 마치고 한국에서 활동하기 시작한 1999년 2월이나 지금이나 한국 교회의 근본주의적이며 세대주의적인 체질은 크게 달라지지 않았다는 점이다. 아니 오히려 백투예루살렘 운동이나 창조과학과 같은 사이비 가르침들이 더욱 큰 세력을 형성해서, 교회 울타리를 넘어 사회적으로도 꽤 심각한 악영향을 끼치고 있는 현실이다. 최근에 문제를 일으킨 적 있는 경상북도 상주의 인터콥 열방센터는 그런 준동의 한 조각 파편에 불과하다. 이러한 비성경적 운동에 대해 비판하고 대안을 제시하고 건전한 종말론을 선도해야 할 신학교의 담이 너무 높아 늘 목회 현장과 괴리되어 있어 보여 안타깝다. 도리어 신학교 교수들 중에서도 세대주의 신학을 옹호하며 비성경적인 흐름에 편승하는 경우도 존재한다. 또한 "보수주의 신학이냐 자유주의 신학이냐"라는 신앙도 신학도 아닌 종교적 이데올로기 논쟁에 사로잡혀 신앙인의 삶의 현장과는 동떨어진 무모한 소모전이 오랫동안 계속되어 왔다. 그리고 교단 정치 세력이나 재단과 그 정치 세력에 영합하는 일부 정치 교수들에 의해, 자유롭고 진취적인 기백을 가지고 순수하게 신학 작업을 하고자 하는 올곧은 신학자들은 그들의 학문 연구에 상당한 방해를 받을 뿐 아니라 그 생존에도 위협을 받는 경우도 있다. 또한 목회 현장을 보면, 많은 중소 교회들이 몇몇 대형 교회가 주장하는 세대주의적 종말론을 유행처럼 무비판적으로 받아들이는 실정이다. 그러다 보니 적어도 요한계시록을 포함한 종말론에 관한 한, 신학은 목회 현장과 삶의 현장에 그 어떤 변화도 가져오기에 역부족인 것 같다. 그 결과, 목회 현장과 신앙생활 현장은 우리가 생각하는 것보다 훨씬 신학적으로 낙후되고 신앙적으로 피폐한 상태에 머물러 있는 것을 슬프고 안타깝고 부끄럽지만 솔직히 인정하지 않을 수 없다. 이런 한국 교회의 허약한 실상이 코로나19에 의한 팬데믹 시대를 맞으면서 낯 뜨거울 정도로 적나라하게 드러나고 있다.

　여기에 한마디 덧붙이면, 얼마 전에 뉴포트(Newport)의 *Apocalypse & Millennium* (2000)이라는 책과 *Apocalyptic in History and Tradition* (2003)이란 책에 수록된 롤런드(Rowland)의 "The Apocalypse in History"라는 제목의 소논문을 읽을 기회가 있었다. 나는 여기에서 매우 새로운 사실을 발견할 수 있었다. 소위 종교개혁 시대에 일부 극단적인 재세례파는 로마 카톨릭의 수장인 교황의 횡포라는 사회적 정황에서 요한계시록 13장의 짐승을 적그리스도로서 로마 교황으로 해석하고 그 짐승이 마침내 멸망하는 종말의 시점을 구체적으로 제시하고 있다(Newport, 24-47). 이것은 오늘날 시한부 종말론과 맞닿아 있다고 보지 않을 수 없다. 또한 롤런드는 초기 칼빈주의 전통의 요한계시록 해석에 대한 놀라운 해석들이 제네바 성경에 의해 제공되고 있는데 이는 "역사화하는 해석"(historicizing interpretation)의 전형적 예를 보여주고 있다고 증언한다(Rowland, 161). 여기에서 "역사화하는 해석"이란 역사적으로 일어나는 사건들을 요한계시록 본문에서 일대일 대응식으로 연결시켜 해석하는 방법이라 할 수 있다. 이것은 곧 요한계시록의 모든 본문을 역사 속에서 그 의미들을 찾으려는 시도이다. 이 "역사화하는 해석"에서는 로마와 적그리스도를 동일시하고 로마 교황을 "로마 제국 권력의 계승자"로 간주한다(Rowland, 161). 이러한 해석은 요한계시록을 곡해하게 되는 가장 대표적인 경우이다. 나는 이러한 글을 읽고 충격을 받지 않을 수 없다. 오늘날 가장 건전한 성경 해석의 전통을 이어받은 것으로 간주되는 칼빈주의 전통에 이러한 성경 해석의 역사가 있었다는 사실을 발견했기 때문이다. 이러한 사실을 어떻게 받아들여야 하는가? 먼저 칼빈주의 혹은 개혁주의 전통을 이어받는다고 하여 모든 사안에 있어서 자동적으로 정당화될 수 없다는 사실을 인식할 필요가 있다. 그리고 이제는 이러한 실수를 더 이상 반복하지 않도록 노력해야 할 것이다. 그러나 슬프게도 우리의 주변에 소위 개혁주의를 표방하는 학자나 목회자들이 여전히 이러한 오류에서 헤어나지 못하고 있는 것은 안타까운 일이 아닐 수 없다.

　이 책은 바로 이처럼 답답한 현실에 대한 도전이라고 할 수 있다. 목회자들이 이 책을 통해 필요한 지식을 얻고 성경 해석 방법을 훈련하는 통로로 삼아 종말론에 대한 왜곡이 난무하는 목회 현장에서 방황하는 성도들에게 적절한 대안을 제시해 주면 참 좋겠다. 이런 목적에서 일차적으로 목회자들과 장래 목회자가 되기 위해 신학 훈련을 하는 신학생들을 대상으로 이 책을 저술했다. 따라서 논지를 전개해 가는 데 있어서 할 수 있는 한 전문성을 기울이려고 노력했다. 그러나 전문성의 영역은 끝이 없다. 연구하면 할수록 다뤄야 할 것들이 많아지기 때문이다. 그러므로 적절히 한계를 정하고 적절한 선에서 절제해야만 했다. 그 전문적 영역의 한계는 목회자들에 맞추어 설정했다. 학자들의 논쟁을 위한 논쟁이 아닌, 과연 목회에 도움이 될 것인지에 초점을 맞추고자 하였다. 이것은 아주 기초적인 것에서부터 '목회자라면 적어도 이 정도는 알고 있어야 한다'는 내용까지 포함한다. 그러나 동시에 전문적 신학 훈련을 받지 않은 신자들을 위한 배려도 잊지 않았다. 예를 들면 모든 헬라어와 히브리어를 음역하여 성경원어를 모르는 분들도 쉽게 접근할 수 있는 발판을 놓아 드리고자 하였다. 오늘날 평신도들도 기독교계에 편만해 있는 반지성주의를 극복하여 스스로 진리를 찾아갈 수 있는 자생력을 키울 수 있으면 좋겠다고 생각하기 때문이다.

이 책의 가장 중요한 특징 중 하나는 요한계시록 본문 전체를 원문에 근거하여 번역하였을 뿐만 아니라 쟁점이 될 만한 특정 본문에 대해서는 번역에 대한 근거를 충실하게 제시하였다는 점이다. 번역은 곧 해석이다. 올바른 번역은 올바른 해석을 위해 필수적이다. 그러나 아쉽게도 요한계시록에 대한 기존의 우리말 번역은 그렇게 만족스럽지 못했다. 번역자가 세대주의적 신학을 가지고 있으면 그런 관점에서 번역할 수밖에 없는 것이기 때문이다. 앞으로 어떤 개선된 번역이 나올지 모르나 지금의 개역한글판이나 개역개정판은 그런 한계를 벗어나지 못했다. 사실, 요한계시록 본문을 다루는 과정에서, 번역에 따라 본문의 의미가 전혀 다르게 파악되는 경우가 꽤 많다. 그러므로 번역은 매우 중요하다. 따라서 독자들께서 이 책을 읽을 때 이 부분을 소홀히 넘기지 말고 번역 부분을 주의 깊게 읽으시기를 권한다. 또한 이 책은 모든 논점을 성경 원문에서 출발한다. 이것은 성경을 해석하는 해석자의 기본적인 자세이다. 원문을 논의하는 대목에서 독자들은 홑화살괄호(⟩)를 자주 보게 될 것이다. 이 표시는, 문장에 사용된 동사의 기본형을 표시하기 위해 기록해 둔 것이다. 그러므로, 이 기호의 왼쪽은 성경 원어 문장에 사용된 단어 형태이고, 기호의 오른쪽은 그 단어의 기본형 표기임을 알고 책을 읽으시기 바란다. 그리고 이 책의 또 한 가지 특징은, 소제목을 중간 중간에 제공하여 독자들의 편의를 도모하였다는 점이다. 따라서 소제목을 해당 내용의 핵심 주제(키워드)로 보아도 좋다.

이 책은 다음과 같은 내용으로 구성되었다. 첫째로, 구문 분석과 번역이다. 구문 분석과 번역은 서로 밀접한 관계가 있다. 왜냐하면 올바른 번역을 위해서는 구문 분석이 필수적이기 때문이다. 따라서 이 두 작업을 제목에서 서로 연결해 놓았다. 그리고 본문 주해이다. 이 주해 부분이 이 책의 가장 중요한 부분이라고 할 수 있다. 이 책의 주해 작업에서 출발점은 원문을 번역하는 것이지만 아무래도 주해 과정의 핵심 요소는 구약과 유대 문헌 그리고 동시대적 배경 연구라 할 수 있다. 구약의 흐름 속 유대 문헌과 저자들의 동시대적 세계관 속에서 신약 성경이 기록된 것은 틀림없는 사실이기 때문이다. 요한계시록도 예외는 아니다. 아니 그 이상이다. 구약과 유대 문헌의 배경에 대한 지식 없이 요한계시록을 해석하는 것은 불가능하거나 자칫 그 내용을 엉뚱하게 오해할 수 있다. 역사적으로 일어나는 사건에 대한 시나리오 정도로 요한계시록 본문을 해석하려는 경우에 대부분 이러한 배경의 해석적 가치를 무시하곤 하는데, 본문의 주해 작업에서 배경 연구는 필수적이다. 주해 작업이 마무리된 후에는 그 단락의 핵심 메시지와 설교 포인트를 제공한다. 전자는 해당되는 단락에서 기억해야 하는 중요한 논점을 정리한 것이고, 후자는 바로 이어지는 설교 요약을 위한 작업이다. 설교 포인트에는 해당 본문을 설교할 때 반드시 포함되어야 하는 필수 요소들을 정리해 두었다. 이어지는 설교 요약은 설교자들이 해당 본문 설교를 준비할 때 안내자 역할을 하도록 제공된 것이다. 한 가지 아쉬운 것은, 이 설교 요약 부분을 좀 더 자세하게 구체적으로 정리하고 싶었지만 지면이 너무 부족하여 그러지 못했다는 점이다. 이 부분은 다음 과제로 넘겨 따로 책을 만들려고 한다.

이 책은 다음과 같은 내용으로 구성되어 있다: 먼저, 프롤로그(1:1-8)는 인사말을 소개할 뿐 아니라 요한계시록이 어떤 종류의 책인지를 소개하기도 한다. 즉, 요한계시록이 예언의 말씀이며 서신서이고 묵시문헌이라는 것이다. 그리고 서론부(1:9-3:22)는 요한계시록 메시지 전체에 대한 토대를 제공한다. 이 서론부는 두 부분으로 나뉜다. 1장 9-20절에서는 승귀하신 예수님의 모습을 소개하고, 2-3장에서는 그 승귀하신 예수님이 일곱 교회에게 말씀하시는 내용이 소개된다. 이러한 일곱 교회에게 주어지는 메시지는 요한계시록 메시지 전체를 매우 구체적인 정황에 묶어 놓는 역할을 하게 된다.

서론부에 이어 4-16장은 본론부로 구성된다. 이 부분 역시 4-5장과 6-16장으로 나뉜다. 전자는 후자에 대한 도입 부분이라 할 수 있다. 전자에서는 창조주 하나님과 구속주 예수님을 소개하고 구속주 예수님으로 말미암아 종말이 왔다는 것을 소개한다. 후자에서는 그 종말로 말미암아 구속과 심판이 도래했음을 밝히고 있다. 그러므로 6-16장에서는 예수님의 초림으로 말미암은 종말적 현상으로서 구속과 심판에 대한 내용을 담고 있음을 알 수 있다. 그렇다면 6-16장은 4-5장과의 관계에 기초하여 읽혀져야 할 것이다.

본론부의 주요 부분인 6-16장은 다시 6-8장과 9-11장 그리고 12-14장과 15-16장으로 나눌 수 있다. 6-8장은 일곱 인 심판 시리즈, 9-11장은 일곱 나팔 심판 시리즈 그리고 15-16장은 일곱 대접 심판 시리즈를 기록하고 있다. 여기에서 7장과 10-11장 그리고 12-14장은 삽입 부분으로서 역할한다. 이 책은 나팔 심판 시리즈(11장)까지 포함하고, 두 번째 책은 12장부터 22장까지 포함하게 될 것이다.

이 책의 분량이 적지 않다. 이제 두 번째 책(12-22장)까지 나오면 거의 2천 쪽 분량이 될 것이다. 많은 분량의 책을 읽는 독서 습관이 잘 갖추어져 있는 독자들은 통독할 수도 있지만 그렇지 않은 경우에 설교를 준비하거나 성경 공부를 하면서 필요할 때마다 찾아볼 수 있는 백과사전 같은 역할을 이 책이 감당할 수 있으면 좋겠다. 그래서 이 책이, 궁금한 부분이 있어 찾아볼 때마다 항상 친절히 답변해 줄 수 있는 지혜로운 친구 같은 책이 될 수 있다면 더할 나위 없겠다.

2021년 3월
용인 언남동에서
이필찬

약어 소개

AB	Anchor Bible
ANF	*The Ante-Nicene Fathers: Translations of the Writings of the Fathers Down to A.D. 325.* Edited by Alexander Roberts and James Donaldson. 10 vols. 1885–1887.
ANTC	Abingdon New Testament Commentaries
AUSS	*Andrews University Seminary Studies*
BDAG	Bauer, Walter, William F. Arndt, F. Wilbur Gingrich, and Frederick W. Danker. *Greek-English Lexicon of the New Testament and Other Early Christian Literature.* 2nd ed. Chicago, IL: University of Chicago Press, 1979 (Bauer-Arndt-Gingrich-Danker)
BECNT	Baker Exegetical Commentary on the New Testament
BNTC	Black's New Testament Commentaries
BTB	*Biblical Theology Bulletin*
CCGNT	Classic Commentaries on the Greek New Testament
CPNC	College Press NIV Commentary
CRINT	Compendia Rerum Iudaicarum ad Novum Testamentum
CTJ	*Calvin Theological Journal*
De Abr.	*De Abrahamo* (Philo)
EPSC	EP Study Commentary
ExpTim	*Expository Times*
GKC	*Gesenius' Hebrew Grammar.* Edited by Emil Kautzsch. Translated by Arther E. Cowley. 2nd ed. Oxford: Clarendon, 1910
HALOT	*The Hebrew and Aramaic Lexicon of the Old Testament.* Ludwig Koehler, Walter Baumgartner, and Johann J. Stamm. Translated and edited under the supervision of Mervyn E. J. Richardson. 4 vols. Leiden: Brill, 1994–1999
HNT	Handbuch zum Neuen Testament

HTR	*Harvard Theological Review*
IBC	Interpretation: A Bible Commentary for Teaching and Preaching
ICC	International Critical Commentary
IGRR	*Inscriptiones Graecae ad Res Romanas Pertinentes.*
ISBE	*International Standard Bible Encyclopedia.* Edited by Geoffrey W.Bromiley. 4 vols. Grand Rapids, MI: Eerdmans, 1979–1988.
ITC	International Theological Commentary
KEK	Kritisch-exegetischer Kommentar über das Neue Testament (Meyer-Kommentar)
LAB	Liber antiquitatum biblicarum(Pseudo-Philo)
L&N	Louw, Johannes P., and Eugene A. Nida, eds. *Greek-English Lexicon of the New Testament: Based on Semantic Domains.* 2nd ed. New York: United Bible Societies, 1989.
NCBC	New Cambridge Bible Commentary
NCC	New Covenant Commentary
NIBCNT	New International Biblical Commentary on the New Testament
NICNT	New International Commentary on the New Testament
NIVAC	NIV Application Commentary
NovT	*Novum Testamentum*
NovTSup	Supplements to Novum Testamentum
NSBT	New Studies of Biblical Theology
NTL	New Testament Library
OTL	Old Testament Library
OTP	*Old Testament Pseudepigrapha.* Edited by James H. Charlesworth. 2 vols. New York, NY: Doubleday, 1983, 1985
PNTC	Pillar New Testament Commentary

RA	*Revue d'assyriologie et d'archéologie orientale*
RMP	*Rheinisches Museum für Philologie*
RV	*Revue biblique*
SHBC	Smyth & Helwys Bible Commentary
SJT	*Scottish Journal of Theology*
SNTSMS	Society for New Testament Studies Monograph Series
SP	Sacra Pagina
TDNT	*Theological Dictionary of the New Testament.* Edited by Gerhard Kittel and Gerhard Friedrich. Translated by Geoffrey W. Bromiley. 10 vols. Grand Rapids: Eerdmans, 1964–1976
TJ	*Trinity Journal*
TNTC	Tyndale New Testament Commentaries
TOTC	Tyndale Old Testament Commentaries
UBC	Understanding the Bible Commentary Series
UBSHS	UBS Handbook Series
WBC	Word Biblical Commentary
WJT	*Westminster Theological Journal*
WPC	Westminster Pelican Commentary
WUNT	Wissenschaftliche Untersuchungen zum Neuen Testament

프롤로그

예수 그리스도의 계시라(1:1-8)

요한계시록은 시작 부분에 요한계시록의 본질적인 성격을 특징짓는 프롤로그(1:1-8)를 담고 있고, 이에 상응하여 마지막 부분에 마무리를 장식하는 에필로그(22:6-21)를 기록하고 있다. 프롤로그나 에필로그는 각각 서론부의 앞부분과 결론부의 뒷부분에 위치하여 이 책을 자연스럽게 시작하고 마무리짓는 역할을 한다. 특별히 프롤로그에서는 요한계시록을 "예수 그리스도의 계시"와 "예언"과 "서신"으로 규정함으로써, 독자들에게 요한계시록 해석의 방향을 제시한다.

프롤로그
예수 그리스도의 계시라(1:1-8)

요한계시록의 서두에 해당하는 1장 1-8절은 요한계시록의 성격을 규정짓는 매우 중요한 부분으로서, 요한계시록의 문학적 특징을 다음과 같은 구성으로 보여주고 있다. (1) 계시/묵시(1-2절), (2) 예언의 말씀(3절), 서신의 (3) 인사말(4-5d절)과 (4) 송영(5e-6절), 그리고 송영의 부가적 설명으로서의 (5) 그리스도의 승귀(7절)와 (6) 하나님의 역사적 주권(8절). 대략 이런 구분에 따라 본문을 분석하고 해석하겠다.

1. 예수 그리스도의 계시(1:1-2)

구문 분석 및 번역

1절   a   Ἀποκάλυψις Ἰησοῦ Χριστοῦ
         예수 그리스도의 계시라

      b ── ἣν ἔδωκεν αὐτῷ ὁ θεὸς
            하나님이 그에게 주신

      c   δεῖξαι τοῖς δούλοις αὐτοῦ
               그의 종들에게 보이시기 위하여

      d   ἃ δεῖ γενέσθαι ἐν τάχει,
                  반드시 신속하게 되어져야만 하는 것들을

      e ── καὶ ἐσήμανεν
            그리고 하나님이 알게 하신

      f   ἀποστείλας διὰ τοῦ ἀγγέλου αὐτοῦ
               그의 천사를 통하여 보내심으로

g   τῷ δούλῳ αὐτοῦ Ἰωάννῃ,
              그의 종 요한에게

2절 a   ὃς ἐμαρτύρησεν
              그는 증거했던 자다

b   τὸν λόγον τοῦ θεοῦ καὶ τὴν μαρτυρίαν Ἰησοῦ Χριστοῦ
              하나님의 말씀과 예수 그리스도의 증거를

c   ὅσα εἶδεν.
              그가 본 모든 것을

1장 1-2절은 1b절부터 시작하는 관계 대명사절이 1a절의 "예수 그리스도의 계시"라는 문구를 수식하는 문장 형식이다. 이 관계 대명사절은 관계 대명사 '헨'(ἥν)으로 도입되는데, 그 선행사는 "계시"다.

이 관계 대명사절은 두 개의 주동사로 구성되어 있는데, 첫 번째는 "주다"(ἔδωκεν, 에도켄)이고 두 번째는 "알게 하다"(ἐσήμανεν, 에세마넨)이다. 첫 번째 주동사 "주다"의 주어가 하나님이라는 것에는 이견이 없지만, 두 번째 주동사 "알게 하다"의 주어에 대해서는 견해가 둘로 나뉜다. 하나는 앞에 있는 동사 "주다"와 동일하게 "하나님"이 주어라는 견해이고, 다른 하나는 1b절에서 사용된 인칭 대명사 "그에게"가 지칭하는 "예수 그리스도"를 이어받아 "예수 그리스도"가 주어라는 견해다.

먼저 두 번째 주동사 "알게 하다"의 주어가 "하나님"이시라는 견해는 1장 1절과 22장 6절의 평행 관계를 근거로 한다. 이 두 본문의 헬라어 원문을 비교하면 다음과 같다.

1:1	22:6
Ἀποκάλυψις Ἰησοῦ Χριστοῦ ἣν ἔδωκεν αὐτῷ ὁ θεὸς <u>δεῖξαι τοῖς δούλοις αὐτοῦ ἃ δεῖ γενέσθαι ἐν τάχει</u>, καὶ ἐσήμανεν <u>ἀποστείλας</u> διὰ <u>τοῦ ἀγγέλου αὐτοῦ</u> τῷ δούλῳ αὐτοῦ Ἰωάννῃ,	… καὶ ὁ κύριος ὁ θεὸς τῶν πνευμάτων τῶν προφητῶν <u>ἀπέστειλεν τὸν ἄγγελον αὐτοῦ δεῖξαι τοῖς δούλοις αὐτοῦ ἃ δεῖ γενέσθαι ἐν τάχει.</u>

이 두 본문에서 동일하게 사용된 문구들을 비교해서 정리하면 다음과 같다.[1]

---

1   오우니(Aune)도 두 본문에 대해 이와 비슷한 비교점을 제시한다(D. E. Aune, *Revelation 1-5*, WBC 52A [Dallas, TX: Word, 1997], 14-15). 하지만 그는 하나님을 주어로 취하는 것이 "논리적이지만" 명확하지 않다고 했다가(앞의 책, 6) 예수님을 주어로 하는 것이 "논리적으로 더 개연성이 있다"고 하면서(앞의 책, 15), 하나님과 예수님 두 분 모두 주어가 될 가능성이 있다고 주장한다. 결국 오우니의 입장은 주어가 누구인지 "애매모호하다"는 것이다(앞의 책).

	1:1	22:6
주어	?	ὁ κύριος ὁ θεὸς (주 곧 하나님)
천사	διὰ τοῦ ἀγγέλου αὐτοῦ (그의 천사를 통하여)	τὸν ἄγγελον αὐτοῦ (그의 천사를)
보내다	ἀποστείλας (보내심)	ἀπέστειλεν (보내셨다)
종들에게 보여주다	δεῖξαι τοῖς δούλοις αὐτοῦ (그의 종들에게 보이시기 위하여)	δεῖξαι τοῖς δούλοις αὐτοῦ (그의 종들에게 보이시기 위하여)
보여주는 내용	ἃ δεῖ γενέσθαι ἐν τάχει. (반드시 신속하게 되어져야만 하는 것들)	ἃ δεῖ γενέσθαι ἐν τάχει. (반드시 신속하게 되어져야만 하는 것들)

이 표를 통해 우리는 1장 1절과 22장 6절이 밀접한 평행 관계에 있음을 확인할 수 있다. 이 평행 관계에 근거해서 1장 1e절의 "알게 하다"의 주어가 누구인지 추적할 수 있다. 22장 6절에 의하면 천사는 하나님의 천사이며 그 천사를 보낸 분도 하나님이시다. 이 관계를 1장 1절에 적용하면 1f절의 "보내다"(분사형)와 1e절의 "알게 하다"의 행위 주체는 동일하며, 그 주체는 하나님이신 것이 분명하다. 그렇게 되면 (1) 하나님은 그분의 종들에게 전달하도록 예수님에게 계시를 주시고(1bc절), (2) 또한 천사를 보내셔서 요한에게 계시를 알게 하신 것이 된다(1efg절). 후자(1efg절)는 전자(1bc절)에 나오는 하나님의 종들과 예수님 사이의 간극을 메워주는 보조적 기능을 갖는다.

반면 적지 않은 학자들이 동사 "알게 하다"의 주어가 예수님이라고 주장하는데,[2] 그럴 경우 1e절의 주어는 1b절의 인칭 대명사 "그에게"(αὐτῷ, 아우토)가 지칭하는 1a절의 "예수 그리스도"를 이어받는 것이 된다. 이것은 2a절의 주어인 "그"가 1g절의 "요한에게"를 이어받는 것과 같은 패턴일 수 있다. 2장 21절, 12장 14절, 14장 4절도 이와 동일한 패턴을 보여준다.[3] "알게 하다"의 주어가 예수님일 경우 (1) 하나님은 예수님에게 계시를 주셨고(1b절), (2) 예수님은 그의 종 요한에게 계시를 알게 하신 것이 된다(1efg절).

---

2   R. H. Charles, *A Critical and Exegetical Commentary on the Revelation of St. John*, ICC (New York, NY: Scribner's Sons, 1920), 1:6; S. S. Smalley, *Revelation to John: A Commentary on the Greek Text of the Apocalypse* (Downers Grove, IL: InterVarsity Press, 2005), 27; R. W. Wall, *Revelation*, NIBCNT 18, 2nd ed. (Peabody, MA: Hendrickson, 1993), 52; Aune, *Revelation 1-5*, 6.

3   Aune, *Revelation 1-5*, 6.

"알게 하다"의 주어에 대한 이 두 견해 중 하나를 결정하기는 쉽지 않다. 주어가 "하나님"이라는 견해는 1장 1절과 22장 6절 사이의 평행 관계에 근거한 매우 견고한 예증을 가졌다는 점에서 지지를 받고, 주어가 "예수님"이라는 견해는 2a절의 "그"가 1g절의 "요한에게"를 주어로 이어받는 것과 동일한 패턴을 적용시켜서 1b절의 간접 목적어 "그에게"를 1e절의 주어로 볼 수 있다는 점과 그 패턴이 2장 21절, 12장 14절, 14장 4절에서도 사용된다는 점에서 지지를 받는다.[4] 그렇다면 여기서 우리는 구약을 비롯한 성경에서 천사를 보내는 주체가 누구인지를 살펴봄으로써 두 견해 중에서 어떤 것을 선택할지에 대한 기준을 제시할 수 있다. 통상적으로 천사는 하나님의 천사로서 하나님에 의해 보냄을 받을 뿐 아니라,[5] 요한계시록 내에서 예수님이 천사를 보내시는 경우는 찾아보기 힘들다. 따라서 1e절의 "알게 하다"의 주어를 하나님으로 보는 것이 적절하다는 결론이 도출된다.

1bcd절과 1efg절은 1e절의 "그리고"(καί, 카이)라는 접속사로 연결된다. 1bcd절은 하나님이 예수님께 계시를 "주셨다"(ἔδωκεν, 에도켄)는 것에 초점이 있는 반면, 1efg절은 하나님이 천사를 보내셔서 그 천사를 통해 요한에게 "알게 하셨다"(ἐσήμανεν, 에세마넨)는 것에 초점이 있다. 전자의 경우는 하나님과 예수님 사이에 어떤 중개자도 없는 반면, 후자의 경우는 하나님이 보내신 "천사를 통하여" 요한에게 전달된다. 여기서 천사와 관련해서 사용된 동사는 '아포스텔로'(ἀποστέλλω, 보내다)의 분사형인 '아포스테일라스'(ἀποστείλας)이며, 천사는 하나님과 요한 사이에서 중개자 역할을 한다.

2절은 관계 대명사 '호스'(ὅς)로 시작한다. 이 관계 대명사의 선행사는 1g절에서 여격 "요한에게"로 표현된 "요한"이다. 따라서 1절이 하나님의 계시 행위를 소개하고 있다면, 2a절은 1g절의 요한을 선행사로 받아 요한의 증거 행위를 나타내고 있다. 2b절과 2c절은 동격 관계다.

이상의 내용을 근거로 우리말 어순에 맞추어 번역하면 다음과 같다.

---

4 그러나 1e절과 2a절을 정확하게 동일한 패턴으로 보기는 어려운데, 왜냐하면 2a절의 경우에는 선택의 여지 없이 오직 요한만이 동사의 주어가 될 수 있지만, 1e절의 경우에는 하나님과 예수님 둘 다 주어가 될 수 있어서 선택의 여지가 있기 때문이다. 이러한 한계는 근거 본문으로 제시된 2:21; 12:14; 14:4에서도 동일하게 나타난다.

5 J. M. Ford, *Revelation: Introduction, Translation, and Commentary*, AB 38 (Garden City, NY: Doubleday, 1975), 374.

1절	a	예수 그리스도의 계시라
	b	하나님이 (이 계시를)
	d	반드시 신속하게 되어져야만 하는 것들을
	c	그의 종들에게 보이시기 위하여
	b	그에게 주셨다.
	e	그리고 하나님이 (이 계시를)
	f	그의 천사를 통하여 보내심으로
	g	그의 종 요한에게
	e	알게 하셨다.
2절	a	그는
	b	하나님의 말씀과 예수 그리스도의 증거
	c	곧 그가 본 모든 것을
	a	증거했던 자다.

본문 주해

[1:1a] 예수 그리스도의 계시/묵시

이 문구는 본래 요한계시록 전체에 대한 제목으로 붙여진 것일 수 있다.[6] 유대교나 기독교의 저술들처럼 인간의 이름으로 제목을 붙이지 않고 예수님의 이름을 사용한 것은 이 계시의 근원을 예수 그리스도에게 둠으로써 그 권위를 강화하려는 목적을 갖는다.[7] 이 문구는 "계시/묵시" 와 "예수 그리스도의"로 나누어 생각해 볼 수 있다.

계시/묵시(Ἀποκάλυψις). 1장 1a절은 요한계시록의 제목과도 같은 "예수 그리스도의 계시/묵시"라는 문구로 시작한다. 여기에서 "계시/묵시"라는 단어의 의미는 매우 복합적이다. 이 단어의 헬라어는 '아포칼룹시스'(ἀποκάλυψις)로서, 오늘날 학자들이 묵시문헌이라 부르는 영어 단어 '아포칼립스'(apocalypse)의 어원이기도 하다. '아포칼룹시스'의 사전적 의미는 "충분히 알게 하는 것"이다.[8] 요한이 이 단어를 사용했던 시기에 이 단어가 묵시문헌을 가리키는 "전문적인 의미"를 가지고 있었는지는 불확실하지만,[9] 그럼에도 불구하고 요한계시록 내에 묵시문헌적

---

6 E. S. Fiorenza, *Revelation: Vision of A Just World* (Minneapolis, MN: Fortress, 1991), 39.
7 앞의 책.
8 BDAG, 112.
9 R. Bauckham, *The Theology of the Book of Revelation* (Cambridge: Cambridge University Press, 1993), 1. 오즈번(Osborne)도 "그러나 1세기 말에는 아직 그 용어가 정확한 전문적 의미를 갖고 있지 않았다"고 주장한다(G. R. Osborne, *Revelation*, BECNT [Grand Rapids, MI: Baker Academic, 2002], 53).

요소들이 산재해 있는 것만큼은 확실하다. 그러므로 이 용어를 요한계시록의 묵시문학적 특징을 총칭하는 것으로 이해하도록 유도하고 있을 가능성이 있다.[10]

묵시문헌의 대표적 특징은 초월성에 있다. 이에 대해 콜린스는 다음과 같이 적절하게 설명하고 있다.[11]

> "묵시문학"은 내러티브의 틀을 가진 계시 문학 장르다. 이 내러티브 틀에서 계시는 다른 세계에 속하는 존재를 통해 인간 수신자에게 전달되면서 초월적 실재를 드러내는데, 이 초월적 실재는 그것이 종말론적 구원을 바라본다는 점에서 시간적이기도 하지만, 그것이 또 다른 초자연적 세계를 포함한다는 점에서 공간적이기도 하다.

콜린스는 묵시문헌이 시공간의 초월적 실재를 드러내는 내러티브 틀을 가지고 있다고 제시한다. 공간적 초월의 실재는 하늘이며 시간적 초월의 실재는 종말이다. 따라서 지금 이곳에서 공간적 초월로서의 하늘과 시간적 초월로서의 종말을 경험하도록 유도하는 것이 묵시문헌의 역할이라고 보는 것이다.[12] 요한계시록은 이러한 묵시문학적 특징을 적용함으로써, 이 세상에 존재하는 교회 공동체가 그리스도 안에서 하늘과 종말을 이미 경험한다는 것을 표현하고자 한다.

예수 그리스도의(Ἰησοῦ Χριστοῦ). "예수 그리스도의"라는 소유격은 두 가지 용법으로 이해될 수 있다. 첫째, **주격적 소유격 용법**으로 이해할 수 있다. 이때 소유격은 주격이 되고 소유격이 수식하는 명사는 동사가 된다.[13] 그러므로 "예수 그리스도의 계시"는 "예수 그리스도께서 계시하신 것이다"라는 의미가 된다. 이때 목적격은 의미상 "요한계시록" 책 자체가 될 수 있다.[14] 이러한 주장은 1b절에서 하나님이 예수님에게 계시를 주셨다는 사실에 근거한다.[15] 하나님과 예수님은 계시를 공유하신다. 이러한 관계는 1f절에서 천사를 보내 그 천사를 통하여 요

---

10 Osborne, *Revelation*, 53; R. H. Mounce, *The Book of Revelation*, NICNT (Grand Rapids, MI: Eerdmans, 1997), 40. 오즈번은 '아포칼립시스'가 요한계시록의 "내용을 요약하기도 한다"고 하면서 이러한 가능성을 열어 놓고 있다(Osborne, *Revelation*, 53). 요한계시록의 묵시문학적 특징에 대한 좀 더 상세한 설명은 이필찬, 『요한계시록 어떻게 읽을 것인가』, 개정2판 (서울: 성서유니온선교회, 2019)를 참고하라. 이곳에서는 본문 주해를 통해 본문에 나타나는 묵시문학적 특징들만을 환기시키도록 하겠다.

11 J. J. Collins, "Towards the Morphology of a Genre: Introduction," *Semeia* 14 (1979): 9.

12 앞의 책.

13 D. B. Wallace, *Greek Grammar beyond the Basics: An Exegetical Syntax of the New Testament* (Grand Rapids, MI: Zondervan, 1996), 113.

14 오우니는 주격적 소유격 용법을 지지하여 "예수 그리스도로부터의 계시"라는 의미로 이해해야 한다고 주장한다(Aune, *Revelation 1-5*, 6).

15 앞의 책, 7; Charles, *A Critical and Exegetical Commentary on the Revelation of St. John*, 1:6.

한에게 알게 하신 경우와 대비된다. 둘째, "예수 그리스도의"는 **목적격적 소유격 용법**으로 이해될 수도 있다.[16] 이 경우에는 "예수 그리스도"가 목적어가 되고 "계시"가 동사가 되어 "예수 그리스도를 계시하다"라는 뜻을 갖게 된다. 이러한 주장은 요한계시록 전반에 걸쳐 예수님에 대한 소개가 내포되어 있다는 사실에 근거한다.[17]

그러나 이 두 경우 모두 나름대로 타당성을 가지고 있으므로,[18] 이 두 입장 중 하나만 택할 경우 불필요한 논쟁을 유발할 수 있다. 그렇다면 이 두 입장을 모두 받아들여서 요한계시록을 예수님이 계시한 책인 동시에 예수님을 계시한 책으로 이해하는 것이 가능하다.[19] 곧 요한계시록의 계시의 주체도 예수님이시고 그 계시의 대상도 예수님이시다.[20] 이런 점에서 요한계시록은 복음 메시지와 다름이 없다. 복음은 필연적으로 해방, 희망, 회복의 은혜를 가져온다. 그렇다면 복음의 말씀으로서의 요한계시록을 읽고 듣는 자들에게도 복음이 가져오는 것과 동일한 역사가 일어날 것이란 점은 의심의 여지가 없다. 따라서 이런 복음의 기쁨과 회복의 역사를 저해하는 그 어떤 요한계시록 해석도 용납될 수 없다.

[1:1b] 하나님이 계시를 예수님에게 주시다

1b절은 관계 대명사 '헨'(ἥν)으로 시작한다. 이 관계 대명사의 선행사는 1a절의 "계시"(ἀποκάλυψις, 아포칼립시스)이고, 따라서 1b절 이하는 이 계시에 대한 부연 설명이다. 이 부연 설명에 처음 나오는 것이 바로 1b절의 내용이고, 1c절은 1b절의 동사에 대한 목적구이며, 1d절은 1c절에 대한 목적절이다. 먼저 1b절에서 "하나님이 계시를 예수님에게 주셨다"는 것은 두 가지 사실을 내포한다. 첫째는 계시의 원천이 하나님께 있음을 천명한다.[21] 구약의 전통에서 하나님은 늘 계시의

---

16   Wallace, *Greek Grammar beyond the Basics*, 117.

17   비일(Beale)은 이러한 주제를 다루는 주요 본문으로 1:9; 12:17; 14:12; 17:6; 19:10a, b; 20:4를 제시하고, 6:9; 12:17; 19:10을 참고 구절로 제시한다(G. K. Beale, *The Book of Revelation*, NIGTC [Grand Rapids, MI: Eerdmans, 1999], 183). 반면, 포드(Ford)는 어린 양이라는 주제를 중심으로 해서 예수님과 관련된 내용의 범위가 4-11장에 한정된다고 언급한다(Ford, *Revelation*, 373). 그러나 실제적으로는 어린 양이라는 주제 외에도 예수님의 사역과 관련된 내용이 요한계시록 전체에 걸쳐 기록되고 있다.

18   Beale, *The Book of Revelation*, 183.

19   위더링턴(Witherington)은 "예수님에 대한 계시"가 더 선호될 수 있다고 주장하면서도 이 두 가지 가능성을 모두 인정한다(Ben Witherington III, *Revelation*, NCBC [Cambridge: CPU, 2003], 66).

20   Beale, *The Book of Revelation*, 183.

21   C. A. Davis, *Revelation*, CPNC (Joplin, MO: College Press, 2000), 90; Wilfrid J. Harrington, *Revelation*, SP 16 (Collegeville, MN: The Lturgical Press, 1993), 43.

시작이셨다. 이러한 맥락에서 구약 "예언의 절정"[22]인 요한계시록 계시의 근원을 하나님께 두는 것은 당연하다. 둘째, 이 문구는 계시의 근원이신 하나님 말씀의 중심이 바로 예수님이시라는 함의를 갖는다. 즉, "하나님은 예수님을 통해 말씀하시고 예수님을 통해 그분의 뜻을 이루신다."[23] 이것이 바로 요한계시록의 말씀이 "예수 그리스도의 계시"인 이유라 할 수 있다.

실제로 요한계시록의 본문은 예수 그리스도가 그 계시의 중심이라는 사실을 잘 보여주고 있다. 1장 2절의 "하나님의 말씀과 예수 그리스도의 증거"라는 문구에서 예수님의 사역은 하나님의 말씀을 증거하는 역할로 나온다. 예수님이 계시의 중심에 있다는 사실은 다음과 같이 요한계시록 전체에서 확인할 수 있다. (1) 1장 12-20절에서는 승귀하신 예수님이 환상 중에 등장하시고, (2) 2-3장에서는 일곱 교회의 성도들에게 말씀하는 분이 바로 예수님이다. (3) 5장에서는 죽임당한 어린 양 예수님이 책의 인을 떼실 수 있는 분으로 소개되고, (4) 6-8장에서는 어린 양이 책의 인을 떼신다. (5) 12장은 예수 그리스도의 탄생을 통한 종말적 정황을 소개하고, (6) 17-18장에서 바벨론에 대한 심판이 나온 후에 19장 7-10절에서는 어린 양의 혼인 잔치가 소개된다. (7) 21장 2절은 새창조의 주인이신 어린 양의 신부로서 새예루살렘이 등장할 것을 알리며, (8) 21-22장에서 새예루살렘은 어린 양의 신부로 소개된다. (9) 그리고 마지막 부분인 22장 20-21절은 "아멘 주 예수여 오시옵소서"와 "주 예수의 은혜가 모든 자들에게 있을지어다"라는 문구들로 채워진다. 이상의 내용으로 볼 때, 요한계시록은 예수 그리스도의 계시로 충만하고, 그 계시의 중심에는 예수 그리스도가 있음을 알 수 있다. 그러므로 하나님이 예수님에게 계시를 주셨다는 것은 하나님과 예수님의 계시적 차별 관계를 나타내는 것이 아니라, 오히려 하나님과 예수님의 **계시적 공유 관계**를 함의한다.[24] 이러한 계시적 공유 관계는 1a절이 계시를 "예수 그리스도의 계시"로 말한다는 점과 2b절에서 "하나님의 말씀"과 "예수 그리스도의 증거"가 동격의 관계로 나열되고 있다는 점에서 더욱 지지를 받는다. 이러한 사실은 "하나님과 그리스도는 하나로서 말씀하신다"는 말로 표현될 수 있다.[25]

---

22 이 표현은 보쿰(Bauckham)의 책 *The Climax of Prophecy* (Edinburgh: T&T Clark, 1993)의 제목으로도 사용되었다.
23 Davis, *Revelation*, 90.
24 이러한 계시적 공유 관계는 요한복음에서도 자주 등장한다(요 5:19, 30; 7:16-18; 8:26, 28, 38; 14:10. 참고, Osborne, *Revelation*, 53).
25 Harrington, *Revelation*, 43.

덧붙여서, 하나님과 예수님이 이런 계시적 공유 관계를 가지고 있음에도 불구하고 "주다"(ἔδωκεν, 에도켄)δίδωμι, 디도미)라는 동사를 사용하는 것은 다음 문구에 이어지는 계시 전달의 연결 고리를 염두에 둔 것으로 간주할 수 있다. 그래서 데이비스(Davis)도 이러한 문구에서 계시의 연결 고리를 인지한다.[26] 이에 대한 자세한 내용은 다음 단락에서 다루게 될 것이다.

[1:1cd] 반드시 신속하게 되어져야만 하는 것들을 그의 종들에게 보여주기 위하여

이 문구는 "하나님이 예수님에게 계시를 주셨다"고 말하는 1b절 문장의 목적구로서, 다음과 같은 세 개의 중요한 문구로 구성된다. (1) 목적의 의미를 지닌 부정사 형태로 사용된 "보여주기 위하여," (2) 이 부정사의 목적절인 "반드시 신속하게 되어져야만 하는 것들," (3) 부정사 "보여주기 위하여"의 대상으로 사용된 "그의 종들."

보여주기 위하여(δεῖξαι, 1c절). 이 동사는 1b절의 "주다"라는 동사의 목적을 나타내는 부정사 형태로 등장한다. 여기에서 "보여주다"(δεῖξαι, 데익사이)δείκνυμι, 데이크뉘미)라는 동사는 "하나 이상의 의미로 이해될 수 있는 어떤 것을 드러내다"라는 의미를 갖는다.[27] 이 정의에 따르면 이 단어는 어떤 심층적 내용들을 나타내 보여주는 의미로 이해될 수 있다. 이런 점에서 이 단어는 앞의 "계시"(ἀποκάλυψις, 아포칼립시스)라는 단어와 조화를 이룬다.[28] 반면, 하나님과 예수님 사이에는 "주다"라는 동사가 사용되고 하나님과 종들 사이에는 "보여주다"라는 동사가 사용되어 차이를 보인다. 전자의 관계는 비교적 명확하지만 후자의 관계는 여러가지 다양한 방법으로 이해할 수 있다. 더욱이 "보여주다"라는 단어는 요한계시록에서 8회 사용되는데, 이는 다른 신약 성경에 비해 좀 더 빈번하게 등장하는 편이다.[29] 이렇게 "보여주다"라는 동사가 빈번하게 등장하는 것은 환상적 계시인 요한계시록의 특성과도 맥을 같이한다고 할 수 있다. 그래서 오늘날 우리는 요한계시록을 면밀하게 성실한 자세로 해석해야만 한다.

---

26 Davis, *Revelation*, 90.
27 BDAG, 214.
28 Osborne, *Revelation*, 53.
29 앞의 책.

그의 종들에게(τοῖς δούλοις αὐτοῦ, 1c절). 1b절은 목적구(1cd절)를 수반한다. 곧 하나님
이 예수님에게 계시를 주신 것은 신속하게 되어져야만 하는 것들을 그의 종들에
게 보여주시기 위함이다. 여기에서 "그의 종들"이란 누구일까? 구약에서 "종들"
은 선지자들을 가리킨다(암 3:7).[30] 요한계시록에서는 선지자들을 가리키기도 하
고(10:7; 11:18; 22:6),[31] 교회 공동체를 가리키기도 한다(2:20; 7:3).[32] 비일(Beale)은 이
러한 이중적 의미의 절묘한 조화를 시도한다. 비일은 이곳에서 언급되는 "종"이
란 지위가 "제한된 선지자 그룹에 국한되지 않고 일반적인 선지적 부르심을 가
지고 있는 믿음의 공동체"를 가리킨다고 본다.[33]

그렇다면 이곳의 "그의 종들"이란 문구에서 "그"는 과연 누구를 가리키는
것일까? 그것은 이 단어와 가장 가까운 위치에 있는 1b절 끝부분에 있는 "하나
님"(θεός, 데오스)을 이어받는다고 할 수 있다. 따라서 "그의 종들"은 바로 하나님의
종들인 것이다. 하나님이 예수님에게 계시를 주신 것은 바로 하나님의 종들, 곧
선지적 공동체로서의 교회 공동체에게 다니엘서를 비롯한 구약의 종말적 약속
들의 지체 없는 확실한 성취를 보여주려는 목적을 갖는다. 이러한 목적은 요한
계시록이 종말적 계시를 교회 공동체에게 보여줌으로써 교회 공동체를 세우고
또한 교회 공동체를 통해 하나님의 뜻을 만방에 알리려는 의도를 지니고 있음을
보여준다.

반드시 신속하게 되어져야만 하는 것들(ἃ δεῖ γενέσθαι ἐν τάχει, 1d절). 이 문구는 "보여
주다"의 목적절로서 요한계시록의 종말론적 성격을 결정짓는 데 매우 중요한 역
할을 한다. 개역개정은 이 문구를 "반드시 속히 일어날 일"로 번역해서, 요한계
시록을 미래적 사건을 예시하는 책으로 인식하도록 독자들의 왜곡된 선입견을
자극하는데, 과연 이 문구가 그런 의미를 가지고 있는지 면밀하게 살펴볼 필요
가 있다. 이곳에서는 이 문구를 "반드시"와 "신속하게"와 "되어져야만 하는 것
들"의 세 부분으로 나누어 살펴보도록 하겠다. 이 문구는 잘못 해석되는 경우가
아주 빈번하기 때문에 구약 배경을 통해 좀 더 정밀하게 살필 필요가 있다.

---

30 Charles, *A Critical and Exegetical Commentary on the Revelation of St. John*, 1:6.
31 앞의 책.
32 Harrington, *Revelation*, 43.
33 Beale, *The Book of Revelation*, 183.

(1) "반드시"(δεῖ)

이 단어는 "반드시 ... 해야 한다"라는 의미의 조동사 역할을 한다. 이 단어는 계시에 신적 속성을 부여하는데,[34] 이런 신적 속성이 갖는 핵심 요소는 그것이 반드시 이루어져야 한다는 당위성 혹은 필연성이다. 특별히 신약에서는 이 단어가 예수님의 고난, 죽음, 부활과 관련되어 사용되면서 이런 신적 속성의 당위성을 잘 드러낸다. 구체적인 용례들은 다음과 같다(괄호 안의 글자들은 나의 사역).

> 이 때로부터 예수 그리스도께서 자기가 예루살렘에 올라가 장로들과 대제사장들과 서기관들에게 많은 고난을 (반드시) 받(아야 하)고 죽임을 (반드시) 당(해야) 하고 제삼일에 (반드시) 살아나야 할 것을 제자들에게 비로소 나타내시니(마 16:21)

> 인자가 많은 고난을 받고 장로들과 대제사장들과 서기관들에게 (반드시) 버린 바 되어(야 하고) (반드시) 죽임을 당(해야) 하고 (반드시) 사흘 만에 살아나야 할 것을 비로소 그들에게 가르치시되(막 8:31)

> 이르시되 인자가 많은 고난을 받고 장로들과 대제사장들과 서기관들에게 (반드시) 버린 바 되어 죽임을 당하고 제삼일에 살아나야 하리라 하시고 (눅 9:22)

> 이르시기를 인자가 죄인의 손에 (반드시) 넘겨져 십자가에 못 박히고(박혀야 하고) (반드시) 제삼일에 다시 살아나야 하리라 하셨느니라 한대(눅 24:7)

> 그들은 성경에 그가 죽은 자 가운데서 (반드시) 다시 살아나야 하리라 하신 말씀을 아직 알지 못하더라(요 20:9)

이 본문들은 예수님의 고난과 죽음과 부활을 언급하는 데 공통적으로 "반드시"(δεῖ, 데이)라는 단어를 사용하고, 이것은 예수님의 희생 사역이 필연적으로 일어나야 하는 하나님의 뜻과 계획임을 의미한다.[35] 즉, 이 단어는 예수님의 공생애의 정점인 죽음과 부활이 하나님의 신적 계획임을 보여주고, 이런 하나님의 뜻을 이루기 위한 삶을 예수님이 온전히 살아내셨음을 보여준다.

'데이'의 이런 의미를 1d절에 적용하면, "반드시 되어져야만 하는 것들"은 불특정 다수의 사건들이 아니라 필연적으로 이루어지게 되어 있는 하나님의 뜻과 계획을 가리킨다고 볼 수 있다. 또한 이 단어는 단순히 인간이 어쩔 수 없이 받아들여야 하는 "숙명"이 아니라 "하나님 목적의 확실한 성취"를 가리킨다.[36]

---

34 Charles, *A Critical and Exegetical Commentary on the Revelation of St. John,* 1:6.
35 오즈번도 이것을 인식하고 있지만, 그는 이 단어를 단지 "'마지막'에 대한 징조들"(the signs of the "end")에 대한 표현으로만 간주한다(Osborne, *Revelation*, 54).
36 B. M. Metzger, *Breaking the Code: Understanding the Book of Revelation* (Nashville, TN: Abingdon, 1993), 21.

(2) "신속하게"(ἐν τάχει)

신약에서 이 표현이 일반적으로 "묵시적 언어"(apocalyptic language)로 사용되어 예수님의 재림을 의미하기 때문에, 여기서도 그와 같은 의미로 사용된다고 주장하는 견해가 있다.[37] 그러나 이 문구는 전후 문맥을 비롯한 여러 요소와 관련시켜 이해해야 한다. 이 단어는 아직 이루어지지 않은 "사건들의 단순히 성급한 완성"을 예상하는 것이 아니라 "신적인 목적의 확실한 성취"를 나타낸다.[38] 메츠거(Metzger)는 이 문구에 대해 "요한은 자신의 메시지를 그의 세대를 위해 의도하고 있다"고 설명한다.[39] 곧 요한계시록이 요한의 세대를 향한 메시지라는 것이다. 이런 의미를 앞서 언급한 필연적 성격을 나타내는 "반드시"라는 단어와 연결시켜 생각하면, 요한계시록의 기록 목적은 필연적으로(반드시) 성취된 하나님의 목적을 요한 세대의 독자들에게 보여주는 것이라고 할 수 있다. "반드시"와 "신속하게"는 이어 나오는 "되다"라는 동사와 함께 온전한 하나를 이루게 된다.

(3) "되어지다"(γενέσθαι)

이것은, 동사 "되다"(γίνομαι, 기노마이)의 부정사 수동태인 '게네스다이'(γενέσθαι)를 번역한 것으로서 하나님의 행위를 함축하는 신적 수동태에 해당한다. 즉, 이 수동태에 숨겨진 행위의 주체는 바로 하나님이시다. 하나님이라는 주어는 수동태 동사에 감추어져 드러나 있지 않지만 하나님에 의해 하나님 자신의 뜻과 계획이 이루어지게 된다는 것을 함축한다. 이러한 신적 행위는 "반드시"(δεῖ, 데이)라는 단어와 결합하여 더욱 두드러지게 된다. 종합하자면, "반드시," "신속하게," "되어지다"로 구성된 이곳의 문구는 선행사가 포함된 중성 복수 관계 대명사 '하'(ἅ)와 함께 사용되어, "반드시 신속하게 되어져야만 하는 것들"로 번역될 수 있다.

(4) 구약 배경(단 2:28-29)

그렇다면 "반드시 신속하게 되어져야만 하는 것들"이 의미하는 하나님의 뜻과 계획은 무엇인가? 이에 대한 답을 얻기 위해 우리는 이 문구의 구약 배경에 해

---

37 Osborne, *Revelation*, 56.
38 Charles, *A Critical and Exegetical Commentary on the Revelation of St. John*, 1:6. 최근에는 스몰리가 이 견해를 지지한다(Smalley, *The Revelation to John*, 27).
39 Metzger, *Breaking the Code*, 21.

당하는 다니엘 2장 28-29절을 중심으로,[40] "다니엘 2장의 주제적 프레임"[41]을
통해 접근할 필요가 있다. 이 두 본문을 비교해 보면 다음과 같다.

요한계시록 1:1	70인역 다니엘 2:28-29
δεῖξαι τοῖς δούλοις αὐτοῦ <u>ἃ δεῖ γενέσθαι</u> ἐν τάχει,	[28)]... ἐδήλωσε τῷ βασιλεῖ Ναβουχοδονοσορ <u>ἃ δεῖ γενέσθαι</u> ἐπ' ἐσχάτων τῶν ἡμερῶν. ... [29)] σύ, βασιλεῦ, κατακλιθεὶς ἐπὶ τῆς κοίτης σου ἑώρακας πάντα, ὅσα <u>δεῖ γενέσθαι</u> ἐπ' ἐσχάτων τῶν ἡμερῶν, καὶ ὁ ἀνακαλύπτων μυστήρια ἐδήλωσέ σοι <u>ἃ δεῖ γενέσθαι</u>.
... 하나님은 그의 종들에게 <u>반드시</u> 신속하게 <u>되어져야만 하는 것들을</u> 보이시기 위하여	[28]하나님은 느부갓네살 왕에게 날들의 마지막에 <u>반드시 되어져야만 하는 것들을</u> 알려 주셨습니다 [29]왕이여, 당신이 당신의 침상에 누워 있을 때 날들의 마지막에 <u>반드시 되어져야만 하는</u> 모든 것을 보았습니다. 그리고 비밀들을 드러내시는 분이 <u>반드시 되어져야만 하는 것들을</u> 당신에게 알려 주셨습니다(나의 사역).

밑줄 친 부분이 보여주듯이 두 본문에서는 '하 데이 게네스다이'(ἃ δεῖ γενέσθαι)가
동일하게 사용된다. 또한 요한계시록 1장 1절의 "보여주다"(δεῖξαι, 데익사이)와 다니
엘 2장 28-29절의 "알려 주다"(ἐδήλωσε, 에델로세)가 동일한 의미로 사용된다고 간
주할 수 있다. 두 본문의 이와 같은 평행 관계를 근거로 요한계시록의 "반드시
되어져야만 하는 것들"의 구체적인 의미를 알 수 있으므로, 다니엘 2장의 문맥
을 먼저 살핀 후에 요한이 그것을 어떻게 재해석했는지를 살펴볼 필요가 있다.

a. 다니엘 2장 개요
다니엘 2장은 느부갓네살 왕의 꿈과 그 꿈에 대한 해석으로 구성되어 있다. 아
무도 그 꿈을 해석할 수 없을 때 하나님은 다니엘을 통해 그 꿈의 의미를 계시해
주신다. 다니엘 2장 28절은 다니엘이 하나님으로부터 꿈과 그 꿈의 해석을 듣고
와서 느부갓네살 왕에게 전달하는 내용이다. 그에 앞서 2장 27절은 지혜자나 술
객이나 박수나 점쟁이들 중 아무도 느부갓네살 왕에게 "비밀"을 알려 주지 못했
다고 언급한다.[42] 다니엘 2장 29절에서는 "비밀"이란 단어와 "반드시 되어져야

---

40 대부분의 주석가들이 이 문구를 담고 있는 1:1cd와 단 2:28-29의 평행 관계를 인식하고 있다(Charles, *A Critical and Exegetical Commentary on the Revelation of St. John*, 1:7; Beale, *The Book of Revelation*, 182; Smalley, *The Revelation to John*, 27; Mounce, *The Book of Revelation*, 40; Osborne, *Revelation*, 54).

41 Beale, *The Book of Revelation*, 182.

42 여기서 "비밀"로 번역한 명사는 아람어 '라즈'(רָז)이고, 70인역은 이 아람어를 '뮈스테리온'(μυστήριον) 으로 번역한다. 개역개정은 이것을 "은밀한 것"으로 번역하는데, 신약에서 '뮈스테리온'이 번역되는 용례들을 고려해 봤을 때 "비밀"이란 번역이 더 적절하다.

만 하는 것들"(ἃ δεῖ γενέσθαι, 하 데이 게네스다이; 개역개정의 두 번째 "장래 일")이 서로 관련되어 사용되면서 '호 아나칼륍톤 뮈스테리아 에델로세 소이 하 데이 게네스다이'(ὁ ἀνακαλύπτων μυστήρια ἐδήλωσέ σοι ἃ δεῖ γενέσθαι)라고 되어 있는데, 이것은 "비밀들을 드러내시는 분이 반드시 되어져야만 하는 것들을 당신에게 알려 주셨다"로 번역할 수 있다. 이 구성을 통해 우리는 "비밀"과 "반드시 되어져야만 하는 것들"이 서로 동일한 내용을 갖는다고 이해할 수 있다.

다니엘이 느부갓네살 왕에게 꿈의 내용과 그 해석을 제시한 후에, 다니엘 2장 44절은 "비밀"로서 "반드시 되어져야만 하는 것들"이 무엇인지를 밝힌다.

> 이 여러 왕들의 시대에 하늘의 하나님이 한 나라를 세우시리니 이것은 영원히 망하지도 아니할 것이요 그 국권이 다른 백성에게로 돌아가지도 아니할 것이요 도리어 이 모든 나라를 쳐서 멸망시키고 영원히 설 것이라(단 2:44)

이 본문을 통해 명백하게 드러나는 것은 느부갓네살 왕이 꾼 꿈의 내용에서 종말에 반드시 일어나야만 하는 것들의 핵심 내용이 다름 아닌 모든 나라들을 쳐서 멸하심과 영원히 망하지 않는 "하나님 나라의 종말적 도래"라는 사실이다.[43]

b. 요한계시록의 재해석: 성취의 관점에서
요한계시록 1장 1절과 그 배경 본문인 다니엘 2장 28절 사이에 변화가 생겼음을 발견할 수 있다. 다니엘서가 "날들의 마지막에"(ἐπ᾿ ἐσχάτων τῶν ἡμερῶν, 에프 에스카톤 톤 헤메론; "종말에")라고 표현한 것을 요한계시록은 "신속하게"(ἐν τάχει, 엔 타케이)로 바꾸어 표현한다. 이런 표현의 변화는 무엇을 의미하는가? 이것은 다니엘서와 요한계시록 본문 사이에 "약속과 성취"의 관계가 성립되고 있음을 보여준다.[44] 즉, 요한은 "신속하게"라는 문구를 사용함으로써, 모든 구약의 약속을 성취하는 그리스도의 사역이라는 관점에서 보면 다니엘 2장이 종말에 이루어질 것이라 기대했던 하나님 나라가 "지체 없이"(without delay),[45] 정확한 시점에, 신속하게 성취되었다는 것을 보여주려 했다고 볼 수 있다.[46] 결과적으로 1절과 3절의 "신속함"(quickness)과 "가까움"(nearness)의 표현은 예수님의 재림이 가까웠음을 알리려

---

43 Beale, *The Book of Revelation*, 153.
44 앞의 책, 154.
45 여기서 채택한 이 해석은 마운스가 제시한 여러 해석 중 하나다. 좀 더 자세한 내용은 Mounce, *The Book of Revelation*, 41을 참고하라.
46 Beale, *The Book of Revelation*, 182.

는 의도를 갖는 것이 아니라, 구약의 약속에 대한 성취가 이미 지체 없이 신속하게 이루어졌다는 것과 그 효과가 지속되고 있다는 사실에 초점을 맞추고 있는 것이다.[47] 또한 요한은 "신속하게"라는 문구를 사용함으로써 자신의 독자들이 종말적 성취의 사건을 매우 긴밀하게 경험할 수 있다는 사실을 한층 강화하고 있다.[48] 결국 요한계시록의 "반드시 되어져야만 하는 것들"의 구체적인 내용은 바로 다니엘서에서 약속하고 기대했던 하나님 나라의 종말적 도래인 것이다.

[1:1efg] 보냄 받은 천사를 통하여 요한에게 계시를 알게 하다

계시의 경로. 관계 대명사 '헨'(ἥν)은 두 개의 문장, 즉 1bcd절과 1efg절을 이끈다. 첫 문장의 주동사는 1b절의 "주셨다"(ἔδωκεν, 에도켄)δίδωμι, 디도미)이고 그것의 주어는 하나님(ὁ θεός, 호 데오스)이다. 하나님은 그분의 종들에게 보여주시기 위한 계시를 예수님에게 주셨다. 따라서 계시의 경로는 하나님 → 예수님 → 하나님의 종들이다. 두 번째 문장의 주동사는 1e절의 "알게 하셨다"(ἐσήμανεν, 에세마넨)σημαίνω, 세마이노)이고 여기에서도 주어는 하나님이다. 이 동사의 목적어는 관계 대명사 '헨'(ἥν)의 선행사인 "계시"(ἀποκάλυψις, 아포칼립시스)다. 하나님은 보내신 천사를 통하여 그의 종 요한에게 계시를 알게 하신다. 이곳에서는 계시의 경로가 하나님 → 천사 → 하나님의 종 요한이다. 이 두 번째 경로가 첫 번째 경로의 하나님/예수님과 종들 사이의 간극을 메워준다. 이 두 경로는 독립적으로 존재하지 않고 서로 연결되도록 의도되었으며, 두 경로를 조합하면 다음과 같다: 하나님 → 예수님 → 천사 → 요한 → 종들.[49] 이러한 계시의 경로를 통해 알 수 있는 것은 계시의 원천이 하나님이시고 하나님은 그 계시를 예수님과 공유하시며 천사를 통해 요한에게 알게 하시고 결국에는 종들 곧 교회 공동체에게 이 계시를 보여주고자 하신다는 것이다. 결국 요한계시록은 선지자 요한이 하나님으로부터 천사를 통하여 계시를 받고 교회 공동체에게 전달하기 위하여 기록된 것이다.

알게 하다(ἐσήμανεν, 1e절). 여기에서 "알게 하다"(ἐσήμανεν, 에세마넨)σημαίνω, 세마이노)라는 동사를 쓴 것은 매우 의미심장하다. 이 동사는 형식상 혹은 문법상으로는 1b

---

47 앞의 책.
48 Metzger, *Breaking the Code*, 21.
49 이 연결고리에 대해서는 대부분의 학자들이 동의한다(Beale, *The Book of Revelation*, 183; Smalley, *The Revelation to John*, 28; Mounce, *The Book of Revelation*, 42; Fiorenza, *Revelation*, 40).

절의 "주셨다"(ἔδωκεν, 에도켄)와 평행 관계를 갖지만, 내용상 혹은 의미상으로는 1c절의 "보여주다"(δεῖξαι, 데익사이〉δείκνυμι, 데이크뉘미)와 평행 관계에 있다.[50] 이것은 70인역 다니엘 2장 28-30절에서 "보여주다"(δηλόω, 델로오)[51]와 "알게 하다"(σημαίνω, 세마이노)[52]가 서로 동일한 의미로 사용된다는 점에 근거한다(밑줄은 나의 사역).[53]

> [28]오직 은밀한 것을 나타내실 이는 하늘에 계신 하나님이시라 그가 느부갓네살 왕에게 후일에 될 일을 <u>보여주셨나이다</u>(ἐδήλωσε, 에델로세〉δηλόω, 델로오) 왕의 꿈 곧 왕이 침상에서 머리 속으로 받은 환상은 이러하니이다 [29]왕이여 왕이 침상에서 장래 일을 생각하실 때에 은밀한 것을 나타내시는 이가 장래 일을 왕에게 <u>보여주셨사오며</u>(ἐδήλωσε, 에델로세〉δηλόω, 델로오) [30]내게 이 은밀한 것을 나타내심은 내 지혜가 모든 사람보다 낫기 때문이 아니라 왕에게 <u>보여주시기 위하여</u> (δηλωθῆναι, 델로데나이〉δηλόω, 델로오) 지식에 있어서 당신의 마음에 일어난 것들을 나에게 <u>알게 하셨나이다</u>(ἐσημάνθη, 에세만데〉σημαίνω, 세마이노) (단 2:28-30)

"보여주다"를 의미하는 동사 '델로오'(δηλόω)가 28절, 29절, 30절에서 사용되고 "알게 하다"를 의미하는 동사 '세마이노'(σημαίνω)가 30절에서 사용된다. 이 두 동사가 같은 본문 안에서 사용되었다는 것은 그것들이 평행적으로 동일한 의미를 가지고 있음을 암시한다. 곧 위 본문에서 하나님은 상징적 표현을 사용해서 꿈을 보여주시고 하나님의 계획을 알게 하셨다. 두 동사의 이런 관계를 요한계시록 본문에 적용하면 하나님이 그의 종들에게 보여주신 것과 하나님이 요한에게 천사를 통해 알게 하신 것은 동일선상에 있는 계시 행위임을 알 수 있다.

여기서 동사 "알게 하다"는 "의사소통의 상징적 성격"을 갖는다.[54] 마운스도 이 동사가 "상징적 표현"의 개념을 드러낸다고 말한다.[55] 즉, 다니엘 2장에서 하나님이 상징적 이미지를 사용해서 느부갓네살 왕에게 꿈을 보여주시는 정황을 표현하기 위해 이 동사가 사용된다고 볼 수 있다. 이런 패턴은 다니엘 2장 45절에서도 나타나는데, 그 본문은 느부갓네살 왕의 꿈 내용을 상징적으로 설명하면

---

50 *TDNT* 7:264.
51 BDAG에 의하면 이 단어는 "드러내다"(reveal), "명백하게 하다"(make clear), "보여주다"(show)의 의미를 갖는다(BDAG, 222).
52 이 단어는 성경 주해에 적용될 경우에 "표면적으로는 명백하지 않은 숨겨진 의미"를 나타낸다(TDNT 7:264).
53 Beale, *The Book of Revelation*, 52.
54 앞의 책, 50.
55 Mounce, *The Book of Revelation*, 42. 그러나 토머스(Thomas)는 상징적 해석의 남용을 경계하면서, 상징적 해석이 "해석학의 문법적 역사적 체계"로부터의 결별을 의미하지는 않는다는 점을 지적한다(R. L. Thomas, *Revelation 1-7: An Exegetical Commentary* [Chicago, IL: Moody Publishers, 1992], 56).

서 다니엘 2장 30절과 동일하게 "알게 하다"(σημαίνω, 세마이노)란 동사를 사용한다.

> 손대지 아니한 돌이 산에서 나와서 쇠와 놋과 진흙과 은과 금을 부서뜨
> 린 것을 왕께서 보신 것은 크신 하나님이 장래 일을 왕께 알게 하신 것이
> 라(ἐσήμανε, 에세마네〉σημαίνω, 세마이노) 이 꿈은 참되고 이 해석은 확
> 실하니이다 하니(단 2:45)

하나님은 왕의 꿈을 통해 장래 일을 알게 하셨는데, 꿈에서 하나님은 문자적, 사
실적 표현이 아닌 상징적 이미지를 사용하신다. 따라서 이 본문은 이 동사가 상
징적 이미지를 나타내는 데 사용된다는 것을 다시 한 번 확증해 준다. 더 나아
가 이 동사가 환상을 해석하는 정황에서 사용된다는 점으로 미루어 볼 때, 이 동
사는 상징성을 갖는 환상을 통한 메시지 전달에 사용됨을 알 수 있다(참고, 에녹1서
107:2). [56] 그러므로 이 동사는 상징적 환상의 계시적 정황을 나타낸다.

다니엘 2장과 요한계시록 1장 1bcde절이 모두 "알게 하다"(σημαίνω, 세마이노)와
"보여주다"(δείκνυμι/δηλόω, 데이크뉘미/델로오)를 사용함으로써 평행 관계가 성립된다.
이러한 평행 관계는 요한계시록의 해석적 원리를 도출하는 데 매우 중요한 단
서를 제공한다. 다니엘 2장의 패턴을 그대로 요한계시록 해석에 적용하면, 다니
엘 2장에서 사용되는 "알게 하다"와 "보여주다"를 사용하는 요한계시록도 상징
적으로 해석해야 한다는 결론을 도출할 수 있다. 즉, 다니엘 2장에서 하나님이
느부갓네살 왕에게 계시하시고 다니엘에게 그 계시를 해석해 주시고 그것을 다
니엘이 느부갓네살 왕에게 설명해 주는 모든 과정에서 문자적 방법이 아닌 상징
적 의미의 전달이 이루어지는 것처럼, "알게 하다"와 "보여주다"를 사용하는 요
한계시록도 똑같이 상징적 이미지로 접근해야 한다는 것이다. 이 동사들을 사용
함으로써 요한은 독자들로 하여금 동일한 해석 원리를 따라 상징적 해석을 적용
하도록 요청하는 것이다. [57] 근본적으로 요한계시록 전체가 환상을 통한 "계시적
상징주의"를 채택하고 있으므로 상징적 해석 방법을 취하는 것은 필수적이다. [58]

천사를 통하여(διὰ τοῦ ἀγγέλου, 1f절). 하나님이 다니엘을 통하여 느부갓네살 왕에
게 알게 하신 것처럼 1efg절에 의하면 하나님은 그의 천사를 보내셔서 그 천
사를 통하여 요한에게 알게 하셨다. 여기서는 천사와 관련해서 "보냄을 받

---

56 Aune, *Revelation 1-5*, 15.
57 I. Boxall, *Revelation of St. John*, BNTC (London: Continuum, 2006), 24.
58 Beale, *The Book of Revelation*, 52.

다"(ἀποστείλας, 아포스테일라스)라는 의미의 분사와 더불어 "통하여"(διά, 디아)라는 전치사가 사용된다. 우리말 번역으로는 다소 어색하나 하나님은 천사를 보내시어 그 천사를 통하여 그의 종 요한에게 계시를 알게 하신다. "통하여"라는 전치사는 천사의 중개적 역할을 명확히 보여준다. 여기서 보냄을 받는 것은 구약에서 하나님의 대리인이 갖는 기능을 그대로 유지한다.

구약에 나타나는 천사의 사역을 세분화해서 다음과 같이 분류 및 정리할 수 있다: (1) 하나님의 "어전 회의"(heavenly court)에서 섬기는 역할(욥 1:6; 사 6:2-3), (2) "창조에 대해 증거함"(욥 38:6-7), (3) 군대 대장으로 나타남(수 5:13-15), (4) 심판을 대행함(시 78:49), (5) 계시를 전달하는 대리자 역할(겔 40:3; 슥 1:9, 14, 19; 2:1-5; 4:1, 4-5; 5:5, 10; 6:4-5; 단 9:21-22), (6) 출애굽 때에 하나님의 백성들을 도움(출 14:19), (7) "이스라엘 백성들을 약속의 땅으로 인도함"(출 23:20-23).[59] 열거된 내용 중 가장 두드러진 것은 (5)번의 "계시를 전달하는 대리자"로서의 역할이다. 요한계시록 본문도 하나님의 말씀을 요한에게 전달하는 천사의 역할을 보여준다. 그런데 특별히 요한계시록에서의 천사는 에스겔 40-48장, 스가랴 1-6장, 다니엘 7-12장의 경우처럼 "해석하는 천사"(angelus interpres)로서의 기능을 갖는다.[60]

정리. 앞서 논의한 1절의 내용을 표로 정리하면 다음과 같다.

하나님은	
예수 그리스도에게(1b절)	그의 종 요한에게(1g절)
	그의 천사를 통하여 보내심으로(1f절)
주시다(1b절)	알게 하시다(1e절)
그의 종들에게 보이기 위하여(1c절)	

이 표에 의하면, 하나님이 계시의 원천으로서 계시의 경로를 주관하시고, 하나님과 동등하신 예수님이 하나님과 동등한 자격으로 이 계시의 경로에 참여하심으로써 요한계시록의 말씀을 예수 그리스도의 계시로 특징짓는다. 또한 이 요한계시록의 말씀이 궁극적으로는 하나님의 종들로서의 교회 공동체를 위한 계시의 말씀이라는 사실도 확인할 수 있다.

---

59 Smalley, *The Revelation to John*, 28; C. Keener, *Revelation*, NIVAC (Grand Rapids, MI: Zondervan, 2000), 55.

60 Aune, *Revelation 1-5*, 15-16.

[1:2] 요한의 증거

2절은 관계 대명사 '호스'(ὅς)로 시작하고, 그 선행사는 1g절에서 예수님이 천사를 통해 계시를 알게 하신 요한이다. 1절이 하나님의 계시 활동에 대한 내용이라면 2절은 요한의 증거 활동에 대한 내용이다. 2절은 2a절, 2b절, 2c절로 구성되어 있다. 2a절은 요한의 증거 행위를 나타내고, 2b절과 2c절은 요한의 증거 내용을 보여준다. 2b절은 요한이 "하나님의 말씀과 예수 그리스도의 증거"를 증거했다고 말하고, 2c절은 "그가 본 모든 것"을 증거했다고 말한다.

증거하다(ἐμαρτύρησεν, 2a절). 2a절에서 요한이 "하나님의 말씀과 예수 그리스도의 증거," 곧 "그가 본 모든 것"을 증거했다고 말할 때 사용되는 동사 "증거하다"(ἐμαρτύρησεν, 에마르튀레센〉μαρτυρέω, 마르튀레오)는 부정과거 시제다. 여기서 부정과거 시제는 "서신적 부정과거"(epistolary aorist) 용법인데, 이는 요한은 아직 편지를 기록하고 있는 중이지만 이 편지가 완성되어 그것을 전해 받을 독자의 시점에서는 편지의 내용이 이미 발생된 사건으로 간주되게 하기 위해 부정과거 시제가 사용되었음을 의미한다.[61] 즉, 독자들이 요한의 편지를 다 읽으면, 요한이 본 것이 다 증거되는 것이다.

여기서 흥미로운 점은 이 동사가 "예수 그리스도의 증거"라는 문구의 "증거"(μαρτυρία, 마르튀리아)와 동일한 어근을 갖는다는 점이다. 이 사실은 증인 요한의 증거 행위가 다름 아닌 예수님의 증거 사역을 계승하고 있음을 알려 준다. 요한계시록은 10장 8-11절과 11장에서 요한을 비롯한 교회 공동체의 증거 행위를 강조한다. 1장 5절에서는 예수님을 "신실한 증인"으로 묘사하기도 한다. 요한계시록은 본질적으로 증거의 성격을 갖는다. 그 최초의 모델이 예수님이시고, 그 역할과 기능은 요한을 매개로 모든 교회 공동체에게 계승된다. 여기서 증거의 내용은 요한계시록의 내용이고, 그 내용의 핵심은 하나님의 구속사적인 뜻과 계획의 종말적 성취와 완성이다. 이것을 증거의 내용으로 삼지 않는 그 어떠한 증거의 모양도 인위적인 노력에서 비롯된 위선적인 행위일 뿐이다.

하나님의 말씀과 예수 그리스도의 증거(τὸν λόγον τοῦ θεοῦ καὶ τὴν μαρτυρίαν Ἰησοῦ Χριστοῦ, 2b절). 이 두 문구는 1장 9절, 6장 9절, 20장 4절에서도 사용된다. 기본적

---

61   Ford, *Revelation*, 374; Charles, *A Critical and Exegetical Commentary on the Revelation of St. John*, 1:7.

으로 이 두 문구는 동격 관계로 볼 수 있고, 그렇다면 하나님의 말씀과 그리스도의 증거는 서로 동일시된다. 이 동일시를 통해 드러나는 것은 하나님의 지위와 예수님의 지위가 동등하다는 사실이다. 요한계시록에서는 이런 시도가 빈번하게 나타난다. 앞선 1절에서 하나님과 예수님은 계시의 근원으로서 동일시된다. 또한 하나님과 예수님의 동등하심을 가장 잘 드러내는 것은 바로 21장 22절의 "하나님 곧 전능하신 이와 및 어린 양이 그 성전이심이라"라는 표현이다. 여기서 하나님과 어린 양 예수님은 둘 다 성전으로 정의되면서 서로 동등하게 열거된다.

그러나 이 두 문구는 동격 관계 이상의 의미를 갖는다. 곧 접속사 "그리고"(καί, 카이)를 "설명적"(epexegetical) 용법으로 간주해서 이 둘의 관계를 "설명적" 관계, 즉 후자가 전자를 설명해 주는 관계로 이해할 수 있다. [62] 여기에서 눈여겨 봐야 할 점은 그 설명이 어떤 방식으로 전개될 것인지에 있다. 곧 "하나님의 말씀"이 구약의 율법과 선지자들을 통해 진행되어 온 하나님의 뜻과 계획을 담고 있는 것이라면, "그리스도의 증거"는 예수 그리스도의 사역을 통해 "하나님의 말씀"을 성취하고 온전히 드러나게 하는 기능을 갖는다. [63] 또한 이 두 문구는 중언법(hendiadys)으로 사용되어 "예수 그리스도에 의해 증거된 것으로서의 하나님의 말씀"이란 의미를 갖는다. [64] 곧 하나님의 말씀은 예수님에 의해 더 분명하게 증거되고 해석되고 전달된다는 것이다. [65] 좀 더 구체적으로 설명하자면, 구약에 나타나는 여러 약속과 사건들이 하나님의 말씀이라면(실제로 구약에는 "율법이나 선지자들을 통한 하나님의 계시들"을 "하나님의 말씀"이라고 표현하는 경우가 있다(삼상 3:1, 7)[66]) 그것들이 예수님의 사역과 가르침을 통해 성취됨으로써 그 실체가 증거된다는 말이다. [67]

이런 관계가 성립된다면 이것은 요한계시록의 속성을 매우 잘 설명해 주는 대목이라 할 수 있다. 곧 요한계시록은, 예수 그리스도를 통해 설명되고 해석됨

---

62 Aune, *Revelation 1-5*, 19.
63 Boxall, *Revelation of St. John*, 26.
64 Ford, *Revelation*, 374. 중언법이란 "두 개의 명사를 접속사로 연결하여 하나의 정리된 뜻을 나타내는 수사법"을 의미한다(https://dic.daum.net/word/view.do?wordid=kkw000810790&supid= kku010832378). 예를 들면, 창 3:16에서는 "너의 임신"과 "너의 고통"이란 두 개의 문구가 나란히 놓여 있는데, 이것은 "너의 임신으로부터 초래되는 너의 고통"이란 의미를 갖는다(E. A. Speiser, *Genesis: Introduction, Translation, and Notes*, AB 1 [New Haven, CT: Yale University Press, 2008], 24).
65 Mounce, *The Book of Revelation*, 43.
66 Keener, *Revelation*, 55.
67 Boxall, *Revelation of St. John*, 26. 물론 요한계시록 안에서 하나님의 말씀은 구약에만 국한되지 않으며, "지금 그리스도에 의해 충만하게 증거되는 하나님의 전체 계시"를 포괄한다(Charles, *A Critical and Exegetical Commentary on the Revelation of St. John*, 1:7).

으로써 증거되는 하나님의 말씀을 기록하고 있는 것이다. 특별히 예수님의 십자가 사건은 하나님의 말씀을 증거하는 대표적인 사역이다. 예를 들면, 요한계시록 5장에서 어린 양이신 예수님의 십자가 죽음은 구약(5장의 문맥에서는 다니엘서)에서 약속한 하나님 나라의 종말적 성취를 이룸으로써 하나님의 말씀을 증거한다. 예수님의 이런 사역은 하나님의 말씀을 증거하는 기능을 갖는다.

그가 본 모든 것(ὅσα εἶδεν, 2c절). 2c절에서는 2b절의 "하나님의 말씀과 그리스도의 증거"와 동격 관계를 갖는 "그가 본 모든 것"(ὅσα εἶδεν, 호사 에이덴)이란 문구가 등장한다.[68] 이곳에서도 동격의 관계는 후자가 전자를 설명해 주는 역할을 한다고 볼 수 있다. 곧 "하나님의 말씀과 예수 그리스도의 증거"는 요한이 본 모든 것이다. 이는 요한에게 주어진 계시가 환상의 형식으로 발생하고 있음을 의미한다. 물론 요한은 천사들을 통해 듣기도 했지만, 포괄적으로 보면 요한계시록의 말씀은 요한이 상징적 의미를 갖는 환상을 통해 본 것을 기록한 것이라 볼 수 있다. 이러한 계시의 형식은 1e절의 "알게 하다"(σημαίνω, 세마이노)라는 동사를 통해서도 시사된 바 있다. "그가 본 모든 것"이란 문구는, 하나님이 주신 초자연적 환상의 계시를 보고 요한이 계시록을 기록했음을 의미한다. 이것은 요한이 기록한 계시가 요한 자신이 "자발적으로" 만들어 낸 것이 아니라 하나님으로부터 왔다는 것을 분명하게 알려 준다.[69] 이러한 사실은 요한계시록이 예수 그리스도의 계시이며 하나님이 예수님에게 주신 계시라는 사실과 조화를 이룬다.

여기서 사용된 '호사'(ὅσα)는 "…한 모든 것"이란 의미다.[70] 이 단어의 의미에 따라 이 문구를 해석하면 "그가 본 모든 것"이 된다. 이 문구는 요한이 자기가 본 모든 것을 하나도 빠짐 없이 기계적으로 기록했음을 의미하는가? 그럴 수 없다. 요한계시록은 기계적으로 영감되어 기록된 것이 아니라 유기적으로 영감되었으며, 독자들의 이해도를 극대화하기 위해 요한이 창의적으로 그 내용을 재구성했다고 보는 것이 타당하다.[71] 요한계시록은 "요한의 개입 없이" 독자들에게 전달된 것이 아니다.[72] 그렇다면 요한이 "그가 본 모든 것을 증거했다"는 말은

---

68 마운스도 이 본문의 이런 동격 관계를 지지한다(Mounce, *The Book of Revelation*, 42).
69 Wall, *Revelation*, 52. 월(Wall)은 요한의 계시를 "자발적 영감"(spontaneous inspiration)의 산물로 보는 것에 반대한다(앞의 책).
70 BDAG, 729.
71 Wall, *Revelation*, 52-53.
72 앞의 책, 53.

그가 자신이 본 것을 하나도 빠뜨리지 않고 모두 기록하는 일에 몰두했음을 의미한다기보다는 그가 하나님으로부터 주어진 초자연적 환상의 계시들을 독자들에게 잘 전달하기 위해 자신이 본 환상을 해석하고 재구성하되 그것들에 담겨진 하나님의 의도에 온전히 충실하게 기록했음을 의미한다.

2. 예언의 말씀을 읽고 듣고 지키라(1:3)

구문 분석 및 번역

3절 a Μακάριος
　　　복 있다

　　 b ὁ ἀναγινώσκων καὶ οἱ ἀκούοντες τοὺς λόγους τῆς προφητείας
　　　καὶ τηροῦντες τὰ ἐν αὐτῇ γεγραμμένα,
　　　그 예언의 말씀들을 읽는 자와 듣고 그 안에 기록된 것들을 지키는 자들은

　　 c ὁ γὰρ καιρὸς ἐγγύς.
　　　왜냐하면 때가 가깝기 때문이다

3절은 구조상으로는 1–2절에서 독립되어 있지만, 내용상으로는 1–2절과 매우 밀접한 관계를 갖는다. 먼저 3절에서 주목해야 할 부분은 3b절에서 두 개의 정관사가 사용된다는 점이다. 첫 번째 정관사는 단수형 '호'(ὁ)이고, 두 번째 정관사는 복수형 '호이'(οἱ)다. '호'는 단수로 번역해야 한다는 점을 유념할 필요가 있는데, 왜냐하면 이 단수형이 요한계시록이 그 당시의 예배에서 한 사람에 의해 낭독되도록 의도되었음을 의미하기 때문이다. 복수형 정관사 '호이'는 두 개의 분사, 즉 '아쿠온테스'(ἀκούοντες) 및 '테룬테스'(τηροῦντες)와 연결된다. 흥미로운 것은 이 정관사가 두 분사 각각에 적용되는 것이 아니라 두 분사를 하나의 단위로 여겨 적용된다는 점이다. 이것은 "듣는 것"과 "지키는 것"이 하나의 행위 단위로 간주된다는 것을 의미하고, 따라서 두 분사를 하나로 묶어 "듣고 … 지키는 자들"로 번역해야 한다. 3c절에서는 '가르'(γὰρ, 왜냐하면)란 접속사를 놓치지 말고 번역해야 하는데, 이는 이 접속사에 의해 앞의 내용에 대한 이유가 제시되기 때문이다.[73]

　　　이상의 내용을 근거로 우리말 어순에 맞추어 번역하면 다음과 같다.

　　 b　　그 예언의 말씀들을 읽는 자와 듣고 그 안에 기록된 것들을 지키는 자들은
　　 a　　복 있다
　　 c　　왜냐하면 때가 가깝기 때문이다.

73　NIV는 "because"라고 번역하고 NKJV, ESV, NRSV는 "for"라고 번역한다.

본문 주해

[1:3a] 복 있다

구문 분석에서 볼 수 있듯이 헬라어 본문에서는 "복 있다"(Μακάριος, 마카리오스)란 단어가 3절의 맨 앞에 놓여 있다. 이것은 강조 형식을 취하는 것이지만, 이 형식은 시편 1편 1절과 잠언 8장 34절 같은 구약 본문들에서 빈번하게 등장하며,[74] 마태복음 5장의 팔복 같은 "복" 관련 문구에서 많이 통용되는 형식이다. 이것은 요한계시록에 나오는 일곱 "복" 중 첫 번째 복에 해당한다(1:3; 14:13; 16:15; 19:9; 20:6; 22:7, 14).[75] 이 일곱 개의 복을 받는 자들을 열거하면 다음과 같다: (1) 예언의 말씀을 듣고 순종하는 자들(1:3), (2) 죽기까지 신실한 자들(14:13), (3) 주님의 오심을 잘 준비하는 자들(16:15), (4) 어린 양의 혼인 잔치에 청함을 받은 자들(19:9), (5) 첫째 부활에 참여한 자들(20:6), (6) 예언의 말씀을 지키는 자들(22:7), (7) 생명나무에 나아가며 새예루살렘에 들어간 자들(22:14). 교회 공동체를 다양하게 표현하는 이 목록의 주된 특징은 순종이나 순교 같은 실천적 행위를 나타낸다는 점이다. 이것은 요한계시록이 말하는 교회 공동체가 경험하는 복이 본질적으로 어떤 성격을 갖는지를 규정해 준다.

복에 대한 일곱 번의 언급은 신학적 의미를 부여하려는 의도로 해석될 수 있다. 즉, 복을 받는 대상이 "복의 충만함"(fullness of blessing)을 경험하게 될 것을 의도한다는 것인데,[76] 이는 "일곱"이란 숫자가 일반적으로 완전함을 상징하기 때문이다. 흥미롭게도 이 일곱 개의 복은 요한계시록 전체에서 매우 중요하고 의미 있는 위치에 있다. 예를 들면, 1장 3절과 22장 7절은 요한계시록의 서두(프롤로그)와 마무리(에필로그)에 위치해 있어 요한계시록 전체를 보자기처럼 싸고 있다. 따라서 일곱 복 시리즈는 요한계시록 전체의 메시지에 영향을 미친다.[77] 그래서 우리는 요한계시록을 읽을 때 "무엇이 복인가?"라는 질문을 계속해야 한다. 또한 이러한 "복"의 개념은 에덴의 정황과 매우 밀접하게 관련되는데, 왜냐하면 하나님은 창세기 1장 28절에서 아담에게 복을 주면서 말씀하시고, 에덴의 아담의 역할과 기능을 회복하고 계승시키기 위해 부르신 아브라함을 복의 근원으로 삼으신 바 있기 때문이다. "복"과 에덴의 관계가 이렇게 중요하게 취급되기 때

---

74 Keener, *Revelation*, 56.
75 Aune, *Revelation 1-5*, 19.
76 Bauckham, *The Theology of the Book of Revelation*, 26-27.
77 Bauckham, *The Climax of Prophecy*, 30.

문에 요한계시록은 종말적 성취와 완성으로서의 에덴 회복을 의미 있게 생각한다. 그러므로 독자들은 요한계시록을 읽을 때 이런 관점을 늘 유념해야 한다.

[1:3b] 예언의 말씀들을 읽는 자와 듣고 지키는 자들

읽는 자와 듣고 ... 지키는 자들. 3b절은 복 있는 자를 두 부류로 나눈다. 첫째는 예언의 말씀을 "읽는 자"(ὁ ἀναγινώσκων, 호 아나기노스콘)이고 둘째는 "듣는 자들 ... 그리고 지키는 자들"(οἱ ἀκούοντες ... καὶ τηροῦντες, 호이 아쿠온테스 ... 카이 테룬테스)이다. 전자는 단수형으로 표현되고 후자는 복수형으로 표현된다. 여기서 "읽는 자"가 단수형으로 등장하는 것은 한 사람이 나와서 낭독하고 나머지 청중은 그것을 듣는 초대 교회의 예배 정황을 떠올리게 한다.[78] 따라서 요한계시록이 "교회 공동체들의 예배 모임에서 크게 낭독되기 위한 편지"라는 해링턴의 주장은 적절하다.[79] 읽는 자는 초대 교회에서 공식적으로 순서를 맡았고, AD 2세기로 넘어가면서 기독교 예배를 위한 공식적인 교회 직책으로 인정되었다.[80] 바울 서신도 예배에서 낭독되었다는 정황이 있다(살전 5:27; 골 4:16; 엡 3:4).[81] 여기서 중요한 것은 "듣고 지키는 자들"이란 표현에서 듣는 것과 지키는 것이 하나의 행위로 표현된다는 점이다. 이 문구는 누가복음 11장 28절에서도 동일하게 등장한다.[82] 이런 이해는 정관사 '호이'(οἱ)가 두 분사 "듣다"와 "지키다"를 모두 포함한다는 점에 근거하며, 따라서 "듣는 것"과 "지키는 것"(혹은 순종하는 것)은 분리되지 않는 하나의 행위로 간주될 수 있다. 듣는 것은 필연적으로 순종을 동반한다. 말씀을 듣고 지키는 자가 복이 있다는 문형이 누가복음 11장 28절과 평행 관계에 있을 뿐 아니라 "듣고 지킴"의 형식이 누가복음 8장 21절, 12장 47절, 요한복음 12장 47절 등에 나타난다는 점으로 볼 때, 이 표현은 복음서 전승의 영향을 받았다고 볼 수 있다.[83]

---

78 M. G. Reddish, *Revelation,* SHBC (Macon, GA: Smyth and Helwys, 2001), 33.

79 Harrington, *Revelation,* 44.

80 Osborne, *Revelation,* 57. 오즈번은 읽는 자와 관련하여 다음과 같이 진술한다. "'읽는 자'는 기독교 예배에서 공식적인 낭독자다. 2세기에는 낭독자가 교회의 공식적인 직책이었지만, 1세기의 교회는 아마 유대 관습을 따랐을 것이다. (팔레스타인 밖 회당에서는 낭독자가 한 명뿐인 경향이 있었지만) 보통 절기의 날들에는 다섯 명, 속죄일에는 여섯 명, 안식일에는 일곱 명의 낭독자가 있었다"(Osborne, *Revelation,* 57). "첫 낭독자는 제사장이었고, 두 번째는 레위인이었고, 다음은 대중들 가운데 있는 다른 구성원들이었다. 미쉬나에 따르면 그렇다"(S. Safrai, "The Synagogue" in *The Jewish People in the First Century: Historical Geography, Political History, Social, Cultural and Religious Life and Institutions,* ed. S. Safrai and M. Stern, CRINT [Philadelphia, PA: Fortress, 1976], 2:930; Osborne, *Revelation,* 57에서 재인용).

81 Osborne, *Revelation,* 58.

82 Aune, *Revelation 1-5,* 19.

83 앞의 책, 20.

이곳에서 "듣는 ... 지키는"이란 표현은 구문상으로는 물론 의미상으로도 두 개의 행위가 아니라 동전의 양면 같은 하나의 행위를 나타낸다. 구문상으로 "듣다"와 "지키다"는 하나의 정관사에 종속되어 있다. 의미상으로 보면, 구약에서 하나님의 말씀을 듣는 것은 곧 순종을 의미하기에, 순종이 없다면 들었다고 할 수 없다. 그렇다면 이 본문에서 "듣고 지킨다"고 할 때 구체적으로 무엇에 순종한다는 것일까? 이 본문에서는 그것이 명시되어 있지 않지만 전체적인 맥락에서 파악할 수 있다. 요한계시록에서 중요한 쟁점은 "누가 세계를 지배하는 진정한 통치자인가?"이다. 이 쟁점으로 인해 다음과 같은 질문이 발생한다. "그 통치자는 로마 제국의 황제인가 아니면 예수 그리스도이신가?" 이 질문과 관련해서 요한계시록이 전하고자 하는 메시지는 바로 로마 제국의 황제 숭배를 거부하고 오직 하나님만을 예배하라는 것이다. 짐승의 제국이 아닌 하나님 나라의 백성으로 살아가라는 것이다.

요한계시록은 로마 제국이 세계를 지배하던 시대에 기록되었고, 그 당시 로마 제국은 황제 숭배를 통치 이념으로 내세우고 있었다. 황제 숭배를 거부하는 것은 당연히 제국과 황제의 권위에 대한 도전으로 여겨졌고, 이러한 도전은 필연적으로 그리스도인들에게 치명적 결과를 가져왔다. 이와 같은 시대 정황에서 교회 공동체는 하나님을 향한 예배와 황제 숭배 사이에서의 선택을 강요받았다. 황제를 숭배하여 안녕과 복지를 누릴 것인가, 아니면 하나님을 예배하는 삶을 선택함으로 죽음을 맞이할 것인가? 요한은 이런 선택의 기로에 서 있는 일곱 교회 성도들에게 서신을 보내서 비록 이 세상에서는 고난을 당하지만 영원한 생명을 얻을 수 있는 올바른 선택을 하도록 권면하고 있다. 하나의 정관사에 의해 하나의 단위로 구성된 "듣고 지킨다"의 의미는 이와 같은 맥락에서 이해되어야 한다.

예언의 말씀들(τοὺς λόγους τῆς προφητείας). 이곳에서는 이 본문이 말하는 예언의 말씀이 무엇이며, 그것이 증거와 어떤 관계를 갖는지 살펴보도록 하겠다.

(1) 예언이란 무엇인가?
이 본문에서 듣고 지켜야 하는 대상으로 나오는 "예언의 말씀들"이란 무엇인가? 먼저 예언 사역을 감당하는 선지자의 사전적 의미를 살펴볼 필요가 있다. 선지자에 해당하는 히브리어 '나비'(נָבִיא)는 "연설자"(speaker) 혹은 "설교자"(preacher)란 의미를 가지며,[84] 헬라어 '프로페테스'(προφήτης)는 "하나님의 뜻과 목적을 선포하거나 계시하도록 영감을 받은 사람"이란 의미를 갖는다.[85] 이런 의미에서 선지자의 지배적인 역할이 미래에 대한 내용을 말하는 것보다는 하나님의 말씀을 대언하는 것임을 알 수 있다. 그러므로 "예언"이란 미래주의자(futurist)의 주장처럼 미래에 일어날 어떤 사건을 미리 예견한다는 의미와는 거리가 멀다.

실제로 구약의 선지자들이 발언하는 내용들을 살펴보면 단순히 미래에 대한 내용만을 말하는 것이 아니다. 기본적으로 선지자들은, 만물을 창조한 창조주이시자 이스라엘을 애굽에서 구속한 구속주이신 하나님의 역사에 대한 말씀을 선포한다. 이것은 과거 시점의 내용이다. 이러한 사상에 근거해서 선지자들은 창조주이시자 구속주이신 하나님을 배역했던 당대의 이스라엘 백성을 향해 그들의 죄를 지적한다. 이것은 현재 시점의 내용이라 할 수 있다. 그리고 선지자들은 죄를 지적하는 데서 끝나지 않고 더 나아가 회개하지 않으면 임할 심판을 말하고 회복의 메시지도 선포하는데, 이 심판과 회복의 내용이 바로 미래 시점을 나타내 준다. 이처럼 선지자들이 선포하는 말씀의 내용에는 과거, 현재, 미래의 시점이 모두 포함되어 서로 유기적으로 연결되어 있다. 그러므로 단순히 선지자들이 말하는 것이 미래에 대한 내용이라고 말하는 것은 적절하지 않으며, 굳이 한 시점을 꼬집어 말해야 한다면 선지자들의 관심은 오히려 현재에 있다고 할 수 있다.

그러므로 예언은 하나님의 말씀을 대언하는 것이고, 선지자는 "당대의 상황을 신적 관점으로 해석하고 하나님에게서 받은 말씀을 그 상황에 전달하면서 하나님의 대언자(spokesperson) 역할을 했던 자"이며, 그들의 주된 관심사는 "현재"에 있다.[86] 그러므로 예언의 말씀인 요한계시록은 미래의 사건들에 대한 시나리오를 제공하기 위해 기록된 것이 아니라, 요한계시록의 수신자인 일곱 교회의 성도들이 그들의 현재 상황에서 어떻게 하나님을 예배하는 삶을 살 것인지를 말해주려는 목적으로 기록되었다. 전통적으로 예언에 대한 잘못된 개념으로 인하여 요한계시록을 현실과는 동떨어진, 노스트라다무스의 예언집과 별반 다를 것이 없는 책으로 취급해 왔던 것이 사실이다. 예언 말씀으로서의 요한계시록에 대해 올바른 개념을 갖는 것은 요한계시록을 읽는 방법과 방향을 획기적으로 전환할

---

84   *HALOT*, 2:662.
85   BDAG, 890.
86   Reddish, *Revelation*, 33.

수 있는 중요한 발판을 제공한다. 그러므로 오늘날의 독자들이 예언에 대한 올바른 개념이 무엇인지를 이해하는 것은 요한계시록을 읽고 해석하는 데 있어 매우 중요하다.

(2) 예언과 증거

예언의 말씀을 기록한 요한은 하나님의 말씀을 증거하는 자다. 여기서 예언과 증거는 서로 밀접한 관계를 갖는다. 요한계시록 11장의 두 증인은 땅에 사는 자들에게 회개를 촉구하는 예언 사역을 하도록 부르심 받은 선지자들이다(11:3). 요한은 하나님의 말씀을 증거하는 자(1:2)로서 10장 11절에서는 "예언"의 사역으로 부르심을 받는다. 예수님도 모세를 통해 약속된 "그 선지자"(행 3:22; 7:37; 신 18:18)로 오셨고, 많은 사람들에 의해 선지자로 일컬음을 받으셨으며(마 13:57; 21:11, 46; 막 14:65; 눅 7:16; 24:19; 요 4:19, 44; 6:14; 7:40; 9:17), 예수님 자신도 스스로를 선지자라 칭하셨다(막 6:4). 또한 디모데전서 6장 13절에서는 예수님을 "만물을 살게 하신 하나님 앞과 본디오 빌라도를 향하여 선한 증거를 하신 그리스도 예수"라고 소개한다. 선지자로서의 예수님은 십자가 사역을 통해 친히 하나님의 뜻과 계획을 만천하에 구현해 드러내시는 참 증인으로 사셨다. 이런 맥락에서 요한계시록은 예언사역의 주체인 선지자의 사역을 충성된 증인의 사역으로 규정하는데(1:5), 이는 예언이 하나님의 뜻과 계획을 구현하고 드러내는 증거의 성격을 갖기 때문이다.

또한 3b절의 "그 예언의 말씀들"(τοὺς λόγους τῆς προφητείας, 투스 로구스 테스 프로페테이아스)은 2a절의 "하나님의 말씀과 예수 그리스도의 증거"를 가리킨다. 그러므로 예언의 말씀은 요한이 증거하는 "하나님의 말씀과 예수 그리스도의 증거," 즉 예수 그리스도에 의해 증거된 하나님의 말씀인 것이다. 구약에서는 예언이 선지자들이 증거하는 하나님의 말씀이지만, 신약에서는 그것이 기독론적으로 재편성되고 있다. 곧 신약에서는 예수님이 구약 선지자들의 예언 사역을 총망라하는 선지적 사역을 수행하심으로써 하나님의 뜻과 계획을 온전히 증거하신다.[87] 이 모든 날 마지막에 하나님은 아들 예수님을 통해 말씀하신다(참고, 히 1:1). 그렇다면 요한이 선지자로서 당대의 하나님의 나라 백성을 향해 대언하고자 했던 예언의 말씀은 무엇인가? 그것은 바로 예수님을 통해 증거된 하나님의 뜻과 계획이

---

87 선지자로서의 예수님에 대해서는 R. D. Kaylor, *Jesus the Prophet: His Vision of the Kingdom on Earth* (Louisville, KY: John Knox, 1994)를 보라.

다. 그러면 하나님의 뜻과 계획은 또 무엇인가? 그것은 1장 1c절의 "반드시 신속하게 되어져야만 하는 것들"이자 다니엘 2장 28-29절과 44-45절에서 주어진 약속의 성취인 하나님 나라의 종말적 도래다. 예수님은 이 진리를 창출해 내신 분일 뿐만 아니라 그 진리의 참 증인이시다.

[1:3c] 때가 가깝다

3c절은 "때가 가깝다"고 한다. 이 문구는 "왜냐하면"(γάρ, 가르)이라는 접속사로 시작하는데, 이 접속사의 사용은 3c절이 앞의 내용(3ab절)에 대한 이유를 제시하고 있음을 보여준다. 여기서 "때가 가깝다"는 것은 재림의 때가 가깝다는 의미인가? 전통적으로 그런 해석이 지배적이었고, 재림의 때가 아직 오지 않았지만 곧올 것을 의미한다고 이해되었던 것이 사실이다. 과연 이 해석을 받아들여도 될까? 비일은 이 문구가 의미하는 것에 대한 해석 중 가장 인정할 수 없는 잘못된 견해가 "즉각적인 미래"(immediate future)를 가리키는 것으로 해석하는 것이라고 주장한다. [88] 오히려 이 문구의 "때"(καιρός, 카이로스)라는 단어는 마태복음 8장 29절에서 "귀신들을 다스리는 메시아의 능력의 시작"을 의미하는 데 사용되기도 한다. [89] 이 문구의 의미를 규정하는 데 있어 매우 유용한 것은 이 본문과 평행 관계에 있는 마가복음 1장 15절이다. [90]

(1) 마가복음 1장 15절과의 비교 연구
요한계시록 1장 3절과 마태복음 1장 15절을 비교하면 다음과 같다.

요한계시록 1:3	마가복음 1:15
ὁ γὰρ καιρὸς ἐγγύς.	πεπλήρωται ὁ καιρὸς καὶ ἤγγικεν ἡ βασιλεία τοῦ θεοῦ·
때가 가깝다	때가 찼고 하나님 나라가 가까이 왔다

이 표를 통해 우리는 요한계시록 1장 3절과 마가복음 1장 15절에서 "때"(καιρός, 카이로스)라는 단어가 동일하게 사용되는 것을 볼 수 있고, "가깝다"라는 단어가 전자의 경우에는 형용사(ἐγγύς, 엥귀스)로 사용되는 반면 후자의 경우에는 완료 시제

---

88 Beale, *The Book of Revelation*, 185.
89 Ford, *Revelation*, 374. 마 8:29 외에도 신약에서 '카이로스'란 단어는 예수님의 죽음의 시간을 지칭할 때(마 26:18)나 예수님이 오신 시간을 알아차리지 못하는 예루살렘의 실상을 지적할 때(눅 19:44) 사용된다(앞의 책).
90 앞의 책.

동사(ἤγγικεν, 엥기켄)ἐγγίζω, 엥기조)로 사용된다는 것을 확인할 수 있다.

마가복음 1장 15절은 평행 관계를 갖는 두 문장으로 구성된다. 하나는 "때가 찼다"이고 다른 하나는 "하나님의 나라가 가까이 왔다"이다. 여기서 "때가 찼다"는 것은 종말에 이르는 "지정된 시간이 왔다"는 의미를 갖는다.[91] 갈라디아서 4장 4절의 "때가 차매"(ὅτε δὲ ἦλθεν τὸ πλήρωμα τοῦ χρόνου, 호테 데 엘뎬 토 플레로마 투 크로누; 직역하면, "때의 참이 왔을 때")라는 문구에서 "참"(πλήρωμα, 플레로마)이란 명사는 마가복음 1장 15절의 "차다"(πεπλήρωται, 페플레로타이)πληρόω, 플레로오)란 동사의 명사형으로서 종말적 시대의 도래를 의미하는 것이 분명하다. 누가복음 4장 21절의 "이 글이 ... 응하였느니라"(πεπλήρωται ἡ γραφὴ αὕτη, 페플레로타이 헤 그라페 하우테)에서는 마가복음 1장 15절의 "차다"(πεπλήρωται, 페플레로타이)와 동일한 단어가 "응하다"(πεπλήρωται, 페플레로타이)에 사용되면서 정확하고 분명하게 성경 곧 이사야서의 종말적 약속(사 61:1-2; 42:7; 58:6)의 성취를 언급한다.

이와 같은 결론으로 볼 때, 요한계시록 1장 3c절과 평행 관계에 있는 마가복음 1장 15절의 "하나님 나라가 가까이 왔다"는 문구가 "하나님 나라가 왔다"를 의미한다고 보는 것이 타당하다. 따라서 "가까이 왔다"(ἤγγικεν, 엥기켄)는 오지 않은 상태에서 가까이 있다는 의미로 사용되는 것이 아니라 이미 "왔다"는 의미로 사용되고 있다. 마가복음 1장 15절의 문맥도 이 해석을 지지하는데, 그 문맥의 내용은 다음과 같다: (1) 마가복음 1장 15절, (2) 어부들을 부르시다(16-20절), (3) 더러운 귀신 들린 사람을 고치시다(21-28절), (4) 많은 사람을 고치시다(29-34절), (5) 전도 여행을 떠나시다(35-39절), (6) 나병 환자를 깨끗하게 하시다(40-45절). 여기서 사도들을 부르시는 것은 구약 이스라엘의 회복을 위한 교회 공동체 탄생의 서막을 알리는 것이며, 귀신을 쫓아내고 병자를 치료하고 전도하는 것은 하나님 나라의 도래를 선포하는 행위라고 할 수 있다.

이 결론은 거짓 선지자의 미혹하는 발언을 담고 있는 누가복음 21장 8절과의 관계를 통해 더욱 강화될 수 있다.[92] 이 두 본문을 비교하면 다음과 같다.

마가복음 1:15	누가복음 21:8
πεπλήρωται ὁ καιρὸς καὶ ἤγγικεν ἡ βασιλεία τοῦ θεοῦ·	ὁ καιρὸς ἤγγικεν
때가 찼고 하나님 나라가 가까이 왔다	때가 가까이 왔다

---

91 R. A. Guelich, *Mark 1-8*, WBC 34A (Dallas, TX: Word, 1989), 43.

92 Aune, *Revelation 1-5*, 21.

이 비교표에 따르면 마가복음 1장 15절에서 두 문장에 분리되어 사용되는 "때"(καιρός, 카이로스)와 "가까이 왔다"(ἤγγικεν, 엥기켄)가 누가복음 21장 8절에서는 한 문장에서 사용된다(ὁ καιρὸς ἤγγικεν, 호 카이로스 엥기켄). 비록 누가복음 21장 8절이 거짓 선지자의 발언이긴 하지만 사용된 문장의 의미만 보면, 때의 완료적 도래를 의미하는 누가복음 21장 8절의 '호 카이로스 엥기켄'(ὁ καιρὸς ἤγγικεν)과 요한계시록 1장 3c절의 '호 … 카이로스 엥귀스'(ὁ … καιρὸς ἐγγύς)는 "사실상 동의어"라 할 수 있다.[93] 이 두 본문은 또한 이스라엘의 회복의 때가 왔다는 사실을 선포하는 다니엘 7장 22절에 "의존한다"고 볼 수 있다.[94] 이와 같은 관계들을 통해 요한계시록 1장 3c절의 "때가 가깝다"는 **시작된 종말**로 규정되면서 성취의 의미가 더욱 강화된다.

(2) "때가 가깝다"의 의미

그렇다면 요한계시록 1장 3절의 "때가 가깝다"는 마가복음 1장 15절의 "때"와 "가깝다"를 조합한 것으로서 하나님 나라의 종말적 도래가 이미 성취되었음을 의미한다. 특별히 "가깝다"라는 표현에 의해 이러한 성취의 의미는 묘미를 더한다. 이러한 묘미와 관련하여 비일은 "현재 개념을 포함하는 과장된 임박함 표현"이라고 설명한다.[95] 여기에서 강조되는 것은 현재 개념을 포함한다는 것이다. 이것은 다니엘 2장 28-29절에서 주어진 종말적 하나님 나라의 도래에 대한 약속의 성취를 보여주는 1장 1d절의 "반드시 신속하게 되어져야만 하는 것들"이란 문구와 동일한 개념을 공유한다. 요한계시록이 이처럼 실현된 종말론의 기초 위에 내용을 전개하고 있음을 기억하는 것이 매우 중요하고, 그것이 요한계시록을 올바로 읽는 이정표가 될 것이다.

(3) 3ab절과 3c절의 관계

3c절에서는 이유를 도입하는 접속사 '가르'(γάρ, 왜냐하면)가 사용되어 3ab절의 내용에 대한 이유를 제공한다. 하나님의 나라가 임하는 종말의 때가 이미 시작되었기 때문에, 말씀을 듣고 순종하는 성도들은 비록 죽음에 이르는 고난을 당한

---

93 앞의 책.
94 앞의 책. 단 7:22에서 데오도티온역(Theodotion)은 "때가 왔다"(ὁ καιρὸς ἔφθασεν, 호 카이로스 에프다센)로 번역하고 70인역은 "때가 지정되었다"(ὁ καιρὸς ἐδόθη, 호 카이로스 에도데)로 번역한다(앞의 책).
95 Beale, *The Book of Revelation*, 185.

다 할지라도 황제 숭배를 거부하고 하나님을 예배하는 삶을 살기로 선택해야 한다. 그것이 복 있는 삶이기 때문이다. 곧 황제 숭배를 거부하고 하나님을 예배하는 삶이야말로 이미 시작된 종말의 시대에 진정으로 하나님 나라를 경험할 수 있는 길이기 때문에 그러한 삶은 복이 있다. 그러므로 여기에서 "복"은 "종말의 때" 곧 "하나님 나라의 종말적 도래"와 긴밀한 인과 관계를 갖는다. 인간에게 무엇이 복인가? 로마 제국의 황제에게 굴복하여 그로부터 주어지는 부귀와 영화를 잠시 누리는 것이 복인가, 아니면 영원히 하나님 나라의 통치를 받는 것이 복인가? 당연히 후자다. 가장 근본적인 이유는 로마 제국은 영원하지 않지만 하나님 나라는 영원하기 때문이다. 최초로 에덴에서 아담이 그러했듯이, 인간에게는 하나님 나라의 백성으로서 그 통치를 받으며 살아가는 것보다 더 큰 행복이 존재할 수 없다. 더욱이 그 나라가 현재 시점에서 저 멀리 있는 것이 아니라 여기 이 세상에 그리스도를 통해 이미 도래해 있다. 누구나 믿음으로 순종하여 그 나라의 백성으로 살아갈 수 있는 환경이 완벽하게 주어진 것이다. 그러므로 황제 숭배를 거부하고 하나님을 예배하는 삶을 살라는 말씀을 듣고 순종하는 자는 언제든지 그 나라의 통치를 받게 되기 때문에 복이 있는 것이다.

이 점은 히브리서 11장에서 히브리서 저자가 모세를 평가할 때 두드러지게 나타난다.

> ²⁴믿음으로 모세는 장성하여 바로의 공주의 아들이라 칭함 받기를 거절하고 ²⁵도리어 하나님의 백성과 함께 고난 받기를 잠시 죄악의 낙을 누리는 것보다 더 좋아하고 ²⁶그리스도를 위하여 받는 수모를 애굽의 모든 보화보다 더 큰 재물로 여겼으니 이는 상 주심을 바라봄이라(히 11:24-25)

모세는 바로의 공주의 아들로서 부귀와 영광을 누릴 수도 있었지만 하나님의 백성으로 살기를 더 좋아했다. 그래서 그는 당대 최고의 왕족(로얄 패밀리)의 특권을 포기하고 하나님의 통치를 받아들이게 되었다. 왜냐하면 그것이 복 있는 삶이기 때문이다.

(4) 22장 10절과의 관계

22장 10절에서는 "때가 가깝다"라는 문구가 사용되는데 이 문구 역시 "실현된 종말"의 개념을 나타낸다. 왜냐하면 이 문구가 접속사 '가르'(γάρ, 왜냐하면)에 의해 "이 책의 예언의 말씀들을 인봉하지 말라"는 말씀에 대한 이유로 주어지기 때문이다(어떤 사본에서는 강력한 이유를 표현하는 접속사 '호티'[ὅτι]가 사용되었다). 이곳에 나오는

"책"(개역개정 "두루마리")은 5장 1–5절에서도 동일하게 언급된다. 5장에서의 쟁점은 "누가 책의 인을 뗄 것인가?"이고 어린 양 예수님의 십자가 사건이 책의 인을 떼게 되는 결정적 요인으로 주어진다. 책의 인을 떼는 것은 다니엘 8장 17절, 19절, 26절, 12장 4절, 9절 등에서 하나님 나라의 종말적 도래를 의미하고, 이 종말적 사건은 예수님의 십자가 사건을 통해 성취된다(이에 대해서는 5장에서 좀 더 자세하게 논의할 것이다). 이러한 맥락으로 볼 때, 22장 10절에서 때가 가깝기 때문에 "책을 인봉하지 말라"고 한 것은 5장의 언급대로 하나님 나라의 종말적 도래로 책의 인이 이미 떼어졌기 때문이다. 그렇다면 22장 10절도 여지없이 하나님 나라의 종말적 도래를 의미한다고 보는 것이 가능하다. 결국 요한계시록은 처음과 마지막에 "때가 가깝다"를 위치시키는 수미상관(inclusio) 구조를 통해, 실현된 종말을 강조하고 있는 것이다.

(5) 정리
i) 1장 3c절의 "때가 가깝다"는 미래적 종말의 임박성을 의미하지 않는다.
ii) 1장 3c절의 "때가 가깝다"는 마가복음 1장 15절(참고, 갈 4:4; 눅 21:18)의 "때의 참"과 평행 관계를 가지며, 따라서 "때의 참"과 동일하게 종말의 현재적 성취를 의미한다.
iii) "때가 가깝다"는 22장 6절에서 실현된 종말을 의미하는 "인봉하지 말라"와 함께 다시 사용되면서 요한계시록의 처음과 끝에 "때가 가깝다"가 위치하게 되는 수미상관 구조를 형성한다.

1장 1-3절과 22장 6-7절의 평행 관계

요한계시록의 에필로그에 속하는 22장 6절에서도 1장 1d절과 동일하게 '하 데 이 게네스다이 엔 타케이'($\mathring{\alpha}$ $\delta\epsilon\tilde{\iota}$ $\gamma\epsilon\nu\acute{\epsilon}\sigma\theta\alpha\iota$ $\acute{\epsilon}\nu$ $\tau\acute{\alpha}\chi\epsilon\iota$)란 문구가 사용된다. 이와 함께 1장 1-3절과 22장 6-7절, 10절이 다음과 같이 평행 관계를 갖는다.[96]

1:1, 3	22:6-7, 10
1 a) 예수 그리스도의 계시라 　b) 하나님이 (이 계시를) 　d)　반드시 신속하게 되어져야만 　　　하는 것들을 　c)　그의 종들에게 보이시기 위하여 　b) 예수 그리스도에게 주셨다. 　e) 그리고 하나님이 (이 계시를) 　f)　그의 천사를 통하여 보내심으로 　g)　그 종 요한에게 　e) 알게 하셨다.	6··· 　b) 주 곧 선지자들의 영들의 하나님이 　d)　반드시 신속하게 되어져야만 　　　하는 것들을 　c)　그의 종들에게 보이시기 위하여 　b) 그의 천사를 보내셨다
3 b) 그 예언의 말씀들을 읽는 자와 듣고 　　그 안에 기록된 것들을 지키는 자들이 　a) 복 있다 　c) 왜냐하면 때가 가깝기 때문이다.	7 ··· 　c) 이 책의 예언의 말씀들을 지키는 자가 　b) 복 있다 10 a) 그리고 그가 나에게 말한다 　b) 이 책의 예언의 말씀들을 인봉하지 말라 　c) 왜냐하면 때가 가깝기 때문이다

22장 6-7절은 에필로그(마무리) 부분으로서 요한계시록 전체를 정리하는 의도를 갖는다. 이런 맥락에서 22장 6-7절은 1장 1-3절을 다시 한 번 언급하여 요한계 시록 말씀의 성격을 규정한다. 그렇다면 이것은 처음의 내용을 다시 반복하여 확인하고 강조하려는 목적을 갖는다고 할 수 있다. 22장 6-7절을 단순히 재림 에 대한 의미로 속단해서는 안 된다. 특별히 7절의 "내가 … 온다"($\check{\epsilon}\rho\chi o\mu\alpha\iota$, 에르코 마이)라는 동사는 현재 시제이기 때문에 미래적 의미만을 갖는 것으로 보는 것은 적절하지 않다. 여기에서 현재형으로 사용된 동사 "오다"($\check{\epsilon}\rho\chi o\mu\alpha\iota$, 에르코마이)는 동 일한 동사를 사용하는 2장 5절("만일 그리하지 아니하고 회개하지 아니하면 내가 네게 와서 네 촛

96　Charles, *A Critical and Exegetical Commentary on the Revelation of St. John*, 1:5. 이 평행 관계에 대해서 는 22:6-7, 10에서 좀 더 자세하게 다루겠다.

대를 그 자리로부터 옮길 것이다")과 비교해서 생각해 볼 수 있다. 2장 5절에서는 이 동사가 예수님의 승천과 재림 사이에 회개하지 않는 자를 심판하기 위해 예수님이 성령을 통해 상시적으로 오시는 것을 의미한다. 2장 16절은 22장 7절과 동일한 문구인 '에르코마이 타퀴'(Ἔρχομαι ταχύ)를 사용해서 다음과 같이 말한다. "그러므로 회개하라 그리하지 아니하면 '내가 네게 속히 가서'(Ἔρχομαί σοι ταχύ, 에르코마이 소이 타퀴) 내 입의 검으로 그들과 싸우리라." 여기에서 "속히 오심"은 당연히 재림이 아니라 회개하지 않는 자에게 예수님이 오시는 것을 의미한다. 이때 "속히"는 시간적 의미가 아니라 긴박함을 강조하는 "감정적 차원의 언어"라고 할 수 있다.[97] 이와 유사한 경우가 3장 3절의 "만일 일깨지 아니하면 내가 도둑 같이 이르리니"라는 말씀에 있다. 여기서 사용된 동사 "이르다"(ἥξω, 헥소〉ἥκω, 헤코)는 "오다"와는 다소 다른 동사로서 흥미롭게도 미래 시제가 사용된다. 이곳의 미래 시제는 의지의 표현으로 사용되고, 따라서 3장 3절의 "오심"도 재림이 아닌 상시적인 오심을 의미한다.[98] 특별히 2장 5절과 3장 3절은 둘 다 "조건적인 오심"을 말한다. 그러나 동시에 그것은 언제든 일어날 수 있는 "상시적인 오심"이다. 승천 이후에 예수님은 교회 공동체의 회복과 갱신을 위해 언제든지 오신다. 특별히 예수님은 성만찬 가운데 예배자들에게 임재하신다.[99] 22장 7절에 나오는 예수님의 오심도 이런 맥락에서 이해할 수 있다. 특히 부사 "속히"(ταχύ, 타퀴〉ταχύς, 타퀴스)는 시간적 임박성이 아니라 "감정적" 급박함을 의미한다. 그래서 22장 7a절에 이어지는 7b절은 예언의 말씀을 지키는 자가 복이 있다고 선언한다.

---

97 여기서 사용된 "감정적 차원의 언어"란 표현은 협성대의 신동욱 교수와 사적 토론을 하던 중 그가 제안했던 것이다.

98 비일은 이것을 "종말적 '오심' 과정의 연속"(the continuum of the eschatological process of the "coming")이라고 표현한다(Beale, *The Book of Revelation*, 276).

99 계 2:5와 성만찬 주제의 관계에 대해서는 계 2:5를 논의할 때 집중적으로 다루게 될 것이다.

3. 인사말: 삼위 하나님으로부터의 은혜와 평안(1:4-5d)

구문 분석 및 번역

4절 a Ἰωάννης ταῖς ἑπτὰ ἐκκλησίαις ταῖς ἐν τῇ Ἀσίᾳ·
요한은 아시아에 있는 일곱 교회에게 (편지한다).

b χάρις ὑμῖν καὶ εἰρήνη
은혜와 평안이 여러분들에게 있기를

c ἀπὸ ὁ ὢν καὶ ὁ ἦν καὶ ὁ ἐρχόμενος
지금 계시고 전에도 계셨고 장차 오실 이로부터

d καὶ ἀπὸ τῶν ἑπτὰ πνευμάτων ἃ ἐνώπιον τοῦ θρόνου αὐτοῦ
그리고 그의 보좌 앞에 있는 일곱 영으로부터

5절 a καὶ ἀπὸ Ἰησοῦ Χριστοῦ,
그리고 예수 그리스도로부터

b ὁ μάρτυς, ὁ πιστός,
신실한 증인이시요

c ὁ πρωτότοκος τῶν νεκρῶν
죽은 자들의 처음 나신 이시요

d καὶ ὁ ἄρχων τῶν βασιλέων τῆς γῆς.
그리고 땅의 왕들의 통치자이신

4a절은 편지 형식으로 되어 있으며 헬라어 성경 원문에는 "편지하다"라는 동사가 생략되어 있다. 그러나 이곳이 편지의 형식을 가지고 있기 때문에 번역의 자연스러움을 위해 "편지하다"라는 단어를 첨가해 두었다. 하지만 4b절의 은혜와 평강을 구하는 부분에서는 "있기를"이라고만 표현해도 충분히 의미가 전달될 수 있기 때문에 다른 동사를 첨부하지 않았다. 이곳에서는 4-5d절이 보여주는 다음과 같은 규칙적인 패턴을 부각시키는 데 집중했다: (1) 4c절, 4d절, 5a절이 모두 전치사 '아포'(ἀπό, ...로부터)를 동일하게 사용하면서 세 번 반복되는 패턴을 갖는다. (2) 5b절, 5c절, 5d절은 모두 5a절의 예수 그리스도에 대한 보충 설명으로서, 정관사 '호'(ὁ)로 시작하는 세 개의 문구, 즉 "신실한 증인"(ὁ μάρτυς, ὁ πιστός, 호 마르튀스 호 피스토스), "죽은 자들의 처음 나신 이"(ὁ πρωτότοκος τῶν νεκρῶν, 호 프로토토코스 톤 네크론), "땅의 왕들의 통치자"(ὁ ἄρχων τῶν βασιλέων τῆς γῆς, 호 아르콘 톤 바실레온 테스 게스)가 나열되는 패턴을 갖는다.

이상의 내용을 근거로 우리말 어순에 맞추어 번역하면 다음과 같다.

4a	요한은 아시아에 있는 일곱 교회들에게 (편지한다).
4c	지금 계시고 전에도 계셨고 장차 오실 이로부터
4d	그의 보좌 앞에 있는 일곱 영으로부터
5b	그리고 신실한 증인이시요
5c	죽은 자들의 처음 나신 이시요
5d	땅의 왕들의 통치자이신
5a	예수 그리스도로부터
4b	은혜와 평안이 여러분들에게 있기를.

본문 주해

[1:4a] 일곱 교회에게 보내는 편지

편지의 형식. 4a절에서 요한은 요한 자신이 발신자로서 아시아에 있는 일곱 교회들에게 편지한다고 밝힌다. 비록 헬라어 본문에는 "편지하다"라는 동사가 존재하지 않지만, 오히려 이런 동사의 생략이 편지 형식에 충실한 특징을 더 잘 보여준다. 본래 편지에서는 "편지한다"라는 말을 사용하지 않는 것이 통상적이다. 요한계시록은 편지에 충실한 형식을 갖는데, 예를 들면 인사말과 송영이 있고 끝부분(22:21)에서 마무리 인사말이 다시 등장하는 것이 그렇다. 요한계시록의 문학 장르는 예수 그리스도의 계시/묵시, 예언의 말씀이지만, 그와 더불어 편지의 특징을 갖는다. 이처럼 세 개의 문학적 특징이 조합을 이룬 성경은 요한계시록이 유일하므로, 요한계시록이 하나님의 말씀을 전달하기 위해 매우 다양한 방법을 사용한다는 사실을 알 수 있다.

수신자: 아시아에 있는 일곱 교회. 요한계시록의 수신자는 아시아의 일곱 교회 성도들이다. 엄밀하게 말하면 아시아에 있는 일곱 도시에 있는 일곱 교회라고 할 수 있다. 여기서 "교회"는 오늘날처럼 어떤 건물을 가진 형태의 조직적 단체라기보다는 성도들의 모임 자체를 가리키는 것으로 보는 것이 적절하다. 곧 요한계시록 전체가 구체적으로 일곱 지역에 존재하는 일곱 교회 공동체에게 보내는 편지다. 당시에 아시아라고 하면 보통 로마 제국의 지배를 받았던 현재 터키의 서쪽 해안 지역을 의미했던 것으로 알려져 있다.[100] 이것은 일곱 교회 성도들이 로마 제국의 지배 아래 살고 있었음을 의미하면서 수신자들의 삶의 정황을 암시하는 정보를 제공한다.

---

100 Harrington, *Revelation* 46.

편지의 해석학. 요한계시록이 편지의 특징을 갖는 것이 어떤 의미와 효과를 가질까? 가장 먼저 고려할 점은 편지가 발신자와 수신자를 갖는다는 사실이다. 즉, 발신자인 요한과 수신자인 일곱 교회 공동체 사이에 고유하고 개별적인 의사소통의 구조가 형성되어 있음을 의미한다. 이것은 오늘날의 독자들이 요한계시록을 어떻게 해석해야 하는지에 대한 방향을 제시해 준다. 즉, 현대의 관점에서 요한계시록을 재단해서는 안 되고 발신자인 요한과 수신자인 일곱 교회 공동체 사이에 고유하게 존재했던 의사소통의 언어적, 문화적 메카니즘을 정확하게 파악해서 적용해야 한다는 것이다. 이것은 요한계시록뿐 아니라 모든 성경 본문을 해석할 때 동일하게 적용되어야 하는 원칙이다. 이러한 메카니즘을 무시하고 현대적 사고를 본문 속으로 끌어들이면 본문이 왜곡될 수밖에 없다.

예언에 대한 잘못된 개념을 바탕으로 요한계시록이 마치 미래적 사건의 시나리오를 기록한 것으로 간주해서 그러한 시나리오 속 사건들이 오늘날 나타나게 될 것으로 기대하고, 현재에 일어나는 사건들을 어떻게든 요한계시록 본문과 관련지으려 하는 것은 발신자와 수신자 사이에 의사소통의 구조가 존재하는 요한계시록의 서신으로서의 특징을 완전히 무시하는 처사라고 볼 수 있다. 세대주의적 해석과 극단적인 경우이긴 하지만 신천지가 바로 이러한 오류를 범하는 대표적인 사례다.[101]

숫자 "일곱"의 의미. 수신자는 일곱 교회인데, 여기서 "일곱"이란 숫자의 의미에 주목할 필요가 있다. 요한은 왜 수신자 교회의 수를 일곱이라는 숫자에 국한시키는 것일까? 당시에 요한은 소아시아의 일곱 교회 외에도 골로새(골 1:2, 2:1), 히에라폴리스(골 4:13), 드로아(행 20:5)에 있는 교회들에 대해서도 잘 알고 있었을 가능성이 충분하다.[102] 그럼에도 불구하고 "일곱"이란 숫자를 선택한 것은 신학적 의도가 있다고 볼 수 있다. 성경에서 "일곱"이란 숫자는 상징적으로 "완전함, 온전함, 총체성"(completeness, perfection, totality)을 나타낸다.[103] 숫자 "일곱"이 이렇게 신성한 특징을 갖는 이유는 창조와 안식일, 안식년, 그리고 희년에 이르기까지 이스라엘의 사고와 삶을 지배하는 주기가 모두 "일곱"이라는 숫자로 이루어져

---

101 신천지의 요한계시록 해석에 대해서는 이필찬, 『신천지 요한계시록 해석 무엇이 문제인가?』(서울: 새물결플러스, 2015)를 참고하라.

102 Charles, *A Critical and Exegetical Commentary on the Revelation of St. John*, 1:8.

103 Ford, *Revelation*, 376. 비일은 여기에 "충만함"(fullness)을 덧붙인다(Beale, *The Book of Revelation*, 186).

있기 때문이다.[104]

"일곱"이란 숫자는 이러한 상징성과 더불어 사실성도 갖는다. 이 이중성은 레위기 4장 16-17절에 잘 나타나 있다. 17절은 피를 일곱 번 뿌리라고 말하는데, 이것은 문자 그대로 피를 일곱 번 뿌리라는 사실적 의미도 있지만 동시에 정결함의 완전함에 대한 상징성을 지니기도 한다.[105] 이 "완전성"의 의미가 요한계시록 본문에서 "일곱 교회"의 "일곱"이란 숫자에도 적용될 수 있다. 이와 같은 사실성과 상징성의 이중성 원칙을 요한계시록에 적용하면, 요한이 보내는 서신의 수신자는 실제로 소아시아에 존재했던 일곱 교회가 되지만, 동시에 요한계시록의 메시지는 단지 소아시아의 일곱 교회뿐 아니라 "우주적 교회"(the church universal), 즉 당시의 모든 교회와 그후로 존재하게 될 모든 교회에게도 해당된다고 볼 수 있다.[106] 이럴 경우 일곱 교회는 당시와 미래의 모든 교회를 대표하는 것으로 간주될 수 있다.[107]

[1:4b] 은혜와 평안

"은혜와 평안"의 간구가 모든 바울 서신에 등장하는 것으로 미루어 볼 때,[108] 편지 형식을 갖는 신약의 모든 책에서 "은혜와 평안"이 중요한 요소로 작용한다고 이해할 수 있다.[109] 여기서 "은혜"는 "하나님과 예수 그리스도의 호의(favour)"라고 할 수 있고 "평안"은 "그리스도를 통해 회복된 하나님과 인간 사이의 화합(harmony)"이라고 할 수 있다.[110] 이러한 의미의 "평안"은 구약에서 에덴 회복의 특징을 나타내는 '샬롬'과 같은 개념으로 볼 수 있다.[111] 여기에서 은혜는 에덴적 평

---

104 Ford, *Revelation*, 376.
105 Beale, *The Book of Revelation*, 186. 하지만 숫자 "일곱"이 상징적 의미로만 사용되는 경우도 있는데, 예를 들면 이스라엘이 죄를 회개하지 않으면 일곱 배의 징계를 받는다고 말하는 레 26:18-28의 경우가 그렇다(앞의 책).
106 앞의 책, 187.
107 Thomas, *Revelation 1-7*, 64.
108 Mounce, *The Book of Revelation*, 45.
109 이것에 동의하는 입장은 다음의 책들을 보라. Charles, *A Critical and Exegetical Commentary on the Revelation of St. John*, 1:9-10; Harrington, *Revelation*, 47; J. Roloff, *The Revelation of John*, CC (Minneapolis, MN: Fortress, 1993), 23.
110 Charles, *A Critical and Exegetical Commentary on the Revelation of St. John*, 1:9.
111 마운스는 에덴 회복이란 개념을 적용하지는 않지만 평안이 구약의 "일반적인 샬롬"과 관계된다는 사실을 지적한다(Mounce, *The Book of Revelation*, 45). 그리고 "샬롬"이 에덴의 회복과 관련된다는 사실은 "샬롬 언약이 새에덴이 될(겔 36:35) 땅에 성대한 번영과 비옥함을 가져오는 일(겔 34:23-31)이 바로 미래의 다윗적 지도력의 시대에 있을 것이라"는 에스겔의 진술에 잘 나타나 있다(Stephen G. Dempster, *Dominion and Dynasty: A Biblical Theology of the Hebrew Bible*, ed. D. A. Carson, NSBT 15 [Downers Grove, IL: InterVarsity Press, 2003], 171).

안의 원인이고 평안은 은혜의 결과라고 할 수 있으며, 그래서 메츠거는 "하나님의 백성이 평안을 누릴 수 있는 것은 하나님의 은혜 때문"이라고 말한다.[112] 이상의 내용들로 볼 때, 은혜와 평안에 대한 이곳의 언급은 단순히 편지 형식을 만족시키는 구성 요소로만 이해할 것이 아니라 요한이 자신의 독자들에게 이 문구의 실제적인 결과가 임하게 되기를 진실로 갈망하고 있는 것으로 이해해야 한다.

[1:4c-5d] 은혜와 평안은 어디로부터 나오는가?

이 은혜와 평안은 요한 자신으로부터 나오지 않으며, 4c-5절에서 언급되는 삼위 하나님으로 말미암는다(하나님[4c절], 성령[4d절], 예수 그리스도[5절]). 베드로전서 1장 2절에도 삼위일체적 형식의 인사말이 존재하기는 하지만, 삼위일체 하나님으로부터의 은혜와 평안을 구하는 요한계시록의 인사말은 매우 독특한 성격을 갖는다.[113] 계시록은 하나님과 예수님과 성령님 앞에 요한의 신학적 묵상이 반영된 표현을 둠으로써, 인사말의 표준 형식인 "은혜와 평안이 하나님 우리 아버지와 주 예수 그리스도로부터 있을지어다"라는 문구를 창의적이고 섬세한 방법으로 변형시켜 사용한다.[114] 여기에서 보쿰은 기독교 삼위일체론의 표준이 되었던 교부들의 삼위일체 신학의 "특정한 개념성"(the particular conceptuality)이 요한으로부터 비롯된 것으로 여겨서는 안 된다고 경고하며, 요한의 표현을 요한계시록 본문의 문맥에 맞게 "그 자체의 용어로" 이해해야 한다고 주장한다.[115] 즉, 삼위일체에 대한 요한의 표현을 요한계시록의 문맥 속에서 그 독특성을 인지하면서 이해해야 한다는 것이다. 이제부터는 요한이 사용한 삼위 하나님에 대한 표현 각각의 의미를 자세하게 살펴보도록 하겠다.

지금 계시고 전에도 계셨고 장차 오실 이(ὁ ὢν καὶ ὁ ἦν καὶ ὁ ἐρχόμενος, 4c절).

(1) 구약적, 유대적, 헬라적 배경

은혜와 평안의 첫 번째 출처이신 하나님은 "지금도 계시고 전에도 계셨고 장차 오실 이"(ὁ ὢν καὶ ὁ ἦν καὶ ὁ ἐρχόμενος, 호 온 카이 호 엔 카이 호 에르코메노스)로 묘사되고 있다. 이것은 70인역 출애굽기 3장 14절에 나오는 하나님의 이름 '에고 에이미 호

---

112 Metzger, *Breaking the Code*, 23. 메츠거는 여기에 덧붙여서 "평안"을 "하나님과의 평안"(peace with God)과 "하나님의 평안"(peace of God)을 모두 의미하는 것으로 규정한다(앞의 책).
113 Bauckham, *The Theology of the Book of Revelation*, 24.
114 앞의 책.
115 앞의 책, 24-25.

온'(Ἐγώ εἰμι ὁ ὤν, 나는 스스로 있는 자이라)을 확대한 형태인데,[116] 삼중적 표현을 선호하는 습관에 근거해서 과거와 미래의 시점을 첨가한 것이다. 팔레스타인 탈굼(위-요나단 탈굼)은 출애굽기 3장 14절의 호칭을 "나는 있었고 있을 자다"로 풀어서 표현하고, 신명기 32장 29절에서는 똑같은 호칭을 "나는 있는 자이고 있었던 자이며, 나는 있을 자다"라고 표현한다.[117] 뿐만 아니라 시빌의 신탁(Sibylline Oracle) 3:16에도 "지금 존재하고 전에도 있었고 다시 미래에도 계실 분"[118]이라는 표현이 등장하는데, 이것은 70인역 출애굽기 3장 14절을 반영하는 동시에 도도나의 신탁(Dodona Oracle)에 나오는 "제우스가 있었고, 제우스가 있고, 제우스가 있을 것이다"(Ζεὺς ἦν, Ζεὺς ἐστίν, Ζεὺς ἔσσεται, 제우스 엔, 제우스 에스틴, 제우스 에쎄타이)라는 문구를 연상시키기도 한다.[119] 이와 같은 경우들에서는 현재와 과거와 미래의 시점을 조화롭게 배열함으로써 "불변성"(immutability)을 강조하기 위한 목적이 뚜렷하게 드러난다.[120] 그러나 요한은 이러한 불변성과 관련해서 하나님을 아무런 "동작 없이"(motionlessly) 영원히 존재하는 정적인 분으로 묘사하는 것에 만족하지 않고, 시간과 역사를 역동적으로 주관하시는 분으로 묘사하려고 한다.[121]

(2) 문법 및 균형의 파괴

이 목적을 이루기 위해서 요한은 문법의 파괴를 감행한다. 이런 문법의 파괴는 두 가지로 나타난다. 첫째, 전치사 '아포'(ἀπό) 뒤에는 소유격이 오게 되어 있지만, 4c절에서 요한은 '아포' 뒤에 세 개의 주격 정관사와 분사의 조합을 사용하고(ὁ ὢν καὶ ὁ ἦν καὶ ὁ ἐρχόμενος, 호 온 카이 호 엔 카이 호 에르코메노스), 이어지는 4d절과 5a절 각각에서는 '아포' 뒤에 정상적으로 소유격을 사용한다. 둘째, 4c절에 나오는

---

116 Charles, *A Critical and Exegetical Commentary on the Revelation of St. John,* 1:10.
117 Bauckham, *The Theology of the Book of Revelation*, 28-29.
118 *OTP* 1:362.
119 S. M. McDonough, *YHWH at Patmos: Rev. 1:4 in Its Hellenistic and Early Jewish Setting*, WUNT 2. 107 (Tübingen: Mohr Siebeck, 1999), 188. 맥도너(Mcdonough)에 의하면 유대적인 것과 헬라적인 것의 이런 조화는 헬라적 사상이 팽배했던 당시에 유대인이 전형적으로 사용했던 변증법의 편린을 반영한다(앞의 책). 이와 관련하여 찰스도 다음과 같은 자료를 제시한다(Charles, *A Critical and Exegetical Commentary on the Revelation of St. John*, 1:10-11):
 Pausanias, x. 12. 5: for the songs of the doves at Dodona, Ζεὺς ἦν, Ζεὺς ἐστίν, Ζεὺς ἔσσεται in the inscription at Sais (Plutarch, De Iside, 9), ἐγώ εἰμι πᾶν τὸ γεγονὸς καὶ ὂν καὶ ἐσόμενον καὶ τὸν ἐμὸν πέπλον οὐδείς πω θνητὸς ἀπεκάλυψεν: in the Orphic lines, Ζεὺς πρῶτος γένετο, Ζεὺς ὕστατος ἀρχικέραυνος, Ζεὺς κεφαλή, Ζεὺς μέσσα, Διὸς δ᾽ ἐκ πάντα τέτυκται. Finally, in reference to Aûharmazd it is stated in the Bundahis, i. 4 (S.B.E. v. 4), "Aûharmazd and the region, religion and time of Aûharmazd were and are and ever will be."
120 Roloff, *The Revelation of John*, 24.
121 앞의 책.

'호 엔'(ὁ ἦν)은 직설법 동사 '엔'(ἦν)이 정관사 '호'(ὁ)와 결합된 형태인데, 이것은 문법적으로 도저히 불가능한 조합이다. 과거 시제에 해당하는 분사형이 존재하지 않기 때문에 이러한 파격을 시도한 것이라고 볼 수 있다. 그리고 4c절 끝부분의 "장차 오실 분"(ὁ ἐρχόμενος, 호 에르코메노스)은 문법의 파괴는 아니지만 이 세 조합의 구성이라는 점에서 파격적이다. "지금도 계시고(현재) 전에도 계셨고(과거)"와 균형을 맞추기 위해 기대되는 것은 "영원히 계실 분"(ὁ ἐσόμενος, 호 에소메노스)인데,[122] 이것을 "장차 오실 분"이라고 한 것은 균형의 파괴라고 하지 않을 수 없다.

(3) 문법 및 균형 파괴의 신학적 목적

그렇다면 이렇게 문법과 균형을 파괴한 이유는 무엇일까? 요한이 헬라어에 대한 지식이 무지했기 때문이라고 볼 수는 없다.[123] 이와 관련하여 보쿰은 "신학을 위해 문법을 거스른다"고 진술한 바 있다.[124] 그렇다면 여기서 강조하는 신학은 무엇일까? 첫째, 전치사 '아포'(ἀπό) 후에 소유격이 오지 않고 주격 정관사와 분사(ὁ ὢν καὶ ὁ ἦν καὶ ὁ ἐρχόμενος, 호 온 카이 호 엔 카이 호 에르코메노스)가 사용되는 문법의 파괴는 "격변화가 없는 명사"(indeclinable noun)가 하나님의 장엄함을 표현하기에 더 적절한 형태로 간주되기 때문일 것이다.[125]

둘째, "영원히 계실 분"이란 표현 대신 "장차 오실 분"을 사용하는 균형의 파괴는 요한계시록의 종말론과 관련된다. "오실 분"은 역사를 완성한다는 의미를 갖는다. 하나님을 영원히 계시는 정적인 상태로 존재하는 분으로 묘사하는 것은 요한이 구성하고자 하는 요한계시록의 관점에 있어서 충분하지 않다. 하나님은 창조 때에 에덴으로 오신 것처럼, 이제 "세상에 대한 그분의 최종 목적"으로서의 새에덴의 완성을 위해 다시 오셔야만 하는 것이다.[126] 이런 점에서 요한은 하나님을 "단순히 미래적인 존재로서가 아니라 구약에서 기대하는 바 구원과 심판을 가지고 세상으로 오시는 분"으로 묘사하고자 하는 것이다(참고, 시 96:13; 98:9; 사 40:10; 66:15; 슥 14:5).[127] 여기에서 우리는 요한이 이 역사를 시작과 완성의 관점으

---

122 I. T. Beckwith, *The Apocalypse of John: Studies in Introduction with a Critical and Exegetical Commentary* (New York, NY: Macmillan, 1919), 424. 이러한 구성에서 확실하게 현재와 과거와 미래의 시점을 확인할 수 있다.

123 Smalley, *The Revelation to John*, 32.

124 Bauckham, *The Climax of Prophecy*, 139.

125 Beckwith, *The Apocalypse of John*, 424; Smalley, *The Revelation to John*, 32.

126 Bauckham, *The Theology of the Book of Revelation*, 29.

127 앞의 책.

로 바라보고 있음을 볼 수 있다. 그런데 요한계시록에서는 하나님의 오심 대신에 재림으로서의 예수님의 오심이 언급된다(16:15; 19:11 이하). 여기에서 예수님의 오심은 하나님의 오심이며, "역사에 대한 하나님의 통치가 가시적으로 성취된 사건"으로 해석될 수 있다.[128]

(4) 짐승의 이름과의 대조
"지금도 계시고 전에도 계셨고 장차 오실 이"라는 하나님의 이름은 특별히 17장 8절에 나오는 짐승의 이름과 대조되는데, 그곳에서 짐승은 "전에 있었다가 지금은 없으나 장차 아뷔쏘스(개역개정 "무저갱"; 이 명칭에 대한 논의는 9:1에 대한 구문 분석 및 번역을 참고하라)로부터 올라와 멸망으로 들어갈 자"로 불린다. 이 이름을 통해 우리는 짐승이 결국 심판을 받아 멸망으로 귀착되는 것을 볼 수 있는데, 이것은 역사를 완성하기 위해 오시는 하나님과 대조를 이룬다. 짐승은 멸망으로 들어가지만 하나님은 역사를 완성하기 위해 영광스럽게 이 역사 속으로 오셔서 마침내 하나님의 영광을 위한 창조의 목적을 완성하신다. 이 대조되는 두 이름을 통해 우리는 하나님과 짐승 중 누구를 섬기기로 택하는 것이 지혜로운 것인지를 분명히 알 수 있다.

그의 보좌 앞에 있는 일곱 영(τῶν ἑπτὰ πνευμάτων ἃ ἐνώπιον τοῦ θρόνου αὐτοῦ, 4d절). 4d절은 4b절의 "은혜와 평안"의 출처로서 "그의 보좌 앞에 있는 일곱 영"을 언급한다. "일곱 영"이라는 문구가 등장하는 것은 이곳이 처음이고, 이 본문 외에 3장 1절, 4장 5절, 5장 6절에서도 사용된다. "일곱 영"은 일곱 개의 영을 가진 존재를 표현하는 것이 아니다. 유대적 사고에서 일곱 영은 하나님을 섬기는 천사들과 동일시되기도 한다(참고, 토비트 12:15; 에녹1서 20장[헬라어본]; 4QshirShabb).[129] 그러나 요한계시록에서 일곱 영은 천사가 아닌 성령을 의미하는 표현으로 사용된다. 성령을 일곱 영으로 표현한 이유와 그것의 구약 배경 등에 대한 논의는 4장 5절을 주해할 때 좀 더 자세하게 논의하기로 하고 여기서는 은혜와 평안이 하나님에 이어 성령으로부터도 나온다는 사실을 확인하는 정도로 마무리하겠다.

---

128 Roloff, *The Revelation of John*, 24. 보쿰도 같은 견해를 피력한다(Bauckham, *The Theology of the Book of Revelation*, 29).
129 Bauckham, *The Climax of Prophecy*, 162.

신실한 증인, 죽은 자들의 처음 나신 이, 땅의 왕들의 통치자(ὁ μάρτυς, ὁ πιστός, ὁ
πρωτότοκος τῶν νεκρῶν καὶ ὁ ἄρχων τῶν βασιλέων τῆς γῆς, 5bcd절). 5a절은 하나님과 성령
님에 이어 "은혜와 평안"의 출처로서 예수 그리스도를 언급한다. 5bcd절은 5a
절에서 소개된 예수님을 좀 더 자세하게 설명하는 역할을 한다. 예수 그리스도
는 "신실한 증인"(ὁ μάρτυς, ὁ πιστός, 호 마르튀스, 호 피스토스)과 "죽은 자들의 처음 나신
이"(ὁ πρωτότοκος τῶν νεκρῶν, 호 프로토토코스 톤 네크론)와 "땅의 왕들의 통치자"(ὁ ἄρχων
τῶν βασιλέων τῆς γῆς, 호 아르콘 톤 바실류온 테스 게스)라는 세 가지 호칭으로 불리신다. 구
약에도 이 세 호칭이 동시에 등장하는 본문이 있는데, 바로 시편 89편 27절과
37절(70인역 88:28, 38)이다. 이 구약 본문을 먼저 다루고 이어서 세 호칭 각각을 살
펴보겠다.

(1) 구약 배경: 시편 89편 27절, 37절

흥미롭게도 시편 89편 27절과 37절(70인역 88:28, 38)에서는 이 세 호칭이 서로 관
련되어 동시에 등장한다.[130]

> 내가 또 그를 장자(πρωτότοκον, 프로토토콘)로 삼고 세상 왕들에게 지존
> 자(ὑψηλὸν παρὰ τοῖς βασιλεῦσιν τῆς γῆς, 휩셀론 파라 토이스 바실류신
> 테스 게스)가 되게 하며(시 89:27; 70인역 88:28)

> 또 궁창의 확실한 증인(ὁ μάρτυς … πιστός, 호 마르튀스 … 피스토스)
> 인 달 같이 영원히 견고하게 되리라 하셨도다 (셀라) (시 89:37; 70인역
> 88:38)

시편 89편 27절의 "장자"(πρωτότοκον, 프로토토콘)는 요한계시록 1장 5c절의 "처음 나
신 이"(πρωτότοκος, 프로토토코스)와 동일한 단어이며, "땅의 왕들의 지존자"(개역개정
"세상 왕들에게 지존자")는 요한계시록 1장 5d절의 "땅의 왕들의 통치자"와 유사한 문
구로서 동일한 의미를 갖는다. 그리고 시편 89편 37절의 "신실한 증인"(개역개정
"확실한 증인")은 요한계시록 1장 5b절의 "신실한 증인"과 동일한 문구다.[131] 이와 같
은 일치점들이 요한계시록 1장 5bcd절의 세 호칭을 시편 89편 27절과 37절을
배경으로 해석할 수 있게 하는 근거를 제시한다. 특별히 시편 89편 19-37절은
다윗을 그의 모든 대적들을 다스리는 "기름 부음 받은 왕" 곧 "메시아적 왕"으로

---

130 Aune, *Revelation 1-5*, 37. 시 89편은 삼하 7:8-16의 다윗 언약에 대한 "영감 받은 주석"(an inspired
  commentary)으로 불리기도 한다(Thomas, *Revelation 1-7*, 69).
131 Aune, *Revelation 1-5*, 37.

언급한다.[132] 실제로 미드라쉬 라바(Midrash Rabbah) 출애굽기 19장 7절 같은 유대 문헌은 시편 89편 27절을 메시아적 관점에서 해석한다.[133] 이러한 맥락에서 요한은 시편 89편 27절과 37절을 요한계시록 1장 5bcd절의 배경으로 묘사함으로써, 죽음과 부활을 통해 영원한 왕권을 획득하신 예수님을 종말적 성취의 관점에서 "이상적인 다윗 계열의 왕"으로 해석하고자 한다.[134]

(2) 신실한 증인(5b절)

"신실한 증인"(ὁ μάρτυς, ὁ πιστός, 호 마르튀스, 호 피스토스)은 앞서 언급한 것처럼 시편 89편 37절(70인역 88:38)의 신실한 증인으로서의 다윗 같은 왕을 배경으로 하고 있으며, 동시에 이사야 43장 10-13절을 배경으로도 살펴볼 수 있다.

> [10]나 여호와가 말하노라 너희는 나의 증인, 나의 종으로 택함을 입었나니 이는 너희가 나를 알고 믿으며 내가 그인 줄 깨닫게 하려 함이라 나의 전에 지음을 받은 신이 없었느니라 나의 후에도 없으리라 [11]나 곧 나는 여호와라 나 외에 구원자가 없느니라 [12]내가 알려 주었으며 구원하였으며 보였고 너희 중에 다른 신이 없었나니 그러므로 너희는 나의 증인이요 나는 하나님이니라 여호와의 말씀이니라 [13]과연 태초로부터 나는 그이니 내 손에서 건질 자가 없도다 내가 행하리니 누가 막으리요(사 43:10-13)

이 본문은 이스라엘을 증인으로 칭하고 있다. 이것을 예수님께 적용하면, 예수님이야말로 이스라엘에게 부여된 증인의 사역을 죽음으로 성취하신 참 이스라엘이시고, 하나님에 대한 참 증인이시다.[135] 요한복음 18장 37절을 통해 우리는 예수님이 하나님의 신실한 증인으로서 죽음을 감수하고 계심을 알 수 있다.[136]

> 빌라도가 이르되 그러면 네가 왕이 아니냐 예수께서 대답하시되 네 말과 같이 내가 왕이니라 내가 이를 위하여 태어났으며 이를 위하여 세상에 왔나니 곧 진리에 대하여 증언하려 함이로라 무릇 진리에 속한 자는 내 음성을 듣느니라 하신대(요 18:37)

예수님은 죽음을 통해 진리를 증거하기 위해 이 세상에 오셨고, 이러한 예수 그리스도는 요한계시록에서 교회 공동체가 뒤따라야 하는 모델이 되신다. 그러므로 교회 공동체의 행보에는 언제나 예수 그리스도의 발자취가 흔적으로 남는

---

132 Beale, *The Book of Revelatioin*, 191.
133 앞의 책.
134 앞의 책.
135 앞의 책. 이에 대해서는 3:14에서 다시 설명하겠다.
136 Charles, *A Critical and Exegetical Commentary on the Revelation of St. John*, 1:14.

다. 예를 들면, 요한계시록 2장 13절은 사탄이 활개치는 곳에서 죽임을 당했지만 예수님의 이름을 굳게 잡은 안디바를 "나의 신실한 증인"(ὁ μάρτυς μου ὁ πιστός μου, 호 마르튀스 무 호 피스토스 무)이라 칭한다. [137] 또한 11장 3-13절에서 두 증인은 "그들의 주[예수]께서 십자가에 못 박히신 곳"에서 죽임을 당하고(11:7), 삼 일 반 후에(예수님은 사흘 후에) 하나님으로부터 생명의 영이 그들 안으로 들어가고(11:11), 하늘로 승천한다(11:12). [138] 또한 그리스도인들은 "하나님의 말씀과 그리스도의 증거로 인하여 목 베임을 당한 자들"로 불리기도 한다(6:9; 20:4-6). 이와 같이 참된 증인이신 예수님의 발자취를 따라가는 길은 고난의 길이다. 그런데 어떻게 그러한 예수님으로부터 은혜와 평강이 주어질 수 있는가? 그것은 바로 그들이 그러한 증인으로서 예수님을 충실히 따라갈 때 비록 지금은 죽음의 고난 중에 있을지라도 결국엔 예수님과 함께 영광스러운 자리에 앉게 될 것이라는 역설적 진리의 약속이 주어지기 때문이다(참고, 2:10-11; 3:21). [139]

(3) 죽은 자들의 처음 나신 이(5c절)

5c절에는 예수 그리스도에 대한 두 번째 호칭으로서 "죽은 자들의 처음 나신 이"(ὁ πρωτότοκος τῶν νεκρῶν, 호 프로토토코스 톤 네크론)라는 문구가 등장한다. 앞서 간략하게 언급했듯이, "처음 나신 이"(ὁ πρωτότοκος, 호 프로토토코스)는 시편 89편 27절을 배경으로 하는데, 거기서는 동일한 단어가 "처음 난 이" 혹은 "장자"가 상속받는 특권인 "수장"(head)으로서의 지위를 나타내는 것으로 사용된다. [140] 이런 점에서 예수님은 하나님 나라의 상속자로서 독보적 지위를 갖고 계신다. 그러나 5c절에서는 이 문구에 "죽은 자들의"(τῶν νεκρῶν, 톤 네크론)라는 단어가 덧붙여짐으로써 그 이상의 의미를 갖게 된다. 일반적으로 "죽은 자들"이란 문구가 예수님의 부활과 관련되어 사용될 때는 앞에 전치사 '에크'(ἐκ, ...로부터)를 사용하는 것이 자연스럽다(마 17:9; 막 6:14; 9:9; 12:5; 요 20:9; 21:14; 행 3:15; 4:4, 10; 10:41; 13:30, 34; 17:3, 31; 롬 4:24; 6:4, 9; 7:4 등). 그러나 이곳에서는 전치사 없이 "죽은 자들의"(τῶν νεκρῶν, 톤 네크론)란 소유격만 사용된다. 그러므로 '호 프로토토코스 톤 네크론'(ὁ πρωτότοκος τῶν νεκρῶν)을 번역하면 "죽은 자들의 처음 나신 이"가 된다. 영어 성경 중에 ESV와 NRSV

---

137 Boxall, *Revelation of St. John*, 32.
138 Beale, *The Book of Revelatioin*, 190.
139 앞의 책.
140 Smalley, *The Revelation to John*, 34; Osborne, *Revelation*, 63; G. R. Beasley-Murray, *The Book of Revelation: Based on the Revised Standard Version*, rev. ed. (Grand Rapids, MI: Eerdmans, 1987), 56.

가 이 번역을 지지하고, 개역개정과 NKJV는 "죽은 자들" 앞에 전치사 '에크'(ἐκ, ...로부터)가 생략된 것으로 간주하여 "죽은 자들 가운데서 처음 나신 이"라고 번역한다. 이런 의미도 전혀 배제할 수는 없지만, 이곳의 문형 구성은 이 표현이 그이상의 의미를 갖는 것으로 추정하게 하는데, 그것은 여기에서 사용된 소유격을 "종속의 소유격"(Genitive of Subordination) 용법으로 이해할 때 더욱 확실해진다.[141] "종속의 소유격"이란 "소유격 명사가 주명사의 지배 아래 있거나 종속되어 있음을 명시하는 것"을 가리킨다.[142]

이상의 정의를 본문에 적용하면 "죽은 자들의 처음 나신 이"란 죽음 혹은 죽은 자에 대한 통치권을 가진 분으로 이해될 수 있다. 이와 같은 이해에 기초해서 이 문구를 번역하면 "죽은 자/죽음에 대한 통치권을 가진 처음 나신 이"(the firstborn over the dead/death)라 할 수 있다. 이런 맥락에서 이 문구를 "죽은 자들의 주권자"(sovereign of the dead),[143] "피조 세계의 주권자"(sovereign Lord over creation),[144] "죽은 자들의 주"(the Lord of the dead)[145]라고 해석하는 경우들이 있다. 이 해석들의 공통점은, 예수님을 부활을 통해 죽음을 이기시고, 죽음을 다스리는 능력을 가지시고, 죽은 자들에게 생명의 문을 여시는 분으로 이해한다는 것이다.[146] 이것을 다른 말로 표현하면, 예수님이 "부활을 통해 죽음의 왕국으로부터 처음 나신 이로서 먼저 나오셨기 때문에, 하나님의 새창조가 이미 그분을 통해 실체가 되었고(롬 8:29; 골 1:15), 그에게 속한 자들은 그분과 함께 그리고 그분을 통해 죽음에서 생명으로 나아가는 약속을 갖는다"는 것이다.[147]

죽은 자들의 주권자로서의 예수님의 지위는 만물의 통치자란 개념과 직결된다. 골로새서 1장 15절의[148] "모든 피조물의 처음 나신 이"(πρωτότοκος πάσης κτίσεως, 프로토토코스 파세스 크티세오스)라는 문구는 요한계시록 1장 5c절의 "죽은 자들의 처음 나신 이"(ὁ πρωτότοκος τῶν νεκρῶν, 호 프로토토코스 톤 네크론)와 동일한 형식을 보여준다. 소유격 "죽은 자들의"(τῶν νεκρῶν, 톤 네크론) 대신 소유격 "모든 피조물의"(πάσης κτίσεως, 파세스 크티세오스)가 사용된 것뿐이다. 개역개정은 '파세스 크티세오스'를

---

141 Walllace, *Greek Grammar beyond the Basics*, 103.
142 앞의 책.
143 Charels, *A Critical and Exegetical Commentary on the Revelation of St. John*, 1:14.
144 Osborne, *Revelation*, 63.
145 Beasley-Murray, *The Book of Revelation*, 57.
146 앞의 책.
147 Roloff, *The Revelation of John*, 25.
148 Aune, *Revelation 1-5*, 38.

시간적 순서로 여겨 비교의 소유격 용법을 적용함으로써 "모든 창조물보다 먼저 나신 이"라 번역하지만, NKJV는 이 문구를 "모든 피조물에 대한 통치권을 가진 먼저 나신 이"(the firstborn over all creation)라고 번역하여 종속의 소유격 용법을 적용한다. 실제로 월리스(Wallace)도 골로새서 1장 15절의 표현을 종속의 소유격 용법의 실례로 사용한다.[149] 여기에서 예수님은 만물에 대한 통치자로 소개되고, 이러한 개념은 최초의 인간 아담의 창조적 지위를 연상케 한다. 하나님의 형상이신 예수님은 마지막 아담 혹은 둘째 아담으로서 만물에 대한 통치자로 위임받으신 것이다.

요한계시록 1장 5c절의 "죽은 자의 주권자로서 먼저 나신 이"와 골로새서 1장 15절의 "만물의 주권자로서 먼저 나신 이"는 상호 보완적이다. 예수님은 부활과 승천을 통해 첫째 아담의 성취로서 하나님의 통치를 대행하여 그 영광을 드러내는 만물의 주권자로 등극하셨다. 만물의 주권자로서의 이 지위는 죽은 자들의 주권자로서의 지위를 얻으시고 새창조를 여신 결과로 얻으신 것이다. 비일은 이것을 반영해서 다음과 같이 잘 요약했다.[150]

> "먼저 나신 이"는 그리스도께서 죽은 자로부터 부활한 결과로 소유하시게 된 높고 특권적인 지위를 의미한다 … 그리스도는 우주에 대해 그러한 주권적 지위를 획득했다. 그것은 예수가 모든 피조물에 속하는 첫 번째로 창조된 존재로서가 아니라 부활을 통한 새로운 창조의 창시자라는 의미에서 그렇다.

이러한 개념을 잘 나타내 주고 있는 본문이 바로 골로새서 1장 18절이다.[151] 이 본문에 의하면 "죽은 자들로부터 먼저 나신 이"(여기서는 "죽은 자들"이 전치사 '에크'[ἐκ]와 함께 사용되어 "…로부터"로 번역했다)와 "만물의 으뜸"(ἐν πᾶσιν … πρωτεύων, 엔 파신 … 프로튜온)이란 문구가 서로 연결되어 표현된다. 특별히 이 두 문구는 서로 목적과 수단의 관계를 갖는데, 왜냐하면 후자의 문장이 '히나'(ἵνα) 목적절을 구성하고 있기 때문이다. 즉, 만물의 으뜸이 되기 위해 죽은 자로부터 먼저 나신 이가 되신 것이다. 만물의 으뜸은 목적이고 그 목적을 위한 수단이 "죽은 자로부터 먼저 나신 이"가 되는 것이다. 이를 통해, 죽은 자의 통치자가 되는 것은 만물의 통치자가 되기 위함이라는 사실이 분명하게 드러난다. 예수님이 죽음을 이기고 그것을 통

---

149 Wallace, *Greek Grammar beyond the Basics*, 103.
150 Beale, *The Book of Revelatioin*, 191.
151 비일도 골 1:18을 관련 본문으로 제시한다(앞의 책).

치하는 지위에 서게 되셨다는 것은 바로 새창조를 이루시고 만물의 통치자가 되셨다는 것을 의미한다. 이것은 처음 창조의 패턴과 동일하다. 혼돈과 공허 같은 무질서에서 질서를 가져오는 창조 사역의 경우처럼 혼돈과 공허에 해당하는 죽음 가운데 부활을 통한 생명이라는 질서로 새창조를 가져오신 것이다.[152]

골로새서 1장 15절 및 18절과 같은 맥락에서 요한계시록 1장 5c절의 "죽은 자들의 처음 나신 이"가 의미하는 것은 예수님이 부활을 통한 새창조의 상속자로서 죽음을 비롯한 만물의 통치자가 되셨다는 것이다.

(4) 땅의 왕들의 통치자(5d절)

앞서 살펴본 예수님이 만물의 통치자라는 사실은, 다음에 이어지는 5d절의 "땅의 왕들의 통치자"(ὁ ἄρχων τῶν βασιλέων τῆς γῆς, 호 아르콘 톤 바실류온 테스 게스)란 호칭과 매우 밀접한 관계를 갖는다. 앞의 "처음 나신 이"(장자)와 마찬가지로 이 문구도 시편 89편 27절(70인역 88:28)의 "땅의 왕들의 지존자"(ὑψηλὸν παρὰ τοῖς βασιλεῦσιν τῆς γῆς, 휩셀론 파라 토이스 바실류신 테스 게스)라는 말씀을 배경으로 하면서 메시아적 지위의 특징을 갖는다.[153] 이 문구의 또 다른 구약 배경으로는, "보라 내가 그를 만민에게 증인으로 세웠고 '만민의 인도자와 명령자'(ἄρχοντα καὶ προστάσσοντα ἔθνεσιν, 아르콘타 카이 프로스타쏜타 에드네신)로 삼았나니"(사 55:4)라고 말하는 이사야 55장 4절이 제시될 수 있다.[154]

요한계시록 1장 5d절에서 사용된 "땅의 왕들"이란 표현은 요한계시록에서 하나님의 통치를 대적하는 "세상의 세력"을 상징적으로 나타내 준다(6:15; 17:2, 18; 18:3, 9; 19:19; 21:24).[155] 16장 14절에서는 "땅의 왕들" 대신 "세상의 왕들"이 사용되기도 한다.[156] "땅의 왕들"은 "패배한 대적들"이라고 할 수 있다.[157] 한편 요한계시록에 나오는 "땅에 사는 자들"이란 문구도 하나님을 대적하는 자들이라는 부정적인 의미로 사용된다(6:10; 8:13; 11:10; 13:8, 11, 14; 17:8; 18:11, 23). 물론 이 세상의 세력들의 배후에는 사탄적 영향력이 작용하지만, 요한계시록에서는 그것이 항상

---

152 월튼(Walton)은 창조가 "물질의 부재(the absence of material)를 해결하는 것이 아니라 질서의 부재(the absence of order)를 해결하는 것"이라고 주장한다(J. Walton, *The Lost World of Adam and Eve: Genesis 2–3 and the Human Origins Debate* [Downers Grove, IL: InterVarsity Press, 2015], 28).

153 Charles, *A Critical and Exegetical Commentary on the Revelation of St. John*, 1:14.

154 앞의 책; Beale, *The Book of Revelation*, 192.

155 앞의 책, 191.

156 Aune, *Revelation 1-5*, 40.

157 Beale, *The Book of Revelation,* 191; Boxall, *Revelation of St. John*, 32.

하나님의 통치를 대적하는 존재로만 사용되지는 않는다. 선교의 대상으로서 중립적 의미로 사용되기도 하고(예, 14:6의 "땅에 사는 자들"), 변화되어 하나님께 영광을 돌리는 주체가 되기도 한다(예, 11:15의 "세상 나라"[ἡ βασιλεία τοῦ κόσμου, 헤 바실레이아 투 코스무]와 21:24의 "땅의 왕들"[οἱ βασιλεῖς τῆς γῆς, 호이 바실레이스 테스 게스]).

서두에서 예수 그리스도는 땅의 왕들의 통치자로서 적대적인 세력을 제압하실 뿐 아니라, 만왕의 왕으로서 땅의 왕들의 온전한 통치자가 되시는 분으로 소개되고 있다. 이것은 요한계시록의 메시지에서 매우 중요한 의미를 차지한다. 요한계시록에서는 세상의 권력을 이용한 사탄의 세력이 끊임없이 하나님의 통치에 대적하는 것으로 나타나고 있지만 그 사탄의 세력은 철저하게 예수 그리스도의 주권 아래 있다. 요한계시록의 독자들은 그들이 현재 처해 있는 치열한 영적 전투의 현장을 이런 관점으로 바라보도록 요구받고 있는 것이다.

(5) 정리

앞서 언급된 예수님의 세 가지 메시아적 호칭은 서로 유기적으로 연결된다. 곧 예수님은 신실한 증인으로 사시다가 죽으셨으나 부활을 통해 그 죽음을 이기시고 다스리는 주권자가 되셨을 뿐 아니라 그분을 죽이는 데 앞장 섰던 세상 왕들의 통치자가 되셨다. 이런 정체성을 가지신 예수 그리스도는 독자들에게 은혜와 평안을 주시기에 충분하시다. 신실한 증인으로 살면서 죽기를 각오하고 황제 숭배를 거부해야 하는 요한계시록의 독자들에게 이 세 가지 요소는 모델이 될 뿐만 아니라 위로와 격려가 된다.[158] 예수님은 그분의 지위를 제자들과 공유하실 것을 계획하셨기 때문에, 그분을 따르는 신실한 증인들은 비록 죽임을 당하더라도 부활을 통해 새창조의 주인이 될 것이며 땅의 왕들에 대한 통치권을 공유할 것이다.[159]

---

158 Witherington, *Revelation*, 76.
159 앞의 책.

4. 송영(1:5e-6)

구문 분석 및 번역

5절 e Τῷ ἀγαπῶντι ἡμᾶς καὶ λύσαντι ἡμᾶς ἐκ τῶν ἁμαρτιῶν ἡμῶν ἐν τῷ αἵματι αὐτοῦ,
우리를 사랑하시고 그의 피로 우리들의 죄들로부터 우리를 해방시키신 분에게

6절 a καὶ ἐποίησεν ἡμᾶς βασιλείαν, ἱερεῖς τῷ θεῷ καὶ πατρὶ αὐτοῦ,
그리고 우리를 나라와, 하나님 곧 그의 아버지께 제사장으로 삼으신 분에게

b αὐτῷ ἡ δόξα καὶ τὸ κράτος εἰς τοὺς αἰῶνας [τῶν αἰώνων]· ἀμήν.
그에게 영광과 능력이 영원하기를. 아멘.

요한은 4-5d절에서 삼위 하나님으로부터의 은혜와 평안을 선포한 후에, 이어지는 5e-6절에서는 그리스도께 올려 드리는 송영(doxology)을 기록하고 있다.

먼저 5e절의 '토 아가폰티 헤마스 카이 뤼산티 헤마스'(Τῷ ἀγαπῶντι ἡμᾶς καὶ λύσαντι ἡμᾶς', 우리를 사랑하시고 … 우리를 해방시키신 분에게)는 여격으로서 6b절의 여격 '아우토'(αὐτῷ, 그에게)와 동격을 형성하고, 그 사이에 6a절이 위치한다. 여기서 주목을 끄는 것은 5e절과 6b절 사이에 끼어 있는 6a절의 내용과 문장 형식이다. 이 문장은 분사형 동사를 가진 5e절과는 달리 직설법 동사로 구성되어 있다. 이러한 구성은 "삽입"이나 "불규칙성"이 아니라 "순수한 히브리적 사고"에 의한 "숙어적"(idiom) 표현 방식이라고 할 수 있다.[160] 이때 5e절의 분사형 동사는 6a절의 직설법 동사에 영향을 주어 조화롭게 전개된다.[161] 그렇다면 위의 번역이 보여주는 것처럼 6a절은 분사처럼 번역될 수 있다.[162]

6b절이 5e절이 사용하는 여격을 이어받아 다시 여격의 인칭 대명사를 사용하는 것은 강조의 의도를 갖는다고 볼 수 있다.[163] 그래서 아래의 우리말 번역에서는 6b절의 "그에게" 앞에 "바로"라는 단어를 덧붙여서 연결점의 역할과 더불어 강조의 의미를 드러냈다. 이러한 구문의 특징을 살려서 번역하기 위해 5e절의 끝부분에 있는 "…에게"를 6b절의 "그에게"로 이어받아 번역한다.

---

160 Charles, *A Critical and Exegetical Commentary on the Revelation of St. John*, 1:14-15. 어떤 사본들(046, 1854, 2053, 2062, pc)은 6a의 직설법 동사 '에포이에센'(ἐποίησεν)의 불규칙성을 인식하여 분사형 '포이에산티'(ποιησαντι)를 사용하기도 한다. 그러나 이러한 히브리적 표현 방식은 요한계시록에 빈번하게 등장한다(1:18; 2:2, 9, 20; 3:9; 7:14; 14:2-3; 15:3; 앞의 책, 15).

161 앞의 책.

162 모든 영어 번역본이 이 방식의 번역을 따른다.

163 토머스는 삽입 부분인 6a절이 직설법 동사를 사용함으로써, 분사를 사용하는 5e절과 비교되어 강조되고 있음을 지적한다(Thomas, *Revelation 1-7*, 71).

이상의 내용을 근거로 우리말 어순에 맞추어 번역하면 다음과 같다.

5e   우리를 사랑하시고 그의 피로 우리들의 죄들로부터 우리를 해방시키신 분에게
6a   그리고 우리를 나라와, 하나님 곧 그의 아버지께 제사장으로 삼으신 분에게
6b   바로 그에게 영광과 능력이 영원하기를. 아멘.

본문 주해
[1:5e] 우리를 사랑하시고 우리를 해방시키신 분
5e절의 "우리를 사랑하시고 그의 피로 우리들의 죄들로부터 우리를 해방시키신 분"이란 표현은 예수 그리스도의 구속 사역을 표현해 준다. 여기서 예수님의 구속 사역은 우리에 대한 사랑으로 출발한다. 특별히 "그의 피로 우리들의 죄들로부터 우리를 해방시키신다"는 것은 고린도전서 6장 11절, 에베소서 5장 26절, 디도서 3장 5절, 히브리서 10장 22절 같은 신약의 다른 책들과도 공유되는 내용이다.[164] 우리는 과거에 죄의 종이었다. 그러나 예수님이 그분의 피로 우리를 해방시켜 주셨다. 피는 우리들의 죗값이다. 죄의 삯은 죽음이기 때문이다(롬 6:23). 피로 우리의 죗값을 치르시고 대속하셔서 우리를 죄의 속박으로부터 해방시켜 주신 것이다.

또한 "그의 피로 ... 해방시키신"이란 문구는 하나님이 이스라엘 백성을 애굽에서 해방시키셨던 출애굽 사건과 이스라엘 백성을 대속한 유월절 어린 양의 피를 연상케 한다. 예수님은 유월절 어린 양으로 오셔서 죄의 종이었던 우리를 우리들의 죄로부터 해방시켜 주셨다. 그렇다면 우리를 죄로부터 해방시켜 주신 목적은 무엇인가? 이 질문은 이스라엘을 애굽에서 해방시켜 주신 목적을 묻는 질문과 동일하고, 그것에 대한 답은 다음 단락에서 주어지게 될 것이다.

[1:6a] 그가 우리를 나라와 제사장으로 삼으시다
(1) 문맥 관찰
6a절은 교회 공동체를 나라와 제사장들로 삼으셨다고 한다. 이것은 종말적 성취 시대의 정황을 잘 나타내 준다. 이러한 사상은 다니엘 2장 28-29절과 44-45절을 배경으로 하는 1장 1절의 "반드시 신속하게 되어져야만 하는 것들"이 의미하는 하나님 나라의 종말적 도래의 정황과 조화를 이룬다. 또한 종말의

---

164 Charles, *A Critical and Exegetical Commentary on the Revelation of St. John*, 1:15.

때가 도래했다는 의미의 "때가 가깝다"(1:3)도 성도들을 나라와 제사장들로 삼으셨다는 것의 환경적 배경을 제공한다.

(2) 구약 배경

하나님은 이스라엘을 자신의 나라와 제사장으로 삼으시기 위해 애굽에서 해방시켜 주셨다. 그리고 시내 산에서 이러한 관계의 언약을 맺으시고 그들을 왕 같은 제사장으로 삼으셨다. 이것을 시내 산 언약이라고 부른다. 특별히 하나님은 출애굽기 19장 6절에서 이스라엘을 "제사장들의 나라"(마소라 본문: מַמְלֶכֶת כֹּהֲנִים, 맘레케트 코하님; 70인역 βασίλειον ἱεράτευμα, 바실레이온 히에라튜마, "왕적 제사장"[royal priesthood])로 부르신다.[165] 하나님은 이스라엘을 애굽에서 해방시키시는 것에서 그치지 않으시고 그들을 제사장 나라로 만드셔서 그들의 신분이 근본적으로 바뀌게 하셨다. 이 신분을 정확하게 이해하기 위해서는 에덴의 맥락에서 살펴볼 필요가 있는데, 그 이유는 이것이 창세기 1장 26-27절에서 아담과 하와가 위임받았던 대리통치와 같은 "위임받은 권세"(delegated authority)와 관련되기 때문이다.[166] 에덴에서 하나님은 아담에게 하나님의 왕권을 위임하셔서 아담이 하나님을 대리해서 에덴을 통치하게 하셨다. 따라서 아담은 에덴의 왕 역할뿐 아니라 제사장 역할도 부여받은 것이다.[167] 이렇게 에덴의 아담은 최초의 왕적 제사장이 되었다. 이러한 사실은 창세기 2장 15절의 "경작하며 지키다"라는 동사가 민수기 3장 7-8절, 8장 25-26절, 18장 5-6절, 역대상 23장 32절 등에서 제사장이 성막 혹은 성전에서 섬기는 행위를 표현할 때 사용되는 동사와 일치한다는 점을 통해 더욱 분명해진다.[168] 한편, 고대 사회에서는 거룩한 장소를 관리하는 것이 창조의 질서를 유지하는 행위로 간주되었다.[169] 그러므로 에덴에서 아담이 수행했던 왕적 제사장으로서의 활동은 하나님의 창조 활동의 광채를 발하는 역할을 감당했던 것으로 간주될 수 있다.

이처럼 에덴에서 아담이 향유했다가 상실한 왕적 제사장으로서의 신분이 애굽으로부터 해방되어 시내 산에서 하나님과의 언약 관계를 시작하게 된 이스라

---

165 앞의 책, 16.
166 Keener, *Revelation*, 71.
167 G. K. Beale, *The Temple and the Church's Mission: A Biblical Theology of the Dwelling Place of God*, NSBT 17 (Downers Grove, IL: InterVarsity Press, 2004), 67.
168 앞의 책.
169 J. Walton, *Genesis*, NIVAC (Grand Rapids, MI: Zondervan, 2001), 173.

엘을 통해 회복된 것이다. 하나님은 애굽의 속박 가운데 있던 이스라엘 백성을 어린 양의 피로 구별하여 언약 백성으로 삼으셨고, 애굽으로터 해방시키사 하나님의 영광을 드러내는 제사장 나라 혹은 왕적 제사장으로 삼으셨다. 이러한 출애굽의 역사가 에덴을 회복하기 위한 하나님의 구속의 역사임을 통찰하는 지혜가 필요하다. 여기서는 출애굽 모티브와 에덴 모티브가 서로 조화를 이루며 사용되고 있다. 이러한 구약 배경이 요한계시록에서 어떻게 드러나고 있을까?

우리를 나라와 제사장으로 삼으신(ἐποίησεν ἡμᾶς βασιλείαν, ἱερεῖς, 6a절). 구약 배경에 대한 앞선 논의를 통해 우리를 "나라와 제사장으로 삼으셨다"는 말의 의미가 무엇인지 분명해졌다. 먼저 6a절에서 "나라"와 "제사장"은 '바실레이안, 히에레이스'(βασιλείαν, ἱερεῖς)라고 되어 있기 때문에 서로 동격의 관계를 이룬다고 보는 것이 적절하다. 이 형태는 앞서 언급한 출애굽기 19장 6절에 대한 70인역의 '바실레이온 히에라튜마'(βασίλειον ἱεράτευμα, 왕적 제사장들) 및 마소라 본문의 '맘레케트 코하님'(מַמְלֶכֶת כֹּהֲנִים, 제사장들의 나라)과는 다소 다른 변형이다. 이 동격 관계로 인해 "나라"와 "제사장"은 동일한 의미로 이해될 수 있다. 그러나 이 둘의 관계를 단순히 동격으로 보기에는 다소 석연치 않은 부분이 있는데, 왜냐하면 전자는 단수로 사용된 반면 후자는 복수로 사용되었기 때문이다. 이러한 불균형을 어떻게 이해할 수 있을까? 이에 대해 찰스는 다음과 같이 적절한 대안을 제시한다: "그리스도는 우리를 나라로 삼으셨고 그 나라의 각 구성원은 하나님의 제사장들이다."[170] 이때 나라는 하나로 구성되고 그 나라를 구성하는 이스라엘은 복수형인 제사장들이다. 이러한 해석은 단수와 복수의 관계를 적절하게 설명해 준다. 즉, 하나님 나라의 통치는 이스라엘을 통해서 나타나고 그 역할의 본질은 대표성을 나타내는 제사장적 특징을 갖는다. 다른 신약 본문인 베드로전서 2장 9절은 '바실레이온 히에라튜마'(βασίλειον ἱεράτευμα, 왕적 제사장들)를 가지고 있어 70인역을 그대로 따른다.[171] 한편 요한계시록에서는 이 본문을 비롯하여 5장 10절과 12장 10절에서 성도를 가리킬 때 사용되는 '바실레이아'(βασιλεία)가 일반적인 이방 나라들을 가리킬 때 사용되는 '에드노스'(ἔθνος; 5:9; 7:9; 10:11; 11:9)와 구별되어 사용된다. 이러한 구별은 매우 일관성 있는 듯하지만, 17장 12절과 18절에서는 '에드노

---

170 Charles, *A Critical and Exegetical Commentary on the Revelation of St. John*, 1:16.
171 앞의 책. 개역개정은 '바실레이온 히에라튜마'(βασίλειον ἱεράτευμα)를 "왕 같은 제사장들"이라고 번역하는데, 이 번역은 다소 애매하며 "왕적 제사장들"이라고 해야 할 것이다.

스' 대신 '바실레이아'가 이방 나라를 가리키는 것으로 사용되기 때문에 다소 예외가 있다. 그리고 11장 15절에서는 '바실레이아'가 "세상 나라"와 "우리 주와 그의 그리스도의 나라"에 중복되어 사용된다.

이스라엘을 출애굽시키셨을 때 하나님은 당연히 "애굽으로부터의" 해방을 의도하셨지만, 좀 더 근본적으로는 "하나님의 영광을 위하여"라는 창조 목적의 회복을 의도하신 것이기도 하다.[172] 6a절에서 요한은 이것을 소아시아 일곱 교회 성도들에게도 적용한다. 즉, 하나님이 창조 때 에덴에서 아담에게 위임하시고 시내 산에서 이스라엘에게 위임하셨던 왕적 제사장의 지위를 예수의 피로 죄에서 해방된 성도들에게 주심으로써, 그들이 창조의 목적대로 하나님의 영광을 드러내도록 허락해 주셨다. 이러한 지위의 회복은 에덴 회복의 성취요 정점이라고 할 수 있다. 이 지위는 예수님의 초림부터 재림까지 지속되다가(5:10, "그들을 우리의 하나님께 나라와 제사장으로 만드시고 그래서 그들이 땅에서 통치하기 때문이다"; 20:6, "그들이 하나님과 그리스도의 제사장이 되어 천 년 동안 그리스도와 더불어 왕 노릇 하리라") 재림 후에 영원히 이어지게 된다(22:5, "그들이 세세토록 왕 노릇 하리로다").[173]

예수님은 우리를 사랑하시고 그의 피로 우리의 죄들로부터 우리를 해방시켜 주셨다. 우리를 죄로부터 해방시켜 주신 것에는 분명한 목적이 있다. 그것은 바로 죄로부터 자유케 되어 죄로 말미암아 상실했던 창조의 목적을 이루며 사는 것이다. 이것이 우리를 나라와 제사장들로 삼으신 목적이며 의미라고 할 수 있다. 또한 6a절은 5e절과의 인과 관계로도 이해될 수 있다. 즉, 우리를 우리 죄에서 해방시켜 주신 것이 우리가 하나님 나라와 제사장들로 살아가는 이유가 된다.

하나님 곧 그의 아버지께(τῷ θεῷ καὶ πατρὶ αὐτοῦ, 6a절). 6a절에서 또 한 가지 눈여겨 봐야 할 것은 "하나님과 그의 아버지께"(τῷ θεῷ καὶ πατρὶ αὐτοῦ, 토 데오 카이 파트리 아우투)다. 이 표현 안에 들어 있는 두 문구는 동격으로 이해할 수 있고, 따라서 "하나님 곧 그의 아버지께"라고 번역할 수 있다. 하지만 접속사 "그리고"(καί, 카이)를 "설명적"(epexegetical)용법으로 이해할 수도 있는데,[174] 그럴 경우 하나님은 예수님의 아버지로 설명된다. 하나님이 예수님의 아버지라는 사실은 해방된 성도들도 하나님을 아버지로 섬길 수 있는 관계가 되었다는 것을 나타낸다. 이것은 출애

---

172 Keener, *Revelation*, 71.

173 Charles, *A Critical and Exegetical Commentary on the Revelation of St. John*, 1:16.

174 B. K. Blount, *Revelation: A Commentary*, NTL (Louisville, KY: Westminster John Knox, 2013), 37.

굽을 앞둔 이스라엘을 하나님이 "아들"이라고 칭하신 것과 같은 경우라고 할 수 있다(참고, 출 4:22-23).

더 나아가서 이 문구는 "소유의 여격"을 사용한 것으로 간주할 수 있다.[175] 이 용법을 본문에 적용하면, 나라와 제사장들은 하나님께 속한 자들이 된다. 그러므로 그들은 하나님만을 위해서 존재한다. 이것은 에덴의 아담과 같은 패턴이다. 요한계시록의 독자들이 섬겨야 할 대상은 로마 제국도 아니고 그 제국의 황제도 아니며, 오직 하나님만이 그들의 존재의 의미와 섬김의 대상이 되신다.[176] 이것은 본래 인간이 창조된 목적 그 자체다. 로마 제국과 그 황제에게 굴복하는 것은 타락한 인간 존재의 상태를 벗어나지 못한 죄의 종으로서의 신분일 뿐이다. 예수님의 보혈로 죄의 권세로부터 자유케 되어 하나님께 속한 나라와 제사장들이 된 성도들은 이제 창조의 원래 목적을 따라 하나님을 섬기는 자로 존재하게 된다. 이 장엄한 창조 회복을 모두 이루어 주신 분이 바로 자신의 피로 성도들을 해방시켜 주신 예수 그리스도이시다. 따라서 요한이 그 예수님께 영광과 능력을 올려 드리는 것을 말하는 것은 당연하다.

[1: 6b] 그리스도에게 돌려지는 영광

영광(δόξα). 여기서 그리스도에게 돌려지는 "영광"(δόξα, 독사)은 최초에 에덴에서 하나님이 아담에게 기대하셨던 반응이다. 이것은 피조물의 마땅한 반응으로서, 창조주 하나님께만 돌려지는 찬양의 내용이다(참고, 대상 29:11; 마 6:13).[177] 인간은 하나님께 영광을 돌리는 영광스러운 지위를 상실했지만, 이제 예수님이 그분의 피로 우리를 우리 죄에서 해방시켜 주시고 나라와 제사장들로 삼으셔서 예수님께 영광을 돌리는 지위를 갖게 해 주셨다. 이런 의미에서 6b절의 내용은 5e절 및 6a절의 내용과 밀접한 관계를 갖는다.

또한 영광이 그리스도에게 돌려지고 있는 것은 그리스도를 하나님과 동등된 분으로 설정하려는 의도로 볼 수 있다. 실제로 5장 13절에서는 이곳에 사용된 두 요소, 즉 "영광과 능력"이 하나님과 그리스도 모두에게 사용된다. 바울 서신

175 BDF, §189. 소유의 여격은 "고전적인 구분으로서, 최근에 소유하게 되었을 때나 소유자를 강조할 때는 소유격이 사용되고(예, 계 14:8) 소유된 대상을 강조할 때는 관례적으로 여격이 유지되는" 용법이다(앞의 책).
176 Blount, *Revelation*, 37.
177 Smalley, *The Revelation to John*, 36; Charles, *A Critical and Exegetical Commentary on the Revelation of St. John*, 1:17.

에서는 하나님에게 영광을 돌리는 경우와 그리스도에게 영광을 돌리는 경우가 모두 존재한다. 에베소서 1장 3절에서는 송영을 하나님께 드리고("찬송하리로다 하나님 …"), 갈라디아서 1장 4-5절에서는 그리스도에게 영광을 돌린다("그리스도께서 … 영광이 그에게 세세토록 있을지어다 아멘"). 그리고 예수님을 성부(1절)와 성령(4절) 뒤에 다루면서 맨 뒤(5절)에 위치시킨 것은 바로 다음에 이어지는 송영(6절)의 그리스도에 대한 언급을 의식한 것으로 볼 수 있다. 이렇게 우리는 서두의 말씀에서 예수 그리스도에 대한 언급이 중심을 이루고 있음을 알 수 있고, 이것은 요한계시록 말씀의 중심에 예수님이 있음을 다시 한 번 시사해 준다.

5. 예수님의 승귀: 예수님의 재림인가, 아니면 승천인가?(1:7)

구문 분석 및 번역

7절 a Ἰδοὺ ἔρχεται μετὰ τῶν νεφελῶν,
보라 그가 구름과 함께 오신다.

b καὶ ὄψεται αὐτὸν πᾶς ὀφθαλμὸς καὶ οἵτινες αὐτὸν ἐξεκέντησαν,
그리고 모든 눈 곧 그를 찌른 모든 자들이 그를 볼 것이다.

c καὶ κόψονται ἐπ' αὐτὸν πᾶσαι αἱ φυλαὶ τῆς γῆς.
그리고 땅의 모든 나라들이 그를 인하여 애통할 것이다.

d ναί, ἀμήν.
그러하다, 아멘.

7절은 "3행으로 구성된 한 연"(a stanza of three lines)이라고 할 수 있다.[178] 이러한 특징에 근거하여 7abc의 세 줄로 나누어 번역했지만, 편의상 7d절은 따로 구분해 두었다. 위의 번역에서 주목할 것은 7a절의 동사 '에르케타이'(ἔρχεται)가 현재형이기 때문에 해석의 여지가 있지만 일단 "오신다"로 번역했다는 점이다. 이에 대한 자세한 설명은 본문 주해에서 제시될 것이다. 그리고 개역개정이 "구름 타고"로 번역한 7a절의 '메타 톤 네펠론'(μετα τῶν νεφελῶν)은 "함께"를 의미하는 전치사 '메타'(μετά)를 직역하여 "구름과 함께"로 번역했다. 한편, 7bc절의 동사들은 명백하게 미래형이므로 "볼 것이다"와 "애통할 것이다"로 번역했다. "오다"를 현재 시제로 번역하고 "볼 것이다"와 "애통할 것이다"를 미래 시제로 번역한 것은 매우 중요한 쟁점과 관련되는데, 이에 대해서는 이어지는 내용에서 자세하게 논의될 것이다.

7b절의 '호이티네스'(οἵτινες〉ὅστις, 호스티스)는 "...하는 누구든지"(whoever)나 "...하는 모든 자"(every one who)란 의미를 갖는다.[179] 여기서는 '호이티네스'를 직전의 '파스 오프달모스'(πᾶς ὀφθαλμὸς 모든 눈)와 동격으로 간주해서 "모든 자들이"로 번역했다.[180] 이에 대해서는 본문 주해에서 구체적으로 설명할 것이다. 그리고 7c절의 '퓔라이'(φυλαὶ〉φυλή, 퓔레)는 개역개정의 "족속들"보다는 BDAG에 근거해서

---

178 Charles, *A Critical and Exegetical Commentary on the Revelation of St John*, 1:17.
179 BDAG, 729.
180 ESV, NKJV, NRSV는 모두 이 문장을 "모든 눈이 그를 볼 것이다, 심지어는 그를 찌른 자들도"(every eye will see him, even those who pierced him)라고 번역하는데, 이 번역은 두 문구를 약간 구별하는 뉘앙스를 갖는다. 이에 대한 자세한 내용은 본문 주해에서 다루도록 하겠다.

"나라들"(nations)로 번역했다.[181] 번역에 대한 본격적인 논의는 본문 주해에서 다루도록 하겠다.

7c절의 '에프 아우톤'(ἐπʼ αὐτὸν)은 전치사 '에피'(ἐπί)의 의미로 인해 번역하기 쉽지 않은 부분이 있다. 이 전치사에 대해서 개역개정은 "말미암아"로 번역하고 대부분의 영어 번역본은 "때문에"("on account of"[ESV]; "because of"[NKJV]; "on his account of"[NRSV])로 번역한다. 이런 의미로 번역하는 것에는 두 가지 문제가 있다. 첫째, 이 전치사의 사전적 의미에 "때문에"란 의미가 있긴 하지만, 그것은 전치사와 사용된 명사가 "여격"일 때 해당되고,[182] BDAG의 해당 항목에는 요한계시록 1장 7절이 예문으로 제시되지 않는다. 따라서 이곳의 전치사 '에피'를 "때문에"나 "인하여"나 "말미암아"로 번역하는 것은 신중해야 한다. 둘째, 이 본문의 구약 배경인 스가랴 12장 10절에서 개역개정과 모든 영어 번역본은 70인역이 '에피'로 번역한 히브리어 전치사 '알'(עַל)을 "때문에"가 아닌 "위하여"(for)로 번역하고 있다. 스가랴서 본문을 사용하는 요한계시록 본문과 동일한 맥락에서 스가랴서 본문의 번역이 이런 차이를 보인다는 점이 의아하다. 여기서 스가랴서 본문의 번역을 이 본문에 그대로 적용하게 되면 요한계시록의 문맥에서 이 본문이 갖는 의미와 거리가 멀어지기 때문에 문제가 된다. 과연 "그를 '위하여' 애통한다"로 번역하는 것이 적절한가에 대해서는 회의적인 견해가 많고, 그래서 요한계시록의 여러 번역자가 스가랴서 본문과는 다르게 "때문에"로 번역했을 가능성이 크다. 이런 번역상의 쟁점이 있으므로, "때문에"로 번역할 것인지 "위하여"로 번역할 것인지에 대해서는 신중을 기해야 할 것이다.

헬라어 사전인 BDAG가 이 전치사를 다루면서 요한계시록 1장 7절과 스가랴 12장 10절을 예문으로 소개하는 항목의 의미를 참고하는 것이 적절한데, BDAG에 따르면 이 전치사는 "어떤 사람을 향하여 주어지는 감정들의 표시"로서 "감정을 특징짓는 말들 후에" 사용된다.[183] 그러면서 이에 해당하는 의미로서 "안에"(in), "위에"(on), "위하여"(for), "향하여"(toward) 등을 제시한다. 이 의미들 가운데 이 본문에 가장 적절한 것은 "향하여"라 할 수 있고, 그렇게 되면 7c절의 이 전치사는 직전의 7b절에 나오는 찔림을 당한 그를 "향하여" 애통의 감정을

---

181 BDAG, 1069는 이 단어에 대해 대체로 "족속"(tribe)과 "나라"(nation)의 두 가지 의미를 제시하는데, 계 1:7의 경우를 후자에 해당하는 것으로 기술하고 있다. 그러므로 BDAG는 1:7에서 이 단어가 "나라"를 의미하는 것으로 간주하고 있다고 판단할 수 있다.

182 앞의 책, 365(6c).

183 앞의 책, 366.

보여주는 것이다. 좀 더 자세한 설명은 본문 주해에서 주어질 것이다.

이상의 내용을 근거로 우리말 어순에 맞추어 번역하면 다음과 같다.

a	보라 그가 구름과 함께 오신다.
b	그리고 모든 눈 곧 그를 찌른 모든 자들이 그를 볼 것이다.
c	그리고 땅의 모든 나라들이 그를 인하여 애통할 것이다.
d	그러하다, 아멘.

문맥 및 구약 배경

1) 문맥 관찰

7절의 말씀은 5-6절에서 예수님께 드려지는 송영 직후에 주어지고, 문장의 주어도 직전의 5-6절과 동일하게 예수님이다. 5절에서 예수님은 시편 89편 27절을 배경으로 "죽은 자들의 처음 나신 이"와 "땅의 왕들의 통치자"로 인정되시어 하나님과 동등된 지위를 과시하신다. 6절에서 예수님은 교회 공동체를 나라와 제사장들로 삼으시는데, 이는 시내 산에서의 하나님의 언약 활동을 연상케 한다. 그리고 6절의 송영은 하나님께만 속하는 "영광과 능력"이 예수님께 드려지기를 소망하면서 하나님과 동등된 승귀하신 예수님의 지위를 나타낸다. 따라서 5-6절 직후에 이어지는 7절의 말씀을 승귀하신 예수님에 대한 보충 설명으로 봐야 할 근거는 충분하고, 그렇다면 7절을 5-6절과 같은 맥락에서 이해할 필요가 있다.

2) 구약 배경: 다니엘 7장 13절, 스가랴 12장 10절

7절의 말씀은 구약의 두 본문, 즉 다니엘 7장 13절과 스가랴 12장 10절을 배경으로 한다.[184] 이 두 구약 본문을 중심으로 7절의 구약 배경을 살펴보도록 하겠다.

(1) 다니엘 7장 13절

a. 다니엘 7장 13절과 요한계시록 1장 7a절 비교

다니엘 7장 13절이 요한계시록 1장 7절의 배경이라는 것을 확인하기 위해 두 본문을 비교해 볼 필요가 있다.

---

184 Beale, *The Book of Revelation*, 197; Bauckham, *The Climax of Prophecy*, 320. 대부분의 학자들이 이러한 배경 관계를 인정한다.

요한계시록 1:7a	70인역 다니엘 7:13
보라(ἰδού) 그가 <u>구름과 함께</u> (μετὰ τῶν νεφελῶν) 오신다 (ἔρχεται)	내가 또 밤 환상 중에 보니 (<u>보라</u>)(ἰδού) 인자 같은 이가 하늘 <u>구름</u>을 타고(ἐπὶ τῶν νεφελῶν) <u>와서</u>(ἤρχετο) 옛적부터 항상 계신 이에게 나아가 그 앞으로 인도되매
Ἰδοὺ ἔρχεται μετὰ τῶν νεφελῶν	〈70인역〉 ἰδοὺ <u>ἐπὶ τῶν νεφελῶν</u> τοῦ οὐρανοῦ ὡς υἱὸς ἀνθρώπου <u>ἤρχετο</u>
	〈데오도티온역〉 Ἰδοὺ ἔρχεται <u>μετὰ τῶν νεφελῶν</u> τοῦ οὐρανοῦ ὡς υἱὸς ἀνθρώπου ἐρχόμενος ἦν
	〈마소라 본문〉 וַאֲרוּ עִם־עֲנָנֵי שְׁמַיָּא כְּבַר אֱנָשׁ אָתֵה הֲוָה

표에서 확인할 수 있듯이 요한계시록 1장 7a절과 다니엘 7장 13절은 "보라"를 공통적으로 사용한다(개역개정 단 7:13에는 "보라"가 생략되어 있지만, 마소라 본문[וַאֲרוּ, 바아루]과 70인역[ἰδού, 이두]에는 포함되어 있다). 요한계시록 1장 7a절의 "구름과 함께"에 사용된 전치사 '메타'(μετά, …와 함께)는 마소라 본문의 '임'(עִם, …와 함께)이나 데오도티온역의 '메타'와는 일치하지만, '에피'(ἐπί)를 사용하는 70인역과는 차이를 보인다. 이 비교 및 대조에 의하면 요한이 70인역보다는 마소라 본문이나 데오도티온역을 사용했을 가능성이 크다는 것을 알 수 있다.[185] "오다"라는 단어는 70인역이 시제의 차이를 보이긴 하지만 70인역(ἤρχετο, 에르케토)과 데오도티온역(ἔρχεται, 에르케타이) 모두 요한계시록(ἔρχεται, 에르케타이)과 동일한 단어를 사용한다. 이러한 일치는 요한계시록 1장 7a절이 다니엘 7장 13절을 사용하고 있음을 의미한다.

---

185 데오도티온역은 70인역과는 달리 마소라 본문에 충실하게 번역한 것으로 추정된다. 요한계시록 본문은 마소라 본문을 번역해서 사용했든지 아니면 데오도티온역을 직접 사용했을 가능성이 있다. 이곳의 번역과 관련된 쟁점을 다루면서 찰스는 요한계시록의 '메타 톤 네펠론'(μετὰ τῶν νεφελῶν)이 다니엘서의 헬라어 번역본인 데오도티온역과 일치한다는 점에 주목하지만, 그는 데오도티온역을 후대의 번역으로 간주하고, 요한이 히브리어 구약 본문을 사용했기 때문에 히브리어 구약 본문을 충실하게 번역한 데오도티온역과 일치하게 된 것이라고 주장한다(Charles, *A Critical and Exegetical Commentary on the Revelation of St. John*, 1:18). 또한 그는 요한계시록의 저자가 후대의 데오도티온역과 유사한 초기 번역본을 사용했다고 주장하는 것도 옳지 않다고 한다(앞의 책). 그런데 흥미로운 점은, 단 4-6장의 아람어 본문과 70인역의 차이가 너무 크다는 점을 근거로 초대 교회 시대에 70인역이 데오도티온역으로 대체되었다는 주장이 최근에 대두되고 있다는 것이다(J. J. Collins, "Current Issues in the Study of Daniel," in J. J. Collins, P. W. Flint, and C. VanEpps, eds., *The Book of Daniel: Composition and Reception* [Leiden: Brill, 2002], 3). 이것은 데오도티온역의 후기설보다는 초기설을 지지한다. 최근에는 오즈번도 계 1:7에서 70인역 슥 12:10의 '카토르케산토'(κατωρχήσαντο)가 아닌 데오도티온역의 '엑세켄테산'(ἐξεκέντησαν)이 사용된다는 점을 근거로 요한이 70인역이 아니라 데오도티온역을 따른다고 주장했다(Osborne, *Revelation*, 76). 물론 데오도티온역이 완성되기 전이라 하더라도 그것의 전승은 얼마든지 그 이전부터 존재할 수 있기 때문에, 요한계시록이 데오도티온역이 아닌 데오도티온이 사용했던 것과 동일한 전승을 참고했을 가능성도 충분히 있다. 따라서 요한계시록과 데오도티온역 사이의 연대 문제에 대한 논쟁은 의미가 없다.

b. 하늘에서 거행되는 인자의 대관식

1장 7a절의 구약 배경인 다니엘 7장 13절은 하나님이 악한 세상 세력들을 제압하신 후에(단7:9-12) 모든 나라들에 대한 왕권을 인자에게 위임하시는(7:14) "대관식"(enthronement)의 문맥에서 주어지고 있다.[186] 여기서 대관식은 하늘의 하나님에 의해 인자 같은 이를 위해 하늘에서 거행된다. 대관식을 치르기 위해 오시는 인자 같은 이의 오는 방향은 하늘에서 땅을 향하는 것이 아니라 땅에서 하늘로 향하고 있다. 프랜스(France)는 인자 같은 이가 "하늘의 구름 가운데 *하나님께로 온다*"고 분명하게 주장한다.[187] 적어도 다니엘 본문에서는 인자 같은 이가 땅을 향해 온다는 어떤 암시도 발견되지 않는다.[188]

c. 다니엘 7장 13-14절과 7장 18절 비교

다니엘 7장 13-14절의 "인자 같은 이"는 7장 18절에서 재해석되면서 "지극히 높으신 이의 성도에 대한 상징"으로 드러나고 있다.[189] 이 두 본문의 관계는 다음 표를 통해 좀 더 잘 관찰될 수 있다.

다니엘 7:14	다니엘 7:18
그에게 권세와 영광과 나라를 주고 모든 백성과 나라들과 다른 언어를 말하는 모든 자들이 그를 섬기게 하였으니 그의 권세는 소멸되지 아니하는 영원한 권세요 그의 나라는 멸망하지 아니할 것이니라	지극히 높으신 이의 성도들이 나라를 얻으리니 그 누림이 영원하고 영원하고 영원하리라

이 두 본문은 모두 영원한 나라의 수여를 언급한다는 공통점으로 인해 평행 관계를 갖는다. 그런데 다니엘 7장 14절에서는 그 나라가 "인자 같은 이"(단 7:13)에게 주어지지만, 7장 18절에서는 성도들 곧 이스라엘에게 주어진다. 13절의 "인자 같은 이"는 단수형이고 18절의 "지극히 높으신 이의 성도들"은 복수형이다. 전자는 집합 명사로서 복수형인 후자를 단수로 표현한다. 이런 관계에 의해 두 본문은 모두 이스라엘의 회복에 대한 하나님의 약속을 제시하는 것으로 볼 수 있다.

---

186 Tremper Longman III, *Daniel*, NIVAC (Grand Rapids, MI: Zondervan, 1999), 187; G. K. Beale, *The Book of Revelation*, 196.
187 R. T. France, *The Gospel of Matthew*, NICNT (Grand Rapids, MI: Eerdmans, 2007), 396. 이탤릭체는 저자의 것이다.
188 앞의 책; S. Pace, *Daniel*, SHBC (Macon, GA: Smyth & Helwys, 2008), 245.
189 L. F. Hartman and A. A. Di Lella, *The Book of Daniel*, AB 23 (Garden City, NY: Doubleday, 1977), 218-219.

d. 인자의 메시아적 의미로의 발전

이러한 의미의 "인자"라는 호칭은 해석적 전통을 거치면서 유대 문헌에서 메시아를 의미하는 것으로 발전한다.[190] 예를 들면, 4Q246 2:1에서는 "지극히 높으신 이의 아들"과 "하나님의 아들"이라는 문구가 사용된다. 이와 관련하여 4Q246 2:5의 "영원한 나라"는 다니엘 7장 27절의 "'그의 나라는 영원한 나라'를 사용하고, 4Q246 2:9의 "그의 통치는 영원한 통치"는 다니엘 7장 14절의 "그의 권세는 영원한 권세"라는 문구를 사용하고 있다.[191] 이 본문들은 다니엘 7장 13절의 "인자 같은 이"를 "메시아적인 용어들"로 재해석하고 있는 것으로 간주할 수 있고,[192] 따라서 사해사본의 "하나님의 아들" 본문은 다니엘 7장 13절을 메시아적 관점으로 재해석한 것이라고 볼 수 있다.[193] 그렇다면 4Q246은 BC 1세기의 것으로서 다니엘 7장을 메시아적으로 해석한 최초의 문서로 간주될 수 있다.[194] 특별히 4Q246 2:5, 9는 다니엘 7장 13-14절의 천상적 정황을 지상에서 구현하는 7장 18절과 27절을 쿰란 공동체의 정황에 맞게 설명하는 것이라고 볼 수 있다. 아마도 이스라엘의 회복이 메시아의 사역을 통해 이루어진다는 점에서 이러한 의미의 발전이 가능했을 것이라고 추정해 볼 수 있다.

여기에 덧붙여서 사해사본보다 좀 더 후대에 기록된 에스라4서 13장 3절에서는 메시아를 표현하기 위해 "사람이 하늘 구름을 타고 날았다"(man flew with the clouds of heaven)[195]라는 표현을 사용한다.[196] 특별히 이 사람에 대한 해석을 제공하는 에스라4서 13장 21-57절에서는 이 사람이 메시아적 신분을 가진 것으로 나타난다. 흥미로운 것은 에스라4서 13장 52절이 이 사람을 "나의 아들"이라고 함

---

190 앞의 책, 219.
191 M. O.Wise, M. G. Abegg Jr., and E. M. Cook, *The Dead Sea Scrolls: A New Translation* (New York, NY: HarperOne, 2005), 347.
192 J. J. Collins, *Apocalypticism in the Dead Sea Scroll* (New York, NY: Routledge, 1997), 85. 특히 콜린스는 4Q246과 단 7장의 관계가 동사 '두쉬'(דוש, 짓밟다)의 사용에 의해 더욱 확고해진다고 주장한다(앞의 책). 마이클 니브(Michael A. Knibb)는 "The Book of Daniel in Its Context," in *The Book of Daniel: Composition and Reception,* ed. J. Collins (Leiden: Brill, 2001), 23에서 콜린스의 "The Son of God text from Qumran," in *From Jesus to John: Essays on Jesus and New Testament Christology in Honour of Marinus de Jonge* (Sheffield: JSOT, 1993), 76-82, 특히 80-81을 인용하면서 콜린스의 입장을 지지한다. 한편, 4Q246은 BC 176-164년에 있었던 안티오쿠스 4세의 유대인 박해를 역사적 배경으로 한다 (Michael O.Wise, Martin and Edward M. Cook, *The Dead Sea Scrolls,* 346).
193 Collins, *Apocalypticism in the Dead Sea Scroll,* 85. 콜린스는 이 밀접한 관계를 다음과 같이 설명한다. "하나님의 아들 본문은 다니엘 7장의 재해석이다"(앞의 책).
194 Knibb, "The Book of Daniel in its Constext," 23.
195 *OTP* 1:551.
196 G. K. Beale, *The Use of Daniel in Jewish Apocalyptic Literature and in the Revelation of St. John* (Lanham, MD: University Press of America, 1984), 155n5.

으로써, 시편 2편 7절에서 메시아 개념을 함축하는 아들 됨(sonship) 개념을 반영한다는 것이다. 아마도 이스라엘의 회복이 메시아의 사역을 통해 이루어진다는 점에서 이와 같은 의미의 발전이 이루어졌을 것으로 추정된다.

e. 정리
이상의 내용을 정리하면, 요한계시록 1장 7a절의 배경으로 사용된 다니엘 7장 13-14절에서 "인자 같은 이"는 하늘의 하나님께로 가서 나라의 권세를 받는 대관식의 주인공으로 등장한다. 4Q246 2:5, 9와 에스라4서 13장 3절, 52절은 다니엘 7장 13절의 인자 같은 이를 메시아의 정체성을 나타내는 호칭으로 재해석한다. 이 재해석의 과정은 요한계시록 1장 7절이 다니엘 7장 13-14절을 메시아로 오신 예수님께 적용해서 사용할 수 있도록 정당성을 제공한다.

(2) 스가랴 12장 10절
a. 스가랴 12장 10절과 요한계시록 1장 7bc절 비교
요한계시록 1장 7절의 두 번째 구약 배경은 스가랴 12장 10절이다. 요한계시록 1장 7bc절과 스가랴 12장 10절을 비교하면 다음과 같다.

요한계시록 1:7bc	스가랴 12:10
b) 그리고 모든 눈 곧 그를 <u>찌른</u> 모든 자들이 그를 볼 것이다. c) 그리고 땅의 모든 나라들이 <u>그를 인하여 애통</u>할 것이다.	내가 다윗의 집과 예루살렘 주민에게 은총과 간구의 영을 부어 주리니 그들이 <u>그 찌른 바 나를 바라보고 그를 인하여 애통하기를</u> 독자를 인하여 <u>애통하듯</u> 하며 <u>그를 인하여 통곡하기를</u> 장자를 인하여 <u>통곡하듯</u> 하리로다(사역)
b) καὶ <u>ὄψεται</u> αὐτὸν πᾶς ὀφθαλμὸς καὶ οἵτινες αὐτὸν <u>ἐξεκέντησαν</u>, c) καὶ <u>κόψονται ἐπ' αὐτὸν</u> πᾶσαι αἱ φυλαὶ τῆς γῆς.	〈70인역〉 … <u>ἐπιβλέψονται</u> πρός με ἀνθ' ὧν <u>κατωρχήσαντο</u> καὶ <u>κόψονται ἐπ' αὐτὸν</u> …
	〈마소라 본문〉 וְהִבִּיטוּ אֵלַי אֵת אֲשֶׁר־דָּקָרוּ וְסָפְדוּ עָלָיו

7bc절에서 사용된 두 번째 구약 본문인 스가랴 12장 10절은 종말에 하나님이 예루살렘을 치러 올라오는 열국들을 물리치심(슥 12:9)과 동시에 이스라엘이 하나님이 부어 주시는 은총과 간구하는 심령으로 애통하며 회개하게 될 것에 대해 말한다. 스가랴 12장 10절의 "그들이 그 찌른 바 나를 바라보고"라는 문구는

요한계시록 1장 7b절의 "그를 찌른 모든 자들이 그를 볼 것이다"와 평행한다. 하지만 스가랴 12장 10절의 70인역 본문은 동사로 "찌르다"(ἐξεκέντησαν, 엑세켄테산)가 아닌 "조롱하다"(κατωρχήσαντο, 카토르케산토)를 사용하면서 요한계시록 1장 7b절과 차이를 보인다. 여기에서 우리는 요한이 70인역을 사용하는 것이 아니라 히브리어 구약 성경을 사용하고 있다는 것을 알 수 있다. 그리고 스가랴 12장 10절의 "그를 인하여 애통하다"(κόψονται ἐπ᾽ αὐτὸν, 콥손타이 에프 아우톤; וְסָפְד֤וּ עָלָיו֙, 베소프두 알라브)라는 문구는 요한계시록 1장 7c절의 "그를 인하여 애통하다"(κόψονται ἐπ᾽ αὐτὸν, 콥손타이 에프 아우톤)와 평행 관계를 보여준다. 이러한 일련의 평행 관계가 요한계시록 1장 7절이 스가랴 12장 10절의 말씀을 사용하고 있다는 것을 확증한다.

b. 하나님을 찌르다

i. 이스라엘이 하나님을 찌르다

스가랴서는 이스라엘이 하나님을 배반하여 떠난 행위를 비유적으로 표현해서 하나님을 찔렀다고 말한다. 여기에서 찔림의 대상을 미래에 출현할 메시아로 해석하는 경우가 있지만, 찌르는 행위가 스가랴 당시에 이미 이루어지고 있는 상황이므로 찔림의 대상을 미래의 인물로 간주하는 것은 모순이 된다.[197] 찔림의 대상과 관련해서는 그가 경건한 순교자라는 견해도 있고,[198] 이사야 53장 5절의 "그가 찔림은 우리의 허물 때문이요"의 "찔림"이란 동일한 단어의 사용에 근거해서 예수님의 죽으심을 예견하는 이사야서의 "여호와의 종"을 가리킨다는 견해도 있다.[199] 이 밖에도 찔림의 대상에 대한 여러 견해들이 있다.[200]

　　찔림의 대상이 정확하게 누구인지를 추적하기 위해서는 스가랴 12장 10절 전반부의 히브리어 원문을 살펴볼 필요가 있는데, 마소라 본문과 영어 번역본들을 비교함으로써 흥미로운 점을 발견할 수 있다.

---

197 H. G. Mitchell, *A Critical and Exegetical Commentary on Haggai and Zechariah*, ICC (New York, NY: Scribner's Sons, 1912), 330.

198 앞의 책.

199 이것은 R. L. Smith, *Micah–Malachi*, WBC 32 [Waco, TX: Thomas Nelson, 1984], 277이 소개하는 존스(Jones)의 견해다(D. R. Jones, *Haggai, Zechariah, Malachi*, TBC [London: SCM, 1962], 163).

200 이에 대한 자세한 내용은 Smith, *Micah–Malachi*, 277-278; G. L. Klein, *Zechariah*, NAC 21 (Nashville, TN: B&H , 2008), 367-368을 참고하라.

마소라 본문	וְהִבִּיטוּ אֵלַי אֵת אֲשֶׁר־דָּקָרוּ
ESV	when they look on me, on him whom they have pierced
	그들이 자신들이 찔렀던 그를, 곧 나를 바라볼 때
NRSV	when they look on the one whom they have pierced
	그들이 자신들이 찔렀던 자를 바라볼 때
NKJV	then they will look on Me whom they pierced
	그 후에 그들이 자신들이 찔렀던 나를 바라볼 것이다

위의 영어 번역들 중 어느 것이 옳은지를 판단하기 위해 먼저 히브리어 문장의 구조를 분석해 볼 필요가 있다.

마소라 본문의 '베히비투 엘라이'(וְהִבִּיטוּ אֵלַי)와 70인역의 '에피블렙손타이 프로스 메'(ἐπιβλέψονται πρός με)는 모두 "그들이 나를 바라본다"라는 의미이므로, 그것의 번역에도 "나를"(אֵלַי, 엘라이; πρός με, 프로스 메; on me)이라는 인칭 대명사가 언급되어야 하고, ESV와 NKJV는 그것을 반영하고 있기 때문에 적절한 번역이다. 다음 문장인 '에트 아쉐르-다카루'(אֵת אֲשֶׁר־דָּקָרוּ, 그들이 찌른 자를)는 앞에서 언급된 "그들이 나를 바라본다"라는 문장의 "나를"(אֵלַי, 엘라이)을 구체적으로 설명한다. 이곳의 1인칭 "나"는 3인칭 "그"로 바뀌어 표현된다. 스가랴 12장 8절에서 주어가 이미 3인칭인 여호와(יהוה)로 시작되었고, 12장 10b절의 "그들은 그를 인하여 슬퍼할 것이다"(וְסָפְדוּ עָלָיו, 베소프두 알라브)에서 "그"는 8절의 "그"를 이어받는다. 그리고 8절과 10b절 사이에 "나를"이 사용되었다. 따라서 인칭의 변화는 3인칭(8절)–1인칭(9-10a절)–3인칭(10b절)의 순서로 이루어진다.

이곳에 나타나는 인칭 변환 현상을 어떻게 설명할 수 있을까? 이런 변환은 히브리어에 종종 나타나는 현상이고, 특별히 시편의 평행법에서 소통의 지루함을 피하거나, 흥미를 돋우거나, 강조하기 위한 목적으로 자주 시도되는데, 예를 들면 시편 104편 13절에서 "그의 누각"(מֵעֲלִיּוֹתָיו, 메알리요타브)의 "그의"라는 3인칭 대명사가 "당신의 하시는 일"(מַעֲשֶׂיךָ, 마아쎄카; 개역개정 "주께서 하시는 일")의 "당신의"라는 2인칭 대명사로 변환되어 사용된다. 또한 아가 1장 2절의 "그로 나에게 입맞추게 하라 … 이는 너의 사랑이 포도주보다 더 나음이니라"(나의 사역)에서도 처음에 3인칭 "그"로 시작한 것이 2인칭 "너"로 변환된다.[201] 이 경우들에 비추어 볼 때 인칭 대명사의 변환은 흔히 일어날 수 있는 현상이고 전혀 문제될 것이 없다.

---

201 이 소중한 자료는 동일인에 대한 인칭 대명사가 같은 문맥 안에서 변환되는 것에 대해 권성달 교수와 토론하던 중 그가 내게 알려 준 것이다.

따라서 스가랴 12장 10절의 "나를"은 화자이신 하나님 자신을 가리키며, 찔림의 대상은 바로 하나님 자신이라고 할 수 있다. 이 과정에서 중간에 1인칭을 사용하는 것은 화자이신 하나님의 단호함을 부각시키려는 것으로 이해할 수 있다.

인칭 변환의 이유를 다른 식으로 설명하려는 시도도 있다. 카슨(Carson)은 요한복음 19장 37절을 주석하면서 스가랴 12장 10절을 스가랴 13장 7절과 연결시키는데, 그에 따르면 스가랴 12장 10절에 나타나는 1인칭(나를)과 3인칭(그를)의 "상호 작용"(interplay)은 스가랴 13장 7절("만군의 여호와가 말하노라 칼아 깨어서 내 목자, 내 짝된 자를 치라 목자를 치면 양이 흩어지려니와 작은 자들 위에는 내가 내 손을 드리우리라")에 근거해서 설명할 수 있다. 즉, 하나님이 "찔리셨다"는 표현이 하나님을 대표하는 목자가 찔린 것을 가리키는 것으로 이해할 수 있다는 것이다.[202] 이것은 스가랴 12장 10절의 1인칭은 하나님을 가리키게 하고 3인칭은 하나님을 대표하는 목자를 가리키게 함으로써 하나님과 목자를 동일시하려는 시도로 볼 수 있다. 그러나 스가랴 12장 10절과 13장 7절 사이의 간격이 너무 멀기 때문에 두 본문을 연결시키는 것은 다소 인위적일 수 있으므로 조심해야 한다.

ii. 하나님을 찌름의 의미

어떻게 이스라엘이 하나님을 찌를 수 있을까? 하나님을 실제로 찌른다는 말인가? 당연히 그럴 수 없다. 그렇다면 앞서 카슨이 주장한 것처럼 그것이 스가랴 13장 7절의 목자를 치는 행위와 동일시될 수 있을까? 두 본문 사이의 간격이 너무 멀기 때문에 이 견해를 받아들이기는 조심스럽다. 따라서 하나님을 찌른다는 표현을 물리적인 행위를 가리키는 것으로 간주하기는 어렵다. 그렇다면 하나님을 찌른다는 것은 하나님에 대한 불신실한 행위를 상징적으로 표현한 것이라 볼 수 있다. 즉, 하나님은 그분의 백성이 하나님을 배반하여 떠날 때 칼에 찔리는 것 같은 아픔을 느끼실 수 있는데, 이런 정황에 대한 상징적 표현이라 할 수 있다. 스가랴 12장 10절에 대한 70인역의 번역이 이와 같은 이해를 지지하는 근거를 제공한다. 번역도 일종의 해석이므로 70인역의 번역을 참고하는 것은 이 본문을 이해하는 데 도움이 될 것이다.

70인역은 마소라 본문의 "그들이 찔렀다"(דָּקָרוּ, 다카루)를 "그들이 조롱했다"(κατωρχήσαντο, 카토르케산토)로 번역한다. 이것은 70인역의 번역자가 찌르는 행위

---

202 D. A. Carson, *The Gospel According to John*, PNTC (Grand Rapids, MI: Eerdmans, 2000), 627-628.

를 문자적으로 이해하기보다는 상징적 행위로 이해했다는 증거다. 70인역에서 이 조롱의 행위는 "그들이 나를 보게 될 것이다"의 이유로 제시되는데, 왜냐하면 이 본문의 후반부를 도입하는 '안드 혼'(ἀνθ᾽ ὧν)이 "왜냐하면"이란 의미를 가지고 있기 때문이다.[203] 이를 종합하여 70인역을 다음과 같이 번역할 수 있다: "a) 그들은 나를 보게 될 것이다. b) 왜냐하면 그들은 나를 조롱했기 때문이다.[204] c) 그리고 그들은 그를 인하여 애통할 것이다." 곧 그들이 하나님을 조롱하였기 때문에 그에 대한 결과로 하나님을 보게 될 것을 말한다. 어떻게 그들이 하나님을 보게 될 것인가? 바로 은총과 간구의 영을 통해서다.

iii. 은총과 간구의 영

하나님을 조롱하고 배역하여 하나님을 찌르는 듯한 행위를 자행한 이스라엘 백성에게 하나님은 "은총과 간구의 영"을 부어 주겠다고 약속하신다(참고, 겔 39:29; 욜 2:28-29).[205] 여기에서 은총과 간구의 영은 당연히 긍정적인 의미를 갖는다. 따라서 하나님을 찌른 이스라엘 백성에게 은총과 간구의 영을 주시는 것은 그들을 회복하시는 긍정적인 결과를 기대하게 만든다.[206] 이러한 은총과 간구의 영을 받은 이스라엘은 자신들이 찌른 "그를 인하여"(עָלָיו, 알라브; ἐπ᾽ αὐτὸν, 에프 아우톤) 애통한다.[207] 이 애통은 자신들이 하나님을 배역한 것에 대한 회개의 애통이며 "죄에 대한 슬픔"의 표현이다.[208] 이러한 애통에 "독자를 인하여"와 "장자를 인하여"라는 문구가 덧붙는데, 이 문구를 사용하는 목적은 회개를 위한 "슬픔의 통렬함"을 더 잘 드러내기 위함이다.[209] 특별히 이 문구는 예레미야 6장 26절의

---

203 BDAG, 88.

204 브렌턴(Brenton)의 영어 번역이 이 번역을 지지한다: "they shall look upon me, because they have mocked me."(L. C. L. Brenton, *The Septuagint Version of the Old Testament: English Translation* [London: Samuel Bagster and Sons, 1870], 1124).

205 Klein, *Zechariah*, 363.개역개정은 "은총과 간구하는 심령"이라고 번역했는데, 마소라 본문에 근거하면 "은총과 간구의 영(성령)"(רוּחַ חֵן וְתַחֲנוּנִים, 루아흐 헨 베타하후님)으로 번역하는 것이 더 적절하다. 70인역은 "은총과 긍휼의 영"(πνεῦμα χάριτος καὶ οἰκτιρμοῦ, 프뉴마 카리토스 카이 오이크티르무)으로 번역하고, 탈굼은 "은총과 자비의 영"(רוּחַ חֶסֶד וְרַחֲמִין, 루아흐 하사드 베라하민)으로 번역하여 "간구"를 "긍휼"이나 "자비"로 대체해서 사용한다.

206 스미스(Smith)는 슥 12장 전체가 "종말적"(eschatological)이라고 규정하고, 하나님이 "새 영과 새 마음"을 주심으로 이스라엘을 회복하시겠다고 약속하신 겔 36:25-26과 비교한다(Smith, *Micah–Malachi*, 278).

207 '알라브'를 "그를 위하여"로 번역하는 것은 이 문맥의 흐름과 조화를 이루지 못한다(ESV, NIV, NKJV, NRSV는 모두 '알라브'를 "그를 위하여"[for him]로 번역한다). 따라서 "그를 위하여"가 아닌 "그로 인하여"로 번역해야 한다.

208 D. J. Clark and A. H. Howard, *A Handbook on Zechariah*, UBSHS (New York, NY: United Bible Societies, 2002), 323.

209 Mitchell, *A Critical and Exegetical Commentary on Haggai and Zechariah*, 331.

"독자를 잃음 같이 슬퍼하며 통곡할지어다"나 아모스 8장 10절의 "독자의 죽음으로 말미암아 애통하듯 하게 하며"의 경우처럼, 애통의 고통스런 정서를 강화한다.[210] 은총과 간구의 영을 받은 이스라엘은 자신들이 하나님을 찌른 장본인이라는 사실을 깨닫고 고통스럽게 슬퍼한다. 피끓는 심정으로 애통하듯 회개하여 새로운 이스라엘로 태어나게 될 것이다.[211] 이러한 회개의 애통은 구약의 관점에서 종말에 이루어질 이스라엘의 회복에 대한 약속의 핵심 요소인데,[212] 왜냐하면 이 회개의 과정을 지나야 진정한 회복의 입구에 다다를 수 있기 때문이다.

(3) 정리

요한계시록 1장 7절에서는 두 개의 구약 본문, 즉 다니엘 7장 13절과 스가랴 12장 10절이 배경으로 사용된다. 먼저 다니엘 7장 13절에 의하면, 인자 같은 이는 옛적부터 항상 계셨던 하늘에 계신 하나님께 구름을 타고 올라간다. 이 본문의 해석 전승(4Q246 2:5, 9와 에스라4서 13:3, 52)에서 인자 같은 이는 메시아로 재해석된다. 하늘로 간 인자 같은 이는 하나님으로부터 나라와 권세와 영광을 받는데, 이것은 이스라엘의 회복을 의미한다. 그리고 스가랴 12장 10절에 의하면, 이스라엘은 은총과 간구의 영을 받고 하나님을 대적했던 반역의 마음을 통곡하며 회개한다. 이 또한 새 이스라엘의 회복에 대한 전망을 제시한다. 이 두 본문의 공통된 특징은 두 본문 모두 새 이스라엘의 회복에 대한 약속을 담고 있다는 것이다. 새 이스라엘의 회복은 곧 창조의 회복이다.

본문 주해

[1:7a] 구름과 함께 오다

7a절은 "보라"(ἰδού, 이두)라는 말로 시작하는데, 이것은 독자의 시선을 끌며 강조하려는 목적을 갖는다. "구름과 함께 오신다"는 주제에 대한 고찰은 "구름과 함께 오는 이는 누구인가?"라는 질문과 "그는 구름과 함께 어디로 오는가?"라는 질문에 답하는 형식으로 진행하겠다.

---

210 Clark and Howard, *A Handbook on Zechariah*, 323. 또한 이 문구는 출애굽 사건의 배경을 갖는다. 출애굽의 열 재앙 중 마지막 재앙에서 죽음의 사자가 지나갈 때 애굽의 장자들과 독자들이 일시에 죽어 나갔다. 이때 그들의 어미들이 피끓는 심정으로 애통하는 상황을 떠올릴 수 있다. 출 12:30은 독자를 비롯한 애굽의 모든 장자들이 죽은 후에 "애굽에 큰 부르짖음이 있었다"고 그 상황을 묘사한다. 따라서 슥 12:10의 "장자"와 "독자"는 일종의 인유적 사용(allusion)이라고 할 수 있다.
211 Mitchell, *A Critical and Exegetical Commentary on Haggai and Zechariah*, 331.
212 Smith, *Micah–Malachi*, 278.

구름과 함께 오는 이는 누구인가? 7a절은 구름과 함께 오는 이가 누구인지를 구체적으로 밝히지 않는다. 그러나 7절과 밀접한 관계에 있는 직전 본문(5-6절)의 도움을 받아 그가 누구인지 추적할 수 있다.[213] 문맥 관찰에서 살펴본 바와 같이 5-6절의 내용은 예수님께 집중되어 있다. 예수님은 죽은 자들의 처음 나신 분이고 땅의 왕들의 통치자이시며 성도들을 하나님을 섬기는 나라와 제사장으로 삼으신 분으로 소개된다. 곧 세상에서 가장 뛰어난 권세를 가진 왕으로서 죽음과 생명과 만물에 대한 통치자이시며 우리를 나라와 제사장들로 삼아 주신 분이다. 바로 그분이 구름과 함께 오시는 분이다. 이 장면은 다니엘 7장 13-14절과 18절을 배경으로 한다. 인자 같은 이는 다니엘 7장 18절의 "지극히 높으신 이의 성도들" 곧 이스라엘을 상징하는 존재로서, 7장 13-14절에서 구름 타고 하나님께로 가서 하나님의 권세와 영광과 나라를 받는다. 이것은 이스라엘의 회복을 약속하는 내용이다. 예수님을 다니엘 7장 13-14절과 18절을 배경으로 설명하면, 인자 같은 이의 성취로서 구름과 함께 오는 예수님은 바로 새 이스라엘 자신으로 오시는 것이다. 4Q246과 에스라4서 13장의 배경을 덧붙여서 말한다면, 구름과 함께 오시는 예수님은 이스라엘을 회복하는 메시아이시다. 요한계시록 1장 5-6절과 더불어 구약 성경 및 해석 전승에서 나타나는 것처럼 1장 7a절의 구름과 함께 오는 이는 메시아로서 새 이스라엘로의 회복을 성취하시는 예수님을 의미하는 것으로 이해할 수 있다. 새 이스라엘로의 회복은 곧 아담의 회복이고, 창조와 에덴의 회복을 의미한다.

예수님은 구름과 함께 어디로 오시는가? 예수님은 구름과 함께 지상으로 오시는 것일까, 아니면 하늘로 오시는 것일까? 이 질문은 예수님의 오심이 재림인가 아니면 승천인가라는 질문의 다른 표현이며, 이 본문의 가장 중요한 쟁점이라고 할 수 있다. 지금까지의 논의를 통해 이 질문에 대한 답변을 어렵지 않게 할 수 있게 되었다. 먼저 이 본문의 배경인 다니엘 7장 13절을 근거로 말한다면, 예수님이 구름과 함께 오시는 것은 지상으로 오시는 재림이 아니라 하늘로 가시는 승천을 의미하는 것이 분명하다. 왜냐하면 다니엘 7장 13절에서 인자 같은 이는

---

213 6절 마지막 부분의 "아멘"이 7절을 시작하는 "보라"와 함께 진실의 확증을 위해 사용되고 있다는 점에서 6절과 7절은 밀접한 관계를 갖는다(Blount, *Revelation*, 37). 그리고 5-6절과 7절이 동일하게 3인칭 단수의 주어를 유지하고 있다. 이 밀접한 관련성은 7절의 "구름과 함께 오시는 이"가 누구인지에 대한 근거를 5-6절에서 찾는 것의 정당성을 강화시켜 준다.

옛적부터 항상 계셨던 하늘에 계신 하나님께로 오기 때문이다. 따라서 다니엘 7장 13절의 인자 같은 이가 요한계시록에서 예수 그리스도를 통해 성취되는 것으로 해석된다고 볼 수 있다.

그렇다면 예수님이 구름과 함께 하늘로 올라가시는 장면은, 다니엘 7장 14절에서 인자 같은 이가 하나님께로 가서 "권세와 영광과 나라"를 받은 것처럼, 예수님이 하나님으로부터 왕권과 나라를 받아 만왕의 왕이요 만주의 주로서 대관식에 참여하는 것으로 이해될 수 있다. 또한 해석 전승으로서의 4Q246과 에스라4서 13장을 배경으로 보면, 구름과 함께 오시는 예수님은 메시아 혹은 새 이스라엘로 오셔서 약속한 이스라엘의 회복을 성취하시는 분으로 볼 수 있다. 또한 다니엘 7장 13절과 18절의 조합에 의해 예수님 자신이 새 이스라엘로 오신 것으로 보는 것도 가능하다.

이 본문의 문맥도 이상의 내용들을 효과적으로 지지해 준다. 앞서 문맥에 대해 논의했던 것처럼 1장 5-6절과 1장 13-16절 같은 전후 문맥에서 예수님의 재림에 대한 언급이 전혀 존재하지 않는다.[214] 오히려 1장 5-6절에서는 예수님이 "죽은 자들의 처음 나신 이"와 "땅의 왕들의 통치자"로서 성도들을 나라와 제사장으로 삼으신 것에 대해 언급하고, 1장 13-16절에서는 예수님의 승귀하심을 언급함으로써 예수님의 구름과 함께 오심을 승천의 의미로 이해해야 할 당위성을 더욱 강화하고 있다.[215]

"오다"(ἔρχομαι)의 시제 문제. 7a절의 "오다"라는 동사가 개역개정에는 "오시리라"로 되어 있기 때문에 그동안 7절의 본문을 맹목적으로 미래 시제로 여겨서 재림에 대한 내용으로 이해할 소지가 있었다. 만일 이 동사를 미래 시제로 여겨 재림을 가리키는 것으로 이해한다면 예수님의 구름과 함께 오심이 하나님께로 오는 승천이라고 했던 앞선 논의와 모순이 되는 결과를 낳을 것이다. 그렇다면 어떻게 해야 이 모순된 상황을 피할 수 있을까? 이 문제를 해결하기 위해서는 이곳의 "오다"(ἔρχεται, 에르케타이〉ἔρχομαι, 에르코마이)라는 동사의 시제가 미래 시제가 아니

---

214 4절과 8절에서는 "지금 계시고 전에도 계셨고 장차 오실 이"라는 문구가 사용되는데 거기서 사용되는 "장차 오실 이"의 오심은 예수님의 오심이 아니라 하나님의 오심이며, 하나님의 창조와 섭리와 완성의 의미를 표현하려는 목적으로 "지금 계시고 전에도 계셨고"와 함께 사용된 것이다.

215 Beale, *The Book of Revelation*, 196. 비일에 의하면, "이 본문을 예수님께 적용하는 것은 예수님이 그 본문의 성취이심을 보여주는 것이며, 5절에서 이미 도입된 주제인 그분의 종말론적 왕권을 강조하는 것이다"(앞의 책).

라 현재 시제라는 사실에 주목할 필요가 있다. 다니엘 7장 13절의 70인역은 번역자의 목적을 위해 동사의 시제를 미완료 시제(ἤρχετο, 에르케토)로 변형시켰다. 헬라어에서 현재형의 용법은 현재와 미래와 과거의 시점을 모두 나타낸다.[216] 그러므로 본문의 "오다"라는 동사에 대해 이 세 가지 가능성을 모두 가정하여 생각하는 것이 공정하며, 그렇게 할 때 승천의 의미와 동사의 시제가 서로 상충되지 않고 조화를 이룰 수 있는 가능성이 열리게 된다. 즉, "오다"라는 동사의 현재 시제를 과거를 나타내는 "역사적 현재"(historical presence)의 용법으로 이해하는 것이 가능하다면 저자의 기록 시점에서 과거에 발생한 승천의 의미와 전혀 모순되지 않는다. "역사적 현재" 용법이란 "생동감"을 살리기 위해서나 "강조"를 위한 목적으로 과거의 사건을 현재 시제로 사용하는 경우를 의미한다.[217] 요한은 현재 시제의 동사를 역사적 현재의 용법으로 사용함으로써 자신의 시점에서는 과거에 발생했던 승천 사건을 생동감 있게 표현해 주고 있다.[218] 이러한 접근은 이 동사를 미래 시제로만 국한해서 재림 사건으로 해석하는 오류에서 벗어날 수 있게 돕는다.[219]

정리. 다니엘 7장 13절, 4Q246, 에스라4서 13장의 배경으로 보면, 구름과 함께 오시는 예수님은 새 이스라엘 자신으로서 혹은 그것의 회복을 위해 오시는 메시아로서, 다니엘 7장 14절의 "인자 같은 이"와 같이 하나님으로부터 왕권과 나라를 받아 온 우주를 영원히 통치하는 분으로 등극하신다. 이 본문에서 승천하셔서 하나님 나라의 왕권을 획득하는 대관식의 주인공으로 등장하시는 예수님의 이미지는 만물과 역사를 주관하는 것이 로마 제국의 황제가 아니라 하나님과 어린 양 예수님이라고 선언하는 요한계시록의 목적과 완벽하게 조화를 이룬다.

---

216 G. Mussies, *The Morphology of Koine Greek As Used in the Apocalypse of St. John: A Study in Bilingualism* (Leiden: Brill, 1971), 335; Wallace, *Greek Grammar beyond the Basics*, 526, 536.

217 Wallace, *Greek Grammar beyond the Basics*, 526-527; BDF §321.

218 비일은 이것을 "역사 전체에 걸쳐 발생하는 과정"으로 이해한다(Beale, *The book of Revelation*, 198). 이것은 재림으로 해석하는 것보다는 한층 진보된 견해지만 여전히 미흡하다고 여겨진다.

219 3:11; 16:15; 22:7, 12, 20에서 사용되는 "오다" 동사를 미래적 의미로 해석하고 1:7의 경우를 이러한 동사군에 포함시켜 재림의 의미로 간주하는 입장이 있다(Charles, *A critical and exegetical commentary on the Revelation of St John*, 1:18). 그러나 이 동사군의 본문에는 "구름" 모티브가 없으며, 3:11의 경우는 회개하지 않을 경우 임하는 것을 언급하고, 22:7, 12, 20은 성만찬에서의 오심을 의미하는 것으로 간주될 수 있다. 따라서 16:15의 경우만 재림을 가리키게 된다. 특별히 요한계시록의 이 본문들과 관련된 "오다" 동사에 대한 연구를 보려면 신동욱, "요한계시록은 임박한 종말을 말하고 있는가?" 「신약논단」 17권 4호 (2010년 겨울): 1113-1149를 참고하라.

[1:7b] 모든 눈 곧 그를 찌른 모든 자가 볼 것이다

이 본문은 "찌르다"와 "볼 것이다"라는 두 행위를 포함하고 있다. 따라서 이 두 부분으로 나누어 살펴보고자 한다.

찌르다(ἐξεκέντησαν)

(1) 누가 찔렸는가?

앞에서 언급한 것처럼 스가랴 12장 10절에서는 찔림의 대상이 하나님 자신이시지만, 요한계시록에서는 찔림의 대상이 예수님으로 치환된다. 이는 스가랴서의 하나님처럼, 신약의 정황에서는 예수님 자신이 세상에 의한 배반의 대상이 되어 창에 찔린 분이 되셨기 때문이다. 이러한 정황을 잘 보여주는 본문이 바로 요한복음 19장 34절이다("그 중 한 군인이 창으로 옆구리를 찌르니 곧 피와 물이 나오더라").[220] 이 본문은 로마 군인이 예수님의 옆구리를 창으로 찔렀다고 말하고, 이어 나오는 19장 37절은 스가랴 12장 10절의 "그들이 그 찌른 자를 보리라"라는 말씀을 인용한다. 이것은 로마 군인이 창으로 예수님의 옆구리를 찌른 요한복음 19장 34절의 현장을 스가랴 12장 10절을 배경으로 재해석한 결과라고 볼 수 있다.

(2) 누가 찔렀는가?

스가랴 12장에서 하나님을 찔렀던 자들은 다윗의 집과 예루살렘 주민인 이스라엘 백성으로 언급된다. 요한계시록은 스가랴서의 "다윗의 집과 예루살렘 주민"이란 제한된 대상을 "모든 눈 곧 그를 찌른 모든 자"라고 하여 우주적 대상으로 발전시킨다.[221] 이러한 우주적 대상으로의 발전은 약속을 말하는 구약으로부터 종말적 성취를 소개하는 신약으로 전환되는 정황에서 필연적인 것이다. 앞서 잠깐 언급한 요한복음 19장 37절은 요한계시록 본문과 동일하게 스가랴 12장 10절을 인용해서, 예수님의 옆구리가 창에 찔리는 장면을 담고 있는 요한복음 19장 34절을 설명한다. 이렇듯 요한복음 19장 37절과 요한계시록 1장 7절은 동일하게 스가랴 12장 10절을 사용하고, 따라서 요한계시록 1장 7절은 요한복음 19장 37절과 함께 살펴봐야 한다.

---

220 요한계시록이 요한복음을 사용했다는 직접적 증거는 추적하기 쉽지 않다. 그러나 요한복음의 정황에 대해 인지하고 있을 가능성은 충분히 상정할 수 있다.
221 비일은 요한이 스가랴 본문에 우주적 의미를 부여하기 위해 "모든 눈"과 "땅의"를 덧붙였다고 지적한다 (Beale, *The Book of Revelation*, 197).

요한복음 19장 34절에서 예수님의 옆구리를 창으로 찌른 자들이 이방인인 로마 군인들이라는 것은 부정할 수 없는 역사적 사실이다. 여기에서 찌른 주체가 유대인에서 이방인으로 치환된 것 자체가 우주적 의미를 의도한 것으로 볼 수 있다. 또한 요한계시록도 "그를 찌른 모든 자들"이라고 하여 이러한 우주적 의미를 더욱 강조한다. 요한계시록 본문과 요한복음 19장 34절, 37절 사이에 직접적인 상호 작용이 있었는지에 대해서는 증명해야 할 필요가 있겠지만, 그것을 가정해서 말한다면, 요한계시록 1장 7절에서 예수님을 찌른 모든 자들은 단지 골고다 언덕의 로마 군인들에 국한되지 않고 모든 인류를 대표하는 대상으로 간주하는 것이 적절한데, 이는 바로 직전에 "모든 눈"과 7c절의 "땅의 모든 나라들"이라고 하여 모든 사람들을 지칭하고 있기 때문이다. 역사적으로 보면, 서너 명의 로마 군인이 예수님을 찌른 것이 사실이지만 그들은 모든 사람들을 대표하는 자들로서 예수님을 찌른 것으로 간주된다. 따라서 모든 사람들이 예수님을 찌른 것이다.

볼 것이다(ὄψεται).

(1) 시제의 문제

여기에서 7b절의 "볼 것이다"(ὄψεται, 옵세타이)와 7c절의 "애통할 것이다"(κόψονται, 콥손타이)의 시제와 관련된 문제가 제기될 수 있다. 7a절의 "오다"라는 동사의 역사적 현재로서의 용법과 이 동사들의 미래 시제를 어떻게 조화시킬 수 있는가? 요한계시록 4장 9절의 "드리다"(δώσουσιν, 도수신)가 이와 유사한 경우에 해당한다. 이 동사는 미래 시제이지만 실제로는 현재적 정황을 묘사한다. 4장 9절에서 생물들이 보좌에 앉으신 분에게 영광과 존귀와 감사를 돌리는 것은 분명히 현재적 상황이다.

그렇다면 현재의 정황을 표현하는 데 미래 시제의 동사를 사용하는 이유에 대한 의문이 남는다. 이것은 요한계시록에서 사용되는 미래 시제 동사 중에 히브리어로부터 구문적 영향을 받아서 히브리어의 "미완료 시제"에 해당하는 의미를 헬라어의 미래 시제로 표현하는 경우가 있다는 것으로 설명이 가능하다.[222] 이러한 주장이 옳다면 히브리어의 미완료 용법에 근거하여 미래 시제로 사용된 동사의 의미를 파악할 수 있다. 히브리어의 미완료형은 "화자에 의해

---

222 S. Thompson, *The Apocalypse and Semitic Syntax*, SNTSMS 52 (Cambridge: CPU, 1985), 45-47.

어느 순간에 계속되거나 혹은 성취의 과정 중에 있거나 혹은 방금 일어난 행위나 사건이나 상태를 나타내기 위해 사용된다."[223] 여기서 눈길을 끄는 것은 "어느 순간에 계속되는 행위"를 나타낼 때 히브리어의 미완료형이 사용된다는 점인데, 만일 요한계시록이 히브리어의 이런 미완료 용법에 영향을 받아 미래 시제의 동사를 사용한 것이라면 그것은 반복되는 행위를 의미하는 것으로 이해될 수도 있다. 이것을 요한계시록 본문에 적용하면 "보는 행위"와 "애통하는 행위"는 어느 시점에 단번에 일어나는 것이 아니라 예수님이 승천하신 후에 은총과 간구의 영을 주실 때마다 반복해서 일어나는 현상으로 이해될 수 있다.

또 다른 가능성은 이곳의 동사들과 상응하는 70인역 스가랴 12장 10절의 동사들(ἐπιβλέψονται, 에피블렙손타이; κόψονται, 콥손타이)이 미래 시제로 사용된 것이 그대로 요한계시록 본문에서도 적용되었을 수 있다는 것이다.

(2) 누가 보는가?

앞서 논의했듯이 1장 7b절의 "보다"에 사용된 미래 시제는 앞으로 일어날 미래적 행위가 아니라 반복되는 행위를 의미한다. 따라서 보는 행위는 반복된다. 이 개념은 이 본문을 이해하는 데 매우 중요하다. 그렇다면 이렇게 반복적으로 보는 자는 누구인가? 본문이 말해 주듯이 7b절의 보는 자는 "모든 눈 곧 그[예수님]를 찌른 모든 자들"이다. 여기에서 "모든 눈"의 동격으로 사용된 "그를 찌른 모든 자들"은 "모든 눈"을 구체적으로 설명하는 역할을 한다.[224] 곧 "모든 눈"이란 "그를 찌른 모든 자들"이다. 이 두 표현은 서로 다른 헬라어 단어를 사용하지만 "모든"(πᾶς, 파스)이란 개념을 공유한다. 그런데 만일 이 두 대상을 구별하여 각각 다른 의미를 부여하면 "그를 찌른 모든 자들"을 규명하기 어렵게 된다. 모든 눈들이 모든 사람을 가리키는 것이라면 "그를 찌른 모든 자들"은 누구를 가리키게 되겠는가? 단순히 문자 그대로 요한복음 19장 34절, 37절의 로마 병정을 가리키는 것으로 간주하는 것은 적절하지 않다고 언급한 바 있다. 앞서 "누가 찔렸는가?"에서 설명한 것처럼, "그를 찌른 모든 자들"은 스가랴 12장 10절의 "이스라엘 백성"을 우주적 의미로 확장해서 골고다 언덕의 로마 병사들을 포함하고, 그들에 의해 대표되는 모든 인간 곧 인류의 모든 눈을 가리킨다고 할 수 있다.

---

223 *GKC* §107.
224 영어 번역본(ESV, NKJV, NRSV)에서는 후자에 'even'을 덧붙여서 후자를 전자의 일부로 간주하려는 의도를 보이는데, 이것은 찌른 자를 제한적 대상으로 보기 때문이다.

그렇다면 "그를 찌른 모든 자들이 본다"는 것은 문자적 의미라기보다는 은유적 의미로서 "모든 눈"과 동일시되는 것인데, 왜냐하면 요한복음 19장 37절의 로마 군인들이 예수님의 승천의 순간에 혹은 그 이후에라도 예수님을 보았다라는 증거가 없기 때문이다. 그러므로 여기에서 "그를 찌른 모든 자들"은 "모든 눈"의 설명적 동격으로서 하나님을 떠난 모든 시대에 존재하는 모든 인간을 가리키는 것으로 이해될 수 있다. 본질적으로 모든 인간은 하나님을 떠난 자들로서 하나님을 찌른 자들이다. 이 모든 인간을 대표적으로 특징짓는 것이 요한복음 19장 37절에서 예수님의 옆구리를 직접 창으로 찌른 로마 병사들의 행위이고, 따라서 요한은 결국 모든 인간을 예수님을 창으로 찌른 자들로 특징짓는 것이다. 특별히 "눈"이 사용된 것은 "보다"라는 동사와 조화를 이루기 위함이다. 누가 보는가? 모든 눈 곧 예수님을 창으로 찌른 모든 자들이다.

(3) 무엇을 보는가?

예수님의 옆구리를 창으로 찔렀던 모든 자들이 보게 되는 대상은 누구인가? 그 대상은 목적어 "그를"(αὐτόν, 아우톤)로 명시된다. 당연히 이곳의 "그"는 5-6절과 7a절에서 언급된 "죽은 자들의 처음 나신 이시요 땅의 왕들의 통치자로서 구름과 함께 오시는 메시아이시며 대관식을 치르고 만왕의 왕과 만주의 주"로 군림하시는 예수님이시다. 이분이 바로 찌른 자들이 보게 될 대상이다. 스가랴 12장 10절에서는 이스라엘이 찌른 하나님을 보게 될 것이지만 요한계시록 본문에서는 그 대상이 예수님으로 치환된다. 이것은 스가랴 12장 10절을 성취의 관점에서 기독론적으로 재해석한 결과다. 그들은 예수님을 창으로 찔렀으나 하나님은 예수님을 하늘로 높이셨다.[225] 이것은 극적인 반전이 아닐 수 없으며, 예수님을 찌른 자들에게 이러한 상황은 불편한 상태가 아닐 수 없다. 그들이 찔렀던 바로 그분이 우주의 통치자시라니! 과연 그를 찌른 자들의 운명은 어떻게 될 것인가?

1장 7b절에 대한 이상의 모든 내용을 정리하면, 모든 시대의 모든 인간들은 시공간을 초월해서 예수님을 창으로 찌른 죄인들이다. 그들은 어느 시대에나 우주의 통치자로 등극하신 예수님을 보게 된다. 어떻게 보게 될 것인가? 그들이 자동적으로 보게 될 수는 없다. 그 자세한 내용은 다음에서 논의하게 될 것이다.

---

225 이런 정황은 박해 중에 예수님을 따르는 자들에게 인상 깊은 모델을 제공한다.

[1:7c] 땅의 모든 나라들이 그를 인하여 애통하다

이 구절은 "땅의 모든 나라들"과 "그를 인하여 애통하다"로 나누어 살펴보도록 하겠다. 또한 이곳 요한계시록 본문에는 언급되지 않지만 스가랴 12장 10절의 배경에 의해 함축된 "은총과 간구의 영"이라는 주제도 언급하겠다.

땅의 모든 나라들(πᾶσαι αἱ φυλαὶ τῆς γῆς, 7c절). 여기에서 "땅의 모든 나라들"(πᾶσαι αἱ φυλαὶ τῆς γῆς, 파사이 하이 필라이 테스 게스)은 7b절의 "모든 눈" 곧 "찌른 모든 자들"을 이어받고 있다. 이 문구들은 모두 우주적 특징을 공유한다. 특별히 "땅의 모든 나라들"이란 문구는 70인역 창세기 12장 3절, 22장 18절, 26장 4절의 "땅의 모든 나라들"(πάντα τὰ ἔθνη τῆς γῆς, 판타 타 에드네 테스 게스)이란 문구를 배경으로 한다. 차이점이 있다면 창세기 본문의 '에드네'(ἔθνη)가 요한계시록에서는 '필라이'(φυλαὶ)로 사용된다는 것인데, 이것은 본질적인 차이는 아니며, 두 단어는 동의어로 간주될 수 있다. 이런 관계에 의해 7c절은 아브라함에게 하신 약속의 우주적 성취로 볼 수 있다.[226] 창세기의 이 본문들은 왕의 아들에 대해 노래하는 70인역 시편 71편 17b절(마소라 본문 72:17b)의 "땅의 모든 나라들(πᾶσαι αἱ φυλαὶ τῆς γῆς, 파사이 하이 필라이 테스 게스)이 그로 인하여 복을 받으리라 모든 나라들(πάντα τὰ ἔθνη, 판타 타 에드네)이 다 그를 복되다 하리라"에서 메시아적 관점으로 재해석된다.[227] 네 본문의 관계는 다음과 같은 표로 요약될 수 있다.

창세기 12:3	창세기 22:18	창세기 26:4	70인역 시편 71:17(MT 72:17)
ἐνευλογηθήσονται ἐν σοὶ πᾶσαι αἱ φυλαὶ τῆς γῆς	ἐνευλογηθήσονται ἐν τῷ σπέρματί σου πάντα τὰ ἔθνη τῆς γῆς	καὶ ἐνευλογηθήσονται ἐν τῷ σπέρματί σου πάντα τὰ ἔθνη τῆς γῆς	εὐλογηθήσονται ἐν αὐτῷ πᾶσαι αἱ φυλαὶ τῆς γῆς
וְנִבְרְכוּ בְךָ כֹּל מִשְׁפְּחֹת הָאֲדָמָה	וְהִתְבָּרֲכוּ בְזַרְעֲךָ כֹּל גּוֹיֵי הָאָרֶץ	וְהִתְבָּרֲכוּ בְזַרְעֲךָ כֹּל גּוֹיֵי הָאָרֶץ׃	וְיִתְבָּרֲכוּ בוֹ כָּל־גּוֹיִם
땅의 모든 나라들이 너로 말미암아 복을 받을 것이다	네 씨로 말미암아 천하 만민(직역: 땅의 모든 나라들)이 복을 받을 것이다	네 씨로 말미암아 천하 만민(직역: 땅의 모든 나라들)이 복을 받을 것이다	땅의(70인역) 모든 나라들이 그로 말미암아 복을 받을 것이다

---

226 Bauckham, *The Climax of Prophecy*, 321.
227 앞의 책.

표에서 확인할 수 있듯이 네 본문은 언어적 평행 관계뿐 아니라 의미적 평행 관계도 이루고 있다. 70인역 시편 72편 17절의 '하이 퓔라이 테스 게스'(αἱ φυλαὶ τῆς γῆς)가 요한계시록 1장 7c절에 나오는 문구와 정확하게 일치한다. 시편 본문은 왕의 아들을 아브라함의 상속자로 간주하고 약속된 아브라함의 씨와 동일시하면서 메시아적으로 해석한다.[228] 초기 교부였던 유스티누스는 메시아적 약속의 성취라는 관점에서, 땅의 모든 나라들이 복을 받는 것이 그리스도 예수를 통해 이루어지는 것으로 해석한다.[229] 요한계시록의 저자는 이러한 구약 본문들을 구름과 함께 하늘로 올라가신 예수님께 적용하고 있다. 그분은 하늘로 올라가서 땅의 모든 나라들을 자신의 백성으로 삼으시는 새 이스라엘의 회복을 성취하심으로써 자신을 통해 땅의 모든 나라들이 복을 받는 아브라함의 씨로서의 역할을 완전하게 시연해 보이신다. 그리스도의 승귀는 메시아로서 아브라함의 약속의 성취를 궁극적으로 이루어 내는 사건이라고 할 수 있다.

그를 인하여 애통할 것이다(κόψονται ἐπ᾽ αὐτὸν, 7c절). 이곳의 '에프 아우톤'(ἐπ᾽ αὐτὸν)은 "그를 인하여," 즉 "그 때문에"라는 의미를 갖는다.[230] 여기서 "그"는 모든 자들이 찌른 대상으로서 예수 그리스도를 가리킨다. 찔림을 당한 대상이 스가랴 본문의 하나님에서 예수님으로 전환된다. "그를 인하여" 앞에 등장하는 동사 '콥손타이'(κόψονται, 애통하다)의 주어는 앞서 논의한 "땅의 모든 나라들"이다. 땅의 모든 나라들은 예수님을 인하여 애통한다. 여기에서 애통은 심판으로 인한 부정적 의미의 애통인가 아니면 예수님의 회복 사건으로 인한 긍정적 의미의 회개의 애통인가? 앞선 논의에서 우리는 이 본문의 배경인 스가랴 12장 10절이 이 애통을 회개를 위한 애통으로 간주한다는 사실을 다룬 바 있다. 이를 근거로 요한계시록 본문의 애통이 회개의 애통이라는 것이 자명해진다. 그러나 오즈번은 이런 구약 배경의 증거를 인정하면서도 전통적인 해석들이 이런 해석을 따르지 않는다는 이유로 이 견해를 거부하면서, 동일한 애통의 행위들이 요한계시록 18장 9

---

228 앞의 책.
229 앞의 책, 321. 이와 관련해서 유스티누스는 『트리포와의 대화』 121. 1-2에서 다음과 같이 서술한다: "그분 안에서 모든 나라가 복을 받을 것이다. 그러나 만일 모든 나라가 그리스도 안에서 복을 받고, 모든 나라에 속한 우리가 그분을 믿는다면, 그분은 참으로 그리스도이시며 우리는 그분에 의해 복을 받는 자들이다"(Alexander Roberts, James Donaldson, and A. Cleveland Coxe, *The Apostolic Fathers with Justin Martyr and Irenaeus* [Buffalo, NY: Christian Literature Company, 1885], 1:260).
230 NIV, NKJV, NRSV, ESV 등이 이 번역을 지지한다. 그러나 이 영어 번역본들은 슥 12:10에 나오는 이곳과 동일한 문구에 대해서는 "그를 위하여"라고 번역하는 오류를 드러낸다.

절에서 심판에 대한 반응으로 일어나고 있음을 지적한다.[231] 그는 구약 배경은 무시하고 요한계시록 본문 내에서의 근거만 가지고 그 의미를 결정하려 하지만, 요한계시록 18장 9절과 1장 7절은 전혀 다른 문맥이다. 18장 9절은 재림 때에 발생하는 최종적 심판을 집중적으로 기록하는 문맥인 반면, 1장 7절은 전후 문맥에서 재림이나 심판에 대한 언급은 전혀 없이 예수님의 승천으로 발생하는 결과로 나타나는 땅의 모든 나라들에 대한 구속을 언급하는 내용으로 가득하다.

앞서 논의한 것처럼 "땅의 모든 나라들"이란 문구는 아브라함에게 주신 약속이 다윗의 아들을 통해 성취될 것이라는 종말적 전망이 예수님을 통해 성취된다는 것을 나타내려는 의도로 사용되었다. 그들은 예수님을 인하여 애통한다. 그렇다면 이 애통은 심판으로 인한 애통이 아니라 회개로 인한 거룩한 슬픔이며, 이런 회개로 말미암아 열방이 새 이스라엘로서 아브라함의 약속을 상속받게 되는 종말적 성취를 의미하게 된다.[232] 보쿰도 땅의 모든 족속들의 애통이 "진정한 회개와 십자가에 죽으신 그리스도에 대한 믿음"의 표현으로서 "긍정적 의미를 가지고 나라들의 구원을 기대한다"고 분명하게 주장한다.[233] 특별히 70인역 시편 72편 17절은 네 본문 중에서 요한계시록 본문의 문구와 가장 정확하게 일치한다. 70인역 시편 72편 17절과의 관계까지 고려하면 요한계시록 1장 7c절의 "그를 인하여 애통하다"라는 문구는 긍정적 의미로서 회개를 위한 애통의 의미를 갖는 정도를 넘어 아브라함의 씨로서 이스라엘을 회복하는 정황과 관련된다. 여기서 회복된 열방은 바로 "참 이스라엘"이 되는 것이다.[234] 아브라함을 통해 만민의 회복에 대한 비전을 제시하고 이삭을 통해 이스라엘 민족의 씨를 키워간 것이 결국에는 예수님을 인하여 애통하는 만국의 회심을 통한 종말적 성취로 열매를 맺게 된다.[235] 이것은 다니엘 7장 13-14절에서 대망한 새 이스라엘의 회복

---

231 Osborne, *Revelation*, 69-70. 오즈번은 이 본문을 회개를 위한 애통이 아니라 심판을 인한 애통이라고 주장하는 학자들의 목록을 다음과 같이 열거한다: Beckwith, Charles, Moffatt, Lenski, Ladd, Morris, Krodel, Chilton, Giesen, Mounce(앞의 책, 69). 그러나 이렇게 다수의 학자들이 이 의견을 주장한다고 해서 그 주장의 정당성이 담보되는 것은 아니다. 또한 오즈번은 구약의 배경에 대해 어느 정도 인식하고 있기 때문에 이 문장이 갖는 "애통"에 대한 회개의 의미를 인정하면서도 그것이 "심판"의 의미도 동시에 포함한다는 "이중적 의미"(double meanings)를 주장함으로써 "땅의 모든 나라들"을 단순히 불신자들로 단정한다(앞의 책, 70). 이것은 재림의 때에 불신자들 중에서 회개와 심판이 동시에 일어나게 된다는 것을 보여주려는 주장이다. 그러나 이 문맥에서는 두 개의 의미가 동시에 존재할 수 없으므로 그의 주장은 근거가 없다고 할 수 있다.
232 Beale, *The Book of Revelation*, 197.
233 Bauckham, *The Climax of Prophecy*, 322.
234 Beale, *The book of Revelation*, 197.
235 그러나 여기서 "땅의 모든 족속이 애통한다"는 것을 단순히 만인 구원을 의미하는 것으로 오해하지 않도록 경계해야 한다. 이 표현은 구약 약속의 성취에 대한 화답일 뿐이다.

을 예수님이 구름과 함께 하늘로 승천하심으로써 성취하신 사건과 완벽하게 조화를 이룬다.[236)

은총과 간구의 영. 스가랴서 본문에는 있지만 요한계시록 본문에는 언급되지 않은 중요한 주제가 하나 있다. 스가랴서 본문에서 하나님을 찌른 자들이 애통하게 되는 결정적 계기는 바로 하나님이 "은총과 간구의 영"을 다윗의 집과 이스라엘 거민에게 부어 주시는 사건이다. 이 패턴은 요한계시록 본문에도 적용될 수 있는데, 그렇게 되면 애통의 의미가 더욱 분명하게 회개의 의미로 드러나게 된다. 곧 구름과 함께 하늘로 승천하신 예수님은 은총과 간구의 영으로서 성령을 이 땅에 보내 주셨다. 땅의 모든 나라들 가운데 성령을 받은 자들은 모두 예외 없이 회개를 위해 애통하게 될 것이다. 이것과 동일한 패턴이 예수님이 구름 타고 하늘로 올라가신(행 1:9) 직후에 발생한 오순절 사건(행 2장)에서 세상의 각처에서 온 자들에게 은총과 간구의 영인 성령이 오셔서 그들이 회개하게 되는 정황에서 나타난다. 이와 같은 회개의 역사는 예수님의 승천에서 시작하여 재림 때까지 이어지게 될 것이며, 지금도 은총과 간구의 영을 통해 회개의 역사를 이루고 계신다. 예수님을 찌른 모든 자들이 은총과 간구의 영으로 말미암아 자신들이 찌른 예수님을 보게 되어 회개하는 역사가 반복해서 일어나게 될 것이다. 이것은 땅의 모든 족속들이 "그로 말미암아" 복을 받게 되는 종말적 약속과 조화를 이룬다. 한편 구름과 함께 오시는 장면이 재림을 의미한다면 재림의 순간에 이러한 회개의 역사가 일어날 수 없으므로 구름과 함께 오시는 것을 재림과 연결시키는 것은 더더욱 적절한 해석이 될 수 없다.

[1장 7bc절 정리]
스가랴 12장 10절은 이스라엘의 회복을 전망하면서, 하나님을 찌른 이스라엘 백성이 은총과 간구의 영을 받고 회개의 애통을 하게 될 것이라 약속한 바 있다. 요한은 이 약속을 종말적 성취의 관점에서 재해석한다. 곧 예수님을 찌른 세상의 모든 자들이 오순절에 오신 은총과 간구의 영이신 성령을 받아서 자신들이

---

236 보링(Boring)은 이런 회개의 역사가 예수님의 재림의 때에 얼마든지 일어날 수 있다고 주장한다(M. E. Boring, *Revelation*, IBC [Louisville, KY: Westminster John Knox, 1989], 80). 그러면 이러한 구름과 함께 오심과 애통의 시점은 재림의 때에 맞춰지게 된다. 그러나 벡위드(Beckwith)는 재림의 때에 회개의 역사가 일어나는 경우가 요한계시록에는 없으므로 이러한 애통은 심판의 결과라고 주장한다(Beckwith, *The Apocalypse of John*, 432).

찌른 예수님을 보게 될 뿐 아니라, 바로 자신들이 예수님을 찌른 자들이란 사실을 깨닫고 애통하게 될 것이다. 여기에서 애통하는 주체가 이스라엘에서 땅의 모든 나라들과 같은 우주적 대상으로 발전하고, 찔린 대상도 하나님에서 예수님으로 변환된다.

요한계시록 1장 7절과 마태복음 24장 30절[237]

요한계시록 1장 7절은, 모든 세상 나라에 대한 주권의 위임을 통한 이스라엘의 회복을 전망하는 다니엘 7장 13-14절과 하나님을 떠났던 이스라엘이 은총과 간구의 영에 의해 회개함으로써 종말적 회복이 이루어질 것을 약속하는 스가랴 12장 10절이 모두 예수님을 통해 성취된 것으로 간주하면서, 왕적 메시아이신 예수님의 승천 후에 보내 주신 성령의 역사로 말미암아 땅의 모든 나라들이 회개함으로써 새 이스라엘이 탄생하게 됨을 말한다.

요한계시록 1장 7절, 다니엘 7장 13-14절, 스가랴 12장 10절의 관계를 다음과 같이 요약 정리할 수 있다.

주제	다니엘 7:13-14, 18	스가랴 12:10	요한계시록 1:7
왕적 지위	구름 타고 하나님께로 오시어 나라와 권세와 영광을 받다(7:13-14)		예수님이 구름과 함께 오신다
이스라엘의 회복	성도들이 나라를 얻다 (7:18)	다윗의 집과 예루살렘 주민	땅의 모든 나라들
봄		하나님을 봄	예수님을 봄
찌름		하나님을 찌름	예수님을 찌름
애통		은총과 간구의 영을 받고 애통하며 회개하다	예수님을 인하여 애통할 것이다
애통의 주체		다윗의 집과 예루살렘 주민	땅의 모든 나라들

흥미롭게도 마태복음 24장 30절도 다니엘 7장 13-14절과 스가랴 12장 10절을 결합한 형태로 인용한다.[238] 요한계시록 본문을 더 잘 이해하기 위해 마태복음

---

237 이하의 내용은 2017년 12월 제 1회 종말론 학회에서 "다니엘 7:13-14과 요한계시록의 종말론: 요한계시록 1:7을 중심으로"라는 제목으로 발표한 논문 중 일부를 발췌해서 이 책의 맥락에 맞게 수정한 것이다.

238 Bauckham, *The Climax of Prophecy*, 319; France, *The Gospel of Matthew*, 923. 이와 같은 조합의 구약 인용이 마태와 요한에 의해 동시적으로 사용되었다는 것은 초대 교회 당시에 '테스티모니아'(testimonia) 라는 일종의 모음집 형식의 전승이 있었음을 추정하게 한다(Bauckham, *The Climax of Prophecy*, 320).

의 본문과 함께 요한계시록 1장 7절을 살펴볼 필요가 있다. 이 두 본문을 70인역 다니엘 7장 13-14절 및 스가랴 12장 10절과 더불어 비교하면 다음과 같다.

요한계시록 1:7abc (사역)	마태복음 24:30 (사역)	70인역 다니엘 7:13-14 / 스가랴 12:10 (사역)
a) 보라(Ἰδοὺ) 구름과 함께(μετὰ τῶν νεφελῶν) 그가 온다(ἔρχεται)	a) 그리고 그때 인자의(τοῦ υἱοῦ τοῦ ἀνθρώπου) 징조가 하늘에서 보일 것이다	13) … (보라)(ἰδοὺ) 인자(υἱὸς ἀνθρώπου) 같은 이가 하늘 구름을 타고(ἐπὶ τῶν νεφελῶν τοῦ οὐρανοῦ) 와서(ἤρχετο) 옛적부터 항상 계신 이에게 나아가
b) 그리고 모든 눈 곧 그를 찌른 자들이 그를 볼 것이다(ὄψεται)	c) 그리고 그들이 하늘 구름을 타고(ἐπὶ τῶν νεφελῶν τοῦ οὐρανοῦ) 능력과 큰 영광으로(μετὰ δυνάμεως καὶ δόξης πολλῆς) 오는 인자를(τὸν υἱὸν τοῦ ἀνθρώπου) 볼 것이다(ὄψονται)	14) 그에게 권세(ἐξουσία)와 영광(πᾶσα δόξα)과 나라를 주고 모든 백성과 나라들과 다른 언어를 말하는 모든 자들이 그를 섬기게 하였으니 그의 권세는 소멸되지 아니하는 영원한 권세요 그의 나라는 멸망하지 아니할 것이니라(단 7:13-14)
c) 그리고 땅의 모든 나라들(πᾶσαι αἱ φυλαὶ τῆς γῆς)이 그를 인하여 애통할 것이다(κόψονται)	b) 그리고 그때 땅의 모든 나라들이(πᾶσαι αἱ φυλαὶ τῆς γῆς) 애통할 것이다(κόψονται)	… 은총과 간구의 영을 부어주리니 … 그들이 그 찌른 바 그를 바라보고(ἐπιβλέψονται) 그를 인하여 애통하기를(κόψονται) 독자를 인하여 애통하듯 하며 그를 인하여 통곡하기를 장자를 인하여 통곡하듯 하리로다(슥 12:10)

마태복음 24장 30절은 다니엘 7장 13절과 스가랴 12장 10절을 어떤 의도로 사용하고 있으며 요한계시록 1장 7절과는 어떤 관계가 있을까? 이것에 답하기 앞서 마태복음 24장 30절이 마태복음 10장 23절, 16장 28절, 26장 64절과 갖는 평행 관계를 살펴볼 필요가 있다.[239]

---

239 France, *The Gospel of Matthew*, 924-925.

마태복음 10:23	마태복음 16:28	마태복음 24:30	마태복음 26:64
이 동네에서 너희를 박해하거든 저 동네로 피하라 내가 진실로 너희에게 이르노니 이스라엘의 모든 동네를 다 다니지 못하여서 인자가 오리라	진실로 너희에게 이르노니 여기 서 있는 사람 중에 죽기 전에 인자가 그 왕권을 가지고 오는 것을 볼 자들도 있느니라	그 때에 인자의 징조가 하늘에서 보이겠고 … 그들이 인자가 구름을 타고 능력과 큰 영광으로 오는 것을 보리라	예수께서 이르시되 네가 말하였느니라 그러나 내가 너희에게 이르노니 이 후에 인자가 권능의 우편에 앉아 있는 것과 하늘 구름을 타고 오는 것을 너희가 보리라 하시니

마태복음 10장 23절과 16장 28절은 다니엘 7장 13-14절을 배경으로 하는데, 그 성취가 바로 마태복음 28장 18절에서 이루어진다고 볼 수 있다.[240] 마태복음 28장 18절은 "하늘과 땅의 모든 권세"의 왕권을 가지신 부활-승천하신 예수님을 제자들이 살아서 목도하는 장면으로서, 마태복음 16장 28절에서 언급하는 바로 그 순간이라 볼 수 있다.[241] 곧 이 두 본문은 예수님이 부활과 승천을 통해 우주적 왕권을 획득하셨음을 드러내려는 의도를 갖는다.

마태복음 24장 30절도 이스라엘을 침략하여 유린한 세상 세력들에 대한 심판을 통해 이스라엘이 겪었던 고통에 대해 보복한다는 내용의 다니엘 7장 13-14절을 배경으로 한다.[242] 이러한 보복의 방법으로 하나님은 이스라엘을 집합적으로 표현한 "인자"에게 권세와 영광과 영원한 나라를 주시고 세상으로 하여금 인자를 섬기도록 하신다(참고, 단 7:18, 21).[243] 마태복음 24장 30절은 다니엘서의 이러한 패턴을 활용한다. 예수님은 이스라엘에 의해 십자가에서 죽임을 당하지만, 이스라엘의 존재의 본질이라고 할 수 있는 성전을 심판하여 파괴하심으로써, 예수님을 십자가에 못 박아 모욕한 이스라엘에게 복수하실 뿐 아니라, 능력과 큰 영광을 가지고 다니엘서의 인자를 성취하는 인물로 등장하시게 되는 것이다.[244] 이러한 모습은 다니엘 7장 13-14절의 성취로서 승천을 통해 획득한 영광스런 왕적 지위를 성전 파괴를 통한 심판의 정황에 적용하고 있는 것이라 할 수 있다.

또한 마태복음 24장 30절은 통곡/애통의 주제와 관련하여 스가랴 12장 10절

---

240 앞의 책, 641.
241 앞의 책.
242 앞의 책, 923.
243 앞의 책, 924; Pace, *Daniel*, 246.
244 France, *The Gospel of Matthew*, 924-925.

을 사용하고 있다. 스가랴 12장 10절에서 통곡/애통은 "은총과 간구의 영"에 의한 회개의 결과이다. 이것을 배경으로 보면 마태복음 24장 30절의 애통도 회개의 통곡이라고 할 수 있다.[245] 이것은 마태복음 24장 31절의 "그의 택하신 자들을 하늘 이 끝에서 저 끝까지 사방에서 모으리라"와 긴밀하게 관련된다. 십자가에 수치스럽게 못 박히신 예수님이 승천으로 보응을 받아 영광스럽게 되어 그를 십자가에 못 박은 유대인들을 성전 파괴를 통해 수치스럽게 하시는 반면 모든 족속들 중에는 회개하여 하나님의 백성이 되는 일이 일어나게 하신다. 이것도 유대인들에게는 수치가 아닐 수 없다.

이러한 내용을 다음과 같이 도표로 요약하여 정리할 수 있다.

	다니엘 7:13–14	마태복음 24:30	스가랴 12:10
받은 고난	이스라엘이 세상 세력(네 짐승)에게 침략당하여 고난을 받음	예수님이 이스라엘에 의해 십자가에 죽임을 당하심	예수님이 이스라엘에 의해 십자가에 죽임을 당하심
하나님의 보응	보복하심	보복하심	보복하심
보응의 방법	보복의 방법으로 하나님은 이스라엘을 집합적으로 표현한 "인자"에게 권세와 영광과 영원한 나라를 주심(참고, 7:18, 21)	보복의 방법 1) 이스라엘의 성전 파괴-모욕 2) 능력과 영광의 지위를 획득하고 공표	보복의 방법 1) 이스라엘의 성전 파괴-모욕 2) 능력과 영광의 지위를 획득하고 공표
애통의 주체		모든 족속	이스라엘
애통의 이유		회개	은총과 간구의 영에 의한 회개

이 표를 통해 확인할 수 있듯이, 마태복음 24장 30절은 다니엘 7장 13–14절과 스가랴 12장 10절의 패턴을 사용하고 있다. 그렇다면 마태복음 24장 30절과 요한계시록 1장 7절은 동일하게 다니엘 7장 13–14절과 스가랴 12장 10절을 배경

---

245 터너(Turner)는 애통이 회개의 애통인지 아니면 "예수님을 심판주로서 만날 것에 대한 좌절의 애통"인지 분명하지 않다고 한다(David L. Turner, *Matthew*, BECNT [Grand Rapids, MI: Baker Academic, 2008], 583). 프랜스는 "모든 족속들"을 이스라엘 백성으로 간주하여 그들의 애통을 성전 파괴와 예수님의 승천으로 말미암아 초래되는 "보응과 승리"를 목도한 결과로서 "진정한 슬픔과 후회의 혼합"된 감정이라고 주장한다(France, *The Gospel of Matthew*, 925). 이러한 프랜스의 주장에는 "회개"라는 분명한 개념은 존재하지 않는다. 반면 루츠(Luz)는 이 애통을 재림 때에 있을 "땅의 모든 나라들"을 향한 우주적 심판의 정황으로 이해한다(Ulrich Luz, *Matthew 21–28: A Commentary*, Hermeneia [Minneapolis, MN: Augsburg, 2005], 201).

으로 하여 예수님의 영광스러운 승귀의 모습을 나타내 준다고 할 수 있다. 다만 두 본문은 문맥의 차이에 의해 구별된다. 곧 마태복음 24장 30절은 성전 파괴를 통한 보복이라는 특정한 정황 가운데 있는 문맥의 지배를 받고 있는 반면, 요한계시록 1장 7절은 예언 성취의 절정으로서 구속적 성취를 소개하는 문맥 가운데 놓여 있다. 더 후대에 기록된 요한계시록이 마태복음을 사용했는지 아니면 마태복음과 요한계시록이 공통의 자료를 사용했는지는 결정하기 쉽지 않지만,[246] 분명한 것은 두 본문 사이에 상당한 교감이 존재하고 있다는 사실이다.

---

246 이러한 이슈에 대한 집중적인 논의가 Louis A. Vos, *The Synoptic Traditions in the Apocalypse* (Kampen: J. H. KOK N.V., 1965), 60-71에서 이루어진 바 있다. 다만 루이스(Louis)는 마 24:30과 계 1:7 모두가 재림을 의미한다는 입장에 기초해서 논지를 전개한다. 그리고 그는 두 본문 모두 "예수의 어록 전승"(*logion* tradition)에 의존하고 있다고 결론짓는다(앞의 책, 71). 보쿰도 요한계시록과 마태복음 본문 모두 "공통 전승"(common tradition)에 의존하고 있는 것으로 간주한다(Bauckham, *The Climax of Prophecy*, 319).

6. 알파와 오메가(1:8)

구문 분석 및 번역

8절 a Ἐγώ εἰμι τὸ ἄλφα καὶ τὸ ὦ,
나는 알파와 오메가이다

b λέγει κύριος ὁ θεός,
주 하나님이 말씀하신다

c ὁ ὢν καὶ ὁ ἦν καὶ ὁ ἐρχόμενος,
지금 계시고 전에도 계셨고 장차 오실 이

d ὁ παντοκράτωρ.
전능자

8절의 구문 분석에서는 8cd절이 어디에 연결되는지가 중요하다. 8a절과 연결되어 주 하나님이 자신을 세 개의 호칭으로 언급하고 있는 것인지 아니면 8b절과 연결되어 "주 하나님"(κύριος ὁ θεός, 퀴리오스 호 데오스)에 대한 보조적 호칭으로 언급되는 것인지가 쟁점이다. 8cd절이 8a절과 연결된다면 다음과 같이 번역할 수 있다.

> b) 주 하나님이 말씀하신다: "a) 나는 알파와 오메가요, c) 지금 있고 전에도 있었고 장차 올 자요 d) 전능자다."

이 번역에서 8acd절은 8b절의 "주 하나님"이 말씀하시는 내용이 된다. 즉, 말씀의 내용으로서 "a) 나는 알파와 오메가요 b) 지금 있고 전에도 있었고 장차 올 자요 b) 전능자다"가 주어진다. ESV와 NKJV가 이 번역을 지지한다.[247]
반면, 8cd절이 8b절과 연결된다면 8a절은 독립적인 문장으로 존재하게 되어 다음과 같이 번역될 것이다.

> a) "나는 알파와 오메가이다."
> c) 지금 계시고 전에도 계셨고 장차 오실 b) 주 하나님, 곧 d) 전능자가 b) 말씀하신다.

---

247 이러한 번역을 지지하는 학자들은 다음과 같다: Osborne, *Revelation,* 51; Craig R. Koester, *Revelation: A New Translation with Introduction and Commentary*, AYB 38A (New Heaven, CT: Yale University Press, 2014), 210; Mounce, *Revelation*, 44.

이 번역은 NRSV의 지지를 받는다.[248] 이 경우에는 "나는 알파와 오메가이다"가 말하는 내용이고 "지금도 계시고 전에도 계셨고 장차 오실 주 하나님 곧 전능자"는 화자이신 하나님을 설명하는 역할을 하는 것으로 볼 수 있다.

위 두 번역의 차이는 인용 부호를 어느 부분에 붙이느냐에 달려 있다. 전자는 8acd절 부분에 있고 후자는 8a절에만 국한되어 있다. 이 두 경우 중 어느 편이 더 정확한지를 결정하기는 쉽지 않다. 그러나 이 둘 가운데 하나를 선택할 수 있는 실마리가 있다. 그것은 바로 11장 17절에서 하나님에 대한 호칭으로 "지금 계시고 전에도 계셨던 주 하나님 곧 전능하신 이여"(κύριε ὁ θεὸς ὁ παντοκράτωρ, ὁ ὢν καὶ ὁ ἦν, 퀴리에 호 데오스 호 판토크라토르, 호 온 카이 호 엔)라는 문구가 사용된다는 점이다.[249] 이 문구는 8bcd절과 비교했을 때, '호 에르코메노스'(ὁ ἐρχόμενος, 장차 오실 이)가 생략된 것과 '호 판토크라토르'(ὁ παντοκράτωρ, 전능하신 이)의 순서가 바뀐 것 외에는 동일하다.[250] 11장 17절에서는 "주 하나님"과 "전능하신 이"와 "지금 계시고 전에도 계셨던 이"가 하나의 묶음으로서 하나님을 호칭하는 데 사용되고 있다. 하나님의 호칭에 대한 이와 같은 패턴을 위의 본문에 적용하면 전자의 경우보다 후자의 경우가 좀 더 적절하다고 판단할 수 있다.[251] 또한 이 경우에 8bc절은 8b절의 "주 하나님"이 8c절의 "지금도 계시고 전에도 계셨고 장차 오실"과 결합된 형태가 된다. 그러면 8c절은 8b절을 수식해 주는 것으로 간주할 수 있다.[252] 이러한 구조에서 8a절의 "나는 알파와 오메가이다"를 맨 앞에 위치시킴으로써 그 내용을 강조한다. 그러므로 이곳에 대한 번역에서도 이러한 의도를 드러내기 위해 그 위치를 유지하도록 한다.

이상의 내용을 근거로 우리말 어순에 맞추어 번역하면 다음과 같다.

a   "나는 알파와 오메가이다."
c   지금 계시고 전에도 계셨고 장차 오실
b   주 하나님,
d   곧 전능자가
b   말씀하신다.

---

248 이 번역을 지지하는 학자들은 다음과 같다: Boxall, *Revelation of St. John*, 28; Roloff, *The Revelation of John*, 22; Harrington, *Revelation*, 45.
249 Beale, *The Book of Revelation*, 200.
250 앞의 책.
251 롤로프가 이 입장을 지지한다(Roloff, *The Revelation of John*, 22).
252 두 문구를 분리해서 "주 하나님(8b절), 지금 계시고 전에도 계셨고 장차 오실 이(8c절)로 번역하는 것도 가능하다(Blount, *Revelation*, 33).

본문 주해

이곳에서는 8절을 세 부분으로 나누어서 살펴보고자 한다. 첫째는 "알파와 오메가"이고(8a절), 둘째는 "지금 계시고 전에도 계셨고 장차 오실 주 하나님"이며(8bc절), 셋째는 "전능자"이다(8d절). 첫 번째는 말씀하시는 내용이고 나머지 둘은 말씀하시는 하나님에 대한 묘사다. 비록 구성상으로는 하나님이 말씀하시는 내용과 하나님에 대한 묘사로 구분되지만, 이 세 표현은 모두 하나님의 호칭이라고 할 수 있을 것이다.

[1:8a] 알파와 오메가

앞서 번역에 대한 논의에서 살펴봤던 것처럼 "나는 알파와 오메가이다"라는 문구는 1장 8절에서 하나님이 직접 말씀하시는 내용으로서 가장 강조되는 부분이다. 요한계시록 1장 8절의 특이한 점은 이 본문이 첫 번째 환상(1:10-18) 직전에 위치한다는 것이고, 또한 21장 5-8절과 함께 요한계시록에서 하나님이 직접 말씀하시는 두 본문 중 하나라는 것이다.[253] 하나님이 직접 말씀하시는 두 번째 본문인 21장 5-8절에는 "나는 알파와 오메가요 시작과 끝"(21:6)이라는 문구가 등장한다. 그리고 1장 17절에서는 예수 그리스도께서 자신을 가리켜 "처음과 마지막"이라 부르시고 22장 13절에서도 자신을 "알파와 오메가, 처음과 마지막, 그리고 시작과 끝"이라고 칭하신다.[254] 이 내용을 다음과 같이 도표로 정리해 볼 수 있다.

A(1:8)	B(1:17)	A′(21:6)	B′(22:13)
하나님	그리스도	하나님	그리스도
알파와 오메가 (τὸ ἄλφα καὶ τὸ ὦ)		알파와 오메가 (τὸ ἄλφα καὶ τὸ ὦ)	알파와 오메가 (τὸ ἄλφα καὶ τὸ ὦ)
	처음과 마지막 (ὁ πρῶτος καὶ ὁ ἔσχατος)		처음과 마지막 (ὁ πρῶτος καὶ ὁ ἔσχατος)
		시작과 끝 (ἡ ἀρχὴ καὶ τὸ τέλος)	시작과 끝 (ἡ ἀρχὴ καὶ τὸ τέλος)

이 표는 A(1:8)-B(1:17)-A′(21:6)-B′(22:13)의 구조를 보여준다. A/A′는 하나님에 대

---

253 Bauckham, *The Theology of the Book of Revelation*, 25.
254 앞의 책, 26.

한 내용이고 B/B´는 예수님에 대한 내용이다. 22장 13절에서는 앞서 예수님에 대해 언급된 내용들을 모두 종합해서 열거함으로써 절정에 이른다. "알파와 오메가," "처음과 마지막," "시작과 끝"은 동일한 의미를 다르게 표현한 것이다.[255] 이 문구는 하나님의 유일성을 강조하면서 창조와 완성이라는 주제를 제시하는 이사야 44장 6절과 48장 12절을 배경으로 한다.[256] 즉, 마소라 본문의 '아니 리숀 바아니 아하론'(רִאשׁוֹן וַאֲנִי אַחֲרוֹן אֲנִי, "나는 처음이고 나는 마지막이다"; 70인역: Ἐγὼ πρῶτος καὶ ἐγὼ μετὰ ταῦτα, 에고 프로토스 카이 에고 메타 타우타)을 직역한 것이라 할 수 있다. 앞의 마소라 본문의 '리숀'(רִאשׁוֹן, 처음)은 창세기 1장 1절의 "태초에"(בְּרֵאשִׁית, 베레쉬트)를 연상시켜 주기에 충분하다. 그러므로 이 단어는 창조 사건을 함축하고, 그것의 짝으로 사용된 "마지막"은 창조 회복으로서 완성의 의미를 함축한다.

이와 같이 구약 말씀을 배경으로 하는 "알파와 오메가"라는 문구에 대해 보쿰은 다음과 같이 언급하며 우리의 이해를 돕는다.[257]

> 하나님은 만물의 창조주로서 만물에 앞서 계시고, 모든 만물을 종말적 성취로 이끄실 것이다. 그분은 모든 역사의 출발이며 목적이시다. 그분은 창조에 있어서 첫 말씀을 시작하셨으며 새창조에 있어서 마지막 말씀을 하실 것이다.

보쿰의 언급을 통해 우리는 이 문구가 창조와 완성이라는 역사와 구속에 대한 하나님의 계획과 밀접한 관계를 가지고 있음을 알 수 있다. 특별히 위의 네 본문에 나오는 모든 호칭의 등장 횟수를 합산하면 일곱이 된다. 이 숫자 일곱은 우연이 아니며 "완전함"(completeness)의 신학적 의미를 갖는다.[258] "복 있다"(μακάριος, 마카리오스)라는 단어를 일곱 번(1:3; 14:13; 16:15; 19:9; 20:6; 22:7, 14) 사용한 것이 요한계시록의 말씀을 신실하게 순종하는 독자들 혹은 청중들에게 에덴적 "축복의 완전한 충만함"을 의미하는 것처럼, 이 호칭들의 등장 횟수의 합산이 일곱 번인 것은 창조와 완성의 의지에 대한 완벽한 선언으로서, 에덴적 회복의 종말적 성취의 시대에 교회 공동체가 누릴 수 있는 "신적 존재의 충만함"(the fullness of the divine being)을 의미하기도 한다.[259]

---

255 앞의 책.
256 앞의 책, 27; Harrington, *Revelation* 47.
257 Bauckham, *The Theology of the Book of Revelation*, 27.
258 앞의 책.
259 앞의 책, 26-27.

[1:8bc] 지금 계시고 전에도 계셨고 장차 오실 주 하나님

"지금 계시고 전에도 계셨고 장차 오실 주 하나님"이란 문구는 1장 4절에서 자세하게 설명했으므로 여기서는 간략하게 다루도록 하겠다. 앞서 설명했듯이 이 호칭은 창조의 완성을 위한 종말적 오심을 의미한다. 이러한 호칭이 1장 4절에 이어 이 문맥에서 한 번 더 사용되는 이유는 무엇일까? 이 호칭은 특별히 바로 직전의 "알파와 오메가"와 밀접하게 관련된다. 이 두 호칭이 공통적으로 의미하는 것은 하나님이 역사를 시작하고 완성하시는 분이란 점이다. 이것은 또한 하나님이 역사의 주관자시라는 것을 의미하기도 한다. 이러한 의미의 맥락은 이어지는 "전능자"라는 호칭에서도 유지된다.

[1:8d] 전능자

8d절의 "전능자"는 8bc절과 동격으로서 "모든 피조물에 대한 하나님의 지배권"을 의미한다.[260] 이 의미는 앞서 논의한 8a절 및 8bc절과도 일맥상통한다. 여기에서 "전능자"를 의미하는 헬라어 단어는 '판토크라토르'(παντοκράτωρ)이며, 구약에서 "만군의(צְבָאוֹת, 쩨바오트) 여호와"에 해당되는 호칭과 관련된다.[261] 이 '쩨바오트'는 단수 명사인 '짜바'(צָבָא)의 복수형이다. '짜바'는 "군역"(military service) 혹은 "천체"(heavenly bodies)란 의미를 갖고, 복수형인 '쩨바오트'는 하나님에 대한 "별칭"(epithet)으로 사용된다.[262] 한편 '쩨바오트'는 70인역에서 '사바오트'(σαβαωθ)로 음역하는 경우도 있고(삼상 1:11; 15:2; 17:45; 사 10:16 등),[263] "능력"(δύναμις, 뒤나미스)으로 번역되는 경우도 있으며(출 12:41; 삼하 6:18 등), 번역을 생략하는 경우도 있고(삼상 4:4 등),[264] '쩨바오트'와 동일하게 전능자의 의미를 갖는 '판토크라토르'로 번역하는 경우도 있다(삼하 5:10; 7:8, 25; 왕상 19:10; 렘 5:14; 암 3:13; 습 2:10; 학 1:2; 슥 1:3 등). 흥미롭게도 '쩨바오트'는 학개서에서 14회 사용되는데 70인역에서는 모두 '판토크라토르'로 번역된다. 이것은 적어도 70인역의 번역자가 '쩨바오트'가 전능자란 의미를 갖는 것으로 인식했다는 증거이다.

---

260 Aune, *Revelation 1-5*, 58. 사전적 의미로는 우리말 번역 그대로 "전능자"(Almighty, All-powerful, Omnipotent [One])라는 의미를 갖는다(BDAG, 755).

261 Osborne, *Revelation*, 72.

262 *HALOT*, 2:995.

263 이사야서에서 히브리어 '아도나이 쩨바오트'(יהוה צְבָאוֹת, 만군의 여호와)는 62회 사용되는데, 70인역은 거의 모든 경우에서 '쩨바오트'(צְבָאוֹת)를 '사바오트'(σαβαωθ)로 음역한다.

264 삼상 4:4는 70인역이 히브리어 '아도나이 쩨바오트'에서 '쩨바오트'를 생략한 채로 '퀴리우'(κυρίου, 주의)로 번역한 경우다. 예레미야의 경우에는 '아도나이 쩨바오트'가 83회 사용되는데 대부분 '쩨바오트'에 대한 번역을 생략한다.

그러나 정작 구약에서 "전능자"(Almighty)에 해당하는 히브리어 단어는 '샤다이'(שַׁדַּי)다. 욥기에서는 이 단어가 31회 나오는데 그 중에서 15회(욥 5:17; 8:5; 11:7; 15:25; 22:17, 25; 23:16; 27:2, 11, 13; 32:8; 33:4, 10, 12; 35:13)가 이것을 '판토크라토르'로 번역한다. 창세기에서 '샤다이'가 사용되는 6회 모두에서와 시편 91편 1절 등의 70인역에서 '샤다이'는 '데오스'(θεός, 하나님)로 번역된다. 그 외에도 "주님"(κύριος, 퀴리오스)으로 번역되는 경우도 있다(욥 6:4, 14; 13:3; 22:3, 23, 26; 24:1; 31:35 등). 비록 욥기에 집중되어 있기는 하지만 '샤다이'가 '판토크라토르'로 번역된 경우가 있다는 점에서 요한계시록의 저자는 "전능자"(παντοκράτωρ, 판토크라토르)라는 단어를 사용할 때 두 단어 '쩨바오트'와 '샤다이'를 동시에 의식했을 가능성이 크다.

'판토크라토르'(παντοκράτωρ)는 "모든"을 의미하는 '판'(παν)과 "다스리다"라는 의미의 '크라테오'(κρατέω)의 합성어라고 할 수 있는데,[265] 이것을 이어서 말하면 "모든 것을 다스리는 분"이라는 의미가 성립된다. 이 단어는 요한계시록 전체에서 모두 9회 사용되고(계 1:8; 4:8; 11:17; 15:3; 16:7, 14; 19:6, 15; 21:22), 다른 신약 성경에서는 오직 고린도후서 6장 18절에서 구약을 인용할 때만 사용된다.[266] 이 본문들에서 강조하고 있는 것은 바로 "하나님의 절대적 능력과 통치"다.[267] 이런 점에서 이 호칭의 의미도 앞의 두 경우와 다르지 않다.

정리

이상의 내용을 다음 네 가지로 요약할 수 있다: (1) 하나님에 대한 세 개의 호칭은 이 세상과 오는 세상을 포함하는 "모든 역사의 통치자"이신 하나님의 특징으로서 프롤로그(1:1-8)의 절정을 장식한다고 볼 수 있다.[268] (2) 요한계시록이 다루는 쟁점과 관련시키자면, 이 삼중적 호칭은 황제 숭배를 거부하고 하나님만을 예배해야 하는 충분한 이유가 된다. (3) 하나님에 대한 이 삼중적 호칭은 예수님의 승귀 및 지위와도 밀접한 관계를 갖는다. 즉, 하나님과 예수님이 신적 존재로서 동등된 관계를 갖는다는 것을 보여준다. (4) 이 세 가지 호칭에서 가장 강조되는 것은 첫 번째인 "알파와 오메가"다.

---

265 Aune, *Revelation 1-5*, 58.
266 Mounce, *The book of Revelation*, 47; Osborne, *Revelation*, 72.
267 Osborne, *Revelation*, 72.
268 앞의 책.

1-8절은 요한계시록의 서두로서 매우 함축적인 메시지를 담고 있다. 이 본문은 요한계시록의 문학적 특징을 보여주면서 계시/묵시(1-2절), 예언의 말씀(3절), 서신의 인사말(4-5d절)과 송영(5e-6절), 그리고 송영의 부가적 설명으로서 그리스도의 승귀(7절)와 하나님의 역사적 주권(8절)으로 구성되어 있다. 이 서두에서 독자들은 요한계시록의 신학적 성격이 무엇인지를 발견할 수 있을 것이다. 특별히 1-2절에서는 하나님의 계시로서의 요한계시록 말씀이 어떠한 경로를 거쳐 요한에게 주어졌는지를 소개한다. 먼저 1bcd절은 하나님이 그분의 종들에게 보여주시기 위해 예수님께 계시를 주셨다는 것에 초점을 맞추어 기록하고, 1efg절은 그 계시가 요한에게 어떻게 주어졌는지에 초점을 맞추고 있다. 이 두 부분을 조합하여 그 경로를 요약하면 하나님은 그리스도에게 그 계시를 주셨고, 이것이 바로 요한계시록의 말씀이 그리스도의 계시라고 할 수 있는 이유가 된다. 그리고 그리스도에게 주어진 계시를 요한에게 주시기 위해 하나님은 천사를 보내셨다. 그리스도에게 주어진 하나님의 계시는 천사를 통해 요한에게 주어진다. 그리스도와 요한에게 계시가 주어진 것은 그 계시의 말씀이 하나님의 종들에게 전해지게 만들려는 목적을 갖는다.

이러한 계시의 경로가 소개되는 과정에서 매우 중요한 메시지가 주어지는데 그것은 바로 요한계시록이 "반드시 신속하게 되어져야만 하는 것들"을 기록하고 있다는 것이다. 이 문구는 다니엘 2장 28절의 말씀을 배경으로 주어지는데, 다니엘 2장 28절의 "후일에 반드시 되어져야만 하는 것들"이 "반드시 신속하게 되어져야만 하는 것들"로 변환되어 사용되고 있다. 요한에 의해 "후일"이 "신속하게"로 변환되어 사용되고 있는 것이다. 이러한 변화는 다니엘이 보던 시점에서 요한의 시점으로의 변화가 일어났기 때문이다. 즉, 다니엘이 바라보던 시점에서 미래 사건이었던 종말이 요한의 시점에서는 예수 그리스도의 구속 사역으로 말미암아 이미 도래했다는 것이다. 이제 더 이상 "후일"이라는 먼 훗날이 아니라 지체되지 않고 "신속하게" 일어나야 하는 일이 되었다. 그리고 "반드시"라고 표현함으로써 그것이 하나님의 계획 속에서 필연적으로 일어나야 하는 구속 사건임을 말해 주고 있다. 그리고 1e절에서 "알게 하다"에 해당되는 단어의 사용은 다니엘 2장 28-30절을 배경으로 하며 요한계시록이 상징적 환상을 통해 주어졌다는 사실을 확증한다.

3절에서는 요한계시록을 "예언의 말씀"으로 규정하고 그 말씀을 듣고 준행해야 할 것을 촉구한다. 예언의 말씀이란 미래의 일들만을 말하는 것이 아니라 과거와 현재와 미래의 내용이 유기적으로 조합되어 구성된다. 그리고 이 예언의 메시지는 필연적으로 윤리적 변화를 요구한다. 이러한 예언의 말씀을 듣고 지키는 자는 복이 있다. 왜냐하면 하나님의 나라가 회복되는 종말의 때가 이미 왔기 때문이다. 말씀의 순종을 통해서만 이미 도래한 하나님 나라를 경험할 수 있기 때문에 말씀을 듣고 지키는 이들은 그 누구보다도 복이 있다. 하나님 나라의 백성으로 살아가는 것만큼 큰 복이 있을 수는 없다. 영원하지 않은 로마 제국의 백성이 아닌 영원한 하나님 나라의 백성으로 살아가는 것이 얼마나 큰 복인가!

4-8절에서는 인사말이 주어지는데 특별히 4-5d절에서 요한은 삼위 하나님의 이름으로 일곱 교회의 독자들에게 은혜와 평안을 간구한다. 삼위 하나님 중에 성부 하나님은 종말에 역동적으로 오시는 하나님으로 소개되신다. 성령님은 일곱 영으로 표현되고, 스가랴 4장을 배경으로 불가능한 상황에서 하나님의 뜻을 이루는 삶을 살 수 있는 능력을 제공해 주시는 분으로 소개된다. 예수님은 특별히 삼중적인 호칭을 통해 좀 더 강조되어 소개되는데 "신실한 증인," "죽은 자들의 처음 나신 이," "땅의 왕들의 통치자"로 칭해진다. 이 세 호칭은 예수님이 "신실한 증인"으로서 하나님의 뜻을 이 세상에 선포하셨고, "죽은 자들의 통치자"로서 사망을 통제하사 새창조의 역사를 여셨으며, "땅의 왕

들의 머리"로서 적대적 세력을 제압하신 분임을 보여준다. 예수님이 이러한 분이시기 때문에 독자들은 그분으로부터 충분히 은혜와 평안을 얻을 수 있다.

다음으로 5e-6절은 송영으로서 예수 그리스도께 영광과 능력을 올려 드린다. 이러한 내용은 승귀하여 하나님과 동등된 위치에 계시는 예수 그리스도의 지위를 단적으로 보여준다. 7절은 5e-6절에서 소개된 예수님의 영광과 능력의 모습을 더욱 강화하여 보충하는 내용을 덧붙인다. 그것은 바로 예수님의 승천을 통해 왕으로서 등극하시는 과정으로서 대관식과 같은 모습이며, 이는 당연히 예수님이 영광과 능력을 받으시기에 합당하심을 보여준다. 그리고 8절에서는 역사를 주관하시는 하나님을 "알파와 오메가," "지금 계시고 전에도 계셨고 장차 오실 주 하나님," 그리고 "전능자"라는 호칭을 통해 소개하고 있다. 서두를 이런 식으로 마무리하는 것은 결국 요한이 요한계시록을 통해 하고 싶은 메시지가 무엇인지를 보여주는 것이다. 그것은 바로 하나님은 창조와 회복과 완성이라는 위대한 역사 드라마를 경영하고 주관하시는 분이라는 것이다.

📑 설교 포인트

서두는 요한계시록의 특성을 매우 함축적으로 말하고 있으므로, 이 부분을 설교할 때 설교자는 본문을 정교하게 해석하고 해석의 결과를 전달하는 데 있어 청중을 배려하는 매우 섬세한 자세를 가져야 할 것이다. 먼저 설교자는 계시의 경로에 주목하면서 그러한 경로가 갖는 이유를 제시할 수 있어야 할 것이다. 특별히 하나님으로부터 예수님께 주어지는 계시의 경로에서는 "주다"라는 동사가 사용되고, 예수님에게서 요한에게 가는 경로에서는 "알게 하다"라는 동사가 사용되며, 요한에게서 종들에게 가는 경로에서는 "보여주다"라는 동사가 사용되는데, 이렇게 서로 다른 동사들이 사용되는 것은 계시 전달의 각기 다른 차원을 구별하기 위함이다. 더 나아가서 이 서두 부분에서 요한계시록의 특성을 묵시와 예언과 서신으로서 규정하고 있다는 점도 설교자가 분명하게 이해해야 하는 부분이다. 설교자는 이러한 특징을 통해 요한계시록을 어떻게 읽어야 하는지에 대한 소개를 시도해야 한다.

더 나아가서 설교자는 1d절의 "반드시 신속히 되어져야만 하는 것들"이란 문구에 주목할 필요가 있다. 이 문구는 다니엘 2장 28-29절을 배경으로 하면서, 요한계시록의 메시지가 구약이 바라보던 것이 이미 이루어진 상태를 서술하는 것임을 말해 준다. 설교자는 이 문구를 통해 요한계시록이 주는 메시지의 성격을 적절하게 설명할 수 있는 기회로 삼을 수 있어야 한다. 곧 요한계시록은 미래적 사건만이 아닌 구속사적 관점에서 구약, 특별히 다니엘서의 종말적 하나님 나라의 도래에 대한 약속이 그리스도를 통해 성취된 일들에 대한 메시지를 담고 있다는 것을 보여줄 수 있어야 한다. 그리고 미래적 사건들조차도 이러한 현재적으로 성취된 구속 사건과의 연동을 통해 이해되어야 함을 강조해야 할 것이다.

그리고 4-6절에 기록된 삼위 하나님에 대한 설명 역시 다른 성경에서는 찾아볼 수 없는 매우 생소한 것이므로 이것이 요한계시록 전체의 문맥에서 어떤 의미를 갖는지에 대해서도 반드시 적절하게 설명해야 할 것이다. 특별히 서두의 마지막 부분인 7-8절의 내용에서 예수님의 재림으로만 해석했던 것을 스가랴 12장 10절과 다니엘 7장 13-14절을 배경으로 현재적 의미가 있다는 점을 분명하게 밝힐 필요가 있다. 이러한 일련의 설명은 분명히 청중에게는 익숙하지 않은 부분들이고, 그래서 그들에게 그것을 설명해야 하는 설교자에게는 어려움일 수 있지만, 도리어 그들의 성경적 관점을 깨우칠 수 있는 좋은 기회일 수도 있다. 주저하지 말고 좀 더 진취적으로 하나님의 말씀을 선포할 수 있어야 할 것이다.

📑 설교 요약

- **제목:** 요한계시록은 구약적 경륜의 성취를 말한다
- **본문:** 요한계시록 1장 1-8절

- **구조**

1-2절	계시의 경로와 계시의 핵심 내용
3절	예언의 말씀인 요한계시록의 메시지에 순종하라
4-6절	인사말
7-8절	마무리

- **서론**

우리는 요한계시록의 서두 부분을 통해 요한계시록이 어떤 책인지를 파악할 수 있다. 서두를 읽으면서 이러한 내용을 알 수 있도록 노력해야 할 것이다. 요한계시록은 어떤 책인가? 바로 하나님의 구속의 경륜의 성취와 완성을 집약한 책이다.

- **본론**

1. 그리스도의 계시로서의 요한계시록의 말씀은 어떠한 경로를 통해 주어졌는가?

   하나님 → 그리스도 → 천사 → 하나님의 종 요한 → 하나님의 종들(교회 공동체)

2. 계시의 핵심 내용은 무엇인가?

   "반드시 신속하게 되어져야만 하는 것들": 다니엘 2장 28절을 배경으로 종말에 일어날 일들이 그리스도 안에서 이미 성취된 구속사적 의미를 갖는다.

3. 요한계시록은 예언의 말씀으로서 우리의 윤리적 삶의 변화를 촉구한다(3절).

4. 인사말(4-6절): 요한은 하나님과 성령님과 그리스도로부터 은혜와 평안이 독자들에게 주어질 것을 구한다.
  1) 하나님: 지금 계시고 전에도 계셨고 장차 오실 분→종말에 역동적으로 오심
  2) 성령님: 일곱 영→ 적대적 세력을 제압하시는 하나님의 능력을 공급하심
  3) 예수님: 신실한 증인/죽은 자들의 처음 나신 이/땅의 왕들의 통치자→세상의 주관자 되심
5. 마무리(7-8절): 서두를 마무리하면서 요한계시록의 메시지를 함축적으로 요약한다.
  1) 예수님이 구름과 함께 오심(단 7:13): 왕적 메시아로서 등극하심
  2) 그를 찌른 자들이 애통함(슥 12:10): 세상의 회개
  3) 알파와 오메가; 지금 계시고 전에도 계셨고 장차 오실 주 하나님 곧 전능자(삼하 5:10; 렘 5:14; 암 3:13): 역사를 주관하시는 하나님

●결론

1장 1-8절을 통해 요한계시록은 역사에 대해, 교회에 대해, 그리고 삼위 하나님에 대해 말하고, 종말적 성취의 결과를 통한 주권적 역사를 보여준다.

서론부

승귀하신 예수님이 일곱 교회에게 말씀하시다(1:9-3:22)

1장 1-8절의 프롤로그에 이어서 1장 9절-3장 22절은 서론부에 해당한다. 요한계시록 1장의 후반부인 9-20절은 서두 부분인 1-8절보다는 2-3장에 더 밀접하게 연결된다. 이는 부활하고 승천하신 예수님을 소개하는 9-20절이 그 예수님의 말씀을 기록하는 선지적 메시지로서 2-3장의 도입 부분에 해당된다는 것을 보여준다. 그러므로 1장 9절은 3장 22절에 가서야 끝나는 하나의 문맥을 형성한다. 1장 9절-3장 22절은 1장 9-20절과 2-3장으로 나뉜다. 그래서 1장 9-20절을 서론부 1로, 2-3장을 서론부 2로 구분했다.

서론부 1

선지자로 위임된 요한과 승귀하신 예수님(1:9-20)

──◦◦◦◦◦◦◦◦──

요한계시록 1장의 후반부인 9-20절에서는 요한이 선지자로 부름 받는 의식이 진행된다. 요한을 선지자로 부르신 분은 바로 승귀하신 예수님이시다. 9-20절은 서두 부분인 1-8절과 연결되면서 동시에 2-3장 메시지의 근간을 형성한다. 9-20절은 "땅의 왕들의 통치자"(1:5)로 일컬어지고 하늘로 승천하신(1:7) 예수님과 부활하신 예수님을 중점적으로 소개한다. 더 나아가서 그 예수님의 말씀을 기록하는 선지적 메시지로서, 2-3장에서 말씀하시는 예수님에 대한 호칭의 출처를 제공하고 내용도 지배하고 있다. 9-20절은 다시 9-11절과 12-20절로 나뉜다. 9-11절은 저자 요한 자신에 대한 소개와 요한계시록을 기록하여 일곱 교회에게 전달할 것을 명령 받는 내용이고, 12-20절은 9-11절에서 요한에게 요한계시록의 말씀을 기록하여 일곱 교회에게 보내라고 명령하시는 부활, 승귀하신 영광스런 예수님에 대한 환상을 소개한다. 12-20절은 다시 두 부분으로 나뉘는데, 12-16절은 요한이 예수님에 대하여 본 내용이고 17-20절은 요한이 예수님으로부터 들은 내용이다.

I. 책을 써서 일곱 교회에 보내라(1:9-11)

이 본문은 구약의 선지자들이 하나님의 말씀을 받을 때와 매우 유사한 패턴을 보인다. 구약 선지서들의 초두에는 선지자에 대한 소개, 그가 말씀을 받았던 체험과 관련된 시점, 말씀이 주어진 동기, 때로는 계시를 받았던 장소 등이 소개된다. 이런 요소 대부분이 9-11절에 포함되어 있다. 이와 관련해서 피오렌자(Fiorenza)는 9-11절이 "선지자 요한의 부르심이라는 환상"을 제공할 뿐만 아니라 동시에 "요한계시록의 역사적-신학적 배경과 수사적 정황"에 대한 정보를 제공해 준다고 지적한다[1].

1. 고난에 동참한 자(1:9)

구문 분석 및 번역

9절 a Ἐγὼ Ἰωάννης,
　　　 나 요한은

　　 b ὁ ἀδελφὸς ὑμῶν καὶ συγκοινωνὸς
　　　 너희들의 형제요 동참한 자라

　　 c 　　　 ἐν τῇ θλίψει καὶ βασιλείᾳ καὶ ὑπομονῇ ἐν Ἰησοῦ,
　　　　　　 예수 안에 있는 환난과 나라와 인내에

　　 d ἐγενόμην ἐν τῇ νήσῳ τῇ καλουμένῃ Πάτμῳ
　　　 밧모라 불리는 섬에 있었다

　　 e 　　　 διὰ τὸν λόγον τοῦ θεοῦ καὶ τὴν μαρτυρίαν Ἰησοῦ.
　　　　　　 하나님의 말씀과 예수의 증거를 위하여

9절은 저자인 요한이 자신의 이름을 거명하며 자신이 누구이며 계시적 장소는 어디인지 소개하는 내용이다. 9절의 번역에서 주목할 점은 9c절의 '엔 이에수'(ἐν Ἰησοῦ, 예수 안에)를 바로 앞의 "환난과 나라와 인내"와 연결하여 "예수 안에 있는 환난과 나라와 인내"라고 번역한 것과 9e절을 "하나님의 말씀과 예수의 증거를 위하여"라고 번역한 것이다. 9c절의 경우는 "예수 안에"(ἐν Ἰησοῦ, 엔 이에수)가 바로 앞의 "인내"(ὑπομονῇ, 휘포모네)에만 연결되는 것이 아니라 "환난과 나라와 인내"(τῇ θλίψει καὶ βασιλείᾳ καὶ ὑπομονῇ, 테 들립세이 카이 바실레이아 카이 휘포모네) 전체에 적용된다는 점을 의식해서 번역했다. 이 세 단어가 서로 연결된 하나의 단위로 존재하기 때문이다. 9e절의 경우는 '디아'(διά)를 "위하여"로 번역했는데, 이는 전치사 '디아'가 목적격 명사와 함께 사용될 때 "때문에"(because of)나 "위하여"(for the sake of)를

1　Fiorenza, *Revelation*, 50.

의미할 수 있고,²⁾ 이곳에서는 "위하여"란 의미를 갖는다고 판단했기 때문이다. ESV(on account of)와 NKJV(because of)는 모두 "때문에"라고 번역한 반면, NKJV는 "위하여"(for)로 번역했다. 이 번역들 중 어떤 것을 선택하느냐에 따라 밧모 섬에 있게 된 목적과 이유가 달라질 수 있다. 이에 대한 자세한 설명은 본문 주해에서 다루도록 하겠다.

이상의 내용을 근거로 우리말 어순에 맞추어 번역하면 다음과 같다.

b   너희들의 형제요
c   예수 안에 있는 환난과 나라와 인내에
b   동참한 자인
a   나 요한은
e   하나님의 말씀과 예수의 증거를 위하여
d   밧모라 불리는 섬에 있었다.

본문 주해
[1:9ab] 요한의 자기 소개

새로운 단락의 첫 구절인 9절은 "나"(ἐγώ, 에고) 요한"이란 문구로 시작한다. 이러한 시작은 구약이나 유대 문헌의 "묵시적 선지자들"(apocalyptic prophets)이 환상을 진술할 때 사용하는 형식이다. 예를 들면, 다니엘 7장 28절과 8장 1절의 "나 다니엘"(ἐγὼ Δανιήλ, 에고 다니엘), 에녹1서 12장 3절의 "나 에녹"(ἤμην Ἑνώχ, 에멘 헤노크), 에스라4서 2장 33절의 "나 에스드라"(ego Esdras, 에고 에스드라스)와 같은 문구들이 이에 해당된다.³⁾ 요한은 2절과 4절에서 언급된 바 있지만 스스로를 직접 지칭한 것은 이곳이 처음이다. 요한계시록에서 "나"라는 호칭은 이곳과 22장 8절(μοι, 모이), 단 두 본문에서만 등장한다.⁴⁾ 즉, 요한계시록은 저자로서의 "나"라는 호칭으로 처음과 마지막을 장식하고 있다.

9b절에서 요한은 자신을 "너희들의 형제요 [...에] 동참한 자"로 소개한다. 이 소개 내용에서 알 수 있는 것은 요한이 스스로를 자신의 수신자들과 동일시하려 한다는 사실이다. 이것은 다른 성경 저자들이 자신들을 "선지자"

---

2   BDAG, 225.
3   H. B. Swete, *The Apocalypse of St. John* (New York, NY: The Macmillan Company, 1906), 11.
4   Osborne, *Revelation*, 80.

나 "선생" 혹은 "사도"라고 소개하는 것과 차이가 있다.[5] 곧 요한은 "제도적 지위"(institutional position)를 가지고 자신의 수신자들에게 접근하려는 것이 아니라, 철저하게 자신을 동시대의 보편적 그리스도인들이 직면하는 삶의 현장에 위치시킴으로써 자신이 전하는 메시지의 호소력을 높이려 한다.[6] 여기에서 9a절은 9b절과 동격 관계에 있다. 9b절에서 "너희들의 형제"(ἀδελφὸς ὑμῶν, 아델포스 휘몬) 앞에만 정관사 '호'(ὁ)가 사용되고 이어지는 "동참한 자"(συγκοινωνὸς, 슁코이노노스)에는 정관사가 없는 것은 이 두 항목이 서로 밀접하게 연결되어 하나의 단위처럼 취급되고 있음을 암시한다.[7] 즉, 형제는 곧 환난 가운데 동참하는 자다. 이 두 문구를 통해 우리는 스스로를 자신의 독자들과 동일시함으로써 그들과의 "결속"을 강조하려는 요한의 의지를 엿볼 수 있다.[8] 이러한 동일시와 결속의 관계는 요한계시록의 강력한 메시지가 더욱 효과적으로 공유되고 공감될 것을 기대하게 만든다.

[1:9c] 예수 안에 있는 환난과 나라와 인내

환난과 나라와 인내(τῇ θλίψει καὶ βασιλείᾳ καὶ ὑπομονῇ). 더 나아가 9c절은 9b절이 말하는 "동참"의 성격과 영역을 구체적으로 규정한다. 이 문구는 '엔'(ἐν, …안에)이란 전치사로 시작하고, 그에 이어 "환난," "나라," "인내"라는 세 단어가 나온다. 언뜻보면 이 세 항목은 서로 다른 것으로 보이지만, 문법적으로나 내용적으로 서로 밀접한 관계를 가지고 있다.[9] 이 관계는 세 항목 중 첫 단어인 "환난"(θλίψει, 들립세이) 앞에만 정관사 '테'(τῇ)가 존재한다는 사실을 통해 입증된다. 이것은 이 첫 단어의 중요성을 의미하는 것이기보다는 이 세 단어 사이에 "상호적으로 서로를 해석해 주는" 관계가 성립되도록 의도한 것이라 볼 수 있다.[10] 먼저 환난과 인내는 환난 중에 성도가 인내를 가져야 한다는 원리를 통해 서로 연결된다. 황제 숭배를 정치적 종교적 이데올로기로 삼고 있는 로마 제국 시대에 하나님을 예배하는 성도들에게 환난은 필연적이었다.

"환난"과 "인내" 사이에 있는 "나라"(βασιλείᾳ, 바실레이아)는 6절에서 "우리를 나

---

5 Fiorenza, *Revelation*, 50.
6 앞의 책.
7 Charles, *A Critical and Exegetical Commentary on the Revelation of St. John*, 1:21.
8 Fiorenza, *Revelation*, 50.
9 Osborne, *Revelation*, 80.
10 Beale, *The Book of Revelation*, 200-201.

라(βασιλεία, 바실레이아)로 삼으셨다"는 문구의 "나라"와 동일한 단어라는 점에서 5-7절의 "하나님 나라 주제"와 밀접한 관계를 갖는다.[11] 즉, "환난 중 신실한 인내는 신자가 예수님과 함께 통치하는 수단"이기 때문에, 환난과 인내는 하나님 나라의 통치를 구현하는 현장이라고 할 수 있다.[12] 바꾸어 말하면, 하나님의 통치 현장에는 필연적으로 인내를 요하는 환난이란 환경이 주어질 수밖에 없고, 이 환난 가운데 인내함으로써 하나님 나라의 통치가 구현된다는 것이다. 따라서 이곳의 "나라"는 미래적인 소망의 대상이라기보다는 환난 중 인내를 통해 성도들의 삶 속에서 발현되는 하나님의 통치 현장이다. 그러므로 이 문구를 천국을 소망하기 때문에 환난 중에 인내할 수 있다고 해석하는 것은 문맥을 무시하는 매우 왜곡되고 지나치게 단순한 논리다.

이곳의 내용을 다음과 같은 도표로 표현할 수 있다.

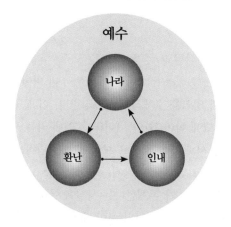

위의 도표에서 볼 수 있듯이, 하나님 나라, 즉 하나님의 통치를 위임받아 대행하는 교회 공동체에는 필연적으로 환난이 발생하고 그로 인해 인내의 정황이 전개된다. 그리고 인내의 정황은 하나님 나라의 통치를 경험할 수 있는 현장이 된다. 이 세 주제는 긴밀한 선순환 구조를 갖는다.[13] 이 원리에 근거하면 세 단어가 나라-환난-인내의 순서로 되어 있어야 하지만, "나라"를 중간에 넣어 A(환난)-B(나라)-A'(인내)의 구조를 형성함으로써[14] "나라"의 중요성을 부각시키고 있다.

11　앞의 책.
12　앞의 책, 201.
13　이와 반대되는 악순환은 하나님의 통치가 없는 곳에 환난도 없고 환난이 없는 곳에 당연히 인내도 필요 없게 되는 것이다.
14　오즈번도 이 구조를 지지한다(Osborne, *Revelation*, 80).

이곳의 환난을 특정 기간 및 사건을 염두에 두고 해석하는 경우가 있다. 예를 들면, 보링(Boring)은 이 환난이 재림 전에 발생하는 "심각한 환난의 때"라고 주장한다.[15] 그러나 이 문맥에서는 특정 시기에 발생하는 사건으로 인식하게 만들 만한 근거가 제시되지 않는다. 오히려 요한이 자신의 시대에 발생하고 있는 환난에 이미 동참하고 있는 자로 소개되고 있으므로, 이 환난은 이미 요한의 시대에 발생했던 상황으로 간주하는 것이 적절하다. 요한이 상정하는 "환난"은 "투옥, 사회적 배척(social ostracism), 중상, 가난, 경제적 착취, 폭력, 그리고 사법적 조치에 따른 계속적인 위협"과 같은 것들을 포함할 수 있다.[16] 요한의 시대에 그리스도인들에게 이러한 환난의 환경은 로마 제국의 황제 숭배란[17] 환경적 특징으로 인해 "필수적 요소"(essential component)라 할 수 있다.[18]

성도의 죽음의 현장에서 성도의 왕권은 증폭되어 나타날 것이고(2:10-11) 이 왕권은 예수님의 재림 때에 절정에 이르게 될 것이다(21:1-22:5).[19] 요한계시록의 문맥에 따르면 하나님 나라의 백성으로 살아가는 과정에서 환난에 직면하는 것은 필연적인데, 만일 하나님 나라 백성의 어떤 공동체가 환난에 굴복하게 되면 하나님 나라의 통치는 그 공동체를 통해 꽃피우지 못하게 될 것이고, 그런 결과는 그 공동체에게 불행한 일이다. 요한은 이러한 지상 과제에 충실하게 자신을, 독자들이 겪는 환난과 나라와 인내에 동참한 자로 소개한다. 요한의 이런 모습은 그의 메시지가 독자들에게 철저하게 스며들게 하는 결과를 기대하게 만든다.

예수 안(ἐν Ἰησοῦ). 9c절의 "예수 안"(ἐν Ἰησοῦ, 엔 이에수)이란 문구가 앞의 어떤 문구와 연결되는지에 대해서는 두 가지 입장이 있다. 첫째는 같은 9c절의 바로 앞에 위치한 "환난과 나라와 인내"에 연결된다는 입장이다(ESV, NKJV). 이 경우에 "예수 안"이란 문구는 "환난과 나라와 인내"의 위치를 지정해 주는 것으로서 "예수 안에 있는"으로 번역할 수 있다. 이 입장에 따라 두 문구를 연결하면 "예수 안에

---

15 Boring, *Revelation*, 81; 찰스는 이것을 좀 더 세분화하여 천년왕국 전에 선행되는 환난으로 간주한다 (Charles, *A Critical and Exegetical Commentary on the Revelation of St. John*, 1:21).

16 Fiorenza, *Revelation*, 50.

17 1세기 로마 제국 황제들의 목록은 다음과 같다: 아우구스투스(BC 27년–AD 14년)→티베리우스(AD 14–37년)→칼리굴라(37–41년)→클라디우스(41–54년)→네로(54–68년)→갈바(68–69년)→오토(69년) →비텔리우스(69년)→베스파시아누스(69–79년)→티투스(79–81년)→도미티아누스(81–96년)→네르바 (96–98년)→트라야누스(98–117년).

18 Harrington, *Revelation*, 50.

19 Beale, *The Book of Revelation*, 201.

있는 환난과 나라와 인내"가 된다. 둘째는 9b절의 "동참한 자"에 연결된다는 입장이다(NRSV). 이 경우에는 "예수 안에서 ... 동참한 자"라고 번역할 수 있다. 어느 것이 옳은 것인지 결정하는 것이 쉽지는 않지만, 이 책에서는 전자가 적절해 보인다.[20] 여기에는 두 가지 이유가 있다. 첫째, "예수 안"이라는 문구가 "환난, 나라, 인내" 직후에 존재하기 때문이다. 둘째, "환난"은 어느 특정한 사건이 아니라 예수 안에서 언제든지 일어날 수 있는 환경이기 때문이다. 여기서 중요한 것은 이 "환난"이 예수 안에서 발생한다는 사실이다. 예수 안에는 기쁨과 평안도 있지만 역설적이게도 환난도 있다. 그 가운데서 하나님 나라의 통치를 받을 수 있다. 즉, 예수를 믿을 때 신자는 하나님 나라의 백성으로서 환난과 인내를 가지고 살아가는 좁은 문으로 들어가게 된다. 요한은 자신도 독자들과 동일한 입장임을 천명하고 있다.

[1:9de] 밧모라 불리는 섬

개요. 저자 요한에 대한 소개는 9de절로 이어진다. 여기서 소개되는 내용은 "나는 밧모라 불리는 섬에 있었다"(9d절)는 사실이다. 이 밧모 섬과 관련해서는 요한이 왜 밧모 섬에 가게 되었는가라는 쟁점을 중심으로 논의를 전개해 나가고자 한다. 요한은 왜 밧모 섬에 있게 되었을까? 과연 그 이유가 무엇일까? 이에 대해서는 다음과 같은 세 가지 견해가 있을 수 있다[21]. (1) 하나님의 말씀과 예수의 증거 때문에 밧모 섬으로 유배를 갔다[22]; (2) 계시를 받아 하나님의 말씀과 예수의 증거를 기록하기 위하여 밧모 섬에 갔다[23]; (3) 하나님의 말씀과 예수의 증거를 선포하기 위하여 밧모 섬에 갔다. 첫 번째는 원치 않게 수동적으로 "가게 되었다"는 것이고, 두 번째와 세 번째는 능동적으로 "갔다"는 것이다. 여기에서 두 번째와 세 번째는 다소 유사한 점이 있기 때문에 하나로 묶어서 두 번째를 중심으로 논증을 전개해 나가도록 하겠다. 이 쟁점에 대한 근거는 아래에서 제시하겠다.

---

20 Osborne, *Revelation*, 81. 찰스는 "예수 안"이 바로 앞의 "인내"와만 연결된다고 주장한다(Charles, *A Critical and Exegetical Commentary on the Revelation of St. John*, 1:21). 그러나 앞서 설명했듯이 세 명사 "환난, 나라, 인내"는 하나의 단위를 이루고 있기에 이것을 분리해서 생각하는 것은 적절하지 않다.

21 Aune, *Revelation 1-5*, 81.

22 이 경우를 주장하는 대표적인 학자는 오즈번이다(Osborne, *Revelation*, 81). 클레멘트, 오리겐, 제롬, 유세비우스 같은 초기 교부들이 주로 이렇게 주장해 왔다(참고, Aune, *Revelation 1-5*, 81).

23 이 경우를 주장하는 대표적 학자는 보쿰이다(Bauckham, *The Theology of the Book of Revelation*, 4).

전치사 '디아'(διά)**를 통한 논증.** 요한이 수동적으로 가게 된 것인지 아니면 능동적으로 간 것인지를 결정하기 위해서는 9e절을 시작하는 전치사 '디아'(διά)의 의미를 살펴볼 필요가 있다. 9e절은 9d절과 연결되는 전치사구로서, '디아'라는 전치사에 의해 구성된다. 이 전치사는 목적격과 함께 쓰일 때 "원인"(cause)을 의미하지만 "목적"(purpose)을 의미할 수도 있다.[24] 만약 "원인"을 의미하는 것이라면 그것은 요한이 복음을 전하다가 유배를 가게 된 (1)번의 경우가 될 것이고, "목적"을 의미한다면 하나님의 말씀과 예수의 증거인 요한계시록을 기록하기 위해 혹은 계시를 받기 위해 밧모 섬에 갔다는 (2)번의 경우가 될 것이다. 따라서 이 단어의 문법적 의미만을 가지고는 이 두 경우 중에서 어떤 것을 선택해야 하는지에 대한 근거를 제시할 수 없다.[25]

다른 본문들과의 관계를 통한 논증. 요한계시록에서 "하나님의 말씀과 예수의 증거"와 관련된 표현은 이 본문 외에 1장 2절, 6장 9절, 20장 4절에서 3회 더 사용된다. 1장 2절에서는 요한계시록 말씀의 기록 정황과 관련되어 나타나고, 6장 9절과 20장 4절에서는 핍박의 맥락에서 사용된다.[26] 9e절의 경우가 1장 2절의 문구와 관련될 경우에는 "목적"으로서 위에 제시한 (2)번의 경우가 되고, 6장 9절 및 20장 4절의 용례와 관련되면 "원인"으로서 (1)번의 경우가 될 수 있다.[27] 9de절은 이 두 가능성을 모두 가지고 있기 때문에 9de절이 이 본문들 중 어떤 본문과 연결되는지를 선택해야 하는데, 이 선택을 좌우할 수 있는 최소한의 근거는 9de절이 어느 본문과 더 가까이 있는지가 될 것이다. 위의 본문들 중 9de절과 가장 가까운 본문은 바로 1장 2절이다. 9절은 새로운 단락의 시작이지만 1장 2절과 같은 문맥에 속해 있다고 간주할 수 있다. 따라서 9de절의 문구는 1장 2절과 관련하여 판단하는 것이 합리적이다. 9절과 멀지 않은 지점에 있는 2절과의 관계를 통해 읽으면, 요한은 하나님의 말씀과 예수의 증거인 요한계시록의 계시를 받고 그것을 기록하기 위해 밧모 섬으로 간 것으로 이해될 수 있다.[28] 그럼에도 불구하고 9bc절이 요한을 고난에 동참한 자로 소개하는 것은 요한이 고난 중

---

24 BDF § 222; BDAG, 225.
25 Aune, *Revelation 1-5*, 82.
26 Osborne, *Revelation*, 82.
27 앞의 책. 그러나 오즈번은 유배되어 밧모 섬에 쫓겨 간 것을 전제하고 논증을 전개한다.
28 Bauckham, *The Theology of the Book of Revelation*, 4.

에 있음을 시사하는 것으로서, 성도가 받는 핍박과 고난을 말하는 6장 9절이나 20장 4절과 맥을 같이한다고 인정할 수도 있다.[29] 따라서 요한이 밧모 섬에 있었던 이유를 규정하기 위해서는 추가적인 근거가 있어야 한다.

고고학적 증거를 통한 논증. 9de절의 의미를 결정하기 위해서는 밧모 섬이 유배지였는지 아니면 일반 거주지였는지를 결정하는 것이 중요하다. 밧모 섬이 유배지였다면 9de절을 요한이 밧모 섬으로 가게 된 원인, 즉 "유배"로 해석할 수 있고, 그곳이 일반 거주지였다면 9de절을 요한이 밧모 섬에 간 목적, 즉 "요한계시록을 기록하기 위한 것"으로 해석할 수 있다. 먼저 고고학적 차원에서 보면 밧모 섬이 "형벌을 위한 거주지"로 사용되었다는 어떤 증거도 존재하지 않는다.[30] 밧모 섬은 에베소에서 100km 정도 떨어져서 비교적 가까운 위치에 있던, "거주민이 있는 섬"으로 알려져 있었다는 점이 이러한 사실을 더욱 지지하게 만든다.[31] 또한 밧모 섬, 특별히 카스텔리오스 산 지역에서 발굴된 질그릇 조각 등을 포함한 출토품들은 밧모 섬이 청동기 중기 시대부터 로마 시대까지 사람이 거주했던 곳임을 입증해 준다.[32] 그리고 기원전 2세기 무렵에 밧모 섬의 유력인이라 할 수 있는 메네크라테스(Menekrates)의 아들 헤게맨드로스(Hegemandros)를 기념하여 기록된 비문은 김나지움(gymnasium)에 대해 언급하면서 "헤게맨드로스가 김나지움의 교장을 일곱 번 역임했고, 헤르메스(Hermes) 석상 건립을 위한 비용을 지원했을 뿐 아니라, 그의 동료 시민들과 운동 선수들을 위해 다른 유익한 일들도 행했다"(SEG 1068.2)고 말한다.[33] 이렇게 김나지움이 존재했다는 것은 그곳에 문화가 꽃피웠다는 증거이고 적지 않은 거주민들이 존재했다는 방증이라고 할 수 있다. 이것이 요한계시록이 기록되기 2세기 전 상황이었는데, 2세기가 지난 후에 갑자기 그 섬이 "도태"되어 폐허 상태의 유배지로 변했을 가능성은 없다.[34]

또 다른 비문들은 밧모 섬과 여신 아르테미스(Artemis) 숭배의 관련성을 입증

---

29 Beale, *The Book of Revelation*, 202.

30 J. P. M. Sweet, *Revelation*, WPC (Philadelphia, PA: Westminster, 1979), 64.

31 Bauckham, *The Theology of the Book of Revelation*, 4; Aune, *Revelation 1-5*, 77-78.

32 Ian Boxall, *Patmos in the Reception History of the Apocalypse* (Oxford: Oxford University Press, 2013), 232-233.

33 Aune, *Revelation 1-5*, 77; Boxwall, *Patmos in the Reception History of the Apocalypse*, 233; Sviatoslav Dmitriev, *City Government in Hellenistic and Roman Asia Minor* (New York, NY: Oxford University Press, 2005), 48.

34 Boxall, *Patmos in the Reception History of the Apocalypse*, 233.

해 준다.[35] 더 나아가 기원후 2세기 무렵 밧모 섬에 있던 아르테미스의 여사제에게 영광을 돌리는 시가 적힌 비문이 있는데,[36] 이 비문은 밧모 섬을 "레토의 딸의 가장 유명한 섬"으로 묘사한다.[37] 이러한 아르테미스 숭배 문화는 "공적인 축제와 행진 그리고 여신인 아르테미스를 영화롭게 하기 위한 시 낭송" 등과 함께 꽃을 피웠다.[38] 이러한 사실은 밧모 섬이 우상 숭배를 통해 단순한 거주지 이상의 영화를 누렸던 섬이라는 것을 확증해 준다. 이와 같은 일련의 사실들로 봤을 때, 밧모 섬을 유배지로 간주할 수 있는 근거가 전혀 없다. 그러므로 요한이 밧모 섬에 있게 된 것을 유배로 간주하는 것은 적절하지 않으며, 요한계시록을 기록하기 위한 목적으로 그곳에 있었다고 보는 것이 합리적 추론이다.

정리. 요한이 밧모 섬에 있었던 이유는 지금까지 살펴본 다른 본문들과의 관계나 고고학적 증거에 의해 자명해졌다. 즉 요한은 하나님의 말씀과 예수의 증거인 요한계시록을 기록하기 위해 밧모 섬에 갔던 것이다.[39]

---

35 앞의 책.
36 앞의 책.
37 D. F. McCabe and M. A. Plunkett, *Patmos Inscriptions: Texts and List* (Princeton, NJ: Institute for Advanced Study, 1985)의 비문 004(Boxall, *Patmos in the Reception History of the Apocalypse*, 233에서 재인용).
38 H. D. Saffrey, "Relire l'Apocalypse à Patmos," RB 82 (1975): 399–407(Aune, *Revelation 1-5*, 77에서 재인용).
39 이 주제와 관련된 탁월한 논문이 박성호 박사에 의해 출간되었다(박성호, "요한은 밧모 섬으로 유배되었는가?(계 1:9): 요한의 밧모 유배설을 재고함" 「신약논단」 25권 2호 [2018년 여름]: 467-507). 주목할 점은 그가 요한이 유배의 목적으로 밧모 섬에 간 것을 부정하지만, "계시 수신"의 목적을 위해 간 것도 부정한다는 점이다. 대신 그는 요한이 "피신"의 목적으로 밧모 섬에 갔다고 주장하는데, 그것도 충분히 개연성이 있다고 여겨진다.

2. 요한이 소리를 듣다(1:10-11)

구문 분석 및 번역

10절 a ἐγενόμην ἐν πνεύματι ἐν τῇ κυριακῇ ἡμέρᾳ
　　　 나는 주께 속한 날에 성령 안에 있었다

　　 b καὶ ἤκουσα ὀπίσω μου φωνὴν μεγάλην ὡς σάλπιγγος
　　　 그리고 나는 내 뒤에서 나팔 같은 것의 큰 음성을 들었다

11절 a λεγούσης
　　　 (그 음성이) 말한다

　　 b ὃ βλέπεις γράψον εἰς βιβλίον
　　　 네가 보는 것을 책 속으로 쓰라

　　 c καὶ πέμψον ταῖς ἑπτὰ ἐκκλησίαις,
　　　 그리고 일곱 교회에게 보내라

　　 d εἰς Ἔφεσον καὶ εἰς Σμύρναν καὶ εἰς Πέργαμον καὶ εἰς Θυάτειρα καὶ εἰς
　　　 Σάρδεις καὶ εἰς Φιλαδέλφειαν καὶ εἰς Λαοδίκειαν.
　　　 에베소로 그리고 서머나로 그리고 버가모로 그리고 두아디라로 그리고 사데로
　　　 그리고 빌라델비아로 그리고 라오디게아로

10-11절은 9절과 별개의 문장으로서, 요한이 음성을 듣는 계시적 체험의 현장을 소개한다. 10a절의 '엔 테 퀴리아케 헤메라'(ἐν τῇ κυριακῇ ἡμέρᾳ)라는 문구는 "주의 날"이라고 번역하지 않고 "주께 속한 날"로 번역한다. 이것은 "주의 날에"를 의미하는 '엔 헤메라 퀴리우'(ἐν ἡμέρᾳ κυρίου)나 '헤 헤메라 퀴리우'(ἡ ἡμέρᾳ κυρίου)와의 혼동을 피하기 위함이다.[40] 10b절에서 주목해야 할 점은 "나팔"(σάλπιγγος, 살핑고스)이 소유격으로 되어 있고 그 앞에 '호스'(ὡς)가 있다는 것이다. 이 소유격 명사의 수식어는 무엇일까? 그것은 "큰 음성"(φωνὴν μεγάλην, 포넨 메갈렌)이라고 할 수 있다. '호스'가 없다면 매우 단순하게 "나팔의 큰 음성"이라고 번역할 수 있으나 앞에 '호스'가 있어서 우리말로 번역하기가 까다롭다. '호스'는 환상적 계시의 형태를 띠는 요한계시록에서 자주 사용된다. 여기서는 '호스'의 모든 용례를 다루기보다는 이 본문에서 '호스'가 "...같은"을 의미한다는 점에 집중해서, '포넨 메갈렌 호스 살핑고스'(φωνὴν μεγάλην ὡς σάλπιγγος)를 "나팔 같은 것의 큰 음성"으로 번역했다. 이 번역은 "나팔"의 소유격 의미와 "같은"(ὡς, 호스)이라는 단어의 의미를 동시에 살리기 위한 것이다. 한편 11a절의 '레구세스'(λεγούσης, 말하는)는 분사로

40　영어 역본들에서는 '엔 헤메라 퀴리우'(ἐν ἡμέρᾳ κυρίου)는 "the day of the Lord"로 번역하고 '엔 테 퀴리아케 헤메라'(ἐν τῇ κυριακῇ ἡμέρᾳ)는 "the Lord's day"로 번역한다.

서 문법적으로는 그것의 선행사가 바로 직전인 10b절의 "나팔"(σάλπιγγος, 살핑고스)이 될 수 있지만, 의미상으로 봤을 때는 "나팔 같은 것의 큰 음성"을 하나의 단위로 묶어서 "음성"이 말하는 것으로 번역하는 것이 더 자연스럽다.[41] 11b절, 11c절, 11d절은 그 음성이 말하는 내용을 소개한다.

10b절의 번역에서 염두에 두어야 할 것은, 10b절의 "나는 … 음성을 들었다"(ἤκουσα … φωνὴν, 에쿠사 … 포넨)와 11a절의 '레구세스'(λεγούσης, 말하는)를 연결해서 "…라고 말하는 음성을 들었다"라고 번역할 수 있으나 그렇게 하면 10b절 일부가 11절이 끝난 후에 번역되어 문장이 길어지기 때문에 구문 분석의 번역에서는 10b절에서 일단 문장을 끊었다는 것이다. 하지만 아래의 우리말 어순 번역에서는 10b절과 11a절의 연결이 반영된 순서로 번역했다.

그리고 11b절의 "네가 본 것을 책 … 쓰라"는 문구에서 "책"(βιβλίον, 비블리온) 앞에 붙은 전치사 '에이스'(εἰς)는 동사 "쓰라"와 조화되지 않는다. 70인역의 경우를 보면, 동사 "쓰다"와 명사 "책"의 조합에서 사용되는 전치사는 '엔'(ἐν)이라고 할 수 있다(삼상 10:25; 왕상 8:53; 11:41; 14:29; 16:5, 14, 20, 27, 28; 22:39, 46; 왕하 14:6; 대하 16:11; 35:12; 에 10:2; 렘 43:18). '에이스'를 사용한 경우는 한 번도 없다. 그럼에도 불구하고 이 본문에서 '엔'이 아니라 '에이스'라는 전치사를 사용한 이유는 무엇일까? 이에 대한 구체적 내용은 주해 과정에서 자세하게 논의할 것이다. 다만 이곳의 전치사 '에이스' 사용은 11d절에서 일곱 교회 앞에 사용된 전치사 '에이스'와 일치시키려는 의도라고 추정할 수 있다. 그렇다면 이 전치사를 번역함에 있어서 11b절과 11d절의 이러한 관계성을 고려하는 것이 필요하다. 그러나 11b절의 '에이스 비블리온'(εἰς βιβλίον)을 "책 속으로"라고 번역할 수 있지만, 11d절의 '에이스'를 그렇게 번역하면 어색하기 때문에 이 두 부분을 일치시켜 번역하는 것은 쉽지 않다. 따라서 전자의 경우만 "…속으로"라고 번역하고 후자는 경우는 "…로"라고 번역한다. 이 두 경우의 일치와 관련된 쟁점은 주해 과정에서 좀 더 자세하게 다루기로 하겠다.

11d절의 전치사 '에이스' 사용을 11c절과 비교해서 간단히 언급하자면, 11c절에서는 여격을 사용하여 "일곱 교회들에게"(ταῖς ἑπτὰ ἐκκλησίαις, 타이스 헵타 에클레시아이스)라고 한 것을 11d절에서는 일곱 교회 각각이 속한 지역 앞에 전치사 '에이스'(εἰς)를 사용함으로써 방향성을 좀 더 구체화한다. 앞서 말한 것처럼 이러한 특

---

41 마운스도 이러한 과정을 인지한다(Mounce, *The Book of Revelation*, 56n12).

징을 잘 반영하고 표현하기 위해 '에이스'를 "...속으로"로 번역하면 좋지만 우리말로는 약간 어색하여 "...로"라고 번역한다. 비록 11d절에는 일곱 지역 각각의 이름만 언급되어 있지만 그 지역명에는 그 지역에 있는 교회가 함축되어 있다.

이상의 내용을 근거로 우리말 어순에 맞추어 번역하면 다음과 같다.

10a	나는 주께 속한 날에 성령 안에 있었다.
10b	그리고 나는 내 뒤에서
11b	"네가 보는 것을 책 속으로 쓰라.
11c	그리고 일곱 교회에게
11d	곧 에베소와 서머나와 버가모와 두아디라와 사데와 빌라델비아와 라오디게아로
11c	보내라"
11a	라고 말하는
10b	나팔 같은 것의 큰 음성을 들었다.

본문 주해

[1:10a] 주께 속한 날에 성령 안에 있었다

성령 안에(ἐν πνεύματι, 10a절). "성령 안에"(ἐν πνεύματι, 엔 프뉴마티)란 문구는 요한계시록에서 총 4회 등장한다(1:10; 4:2; 17:3; 21:10).[42] 이 문구가 등장하는 네 본문은 모두 요한계시록의 구조에 있어서 중요한 전환점에 위치한다. 특별히 1장 10절은 서론의 시작을 표시한다.[43] 먼저 "성령 안에"란 정황은 에스겔 3장 12절이 보여주듯이 선지적 소명 의식을 반영한다.[44] 이것은 구약의 선지자들이 "하나님의 영의 통제 아래" 있는 것과 관련된다.[45] 여기에서 요한이 성령 안에 있다고 할 때 그것은 단순히 영적 열정을 갖는 정도를 의도하는 것이 아니라, 선지적 부르심의 정황에서 "하나님의 혁명적 메시지"를 이해하고 기록할 수 있도록 선지자 요한을 무장시키고 있는 것이라고 할 수 있다.[46]

(1) "성령 안에" 있는 상태와 "황홀한 중에" 있는 상태 비교
더 나아가서 이 문구는 "성령에 의한 환상가(visionary)의 '황홀경'(rapture) 경험에

42　Witherington, *Revelation*, 80.
43　Bauckham, *The Climax of Prophecy*, 3.
44　Blount, *Revelation*, 42.
45　Sweet, *Revelation*, 64.
46　Blount, *Revelation*, 42.

대한 전문 용어"로서 요한계시록의 "저자됨"(authorship)을 성령에게 귀속시킨다는 점에서 "신학적"이고, 요한이 실제적으로 성령 안에서 계시적 체험을 했으므로 "현상적"이라고 할 수 있다.[47] 사도행전 22장 17절에서 누가는 좀 더 생동감 있게 현상적으로 "황홀한 중에"(ἐν ἐκστάσει, 엔 에크스타세이) 있었다는 표현을 사용하기도 한다.[48] 여기서 "황홀한 중에" 있다는 것은 "자신의 정신 상태가 중단"되고 "자신의 외적 의식(outward consciousness)을 상실"하게 되는 상태를 의미한다.[49] 곧 자신의 일상적인 의식 세계로부터 벗어나게 된다는 것이다. 이것과 반대되는 상태는 사도행전 12장 11절의 "정신이 들어"(ἐν ἑαυτῷ, 엔 헤아우토)가 표현하는 상태라 할 수 있다.[50] 그러나 요한계시록 1장 10a절이 말하는 "성령 안에" 있는 상태는 이러한 황홀경과는 차이가 있다. 요한은 성령 안에 있지만 황홀경과는 다른 방식으로 활동한다.[51]

(2) "성령 안에" 있는 요한의 상태와 그것의 의미

"성령 안에" 있는 요한의 상태는 "황홀경"과는 다른 양상으로 나타난다. 요한은 "성령 안에 있을 때"에, 일상적인 의식 상태와는 단절이 되지만 동시에 자유로운 상태가 되는 매우 독특한 상태에 머물게 된다.[52] 좀 더 구체적으로 말하면 그는 듣기도 하고, 보기도 하며, 질문을 받으면 답변하고, 궁금한 것이 있으면 질문하기도 하며, 안타까움에 울기도 한다(계 5:4). 환상적 경험을 하는 동안 요한의 일상적인 의식 활동은 중단되지만, 그는 "자기 자신의 의식의 중심"은 상실하지 않고[53] "자유로운 행위 주체"로서[54] 성령에 의해 주도되는 환상들을 보고 음성을 듣는다. 이러한 상태는 실제로 경험되는 현장이라는 점에서 "현상적"이면서 동시에 환상의 내용이 문자적으로 이해되기를 의도하지 않았다는 점에서 "상징적

---

47 Bauckham, *The Climax of Prophecy*, 152. 이러한 점에서 요한이 "성령 안에 있다"는 것은 롬 8:9에서 하나님의 영이 성도 안에 내주하는 것과는 결이 다르다고 볼 수 있다. 그럼에도 불구하고 스몰리는 롬 8:9와의 평행 관계를 제시하는데(Smalley, *The Revelation to John*, 51), 이러한 입장은 적절하지 않다.

48 Charles, *A Critical and Exegetical Commentary on the Revelation of St. John*, 1:22.

49 Bauckham, *The Climax of Prophecy*, 152. 이런 상태는 "발람을 자기 정신(ἐν ἑαυτῷ, 엔 헤아우토)이 아니고 신적인 영에 압도되어(τῷ θείῳ πνεύματι νενικημένος, 토 데이오 프뉴마티 네니케메노스) 예언하는 것으로 묘사"하는 요세푸스의 기록(*Ant.* 4.118)과 케나즈에게 거룩한 영이 임하자 그가 "자신의 육적 감각을 상실하고(*extulit sensum eius*) 예언하기 시작했다"고 말하는 위-필론(Pseudo-Philo)의 기록(LAB 28:6)에 잘 나타난다(앞의 책).

50 Smalley, *The Revelation to John*, 51.

51 Bauckham, *The Climax of Prophecy*, 152.

52 앞의 책.

53 L. L. Thompson, *Revelation*, ANTC (Nashiville, TN: Abingdon, 1998), 56.

54 Bauckham, *The Climax of Prophecy*, 152.

인" 것으로 이해되어야 한다.[55] 다시 말해서 요한의 환상은 그 자체가 경험적이지만 그것은 요한이 경험한 환상을 사실적이고 문자적으로 전달하려는 것이 아니라 하나님의 뜻과 계획을 담은 신학적 의미를 전달하려는 목적을 갖는다는 것이다. 곧 이어지는 구절들에 대한 설명에서 이러한 사실이 분명하게 드러난다. 그러므로 성령 안에서 주어지는 요한의 여러가지 환상이 "현재적이고 미래적이며, 천상적이고 지상적인 사건들을 상징적으로 담아내고 있다"는 것을 기억하는 것이 중요하다.[56]

이와 같은 "성령 안에"란 문구는 1장 10a절 외에도 4장 2절, 17장 3절, 21장 10절에서 동일하게 표현되는데, 1장 10a절에서 이 문구가 정확하게 어떤 의미를 갖는지를 파악하기 위해 나머지 세 본문의 표현에 대해서도 살펴볼 필요가 있다.

a. 요한계시록 4장 2절

1장 10a절의 "나는 성령 안에 있었다"(ἐγενόμην ἐν πνεύματι, 에게노멘 엔 프뉴마티)와 정확하게 동일한 표현이 본론 부분의 시작을 알리는 4장 2절에서도 사용된다.[57] 이 두 구절의 내용은 서로 공통점이 있지만 다소 다른 정황을 나타내고 있다. 곧 1장 10절에서 요한은 "성령 안에 있었다"라고 했지만 4장 2절의 정황으로 볼 때 요한은 단순히 성령 안에 있는 것이 아니라 성령 안에서 "하늘로 올려간 것"이다.[58] 왜냐하면 이어지는 내용에서 하늘의 정황이 전개되고 있기 때문이다. 이러한 과정은 일종의 하늘 여행으로서 여기에서 성령은 "환상 경험의 주체"로서의 역할을 수행한다.[59] 곧 하늘 여행은 성령 안에서 진행된다. 이런 환상 경험을 가져오는 하나님의 영의 역할에 대해서는 구약의 선례들이 존재한다 (민 24:2[참고, 24:4, 16-17]; 겔 3:12, 14; 8:3; 11:1, 24; 37:1; 43:5[참고, 왕상 18:12; 왕하 2:16]).[60] 또한 유대 묵시문헌 저술가들은 하나님의 영에게 "환상적 이동"을 일으키거나(참고, 바룩2서 6:3; 엘리야의 묵시록) 좀 더 구체적으로 "하늘로의 옮겨짐"을 추동하는(에녹1서 70:2) 행위 주체로서의 역할을 부여하곤 한다.[61] 하나님의 영의 이러한 역할이 바로 요한계

---

55 앞의 책, 153.
56 앞의 책.
57 요한계시록의 구조와 관련해서는 이필찬, 『요한계시록 어떻게 읽을 것인가』, 27-38쪽을 참고하라.
58 Bauckham, *The Climax of Prophecy*, 153-154. 이러한 점에서 4:2는 "나는 성령에 의해 이끌려 올려 갔다"(I was caught up by the Spirit: NEB)라고 번역하는 것이 가장 적절하다(앞의 책, 154).
59 앞의 책.
60 앞의 책.
61 앞의 책.

시록 4장 2절에서 요한을 하늘로 이동케 하는 성령의 역할과 평행을 이룬다.[62] 요한계시록이 구약 및 유대 문헌과 광범위하게 교류한다는 점을 고려할 때 이러한 배경적 문헌들을 살펴보는 것은 당연하다.[63]

b. 요한계시록 17장 3절과 21장 10절

이 외에도 "성령 안에"란 동일한 문구가 17장 3절과 21장 10절에 등장한다. 이 두 본문은 각각 결론 부분을 장식하는 바벨론 심판과 새예루살렘의 영광을 대조적으로 언급해 주는 내용의 시작 부분에 위치한다.[64] 이 두 본문의 정황에서는 "성령 안에"란 문구가 4장 2절의 경우보다 좀 더 "수단적인" 용법을 취한다. 특별히 이와 유사한 구약 본문으로는 에스겔 37장 1절이 있다: "그의 영으로 **나를 데리고** 가서 골짜기 가운데 두셨는데"(이 외에도 3:12, 14; 8:3; 11:1, 24; 43:5를 보라).[65] 이 에스겔 본문에서는 요한계시록 17장 3절 및 21장 10절의 경우처럼 "그의 영"이 "나를 데리고"라는 표현을 사용함으로써 "수단적인" 의미가 강조된다.[66] 흥미로운 점은 요한계시록 21장 10절의 배경이 되는 에스겔 40장 2절에서 사용되는 "하나님의 이상 중에"라는 문구가 요한계시록 21장 10절에서는 "성령으로"라는 문구로 대체된다는 점이다. 이것은 요한계시록이 성령에 의한 "환상적 이동"을 통상적인 용어로 표현한 것이라 볼 수 있다.[67] 이 부분에 대한 좀 더 자세한 내용은 차후에 21장 10절 본문에 대한 주해에서 다루도록 하겠다.

(3) 정리

결론적으로 요한계시록의 경우처럼 "성령 안에서" 주어지는 선지적 환상의 계시는 요엘 2장 28절에 약속된 것의 종말적 성취로서 "성령의 분출"(the outpouring of the Spirit)이 폭발적으로 나타나는 결과이며, "종말적 성취의 시대"에 존재하는 교회 공동체의 삶의 특징이라고 볼 수 있다.[68] 즉, 요한계시록에서 네 번에 걸쳐 언급되는 "성령 안에서" 발생하는 계시 활동 자체가 종말적 특징을 갖는다.

---

62 앞의 책.
63 앞의 책.
64 이러한 구조의 주제에 대해서는 이필찬, 『요한계시록 어떻게 읽을 것인가』, 27-38을 참고하라.
65 Bauckham, *The Climax of Prophecy*, 157.
66 앞의 책.
67 앞의 책.
68 앞의 책, 159.

주께 속한 날에(ἐν κυριακῇ ἡμέρᾳ, 10a절). 개역개정에 "주의 날"로 번역된 '테 퀴리아케 헤메라'(τῇ κυριακῇ ἡμέρᾳ)라는 문구에서 "주의"에 해당하는 형용사 '퀴리아케'(κυριακῇ>κυριακός, 퀴리아코스)는 "주님께 속한"이라는 의미도 갖는다.[69] 그러므로 이 문구는 "주님께 속한 날"이라고 번역할 수도 있다. 그렇다면 이날은 어떤 종류의 날을 가리키는 것일까? 이에 대해서는 세 가지 견해가 있을 수 있다.

첫째, 구약에서 언급된 종말적인 "주의 날"(the day of the Lord; 개역개정 "여호와의 날")을 가리킨다는 견해다.[70] 이 주장에 따르면, 70인역에는 요한계시록 1장 10절에서 사용되는 "주의"(κυριακός, 퀴리아코스)라는 형용사가 존재하지 않기 때문에 명사 "주"(κύριος, 퀴리오스)의 소유격인 '[투] 퀴리우'([τοῦ] κυρίου, 주의)가 사용되고, 따라서 1장 10절의 '퀴리아케 헤메라'(κυριακῇ ἡμέρᾳ, 주의 날)는 구약의 '헤메라 [투] 퀴리우'(ἡμέρα [τοῦ] κυρίου)에 상응하는 용어로서 종말적인 "주의 날"(the day of the Lord)을 지칭한다고 한다.[71] 이러한 주장의 가장 결정적인 문제점은 요한계시록에서 이 문구가 놓여 있는 문맥(계 1:12-20)이 종말적 주제를 전혀 다루고 있지 않다는 점이다.[72] 더 나아가 70인역이나 신약 그리고 초기 교부들의 글에서는 이러한 의미의 "주의 날"을 가리킬 때 요한계시록 1장 10절의 형용사 '퀴리아코스'(κυριακός) 대신 명사 '퀴리오스'(κύριος, 주)의 소유격인 '퀴리우'(κυρίου, 주의)를 사용한다.[73] 따라서 "주께 속한 날"(κυριακῇ ἡμέρᾳ, 퀴리아케 헤메라)과 "주님의 날"(ἡμέρα [τοῦ] κυρίου, 헤메라 [투] 퀴리우)은 서로 동의어가 아니며 사용되는 용법도 서로 다르다.[74]

둘째, "부활절 일요일"(Easter Sunday)을 가리킨다는 견해다.[75] 이 견해에 따르면, 부활절 주일이 매년 정기적으로 지켜져 왔다고 한다.[76] 그러나 이에 대한 확실한 증거가 부족하며, 가장 중요한 문제는 요한 당시에 '퀴리아코스'(κυριακός)라는 단어가 부활절 주일을 의미하는 것으로 사용된 바가 없다는 점이다.[77] 부활

---

69 BDAG, 576.
70 J. Walvoord, *The Revelation of Jesus Christ* (Chicago, IL: Moody Press, 1966), 42. 월부어드(Walvoord)는 불링어의 입장(E. W. Bullinger, *The Apocalypse* [London: Eyre & Spottiswoode, 1902], 9-15)을 인용하여 이러한 내용을 주장한다.
71 Walvoord, *The Revelation of Jesus Christ*, 42.
72 Osborne, *Revelation*, 83.
73 Beale, *The Book of Revelation*, 203; Osborne, *Revelation*, 83.
74 Aune, *Revelation 1-5*, 83.
75 M. H. Shepherd, *The Paschal Liturgy and the Apocalypse* (Richmond, VA: John Knox, 1960); K. A. Strand "Another Look at 'Lord's Day' in the Early Church and in Rev. i.10," *NTS* 13(1966-67): 174–181. (이 출처들과 내용들은 Osborne, *Revelation*, 83에서 재인용한 것이다.)
76 Aune, *Revelation 1-5*, 84.
77 앞의 책.

절 주일 개념은 요한 당시 소아시아 지역에 존재하지 않았으며, 2세기 초부터 기념되기 시작했음을 알아야 한다.[78]

셋째, "초대 교회가 부활 사건에 근거해서 예배의 날로 채택한 일요일"을 가리킨다는 견해다.[79] 초대 교회 성도들에게 매주의 첫날은 예수님이 부활하신 날로서 특별한 의미를 부여하지 않을 수 없는 날이었을 것이다(고전 16:2; 행 20:7).[80] 이러한 이유로 예수님이 부활하신 일주일의 첫날 곧 일요일을 "주의 날"로 정한 것이라 할 수 있고,[81] 주의 날에 드려지는 예배 모임에서 이러한 부활이 중심 주제가 되는 것은 당연하다. 이처럼 부활의 특별한 의미에 대한 인식은 이 날을 "주님께 봉헌한 날"로 간주하게 만든다.[82] 여기에서 "주께 속한 날"(κυριακῇ ἡμέρα, 퀴리아케 헤메라; the Lord's day)은 "일요일 예배에 대한 전문 용어"로 시작하여 2세기에는 보편적인 용어가 되었다.[83] 특별히 이 용어는 안식일을 지키는 유대화된 그리스도인들을 의식하여 '사바티존테스'(σαββατίζοντες)라는 단어와 대조적으로 사용되기도 한다(Ign. Magn. 9:1).[84] 또한 이날은 바나바 서신 15장 9절에서 "여덟 번째 날"로 표현되며, 베드로 행전 29장과 바울 행전 7장에서 '퀴리아코스'(κυριακός) 용어는 분명하게 "일요일"을 지칭한다.[85] 한편 이 문구가 '헤 세바스테 [헤메라]'(ἡ Σεβαστή [ἡμέρα], 황제의 날)에 대응되는 문구로서[86] "황제의 축제에 대한 저항"의 목적으로 사용되었다는 주장도 있다.[87] 이상의 근거들로 봤을 때, 세 번째 주장이 '퀴리아케 헤메라'(κυριακῇ ἡμέρα)에 대한 가장 유력한 견해로 받아들여질 수 있다.

[1:10b] 나팔 같은 것의 큰 음성

누구의 음성인가. 요한계시록에서는 요한이 말씀을 들을 때 들리는 다양한 소리의 장엄함을 표현하기 위해 세 종류의 은유적 표현(나팔 소리, 천둥 소리, 물 소리)을 사

---

78 Osborne, *Revelation*, 83; Aune, *Revelation 1-5*, 84.

79 Osborne, *Revelation*, 83.

80 Aune, *Revelation 1-5*, 84.

81 Mounce, *The Book of Revelation*, 56.

82 Charles, *A Critical and Exegetical Commentary on the Revelation of St. John*, 1:23.

83 Osborne, *Revelation*, 84.

84 Aune, *Revelation 1-5*, 84.

85 앞의 책.

86 앞의 책. 이와 비슷하게 톰프슨은 이 표현이 "황제와 관련된 아우구스투스의 날과 유사하게 초기 기독교에서 기독교의 주님을 칭하는 것으로서 발전되었을 것"이라고 한다(Thompson, *Revelation*, 56).

87 Ford, *Revelation*, 382.

용하고,[88] 나팔 소리가 그 중 하나다. 나팔 소리가 처음 등장하는 곳은 출애굽기 19장인데, 특별히 16절에서 나팔 소리는 하나님의 "현현"을 보여준다.[89] 요한계시록에서 큰 소리로 말하는 주체는 대부분 천사이지만(5:2, 12; 7:2; 10:3; 14:15, 18; 19:17),[90] 1장 10b절에서 이 큰 음성을 발하는 분은 승귀하신 예수 그리스도이시다.[91] 하나님이나 그리스도의 음성인 경우에는 특별히 명시되지 않지만 천사의 음성인 경우에는 "천사"가 말한다는 것을 분명하게 명시한다. 여기에서 요한이 하늘로부터 예수님의 음성을 들었다는 것은 선지자로서의 부르심의 확증으로서 그 권위를 인증받았다는 것을 의미하는데,[92] 왜냐하면 구약에서 이러한 소리는 하나님이 등장하시는 현장을 나타내기 때문이다. 이러한 사실은 아래의 구약 배경에 대한 고찰에서 확인할 수 있다. 특별히 요한계시록의 서론 부분이며 요한이 자신을 소개하는 이 문맥에서 이러한 정황을 보여주는 것은 자신이 기록하여 전달하고자 하는 메시지의 신적 권위를 담보하고자 하는 의도를 갖는다.

"… 같은"(ὡς). 만일 "나팔 같은 것의 큰 음성"(φωνὴν μεγάλην ὡς σάλπιγγος, 포넨 메갈렌 호스 살핑고스)이라는 문구에 "… 같은"(ὡς, 호스)이란 단어가 없다면 "나팔의 큰 음성"으로 번역할 수 있었을 것이다.[93] 그러나 "… 같은"을 의미하는 불변화사 '호스'(ὡς)가 있기 때문에 이 소리는 나팔 소리 자체는 아니지만 그 소리에 비유될 수 있는 성격의 소리란 의미를 갖게 된다. 달리 말하면, 나팔 소리 같지만 지상에서는 경험할 수 없는 그런 소리를 나타낸다고 할 수 있다.[94] 이 단어는 '호모이오스'(ὅμοιος, … 같은; 4:3)와 함께 요한계시록의 환상적 경험의 맥락에서 자주 사용된다(참고, 4:1, 6; 5:6; 6:1, 12; 12:15; 16:3 등).

"나팔"의 구약 배경. 오스번은 요한계시록의 "나팔" 사용과 관련해서 다음의 세 가지 구약 배경을 제시한다:[95] (1) "전쟁을 알리는 표시"(민 31:6; 수 6:5, 20; 삿 3:27;

---

88 Aune, *Revelation 1-5*, 85.
89 Blount, *Revelation*, 43.
90 Osborne, *Revelation*, 84.
91 Blount, *Revelation*, 43; Beasley-Murray, *The Book of Revelation*, 65; Wall, *Revelation*, 62.
92 Beale, *The Book of Revelation*, 203.
93 5:11에서는 이 단어 없이 '포넨 앙겔론 폴론'(φωνὴν ἀγγέλων πολλῶν)으로 사용된다(Charles, *A Critical and Exegetical Commentary on the Revelation of St. John*, 1:36).
94 앞의 책, 1:35. '호스'의 여러 용례에 대해서는 앞의 책, 1:35 이하를 참고하라.
95 Osborne, *Revelation*, 84.

6:34; 겔 7:14), (2) 왕의 출현을 미리 알리는 표시(삼하 15:10; 왕상 1:34-35), (3) "축제 중에 드려지는 제의적 경배"(삼하 6:15; 느 12:35-36)나 희생 제사(대하 29:27-28) 중에 제의적 예배 형태(참고, 사 27:13; 욜 2:15; 시 81:3). 이 외에도 시간적으로 좀 더 거슬러 올라가면 "나팔"과 관련된 사건이 있는데 그것은 바로 시내 산에서 하나님이 모세에게 하나님의 말씀을 허락하기 위해 나타나셨을 때다(출 19:16, 19-20; 20:18).[96]

> 셋째 날 아침에 우레와 번개와 빽빽한 구름이 산 위에 있고 나팔 소리가 매우 크게 들리니 진중에 있는 모든 백성이 다 떨더라(출 19:16)
>
> 나팔 소리가 점점 커질 때에 모세가 말한즉 하나님이 음성으로 대답하시더라 여호와께서 시내 산 곧 그 산 꼭대기에 강림하시고 모세를 그리로 부르시니 모세가 올라가매(출 19:19-20)
>
> 뭇 백성이 우레와 번개와 나팔 소리와 산의 연기를 본지라 그들이 볼 때에 떨며 멀리 서서(출 20:18)

이 본문들에서 나팔 소리와 관련하여 공통적으로 흐르는 주제가 하나님의 임재라는 것을 확인할 수 있다.

이러한 현상이 요한에게 일어난 현상과 평행 관계를 갖는다면, 11절에서 하나님의 말씀이 요한을 통해 일곱 교회 성도들에게 주어지는 것은, 요한계시록의 말씀이 주어지는 정황을 시내 산에서 하나님의 말씀이 이스라엘 백성에게 전달되는 정황과 일치시킴으로써 그 패턴을 유지하려는 의도가 있는 것이다. 즉, 시내 산에서 하나님이 이스라엘에게 말씀하신 것처럼 지금 소아시아에서 예수님은 일곱 교회 성도들에게 말씀하신다. 시내 산의 하나님을 예수님으로 치환함으로써 예수님이 하나님과 동등된 분임을 나타내려는 의도를 보여준다. 즉, 하나님-시내 산-모세-이스라엘의 패턴이 예수님-아시아-요한-일곱 교회 공동체의 패턴으로 나타난다.

다른 신약 성경에서의 나팔 소리. 그리고 "나팔"이라는 은유적 표현은 신약에서 "주의 날의 징조"(마 24:31, "그가 큰 나팔 소리와 함께 천사들을 보내리니 그들이 그의 택하신 자들을 하늘 이 끝에서 저 끝까지 사방에서 모으리라"; 살전 4:16, "주께서 호령과 천사장의 소리와 하나님의 나팔 소리로 친히 하늘로부터 강림하시리니 그리스도 안에서 죽은 자들이 먼저 일어나고"; 고전 15:52) 또는 "하나님의 신적 현현"(히 12:19)을 가리키는 것으로 사용된다.[97] 이 두 가지 경우가

---

96 Beale, *The Book of Revelation*, 203; Blount, *Revelation*, 43.
97 Osborne, *Revelation*, 84.

모두 이 요한계시록의 본문에 나타나고 있다. 예수님은 왕으로서 그리고 신적 현현으로서 나팔 같은 소리로 말씀하신다.

[1:11b] 네가 보는 것을 책 속으로 쓰라

구약 배경. 1장 11b절의 구약 배경은 출애굽기와 선지서 둘로 나누어 생각해 볼 수 있다. 먼저 11b절의 문구는 출애굽기 17장 14절과 평행 관계를 갖는다. 이러한 사실을 다음의 도표를 통해 확인할 수 있다.[98]

요한계시록 1:11b	출애굽기 17:14 (사역)
네가 보는 것을 책 속으로 쓰라	기념을 위해 이것을 책에 쓰라
ὃ βλέπεις γράψον εἰς βιβλίον	Κατάγραψον τοῦτο εἰς μνημόσυνον ἐν βιβλίῳ

두 본문은 공통적으로 "책"과 명령형 동사 "쓰라"의 조합을 보여준다. 출애굽기 17장 14절에서는 책을 써서 보여주어야 할 대상이 여호수아와 이스라엘 백성인 반면, 요한계시록 1장 11b절에서는 소아시아에 있는 일곱 교회의 성도들이다.

또한 이렇게 말씀을 책 속으로 써서 청중들에게 전달하는 방식은 이사야 30장 8절, 예레미야 30장 2절(70인역 37:2), 하박국 2장 2절 같은 선지서를 통해 나타나기도 한다.[99]

> 이제 가서 백성 앞에서 서판에(ἐπὶ πυξίου) 기록하며(γράψον) 책에(εἰς βιβλίον) 써서(γράψον) 후세에 영원히 있게 하라(사 30:8)

> 이스라엘의 하나님 여호와께서 이와 같이 말씀하여 이르시기를 내가 네게 일러 준 모든 말을 책에(ἐπὶ βιβλίου) 기록하라(Γράψον)(렘 30:2; 70인역 37:2)

> 여호와께서 내게 대답하여 가라사대 너는 이 묵시를 기록하여(γράψον) 판에(ἐπὶ πυξίου) 명백히 새기되(γράψον) 달려 가면서도 읽을 수 있게 하라(합 2:2)

이 세 본문의 공통점은 하나님의 말씀을 책에 기록하라는 명령을 포함한다는 것이다. 이것은 명백하게 요한계시록 1장 11b절의 "책 속으로 쓰라"(γράψον εἰς βιβλίον, 그랍손 에이스 비블리온)라는 문구와 평행된다. 다만 구약 배경에서는 전치사 '에이스'보다는 '에피'(ἐπί, …위에)가 "쓰다"라는 동사와 함께 더 빈번하게 사용된다.

---

98 Beale, *The Book of Revelation*, 203.
99 앞의 책, 204.

이러한 평행 관계에 의해서 요한계시록의 기록은 구약의 선지적 메시지의 성격을 계승하고 있으며, 따라서 요한계시록의 메시지가 선지적 권위를 공유하고 있음을 알 수 있다.[100] 이러한 기록 행위는 선지적 활동으로서 하나님의 말씀이 향하는 청중들과의 의사소통을 목적으로 한다.[101] 위의 본문 중에서 특별히 이사야 30장 8절은 후세에 영원히 "증거"로 남겨 두기 위해 기록하라고 하는데, 이와 마찬가지로 출애굽기 34장 27-28절에서 십계명을 기록하라고 하는 것과 신명기 31장 19절 및 21절에서 노래(신 32:1-43)를 기록하라고 하는 것은 그것을 "증거"로 삼기 위함이다.[102] 이것을 요한계시록에 적용하면 요한계시록은 증거를 위하여 기록하도록 요구하는 것이라 할 수 있다.

정리하면, 계시의 말씀을 쓰는 행위는 예언의 행위로서 선지적 활동으로 부르시는 한 과정이라고 할 수 있으며, 더 나아가 기록의 목적은 그것을 증거로 남기기 위함이다.

네가 보는 것(ὃ βλέπεις). 여기서 "네가 보는 것"(ὃ βλέπεις, 호 블레페이스)이란 표현은 1장 2절의 "네가 본 것"이란 문구에 이어 다시 한 번 요한계시록의 메시지가 시각적으로 보여지는 환상적 계시를 통해 주어지고 있음을 나타낸다. 물론 여기에는 귀로 들은 말씀도 포함된다.[103] 또한 "네가 보는 것"은 2절의 "하나님의 말씀과 예수 그리스도의 증거 곧 자기의 본 것"과 동일한 의미를 갖는다. 다만 11b절에서는 "보다"(βλέπω, 블레포)가 현재형으로 사용되어 현장성을 강조하는 반면, 2절에서는 "보다"(ὁράω, 호라오)의 부정과거형이 서신적 과거 용법으로 사용되어 차이를 보인다. 그러나 11절에서는 2절보다 더 발전하여 좀 더 구체적으로 요한이 본 환상적 계시를 책 속으로 기록하여(11b절) 일곱 교회에게 보내라는 명령이 주어진다(11c절).

책 속으로 쓰라(γράψον εἰς βιβλίον). 11b절의 주동사인 명령형 "쓰라"(γράψον, 그랍손)는 요한계시록에서 총 12회 사용되는데, 이곳에 처음으로 등장한다.[104] 7회는 2-3장에서 나타나고, 나머지 5회는 1장 11절, 19절, 14장 14절, 19장 9절, 21장 5절

100 앞의 책.
101 앞의 책.
102 Aune, *Revelation*, 85-86.
103 Sweet, *Revelation*, 68.
104 Aune, *Revelation*, 85.

에서 사용되는데, 이 다섯 번 모두 요한계시록 전체를 기록하라는 의미로 간주된다.[105] 따라서 앞서 살펴본 "네가 보는 것"(ὃ βλέπεις, 호 블레페이스)은 요한이 보는 모든 환상으로서 요한계시록의 전체 내용을 가리킨다고 봐야 한다.[106] 이에 대한 또 다른 근거는 11b절에서 주어지는 음성이 요한이 보는 내용을 요한계시록 전체를 가리키는 "책 속으로"(εἰς βιβλίον, 에이스 비블리온) 쓰라고 명한다는 점이다.

[1:11cd] 일곱 교회에게 보내라

일곱 교회에게 보내라(πέμψον ταῖς ἑπτὰ ἐκκλησίαις, 11c절). 11c절의 "일곱 교회에게 보내라"(πέμψον ταῖς ἑπτὰ ἐκκλησίαις, 펨프손 타이스 헤프타 에클레시아이스)라는 명령은 11b절의 "네가 보는 것을 책 속으로 쓰라"라는 명령에 이어 나온다. 즉, 쓰는 행위가 보내는 행위에 선행한다. 이 두 행위는 동일하게 선지적 행위로 볼 수 있다. 그런데 11c절에서 "보내다"라는 동사의 목적어가 불분명하다. 문맥상 11b절에서 요한이 본 것을 기록한 책을 11c절의 "보내다"의 목적어로 보는 것이 타당하다. 그리고 1장 4절에서 "일곱 교회에 (편지한다)"라고 한 것을 11c절에서는 "일곱 교회에게 보내라"로 표현함으로써 좀 더 구체적인 행동을 보여준다. 편지의 존재목적은 써서 보내는 행위에 의해 달성되기 시작되고 수신자들이 읽게 되는 것에서 완성된다. 특별히 "써서 ... 보내라"는 것은 구약의 "가서 말하라"라는 선지적명령 형식과 유사하다(사 6:1-13; 렘 1:1-10; 겔 1:1-3:27; 암 7:14-17).[107] 선지적 말씀 형식과의 이러한 유사성은 요한계시록이 구약의 선지적 말씀을 계승함은 물론 그것의 절정으로 주어지고 있음을 보여준다.

에베소로 그리고 서머나로 그리고 버가모로 그리고 두아디라로 그리고 사데로 그리고 빌라델비아로 그리고 라오디게아로(11d절). 이곳에서는 처음으로 일곱 교회의 구체적인 이름을 열거한다. 11c절에서는 "일곱 교회에게"(ταῖς ἑπτὰ ἐκκλησίαις, 타이스 헤프타 에클레시아이스)라는 여격을 사용하여 일곱 교회를 포괄적으로 언급한 반면, 11d절에서는 "교회"(ἐκκλησία, 에클레시아)라는 단어 없이 일곱 교회가 위치한 지역을 전치사 '에이스'(εἰς)와 함께 구체적으로 열거한다. 이것은 표면적으로는 지역을 나타내는 것처럼 보이지만 실제적으로는 그 지역에 있는 교회를 가리키는

---

105 앞의 책.
106 Harrington, *Revelation*, 50.
107 Aune, *Revelation*, 87.

것이다. 이와 관련된 쟁점은 앞선 구문 분석 및 번역에서 언급한 바 있다. 다만 여기에서 또 한 가지 덧붙이고 싶은 것은, 11cd절이 보내라고 요청하는 범위가, 편지로 오해되는[108] 2-3장에 담긴 일곱 교회에게 주어지는 메시지에 국한되지 않고 요한계시록 전체를 포함한다는 점이다.[109]

11d절의 "에베소 교회로 ..."(εἰς Ἔφεσον ..., 에이스 에페손 ...)는 11b절의 "책 속으로"(εἰς βιβλίον, 에이스 비블리온)와 동일한 패턴을 유지한다. 이 두 표현에서 공통적으로 부각되는 것은 전치사 '에이스(εἰς)의 사용이다. 이러한 패턴의 일치는 의도적인 것으로 여겨진다. 요한이 본 것은 책 속으로 스며들어 가고, 그가 기록한 책은 동일한 패턴으로 에베소를 필두로 하는 일곱 교회 속으로 스며든다. 요한이 본 환상의 메시지가 책 속으로 스며들어 생명을 불러일으키듯이, 기록된 말씀의 책은 에베소, 서머나, 버가모, 두아디라, 사데, 빌라델비아, 라오디게아 속으로 스며들어 생명을 불러일으키도록 의도된다. 이것은 창세기 2장 7절에서 흙으로 만든 아담 속에 하나님이 생명을 불어넣으셔서 그가 살아 있는 존재로 살아나게 된 정황을 연상케 한다. 또한 "증거"의 차원에서 말하면, 마치 요한이 본 것이 책 속으로 기록되어 남겨져야 하듯이, 그 기록된 책은 에베소를 포함한 일곱 지역으로 보내져서 증거로 남겨져야 할 것이다. 즉, 책과 소아시아의 일곱 지역은 요한에게 주어진 환상의 계시가 증거로 남겨져야 한다는 공통점을 갖는다.

한편, 이곳의 "일곱 교회"가 갖는 의미는 중요한 논쟁 대상이 되어 왔다. 일각에서는 이 일곱 교회가 열거된 순서가 교회 시대의 일곱 단계를 상징적으로 보여준다고 주장하기도 한다.[110] 그러나 구문론적으로나 문맥적으로는 물론 교회 역사적으로도 일곱 교회가 이러한 의미를 내포한다는 그 어떤 암시도 발견되지 않는다.[111] 예를 들면, 첫 번째로 언급된 에베소 교회가 그들의 주장처럼 초대 교회의 형태를 취하고 있다는 그 어떤 암시도 본문에서 찾아볼 수 없다. 반면에

---

108 여기에서 편지로 오해된다는 표현은 2-3장이 편지가 아니라는 것을 의미한다.

109 Aune, *Revelation*, 87.

110 이 견해를 주장하는 자들은 일곱 교회를 중심으로 다음과 같이 역사를 일곱 등분한다: (1) 에베소 교회: AD 33-100년(사도적 교회 시대), (2) 서머나 교회: AD 100-312년(대박해의 시대), (3) 버가모 교회: AD 312-590년(교회와 국가의 병합 시대), (4) 두아디라 교회: AD 590-1517년(중세 시대), (5) 사데 교회: AD 1517-1750년(종교개혁 시대), (6) 빌라델비아 교회: AD 1750-1925년(교회의 대선교 시대), (7) 라오디게아 교회: AD. 1900년-환난의 때(라오디게아적인 미적지근함)(H. Lindsey, *There's a New World Coming* [New York, NY: Bantam Books, 1975], 38-73). 이와 같은 린지(Lindsey)의 주장에 대한 비판은 이필찬, "요한계시록에서 '하늘'의 개념과 그 기능: 4:1-8을 중심으로," 「성경과 신학」 50권 (2009년): 125-126을 보라.

111 Beale, *The Book of Revelation*, 204.

에베소 교회의 내용은 오늘날의 교회에도 적절하게 적용될 수 있으므로 일곱 교회는 교회 역사를 나타내는 상징성을 갖지 않는다. 다만 "일곱"이란 숫자가 실제성과 상징성을 동시에 가질 뿐이다(1:4에 대한 본문 주해를 참고하라).

그렇다면 요한은 왜 이곳에 언급된 일곱 지역의 교회를 선택했을까? 이 질문에 답하기 앞서 "일곱"이란 숫자가 우주적 의미의 상징성을 갖는다는 사실을 인식할 필요가 있다.[112] 이처럼 "일곱"이 우주적 의미를 상징한다는 점에서 요한계시록은 모든 시대의 모든 교회에 유효 적절하다고 할 수 있다.[113] 그러나 이것만으로는 앞선 질문에 대한 충분한 답이 될 수 없다. 이에 덧붙일 수 있는 답변이 세 가지 있다. 첫째, 이 일곱 교회가 선택된 이유는 그 교회들이 있었던 도시들의 위치가 소아시아에서 통신의 중심지로 여겨졌기 때문이다.[114] 이 일곱 도시는 당시에 일곱 개의 우편 지구였으며 이 본문에 제시된 순서는 서신이 전달되는 순서다.[115] 즉, 에베소 교회를 시작으로 2-3장에서 열거되는 일곱 교회는 서신을 전달받는 순서대로 언급되었다.[116] 둘째, 요한계시록의 중요한 쟁점 가운데 하나가 황제 숭배이므로, 이 본문의 일곱 도시가 황제 숭배 의식의 중심지라는 점도 이곳의 일곱 교회를 택한 이유가 될 수 있다.[117] 실제로 아시아는 당시에 로마 제국에 대한 충성도가 가장 높았던 곳으로서 아우구스투스(Augustus)를 그들의 생명의 구원자로 간주하여 그를 신격화하고 전심을 다해 숭배하고자 했다.[118] 일곱 도시 모두가 황제 숭배를 위한 제사장들과 제단들을 갖추고 있었다.[119] 셋째, 이 일곱 교회가 선택된 이유는 그 교회들이 그 지역의 다른 교회들이 가지고 있는 문제들을 대표적으로 가지고 있었기 때문이다.[120] 실제로 2-3장의 일곱 교회의 정황들을 살펴보면 그 교회들에게 주어진 말씀들이 긍정적이든 부정적이든 모든 교회들에게도 똑같이 적용될 수 있는 내용임을 확인할 수 있다.

---

112 Colin. J. Hemer, *The Letters to the Seven Churches of Asia in Their Local Setting* (Grand Rapids, MI: Eerdmans, 2001), 14; Beale, *The Book of Revelation*, 204.
113 앞의 책.
114 Osborne, *Revelation*, 85; Hemer, *The Letters to the Seven Churches of Asia*, 15.
115 Thomas, *Revelation 1-7*, 93.
116 Hemer, *The Letters to the Seven Churches of Asia*, 15.
117 오즈번(Osborne, *Revelation*, 85)은 이것을 주장하기 위해 드실바(DeSilva)의 견해를 사용한다(David A. DeSilva, "The 'Image of the Beast' and the Christians in Asia Minor : Escalation of Sectarian Tension in Revelation 13," *TJ* 12.2 [1991]: 193).
118 W. M. Ramsay, *The Letters to the Seven Churches of Asia and Their Place in the Plan of the Apocalypse* (London: Hodder & Stoughton, 1904), 115.
119 이러한 사실에 대한 좀 더 구체적인 내용은 2-3장에 대한 본문 주해의 일곱 도시에 대한 소개에 잘 나타나 있다.
120 Osborne, *Revelation*, 85.

II. 승귀하신 예수님에 대한 환상과 말씀(1:12-20)

9-11절에서 요한이 그가 보았던 것들을 책 속으로 써서 일곱 교회에게 보내라는 선지적 부르심을 받은 후에 12-20절에서는 그를 부르신 분이 어떤 분이신지를 밝히고 있다. 그러므로 9-11절과 12-20절은 매우 밀접한 관계를 갖는다. 12-20절은 구약과 유대 묵시문헌에 나타난 다음과 같은 환상의 전형적 패턴을 보여준다. (1) 환상의 체험(12-16절), (2) 환상 체험자의 반응(17a절), (3) 환상에 대한 해석(17b-20절). [121]

1. 승귀하신 예수님에 대한 환상(1:12-16)

이곳에서 요한은 촛대 사이에 계시는 "인자 같은 이"를 보게 된다(13절). 그렇다면 10절에서 요한이 들었던 "나팔 소리 같은 큰 음성"은 바로 "인자 같은 이"의 음성이다. 과연 "인자 같은 이"는 누구일까? 13-16절에서는 요한이 보았던 환상을 통해 인자가 누구인지를 소개한다.

구문 분석 및 번역

12절 a Καὶ ἐπέστρεψα βλέπειν τὴν φωνὴν ἥτις ἐλάλει μετ᾽ ἐμοῦ,
그리고 나는 나와 더불어 말하는 음성을 보기 위해 돌이켰다

b καὶ ἐπιστρέψας εἶδον
그리고 내가 돌이켰을 때 나는 보았다

c   ἑπτὰ λυχνίας χρυσᾶς
일곱 금 촛대를

13절 a καὶ ἐν μέσῳ τῶν λυχνιῶν ὅμοιον υἱὸν ἀνθρώπου
그리고 그 촛대들 가운데 있는 인자 같은 이를

b   ἐνδεδυμένον ποδήρη
발에 닿는 옷을 입은

c   καὶ περιεζωσμένον πρὸς τοῖς μαστοῖς ζώνην χρυσᾶν.
그리고 가슴에 금띠를 두르고 있는

---

121 Beale, *The Book of Revelation*, 205.

14절 a	ἡ δὲ κεφαλὴ αὐτοῦ καὶ αἱ τρίχες λευκαὶ ὡς ἔριον λευκὸν ὡς χιὼν
	그리고 그의 머리와 머리카락은 눈처럼 흰 양털같이 희었다
b	καὶ οἱ ὀφθαλμοὶ αὐτοῦ ὡς φλὸξ πυρὸς
	그리고 그의 눈은 불의 화염 같았다
15절 a	καὶ οἱ πόδες αὐτοῦ ὅμοιοι χαλκολιβάνῳ ὡς ἐν καμίνῳ πεπυρωμένης
	그리고 그의 발은 풀무에서 제련된 것처럼 빛나는 청동 같았다
b	καὶ ἡ φωνὴ αὐτοῦ ὡς φωνὴ ὑδάτων πολλῶν,
	그리고 그의 음성은 많은 물들의 소리 같았다
16절 a	καὶ ἔχων ἐν τῇ δεξιᾷ χειρὶ αὐτοῦ ἀστέρας ἑπτὰ
	그리고 그의 오른손에 일곱 별을 가지고 있었다
b	αἱ ἐκ τοῦ στόματος αὐτοῦ ῥομφαία δίστομος ὀξεῖα ἐκπορευομένη
	그의 입으로부터 양쪽이 날카로운 칼이 나왔다
c	καὶ ἡ ὄψις αὐτοῦ ὡς ὁ ἥλιος φαίνει ἐν τῇ δυνάμει αὐτοῦ.
	그리고 그의 얼굴은 해가 그것의 능력으로 비치는 것 같았다

이상의 내용을 우리말 어순에 맞추어 번역하면 다음과 같다.

12a	그리고 나는 나와 더불어 말하는 음성을 보기 위해 돌이켰다.
12b	그리고 내가 돌이켰을 때 나는
12c	일곱 금 촛대와
13a	그 촛대들 가운데 인자 같은 이가
13b	발에 닿는 옷을 입고
13c	가슴에 금띠를 두르고 있는 것을
12b	보았다.
14a	그의 머리와 머리카락은 눈처럼 흰 양털같이 희며
14b	그의 눈은 불의 화염 같고
15a	그의 발은 풀무에서 제련된 것처럼 빛나는 청동 같고
15b	그의 음성은 많은 물들의 소리 같았다.
16a	그리고 그의 오른손에 일곱 별들을 가지고 있고
16b	그의 입으로부터 양쪽이 날카로운 칼이 나오고
16c	그의 얼굴은 해가 그것의 능력으로 비치는 것 같았다.

본문 주해
[1:12a] 음성을 보다

음성을 보기 위해(βλέπειν τὴν φωνὴν, 12a절). 12a절에서 요한은 자신과 말하는 음성을 "보기 위해"(βλέπειν, 블레페인) 돌이켰다. 이곳에 나오는 "음성"(φωνὴν, 포넨)은 10절의 "나팔 같은 것의 큰 음성"과 동일한 음성이다. 그런데 "음성"과 "보다"의 조합은 매우 특이하다. 왜냐하면 통상적으로 소리는 보는 것이 아니라 듣는 것이기 때문이다. 그러나 이곳의 "음성"은 "환유법"(어떤 사물을 그것의 속성과 밀접한 관계가 있는 다른 낱말을 빌려서 표현하는 수사법)으로 사용된 것으로 간주해서 예수 그리스도를 의미한다고 보는 것이 적절하다.[122] 이러한 맥락에서 "음성"을 대문자로 된 "the Voice"로 표현해야 한다는 주장이 있다.[123] 그렇다면 음성을 본다는 표현은 적절하며, 따라서 이 "음성"을 한 인격으로 보는 것이 가능하다.[124]

70인역에서 "음성을 보다"의 용례는 출애굽기 20장 18절과 신명기 4장 12절과 다니엘 7장 11절, 단 세 본문에서만 나타난다.[125]

출 20:18   πᾶς ὁ λαὸς ἑώρα τὴν φωνὴν
            백성(마소라 본문 "모든 백성")이 그 음성을 보았다

신 4:12   ὁμοίωμα οὐκ εἴδετε, ἀλλ᾽ ἢ φωνήν·
            너희는 형체를 본 것이 아니라 음성을 보았다

이 두 본문은 보이지 않는 하나님을 외적 형태를 보는 방식이 아닌 음성을 보는 방식으로 본다고 매우 절묘하게 표현하고 있다. 이 밖에도 이사야 2장 1절, 13장 1절, 예레미야 23장 18절, 아모스 1장 1절, 미가 1장 1절, 하박국 1장 1절 등에서는 "말씀을 보았다"라는 표현이 사용된다.[126] 또한 출애굽기 20장 18절에 대한 랍비적 해석의 흔적이 랍비 시므온 벤 요하이의 미드라쉬에 나타나 있다.[127]

בנוהג שבעולם אי אפשר לראות את הקל אבל כן ... ראו את הקולות
보통 소리를 보는 것은 불가능하다. 그러나 여기에서 백성들은 보았다.[128]

이 글에 의하면 소리는 듣는 것이지 볼 수 있는 것이 아니기 때문에 소리를 보는 것은 불가능하지만 하나님의 백성들은 그것을 볼 수 있다. 이것은 결국 말씀의 소리를 하나님의 인격으로 간주하여 말씀을 통해 하나님을 인격적으로 대면하게 되는 상황을 상정하는 것이다. 이 외에도 다니엘 7장 11절에서는 하나님의 말

---

122 Osborne, *Revelation*, 86.
123 J. H. Charlesworth, "The Jewish Roots of Christology: The Discovery of the Hypostatic Voice," *SJT* 39 (1986): 19-41(Aune, *Revelation*, 88에서 재인용).
124 Charles, *A Critical and Exegetical Commentary on the Revelation of St. John*, 1:25.
125 *Aune, Revelatoin 1-5*, 87-88.
126 앞의 책, 88.
127 J. N. Epstein and E. Z. Melamed eds., *Mechilta d'Rabbi Simon b. Jochai* (Jerusalem: Mekitze Nirdamim Publishers, 1955), 154(Aune, *Revelatoin 1-5*, 88에서 재인용).
128 Howard Jacobson, *The Exagoge of Ezekiel* (Cambridge: Cambridge University Press, 1983), 100(Aune, *Revelation 1-5*, 88에서 재인용).

씀이 아니라 짐승의 뿔이 말하는 음성을 보는 것을 묘사하고 있다.

필론은 그의 작품 "아브라함의 이주"(*De Migratione Abrahami*)에서 하나님의 말씀이 "시각성"(ὅρασις, 호라시스)을 가지고 있으며(*Migr.* 49), 그 말씀의 소리는 시각에 의해 분별될 수 있는 어떤 것이라고 한다(*Migr.* 50).[129] 필론과 랍비 시므온은 "소리를 본다"는 것에 대한 사색을 통해 이와 같은 의미들을 제시하고 있다. 특별히 보이지 않으시는 하나님의 존재를 가시적인 대상으로 표현할 때는 소리를 본다는 표현이 가장 유용하다고 볼 수 있다. 요한계시록 본문에서는 그러한 하나님 대신 승귀하신 예수님의 음성을 본다.

[1: 12c] 일곱 금 촛대

요한이 음성을 보기 위해 돌아봤을 때 그가 처음으로 본 것은 음성의 주인공이 아니라 "일곱 금 촛대"(ἑπτὰ λυχνίας χρυσᾶς, 헤프타 뤼크니아스 크뤼사스)다. 일곱 금 촛대가 맨 먼저 등장하는 것은 그것의 중요성을 강조하기 위함이다. 이곳의 일곱 금 촛대에 대한 일반적인 구약 배경으로는 출애굽기 25장, 37장, 민수기 8장이 제시될 수 있지만, 좀 더 구체적으로는 스가랴 4장 2절과 관련된다.[130] 요한계시록 본문에서 사용되는 "촛대"란 단어는 스가랴 4장 2절의 "등잔대"(λυχνία, 뤼크니아)와 동일한 단어다. 스가랴 4장 2절에서는 단수형 "등잔대"가 사용된 반면, 요한계시록 1장 12c절에서는 복수형 "일곱 촛대들"이 사용되는데, 이러한 차이는 모순이 아니다. 메노라(menorah)의 모습을 보면, 일곱 등잔을 받치고 있는 등잔대는 밑에는 하나의 받침대로 만들어져 있지만 일곱 등잔을 받치기 위해서는 각각을 위한 일곱 개의 받침대가 필요하다. 따라서 어느 부위를 보느냐에 따라 단수형으로 표현될 수도 있고 복수형 "일곱"으로 표현될 수도 있다.

한편 유대 문헌에 의하면 스가랴 4장 2절의 등잔대가 이스라엘을 의미하는 것으로 해석되기도 한다(*Midr. Rab.* Lev. 30.2; *Midr. Rab.* Num. 13.8; *Midr. Rab.* Songs 4.7 §1; *Pesikta de Rab Kahana, Piska* 27.2; *Pesikta Rabbati* 7.7; 8.4).[131] 그리고 또 다른 유대 문헌에서는 스가랴 4장 2-3절의 등잔대를 "종말에 모든 시대로부터 모인 이스라엘"과 동일시하기도 한다(*Midr.* Ps. 16.12; *Midr. Rab.* Lev. 32.8; *Midr. Rab.* Eccles. 4.1 §1; *Sifre* Deut.

---

129 F. H. Colson and G. H. Wihtaker trans., *Philo*, ed. G. P. Goold, LCL (Cambridge, MA: Harvard University Press, 1932), 4:158-161. 이러한 내용과 관련해서 Aune, *Revelatoin 1-5*, 88도 보라.

130 Beale, *The Book of Revelation*, 206.

131 앞의 책, 208.

10; *Pesikta Rabbati* 51.4).[132] 이러한 문헌을 근거로 보면, 스가랴서의 등잔대가 이스라엘 백성을 의미한다는 추론이 가능하다. 이와 같은 배경에서 요한계시록을 해석하면, 스가랴서의 등잔대에 해당되는 요한계시록 1장 20절의 일곱 금 촛대가 일곱 교회를 의미하는 것은 매우 자연스러워 보인다.[133] 이러한 관계로 볼 때, 이스라엘은 약속이며 교회는 그 약속의 성취로서 "새 이스라엘"이라고 할 수 있다.[134] 그렇다면 요한계시록의 일곱 금 촛대는 스가랴서의 순금 등잔대의 종말적 성취라고 할 수 있다.

더 나아가서 스가랴 4장 2절에서는 순금 "등잔대"(또는 "촛대"; λυχνία, 뤼크니아) 위에 "일곱 등잔"(ἐπτὰ λύχνοι, 헤프타 뤼크노이)이 있다. 요한계시록은 스가랴 4장 2절의 순금 등잔대(촛대)를 교회로 해석하고(계 1:20), 일곱 등잔을 성령으로 해석하고 있다(계 1:4; 4:5; 5:6에서 성령을 의미하는 "일곱 영"이 슥 4:2의 일곱 등잔 및 슥 4:10의 일곱 눈과 연계된다).[135] 이것은 교회와 성령의 관계에 대한 긴요한 통찰을 제공한다. 곧 일곱 등잔이 촛대에 의해 떠받쳐져 불을 밝히고 있듯이 성령은 교회를 통해 하나님의 임재의 불꽃을 피울 수 있다. 반대로 교회는 성령의 임재에 의해 그 본질을 유지한다. 이러한 사실은 교회가 성령의 임재 가운데 그 빛을 내게 된다는 것과 성령은 교회의 존재를 통해 그 사역을 진행해 간다는 것을 보여준다.

[1:13a] 일곱 촛대 가운데 계신 인자 같은 이

인자 같은 이(ὅμοιον υἱὸν ἀνθρώπου). 13a절의 "인자 같은 이"(ὅμοιον υἱὸν ἀνθρώπου, 호모이온 휘온 안드로푸)는 다니엘 7장 13절과 10장 15-17절 이하에서 소개되는 "인자 같은 이"(ὡς υἱὸς ἀνθρώπου, 호스 휘오스 안드로푸)를 배경으로한다.[136] 앞서 요한계시록 1장 7절에서 우리는 다니엘 7장 13절의 인자가, 구름과 함께 오시는 메시아 예수님으로 재현되었음을 살펴본 바 있다. 요한계시록 1장 13a절에서는 "인자"(υἱὸς ἀνθρώπου, 휘오스 안드로푸)라는 단어와 보어인 "... 같은"(ὁμοίωσις, 호모이오시스)이 합하여 하나의 단어를 구성한다.[137] 다니엘 7장 13절의 "인자 같은 이"는 다니엘 7장

---

132 앞의 책.
133 앞의 책, 206.
134 Beasley-Murray, *The Book of Revelation*, 66.
135 비일도 이러한 관련성을 제시하고 있다(Beale, *The Book of Revelation*, 206).
136 Charles, *A Critical and Exegetical Commentary on the Revelation of St. John*, 1:27; Blount, *Revelation*, 44.
137 G. Mussies, *The Morphology of Koine Greek as Used in the Apocalypse of St. John: A Study in Bilingualism*, NovTSup 27 (Leiden: Brill, 1971), 139(Beale, *The Book of Revelation*, 210에서 재인용).

18절의 "지극히 높으신 이의 성도들," 곧 이스라엘을 집합적이고 대표적인 방식으로 묘사한다.[138] 이러한 맥락에서 다니엘 7장 14절에서 인자가 능력과 영광과 나라를 획득하는 것은 곧 이스라엘의 회복에 대한 비전을 제시하는 것이다. 이와 같은 이스라엘 회복 사역은 구약에서 메시아적인 사역이 갖는 지배적인 특징이다. 따라서 이 호칭이 메시아적 지위를 나타내는 것으로 사용되는 것은 당연하며,[139] 이러한 호칭을 예수님께 적용함으로써 예수님을 메시아적 신분을 가지신 분으로 소개하려는 목적을 갖는다.[140]

요한계시록 1장 7절의 구름과 함께 오심은 다니엘 7장 13절에서 인자 같은 이가 구름 타고 하나님께로 오시는 모습과 동일한 패턴을 가짐으로써 예수님의 승천을 의미한다고 해석한 바 있다. 따라서 예수님의 승천은 다니엘 7장 13-14절과 18절에서 대망했던 이스라엘 회복의 종말적 성취를 의미한다고 할 수 있다. 그리고 요한계시록 1장 13a절의 "인자 같은 이"는 다니엘 7장 13절의 배경을 매개로 하여, 요한계시록 1장 7절의 승천하신 왕적 지위를 가지신 예수님을 가리킨다. 이러한 의미에서 새 이스라엘로서의 교회 공동체를 의미하는 일곱 금 촛대 가운데 계신 인자는 곧 새 이스라엘의 회복을 이루시는 메시아로 승귀하신 예수님의 모습이다. 이와 동일한 패턴이 마태복음 24장 30-31절에서도 나타나는데, 이 본문은 다니엘 7장 13절의 말씀을 배경으로 하여 하나님이 땅끝에서 새로운 이스라엘을 이루시는 장면을 보여주고 있다.

촛대들 가운데 있는(ἐν μέσῳ τῶν λυχνιῶν). 한편 인자 같은 이가 일곱 촛대들 가운데에 있다는 것은 천상적 정황으로서, 출애굽기 27장 21절과 레위기 24장 2-4절에서 아론과 그의 아들들이 관리하는 "여호와 앞에" 있는 등불의 경우와 정황이 유사하다.[141] 이러한 사실을 배경으로 지금 하늘 성전으로 승천하신 예수님 앞에서 촛대의 불이 타오르고 있는 정황이 어떤 의미가 있는지 추정해 볼 수 있다.[142] 이러한 관계에 의해 예수님은 아론의 제사장적 특징을 공유하는 것으로 보여진다. 동시에 이 장면이 4장 5절에서 보좌 앞에서 타오르는 일곱 등불과 관련되기

---

138 Smalley, *The Revelation to John*, 53.
139 Charles, *A Critical and Exegetical Commentary on the Revelation of St. John*, 1:27.
140 앞의 책; Osborne, *Revelation*, 88.
141 Aune, *Revelation 1-5*, 90.
142 앞의 책.

때문에 이곳의 촛대들은 "지상의 메노라에 대한 천상의 대응체"로 간주될 수 있다.[143] 이러한 사실은 일곱 교회가 지상적 정황에 놓여 있지만 동시에 천상적 정황에 접속해 있음을 확증해 준다.

[1:13b] 발에 끌리는 옷

인자 같은 이는 "발에 끌리는 옷"(ποδήρη, 포데레)을 입고 계신다. 이 옷은 출애굽기 28장 4절에서 제사장들이 입고 있는 "겉옷"과 동일한 옷이라고 할 수 있는데, 그 이유는 두 경우에서 동일하게 '포데레'라는 단어가 사용되기 때문이다.[144] 요세푸스의 『유대 고대사』 3.153에서도 '포데레'는 대제사장 및 제사장의 복장과 관련된 문맥에서 "그의 발까지 닿는 긴 예복"으로 설명된다.[145] 반면 왕들이 입은 옷은 반드시 '포데레' 라는 단어로 표현되지는 않지만, 왕이나 지도자들은 본질적으로 "제사장적 책임"을 가지고 있으므로 그들의 복장이 제사장적 직분의 성격을 가지고 있다고 간주할 수 있다.[146] 이사야 22장 21-24절에서 엘리아김이 옷을 입고 띠를 띠고 있는 모습을 탈굼에서는 왕적이며 제사장적인 복장으로 해석하는데, 특히 이사야 22장 21-22절에 대한 해석에서 엘리아김의 아들들을 "에봇을 입고 있는 제사장들"과 "하프를 들고 있는 레위의 아들들"로 표현한다.[147]

[1:13c] 가슴에 금띠

금띠(ζώνην χρυσᾶν, 13c절). 13c절에서 가슴에 두르고 있는 것으로 나타나는 "금띠"도 역시 출애굽기 28장 4절에서 제사장들의 복장에 속하는 "에봇"이나 "띠"를 가리킨다.[148] 또한 이곳의 "금띠"는 똑같은 단어를 사용하지는 않지만 다니엘 10장 5절에서 어떤 사람이 띠고 있었던 "순금 띠"와 동일한 의미를 갖는다. 그러므로 다니엘 10장 5절에 나오는 인물에 대해 살펴볼 필요가 있다. 다니엘 10장 5-6절이 묘사하는 "한 사람"은 "신현"(theophany)으로 간주되지만,[149] 다니엘 10장

---

143 앞의 책.
144 Boxall, *Revelation of St. John*, 42.
145 Flavius Josephus, *The Works of Josephus: Complete and Unabridged, trans.* W. William (Peabody, MA: Hendrickson, 1987), 88.
146 Beale, *The Book of Revelation*, 209.
147 앞의 책.
148 Harrington, *Revelation*, 51; Osborne, *Revelation*, 89.
149 Longman, *Daniel*, 248.

11절에서 그 사람이 다니엘에게 "내가 네게 보내심을 받았느니라"라고 말하기 때문에 이 사람을 하나님 자신으로 볼 수는 없다.[150] 그러나 이 본문이 의도적으로 이 인물을 "신비적 존재"로 묘사하려 한다는 것만큼은 분명하다.[151] 더 나아가 이 인물은 "사람의 형태를 가진 천사적 존재"[152]로서 가브리엘이나 미가엘보다 더 "탁월한 초자연적 존재"로 묘사되고 있다.[153]

이러한 내용을 종합해 보면, 다니엘서의 이 "사람"은 하나님으로 인정될 수는 없으나 하나님으로부터 보냄 받아 하나님의 사역을 대리하는 역할을 하는 존재로서, 초자연적 성격을 가진 탁월한 존재로 이해될 수 있다. 특별히 다니엘 10장 11-14절에 의하면 이 인물은 바사군 및 헬라군과 싸우는 종말적 전사인 미가엘과 관련되고, 이와 같은 특징은 이 존재를 메시아적 존재로 이해할 수 있는 충분한 근거를 함의한다. 이것을 요한계시록에 나오는 예수님에 대한 상징적 환상에 적용하면, 요한이 예수님을 메시아와 종말적 전사의 모습으로 묘사하고 있음을 볼 수 있다. 이러한 해석 기조는 다니엘 10장 5-6절의 내용과 관련된 요한계시록 1장 15-16절의 모든 경우에 해당된다고 할 수 있다.

이상의 내용을 바탕으로 13절을 정리해 보면, 13절이 놓여 있는 문맥은 성전

---

150 Pace, *Daniel*, 312.
151 앞의 책. 단 10:5-6의 신적 존재는 또한 겔 1장과 9-10장의 "초자연적 존재들"과도 평행 관계를 갖는다 (John E. Goldingay, *Daniel*, WBC 30 [Waco, TX: Word, 1989], 290). 단 10:5-6과 겔 1장 및 9-10장의 평행 관계는 다음과 같다.

	에스겔서	다니엘 10:5-6
복장	한 사람은 가는 베 옷(בַד)을 입고(9:2)	한 사람이 세마포 옷(בַד)을 입었고(5절)
황옥	그 바퀴의 모양과 구조는 황옥(תַּרְשִׁישׁ) 같이(1:16)	그의 몸은 황옥(תַרְשִׁישׁ) 같고(6절)
허리	그 허리 위의 모양은 단 쇠 같아서(1:27)	허리에는 우바스 순금 띠를 띠었더라(5절)
횃불	생물들의 모양은 타는 숯불과 횃불(לַפִּיד) 모양 같은데(1:13)	그의 눈은 횃불(לַפִּיד) 같고(6절)
구리(놋) 같다	그들의 발바닥은 송아지 발바닥 같고 광낸 구리(נְחֹשֶׁת) 같이 빛나며(1:7)	그의 발은 빛난 놋(נְחֹשֶׁת)과 같고(6절)
무리의 소리	생물들이 갈 때에 내가 그 날개 소리를 들으니 많은 물 소리와도 같으며 전능자의 음성과도 같으며 떠드는 소리 곧 군대의 소리와도 같더니 그 생물이 설 때에 그 날개를 내렸더라(겔 1:24)	그의 말소리는 무리의 소리와 같더라(6절)

152 Hartman and Di Lella, *The Book of Daniel*, 279.
153 Arthur Jeffery, "The Book of Daniel" in *The Interpreter's Bible* (Nashville, TN: Abingdon Press, 1956), 6:502 (Hartman and Di Lella, *The Book of Daniel*, 279에서 재인용). 단 10:5-6의 세마포 입은 사람과 단 10:10-12의 하나님으로부터 보냄 받은 해석하는 천사를 구별할 필요가 있다.

의 제사장을 묘사하는 출애굽기 28장 4절과 매우 밀접하게 관련된다는 것을 알 수 있다. 출애굽기 28장이 성전에서 봉사하는 제사장의 의복에 대해 언급하고 있는 것처럼, 요한계시록 1장 13절은 인자 같은 이가 "발에 끌리는 옷"을 입고 (13b절) 제사장의 에봇이나 띠에 해당하는 "금띠"를 띠고(13c절) 성전의 중요한 기물 중 하나인 "촛대" 사이에 있는(13a절) 것으로 묘사하고 있다. 이것은 하늘 성전의 모형으로 주어진 지상 성전에서 사역하는 제사장의 이미지를, 승천하셔서 하늘 성전으로 올라가신(계 1:7) 예수님의 제사장적 사역을 묘사하는 데 사용한 것이다.

[1:14a] 하얀 머리와 머리카락

예수님의 하늘 성전에서의 제사장적 사역에 대한 13절의 묘사와 더불어 살펴봐야 하는 것은 예수님의 모습을 "그의 머리와 머리카락은 눈처럼 흰 양털같이 희었다"(κεφαλὴ αὐτοῦ καὶ αἱ τρίχες λευκαὶ ὡς ἔριον λευκὸν ὡς χιών, 케팔레 아우투 카이 하이 트리케스 류카이 호스 에리온 류콘 호스 키온)라고 묘사하는 14절의 내용이다. 이 내용은 다니엘 7장 9절을 사용하는 것으로서 요한계시록 1장 13a절이 인용하는 다니엘 7장 14절의 "인자 같은 이"와 동일한 문맥에 놓여 있다.[154] 다니엘 7장 9절은 다음과 같이 말한다.

> 내가 보니 왕좌가 놓이고 옛적부터 항상 계신 이가 좌정하셨는데 그의 옷은 희기가 눈 같고 그의 머리털은 깨끗한 양의 털 같고 그의 보좌는 불꽃이요 그의 바퀴는 타오르는 불이며(단 7:9)

이 본문에서 "그의 옷은 희기가 눈 같고 그의 머리털은 깨끗한 양의 털 같다"는 문구는 바로 하늘 보좌에 앉아 계신 "옛적부터 항상 계신 이"이신 하나님을 묘사하는 내용이다. 마소라 본문 다니엘 7장 9절은 "그의 머리카락은 순전한 양털 같다"고 말하면서 "희다"를 생략하는 반면, 70인역은 "그의 머리카락은 순전한 흰 양털 같다"(τὸ τρίχωμα τῆς κεφαλῆς αὐτοῦ ὡσεὶ ἔριον λευκὸν καθαρόν, 토 트리코마 테스 케팔레스 아우투 호세이 에리온 류콘 카다론)고 하여 "희다"(λευκός, 류코스)라는 단어를 포함한다.[155] 요한계시록의 본문은 바로 이 70인역의 경우와 유사하다. 에녹1서 46장 1절에도 70인역의 경우처럼 "그의 머리카락은 양털처럼 희다" 혹은 "흰 양털 같

---

154 Osborne, *Revelation*, 90.
155 데오도티온역은 "희다"(λευκός, 류코스) 란 단어는 생략하고 "순전한"(καθαρόν, 카다론)이란 단어만 사용하는데 이것은 마소라 본문과 일치한다.

다"라고 되어 있다.[156] 고대 근동 사회에서 이러한 흰 머리카락은 "존경과 영광 그리고 지혜와 최고의 사회적 지위"를 의미한다.[157]

다니엘 7장 9절의 "옛적부터 항상 계신 이"는 하나님을 가리키고 있음에 틀림없다. 요한계시록 1장 14절은 이러한 모습을 예수님께 적용하고, 이것은 예수님을 하나님과 동등된 분으로 소개하려는 의도를 갖는다. 따라서 요한계시록에서 인자 같은 이는 "옛적부터 항상 계신 분**에게로**(to)" 오는 것이 아니라 "옛적부터 항상 계신 분**으로서**(as)" 오시는 것이다.[158] 이러한 논지는 70인역 다니엘 7장 13절의 '에르케토 ... 호스 팔라이오스 헤메론 파렌'(ἤρχετο ... ὡς παλαιὸς ἡμερῶν παρῆν, 옛적부터 항상 계신 분으로서 ... 오신다)이라는 문구에 근거한다고 볼 수 있다.[159] 다니엘 7장 13-16절에서는 하나님과 인자 같은 이가 분리되어 나타나는데 요한계시록 본문에서는 이 두 대상을 예수 그리스도에 대한 묘사에 통합시키고 있다는 점에서 하나님의 오심이 예수 그리스도로 말미암아 종말적 성취를 이루게 되었다는 사실을 보여준다.

[1:14b] 불의 화염 같은 눈

14b절의 "그의 눈은 불의 화염 같았다"(οἱ ὀφθαλμοὶ αὐτοῦ ὡς φλὸξ πυρός, 호이 오프달모이 아우투 호스 플록스 퓌로스)는 표현은 "심판에 대한 은유"로 볼 수 있다(참고, 2:18-23).[160] 이 문구는 다니엘 10장 6절에 나오는 초자연적 존재인 사람의 눈을 "그의 눈은 횃불 같다'"(οἱ ὀφθαλμοὶ αὐτοῦ ὡσεὶ λαμπάδες πυρός, 호이 오프달모이 아우투 호세이 람파데스 퓌로스)고 표현한 것과 동일하다.[161] 다니엘 10장 6절에서 묘사되는 사람은 다니엘 10장 20-21절에서 미가엘과 함께 바사군과 헬라군을 심판하며 전쟁을 승리로 이끄는 종말적 전사와 관련된다. 이 관련성에 의해 예수님을 하나님의 심판의 전쟁을 수행하는 종말적 메시아적 전사로 소개하고 있음을 알 수 있다. 이 모습은 "메시아적 승리자"로서 재림하시는 예수님의 모습에서 재현된다(계 19:12).[162]

---

156 Charles, *A Critical and Exegetical Commentary on the Revelation of St. John*, 1:28.
157 Aune, *Revelation 1-5*, 94.
158 Boxall, *Revelation of St. John*, 42.
159 앞의 책.
160 Beale, *The Book of Revelation*, 209.
161 Aune, *Revelation 1-5*, 95. 이 두 문구에서는 "불"을 의미하는 '퓌로스'(πυρός)가 공통적으로 사용되고, '플록스'(φλὸξ, 화; 단 10:6)와 '람파데스'(λαμπάδες, 화염; 계 1:14)가 각각 사용되는데, 이 두 단어의 의미 차이는 두 문구의 유사성을 부정할 만큼 크지는 않다.
162 Smalley, *The Revelation to John*, 54.

또한 이 표현은 라멕의 아들이 "태양의 빛과 같은 눈"을 가지고 있다는 에녹1서 106장 5-6절의 표현과도 평행 관계를 갖는다고 볼 수 있다. 라멕의 아들에 대한 이와 같은 표현은 에녹1서 106장 10절의 "그의 머리카락이 양털보다 희다"라는 문구와 함께 사용된다. 이런 여러 가지 표현은 요한계시록 본문의 다양한 표현과 매우 유사하다.[163] 더 나아가 에녹1서는 선대의 사람들이 저지른 죄를 지적하고(106:13-14) "큰 파멸이 땅에 임할 것"을 말하며 홍수에 의한 심판을 선포한다(106:15). 이 문맥에서 라멕의 아들이 직접 심판을 시행하는 것은 아니지만 심판의 징조를 보여주는 역할을 하고, 심판 중에 남은 자로 존재한다(106:16). 요한계시록에서도 "그의 눈이 불의 화염 같다"라는 표현은 심판과 관련된 문맥에서 반복되어 사용된다(계 2:18; 19:12). 이 표현을 사람의 마음 중심을 살피는 "신적 통찰력"을 의미하는 것으로 해석하는 경우도 있지만, 문맥을 고려하면 불순종한 자들에 대한 "맹렬한 심판"을 의미하는 것으로 해석하는 것이 더 합리적이다.[164]

[1:15a] 빛나는 청동 같은 발

15a절의 "빛나는 청동"(χαλκολίβανον, 칼콜리바논)이란 단어에 대해서는 논란이 있다. 어떤 이는 이 단어가 금과 놋쇠의 합금을 가리킨다고 주장하고,[165] 어떤 이는 군사용으로 사용되는 구리와 아연의 합금을 가리킨다고 주장한다.[166] 어떤 경우이든 15a절의 예수님의 발에 대한 묘사는 그리스도의 "영광과 능력"의 모습을 강조하고 있으며[167] 그리스도의 "능력과 안정감(stability)"을 나타내 주고 있다.[168] 이러한 모습은 다니엘 10장 6절의 "그의 팔과 발은 '빛난 놋'(χαλκὸς, 칼코스)과 같고"란 표현을 배경으로 한다(참고, 아브라함의 묵시록 11; 스바냐의 묵시록 6:11-13; 에녹2서 1:5; 에녹3서 35:2; 요셉과 아스낫 14:9).[169] 다니엘 10장 6절에서 묘사되는 사람은 앞에서도 언급한 것처럼 미가엘과 관련되어 종말적 메시아적 전사로 소개되는 인물로 이해될 수 있다.

특별히 안정감을 주는 발 부분에 대한 청동의 이미지는 다니엘 2장에서 느

163 Aune, *Revelation 1-5*, 95.
164 Osborne, *Revelation*, 90.
165 Mounce, *The Book of Revelation*, 59.
166 오즈번(Osborne, *Revelation*, 90)은 Hermer, *The Letters to the Seven Churches of Asia*, 112-117의 입장을 바탕으로 이렇게 주장한다.
167 Osborne, *Revelation*, 91.
168 Mounce, *The Book of Revelation*, 59.
169 Beale, *The Book of Revelation*, 210.

부갓네살 왕이 보았던 금 신상의 발이 가진 특징과 대조를 이룬다. 이 금 신상은 금 머리로 시작해서 발 부분은 부분적으로는 쇠로 되어 있고 부분적으로는 진흙으로 되어 있다(단 2:33). 흙과 쇠는 서로 융합될 수 없어 가장 취약한 상태가 된다. 다니엘 2장 34절에서는 "손대지 아니한 돌"이 "신상의 쇠와 진흙의 발"을 부서뜨린다. 그러자 금 신상은 "여름 타작 마당의 겨같이" 바람에 날려 완전히 사라져 버린다(단 2:35). 이 금 신상은 하나님의 나라에 의해 멸망당하는 세상 나라들의 세력을 의미하는 것으로서(단 2:38-42) 발 부분이 가장 취약한 것으로 묘사된다. 이러한 세상 나라와는 달리 예수님의 발은 청동같이 그 어떤 돌로도 파괴될 수 없는 강고함을 갖는다. 그러므로 그의 나라와 통치는 영원하다.

[1:15b] 많은 물들의 소리 같은 소리

15b절의 "그의 음성은 많은 물소리 같았다"(ἡ φωνὴ αὐτοῦ ὡς φωνὴ ὑδάτων πολλῶν, 헤 포네 아우투 호스 포네 휘다톤 폴론)라는 표현은 밧모 섬 앞에 펼쳐진 에게 해 해안가에서 끊임없이 들려오는 큰 파도 소리를 연상케 했을 것이다.[170] 또한 이 소리는 "전능자의 음성"을 많은 물소리 같은 날개 소리로 묘사하는 에스겔 1장 24절을 배경으로 하고, 에스겔 43장 2절의 "하나님의 음성은 많은 물소리 같다"라는 표현을 연상케 한다.[171] 요한계시록에서는 이 에스겔서 본문들(겔 1:24와 43:2)이 하나님 말씀의 큰 능력[172] 및 하나님의 "영광과 능력"에 대한 묘사로서 예수 그리스도의 영광과 능력을 나타내기 위해 사용된다.[173] 또한 이러한 연결은 예수 그리스도가 구약적인 유일신론 사상의 맥락에서 하나님과 동등된 분이심을 확증한다. 이 표현은 요한계시록 14장 2절과 19장 6절에서도 등장한다.

이 표현의 "많은 물들의 소리"와 다니엘 10장 6절의 "무리의 소리" 사이에는 약간의 차이가 있긴 하지만, 앞의 항목들이 반복해서 다니엘 10장 6절을 사용한다는 점과 "소리"(φωνή, 포네)의 장엄함을 나타낸다는 점을 고려하면, 이곳의 표현이 다니엘 10장 6절의 "그의 말소리는 무리의 소리와 같더라"도 반영하고 있다는 추론이 충분히 가능하다.[174]

---

170 Thomas, *Revelation 1-7*, 102.
171 Beale, *The Book of Revelation*, 210.
172 Harrington, *Revelation*, 51.
173 Osborne, *Revelation*, 91.
174 Aune, *Revelation 1-5*, 96.

[1:16a] 일곱 별을 가진 오른손

16a절의 "그의 오른손에 일곱 별을 가지고 있다"(ἔχων ἐν τῇ δεξιᾷ χειρὶ αὐτοῦ ἀστέρας ἑπτά, 에콘 엔 테 덱시아 케이리 아우투 아스테라스 헤프타)라는 표현에 들어 있는 "오른손"(τῇ δεξιᾷ χειρὶ, 테 덱시아 케이리)은 성경 전체에서 "권세와 능력"을 의미한다(참고, 시 110:1; 마 26:64).[175] 그리고 "일곱 별"은 20절에서 "일곱 교회의 천사"와 관련된다. "일곱 교회의 천사"의 구체적인 의미에 대해서는 20절에서 다루기로 하고, 여기서는 "일곱 별"이 "일곱 교회의 천사"로서, 지상에 존재하는 일곱 교회에 대한 천상적 대응체이며(1:20에 대한 본문 주해 참고) 이 두 대상은 "일곱"이란 숫자에 의해 서로 상응한다는 정도로만 갈무리하겠다.[176]

요한계시록 1장 20절은 일곱 별을 일곱 교회의 천사로 해석하고 또한 다니엘 12장 3절은 부활한 이스라엘을 별들에 비유한다.[177] 따라서 별에 의해 하늘의 천사와 지상의 이스라엘이 서로 연결되는, 천사(단 8:20) ← 별 → 이스라엘(단 12:3)이라는 도식이 성립된다. 이러한 관계에 의해 다니엘 8장 20절과 12장 3절은 요한계시록 1장 20절이 하늘의 일곱 별을 지상의 일곱 교회의 천상적 대응체인 일곱 교회의 천사로 언급한 배경으로 간주될 수 있다(1:20에 대한 본문 주해 참고). 그러므로 예수님이 오른손에 별을 들고 있는 모습은 교회 공동체의 천상적이며 지고한 지위를 시사해 준다. 이러한 사실은 또한 세상에 대한 주권이 로마 제국의 황제와 같은 세속적 존재가 아닌 예수 그리스도 자신에게 있음을 보여줄 뿐 아니라 그러한 지위를 그의 몸된 교회가 공유하고 있다는 사실도 나타낸다.[178]

사사기 5장도 별과 관련된 또 다른 구약 배경으로 거론될 수 있다. 사사기 5장 31절의 "주를 사랑하는 자," 즉 "승리한 전사"는 사사기 5장 20절에 나오는 이스라엘을 위해 시스라와 싸웠던 "하늘의 별들"과 관련된다.[179] 곧 별들이 지상의 이스라엘을 위해 시스라와 싸워 승리를 안겨 주었다. 이것은 또한 사사기 5장 13절에서 여호와께서 드보라를 위해 싸우기 위해 지상으로 내려오신 결과다. 여기에서 별들은 지상에서 승리한 전사들의 천상적 대응체라 할 수 있다. 이것은 요한계시록에서 예수님이 오른손에 일곱 별을 가지고 있고(계 1:16a) 그 일곱

---

175 Osborne, *Revelation*, 91.
176 Mounce, *The Book of Revelation*, 59.
177 Beale, *The Book of Revelation*, 218.
178 Beasley-Murray, *The Book of Revelation*, 70.
179 Beale, *The Book of Revelation*, 212. 유대 문헌은 이 별들과 단 12:3의 별들의 연결을 시도한다(앞의 책).

별이 일곱 교회의 천사라는 것(계 1:20)과 같은 패턴이다.[180] 곧 예수님은 지상의 전사들을 위해 하늘의 전사들을 손에 쥐고 계신다. 이 별들은 사사기 5장 31절의 하늘의 별들 및 다니엘 10장의 종말적 전사의 찬란한 출현과 관련되고 다니엘 12장 3절의 별들을 배경으로 한다. 이 구약 본문들은 요한계시록에서 종말적 메시아적 전사로서의 예수님을 소개하는 데 사용되고 있다.[181] 그러므로 일곱 별을 가지고 계신 예수님은 지상의 전투하는 교회 공동체를 위한, 천상에 승귀하여 존재하는 가장 "이상적인 메시아적 전사"라 할 수 있다.[182] 예수님 자신이 전사이기도 하지만 교회 공동체를 그분의 전사로 여기시는 것이다.

특별히 고대 유대 사회에서 "별"은 "세상의 사건들을 결정하고 인간의 운명을 통제하는 능력"[183] 혹은 "주권에 대한 공통된 상징"으로 인식되었다.[184] 따라서 별에 대한 통제권을 갖는다는 것은 모든 것을 압도하는 지위를 갖는다는 것을 의미한다.[185] 따라서 예수님이 그의 오른손에 일곱 별을 가지고 계시다는 것은 그분이 우주적 통치권을 가지고 계심을 의미한다고 볼 수 있다. 즉, 오른손에 일곱 별을 가지신 예수님은 로마 제국 황제의 정치 권력에 대응되고 그것을 월등하게 능가하는 지위를 갖고 계신다.[186] 이것에 근거해서 보면, 예수님이 "오른손에 일곱 별을 가지고 있다"는 표현은 예수님의 권세와 능력이 교회에 영향을 주고 있음을 나타내는 동시에 예수님이 교회에 대한 "주권적 통제권"을 가지고 계심을 보여준다고 할 수 있다(참고, 요 10:28의 "그들을 내 손에서 빼앗을 자가 없느니라").[187]

[1:16b] 날카로운 칼이 나오는 입

16b절의 "그의 입으로부터 양쪽이 날카로운 칼이 나왔다"(ἐκ τοῦ στόματος αὐτοῦ ῥομφαία δίστομος ὀξεῖα ἐκπορευομένη, 에크 투 스토마토스 아우투 롬파이아 디스토모스 옥세이아 에크 포류오메네)라는 표현은 예수님을 심판주로 소개한다. 2장 16절, 19장 15절, 21절이 이러한 사실을 확증해 준다.[188] 또한 이사야 11장 4절에서 메시아가 "그의 입

---

180 앞의 책.
181 앞의 책.
182 앞의 책.
183 Roloff, *The Revelation of John*, 36.
184 Beasley-Murray, *The Book of Revelation*, 70.
185 Roloff, *The Revelation of John*, 36.
186 Beasley-Murray, *The Book of Revelation*, 70.
187 Mounce, *The Book of Revelation*, 59.
188 앞의 책, 60.

의 막대기로 세상을 치며"라는 말씀이 이 표현의 배경이 될 수 있다.[189] 두 본문 모두에서 "입"이라는 단어가 동일하게 사용되고, 이사야 본문의 "막대기"가 요한계시록 본문에서는 "칼"로 변경된다. 흥미로운 것은 이사야 11장 4절의 "입의 막대기"를 70인역이 "그의 입의 말씀"(τῷ λόγῳ τοῦ στόματος αὐτοῦ, 토 로고 투 스토마토스 아우투)으로 번역한다는 점이다.[190] 번역도 일종의 해석이라면 70인역의 번역자는 이사야 11장 4절의 세상을 심판하는 "입의 막대기"를 세상을 심판하는 말씀으로 해석하고 있는 것이다. 이러한 맥락에서 요한계시록 본문의 "날카로운 칼"을 하나님의 능력 있는 말씀으로 이해할 수 있고, 심판주로 오시는 재림의 정황을 소개하는 요한계시록 19장 13절에서 그리스도의 이름을 "하나님의 말씀"이라고 한 것의 의미를 파악할 수 있을 것이다.[191] 즉, 예수님은 하나님의 심판을 대행하기 위해 오시는 분으로 소개되고 있다. 더 나아가 요한계시록이 이사야 11장 4절의 "막대기"를 "칼"로 바꾸어 표현하는 것은 이사야 49장 2절의 "내 입을 날카로운 칼같이 만드시고"라는 말씀의 "날카로운 칼"이란 문구를 사용하여 심판의 이미지를 강조하기 위함이다.[192] 곧 요한은 그리스도를 "우주적 심판의 권위"를 가진 분으로 소개하려는 목적으로 "날카로운 칼"이란 문구를 사용한다.[193] 이상의 내용을 통해 "칼"(계 1:16b; 사 49:2)과 "막대기"(사 11:4) 또는 "말씀"(70인역 사 11:4; 계 19:13)이 상호적으로 밀접한 관계를 공유하고 있음을 알 수 있다.

[1:16c] 해처럼 빛나는 얼굴

12절부터 시작된 환상은 16c절의 "그의 얼굴은 해가 그것의 능력으로 비치는 것 같았다"(ἡ ὄψις αὐτοῦ ὡς ὁ ἥλιος φαίνει ἐν τῇ δυνάμει αὐτοῦ, 헤 옵시스 아우투 호스 호 헬리오스 파이네이 엔 테 뒤나메이 아우투)라는 문구에서 절정에 이른다.[194] 13절부터 이 본문까지 인자 같은 이의 신체적 부분이 골고루 언급되고 있다. 곧 "가슴"(13c절)에서 시작하여 "머리와 머리카락"(14a절), "눈"(14b절), "발"(15a절), "오른손"(16a절), "입"(16b절)이

---

189 Swete, *The Apocalypse of St. John*, 18.
190 S. Moyise, *The Old Testament in the Book of Revelation*, JSNTSup 115 (Sheffield: Sheffield Academic, 1995), 31.
191 Sweet, *Revelation*, 72.
192 Moyise, *The Old Testament in the Book of Revelation*, 31; Jan Fekkes, *Isaiah and Prophetic Traditions in the Book of Revelation: Visionary Antecedents and Their Development*, JSNTSup 93 (Sheffield: Sheffield Academic, 1994), 119–121(Osborne, *Revelation*, 92에서 재인용).
193 Osborne, *Revelation*, 92.
194 Mounce, *The Book of Revelation*, 60.

언급되었고 마지막으로 "얼굴"(16c절)이 언급되고 있다. 흥미로운 점은 이 항목들에 "그의"(αὐτοῦ, 아우투)라는 인칭 대명사가 항상 붙는다는 것이다. 그리고 "얼굴"과 관련해서 특이한 점은 16c절이 사용하는 헬라어가 통상적으로 "얼굴"을 지칭할 때 사용되는 '프로소폰'(πρόσωπον)이 아니라 '옵시스'(ὄψις)라는 사실이다. '프로소폰'은 전형적으로 "얼굴"을 표현하는 단어로서 그것의 의미에 대해 BDAG는 "얼굴"을 1순위로 선정한 반면,[195] '옵시스'에 대해서는 "무언가를 바라본 경험, 보는 것, 시각"과 "무언가의 외적 또는 물리적 측면, 외적 형태, 측면"에 이어서 "얼굴"이란 의미를 3순위로 제시하는데,[196] 이는 "얼굴"이 '옵시스'의 부수적인 의미라는 뜻이다. 그러므로 요한계시록 1장 16c절에서 이 단어를 사용한 목적이 단순히 얼굴 모양을 나타내기 위한 것이라기보다는 묘사되는 인물의 전체적인 품격과 자태를 나타내기 위한 것이라고 간주할 수 있을 것이다.[197] 얼굴은 품격과 자태를 보여주는 대표적인 신체 부위이기 때문이다.

일단 이 모습은 70인역 다니엘 10장 6절에서 "그의 얼굴은 번갯빛 같고"(τὸ πρόσωπον αὐτοῦ ὡσεὶ ὅρασις ἀστραπῆς, 토 프로소폰 아우투 호세이 호라시스 아스트라페스; 직역하면, "그의 얼굴은 번개의 나타남 같고")라고 묘사된 인자의 모습과 관련된다.[198] 70인역 다니엘 10장 6절의 표현은 요한계시록의 표현과 다소 차이가 있다. 첫째, 다니엘서의 "얼굴"은 요한계시록의 '옵시스'가 아니라 '프로소폰'이다. 둘째, 요한계시록 본문의 "해"가 다니엘서에서는 "번개"로 표현된다. 그러나 어찌됐든 다니엘서의 얼굴과 번개의 빛은 요한계시록 본문의 "얼굴" 및 "해의 빛"과 유사성을 갖는다. 좀 더 유사한 문자적 평행은 사사기 5장 31절의 "주를 사랑하는 자들은 해가 힘 있게 돋음 같게 하시옵소서"이다.[199] 여기에서는 "얼굴"이라는 구체적 대상은 언급되지 않지만 "주를 사랑하는 자들"의 전체적 모양을 힘 있게 떠오르는 해에 비유한다. 여기에서 "힘 있게"와 "해"가 완벽하게 조화를 이룬다. 어차피 16c절의 '옵시스'(ὄψις)가 구체적인 얼굴이 아니라 그 자태와 품격을 의미한다면, 사사기 5장 31절에서 "얼굴"이라는 단어가 등장하지 않는 것이 요한계시록 본문과 큰 차이를 나타내는 것은 아니라고 할 수 있다. 사사기 5장 전체의 문맥에서

---

195 BDAG, 887.
196 BDAG, 746.
197 Mounce, *The Book of Revelation*, 60.
198 Aune, *Revelation 1-5*, 99.
199 Beale, *The Book of Revelation*, 212.

31절의 "주를 사랑하는 자들"은 곧 하나님의 "승리한 이스라엘의 전사"(victorious Israelite warrior)를 의미한다.[200] 이러한 관계가 성립된다면 예수님은 승리한 이스라엘의 전사로서의 이미지를 갖는다.

[정리]

이상의 내용을 정리하면 다음과 같은 도표로 표시할 수 있다.

요한계시록 1:13-16		예수 그리스도	구약	
13a	인자 같은 이가	메시아	단 7:13	인자 같은 이가
	촛대들 가운데 있다	여호와	출 27:21; 레 24:2-4	여호와 앞에 등불이 있다
13b	발에 끌리는 옷 (겉옷, ποδήρη)을 입고	제사장	출 28:4 (출 39:29)	그들의 지을 옷은 ... 겉옷(ποδήρη)과 반포와 속옷과 관과 ...
13c	가슴에 금띠(ζώνην χρυσᾶ)를 띠고		출 28:4	그들의 지을 옷은 ... 흉패와 에봇과 ... 띠(ζώνην)라
14a	그의 머리와 머리카락은 눈처럼 흰 양털 같고	하나님	단 7:9	그 옷은 희기가 눈 같고 그 머리털은 깨끗한 양의 털 같고
14b	그의 눈은 불의 화염 같다	종말적 메시아적 전사	단 10:6 (참고, 에녹1서 106:5-6)	... 그 눈은 횃불 같고
15a	그의 발은 풀무로 제련된 빛나는 청동 같고		단 10:6	그의 팔과 발은 빛난 놋과 같고
15b	그의 음성은 많은 물들의 소리 같다	하나님	겔 1:24	그 날개 소리를 들은즉 많은 물소리와도 같으며
			겔 43:2	하나님의 음성은 많은 물소리 같고
			단 10:6	그의 말소리는 무리의 소리와 같더라
16a	그의 오른손에 일곱 별을 가지고 있다	종말적 메시아적 전사	삿 5:20	별들이 하늘에서부터 싸우되

200 앞의 책.

16b	그의 입으로부터 양쪽이 날카로운 칼이 나오고	심판주로서의 메시아	사 11:4	그 입의 막대기로 세상을 치며
			사 49:2	내 입을 날카로운 칼 같이 만드시고
16c	그의 얼굴은 해가 그것의 능력으로 비치는 것 같이 빛났다	종말적 메시아적 전사	단 10:6	그 얼굴은 번갯빛 같고 ...
		승리한 이스라엘의 전사	삿 5:31	주를 사랑하는 자는 해가 힘 있게 돋음 같게 하시옵소서

이상의 내용은 예수님이 하나님이시고, 왕적이시며, 제사장적이시고, 종말적 전쟁을 승리로 이끌어 가시는 전사로서의 메시아이심을 보여준다. 바로 이분이 요한에게 "네가 보는 것을 책 속으로 쓰라 그리고 ... 보내라"(11절)라고 명령한 분이시다. 이러한 모습에 대한 묘사는 "예수 그리스도의 계시"로서의 요한계시록 전체에 권위를 부여하며, 이 문맥에서는 예수님을 2-3장에서 주어지는 선지적 메시지의 주체로 드러냄으로써 이 메시지의 신적 권위를 나타낸다.

이상에서 알 수 있듯이, 13-16절을 문자 그대로 이해하는 것은 구약 배경들을 사용하는 저자의 의도를 인식하지 못한 데서 비롯된 결과다. 요한은 구약의 말씀들을 배경으로 예수님에 대한 환상을 묘사하며, 그 의도는 예수님이 제사장이며 종말적 전사인 메시아이고 하나님과 동등된 분임을 증거하는 것이다.

위에서 가장 빈번하게 사용되는 구약 배경 본문은 다니엘서이며, 그 중에서 다니엘 10장 6절은 단연 독보적이다. 다니엘 10장의 문맥은 인자 같은 이(가브리엘)[201]가 미가엘의 도움을 받아 헬라군과 바사군의 천상적 대응체인 군주들과 전쟁을 하는 장면이다. 이러한 내용들이 승귀하신 예수님를 소개하는 데 집중적으로 사용되고 있다. 이것은 다니엘서에서 기대하는 메시아적 전사의 종말적 성취가 예수님을 통해 이루어지게 되었다는 강력한 메시지다. 요한은 다니엘 7장 13절의 인자를 요한계시록 1장 7절에서 사용하고 다니엘 10장 5-6절의 인자를 요한계시록 1장 13-16절에서 사용함으로써 종말적 성취의 관점에서 그 둘을 승리한 메시아적 전사이신 예수님 안에서 통합하려 한다(그러나 다니엘 7장과 10장의 인자를 다니엘서의 문맥에서 서로 동일시하는 것은 신중해야 한다).

---

201 J. J. Collins and A. Y. Collins, *Daniel: A Commentary on the Book of Daniel*, Hermeneia (Minneapolis, MN: Fortress, 1993), 373.

2. 말씀하시는 예수님 (1:17-20)

구문 분석 및 번역

17절 a   Καὶ ὅτε εἶδον αὐτόν,
           그리고 내가 그를 보았을 때

     b   ἔπεσα πρὸς τοὺς πόδας αὐτοῦ ὡς νεκρός,
           나는 그의 발 앞에 죽은 자처럼 엎드러졌다

     c   καὶ ἔθηκεν τὴν δεξιὰν αὐτοῦ ἐπ᾽ ἐμὲ λέγων·
           그가 오른손을 내게 얹고 말씀하신다

     d   μὴ φοβοῦ·
              두려워하지 말라

     e   ἐγώ εἰμι ὁ πρῶτος καὶ ὁ ἔσχατος
              나는 처음이요 마지막이요

18절 a   καὶ ὁ ζῶν,
              그리고 살아 있는 자다

     b   καὶ ἐγενόμην νεκρὸς
              그리고 내가 죽었었다

     c   καὶ ἰδοὺ ζῶν εἰμι εἰς τοὺς αἰῶνας τῶν αἰώνων
              그러나 보라 나는 영원히 살아 있다

     d   καὶ ἔχω τὰς κλεῖς τοῦ θανάτου καὶ τοῦ ᾅδου.
              그리고 나는 사망과 음부의 열쇠를 가지고 있다

19절 a   γράψον οὖν
              그러므로 쓰라

     b   ἃ εἶδες
                네가 본 것들을

     c   καὶ ἃ εἰσὶν
                그리고 지금 있는 것들을

     d   καὶ ἃ μέλλει γενέσθαι μετὰ ταῦτα.
                그리고 이것들 후에 반드시 되어져야만 하는 것들을

20절 a   τὸ μυστήριον τῶν ἑπτὰ ἀστέρων οὓς εἶδες ἐπὶ τῆς δεξιᾶς μου
           나의 오른손에서 네가 본 일곱 별의 비밀

     b   καὶ τὰς ἑπτὰ λυχνίας τὰς χρυσᾶς·
           그리고 일곱 금 촛대(의 비밀은 이것이다)

     c   οἱ ἑπτὰ ἀστέρες ἄγγελοι τῶν ἑπτὰ ἐκκλησιῶν εἰσιν
              일곱 별은 일곱 교회의 천사들이요

     d   καὶ αἱ λυχνίαι αἱ ἑπτὰ ἑπτὰ ἐκκλησίαι εἰσίν.
              그리고 일곱 촛대는 일곱 교회다

먼저 17d-18절 구문에서, 세 가지 특징을 발견할 수 있다. 첫째, 17d절은 명령형으로 되어 있고 나머지 17e-18절은 서술형으로 되어 있다. 이것은 17e-18절이 17d절에서 명령으로 주어지는 내용에 대한 이유를 제시하는 것으로 간주할 수 있다.[202] 둘째, 17e-18절에서는 17e절만 유일하게 "나"(ἐγώ, 에고)라는 인칭 대명사를 사용한다. 이러한 특징은 17e절의 문장이 특별히 강조된다는 사실을 확인시켜 준다. 셋째, 18a절의 문구만 주어 없이 분사의 명사적 용법으로 사용되고 있다. 이와 같은 특징을 통해 18a절이 17e절에 속한 문구임을 추정할 수 있다. 이 두 부분이 서로 어떻게 관련되는지에 대해서는 본문 주해에서 밝히도록 하겠다.

17d-18절의 번역과 관련된 문제에 있어서는 두 가지를 고려할 필요가 있다. 첫째, 앞서 세 번째 특징에서 언급한 것처럼 18a절이 17e절과 연결되는 것으로 간주하여 "나는 처음이요 마지막이요 그리고 살아 있는 자다"라고 번역했다.[203] 이것은 17e절의 '에고 에이미'(ἐγώ εἰμι, 나는 ...이다)가 18a절의 "살아 있는 자"(ὁ ζῶν, 호 존)까지 영향권 아래 둔다는 판단을 기초로 한 번역이다.[204] 실제로 "살아 있는 자"라는 문구 전후에는 어떤 주어적 표현도 존재하지 않기 때문에 이러한 연결은 정당성을 갖는다. 특별히 "나는 ...이다"(ἐγώ εἰμι, 에고 에이미)라는 문구 후에 이어지는 세 개의 서술어에 모두 정관사 '호'(ὁ)가 사용되어 "기능적 동질성"(functional equality)을 나타내고 있다.[205] 둘째, 17e절 이후의 문장들에는 17e절의 경우처럼 '에고'(ἐγώ)라는 인칭 대명사는 없지만 1인칭 동사 '에게노멘'(ἐγενόμην, 18b절), '에이미'(εἰμι, 18c절), '에코'(ἔχω, 18d절) 자체에 포함되어 있는 "나"라는 주어를 넣어 번역했다.

또한 17d절의 "두려워하지 말라"(Μὴ φοβοῦ, 메 포부)는 현재 시제의 명령형이다. 명령형의 현재 시제 용법에서 주목할 것은 그것이 "이미 존재하는 어떤 것이 계속 되는 것"을 의미한다는 것이다.[206] 그런데 부정 부사(μη, 메)와 함께 사용될 때

---

202 Krodel, *Revelation*, 96.
203 ESV와 NRSV가 이 번역을 지지한다. 이 두 번역본에 의하면 이 문장은 다음과 같다: 17e) I am the first and the last, 18a) and the living one.
204 이러한 나의 견해를 정리하고 난 후에 블라운트(Blount)의 저술에서 다음과 같이 나의 견해를 지지하는 내용을 발견하였다: "17절을 결론짓는 강력한 '나는 ... 이다'라는 선포는 18절로 연결되고 18절을 가져오게 된다"(Blount, *Revelation*, 46).
205 Blount, *Revelation*, 46.
206 BDF, §336.

에는 "중단하다"를 의미한다.[207] 그렇다면 "두려워하지 말라"는 "두려워하는 것을 중단하라"는 의미를 갖는다고 할 수 있다.[208] 이러한 의미는 "두려움"이 압도적인 정황을 추정케 한다.

개역개정은 19a절의 '그랍손'(γράψον>γράφω, 그라포)을 "기록하라"로 번역했는데 동일한 동사를 "쓰라"로 번역한 11절과의 일관성을 위해 "쓰라"로 번역했다. 이 번역은 이 동사가 자주 사용되는 2-3장에서도 동일하게 적용된다. 그리고 19d절의 '하 멜레이 게네스다이 메타 타우타'(ἃ μέλλει γενέσθαι μετὰ ταῦτα)를 "장차 될 일"이라고 번역한 개역개정과는 달리 "반드시 되어져야만 하는 것들"로 번역했는데, 이는 '멜레이'(μέλλει)를 당위성을 나타내 주는 1장 1절의 '데이'(δεῖ) 와 유사한 것으로 여겨 "반드시"로 번역하고, '게네스다이'(γενέσθαι)는 수동형 "되어져야 하는 것들"로 번역한 결과다.

20a절에서 "네가 본"(εἶδες, 에이데스)이라는 동사는 관계 대명사 '후스'(οὓς)에 의해 "일곱 별의 비밀"과 연결된다. 곧 관계 대명사 '후스'의 선행사는 "일곱 별"이고, 따라서 20a절은 "내 오른손에서 네가 본 일곱 별의 비밀"이라고 번역하는 것이 적절하다. 그리고 20b절의 "일곱 금 촛대"(τὰς ἑπτὰ λυχνίας τὰς χρυσᾶς, 타스 헤프타 뤼크니아스 타스 크뤼사스)라는 문구는 목적격으로 사용되고 있어 번역하기가 어렵고, 이 문구가 무엇의 목적어인지를 파악하기도 쉽지 않은데, 왜냐하면 같은 20b절 안에 이 문구와 관련된 동사가 없기 때문이다. 따라서 다른 문장에서 이 문구와 관계될 수 있는 동사를 찾아야 할 필요가 있다. 이 명사와 관계된 가장 가까운 문장의 동사는 20a절의 "보다"(εἶδες, 에이데스〉ὁράω, 호라오)일 가능성이 크다. 이 동사와 연결하면 "네가 일곱 금 촛대를 보았다"로 번역될 수 있을 것이다. 그런데 저자는 문장의 구성상 20a절과 20b절을 서로 연결짓고 있음이 틀림없고, 문맥적으로도 20a절과 20b절이 평행 관계를 가지고 있기 때문에 이 두 문구를 연결해서 번역하는 것이 타당하다. 이와 같은 논리에 근거해서 두 문구를 연결하여 번역하면, "네가 본 일곱 별과 일곱 금 촛대"가 될 수 있다(NIV가 정확하게 이렇게 번역하며, NKJV와 NRSV등은 이와 유사한 번역을 시도한다). 결국 요한이 본 것은 일곱 별과 일곱 금 촛대다. 그리고 20c절은 일곱 별과 일곱 금 촛대의 비밀을 설명해 준다. 즉, 일곱 별은 일곱 교회의 천사이고, 일곱 촛대는 일곱 교회다.

---

207 BDF, §336; Osborne, *Revelation*, 94.
208 오우니는 그의 번역에서 "Stop being afraid"라고 한다(Aune, *Revelation 1-5*, 100).

이상의 내용을 근거로 우리말 어순에 맞추어 번역하면 다음과 같다.

17a 그리고 내가 그를 보았을 때,
17b 나는 그의 발 앞에 죽은 자처럼 엎드러졌다.
17c 그가 오른손을 내게 얹고 말씀하신다.
17d "두려워하지 말라.
17e 나는 처음이요 마지막이요
18a 그리고 살아 있는 자다.
18b 내가 죽었었다.
18c 그러나 보라 나는 영원히 살아 있다.
18d 그리고 나는 사망과 음부의 열쇠를 가지고 있다.
19a 그러므로
19b   네가 본 것들과
19c   지금 있는 것들과
19d   이것들 후에 반드시 되어져야만 하는 것들을
19a 쓰라
20a 나의 오른손에서 네가 본 일곱 별과
20b 일곱 금 촛대의
20a 비밀은 (이것이다):
20c   일곱 별은 일곱 교회의 천사들이요
20d   일곱 촛대는 일곱 교회다"

본문 주해

17-20절에서는 13-16절과는 달리 예수님의 음성을 직접 듣는 내용을 소개한다. 17-20절에서 요한은 다니엘 10장 5-12절과 15-19절 두 본문 모두에서 발견되는 사중적 패턴을 따르고 있다.[209] 이것을 다음과 같은 표로 정리해 볼 수 있다.

	요한계시록 1:17-20	다니엘 10:5-12	다니엘 10:15-19
환상을 보다	내가 보았을 때(17a절)	환상을 보고(5-6절)	
엎드러짐	그의 발 앞에 죽은 자처럼 엎드러졌다(17b절)	두려워 떨며(7절) 힘이 빠지고(8절) 얼굴을 떨구고 깊이 잠이 들다(9절)	얼굴이 땅을 향하고 말문이 막히고(15절) 힘이 없어지고(16절) 호흡이 남지 않다(17절)

---

209 Beale, *The Book of Revelation*, 213. 비일은 사중적인 패턴을 단 10:5-11과 단 10:12-20에서 관찰하지만 여기에서는 이를 다소 수정하여 10:5-12와 10:15-19로 한다.

접촉	그가 오른손을 얹고(17c절)	천상적 존재의 손의 어루만짐에 의해 힘을 얻고(10절)	사람의 모양 같은 것 하나가 나를 만져 강건케 하다(18절)
말씀	두려워하지 말라 (17d-20절)	그 존재가 말하고 내가 일어서다(11절) 두려워하지 말라(12절)	두려워하지 말라 평안하라 강건하라 … 내가 곧 강건하게 되다(19절)

이 표에서 다니엘 10장 5-12절의 넷째 항목은 사실상 11절에서 14절까지 이어지고, 다니엘 10장 15-20절의 첫째 항목에는 별도로 다니엘이 환상을 보았다는 언급이 없어서 빈칸으로 남겨 두었다. 따라서 다니엘 10장 15-20절의 둘째 항목은 결국 다니엘 10장 5-12절의 넷째 항목에서 직접적으로 이어진다고 간주할 수 있다. 다니엘서의 이러한 패턴이 요한계시록에 사용되고 있다는 것은 계시적 정황의 일치를 통해 요한이 다니엘의 예언 사역의 계승자임을 보여주고 있으며, 다니엘 2장 28절을 배경으로 하는 1장 1절의 "반드시 신속하게 되어져야만 하는 것들"이란 표현이 보여주는 것처럼 요한계시록은 다니엘서의 종말적 약속의 성취를 언급함으로써 다니엘서 본문에 매우 긴밀하게 반응하는 모습을 보여준다.

1) 첫 번째 단계와 두 번째 단계: 요한의 반응(1:17ab)

[1:17ab] 환상을 보고 엎드러지다

먼저 17절의 말씀은 요한이 13-16절의 환상을 보고 엎드러지는 반응을 소개한다. 이것은 위의 사중적 패턴에서 첫 번째와 두 번째 경우에 해당된다. 17a절은 다니엘 10장 5-6절과 7-9절을 반영하고 17b절은 다니엘 10장 15-17절을 반영한다(위의 표를 참고하라). 한편, 17b절은 요한이 엎드러졌다고 표현하는데, 계시를 받을 때 엎드러지는 것은 일반적인 반응이라고 볼 수 있다(수 5:14; 겔 1:28; 단 8:17-18; 에녹1서 14:14; 마 17:6 요 18:6).[210] 그러나 특별히 여기서는 "죽은 자처럼"(ὡς νεκρός, 호스 네크로스) 엎드러졌다고 표현함으로써 요한의 상태를 다니엘 10장에서 다니엘이 경험한 것보다 더 심각하게 표현한다. 이것은 13-16절에서 메시아와 하나님으로 소개된 예수 그리스도의 신적 권위를 더 고양시키고 있다. 한편 이러한 모습은 계시 수혜자인 요한에 대한 "신뢰감"(credibility)을 더욱 증폭시켜 준다.[211]

---

210 Osborne, *Revelation*, 93.
211 Gerhard A. Krodel, *Revelation*, ACNT (Minneapolis, MN: Augsburg Fortress, 1989), 96.

2) 세 번째 단계: 접촉(1:17c)

[1:17c] 오른손을 얹다

17c절부터는 13절의 "인자 같은 이"이신 예수님의 직접적인 말씀이 시작되며,[212] 사중적 패턴 가운데 마지막 두 경우가 소개된다. 17c절에서 예수님이 요한에게 얹으신 오른손은 16절에서 일곱 별을 가지고 있는 권능과 권세의 손이다. 특별히 그 손을 요한에게 얹으신 것은 요한으로 하여금 힘을 얻고 하나님의 말씀을 들을 뿐 아니라 고난을 각오하고 전하게 하는 "위임 행위"(commissioning act)의 의미를 갖는다(참고, 행 6:6; 8:17-19; 13:3; 딤전 4:14; 5:22; 딤후 1:6; 히 6:2)[213]. 이것은 요한에게 하나님이 보여주시는 계시의 말씀을 써서 보내라고 명하는 11절 및 19절의 명령과 잘 조화될 수 있는 해석이다. 이것은 앞의 사중적 패턴의 세 번째 단계로서, "한 손이 있어 나를 어루만지기로 … 그가 내 무릎과 손바닥이 땅에 닿게 일으키고"라고 말하는 다니엘 10장 10절의 장면과 관련되고, "사람의 모양 같은 것 하나가 나를 만지며 나를 강건하게 하여"라고 말하는 다니엘 10장 18절의 장면과도 관련된다. 다니엘서의 문맥에서 이러한 행위는 다니엘에게 힘을 회복시켜 주는 행위였을 뿐 아니라, 다니엘에게 주어지는 하나님의 계획에 대한 계시를 수용하고 선포할 수 있게 해 주는 단초가 된다.[214] 다니엘은 "사람의 모양 같은 것 하나"의 어루만짐을 받고 나서 강건하게 되어서 하나님의 계시의 말씀을 들을 준비를 할 수 있게 된다(단 10:19). 이러한 과정을 요한계시록 본문에 적용하면, 예수님이 요한에게 손을 얹으신 것은 요한으로 하여금 하나님의 말씀을 선포하도록 부르시는 것일 뿐만 아니라 그것이 가능하도록 힘을 북돋우는 것이기도 하다.

3) 네 번째 단계: 말씀(1:17d-20)

17d-20절은 사중적 패턴 중 네 번째인 예수님의 말씀을 소개한다. 이 내용은 17d-18절과 19-20절의 두 부분으로 나누어 볼 수 있다. 17d-18절에서는 "두려워하지 말라"는 말씀이 주어지고 19-20절에서는 "요한계시록을 기록하라"는 말씀이 주어진다.

---

212 Osborne, *Revelation*, 94.
213 앞의 책.
214 S. R. Miller, *Daniel*, NAC (Nashville, TN: Broadman & Holman, 1994), 288.

[1: 17d-18] 두려워하지 말라

두려워하지 말라(μὴ φοβοῦ, 17d절). 17d절의 이 말씀은 사중적 패턴의 마지막 순서 중 하나로 주어진다. 하나님의 현현은 언제나 사람들에게 두려움을 야기했다(참고, 마 14:27; 막 16:6; 눅 1:13, 30).[215] 이것은 다니엘에게도 마찬가지였다. 위에서 언급한 다니엘 10장 19절에서도 볼 수 있듯이 다니엘은 신현 앞에 두려워했었다. 따라서 요한계시록 본문의 "두려워하는 것을 중단하라"는 말씀은 "그리스도의 현현"(christophany) 앞에서 "두려워하지 말라"는 의미를 가질 수도 있다.[216] 하지만 동시에 그 말씀은 오른손을 얹는 선지적 위임의 행위와 더불어 주어지기 때문에 부르심의 앞길에 놓여진 각종 고난에 대해 두려워하지 말라는 확신을 불러일으키기 위한 것이기도 하다.[217] 그래서 이 일련의 과정을 "확신케 하고 격려하는 어루만짐"으로 특징지을 수 있다.[218]

나는 처음이요 마지막이요(ἐγώ εἰμι ὁ πρῶτος καὶ ὁ ἔσχατος, 17e절). 이곳의 "나는 처음이요 마지막이요"(ἐγώ εἰμι ὁ πρῶτος καὶ ὁ ἔσχατος, 에고 에이미 호 프로토스 카이 호 에스카토스)라는 문구는 17d절에서 주어진 "두려워하지 말라"는 명령의 이유로 제시되고 있다.[219] 17e절은 예수님 자신을 가리켜 하는 말씀으로서 1장 8절의 "나는 알파와 오메가이다"와 같은 의미로 사용된다.[220] 21장 6절에서는 "알파와 오메가"와 "처음과 마지막"이라는 두 명칭이 함께 등장한다. 또한 22장 13절에서는 예수님의 이름으로서 "알파와 오메가"와 "시작과 끝"과 "처음과 마지막"이 종합적으로 사용된다.[221] 이와 같은 일련의 호칭들은 이사야 41장 4절, 44장 6절, 48장 12절을 배경으로 사용되는데, 이 본문들은 하나님을 모든 피조물의 창조주로 묘사할 뿐 아니라 역사에 대한 주관자로도 묘사하고 있다.[222] 이사야서에서 묘사되고 있는 역사와 창조에 대한 하나님의 주권이 요한계시록에서 예수님께 동일하게 적용되고, 이러한 사실이 바로 요한이 두려워하지 말아야 하는 이유로 제시된다.

---

215 Osborne, *Revelation*, 94.
216 Aune, *Revelation 1-5*, 100.
217 Krodel, *Revelation*, 96.
218 앞의 책. 이러한 어루만짐은 "전통적 요소"라고 할 수 있다(참고, 단 10:10, 18; 에스라4서 10:29-31) (앞의 책).
219 앞의 책.
220 1:8에 대한 본문 주해를 참고하라.
221 1:8에 대한 본문 주해를 참고하라.
222 Bauckham, *The Theology of the Book of Revelation*, 27.

살아 있는 자(ὁ ζῶν, 18a절). 17e절의 호칭에 18a절의 "살아 있는 자"(ὁ ζῶν, 호 존)란 호칭이 덧붙여진다. 17e절의 "처음과 마지막"이라는 주제와 18a절의 "살아 있는 자"라는 주제는 서로 밀접하게 관련된다. 즉, 18a절의 "살아 있는 자"라는 문구는 17e절의 "처음과 마지막"이라는 문구의 확장으로서 "설명적으로"(epexegetically) 주어지고 있고,[223] 따라서 17e절은 18a절에 의해 보충적으로 설명되고 있다. 스윗(Sweet)에 의하면, "살아 있는 자"란 표현은 "현재의 생명"(present life)에 강조점을 둠과 동시에 "오는 세대의 생명"(the life of Age to Come)도 의미함으로써 단순히 살아 있는 존재 이상의 의미를 갖는다.[224] 이것은 처음과 마지막이신 예수님이 창조의 회복으로서 새창조를 이루신 정황을 적절하게 설명해 주고 있는데, 왜냐하면 현재에 주어지는 오는 세대의 생명은 새창조의 결과이기 때문이다. 이것은 역사 속에 죽음을 가져오는 로마 제국의 황제와는 달리 예수님은 역사 속에 새창조를 회복하심으로써 생명을 충만케 하시는 역사의 주관자이심을 선언하는 것이다. 이것이야말로 두려워하지 말아야 할 이유로 충분하다.

내가 죽었었다 그러나 보라 나는 영원히 살아 있다(ἐγενόμην νεκρὸς καὶ ἰδοὺ ζῶν εἰμι εἰς τοὺς αἰῶνας τῶν αἰώνων, 18bc절). 18bc절은 18a절의 연속으로서 이를 좀 더 확장해서 진술하는 내용이다. 이러한 관계는 18c절의 "나는 영원히 살아 있다"에서 "살아 있다"(ζῶν, 존)라는 표현과 18a절의 "살아 있는 자"(ὁ ζῶν, 호 존)라는 표현이 '존'(ζῶν)이라는 단어를 공유한다는 사실을 통해 확증된다. 18a절과 18c절 사이에 18b절의 "내가 죽었었다"(γενόμην νεκρὸς, 게노멘 네크로스)라는 문장이 삽입된다. 이러한 내용의 삽입에 의해 예수님의 사심이 더욱 강조되고 두드러진다. 그러므로 18b절이 말하는 "죽었었다"는 사실은 단순히 예수님의 부활 사건을 표현하기 위함이

---

223 Smalley, *The Revelation to John*, 56; Mounce, *The Book of Revelation*, 61; Aune, *Revelation 1-5*, 101-102; Blount, *Revelation*, 46; Borring, *Revelation*, 83. 이와는 반대로 18a절의 "살아 있는 자"를 17e절의 "처음이요 마지막"이라는 호칭과 분리해서 독립된 하나님의 이름으로 보는 견해도 적지 않다(Charles, *A Critical and Exegetical Commentary on the Revelation of St. John*, 1:31; Osborne, *Revelation*, 95; Beale, *The Book of Revelation*, 114; Wall, *Revelation*, 63; Thompson, *Revelation*, 60; Thomas, *Revelation 1-7*, 111 등). 이러한 주장은 수 3:10; 시 42:3; 84:3에서 이 문구가 하나님의 이름을 가리키는 독립적인 단위로 사용된다는 점을 근거로 삼는데, 실제적인 구약 본문의 근거는 희박하다. 그리고 앞서 번역의 문제에서도 간단하게 살펴본 것처럼, 만일 요한계시록 본문에서 이 문구가 독립적인 하나님의 이름을 가리키는 것이 되려면 "나는 처음이요 마지막이다"의 경우처럼 '에고 에이미'(ἐγώ εἰμι)라는 문구가 함께 사용되었어야 한다. 그랬다면 근거가 더욱 분명해졌을 것이다.

224 Sweet, *Revelation*, 72.

아니라 예수님의 살아 계심을 강조하기 위해 언급되는 것이다. 18c절에서 사용된 '에이미'(εἰμι)+현재 분사의 문형은 "우언적 현재"(periphrastic presence)를 나타낸다고 할 수 있다.[225] 이러한 우언법은 "수사적으로 좀 더 강한 표현"을 제공할 때 사용된다.[226] 이러한 우언법의 의미를 18c절에 적용하면 "영원히 살아 계신 것"이 강력하게 표현되고 있다고 할 수 있다. 죽음을 이기신 "살아 있는 자"가 영원토록 사시는 것은 매우 당연한 일이다. 18bc절을 다음과 같은 두 가지 의미로 요약할 수 있다: (1) 예수님은 죽으셨으나 살아나셔서 영원히 살아 계신다, (2) 이 영원한 생명은 종말적으로 성취된 새 시대의 생명이다.

18abc절은 17e절이 말하는 예수님의 "처음이요 마지막" 되심과 잘 조화를 이루고 있다.[227] 즉, 영원히 사시는 분이 "처음"으로서의 창조와 "마지막"으로서의 완성을 이루실 수 있다. 역사의 처음과 그 완성을 마무리하실 수 있다. 이러한 관계는 18a절의 "그리고"(καί, 카이)가 단순한 등위 접속사가 아니라 바로 앞에 있는 17e절의 "처음과 마지막"을 설명해 주는 용법으로 사용된다는 점을 통해 더욱 강화된다.[228] 이상의 내용은 다음에 나오는 18d절의 "사망과 음부의 열쇠를 가지고 있다"는 말씀을 예비한다.

나는 사망과 음부의 열쇠를 가지고 있다(Ἔχω τὰς κλεῖς τοῦ θανάτου καὶ τοῦ ᾅδου, 18d절). 먼저 "음부"(ᾅδης, 하데스)라는 단어는 죽은 자의 거처를 의미하는 히브리어 '쉐올'(שְׁאוֹל, 스올)과 동일한 의미를 갖는다.[229] 그러므로 이 단어와 함께 "사망"이란 단어가 사용되는 것은 자연스럽다. "사망과 음부"(τοῦ θανάτου καὶ τοῦ ᾅδου, 투 다나투 카이 투 하두)라는 문구는 요한계시록에서 하나의 쌍으로 사용되는데(6:8; 20:13-14)[230] 6장 8절과 20장 13-14절에서는 이 두 단어가 장소보다는 능력으로서 의인화되어 사용되기도 한다.[231] 그러므로 사망과 음부는 서로 다른 의미를 갖는 것이 아니라 동일한 의미를 갖는다고 볼 수 있다. 여기에서 "열쇠"(κλεῖς, 칼레이스)라는 단어는 "권세"(authority)란 의미를 갖는다.[232] 그러므로 사망과 음부의 열쇠

---

225 Aune, *Revelation 1-5*, 102.
226 BDF §352.
227 Beale, *The Book of Revelation*, 214.
228 앞의 책. 이 내용에 대해서는 직전의 18a절에서 좀 더 자세히 설명한 바 있다.
229 Harrington, *Revelation*, 51.
230 Smalley, *The Revelation to John*, 56.
231 Sweet, *Revelation*, 73.
232 Thomas, *Revelation 1-7*, 112.

를 가지고 있다는 것은 사망과 음부를 통제하는 권세를 가지고 있다는 것을 의미한다. 유대 문헌에 의하면 이러한 권세는 하나님께 속해 있다(예루살렘 탈굼 창 30:22).[233] 예수님은 인간에게 가장 치명적으로 불행한 요소라고 할 수 있는 사망을 압도하는 권세를 가지고 계시는 분이다. 이러한 내용은 이 본문 직전에 18abc절이 언급하는 죽었으나 다시 살아나 영원히 사시는 예수님의 생명과도 직결된다. 이것은 17d절이 "두려워하지 말라"고 말할 수 있는 이유가 되기에 충분하다.

더 나아가 18d절의 "사망과 음부의 열쇠"는 "열쇠"라는 단어에 의해 요한계시록 3장 7절의 "다윗의 열쇠"와 평행 관계를 갖게 된다. 이 두 열쇠는 동전의 양면과 같다. 사망과 음부를 압도하는 권세를 가지고 있지 못하다면 다윗 왕국에 들어가는 권세를 행사하지 못하는 것은 당연하다. 이러한 논리는 반대의 경우에도 성립된다. 곧 사망과 음부의 열쇠를 가지고 있다는 것은 다윗의 열쇠를 가지고 있다는 것을 의미한다. 이 두 문구의 밀접한 관계는 마태복음 16장 18-19절을 통해 입증될 수 있다.[234] 마태복음에서 예수님은 "교회를 세우리니 음부의 권세(직역하면, "문들")가 이기지 못하리라"라고 하시고(마 16:18), "내가 천국 열쇠를 네게 주리니"라고 약속하신다(마 16:19). 이 두 약속은 서로 평행 관계를 갖는다. 18절에서 음부의 권세가 교회를 이기지 못한다고 한 것은 교회가 음부의 권세에 대한 통제권을 가지고 있음을 의미한다. 19절에서 교회에게 천국의 열쇠를 주시겠다고 한 것은 천국에 들어가게 할 수 있는 권세를 갖게 된다는 것을 의미한다.[235] 이것을 통해 우리는 음부의 권세에 대한 통제가 천국의 열쇠와 동전의 양면 같은 관계를 갖는다는 것을 알 수 있다. 요한계시록 1장 18d절의 "사망과 음부의 열쇠"는 마태복음 16장 18절의 사망과 음부의 권세에 대한 통제

---

233 Charles, *A Critical and Exegetical Commentary on the Revelation of St. John*, 1:33. 산헤드린 113a는 다음과 같이 말한다: "엘리야는 죽은 자를 살리는 열쇠를 청했다. 그러자 그에게 말씀이 주어졌다: 메신저에게 맡겨지지 않은 세 개의 열쇠가 있으니 곧 출생의 열쇠, 비의 열쇠, 죽은 자를 일으키는 열쇠니라"(앞의 책). 그리고 시 93편에 대한 미드라쉬 테힐린(Midrash Tehillin)에 의하면, "메시아는 지논(Jinnon)이라고 불리는데, 왜냐하면 그는 죽은 자들을 깨울 것이기 때문이다"(F. Weber et al., *Jüdische Theologie auf Grund des Talmud und verwandter Schriften gemeinfasslich dargestellt von Ferdinand Weber* [Leipzig: Dörffling & Franke, 1897], 368; Charles, *A Critical and Exegetical Commentary on the Revelation of St. John*, 1:33에서 재인용).

234 Mounce, *The Book of Revelation*, 61.

235 John Nolland, *The Gospel of Matthew: A Commentary on the Greek Text*, NIGTC (Grand Rapids, MI: Eerdmans, 2005), 676. 놀란드(Nolland)는 열쇠가 "능력과 권세"와 긴밀하게 관련되는 것으로 해석한다 (앞의 책, 677).

권과 연결되고,[236] 요한계시록 3장 7절의 "다윗의 열쇠"는 마태복음 16장 19절의 천국 열쇠와 연결된다. 이러한 연결 관계에 비추어 봤을 때, 사망과 음부의 열쇠를 가지고 있다고 말하는 1장 18d절의 말씀은 다윗의 열쇠를 가지고 있다고 말하는 3장 7절의 말씀과 다르지 않다.

예수님은 사망과 음부에 머물게 할 수도 있고 천국에 머물게 할 수도 있는 권세를 가지고 계신다. 그리고 이러한 권세는 그분이 죽었었으나 다시 사시고 영원히 사시기 때문에 가능하게 되었다. 이와 같이 예수님이 죽음과 생명의 주관자 되심은 그분이 처음과 마지막이시라는 사실에 확고한 근거를 제공해 준다.

이상에서 살펴본 17-18절의 구약 배경을 간단히 정리하면 다음과 같다.

요한계시록 1:17-18		예수님	구약	
1:17e	나는 처음이요 마지막이요	하나님의 자기 계시	사 41:4	나 여호와라 처음에도 나요 나중 있을 자에게도 내가 곧 그니라
			사 44:6	나는 처음이요 나는 마지막이라 나 외에 다른 신이 없느니라
			사 48:12	나는 그니 나는 처음이요 또 나는 마지막이라
1:18a	그리고 살아 있는 자라 … 영원히 살아 있다	하나님	신 32:40	내가 영원히 살리라 하였노라
1:18b	사망과 음부의 열쇠를 가지고 있다	메시아	사 22:22	내가 또 다윗의 집의 열쇠를 그의 어깨에 두리니 그가 열면 닫을 자가 없겠고 닫으면 열 자가 없으리라

[1:19] 네가 본 것들을 쓰라

19-20절에서 요한은 17d-18절의 "두려워하지 말라"라는 말씀에 이어 승귀하신 예수님으로부터 두 번째 말씀을 듣는다. 19절에서 요한은 그가 보는 것을 쓰라는 명령을 다시 받는다. 이것은 요한에게 그가 보는 것을 책에 써서 일곱 교회에 보내도록 명하는 11절과 동일한 명령이다.[237] 이 관계를 통해 우리는 9-20절이 수미상관(inclusio) 구조를 이루고 있음을 알 수 있다. 곧 처음(11절)과 끝(19절)에서 요한에게 그가 본 것을 쓰라는 명령이 나오고 그 사이에 놓여 있는 본문(12-18절)

---

236 물론 계 1:18d의 음부의 권세와 마 16:18의 음부의 권세는 다소 뉘앙스 차이가 있다. 전자의 경우는 음부를 압도하는 권세이고 후자의 경우는 음부가 가지고 있는 권세를 의미한다.

237 Blount, *Revelation*, 47.

에는 승귀하신 예수님에 대한 환상의 내용이 담겨 있다. 이러한 형식을 통해 요한은 승천하셔서 만왕의 왕이요 만주의 주로서 온 우주 가운데 공표되신 예수님이 주신 말씀을 써서 보내도록 부르심을 받는 과정을 보여주고자 한다. 더 나아가서, 써서 보내야 하는 내용의 핵심이 예수 그리스도 자신일 뿐 아니라 그러한 계시의 기록과 전달 과정을 주관하는 분도 예수님이심을 보여주고자 한다. 그러므로 요한계시록은 1장 1절의 표현처럼 "예수 그리스도의 계시"인 것이다. 다시 말하면, 요한계시록의 말씀은 예수 그리스도를 계시하는 것이기도 하지만 그와 동시에 예수 그리스도가 계시해 주신 것이기도 하다.

그러므로 쓰라(γράψον οὖν, 19a절). 19절의 초두에는 "그러므로"(οὖν, 운)라는 접속사가 나온다. 이러한 접속사의 사용은 앞의 내용과의 밀접한 관계를 시사해 준다. 18절에서 예수님은 자신에 대해 스스로 묘사하시기를, "나는 처음이요 마지막이요 그리고 살아 있는 자다"(17e-18a절), "내가 죽었었다 … 나는 영원히 살아 있다"(18bc절), "나는 사망과 음부의 열쇠를 가지고 있다"(18d절)라고 하신다. 이 세 종류의 자기 소개 이후에 예수님은 요한에게 "그러므로 쓰라"(19a절)라는 명령을 주신다. 역사를 주관하시고("처음이요 마지막"), 죽음을 이기셨으며("내가 죽었었다 … 나는 영원히 살아 있다"), 죽음을 다스리시는("사망과 음부의 열쇠를 가지고 있다") 예수님이 지금 요한에게 그가 본 것을 쓰라고 명령하시는 것이다.[238] 요한에 대한 선지적 부르심의 의식을 주도하시는 예수님은 의심할 여지 없이 우주적 권세를 가지고 계신 분이고, 따라서 그분의 명령에 철저하게 순종하는 것은 필연적이다. 그리고 그런 예수님이 요한을 부르셨기에 그만큼 요한의 메시지의 진정성에 힘이 실린다.

19ab절의 "네가 본 것들을 … 쓰라"는 명령은 "네가 보는 것을 책 속으로 쓰라"는 11b절의 명령과 평행 관계를 형성한다. 두 명령 모두에 들어 있는 "쓰라"는 표현은 초대 교회 시대에 예언 사역을 묘사하는 일반적인 형식이었고,[239] 따라서 이 본문들은 요한이 선지적 사역으로 부르심 받는 현장이라고 할 수 있다.

네가 본 것들과 지금 있는 것들(ἃ εἶδες καὶ ἃ εἰσίν, 19bc절). 19b절에서는 과거형인 "네가 본 것들"(ἃ εἶδες, 하 에이데스)이 사용된 반면, 11절에서는 "네가 보는 것"(ὃ βλέπεις,

---

238 Smalley, *The Revelation to John*, 56.
239 11b절에 대한 본문 주해를 참고하라.

호 블레페이스)이라는 현재형이 사용되었다. 이러한 차이를 어떻게 설명할 수 있을까? 보는 것의 대상이 시차에 따라 다를 수 있을까? 1장 2절에서도 "그가 본 것"(ὅσα εἶδεν, 호사 에이덴)이라는 과거형이 사용된 바 있다. 여기에서 사용된 과거 시제는 독자들의 관점에서 이미 발생한 것으로 간주하는 서신적 과거 용법이라 할 수 있다. 이러한 서신적 과거 용법을 19b절에도 적용할 수 있을 것이다.

19b절의 "네가 본 것들"에 19c절의 "지금 있는 것들"(ἃ εἰσίν, 하 에이신)이란 문구가 덧붙여 지고 있다. 이것은 요한이 본 것을 체험한 시점의 차이를 나타내려는 것이 아니다. 어떤 학자들은 보는 시점에 차이를 두어 "네가 본 것들"과 "지금 있는 것들"과 "이것들 후에 반드시 되어져야만 하는 것들"을 삼등분하고, "네가 본 것들"은 1장 12-20절의 내용을, "지금 있는 것들"은 2-3장을, "이것들 후에 반드시 되어져야만 하는 것들"은 미래적 사건을 가리키는 것으로 간주함으로써 이 문제를 해결하려 한다.[240] 그러나 이러한 구분은 요한계시록의 내용을 과도하게 단순화시키는 오류를 낳는다. 2-3장에도 미래적, 종말적 사건을 예시하는 내용이 있으며, 4장 이후에도 단순히 미래적 사건만 나오는 것이 아니라 현재적 사건이 서술되기도 한다.[241] 요한계시록은 1장부터 22장까지 전체에 걸쳐 현재적 사건과 미래적 사건이 혼합적으로 구성되어 있다. 그러므로 시점을 구분함으로써 지나치게 단순화하는 것은 요한계시록에 대한 올바른 이해를 가로막는 장애물이 될 수 있다. 더 나아가서, 19절의 "네가 본 것들"이라는 말이 진행되는 동안에도 요한의 환상적 경험은 여전히 진행 중이고 그가 보는 것은 아직 끝나지 않은 상태이므로, 요한계시록 전체를 삼등분하여 19절의 "네가 본 것들"이란 표현이 12-20절의 환상을 과거적 경험으로 간주한다고 주장하는 것은 타당하지 않다.[242]

먼저 이러한 시제 차이는 관점의 차이에서 왔다고 볼 수 있다. 11절의 "네가 보는 것"(현재형)은 요한이 환상을 보고 있는 관점에서 기록하고 있는 것이고 19절의 "네가 본 것들"(부정과거형)은 이미 완성된 상태에 있는 요한계시록의 독자

240 Swete, *The Apocalypse of St. John*, 21; W. Bousset, *Die Offenbarung Johnnis*, 6th ed., KEK (Göttingen: Vandenhoeck & Ruprecht, 1906), 198; Charles, *A Critical and Exegetical Commentary on the Revelation of St. John*, 1:33; E. Lohse, *Die Offenbarung des Johannes* (Göttingen: Vandenhoeck & Ruprecht, 1976), 22(Aune, *Revelation 1-5*, 105에서 재인용).

241 Beasley-Murray, *The Book of Revelation*, 68; Roloff, *The Revelation of John*, 38; Sweet, *Revelation*, 73; G. B. Caird, *The Revelation of Saint John*, BNTC (Peabody, MA: Hendrickson, 1999), 26; Aune, *Revelation 1-5*, 105.

242 Aune, *Revelation 1-5*, 105.

들의 입장에서 표현하고 있는 것이다(이것을 "서신적 부정과거"[epistolary aorist]라고 부른다).[243] 이러한 용법 외에 19절의 "네가 본 것들," "지금 있는 것들," "이것들 후에 반드시 되어져야만 하는 것들"이라는 삼중적 표현은 당시 헬레니즘의 영향을 받아 매우 보편적으로 사용되던 "묵시문학적 형식"(apocalyptic formula)으로서, 과거와 현재와 미래로 삼등분되는 "헬라적 삼중 예언 형식"(Hellenistic tripartite prophecy formula)을 변형시켜 사용한 것으로 간주할 수도 있다.[244] 오비디우스의 작품에서는 아폴로가 "앞으로 있을 것, 전에 있었던 것 그리고 지금 있는 것의 계시자"로 표현된다(Metam. 1.517).[245] 그리고 사이스(Sais)의 이시스(Isis) 동상에는 다음과 같은 비문이 적혀 있다. "나는 전에도 있었고 지금도 있고 앞으로도 있을 모든 것이다."[246] 삼중적 표현이 사용되는 요한계시록의 또 다른 본문인 1장 4절과 8절에는 "지금 계시고 전에도 계셨고 장차 오실 이"란 표현이 사용되기도 한다.[247]

그러므로 이러한 삼중적 형식에 맞추기 위해 요한은 "보는 행위"가 현재 시제임에도 불구하고 과거형으로의 변형을 시도했고 동시에 그 과거형을 서신적 과거형으로 활용하는 이중적 목적을 달성한다. 그렇다면 19b절의 "네가 본 것들"(서신적 부정과거형)이란 11b절의 "네가 보는 것"(현재형)과 동일한 의미로서 요한계시록 전체를 가리키는 것으로 이해할 수 있다.[248] 11b절의 "네가 보는 것을 책에 쓰라"(ὃ βλέπεις γράψον εἰς βιβλίον, 호 블레페이스 그랍손 에이스 비블리온)는 2c절의 "그가 본 것"(ὅσα εἶδεν, 호사 에이덴) 및 3절의 "그 안에 기록된 것들"(τὰ ἐν αὐτῇ γεγραμμένα, 타 엔 아우테 게그람메나)과 언어적, 의미적 평행을 이루고 있으므로, 19b절의 "네가 본 것들"과 함께 모두 요한계시록의 일부가 아니라 전체를 가리킨다고 할 수 있다.[249]

이것들 후에 반드시 되어져야만 하는 것들(ἃ μέλλει γενέσθαι μετὰ ταῦτα, 19d절). 19b절의 "네가 본 것들"이 요한계시록 전체를 가리키고 있다면 "지금 있는 것들"(19c절)과 "이것들 후에 반드시 되어져야만 하는 것들"(19d절)은 "네가 본 것들"과 중복될 수밖에 없다. 그렇다면 "지금 있는 것들"과 "이것들 후에 반드시 되어져야만

---

243 앞의 책, 106.
244 앞의 책, 105; Sweet, *Revelation*, 73.
245 Roloff, *The Revelation of John*, 38.
246 앞의 책. 이와 같은 삼중적 표현에 대해서는 1:4bc에 대한 본문 주해를 참고하라.
247 Beale, *The Book of Revelation*, 216.
248 Smalley, *The Revelation to John*, 57; Harrington, *Revelation*, 51.
249 Beale, *The Book of Revelation*, 169.

하는 것들"은 "네가 본 것들"을 설명해 주는 역할을 한다고 볼 수 있다. 결국 "지금 있는 것들"과 "이것들 후에 반드시 되어져야만 하는 것들"의 관계로 문제의 초점이 좁혀진다. 오우니는 이 세 문구의 관계를 설정함에 있어 요한계시록 전체를 의미하는 "네가 본 것들"을 다른 두 개와 분리시켜서 독립적으로 취급하고 다음에 사용되는 접속사 '카이'(καί)를 "설명적 용법"으로 간주하면서 다음과 같은 번역을 제시한다: "네가 본 것들 곧 현재 사건들과 미래의 사건들을 쓰라."[250]

오우니의 번역도 타당할 수 있지만, 또 다른 해석도 가능하다. 19절의 "이것들 후에 반드시 되어져야만 하는 것들"(ἃ μέλλει γενέσθαι μετὰ ταῦτα, 하 멜레이 게네스다이 메타 타우타)은 1장 1절의 "반드시 신속하게 되어져야만 하는 것들"(ἃ δεῖ γενέσθαι ἐν τάχει, 하 데이 게네스다이 엔 타케이)과 유사한 문형을 갖고 있다.[251] 이 관계에 근거해서 1장 1절의 배경이라 할 수 있는 다니엘 2장 28절, 29절, 45절에 대한 70인역과 데오도티온[252]의 번역을 비교해 보면 매우 흥미로운 사실을 발견할 수 있다.[253]

본문	70인역	데오도티온역	마소라 본문
2:28	ἃ δεῖ γενέσθαι ἐπ' ἐσχάτων τῶν ἡμερῶν 날들의 마지막에 반드시 되어져야만 하는 것들		בְּאַחֲרִית יוֹמַיָּא
2:29	ὅσα δεῖ γενέσθαι ἐπ' ἐσχάτων τῶν ἡμερῶν 날들의 마지막에 반드시 되어져야만 하는 것들	τί δεῖ γενέσθαι μετὰ ταῦτα 이것들 후에 반드시 되어져야만 하는 것들	אַחֲרֵי דְנָה
2:45	τὰ ἐσόμενα ἐπ' ἐσχάτων τῶν ἡμερῶν 날들의 마지막에 있게 될 것들	ἃ δεῖ γενέσθαι μετὰ ταῦτα 이것들 후에 반드시 되어져야만 하는 것	אַחֲרֵי דְנָה

다니엘 2장 28절에서는 마소라 본문에 '베아하리트 요마야'(בְּאַחֲרִית יוֹמַיָּא)라고 되어 있는 부분을 70인역과 데오도티온역 모두 동일하게 "날들의 마지막에"(ἐπ' ἐσχάτων τῶν ἡμερῶν, 에프 에스카톤 톤 헤메론)로 번역했다. 반면에 다니엘 2장 29절과 2장 45절에서는 마소라 본문에 '아하레 데나'(אַחֲרֵי דְנָה, 이것 후에)라고 되어 있는 부분에서 두 번역이 차이를 보인다. 먼저 데오도티온역은 "이것들 후에"(μετὰ ταῦτα,

---

250 Aune, *Revelation 1-5*, 106.
251 Beale, *The Book of Revelation*, 154.
252 데오도티온(Theodotion)은 2세기 중반에 구약을 헬라어로 번역하기 위해 활동했던 유대인 성경 번역가로 알려져 왔으나 최근에는 데오도티온의 번역이 더 이른 시기에 이루어졌을 것으로 보기도 한다.
253 Beale, *The Book of Revelation*, 155.

메타 타우타)로 번역해서 (아람어로는 단수형으로 되어 있는 대명사 "이것"을 복수형 "이것들"로 번역한 것 외에는) 마소라 본문과 일치하는 반면에, 70인역은 "날들의 마지막에"(ἐπ᾽ ἐσχάτων τῶν ἡμερῶν, 에프 에스카톤 톤 헤메론)라고 번역한다. 여기서 우리는 "이것들 후에"와 "날들의 마지막에"가 서로 동일한 의미를 갖는다는 사실을 알 수 있다. 따라서 "이것들 후에"라는 문구는 종말적 약속의 의미를 내포한다. 다니엘 2장의 문맥에서 보면 이러한 사실이 더욱 강화된다.

이상으로 볼 때 요한계시록 1장 19절에서 사용된 '메타 타우타'(μετὰ ταῦτα, 이것들 후에)는 다니엘 2장 29절과 45절의 70인역이 아니라 데오도티온역에서 가져온 것이며 종말적 의미를 함축한다는 것을 알 수 있다. 요한계시록 1장 1절에서는 "날들의 마지막에"(ἐπ᾽ ἐσχάτων τῶν ἡμερῶν, 에프 에스카톤 톤 헤메론)라는 문구를 성취의 관점으로 나타내기 위해 데오도티온역 다니엘 2장 29절과 45절의 "이것들 후에"(μετὰ ταῦτα, 메타 타우타)를 "신속하게"(ἐν τάχει, 엔 타케이)로 바꾸었지만, 1장 19절에서는 "이것들 후에"를 변경 없이 그대로 사용한다. 그럼에도 불구하고 요한계시록 자체의 맥락에서 볼 때, 1장 1절의 경우처럼 다니엘서가 갖는 "이미 시작된 종말의 전망"을 1장 19절도 동일하게 함의한다고 볼 수 있다.[254] 한편, 1장 19절에서는 1장 1절에서 "반드시"란 의미로 사용된 '데이'(δεῖ) 대신 '멜레이'(μέλλει)가 사용된다. 이로써 요세푸스가 두 번씩이나 다니엘 2장 28절, 29절, 45절의 '데이'를 '타 멜론타'(τὰ μέλλοντα>μέλλω, 멜로)로 "풀어서 표현"(paraphrase)한 것처럼 요한도 두 단어를 동일하게 취급한다는 것을 알 수 있다.[255] 이와 같은 패턴은 마태복음에서도 나타나서 마태복음 16장 21절의 '데이'(δεῖ)가 17장 12절과 22절에서는 '멜레이'(μέλλει)로 표현된다. 이상의 내용을 다음과 같이 요약할 수 있다.

요한계시록 1:1	요한계시록 1:19	다니엘 2:28, 29 (70인역)	다니엘 2:28-29 (데오도티온역)
ἃ δεῖ γενέσθαι ἐν τάχει	ἃ μέλλει γενέσθαι μετὰ ταῦτα.	[28] ἃ δεῖ γενέσθαι ἐπ᾽ ἐσχάτων τῶν ἡμερῶν	[28] ἃ δεῖ γενέσθαι ἐπ᾽ ἐσχάτων τῶν ἡμερῶν … [29] τί δεῖ γενέσθαι μετὰ ταῦτα
		[29] ὅσα δεῖ γενέσθαι ἐπ᾽ ἐσχάτων τῶν ἡμερῶν	[29] τί δεῖ γενέσθαι μετὰ ταῦτα

254 앞의 책, 154.
255 앞의 책, 157.

1장 19절에 나오는 세 표현 중 마지막에 해당하는 "이것들 후에 반드시 되어져야만 하는 것들"은 1장 1절의 "반드시 신속하게 되어져야만 하는 것들"과 동일한 내용으로서, 종말론적으로 성취되었고 장차 완성될 구속사적 사건의 모든 내용을 포함한다고 볼 수 있다. 즉, 현재 일어나고 있고 미래에 일어나게 될 모든 구속사적 사건을 포함한다. 따라서 "이것들 후에 반드시 되어져야만 하는 것들"은 요한계시록 전체를 의미하고, 이러한 맥락에서 보면 첫 표현인 "네가 본 것들"과 동일한 것으로 간주될 수 있다. 그러므로 이 세 표현의 조합을 "예언을 묘사하는 일반적인 관용구"로 보면서 요한계시록 전체를 나타내는 것으로 간주하는 해링턴(Harrington)의 주장은 타당하다.[256]

그렇다면 또한 19절의 두 번째 문구인 "지금 있는 것들"은 세 번째 문구인 "이것들 후에 반드시 되어져야만 하는 것들"과 같은 내용으로 보는 것이 가능하며, 예수 그리스도로 말미암아 지금 일어나고 있는 일이란 의미를 함축하는데, 이는 그것이 영속적으로 그것을 경험하는 자들에게 현재로 나타나기 때문이다. 요한계시록은 바로 이러한 내용을 중심 주제로 다루고 있다. 그렇다면 "네가 본 것들"과 "지금 있는 것들"과 "이것들 후에 반드시 되어져야만 하는 것들"은 모두 동일한 내용으로서 같은 의미를 세 번 반복하여 말하고 있는 것이다. 그리고 이렇게 세 번 반복해서 말하고 있는 것은 앞에서 언급했던 것처럼 헬라적이며 묵시문학적 표현 방식인 삼중적 표현 형식을 구성하기 위한 것일 뿐만 아니라 구속사적 성취를 삼중적으로 강조하기 위한 것이기도 하다.

[1:20] 일곱 별과 일곱 금 촛대의 비밀

19절에서 요한에게 예수님으로 말미암아 종말론적으로 성취되었고 완성될 구속사적 사건의 내용을 쓰라고 명령한 뒤 20절에서는 요한이 보았던 내용 중에 특별히 일곱 금 촛대(12-13절)와 예수님의 오른손의 일곱 별(16절)을 다시 언급한다.

네가 본 것(οὓς εἶδες, 20a절). 19절에 언급된 요한의 보는 행위와 20ab절이 말하는 요한의 보는 행위는 동일하다고 할 수 있다. 왜냐하면 이 두 구절이 서로 밀접하게 연결되어 전개될 뿐 아니라 동일한 동사 "보다"(εἶδες, 에이데스)ὁράω, 호라오)가 사용되기 때문이다. 하지만 이 두 본문 사이에는 결정적인 차이가 있는데, 그

---

256 Harrington, *Revelation*, 51.

것은 바로 요한이 보는 구체적인 대상이다. 19절에서 "네가[요한이] 본 것들"(ἃ εἶδες, 하 에이데스)은 요한계시록 전체를 가리키는 반면, 20ab절에서 "네가[요한이] 본"(εἶδες, 에이데스) 것은 "예수님의 오른손에 있는 일곱 별"(16절)과 "일곱 금 촛대"(12절)이다. 요한이 12-16절에서 본 것들 중에 특별히 일곱 별과 일곱 금 촛대를 선택한다는 것은 이 두 대상의 중요성을 보여준다. 20cd절에서 일곱 별은 일곱 교회의 천사들로 해석되고 일곱 촛대는 일곱 교회로 해석된다. 이러한 해석에서 우리는 이 두 대상 모두 교회와 관련된다는 것을 알 수 있다. 이렇게 보면, 예수님은 요한이 본 것들을 통해서 교회에 강조점을 두신다는 것을 알 수 있다.

일곱 금 촛대(τὰς ἑπτὰ λυχνίας τὰς χρυσᾶς, 20b절). 20d절에서는 "일곱 금 촛대"를 "일곱 교회"로 해석한다. 촛대가 교회를 의미한다면 13절에서 일곱 "촛대들 가운데"(ἐν μέσῳ τῶν λυχνιῶν, 엔 메소 톤 뤼크니온) 계시는 예수님은 교회의 주인으로서 교회 가운데 임재하시는 분으로 이해할 수 있다. 그런데 일곱 금 촛대는 그 자체를 위해 존재하는 것이 아니라 등불을 위해 존재한다. 이러한 관계는 스가랴 4장 2절에서 순금 등잔대 위에 일곱 등잔이 있는 것을 통해 잘 드러난다. 스가랴서의 이 "순금 등잔대"(λυχνία χρυσῆ, 뤼크니아 크뤼세)는 요한계시록의 "일곱 금 촛대"(τὰς ἑπτὰ λυχνίας τὰς χρυσᾶς, 타스 헤프타 뤼크니아스 타스 크뤼사스)의 배경으로 사용되는데, 이는 요한계시록의 "촛대들"과 스가랴서의 "등잔대"가 동일한 단어인 '뤼크니아'(λυχνία)로 표현되고 두 본문 모두에서 "순금"(χρυσοῦς, 크뤼수스)이란 단어가 공통적으로 사용되기 때문이다.[257] 다만 스가랴서의 등잔대는 단수형 '뤼크니아'(λυχνία)로 사용된 반면 요한계시록의 촛대는 복수형 '뤼크니아스'(λυχνίας)로 사용된다. 이것은 메노라(menorah)라 불리는 촛대를 볼 때 어떤 곳을 보느냐에 따라 단수인 하나로 볼 수도 있고 복수인 일곱으로 볼 수도 있다는 점을 통해 설명할 수 있다. 즉, 메노라의 하단에 주목하면 그 선이 하나이므로 단수이겠지만 꼭대기의 일곱 등잔과 연결되는 부분에 주목하면 일곱 촛대들이 된다. 이것을 감안하면, 스가랴서의 단수형 사용과 요한계시록의 복수형 사용은 서로 모순된 것이 아니다.[258]

---

257 따라서 번역에 있어서 슥 4:2의 순금 등잔대를 계 1:20의 일곱 촛대와 일치시킬 필요가 있다.

258 비일은 이러한 단수형과 복수형의 차이를 인식하지 못하고, 단순히 "일곱"이란 숫자의 일치만을 근거로 계 1:20의 "일곱 촛대"(ἑπτὰ λυχνίας, 헤프타 뤼크니아스)와 슥 4:2의 "일곱 등잔"(ἑπτὰ λύχνοι, 헤프타 뤼크노이)을 연결하려 한다(Beale, The Book of Revelation, 219). 그러나 계 1:20은 '뤼크니아'(λυχνία)를 사용하고 슥 4:2는 '뤼크노스'(λύχνος)를 사용한다는 점에서 언어적으로 차이가 있고, 기능적으로도 차이가 있다. 오히려 계 4:5의 "일곱 등불"이 슥 4:2의 "일곱 등잔"과 일치한다고 할 수 있다.

스가랴 4장에서 "등잔대"(λυχνία, 뤼크니아) 위에 "일곱 등잔"(ἑπτὰ λύχνοι, 헤프타 뤼크노이)이 있는 것처럼 요한계시록에는 일곱 "촛대들"(λυχνίαι, 뤼크니아이; 계 1:20) 위에 "일곱 등불"(ἑπτὰ λαμπάδες, 헤프타 람파데스; 계 4:5)이 있다. 요한은 이 일곱 등불을 "하나님의 일곱 영"으로 해석한다(계 4:5). 이것은 일곱 금 촛대가 상징하는 교회가 일곱 등불이 상징하는 성령을 떠받치는 역할을 하는 모습을 보여준다. 요한은 일곱 교회와 성령 사이의 밀접한 관계를 드러내기 위해 스가랴서에서 단수형으로 사용된 등잔대를 일곱이라는 복수형으로 변형시켰다고 추정할 수 있다.

일곱 등잔이 성전 전체를 비출수 있도록 순금 등잔대가 떠받치고 있는 것처럼 교회는 성령이 온누리에 그 임재를 나타내도록 떠받치는 받침대로서의 기능을 갖는다. 이러한 관계에 의해 교회는 성령이 역사하시는 통로가 되어 성령의 능력을 드러내는 존재로서의 의미를 갖는다. 촛대가 등불을 받치고 있는 모습을 상상해 보라. 촛대는 "빛의 운반자"(light-bearer)라는 그림이 그려질 것이다.[259] 이것은 증인의 의미를 구축한다. 이것이 바로 요한계시록 11장 4절에서 교회를 상징하는 두 증인을 두 촛대라고 부르는 이유다.[260] 그렇다면 증거하는 두 증인을 통해 성령이 활동하시는 것이 된다. 더 나아가 이러한 촛대의 모습은 에덴에서 하나님의 영광을 반영하도록 지음 받은 아담의 역할을 회복하는 의미를 가질 뿐 아니라, 아담의 역할을 계승하기 위해 열방을 위한 빛으로 부름 받은 이스라엘의 기능을 성취한다(참고, 사 42:6-7; 49:6).[261]

일곱 별은 일곱 교회의 천사들이요(οἱ ἑπτὰ ἀστέρες ἄγγελοι τῶν ἑπτὰ ἐκκλησιῶν εἰσιν, 20c절). 다음으로 살펴보아야 할 것은 "일곱 별"(οἱ ἑπτὰ ἀστέρες, 호이 헤프타 아스테레스)을 "일곱 교회의 천사들"(ἄγγελοι τῶν ἑπτὰ ἐκκλησιῶν, 앙겔로이 톤 헤프타 에클레시온)이라고 해석한 대목이다. 여기에서 "천사들"(ἄγγελοι, 앙겔로이)라는 단어가 의미하는 바는 무엇인가? 이 문맥에서 이 단어는 단순히 메신저의 의미를 갖는 것이 아니다. 그러므로 이 단어를 "사자"(messenger)로 번역하는 것은 적절하지 않다. 대부분의 영어 성경(ESV, NRSV, NKJV)이 이를 "천사들"(angels)로 번역한다.[262] 이것에 대해서

---

259 Beale, *The Book of Revelation*, 231.
260 이러한 지적은 "촛대의 일차적인 의미가 증거의 의미라는 것은 '촛대들'이 하나님의 '선지적 증인들'인 자들을 가리키는 계 11:3-7, 10에서 확증된다"는 비일의 주장과 맥을 같이한다(앞의 책).
261 앞의 책.
262 롤로프에 따르면, 요한계시록과 신약 성경 전체에서 '앙겔로스'는 항상 "천사"만을 의미하는 것으로 사용된다(Roloff, *The Revelation of John*, 39).

는 학자들의 주장이 분분한데, 그 주장들을 다음과 같이 간단하게 정리할 수 있을 것이다:[263] (1) "지상적 교회의 천상적 대응체"[264]; (2) 천사를 숭배하는 유대 전통이나 기독교의 한 부류의 경향을 반영하는 표현으로서 "세상을 지배하는 세력이나 능력의 화신(personification)"[265]; (3) 감독이나 목사 같은 교회 "공동체 안의 지도자."[266]

위의 세 입장 중에서 어떤 것이 옳은지를 결정하는 것은 간단한 작업이 아니다. 그러나 우선 분명한 것은 요한계시록에서는 "천사들"이란 단어가 사람에게 적용되어 사용되지 않는다는 것이다.[267] 그러므로 세 번째는 선택의 대상에서 배제된다. 두 번째 경우는 일곱 교회들 가운데 천사 숭배와 관련된 교회가 있었음을 증명해 주는 단서를 찾기가 쉽지 않다.[268] 그렇다면 첫 번째 경우만 남는다. "별들"은 헬라인들에게는 "신들"(gods)을 나타내고 유대인들에게는 "천사들"(angels)을 의미한다.[269] 이 두 경우 모두가 다소 표현은 다를지 모르나 별들이 천상적 존재를 나타내기 위해 사용되고 있다는 점에서 공통점이 있다. 고대 사회에서 천상적 존재와 지상적 존재를 연관시키려 했던 흔적들이 존재한다. 예를 들면, 페르시아의 '프라바쉬스'(fravashis)도 "지상의 개인들이나 지상 공동체의 천상적 대응체"로서의 기능을 한다.[270] 구약과 신약 그리고 유대 문헌에서 천사들은 성도들을 대표하는 기능을 갖는다(단 10:20-21; 12:1. 참고, 7:27; 8:10, 24).[271] 다니엘 8장 10절에서는 천사를 별들에 비유하고(참고, 7:27; 8:11, 24), 다니엘 12장 3절에서는 부활한 이스라엘을 별들에 비유한다.[272] 여기에서 별은 천사와 이스라엘을 이어주는 징검다리 역할을 한다. 곧 별을 매개로 천사와 이스라엘이 조우한다.

---

263 Osborne, *Revelation*, 98-99의 내용을 참고하였으나 오즈번이 제시한 내용들에 많은 오류가 발견되어 대폭 수정하고 첨가했다.

264 Harrington, *Revelation*, 52-53; 이 외에도 "지상의 개인이나 공동체에 대한 천상의 대응체"란 해석(Beasley-Murray, *The Book of Revelation*, 69), "성도들의 집합적 대표자들로서의 천사들"이란 해석(Beale, *The Book of Revelation*, 219), 약간 변형된 형태로서 "지상적 실재의 영적 대응체"란 해석(Sweet, *Revelation*, 73)이 있다. 이러한 해석들은 대체로 유사한 의미를 갖는다.

265 Roloff, *The Revelation of John*, 39-40.

266 Fiorenza, *Revelation*, 53. 헨드릭슨도 같은 맥락에서 "목사들/ 사역자들"을 의미하는 것으로 주장한다(W. Hendriksen, *More than Conquerors: An Interpretation of the Book of Revelation* [Grand Rapids, MI: Baker, 1967], 58).

267 Osborne, *Revelation*, 99.

268 앞의 책.

269 Farrer, *The Revelation of St John the Divine* (Oxford: Clarendon Press, 1964), 68(Sweet, *Revelation*, 73 에서 재인용).

270 Beasley-Murray, *The Book of Revelation*, 69; Smalley, *The Revelation to John*, 58.

271 Beale, *The Book of Revelation*, 219.

272 앞의 책.

이러한 관계가 1장 20절에서 일곱 별을 일곱 교회의 천사들이라고 말한 것에 대한 배경으로 추정될 수 있다. 에녹1서 104장 2-6절은 고난을 견디는 성도들이 "하늘의 빛들처럼 빛날 것이요 … 하늘의 천사들처럼 큰 기쁨을 가지게 될 것이다"라고 하면서 성도들을 하늘의 별과 천사들에 비유하여 표현한다(참고, 바룩2서 51:5, 10; 에녹1서 43:1-44:1; 위-필론 33:5; 마카베오4서 17:5; 에스라4서 7:96-97; 에녹2서 66:7).[273]

요한계시록 내에서 천사들은 교회를 대표하는 존재로 등장하기도 하고 더 나아가서 교회들과 동일시되는 존재로 나타나기도 한다.[274] 예를 들면, 요한계시록 19장 10절이 "나는 너와 및 예수의 증거를 받은 네 형제들과 같이 된 종이니"라고 말하고 22장 9절이 "나는 너와 네 형제 선지자들과 또 이 두루마리의 말을 지키는 자들과 함께 된 종이니"라고 말하는 것은 천사들이 스스로를 교회 성도들과 동일시하는 것을 보여주며, 8장 3-4절에서 어떤 천사가 성도들의 기도를 하나님 앞에 드리는 장면을 통해 우리는 천사들이 성도들을 대표하는 존재라고 이해할 수 있다.

구약 및 유대 문헌 배경들과 요한계시록 자체의 내용을 종합해 볼 때, 20c절의 별들이 상징하는 천사들은 지상적 교회를 대표하는 천상적 대응체임이 분명하다. 이러한 점에서 앞에서 제시된 세 견해 중에서 첫 번째가 가장 적절하다고 판단할 수 있다.

만일 그렇다면 2-3장에서 교회의 문제를 지적하는 대목에서 비난받거나 지적받을 일이 없는 천사들이 그 대상이 되고 있는 것은 이상한 일이 아니다. 왜냐하면 천사는 교회 공동체를 대표하는 존재로서 교회 공동체와의 연합체로 간주될 수 있기 때문이다. 이러한 맥락에서 그리스도께서 일곱 별을 오른손에 쥐고 계시다는 것은 그리스도께서 지상에 존재하는 교회 공동체에 대한 주재권을 가지고 계신다는 의미라고 볼 수 있다. 이것은 1장 13절에서 예수님이 "촛대 가운데" 계시는 것과 동일한 의미를 갖는다.

그렇다면 요한계시록에서 천사와 교회 공동체와의 이러한 유기적 관계를 강조하는 이유는 무엇인가? 그것은 천사와 교회 공동체를 이렇게 관련시킴으로써 예수님의 승천을 통해 교회 공동체가 갖게 된 천상적 존재로서의 의미를 드러내기 위함이다. 천사들은 천상적 존재로 간주되고, 지상의 교회와 천상적으로 대

---

273 앞의 책, 218.
274 Osborne, *Revelation*, 99.

응되는 관계에 있는 것으로 여겨진다. 이러한 결론은 교회 공동체가 지상에 존재하지만 동시에 하늘에도 존재한다는 것을 이해하도록 도움을 준다. 일곱 별이 상징하는 일곱 천사의 존재는 교회 공동체가 하늘에 존재한다는 것을 함의하고, 이 일곱 천사에 의해 제시되는 교회 공동체의 천상적 특징은 교회론을 중심 주제로 삼는 요한계시록의 메시지를 이해하는 데 결정적인 부분이다.

그리고 20a절에서 일곱 별에 덧붙여진 "나의 오른손에서"라는 문구는 예수님의 주권을 의미하는 것으로서 천사들뿐 아니라 교회 공동체에 대한 예수님의 주권을 시사한다.

비밀(μυστήριον, 20a절). 끝으로 20a절의 "비밀"(μυστήριον, 뮈스테리온)이란 단어에 대해 살펴보고자 한다. 먼저 이 "비밀"은 다니엘 2장 47절의 경우처럼 "상징적 환상의 내적 의미"를 뜻하는 것으로 정의할 수 있다.[275] 70인역 다니엘 2장 47절에서 느부갓네살 왕은 하나님만이 "숨겨진 비밀을 계시하는 분"(ὁ ἐκφαίνων μυστήρια κρυπτά, 호 에크파이논 뮈스테리아 크뤼프타)이라고 공표한다.[276] 이러한 맥락에서 20ab 절의 "일곱 별과 일곱 금 촛대의 비밀"은 일곱 별과 일곱 금 촛대가 숨은 의미를 가지고 있음을 나타내며, 그 숨은 의미가 20c절과 20d절에서 각각 "일곱 교회의 천사들"과 "일곱 교회"로 설명된다. 비밀에 대한 이러한 의미는 17장 7절의 "여자와 그가 탄 일곱 머리와 열 뿔 가진 짐승의 비밀"에도 적용할 수 있다.[277]

또한 요한계시록에서 사용된 "비밀"은 "단순한 '상징' 이상의 의미를 갖는다."[278] 이와 관련된 의미는 70인역 구약 성경 중에서 유일하게 "비밀"(μυστήριον, 뮈스테리온)이라는 단어가 사용되는 다니엘서,[279] 특히 다니엘 2장 28절을 관찰하면 분명히 알 수 있는데, 이는 요한계시록 1장 20절이 "비밀"이라는 동일한 단어를 사용하는 다니엘 2장 28절과 "용어의 유사성"에 의해 밀접한 관계를 갖기 때문이다.[280] 다니엘 2장 28절은 아래와 같이 두 부분으로 나눌 수 있다(번역은 개역개정에 나의 사역을 첨가한 것이고 헬라어는 70인역이다).

---

275 Swete, *The Apocalypse of St. John*, 21.
276 '호 에크파이논'(ὁ ἐκφαίνων)을 "계시하는 분"으로 번역한 것은 마운스(Mounce, *The Book of Revelation*, 63)의 "계시자"(revealer)를 참고한 것이다.
277 Swete, *The Apocalypse of St. John*, 21.
278 Osborne, *Revelation*, 98.
279 Beale, *The Book of Revelation*, 216.
280 R. E. Brown, *The Semitic Background of the Term "Mystery" in the New Testament* (Philadelphia, PA: Fortress, 1968), 36(Beale, *The Book of Revelation*, 217에서 재인용).

a) 오직 비밀들(μυστήρια)을 나타내실 이는 하늘에 계신 하나님이시라

b) 그가 느부갓네살 왕에게 날들의 마지막에 반드시 되어져야만 하는 것들(ἃ δεῖ γενέσθαι ἐπ᾽ ἐσχάτων τῶν ἡμερῶν)을 알게 하셨나이다(단 2:28)

28a절은 "비밀들"(μυστήρια, 뮈스테리아)을 나타내는 분이 하나님이시라고 말하고, 28b절은 그 하나님이 느부갓네살 왕에게 "날들의 마지막에 반드시 되어져야만 하는 것들"(ἃ δεῖ γενέσθαι ἐπ᾽ ἐσχάτων τῶν ἡμερῶν, 하 데이 게네스다이 에프 에스카톤 톤 헤메론)을 알려 주셨다고 한다. 곧 28a절의 "비밀들을 나타내다"와 28b절의 "날들의 마지막에 반드시 되어져야만 하늘 것들을 알게 하다"는 동일한 하나님이 실행하시는 일로서 동일한 의미를 갖는다. 따라서 하나님이 느부갓네살 왕에게 "비밀들"을 알게 하셨다는 것은 그에게 "날들의 마지막에 반드시 되어져야만 하는 것들"을 알게 하셨다는 뜻이다. 이러한 맥락에서 쿰란 공동체는 이 비밀을 "마지막 세대에게 일어나게 되어 있는 사건들"을 가리키는 것으로 이해했다(1QpHab 7:1-8).[281]

이상의 내용을 통해 "비밀"을 종말적 성취를 통해 그 의미가 드러나게 되는 것으로 이해할 수 있음이 확인되었다. 또한 다니엘 2장 29절에서도 "반드시 되어져야만 하는 것들"(29a절과 29c절)과 "비밀들"(29b절)이 동일한 의미로 사용된다. 이 다니엘서 본문이 요한계시록 1장 20절의 비밀에 대한 "명백한 인유"라는 점에서 이 본문을 이해하는 것은 의미가 있다.[282] 다니엘 2장 29절은 아래와 같이 세 부분으로 나뉠 수 있다(번역은 개역개정에 나의 사역을 첨가한 것이고 헬라어는 70인역이다).

a) 왕이여 왕이 침상에서 날들의 마지막에 반드시 되어져야만 하는 것들(ἃ δεῖ γενέσθαι ἐπ᾽ ἐσχάτων τῶν ἡμερῶν)을 생각하실 때에

b) 비밀들(μυστήρια)을 나타내시는 이가

c) 반드시 되어져야만 하는 것들(ἃ δεῖ γενέσθαι)을 왕에게 알게 하셨사오며(단 2:29)

29a절과 29c절에서 "반드시 되어져야만 하는 것들"이라는 문구가 사용된다. 29b절과 29c절에서는 "비밀들"을 나타내시는 이가 "반드시 되어져야만 하는 것들"을 알게 하셨으므로 이 두 문구는 28절의 경우처럼 동일한 의미를 갖는다. 그렇다면 여기에서 "비밀들"로서 "날들의 마지막에 반드시 되어져야만 하는 것

---

281 Collins, *Daniel*, 161.
282 "명백한 인유"라는 문구는 비일의 것으로서 스웨테(Swete)의 자료를 설명하기 위해 사용되었다(Beale, *The Book of Revelation*, 217; Swete, *The Apocalypse of St. John*, cxxxvii).

들"이란 무엇인가? 그것은 2장 29-43절에서 설명의 과정을 거쳐 2장 44-45절에서 결론적으로 말하고 있는 바대로 종말에 세상의 모든 나라들을 멸하시고 강력하고 영원한 하나님의 나라를 세우시는 것이다.

이상의 내용으로 봤을 때, 비밀이란 단순히 영원히 감추어져야 하는 내용이 아니라 정해진 때 곧 마지막 날에 반드시 성취되어 밝히 드러나도록 의도된 내용이라는 사실을 알 수 있다. 요한계시록의 정황에서 말하면 그러한 비밀은 예수 그리스도에 의해 종말적으로 도래한 하나님 나라를 통해 성취됨으로써 그 실체가 나타나게 되었다. 즉, 다니엘 2장 28-29절의 "비밀들"이란 표현과 종말적 사건으로서 "날들의 마지막에 반드시 되어져야만 하는 것들"이란 표현에 나타난 종말적 약속은 요한계시록 1장 1절의 "반드시 신속하게 되어져야만 하는 것들"이란 문구를 통해 그 성취의 정황을 보여주고 있는 것이다. 곧 요한계시록 1장 1절의 이 문구는 다니엘서의 약속을 기독론적으로 재해석해서 예수님에 의한 하나님 나라의 종말적 도래를 나타내고 있다.

그렇다면 과연 이러한 논증의 결론을 1장 20절의 일곱 별과 일곱 금 촛대의 비밀에 어떻게 적용할 수 있을까? 먼저 이곳의 "비밀"은 일곱 별과 일곱 금 촛대의 숨겨진 의미로서, 그 목적은 그것의 숨겨진 의미를 나타내 보이는 것이다. 이 "비밀"의 숨겨진 의미는 다니엘 2장 28-29절의 "비밀들"의 의미를 배경으로 한다. 이러한 배경 관계로 미루어 볼 때, 다니엘서의 비밀의 성취가 요한계시록 1장 20절의 일곱 교회와 일곱 교회의 천사들과 관련된다고 보는 것이 자연스럽다.[283] 곧 다니엘 2장 28-29절에서 "비밀들"의 구체적인 내용이 되는 "날들의 마지막에 반드시 되어져야만 하는 것들"이 하나님 나라의 종말적 도래를 전망하고 있으며, 그것의 성취를 요한계시록 1장 1절이 기록하고 있다고 언급한 바 있는데, 일곱 교회를 언급하는 1장 20절이 "비밀"과 "날들의 마지막에 반드시 되어져야만 하는 것들"을 언급하면서 다시 한 번 비밀의 종말적 성취를 시사해 주고 있다는 것이다. 여기에서 하나님 나라와 교회의 주제가 이 "비밀"이라는 단어에 의해 서로 교차하고 있음을 볼 수 있다.

그리스도를 통해 하나님 나라가 종말에 드러나야 하는 비밀의 종말적 성취로서 발현되고 있다면 교회 공동체는 비밀의 종말적 성취와 어떻게 관련될 수 있을까? 예수님을 통한 하나님 나라의 종말적 성취는 바로 교회 공동체를 통해

---

283 Beale, *The Book of Revelation*, 156.

이 세상에서 구현되고 증거될 수 있다. 마치 일곱 등불(성령)이 일곱 금 촛대(교회 공동체)를 통해 세상에 비추어지듯이 하나님 나라는 교회 공동체를 통해 구현되고 선포된다. 비밀의 성취인 하나님 나라의 중심에 바로 교회가 있는 것이다.

이러한 "비밀"의 주제는 다른 신약 성경에서도 매우 중요하게 다루어진다. 마태복음 13장 11절에서는 "천국의 비밀"에 대해 말하고, 로마서 11장 25절에서는 이방인이 구원받는 방법과 관련해서 "비밀"이란 말을 사용하며, 로마서 16장 25-26절에서는 "영세 전부터 감추었다가 이제는 나타내신 바 되었으며 하나님의 명을 따라 선지자들의 글로 말미암아 모든 민족이 믿어 순종하게 하시려고 알게 하신 바 그 '비밀'(개역개정 "신비")"이라고 언급한다. 그리고 에베소서 1장 9절에서는 "그 뜻의 비밀"이라고 하여 이것을 "그의 기뻐하심을 따라 그리스도 안에서 때가 찬 경륜을 위하여 예정하신 것"으로 설명한다. 또한 에베소서 3장에서는 "곧 계시로 내게 비밀을 알게 하신 것"(엡 3:3)과 "영원부터 만물을 창조하신 하나님 속에 감추어졌던 비밀의 경륜이 어떠한 것을 드러내게 하려 하심"(엡 3:9)에 대해 기록한다. 비밀에 대한 이와 같은 일련의 언급들은 공통적으로 예수 그리스도로 말미암아 이미 성취된 하나님의 구속사적 사건들과 관련된다. 이 비밀은 숨겨지기 위한 것이 아니라 밝히 드러나기 위한 것이다. 만일 그것이 숨겨져 있다면 그것은 하나님을 모르는 자들에게 숨겨져 있을 뿐이며 하나님의 백성들에게는 밝히 밝혀져 감격으로 다가온다.

📑 핵심 메시지

요한계시록 1장의 후반부인 9-20절은 서두 부분인 1-8절보다는 2-3장과 더 밀접하게 연결된다. 이는 승귀하신 예수님을 소개하는 9-20절이 그 예수님의 말씀을 기록하는 선지적 메시지인 2-3장의 도입 부분에 해당되기 때문이다. 그러므로 1장 9절은 3장 22절에 가서야 끝나는 하나의 문맥을 형성한다고 보아야 할 것이다. 9-20절은 다시 9-11절과 12-20절로 나뉘는데, 전자는 저자 요한 자신에 대한 소개와 요한계시록을 써서 일곱 교회에게 전달할 것을 명령 받는 내용이며, 후자는 요한이 본 승귀하신 예수님에 대한 환상을 소개한다.

9-11절의 중요한 특징은 선지적 메시지의 특징을 유지한다는 점이다. 곧, 구약 선지서들의 초두 부분에서 선지자에 대한 소개와 그가 말씀을 받았던 체험과 관련된 시점, 말씀이 주어진 동기 등이 소개되는 것처럼 요한계시록 1장 9-11절은 요한 자신에 대한 소개와 하나님의 말씀이 주어진 정황과 동기, 그리고 그 말씀을 필요로 하는 일곱 교회의 독자들에게 보낼 것에 대한 명령을 담고 있다.

12-20절에서는 저자에게 말씀을 주시고 그 말씀을 일곱 교회의 성도들에게 보낼 것을 명령하시는 예수님이 어떤 분이신지를 소개한다. 메시지도 중요하지만 메시지를 보내는 분이 어떤 분이신지를 아는 것은 더 중요하다. 이 부분에서 예수님에 대한 매우 중요하고 핵심적인 요소는 부활하고 승귀하신 예수님이 구약의 메시아, 제사장, 그리고 하나님과 동등한 분으로 소개된다는 점이다. 예수님은 하나님과 동등하신 분으로 하나님의 계획을 가장 완벽하게 수행하신 분이다. 12-20절은 다니엘 7장 등을 배경으로 삼으면서 예수님의 이러한 모습들을 상징적 환상을 통해 그려내고 있다. 여기에서 우리는 요한계시록의 메시지는 문자적으로 이해할 것이 아니라 구약을 배경으로 상징적으로 이해해야 한다는 원리를 추출해 낼 수 있다. 이곳에서 묘사되는 예수님이 2-3장에서 요한을 통해 일곱 교회의 성도들에게 선지적 메시지를 선포하신다.

📋 설교 포인트

1장 9-20절에 대한 설교에 있어서 중요한 관건은 무엇보다도 부활하고 승천하신 예수님에 대한 여러 가지 표현을 어떻게 해석하고 전달하느냐에 달려 있다. 요한계시록을 올바르게 해석하여 설교하려는 설교자는 끊임없이 청중들에게 요한계시록 메시지의 본질을 일깨우는 작업을 해야 한다. 요한계시록 줄거리의 대부분은 구약을 배경으로 하며 상징적 환상으로 구성되어 있다. 12-20절은 바로 이러한 내용을 잘 설명해 줄 수 있는 사례라 할 수 있다. 12-20절이야말로 구약을 배경으로 주어지며 상징적 표현으로 가득 차 있으므로 설교자는 이 본문을 설교하면서 청중들에게 요한계시록을 읽는 방법을 설득할 수 있어야 한다.

1장 9-20절의 전반부인 9-11절에서는 저자 요한에 대한 소개가 주어지는데 이것은 단순한 소개가 아니라 요한계시록이 선지적 메시지의 형식을 유지하고 있음을 보여주는 것이란 사실을 기억할 필요가 있다. 이러한 사실에 대한 인식은 요한계시록의 메시지가 본질적으로 구약의 선지적 메시지와의 연속성을 보여준다는 점에서 중요할 뿐 아니라, 하나님의 계시가 지닌 유기적 관계를 통해 하나님이 구약에서 약속하신 것에 대한 성취의 관점으로 요한계시록을 읽을 수 있는 토대를 제공한다는 점에서도 중요하다. 설교자는 기회가 있을 때마다 청중들에게 이러한 인식을 지속적으로 환기시켜 줄 필요가 있다. 어차피 요한계시록의 설교는 교육적 차원에서 이루어질 수밖에 없는 것이 현실이므로, 단번에 성도들의 감정을 만족시키려고 조급해 하지 말고 꾸준하게 인내심을 가지고 접근해야 한다.

📑 설교 요약

● **제목:** 예수님에 대한 첫 소개
● **본문:** 요한계시록 1장 12-20절

● **서론**

요한계시록 1장 12-20절에 나오는 "인자 같은 이"에 대한 복잡한 묘사들은 누구를 가리키는가? 바로 부활하고 승천하신 예수님을 가리킨다. 왜 예수님을 그와 같이 복잡한 모습으로 소개하는가? 그것은 바로 구약에 나타난 하나님의 구속 계획이라는 관점에서 구약을 배경으로 예수님을 묘사하려는 목적을 갖는다. 더 나아가서 이러한 예수님은 2-3장에서 말씀하시는 예수님으로 연결된다.

● **본론: 12-20절에서 소개되는 예수님은 어떤 분이신가?**

1. 예수님은 하나님이시다.
    1) 14a절: 머리와 머리카락은 눈처럼 흰 양털같이 희었다(단 7:9)
    2) 15b절: 그의 음성은 많은 물들의 소리 같았다(겔 1:24; 43:2)
    3) 17e절: 나는 처음이요 마지막이요(사 41:4; 44:6; 48:12)
    4) 18ac절: 살아 있는 자다 … 나는 영원히 살아 있다(신 32:40)

2. 예수님은 메시아(혹은 메시아적 전사)이시다.
    1) 13a절: 인자 같은 이(단 7:13)
    2) 14b-15a절: 그의 눈은 불의 화염 같았다. 그리고 그의 발은 풀무에서 제련된 것처럼 빛나는 청동 같았다(단 10:6)
    3) 16b절: 입으로부터 양쪽이 날카로운 칼이 나왔다(사 11:4; 49:2)
    4) 16c절: 그의 얼굴은 해가 그것의 능력으로 비치는 것 같았다(단 10:6; 삿 5:31)
    5) 18d절: 사망과 음부의 열쇠를 가지고 있다(사 22:22)

3) 예수님은 제사장이시다.

　13b절: 발에 닿는 옷을 입으셨다(출 28:4)

●결론: 적용

이러한 예수님의 말씀은 능력과 권세를 겸비한 엄청난 파장을 예고한
다. 우리는 요한계시록을 하나님의 구속 계획을 밝히는 예수님의 계시
의 말씀으로 읽고 있다. 그러므로 요한계시록 말씀의 중요성을 인식하
고 기대를 가지고 진지하게, 열심을 가지고 읽어야 할 것이다.

서론부 2

일곱 교회에게 보내는 메시지(2:1-3:22)

요한계시록 2-3장은 일곱 교회에 보내는 메시지를 담고 있다. 각 교회에 주어지는 메시지는 상이한 내용을 담고 있기도 하지만, 그에 못지 않게 일곱 교회가 공유하는 부분들도 많기 때문에 각 교회에게 보내는 메시지의 세부 내용을 다루기에 앞서 그에 대한 이해를 도울 수 있는 서론적 내용을 먼저 다루도록 하겠다.

예비적 고찰

1. 예언의 토양: 수신자의 정황

요한계시록 2-3장은 수신자인 일곱 교회 공동체에 대한 내용을 기록하고 있다. 예언 활동은 "지역적인 환경과 동시대적인 환경"을 터전 삼아 발생한다.[1] 따라서 예언 활동을 하는 선지자가 처해 있던 구체적인 정황을 배제하고는 그가 전하는 예언을 이해할 수 없다. 그러므로 요한계시록의 청중들에 대한 구체적인 정황을 소개하는 2-3장은 선지적 메시지인 요한계시록 말씀이 자라나는 토양 역할을 한다고 할 수 있다. 이에 대한 좀 더 자세한 내용은 장르 부분에서 다루게 될 것이다.

2. 문맥적 고찰: 2-3장은 독립적으로 존재하는가?

찰스는 2-3장이 요한계시록 전체에 지배적으로 나타나는 황제 숭배에 대한 내

---

1   Hemer, *The Letters to the Seven Churches of Asia*, 1.

용을 구체적으로 언급하지 않기 때문에 다른 부분들과는 다른 성향을 가졌고, 따라서 도미티아누스 황제(AD 81-96년) 시대가 아니라 그보다 좀 더 이른 베스파시아누스 황제의 통치 말기(AD 75-79년)에 기록되었던 것을 요한이 도미티아누스 시대에 재편집한 것이라고 주장한다.[2] 반면에 램지(Ramsay)는 일곱 메시지가 "독립적으로 존재하지 않았고" 요한계시록 전체와 유기적으로 관계되고 있으며 처음부터 "현재의 문학 형태"로 저술되었다고 주장한다.[3] 이 사실은 아래에서 소개될 도표가 제시하는 요한계시록 1장과 2-3장 사이의 유기적 관계에서 잘 나타난다. 더 나아가 헤머(Hemer)도 다음과 같은 두 가지 이유를 들어 찰스의 주장을 반박한다[4]: (1) 황제 숭배는 이미 2-3장의 아주 중요한 특징으로 내재되어 있다, (2) 2-3장의 일곱 메시지의 내용들은 당시의 일곱 교회의 정황들을 잘 반영해 주고 있다.

이러한 사실을 좀 더 분명하게 확증하기 위해서는 2-3장과 다른 본문들의 문맥 관계를 살펴볼 필요가 있다. 먼저 2-3장은 1장 9-20절의 연속으로 주어진다.[5] 그렇다고 해서 2-3장이 1장 11절과 19절의 "써서 보내라"에 대한 반응으로 주어진다는 의미는 아닌데, 왜냐하면 1장 11절과 19절이 말하는 써서 보내야 할 내용은 비단 2-3장에만 국한되는 것이 아니라 요한계시록 전체를 포함하기 때문이다. 이곳에서 1장 9-20절과 2-3장의 관계에 주목해야 하는 이유는 이 두 부분이 언어적으로 평행 관계를 가지고 있기 때문이다. 즉, 두 부분이 여러 단어나 표현들을 서로 공유한다는 말인데, 다음의 도표를 통해 그것을 분명히 확인할 수 있다.

2　앞의 책, 3이 인용한 Charles, *A Critical and Exegetical Commentary on the Revelation of St. John*, 1:xciv, 46.

3　Ramsay, *The Letters to the Seven Churches of Asia*, 38-39(Aune, *Revelation 1-5*, 119에서 재인용). 해링턴도 동일한 문제 의식을 가지고 다음과 같이 통일성을 강조한다: "그것들은 처음부터 그 작품에 내포되어 있던 부분이다"(Harrington, *Revelation*, 55).

4　Hemer, *The Letters to the Seven Churches of Asia*, 3. 헤머는 이 두 내용을 좀 더 구체화해서 여섯 가지로 제시하지만 이곳에서는 다음과 같은 세 가지만 언급하겠다(앞의 책, 4): (1) 3:17의 "네가 말하기를 나는 부자라 부요하여 부족한 것이 없다"라는 내용은 라오디게아가 네로 황제 시대에 일어난 지진을 "아무 도움 없이 스스로 재건"(unaided recovery)하는 데 이미 성공해서 경제적으로 모두 회복되었다는 의미로서, 지진이 있었던 때부터 도미티아누스 황제의 통치기에 이르는 전체적인 정황을 반영한다, (2) 서머나와 빌라델비아에서 유대인 집단을 "사탄의 회당"이라 일컬었던 것(계 2:9; 3:9)은 도미티아누스 황제의 정책과 유대인들이 '쉐모네 에스레'(*Shemoneh 'Esreh*)란 기도문에서 그리스도인을 "이단"(Minim)으로 일컬으며 저주한 것이 결합되어 촉발된 AD 90년경의 그리스도인과 유대인 사이의 갈등을 배경으로 한다, (3) 빌라델비아 교회의 어려운 상황은 AD 93년경에 소아시아에 널리 발생했던 기근과 관련된다. 이상의 내용들은 요한계시록 2-3장이 나머지 장들보다 더 이른 시기나 나중 시기에 별도로 기록된 자료가 아니라 요한계시록과 같은 시기에 그것의 일부로 기록되었음을 잘 보여준다.

5　보링(Boring)은 2-3장과 1:9-20이 서로 유기적으로 연결되어 있기 때문에 분리해서 해석하면 안 된다고 주장한다(Boring, *Revelation*, 85).

1:5, 12-18의 예수님	2-3장의 예수님		
	교회	예수님 이름	메시지 내용
일곱 금 촛대와 그 촛대들 가운데 있는 인자 같은 이를 보았다(12b-13a) 그의 오른손에 일곱 별을 가지고 있었고(16a)	에베소 교회	그의 오른손에 일곱 별을 붙잡고 있는 이 곧 일곱 금 촛대 가운데 다니시는 이(2:1)	회개하라 … 그리하지 아니하면 … 네 촛대를 그 자리로부터 옮길 것이다(2:5)
나는 처음이요 마지막이요 그리고 살아 있는 자다 내가 죽었었다(17e-18b)	서머나 교회	죽었다가 살아나신 처음과 마지막이신 이(2:8)	죽기까지 신실하라(2:10)
그의 입으로부터 양쪽이 날카로운 칼이 나오고(16b)	버가모 교회	양쪽이 날카로운 검을 가지신 이(2:12)	내 입의 검으로 그들과 싸울 것이다(2:16)
그의 눈은 불의 화염 같고 그의 발은 … 빛나는 청동 같고(14b-15a)	두아디라 교회	불의 화염 같은 그의 눈들을 가진 이시며 그의 발은 빛나는 청동과 같은 하나님의 아들(2:18)	회개하지 않으면 큰 환난에 던질 것이다(2:22)
그의 오른손에 일곱 별을 가지고 있었고(16a)	사데 교회	일곱 별을 가진 이(3:1)	
나는 사망과 음부의 열쇠를 가지고 있다(18d)	빌라델비아 교회	열면 아무도 닫을 사람이 없고 닫으면 아무도 열 사람이 없는 다윗의 열쇠를 가지고 있는 이(3:7)	내가 네 앞에 열려져 있는 아무도 그것을 닫을 수 없는 문을 주었다(3:8)
신실한 증인이시요 … 땅의 왕들의 통치자이신(5b, 5d)	라오디게아 교회	… 충성되고 참된 증인이시요 하나님의 창조의 근본이신 이(3:14)	

위의 도표에서 밑줄 친 부분들을 비교해 보면, 1장 12-18절에서 요한이 본 예수님에 대한 환상이 2-3장의 메시지를 형성하는 데 중요한 기초를 형성한다는 점을 알 수 있다. 즉, 1장 12-18절에서 요한이 봤던 승귀하신 예수님에 대한 환상의 내용이 2-3장에서 주어지는 일곱 메시지 각각의 초두에서 예수님에 대한 묘사에 그대로 사용될 뿐 아니라 2-3장 메시지의 내용을 형성하는 데도 결정적인 요소로 작용한다. 1장 12-18절에서 하나님과 동등된 분으로 나오시는 예수님은 2-3장에서 하나님과 동등한 권위를 가지고 일곱 교회에게 말씀하시고, 따라서 이 말씀은 절대적 권위를 갖는다.

또한 2-3장은 4-20장과 관련되고, 더 나아가 21장 1절-22장 5절의 새창조와도 관련된다.[6] 특별히 21장 1절-22장 5절과의 관계는 다음과 같은 도표를 통해 분명히 확인할 수 있다.

구절	종말적 약속	구절	성취
2:7	하나님의 낙원에 있는 생명 나무 열매	22:2	강 좌우에 생명 나무가 있어 열두 가지 열매를 맺고
		22:14	그들이 생명 나무에 나아가며
2:11	둘째 사망의 해를 받지 않을 것	20:6	둘째 사망이 그들을 다스리는 권세가 없고
		21:4	다시는 사망이 없고
2:17	새 이름	19:12	이름 쓴 것 하나가 있으니
		22:4	그의 이름도 그들의 이마에 있으리라
2:28	새벽 별	22:16	광명한 새벽 별
3:5	흰 옷	22:14	자기 두루마기를 빠는 자들은 복이 있으니
3:12	하나님 성전의 기둥	21:22	하나님...및 어린 양이 그 성전이심이라
	내 하나님께로부터 내려오는 새예루살렘의 이름과 나의 새 이름	21:2	새예루살렘이 하나님께로부터 ... 내려오니
		21:14	열두 기초석 ... 위에는 어린 양의 열두 사도의 열두 이름이 있더라
3:21	내 보좌에 앉게 함	22:3	그 어린 양의 보좌가 그 가운데에 있으리니

위의 도표는 2-3장과 마지막 부분인 21-22장이 약속과 성취의 관계로서 매우 밀접한 관계를 가지고 있음을 잘 보여준다. 특히 2-3장의 종말적 약속의 내용에는 다음과 같이 종말적 삶에 필수적인 것들이 포함되어 있다: "음식"(생명 나무 열매[2:7]), "의복"(흰 옷[3:5]), "주거"(하나님 성전의 기둥[3:12]), "시민권"(새 이름[2:17; 3:12]과 새예루살렘의 이름[3:12]), "안전"(둘째 사망의 해를 받지 않음[2:11]), "영광과 능력" (내 보좌에 앉게 함[3:21]; 새벽 별[2:28]).[7] 이 요소들은 21-22장에서 성취되어 나타난다. 2-3장과 21-22장의 이러한 관계는 1장 12-18절과의 관계와 더불어 2-3장이 요한계시록 전체와 통일성을 유지하고 있음을 확증해 준다.

---

6   Beale, *The Book of Revelatioin*, 223.
7   Fiorenza, *Revelation*, 57. 이에 대한 좀 더 자세한 내용은 2-3장의 각 본문에서 논의하도록 하겠다.

이러한 통일성에 근거하여 2-3장의 종말적 약속들은 요한계시록의 전체적인 흐름을 조정해 주는 서론적 역할을 한다.[8] 서론 부분(2-3장)이 일곱 교회에게 (미래적 의미의) 종말적 약속들을 말하고 결론 부분(21-22장)은 그것의 성취를 말한다면, 본론 부분에서는 어떤 내용을 예측할 수 있을까? 요한계시록 4-16장에서 요한은 2-3장의 약속이 21-22의 성취에 도달할 수 있도록 일곱 교회 성도들을 격려하고 도전한다.[9] 이러한 맥락에서 볼 때, "어떤 의미에서 요한계시록 전체는 일곱 교회 성도들이 자신들의 교회가 처한 특정한 환경 속에서 승리자가 됨으로써 새예루살렘에 이르게 되는 방법에 대한 것"이라는 보쿰의 주장은 탁월한 통찰력을 제공한다.[10] 요한계시록 2-3장의 역할과 기능에 대한 논의는 아래에서 따로 다루기로 하겠다.

3. 장르: 선지적 메시지

요한계시록 2-3장은 제우스의 신탁이나 페르시아 "왕정의 포고"나 "로마의 제국주의적 칙령"을 연상시키는 형식을 갖는 것으로 간주할 수 있다.[11] 만일 그렇다면, 요한계시록 2-3장은 이와 같은 형식의 유사성을 통해 이방의 우상이나 제국 황제들의 신탁, 칙령, 포고 등과 같은 것이 지닌 권위를 능가하는 메시아 왕이신 예수님의 말씀이 지닌 권위를 드러내기 위한 목적을 갖는 것이 된다.[12] 그러나 이러한 형식의 유사성보다 더 중요하고 우선시되어야 하는 것은 요한계시록 2-3장의 장르가 편지가 아니라 선지적 메시지임을 기억하는 것이다.[13] 실제로 많은 학자들이 2-3장을 편지로 인식하고 있다.[14] 마운스에 따르면, 세대주의자들은 2-3장을 "실제적인 편지"로 간주하고 더 나아가 일곱 메시지가 교회

---

8 Bauckham, *The Theology of the Book of Revelation*, 14.
9 앞의 책. 같은 맥락에서 2-3장의 "이기는 자"가 되라는 촉구는 요한계시록 마지막 부분에 소개되는 "종말적 목적지"(eschatological destiny)에 다다르도록 하기 위한 부르심이고, 4-16장이 보여주는 "종말적 전투"(eschatological battle)에 참여하도록 하기 위한 부르심이다(앞의 책).
10 앞의 책.
11 Boxall, *Revelation of St. John*, 45.
12 오우느는 2-3장이 로마 제국 황제의 칙령 형식을 사용한 것이 하나님/예수님과 로마 황제를 대조시키기 위한 전략적 구성이라고 주장한다(Aune, *Revelation 1-5*, 129).
13 피오렌자는 이 사실을 다음과 같은 방법으로 설명한다: "소위 일곱 편지라 불리는 본문들은 실제 편지들이 아니라, 그 교회들을 향한 선지적 선포로서 기능하는 방식으로 구성되어 있다"(Fiorenza, *Revelation*, 46). 포드는 2-3장에 대해 아예 "일곱 예언"(seven prophecies)이란 표현을 사용할 뿐 아니라(Ford, *Revelation*, 390), 각 교회에 대한 표제에도 "에베소를 향한 예언"(Prophecy to Ephesus) 등의 문구를 사용한다(앞의 책, 386 등을 참고하라).
14 비일과 오즈번 등은 이 본문을 "편지"(letter)라는 단어를 사용해서 표현한다.

역사의 일곱 시대를 나열한 것이라고 주장한다.[15] 그러나 2-3장은 전혀 편지 형식으로 되어 있지 않다. 개역개정에 "편지하라"(2:1, 8, 12, 18; 3:1, 7, 14)로 되어 있는 부분은 헬라어 원문의 "쓰라"(γράψον, 그랍손)γράφω, 그라포)라는 동사를 오역한 것이다. 원래 고대 사회의 편지에서는 "편지한다"는 말이 사용되지 않고 수신자들만 밝힌 채 끝을 맺는다. 1장 4절에서도 개역개정은 "요한은 아시아에 있는 일곱 교회에 편지하노니"라고 되어 있지만, 헬라어 원문에는 "요한은 아시아에 있는 일곱 교회들에게"라고만 되어 있어 "편지하노니"를 생략한 채로 끝을 맺는다. 이것은 바울 서신의 경우도 마찬가지다. 따라서 고대의 편지 형식에서는 "편지한다"는 말을 사용하지 않는다.

그렇다면 2-3장이 "쓰라"라는 명령형 동사를 사용하는 것에 대해서는 편지 형식의 관점이 아닌 다른 각도에서의 접근이 필요하다. 즉, "쓰라" 혹은 "기록하라"(γράψον, 그랍손)라는 명령형 동사가 선지적 메시지의 기록을 위한 부르심을 의미하는 1장 11절 및 19절과의 연속선상에서 이해되어야 한다.[16] 특별히 2-3장의 일곱 메시지에서 공통적으로 사용되는 "이같이 말씀하신다"(Τάδε λέγει, 타데 레게이)라는 문구는, 70인역이 구약의 '코 아마르 아도나이'(יְהֹוֶה כֹּה אָמַר, 여호와께서 이같이 말씀하셨다)를 '타데 레게이 퀴리오스'(Τάδε λέγει κύριος)로 번역한 것을 상기시킴으로써 선지적 메시지의 특징을 강조한다. '타데 레게이 퀴리오스'는 선지자들이 하나님의 말씀을 대언하기 시작할 때나 "새로운 문학 단위"를 시작할 때 사용된다.[17] 이러한 증거들을 통해 요한계시록 2-3장이 편지가 아니라 선지적 메시지

---

15 Mounce, *The Book of Revelation*, 64. 마운스가 지적하는 세대주의 해석의 대표 주자인 린지(Lindsey)는 요한계시록 2-3장을 교회 역사의 시나리오로 간주하면서 다음과 같이 진술한다: "이곳의 전형적인 일곱 교회에서 우리는 교회 역사의 연속적인 일곱 시대가 갖는 지배적인 특징들을 보게 된다"(Lindsey, *There's a New World Coming*, 34). 더 나아가서 그는 각 교회를 다루면서 "선지적 적용"(Prophetic Application)이라는 제목 아래 각 교회가 연결되는 연대를 다음과 같이 구체적으로 밝히기까지 한다(앞의 책, 38-73): (1) 에베소 교회: AD 33-100년(사도적 교회 시대), (2) 서머나 교회: AD 100-312년(대박해의 시대), (3) 버가모 교회: AD 312-590년(교회와 국가의 병합 시대), (4) 두아디라 교회: AD 590-1517년(중세 시대), (5) 사데 교회: AD 1517-1750년(종교개혁 시대), (6) 빌라델비아 교회: AD 1750-1925년(교회의 대선교 시대), (7) 라오디게아 교회: AD 1900년-환난의 때(라오디게아적인 미적지근함).

16 이와 관련하여 비일은 다음과 같이 진술한다: "1:11과 1:19에 있는 쓰라는 명령이 편지들 각각의 시작 부분에서 반복된다"(Beale, *The Book of Revelation*, 224).

17 비일에 따르면, 70인역에서 '타데 레게이 퀴리오스'가 새 단락을 시작하는 경우는 에스겔서에서 최소한 65회, 예레미야서에서 약 30회, 그리고 아모스서에서 8회 나온다(앞의 책, 229). 피오렌자에 의하면 '타데 레게이 퀴리오스'는 70인역의 선지서 전체에서 250회 정도 사용된다(Fiorenza, *Revelation*, 46; Aune, *Revelation 1-5*, 121). 또한 이 문구는 "로마 제국의 황제들"이나 "지방의 토후들"뿐 아니라 "그리스의 신탁들"과 "페르시아 법정에서 왕의 칙령"의 도입 부분에서도 사용된다(Fiorenza, *Revelation*, 46; Aune, *Revelation 1-5*, 121). 이와 같이 2-3장이 왕이나 황제의 칙령 형식을 취하는 것은 요한이 하나님/예수님과 로마의 황제를 서로 대립시키려는 의도를 갖는다는 것을 보여준다(Aune, *Revelation 1-5*, 129).

라는 사실이 분명해진다.[18] 따라서 이곳에서 이 문구가 사용되는 것은 예수님이 구약의 여호와 하나님의 역할을 대신하고 있다는 의미이고 2-3장이 구약의 선지적 메시지의 특징을 계승하고 있음을 의미한다.

선지적 메시지로서의 요한계시록 2-3장이 지닌 또 다른 특징은 그 본문이 심판과 회개를 촉구하는 메시지와 종말적 약속들을 담고 있다는 것이다. 이것이 요한계시록의 선지적 메시지로서의 특징을 보여준다고 말할 수 있는 이유는 이 요소들이 구약의 선지서에 어김없이 등장하기 때문이다. 요한계시록 전체가 예언의 책으로서의 성격과 선지적 메시지로서의 성격을 갖는 것과 마찬가지로 2-3장 역시 일곱 교회 공동체에게 개별적으로 선포되는 선지적 메시지라고 할 수 있다. 이처럼 일곱 교회 공동체에게 개별적으로 선지적 메시지를 구성하게 된 것은 "로마 제국 황제의 칙령"이 "우주적" 성격을 가지고 전달되기보다는 각 지역마다의 상황과 특징에 따라 개별적으로 선포되는 것과 같은 패턴이라고 볼 수 있다.[19] 그러나 2-3장은 각 교회에 전달되는 개별적인 메시지인 동시에, 각 메시지들이 당대의 모든 교회들뿐 아니라 역사적으로 존재하는 모든 교회들에게도 적용될 수 있는 우주적인 의미의 메시지이기도 하다.

4. 2-3장의 기능과 역할

2-3장은 요한계시록 전체에서 크게 세 가지 면에서 매우 중요한 역할을 하고 있다. 첫째, 2-3장은 요한계시록의 말씀을 구체화하는 역할을 한다.[20] 요한계시록의 말씀은 묵시문학으로서 "하늘"이나 "종말" 같은, 공간적으로나 시간적으로 초월적인 내용을 많이 다루고 있으므로, 자칫 그 메시지의 내용을 추상적으로 받아들일 가능성이 있다. 그러나 수신인 일곱 교회의 구체적인 정황을 기록하고 있는 2-3장의 말씀으로 인하여 요한계시록의 메시지를 매우 구체적인 정황 속에서 이해할 수 있다.

둘째, 2-3장은 요한계시록의 메시지를 보편화하는 역할을 한다. 이 보편화의 특징은 2-3장의 메시지가 주어지는 대상인 "일곱 교회"의 "일곱"이란 숫

---

18 보링에 의하면 2-3장에 대해서는 "편지"라는 호칭보다 "선지적 메시지들"(prophetic messages)이라는 호칭이 더 적절하다(Boring, *Revelation*, 85).

19 Aune, *Revelation 1-5*, 129.

20 Bauckham, *The Theology of the Book of Revelation*, 14. 요한계시록 2-3장 이후의 본문은 당시의 교회들이 공유하고 있던 공통된 상황만 특정할 뿐 어느 한 교회를 특정하지는 않는 반면(앞의 책), 2-3장은 각 교회에 대한 매우 구체적이고 특정한 사안들을 언급한다. 따라서 2-3장은 요한계시록을 일곱 개의 명백하게 다른 관점으로 읽을 수 있도록 안내해 준다고 할 수 있다(앞의 책).

자를 통해 주어진다. 왜냐하면 "일곱"이라는 숫자가 "완전성"의 의미를 나타내고,[21] 이러한 완전성은 보편성을 강화시켜 주기 때문이다. 곧 일곱이란 숫자의 완전성에 의해 일곱 교회는 "모든 교회의 대표"로서의 의미를 갖는다.[22] 2-3장이 지닌 이와 같은 보편화의 특징은, 요한계시록을, 일곱 교회만을 위해 주어지는 메시지가 아니라 모든 교회에게 주어지는 메시지가 되게 하려는 의도를 보여준다. 더 나아가 2-3장에서 일곱 교회에게 주어지는 메시지의 마지막 부분마다 반복되는 "귀를 가진 자로 성령이 교회들에게 말씀하시는 것을 듣게 하라"라는 문구에서 "교회들에게"라는 복수형 명사를 사용하는 것은 각각의 메시지가 그것이 주어지는 것으로 언급되는 한 교회만을 향하는 것이 아니라 당대와 오는 시대의 모든 교회를 향하고 있다는 것을 분명히 보여준다.[23] 특별히 요한이 새 창조와 새예루살렘에 대한 자신의 예언을 성경에 나타나는 모든 예언의 최후 절정으로 본다는 점은 요한계시록이 모든 그리스도인 교회 공동체에게 예외 없이 "관련성"을 갖는다는 것을 보여주고, 이로 인해 요한계시록 2-3장의 보편성이 더욱 확증된다.[24]

셋째, 2-3장의 일곱 메시지는 요한계시록의 나머지 부분에 대한 "일곱 개의 서로 다른 서론"을 제공해 주고 있으며 이것은 요한이 요한계시록을 일곱 관점에서 읽도록 설계했음을 의미한다.[25] 예를 들면, "에베소 교회의 성도들은 요한계시록을 어떤 관점에서 읽었을까?" 또는 "라오디게아 교회의 성도들은 요한계시록을 어떤 관점에서 읽었을까?"와 같은 질문들은 적절한 것일 뿐 아니라 필수적인 것이고, 요한계시록을 매우 현실적으로 읽어낼 수 있게 도와준다. 4장 이후로는 어느 한 교회의 구체적인 정황과 관련되는 내용은 존재하지 않는다. 이처럼 어떤 공통된 내용이 서로 다른 일곱 정황에서 읽히는 다양성을 갖는다는 것은 매우 흥미로운 특징이 아닐 수 없다. 역으로, 일곱 개의 다양한 정황 속에 존재하는 교회를 통일성 있는 하나의 주제로 엮어낼 수 있는 것 또한 요한계시록 메시지의 탁월성이 아닐 수 없다.

---

21 포드는 1:4에 대한 설명에서 성경에서 "일곱"이란 숫자는 "완전함, 온전함, 전체성"(completeness, perfection, totality)을 상징적으로 나타낸다고 언급한 바 있다(Ford, *Revelation*, 376).

22 Bauckham, *The Theology of the Book of Revelation*, 16.

23 앞의 책, 16-17.

24 앞의 책, 16. 이러한 점에서 일곱 교회는 지상의 모든 교회를 대표하고, 동시에 모든 교회가 처할 수 있는 모든 상황을 대표해서 보여주고 있다.

25 앞의 책, 14.

5. 2-3장의 구조적 특징

2-3장의 일곱 교회에게 주어지는 일곱 메시지는 누구나 쉽게 발견할 수 있는 다음과 같은 일정한 패턴을 가지고 있다: (1) 교회의 천사들에게 쓰라는 명령, (2) 1장 12-20절을 배경으로 주어지는 예수님에 대한 묘사, (3) 각 교회의 잘한 일에 대한 칭찬, (4) 각 교회의 잘못된 것을 지적하는 책망, (5) 회개 촉구와 심판 경고. (6) 들음의 공식: 성령이 교회들에게 말씀하시다, (7) 이기는 자들에게 주어지는 종말론적 약속.[26] 단, 서머나 교회와 빌라델비아 교회에게는 책망이 주어지지 않고 사데 교회와 라오디게아 교회에게는 칭찬 없이 책망만 주어진다.

이 패턴에서 주목을 끄는 것은 "칭찬"의 항목이 선지적 메시지로 들어가 있다는 사실이다. 구약에서 활동했던 대부분의 선지자들을 보면 이스라엘을 향해 "칭찬"의 말을 하는 경우가 없다. 그러나 2-3장의 선지적 메시지는 칭찬을 포함할 뿐 아니라 그것을 책망보다 더 앞에 위치시킨다. 칭찬은 단순히 좋은 점에 대한 덕담의 수준을 넘어, 종말적 성취로 말미암아 출현한 교회 공동체의 존재론적 본질의 탁월성을 시사해 준다는 점에서 의미가 있다. 곧 그리스도의 대속 사역으로 말미암아 구성된 교회 공동체는 구약 이스라엘의 성취로서 나타나게 된 것이다. 구약의 이스라엘이 그랬듯이 교회 공동체에게 책망받을 일이 있다면 당연히 책망을 받아야 하겠지만, 구약의 이스라엘을 향한 선지적 메시지에서는 주어지지 않았던 칭찬이 교회 공동체에게 주어진다는 것은 그들이 구약의 이스라엘의 성취로서 이스라엘을 능가하는 탁월성을 지니고 있음을 보여주는 것이다.

6. 일곱 교회의 공통된 특징

각 교회가 지닌 독특한 특징들에 대해서는 각 교회에 대한 해설에서 자세하게 살펴보겠지만, 이곳에서는 2-3장의 전체적인 흐름을 파악하기 위해 일곱 교회가 존재하던 당시의 사회 정황의 공통된 특징을 간단하게 정리해 볼 필요가 있다.

1) 정치적 관점: 로마의 식민지

정치적인 측면에서는 요한계시록 2-3장의 교회 공동체들이 로마의 식민지 상태에 있었다는 사실을 기억하는 것이 중요한데, 이는 요한계시록 전체가 로마의 제국주의적 통치 행위를 배경으로 한다는 점에서 당연한 일이다. 특별히 2-3장

---

26 비일도 이와 유사한 구조적 패턴을 지적한다(Beale, *The Book of Revelation*, 225).

이 교회 공동체의 구체적인 삶의 정황을 언급할 때, 그것이 이러한 정치적 정황 가운데 일어나고 있음을 인식하는 것이 중요하다.

2) 종교적 관점: 로마 황제 숭배+이방 우상 숭배(혼합)

고대 사회에서는 정치와 종교가 분리되지 않았기 때문에 로마 제국이 세계를 지배하는 상황에서 황제 숭배가 우상 숭배의 형태로 만연했을 것이라 추정할 수 있다. 2-3장에는 이 황제 숭배 문제가 쟁점이 되는 경우가 빈번하게 나타난다.

3) 사회 경제적 관점

2-3장은 앞서 언급한 정치적, 종교적 쟁점과 함께 사회 경제적 쟁점을 담고 있는데, 그것을 정리해 보면 다음과 같다.

(1) 경제 체계

당시 경제 체계에서 가장 주목할 것은 길드 조직이다. 길드는 직종마다 조직되어 있었고 길드 조직마다 자신들의 "수호신"을 가지고 있었다.[27] 그런데 그 수호신들의 최고점에 신적 지위를 지닌 로마 제국의 황제가 있었고, 따라서 길드에 가입되어 있다는 것은 우상 숭배와 황제 숭배에 참여한다는 것을 의미했다.

(2) 경제적 풍요

길드를 통한 경제 행위는 당시의 사람들에게 커다란 부요를 가져다 주었다. 그런데 길드 조직에 의한 이 경제적 풍요는 우상 숭배 및 황제 숭배와 직결되었다. 요한계시록 2-3장에서 가난과 부요의 주제가 언급되는 것은 바로 이러한 사회 경제적 배경 때문이다.

(3) 유대인들과의 갈등

당시 유대인들은 그리스도인들에게 복잡한 감정을 품고 있었을 것이다. 일단 그리스도인들이 유대인 전통에서는 받아들일 수 없는 사상을 가르치고 있었기 때문에, 그들의 조상이 예수님을 신성 모독의 죄목으로 십자가에 못 박았던 것과 같은 증오의 유전자가 잔존해 있었을 가능성이 크다. 이러한 이유로 유대인들

---

27 앞의 책, 261.

은 로마 제국 사회에서 자신들이 누리는 특권을 그리스도인들과 공유하는 것을 극도로 경계했을 것이다. 그들이 누리는 특권 가운데 가장 대표적인 것은 유대교가 "합법적으로 보호받는 종교"로 인정받은 것이다.[28] 네르바 황제(AD 96-98년) 재임 기간에는 도미티아누스 황제가 시도했던 세금 확장 정책이 취소되는 혜택까지 얻게 된다.[29] 그런데 유대인들과 그리스도인들이 둘 다 황제 숭배에 동참하지 않았기 때문에 당시의 로마인들은 그 둘을 "동일한 집단에 속한다"고 여겼다.[30] 이 외에도 초기 기독교인들은 "조직과 예배 의식" 같은 부분에서 유대 전통의 영향을 많이 받은 상태였기 때문에 로마인들이 그 두 집단을 동일한 집단으로 보는 것은 당연했다.[31] 이와 같은 정황을 잘 파악하고 있었을 유대인들이 그리스도인들로 하여금 자신들의 특권을 공유할 수 없도록 하기 위해 로마 관리들에게 그리스도인들은 자신들과 다르다고 알렸을 것으로 추정할 수 있다.[32]

또한 유대인들은 로마인들이 자신들과 동일한 집단으로 여겼던 그리스도인들이 로마 제국의 통치 이념에 어긋나는 행위를 해서 제국의 관리들과 시민들을 자극하게 되면, 그에 대한 부정적인 결과가 그들과는 전혀 관계없는 자신들에게 미치게 될 것이라는 우려와 두려움을 가지고 있었다. 이와 같은 배경에서 유대인들은 그리스도인들에 대한 증오를 가지고 있었던 것은 물론, 자신들의 안전을 위해 그리스도인들이 로마 황제 숭배를 거부하는 반사회적 집단이라고 고발함으로써 그들을 핍박했다.[33] 그러나 요한계시록은 그리스도인을 "참 유대인"으로 보고 혈연적 유대인을 "사탄의 회당"으로 규정한다.[34] 이 주제에 대해서는 2장 9절과 3장 9절에서 다시 논의하도록 하겠다.

---

28 Reddish, *Revelatoin*, 57.
29 Stephen G. Wilson, "Jewish-Christian 70-170 C.E.," *ABD* 3:838.
30 Reddish, *Revelatoin*, 57.
31 Wilson, "Jewish-Christian 70-170 C.E.," *ABD* 3:838. 처음에 그리스도인들은 안식일을 기념하는 일에 있어서도 유대 전통을 공유했다가 후에 주일 예배가 성립되면서 안식일 전통을 벗어나게 되었다(Samuele Bacchiocchi, *Anti-Judaism and the Origin of Sunday* [Rome: The Pontifical Gregorian University Press, 1977]; Wilson, "Jewish-Christian 70-170 C.E.," *ABD* 3:838에서 재인용).
32 Reddish, *Revelatoin*, 57.
33 Reddish, *Revelatoin*, 57; Boxall, *Revelation of St. John*, 53-54. 유대인과 그리스도인들의 갈등 관계는 예수님 시대부터 배태되어 왔다. 그래서 해그너는 "초기 단계에서부터 그리스도인들과 유대인들 사이에 엄청난 긴장이 있었다"고 진술한다(Donald. A. Hagner, "Matthew," in *New Dictionary of Biblical Theology*, ed. T. Desmond Alexander and Brian S. Rosner, Electronic ed. [Downers Grove, IL: InterVarsity Press, 2000], 262). 유대인과 그리스도인의 이러한 긴장 관계에 대한 자세한 역사적 사회적 고찰에 대해서는 다음의 자료들을 참고하라. Wilson, "Jewish-Christian 70-170 C.E.," *ABD* 3:834-839; Christopher Rowland, *Christian Origins: An Account of the Setting and Character of the Most Important Messianic Sect of Judaism*, 2nd ed. (London: Society for Promoting Christian Knowledge, 2002), 3-8.
34 Ramsay, *The Letters to the Seven Churches of Asia*, 142.

I. 일곱 교회에게 보내는 메시지 1: 에베소, 서머나, 버가모, 두아디라 교회(2장)

2장은 에베소 교회(1-7절), 서머나 교회(8-11절), 버가모 교회(12-17절), 그리고 두아디라 교회(18-29절) 공동체에게 보내는 메시지로 구성된다.

1. 에베소 교회에게 보내는 메시지(2:1-7)

1절은 에베소 교회의 천사에게 쓰라는 명령과 함께 1장에서 언급했던 내용을 기초로 예수님의 이름을 언급한다. 2-3절은 에베소 교회에 대한 칭찬이고, 4-5절은 책망이다. 6절에서는 다시 칭찬의 메시지가 주어지고, 마지막 7절은 성령의 말씀에 귀를 기울일 것과 이기는 자에게 주어지는 종말적 약속을 소개한다.

구문 분석 및 번역

1절 a Τῷ ἀγγέλῳ τῆς ἐν Ἐφέσῳ ἐκκλησίας γράψον·
       에베소에 있는 교회의 천사에게 쓰라

     b Τάδε λέγει
       그가 이같이 말씀하신다

     c   ὁ κρατῶν τοὺς ἑπτὰ ἀστέρας ἐν τῇ δεξιᾷ αὐτοῦ,
           그의 오른손에 일곱 별을 붙잡고 있는 이

     d   ὁ περιπατῶν ἐν μέσῳ τῶν ἑπτὰ λυχνιῶν τῶν χρυσῶν·
           일곱 금 촛대 가운데 다니시는 이가

2절 a   οἶδα
               내가 알고 있다

     b   τὰ ἔργα σου καὶ τὸν κόπον καὶ τὴν ὑπομονήν σου
                   너의 행위들 곧 너의 수고와 인내를,

     c   καὶ ὅτι οὐ δύνῃ βαστάσαι κακούς
                   곧 네가 악한 자들을 견딜 수 없었던 것을

     d   καὶ ἐπείρασας τοὺς λέγοντας ἑαυτοὺς ἀποστόλους καὶ οὐκ εἰσὶν
                    καὶ εὗρες αὐτοὺς ψευδεῖς
                   그리고 자기 자신을 사도라 하는 자들을 시험하여—그들은 (사도들이) 아니다—
                   거짓되다는 것을 네가 찾아낸 것을

3절		καὶ ὑπομονὴν ἔχεις καὶ ἐβάστασας διὰ τὸ ὄνομά μου καὶ οὐ κεκοπίακες
		그리고 네가 인내를 가지고 나의 이름을 위하여 견디고 피곤해 하지 아니한 것을
4절	a	ἀλλ᾽ ἔχω κατὰ σοῦ
		그러나 나는 네게 반대할 (어떤 것을) 가지고 있다
	b	ὅτι τὴν ἀγάπην σου τὴν πρώτην ἀφῆκες.
		곧 네가 처음 사랑을 버렸다는 것이다
5절	a	μνημόνευε οὖν πόθεν πέπτωκας
		그러므로 어디로부터 떨어졌는가를 기억하라
	b	καὶ μετανόησον
		그리고 회개하라
	c	καὶ τὰ πρῶτα ἔργα ποίησον
		그리고 처음 행위들을 행하라
	d	εἰ δὲ μή,
		만일 그리하지 아니하면
	e	ἔρχομαί σοι
		내가 네게 올 것이다
	f	καὶ κινήσω τὴν λυχνίαν σου ἐκ τοῦ τόπου αὐτῆς,
		그리고 네 촛대를 그 자리로부터 옮길 것이다
	g	ἐὰν μὴ μετανοήσῃς.
		만일 네가 회개하지 아니하면
6절	a	ἀλλὰ τοῦτο ἔχεις,
		그러나 네가 이것을 가지고 있다
	b	ὅτι μισεῖς τὰ ἔργα τῶν Νικολαϊτῶν ἃ κἀγὼ μισῶ.
		나도 역시 미워하는 니골라 당의 행위들을 미워하는 것
7절	a	ὁ ἔχων οὖς ἀκουσάτω τί τὸ πνεῦμα λέγει ταῖς ἐκκλησίαις.
		귀를 가진 자로 성령이 교회들에게 말씀하시는 것을 듣게 하라
	b	τῷ νικῶντι δώσω αὐτῷ φαγεῖν
		나는 이기는 자 바로 그에게만 먹도록 줄 것이다
	c	ἐκ τοῦ ξύλου τῆς ζωῆς,
		생명의 나무로부터
	d	ὅ ἐστιν ἐν τῷ παραδείσῳ τοῦ θεοῦ.
		하나님의 낙원에 있는

1a절의 '테스 엔 ... 에클레시아스'(τῆς ἐν ... ἐκκλησίας)는 일곱 교회 모두에게 동일하게 사용되는 문구로서 "...에 있는 교회"라고 번역했다. 1a절에는 선지적 메시지의 특징을 보여주는 "...에게 쓰라"라는 명령이 주어지고, 1b절부터는 써야 할 내용이 기록되어 있다. 써야 할 내용에 포함되는 1c절과 1d절에는 말씀하시는 분에 대한 소개가 주어진다. "그의 오른손에 일곱 별을 붙잡고 있는 이"(1c절)와

"일곱 금 촛대 가운데 다니시는 이"(1d절)는 "그리고"라는 접속사 없이 연결되어 있기 때문에 두 문구를 동격의 관계로 간주해서 번역했다.

2절은 2a절의 "내가 안다"(οἶδα, 오이다)라는 동사로 시작한다. 2b절의 단어들은 동사 '오이다'(2a절)의 목적어이고, 2c절부터 3절까지 이어지는 '호티'(ὅτι) 이하의 문장들도 동사 '오이다'에 종속되는 목적절이다. 여기서 2c-3절은 2b절의 "너의 행위들 곧 너의 수고와 인내"에 대한 구체적인 내용을 제시한다고도 볼 수 있다. 2c절부터 3절까지의 목적절이 매우 길기 때문에 이 문장들을 우리말로 번역하는 것은 쉽지 않지만, 아래의 우리말 번역에서는 2b-3절이 모두 2a절의 "알다"라는 동사에 종속되도록 번역했다.

2b절의 "행위들"과 "수고와 인내"의 관계에 대해 고려할 점이 있는데, 그것은 "행위들"과 "수고와 인내"를 서로 동등한 범주에 넣기 어렵다는 것이다. 그 이유는 다음과 같은 세 가지로 정리할 수 있다. 첫째, "행위들"(τὰ ἔργα, 타 에르가)은 복수형으로 사용되고 "수고와 인내"(τὸν κόπον καὶ τὴν ὑπομονήν, 톤 코폰 카이 텐 휘포모넨)는 단수형으로 사용된다. 둘째, "행위들"과 "수고와 인내"가 각각 "너의"(σοῦ, 수)라는 소유격 인칭 대명사를 독립적으로 갖는다. 셋째, "행위들"은 일반적인 내용을 언급하는 반면에 "수고와 인내"는 구체적 행위들을 언급하기 때문에 "수고와 인내"가 "행위들"의 하위 개념이라 할 수 있다. 이상의 이유를 고려했을 때, "행위들"과 "수고와 인내"를 동등하게 번역하기보다는 "수고와 인내"가 "행위들"을 좀 더 구체적으로 설명해 주는 관계를 갖는다고 이해해서, "너의 행위들 곧 너의 수고와 인내"로 번역하는 것이 더 적절하다.[35] 따라서 "수고와 인내"는 "행위들"의 구체적인 실례들이라고 할 수 있다.

3절에서 사용된 동사 '코피아오'(κοπιάω)는 두 가지 의미를 갖는데, 첫째는 "피곤해 하다"이고 둘째는 "수고하다"이다.[36] 이 본문에서는 "피곤해 하다"의 의미가 적절하고, 거기에 부정어 '우'(οὐ)가 첨가되어 "피곤해 하지 않다"라는 의미를 갖는다. 또한 이 동사는 완료형으로 사용되면서, "에베소 성도들이 포기할 정도로 피곤해 하지 않았다"는 생각을 표현해 주고 있다.[37] 따라서 3절의 '우 케 코피아케스'(οὐ κεκοπίακες)는 에베소 성도들이 매우 열심히 수고했음에도 불구하

---

35 오즈번도 이에 동의하여 "행위들"이 두 개의 "설명적 '카이'"(epexegetical καί)를 통해 정의된다고 주장하면서 "행위들" 다음에 "즉"(namely)을 넣어 번역한다(Osborne, *Revelation*, 112).

36 BDAG, 558.

37 앞의 책.

고 "피곤해 하지 않았다"로 번역하는 것이 타당하다. 개역개정은 이 문구를 "게으르지 아니하고"로 번역하지만, 이 동사는 "게으르다"란 의미와는 전혀 관계가 없다.

4a절의 '카타'(κατά)라는 전치사는 "반대하여"(against)란 의미를 갖는다.[38] 이곳에서는 소유격 인칭 대명사 '수'(σοῦ, 너의)와 함께 "너에 반대할 어떤 것"으로 번역했다. 본문에는 "어떤 것"이란 문구가 없지만 번역의 자연스러움을 위해 삽입했다. 4ab절은 "A-'에케인'(ἔχειν)-B-'카타'(κατά)-C" 형태의 구문으로 되어 있다. 이 구문은 "A가 C에 반대하여 B를 가지고 있다"는 뜻이다(계 2:14, 20; 마 5:23; 막 11:25).[39] 4절에서 A는 말씀하시는 예수님이시고, C는 4a절의 "너"(σοῦ, 수)에 해당하는 "에베소 교회의 천사" 혹은 "에베소 교회"이며, B는 4b절의 '호티'(ὅτι)이하에 나오는 "처음 사랑을 버렸다"는 내용이 된다. 이 경우에 4b절의 '호티'(ὅτι)는 4a절의 "가지다"(ἔχω, 에코)라는 동사의 목적절을 도입한다. 이러한 내용을 최대한 반영해서 우리말로 직역하면 다음과 같다. "4a) 그러나 나는 네게 반대하여, 4b) 처음 사랑을 버렸던 4a) 이것을 가지고 있다."[40] 그러나 이것을 좀 더 자연스럽게 번역하기 위해 '호티'(ὅτι) 이하를 "가지다"라는 동사의 목적격으로 가설정하여 "어떤 것"이라고 하고, 동격을 의미하는 "곧" 이란 단어를 사용함으로써 4b절을 목적절로 번역했다. 결국 여기에서 에베소에 있는 교회의 어떤 것에 대해 반대한다는 것은 그들을 책망할 원인을 제시하는 것으로 간주할 수 있다.

5a절에서 사용되는 단어 '포덴'(πόθεν)과 관련해서 BDAG가 제공하는 다양한 의미 중에 이곳에서 유의미한 것으로는 "어디로부터"(from where)나 "왜"(why) 혹은 "어떻게"(how)가 있다.[41] 이곳에서는 "왜"나 "어떻게"란 의미도 사용될 수 있지만 "어디로부터"가 좀 더 적절하다.[42] 대부분의 영어 역본들(ESV, NKJV)이 '포덴'을 "어디로부터"로 번역하고 있다. 5d-g절에서 5d절과 5g절은 서로 평행 관계로서 회개하지 않을 경우를 가정하고, 그 사이에 그것에 대한 결과를 언급하는 5e절과 5f절이 삽입되어 있다.

---

38 앞의 책, 511. '카타'(κατά)는 "적대적 발언, 특별히 정죄(accusation)를 나타내는 말이나 표현 후"에 사용된다(앞의 책).
39 Aune, *Revelation 1-5*, 146.
40 NRSV와 ESV가 이러한 번역을 지지한다. 반면 KJV는 '호티'(ὅτι)를 "왜냐하면"이라는 접속사로 번역한다.
41 BDAG, 838.
42 이에 대한 자세한 이유는 본문 주해에서 언급하겠다.

6ab절은 5ab절과 비교 및 대조해 볼 수 있다. 먼저 둘 사이의 공통점은 둘 다 '에코'(ἔχω, 가지다)라는 동사를 사용하고 이 동사와 함께 '호티'(ὅτι)라는 접속사로 연결되는 목적절을 사용한다는 점이다. 차이점은 5a절에는 6a절에 있는 '투토'(τοῦτο, 이것)가 없고 6a절은 5a절에서 비판을 의미하는 '카타 수'(κατὰ σοῦ, 네게 반대하여)가 생략되었다는 점과 동사의 주어가 "나"(5a절)에서 "너"(6a절)로 변경되었다는 점이다. 6a절에 '카타 수'가 없다는 것은 6절의 내용이 책망이 아니라 긍정적 의미의 칭찬이라는 것을 짐작케 한다. 이상의 내용을 토대로 우리는 5ab절과 6ab절이 서로 대조적 평행을 이루고 있음을 알 수 있다.

6b절의 '카고'(κἀγώ)는 '카이 에고'(καί ἐγώ)의 준말로서, "나도 역시"라고 번역할 필요가 있다. 그리고 6a절의 "이것"(τοῦτο, 투토)은 6b절을 가리키고, 6b절의 내용을 강조하기 위해 문장의 맨 앞에 등장한다. 곧 '투토'는 칭찬의 내용을 강조하려는 목적을 갖는다.

7b절에서 "이기는 자에게"(τῷ νικῶντι, 토 니콘티)와 "그에게"(αὐτῷ, 아우토)가 반복되는 것은 히브리적인 표현 방법이다.[43] "이기는 자"를 앞에 두고 그것을 이어받는 인칭 대명사 "그에게"를 덧붙여서 "그에게만"(to him alone)이란 의미로서 이기는 자를 강조하려는 목적을 갖는다.[44] 이것을 반영해서 "그" 앞에 "바로"를 붙여 "바로 그에게만"이라고 번역했다.[45] 더 나아가 "이기는 자"가 현재 분사형이므로 이곳의 "이김"은 "계속적인 승리"를 나타내는데, 이러한 계속적 승리는 "종말적 상을 받을 참된 신자"의 특징을 잘 보여준다.[46]

이상의 내용을 근거로 우리말 어순에 맞추어 번역하면 다음과 같다.

a 에베소에 있는 교회의 천사에게 쓰라.
1c 그의 오른손에 일곱 별을 붙잡고 있는 이
1d 곧 일곱 금 촛대 가운데 다니시는 이가
1b 이같이 말씀하신다.

---

43 E. A. Abbott, *Johannine Grammar* (London: Adam and Charles Black, 1906), 32; Charles, *A Critical and Exegetical Commentary on the Revelation of St John*, 1:53. 이와 비슷한 문형이 요 6:39; 7:38; 10:35-36; 15:2–5; 17:2; 요일 2:24, 27 등에 나타난다.

44 R. C. H. Lenski, *The Interpretation of St. John's Revelation* (Columbus, OH: Wartburg, 1943; repr., Minneapolis, MN: Augsburg Fortress, 2008), 94. 렌스키는 이에 덧붙여 "오직 승리한 자만이 상을 받게 될 것이다"라고 말한다(앞의 책).

45 NKJV, ESV는 "그에게"(to him) 대신 "...하는 자에게"(to the one)나 "...하는 모든 자에게"(to everyone)로 번역한다.

46 Thomas, *Revelation 1-7*, 155.

2a	"내가
2b	너의 행위들 곧 너의 수고와 인내,
2c	곧 네가 악한 자들을 견딜 수 없었던 것과
2d	자기 자신을 사도라 하는 자들을 시험하여-그들은 (사도들이) 아니다-
	거짓되다는 것을 네가 찾아낸 것과
3	인내를 가지고 나의 이름을 위하여 견디고 피곤해 하지 아니한 것을
2a	아노라.
4a	그러나 나는 네게 반대할 (어떤 것을) 가지고 있다.
4b	곧 네가 처음 사랑을 버렸다는 것이다.
5a	그러므로 어디로부터 떨어졌는가를 기억하라.
5b	그리고 회개하라.
5c	그리고 처음 행위들을 행하라.
5d	만일 그리하지 아니하면
5e	내가 네게 올 것이며
5g	만일 네가 회개하지 아니하면
5f	네 촛대를 그 자리로부터 옮길 것이다.
6a	그러나 네가
6b	나도 역시 미워하는 니골라 당의 행위들을 미워하는 것
6a	이것을 가지고 있다.
7a	귀를 가진 자로 성령이 교회들에게 말씀하시는 것을 듣게 하라.
7b	나는 이기는 자 바로 그에게만
7d	하나님의 낙원에 있는
7c	생명의 나무로부터
7b	먹도록 줄 것이다."

배경 연구: 에베소는 어떤 도시인가?

1) 사회 정치적 측면

지리적으로 에베소 지역은 소아시아 지역으로 들어가기에 가장 용이한 관문으로서[47] 일곱 도시 중에 "가장 국제적인 도시"라고 할 수 있다. [48] 에베소는 리디아의 크로이소스(BC 560-546년)가 에베소를 점령했을 때부터 이미 번성해 있었는데 그는 신전에 대한 관심을 가지고 있었기 때문에 옛 도시를 허물고 신전을 재건하여 신전 주변의 저지대로 인구를 이동시켰다. [49] 이와 같은 신전 중심의 도시

---

47 Beale, *The Book of Revelation*, 229.

48 Hermer, *The Letters to the Seven Churches of Asia*, 35. 특별히 최근에 코레수스(Coressus)와 피온(Pion) 사이의 움푹 파인 지대에 대한 고고학적 발굴이 시도된 바 있는데, 그곳에서 로마 시대의 도시 생활을 생생하게 보여주는 증거들을 확인하게 되었다(앞의 책).

49 Hermer, *The Letters to the Seven Churches of Asia*, 36.

재편은 에베소에 우상 숭배가 팽배하게 되었던 것에 대한 역사적 근거를 제시하는 것일 수 있다. 이러한 과정을 거쳐 에베소는 아시아 지역에서 가장 큰 도시로 발전하였고, 시리아의 정복자 안티오쿠스 3세 때(BC 197년) 그 지역의 수도가 되었으며, BC 133년부터는 로마 제국의 통치를 받기 시작했다.[50] 처음에는 상당한 반로마 정서가 발생하여 BC 89-84년에 일어난 미트리다테스 6세(Mithridates VI)의 반란에 동참했지만 BC 69년에 폼페이우스에 의해 제압을 당하면서 우여곡절을 겪기도 했다.[51] 에베소는 이 로마 시대에 인구가 많고 상업이 발달하여 부유한 지역으로 알려져 있었으며[52] 이때 길드라는 협동 조합 형태의 경제 체계가 발달하기 시작했다.[53]

2) 종교적 측면

앞서 언급한 것처럼 크로이소스가 에베소를 신전 중심으로 재편하는 과정을 통해 이 도시는 굉장히 종교적인 색채를 띠게 되었다. 이러한 종교적 특징들 가운데 특별히 주목을 끄는 것은 이곳에 풍요의 여신인 아데미 신전이 지어졌다는 것이다(참고, 행 19:23-41).[54] 아우구스투스 시대(BC 27-AD 14년)부터는 이 신전이 황제 숭배의 장소로 사용되었고 후에는 도미티아누스 황제가 자신을 숭배하기 위한 또 다른 신전을 에베소에 건축했다.[55] 그래서 에베소는 "신전 관리인"(temple warden)으로 불리기까지 했다.[56] 이와 같은 우상 숭배가 부분적으로는 경제적 풍요의 이유가 될 수 있는데, 왜냐하면 여러 경제 주체들이 성전을 중심으로 활동했기 때문이다. 이렇게 종교와 경제가 서로 밀접한 관계를 가지고 있었으며, 그래서 종교적 소외가 경제적 소외를 초래하는 악순환이 발생하게 되었다.

3) 선교적 측면

에베소 교회를 일곱 교회 중 첫 시작 대상으로 삼는 것은 두 가지 관점에서 접근

---

50 Osborne, *Revelation*, 108.
51 앞의 책.
52 Harrington, *Revelation*, 56; Hermer, *The Letters to the Seven Churches of Asia*, 36.
53 Beale, *The Book of Revelation*, 13.
54 Osborne, *Revelation*, 108. 이 신전에는 수천 명의 사제들과 여사제들이 있었으며(앞의 책), 파르테논 신전의 네 배에 가까운 크기를 갖추고 있어 당시로는 가장 큰 규모의 신전이었다(Biguzzi, "Ephesus, Its Artemision, Its Temple to the Flavian Emperors, and Idolatry in Revelation," *NovT* 40 (1998): 279. Osborne, *Revelation* 109에서 재인용).
55 Harrington, *Revelation*, 56.
56 Charels, *A Critical and Exegetical Commentary on the Revelation of St John*, 1:48.

해 볼 수 있다. 먼저 선교적 관점에서 보면, 선교 사역 초기에 이 교회가 이방인들 가운데서 선도적인 역할을 했기 때문일 수 있다. 그리고 지리적 관점에서 보면, 에베소가 소아시아 지역으로 들어가는 첫 관문이기 때문이다.[57] 이 도시는 또한 바울의 선교와 밀접하게 관련되는데, AD 51년경에 바울이 최초로 이 도시를 방문했으며(행 18:19-21), AD 53년경에 다시 돌아와 3년 동안 장기 체류하면서 "모든 겸손과 눈물"로 "유대인의 간계를 인하여 당한 시험을 참고 주를 섬긴 것과 유익한 것은 무엇이든지 공중 앞에서나 각 집에서나 꺼림이 없이 너희에게 전하여 가르치고 유대인과 헬라인들에게 하나님께 대한 회개와 우리 주 예수 그리스도께 대한 믿음을 증거"한 곳이기도 하다(행 20:19-21). 또한 바울은 에베소를 아시아의 다른 곳으로 제자들을 파송하는 선교 전략의 요충지로 삼기도 했다.

본문 주해

[2:1] 도입: 에베소에 있는 교회의 천사에게 쓰라

개역개정이 "에베소 교회의"라고 번역한 '테스 엔 에페소 에클레시아스'(τῆς ἐν Ἐφέσῳ ἐκκλησίας)라는 문구에 대한 정확한 번역은 "에베소에 있는 교회의"다. 그러나 이곳에서는 표현상의 편의를 위해 "에베소에 있는 교회"와 "에베소 교회"란 표현을 같은 의미로 사용하겠다.

누구에게 쓰고 있는가?(1a절). 1a절에서는 "쓰다"(γράφω, 그라포)라는 동사가 명령형(γράψον, 그랍숀)으로 사용된다. 그것을 받는 대상은 "에베소에 있는 교회의 천사"다. 1장 20절에서 자세하게 논의했던 바와 같이 이곳의 "천사"는 지상적 실체인 에베소 교회에 대한 "천상적 대응체"다.[58] 1장 20절에서는 일곱 교회를 상징하는 일곱 촛대와 일곱 천사를 상징하는 일곱 별을 병치시켜서 "천사"가 지상적 존재인 "교회"의 천상적 대응체임을 나타냄으로써, "천사"와 "교회" 사이의 밀접한 관계를 설정한 바 있다. 이러한 설정은 천사와 에베소 교회의 동일시를 통해 에베소 교회 공동체가 천상적 공동체라는 사실을 확증하려는 목적을 갖는다. 따라서, 표면적으로는 예수님이 주시는 선지적 메시지가 "교회"의 천상적 대응체

---

57 Beale, *The Book of Revelation*, 229. 에베소는 소아시아 지역에서 "최고의 통관항"(the best port of entry) 이었던 것으로 알려져 있다(앞의 책).

58 비즐리 머레이는 교회의 천사들을 "지상의 개인들 및 공동체들의 천상적 대응체"로 지칭하고(Beasley-Murray, *The Book of Revelation*, 69), 스윗은 "지상적 실체들의 영적 대응체"로 표현한다(Sweet, *Revelation*, 73).

인 "천사"에게 선포되는 것처럼 보이지만, 실제적으로는 에베소 교회 공동체에게 선포되고 있는 것이다.

일곱 별을 붙잡다: 교회에 대한 그리스도의 주재권(1cd절). 1c절과 1d절은 선지적 메시지를 발하시는 장본인으로서의 예수님을 "그의 오른손에 일곱 별을 붙잡고 있는 이"(1c절)와 "일곱 금 촛대 가운데 다니시는 이"(1d절)로 소개한다. 여기에서 1c절과 1d절은 서로 동격 관계다. 이러한 동격 관계는 "일곱 별"과 "일곱 금 촛대"의 특별한 관계에 의해 더욱 강화된다. 일곱 별을 붙잡고[59] 있는 것과 일곱 금 촛대 가운데 다니는 것은 동일하게 교회 공동체에 대한 주권적 지위와 언약적 관계를[60] 강조한다.[61] 이러한 묘사는 1장 12-13절과 16절에서 언급되었던 내용이다. 특별히 에베소에 있는 교회에게 보내는 메시지가 일곱 별이나 일곱 금 촛대를 통해 일곱 교회를 암시함으로써 에베소에 주어진 메시지가 일곱 교회 모두에게 선포되는 메시지임을 나타낸다는 해석도 가능하다.[62] 이러한 해석은 에베소 교회가 소아시아 지역에서 가장 중요한 위치에 있었다는 점에서 충분히 설득력이 있다.[63]

다니시는 이(ὁ περιπατῶν, 1d절). "다니시는 이"(ὁ περιπατῶν, 호 페리파톤)란 표현은 창세기 3장 8절에서 하나님이 에덴 동산에 "거니시는" 장면을 연상케 하는데, 개역개정이 "거니시는"으로 번역한 히브리어 '할라크'(הלך)의 히트파엘형을 번역하기 위해 70인역이 사용한 헬라어 단어는 요한계시록 본문에서 사용된 것과 동일한 '페리파테오'(περιπατέω)라는 동사다. 이 동사는 다리로 걸어다니는 행위를 의미하기도 하지만 임재하여 함께 생활한다는 의미도 갖는데,[64] 특별히 바울이 이 동사를 그런 의미로 빈번하게 사용한다(롬 6:4; 8:4; 고전 3:3; 고후 5:7; 10:3; 갈 5:16; 엡 2:2; 4:1 등). 에덴에서의 하나님이 이곳에서는 교회 공동체 가운데 다니시는 예수님

---

59 여기에서 사용된 "붙잡다"(κρατέω, 크라테오)라는 동사는 "굳게 붙들다"(Charles, *A Critical and Exegetical Commentary on the Revelation of St John*, 1:48) 혹은 "자신의 능력으로 붙들다"(Ford, *Revelation*, 387)라는 의미를 갖고, 이는 교회를 향한 그리스도의 주권을 나타낸다.

60 이러한 언약적 관계에 대한 구체적인 내용은 아래의 "다니시는 이" 단락에서 소개된다.

61 월(Wall)은 이 이미지들이 "교회에 대한 그리스도의 주님 되심"(Christ's lordship over the church)을 나타내는 것으로 판단한다(Wall, *Revelation*, 69).

62 Roloff, *The Revelation of John*, 44.

63 Harrington, *Revelation*, 54.

64 이와 같은 맥락에서 포드는 "'걷는' 개념은 '살다' 또는 '행동하다'를 암시하는 '삶의 걸음'과 관련된다"고 주장한다(Ford, *Revelatioin*, 387).

으로 변환되어 나타난다. 이 평행 관계는 일곱 금 촛대가 상징하는 교회 공동체(1:20)가 예수님이 다니시는 에덴적 공동체라는 것을 보여준다.

더 나아가서 이러한 장면은 레위기 26장 11-12절에서 여호와 하나님이 이스라엘 백성 가운데 다니시는 모습과도 일치한다.[65]

> [11]내가 내 성막을 너희 중에 세우리니 내 마음이 너희를 싫어하지 아니할 것이며 [12]나는 너희 중에 행하여(ἐμπεριπατήσω, 엠페리파테소) 너희의 하나님이 되고 너희는 내 백성이 될 것이니라 (레 26:11-12)

레위기 26장에서 하나님은 성막 건축을 언급하시고(11절) "너희 중에 다닐 것이다"(ἐμπεριπατήσω, 엠페리파테소>ἐμπεριπατέω, 엠페리파테오)라고 말씀하시는데(12절),[66] 이 것도 마찬가지로 하나님이 성막을 통해 이스라엘 백성 가운데 임재하시겠다는 의지를 보여주는 것이다. 또한 12절 후반부의 "나는 너희의 하나님이 되고 너희는 내 백성이 될 것이니라"라는 문구는 언약 공식으로서, 하나님과 이스라엘 백성 사이의 언약 관계를 확증한다. 레위기 본문에서의 이러한 삼중적 언급, 즉 성막의 건축(11절) + "너희 중에 다닐 것이다"(12a절) + 언약(12b절)의 언급은 특히 에덴적 정황의 재현을 강하게 드러내고 있다. 고린도후서 6장 16절은 레위기 26장 11-12절을 인용하면서 하나님과 교회 공동체 사이의 언약 관계의 회복을 통한 에덴 회복의 정황을 연출해 주고 있다.

이상의 내용을 정리해 보면, 요한계시록 2장 1절은 "오른손에 일곱 별을 붙잡고 있는 이"와 "일곱 금 촛대 가운데 다니시는 이"가 되시는 예수님은 에덴과 성막에 임재하시는 하나님의 모습으로 교회 공동체에 임재하셔서 함께하시면서 교회의 머리로서 통치하는 분이심을 나타낸다. 이러한 예수님에 대한 묘사는 에베소 교회가 처한 상황과 밀접하게 관련된다(이에 대해서는 1장에서 자세한 설명이 주어졌으므로 자세한 설명은 생략한다). 그리고 구약의 "여호와께서 이같이 말씀하신다"라는 문구를 배경으로 하는 1b절의 "이같이 말씀하신다"라는 문구는 말씀하시는 분을 소개하는 1cd절보다 먼저 나옴으로써 강조되고 있다.

---

65 Mounce, *The Book of Revelation*, 68.
66 12절에서 개역개정이 "행하다"(즉, "걷다")라고 번역한 단어에 해당하는 70인역의 단어는 '엠페리파테오'(ἐμπεριπατέω)로서 70인역 창 3:8의 '페리파테오'(περιπατέω)와는 차이가 있지만, 두 단어 모두 히브리어 '할라크'의 히트파엘형을 번역한 것이므로 "걷다, 행하다"라는 의미보다는 위에서 언급한 것처럼 하나님의 임재를 의미하는 것으로 이해할 필요가 있다. 실제로 70인역에서 '엠페리파테오'는 하나님이 주어일 때 하나님의 임재의 맥락에서 "함께하다"의 의미로 사용된다(신 23:14[70인역 23:15]; 삼하 7:6).

[2:2-3] 칭찬

2-3절에서는 에베소 교회가 어떤 점에 있어서 예수님의 칭찬을 받을 만한 일을 했는지에 대해 언급한다.

2bc절과 3절의 언어유희. 2-3절은 그곳에서 사용되는 단어를 통해 일정한 구조의 패턴을 형성한다. 곧 2bc절과 3절을 비교해 보면 느슨하긴 하지만 평행 관계를 이루고 있음을 볼 수 있다. 2bc절과 3절은 각각 세 가지 행위를 나열한다. 즉, 2bc절은 "수고"와 "인내"와 "견딜 수 없음"을 나열하고, 3절은 "인내"와 "견딤"과 "피곤해 하지 않음"을 나열한다. 이 요소들은 다음과 같이 세 개의 언어유희를 이룬다. (1) 먼저 2b절의 "너의 인내"(ὑπομονήν σου, 휘포모넨 수)라는 문구에 나오는 "인내"(ὑπομονήν, 휘포모넨)라는 단어는 3절의 "네가 인내를 가지다"(ὑπομονήν ἔχεις, 휘포모넨 에케이스)라는 문구에서 동일하게 사용된다. (2) 그리고 2b절의 "수고"(κόπον, 코폰>κόπος, 코포스)라는 단어는 3절의 "피곤해 하지 아니하고"에 나오는 "피곤해 하다"(κεκοπίακες, 케코피아케스>κοπιάω, 코피아오)와 동일한 어근(κοπ-, 코프)을 사용한다. 이와 같은 관계를 통해 우리는 에베소의 성도들이 그들의 수고에 의해 피곤할 수 있는 상황임에도 불구하고 피곤해 하지 않는 인내와 견고함을 지니고 있었음을 알 수 있다.[67] (3) 끝으로, 2c절의 "견딜 수 없다"에 들어 있는 "견디다"(βαστάσαι, 바스타사이>βαστάζω, 바스타조)와 3절의 "견디다"(ἐβάστασας, 에바스타사스) βαστάζω, 바스타조)에 동일한 단어가 사용된다. 2c절이 이 단어를 부정어 '우'(οὐ)와 함께 사용함으로써 3절과 의미적 대조를 이룬다. 즉, 에베소의 성도들은 악한 자들은 견딜 수 없었던 반면, 예수님의 이름을 위하여 받는 고난은 믿음으로 견딜 수 있었다.[68] 여기에서 "예수의 이름을 위하여 견디다"라는 표현은 "핍박"의 정황과 연결될 수 있다(마 10:22; 24:9; 막 13:13; 눅 21:17; 요 15:21 등).[69] 이렇게 앞의 두 쌍의 언어유희("인내"[2b절]-"인내를 가지다"[3절]; "수고"[2b절]-"피곤해 하지 않다"[3절])와 더불어, 2c절과 3절의 "견디다"가 또 한 쌍의 언어유희를 이루고 있다. 또 한 가지 주목할 점은 2b절의 "행위들"(ἔργα, 에르가), "수고"(κόπος, 코포스), "인내"(ὑπομονή, 휘포모네)라는 삼중적 표현이 데살로니가전서 1장 3절의 "믿음의 역사(ἔργα, 에르가)," "사

---

67 Koester, *Revelation*, 262. 오우니는 이것을 의도적인 유음중첩법(paronomasia: 음이 비슷한 말을 익살스럽게 쓰는 것)의 예 중 하나라고 주장한다(Aune, *Revelation 1-5*, 143).

68 Koester, *Revelation*, 262.

69 앞의 책.

랑의 수고(κόπος, 코포스)," "소망의 인내(ὑπομονή, 휘포모네)"와 동일한 패턴을 갖는다는 점이다.[70]

내가 알고 있다(οἶδα, 2a절). 2a절의 동사 "알다"(οἶδα, 오이다)는 "지식의 과정"을 나타내는 '기노스코'(γινώσκω)와는 달리 "충분하거나 완전한 지식"을 의미한다.[71] 에베소 교회 중에 다니시는(1절) 예수님은 에베소 교회에 대한 완전한 지식을 갖고 계신다.[72] 즉, 교회에 대한 주권적 지위와 교회에 대한 완전한 지식은 정비례한다.

이 동사에 이어지는 2b절의 "너의 행위들 곧 수고와 인내"라는 문구는 이 동사의 목적어로 사용되고, 그에 이어지는 2c-3절은 '호티'(ὅτι)로 시작하는 명사절로서 "알다"라는 동사의 목적절로 사용된다. 여기에서 "알다"라는 동사가 그 이하에 나오는 모든 내용을 목적어 혹은 목적절로 취하면서 전체의 내용을 포함하고 있음을 알 수 있다. 이러한 내용들이 칭찬의 내용을 구성하고 있는데, 이것은 예수님이 에베소 성도들이 칭찬받을 만한 것들을 정확하게 인식하고 계심을 보여준다. "알다"라는 동사의 사용은 에베소 교회 이후에 나오는 나머지 교회 공동체들에게 주어지는 칭찬과 책망에도 적용된다. "알다"가 칭찬에서 사용될 때는 우리가 잘한 행위들은 그것이 매우 작은 일이더라도 놓치지 않고 기억하시는 예수님의 사랑을 발견하게 해 주는 반면, 책망에서 사용될 때는 예수님의 지적 능력이 우호적으로 다가오지 않고 긴장과 두려움을 초래한다.

자기 자신을 사도라 하는 자들(τοὺς λέγοντας ἑαυτοὺς ἀποστόλους, 2d절). 에베소 성도들은 악한 자들을 시험했다. 이러한 시험은 구약의 선지자들을 검증하는 전통을 배경으로 한다.[73] 또한 신약 교회에서 잘못된 교리와 신앙을 검증하고 살피는

---

70 Aune, *Revelation*, 142도 나와 같은 주장을 한다. 또한 Osborne, *Revelation*, 113도 보라.

71 Thomas, *Revelation 1-7*, 133. 토머스는 요한계시록이 그리스도와 관련해서 '기노스코'를 사용하지 않는다는 스웨테의 주장(Swete, *The Apocalypse of St. John*, 24)을 근거로, 요한계시록에서는 그리스도의 지식을 표현할 때 항상 '오이다'를 사용한다고 주장한다(Thomas, *Revelation 1-7*, 133).

72 앞의 책.

73 오우니는 구약에서 거짓 선지자들을 검증하는 것과 관련해서 크렌쇼(Crenshaw, *Prophetic Conflict: Its Effect Upon Israelite Religion* [Berlin: Walter de Gruyter, 1971], 39-61)가 제시한 세 가지 기준을 다음과 같이 정리한다(D. Aune, *Prophecy in Early Christianity and the Ancient Mediterranean World* [Grand Rapids, MI: Eerdmans, 1983], 87-88): (1) 선포한 메시지에 중점을 두는 기준(message centered criteria): 선포한 내용이 성취되지 않으면 그것을 선포한 선지자는 거짓 선지자다(신 18:22; 왕상 22:28; 사 30:8), (2) 선포하는 자에 초점을 두는 기준(criteria focusing on the man): 이방 종교 의식을 행하거나 비도덕적 행위를 일삼는 자는 거짓 선지자다(렘 3:11; 23:14; 사 28:7), (3) 연대기적 기준(chronological criteria): 모세에서 에스라 시대에 속하지 않으면 거짓 선지자다.

것은 일반적인 일이었다(살전 5:21; 고전 14:29; 요일 4:1).[74] 2d절에 의하면 2c절의 "악한 자들"(κακούς, 카쿠스)은 스스로는 사도라고 주장하지만 실제로는 아닌 자들이다.[75] 그래서 그들은 에베소 성도들의 검증에 의해 거짓된 자들로 판명난다. 이렇게 스스로를 사도라고 거짓 주장하는 행위에는 엄청난 오만과 위선과 허세가 작용한다. 하지만 그러한 오만과 위선과 허세에도 불구하고 그들은 거짓 교사요 거짓 사도들일 뿐이다.[76] 에베소 교회 성도들은 그들을 견딜 수 없어 했다(2c절).

이 거짓 사도들은 6절에서 좀 더 자세하게 논의될 니골라 당과 관련된다.[77] 초대 교회 시대에는 공식적인 열두 사도(계 21:14) 외에도 권위를 가진 좀 더 넓은 범위의 사도 그룹이 있었다(참고, 고전 12:28; 15:5-9. 바울도 자신을 이러한 그룹에 속한 것으로 주장한다).[78] 이 넓은 의미의 사도 그룹에는 바나바(행 14:14), 안드로니고와 유니아(롬 16:7), 야고보(고전 15:7; 갈 1:19) 같은 사람들이 속한다.[79] 여기에서 "자기 자신을 사도라 하는 자들"은 이 넓은 의미의 사도 그룹에 속한다고 주장하는 자들로 간주될 수 있다.[80] 에베소 성도들은 철저한 검증을 거쳐 그들이 거짓된 자들임을 밝혀낼 수 있었다. 이처럼 자칭 사도라 하는 거짓된 자들에 대한 에베소 교회의 척결 의지는 바울이 에베소 교회의 1세대 성도들에게 거짓 교사들을 조심하라고 권면했던 것을 상기시킨다(행 20:28-32. 참고, 딤전 1:3-11; 4:1-8; 6:2-7, 20-21; 딤후 3:1-17).[81] 이 거짓 가르침은 바울의 가르침 같은 참 가르침과 매우 유사한 점을 가지고 있었을 것이므로 면밀하게 검토하지 않으면 밝혀내기 쉽지 않았을 것이다.

이러한 거짓 사도들의 횡행은 에베소 교회뿐 아니라 고린도 교회에서도 일어나고 있었다(고후 11:5, 13-15).[82]

---

74 Mounce, *The Book of Revelation*, 69.
75 Aune, *Revelation 1-5*, 143. 비즐리 머레이는 좀 더 구체적으로 이런 자들을 영지주의자(Gnostics)로 간주한다(Beasley-Murray, *The Book of Revelation*, 74).
76 Osborne, *Revelation*, 113.
77 Smalley, *The Revelation to John*, 61.
78 Sweet, *Revelation*, 81.
79 Beale, *The Book of Revelation*, 229.
80 레디쉬는 이들을 여러 공동체를 다니면서 가르치는 "순회 선지자들"로 간주하고(Reddish, *Revelation*, 53), 해링턴은 "순회 은사주의자"(itinerant charismatics)이라고 주장한다(Harrington, *Revelation*, 54). 반면 월(Wall)은 이들이 "근면한 헌신이 하나님과 이스라엘 사이의 언약 기준을 충족시킬 수 있다는 유대적 전통"을 따르는 자들이라고 이해한다(Wall, *Revelation*, 70). 그러므로 각 교회는 이러한 순회 선지자들을 철저하게 검증하는 작업을 했을 가능성이 높다. 실제로 디다케에서는 이러한 검증에 대해 권면한다(*Didache* 11-13; Ben Witherington, *Revelation*, 94). 그러나 요한계시록이 이와 같은 디다케의 내용과 소통한다는 증거는 찾기 어렵다(앞의 책).
81 Beale, *The Book of Revelation*, 229.
82 Roloff, *The Revelation of John*, 44; Harrington, *Revelation*, 54; Krodel, *Revelation*, 107.

> ⁵나는 지극히 크다는 사도들보다 부족한 것이 조금도 없는 줄로 생각하노라(고후 11:5)
>
> ¹³그런 사람들은 거짓 사도요 속이는 일꾼이니 자기를 그리스도의 사도로 가장하는 자들이니라 ¹⁴이것은 이상한 일이 아니니라 사탄도 자기를 광명의 천사로 가장하나니 ¹⁵그러므로 사탄의 일꾼들도 자기를 의의 일꾼으로 가장하는 것이 또한 대단한 일이 아니니라 그들의 마지막은 그 행위대로 되리라(고후 11:13-15)

이 본문들에서 볼 수 있듯이, 거짓 사도 혹은 선생들은 스스로를 "지극히 크다"고 하며(5절), "그리스도의 사도"로, "광명의 천사"로, "의의 일꾼"으로 가장하므로 분별하기 힘들다. 특별히 갈라디아서는 거짓 교사들의 가르침이 제시하는 핵심 내용을 지적한다. 갈라디아서 3-4장의 중요한 논쟁이 그에 이어지는 5장 2-7절에서 요약된다.

> ²보라 나 바울은 너희에게 말하노니 너희가 만일 할례를 받으면 그리스도께서 너희에게 아무 유익이 없으리라 ³내가 할례를 받는 각 사람에게 다시 증언하노니 그는 율법 전체를 행할 의무를 가진 자라 ⁴율법 안에서 의롭다 함을 얻으려 하는 너희는 그리스도에게서 끊어지고 은혜에서 떨어진 자로다 ... ⁷너희가 달음질을 잘 하더니 누가 너희를 막아 진리를 순종하지 못하게 하더냐(갈 5:2-7)

이 본문에 의하면 바울은 할례가 그리스도를 아무 유익도 없게 만드는 행위라고 지적한다. 즉, 할례를 받는다는 것은 율법을 행하겠다는 것이고, 그것은 그리스도로부터 끊어지게 되는 비극을 맞이하게 된다는 것이다. 그런데 7절에서 바울은 그러한 비극적인 일을 누군가가 조장하고 있다고 일갈한다. 그러면서 갈라디아서 5장 12절에서는 "너희를 어지럽게 하는 자들은 스스로 베어 버리기를 원하노라"라고 선언한다. 이것이 바울 시대에 존재했던 거짓 교사의 실상이다. 이러한 논쟁은 필연적이라 할 수 있는데, 왜냐하면 구약에서 신약으로 넘어가는 전환기에 적지 않은 유대인 그리스도인들이 유구한 역사를 자랑하는 유대 전통을 고수하려는 거짓 교사들의 논리에 현혹되기 쉬운 환경에 놓여 있었기 때문이다.

이처럼 진리가 위협받는 열악환 환경 속에서 에베소 교회는 거짓 교사들을 "시험하여"(ἐπείρασας, 에페이라사스〉πειράζω, 페이라조) 그들이 거짓된 자들이라는 사실을 드러내는 결기 있고 주도 면밀한 수고와 인내를 발휘했다. 예수님은 이 일련의 과정을 모두 잘 아신다(οἶδα, 오이다)고 말씀하신다. 여기에서 예수님이 이것을 안다고 말씀하신 것은 곧 그것을 칭찬하시고자 하는 의도를 드러내신 것이다.

[2:4-5] 책망과 심판에 대한 경고

4a절은 강력한 반전을 의미하는 접속사 "그러나"(ἀλλά, 알라)로 시작한다. 이것은 4-5절이 2-3절 내용의 반전이라는 것을 의미한다. 이 접속사가 암시하듯이 4-5절은 예수님이 에베소 교회의 잘못된 점을 지적하시는 내용을 담고 있다.

너의 처음 사랑(τὴν ἀγάπην σου τὴν πρώτην, 4b절). 그렇다면 여기서 에베소 교회 성도들이 버렸다는 "처음 사랑"(τὴν ἀγάπην ... τὴν πρώτην, 텐 아가펜 ... 텐 프로텐)은 무엇인가? 하나님에 대한 사랑인가, 아니면 형제자매들에 대한 사랑인가? 비즐리 머레이(Beasley-Murray)는 이 본문의 문맥에서 상실한 첫사랑이 나타내는 대상은 우선적으로 하나님이 아니라 교회의 성도들이라고 주장한다.[83] 곧 5c절의 "처음 행위들을(τὰ πρῶτα ἔργα, 타 프로타 에르가) 행하라"에 있는 "처음 행위들"이 "처음"(πρῶτος, 프로토스)이라는 단어에 의해 4b절의 "처음 사랑"과 서로 밀접하게 연결된다. "처음 행위들"은 복수형이고 "처음 사랑"은 단수형이므로, 5c절의 "처음 행위들"은 4b절의 "처음 사랑"에 대한 포괄적인 사랑의 행위들을 표현하는 것이라고 이해할 수 있다. 뿐만 아니라 5c절의 "처음 행위들"은 2b절의 "너의 행위들"과 "행위들"(ἔργα, 에르가)이라는 단어를 공유한다. 이렇게 동일한 언어를 사용하는 것은 일종의 언어유희로서, 둘 사이에 밀접한 관계를 설정하는 역할을 한다.

곧 2b절의 행위들은 칭찬할 만하지만, 그것보다 앞선 처음 행위에 비교하면 이 행위들에는 예수님으로부터 책망받을 문제가 잠재되어 있다. 역설적이게도 그들이 칭찬받은 행위들이 처음 사랑을 상실함으로써 책망받을 행위들로 전락하게 된다. 교회 공동체가 거짓 사도들을 시험하여 분별하는 과정에서 성도들을 향한 처음 사랑을 상실하는 일이 발생했다는 것이다. 즉, 에베소 교회는 거짓 교사들을 분별하는 수고와 인내를 감당하다가 처음 사랑의 행위들을 잃어버린 것이다.[84] 좀 더 구체적으로 말하면 에베소 교회 성도들은 거짓 사도들을 분별하려는 열정 때문에 그들의 "사랑과 기쁨이 신랄한 비판(censoriousness)"으로 변질되어 그들이 그리스도인으로서 감당해야 할 최우선적인 의무가 사랑의 행위라는 것을 잊게 되었다.[85] 이러한 과정을 요약하면 다음과 같이 나타낼 수 있다.

83 Beasley-Murray, *The Book of Revelation*, 75; Reddish, *Revelation*, 54.
84 G.E. Ladd, *A Commentary on the Revelation of John* (Grand Rapids, MI: Eerdmans, 1972), 39.
85 Reddish, *Revelation*, 54.

처음 사랑(4b절)/처음 행위들(5c절)

→ 칭찬: 너의 행위들(2bd절): 거짓 교사들을 분별하는 수고와 인내

→ 책망: 처음 사랑의 상실(4b절)

→ 권면: 처음 행위들을 행하라(5c절)

이처럼 사랑 없는 "진리 추구"(the pursuit of truth)는 "거룩하지 못한 열정"(unholy zeal)이며, "옳은 교리"(Orthodoxy)가 "옳은 행위"(orthopraxis)로서의 "사랑의 행위"(praxis of love)를 능가할 수도 대신할 수도 없다.[86]

　여기서 잊지 말아야 할 것은 성도들에 대한 사랑이 하나님에 대한 사랑과 무관하지 않다는 점이다. 하나님 사랑과 성도 사랑은 필연적으로 결합되어 있다(참고, 막 12:29 이하).[87] 예수님이 에베소 교회를 향해 처음 사랑 상실에 대해 경고하신 이유는 그들이 형제에 대한 처음 사랑을 잃어버림으로 하나님과의 사랑도 상실할 위험에 직면했기 때문이다. 예수님이 칭찬하신 내용으로 볼 때, 하나님에 대한 그들의 사랑이 강렬하게 타오르고 있었음은 부인할 수 없다. 그러나 그러한 열정이 형제에 대한 사랑을 잃어버리게 만들 때 하나님에 대한 사랑은 언제든지 허물어질 수 있다.[88] 그러므로 형제 사랑과 하나님 사랑을 구분하는 것은 의미가 없다.[89] 그러나 이 본문에서는 주된 강조점이 형제에 대한 사랑에 있는 것이 사실이다.[90] 성경에서 하나님에 대한 사랑은 항상 형제들에 대한 사랑으로 입증되는 것으로 나타난다(요일 2:9-10; 4:16, 20-21). 아마도 에베소 성도들은 수고와 인내를 아끼지 않으면서 진리를 규명하는 일에만 너무 집중하다 보니, 형제 사랑을 통해 하나님 사랑을 나타내는 일에는 처음보다 소홀하게 되었을 것이다.[91]

86　Harrington, *Revelation*, 57.

87　Beasley-Murray, *The Book of Revelation*, 75. 이 주제와 관련하여 비즐리 머레이는 다음과 같이 부연 설명한다: "하나님에 대한 사랑이 쇠하는 곳에 사람에 대한 사랑도 감하고, 사람에 대한 사랑이 악화되는 곳에 하나님에 대한 사랑은 종교적 형식주의로 전락하게 되며, 두 경우 모두 그리스도 안에서 주어진 하나님의 계시를 부정하는 것으로 여겨진다"(앞의 책).

88　Krodel, *Revelation*, 107. 크로델은 하나님 사랑과 성도 사랑의 이러한 관계를 "상호적"이라고 표현한다.

89　Osborne, *Revelation*, 116.

90　Mounce, *The book of Revelation*, 69.

91　비일은 이 "처음 사랑"이 형제 사랑이나 그리스도에 대한 일반적인 사랑이 아니라, 이전에 그들이 그리스도를 세상에 증거함으로써 표현했던 그리스도에 대한 열정적인 사랑이라고 주장한다(Beale, *The Book of Revelation*, 230). 그 근거는 세 가지로 제시된다(앞의 책, 230-231): (1) 계 2:1에서 예수님을 "촛대들 가운데 다니시는 분"이라고 소개한다는 점, (2) 계 11:4에서 교회 공동체를 상징하는 "두 증인"을 "촛대"라고 표현함으로써 교회 공동체의 본질 중 하나가 선지적 증거 사역임을 말한다는 점, (3) 촛대가 세상을 밝히는 역할을 암시한다는 점. 이러한 내용은 진리를 분별하려다가 시선이 내부로 집중된 나머지 세상을 향해 증거의 빛을 밝게 비추어야 하는 사명을 망각한 에베소 교회 성도들에게 경각심을 일깨우기 위한 것이다(앞의 책, 230). 이것은 하나님에 대한 사랑에서 한 걸음 더 진전된 것으로 이해된다.

떨어지다(πέπτωκας, 5a절). 5a절의 "떨어지다"(πέπτωκας, 페프토카스)πίπτω. 피프토)라는 동사는 "지위나 상태의 상실을 경험하는 것"으로서 "파괴되다"라는 사전적 의미를 갖는다.[92] 이러한 의미의 동사를 사용함으로써 5a절은 에베소 교회가 처음 사랑의 상실로 인해 교회의 정체성이 파괴될 위기에 처해 있음을 보여준다. 또한 이사야 14장 12절을 배경으로 보면, "떨어지다"라는 동사가 갖는 사전적 의미 이상의 의미를 발견할 수 있다.[93] 이사야 14장 12절에는 하늘에서 떨어지는 별 계명성이 나온다. 여기에서 "별"은 요한계시록 1장 20절에서 에베소를 향한 메시지의 직접적 대상이자 에베소 교회의 천상적 대응체로서의 "천사"를 상징하는 "별"과 평행 관계를 갖는다. 요한계시록 2장 5a절은 이러한 평행 관계에 근거한 이사야 14장 12절의 인유(allusion)를 통해 "떨어짐"에 대한 "생생한 이미지"를 그려내고 있다.[94] 곧 이사야 14장 12절에서 별이 떨어진 것처럼, 에베소 교회도 떨어진 별과 같은 존재가 된 상태임을 자각시켜 주고 있다.

더 나아가서 에녹2서 29장 4-5절과 아담과 이브의 생애(Life of Adam and Eve) 12장과 15-18장에서는 이사야 14장 12절의 "하늘에서 떨어진 계명성"이 사탄으로 재해석되는 것으로 간주된다.[95] 이처럼 이사야 42장 12절과 유대 문헌들이 사탄을 하늘에서 떨어진 존재로 해석하는 것과 동일한 맥락에서, 요한계시록 본문은 하늘에서 떨어진 사탄의 상태를 에베소 교회에 적용함으로써 에베소 교회가 하늘에서 떨어진 사탄처럼 불행한 처지에 놓일 수 있다는 위험성을 경고하고 있다. 이러한 방식의 경고는 에베소 성도들이 직면한 현실에 대한 위기 의식을 극대화하는 효과를 자아낸다. 이렇게 극대화된 위기 의식은 회개에 대한 강력한 동기를 제공한다. 또한 이런 위기를 야기한 문제의 근원을 찾는 것은 매우 중요한데, 이는 그것이 문제 해결의 열쇠가 될 수 있기 때문이다.

회개의 촉구(5abc절). 5abc절에서는 4절이 언급하는 잘못된 모습을 되돌릴 수 있는 구체적인 처방을 세 단계로 제시한다. 첫째, 어디에서 떨어졌는지 기억하는 것이다(5a절). "기억하다"(μνημόνευε, 므네모뉴에)μνημονεύω, 므네모뉴오)라는 동사는 권고의 목적으로 사용되거나(엡 2:11; 살전 2:9; 벧후 3:1; 유 5절; 클레멘트1서 53:1) 수신자들

---

92 BDAG, 815.
93 Sweet, *Revelation*, 81.
94 Roloff, *The Revelation of John*, 45; Sweet, *Revelation*, 81.
95 Osborne, *Revelation*, 362. 이와 관련해서는 이 주제가 다시 등장하는 9:1에서 한 번 더 논의하겠다.

에게 이전의 가르침을 상기시켜 다시 신실한 삶을 살도록 격려하거나(롬 15:15; 갈 1:6-9; 3:2-3; 5:7; 살전 1:5-10; 2:13-14; 4:1-2) 회개를 촉구하기 위해 사용된다(사 44:21; 46:8-9; 미 6:5).[96] 이 동사는 "지속적이고 반복적인" 의미를 갖는 현재 시제의 명령형으로 사용되고 있다.[97] 즉, 기억하는 행위를 단회적이 아니라 지속적이고 반복적으로 해야 한다는 것을 함의한다. 이와 같은 지속적인 기억 행위가 이루어져야 하는 이유는 그만큼 확실하게 회개가 이루어져야 하기 때문이다.

둘째, 회개하는 것이다(5b절). 기억의 과정을 통해 잘못된 부분을 정리하고 난 후에는 즉각적으로 회개가 이루어져야 한다. 여기에서 "회개하라"(μετανόησον, 메타노에손)는 명령형 동사는 부정과거 시제를 사용하고 있다. 부정과거 명령형의 가장 대표적인 용법은 "이전 행동과 대조되는 행동의 출현을 묘사하는 것"이다.[98] 여기에서 이전 행동은 무엇인가? 처음 사랑을 잃어버린 것이다. 그 잃어버린 처음 사랑의 행위를 반복해서 기억해야 할 것이다. 기억은 반복해야 하지만 회개는 단호하게 단번에 이루어져야 한다.

셋째, 처음 행위들을 행하는 것이다(5c절). 여기에 사용된 동사 '포이에손'(ποίησον)ποιέω, 포이에오)은 "가지다"라는 의미보다는 "행하다" 혹은 "만들다"라는 의미를 갖는다.[99] 그리고 "처음 행위들"(τὰ πρῶτα ἔργα ποίησον, 타 프로타 에르가 포이에손)은 앞의 "처음 사랑"에 대한 포괄적 표현으로서, 거짓 사도들을 분별하는 데만 몰두하고 수고한 결과로 현재는 상실된 상태에 있다. 이 상실된 "처음 행위들"을 회복해서 행해야 할 것이다. 즉, 진리 수호를 위한 2b절의 수고와 인내의 행위들에 이 처음 행위들이 덧붙여지면 금상첨화가 아닐 수 없다. 이처럼 예수님은 거짓 사도들을 분별하는 행위들만으로는 만족하지 않으시고 좀 더 본질적인 처음 사랑의 행위들이 그 기초를 이루는, 더 온전한 모습을 바라신다. 이러한 본질을 상실한 채로는 그 어떤 선해 보이는 행위들도 예수님 앞에서 정당화될 수 없다.

이상의 내용에서 볼 수 있듯이, 회개의 과정은 기억하고, 회개하고, 처음 행위들을 회복하는 것이다. 진정한 회개는 단지 과거에 지은 죄를 돌아보는 것에서 끝나지 않는다.

---

96 Aune, *Revelation 1-5*, 147.
97 BDF § 335-336.
98 BDF § 337(1).
99 BDAG, 839.

심판의 경고(5defg절). 5defg절은 5abc절이 제시한 것들을 시행하지 않을 때 주어지는 결과를 소개한다. 5d절과 5g절은 각각 조건절을 도입하는 '에이'(εἰ)와 '에안'(ἐάν)을 사용해 조건절을 구성한다. 5d절은 완전한 문장이 구성되지 않아 동사 형태가 가정법인지 알 수 없지만, 5g절에서는 분명하게 가정법 동사가 주어지므로 이에 근거해서 5d절도 가정법 동사가 사용된 것으로 간주될 수 있다. 그리고 5e절과 5f절이 각각 5d절과 5g절에 대한 귀결절로 주어진다. '에이'(εἰ)나 '에안'(ἐάν)과 함께 (현재 시제든 부정과거 시제든 관계없이) 동사의 가정법 형태가 사용되면 귀결절은 미래적 "성취에 대한 개연성"을 나타낸다.[100] 그러나 최근의 연구는 이런 문형이 개연성을 넘어 "필연적 성취"의 의미까지 포함한다고 제시하기도 한다.[101] 물론 이 문형은 어떤 성취의 의미도 없이 단순히 조건절과 귀결절 사이에 성립되는 논리적 관계에서 가장 빈번하게 사용되지만(120회),[102] 그 다음으로 많은 빈도를 차지하는 용례가 "개연적 성취"로 사용되는 경우이고(63회), 여기에 "필연적 성취"로 사용되는 경우(19회)까지 포함되면 성취와 관련된 용례가 82회까지 증가하기 때문에 성취와 관련되어 사용되는 비중도 매우 크다고 할 수 있다.[103] 그리고 이곳의 5defg절에도 이와 같은 성취의 용례를 적용할 수 있다.

앞서 간단하게 설명한 내용이지만 5defg절의 문장 구성에 대해 좀 더 자세하게 설명하면, 먼저 5d절은 온전한 문장으로 구성되지 않고 단순히 "만일 그리 하지 아니하면"이라고만 되어 있는데, 여기서 부정 부사 '메'(μή)를 사용함으로써 5abc절과 반대되는 내용을 말하고 있음을 함축한다. 그리고 5g절은 5d절을 반복하면서 "회개하지 아니하면"이라는 말을 덧붙이는데, 이것은 5abc절의 반대되는 정황을 "회개하지 아니하면"이라고 단순화시켜 말하는 것이다. 여기서 5g절은 5d절의 반복이므로 어떤 점에서는 불필요해 보일 수 있지만, 이것이 5d절에 이어 다시 한 번 주어지는 것은 "회개"의 촉구를 강조하려는 목적을 갖는다. 5d절과 5g절이 강조하는 바대로 예수님의 말씀에 순종하지 않고 회개하지 않으면, 필연적으로 5ef절이 말하는 결과가 주어지게 될 것이다. 즉, 예수님이 오셔서 촛대를 그것이 있는 자리로부터 옮기실 것이다(아래의 "촛대를 옮길 것이다"를 보라).

---

100 Ernest D. Burton, *Syntax of the Moods and Tenses in New Testament Greek* (Grand Rapids, MI: Kregel, 1976), 104(§250).

101 J. L. Boyer, "Third (and Fourth) Class Conditions," *GTJ* 3 (1982):168-169(Wallace, *Greek Grammar Beyond the Basics*, 696n29에서 재인용).

102 Boyer, "Third (and Fourth) Class Conditions," 169.

103 앞의 책, 168.

오다(ἔρχομαι, 5e절) 5e절에서는 "오다"(ἔρχομαι, 에르코마이)라는 동사가 현재 시제로 사용된다. 이어서 등장하는 동사 "옮기다"(κινήσω, 키네소)가 미래 시제를 사용한다는 점을 고려하면 "오다"가 현재 시제로 사용되어 시제의 차이가 발생한 것에 대해 의문을 품게 된다. 둘 다 현재형이거나 둘 다 미래형이었다면 이와 같은 의문이 생기지 않았을 텐데, 왜 이렇게 두 동사 사이에 시제 차이를 둔 것일까? 먼저, "오다"라는 동사가 1장 7절의 경우와는 달리 승천 사건을 가리키지 않는다는 사실을 기억할 필요가 있다. 또 한 가지 알아야 할 것은 이 동사가 예수님의 재림도 가리키지 않는다는 것이다. 예수님의 재림 장면을 표현하는 19장 11절은 "오다"라는 단어를 비롯해서 그와 관련된 어떤 동사도 사용하지 않고, 단지 "그때 나는 하늘이 열려져 있는 것을 보았다. 보라, 백마와 그 위에 탄 자가 있다 … 그가 공의로 심판하며 전쟁을 한다"라고 말하면서, 오시는 과정에 대한 언급 없이 재림의 결과로 주어지는 그분의 심판 행위만 표현한다. 따라서 적어도 요한계시록에서는 재림을 표현하는 데 "오다"란 동사는 사용되지 않는다.[104] 더 나아가서 5e절이 말하는 예수님의 오심은 에베소 교회가 회개하지 않을 경우에 일어나는 조건적인 사건이다. 만일 에베소 교회가 회개하면 예수님의 오심은 발생하지 않는다. 따라서 이곳에서 주어진 예수님의 오심에 대한 경고는 재림을 의미하는 것이 아닌 것이 분명하다. 승천과 재림을 의미하는 것이 아니라면 이 본문이 말하는 예수님의 오심은 과연 무엇을 의미하는 것일까?

예수님은 일곱 촛대 가운데 다니시는 분이기에 이미 에베소 교회 가운데 오셔서 임재해 계신다. 엄밀히 말하면 따로 오실 이유가 없으신 것이다. 그렇다면 여기에서 오심은 물리적 이동을 의미하는 것이 아니라 심판의 실행을 목적으로 나타나심을 의미하는 것이다. 이러한 나타나심은 언제든지 반복될 수 있다. 이런 맥락에서 보면, 이 본문에서 "오다"라는 동사가 현재 시제로 사용된 것은 이러한 정황에 맞추기 위한 의도라고 할 수 있다. 더 나아가, 비록 이 본문의 "오다"가 1장 7절의 경우와는 달리 승천 사건을 가리키지는 않지만, 이 본문이 그곳과 동일한 동사 '에르코마이'(ἔρχομαι, 오다)를 사용한다는 점은 두 상황 사이의 연속성을 상정한다. 이 연속성은, 인자 같은 이로서 옛적부터 항상 계신 이에게로 오셔서 권세와 영광을 받으신(1:7) 예수님이 이제 에베소 교회가 회개하지 않으

---

104 22:7, 12, 20에서 "오다"라는 동사가 갖는 의미에 대해서는 해당 본문들의 본문 주해에서 좀 더 자세히 다루도록 하겠다.

면 그곳으로 오신다는 것이다(2:5e). 곧 5e절에서의 오심은 "그리스도의 이미 시작된 왕권"의 구체적인 발현이다.[105] 이러한 구체적 발현은 특정 상황(에베소 교회의 경우에는 잘못을 회개하지 않는 상황)이 발생할 때 언제든지 일어날 수 있고 반복해서 일어날 수 있다. 이러한 수시적이고 반복적인 정황을 효과적으로 표현하기 위해 "오다"라는 동사를 현재형으로 사용한다고 볼 수 있다.[106]

촛대를 옮길 것이다(κινήσω τὴν λυχνίαν, 5f절). 에베소 교회가 회개하지 않으면 예수님이 오셔서 내리실 심판은 "촛대"를 그것이 있어야 할 자리로부터 옮기시는 것이다. "옮기다"(κινέω, 키네오)란 동사가 미래 시제 "옮길 것이다"(κινήσω, 키네소)로 사용되었다. 이곳에서 미래 시제가 사용된 것은 조건에 대한 귀결의 관계로 이해할 수 있다. 즉, 예수님의 오심은 그분이 일곱 촛대 가운데 다니시므로 언제든지 오실 수 있다는 점에서 현재 시제로 사용된 반면, 촛대를 옮기는 일은 특정한 행위로서 반복되지 않고 조건에 대한 귀결로 결정될 행위이므로 미래 시제가 사용되었다고 볼 수 있다. 특별히 여기에서 사용된 "옮기다"라는 동사는 에베소 성도들에게는 매우 실감나는 표현일 뿐만 아니라 익숙한 표현일 수 있다. 왜냐하면 에베소 도시 자체가 몇 번에 걸쳐서 이동과 변화의 경험이 있었던 곳이기 때문이다.[107] 그래서 헤머는 그의 책에서 소단락의 제목으로 "변화의 도시로서의 에베소"라는 문구를 사용하기도 한다.[108]

램지는 이러한 이동과 변화를 위기로 규정하고 그것을 촛대를 옮길 것이라는 심판의 경고에 대한 배경으로 적용하고자 한다.[109] 즉, 옮기는 것이 트라우마가 되어 버린 에베소 교회의 성도들에게 있어서 촛대를 옮길 것이란 경고는 그 트라우마를 자극하는 기재로 작용했을 것이라는 추론이다. 반면, 헤머는 위기를 단순히 이동과 변화의 차원에 국한시키지 않고, 한 걸음 더 나아가 그것들로 인

---

105 Beale, *The Book of Revelation*, 233.
106 Wallace, *Greek Grammar Beyond the Basics*, 520-521. 물론 현재형이 항상 이런 반복의 의미로만 사용되는 것은 아니다.
107 Ramsay, *The Letters to the Seven Churches*, 245. 램지는 에베소 도시가 오랜 세월에 걸쳐 보였던 변화무쌍한 모습을 다음과 같이 잘 표현해 주고 있다(앞의 책): "풍경과 위치는 세기를 거듭하면서 변화를 겪었다. 물이 있었던 곳에 지금은 땅이 있다. 어떤 시대에는 사람들로 가득한 도시였는데 또 다른 시대에는 더 이상 그렇지 않게 되었다가 계곡으로 인해 다시 생활의 중심지가 되었다. 어떤 때는 민둥산만 있거나 몇 마일 떨어진 도시의 정원만 있다가 다른 때는 주민들로 붐비는 거대한 도시가 있었고, 이것이 다시 이전 상태로 되돌아갔다."
108 Hemer, *The Letters to the Seven Churches of Asia*, 52.
109 Ramsay, *The Letters to the Seven Churches*, 245.

하여 그들이 황제 숭배를 위한 "신전의 치명적인 능력 아래로 다시 회귀될 것"을 위기로 규정한다.[110] 즉, 램지는 "옮김" 자체에 초점을 맞추어 당시의 사회적 배경과 "옮길 것"이라는 예수님의 심판의 경고 사이의 평행 관계에 주목했다면, 헤머는 그 "옮김"이 초래하게 될 결과인 영적 위기에 초점을 맞추고 있다. 이러한 맥락에서 보면, 그 도시가 생존을 위해 몸부림치는 것처럼 에베소 교회도 그 정체성을 상실하지 않도록 투쟁해야 한다는 패턴의 유사성을 추적할 수 있다.[111] 이러한 시대적 배경에 의해 에베소 교회에게는 촛대를 옮길 수도 있다는 예수님의 경고가 더욱 실감나게 다가왔을 것이다.

그렇다면 5c절의 "촛대를 그 자리로부터 옮길 것"이란 문구는 과연 무엇을 의미하는 것일까? 이 질문에 답하기 위해서는 먼저, 앞서 살펴봤던 촛대의 구조와 기능 및 역할을 잘 이해해야 할 필요가 있다. 앞서 언급했듯이 촛대 위에 등불이 있다는 것은 촛대가 등불이 빛을 발하도록 받쳐 주는 역할을 한다는 것으로 볼 수 있다. 그러므로 촛대를 그 자리로부터 옮기신다는 것은 등불이 빛을 발하도록 돕는 "빛의 운반자"로서의 교회 공동체가 갖는 본질적 사명과 역할의 지위를 박탈하시겠다는 의지의 표현이라 할 수 있다.[112] 촛대로서의 기능은 빛을 비추도록 하는 것이고, 좀 더 구체적으로 말하면 세상을 향한 증거의 사역을 하는 것인데(참고, 11장의 두 증인), 촛대를 옮긴다는 것은 그러한 사역의 특권이 사라지게 된다는 것이다. 이것은 교회로서의 정체성을 완전히 상실하게 될 것에 대한 심각한 경고를 의미한다.[113] 이런 점에서 사랑이 없는 공동체는 성령의 빛을 비추는 촛대로서의 기능이 마비되고 더 이상 존재할 이유를 갖지 못하게 된다고 할 수 있다.[114] 이그나티우스에 의하면 에베소 교회는 이러한 경고에 주의를 기울임으로써 다시 한 번 부흥하는 교회가 되었다고 한다(이그나티우스, 『에베소에 보내는 편지』 1:1; 9:1).[115]

---

110 Hemer, *The Letters to the Seven Churches of Asia*, 53. 헤머는 구체적인 예로서, 항구 도시인 에베소에서 항구로서의 기능을 마비시키는 침전 현상이 진행되어 "해양 산업"(maritime commerce)이 상당한 손실을 겪게 되었는데 이러한 손실로 인하여 에베소의 시민들은 다른 어딘가로 이동하도록 압박을 받게 되었고 이러한 상황은 급속도로 "아나톨리안 신정정치"로 회귀하는 결과를 가져왔을 것이라고 제시한다 (앞의 책).

111 Osborne, *Revelation*, 118-119.

112 Beale, *The Book of Revelation*, 232.

113 Harrington, *Revelation*, 55.

114 Mounce, *The book of Revelation*, 70.

115 Osborne, *Revelation*, 119.

[2:6] 또 다른 칭찬

니골라 당. 6절에서는 에베소 교회가 니골라 당의 행위를 미워했다는 내용을 소개한다. 그러면 니골라 당이란 무엇인가? 이것을 규정하기는 쉽지 않다. 이곳을 제외하면 "니골라 당"은 2장 14-15절에 한 번 더 나올 뿐이다. 2장 14-15절의 문맥에서 다시 다루겠지만, 2장 14-15절의 도움을 받아 "니골라 당"의 의미를 추적하는 것이 가능할 것이다. 2장 14-15절에서 니골라 당은 발람의 교훈과 관련되고, 발람의 교훈은 2장 20-23절의 이세벨의 교훈과 공유점을 갖는다. 이와 같은 맥락에서 보링(Boring)은 발람의 가르침을 따르는 자들과 이세벨의 추종자들을 모두 니골라 당이라고 규정한다.[116] 이세벨의 교훈과 발람의 교훈의 핵심은 우상 숭배와 음행이다. 그렇다면 니골라 당의 가르침은 발람과 이세벨 같은 자들이 자행했던 우상 숭배 및 음행과 관련된다고 볼 수 있다.[117] 에베소라는 도시가 황제 숭배를 비롯한 각종 우상 숭배가 자행되던 도시였다는 것을 감안하면, 니골라 당의 교훈이 에베소 교회 구성원들에게 강력한 유혹의 요인으로 작용했을 것이라 짐작할 수 있다.[118] 이러한 환경에서 니골라 당의 활동이 더욱 힘을 얻었을 가능성이 크다. 이레나이우스(Irenaeus, *Against Heresies* 1.26.3)와 히폴리투스(Hippolytus, *Philos.* Vii. 36)는 니골라 당의 창시자를 사도행전 6장 5절에서 사도들이 선출한 일곱 집사 중 하나인 "니콜라우스"(Nicolaus)라는 인물로 간주하고 그를 추종하는 자들을 니골라 당이라고 한다.[119] 그러나 클레멘트(Clement of Alexandria)는 이러한 의견에 동의하지 않고 그것이 잘못된 견해라는 점을 밝힌다 (*The Stromata* 혹은 *Miscellanies* 2.20. 118, iii. 4.25).[120] 따라서 니골라 당의 창시자가 누구인지, 니골라 당이 무엇인지에 대한 확실한 증거를 제시하기는 쉽지 않다.[121]

니골라 당과 자칭 사도라 하는 자들과의 관계. 예수님은 에베소 교회가 예수님이 미워하시는 "니골라 당"을 미워했던 것에 대해 칭찬하신다. 이 니골라 당이 2-3절의 "자기 자신을 사도라 하는 자들"과 별개의 단체인지 아니면 동일한 단체인

---

116 Boring, *Revelation*, 92. 보링은 니골라 당, 발람의 교훈을 지키는 자들, 이세벨을 선지자로 따르는 자들이 "동일한 용어들로서 묘사되기 때문에 아마도 모두 동일한 집단이나 동일한 운동(movement)에 대한 호칭들일 것"이라고 주장한다(앞의 책).

117 Smalley, *The Revelation to John*, 63.

118 Beale, *The Book of Revelation*, 233-234.

119 Charles, *A Critical and Exegetical Commentary on the Revelation of St. John*, 1:52.

120 앞의 책.

121 Osborne, *Revelation*, 120.

지 결정하는 것은 쉽지 않지만, 문단의 구조상 이 두 단체는 서로 무관하다고는 할 수 없다. 먼저 예수님은 앞의 2-3절에서 칭찬을 하신 후에 4-5절에서는 회개의 촉구와 심판의 경고를 하시고 그 다음에 갑자기 6절에서 니골라 당을 미워한 것에 대해 칭찬을 하고 계신다. 이러한 문맥의 흐름을 구조적으로 표시하면 A 칭찬(2-3절) - B 책망(4-5절) - A′ 칭찬(6절)의 구조로 되어 있다고 할 수 있다. 이 구조에 의해 "자기 자신을 사도라 하는 자들"(2-3절)과 "니골라 당"(6절)의 관련성이 제시된다.

이 두 그룹 사이를 연결시키는 연결고리는 무엇일까? 그것은 예수님이 미워하시는 "잘못된 가르침"이라는 공통된 주제다. 에베소 교회는 이 잘못된 가르침으로 인해 흔들릴 가능성이 있었다. 하지만 에베소 교회는 니골라 당을 용인하지 않았고 거짓 사도들의 경우처럼 미워하여 물리쳐 버렸다는 사실이다. 여기에서 흥미로운 표현은 예수님이 미워하는 것을 에베소 교회도 미워했다는 것이다. 이러한 점에서 에베소 교회가 예수님과 한 마음을 품었다는 것을 알 수 있다. 하지만 그와 동시에, 이렇게 칭찬받는 에베소 교회에게도 4-5절이 언급하는 바대로 가차없이 심판이 가해질 수 있다는 점에서 교회가 항상 깨어 있어야 할 필요성을 절실하게 느끼게 된다.

예수님이 미워하시는 것을 미워하다(6b절). 6절의 주제는 예수님이 우상 숭배와 관련된 니골라 당의 행위를 미워하신다는 것이고 에베소 교회가 예수님이 미워하시는 것을 미워했다는 것이다. 하나님은 이러한 우상 숭배 행위를 철저하게 미워하신다. 구약에 나타나고 있는 것처럼 하나님은 그러한 우상 숭배 행위뿐 아니라 거짓된 가르침이나 그러한 가르침을 시행하는 거짓 선지자들도 미워하신다. 이것이 시편 139편 21-22절에 잘 반영되어 있다.[122]

> [21]여호와여 내가 주를 미워하는 자들을 미워하지 아니하오며 주를 치러 일어나는 자들을 미워하지 아니하나이까 [22]내가 그들을 심히 미워하니 그들은 나의 원수들이니이다(시 139:21-22)

이러한 관계를 통해 볼 수 있는 것은 니골라 당에 대한 에베소 교회의 태도가 시편의 영성을 표출한다는 것이다. 예수님은 이러한 에베소 교회의 태도를 칭찬하고 계신다.

---

122 Blount, *Revelation*, 51.

[2:7] 성령의 말씀과 종말적 약속

이제 7절에서 우리는 에베소 교회에게 주어지는 메시지의 결론 부분에 이르게 된다. 7절에서는 두 개의 형식(formula)이 주어진다. 하나는 7a절의 "들음의 공식"(hearing formula)[123]이고 다른 하나는 7b절의 "이김의 공식"(conquering formula)이다. 이 두 형식은 일곱 메시지 각각의 마지막 부분에서 규칙적으로 주어진다.

들음의 공식(7a절).

(1) 구약 배경

이 "들음의 공식"은 구약에서 이사야 1장 10절, 예레미야 2장 4절, 호세아 4장 1절, 아모스 7장 16절 등에 나오는 "여호와의 말씀을 들을지어다"라는 선지적 말씀을 배경으로 한다.[124]

> 너희 소돔의 관원들아 여호와의 말씀을 들을지어다 너희 고모라의 백성아 우리 하나님의 법에 귀를 기울일지어다(사 1:10)

> 야곱의 집과 이스라엘의 집 모든 족속들아 여호와의 말씀을 들으라(렘 2:4)

> 이스라엘 자손들아 여호와의 말씀을 들으라 여호와께서 이 땅 주민과 논쟁하시나니 이 땅에는 진실도 없고 인애도 없고 하나님을 아는 지식도 없고(호 4:1)

> 이제 너는 여호와의 말씀을 들을지니라 네가 이르기를 이스라엘에 대하여 예언하지 말며 이삭의 집을 향하여 경고하지 말라 하므로(암 7:16)

이 말씀들은, 여호와의 말씀을 하나님의 백성들이 들을 수 있도록 선지자들을 통해 선포된다. 그런데 이와는 반대로, 말씀이 들리지 않도록 선포되는 경우도 있다. 그런 경우는 이사야 6장 9-10절에 나타나 있다.[125]

> [9]여호와께서 이르시되 가서 이 백성에게 이르기를 너희가 듣기는 들어도 깨닫지 못할 것이요 보기는 보아도 알지 못하리라 하여 [10]이 백성의 마음으로 둔하게 하며 그들의 귀가 막히고 그들의 눈이 감기게 하라 염려하건대 그들이 눈으로 보고 귀로 듣고 마음으로 깨닫고 다시 돌아와 고침을 받을까 하노라 하시기로(사 6:9-10)

마음이 강퍅해질 대로 강퍅해진 이스라엘 백성들이 이사야 1-5장에서 이성적

---

123 Beale, *The Book of Revelation*, 237.
124 Smalley, *The Revelation to John*, 63.
125 Beale, *The Book of Revelation*, 234.

이고 평범한 방법으로 주어진 경고에 전혀 주의를 기울이지 않자, 이사야 7장 3절에서는 이사야의 아들에게 "선지적 상징"으로서[126] 스알야숩("남은 자가 돌아올 것이다")이란 이름을 주고, 이사야 8장 1-4절에서는 7장 14절의 임마누엘과 동일인인 이사야의 둘째 아들에게 "마헬살랄하스바스"라는 이름을 주면서, 이름들이 갖는 비유적이고 상징적인 메시지를 통해 청중에게 새로운 충격을 줌으로써 주의를 환기시킨다.[127] 이와 같은 형태의 경고는 "평범한 경고들이 더 이상 주의를 끌지 못할 때 나타난다."[128] 그리고 그런 상태가 바로 이사야서의 말씀을 듣는 이스라엘 백성의 상태였다. 즉, 우상 숭배와 불순종에 빠져 있는 이스라엘 백성은 비유 혹은 상징적 메시지에 주의를 기울일 수 없었는데, 그러한 상황에서 위의 이사야 6장 9-10절의 말씀이 주어진 것이다.[129] 그들은 들을 귀가 없으므로 듣지만 깨닫지 못하고 알지 못하게 될 것이며, 귀가 막히고 눈이 감기게 될 것이다. 이러한 모습은 시편 기자들이 보여주는 우상의 실상과 동일하다.

> [4]그들의 우상들은 은과 금이요 사람이 손으로 만든 것이라 [5]입이 있어도 말하지 못하며 눈이 있어도 보지 못하며 [6]귀가 있어도 듣지 못하며 코가 있어도 냄새 맡지 못하며 [7]손이 있어도 만지지 못하며 발이 있어도 걷지 못하며 목구멍이 있어도 작은 소리조차 내지 못하느니라(시 115:4-7)

> [15]열국의 우상은 은금이요 사람의 손으로 만든 것이라 [16]입이 있어도 말하지 못하며 눈이 있어도 보지 못하며 [17]귀가 있어도 듣지 못하며 그들의 입에는 아무 호흡도 없나니 [18]그것을 만든 자와 그것을 의지하는 자가 다 그것과 같으리로다(시 135:15-18)

특별히 시편 135편 18절이 "그것을 만든 자와 그것을 의지하는 자가 다 그것과 같으리로다"라고 말하는 것에서 우상과 그것을 추종하는 자가 동일시된다.

그러므로 이사야 6장 9-10절에서 비유나 상징적 방식으로 주어진 말씀은 듣지도 보지도 못하는 그들에게 심판과 저주 그 자체일 수밖에 없다. 이런 방식의 경고는 강퍅한 자들을 심판하기 위한 목적으로 주어진 것이나 마찬가지고, 6장 11-12절은 그것을 분명히 보여준다. "주여 어느 때까지니이까"라는 질문에 하나님은 "성읍들은 황폐하여 주민이 없으며 가옥들에는 사람이 없고 이 토지는 황폐하게 되며 여호와께서 사람들을 멀리 옮기셔서 이 땅 가운데에 황

---

126 J. D. W. *Watts, Isaiah 1-33*, WBC 24 (Waco, TX: Thomas Nelson, 2001), 127.

127 Beale, *The Book of Revelation*, 237.

128 D. L. Jeffrey, "Literature in an Apocalypse Age," *Dalhousie Review* 61 (1981): 426-446 (Beale, *The Book of Revelation*, 237에서 재인용).

129 Beale, *The Book of Revelation*, 237.

폐한 곳이 많을 때까지니라"라고 응답하신다(사 6:11-12). 차일즈에 의하면, 이 심판의 메시지는 반복적으로 주어지는 "교육적"(pedagogical) 경고가 아니라 "최종적"(final) 경고로서의 특징을 갖는다.[130] 이 심판으로 인하여 이스라엘의 "구속 역사"(Heilsgeschichte)는 끝을 맞이한다(참고, 암 8:2).[131] 곧 이사야 6장 11-12절은 바벨론 포로 사건을 예기하고 있다.

회개의 마음을 가진 자들은 일상적인 방법으로 주어지는 선지적 메시지에 대한 영적 통찰력을 이미 가지고 있으므로 독특한 방식으로 주어지는 메시지에도 더욱 주의를 기울일 수 있다. 즉, 귀를 가진 자들은 말씀을 이해하게 되고 그 말씀을 통해 큰 유익을 얻게 된다. 따라서 비유나 상징적 메시지는 하나님의 신실한 백성들과 그렇지 않은 자들이 더욱 극명하게 구별되게 만든다.[132] 그러므로 신실하지 않은 자들은 육체의 귀는 있어도 말씀을 들을 귀가 없어 듣지 못하지만 신실한 자들은 들을 귀가 있어 하나님의 말씀을 들을 수 있다. 따라서 이사야 6장 9-10절은 들을 귀의 주제를 부정적으로 다루고 있지만, 동시에 긍정적 의미도 함축하고 있다고 할 수 있다.

(2) 복음서 배경

이사야 6장 9-10절이 다루는 들을 귀의 주제는 마가복음 4장 9절의 "들을 귀가 있는 자로 듣게 하라"(ὃς ἔχει ὦτα ἀκούειν ἀκουέτω, 호스 에케이 오타 아쿠에인 아쿠에토)나 마가복음 4장 23절의 "어떤 자가 들을 귀를 가지고 있다면 그로 듣게 하라"(εἴ τις ἔχει ὦτα ἀκούειν ἀκουέτω, 에이 티스 에케이 오타 아쿠에인 아쿠에토)에서 성취의 관점으로 재해석되면서 부정적 측면과 함께 긍정적 측면도 부각되어 사용된다(참고, 마 11:15; 13:9-17; 눅 8:8; 14:35).[133] 곧 복음서에서 하나님 나라의 주제와 관련하여 사용되는 이러한 문구는, 신자들에게는 하나님 나라의 진리에 대해 마음을 열고 들으라는 선지적 경고로서 긍정적 의미로 사용되는 반면, 불신자들에게는 진리에 대해 더욱 소경이 되게 하는 부정적 기능을 갖는다.[134]

---

130 B. S. Childs, *Isaiah: A Commentary*, OTL (Louisville, KY: Westminster John Knox, 2001), 57.
131 앞의 책.
132 Beale, *The Book of Revelation*, 238.
133 앞의 책.
134 그런 까닭에 기독교 진리가 모든 인류에게 전달되어 그들 모두가 구원받게 해야 한다는 지나친 선교 지상주의는 이러한 관점에서 보면 다소 낭만적인 측면이 없지 않음을 기억할 필요가 있다.

(3) 요한계시록 본문에 적용

이와 같은 원리가 동일한 문구를 사용하고 있는 요한계시록 2-3장의 일곱 메시지뿐 아니라 요한계시록 전체에도 적용될 수 있다. 곧 2장 7a절에서 사용된 "귀를 가진 자로 ... 듣게 하라"는 2-3장의 일곱 메시지 모두에서 나타나는데, 이러한 반복 사용은 앞서 언급한 이사야서 및 복음서 전승과 요한계시록 사이의 교감을 의미한다. 상징적 메시지로서의 요한계시록 전체가 그것을 듣고 읽는 자들을 향해 갖는 목적은 그들로 하여금 그 메시지에 주의를 기울여 하나님의 백성으로서 온전한 삶을 살도록 요구하는 것이다. 그러나 이사야 6장 9-10절, 마태복음 13장 9-17절, 43절, 마가복음 4장 9절, 누가복음 8장 8절 등이 보여주는 것처럼, 요한계시록의 메시지를 듣는 자들 중에도 그 말씀을 무시하고 소홀히여겨 심판을 면하지 못하는 무리들이 분명히 존재한다. 따라서 이 문구를 사용한 것은 하나님의 말씀에 대한 각별한 주의를 요구하기 위한 것일 뿐 아니라, 하나님의 말씀에 순종하는 온전한 하나님 백성과 그 말씀에 대적하는 불신자들 사이의 극명한 대조를 부각하기 위한 것이기도 하다. 요한계시록의 메시지가 우상숭배, 특별히 황제 숭배가 만연한 정황에서 주어졌다는 것은 요한계시록의 이러한 목적을 더욱 확신하게 만든다.

교회들에게 주어지는 성령의 말씀(7a절). 7a절은 "성령이 교회들에게 말씀하시는 것"(τί τὸ πνεῦμα λέγει ταῖς ἐκκλησίαις, 티 토 프뉴마 레게이 타이스 에클레시아이스)이라고 말하면서 예수님의 말씀을 성령의 말씀으로 표현한다. 여기서 분명한 것은 승귀하신 예수님과 성령이 동일시되지는 않지만[135] 이 둘 사이에 밀접한 유기적 관계가 성립된다는 것이다.[136] 이러한 관계는 각 교회에게 주어지는 메시지 모두가 그리스도가 말씀하신다는 언급으로 시작해서 성령이 말씀하신다는 표현으로 마무리된다는 점에서 분명하게 나타난다. 따라서 요한계시록에서 성령은 그리스도의 "예언의 영" 역할을 한다.[137] 예언의 영이신 성령은 선지자들(요한계시록에서는 요한)을 통해 "승귀하신 그리스도의 말씀"을 땅에 사는 모든 시대의 모든 그리스도인들에게 들려주심으로써 하늘의 계시 말씀을 이 땅에 편만하게 하신다.[138] 뿐만

---

135 Beasley-Murray, *The Book of Revelation*, 76.
136 Smalley, *The Revelation to John*, 63.
137 Bauckham, *The Climax of Prophecy*, 160.
138 앞의 책; Roloff, *A Continental Commentary: The Revelation of John*, 46.

아니라 성령은 하늘로 향하는 성도들의 기도가 하나님께 당도하도록 돕는다.[139] 이렇게 성령은 하늘의 말씀을 땅에 전달하고 땅의 기도를 하늘에 닿게 해 주심으로써 하늘과 땅을 잇는 역할을 하신다.

더 나아가 이 문구에 들어 있는 "교회들에게"라는 표현은 복수형으로서, 단순히 에베소 교회만을 지칭하는 것이 아니라 그 당시의 모든 교회와 이후의 모든 교회를 가리키는 것으로 간주된다.[140] 따라서 에베소 교회에게 주어진 메시지뿐 아니라 2-3장의 일곱 교회에게 주어지는 메시지 모두가 결국에는 모든 교회를 향하여 주어지는 것으로서 보편적 성격을 갖는다.

이김의 공식(7bcd절). 7bcd절에서는 "이김의 공식"이 주어진다. 이러한 이김의 공식은 일곱 교회에게 주어지는 각 메시지마다 존재한다. "이기다"라는 동사는 "군사적이거나 스포츠적인 은유"의 의미를 갖는데, 특별히 요한계시록에서는 이 용어가 종종 죽음의 가능성을 내포하기 때문에 군사적 개념을 가질 가능성이 더 높다.[141] 이김의 공식에는 이긴 자들에게 주어지는 종말론적 약속도 수반된다. 이와 같은 이김의 공식이 일곱 메시지 각각에서 주어지지만 그것이 제시하는 "이김"의 정황은 각 교회 공동체의 정황에 따라 다르게 이해될 수 있다. 에베소 교회(천사)에게 주어지는 메시지의 내용으로 볼 때 그들에게 있어서 이김의 내용은 4-5절에서 책망으로 주어졌던 "처음 사랑"의 상실을 깊이 회개하고 처음 사랑을 회복하라는 촉구를 충실하게 이행하는 것이다.

요한계시록 전체에서 그리스도는 십자가를 통해 이미 승리하신 분으로 나타나신다.[142] 특별히 1장 7절이 보여주는 예수님의 승천은 그분의 승리를 공적으로 확증하는 사건이다. 이 승리를 통해 그분은 "죽은 자들의 처음 나신 이"가 되시고 "땅의 왕들의 통치자"가 되셨다(1:5). 그리고 당연하게도 그리스도와 연합된 성도들은 이러한 승리에 동참한다. 그래서 4장 4절에서 교회 공동체를 상징하는 이십사 장로는 머리에 면류관을 쓰고 보좌에 앉아 하나님의 통치에 동참한다. 그러나 그럼에도 불구하고 그들은 핍박과 환난 가운데 있다(참고, 1:9). 그것은 인간으로서 교회 공동체가 가지고 있는 본래적 한계 때문일 뿐 아니라 성도들을

---

139 Bauckham, *The Climax of Prophecy*, 160.
140 앞서 2-3장에 대한 서론에서 제시된 "2-3장의 기능과 역할" 부분을 참고하라.
141 Aune, *Revelation 1-5*, 151. 운동의 개념과 관련해서는 에스라4서 7:127-128에서 사용된다(앞의 책).
142 Roloff, *The Revelation of John*, 46.

향한 이 세상 세력의 지속적인 공격과 저항 때문이기도 하다.[143] 이러한 저항의 정황들이 11장의 두 증인 이야기와 13장의 두 짐승 이야기에서 매우 분명하게 나타난다. 이러한 정황에서 성도들은 그리스도께서 이미 쟁취하신 승리를 근거로 이겨야 하는 당위성을 부여받는다. 이김의 공식은 바로 이러한 당위성을 반영한다.

종말적 약속: 생명의 나무(7cd절). 7cd절은 종말적 약속으로서, 예수님이 생명 나무로부터 주셔서 먹게 하신다는 내용을 담고 있다. 흥미로운 점은 "열매"라는 단어는 생략한 채 "생명의 나무로부터"(ἐκ τοῦ ξύλου τῆς ζωῆς, 에크 투 크쉴루 테스 조에스)라고만 되어 있다는 것이다. 이러한 문형은 그 생명 나무로부터 공급되는 열매가 무한하다는 것을 상상하게 한다. 이런 효과는 요한복음 4장 14절의 "내가 주는 물은 그 속에서 영생하도록 솟아나는 샘물이 되리라"라는 예수님의 말씀에서도 볼 수 있다. 개역개정이 "샘물"이라고 번역한 헬라어 '페게 휘다토스'(πηγὴ ὕδατος)는 정확하게 번역하면 "물의 샘"이다. 얼핏보면 "샘물"과 "물의 샘"은 똑같은 표현으로 보이지만, 엄밀하게 말하면 샘물은 샘에서 나오는 "물"인 반면 물의 샘은 물이 나오는 "샘"이다. 즉, 후자가 훨씬 더 근원적이다. 마찬가지로, 예수님이 생명의 나무로부터 주시겠다는 것은, 열매보다는 생명 나무 자체에 방점이 찍혀 있어, 더 풍성하고 지속적인 생명을 공급하시겠다는 약속이 된다. 한편 22장 2절에서는 생명 나무의 열두 열매를 언급하면서 그 풍성함의 완전성을 강조한다.

그리고 여기에서 이기는 자들에게 주어지는 약속인 "생명의 나무로부터 먹는다"는 말씀은 실제로 그들에게 생명 나무로부터 먹게 하시겠다는 것이 아니라, 생명 나무가 의미하는 것, 즉 생명의 충만함을 가져오는 "하나님의 친밀한 임재"를 지속적으로 경험하게 될 것을 의미한다.[144] 본래 에덴에서 생명 나무가 나타내는 효과는 바로 "생명을 주는 하나님의 임재"다.[145] 아담과 하와가 범죄로 말미암아 타락한 후에 하나님은 그들이 생명 나무를 먹고 영생을 얻지 못하도

---

143 이와 관련해서 롤로프는 다음과 같이 진술한다(앞의 책): "그리스도 자신이 참으로 이미 십자가에서 승리를 얻으셨지만, 여전히 하나님의 지상의 적들은 그리스도에게 속한 자들에 대항하여 전투할 기회를 갖는다."
144 Beale, *The Book of Revelation*, 234.
145 앞의 책, 235.

록 그룹들과 불칼을 두어 생명 나무의 길을 지키게 하셨다(창 3:24).[146] 이렇게 하신 것은 아담이 타락하고 난 후에도 생명 나무로부터 먹고 영원히 살 수 있다는 가능성 때문이었다(창 3:22). 이와 같은 아담의 경우를 통해 우리는 영원한 생명을 제공해 주는 생명 나무의 효과와 기능을 엿볼 수 있다.[147] 또한 창세기 3장 본문에서 흥미로운 것은 하나님이 생명 나무를 아예 제거하셨던 것이 아니라 생명 나무로 가는 길을 지키게 하셨다는 점이다. 이러한 정황은 언젠가 회복의 날에 생명 나무가 다시 재현될 것이라 기대하게 만든다. 그리고 이 회복이 구약을 통해 진행되어 나아가는 과정에서 생명 나무는 지혜와 의로운 삶이 지닌 "생명 제공의 속성"을 상징하는 것으로 사용되기도 한다(잠 3:18; 11:30; 13:12; 15:4).[148]

우연의 일치일까? 이와 같은 생명 나무의 열매가 에스겔 47장 12절에서는 에덴 회복에 대한 종말적 약속의 핵심 요소로 나타난다.

> 강 좌우 가에는 각종 먹을 과실나무가 자라서 그 잎이 시들지 아니하며 열매가 끊이지 아니하고 달마다 새 열매를 맺으리니 그 물이 성소를 통하여 나옴이라 그 열매는 먹을 만하고 그 잎사귀는 약 재료가 되리라(겔 47:12)

더 나아가 초기 유대 문헌들도 생명 나무의 열매를 먹는 개념을 계승하고 발전시켜서 그것을 종말적인 구원과 회복을 표현하기 위한 은유로 사용한다.[149] 즉, 유대 문헌 전통에서는 생명 나무가 하나님이 주시는 영원한 생명의 전형으로 사용된다(에녹1서 24:3-25:6; 레위의 유언서 18:11; 에스라4서 2:1-13; 8:50-52 등).[150] 특별히 에녹 1서 24장 4-6절과 25장 4-6절은 주목할 만하다.

> 그리고 그것들[향기로운 나무들] 가운데, 내가 전혀 향기를 맡아본 적이 없는 나무 하나가 있었다. 그것들이나 다른 (나무들) 가운데 그것과 같은 것은 하나도 없었다. 어떤 향기도 그렇게 향기로울 수는 없었다. 그것의 잎들, 그것의 꽃들, 그리고 그것의 나무는 영원히 마르지 않을 것이다. 그것의 열매는 아름다우며 야자나무의 송이로 된 열매를 닮았다. 그때 나는 말했다. "이것은 아름다운 나무이며, 보기에 아름다우니, 잎들은 (매우) 멋지고 꽃들의 모양은 (매우) 장엄하다(에녹 1서 24:4-6)

---

146 오즈번은 아담과 이브가 에덴에서 생명 나무를 먹은 경험이 전무하다고 판단한다(Osborne, *Revelation*, 123).

147 Reddish, *Revelation*, 55; Beale, *The Book of Revelation*, 234.

148 Osborne, *Revelation*, 123.

149 Aune, *Revelation 1-5*, 152.

150 Reddish, *Revelation*, 55.

그리고 이 향기로운 나무에 대해 말하자면, 그분[하나님]이 모두에게 복수를 행하시고 (모든 것을) 영원히 끝내시는 대심판 전까지는 어떤 인간도 그것을 만질 권한이 없다. 이것은 의인들과 경건한 자들을 위한 것이다. 그리고 택함을 받은 자들은 생명을 위해 그것의 열매를 선물로 받을 것이다. 그분은 그것을 북동쪽의 성소 위에, 즉 영원한 왕이신 여호와의 집을 향해 심으실 것이다. 그때 그들은 기쁨으로 기뻐하고 즐거워할 것이며 거룩한 (장소)로 들어갈 것이다. 그것의 향기가 그들의 뼈에 스며들 것이요, 그들은 네 조상들이 그들의 날들에 그랬던 것처럼 땅에서 오래 살 것이다(에녹1서 25:4-6)[151]

위의 두 본문은 종말(심판의 날) 혹은 새 시대 에덴의 정황을 보여주는데, 그 핵심에 생명 나무가 존재한다. 이것은 종말적 약속의 핵심적인 내용이 생명 나무를 중심으로 하는 창조의 정황을 배경으로 한다는 것을 보여준다.[152]

에베소 교회 공동체가 예수님이 주신 경고의 말씀을 잘 받아들여 그것에 충실하게 순종해 나간다면, 그들은 이러한 에덴 생명 나무의 축복을 그들의 삶 속에서 얼마든지 누릴 수 있게 될 것이다. 이러한 사실은 1장 1절의 "반드시 신속하게 되어져야만 하는 것들"과 1장 3절의 "때가 가깝다"라는 표현에서 확인된 바와 같이, 그리스도의 초림을 통해 이미 종말적으로 성취를 이루었다. 동시에 요한계시록 22장 2-4절에서는 이 약속이 미래적 종말의 시점에 주어지는 축복으로 등장하면서, 하나님의 약속에 대한 성취의 완성을 의미하기도 한다. 이곳에서 우리는 요한계시록이 지향하는 종말의 본질적 성격이 무엇인지를 잘 배울 수 있다.

끝으로 이 본문에서 또 한 가지 중요한 것은 7b절의 "내가 줄 것이다"(δώσω, 도소)라는 문구다. 최초의 에덴에서는 생명 나무의 수여자가 하나님이셨지만, 이제 종말적 에덴에서는 생명 나무 과실의 수여자가 예수님이시다. 이와 같은 변화가 발생한 이유는, 종말의 정황에서는 죽음을 이기고 부활하신 예수님이 바로 생명을 창출하는 분이시기 때문이다. 이런 관점에서 보면, "생명의 나무"란 표현에서 사용되는 "나무"(ξύλου, 크쉴루)란 단어가 예수님이 달리셨던 십자가의 재료인 "나무"(ξύλον, 크쉴론)와 동일한 단어라는 것은 의미심장하다.[153] 이와 같은 단어

---

151 OTP 1:26. 오우니는 또 다른 유대 문헌으로 에녹3서 23장 18절을 제시하는데(Aune, Revelation 1-5, 152), 그 본문에는 "에덴 정원과 생명 나무를 상속받을 의인들과 경건한 자들"이란 표현이 포함되어 있다(OTP 1:308).

152 Reddish, Revelation, 55.

153 Osborne, Revelation, 124.

의 일치는 생명 나무와 예수님의 십자가를 서로 관계시킴으로써, 생명 나무가 제공해 주고자 했던 영원한 생명이 예수님의 십자가에 의해 종말적 성취를 이루게 되었다는 것을 보여준다.[154] 그리고 지속적인 생명의 제공은 예수님이 승천하신 후에 보내주시는 예수의 영, 곧 성령을 통해 이루어진다(참고, 요 7:37-39).

---

154 앞의 책.

2. 서머나 교회에게 보내는 메시지(2:8-11)

8절도 선지적 메시지의 형식을 따라 교회의 사자들에게 쓰라는 명령과 함께 1
장에서 기록했던 내용을 기초로 예수님의 이름을 언급한다. 9절은 서머나 교회
를 칭찬하고 10절은 책망 대신에 서머나 교회가 장차 받게 될 환난에 어떻게 대
처할 것인가를 권면한다. 그리고 마지막으로 11절에서 성령의 말씀에 귀 기울일
것을 권하고 이기는 자에게 주어지는 종말적 약속을 소개한다.

구문 분석 및 번역

8절 a   Καὶ τῷ ἀγγέλῳ τῆς ἐν Σμύρνῃ ἐκκλησίας γράψον·
     그리고 서머나에 있는 교회의 천사에게 쓰라

   b   Τάδε λέγει ὁ πρῶτος καὶ ὁ ἔσχατος,
     처음과 마지막이신 이가 이같이 말씀하신다

   c   ὃς ἐγένετο νεκρὸς καὶ ἔζησεν
      죽었다가 살아나신

9절 a   Οἶδά
     내가 알고 있다

   b   σου τὴν θλῖψιν καὶ τὴν πτωχείαν,
      너의 환난과 가난을

   c   ἀλλὰ πλούσιος εἶ,
       그러나 너는 부요하다

   d   καὶ τὴν βλασφημίαν ἐκ τῶν λεγόντων Ἰουδαίους εἶναι ἑαυτοὺς
      그리고 스스로 유대인이라 말하는 자들로부터의 모독을

   e   καὶ οὐκ εἰσὶν ἀλλὰ συναγωγὴ τοῦ Σατανᾶ.
       그들은 (유대인이) 아니다 그러나 사탄의 회당이다

10절 a   μηδὲν φοβοῦ ἃ μέλλεις πάσχειν.
     네가 고난받게 될 것을 전혀 두려워하지 말라

   b   ἰδοὺ μέλλει βάλλειν ὁ διάβολος ἐξ ὑμῶν εἰς φυλακὴν
     보라 마귀가 장차 너희들 중에서 (어떤 자들을) 옥으로 던져 넣을 것이다

   c   ἵνα πειρασθῆτε
      너희가 시험을 받도록 하기 위해

   d   καὶ ἕξετε θλῖψιν ἡμερῶν δέκα.
     너희가 열흘 동안 환난을 가지게 될 것이다

   e   γίνου πιστὸς ἄχρι θανάτου,
      너는 죽기까지 신실하라

   f   καὶ δώσω σοι τὸν στέφανον τῆς ζωῆς.
      그리하면 내가 생명의 면류관을 네게 줄 것이다

11절 a   ὁ ἔχων οὖς ἀκουσάτω τί τὸ πνεῦμα λέγει ταῖς ἐκκλησίαις.
            귀를 가진 자로 성령이 교회들에게 말씀하시는 것을 듣게 하라

    b   ὁ νικῶν οὐ μὴ ἀδικηθῇ ἐκ τοῦ θανάτου τοῦ δευτέρου.
            이기는 자는 둘째 사망으로부터 결코 해롭게 되지 않을 것이다

8b절에서 주절의 주어인 "처음과 마지막이신 이"(ὁ πρῶτος καὶ ὁ ἔσχατος, 호 프로토스 카이 호 에스카토스)라는 문구는 관계 대명사절인 8c절의 "죽었다가 살아나신"(ὃς ἐγένετο νεκρὸς καὶ ἔζησεν, 호스 에게네토 네크로스 카이 에제센)이란 문구의 선행사 역할을 한다. 이런 관계를 살려서 아래의 우리말 번역에서는 "죽었다가 살아나신 처음과 마지막이신 이"라고 번역했다. 특별히 이 문구는 1장 17e-18b절에 나오는 "나는 처음이요 마지막이요 그리고 살아 있는 자다. 그리고 내가 죽었었다"라는 문구와 유사한 내용들을 공유하고 있다. 1장 17e-18b절에서는 "살아 있는 자다. 그리고 내가 죽었었다"가 등위 접속사 '카이'(καί, 그리고)를 통해 "처음이요 마지막이요"와 대등하게 연결되고, 이 본문에서는 "죽었다가 살아나신"이란 문구가 관계 대명사 '호스'(ὅς)를 통해 "처음과 마지막이신 이"를 수식하는 형식으로 구성된다. 이와 같은 8b절의 구조 및 1장 17e-18b절과의 관계는 두 문구가 매우 밀접한 관계를 갖는다는 점을 시사해 준다.

위의 구문 분석에서 확인할 수 있듯이, 9절은 9a절의 동사 "내가 알고 있다"(οἶδα, 오이다)가 9b절의 "환난과 가난"(τὴν θλῖψιν καὶ τὴν πτωχείαν, 텐 들립신 카이 텐 프토케이안)과 9d절의 "모독"(τὴν βλασφημίαν, 텐 블라스페미안)을 목적어로 취하는 구조로 되어 있다. 나머지 9c절과 9e절은 각각 9b절과 9d절의 보충 설명에 해당한다. 이 보충 설명들은 앞의 내용에 대한 반전을 제시한다. 특별히 주목할 것은 아래의 우리말 번역에서는 9d절이 9a절의 동사 "알고 있다"의 목적어인 점을 반영해서 9d절 이후에 "알고 있다"를 한 번 더 번역해 넣었지만, 위의 구문 분석에서 볼 수 있듯이 헬라어 원문에서는 "알고 있다"라는 동사가 9a절에서 한 번만 사용된다는 점이다. 그리고 9e절은 9d절의 "스스로 유대인이라 말하는 자들"과 대조되는 내용을 제시하는 것으로서 이 둘은 서로 밀접하게 연결되어 있다. 이 연결 구조에 충실하게 번역하면 9de절은 "그리고 스스로 유대인이라고 말하지만 유대인이 아니라 사탄의 회당인 자들로부터의 모독을 알고 있다"가 될 것이다. 그러나 이러한 번역은 다소 혼란을 가져다 줄 수 있으므로 9e절을 따로 분리해서 번역했다.

10절의 첫 단어인 '메덴'(μηδὲν)은 "전혀 … 아니다"라는 의미로 부정을 강조하기 위해 사용된다.[155] 그리고 10c절은 '히나'(ἵνα) 목적절로서 10b절을 주절로 한다. 그리고 10e절의 '기누 피스토스'(γίνου πιστὸς)라는 문구는 개역개정의 "충성하라"보다는 "신실하라"라는 의미를 갖는다. 끝으로 10f절의 "그리고"(καὶ, 카이)는 10e절과 10f절의 문맥적 관계를 고려해서 "그리하면"으로 번역했다.

이상의 내용을 근거로 우리말 어순에 맞추어 번역하면 다음과 같다.

8a	그리고 서머나에 있는 교회의 천사에게 쓰라.
8c	죽었다가 살아나신
8b	처음과 마지막이신 이가 이같이 말씀하신다.
9a	"내가
9b	너의 환난과 가난을
9a	알고 있다.
9c	그러나 너는 부요하다.
9d	그리고 스스로 유대인이라 말하는 자들로부터의 모독을
9a	알고 있다.
9e	그들은 (유대인이) 아니다. 그러나 사탄의 회당이다.
10a	네가 고난받게 될 것을 전혀 두려워하지 말라.
10b	보라
10c	너희가 시험을 받도록 하기 위해
10b	마귀가 장차 너희들 중에서 (어떤 자들을) 옥으로 던져 넣을 것이다.
10d	너희가 열흘 동안 환난을 가지게 될 것이다.
10e	너는 죽기까지 신실하라.
10f	그리하면 내가 생명의 면류관을 네게 줄 것이다.
11a	귀를 가진 자로 성령이 교회들에게 말씀하시는 것을 듣게 하라.
11b	이기는 자는 둘째 사망으로부터 결코 해롭게 되지 않을 것이다."

배경 연구: 서머나는 어떤 도시인가?

1) 도시의 두 가지 특징: 고난과 아름다움[156]

서머나가 건립된 것은 기원전 약 일천 년 이상 전이었는데, 처음에는 그리스의 통치 지역으로 시작했다가 BC 600경에 리디아의 왕 알리아테스(Alyattes)에 의해 파괴되었다.[157] 서머나는 리디아인들에게 혹독한 탄압을 받았으며, 램지는 이

---

155 BDAG, 647.
156 Hemer, *The Letters to the Seven Churches of Asia*, 58.
157 Ramsay, *The Letters to the Seven Churches of Asia*, 251.

러한 상태에 대해 서머나 도시가 죽게 되었던 것으로 판단한다.[158] 그러나 알렉산더 대왕의 재건 계획으로 시작하여 리시마쿠스(BC 301-281년)에 의해 이 도시에 대한 재건이 실행되었고,[159] 이후로 서머나는 소아시의 가장 번영한 도시들 가운데 하나로 발전하게 된다.[160] 아마도 이러한 서머나의 역사적 배경이 메시지의 도입 부분에서 예수님의 죽음과 부활의 주제를 가져오게 한 근거일 것이다. 그리고 요한계시록이 기록될 당시 서머나는 로마 제국과의 연대를 공고히 하고 있었다.[161]

"서머나"(Smyrna)를 의미하는 헬라어 '스뮈르나'(Σμύρνα)가 "몰약"(myrrh)을 의미하는 '스뮈르나'(σμύρνα; 마 2:11; 요19:39) 및 '뮈론'(μύρον; 계 18:13 등)과 유의미한 관계를 갖는다는 견해도 있다.[162] 이 견해에 따르면, 요한은 주검에 사용되는 재료인 몰약과의 이러한 관련성을 통해 서머나 교회에게 보내는 메시지를 그리스도의 고난, 죽음, 부활로 특징화하려는 목적을 갖는다.[163] 서머나는 2-3장에 등장하는 일곱 도시 중 유일하게 오늘날까지 남아 있는 도시로서, 현재의 이름은 이즈미르(Izmir)다.[164] 서머나는 도시의 아름다움과 호머의 출생지라는 사실로 인해 나름대로 자부심을 가지고 있었는데, "아시아의 최고 서머나"(Σμυρναίων πρώτων Ἀσίας, 스뮈르나이온 프로톤 아시아스)라는 문구가 새겨진 동전이 있을 정도였다.[165] 특별히 서머나의 아름다움은 자연적인 아름다움은 물론이고, 그 도시의 구획을 직사각형으로 질서 있게 배열한 것과 멋진 도로와 그 도로를 포장한 것 등에서 더욱 돋보였다.[166] 따라서 아리스티데스(Aristides)는 그 도시의 아름다움을 극찬하면서 꽃처럼 혹은 조각상처럼 아름답다고 평가하기도 한다.[167]

---

158 램지는 "어떤 의미에서 서머나는 죽어 있었다. 그 그리스 도시는 더이상 존재하지 않았다"고 말한다(앞의 책).

159 앞의 책. 리시마쿠스의 서머나 재건에 대한 거창한 계획은 그의 죽음으로 인해 미완의 작품으로 남게 되었다(앞의 책, 252).

160 Charles, *A Critical and Exegetical Commentary on the Revelation of St John*, 1:55. 오즈번은 이러한 서머나를 "번창하는 수출 무역의 항구 도시"로 규정한다(Osborne, *Revelation*, 127).

161 Ramsay, *The Letters to the Seven Churches of Asia*, 253-254. 램지에 의하면, "공통된 적과 공통된 위험이 그들을 결속하게 만들었다"(앞의 책, 254). 더 나아가 키케로는 서머나를 "우리의 가장 신실하고 가장 오래된 동맹의 도시"로 표현하면서 로마인들이 서머나를 어떻게 생각했는지를 보여준다(앞의 책).

162 Hemer, *The Letters to the Seven Churches of Asia*, 58.

163 앞의 책, 59. 이와 같은 관련성에 의해 서머나는 "고통의 도시"로 특징화되기도 한다(앞의 책).

164 Smalley, *The Revelation to John*, 64.

165 Hemer, *The Letters to the Seven Churches of Asia*, 59; Osborne, *Revelation*,127.

166 Ramsay, *The Letters to the Seven Churches of Asia*, 255.

167 Hemer, *The Letters to the Seven Churches of Asia*, 59.

2) 종교적 측면: 황제 숭배의 중심지

특별히 서머나는 로마와 긴밀한 관계를 유지하면서 장기간 황제 숭배의 중심지 역할을 했으며,[168] 주변 지역 전체의 황제 숭배를 위한 신전을 총괄하는 기능을 가졌던 도시로 알려져 있다.[169] 서머나는 BC 195년에 로마의 여신(The Goddess of Rome)을 위해 신전을 건축하는 최초의 도시가 되었으며, BC 23년에는 로마에 대한 오랜 충성으로 말미암아 아시아의 다른 10개의 경쟁 도시를 제치고 티베리우스 황제를 위한 신전을 건축하도록 선택받았다.[170] 또한 AD 26년에 로마의 원로원은 서머나를 티베리우스 황제 숭배 의식을 위한 "신전 지기"(temple keeper)로 지정했다(참고, 행 19:35).[171] 이러한 도시 특성을 고려해 볼 때, 서머나는 도시의 모든 부분이 황제 숭배와 관련되어 있었다고 말해도 과언이 아니다.

그리고 이 황제 숭배 제도의 활성화에 힘입어 서머나는 경제적으로 상당히 부흥했을 뿐 아니라 그곳에서 황제 숭배를 주관하는 제사장들도 특별히 많은 부를 축적했을 것이라고 추측할 수 있는데, 이는 그 당시에 종교, 정치, 경제가 매우 밀접한 유착 관계를 가졌기 때문이다. 이러한 정황은 소아시아에 있는 대부분의 도시에서 공통적으로 발생했을 것이다. 기독교인들을 향한 황제 숭배에 대한 압력은 도미티아누스 황제(AD 81-96년) 시대에 급격하게 증가했다.[172] 황제 숭배는 그것에 참여하지 않고는 정상적인 사회 생활이 불가능할 정도의 사회적 통념으로 자리 잡고 있었기 때문에 그것을 거부하면 반사회적이며 반국가적인 반동분자로 간주되어 체포되고 투옥되는 처지에 놓이게 되었다.[173] 요한계시록이 서머나에 보내지고 약 20년 후인 AD 115년에 안디옥의 감독인 이그나티우스가 서머나 교회와 그곳의 주교인 폴리캅에게 편지를 보낸 바 있는데,[174] 그로부터 40년 후에 서머나 교회는 폴리캅의 순교에 대한 자세한 내용을 보고한다. 이 보고에 따르면, 폴리캅은 황제 숭배의 압박 앞에서, "86년 동안 주님을 섬겨왔는데 그분을 배반할 수 없다"고 천명한 것으로 전해진다.[175]

---

168 Sweet, *Revelation*, 84.
169 Osborne, *Revelation*, 127.
170 Tacitus, *Annals* 4.55-56(Smalley, *The Revelation to John*, 65에서 재인용).
171 Blount, *Revelation*, 53.
172 Beale, *The Book of Revelation*, 241.
173 앞의 책.
174 Beasley-Murray, *The Book of Revelation*, 80-81.
175 앞의 책, 81. 폴리캅이 86년 동안 신앙 생활했다고 말한 것을 근거로, 그가 요한계시록 말씀이 서머나 교회에 전달되었을 당시에 그 교회에 있었을 것이라는 합리적인 추론이 가능하다(앞의 책).

3) 사회 정치적 측면

소수 민족들을 강압하지 않고 그들 나름의 종교와 문화를 허용하는 관용 정책을 펼쳐 식민 통치를 평화스럽게 운용했던 로마 제국은 유일신을 추종하는 유대인들에게 로마 제국의 황제를 "신들"(gods)로서가 아니라 단순히 통치자에 대한 예우 차원에서 경배하도록 허용해 주었다.[176] 초기 그리스도인들은 이와 같은 로마 제국의 관용 정책에 의해 자치적 권한을 위임받은 "유대교의 우산 아래"(umbrella of Judaism) 있었기 때문에 로마 제국의 핍박에 대한 직접적인 표적이 되지 않을 수 있었지만, 네로 황제의 기독교 핍박 이후로는 상황이 바뀌어 신생 종교에 대한 경계가 강화되었다.[177] 이러한 상황에서 유대인들은 자신들도 기독교인들과 동일하게 핍박의 대상이 될 것을 두려워하면서 로마 관리들이 기독교인들과 유대인들을 구별하지 못할까 노심초사했다.[178] 그러던 중에 유대인들은 기독교로 개종한 유대인들로 인해 기독교에 더 큰 불만을 품게 되었고, 결국에는 로마 관리들에게 그리스도인들이 로마가 추구하는 세계 평화를 파괴하고 있으며 황제 숭배를 거부하는 자들이라고 고소하기 시작했다.[179]

이와 같은 유대인들의 고소는 황제 숭배가 만연했던 서머나에서 특히 로마 관리들에게 상당히 호소력 있게 들렸을 것이라고 쉽게 상상할 수 있다. 이에 덧붙여서 유대인들은 로마 제국이 추구하는 정치적 · 종교적 성향을 가장 잘 파악하고 있었고, 그러한 이해에 근거해서 가장 효과적으로 기독교를 고소했기 때문에 그 효과는 더욱 파괴력이 있었을 것이다. 로마의 관리들이 그리스도인들에 대한 유대인들의 고소를 받아들인다는 것은 그것이 곧바로 기독교인들에 대한 핍박으로 연결된다는 것을 의미한다. 왜냐하면 오직 예수 그리스도만을 만왕의 왕이요 만주의 주로 예배하는 그리스도인들은 황제 숭배를 거부하는 이교도요 반역자이기 때문이다. 그 결과 로마 제국은 유대인들에게 허락했던 하나님을 예배하는 생활과 자유를 기독교인들에게는 허락하지 않게 되었고 핍박은 더욱 강해지게 되었다.

---

176 Beale, *The Book of Revelation*, 240.

177 앞의 책.

178 앞의 책.

179 앞의 책. 그리스도인들에 대한 유대인들의 불편한 심기는 그리스도인들이 율법이 아니라 너무 쉬운 방법인 믿음으로 구원을 얻을 수 있다고 주장하는 것과 신성모독의 죄를 범해 십자가에 달린 범죄자를 메시아로 경배하는 것(행 26:9-10; 신 21:23을 배경으로 하는 갈 3:13)에 의해 발생하기도 했다(앞의 책). 이 외에도 이방인들이 할례를 받지 않은 상태에서 기독교 공동체에 들어오게 되는 것을 보고 그 반감은 더욱 고조되었다(Ignatius, *Smyrneans* 1:2[Beale, *The Book of Revelation*, 240에서 재인용]).

이와 같은 내용을 통해 우리는 서머나에서의 그리스도인들과 유대인들 사이의 갈등 및 긴장이 서머나 도시와 로마 제국 사이의 긴밀한 관계에서 발생하고 있음을 알 수 있다. 곧 그리스도인들과 유대인들 사이의 갈등이 로마 제국의 핍박을 촉발시켰다고 해도 과언이 아니다.

본문 주해

[2:8] 서머나 교회의 천사에게 쓰라

"쓰라"와 "천사"의 재언급. 앞서 밝혔던 바와 같이 8a절의 "쓰라"는 선지적 메시지 전달 행위를 요구하는 명령형 동사다. 그리고 서머나 교회의 "천사"가 지상 교회의 "천상적 대응체로서의 천사"로 간주되는 것에 대해서도 1장 20절에서 언급한 바 있다.

죽었다가 살아나신 처음과 마지막이신 이(ὁ πρῶτος καὶ ὁ ἔσχατος, ὃς ἐγένετο νεκρὸς καὶ ἔζησεν, 8bc절). 8b절에서 예수님은 자신을 "죽었다가 살아나신 처음과 마지막이신 이"(ὁ πρῶτος καὶ ὁ ἔσχατος, ὃς ἐγένετο νεκρὸς καὶ ἔζησεν, 호 프로토스 카이 호 에스카토스, 호스 에게네토 네크로스 카이 에제센)로 소개하신다. 앞서 구문 분석에서 언급한 것처럼 이 본문은 관계 대명사절인 "죽었다가 살아나신"이란 문구가 "처음과 마지막"이라는 문구를 수식하는 형식으로 구성되어 있다. 이러한 수식 관계는 이 두 문구의 밀접한 관계를 시사해 준다. 이 두 문구는 어떠한 상관 관계를 가지고 있을까? "처음과 마지막"은 창조와 완성을 의미하고, "죽었다가 살아나신"은 부활 사건을 언급하는 것이다. 예수님의 부활은 새창조를 가져왔다. 그러므로 부활하신 예수님만이 진정한 새창조의 역사를 주관하는 분으로서 처음과 마지막이 되는 분이시다. 곧 예수님의 죽음과 부활은 새창조의 완성을 이루시는 처음과 마지막 되시는 예수님의 지위에 대한 근거를 제공해 준다.

그리고 이러한 예수님에 대한 환상의 내용 가운데 죽음과 부활에 대한 언급이 나오는 것은 서머나 교회가 처한 상황과 무관하지 않다. 앞에서 언급한 바와 같이 서머나는 그 어느 도시보다도 황제 숭배가 성행했던 곳이다. 이러한 정황 가운데서 서머나 교회 성도들은 상당한 사회적, 정치적, 경제적 도전을 받았던 것이 분명하고, 심지어는 앞서 언급한 것처럼 폴리캅 같은 순교자를 배출하기도 했다. 이런 상황에 있는 서머나 교회 공동체에게 죽으셨다가 사흘 만에 부활하신 예수님을 소개하는 것은 그들이 열악한 환경 속에서도 신앙의 순수성을 잘 지켜 나갈 것을 새롭게 다짐할 수 있도록 동기를 부여하기 위함이다. 그러므로 이 주제는 10절에 나오는 죽기까지 신실하라는 내용과 밀접하게 연동된다.

[2:9] 칭찬
9절에서는 서머나 교회에게 주어지는 칭찬의 메시지가 소개된다.

환난과 가난(τὴν θλῖψιν καὶ τὴν πτωχείαν, 9b절). 9a절에서 예수님은 서머나 교회를 향하여 "너의 환난과 가난을 안다"고 말씀하신다. 여기서 "가난"(πτωχείαν, 프토케이안) 은 문자 그대로 "물질적 빈곤"을 의미한다.[180] 이런 물질적 빈곤이 서머나에 있는 교회 공동체에게는 환난이다. 역으로 환난의 환경으로 인해 빈곤이 찾아올 수도 있다. 이러한 점에서 환난과 가난은 서로 밀접한 관계를 갖는다.[181] 이것은 서머나 교회 공동체의 현실을 잘 반영하고 있다. 또한 교회 공동체의 가난은 경제적으로 매우 풍부했던 서머나 도시의 상황과 대조적이다. 이러한 대조적인 상황으로 인해 찾아오는 상대적 박탈감이 그들을 더욱 고통스럽게 만들었을 수 있다. 그렇다면 왜 그들은 그렇게 가난으로 인한 환난에 있을 수밖에 없었는가? 세 가지로 요약해서 말할 수 있다.

첫째, 서머나 교회가 가난할 수밖에 없었던 데에는 "길드 체계"(guild system)가 영향을 미쳤을 가능성이 크다.[182] 길드는 경제 구조를 이루는 단위로서, 그것에 가입한 회원들에게 황제 숭배를 비롯한 여러 이교적 우상 숭배에 참여할 것을 요구한다.[183] 곧 황제 숭배에 참여하지 않고는 길드 체계에 참여할 수 없고, 따라서 정상적인 경제 생활을 영위할 수 없다. 그러므로 황제 숭배를 거부해야 하는 그리스도인들에게는 길드 체계에 의한 이러한 사회 구조 자체가 가난을 초래할 수밖에 없는 것이었다. 물론 이것은 서머나 교회만의 문제는 아니었고, 일곱 교회가 공통적으로 직면하고 있는 사회적 문제였다. 그러나 여기서 군이 길드 체계를 서머나 교회의 가난과 연결짓는 것은 서머나 교회에서 주요 쟁점이 되던 문제 중 하나가 가난이기 때문이다.

---

180 Mounce, *The Book of Revelation*, 74.
181 앞의 책.
182 Witherington, *Revelation*, 98.
183 앞의 책.

둘째, 궁핍을 야기한 또 다른 이유는 유대인들과의 갈등이라고 할 수 있다. 이 부분에 대해서는 앞서 배경 연구에서 자세히 언급한 바 있다. 유대인들과의 갈등 구조는 서머나 교회의 성도들에게 두 가지 측면에서 궁핍의 원인을 제공한다. 먼저, 그리스도인들에게 반감을 가진 유대인들의 사주를 받은 폭도들에게 재산을 강탈당해서 가난해졌다.[184] 다음으로는 그리스도인들에 대한 반감을 가진 유대인들이 자신들이 로마 제국으로부터 확보한 "보호와 관용"의 혜택을 유대인 집단에서 이탈한 그리스도인들이 누릴 수 없도록 그들의 권한을 박탈하는 데 적극적이었기 때문에 가난해졌다.[185] 이러한 가난은 서머나와 같이 풍요로운 도시에서 상대적 박탈감을 초래했을 것이 틀림없고, 이러한 가난을 초래했던 적대적인 사회 환경도 그리스도인들에게는 "환난"이 아닐 수 없었다.[186]

너는 부요하다(πλούσιος εἶ, 9c절). 9c절은 접속사 "그러나"(ἀλλά, 알라)로 시작하면서 9b절과 대조적인 상황을 소개한다. 서머나 교회 성도들은 비록 환난으로 말미암아 가난하다고 평가되지만(혹은 가난하여 환난 가운데 있는 것으로도 이해할 수 있다) 실제로는 "부요하다." 이곳의 "부요함"은 물질적 의미로 이해할 수 있는 것이 아니라 예수님과의 관계에서 오는 영적인 개념으로 이해할 수 있는 것이다. 서머나 교회 성도들은 육신적으로나 물질적으로 볼 때는 가난하지만 영적인 차원에서는 부요한 자들이다.[187] 이러한 대조는 현실 속에 존재하는 육적인 가난과 영적 부요의 관계를 잘 설명해 줄 수 있다. 그러나 이것이 육적으로 가난해야 영적으로 부요하다는 이원론적 원칙을 말하는 것은 아니라는 점을 주의할 필요가 있다.

모독(βλασφημ, 9d절). 9d절에서는 서머나 교회 공동체가 당하는 또 다른 측면의 환난을 말하는데, 그것은 바로 유대인들로부터의 "모독"이다. 요한계시록에서 "모독"(βλασφημία, 블라스페미아)이란 명사와 그것의 동족어 동사 "모독하다"(βλασφημέω, 블라스페메오)는 주로 하나님을 향한 신성 모독의 의미로 사용되지만(13:1, 5, 6; 16:9, 11, 21; 17:3), 이 본문에서는 그러한 종교적 의미보다는 유대인과 그리스도인 사

---

184 Hemer, *The Letters to the Seven Churches of Asia*, 68.
185 앞의 책. 이러한 두 가지 이유 외에도 서머나 교회 성도들이 가난한 것은 본래 가난한 부류였던 사람들이 회심하여 교회의 구성원이 되었을 가능성도 존재한다(참고, 고전 1:26-29; 약 2:1-4)(Swete, *The Apocalypse of St. John*, 31[Smalley, *The Revelation to John*, 65에서 재인용]).
186 Smalley, *The Revelation to John*, 65; Blount, *Revelation*, 54.
187 Smalley, *The Revelation to John*, 65.

이에 존재하는 적대감으로 인해 일상에서 일어날 수 있는 "비방"(slander)의 의미가 더욱 두드러진다(참고, 막 15:29; 롬 3:8; 고전 10:30; 벧전 4:4).[188] 그런데 여기서 알아야할 것은 신성 모독과 그리스도인에 대한 비방이 서로 밀접하게 연결되어 있다는 것인데, 왜냐하면 하나님의 백성을 비방하는 것이 곧 하나님을 모독하는 것과 직결되기 때문이다.[189] 그러므로 여기에서 "모독"(βλασφημία, 블라스페미아)이란 단어의 사용은 하나님에 대한 모독과 성도들을 향한 비방의 이중적 의미를 이끌어내기 위한 일종의 언어유희라고 할 수 있다. 즉, 요한은 서머나에 있는 교회 공동체에 대한 유대인들의 비방을 하나님에 대한 모독으로 간주한 것이다. 이것이 바로 9e절에서 요한이 그들을 가리켜 "사탄의 회당"이라 일컫는 이유다.[190] 만일 그가 유대인들의 모독을 단순히 일상 속에서 일어나는 비방의 문제에만 국한시켰다면 이렇게 극단적인 호칭을 붙일 수는 없었을 것이다.

이와 같은 사실은 그리스도인들을 모독하는 유대인들이 하나님에 의해 하나님의 언약 백성으로 인정받지 못한 자들임을 보여주며, 따라서 그들은 "스스로 유대인이라 말하는 자들"일 뿐이다. 그들은 스스로 유대인이라고 하면서도 하나님의 백성을 비방함으로써 하나님을 모독하는 자로 판명났기 때문이다. 여기에서 "유대인"은 하나님의 언약 백성이란 긍정적인 의미로 사용되고, 이는 당시의 유대인들이 자신들을 여전히 하나님의 언약 백성으로 착각하고 있었다는 것을 보여준다. "스스로 유대인"이라는 문구의 패턴은 에베소 교회의 "자기 자신을 사도라 하는 자들"(2:2)의 경우와 동일한데, 이러한 패턴은 그들이 실제로는 자신들이 주장하는 존재가 아니라는 사실을 간접적으로, 그러나 강력하게 시사해 주는 방식이다. 그렇다면 그들의 실상은 무엇인가? 그것은 다음 부분에서 분명하게 밝혀질 것이다.

사탄의 회당(συναγωγὴ τοῦ Σατανᾶ, 9e절). 9e절은 "그들은 (유대인이) 아니다"라는 단호한 부정의 말씀으로 시작한다. 이것은 9d절에 나오는 "스스로 유대인이라 말하는 자들"에 대한 단호하고도 적확한 평가다. 하나님의 백성인 서머나 교회 공동

---

188 Aune, *Revelation 1-5*, 162. 이와 비슷한 경우가 바로 행 13:45; 18:6에서 유대인들이 바울에게 욕설을 퍼부었던 사건에서 발생한다(앞의 책). Beckwith, *The Apocalypse of John*, 453과 Thomas, *Revelation 1-7*, 163도 이 견해를 지지한다.

189 오즈번은 "하나님의 백성을 중상하는 것은 하나님을 대적하는 신성 모독의 한 형태"라고 표현한다 (Osborne, *Revelation*, 131).

190 "사탄의 회당"에 대한 구체적인 설명은 아래의 "사탄의 회당(συναγωγὴ τοῦ Σατανᾶ, 9e절)" 부분을 보라.

체를 모독하는 그들은 언약의 진정한 계승자로서의 유대인이 아니다. 그들은 스스로를 유대인이라고 말하지만 예수님은 그들을 인정하지 않으시고, 도리어 그들을 "사탄의 회당"(συναγωγὴ τοῦ Σατανᾶ, 쉬나고게 투 사타나)이라고 평가하신다(9e절). 여기서 사용된 헬라어 '사타나스'(Σατανᾶς, 사탄)는 문자적으로는 "대적자"(adversary)를 의미하지만, 특별한 경우에는 하나님의 적(the Enemy)을 지칭하는 의미로 사용되기도 한다.[191] 또한 이 헬라어 단어에 상응하는 히브리어 단어 '사탄'(שָׂטָן)도 마찬가지로 일반적으로는 "대적자"(adversary) 또는 "반대자"(opponent)를 의미하지만(참고, 삼상 29:4; 왕상 5:18; 11:14), 특별한 경우 정관사와 함께 사용되어 하늘에서 여호와를 대적하는 존재를 의미하기도 한다(참고, 욥 1:6; 2:1; 슥 3:1).[192] 이러한 의미를 이 문맥에 적용하면, 유대인들은 하나님의 백성을 비방하여 대적함으로써 결국 하나님을 대적하는 위치에 서 있게 되었다는 결론을 도출할 수 있다. 즉, 그들은 언약의 계승자가 아닌 하나님의 대적자가 되어 버리고 만 것이다. 어쩌다가 하나님의 성소가 사탄의 회당이 되고 말았는가? 어떻게 이런 일이 가능한가? 그것은 그들이 자신들의 이익과 기득권에 안착한 나머지 시대의 흐름을 잘못 읽었기 때문이다.

여기에서 "회당"(συναγωγή, 쉬나고게)이란 단어가 사용되는 것은 일종의 언어유희이거나 혹은 유대인들의 모임 장소인 회당에 대한 패러디라고 할 수 있다. 즉, 본래 유대인들이 모이는 장소를 가리키는 회당을 "사탄의 회당"이라고 칭함으로써 유대인들의 본질적 성격을 역설적으로 규명하려는 목적을 갖는다. 디아스포라 유대인들이 성경을 낭독하고 하나님을 경배하던 그 장소가 사탄의 지배를 받는 장소가 되어 버린 것이다.[193] 앞서 서머나 도시의 사회 정치적 측면에서도 살펴보았듯이, 유대인들은 황제 숭배를 거부하는 그리스도인들에 대한 고소를 남발했는데, 콜린스는 사탄의 회당을 "요한의 메시지를 받고 있는 사람들에 대한 소송의 선동자들"이라고 규정하기도 한다.[194]

또한 유대인들은 로마 제국의 황제 숭배를 면제받는 특권을 그리스도인들이

---

191 BDAG, 917.
192 *HALOT*, 1317.
193 흥미롭게도 타른(Tarn)은 요한계시록에서 서머나 및 빌라델비아 교회를 향한 메시지에서 사용된 "사탄의 회당"이란 표현이 당시에 회당에서 하나님과 제우스를 동시에 섬기면서 행해졌던 "혼합 숭배"를 가리키며, 더 나아가 계 2:13의 "사탄의 보좌"도 제우스의 제단을 가리킨다고 주장한다(W. W. Tarn, *Hellenistic Civilization*, rev. Tarn and G. T. Griffith, 3rd [Cleveland, OH: The World Publishing Company, 1961], 225).
194 A. Y. Collins, "Vilification and Self-Definition in the Book of Revelation," *HTR* 79.1–3 (1986): 313.

누리지 못하도록 하기 위해 그리스도인들은 유대인이 아니라고 함으로써 그리스도인들이 황제 숭배를 피할 수 있는 방법을 차단시켜 버렸다.[195] 그러므로 유대인 자신들은 황제 숭배를 하지 않아도 목숨을 잃을 위험에 처하지 않았으나 그리스도인들은 황제 숭배 거부에 따른 위험 부담을 고스란히 떠안게 되었다. 이러한 상황을 초래하는 과정에서 유대인들은 사탄에 의해 권세를 위임받은 로마 제국과의 협력 관계를 도모하게 된다(참고, 13:2).[196] 이처럼 하나님의 백성을 핍박하는 데 있어 로마 제국과 하나가 된 유대인들은 사탄의 회당이라 불리어 마땅했다.

여기서 예수님이 유대인들을 언약 계승자로서의 진정한 이스라엘이 아닌 사탄의 회당으로 진단하시는 것은 로마서 2장 28-29절의 말씀을 상기시킨다.

> [28]무릇 표면적 유대인이 유대인이 아니요 표면적 육신의 할례가 할례가 아니니라 [29]오직 이면적 유대인이 유대인이며 할례는 마음에 할지니 ... (롬 2:28-29)

9e절에서 예수님이 서머나 교회를 모욕하는 자들을 유대인이 아닌 자들로 진단하실 때 염두에 두신 것은 표면적 의미의 육신적 유대인이 아니라 언약 백성으로서 하나님의 언약적 축복을 유업으로 누리는 참된 하나님의 백성으로서의 유대인이다. 그들이 진정한 하나님의 백성이라면 하나님과 하나님의 백성을 모욕하고 핍박하는 데 동참하지 않았을 것이다. 바울의 방식대로 표현하면 그들은 마음의 할례를 받지 않고 육신의 할례만 받은 "표면적 유대인"이라 할 수 있다.

[2:10] 고난의 시험에 대한 권면

10절은 에베소 교회의 경우가 보여주는 것과는 다르게 책망의 내용 대신 서머나 교회 공동체가 앞으로 당하게 될 환난에 대해 기록하고 있다.

고난의 필연성(10a절). 10a절은 서머나 교회가 받게 될 고난이 있다고 말한다. 여기에 사용된 '멜레이스'(μέλλεις)μέλλω, 멜로)라는 조동사는 현재 부정사와 함께 사용될 때 불가피하게 필연적으로 일어날 사건을 나타내기도 한다.[197] 이 용법은 신

---

195 M. R. J. Bredin, "The Synagogue of Satan Accusation in Revelation 2:9." *BTB* 28 (1998):160-164(Osborne, *Revelation*, 132에서 재인용).

196 Osborne, *Revelation*, 132.

197 BDAG, 627.

적인(divine) '데이'(δεῖ)와 유사한 의미를 가지면서 서머나 교회에게 그들이 받게 될 "고난"이 하나님의 필연적인 신적 계획 속에 있음을 보여준다.[198] 고난에 대한 언급은 황제 숭배의 중심지인 서머나 도시에 존재하는 교회가 처한 정황을 볼 때 충분히 예측할 수 있는 것이다. 서머나 교회는 지금까지도 고난을 받아 왔지만 그것이 사라지지 않은 채 계속해서 고난이 주어질 것이다. 그러나 예수님은 그러한 고난을 두려워하지 말라고 권면하신다(10a절). 두려워하지 말라는 권면은 강력한 부정을 나타내는 '메덴'(μηδὲν, "결코 … 않다" 또는 "전혀 … 아니다")이란 단어로 더욱 강조된다. 이것을 2장 8c절과 관련해서 생각해 보면, 그들이 고난을 두려워하지 않을 수 있는 이유는, 두려워하지 말라고 말씀하시는 예수님 자신이 이미 고난받고 죽으셨다가 다시 살아나셔서 마귀를 제압하셨기 때문이다. 이러한 관계는 1장 17d–18b절에 잘 나타나 있다.[199]

> [17d]두려워하지 말라 [17e]나는 처음이요 마지막이요
> [18a]그리고 살아 있는 자다. [18b]내가 죽었었다.

이러한 부활의 능력을 가지신 예수님이 그들을 능히 지켜 주실 뿐 아니라, 설사 죽임을 당할지라도 영원히 멸망하지 않고 영광스런 부활이 그들을 기다리고 있기 때문에, 고난이 필연적으로 엄습하는 환경이라 할지라도 두려워하지 않을 이유가 충분하다.

고난의 구체적 정황(10b절). 10b절은 10a절에서 언급한 "고난"을 좀 더 구체적으로 설명한다. 먼저 이들이 받을 고난에는 "마귀"의 개입이 존재한다. 이 마귀가 서머나 성도들 중 어떤 이들을 감옥에 던져 넣을 것이다.[200] 여기서 우리는 이곳에 나오는 마귀의 활동과 9절에 나오는 "사탄의 회당"의 활동이 서로 연결되는지에 대해 생각해 볼 필요가 있다. 먼저 이 둘 사이의 연결 관계를 긍정하는 입장이 있다.[201] 둘 사이의 관계를 긍정하는 이유는 마귀와 사탄이 같은 의미로 사용된다는 점(12:9에서는 마귀와 사탄이 병치되어 사용된다)과 마귀의 활동과 사탄의 회당의 활동이 성도들을 감옥에 가두는 공통된 목적을 갖는다는 점 때문이다. 즉, 마귀

---

198 Sweet, *Revelation*, 85.
199 Beale, *The Book of Revelation*, 242.
200 여기서 사용된 "던지다"(βάλλω, 발로)라는 동사는 그것의 대상이 되는 존재에게 적대적 감정을 갖게 만든다는 점에서 매우 흥미롭다. 계 12:4는 용이 적대적인 의미로 별들을 "던졌다"(ἔβαλεν, 에발렌〉βάλλω, 발로)고 묘사하는 대목에서 똑같은 동사를 사용한다.
201 이 입장을 취하는 대표적인 학자는 비즐리 머레이다(Beasley-Murra, *The Book of Revelation*, 82).

는 자신의 대행인이라고 할 수 있는 사탄의 회당 곧 스스로 유대인들이라고 말하는 자들을 사용하여 서머나 교회 성도들을 감옥에 던져 넣는다.[202]

　반면 두 활동의 연결 관계에 대해 회의적인 입장도 존재한다.[203] 이러한 입장을 취하는 자들은 9절의 비방과 10절의 투옥 사이에 명백한 연결점이 없다는 점을 근거로 삼는다.[204] 이러한 경우에 감옥에 가두도록 하는 주체는 스스로 유대인이라고 말하는 자들이 아니라 로마 제국의 황제 숭배를 따르도록 관리하는 지역의 관리들이 된다.[205]

　그런데 이 두 경우를 모두 포괄하는 제3의 입장이 있다. 즉, 마귀의 대행인으로 활동하는 주체가 유대인과 로마인들 둘 다라는 입장이다.[206] 여기서는 앞서 언급한 두 입장 중 하나를 선택하기보다는 둘 모두를 포괄해서 고려하는 제3의 입장을 취하는 것이 적절해 보인다. 여기서 중요한 것은 그들의 배후에 마귀사탄이 있다는 사실이다.[207] 이러한 사실을 통찰할 때에야 비로소 서머나 교회의 성도들은 그들이 겪게 될 고난에 정확하고 적절하게 대처할 수 있게 된다. 따라서 예수님은 그들이 이러한 정황의 배후와 본질을 정확하게 인식하고 깨닫게 되기를 요청하고 계신 것이다. 그리고 이러한 사실은 또한 서머나 교회의 성도들이 두려워하지 말아야 할 이유가 되기도 하는데, 그 이유는 그들이 겪을 고난의 배후에 있는 마귀를 예수님이 이미 궤멸시키셨기 때문이다.[208]

고난의 목적(10c절). 10c절은 이러한 고난이 서머나 교회 공동체로 하여금 "시험을 받도록 하기 위해"(ἵνα πειρασθῆτε, 히나 페이라스데테) 주어진 것임을 말하고 있다. 10c절은 목적을 나타내는 '히나'(ἵνα)절로 구성되어 있어 이러한 목적을 더욱 분명하게 드러낸다. 여기서는 "시험을 받다"라는 수동형 동사가 사용되는데, 그렇다면 과연 그들을 시험하는 주체는 누구일까? 그것은 바로 예수님 자신이다. 마귀는 시험을 위해 하나님이 사용하시는 도구일 뿐이다. 이러한 면에서 이 수동형은 "신적 수동태"라고 할 수 있다. 이 문맥에서 시험은 "유혹"(temptation)보다는

---

202 앞의 책.
203 이 입장을 취하는 대표적인 학자는 오우니다(Aune, *Revelation*, 166).
204 앞의 책.
205 앞의 책.
206 Beckwith, *The Apocalypse of John*, 454.
207 Mounce, *The Book of Revelation*, 76.
208 이와 같은 사실은 사탄을 상징하는 용이 하늘 전쟁에서 패해 하늘로부터 쫓겨나는 것을 묘사하는 계 12:7-10에 잘 나타나 있다.

"검증"(test)의 성격이 짙다. 굳이 말한다면 유혹을 통한 검증이란 의미도 가능하다. 에덴에서의 선악과, 아브라함이 이삭을 번제로 바치는 과정, 이스라엘의 광야 40년, 예수님이 40일 동안 금식하신 후 받으셨던 광야 시험은 모두 같은 맥락에서 이해할 수 있다. 이러한 시험들의 목적은 시험을 받는 자가 하나님 앞에서 신실한 믿음(참고, 10e절)을 가지고 있는지를 검증하기 위한 것이다. 마지막 아담이자 둘째 아담으로 오신 예수님은 인간을 대신해서 혹은 대표해서 이러한 시험을 가장 완벽하게 통과하신 분이다.

열흘 동안의 시험(10d절). 하지만 시험의 기간이 영원히 계속되는 것은 아니다. 10d절에서 시험의 기간이 열흘로 한정되는 것은 매우 의미심장하다. 10d절에서 주어지는 "열흘"이란 기간은 다니엘 1장 12-15절을 배경으로 하는데,[209] 거기서 "열흘"이란 기간은 세 번 등장한다.

> [12]청하오니 당신의 종들을 열흘 동안 시험하여 채식을 주어 먹게 하고 물을 주어 마시게 한 후에 [13]당신 앞에서 우리의 얼굴과 왕의 음식을 먹는 소년들의 얼굴을 비교하여 보아서 당신이 보는 대로 종들에게 행하소서 하매 [14]그가 그들의 말을 따라 열흘 동안 시험하더니 [15]열흘 후에 그들의 얼굴이 더욱 아름답고 살이 더욱 윤택하여 왕의 음식을 먹는 모든 다른 소년들보다 더 좋아 보인지라(단 1:12-15)

이 본문에서 다니엘을 비롯한 세 친구는 열흘 동안을 시험 기간으로 삼아 하나님께 대한 전적인 신뢰의 진실성을 증명해 보이고 있다. 다니엘과 세 친구는 이방신의 우상에게 바쳐졌던 제물을 먹을 수 없었으며, 자신을 우상 신과 동일시하는 이방 나라 바벨론의 수장인 느부갓네살의 상에서 내려온 음식을 먹을 수 없었다. 이러한 저항은 단순히 우상 숭배를 거부하는 것 이상의 자세였다. 특별히 다니엘 1장에서 느부갓네살 왕은 포로로 잡혀 온 다니엘을 비롯한 유대 청년들이 모든 면에서 바벨론 제국의 문화에 완전히 젖어들도록 대대적인 인간 개조를 시도한다. 다니엘은 이러한 인간 개조의 시도에 순응하지 않는 자세를 보여줌으로써 하나님의 언약 백성으로서의 순수성을 확고히 하려는 의지를 입증했다. 다니엘은 스스로 이러한 신실함을 검증하고자 열흘 동안의 기간을 설정한다. 요한계시록 2장 10d절에서 언급된 열흘이란 기간은 이러한 다니엘의 저항을 상징적으로 표현해 준다. 예수님은 시험의 기간을 열흘로 설정하셔서 서머나

---

209 Blount, *Revelation*, 55; Beale, *The Book of Revelation*, 242-243.

에 있는 교회 공동체에게 다니엘서의 정황을 적용하신다. 서머나에 있는 교회 공동체 역시 열흘 동안 주어지는 환난을 통해 그들의 신앙의 순수성을 증명해 보이도록 하신 것이다. 특별히 시험의 기간이 열흘로 한정된 것은 시험이 영원하지 않고 끝이 정해져 있으며 짧은 기간이란 점을 암시한다.[210]

죽기까지 신실하라(γίνου πιστὸς ἄχρι θανάτου, 10e절). 10e절의 "너는 죽기까지 신실하라"(γίνου πιστὸς ἄχρι θανάτου, 기누 피스토스 아크리 다나투)는 말씀은 서머나 교회 공동체에게 주어지게 될 감옥에 갇히는 고난이 죽음까지 이르는 치명적인 고난일 수 있음을 암시하며, 그러한 순간일지라도 신실하여 예수님을 부인하지 말 것을 권면한다. '기누 피스토스'(γίνου πιστὸς)는 개역개정처럼 "충성하라"로 번역하기보다는 "신실하라"로 번역해야 그것의 좀 더 온전한 의미를 전달할 수 있다. "충성하라"는 우리에게 "사역"을 연상시키지만, 이 문맥에서 '기누 피스토스'는 어떤 "사역"을 감당하게 하려는 의도보다는 고난 앞에서 어떤 마음 자세를 가져야 하는지를 보여주려는 의도를 갖기 때문이다. 그러므로 이 본문은 누군가에게 교회 사역에 충성하도록 강요하기 위해 사용될 수 없다. 이 표현은 좀 더 본질적인 차원에서 죽음의 위협 앞에서도 하나님을 향한 신실함을 상실하지 말라는 의미다. 앞서 언급한 것처럼 실제로 AD 155년에 있었던 서머나 교회의 감독 폴리캅의 순교는 이런 종류의 환난의 시험을 신실한 자세로 잘 인내하여 승리한 구체적인 실례라고 볼 수 있다.[211]

특별히 "...까지"(ἄχρι, 아크리)라는 단어는 "시간적 의미"와 "정도나 양"의 의미를 모두 포함한다.[212] 그러므로 이 본문에서 시간적 의미가 사용된 것이라면 "죽는 순간까지도"를 의미할 것이고, 정도를 나타내는 의미가 사용된 것이라면 "죽을 정도로"라는 의미를 가질 것이다.[213] 즉, 죽는 순간까지도 신실하고 죽음을 각오하고 신실할 것이 요구된다. 이 두 의미 모두가 적용될 때 10e절의 의미가 더욱 입체적으로 이해될 수 있다. 이러한 자세는 바로 복음서에서 예수님이 가르쳐 주신 십자가 정신으로서 이것이 바로 제자도의 핵심이다(참고, 막 8:34).[214]

---

210 Blount, *Revelation*, 55.
211 Osborne, *Revelation*, 127.
212 앞의 책, 134-135.
213 앞의 책.
214 앞의 책, 135.

신실한 자에게 주시는 약속: 생명의 면류관(τὸν στέφανον τῆς ζωῆς, 10f절). 10f절에서 예수님은 10e절에서 권면하셨던 죽기까지 신실한 자세를 가진 자를 위해 준비하신 약속을 말씀하시는데, 그것은 바로 "생명의 면류관을"(τὸν στέφανον τῆς ζωῆς, 톤 스테파논 테스 조에스) 주시겠다는 것이다. [215] 먼저 "면류관"이 승리를 상징한다는 점은 쉽게 이해할 수 있다. 이 문맥에서 "승리"란 죽음의 자리에서도 죽음을 각오하고 신실함을 잃어버리지 않는 것이다. 이에 대한 모범을 신실한 증인이신 예수님이 이미 보여주신 바 있다. "생명의 면류관"은 문자 그대로의 면류관의 종류를 말하는 것이 아니라 "생명의"(τῆς ζωῆς, 테스 조에스)라는 소유격 단어에 초점이 맞추어져 있다. 즉, "생명의"라는 소유격은 "면류관"과 "동격"이거나 "설명적" 용법이거나[216] "소유의"(possessive)[217]의 용법으로 사용되었다.

첫째, "생명의"가 동격일 경우 번역은 "면류관 곧 생명"이 될 것이다. 둘째, "생명의"가 설명적 용법이라면 번역은 "면류관은 생명과 같은 것이다"가 될 수 있는데, 이것은 다시 "생명과 같은 면류관"으로 이해될 수 있다. 셋째, 만일 "생명의"가 소유의 용법으로 사용되었다면, "영원한 생명에 속한 면류관"을 의미할 것이다. [218] 이 중에서 어느 것이 옳은지를 결정하기는 쉽지 않지만, 세 경우 모두에서의 공통점은 면류관이 상징하는 승리가 생명, 즉 영원한 생명을 가져온다는 것이다. 따라서 영원한 생명이란 관점에서 보면, "생명 나무가 그리스도 안에서 주어지는 불멸의 축복을 상징하는 것처럼, 생명의 면류관은 그것의 완성을 상징한다"고 할 수 있다. [219] 에덴의 생명 나무와 생명의 면류관 사이에 존재하는 이런 관련성은 이 본문에서 에덴적 모티브가 작용하고 있음을 보여준다.

한편, 10e절에서 언급되는 "면류관"(στέφανος, 스테파노스)은 서머나에서도 있었을 운동 경기에서 승리자에게 명예의 상징으로 주어지는 "화관"(wreath)을 가리킨다. [220] 이것은 왕의 통치권을 나타내 주는 "왕관"(διάδημα, 디아데마)과는 구별된

---

215 요한계시록에서 면류관은 이십사 장로(4:4), 황충들(9:7), 인자 같은 이(14:14)와 관련되어 사용된다(앞의 책).

216 Beale, *The Book of Revelation*, 244.

217 이 용어는 헤머가 찰스의 주장을 언급하면서 사용한 것이며(Hemer, *The Letters to the Seven Churches of Asia*, 72), 찰스는 소유의 의미를 적용시켜 "영원한 생명에 속한 면류관"이라고 표현한다(Charles, *A Critical and Exegetical Commentary on the Revelation of St. John*, 1:59).

218 Charles, *A Critical and Exegetical Commentary on the Revelation of St. John*, 1:59.

219 앞의 책.

220 앞의 책, 1:58. 헤머도 이 단어가 "승리, 축제, 영광, 혹은 경배의 화관(garland)"을 의미한다고 이해한다 (Hemer, *The Letters to the Seven Churches of Asia*, 72). 희년서 16:30에 의하면 메시아 시대에 구원을 대망하는 장막절(Tabernacles)에 면류관을 쓰기도 한다(Sweet, *Revelation*, 86). 이러한 개념을 요한계시록 본문에 적용한다면 종말적 승리자에 대한 약속은 메시아 시대의 구원의 완성을 기대하게 한다.

다. 요한계시록에서 '디아데마'는 용의 통치권(12:3), 짐승의 통치권(13:1), 예수 그리스도의 왕권(19:12; 이 경우는 형용사 "많은"[πολλά, 폴라]과 함께 쓰이면서 앞의 두 경우와 구별됨)을 표현하는 데 사용된다.[221] 이곳 10f절에서는 '디아데마'(왕관)가 아닌 '스테파노스'(화관)가 사용되었는데, 이것은 영적 전투에서 승리를 거둔 신실한 자들에게 주어지는 명예를 상징한다. 요한은 이 단어를 사용함으로써 종말적 승리를 얻는 과정을 일종의 운동 경기에 빗대어 표현하면서, 영원한 생명은 면류관을 얻듯이 싸워서 승리로 쟁취해야 할 대상임을 보여준다.[222]

이것을 10e절과 관련시켜 표현하면, 10f절은 "죽기까지 신실한 자"에게 주어지는 면류관으로서의 "생명" 곧 "영원한 생명"을 소개한다고 말할 수 있다. 여기에서 "생명"(ζωή, 조에)은 10e절에 나오는 "죽기까지"(ἄχρι θανάτου, 아크리 다나투)의 "죽음"(θάνατος, 다나토스)과 대조적인 관계를 갖는다. 죽기까지 신실할 때 죽음으로 끝나지 아니하고 그 죽음은 영원한 생명으로 이어진다. 이것은 1장 5c절이 말하는 "죽은 자들의 처음 나신 이"로서 죽음에 대한 통제권을 가지신 예수 그리스도에 의해 보증된다. 즉, 죽음은 필연적으로 생명을 가져온다. 죽음 없이는 생명도 없다. 여기에서 우리는 죽음과 생명의 역설적 관계를 엿볼 수 있다.

이에 대한 좋은 예를 2세기 중반에 서머나 교회의 감독이었던 폴리캅의 죽음에서 볼 수 있다. 그가 로마 총독이 제안했던 것처럼 공개적으로 황제 숭배를 공표했더라면 죽임을 당하지 않았을 것이다. 하지만 그렇게 되었다면 그는 영원한 심판을 받아 영원한 생명을 얻지 못했을 것이다. 폴리캅은 AD 115년에 서머나 교회의 감독이 되었으므로 당연히 이 본문의 내용을 읽었을 것이고, 그 메시지가 그로 하여금 죽음의 공포를 극복할 수 있는 동기와 용기를 주었을 것이라 추정할 수 있다.[223]

[2:11] 성령의 말씀과 종말적 약속

10f절에서 언급되는 생명의 면류관은 죽음의 순간에 주어지는 약속이지만, 동시에 11절에서 이기는 자에게 주어지는 종말적 약속과도 밀접하게 관련된다.

---

221 Hemer, *The Letters to the Seven Churches of Asia*, 72. 계 6:2에서 사용되는 '스테파노스'(στέφανος)는 둘 중 어느 것에 해당되는지 정하기가 쉽지 않다.

222 고전 9:25; 딤후 4:8; 약 1:12; 벧전 5:4 등의 다른 신약 성경에서도 '스테파노스'가 동일한 의미로 사용된다(Hemer, *The Letters to the Seven Churches of Asia*, 72).

223 Beale, *The Book of Revelation*, 243.

들음의 공식(11a절). 11a절 말씀에 대한 구체적인 설명은 7a절에서 다뤄진 "들음의 공식"에 대한 논의를 참고하라.

이기는 자: 둘째 사망으로부터 결코 해롭게 되지 않음(11b절). 이기는 자에게 주어지는 종말적 약속은 둘째 사망으로부터 결코 해롭게 되지 않는다는 것이다. 요한계시록에서 총 4회(2:11; 20:6, 14; 21:8) 등장하는 "둘째 사망"(ὁ θάνατος ὁ δεύτερος, 호 다나토스 호 듀테로스)이란 문구는 본래 "내세에 있을 악인들의 죽음에 대한 랍비 용어"다. [224] 아람어 번역본인 탈굼의 예레미야 51장 39절과 57절은 바벨론에 대한 심판을 선포하면서 "그들이 둘째 죽음을 죽게 되어 오는 세상에서 살 수 없게 될 것"이라 한다. [225] 요한계시록 20장 14절에 의하면, 둘째 사망은 영원한 형벌에 처해지는 것이다. 이곳 11b절의 "이기는 자는 둘째 사망으로부터 해롭게 되지 않는다"는 표현은 20장 6절에서 첫째 부활에 참예한 자들에게 "둘째 사망이 이들에 대한 권세가 없다"고 한 것과 비교할 만하다. 전자는 경기의 과정이 설정되어 있으나 그 결과는 결정되어 있지 않은 것으로 표현되고 있는 반면, 후자는 첫째 부활이라는 사건이 결정되어 둘째 사망으로부터 해롭게 되지 않을 것임을 확정적으로 말하고 있다. 교회 공동체의 현실 속에서는 두 정황이 모두 가능하다.

둘째 사망으로부터 해롭게 되지 않는다는 것은 생명을 얻는다는 점에 있어서 10f절의 "생명의 면류관"을 주겠다는 말씀과 동일한 의미를 갖는다. 그러면 11b절의 "이김"은 10e절의 "죽기까지 신실함"과 평행 관계에 놓인다. [226] 즉, A(죽기까지 신실함; 10e절) – B(생명의 면류관; 10f절) – A′(이기는 자; 11b절) – B′(둘째 사망의 해가 없다; 11b절)의 구조를 구성한다. 이것은 죽음을 통해 부활의 영광스런 승리를 이루신 예수님의 역설적인 승리 패턴을 따른다(참고, 5:5-6). 또한 10e절의 "죽기까지"(ἄχρι θανάτου, 아크리 다나투)의 "죽음"(θάνατος, 다나토스)과 11b절의 "둘째 사망"(τοῦ θανάτου τοῦ δευτέρου, 투 다나투 투 듀테루)의 "사망"(θάνατος, 다나토스)은 동일한 단어다. 이렇게 동일 단어를 사용하는 것은, 신실한 자는 둘째 죽음인 영원한 심판을 당하지 않고 한 번만 죽어 영원한 생명을 갖게 된다는 것을 강조하려는 목적을 갖는다.

---

224 Mounce, *The Book of Revelation*, 77n22.

225 Ford, *Revelation*, 393. 포드는 이 외에도 탈굼 신 33:6; 탈굼 사 22:14 등을 "둘째 사망" 언급에 대한 근거 구절로 제시한다(앞의 책).

226 롤로프도 이러한 관계를 근거로 11b절이 10e절의 긍정적인 대상(생명의 면류관)에 대한 부정적인 대응체(둘째 죽음)를 제시함으로써 죽음-생명의 주제를 이어간다고 하면서 그 관계를 다음과 같이 표현한다: "누구든지 생명의 면류관을 받은 자들은 더 이상 둘째 죽음이 그 생명을 요구할(claimed) 수 없다"(Roloff, *The Revelation of John*, 49).

3. 버가모 교회에게 보내는 메시지(2:12-17)

구문 분석 및 번역

12절 a Καὶ τῷ ἀγγέλῳ τῆς ἐν Περγάμῳ ἐκκλησίας γράψον·
버가모에 있는 교회의 천사에게 쓰라

b Τάδε λέγει ὁ ἔχων τὴν ῥομφαίαν τὴν δίστομον τὴν ὀξεῖαν·
양쪽이 날카로운 검을 가지신 이가 이같이 말씀하신다

13절 a Οἶδα
내가 알고 있다

b ποῦ κατοικεῖς,
네가 사는 곳을

c ὅπου ὁ θρόνος τοῦ Σατανᾶ,
그곳에 사탄의 보좌가 있는

d καὶ κρατεῖς τὸ ὄνομά μου
그리고 네가 나의 이름을 굳게 잡고 있다

e καὶ οὐκ ἠρνήσω τὴν πίστιν μου
그리고 나의 신실함을 부정하지 않았다

f καὶ ἐν ταῖς ἡμέραις Ἀντιπᾶς ὁ μάρτυς μου ὁ πιστός μου,
그리고 그 날들에 안디바는 나의 신실한 나의 증인이다

g ὃς ἀπεκτάνθη παρ᾽ ὑμῖν,
너희 중에 죽임을 당한

h ὅπου ὁ Σατανᾶς κατοικεῖ.
사탄이 사는 곳에서

14절 a ἀλλ᾽ ἔχω κατὰ σοῦ ὀλίγα
그러나 나는 네게 반대할 몇 가지를 가지고 있다

b ὅτι ἔχεις ἐκεῖ κρατοῦντας τὴν διδαχὴν Βαλαάμ,
곧 네가 거기에 발람의 교훈을 지키는 자들을 가지고 있다는 것이다

c ὃς ἐδίδασκεν τῷ Βαλὰκ βαλεῖν σκάνδαλον ἐνώπιον τῶν υἱῶν
Ἰσραὴλ
이스라엘의 아들들 앞에 올무를 놓는 것을 발락에게 가르쳤던

d φαγεῖν εἰδωλόθυτα καὶ πορνεῦσαι.
우상의 제물을 먹도록 그리고 행음하도록

15절 οὕτως ἔχεις καὶ σὺ κρατοῦντας τὴν διδαχὴν τῶν Νικολαϊτῶν ὁμοίως.
이와 같이 너도 역시 니골라 당의 교훈을 지키는 자들을 마찬가지로 가지고
있도다

16절 a μετανόησον οὖν
그러므로 회개하라

b εἰ δὲ μή,
그리하지 아니하면

c　　　　ἔρχομαί σοι ταχὺ
　　　　　내가 네게 신속하게 올 것이다

d　　　　καὶ πολεμήσω μετ' αὐτῶν ἐν τῇ ῥομφαίᾳ τοῦ στόματός μου.
　　　　　그리고 내 입의 검으로 그들과 싸울 것이다

17절 a　ὁ ἔχων οὖς ἀκουσάτω τί τὸ πνεῦμα λέγει ταῖς ἐκκλησίαις.
　　　　　귀를 가진 자로 성령이 교회들에게 말씀하시는 것을 듣게 하라

b　　　　τῷ νικῶντι δώσω αὐτῷ
　　　　　나는 이기는 자 바로 그에게 줄 것이다

c　　　　τοῦ μάννα τοῦ κεκρυμμένου
　　　　　감추어 있던 만나를

d　　　　καὶ δώσω αὐτῷ
　　　　　그리고 나는 그에게 줄 것이다

e　　　　ψῆφον λευκήν,
　　　　　흰 돌을

f　　　　καὶ ἐπὶ τὴν ψῆφον ὄνομα καινὸν γεγραμμένον
　　　　　그리고 그 돌 위에 기록된 새 이름을

g　　　　ὃ οὐδεὶς οἶδεν εἰ μὴ ὁ λαμβάνων.
　　　　　받는 자 외에는 아무도 알 수 없는

이 본문에서 주목해야 할 구문은 13b절의 "네가 사는 곳"과 13c절의 "사탄의 보좌가 있는 곳"과 13h절의 "사탄이 사는 곳"이다. 이 세 구문의 공통점은 장소를 나타내는 관계 부사로서 '푸'(ποῦ, 13b절) 또는 '호푸'(ὅπου, 13c, h절)가 사용된다는 점이다. 이 세 문장은 내용과 형식의 유사성에 의해 서로 평행 관계를 가지며 일종의 압운(rhyme)을 형성하고 있다. 그러므로 아래의 우리말 번역에서도 이러한 압운을 반영하기 위해 "…곳"이란 각운을 사용했다.

14절에서는 번역과 관련하여 두 가지 쟁점이 발생한다. 첫 번째 쟁점은 14a절과 14b절 사이의 관계와 관련된다. 이 구문은 4ab절에서 충분히 설명한 바 있다. 다만 차이점이 있다면, "가지다"의 목적어가 생략되어 있어 "어떤 것"이란 임의의 목적어를 설정했던 4a절과는 달리 14a절은 "가지다"의 목적어로 "몇 가지"(ὀλίγα, 올리가)라는 단어를 가지고 있다는 점이다. 이 차이점 외에는 4절과 14절의 구문이 동일한 패턴을 갖기 때문에 4절에서 "어떤 것"과 '호티'(ὅτι)절을 동격으로 번역했듯이 14절 본문도 14a절의 "몇 가지"와 14b절의 '호티'절을 동격으로 번역할 수 있다.

두 번째 쟁점은 14c절에서 동사 "가르쳤다"(ἐδίδασκεν, 에디다스켄)가 "발락"의 여격인 '토 발라크'(τῷ Βαλὰκ)와 함께 사용되는 것과 관련된다. 이곳에 사용된 여

격의 해석과 관련해서는 그것을 단순히 여격으로 간주해야 한다는 입장과 "혜택의 여격"(dative of advantage)으로 해석해야 한다는 입장이 있다.[227] 단순히 여격으로 간주해야 한다는 경우는 BDAG의 사전적 의미에서 그 정당성을 갖는다. BDAG에 따르면 이 동사는 인격을 가진 여격을 갖게 될 경우 부정사와 함께 사용되어 여격의 의미를 살리게 된다.[228] 한편, 알포드(Alford)는 혜택의 여격을 부정하면서 히브리적 배경을 제안한다. 그는 욥기 21장 22절의 '할엘 옐라메드-다아트'(הַלְאֵל יְלַמֶּד־דָּעַת, "누가 하나님께 지식을 가르치겠느냐")라는 문구에서 동사 '라마드'(לָמַד, 가르치다)와 함께 사용된 전치사 '레'(לְ, …에게)가 여격을 나타내는 기능을 한다는 것을 근거로 요한계시록의 '토 발라크'(τῷ Βαλάκ)가 여격으로 간주될 가능성이 있다고 제안한다.[229] 이러한 경우 여격으로 사용된 발락은 가르침의 대상으로 간주되어 발람이 발락에게 올무를 놓는 것을 가르친 것으로 번역하게 된다.

"혜택의 여격"으로 해석해야 한다는 후자의 경우는, "발람의 교훈"이란 표현에서 볼 수 있듯이 14절의 문맥이 발람이 이스라엘을 가르쳤다는 것을 말하므로, 발람이 발락에게 직접 가르친다는 것이 어색하다고 여겨 이것을 단순히 여격으로 보기보다는 "혜택의 여격"(Dativus commodi)으로서 "발락을 위하여"라고 번역하자는 입장이다.[230] 이 입장에서는 70인역 민수기 22장 6절의 "나를 위하여 이 백성을 저주하라"(ἄρασαί μοι τὸν λαὸν τοῦτον, 아라사이 모이 톤 라온 투톤)에서 여격이 "위하여"라는 의미로 사용된 것을 근거로 요한계시록 2장 14절의 여격이 "혜택의 여격"이라고 주장한다.[231] 이 경우에는 가르침의 대상이 발락이 아니라 이스라엘이 되고, 발락은 그 혜택을 보게 되는 것이다. 그러므로 "발람이 발락을 위하여 … 가르쳤다"로 번역할 수 있다. 이 두 번역의 차이점은 발람이 "발락에게" 이스라엘을 넘어뜨릴 수 있는 방법(우상 숭배와 행음)을 가르쳐 발락으로 하여금 이스라엘에게 우상 숭배와 행음의 죄악을 범하게 했는지(전자의 경우), 아니면 발람 자신이 "발락을 위하여" 직접 이스라엘에게 우상 숭배와 행음의 죄악을 범하게 했는지(후자의 경우)에 달려 있다. 이 두 해석 중 어느 것이 옳은지를 결정하기는 쉽지 않다.

227 Thomas, *Revelation 1-7*, 203.
228 BDAG, 241. 이 경우에 예문을 계 2:14c를 사용하고 있다.
229 Alford, *Alford's Greek Testament: An Exegetical and Critical Commentary* (Grand Rapids, MI, 1976), 4:570.
230 Moses Stuart, *A Commentary on the Apocalypse* (Andover, MA: Allen, Morrill, and Wardwell, 1845), 2:74.
231 앞의 책.

이것을 결정하기 위해서는 먼저 민수기 22-25장의 상황을 재구성해 볼 필요가 있다. 민수기 22-24장에 의하면 발락이 네 번에 걸쳐서 발람에게 이스라엘을 저주해 줄 것을 요청한다. 그러나 그때마다 발람은 이스라엘을 저주하는 것이 아니라 이스라엘을 축복한다. 그렇게 이야기는 발락의 실패로 끝나는 것처럼 보였다. 그런데 이어지는 25장에서 갑자기 이스라엘이 우상 숭배와 행음의 죄악에 빠지는 이야기가 펼쳐진다.

> ¹이스라엘이 싯딤에 머물러 있더니 그 백성이 모압 여자들과 음행하기를 시작하니라 ²그 여자들이 자기 신들에게 제사할 때에 이스라엘 백성을 청하매 백성이 먹고 그들의 신들에게 절하므로 ³이스라엘이 바알브올에게 가담한지라 여호와께서 이스라엘에게 진노하시니라(민 25:1-3)

도대체 24장과 25장 사이에 무슨 일이 일어났던 것일까? 이에 대한 상황의 재구성을 돕는 본문이 바로 민수기 31장 16절이다.[232]

> 보라 이들이 발람의 꾀를 따라 이스라엘 자손을 브올의 사건에서 여호와 앞에 범죄하게 하여 여호와의 회중 가운데에 염병이 일어나게 하였느니라(민 31:16)

이 본문은 이스라엘이 미디안의 여자들을 살려 둔 것에 대한 책망의 과정에서 나온 모세의 발언 중 일부다. 민수기 25장에 의하면 이스라엘의 음행은 모압 및 미디안의 여인들과 관련된다. 따라서 위 본문의 "이들"은 모압 족속과 미디안 족속 모두를 가리킨다. 그들이 발람의 꾀로 이스라엘 자손을 범죄하게 했다는 것이다. 여기에서 "꾀"로 번역된 히브리어 '다바르'(רבָדָּ)는 보통 "말씀"을 의미하지만, "조언"(advice)이란 의미도 갖는다.[233] 여기에서 모압과 미디안의 여인들이 발람의 조언을 따라 이스라엘로 하여금 범죄하게 했다는 것은 곧 발람이 발락에게 이러한 조언을 함으로써 모압뿐 아니라 미디안의 여인들까지 동원해서 이스라엘로 하여금 음행과 우상 숭배의 죄를 범하도록 올무를 놓았다는 것을 의미한다.[234]

한편, 요한계시록의 저자가 발람을 사용함으로써 민수기와 요한계시록 사이에 평행하는 패턴을 제시하는 것이라면, 14절은 버가모 교회 안에 발람의 교훈

---

232 Charles, *A Critical and Exegetical Commentary on the Revelation of St. John*, 1:63.
233 *HALOT*, 211. NRSV와 ESV가 이 번역을 따르고, NKJV는 이 단어를 "충고"(counsel)로 번역한다.
234 비즐리 머레이도 이 견해에 동의하고 지지한다(Beasley-Murray, *The Book of Revelation*, 85). 또한 발람이 발락에게 모압의 창기들을 동원하여 이스라엘의 남자들이 음행을 저지르게 하라고 조언했다는 유대 전승의 해석도 이 입장을 뒷받침한다(앞의 책).

을 지키는 자들이 있었고(14b절) 그러한 자들에게 발람의 역할을 하면서(14c절) 우상의 제물을 먹게 하고 행음의 죄를 범하도록(14d절) 가르치는 악행을 일삼는 자(들)가 있었음을 지적하고 있는 것일 수 있다. 이러한 가능성이 성립된다면, 그것이 모체로 삼고 있는 발람의 시대에 발람으로부터 교훈을 받은 대상은 발락이 아니라 이스라엘 백성이라고 할 수 있다. 이것은 발람이 발락의 꾀임에 빠져 발락을 위해 시행한 행위라고 할 수 있다. 이 경우에는 "발람-이스라엘"의 관계와 "발람의 교훈-버가모 교회"의 관계 사이에 동일한 패턴과 평행 관계가 형성된다. 그러므로 발람의 교훈은 직접적으로 이스라엘에게와 일부 버가모 성도들에게 영향을 미치게 된다. 이러한 점을 고려하면 "발락을 위하여"라고 번역하는 것도 가능하다. 하지만 여기서는 의미적인 측면에 있어서는 이 두 가지 가능성을 모두 고려하되, 번역에 있어서는 전자의 경우처럼 민수기 문맥을 감안하여 "발락에게"를 사용하도록 하겠다.

이상의 내용을 정리해서 우리말 어순에 맞추어 번역하면 다음과 같다.

12a	버가모에 있는 교회의 천사에게 쓰라.
12b	양쪽이 날카로운 검을 가지신 이가 이같이 말씀하신다.
13b	"네가 사는 곳을
13a	내가 알고 있다.
13c	그곳은 사탄의 보좌가 있는 곳이다.
13d	그리고 네가 나의 이름을 굳게 잡고 있다.
13e	그리고 나의 신실함을 부정하지 않았다.
13f	그리고 그 날들에
13h	사탄이 사는 곳에서
13g	너희 중에 죽임을 당한
13f	안디바는 나의 신실한 나의 증인이다.
14a	그러나 나는 네게 반대할 몇 가지를 가지고 있다.
14b	곧 네가 거기에 발람의 교훈을 지키는 자들을 가지고 있다는 것이다.
14c	그는 이스라엘의 아들들 앞에
14d	우상의 제물을 먹도록 그리고 행음하도록
14c	올무를 놓는 것을 발락에게 가르쳤다.
15	이와 같이 너도 역시 니골라 당의 교훈을 지키는 자들을 마찬가지로 가지고 있도다.
16a	그러므로 회개하라
16b	그리하지 아니하면
16c	내가 네게 신속하게 올 것이다.

16d	그리고 내 입의 검으로 그들과 싸울 것이다.
17a	귀를 가진 자로 성령이 교회들에게 말씀하시는 것을 듣게 하라.
17b	나는 이기는 자 바로 그에게
17c	감추어 있던 만나를
17b	줄 것이다.
17d	그리고 나는 그에게
17e	흰 돌을
17d	줄 것이다.
17f	그리고
17g	받는 자 외에는 아무도 알 수 없는
17f	그 돌 위에 기록된 새 이름을
17d	줄 것이다."

배경 연구: 버가모는 어떤 도시인가?

버가모는 역사가인 크세노폰(Xenophon)과 파우사니아스(Pausanias)의 저술들에서 '페르가모스'(Πέργαμος)라는 용어로 언급된 바 있다.[235] 이 도시는 정치 중심지였던 동시에 종교 중심지이기도 했는데, 이는 종교와 정치가 일치했던 고대 사회에서는 정책을 수립하고 추진할 때 종교가 "중요한 도구"로 사용되었기 때문이다.[236] 버가모는 시민들의 안전을 담보해 주는 것으로 여겨졌던 수호신 넷을 숭배하고 있었는데, 그것은 바로 제우스, 전쟁의 여신 혹은 지혜의 여신 아테나, 술의 신 디오니소스, 의술의 신 아스클레피오스였다.[237] 따라서 버가모에는 높은 지대에 제우스를 위한 제단과 아테나 신전과 아스클레피오스를 위한 거대한 구역들이 자리 잡고 있게 되었다.[238]

이처럼 다양한 신들을 섬기는 다신론적 제의들이 성행했지만 요한계시록 저자의 관심은 무엇보다도 하나님에 대한 예배와 대립적 구도를 형성하고 있던 로마 제국의 황제 숭배에 있었다.[239] 버가모 도시는 로마 제국이 소아시아를 효과적으로 통치하기 위한 중심적인 교두보이며 서머나처럼 황제 숭배의 중심지로

---

235 Charles, *A Critical and Exegetical Commentary on the Revelation of St. John*, 1:60. 한편, 스트라보(Strabo), 폴리비우스(Polybius), 아피안(Appian)을 비롯한 대부분의 저술가들은 이 도시를 '페르가몬'(Πέργαμον)이라 칭한다(앞의 책).

236 Hemer, *The Letters to the Seven Churches of Asia*, 81.

237 Ramsay, *The Letters to the Seven Churches of Asia*, 284. "구원자" 제우스와 "승리의 견인자" 아테나는 로마가 외국 대적들에게 승리를 거둘 수 있게 해 주었던 신으로 여겨지면서 그리스 신들의 대표로 숭배되었던 반면, 디오니소스와 아스클레피오스는 좀 더 소아시아적인 신들로 여겨지면서 버가모 지역에서 제우스나 아테나보다 더 많은 숭배를 받았다(앞의 책).

238 Hemer, *The Letters to the Seven Churches of Asia*, 82.

239 Charles, *A Critical and Exegetical Commentary on the Revelation of St. John*, 1:60.

잘 알려져 있다. 특별히 버가모는 BC 29년에 로마 황제 아우구스투스를 위하여 신전을 지은 도시로도 유명하다.[240] 이 신전이 황제 숭배를 위한 것이라는 사실은 비문에 새겨진 문구를 통해 증명된다.[241] 버가모 시민들은 서머나의 경우처럼 황제 숭배에 대한 총감독으로서의 버가모를 자랑스럽게 생각하고 있었다. 그러므로 버가모 교회 성도들이 핍박을 받은 것은 다신론적 정황보다는 황제 숭배의 정황이 좀 더 강하게 작용했다고 볼 수 있다.[242]

황제 숭배 의식에 참여하는 것은 제국에 대한 충성심을 보여주는 것인 반면, 그것을 거부하는 것은 불경건한 것이자 국가에 대한 배신 행위로 간주되었다.[243] 좀 더 구체적인 언급들에 따르면, 도미티아누스 시대의 그리스도인들은 "인간에 반하는 증오심"을 가진 자들이었으며, "무신론자"였고, 사회적으로 "유해한 미신"을 옹호한다고 비난을 받았다(참고, Dio, *Hist.* 67.14; Tacitus, *Annals* 15.44; Suetonius, *Nero* 16; Pliny, *Epistles* 10.96).[244] 이렇듯 황제 숭배를 중심으로 하는 정치적 종교적 정황은 교회 공동체에게 황제 숭배에 대한 큰 압박을 가했을 것이며, 그로 인해 그리스도인들은 큰 고통을 겪었을 것이 틀림없다.

본문 주해

[2:12] 버가모 교회의 천사에게 쓰라

12a절의 "교회의 천사"와 "쓰라"라는 표현도 선지적 메시지 형식을 따른다. 12b절의 "양쪽이 날카로운 검을 가지신 이"는 예수님에 대한 설명으로서, 1장 16b절의 "그의 입으로부터 양쪽이 날카로운 칼이 나오고"라는 말씀을 약간 변형하여 사용한 것이다. 여기에서 그리스도를 "양쪽이 날카로운 검을 가지신 분"으로 소개하는 것은 그리스도를 우주적 심판주로 묘사하기 위함이다(1:16b에 대한 본문 주해 참고). 요한계시록 1장 16b절과 히브리서 4장 12절을 관련시켜 해석하면, "검"은 "감추어진 악을 드러내는 하나님의 말씀 혹은 하나님의 영"을 의미할 수 있

---

240 앞의 책. 타키투스의 『연대기』 4:37에서 티베리우스는 버가모가 아우구스투스와 로마 제국을 위해 신전을 봉헌한 것에 대해 언급한다(앞의 책, 61).

241 앞의 책, 61n1. 이 비문에는 다음과 같은 문구가 새겨져 있다: "ἐν [τῷ ναῷ τῷ κατα] σκευαζομένῳ αὐτῷ ὑπὸ τῆς Ἀσίας ἐν Περγάμῳ"(Wilhelm Bousset, *Die Offenbarung Johannis* [Göttingen: Vandenhoeck und Ruprecht, 1906], 210).

242 Krodel, *Revelation*, 114.

243 앞의 책.

244 앞의 책; Beale, *The Book of Revelation*, 246.

다.[245] 이렇게 버가모에 보내는 메시지가 예수님을 우주적 심판주로 소개하면서 시작하는 것은 황제 숭배와 관련해서 버가모 교회가 처해 있는 영적 전쟁의 심각성 때문이다. 우주적 심판주로서의 예수님 묘사는 버가모 교회에 주어진 메시지에서 중추적인 역할을 한다.

[2:13] 칭찬

일곱 메시지의 공통된 형식을 따라 예수님은 먼저 버가모 교회 공동체의 칭찬받을 만한 측면을 말씀하신다.

예수님은 무엇을 알고 계신가?(13abc절). 먼저 칭찬의 말씀에 해당하는 13절이 "내가 알고 있다"(οἶδα, 오이다)라는 표현으로 시작한다는 점을 주목할 필요가 있다(13a절). 과연 예수님은 무엇을 알고 계신가? 무엇보다 예수님은 버가모 교회 공동체가 살고 있는 곳이 어떤 곳인지에 대해 정확하게 알고 계신다(13b절). 그곳은 바로 "사탄의 보좌"(ὁ θρόνος τοῦ Σατανᾶ, 호 드로노스 투 사타나)가 있는 곳이다(13c절). 여기서 13b절의 "네가 사는 곳"(ποῦ κατοικεῖς, 푸 카토이케이스)은 13c절의 "사탄의 보좌가 있는 곳"(ὅπου ὁ θρόνος τοῦ Σατανᾶ, 호푸 호 드로노스 투 사타나)과 동격 관계에 있다고 볼 수 있고, 이러한 동격 관계는 강조의 목적을 갖는다.[246] 이러한 동격 관계 외에도 13c절이 13b절에 대한 "부가적 묘사"의 기능을 갖는 것으로 볼 수도 있다.[247]

사탄의 보좌(ὁ θρόνος τοῦ Σατανᾶ, 13c절). 13c절의 "사탄의 보좌"(ὁ θρόνος τοῦ Σατανᾶ, 호 드로노스 투 사타나)라는 표현에 포함되어 있는 "사탄의"(τοῦ Σατανᾶ, 투 사타나)라는 단어는 소유의 의미보다는 주격적 소유격으로 볼 수 있고,[248] 그렇게 보면 "사탄의 보좌"는 "사탄이 왕으로 군림하는 곳"이라고 풀어 말할 수 있다. 그러므로 13b절과 13c절을 연결해서 말하면 "네가 사는 곳, 즉 사탄이 왕으로 군림하는 곳"이라고 할 수 있다. 이러한 묘사는 황제 숭배의 중심지인 버가모 도시의 특성을 잘 나타낸다.[249] 곧 황제 숭배가 횡행하는 곳을 사탄의 통치가 강력하게 시행되는

---

245 Sweet, *Revelation*, 88.
246 Osborne, *Revelation*, 141. 이 두 표현은 13h절의 "사탄이 사는 곳"(ὅπου ὁ Σατανᾶς κατοικεῖ, 호푸 호 사타나스 카토이케이)과 평행 관계를 갖는다.
247 Thomas, *Revelation 1-7*, 181.
248 앞의 책, 182.
249 Harrington, *Revelation*, 61.

곳으로 이해하고 있는 것이다.[250] 이것을 다른 각도에서 표현하면, 사탄의 주도 아래 버가모에서 발생한 황제 숭배가 그곳의 교회를 심각하게 핍박하고 있다고 말할 수 있다.[251] 사탄과 황제 숭배의 관계는 13장 4절에서 "용"(사탄)이 "짐승"(황제)에게 권세를 주는 관계와 같은 맥락으로 이해될 수 있다.

반면에 이 사탄의 보좌를 물리적으로 이해하면, 갈라타이(Galatai)에 대한 아탈루스(Attalus)의 승리를 기념하여 버가모 도시 위에 세워졌던 제우스를 위한 "거대한 제단"을 묘사한 것으로 볼 수도 있다.[252] 또한 실제로 아크로폴리스(acropolis)가 도시의 고원 지대에 세워져 있어서 멀리서 보면 마치 보좌처럼 보이기도 했다.[253] 이러한 정황들에 의해 버가모를 사탄의 보좌가 있는 곳으로 간주했을 가능성이 있다.

칭찬(13de절). 예수님은 지금까지 살펴본 버가모 교회의 열악한 환경을 잘 알고 계신다. 그러나 예수님은 그들이 그러한 환경을 피할 수 있게 해 주겠다고 말씀하시지 않는다. 오히려 그들이 그러한 환경 속에서도 예수님의 이름을 굳게 잡은 것과(13d절) 예수님의 신실하심을 부정하지 않은 것을(13e절) 칭찬하신다. 이 두 문구는 긍정문(13d절)이 부정문(13e절)에 의해 "반복되고 강화되는" 관계를 특징으로 하고, 따라서 예수님의 이름을 굳게 잡은 행위(13d절)가 예수님의 신실하심을 부정하지 않은 행위(13e절)에 의해 구체적으로 설명되고 강조된다.[254]

(1) 예수님의 이름을 굳게 잡다(13d절)

예수님의 이름을 굳게 잡았다는 것은 버가모 교회 공동체가 예수님의 이름에 합당하게 살았다는 것을 의미한다. 고대 세계와 히브리적 사고에서 "이름"은 단순한 "칭호"(label) 정도가 아니라 한 사람의 "인격이나 본질의 핵심적인 부분"을 가리켰다.[255] 그러므로 예수님의 이름을 굳게 잡았다는 것은 예수님의 인격과 사

---

250 피오렌자는 이러한 정황을 "우상의 배후에 사탄의 마귀적 능력이 있다"라는 말로 표현한다(Fiorenza, *Revelation*, 57).

251 Thomas, *Revelation 1-7*, 183.

252 Charles, *A Critical and Exegetical Commentary on the Revelation of St. John*, 1:60n1.

253 Osborne, *Revelation*, 141. 앞서 언급했듯이 버가모는 아스클레피오스 제의의 중심이었는데, 이 아스클레피오스를 상징하는 것이 "뱀"이고, 계 12:9와 20:2에서는 "뱀"이 사탄을 상징하는 데 사용되기도 한다 (앞의 책).

254 Aune, *Revelation 1-5*, 184.

255 Ford, *Revelation*, 398.

역의 본질에 합당한 삶을 살았다는 것을 의미한다. 곧 그리스도인들은 예수님을 믿을 때 예수님의 이름을 받고 그리스도께 속한 자가 됨으로써, 그리스도와 반대되는 세상의 요구대로 사는 것이 아니라 예수님의 이름에 합당하게 살게 되는 "새로운 정체성"을 획득한다.[256] 버가모 교회가 처한 환경의 맥락에서 말하면, 예수님의 이름을 굳게 잡는 것은 버가모의 성도들이 황제 숭배 앞에 굴복하지 않는 자세를 견지하는 것을 말한다. 앞서 언급했듯이 이 내용은 이어지는 13e절에 의해 설명되고 강조된다.

(2) 나의 신실함을 부정하지 않았다(13e절)

13e절의 '텐 피스틴 무'(τὴν πίστιν μου)는 통상적으로 "나의 믿음"(ὁ πίστις μοῦ, 호 피스티스 무)으로 번역되어 왔는데, 이 문구를 풀어 설명하면 "나에 대한 믿음" 혹은 "나를 믿는 믿음"을 의미할 수 있다.[257] 이 경우에는 "나의"라는 소유격이 목적격으로 간주된다. 그러나 이 문구를 "나의 신실함"으로 해석하는 것이 더 적절할 수 있는데, 이 경우에는 "나의"가 주격적 소유격으로 간주된다.[258] 이렇게 '텐 피스틴 무'를 주격적 소유격으로 해석할 수 있는 데는 세 가지 이유가 있다. 첫째, '피스티스'(πίστις)라는 단어는 사전적으로 "신실함"(faithfulness, reliability, fidelity, commitment)을 가장 우선적인 의미로 갖는다.[259] 그러므로 '피스티스'를 사전적인 의미의 "신실함"으로 해석하는 것이 충분히 가능하다. 둘째, 문맥적인 측면에서도 이 해석의 타당성을 발견할 수 있다. 문맥적으로는 두 본문이 관련될 수 있는데, 하나는 1장 5절에서 예수님을 "신실한 증인"으로 소개하면서 예수님의 신실하심을 표현하는 것이고, 다른 하나는 2장 13절 후반부에 안디바를 일컬어 "나의 신실한 증인"이라고 묘사하는 것이다. 곧 예수님의 신실하심을 부정하지 않은 안디바는 신실한 증인인 것이다. 이 두 본문에 비추어 보았을 때, 이 문구를 "나의 신실함"으로 해석하는 것이 자연스럽다고 할 수 있다. 셋째, '텐 피스틴 무'(τὴν πίστιν μου)는 13d절의 "나의 이름"(τὸ ὄνομά μου, 토 오노마 무)과의 평행 관계를 근거로 "나의 신실함"으로 해석될 수 있다. 앞서 우리는 "나의 이름을 굳게 잡았던 것"이 "나의 신실함을 부정하지 않았던 것"에 의해 설명되고 강조된다는 점

---

256 Osborne, *Revelation*, 142.
257 Beasley-Murray, *The Book of Revelation*, 84. 적지 않은 주석들이 이러한 번역을 지지한다.
258 Friedrich Düsterdieck, *Critical and Exegetical Handbook to the Revelation of John*, trans. Henry E. Jacobs (New York, NY: Funk & Wagnalls, 1887), 142.
259 BDAG, 818.

을 살펴본 바 있다. 즉, 두 행위는 서로 평행 관계로서 동일한 행위에 대한 두 가지 다른 표현으로 볼 수 있다. 그렇다면 "나의 이름"과 '텐 피스틴 무'가 같은 의미를 갖게 되면서 "나의 이름"이 갖는 의미를 '텐 피스틴 무'의 의미에 적용할 수 있게 된다. 앞서 살펴본 바와 같이 예수님의 "이름"은 "예수님의 인격과 사역의 본질"을 의미하고, 예수님의 인격과 사역은 예수님의 신실하심을 본질적 내용으로 한다. 따라서 여기서 '텐 피스틴 무'는 "나의 믿음"이나 "나를 믿는 믿음"이 아닌 "나의 신실함"으로 해석될 수 있다.

이러한 근거들이 타당하다면 버가모 교회 성도들은 열악한 환경 가운데 있었음에도 불구하고 그들을 지켜 주실 그리스도의 신실하심을 부정하지 않았던 것이 된다. 13d절의 "나의 이름을 굳게 잡는 것"과 13e절의 "나의 신실함을 부정하지 않는 것"은 밀접한 상관 관계를 갖는다. 그들은 예수님의 이름을 굳게 잡음으로써 예수님의 신실함을 부정하지 않을 수 있었다. 버가모 교회가 처한 삶의 정황은 예수님의 신실하심을 부정하기 쉬운 정황임에 틀림없다. 여기에서 예수님의 신실하심은 창조와 구속 역사를 통해 나타난 언약에 대한 하나님의 신실하심을 배경으로 한다.

신실한 증인 안디바(13fgh절). 13fgh절은 앞의 13de절에 대한 구체적인 예증을 제시하는데, 그 주인공은 바로 "안디바"다. 13f절의 "그 날들에"(ἐν ταῖς ἡμέραις, 엔 타이스 헤메라이스)는 앞서 언급된 13de절의 내용들이 발생한 시점을 말해 준다. 여기서 "날들"이란 복수형이 사용된 것은 앞서 언급된 상황이 일정 기간동안 지속되었음을 보여준다. 13f절에서 안디바는 "나의 신실한 나의 증인"(ὁ μάρτυς μου ὁ πιστός μου, 호 마르튀스 무 호 피스토스 무)으로 소개된다. 여기에서 흥미로운 것은 "나의"(μου, 무)라는 소유격이 이례적으로 두 번 반복해서 사용된다는 점이다. 이것은 말씀하고 계신 예수님의 안디바에 대한 애정을 잘 보여준다. 더 나아가서 "신실한 증인"(ὁ μάρτυς ... ὁ πιστός, 호 마르튀스 ... 호 피스토스)이란 호칭은 1장 5절이 예수님 자신을 신실한 증인으로 묘사할 때 사용했던 것과 동일한 표현이다.[260] 이렇게 동일한 표현을 사용하는 것은 안디바가 예수님이 가신 길을 충실하게 따라갔던 자임을 보여줄 뿐만 아니라 모든 교회 공동체가 그러한 삶의 모습을 취해야 함을 암시한다.

---

260 Beale, *The Book of Revelation*, 247을 비롯한 많은 주석들도 이러한 관련성을 지지한다.

여기에서 "신실한"(πιστός, 피스토스)이란 단어는 직전에 나왔던 예수님의 "신실함"(πίστις, 피스티스)과 동일한 어근의 단어다. 예수님이 안디바에게 신실하신 만큼 안디바는 그것에 상응하는 신실한 증인의 삶을 살았다. 그리고 그 안디바를 대표로 하는 버가모 교회 공동체 역시 안디바의 죽음에도 위축되지 않고 예수님의 신실함을 부정하지 않음으로써 예수님으로부터 신실한 삶을 살았다는 칭찬을 듣는다. 13g절은 신실한 증인 안디바가 죽임을 당했다고 말한다. 이러한 모습은 신실한 증인으로 죽임을 당하신 예수님의 경우와 일치한다. 안디바는 철저하게 예수 제자의 길을 걸었던 사람이다. 하지만 "안디바"에 대한 기록이 전혀 없으므로 그가 누구인지 어떻게 죽임을 당했는지에 대해서는 정확하게 알 수 없다. 다만 그를 통해 우리는 버가모의 그리스도인들이 당할 수 있는 고난의 대표적인 경우를 볼 뿐이다.[261] 즉, 안디바의 죽음에 대한 이야기는 당시의 버가모 도시의 환경에서 안디바와 같은 순교자가 계속해서 나올 수 있음을 암시한다. 이와 같은 사실은 유세비우스(Eusebius)가 버가모에서 순교한 사람으로 거명하는 "카르푸스, 파필루스, 아가도니케" 같은 사람들의 예를 통해 입증된다.[262]

앞서 13ab절에 대한 본문 주해에서 언급했듯이, 13h절의 "사탄이 사는 곳"(ὅπου ὁ Σατανᾶς κατοικεῖ, 호푸 호 사타나스 카토이케이)이란 문구는 13b절의 "네가 사는 곳"(ποῦ κατοικεῖς, 푸 카토이케이스) 및 13c절의 "사탄의 보좌가 있는 곳"(ὅπου ὁ θρόνος τοῦ Σατανᾶ, 호푸 호 드로노스 투 사타나)이란 문구와 평행 관계를 갖는다. 이렇게 13절의 처음 부분과 마지막 부분에 사탄에 대한 언급이 나오는 구조적 특징을 근거로 오즈번은 13절이 "사탄적 존재"로 틀을 이루면서 버가모의 그리스도인들이 사탄의 본거지에 살고 있음을 나타낸다고 주장한다.[263] 즉, 버가모 교회 성도들이 거하는 곳은 사탄의 보좌가 있고 사탄이 사는 곳이다. 이러한 정황은 버가모 성도들의 열악한 환경을 극대화하고 있다. 이 문맥에서 "살다"(κατοικέω, 카토이케오)라는 단어는 단순히 존재의 상태에 대한 묘사가 아니라 좀 더 역동적인 활동을 암시한다. 특별히 황제 숭배라는 종교적 정치적 강압 장치를 통해 교회 공동체를 압박하는 데 매우 집요한 정황을 상상할 수 있다. 하나의 한정된 지역에 절대적으로 적대적인 두 세력이 존재한다는 것은 필연적으로 충돌을 예상하게 한다. 그

---

261 특별히 "너희 중에"(παρ' ὑμῖν, 파르 휘민)라는 문구는 버가모 교회 공동체와 그 공동체의 일원인 안디바 사이의 연대감을 시사한다.
262 Osborne, *Revelation*, 143.
263 앞의 책.

러한 곳에서 안디바와 같은 사람이 죽임을 당했다는 것은 버가모 교회가 처한 이러한 환경의 한 단면을 보여준다. 즉, 안디바의 죽음은 황제 숭배를 강압적으로 몰아붙이는 악의 세력과 황제 숭배를 거부하는 하나님의 신실한 증인 사이의 충돌에서 나온 필연적인 결과다. 안디바가 증인으로서 보인 신실성은 바로 이러한 정황에서 이해될 수 있는 부분이다.

[2:14-15] 책망: 발람과 니골라 당의 교훈을 좇다

14-15절은 "그러나"(ἀλλά, 알라)라는 접속사로 시작하는데, 이것은 앞에서 언급하고 있는 버가모 교회 공동체에 대한 칭찬의 내용이 책망의 내용으로 반전될 것을 예고한다.

책망의 이유(14ab절). 14a절에서는 '에코 카타 수'(ἔχω κατὰ σοῦ, 나는 네게 반대할 것을 가지고 있다)라는 문구가 사용되는데, 이 문구는 하나의 패턴으로서, 2장 4절에서도 이미 사용된 바 있다. 이 문구는 예수님이 버가모 교회를 향하여 책망하실 무언가가 있다는 의미다. 14a절의 "몇 가지"(ὀλίγα, 올리가)라는 표현은 앞의 칭찬에 비해서 이러한 책망의 내용이 상대적으로 가볍게 취급되는 인상을 준다. 14b절은 '호티'(ὅτι)절을 14a절의 "몇 가지"와 동격으로 사용하면서 책망에 대한 구체적인 내용을 제시한다. 그것은 바로 버가모 교회 공동체 안에 발람의 교훈을 지키는 자들이 있다는 것이다. 발람의 교훈을 지킨다는 것은 무엇을 의미하는가? 이것은 14cd절에 잘 나타나 있다. 그리고 14b절의 "거기에"(ἐκεῖ, 에케이)는 버가모 교회의 현장을 표시해 주는 것으로서, 13g절의 "너희 중에"(παρ' ὑμῖν, 파르 휘민)와 대조적인 평행 관계를 갖는다. 전자는 책망이라는 부정적 정황을 나타내는 것으로 사용된 반면 후자는 칭찬이라는 긍정적 정황을 나타내는 것으로 사용된다.

발람의 교훈: 우상 숭배와 행음(14cd절). 14cd절은 14b절의 발람의 교훈에 대한 구체적인 설명을 기록한다. 14c절은 1인칭 단수 주격의 관계 대명사 '호스'(ὅς)로 시작하는데, 이것의 선행사는 "발람"이고 따라서 이 관계 대명사절은 발람이 행한 행위를 소개하는 것이다. 그것은 발람이 자신을 돈을 주고 고용했던 모압 왕 발락에게 이스라엘을 넘어뜨릴 수 있는 방법을 가르쳐 이스라엘의 아들들 앞에 올무를 놓아(14c절) "우상의 제물을 먹고 행음"(14d절)하게 했다는 것이다(참고, 민 25:1-

9).[264] 14c절의 "가르치다"(διδάσκω, 디다스코)라는 동사는 14b절의 "교훈"(διδαχή, 디다케)과 같은 어근을 갖는다. 이러한 동일 어근에 의해 두 문장은 매우 끈끈하게 연결된다. 발람의 교훈은 발람이 발락에게 조언한 내용으로서, 이스라엘에게 모압의 우상 바알브올의 제물을 먹게 함으로써 올무가 되게 하고 모압(미디안)의 딸들과 행음하게 함으로써 하나님 앞에 죄를 범하게 하는 치명적인 결과를 가져왔다. 이러한 일련의 과정에서 발람은 이스라엘을 잘못된 길로 인도한 부정한 교사의 표상이 되고 말았다.[265]

이곳에서 이스라엘의 범죄는 "우상 숭배"와 "행음"으로 요약되는데, 이 둘은 구약에서 하나님께 범죄하는 대표적인 경우들이며 서로 밀접하게 연관된다. 이것은 아합 왕의 아내 이세벨의 경우에서도 잘 나타난다. 특별히 "행음하다"(πορνεύω, 포르뉴오)란 단어는 문자적 의미(실제성)와 은유적 의미(상징성)를 동시에 갖는다.[266] 행음의 상징적 의미가 우상 숭배로 나타나므로, "우상 숭배"와 "행음"은 서로 밀접하게 연동되어 발생한다.[267] 곧 민수기 25장 1-3절에서 이스라엘 백성들은 모압 여인들과 육체적으로 행음했을 뿐 아니라 우상 숭배에 의해 그들의 신들과도 영적으로 행음했다. 고대 사회의 문화적 배경에서 행음과 우상 숭배는 필연적으로 결합되어 있다.

요한계시록에서도 행음이란 단어는 육체적 행음(9:21; 21:8; 22:15)과 영적인 행음(2:20, 21; 14:8; 17:1, 2, 4, 5, 15, 16; 18:3, 9; 19:2) 두 의미 모두로 사용된다.[268] 예수님은 이러한 성격의 행음을 일으키는 가르침이 버가모 교회 공동체 중에도 존재한다는 것을 지적하신다. 과거 발람의 가르침으로 이스라엘 전체가 하나님 앞에 범죄하게 되었던 것처럼, 버가모 교회에 존재하는 이러한 발람의 가르침은 버가모 교회 전체를 망하게 할 수 있다.

니골라 당의 교훈: 이와 같이(οὕτως, 15절). 홍미롭게도 15절은 "이와 같이"(οὕτως, 후토스)라는 단어로 시작해서 "마찬가지로"(ὁμοίως, 호모이오스)라는 단어로 끝맺는다.

---

264 Sweet, Revelation, 89.
265 앞의 책. 찰스는 발람에 대해 "모든 타락한 교사들의 원형"이란 표현을 사용한다(Charles, A Critical and Exegetical Commentary on the Revelation of St. John, 1:63).
266 Beale, The Book of Revelation, 250.
267 지혜서 14:12는 "우상들에 대한 생각이 행음의 시작이다"(ἀρχὴ γὰρ πορνείας ἐπίνοια εἰδώλων εὕρεσις, 아르케 가르 포르네이아스 에피노이아 에이돌론 휴레시스; 나의 사역)라고 말한다(참고, 앞의 책).
268 앞의 책.

이것은 14cd절을 근거로 하면서, 발람이 우상 숭배와 음행의 거짓된 교훈으로 이스라엘이 하나님 앞에 범죄하게 했던 과거의 경우와 버가모 교회 공동체 안에서 그와 같은 가르침을 붙들고 퍼뜨리는 자들이 있는 현재의 사실 사이의 평행적 결속 관계를 강조해 준다.[269] 15절에서는 그 가르침을 "니골라 당의 교훈"이라고 한다. 이러한 관계를 통해 발람의 가르침과 니골라 당의 가르침이 동일시되고 있음을 알 수 있다.[270] 곧 "발람의 교훈"이 구약 이스라엘의 정황 속에서 표현되는 것이라면 "니골라 당의 교훈"은 버가모 교회(에베소 교회도 포함)의 정황 속에서 언급되고 있는 것이라 할 수 있다.[271] 이러한 동일시는 니골라 당과 발람의 어원이 동일한 의미를 갖는다는 점에서도 확증된다. "니골라"는 '니카 라온'(νικᾷ λαόν, 그가 백성을 이긴다)이고, 랍비 문헌(b. *Sanhedrin* 105a)에 의하면 "발람"은 '벨로 암'(בלא עם) 또는 '빌라 암'(בלה עם, 백성을 쇠하게 하는 자)의 의미를 갖는다.[272] 여기에서 버가모 교회 공동체의 문제는 니골라 당의 가르침과 행위를 분별하고 미워했던 에베소 교회 공동체의 경우(참고, 2:2, 6)와 대조되고 있다.

너도 역시(καὶ σὺ, 15절). 이 문구는 두 가지로 해석될 수 있다. 첫째, 앞서 논의했던 "이와 같이" 및 "마찬가지로"와 함께 발람의 교훈과 니골라 당의 교훈을 동일시하기 위한 표현으로 해석하는 것이다.[273] 이러한 입장은 니골라 당의 활동에 영향을 받고 있는 버가모 교회의 현실과 발람 시대의 상황 사이의 동일시를 강화한다. 둘째, 이 문구가 버가모 교회의 상황을 에베소 교회의 경우와 비교하고 있다는 해석이다.[274] 즉, 에베소 교회에서도 니골라 당의 교훈이 만연했음을 염두에 두면서, 에베소 교회가 그랬던 것처럼 "너도 역시" 니골라 당의 교훈을 지키고 있다고 말한다는 것이다. 이 입장에 따르면, 15절의 처음 부분에서 사용된 "이와 같이"(οὕτως, 후토스)는 14절과 관련해서 해석되어야 하는 반면, 마지막 부분

---

269 Mounce, *The Book of Revelation*, 81.
270 Krodel, *Revelation*, 115. 이러한 동일시는 15절 시작 부분의 "이와 같이"(οὕτως, 후토스)와 마지막 부분의 "마찬가지로"(ὁμοίως, 호모이오스)라는 단어에 의해 더욱 강화된다(Beale, *The Book of Revelation*, 251). 해링턴도 "그들의 가르침은 분명히 '발람'의 가르침과 동일하다"고 하면서 이러한 동일시를 인정한다(Harrington, *Revelation*, 62).
271 찰스는 "발람인들(Balaamites)이란 용어는 그야말로 저자가 니골라 당에게 임시적으로 주었던 이름이다"라고 진술하면서 이러한 입장을 지지한다(Charles, *A Critical and Exegetical Commentary on the Revelation of St. John*, 1:64).
272 Sweet, *Revealation*, 89 n. t; Beale, *The Book of Revelation*, 251.
273 Mounce, *The Book of Revelation*, 81.
274 Charles, *A Critical and Exegetical Commentary on the Revelation of St. John*, 64.

에서 사용된 "마찬가지로"(ὁμοίως, 호모이오스)는 "너도 역시"와 관련해서 해석되어야 한다.[275] 이 해석에 근거하면 15절은 에베소 교회와의 비교를 유도하는 것이 된다. 따라서 15절은 "이와 같이 (거짓 교사들을 좇았던 구성원들을 가지고 있던 에베소 교회뿐 아니라) 너도 역시 (마찬가지로) 니골라 당의 교훈을 가르치는 자들을 가지고 있다"로 이해될 수 있다.[276]

지키다(κρατέω, 15절). 특별히 "니골라 당의 교훈을 지키는 자들"과 14b절의 "발람의 교훈을 지키는 자들"이 서로 평행하는데, 이 두 문구에서 동사 "지키다"(κρατέω, 크라테오)가 공통적으로 사용되고 있다는 점에 주목할 필요가 있다. 이 동사는 어떤 대상에 강한 집착을 보인다는 의미를 갖기 때문에[277] 버가모 교회에서 니골라 당의 교훈을 좇는 자들이 얼마나 거짓된 교훈에 사로잡혀 있는지를 잘 표현해 주고 있다.[278] 극심한 황제 숭배의 상황 속에서도 예수님의 이름을 굳게 잡고 예수님의 신실하심을 부정하지 않았던 버가모 교회에 이러한 내적인 문제가 존재한다는 것은 아이러니가 아닐 수 없다. 외부적인 도전에는 적절하게 대응했을지 모르지만 내적인 문제에 있어서는 적절하게 대처하지 못하고 있는 것이다. 14b절과 15절에서 "지키다"로 번역된 동사 '크라테오'(κρατέω)는 13d절의 "나의 이름을 굳게 잡다"(κρατεῖς τὸ ὄνομά μου, 크라테이스 토 오노마 무)에서 "잡다"로 번역된 동사와 동일한 동사다. 예수님의 이름을 굳게 잡고 있었던 버가모 교회의 내부에 발람의 교훈 혹은 니골라 당의 교훈에 집착하는 부류가 존재하고 있었던 것이다. 하지만 앞에서 지적한 것처럼 14a절의 몇 가지(ὀλίγα, 올리가)란 표현은 이러한 책망의 내용이 앞의 칭찬에 비해서 상대적으로 가볍게 취급되고 있음을 보여준다.

한편 발람의 교훈을 추종하는 자들은 발람처럼 성도들로 하여금 우상을 위한 축제에 참여하는 것이 어느 정도는 문화적 적응이나 단순한 사회적 책임의 차원에서 용납되는 것이며 하나님에 대한 믿음만 잘 가지고 있으면 가능한 것

---

275 앞의 책.
276 Smalley, *The Revelation to John*, 69.
277 BDAG, 565.
278 발람과 니골라 당의 책망받는 행위가 모두 "교훈"(διδαχή, 디다케)과 관련된다는 점도 주목할 만하다 (Beasley-Murray, *The Book of Revelation*, 85). 이런 점에서 교회 안에서의 가르침이 얼마나 중요한지를 다시 한 번 확인할 수 있다.

이라고 미혹했을 수도 있다.[279] 아마도 그러한 거짓 선지자들의 가르침이 효과를 거둘 수 있었던 것은 그들이 정확한 가르침을 가르치고 있다는 순진한 신뢰와 발람의 경우처럼 그것을 추종할 경우에 축복을 받을 수 있다는 기복적 기대가 있었기 때문일 것이다.[280] 오늘날도 이러한 거짓 교사들이 순수한 믿음을 가진 성도들을 기만하고 있는 것이 현실인데, 그들이 교회를 의도적으로 해치려하는 것은 아닐 수 있지만, 그들은 자신들의 가르침이 궁극적으로는 교회의 절대적 진리를 훼손시키는 결과를 가져올 수 있음을 알아야 한다.[281] 더 나아가서 발람 사건의 발단이 금전적 이익에서 출발했던 것처럼 버가모의 거짓 교사들이 버가모 공동체 성도들에게 우상 숭배를 가르친 동기가 부분적으로는 그들이 우상을 숭배하지 않음으로 인해 발생하는 "경제적 손실의 위험"과 관련된다고 추정할 수 있다.[282]

[2:16] 회개의 촉구

16절에서 예수님은 버가모 교회 공동체로 하여금 14-15절에서 지적받은 잘못들을 회개하도록 촉구하신다.

내가 네게 신속하게 올 것이다(ἔρχομαί σοι ταχὺ, 16c절). 책망의 목적은 단순한 비난이 아니라 책망받는 자들의 "회개"에 있다. 그래서 예수님은 14-15절의 책망 직후에 16a절 말씀을 시작하시면서 버가모 교회를 향해 "회개하라"(μετανόησον, 메타노에손)고 촉구하신다. 그리고 16c절과 16d절에서는 "내가 네게 신속하게 올 것이다 그리고 내 입의 검으로 그들과 싸울 것이다"라고 말씀하시면서 버가모 교회가 회개하지 않을 경우 예수님이 그들을 어떻게 대하실 것인지를 말씀하신다. 16bc절의 "그리하지(회개하지) 아니하면 내가 네게 신속하게 올 것이다"는 2장 5절과 동일한 패턴으로 구성된다. 여기에서도 2장 5절과 동일하게 "오다"(ἔρχομαι, 에르코마이)라는 동사가 현재형으로 사용된다. 이러한 현재형의 사용은 승천하시어 언제나 일곱 금 촛대에 의해 상징되시는, 교회 공동체 가운데 임재하시는 예수님의 상시적 오심을 전제하고 있다.

---

279 Beale, *The Book of Revelation*, 249. 비일은 이것을 실제로는 우상을 믿지 않지만 국가적 의무를 이행하기 위해 취하는 "진심 없는 행동"(empty gesture)이라고 표현한다(앞의 책).
280 앞의 책.
281 앞의 책.
282 앞의 책.

그러므로 여기에서 오심은 예수님의 재림을 가리키는 것이 아니라 그들이 회개하지 않을 경우 주어질 임박한 심판을 가리킨다고 할 수 있다.[283] 왜냐하면 16b절이 조건절 '에이 데 메'(εἰ δὲ μη, 그리하지 아니하면)로 구성되어 있어 이들이 회개하지 않으면 예수님의 임하심이 일어나겠지만, 회개하면 예수님의 임하심은 일어나지 않을 수 있다는 것을 의미하기 때문이다. 이런 점에서 여기에서 예수님의 오심은 "조건적"이다.[284] 이와 같이 이들의 회개 여부에 따라서 예수님의 오심이 결정된다면 이것은 예수님의 재림을 의미하지 않는 것이 분명하다. 예수님의 오심이 심판을 전제한다는 것은 16d절에서 더욱 분명해진다. 그렇다면 심판을 피하기 위해 무엇을 회개해야 하는 것일까? 여기서 말하는 회개는 직전에 책망받은 바 있는 발람의 교훈 곧 니골라 당의 교훈을 분별해서 제거하지 못한 것과 관련된다. 그러한 교훈을 좇는다는 것은 하나님이 미워하시는 우상 숭배와 음행을 행하는 것이며 하나님을 모독하는 것이다. 그러한 것들은 하나님의 진노의 심판을 피할 수 없다. 이러한 결과는 구약의 역사에 잘 나타나 있다.

내 입의 검(τῇ ῥομφαίᾳ τοῦ στόματός μου, 16d). 16d절의 "내 입의 검"(τῇ ῥομφαίᾳ τοῦ στόματός μου, 테 롬파이아 투 스토마토스 무)은 1장 16절의 "그의 입으로부터 양쪽이 날카로운 칼이 나오고" 및 2장 12절의 "양쪽이 날카로운 검을 가진 이"와 연결되는 내용이다. 더 나아가서 "내 입의 검으로 그들과 싸울 것"이란 말씀은 민수기 22장 23절, 31절, 33절의 말씀도 반영하고 있다(참고, 25:5; 31:8).[285]

> 나귀가 여호와의 사자가 칼을 빼어 손에 들고 길에 선 것을 보고 길에서 벗어나 밭으로 들어간지라 발람이 나귀를 길로 돌이키려고 채찍질하니 (민 22:23)
>
> 그 때에 여호와께서 발람의 눈을 밝히시매 여호와의 사자가 손에 칼을 빼들고 길에 선 것을 그가 보고 머리를 숙이고 엎드리니(민 22:31)
>
> … 나귀가 만일 돌이켜 나를 피하지 아니하였더면 내가 벌써 너를 죽이고 나귀는 살렸으리라(민 22:33)

이 본문들은 여호와의 사자가 칼로 발람을 죽이려고 하였으나 나귀가 그 사자를 피함으로써 발람이 죽임당하는 것을 면하게 해 주었다는 내용이다. 버가모 교회

---

283 Koester, *Revelation*, 289.
284 앞의 책.
285 Thomas, *Revelation 1-7*, 195.

의 문제가 발람의 가르침을 받아들인 이스라엘과 동일한 것이었다면, 발람의 가르침이 이스라엘에게 전달되는 것을 막으려 했던 위의 장면들이 16b절 말씀의 배경으로 주어진다는 것을 충분히 납득할 수 있을 것이다.

여기에서 흥미로운 것은 16a절이 제시하는 "회개"해야 할 자들은 버가모 교회 공동체 모두인 반면, 그들이 회개하지 않았을 때 예수님이 싸우겠다고 하신 대상은 "그들"(μετ᾽ αὐτῶν, 메트 아우톤)로서 발람의 교훈 곧 니골라 당의 교훈을 좇는 사람들이란 점이다.[286] 이것은 버가모 교회 공동체가 그러한 거짓 가르침을 받아들인 것을 회개해야 할 뿐 아니라 더 나아가 거짓 교사들이 하나님의 심판을 면하도록 그들을 바로잡지 않은 것까지도 회개해야 한다는 것을 의미한다. 여기서 알아야 할 것은 하나님이 거짓 교사들을 심판의 대상으로 삼으신다고 해서 단순히 그들만을 심판하신다는 말씀은 아니라는 점이다. 거짓 교사들의 존재를 허용한다면 그것이 버가모 교회 공동체 전체를 부패케 할 수 있고, 그렇게 되면 그것은 버가모 교회 공동체 전체의 잘못이 되기 때문이다. 이것은 발람의 교훈이 이스라엘 전체를 타락시켰던 것에서 그 예를 찾아볼 수 있다. 하나님이 발람을 심판하셨지만 또한 이스라엘 전체에 심판을 내리신 것과 동일한 원리라고 할 수 있다. 그러므로 발람의 교훈을 좇는 자 곧 니골라 당의 존재는 그들만의 문제가 아니라 버가모 교회 전체의 문제인 것이다.

[2:17] 성령의 말씀과 종말적 약속

끝으로 17절에서는 다른 교회들에게 주어진 메시지의 경우처럼 들음의 공식과 이김의 공식이 소개되고 있다. 17a절의 들음의 공식은 에베소 교회 및 서머나 교회의 경우와 동일한 패턴을 유지한다. 이에 대해서는 앞에서 충분히 설명했으므로 생략한다. 17b절에서는 이김의 공식이 주어지는데, 버가모 교회의 경우에 "이기는 자"는 니골라 당의 가르침을 받아들인 것을 회개하고 그런 자들을 바로

---

286 니골라 당의 구약적 배경인 발람의 교훈을 좇는 자들에 대한 심판과 관련해서 *m. Aboth* 5:19는 다음과 같이 묻고 답한다(Jacob Neusner, *The Mishnah: A New Translation* [New Haven, CT: Yale University Press, 1988], 689. 참고, Beale, *The book of Revelation*, 251):

> 우리 조상 아브라함의 제자들은 악인 발람의 제자들과 어떻게 다른가? 우리 조상 아브라함의 제자들은 이 세상에서 [그들의 학습의] 혜택을 누리고 장차 올 세상을 상속받으니, 기록된 바 "나는 나를 사랑하는 자들이 재물을 상속받게 할 것임이여, 내가 그들의 금고를 채울 것이라"(잠 8:2) 함과 같다. 발람의 제자들과 같은 악인들은 게헨나를 상속받고 파멸의 웅덩이로 내려가거니, 기록된 바 "그러나 하나님이시여 그들은 파멸의 웅덩이로 내려가게 하시리이다 피에 굶주리고 속이는 자들은 그들의 날의 반도 살지 못할 것이니이다"(시 55:24)라 함과 같다.

잡는 일을 실천한 자를 의미한다. 17c절 이하에 따르면 버가모 교회 공동체의 "이기는 자"에게는 세 가지 종말적 약속이 주어지는데, 그것은 감추어 있던 만나, 흰 돌, 새 이름이다.

감추어 있던 만나(τοῦ μάννα τοῦ κεκρυμμένου, 17c절). 17bc절의 "나는 이기는 자 바로 그에게 감추어 있던 만나를 줄 것이다"라는 문장에서 목적어 역할을 하는 "만나"라는 단어는 목적격이 아닌 소유격(τοῦ μάννα, 투 만나)을 취하고 있다. 이 소유격은 "부분적"(partitive) 용법의 소유격이라고 할 수 있는데,[287] 이 용법이 사용되면 소유격에 귀속되는 명사는 생략되어 그것을 귀속시키는 명사의 일부를 의미하게 된다.[288] 따라서 '투 만나'는 "만나 중 일부"를 의미하게 된다. 이 문구를 통해 생각할 수 있는 것은 만나의 풍성함이다. 이기는 자들에게 주어지는 것은 풍성한 만나의 일부일 뿐이며 여전히 주실 만나가 많이 남아 있다는 뉘앙스가 전해진다. 반면 "이기는 자에게"(τῷ νικῶντι, 토 니콘티)는 인칭 대명사 "그에게"(αὐτῷ, 아우토)에 의해 반복된다. 이러한 반복은 "이기는 자"에 대한 강한 어조를 엿보이고 있다.

그렇다면 이기는 자에게 주어지는 약속 중 하나인 "감추어 있던 만나"는 무엇을 의미하는가? 이곳에서 우리는 단순히 "만나"가 아닌 "감추어 있던 만나"(τοῦ μάννα τοῦ κεκρυμμένου, 투 만나 투 케크륌메누)라고 표현하는 것에 주목할 필요가 있다. 왜 "감추어 있던 만나"인가? 먼저 "감추어 있던"이라고 번역한 것은 이곳에서 사용된 동사가 완료형 수동태 분사이기 때문이다. 이러한 완료형의 의미를 살려서 이해하면 예수님이 주실 만나가 오랫동안 감추어져 왔다가 어느 시점에 드러나게 되는 것을 기대하게 된다.

또한 이것은 유대 전승에 기록된 것과도 관련된다. 유대 전승에 따르면, BC 586년에 솔로몬 성전이 파괴되었을 때 예레미야는 만나를 담은 항아리가 들어 있는 언약궤(출 16:32-34. 참고, 히 9:4)를 취하여 느보 산 동굴 안에 숨겨놓고는 메시아가 와서 새 성전을 짓고 그곳에 만나가 담긴 언약궤를 놓을 마지막 때를 기대했다고 한다(마카베오2서 2:4-8; 바룩2서 6:7-9).[289] 또 다른 측면으로는 "하늘의 만나"

---

287 Max Zerwick and Mary Grosvenor, *A Grammatical Analysis of the Greek New Testament* (Rome: Biblical Institute Press, 1979), 746.

288 Wallace, *Greek Grammar beyond the Basics*, 85.

289 Beckwith, *The Apocalypse of John*, 460-461; Blount, *Revelation*, 60; Smalley, *The Revelation to John*, 70.

가 종말에 다시 한 번 출현하게 될 것에 대한 기대도 있었다^{(바룩2서 29:8; 시빌의 신탁} 7:149). [290] 이러한 기대는 만나가 "종말적 기대의 표상"이라는 사실을 보여준다^{(참} 고, *b. Hagigah* 12b; *Midr.Rab.*Eccl. 1:9). [291]

이러한 내용이 "감추어 있던 만나"라는 문구의 배경으로 주어지는 것이 사실이라면, 이곳에서 예수님은 이 문구를 사용하심으로써 이기는 자로 하여금 이미 도래한 메시아 시대가 완성될 순간을 기대하며 그 시대의 축복에 참여하도록 초대하시는 것이다. 그리고 이곳의 문맥으로 봤을 때, 이러한 만나라는 주제가 등장하는 것은 이스라엘 백성의 광야 여행 중에 발람의 거짓 가르침으로 인해 발생했던 사건과 관련된다. 이스라엘이 발람의 교훈을 좇아 우상의 음식에 참여하지 말고 하나님이 날마다 공급하시는 만나에 의존하도록 하셨던 것처럼 버가모 교회 공동체 역시 행음하게 하고 우상의 제물을 먹게 하는(14절) 니골라 당의 교훈에 의존하지 말고 끝까지 승리하여 숨겨진 만나를 먹으라고 명령하시는 것이다. [292] 우상의 제물에 의한 "헛된 만족"을 누릴 것인가, 아니면 만나에 의한 "참된 만족"을 누릴 것인가? [293] 그것이 문제다. 여기에서 14d절의 "우상의 제물을 먹게 하다"(φαγεῖν εἰδωλόθυτα, 파게인 에이돌로뒤타)와 17bc절의 "만나를 주다"(δώσω...τοῦ μάννα, 도소 ... 투 만나)가 대조된다. [294] 이 두 문구는 "우상의 잔치"와 "메시아의 잔치"라는 이미지를 그려준다. [295] 그렇다면 요한은 독자들에게 도전한다. "누구의 잔치에 참여할 것인가?"

흰 돌(ψῆφον λευκήν, 17e절). 17e절에서는 이기는 자에게 주어질 두 번째 약속으로 "흰 돌"(ψῆφον λευκήν, 프세폰 류켄)이 제시된다. 이 "흰 돌"은 무엇을 의미하는가? 이 본문에서 "흰 돌"이 의미하는 바를 이해하는 데 도움이 될 만한 것으로는 다음의 네 가지를 고려해 볼 수 있다. 첫째, 구약과 유대 전승들은 만나를 흰 보석과

---

290 Boxall, *Revelation of St. John*, 60. 한편, 박스올(Boxall)은 "요한복음 6장의 참된 만나의 상징을 고려하면, 이곳에서 언급하는 것이 성만찬일 가능성도 없지 않다. 이것은 이 약속을 단순히 멀리 있는 소망이 아니라 이기는 자가 현재적으로 참예할 수 있는 것으로 만든다"고 주장하면서 이곳에서 약속된 만나가 미래적인 것일 뿐 아니라 성만찬을 통해 현재적으로 주어질 수도 있음을 주장한다(앞의 책). 그러나 포드는 성만찬 주제의 존재를 부정한다(Ford, *Revelation*, 399).

291 Beale, *The Book of Revelation*, 252.

292 앞의 책.

293 Blount, *Revelation*, 60.

294 Beale, *The Book of Revelation*, 252.

295 Blount, *Revelation*, 60.

닮은 것으로 묘사하기도 하고(출 16:31; 민 11:7; *b. Yoma* 75a:11),[296] 만나와 함께 보석이 내려왔다고도 말한다(*b. Yoma* 75a:19; 참고, 출 36:3).[297]

> 이스라엘 족속이 그 이름을 만나라 하였으며 깟씨 같이 희고 맛은 꿀 섞은 과자 같았더라(출 16:31)
>
> 만나는 깟씨처럼 둥글었지만 진주처럼 흰색이었다(*b. Yoma* 75a:11)
>
> … 백성이 아침마다 자원하는 예물을 연하여 가져왔으므로(출 36:3)
>
> … 이스라엘을 위해 진주들과 보석들이 만나와 함께 내려왔다(*b. Yoma* 75a:19)

출애굽기 16장 31절과 36장 3절에 대한 해석을 각 구절 뒤의 유대 문헌이 제시하고 있다. 먼저, 깟씨는 갈색인데 출애굽기 16장 31절이 만나를 "깟씨 같이 희고"라고 표현한 것에 대해 *b. Yoma* 75a:11은 "깟씨처럼 둥글었지만 진주처럼 흰색이었다"라고 해설하면서 만나를 진주에 비한다. 이것은 만나를 "깟씨와 같고 모양은 진주와 같은 것"으로 묘사하는 민수기 11장 7절과 거의 비슷하다. 다음으로, 출애굽기 36장 3절에서 백성이 "아침마다" 예물을 가져온 것과 관련해서, 이스라엘 백성이 어떻게 아침마다 예물을 가져올 수 있었는지에 대한 질문에 *b. Yoma* 75a:19는 만나와 함께 진주들과 보석들이 내려왔기 때문에 그렇게 할 수 있었다고 답한다. 이러한 이해를 바탕으로 17e절의 흰 돌이 17c절의 감추었던 만나와 함께 나오는 것을 이해할 수도 있다.[298]

둘째, 흰 돌은 "무죄 선고"의 의미를 갖는다.[299] 고대 재판에서는 배심원들이 무죄와 유죄의 결정을 각각 흰 돌과 검은 돌을 사용하여 표현한다(Ov. *Metam.* 15.41-42. 참고, Plut. *Alcib.* 22.2).[300] 요한이 이러한 배경을 인식한 상태에서 "흰 돌"이란 표현을 사용했다면 다음과 같은 의도를 가지고 있었을 것이다: 버가모 교회 성도들은 우상 숭배를 거부함으로 인해 사회적으로나 정치적으로는 유죄 판결을 받아 죄인으로 낙인찍히게 되었지만, 마침내 하나님은 이기는 자들에게 흰 돌로 무죄 판결을 내리심으로써 그들을 의인으로 받아 주시는 반전의 드라마를

---

296 Beale, *The Book of Revelation*, 253.

297 Hemer, *The Letters to the Seven Churches of Asia*, 96.

298 Charles, *A Critical and Exegetical Commentary on the Revelation of St. John*, 1:66; Beale, *The Book of Revelation*, 253.

299 Charles, *A Critical and Exegetical Commentary on the Revelation of St. John*, 1:66; Sweet, *Revelation*, 90.

300 Hemer, *The Letters to the Seven Churches of Asia*, 97. 곧 유죄일 경우에는 검은 돌을, 무죄일 경우에는 흰 돌을 항아리에 던져 넣는다는 것이다(앞의 책). 때로는 보석이 사용되기도 했다(Beckwith, *Apocalypse of John*, 462).

연출하실 것이다.[301] 이것은 묵시문학에서 "흰색"이 "승리와 영광"을 의미하는 것과 밀접한 관계를 갖는다.[302]

셋째, "돌"(ψῆφος, 프세포스)은 "왕실 집회"에 자유롭게 참여할 수 있는 자격을 부여한다.[303] 헤머는 이 돌이 "입장 혹은 인식을 위한 징표"로 사용되었다고 말한다.[304] 이것을 버가모 교회의 정황에 적용한다면, 흰 돌은 "하늘 축제에 참여할 수 있는 입장권"으로서,[305] 흰 돌을 받은 버가모 교회의 이긴 자들은 성도의 의로운 행위를 의미하는 빛나고 깨끗한 세마포를 입고 "어린 양의 혼인 잔치"(19:9) 곧 "메시아의 만찬"에 입장할 수 있는 초청장을 받은 것으로 이해할 수 있다.[306] 이러한 만찬에 참여하는 것은, 행음하며 우상의 제물을 먹는 가증한 축제의 가장된 쾌락과 비교했을 때 압도적인 기쁨을 예상하게 한다. 이러한 사실을 통해 버가모의 성도들은 종말적 이김에 대한 강력한 동기를 부여받고 있다.

넷째, 흰 돌에 "마술적 주문이나 이름"을 새겨서 "부적"처럼 소지하고 다니는 경우가 있었다.[307] 이러한 도구의 효용 가치는 주문이든 자신의 이름이든 신들의 이름이든 자신만 알고 있는 문구를 그것에 새김으로써, 자신에게 예상치 않게 발생하는 모든 악들을 물리치거나 모면하게 해 주고 기대하는 바가 이루어질 수 있도록 능력을 제공한다는 확신을 갖게 한다는 데 있다.[308] 이것은 흰 돌에 받는 자 외에는 아무도 알 수 없는 새 이름이 새겨져 있다고 말하는 17fg절의 내용과 유사한 부분이 있다.[309] 이러한 맥락에서 본다면 이기는 자에게 주어지는 흰 돌은 미래의 구원에 대한 확신을 주려는 의도를 갖는다.

새 이름(ὄνομα καινὸν, 17fg절).

(1) "새 이름"의 의미

예수님이 이기는 자에게 주시겠다고 약속하신 세 가지 중 마지막은 "새 이름"(ὄνομα καινὸν, 오노마 카이논)이다. 17f절은 흰 돌 위에 "새 이름"이 새겨질 것이라

---

301 Beale, *The Book of Revelation*, 253.
302 Beckwith, *The Apocalypse of John*, 462.
303 Charles, *A Critical and Exegetical Commentary on the Revelation of St. John*, 1:66.
304 Hemer, *The Letters to the Seven Churches of Asia*, 98.
305 Charles, *A critical and exegetical commentary on the Revelation of St. John*, 1:66.
306 Reddish, *Revelation*, 62; Beale, *The Book of Revelation*, 253.
307 Charles, *A critical and exegetical commentary on the Revelation of St John*, 1:67; 헤머는 부적에 새기는 항목에 "이방 신들의 이름"을 첨가한다(Hemer, *The Letters to the Seven Churches of Asia*, 99).
308 Beckwith, *The Apocalypse of John*, 461.
309 앞의 책; Charles, *A Critical and Exegetical Commentary on the Revelation of St. John*, 1:66-67.

고 말한다. "새 이름"은 과연 무엇을 의미하는가? 앞서 우리는 흰 돌에 대해 논의하면서 그 위에 새겨지는 새 이름에 대해 간단하게 살펴본 바 있다. "새 이름"이 흰 돌과 분리될 수는 없지만 이곳에서는 "새 이름" 자체의 의미에 좀 더 집중하도록 하겠다. 이 새 이름이 누구의 이름인지와 관련해서는 세 가지 입장이 있다. 첫째, "받는 자 외에는 아무도 알 수 없다"는 "비밀성"이 중요하기 때문에 예수님의 이름인지 성도의 이름인지 알 수 없다는 주장이다.[310] 이 경우는 앞서 언급한 흰 돌의 네 가지 의미 중 네 번째와 밀접한 관계를 갖는다.

둘째, "새 이름"이 예수님의 이름을 가리킨다는 주장이 있고, 셋째, "새 이름"이 성도의 이름을 의미한다는 주장도 있다.[311] "새 이름"이 성도의 이름일 경우에는 성도가 부활에 참여한 결과로 "새로운 정체성"을 갖게 되는 것이고, "새 이름"이 예수님의 이름인 경우에는 예수님과 성도의 연합이라는 특별한 관계가 갖는 특징을 나타낸다.[312] 특별히 후자의 경우는 2장 13절에서 예수님이 버가모 교회 성도들을 향해 "나의 이름"을 굳게 잡고 있다고 칭찬하신 것을 연상케 할 뿐만 아니라, 14장 1절에서 십사만 사천이 어린 양의 이름과 하나님의 이름을 그들의 이마에 가지고 있어서 짐승이 아닌 하나님께 속하는 것으로 간주되는 것과도 관련된다고 할 수 있다.

사실 성도의 이름과 하나님의 이름, 이 두 가지는 궁극적으로는 서로 크게 다르지 않다. 누구의 이름인가의 차이일 뿐 그 결과는 거의 동일하다. 그런데 여기에서 해결해야 할 문제는 17g절의 "받는 자 외에는 아무도 알 수 없는"이라는 특징의 의미이다. 19장 12절에서는 이 비밀성이 예수님과 관련되어 언급된다. 스몰리는 2장 17절과 19장 12절 사이의 평행 관계를 부정하는데, 그 이유는 19장 12절의 경우 예수님 자신만이 아는 이름이라고 하여 성도들은 그것을 알 수 없기 때문이다.[313] 그러나 둘 사이의 평행 관계를 굳이 부정할 필요가 없다. 왜냐하면 이 문제는 단순히 이름에 대한 인식의 여부가 관건이 아니고 그 이상의 의미를 갖는다고 할 수 있기 때문이다. 그 의미가 무엇일까? 19장 12절에서 이

---

310 Sweet, *Revelation*, 90. 이름의 비밀성과 관련해서 스윗은 "마법에서는 누군가의 이름을 아는 것이 그 사람에 대한 지배력을 주기" 때문에 그와 반대로 이름을 비밀로 하는 것은 공격을 받지 않게 한다는 점을 암시한다고 덧붙인다(앞의 책).

311 Beasley-Murray, *The Book of Revelation*, 88.

312 앞의 책. 이를 좀 더 부연 설명하자면, 예수님의 이름을 새 이름으로 받는다는 것은 그리스도의 사람으로 인정받은 것으로서, "새로운 신분"이 주어지고 영광스러운 자리에 참예할 수 있는 자격을 부여받는다는 의미를 갖는다(Beale, *The Book of Revelation*, 254).

313 Smalley, *The Revelation to John*, 71.

문구는 재림하는 예수님을 "신적 존재"로 간주하고[314] 오직 예수님만이 자신의 초월적 존재의 비밀을 이해할 수 있다는 것을 강조한다.[315] 이러한 배경에서 2장 17절의 "받는 자 외에는 아무도 알 수 없다"는 문구를 이해하면, 그곳의 "새 이름"은 예수님의 이름으로서 예수님의 초월적 주권의 성격을 나타낸다고 간주할 수 있다. 그러한 특징의 이름을 가지게 될 때 이기는 자는 영원하고 안전한 구원을 선물로 받게 되는 것이다.

(2) 구약 배경: 이사야 62장 2절, 65장 15절
요한계시록 2장 17절의 "새 이름"은 이사야 62장 2절과 65장 15절을 배경으로 한다.[316]

> 이방 나라들이 네 공의를, 뭇 왕이 다 네 영광을 볼 것이요 너는 여호와
> 의 입으로 정하실 새 이름으로 일컬음이 될 것이며(사 62:2)
> 또 너희가 남겨 놓은 이름은 내가 택한 자의 저줏거리가 될 것이니라 주
> 여호와 내가 너를 죽이고 내 종들은 다른 이름으로 부르리라(사 65:15)

62장 2절의 "여호와의 입으로 정하실 새 이름"과 65장 15절의 "다른 이름"은 동일한 이름을 가리킨다. 그리고 이스라엘 백성이 이러한 이름으로 일컬음이 된다는 것은 종말에 그들이 하나님과 언약적 관계를 새롭게 하여 하나님의 왕 같은 백성의 신분을 얻게 된다는 의미. 에스겔 36장 26-27절은 이러한 정황을 하나님이 자신의 영을 백성들 속에 두시어 육신의 굳은 마음을 제거하시고 하나님을 인식하고 순종하는 부드러운 마음을 주셔서 하나님의 율례를 행하도록 하시는 방식으로 표현한다. 새로운 백성을 창출하시는 장면이다. 여호와께서 정하실 새 이름을 갖게 된다는 것이 바로 이러한 의미라고 할 수 있다. 이러한 종말적 약속의 성취가 바로 그리스도로 말미암아 이미 교회 공동체에게 성취되었고 또한 예수님의 재림을 통해 완성된다. 요한은 이러한 재림 사건의 복된 정황을 버가모 성도들에게 약속하고 있다. 이러한 이사야의 말씀은 요한계시록에서 "새 이름"(2:17; 3:12)이나 하나님의 이름(3:12; 13:6; 14:1; 16:9) 및 그리스도의 이름(2:3, 13; 3:8, 12; 11:18; 14:1; 15:4; 19:12, 13, 16; 22:4)과 관련된 모든 구절의 배경으로 주어진다.

---

314 David E. Aune, *Revelation 17-22*, WBC 52C (Dallas, TX: Word, 1998), 1055.
315 Beasley-Murray, *The Book of Revelation*, 280.
316 Aune, *Revelation 1-5*, 190; Smalley, *The Revelation to John*, 71.

4. 두아디라 교회에게 보내는 메시지(2:18-29)

구문 분석 및 번역

18절 a   Καὶ τῷ ἀγγέλῳ τῆς ἐν Θυατείροις ἐκκλησίας γράψον·
      두아디라에 있는 교회의 천사에게 쓰라

    b   Τάδε λέγει ὁ υἱὸς τοῦ θεοῦ,
      하나님의 아들이 이같이 말씀하신다

    c   ὁ ἔχων τοὺς ὀφθαλμοὺς αὐτοῦ ὡς φλόγα πυρὸς
      불의 화염 같은 그의 눈들을 가진 이

    d   καὶ οἱ πόδες αὐτοῦ ὅμοιοι χαλκολιβάνῳ·
      그리고 그의 발은 빛나는 청동과 같다

19절 a   οἶδά
      나는 알고 있다

    b   σου τὰ ἔργα
      너의 행위들을

    c   καὶ τὴν ἀγάπην καὶ τὴν πίστιν καὶ τὴν διακονίαν καὶ τὴν ὑπομονήν σου,
      곧 너의 사랑과 신실함과 섬김과 인내를

    d   καὶ τὰ ἔργα σου τὰ ἔσχατα πλείονα τῶν πρώτων.
      그리고 너의 마지막 행위들이 처음 것들보다 더 많다는 것을

20절 a   ἀλλ’ ἔχω κατὰ σοῦ
      그러나 나는 네게 반대할 (어떤 것을) 가지고 있다

    b   ὅτι ἀφεῖς τὴν γυναῖκα Ἰεζάβελ, ἡ λέγουσα ἑαυτὴν προφῆτιν
      곧 너는 스스로를 여선지자라고 말하는 여자 이세벨을 용납하였다

    c   καὶ διδάσκει καὶ πλανᾷ τοὺς ἐμοὺς δούλους
      그리고 그녀는 나의 종들을 가르치고 미혹하였다

    d   πορνεῦσαι καὶ φαγεῖν εἰδωλόθυτα.
        행음하도록 그리고 우상의 제물을 먹도록

21절 a   καὶ ἔδωκα αὐτῇ χρόνον ἵνα μετανοήσῃ,
      그리고 나는 그녀에게 회개하도록 시간을 주었다

    b   καὶ οὐ θέλει μετανοῆσαι ἐκ τῆς πορνείας αὐτῆς.
      그러나 그녀는 자신의 행음으로부터 회개하기를 원하지 않았다

22절 a   ἰδοὺ βάλλω αὐτὴν εἰς κλίνην
      보라 내가 그녀를 침대로 던질 것이다

    b   καὶ τοὺς μοιχεύοντας μετ’ αὐτῆς εἰς θλῖψιν μεγάλην,
      그리고 나는 그녀와 함께 행음하는 자들을 큰 환난으로 던질 것이다

    c   ἐὰν μὴ μετανοήσωσιν ἐκ τῶν ἔργων αὐτῆς,
      만일 그들이 그녀의 행위들로부터 회개하지 않는다면

23절 a   καὶ τὰ τέκνα αὐτῆς ἀποκτενῶ ἐν θανάτῳ.
      또 내가 그녀의 자녀들을 사망으로 죽일 것이다

b   καὶ γνώσονται πᾶσαι αἱ ἐκκλησίαι
         그리고 모든 교회들이 알게 될 것이다

c   ὅτι ἐγώ εἰμι ὁ ἐραυνῶν νεφροὺς καὶ καρδίας,
            내가 생각들과 마음들을 살피는 자라는 것을

d   καὶ δώσω ὑμῖν ἑκάστῳ κατὰ τὰ ἔργα ὑμῶν.
         그리고 나는 너희들의 행위들에 따라 너희들 각자에게 줄 것이다

24절 a   ὑμῖν δὲ λέγω
         그러나 내가 너희에게 말한다

b   τοῖς λοιποῖς τοῖς ἐν Θυατείροις,
         두아디라에 있는 남은 자들에게

c   ὅσοι οὐκ ἔχουσιν τὴν διδαχὴν ταύτην,
            이 가르침을 받지 아니하는

d   οἵτινες οὐκ ἔγνωσαν τὰ βαθέα τοῦ Σατανᾶ
            사탄의 깊은 것들을 알지 못하는

e   ὡς λέγουσιν·
               그들이 말하는 바

f   οὐ βάλλω ἐφ᾽ ὑμᾶς ἄλλο βάρος,
         내가 다른 짐을 너희들 위에 놓지 않을 것이다

25절   πλὴν ὃ ἔχετε κρατήσατε ἄχρις οὗ ἂν ἥξω.
         다만 너희가 가지고 있는 것들을 내가 올 때까지 굳게 잡으라

26절 a   καὶ ὁ νικῶν καὶ ὁ τηρῶν ἄχρι τέλους τὰ ἔργα μου,
         그리고 이기는 자 곧 나의 행위들을 끝까지 지키는 자,

b   δώσω αὐτῷ ἐξουσίαν ἐπὶ τῶν ἐθνῶν
         그에게 내가 나라들에 대한 권세를 줄 것이다

27절 a   καὶ ποιμανεῖ αὐτοὺς ἐν ῥάβδῳ σιδηρᾷ
         그리고 그가 철의 막대기로 그들을 부서뜨릴 것이다

b   ὡς τὰ σκεύη τὰ κεραμικὰ συντρίβεται,
            점토로 만든 그릇들이 깨어지는 것같이

28절 a   ὡς κἀγὼ εἴληφα παρὰ τοῦ πατρός μου,
            나도 나의 아버지로부터 받은 것처럼

b   καὶ δώσω αὐτῷ τὸν ἀστέρα τὸν πρωϊνόν.
         그리고 내가 그에게 새벽 별을 주리라

29절   Ὁ ἔχων οὖς ἀκουσάτω τί τὸ πνεῦμα λέγει ταῖς ἐκκλησίαις.
         귀를 가진 자로 성령이 교회들에게 말씀하시는 것을 듣게 하라

19b절의 "너의 행위들"(σου τὰ ἔργα, 수 타 에르가)은 19c절에 의해 구체화되기 때문에 19bc절은 "너의 행위들, 곧 너의 사랑과 신실함과 섬김과 인내"로 번역될 수 있

다.[317] 즉, 19b절과 19c절 사이에 놓인 접속사 '카이'(καί)가 "곧"으로 번역되어 "설명적 묘사"를 도입하는 기능을 한다.[318] 19c절을 구성하는 네 가지 요소 중 두 번째에 해당하는 '피스티스'(πίστις)는 "믿음"이 아닌 "신실함"으로 번역하는 것이 적절하다.[319] 요한계시록 전체에서 '피스티스'는 총 4회 사용되는데(계 2:13, 19; 13:10; 14:12), 네 경우 모두에서 "신실함"의 의미를 갖는다.[320]

20절의 번역에서 쟁점이 되는 것은 20b절의 '호티'(ὅτι)를 원인의 접속사로 간주해서 "왜냐하면"으로 번역할 것인지, 아니면 20a절의 책망에 대한 구체적인 설명을 제공하기 위해 목적절을 유도하는 접속사로 간주할 것인지의 문제다. 후자를 택할 경우, 목적절은 20a절의 "가지다"라는 동사의 생략된 목적어와 동격의 관계를 갖는 것으로 간주되고, 따라서 '호티'를 "곧" 또는 "즉"으로 번역할 수 있다. 전자의 번역은 NKJV의 지지를 받고, 후자의 번역은 ESV와 NRSV를 비롯한 대부분의 영어 번역본들의 지지를 받는다.[321] 이러한 유형의 구문에 대한 번역의 문제는 동일한 문형을 가지고 있는 4ab절과 14ab절에서 충분히 논의한 바 있다. 이곳에서는 앞선 논의 결과를 따라 '호티'가 동격을 도입한다고 간주하여 "곧"으로 번역했다. 4ab절 및 14ab절의 경우에서처럼, 이곳에서 예수님이 두아디라 교회의 어떤 부분에 대해 반대할 것이 있으시다는 것은 결국 두아디라 교회를 책망하실 내용이 있으시다는 것을 나타낸다.

24a절의 헬라어 본문에서 주목해야 할 것은 "너희에게"(ὑμῖν, 휘민)라는 인칭 대명사가 가장 앞에 놓여 있다는 점이다. 이렇게 '휘민'이 문장의 첫 부분에 위치하는 것은 이 인칭 대명사가 강조되고 있음을 분명히 보여준다. 이 인칭 대명사는 "두아디라에 있는"(τοῖς ἐν Θυατείροις, 토이스 엔 뒤아테이로이스)이라는 형용사구가 수식하는 24b절의 "남은 자들에게"(τοῖς λοιποῖς, 토이스 로이포이스)와 동격 관계를 갖는다. 그러므로 이러한 동격 관계를 잘 표현하기 위해 "두아디라에 있는 남은 자들, 너희에게"라고 번역할 수 있다. 그리고 관계 대명사 '호소이'(ὅσοι)가 이끄는 24c절과 관계 대명사 '호이티네스'(οἵτινες)가 이끄는 24d절은 모두 선행사인 "남

---

317 Smalley, *The Revelation to John*, 73. 오우니는 19b절과 19c절 사이에 놓인 '카이'(καί)를 "즉"(namely)으로 번역하면서 이러한 번역을 지지한다(Aune, *Revelation 1-5*, 202).

318 Charles, *A Critical and Exegetical Commentary on the Revelation of St. John*, 1:69.

319 오우니도 이곳에서 '피스티스'를 "신실함"(faithfullness)으로 번역하는 데 동의한다(Aune, *Revelation 1-5*, 202).

320 Roloff, *The Revelation of John*, 54.

321 오우니와 오즈번 같은 학자들도 후자와 같은 번역를 지지한다(Aune, *Revelation 1-5*, 203; Osborne, *Revelation*, 152).

은 자들"과 관련되는 동격의 본문들로서 서로를 보충 설명해 주는 관계다. 이렇게 관계 대명사가 두 번 반복되어 사용되는 것은 서로를 보완하고 강조하게 하려는 목적을 갖는다. 또한 24e절의 '호스 레구신'(ὡς λέγουσιν)이라는 문구는 신중하게 번역하지 않으면 오해하기 쉽다. 이 문구를 통상적으로 "그들이 말하는 것처럼"이라고 번역할 경우에 자칫 본문의 의도와는 다르게 24cd절을 끌어들여 "이 가르침을 받지 아니하고 사탄의 깊은 것들을 알지 못한다고 그들이 말하는 것처럼"으로 오해될 수 있다. 여기에서 이 문구의 주어인 "그들"은 "사탄의 깊은 것들"을 가르치는 "거짓 교사들"이며[322] 그들이 말하는 것은 바로 "사탄의 깊은 것들"인 것이다.[323] 따라서 이러한 점들을 모두 반영하여 이 문구를 "그들이 말하는 바"로 번역함으로써 직전에 언급된 "사탄의 깊은 것들"과 연결되게 했다.

26a절의 '타 에그라 무'(τὰ ἔργα μου)를 개역개정은 "나의 일들"로 번역했는데, 이러한 번역은 개역개정이 이곳과 정확하게 동일한 단어인 19b절의 '타 에그라'(τὰ ἔργα)와 소유격으로 사용되는 22c절의 '톤 에그론'(τῶν ἔργων)을 모두 "행위"로 번역한다는 점에서 일관성이 없어 보인다. 영어 번역본들에서는 '타 에그라'가 모두 "works"로 번역되어 큰 문제가 없지만, 우리말로 번역할 때는 '타 에그라'를 "일들"로 통일할 것인지 아니면 "행위들"로 통일할 것인지를 결정할 필요가 있는데, 이곳에서는 앞선 두 경우(19b절과 22c절)와의 긴밀한 관계를 고려해서 "행위들"로 통일시키도록 하겠다. 이에 대한 자세한 논의는 본문 주해에서 이루어질 것이다.

26a절의 "이기는 자"(ὁ νικῶν, 호 니콘)와 "나의 행위들을 끝까지 지키는 자"(ὁ τηρῶν ἄχρι τέλους τὰ ἔργα μου, 호 테론 아크리 텔루스 타 에르가 무)는 접속사 '카이'(καί)에 의해 서로 연결된다. 이 접속사는 동격 혹은 "설명적"(explanatory)[324] 용법으로 기능하면서 후자가 전자를 좀 더 구체적으로 설명해 주는 기능을 갖는다.[325] 곧 두아디라 교회의 경우에 "이기는 자"란 "끝까지 나의 행위들을 지키는 자"인 것이다. 또한 이 두 문구는 26b절에서 "그에게"(αὐτῷ, 아우토)로 연결된다. 이러한 관계는 "불완전 구문 주격"(pendent nominative) 또는 "관계의 주격"(nominative of relation)으

---

322 Beale, *The Book of Revelatoin*, 265.
323 이러한 점을 반영하여 NRSV는 "어떤 자들이 '사탄의 깊은 것들'이라고 일컫는 것"(what some call 'the deep things of Satan')이라고 번역한다. 스윗이 이 번역을 지지한다(Sweet, *Revelation*, 91).
324 Smalley, *The Revelation to John*, 77.
325 Aune, *Revelation 1-5*, 208. 찰스는 "이기는 자"와 "지키는 자" 모두에 정관사가 사용되어 두 문구가 등가 관계라고 주장한다(Charles, *A Critical and Exegetical Commentary on the Revelation of St. John*, 1:74).

로 설명될 수 있다.[326] "불완전 구문 주격"은 문장 시작 부분에서 "논리적 주어"를 밝히고, 그 뒤에 이어지는 문장에서 방금 언급된 주어가 인칭 대명사로 다시 언급되는 것을 가리키는데, 이때 인칭 대명사는 주격이 아니라 해당 문장에 적절한 격으로 사용된다.[327] 즉, 26a절의 두 문구는 주격으로서 논리적 주어의 역할을 하지만 그 자체로는 완전한 문장을 이루지 못하다가 그 뒤에 이어지는 26b절에서 그 문장에 적절한 여격 인칭 대명사 '아우토'(αὐτῷ, 그에게)가 사용되면서 다시 소환되어 문장의 한 부분으로 자리 잡게 되는 것이다. 이러한 기법은 확실하게 26a절을 강조하는 효과를 가져오는 동시에 26a절의 두 문구가 26b절 이하의 문장 속으로 자연스럽게 녹아들게 만든다. 특히 "이기는 자"가 문장의 맨 앞에 놓이면서 강조되는 효과를 갖는다. 그러나 번역을 통해 이러한 특징을 나타내는 것은 쉽지 않으므로 독자들은 이러한 의도를 인지한 상태에서 번역을 이해할 필요가 있다. 그러므로 이 부분은 "…하는 자, 그에게"로 번역했다. 이러한 용법은 요한계시록 3장 12절, 21절, 사도행전 7장 40절에서도 동일하게 나타난다.

28절의 번역에서는 28a절을 직후의 28b절과 연결해서 번역해야 하는지 아니면 직전의 26-27절과 연결해서 번역해야 하는지가 쟁점이다. 대부분의 영어성경(ESV, NKJV, NIV, NASB)은 후자를 지지한다. 주석가들 가운데 박스올은 전자를 지지하는데[328] 그럴 경우 예수님이 아버지로부터 받은 것은 "새벽 별"이 된다. 예수님이 아버지로부터 "새벽 별"을 받았다는 것은 충분히 가능하고, 메시아로서 하나님으로부터 새벽 별을 받으신 예수님이 자신이 받은 것처럼 이기는 자에게도 새벽 별을 주시겠다고 하시는 것은 어색하지 않다. 하지만 스몰리와 고든 피를 비롯한 많은 학자들이 후자를 지지한다.[329] 이 경우에 예수님이 아버지로부터 받으신 것은 26b절의 "나라들에 대한 권세"가 되고, 28a절은 26-27절 전체와 관련되는 것으로 간주될 수 있다. 그런데 28a절을 27절과 연결시키면 번

---

326 Zerwick and Grosvenor, *A Grammatical Analysis of the Greek New Testament*, 746-747; Max Zerwick and Joseph Smith, *Biblical Greek: Illustrated by Examples* (Rome: Editrice Pontificio Istituto Biblico, 1963), 9. "불완전 구문 주격"에 대해서는 그것을 "통속적인 헬라어"에 종종 나타나는 현상으로 보는 견해(앞의 책)와 히브리적 표현 방식으로 보는 견해가 있다(Charles, *A Critical and Exegetical Commentary of St. John*, 1:53).

327 Zerwick and Smith, *Biblical Greek*, 9. 앞서 주어진 주어를 인칭 대명사를 사용해서 다시 언급하는 이유는 그 주어가 다시 되풀이해서 명명하기에는 너무 길기 때문일 수 있는데(Wallace, *Greek Grammar Beyond the Basics*, 51), 이 본문의 경우에는 "그에게"의 "그"가 가리키는 것이 "이기는 자 곧 나의 행위들을 끝까지 지키는 자"로 매우 길기 때문에 "불완전 구문 주격"이 사용될 수밖에 없었을 것이며, 그와 더불어 독자로 하여금 다시 그 주어를 보도록 강조하려는 목적도 갖는다고 할 수 있다.

328 Boxall, *Revelation of St. John*, 67.

329 Smalley, *The Revelation to John*, 79; G. D. Fee, *Revelation*, NCC (Eugene, OR: Cascade Books, 2011), 43.

역이 어색해지는데, 왜냐하면 예수님이 아버지로부터 받으신 것이 철의 막대기로 나라들을 부서뜨리는 것이 되기 때문이다. 이러한 어색함을 해결하기 위해 해링턴은 28a절을 26b절에 직접 연결시키고 27절은 별개의 문장으로 보는 번역을 제안한다.[330] 이 번역은 앞서 28a절을 26-27절 전체와 연결시켰던 경우와 유사하게 예수님이 아버지로부터 받으신 것이 나라들에 대한 권세임을 보여주면서 그 사실을 좀 더 직접적으로 표시하려는 의도가 강조된다. 이 번역의 문제는 28a절이 26b절과 너무 멀리 떨어져 있어서 그 둘을 연결하는 것이 무리해 보인다는 점인데, 어차피 26-27절이 하나의 문맥과 개념을 전달하고 있기 때문에 충분히 가능해 보인다. 이곳에서는 해링턴의 제안을 따라 번역해 보았다.

이상의 내용을 정리해서 우리말 어순에 맞추어 번역하면 다음과 같다.

18a	두아디라에 있는 교회의 천사에게 쓰라.
18d	불의 화염 같은 그의 눈들을 가진 이시며,
18e	그의 발은 빛나는 청동과 같으신
18b	하나님의 아들이 이같이 말씀하신다.
19a	"나는
19b	너의 행위들,
19c	곧 너의 사랑과 신실함과 섬김과 인내,
19d	그리고 너의 마지막 행위들이 처음 것들보다 더 많다는 것을
19a	알고 있다.
20a	그러나 나는 네게 반대할 (어떤 것들을) 가지고 있다.
20b	곧 너는 스스로를 여선지자라고 말하는 여자 이세벨을 용납하였고
20c	그녀는 나의 종들을
20d	행음하고 우상의 제물을 먹도록
20c	가르치고 유혹하였다.
21a	그리고 나는 그녀에게 회개하도록 시간을 주었다.
21b	그러나 그녀는 자신의 행음으로부터 회개하기를 원하지 않았다.
22a	보라 내가 그녀를 침대로 던질 것이다.
22b	그리고 나는 그녀와 함께 행음하는 자들을
22c	만일 그들이 그녀의 행위들로부터 회개하지 않는다면
22b	큰 환난으로 던질 것이다.
23a	또 내가 그녀의 자녀들을 사망으로 죽일 것이다.
23b	그리고 모든 교회들이
23c	내가 생각들과 마음들을 살피는 자라는 것을

330 Harrington, *Revelation*, 65.

23b	알게 될 것이다.
23d	그리고 나는 너희들의 행위들에 따라 너희들 각자에게 줄 것이다.
24a	그러나 내가
24c	이 가르침을 받지 아니하고
24e	그들이 말하는 바
24d	사탄의 깊은 것들을 알지 못하는
24b	두아디라에 있는 남은 자들,
24a	너희에게 말한다.
24f	내가 다른 짐을 너희들 위에 놓지 않을 것이다.
25	다만 너희가 가지고 있는 것들을 내가 올 때까지 굳게 잡으라.
26a	그리고 이기는 자 곧 나의 행위들을 끝까지 지키는 자,
26b	그에게 내가
28a	나도 나의 아버지로부터 받은 것처럼
26b	나라들에 대한 권세를 줄 것이다.
27a	그리고 그가 철의 막대기로
27b	점토로 만든 그릇들이 깨어지는 것같이
27a	그들을 부서뜨릴 것이다.
28b	그리고 내가 그에게 새벽 별을 주리라.
29	귀를 가진 자로 성령이 교회들에게 말씀하시는 것을 듣게 하라.”

배경 연구: 두아디라는 어떤 도시인가?

1) 지리적 군사적 특징

두아디라에 대해서는 다른 도시들에 비해 알려진 바가 많지 않고 고대 문헌에도 관련 정보가 거의 등장하지 않는다.[331] 두아디라는 현재 “아키사르”(Akhisar)가 있는 지역에 위치하고 있었으며 넓은 계곡들에 둘러싸인 거의 평지에 가까운 지형을 가지고 있었다.[332] 두아디라는 BC 300년과 BC 282년 사이에 셀류쿠스 왕조의 창시자인 셀류쿠스 1세(Seleucus Nicator)가 당시 긴장 관계에 있었던 리시마쿠스(Lysimachus)의 침략에 대비하여 “군사적 전초기지”로 건설했다.[333] 두아디라는 군사적 요충지로 외세의 많은 침략 때문에 점령군들에게 희생당한 것으로 알려졌고 그래서 지속적으로 평화를 맛볼 수 없었지만,[334] BC 190년에 로마의 통치

---

331 Hemer, *The Letters to the Seven Churches of Asia*, 106.
332 앞의 책.
333 Ramsay, *The Letters to the Seven Churches of Asia*, 317; Hemer, *The Letters to the Seven Churches of Asia*, 107; Osborne, *Revelation*, 151.
334 Hemer, *The Letters to the Seven Churches of Asia*, 107. 두아디라가 군사 도시로 시작된 도시였기 때문에 시민들은 군사 정신을 갖추는 것을 덕목으로 알았고, 따라서 군사적 불확실성과 불안감이 도시 생활의 일상이었을 것으로 충분히 상상할 수 있다(Ramsay, *The Letters to the Seven Churches of Asia*, 318-319).

를 받게 되면서 "팍스 로마나"(Pax Romana)로 불리는 로마의 세계 평화 정책의 혜택을 받아 전쟁으로 말미암은 긴장 상황이 평정되고 불확실성이 제거되어 다른 도시들 사이의 무역을 연결하는 중계 무역 도시로 발달하게 되었다.[335] 특별히 두아디라는 버가모와 가까운 거리에 있어서 두아디라가 위협을 받게 되면 버가모도 영향을 받아 위축된다. 그러므로 두아디라의 상태가 어떠한지가 버가모의 능력이 어떤 상태에 있는가를 가늠하는 척도가 된다.[336]

2) 사회 경제적 특징: 무역 협동조합

요한계시록이 기록될 당시에 두아디라 도시는 상당한 번영을 누렸으며 특별히 이곳에서는 "무역 협동조합"(trade-guilds)이라는 경제 조직이 다른 어떤 도시보다 발달해 있었다.[337] 따라서 두아디라 도시의 가장 두드러진 특징은 당연히 많은 수의 무역 협동조합을 가지고 있었다는 것이고 그러한 무역 협동조합 중에는 매우 강력한 영향력을 가진 경우들도 적지 않았다.[338] 이러한 협동조합은 반드시 경제적 공동체가 아니더라도 다양한 사회적 결사체의 성격을 띠기도 했는데, 예를 들면, "인생의 전성기에 있는 남자들"(men in the prime of life) 같은 모임도 있었다고 한다.[339]

거의 모든 기능공이나 숙련공들은 이러한 협동조합, 즉 길드에 속해 있었고 모든 길드 조직은 자체적인 소유의 재산을 가지고 있었다. 그리고 커다란 건설 공사를 수주해서 폭넓은 영향력을 끼칠 수 있었다. 그러한 길드 조직들 중에서도 두드러진 것은 바로 구리 세공인들과 염색 세공업자들이었다.[340] 사도행전 16장 14절에 등장하는 두아디라의 자색 옷감 장사 루디아도 이러한 무역 협동조합에 가입되어 있었을 가능성이 크다.[341] 또한 길드 조직은 이방 종교와 깊이 밀착되어 있었다.[342] 그래서 그리스도인들은 이러한 길드 조직에 의해 황제 숭배

---

335 Osborne, *Revelation*, 151.

336 Ramsay, *The Letters to the Seven Churches of Asia*, 318.

337 앞의 책, 352; Osborne, *Revelation*, 151.

338 Hemer, *The Letters to the Seven Churches of Asia*, 108. 초기에 이러한 협동조합은 군사 기지에 "보조 병력"(auxiliary service)을 제공하도록 조직되었다(앞의 책).

339 René Cagnat and Georges Lafaye, *Inscriptiones Graecae ad Res Romanas Pertinentes* (Paris: Librairie Ernest Leroux, 1927), 4:416(Hemer, *The Letters to the Seven Churches of Asia*, 108에서 재인용).

340 *ISBE*, 2977.

341 Ramsay, *The Letters to the Seven Churches of Asia*, 325.

342 협동조합의 세 가지 특징은 "종교적 기반," "뚜렷한 지역화," "지속성"인데, 이 중에 "종교적 기반"이 우상 숭배와 관련될 수 있다(Hemer, *The Letters to the Seven Churches of Asia*, 108-109).

및 우상 숭배에 대한 상당한 압력을 받았는데, 왜냐하면 길드를 중심으로 벌어지는 축제는 황제 및 우상 숭배를 핵심으로 하고 있으며 여기에 참여하기를 거부하는 것은 "신용과 사업"의 상실을 의미하기 때문이다.[343] 두아디라 교회 공동체와 버가모 교회 공동체의 상황을 비교해 보면, 길드가 경제적 중심이었던 두아디라의 성도들에게는 그것을 거부할 경우 손해를 입을 수 있는 경제적인 위기 상황이 있었고, 사탄의 보좌가 있던 버가모의 성도들에게는 그것을 거부할 경우 목숨을 잃을 수 있는 신체적인 위기 상황이 조성되어 있었다.

3) 종교적 특징

두아디라에서 주로 숭배했던 신은 태양신이자 제우스의 아들인 아폴로인데, 당시 성행했던 구리 세공업자들은 아폴로를 그들의 사업을 번창하게 해 주는 신으로 생각했다.[344] 두아디라에서 황제 숭배가 극히 드물었다는 견해가 있지만, 그 것은 황제가 아폴로와 동일시되어 아폴로 숭배가 황제 숭배로 여겨졌기 때문일 가능성이 있다.[345] 따라서 황제 숭배가 없었던 것이 아니라 아폴로를 숭배하는 형태로 황제가 숭배된 것이라 할 수 있다. 이것은 당시에 두아디라를 중심으로 통용되었던 동전에 아폴로와 황제가 악수하는 장면이 새겨져 있는 것을 통해 더욱 잘 드러난다.[346]

본문 주해

[2:18] 두아디라 교회의 천사에게 쓰라

두아디라 교회에게 주어지는 메시지도 앞서 언급된 다른 교회에게 주어지는 메시지들과 동일한 패턴을 유지하면서, 두아디라 교회의 천사에게 메시지를 전달하는 형식으로 전개된다.

1장 14-16절과의 관계. 18a절의 "교회의 천사"에 대해서는 앞에서 충분히 설명했으므로 여기에서는 생략하도록 한다. 하지만 18cd절에서 두아디라 교회의 천사에게 말씀하시는 예수님에 대한 묘사는 주목할 만하다. 먼저 18c절의 "불의 화

---

343 Osborne, *Revelation*, 152.
344 앞의 책.
345 앞의 책.
346 Ramsay, *The Letters to the Seven Churches of Asia*, 321, fig. 28.

염 같은 그의 눈들"은 1장 14b절의 "그의 눈은 불의 화염 같고"와 평행하고, 18d
절의 "그의 발은 빛나는 청동과 같다"는 1장 15a절의 "그의 발은 용광로에서 제
련된 것처럼 빛나는 청동 같았다"와 평행한다.[347] 특별히 1장에서 "눈이 불의 화
염 같다"(1:14b)는 표현은 "그의 입으로부터 양쪽이 날카로운 칼이 나왔다"(1:16b)
라는 표현과 함께 예수님을 우주적 심판주로 소개하는 내용이다. 2장에서, 1장
16b절의 표현은 버가모 교회에게 심판을 경고하는 메시지에서 사용되고(2:12b),
1장 14b절의 표현은 두아디라 교회에게 주어진 메시지에서 그것을 말씀하시는
예수님을 표현할 때 사용되고 있다(2:18c).

이상의 내용을 다음과 같은 도표로 정리해 볼 수 있다.

요한계시록 2장	요한계시록 1장
불의 화염 같은 그의 눈들(18c)	그의 눈은 불의 화염 같았다(14b)
그의 발은 빛나는 청동과 같다(18d)	그의 발은 … 빛나는 청동 같았다(15a)
양쪽이 날카로운 검을 가지신 이(12b)	그의 입으로부터 양쪽이 날카로운 칼이 나왔다(16b)

하나님의 아들(ὁ υἱὸς τοῦ θεοῦ, 18b절). "하나님의 아들"(ὁ υἱὸς τοῦ θεοῦ, 호 휘오스 투 데우)이
란 호칭은 앞서 언급된 예수님에 대한 다른 호칭들과는 달리 1장 12-20절에서
사용되지 않았던 것이다.[348] 그렇다면 왜 갑자기 이 호칭이 이 본문에서 사용되
는 것일까? 이 용어가 의미하는 바는 무엇인가? 이것을 이해하기 위해서는 이
호칭의 문맥적, 역사적, 성경적 배경을 살펴볼 필요가 있다.

(1) 문맥적 배경

여기에서 "하나님의 아들"이란 문구는 2장 26-27절에서 사용되는 시편 2편
8-9절과 관련해서 사용되었을 가능성이 크다.[349] 왜냐하면 2장 26절의 "내가
나라들에 대한 권세를 줄 것이다"와 2장 27절의 "철의 막대기로 그들을 부서뜨
릴 것이다"라는 문구가 시편 2편 8-9절을 반영할 뿐 아니라 직전에 나오는 시

---

347 앞서 1:15a에 대한 본문 주해에서 우리는 "그의 발은 빛나는 청동 같다"는 표현이 예수님의 능력과 그분
의 안정되고 영광스러운 모습을 보여준다는 점을 살펴본 바 있다.

348 Blount, *Revelation*, 62.

349 Beasley-Murray, *The Book of Revelation*, 90. 요한계시록 전체에서 "하나님의 아들"이란 용어는 이곳에
만 나오지만(Osborne, *Revelation*, 153; Blount, *Revelation*, 62), 시편 2편과의 관련성이라는 문맥을 고려
하면 메시아로서 "하나님의 아들"이란 개념은 이 본문 외에도 12:5의 "아들"을 통해서 나타난다고 할 수
있다.

편 2편 7절에서는 요한계시록 2장 18절에서 언급되는 "아들"이라는 주제를 말함으로써 두아디라 교회에 주어지는 메시지와 시편 2편이 매우 밀접하게 연결되어 있기 때문이다.[350] 메시지의 도입 부분인 2장 18절에서 "하나님의 아들"이란 표현을 통해 자신을 메시아적 통치권의 소유자로 소개하신 예수님이 2장 26절에서는 이기는 자들도 하나님의 아들들로서 그러한 메시아적 통치에 참여하는 복을 받게 될 것이라 약속하신다.[351] 더 나아가서 이 본문의 직접적인 문맥에 속하지는 않지만 12장 5절에서는 여자가 아들을 낳는 장면이 나오면서 2장 26-27절의 "하나님의 아들"에 대한 묘사와 동일하게 "철의 막대기로 모든 나라를 부서뜨릴" "아들"이 다시 한 번 언급되는데, 이 본문도 마찬가지로 시편 2편 7절을 배경으로 아들이신 예수님을 메시아로 소개하는 것이다.[352]

(2) 역사적 배경

역사적 배경으로 보면, 이 당시 두아디라 도시에서 수호신으로 숭배했던 아폴로가 "제우스의 아들"이란 점을 고려해서 그에 대응되는 존재로서 예수님을 "하나님의 아들"로 칭했을 수 있다. 곧 신의 참 아들을 아폴로라고 생각했던 당대의 사람들을 향하여 하나님의 참 아들은 예수님이시라는 것을 선언하고 있는 것이다.[353] 이 외에도 "하나님의 아들"이란 표현이 사용된 역사적 배경을 이해하는데 도움이 되는 역사적인 예가 있다. AD 83년에 도미티아누스의 젖먹이 아들이 사망했을 때 도미티아누스는 그 아이를 "신격화"하기 위해 동전을 발행했는데, 그 동전에는 "천체 위에 앉아 있는 그 아이를 일곱 별이 둘러싸고 있는" 장면이 표현되어 있었다.[354] 이 동전의 핵심은 모든 시민에게 그 아들을 신적 존재로 숭배하도록 공감을 유도하는 것이다. 따라서 도미티아누스의 신격화된 아들에 대응하는 존재로서 예수 그리스도를 "하나님의 아들"로 표현하고 있다고 보는 것도 가능하다.[355] 이것은 성경적 배경을 살펴보면 더 잘 알 수 있다.

---

350 대부분의 주석들이 이러한 관계에 동의한다.
351 Beasley-Murray, *The Book of Revelation*, 90.
352 한편, 블라운트는 시편의 배경에 대한 고려 없이 계 2:18의 "하나님의 아들"이 12:5의 "아들"과 은유적으로 연결되고, 1:12-20에서 제시된 그리스도를 "하나님 자신의 아들"로 강조한다고 주장한다(Blount, *Revelation*, 62).
353 Osborne, *Revelation*, 153.
354 Harold Mattingly and Edward A. Sydenham, *Roman Imperial Coinage* (London: Spink & Son, 1968), Domitian, no. 213(Hemer, *The Letters to the Seven Churches of Asia*, 116에서 재인용).
355 Hemer, *The Letters to the Seven Churches of Asia*, 117.

(3) 성경적 배경

"하나님의 아들"에 대한 성경적 배경은 문맥적 배경에서 이미 언급했듯이 시편 2편 7절이다.[356] 시편 2편에서 "하나님의 아들"은 다윗 왕을 가리키고, 이것은 하나님과 다윗이 동일시되고 있음을 의미한다. 고대 근동 사회에서 신과 왕은 동일시되었고, 이스라엘에서도 하나님과 왕은 동일시된다. 그러나 고대 근동의 경우와 이스라엘의 경우는 전체적인 맥락에서 차이가 있다. 고대 근동의 세속적 왕국에서 왕은 백성 위에 군림하여 그들을 일방적으로 다스리려는 목적으로 자신을 신격화시켜 신과의 동일시를 도모하지만, 이스라엘의 왕은 하나님의 통치를 드러내는 대리자로서 하나님과 동등된 하나님의 아들 지위를 얻는다. 따라서 아들 됨은 곧 왕 됨을 필연적으로 수반한다. 이런 관계는 에덴에서의 하나님과 아담의 관계에서 최초로 시작되었다. 하나님은 자기 형상대로 창조된 아담에게 그분의 왕권을 위임하셨다. 아담은 하나님의 형상을 닮았다는 점에서 하나님의 아들이고, 하나님의 왕권을 위임받았다는 점에서 왕이다. 이러한 하나님의 아들 됨과 왕 됨을 동시에 갖추게 되는 다윗의 등장은 타락 이후 에덴을 회복하고자 하시는 하나님의 계획의 성취로 발생하게 되었다. 그러나 다윗이 아담의 지위를 회복하긴 했어도 온전하게는 아니었다. 역사는 궁극적이고 종말적으로 등장할 마지막 아담이요 다윗의 후손으로서 진정한 하나님의 아들인 분을 고대하게 되었다. 그리고 마침내 예수님이 마지막 아담이요 다윗의 후손으로 오신 것이다. 이 문맥에서 하나님의 통치를 위임받은 하나님의 아들은 심판주로 등장하지만, 심판도 통치의 한 측면이다.

시편 2편 7절의 "내(하나님의) 아들"은 다니엘 7장 13절의 "인자(사람의 아들) 같은 이"와 밀접하게 관련되는데, 심지어는 두 문구를 "상호교환적"으로 사용할 수 있을 때도 있다.[357] "이스라엘의 아들들"이 이스라엘 민족이듯이 다니엘 7장 13절의 "인자"(사람의 아들)도 인간을 의미한다.[358] 또한 "인자 같은"(כְּבַר אֱנָשׁ, 케바르 에나쉬)이란 문구는 환상의 정황에서의 인지 방식을 나타내는 전치사 "같은"(כְּ, 케)을

---

356 Beale, *The Book of Revelation*, 259-260.

357 앞의 책, 259. 비일은 Seyoon Kim, *"The 'Son of Man'" as the Son of God*, WUNT 30 (Tübingen: Mohr Siebeck, 1983), 1-6, 19-31을 인용하면서 두 문구의 호환적 관계의 근거를 다음과 같은 자료들로 제시한다(Beale, *The Book of Revelation*, 259n111): 4QpsDan Aa [= 4Q243]; 4 Ezra 13:1–3, 32, 37, 52; Philo, *Conf.* 146; 마 16:13–17; 막 8:38; 14:61–62; 요 1:49–51; 3:14–18; 5:25–27; *Midr. Ps.* 2:9. 참고, *Test. Abr.* 12 [recension A].

358 C. A. Newsom and B. W. Breed, *Daniel: A Commentary*, OTL (Louisville, KY: Westminster John Knox, 2014), 234.

사용함으로써[359] "환상 중에 보여진 인간의 형체"란 의미를 갖고,[360] 따라서 "인자 같은 이"는 "인간"을 의미할 수 있다. 여기에 덧붙여서 이 전치사는 "선언적" 기능을 갖는 것으로 간주될 수 있고,[361] 따라서 "인자 같은 이"를 그냥 "인자"라고 해도 문제가 없고 "인자"를 그냥 "인간" 혹은 "사람"이라고 해도 상관이 없다.

여기에서 "인자"가 "창조 모티브"를 함축하고 있다는 사실에 주목할 필요가 있다.[362] 곧 "인자"(사람의 아들)에서 "사람"이란 최초의 사람인 에덴의 아담을 연상시킬 뿐 아니라 그 처음 아담을 능가하여 더 영광스럽고 더 완전한 새 시대를 시작하는 "새 아담"을 전망한다(에녹1서 85-90장).[363] 다니엘 7장 14절에서 이러한 인자는 하나님으로부터 나라와 권세와 영광을 받는다. 곧 아담의 패턴대로 "아들 됨"이 "왕 됨"을 필연적으로 수반한다는 것을 보여주는 것이다. 이러한 패턴은 창세기의 에덴에서 하나님으로부터 왕권을 위임받은 아담을 연상시킨다. 곧 다니엘 7장 13-14절에서 "인자의 왕권은 창조 사건에 기반한 것"이라 할 수 있다.[364] 이러한 관계를 근거로 볼 때 궁극적으로 인자는 하나님의 아들과 다른 존재가 아닌 동일한 존재다.[365] 그러므로 18b절의 "하나님의 아들"은 다니엘 7장 13절의 "인자"를 성경적 배경으로 갖는다고 할 수 있다.

[2:19] 칭찬

18절에서 자신이 어떤 분이신지를 묘사하고 소개하신 예수님은 19절을 두아디라 교회에 대한 칭찬으로 시작하신다.

너의 행위들(19bc절). 앞서 구문 분석에서 언급했듯이, 19b절의 "너의 행위들"(σου τὰ ἔργα, 수 타 에그라)은 19c절의 "사랑"(τὴν ἀγάπην, 텐 아가펜), "신실함"(τὴν πίστιν, 텐 피스틴), "섬김"(τὴν διακονίαν, 텐 디아코니안), "인내"(τὴν ὑπομονήν, 텐 휘포모넨)로 구체화된

---

359 Collins, *Daniel*, 305.

360 Barnabas Lindars, *Jesus Son of Man: A Fresh Examination of the Son of Man Sayings in the Gospels in the light of Recent Research* (Grand Rapids, MI: W. B. Eerdmans Publishing Company, 1983), 10(Collins, Daniel, 305에서 재인용).

361 André Lacocque, "Allusions to Creation in Daniel 7" in *The Book of Daniel: Composition and Reception*, eds. J. J. Collins and P. W. Flint (Leiden: Brill, 2001), 1:123.

362 앞의 책.

363 앞의 책.

364 앞의 책, 1:124.

365 이러한 점에서 "인자"는 단 7:13 자체에서는 메시아적 의미를 갖지 않았지만 유대 묵시문헌(에녹서와 에스라4서)에서 메시아의 의미로 발전하게 되었고, 이것이 복음서에서 예수님이 자신을 "인자"라고 칭하신 이유라 할 수 있다(Hartman and Di Lella, *The Book of Daniel*, 219).

다.[366] 이 네 가지 구체적인 항목 중 두 번째에 해당하는 "신실함"은 앞선 "사랑"이란 단어와 동질성을 갖는다. 이곳에서 주어진 목록 형식은 2장 2절에서 에베소 교회에게 주어진 "네 행위들 곧 너의 수고와 인내"와 유사하다. 사랑과 신실함 그리고 섬김과 인내는 교회 공동체가 가질 수 있는 매우 중요한 덕목들이다. 사랑과 신실함이 그리스도인로서의 삶을 살아내기 위한 "동기"를 제공하는 것이라면 섬김과 인내는 "사랑과 신실함으로부터 초래되는 결과"를 가리킨다.[367] 에베소 교회의 경우에는 사랑과 신실함에 대한 언급 없이 수고와 인내만 언급되는데, 이는 에베소 교회가 예수님께 책망받은 이유가 그들의 수고와 인내를 지속해서 이끌어낼 수 있는 사랑과 신실함이 작동하지 않아서 그들의 수고와 인내가 변질되었기 때문임을 암시한다.

처음 행위들과 마지막 행위들(19d절). 19절에서 주어지는 두아디라 교회에 대한 예수님의 칭찬이 에베소 교회의 경우와 매우 비슷하긴 하지만, "너의 마지막 행위들이 처음 것들보다 더 많다"고 하는 19d절은 "처음 사랑을 버렸다"(2:4b)고 책망받는 에베소 교회와 대조를 이룬다.[368] 여기에서 "많다"는 것은 처음의 좋은 출발이 도중에 중단되거나 그 강도가 감소하지 않고 더욱 발전하고 성숙해 가는 것을 의미한다. 19d절에서 사용되는 "행위들"(ἔργα, 에그라)은 19b절의 "행위들"(ἔργα, 에그라)과 동일한 단어다. 이것은 사랑과 믿음과 섬김과 인내의 행위들이 날이 갈수록 더욱 더 풍성해져 갔다는 것을 의미한다.[369] 19d절은 예수님이 교회 공동체의 이러한 믿음의 진보에 대해 정확하게 알고 계심을 보여준다. 이러한 칭찬은 그 칭찬을 받는 자들을 더욱 격려해서 더 많은 열매를 맺게 할 것이다.

19d절에서 사용된 "처음"(πρῶτων, 프로톤)과 "마지막"(ἔσχατα, 에스카타)이란 표현은 하나님께 적용되었던 "알파와 오메가"(1:8)란 표현과 예수님께 적용되었던 "처음이요 마지막"(1:17)이란 표현을 연상시킨다. 1장 17절의 "처음이요 마지막"이란

---

366 Smalley, *The Revelation to John*, 73. 같은 맥락에서 오우니 역시 19c절의 네 항목을 19b절의 "너의 행위들"의 하위 개념으로 간주한다(Aune, *Revelation 1-5*, 202).

367 Smalley, *The Revelation to John*, 73. 마운스는 다음과 같이 진술한다. "처음 둘은 그리스도인의 행동의 원동력을 밝히고 나머지 둘은 그것에 뒤따르는 결과들을 나타낸다"(Mounce, *The Book of Revelation*, 85–86).

368 비즐리 머레이도 이곳에서 제시되는 두아디라 교회에 대한 칭찬이, 에베소 교회가 처음 사랑도 처음 행위들도 시간이 지나면서 쇠퇴해져 책망받았던 경우와 대조적인 장면임을 지적한다(Beasley-Murray, *The Book of Revelation*, 90).

369 이에 레디쉬는 두아디라 교회를 가리켜 "성장해 가고 성숙해 가는 교회"라고 표현한다(Reddish, *Revelation*, 63-64).

호칭이 창조와 완성의 의미를 내포하고 있다면, 2장 19d절의 "처음"과 "마지막"은 창조하시고 완성을 향해 역사를 진행해 가시는 예수님의 속성이 두아디라 교회 성도들의 삶에 그대로 묻어나고 있음을 의미하는 것이다. 또한 이러한 예수님의 속성은 "사람마다 먼저 좋은 포도주를 내고 취한 후에 낮은 것을 내거늘 그대는 지금까지 좋은 포도주를 두었도다"(요 2:10)라는 말을 연상케 한다. 예수님이 연회장에서 만드셨던 나중 포도주는 처음 포도주보다 더 좋은 포도주였다. 이런 예수님과 함께하는 성도들의 삶과 사역은 날이 갈수록 깊이를 더해 갈 것이다.

[2:20] 책망

두아디라 교회에 대한 칭찬의 말씀은 19절 한 절로 매우 짧게 끝나고, 20절부터는 두아디라 교회에 대한 책망의 말씀이 이어진다.

이세벨은 누구인가?(20b절). 20a절에서 예수님은 두아디라 교회를 향하여 "반대할" 것들, 즉 책망할 것들이 있다고 하시고, 20bcd절에서 그 책망의 이유를 말씀하신다. 그들이 거짓 선지자 이세벨을 받아들였다는 것이다. 여기에서 "이세벨"이란 이름은, 구약에서 아합 왕의 부인으로 등장하는 인물을 배경으로 두아디라 교회에 존재하는 어떤 영향력 있는 여성 인물을 설명하기 위해 "상징적으로" 사용된 것이라 할 수 있다.[370] 이 본문에서 이세벨이라고 불리우는 인물이 누구인지 정확하게 알려져 있지 않으나[371] 그러나 분명한 것은 이 인물이 여자라는 것과 스스로를 선지자라고 칭하면서 강한 지도력을 가졌다는 것, 그리고 그 리더십을 바탕으로 공동체에 상당히 부정적인 영향을 끼쳤다는 것이다. 특히 그녀가 "선지자"라고 자칭했다는 것으로 볼 때, 그녀가 자신의 "선지적 발언들"이 하나님으로부터 직접 받은 것이라 강변했을 가능성이 있고,[372] 그로 인해 공동

---

370 Reddish, *Revelation*, 64; Thomas, *Revelation 1-7*, 214. 페니키아 출신 이세벨은 아합 왕의 부인이었으며, 북왕국으로 하여금 바알을 섬기게 했던 자다(참고, 왕상 16:31-34; 21:25-26; 왕하 9:22)(Osborne, *Revelation*, 155).

371 이 여자가 누구를 가리키는지와 관련해서는 다음과 같이 다양한 입장이 존재한다(Osborne, *Revelation*, 156): (1) 두아디라 교회 지도자의 부인, (2) 두아디라의 자색 옷감 장사 루디아, (3) 도시 밖에 신당을 가지고 있었던 시빌 삼바데(Sibyl Sambathe). 그러나 이 세 가지 견해 모두 설득력을 갖기 어렵다(앞의 책). 또한 오우니는 다음과 같이 주장한다: "'이세벨'은 두아디라의 그리스도인 공동체를 구성했던 가정 교회들 중 하나의 후견인이거나 주인이면서, 아마도 우상에게 바쳐졌던 고기를 먹는 것을 정당화해서 그리스도인의 관례들을 주변 문화에 맞추려 시도함으로써 다른 그리스도인 후견인들과의 갈등을 조장했던 장본인이었을 수 있다"(Aune, *Revelation 1-5*, 203).

372 Osborne, *Revelation*, 156.

체 안에서 강한 지도력과 영향력을 갖게 되었을 수 있다. 결과적으로는 그녀의 이러한 활동이 거짓되고 책망받을 만한 것으로 판명되었지만, 이러한 활동이 용납될 수 있었던 이유는 초대 교회 시대에는 여인에게 자유롭게 예언 활동을 할 수 있는 자격이 주어졌으며 로마나 아시아 지역의 제사장 직분에 여성들의 참여가 허용되었기 때문이다.[373]

이세벨의 활동: 행음과 우상의 제물을 먹게 하다(20d절). 20cd절에 의하면 두아디라 교회 정황에서의 이세벨은 교회 안에서 하나님의 백성들을 잘못 가르쳐 행음과 우상 숭배의 죄에 빠지게 한 자다. 이러한 행위에 대해 20cd절은 "나의 종들을 행음하고 우상의 제물을 먹도록 가르치고 미혹하였다"고 묘사한다. 이 내용은 버가모 교회의 경우와 평행 관계를 갖는다. 14d절에는 발람이 발락에게 이스라엘 백성으로 하여금 "우상의 제물을 먹도록 그리고 행음하도록"(φαγεῖν εἰδωλόθυτα καὶ πορνεῦσαι, 파게인 에이돌로뒤타 카이 포르뉴사이) 올무를 놓는 것을 가르쳤다고 되어 있는데, 20d절은 "행음하게 하고 우상의 제물을 먹도록"(πορνεῦσαι καὶ φαγεῖν εἰδωλόθυτα, 포르뉴사이 카이 파게인 에이돌로뒤타)이라고 말함으로써 동일한 내용을 순서만 바꾸어 표현한다. 이처럼 순서를 바꾸어 "행음"이 먼저 나오게 하는 것은 이세벨의 거짓 선지자 사역의 중심에 행음이 있음을 강조하기 위함이다.[374] 우상의 제물을 먹는 것은 우상을 숭배하는 이교 축제의 핵심 요소이며 거기에는 부도덕한 행음의 절차들이 포함된다.[375] 따라서 이 두 목록은 우상 숭배의 핵심 요소로 짝을 이루고 있다.

이세벨이라 불리는 자가 두아디라 교회 공동체로 하여금 우상의 제물을 먹게 하고 행음하게 하는 것은 아합 왕의 아내인 이세벨이 이방 우상을 섬김으로써 온 이스라엘로 하여금 음행과 우상 숭배의 죄에 빠지게 했던 구약 사건을 배경으로 하며, 이는 버가모 교회에서 동일한 죄를 조장한 니골라 당의 교훈이 이스라엘로 하여금 음행과 우상 숭배를 시행하게 했던 구약의 발람 사건을 배경으로 하는 것과 동일한 패턴을 보여준다. 차이가 있다면, 버가모 교회와 관련해서는 이런 부류를 니골라 당이라고 하여 집단적으로 표현하는 반면, 두아디라 교

---

373 행 21:9에서 빌립의 딸들이 예언 사역에 참여했고, 예수님이 태어난 직후 안나의 역할도 선지적 활동에 참여한 것이었다(Thomas, *Revelation 1-7*, 215).

374 Charles, *A Critical and Exegetical Commentary on the Revelation of St. John*, 1:71; Smalley, *The Revelation to John*, 74.

375 Mounce, *The Book of Revelation*, 87.

회의 경우에서는 이 거짓된 가르침과 관련된 지도자 개인을 지목하여 소개한다는 점이다.[376]

가르치고 미혹하였다(διδάσκει καὶ πλανᾷ, 20c절). 20c절의 "나의 종들을 가르치고 미혹하였다"에서는 "가르쳤다"(διδάσκει, 디다스케이)와 "미혹했다"(πλανᾷ, 플라나)에 주목할 필요가 있다. 이 두 동사는 긴밀한 상관관계를 갖는다. 즉, 가르침의 목적과 결과가 미혹하는 것이다. 특별히 "미혹하다"(πλανάω, 플라나오)는 복음서에서 종말적, 묵시적 정황과 관련해서 사용되기도 한다(마 24:4, 11, 24).[377] 요한계시록에서는 12장 9절, 20장 3절, 8절, 10절에서 사탄의 행위의 특징으로 표현되고, 13장 14절과 19장 20절에서는 거짓 선지자와 관련되어 사용되며, 18장 23절은 음녀 바벨론이 온 세상을 미혹했다고 묘사한다.[378] 이러한 맥락에서 이세벨의 교훈은 미혹의 영으로서 사탄적이라 할 수 있다. 다른 본문들에서는 미혹의 대상이 불신자들이지만, 2장 20절에서는 "나의 종들"(ἐμοὺς δούλους, 에무스 둘루스), 곧 예수님의 종들이다.[379] 예수님은 거짓 선지자 이세벨이 사탄의 조종을 받아 그분의 종들로 하여금 행음하고 우상의 제물을 먹도록 가르치며 미혹한다는 사실에 분노하시는데, 이는 미혹의 대상이 예수님 자신의 종들이기 때문이다.

무역 협동조합(길드): **이세벨의 가르침의 교두보.** 이 주제에 대해서는 앞서 배경연구에서 논의한 바 있지만, 이곳에서는 우상 숭배 및 음행에 좀 더 초점을 두고 논의하고자 한다. 당시 두아디라에 왕성했던 "무역 협동조합"(길드) 중심의 경제 체계에서는 이러한 죄에 매우 적극적으로 노출되어 있을 수밖에 없었다. 우상에게 바쳐졌던 음식을 먹는 것은 무역 협동조합의 "수호신"을 경배하는 의식 중에 반드시 참여해야 하는 절차였다.[380] 부를 축적하고 상업에 종사하기 위해서는 이러한 의식에 참여하는 것이 필수적이라는 사회적 통념이 만연해 있었다.[381] 무

---

376 드실바(deSilva) 같은 학자는 이세벨이 자신의 집을 열어 니골라 당의 선지자들을 지원해 주었다고 주장하는데(D. A. deSilva, "The Social Setting of the Revelation to John: Conflicts Within, Fears Without," *WTJ* 54 (1992): 294[Osborne, *Revelation*, 156에서 재인용]), 이것은 충분한 근거를 갖지는 못하지만 참고할 만하다.

377 Sweet, *Revelation*, 94.

378 Osborne, *Revelation*, 157; Sweet, *Revelation*, 94.

379 Osborne, *Revelation*, 157.

380 Boxall, *Revelation of St. John*, 64.

381 앞의 책.

역 협동조합의 참여에 따른 음행과 우상 숭배의 죄를 정당화시켜 주었던 이러한 사회적 통념은 그리스도인들에게는 치명적으로 취약한 부분이 될 수 있었다.[382] 그러므로 이러한 교훈이 두아디라 교회에 침투하게 된 것에는 무역 협동조합의 역할이 결정적이었을 것이라 간주할 수 있다.[383] 따라서 경제적 이익과 관련된 이러한 종류의 가르침은 교회 공동체 안과 성도들의 생활 속에 깊숙이 침투하기에 적합한 매우 매력적인 속성이 있었다. 이세벨로 불리는 거짓 선지자는 바로 이 취약한 부분을 자극하고 있는 것이다.

비즐리 머레이는 두아디라 교회에서 시행되었을 법한 이세벨의 가르침을 다음과 같이 재구성한다:[384] (1) 그리스도인들은 굳이 세상으로부터 자신을 분리할 필요가 없고 특별히 사업과 관련해서는 더욱 그렇다. 그러니 협동조합들의 회원 자격을 가지고 그 조합이 주관하는 "의식들"(celebrations)에 참여하라, (2) 행음과 우상 숭배를 두려워할 필요가 없는데, 이는 그것을 진심으로 받아들이지 않고 흉내만 내면 되기 때문이고, 성령이 내주하시는 사람은 외부적인 육체가 내적인 영혼에 어떠한 영향도 끼칠 수 없기 때문이다, (3) 무역 협동조합의 수호신은 하나님의 크신 능력에 비하면 철저하게 무능한 존재다. 이러한 내용들은 말씀에 철저하게 순종하는 것보다는 마음의 자세가 중요하다고 생각하면서 그렇게까지 율법에 얽매일 필요가 없다고 생각하는 "반율법주의적" 성격을 보인다.[385]

이러한 일련의 가르침은 상업적 이익에 목마른 그리스도인들에게는 매우 매력적으로 다가오고 거부하기 쉽지 않기 때문에 자신도 모르는 사이에 점점 이러한 배도의 길로 빠져들게 될 위험성이 있다. 즉, 이러한 거짓 가르침은 성도들의 경제적 이익에 대한 이해 관계와 맞물려 처음에는 매우 달콤하게 들릴 수 있지만 이것을 방치할 경우에는 온 교회 공동체의 근간이 뿌리째 흔들리게 되는 결과를 초래할 수 있다는 것이다. 바로 이러한 점을 간파하신 예수님은 두아디라 교회의 치명적 약점일 수 있는 문제를 지적하고 계시는 것이다. 특별히 요한은 요한계시록의 뒷부분에서 선지적 미혹과 관련된 자들을 사탄의 배후 조종을

---

382 이와 관련하여 찰스는 다음과 같이 진술한다: "도시 무역 협동조합들 안에서의 사업과 그것의 회원들이 누리게 되는 사회적 이익 때문에 그들의 회원 자격을 정당화해 주는 어떤 원칙이든 수용할 수 있는 준비가 매우 잘 되어 있었다"(Charles, *A Critical and Exegetical Commentary on the Revelation of St. John*, 1:70).

383 앞의 책, 1:69-70.

384 Beasley-Murray, *The Book of Revelation*, 91.

385 Smalley, *The Revelation to John*, 74. 스몰리는 두아디라 교회가 버가모 교회보다 더 "공격적으로"(aggressively) 반율법주의를 표방한다고 주장한다(앞의 책).

받는 짐승과 거짓 선지자로 묘사하는데(13:11; 16:13; 19:20),[386] 이러한 맥락으로 볼 때, 2장 20절은 두아디라 교인들에게 그러한 이세벨 같은 행동이 어떤 성격을 가지며 어떤 결과를 가져올 수 있는지를 매우 잘 보여주고 있다고 할 수 있다.

용납하였다(ἀφεῖς, 20b절). 예수님이 두아디라 교회를 책망하시는 것은 이세벨과 같은 거짓 선지자를 용납했다는 것이다. 여기에서 "용납했다"(ἀφεῖς, 아페이스〉ἀφίημι, 아피에미)라는 동사는 이 문맥에서 유력하게 "관용하다"(tolerate)의 의미를 갖는다.[387] 두아디라 교회의 용납하는 행위는 이세벨의 미혹하는 행위와 맞물려 있다. 두아디라 교회는 이세벨의 미혹하는 행위를 용납하지 말았어야 했다. 그녀의 가르침이 사탄적이었음에도 불구하고 두아디라 교회는 그것에 대해 적절하게 대응하지 못했던 것이다. 이러한 점에 있어서 두아디라 교회는 거짓 가르침을 분별해냈던 에베소 교회와 대조를 이룬다. 이것은 일곱 촛대 가운데 다니시며 일곱 별을 그 오른손에 들고 계신 모든 교회의 머리가 되시고 주관자가 되시는 예수님에게 용납될 수 없는 것이다. 왜냐하면 거짓 여선지자 이세벨은 그리스도와 교회의 연합을 와해시키는 우상 숭배와 행음을 가르치기 때문이다. 거짓 선지자 이세벨의 활동은 생각보다 깊이 교회에 뿌리를 내리고 있어서 쉽게 사그라들지 않았던 것으로 보인다. 이러한 사실은 다음 21절에서 발견할 수 있다.

[2:21] 회개하지 않다

21절에서 예수님은 "내가 그녀에게 회개하도록 시간을 주었다"라고 말씀하심으로써, 예수님이 이미 과거에 선지자 요한을 통해 이세벨의 행위를 지적하심으로 이세벨의 활동에 대한 거부 의사를 전달하셨다는 것과 그녀를 즉각적으로 심판하지 않으시고 회개할 시간을 주기 위해 오랫동안 기다리셨다는 것을 암시하신다.[388] 이것은 버가모 교회의 니골라 당의 경우보다 두아디라 교회의 이세벨의 활동이 더 오래 지속되었음을 시사한다.[389] 그렇다면 그녀가 회개해야 할 구체적인 내용은 무엇일까? 그것은 무역 협동조합이 제공하는 사회적, 경제적 이익을 얻기 위해 행음하고 우상의 음식을 먹도록 가르치는 행위이며, 그녀를 책망

---

386 Beale, *The Book of Revelation*, 261.
387 Osborne, *Revelation*, 155.
388 Aune, *Revelation 1-5*, 204.
389 Beale, *The Book of Revelation*, 263.

하시는 목적은 그녀가 그런 가르침을 즉시 중단하고 그것의 잘못을 시인하게 함으로써 그러한 잘못된 길에 빠져 있는 자들을 건져내는 것이었다.

그러나 그녀는 자신의 행위를 회개하기를 "원하지 않았다"(οὐ θέλει, 우 델레이). 여기에서는 '우 델레이'와 함께 사용된 부정사 '메타노에사이'(μετανοῆσαι, 회개하다)가 전치사 '에크'(ἐκ, ...로부터)와 "분리의 소유격"(genitive of separation) '테스 포르네이아스'(τῆς πορνείας, 행음)의 결합을 취하면서 "음행'으로부터' 회개하기를 원하지 않았다"는 의미를 갖게 된다.[390] 이러한 의미를 이곳의 본문에 적용하면, 예수님이 이세벨에게 회개할 기회를 주셨음에도 불구하고 그녀가 회개하지 않았던 것이 단순히 무지에서 비롯된 문제가 아니었음이 드러난다. 즉, 그러한 상태를 즐기고 그곳에서 빠져나오기를 의지적으로 원하지 않았던 것으로 간주할 수 있다. 아니면 헤어나기에는 너무 깊이 그러한 죄악의 상태에 빠져 있어 그곳으로부터 빠져나올 수 없는 지경이었을 수도 있다. 그만큼 경제적 탐욕의 마력은 엄청나다. 이러한 태도는 죄에 대한 이세벨의 강력한 의지를 반영하고 있으며, 그것은 매우 오만한 모습이다.

특별히 21b절의 말씀은 이세벨이 회개하지 않은 행위가 "행음"(πορνείας, 포르네이아스)이라고 특정하는데, 이것은 20d절에서 언급한 "행음과 우상 숭배"라는 표현에서 "우상 숭배"를 생략하고 간단하게 표현한 것이라 볼 수 있고, "행음"에 좀 더 무게 중심을 두고 있다고도 할 수 있다. 이곳의 "행음"은 에베소 교회의 경우처럼 문자 그대로의 "행음"으로 이해할 수도 있지만, 하나님의 뜻을 거슬러 행하는 것을 의미할 수도 있다. 이처럼 예수님의 선처에도 불구하고 회개하기를 거부하면서 그분을 거스르는 일들을 자행하는 이세벨에게 심판의 경고가 주어지고 있다.

[2:22-23a] 심판에 대한 경고

22-23a절은 회개하기를 거부하고 하나님을 거스르는 이세벨과 그의 가르침을 따르는 자들을 하나님이 어떻게 심판하실 것인지를 말하면서 심판의 대상이 되는 세 부류를 소개하는데, 먼저는 이세벨 자신이고(22a절), 다음은 그녀와 함께 행음하는 자들이며(22bc절), 마지막은 그녀의 자녀들이다(23a절). 이 세 부류를 나누어 살펴보도록 하겠다.

---

390 Aune, *Revelation 1-5*, 205.

이세벨에 대한 심판(22a절). 22a절은 "보라"(ἰδού, 이두)라는 말로 시작한다. 이것은 말하고자 하는 내용의 중요성으로 인해 청중 혹은 독자들의 시선을 집중시키려는 목적으로 사용되는 단어이므로, 이어서 주어질 내용이 매우 심중할 것임을 예고한다. 이렇게 중요성이 예고된 상태에서 주어진 내용은 "내가 그녀를 침대로 던질 것이다"(βάλλω αὐτὴν εἰς κλίνην, 발로 아우텐 에이스 클리넨)이다. "침대로 던지다"는 "질병에 걸려 아프게 만들다"를 "환유적"(metonymic)으로 표현한 것이다.[391] 히브리적 사고에 의하면 "침대에 눕게 만드는 것"은 "질병을 앓게 하는 것"을 의미한다.[392] 이에 대한 예들은 출애굽기 21장 18절, 시편 6편 6절(MT 6:7), 41편 3절 (MT 41:4), 마카베오1서 1장 5절, 유딧 8장 3절에서 볼 수 있다.[393] 따라서 이곳에서 예수님이 이세벨을 "침대에 던질 것"이라고 하신 것은 질병을 통해 이세벨을 심판하시겠다는 의미다. 여기에서 우리는 질병으로 죄를 심판하는 것을 볼 수 있는데, 이러한 "죄"와 "질병 심판"의 관계는 1세기에 널리 인식되고 있었다(참고, 요 9:1-3; 고전 11:27-30).[394] 구약에서 죄에 대한 언약의 저주로 질병이 생기는 경우와 같은 패턴이다. 또한 고린도 교회에서 성만찬에 대한 무질서한 참여가 질병을 불러일으킨 경우와 관련해서도 생각해 볼 수 있다(참고, 고전 11:27-29).[395]

그렇다면 왜 이세벨은 침대로 던져지게 되었는가? 그것은 그녀가 행음하였을 뿐 아니라(22b절) 그 행음으로부터 회개하기를 거부했기 때문이다(21절). 행음은 침대에서 이루어진다. 따라서 "침대"는 행음의 상징임과 동시에 행음이 실제로 실행되었던 장소이기도 하다. 즉, 이곳에서 "침대"를 지칭하는 헬라어 단어 '클리네'(κλίνη)가 행음과 우상 숭배가 이루어지는 무역 협동조합의 연회에서 사용되던 눕거나 기대어 앉을 수 있는 "소파"(couch)를 지칭할 수도 있으므로, "은유가 실체와 일체가 된다"고 할 수 있다.[396] 이상에서 "침대" 이미지의 사용은 절묘하다. 예수님은 침대에서 행음을 저지른 이세벨에게 역으로 그 침대에서 질병의 고통을 당하게 하시겠다고 말씀하시는 것이다.[397] 이러한 의미를 생각할 때

---

391 Beale, *The Book of Revelation*, 263. 환유법은 어떤 사물을 그것의 속성과 밀접한 관계가 있는 다른 낱말로 표현하는 수사법으로서, 숙녀를 "하이힐"로 표현하거나 우리 민족을 "흰옷"으로 표현하는 것이다.

392 Nigel Turner, *A Grammar of New Testament Greek: Style*, Vol. IV (Edinburgh: T&T Clark, 1980), 154.

393 Charles, *A Critical and Exegetical Commentary on the Revelation of St. John*, 1:71; Osborne, *Revelation*, 159.

394 Smalley, *The Revelation to John*, 74.

395 Mounce, *The book of Revelation*, 88.

396 앞의 책.

397 Osborne, *Revelation*, 158.

"침대"라는 단어는 "이중적 의도"로 사용되었으며 일종의 언어유희로 볼 수 있다.[398] 침대는 쾌락의 장소이기도 하지만 고통의 장소이기도 하다.[399]

이세벨과 함께 행음하는 자들에 대한 심판(22bc절). 22b절에서는 두 번째 심판의 대상을 말하고 있는데 그것은 바로 "그녀와 함께 행음하는 자들"(τοὺς μοιχεύοντας μετ' αὐτῆς, 투스 모이큐온타스 메트 아우테스)이다. 이곳에서는 전치사 "함께"(μετά, 메타)와 소유격이 사용됨으로써 이 부류에 속한 자들이 이세벨과 직접적인 관계를 맺으며 그녀의 죄에 참여했다기보다는 그녀의 이교적 가르침을 용인하고 거기에 편승해서 이세벨의 죄를 따랐다는 의미를 제시한다.[400] 여기에서 "그녀와 함께 행음하다"라는 표현은 이중적 의미, 즉 실제성과 상징성을 갖는다. 곧 이세벨이라는 상징적 이름을 가진 거짓 여선지자의 교훈에 흔들린 자들이 당시 경제 시스템의 근간이라 할 수 있는 협동조합의 연회에서 회원들에게 요구되는 육체적 음행을 저질렀을 뿐 아니라 우상의 제물을 먹는 우상 숭배(20d절)를 통해 영적 음행도 저질렀음을 동시에 의미한다고 할 수 있다.[401] 결국 그녀와 함께 행음한다는 것은 "그녀의 가르침에 함께 놀아난다"는 뜻을 갖는다.[402]

그러므로 그들도 이세벨의 행위로부터 회개하지 아니하면 "큰 환난으로"(εἰς θλῖψιν μεγάλην, 에이스 들립신 메갈렌) 던져질 것이다. 물론 그들이 회개하면 그런 일은 일어나지 않을 것이다. 여기에서 주목할 것은 그들이 회개해야 할 내용이 그들 자신의 행위가 아니라 "이세벨의 행위들"로 설정된다는 점이다. 곧 이세벨의 죄악들이 이들에게 전가되었다고 추정할 수 있는데, 왜냐하면 그들이 회개해야 할 내용이 "이세벨의 행위들"로 적시되고 있기 때문이다. 그러나 22c절에서는 21b절의 경우처럼 "회개하다"(μετανοήσωσιν, 메타노에소신)라는 동사가 전치사 '에크'(ἐκ, ...로부터)와 "분리의 소유격"인 톤 에그론 아우테스'(τῶν ἔργων αὐτῆς, 그녀의 행위들)에 연결되면서 "그녀의 행위들로부터 회개하다"란 의미를 갖는다. 곧 이세벨의 죄악의 행위들로부터 떨어져서 회개할 것을 경고하는 장면이다. 이세벨에게도 회개할 기회가 주어졌지만 그녀는 그것을 받아들이지 않고 스스로 회개의 기회를

---

398 Harrington, *Revelation*, 64.
399 Reddish, *Revelation*, 65. 레디쉬는 침대에서의 행음의 쾌락을 침대에서의 질병의 고통으로 갚아주는 이것을 "동해보복"(measure for measure) 형벌의 대표적인 예라고 표현한다(앞의 책).
400 Osborne, *Revelation*, 159. 직접적인 참여는 주로 목적격을 사용해서 표현된다(앞의 책).
401 Smalley, *The Revelation to John*, 75.
402 Sweet, *Revelation*, 95.

걷어차 버렸다. 이제 그녀의 가르침에 이끌리어 행음하던 이들에게 회개의 기회가 주어지고 있다.

22b절은 22a절에서 사용되었던 동사 '발로'(βάλλω, 던지다)와 전치사 '에이스'(εἰς, ...으로)의 조합을 동일하게 사용한다. 이러한 동일 구성에서 우리는 22b절의 "큰 환난으로 던지다"라는 문구가 22a절의 "침대로 던지다"라는 문구와 평행을 이룬다는 점을 볼 수 있다.[403] 그러나 던져지는 곳이 다르다. 22a절에서는 그곳이 "침대"이지만 22b절에서는 "큰 환난"이다. "침대"와 "큰 환난"은 죄에 대한 심판이라는 점에서 공통점이 있지만, 동시에 차이점도 존재한다. "침대"가 이세벨의 행음과 관련된 표현이라고 한다면 "큰 환난"은 좀 더 포괄적인 의미로 사용된다. 특별히 "큰"(μεγάλην, 메갈렌)이라는 형용사가 덧붙여져서 환난의 혹독함을 강조한다.[404] 이러한 회개의 기회가 주어진다는 것은 23a절에서 회개의 기회 없이 사망으로 죽일 것을 말씀하시는 이세벨의 자녀와는 달리 이 부류의 사람들은 이세벨의 거짓된 가르침에 아직 깊이 빠져 있지 않은 상태에 있다고 볼 수 있다.

이세벨의 자녀들에 대한 심판(23a절). 세 번째 심판 대상은 "그녀의 자녀들"(τὰ τέκνα αὐτῆς, 타 테크나 아우테스)이다. 이 "자녀들"은 앞서 언급된 "그녀와 함께 행음하는 자들," 즉 이세벨의 가르침을 용인하고 거기에 흔들려 이세벨의 죄를 따라하는 정도에 불과했던 자들과는 구별되는 대상이다.[405] 여기에서 "그녀의 자녀들"을 문자 그대로 해석해서 이세벨의 실제적인 자녀들이라고 생각함으로써 그들의 죽음을 이세벨에 대한 심판의 일환으로 보는 견해도 있지만,[406] 이 문맥에서는 "그녀의 자녀들"을 이세벨의 가르침을 매우 충실하게 추종하는 자들로 보는 것이 적절하다.[407] 여기에서 "제자들"이라는 호칭 대신 "자녀들"(τὰ τέκνα, 타 테크나)이라는 호칭을 사용한 것은 그들이 이세벨과 갖는 친밀도를 극대화해서 표현한 것이라 볼 수 있다. 동시에 이 표현은 "하나님의 자녀들"이라는 표현과 대조적이다.

---

403 비슬리 머레이는 이러한 평행 관계를 지지하면서 두 문구가 "동의적 의미"를 갖는다고 말한다(Beasley-Murray, *The Book of Revelation*, 91).
404 스윗은 "큰"이란 단어에 근거해서 이 환난의 성격을 종말적 심판으로 규정한다(Sweet, *Revelation*, 95). 하지만 이곳의 문맥을 볼 때 그런 해석은 적절하지 않다. 큰 환난이 침대에 대한 다른 표현일 수 있다는 점에서 이 심판은 현재적 심판으로 보는 것이 타당하다(Osborne, *Revelation*, 159).
405 비슬리 머레이나 토머스 같은 일부 학자들은 "그녀와 함께 행음하는 자들"과 "그녀의 자녀들"을 동일한 그룹에 속하는 것으로 보지만, 두 부류는 서로 구별되는 대상으로서 회개의 기회가 주어지는지의 여부를 통해서도 구별된다(앞의 책).
406 Beckwith, *The Apocalypse of John*, 467.
407 Smalley, *The Revelation to John*, 75.

이곳에서 요한은 예수님의 말씀을 가지고 이세벨 자신을 비롯하여 그녀의 충성스러운 추종자들도 철저하게 심판을 받아 파멸될 것이라는 사실을 선포함으로써 "선지적 언어"를 사용하고 있다.[408)

한편 이들에게는 "그녀와 함께 행음하는 자들"의 경우와는 달리 회개할 기회가 언급되지 않고 사망으로 죽일 것이라는 말씀만 주어진다. 즉, "그녀의 자녀들"은 이세벨의 가르침으로부터 분리될 수 없는 핵심 제자 그룹이라고 볼 수 있다. 두아디라 교회 안에 있으면서 이세벨과 불가분의 관계에 있던 이 핵심 제자 그룹은 교회의 질서를 파괴하는 자들이었고, 따라서 두아디라 교회는 이세벨뿐 아니라 그녀의 핵심 제자 그룹에 의해서도 교회로서의 정체성을 위협받고 있었다. 이들은 자신들의 지도자이면서 회개할 기회가 주어졌지만 회개하지 않은 이세벨의 경우처럼 회개할 가능성이 전혀 없는 자들이었다. 달리 말하면 이들은 아예 회개하기를 거부한 자들이라고 볼 수도 있다.[409) 따라서 예수님은 그들에게 회개의 기회를 주시겠다는 말씀 없이 "사망으로" 그들을 죽일 것임을 선포하신다(23a절). 여기에서 "사망으로"와 "죽이다"는 동일한 의미의 단어를 거듭 사용한 것이다. 이러한 중복 사용은 강조 효과를 위한 것이며, 그만큼 이세벨의 자녀들에 대한 하나님의 심판의 의지가 불타오르고 있음을 보여준다.

[2:23bc] 생각과 마음을 살피시는 예수님

23bc절은 예수님 자신이 이러한 심판을 시행했을 때 일어나게 될 결과를 기록하고 있다.

예수님의 자기 계시. 22-23a절에서 예수님은 세 부류에 대한 심판을 선포하신다. 그리고 23bc절에 의하면 그 심판의 결과로서 모든 교회들이 예수님이 어떤 분이신지를 알게 될 것이다. 심판을 통해 예수님의 자기 계시가 나타나게 된다. 심판도 하나님의 통치의 한 측면이므로 심판의 정황에서 예수님이 어떤 분이신지 알려지는 것은 지극히 당연하다. 특별히 23c절의 '에고 에이미'(ἐγώ εἰμι, 나는 … 이다)라는 문구는 "메시아적 칭호"로서[410) "하나님과 그리스도의 결속"을 드러내

---

408 앞의 책.
409 이러한 점에서 A 이세벨(20-21절)–B 행음자들(22절)–A' 그녀의 자녀들(23a절)의 구조를 이루고 있다 (Osborne, *Revelation*, 160).
410 Thomas, *Revelation 1-7*, 223.

며 그분의 사역을 "인증한다"(authorizes).[411] 23절의 "모든 교회들"(πᾶσαι αἱ ἐκκλησίαι, 파사이 하이 에클레시아이)은 그 당시의 불특정한 모든 교회를 지칭하는 것이 아니라 두아디라 교회를 비롯해서 요한계시록을 수신하는 일곱 교회 공동체 전체를 지칭하는 것이다.[412] 이 표현이 사용되었다는 것은 이곳에서 말하는 문제가 적어도 일곱 교회에 한해서는 보편적인 성격의 문제였음을 나타내는 것이다. 곧 이 세벨과 관련된 문제는 두아디라 교회뿐 아니라 나머지 여섯 교회도 반드시 주의를 기울일 필요가 있는 중요한 문제였는데, 이는 지금 두아디라 교회와 관련해서 지적되고 있는 그 문제가 다른 교회들에서도 충분히 일어날 수 있는 것이었기 때문이다.

생각들과 마음들을 살피는 자(ὁ ἐραυνῶν νεφροὺς καὶ καρδίας, 23c절). 23c절의 "살피다"(ἐραυνάω, 에라우나오)라는 동사는 "어떤 것을 알기 위하여 철저한 노력을 기울이다"라는 의미를 갖는다.[413] 그리고 '네프로스'(νεφρός)란 단어는 시편 139편 13절(70인역 138:13)에서 사람의 내장을 의미하는 히브리어 '킬야'(כִּלְיָה)의 번역어로 사용되면서 문자적으로 사람의 내장 중 일부인 "신장"을 의미할 뿐 아니라, 그와 동시에 비유적으로 "생각"(mind)이란 의미로도 많이 사용된다.[414] 이러한 의미가 파생된 이유는 아마도 사람의 내장 중에서도 신장이 깊은 곳에 자리 잡고 있기 때문일 것이다. 그리고 "마음"(καρδία, 카르디아)은 "총체적 인간의 삶의 영적, 감정적, 이성적 중심이다(참고, 신 6:6; 시 22:26)."[415]

"생각과 마음"의 구약 배경. 23c절에서 볼 수 있듯이 신약에서 "생각"과 "마음"은 서로 짝을 이루어 관용적인 표현으로 사용되는데, 이는 다음과 같은 구약 본문들을 배경으로 한다.[416]

> 공의로 판단하시며 사람의 "마음"(70인역: νεφροὺς καὶ καρδίας, "생각과 마음")을 감찰하시는 만군의 여호와여 나의 원통함을 주께 아뢰었사오니 그들에게 대한 주의 보복을 내가 보리이다 하였더니(렘 11:20).

---

411 Blount, *Revelation*, 64.
412 Thomas, *Revelation 1-7*, 223.
413 BDAG, 389.
414 BDAG, 670.
415 Smalley, *The Revelation to John*, 76.
416 Charles, *A Critical and Exegetical Commentary on the Revelation of St. John*, 1:72-73.

악인의 악을 끊고 의인을 세우소서 의로우신 하나님이 사람의 "마음과 양심"(70인역: καρδίας καὶ νεφροὺς, "마음과 생각")을 감찰하시나이다(시 7:9[70인역 7:10]).

여호와여 나를 살피시고 시험하사 "내 뜻과 내 양심"(70인역: τοὺς νεφ ροὺς μου καὶ τὴν καρδίαν μου, "내 생각과 내 마음")을 단련하소서(시 26:2[70인역 25:2]).

"내 마음"(καρδία μου)이 산란하며 "내 양심"(70인역: νεφροί μου, "내 생 각")이 찔렸나이다(시 73:21 [70인역 72:21]).

이렇듯 23c절의 "생각들과 마음들을 살피는 자"는 예레미야 11장 20절, 시편 7 편 9절, 26편 2절, 73편 21절의 말씀을 배경으로 한다. 이 구약 본문들에서 하나 님은 언제나 우리의 모든 것을 의지적으로 살피시고 모든 것을 정확하게 다 아 시는 분이다(참고, 잠 24:12; 17:10 등).[417] 여기에서 마음과 생각을 감찰하시는 구약의 하나님의 이러한 속성들이 그대로 예수님께 전가되고 있는 것을 알 수 있다.[418] 예수님이 "생각들과 마음들을 살핀다"는 표현은 두아디라 교회에게 주어진 메 시지의 서두(2:18)에서 예수님이 "불의 화염 같은 그의 눈들을 가진 이"로 묘사되 는 것과도 상통한다.[419] 서두의 내용과 본론의 내용이 서로 상통하는 것은 2-3 장의 선지적 메시지의 공통된 특징이다. 서두에서 예수님의 승귀하신 신분을 설 정하고 본론의 내용에서 그 승귀하신 신분에 상응하는 표현을 사용함으로써 메 시지 전달의 효과를 극대화한다.

너희들의 행위들에 따라 너희들 각자에게 줄 것이다(δώσω ὑμῖν ἑκάστῳ κατὰ τὰ ἔργα ὑμῶν, 23d절). 23d절의 "너희들의 행위들에 따라 너희들 각자에게 줄 것이다"라는 말씀은 23c절의 말씀에 근거하며, 22장 12절에서 약간 변형된 형태로 다시 사 용되고, 마태복음 16장 27절에서도 동일한 문구가 등장한다.[420] 예수님은 우리 의 마음과 생각을 세밀하게 살피시고 가장 정확하게 아시는 분이시므로 각 사람 의 행위대로 갚아 주시는 일은 가장 공정하게 이루어질 것이며, 그것에 대해 그 누구도 이의를 제기할 수 없다. 여기에서 "행위들에 따라 줄 것이다"는 악한 행 위의 경중에 따라 심판의 강도를 달리하시겠다는 의미가 아니다. 심판의 내용을

417 Blount, *Revelation*, 64.
418 앞의 책.
419 Beale, *The Book of Revelation*, 264.
420 Charles, *A Critical and Exegetical Commentary on the Revelation of St. John*, 1:73.

말씀하시는 22-23a절에서는 심판의 강도에 차이를 두겠다는 의미를 찾아볼 수 없다. 단지, 회개하는 자는 심판을 면하게 되겠지만 회개하지 않는 자는 심판을 면할 수 없다는 내용만 나올 뿐이다. 하나님은 공의의 하나님이시므로 그분의 심판은 언제나 철저한 근거를 바탕으로 주어진다. "행위들에 따라"라는 말은 바로 이러한 맥락에서 이해되어야 할 것이다.

[2:24] 남은 자들

24-25절부터는 두아디라 교회의 성도 중에서 이세벨의 잘못된 가르침을 좇지 않았던 자들을 향한 메시지가 주어진다.

남은 자들(τοῖς λοιποῖς, 24a절). 24a절은 이세벨의 거짓 가르침을 좇지 않았던 사람들을 가리켜 "두아디라에 있는 남은 자들(에게)"(τοῖς λοιποῖς τοῖς ἐν Θυατείροις, 토이스 로이포이스 토이스 엔 뒤아테이로이스)이라고 표현한다. 여기에서 "남은 자들"(λοιποί, 로이포이)은 두아디라를 지역적으로 떠나지 않고 남아 있는 자들을 의미한다기보다는 "남은 자" 사상을 드러내기 위해 사용된 표현이라고 볼 수 있다. "이는 '그 남은 사람들'(직역하면, "사람들의 남은 자들")과 내 이름으로 일컬음을 받는 모든 이방인들로 주를 찾게 하려 함이라 하셨으니"라고 말하는 사도행전 15장 17절에서도 같은 어근의 '카탈로이포이'(κατάλοιποι)라는 단어가 남은 자를 표현하기 위해 사용된다. 실제로 ESV는 이 단어를 "남은 자"(renmant)로 번역한다. "남은 자"에 해당하는 또 다른 단어들로는 '휘폴레임마'(ὑπόλειμμα; 롬 9:27)와 '레임마'(λεῖμμα; 롬 11:5)가 있다. '로이포이'와 '카탈로이포이'는 매우 유사한 형태를 가지고 있다. 이 "남은 자들"은 두아디라에서 이세벨의 거짓된 가르침에 굴복하지 않았던 하나님의 사람들이다. 흥미로운 것은 보통 "남은 자"는 다수 중 소수를 일컬을 때 사용되는 표현이지만, 두아디라 교회의 상황에서는 이세벨의 무리가 소수이고 남은 자가 "다수"를 차지했다는 점이다.[421]

이러한 정황은 아합 왕과 이세벨의 통치기에 바알의 우상 숭배에 대항해서 사역했던 엘리야에게 하나님이 칠천 명을 남길 것이라고 말씀하셨던 정황과 평행을 이룬다.

---

421 Harrington, *Revelation*, 65.

> 그러나 내가 이스라엘 가운데에 칠천 명을 "남기리니"(καταλείψεις) 다
> 바알에게 무릎을 꿇지 아니하고 다 바알에게 입맞추지 아니한 자니라
> (왕상 19:18)

이 본문의 70인역이 "남기다"에 해당하는 히브리어 '샤아르'(שׁאַר)를[422] 번역하면
서 사용한 헬라어 단어 '카탈레입세이스'(καταλείψεις>καταλείπω, 카탈레이포)는 24a절
의 "남은 자들"(οἱ λοιποί, 호이 로이포이)과 같은 의미를 갖는 '레임마'(λεῖμμα)의 어근
'레이'(λεῖ-)를 가지고 있다.

앞서 언급한 것처럼 24c절과 24d절은 각각 관계 대명사 '호소이'(ὅσοι)와 '호
이티네스'(οἵτινες)로 시작한다. 두 관계 대명사의 선행사는 24b절의 "남은 자
들"(혹은 24a절의 "너희"[ὑμῖν, 휘민])이다. 이 두 관계 대명사절은 이세벨의 거짓 가르침
을 좇지 않은 남은 자들에 대해 좀 더 자세하게 설명하는 기능을 한다. 그리고
동시에 남은 자와 이세벨의 거짓 가르침을 좇는 자들과의 대조적인 관계를 더욱
구체적으로 드러내 주고 있다.

사탄의 깊은 것들(τὰ βαθέα τοῦ Σατανᾶ, 24d절). 24c절의 "이 가르침"은 곧 24d절의
"사탄의 깊은 것들"(τὰ βαθέα τοῦ Σατανᾶ, 타 바데아 투 사타나)과 동일하고, 이세벨의 가
르침은 "행음과 우상 숭배"이므로, "사탄의 깊은 것들" 역시 "행음과 우상 숭배"
를 가리킨다고 간주할 수 있다. 따라서 "사탄의 깊은 것들을 안다"는 것은 무역
협동조합의 연회를 통해 행해지는 "행음과 우상 숭배" 의식에 깊이 관여되어 그
것을 통해 경제적 이익을 취하는 상태에 깊이 빠져 있음을 의미한다. 그런데 문
제는 이세벨과 그의 추종자들은 자신들이 사탄의 깊은 것들을 가르치고 있다고
생각하지 않고 하나님의 깊은 것들을 가르치고 있다고 확신한다는 데 있다.[423]
그들의 구원은 이미 완성되어서 무엇을 하든지 사탄의 능력과 영향력이 "하나님
의 사람"인 자신들에게 영향을 끼치지 못하고 따라서 우상의 제물을 먹는 것은
성령 안에서 그들이 획득한 "자유에 대한 표출"이라고 생각한다.[424] 육의 세계는
중요하지 않기 때문에, 이교의 신전에서 우상의 제물을 먹고 죄와 마귀에 깊이
연루되어도 하나님과의 관계만 굳건히 지키고 있다면 전혀 문제가 없다고 주장

---

422 구약에서는 '샤아르'(שׁאַר) 어근을 공유하는 니팔 분사형 동사 '니슈아르'(נשׁאַר; 사 4:3; 37:31), 남성 명
     사 '쉐아르'(שׁאָר; 사 10:20-22; 11:11, 16; 28:5), 여성 명사 '쉐에리트'(שׁאֵרִית; 사 37:32; 46:3)가 "남은 자
     들"을 의미한다.

423 Krodel, *Revelation*, 128.

424 앞의 책.

한다.[425] 신기하게도 이들에게는 하나님의 깊은 교훈과 사탄의 깊은 교훈 사이에 경계가 없다. 이러한 내용을 "영지주의의 원형"(proto-Gnosticism)이라고 할 수 있을 것이다(참고, 요일 1:5-10; 2:3-6; 3:4-12 등).[426]

그러므로 이 본문에서 "사탄의 깊은 것들"이라는 표현은 문자 그대로 그들이 사탄을 숭배하는 의식을 행하고 있다는 것이 아니라,[427] 그러한 그들의 착각에 대해 역설적으로,[428] 그리고 조롱투로[429] 표현하고 있는 것으로 이해할 수 있다. 이러한 표현 방법은 2장 9절에서도 잘 나타나고 있다. 유대인들이 자신들을 하나님의 회당이라고 한 것에 대해 예수님은 그들을 "사탄의 회당"이라고 표현하신다.[430] 반면 "사탄의 깊은 것들"을 문자 그대로 해석하여 실제로 사탄을 숭배하는 깊은 가르침의 내용들을 의미하는 것으로 주장하는 경우가 있다.[431] 이러한 주장도 고려할 만하지만 그럴 경우 그러한 노골적인 사탄 숭배자들이 어떻게 교회 공동체 안에 존재할 수 있었는지에 대한 질문에 답변하기가 어렵다. 그들이 여전히 두아디라 교회 안에서 활동할 수 있었던 것은 대놓고 사탄을 숭배하는 행위보다는 하나님의 교훈과 사탄의 교훈 사이의 경계를 허무는 교묘한 가르침을 행했다는 것을 의미한다. 그런데 예수님은 이 교묘하고 분별하기 쉽지 않은 교훈의 본질을 정확하게 분별하신다.

24e절의 "그들이 말하는 바"(ὡς λέγουσιν, 호스 레구신)라는 문구의 주어인 "그들"은 24cd절의 주어인 "그들"과는 다른 대상을 가리킨다. 곧 전자는 이세벨의 교훈을 가르치는 "거짓 교사들"을 가리키고[432] 후자는 "남은 자들"을 가리킨다. 그렇다면 24e절에서 "그들이 말하는 바"는 이세벨의 교훈을 내용으로 하는 "사탄의 깊은 것들"을 가리켜 언급하고 있는 것이다. 거짓 교사들은 자신들이 가르치는 것이 사탄의 깊은 것들이라고는 꿈에도 생각하지 못했겠지만 요한의 판단에

---

425 Beale, *The Book of Revelation*, 266.
426 앞의 책.
427 Witherington, *Revelation*, 105.
428 Smalley, *The Revelation to John*, 76.
429 Krodel, *Revelation*, 128.
430 Smalley, *The Revelation to John*, 76.
431 Beasley-Murray, *The Book of Revelation*, 92.
432 이러한 견해는 비일의 주장을 참고하여 "구문 분석 및 번역"에서 언급한 바 있다(Beale, *The Book of Revelation*, 265). 박스올은 거짓 교사들이 스스로를 가리켜 "사탄의"란 표현을 사용했을 가능성이 희박하다는 점을 지적하면서 "사탄의 깊은 것들"이란 문구가 거짓 교사들 자신의 표현이 아니라 거짓 선지자들의 가르침을 지칭하는 요한의 "선지자적 책망"이라고 주장하는데(Boxall, *Revelation of St. John*, 66), 이 주장에 따르면 "그들이 말하는 바"의 주어인 "그들"은 요한이 "거짓 선지자들"을 지칭하면서 사용하는 지시 대명사가 된다.

의하면 그들이 말하는 것들은 사탄의 깊은 것들에 불과한 것이다.

24f절에서 예수님은 이세벨의 거짓 교훈, 즉 사탄의 깊은 것들을 따르는 자들에게는 심판이 불가피하지만 그것을 따르지 않는 남은 자들에게는 다른 짐을 지우지 않을 것이라고 말씀하신다. 여기에서 예수님은 왜 "다른 짐"($\ἄλλο\ βάρος$, 알로 바로스)을 지우지 않겠다고 하셨을까? 이 말씀의 적용 대상이 되는 "그들"은, 길드 조직을 중심으로 하는 두아디라의 경제 체제가 추구했던 우상 숭배에 영합하는 이세벨의 가르침을 좇지 않음으로 인해 상당한 경제적 손실을 감수하고 있는 자들이다. 이것만으로도 두아디라 성도들에게는 큰 짐이 아닐 수 없는데, 예수님이 그 외에 무슨 다른 짐을 그들에게 요구하시겠는가? 다만 거짓된 가르침을 따르지 아니하고 오직 예수님의 가르침을 충실하게 따르는 것 외에는 그 어떠한 짐도 필요 없다는 것이다.

[2:25] 내가 올 때까지

25절에 의하면 "남은 자들"에게 요구되는 것은 지금 그들이 행하고 있는 선한 믿음의 행위를 계속해서 행하는 것이다. "너희가 가지고 있는 것들을"은 24절에서 말하고 있는 것처럼 사탄의 깊은 것을 좇지 않는 그들의 신앙 태도를 가리킨다. 그러면 그들은 언제까지 그러한 삶의 자세를 유지해야 하는가? 예수님이 오실 때까지다. 여기에서 "오다"에 해당하는 동사로 '에르코마이'($ἔρχομαι$)가 아닌 '헥소'($ἥξω$; '헤코'[$ἥκω$]의 부정과거 가정법)가 사용된 것은 이곳에서 말하는 예수님의 오심이 하나님으로서 장엄하게 오시는 재림이라는 것을 강조하기 위함이다.[433] 여기에서 예수님의 오심은 조건적 오심이 아니기 때문에 교회의 역사 가운데 오심이 아니라 재림의 때에 오심을 의미하는 것으로 보는 것이 적절하다. 그러므로 이곳에서 '헤코'($ἥκω$) 동사가 사용된 것은 예수님의 재림을 표현하려는 의도라고 볼 수 있다.

이상에서 우리는 두아디라 교회에게 주어진 메시지가 그 이전에 언급된 에베소, 서머나, 버가모 교회의 경우와는 다소 다른 형태를 가지고 있음을 발견할 수 있다. 비록 20절에서 예수님이 두아디라 교회 공동체 전체를 책망하시긴 했지만, 이어지는 절들에서는 그 공동체를 네 부류로 나누시고, 각 부류에 따라 서로 다른 조치가 취해질 것을 말씀하신다. 첫째는 "이세벨" 자신이고(21a절), 둘째

---

433 Osborne, *Revelation*, 164.

는 이세벨의 가르침을 철저하게 따르는 "그녀의 자녀들"이며(23a절), 셋째는 그 가르침에 아직은 깊이 빠지지 않은 "그녀와 함께 행음하는 자들"이고(22b절), 마지막은 그 가르침을 철저하게 거부하는 "남은 자들"이다(24b절). 처음 두 부류에게는 심판이 불가피하지만, 세 번째 부류에게는 회개의 기회가 있고, 네 번째 부류는 그들이 하고 있는 일을 지속하라는 예수님의 격려를 받는다(24-25절).

[2:26-28] 이기는 자에게 주시는 종말적 약속
26-28절에서는 "이기는 자"에게 주어지는 종말적 약속을 소개하고 있다.

이김의 공식(26a절).
(1) 도입
"이기는 자"에 대한 종말적 약속이 주어지는 패턴도 앞의 세 교회의 경우와 다소 다르게 나타나고 있다. 즉, 26절에 주어진 종말적 약속을 27절에서 해석하고, 28절에서 한 번 더 종말적 약속의 메시지를 전달하는 형식을 취하고 있다. 26절과 28절에서 동일하게 "내가 줄 것이다"(δώσω, 도소)라는 동사가 사용됨으로써 두 절이 서로 평행 관계임을 보여준다.

(2) 나의 행위들을 끝까지 지키라
26절에서는 다른 교회 공동체에게 주어지는 "이김의 공식"과는 다르게 "이기는 자"와 함께 "지키는 자"가 나란히 등장한다. 그렇다면 여기에서 "이기는" 것에 해당하는 "나의 행위들을 끝까지 지키는" 것은 무엇을 의미하는가? 먼저 "나의 행위들"(τὰ ἔργα μου, 타 에그라 무)이라고 말씀하시는 화자가 예수님이시므로 "나의 행위들"은 당연히 "예수님의 행위들"이다. "예수님의 행위들"이란 "예수님이 하신 행위들"이란 의미를 가지며, 이 "행위들"에는 예수님의 "사역"과 "말씀"이 모두 포함된다.[434] 이러한 예수님의 행위들, 즉 그분의 사역과 말씀은 "끝까지" 지켜져야 한다. 25절에서 재림을 의미하는 "내가 올 때까지"(ἄχρις οὗ ἂν ἥξω, 아크리스 후 안 헥소)와 똑같와 용어 '아크리'(ἄχρι, ...때까지)를 공유하는 이곳의 "끝까지"(ἄχρι τέλους, 아크리 텔루스)란 표현은 "순종의 삶을 유지하려는 몸부림"을 반영하는 문구

---

434 Beasley-Murray, *The Book of Revelation*, 93.

로서 "재림의 때까지"를 의미한다.[435] 그렇다면 "나의 행위들을 끝까지 지킨다"는 문구는 예수님이 재림하실 때까지 그분이 하신 사역들과 말씀들에 착념한다는 의미가 된다.[436] 이것을 좀 더 적극적으로 표현하면 그리스도의 사역과 말씀이 그리스도인들의 삶 속에 충분히 반영되어야 한다는 것이다.[437]

(3) "행위들"의 상관 관계: "나의 행위들"과 "너의 행위들"과 "그녀의 행위들"

흥미롭게도 이곳의 "나의 행위들"(τὰ ἔργα μου, 타 에르가 무)이란 표현은 19b절의 "너의 행위들"(σου τὰ ἔργα, 수 타 에르가)이란 표현과 '에르가'(ἔργα, 행위들)의 사용에 의해 평행 관계를 갖는다. "너의"(σου, 수)가 "나의"(μου, 무)로 바뀌었을 뿐이다. 이러한 관계에 의해 "그리스도인들의 모든 행위는 그리스도의 행위다"라는 명제가 성립된다.[438] 19c절은 "너의 행위들"을 "사랑과 신실함과 섬김과 인내"로 규정한다. 이러한 행위들이야말로 그리스도의 사역들과 말씀들이 두아디라 성도들의 삶에 충분히 반영된 결과라고 볼 수 있으며, 이러한 일을 끝까지 이루는 것은 매우 중요하다. 19d절에서 두아디라 교회는 예수님으로부터 처음 행위들보다 마지막 행위들이 더 많다고 칭찬받은 바 있다. 이러한 칭찬으로 봤을 때 두아디라의 성도들이 이기는 자로서 예수님의 행위들을 끝까지 지킬 가능성에 대한 전망은 매우 희망적이다.

또한 26a절의 "나의 행위들"은 22c절의 "그녀의 행위들," 즉 "이세벨의 행위들"과 대조적 평행을 이룬다.[439] 곧 그리스도의 행위는 생명과 회복을 가져오지만 이세벨의 모든 행위는 심판과 절망을 가져올 뿐이다.[440] 예수님은 이러한 대조를 통해 두아디라에 있는 공동체에게, 심판을 필연적으로 가져오는 이세벨의 음란한 행위들을 취할 것인지 아니면 생명과 회복을 가져오는 예수님의 거룩한 행위를 취할 것인지를 결정하도록 도전하고 계신다고 할 수 있다. 후자를 취한다는 것은 이세벨의 행위들을 과감하게 거부하고 제거하는 것을 의미한다. 곧 이세벨의 거짓된 가르침을 거부할 뿐만 아니라 그들이 20절에서 책망받은 그대로 이세벨의 무리를 치리하여 공동체 내에서 제거함으로써, 교회의 회복을 가져

---

435 Thomas, *Revelation 1-7*, 232.
436 Beasley-Murray, *The Book of Revelation*, 93.
437 Smalley, *The Revelation to John*, 77.
438 Beasley-Murray, *The Book of Revelation*, 93.
439 Thomas, *Revelation 1-7*, 232.
440 토머스는 이러한 대조를 "거룩함"과 "거룩하지 못함"으로 구분한다(앞의 책).

오는 믿음의 결단을 실행하는 것이다. 19절에서 예수님으로부터 칭찬받은 바와 같이 두아디라 교회는 나중 행위가 처음 것보다 많으므로 끝까지 이러한 이김의 삶을 살아갈 수 있을 것이다. 이러한 맥락에서 "끝까지"(ἄχρι τέλους, 아크리 텔루스)라는 문구는 재림을 염두에 둘 수 있는 동시에, 두아디라 교회를 향하여 지적된 내용들을 완전히 해결하는 순간을 의미한다고도 이해할 수 있다.

이기는 자에게 주시는 약속: 나라들에 대한 권세(26b절).
(1) 동시대적 배경
예수님은 이기는 자에게 "나라들에 대한 권세"(ἐξουσίαν ἐπὶ τῶν ἐθνῶν, 엑수시안 에피 톤 에드논)를 주신다고 약속하신다(26b절). 이것은 매우 흥미로운데, 왜냐하면 그 당시에 나라들에 대한 권세는 이미 로마 제국의 황제에게 귀속되어 행사되던 권한이기 때문이다. 하지만 여기서 예수님은 누가 진정으로 나라들에 대한 권세를 가지고 있는지를 보여주신다. 예수님이 이러한 지위를 승천의 대관식을 통해 이미 획득하셨다는 것이 요한계시록의 신학이다.[441] 이미 성취된 이러한 예수님의 지위가 성도들이 미래 종말적으로 나라들에 대한 권세를 갖는 지위를 확실하게 보장한다. 따라서 두아디라의 성도들은 우주적 지배권을 장악하신 그리스도의 왕권에 대한 확고한 믿음 위에서 그 왕권에 동참하는 자신들이 누리게 될 미래의 모습을 전망하면서 현재의 황제가 지닌 피상적인 왕권을 무시할 수 있게 된다.

(2) "나라들에 대한 권세"의 구속사적 배경
먼저 나라들에 대한 권세는 아브라함으로 하여금 모든 민족의 조상이 되게 하시겠다는 우주적 통치의 회복에 대한 하나님의 약속을 배경으로 한다(참고, 창 12:1-3). 아브라함에게 하신 이러한 약속은 에덴에서 아담에게 말씀하신 "다스리고 정복하라"는 창조 명령(창 1:28)에 근원을 두고 있다. 이러한 아브라함의 약속은 타락 후에 회복의 역사 과정에서 필연적으로 주어지게 되는 본질적 특징을 갖고, 다윗을 통해 구약 내에서 그 성취의 절정을 맞이한다. 그리고 둘째 아담이자 마지막 아담으로 오신 예수님을 통해 온전한 성취를 이루게 된다. 성도들은 예수님 안에서 이미 예수님과 통치의 권세를 공유한다. 이러한 사상은 요한계시록에서 매우 중요하게 취급된다. 1장 6절과 5장 10절에서 하나님이 우리를 "나라

---

441 이에 대한 좀 더 구체적인 내용은 1:7과 4-5장의 논의들을 참고하라.

와 제사장"으로 삼아 주셔서 우리가 통치하는 권세를 갖게 되었다고 말하는 것도 이러한 흐름을 반영한다. 그러나 승리의 쟁취는 아직 완성되지 않았다. 그 궁극적인 완성은 예수님의 재림 때에 이루어지게 될 것이다. 재림의 때에 "이기는 자" 곧 "예수님의 행위들을 끝까지 지키는 자들"은 그때에 완성될 통치의 자리에 초청받게 될 것이다. 이 "나라들에 대한 권세"는 27절에서 시편 2편 9절을 배경으로 하는 "철의 막대기"라는 주제를 통해 좀 더 자세하게 설명될 것이다.

철의 막대기(ῥάβδῳ σιδηρᾷ, 27절). 27a절은 직전의 26b절이 언급한 "나라들에 대한 권세"와 관련된 논의와 연속선상에 있으며, 특히 메시아 시편으로 알려져 있는 시편 2편 9절을 사용함으로써 26절의 말씀을 보충 설명한다. 시편 2편은 다윗의 시편으로 알려져 있으며, 앞서 우리는 다윗이 구약 내에서 아브라함의 약속의 절정을 보여준다는 점을 살펴본 바 있다. 이처럼 아브라함 약속의 절정으로서의 특징을 갖는 다윗은 메시아에 대한 본보기이고, 따라서 다윗의 시편으로 알려진 시편 2편은 "나라들에 대한 권세"라는 통치권의 의미를 설명하기에 최적의 본문이라 할 수 있다.

(1) 부서뜨리다(ποιμανεῖ, 27a절)

27a절의 "그가 철의 막대기로 그들을 부서뜨릴 것이다"라는 문구에서 "부서뜨리다"에 해당하는 단어가 목자가 양을 친다는 의미로 사용되는 '포이마이노'(ποιμαίνω) 동사라는 점이 흥미롭다. 어떻게 이 동사를 "부서뜨리다"라는 의미로 해석하는 것이 가능한가? 결론적으로 말하면, 이 단어는 "부서뜨리다"라는 의미와 "목양하다"라는 의미를 모두 포함하는 이중적 의미를 갖는다. 27a절의 구약 배경인 시편 2편 9절에서 70인역이 '포이마이노'를 사용해서 번역한 마소라 본문의 히브리어 단어는 "부서뜨리다"의 의미를 가진 '라아'(רעע) 동사다. 왜 70인역의 번역자는 "부서뜨리다"란 의미를 갖는 히브리어 '라아'(רעע)에 대한 번역어로 '포이마이노'라는 동사를 선택하게 되었을까? 통상적으로 70인역에서 '포이마이노'는 "목양하다"라는 의미의 히브리어 동사 '라아'(רעה)에 대한 번역어로 사용된다.[442] 그러나 '라아'(רעה)는 미가 5장 6절(MT 5:5), 예레미야 2장 16절, 6장 3절, 22장 22절, 시편 80편 13절(MT 80:14) 같은 본문에서 "부서뜨

---

442 Charles, *A Critical and Exegetical Commentary on the Revelation of St. John*, 1:76.

리다"(devastate) 혹은 "파괴하다"(destroy)의 의미로 사용되기도 한다.[443] 여기에서 '라아'(רעה) 자체가 이중적 의미로 사용되고 있다는 것을 알 수 있다. 흥미롭게도 이 구절들 중에 '라아'(רעה)가 "부서뜨리다"라는 의미를 갖는 미가 5장 6절(70인역 5:5), 예레미야 6장 3절, 22장 22절에서 70인역은 '라아'(רעה)를 '포이마이노'로 번역한다.[444] 여기에서 이 히브리어 단어의 이중적 의미가 다시 '포이마이노'로 역주입되어서 "목양하다"라는 의미 외에 "부서뜨리다"라는 의미를 동시에 가지고 있는 것으로 사용된다고 볼 수 있다.[445] 이것이 바로 "부서뜨리다"라는 의미를 갖는 '라아'(רעע)에 대한 번역어로 '포이마이노' 동사가 채택된 이유라고 할 수 있다. 그러므로 다음과 같은 관계가 성립될 수 있다: '라아'(רעה) ➡ '포이마이노'(ποιμαίνω) ➡ '라아'(רעע). 요한계시록에서는 바로 이러한 결과가 반영되어 '포이마이노'가 "부서뜨리다"의 의미로 사용되고 있는 것이다.[446]

이러한 의미는 27b절과도 조화를 이룬다. 27b절의 "점토로 만든 그릇들이 깨어지는 것같이"란 문구는 27a절 내용의 정황에 대해 좀 더 구체적으로 이해할 수 있게 도와준다. 점토로 만든 그릇들은 깨어지기가 매우 쉬울 뿐 아니라, 한 번 깨어지면 산산조각 나기 십상이다. 이러한 특징을 이기는 자가 받게 될 "나라들에 대한 권세"를 표현하는 데 사용하는 것은 이기는 자가 그들을 부서뜨리는 것이 마치 질그릇을 산산조각 내는 것과 같을 것임을 보여준다. 이러한 정황은 이사야 30장 14절과 예레미야 19장 11절에 잘 드러나 있다(참고, 렘 18:1-11).[447]

(2) 2장 27절을 19장 15절과 함께 읽기

2장 27절의 "그가 철의 막대기로 그들을 부서뜨릴 것이다"라는 말씀은 "이기는 자"가 예수님의 심판의 자리에 함께 동참하게 될 것에 대한 약속이다. 예수님

---

443 앞의 책.

444 앞의 책.

445 앞의 책. 이것을 다른 말로 표현하자면, 70인역의 번역자는 시 2:9의 '포이마이노' 동사를 "부서뜨리다"라는 의미로 사용하고 있는데, 이것은 70인역 번역자가 히브리어 '라아'(רעע) 동사의 부수적 의미인 "부서뜨리다"를 헬라어 '포이마이노' 동사에 부여하여 사용하는 것으로 볼 수 있다는 것이다(앞의 책). 2세기의 헬라어 구약 성경인 심마쿠스(Symmachus)는 '포이마이노' 동사가 야기할 수 있는 오해를 사전에 불식시키기 위해 전적으로 "부서뜨리다"라는 의미만을 가진 '쉰트리보'(συντρίβω) 동사를 사용한다(앞의 책, 1:75). 그러나 요한은 시 2편의 70인역 번역자의 의도를 충분히 반영하여 27a절에서 '포이마이노' 동사를 "부서뜨리다"의 의미로 사용하고 있다고 판단할 수 있다. 그러므로 27a절의 '포이마이노'를 "부서뜨리다"라는 의미로 번역하는 것은 적절하다고 할 수 있다.

446 이것이 바로 BDAG가 '포이마이노'(ποιμαίνω)를 대부분 "목양하다"라는 의미를 갖는 것으로 소개하면서도 2.a.γ항목에서 "'목양'으로서의 행위가 파괴적인 결과들을 갖는다"라는 내용을 제시하는 이유다(BDAG, 842).

447 Charles, *A Critical and Exegetical Commentary on the Revelation of St. John*, 1:77; Harrington, *Revelation*, 65.

의 재림 사건을 소개하는 요한계시록 19장 15절에서도 동일하게 시편 2편 9절을 사용한다.[448] 19장 15절에는 "나라들을 치기 위하여(πατάξῃ, 파탁세)πατάσσω, 파타쏘) 그의 입으로부터 예리한 칼이 나온다. 그리고 그 자신이 철의 막대기로 그들을 부서뜨린다(ποιμανεῖ, 포이마네이)ποιμαίνω, 포이마이노)"라고 기록되어 있는데 여기에서 "치다"와 "부서뜨리다"가 평행 관계로서 동일한 의미로 사용되고, 이러한 평행 관계는 "검"과 "철의 막대기"의 평행 관계에 의해 강화된다.[449] 19장 15절과 2장 27절을 서로 연결해서 읽으면, 예수님의 재림의 때에 두아디라 교회의 이긴 자들이 세상의 나라들에 대한 심판에 동참할 것이라는 의미가 된다.[450] 19장 14절의 "희고 깨끗한 세마포 옷을 입은 하늘의 군대들"은 이러한 이긴 자들에 상응하는 천상적 대응체로 간주될 수 있다.

(3) 통치권의 구속사적 의미와 전망

시편 2편 9절에서 다윗은 하나님의 아들로서(시 2:7) 하나님으로부터 나라들에 대한 통치권을 위임받는다. 본래 하나님은 이러한 권세를 에덴에서 아담에게 위임한 바 있으시다. 하나님으로부터 위임받아 아담과 다윗으로 이어지는 왕적 지위를 예수님이 온전히 성취하신다. 그리고 마침내 이기는 자들이 그러한 통취의 권세를 이어받게 된다. 에덴에서의 아담처럼 새에덴에서 이기는 자들은 창조의 회복으로서 통치하는 왕적 지위를 차지하게 될 것이다. 이러한 내용이 요한계시록 본문인 2장 27a절과 더불어 27b절에서 동시에 언급되고 있다. 특별히 27a절의 "부서뜨리다"와 27b절의 "점토로 만든 그릇들이 깨어지는 것같이"라는 표현들은 통치에 있어서 심판의 측면을 강조해 주고 있다. 이러한 통치의 행위가 이 본문에서 "심판"의 형태를 띠는 것은 그 배경으로 삼고 있는 시편 2편의 영향 때문인데, 시편 2편은 적대적 세력에 대한 하나님의 공의로운 심판을 설파한다. 타락한 이후의 통치는 필연적으로 타락 전의 에덴에서는 없었던 심판의 특징을 포함하게 된다. 이기는 자들은 메시아 왕국에 참예하는 자가 되어 철의 막대기로 나라들을 다스림으로써 메시아의 왕적 권세를 공유하게 될 것이다.

---

448 Charles, *A Critical and Exegetical Commentary on the Revelation of St. John*, 1:76.
449 앞의 책. "철의 막대기"는 메시아의 통치를 받아들이는 자들에게는 목자의 자비로운 막대기일 수 있지만 거부하는 자들에게는 점토로 만든 그릇들을 부서뜨리는 쇠방망이일 수 있다(J. G. Strelan, *Where Earth Meets Heaven* [Eugene, OR: Wipf & Stock, 2007], 75).
450 Osborne, *Revelation*, 167. 이와 다르게 마운스는 심판의 의미보다는 메시아적 통치의 의미에 더 비중을 둔다(Mounce, *The book of Revelation*, 90).

메시아적 통치는 예수님의 초림으로 성취되어 예수님의 재림 때에 최종적인 구원의 완성과 최후의 심판을 통해 그 성취의 극치를 이루게 된다. 그리고 재림 후에는 조금 다른 양상으로 나타날 텐데, 왜냐하면 그때는 이미 최후의 심판으로 인해 악인이 전혀 존재하지 않게 될 것이기 때문이다. 곧 만국을 다스리는 권세는 에덴의 회복으로서, 아담과 하와에게 부여되었던 피조물에 대한 주재권으로 회복되어 나타나게 될 것이다(참고, 창 1:26-28). 이러한 사실은 22장 5절의 "그들(새예루살렘 공동체)은 영원히 통치할 것이다"라는 문구에 잘 드러나 있다. 물론 이러한 상황이 반드시 재림 이후에만 주어지는 것은 아니다. 이미 그리스도 안에서 회복된 새창조 안에서 구속받은 그리스도인들은 모든 만물을 향하여 그리스도의 주재권을 드러내며 살아야 할 것이기 때문이다. 이것이 5장 10절에서 말하는 이미 시작된 통치 행위의 양상이다(좀 더 자세한 내용은 5:10에 대한 해설을 참고하라).

나의 아버지로부터 받은 것처럼(28a절[개역개정 2:27]). 28a절에서 예수님은 "나도 나의 아버지로부터 받은 것처럼"이라고 하시면서 26절의 나라들에 대한 권세가 자신이 아버지로부터 받은 것임을 말씀하신다.[451] 나라들을 다스리는 이 권세는 본래 예수님이 아버지로부터 받으셨던 권세인데, 이기는 자는 이 권세에 동참하게 되는 특권을 얻게 된다는 것이다. 그러므로 나라들을 다스리는 권세는 예수님의 메시아적 권세인 나라들에 대한 주재권을 바탕으로 이해할 수 있다. 예수님은 어떻게 그 나라들에 대한 주재권을 얻으셨는가? 예수님은 고난과 죽음과 부활을 통해 구속을 이루심으로써, 나라들에 대한 구원을 주시는 분으로서 그 주재권을 획득하셨다. 그분을 통하지 않고는 하나님의 자녀가 되는 권세를 얻지 못한다. 곧 예수님을 따르는 제자들인 교회 공동체도 예수님이 이루신 구속을 증거하는 자로서 만국에 대한 주재권을 가진다. 그러므로 "나라들에 대한 권세"는 예수님이 가신 길을 온전히 따라가는 "이기는 자"만 획득할 수 있는 것이다.

새벽 별을 줄 것이다(28b절[개역개정 2:28]).
(1) 26b절과 28b절 비교
28b절의 "내가 그에게 새벽 별을 주리라"라는 문구는 아래의 도표에서 볼 수 있듯이 26b절과 평행 관계를 갖는다.

---

451 이러한 관계에 대해서는 "구문 분석 및 번역"에서 논의한 바 있다.

26b절	28b절
δώσω αὐτῷ ἐξουσίαν ἐπὶ τῶν ἐθνῶν	δώσω αὐτῷ τὸν ἀστέρα τὸν πρωϊνόν
내가 그에게 나라들에 대한 권세를 줄 것이다	내가 그에게 새벽 별을 줄 것이다

26b절과 28b절 모두에서 "내가 그에게 …을 줄 것이다"(δώσω αὐτῷ, 도소 아우토)라는 문구가 동일하게 사용된다. 이러한 평행 관계로 인해 28b절에서는 26a절의 '호 니콘 카이 호 테론 아크리 텔루스 타 에르가 무'(ὁ νικῶν καὶ ὁ τηρῶν ἄχρι τέλους τὰ ἔργα μου, 이기는 자 곧 나의 행위들을 끝까지 지키는 자)라는 문구가 생략되었다고 볼 수 있다. 한편, 이 두 문구 사이에는 차이점도 있는데, 26b절에서는 주어지는 것이 "권세"인 반면 28b절에서는 "새벽 별"이 주어진다는 것이다.

(2) 메시아적 통치의 지위인 새벽 별

일부 학자들은 고난받은 성도들이 부활 후에 별처럼 영원히 빛날 것이라는 다니엘 12장 3절을 근거로, 이 본문에서 예수님이 이기는 자들에게 약속하신 "새벽 별"이 이긴 자들의 "불멸성"을 강조한다고 주장한다.[452] 이러한 입장도 가능하지만 이곳의 문맥을 고려했을 때 28b절의 "새벽 별"은 26b절이 말하는 나라들에 대한 메시아적 통치의 다른 표현으로 보는 것이 좀 더 타당해 보인다.[453]

이러한 이해는 민수기 24장 17절과 이사야 11장 1절을 재해석하는 22장 16절에서 좀 더 분명하게 드러난다.[454]

요한계시록 2:28b	요한계시록 22:16	구약 배경(민 24:17; 사 11:1)
내가 그에게 새벽 별을 주리라	나 예수는 교회들을 위하여 내 사자를 보내어 이것들을 너희에게 증거하게 하였노라 나는 다윗의 뿌리요 자손이니 곧 광명한 새벽 별이라 하시더라	… 한 별이 야곱에게서 나오며 한 규가 이스라엘에게서 일어나서 모압을 이쪽에서 저쪽까지 쳐서 무찌르고 또 셋의 자식들을 다 멸하리로다(민 24:17) 이새의 줄기에서 한 싹이 나며 그 뿌리에서 한 가지가 나서 결실할 것이요(사 11:1)

요한계시록 22장 16절의 "다윗의 뿌리"와 "광명한 새벽 별"은 서로 평행 관계에 있으면서 상호 해석을 유도한다. 그렇다면 "광명한 새벽 별"은 이사야 11장 1

---

452 Osborne, *Revelation*, 168; Beale, *The Book of Revelation*, 268. 오즈번과 비일은 둘 다 자신들의 자료를 모팻(Moffatt)으로부터 가져온다(James Moffatt, "The Revelation of St. John the Divine" in *The Expositor's Greek Testament*, ed. W. Robertson Nicoll [New York, NY: Dodd, Mead and Company, 1910], 5:363).

453 앞의 책.

454 Sweet, *Revelation*, 97.

절을 배경으로 하는 "다윗의 뿌리"와 동일시됨으로써 메시아적 특성을 갖는다고 볼 수 있다. "새벽 별"이 갖는 이러한 의미는 위의 표에서 볼 수 있듯이 민수기 24장 17절의 말씀을 통해서도 도출된다는 점을 주목할 필요가 있다. 이 말씀에서 "한 별이 야곱에게서 나오며"와 "한 규가 이스라엘에게서 일어나서"는 서로 평행되는 문구로서 "한 별"과 "한 규"는 동일하게 이스라엘 곧 야곱에게서 출생할 메시아를 가리키는 데 사용되고 있다. 이 민수기의 말씀은 또한 시편 2편 7-9절에서도 메시아의 출현과 메시아적 통치를 표현하는 데 사용되고 있다.[455] 이상에서 새벽 별은 메시아에 대한 이미지로 사용되고 있음을 알 수 있다.

그러므로 이기는 자들에게 "새벽 별"이 주어진다는 표현(계 2:28b)은 "나라들에 대한 권세"가 주어진다는 표현(계 2:26b)과 함께 예수님의 메시아적 통치에 동참한다는 의미를 갖는다. 그리고 이 왕적 지위는 "그들로 우리의 하나님께 나라와 제사장을 삼으셨다 그래서 그들이 땅에서 통치하게 될 것이다"라고 말하는 5장 10절의 말씀처럼 그리스도의 구속으로 말미암아 하나님의 백성들에게 이미 주어졌을 뿐 아니라(참고, 20:4), "그들이 세세토록 왕 노릇 하리로다"라고 말하는 22장 5절의 말씀처럼 그리스도의 재림 후에 완성된다. 그러므로 이러한 왕적 지위에 대한 축복은 현재적인 동시에 미래적이다.

[2:29] 들음의 공식

두아디라 교회에게 주어지는 선지적 메시지는 성령이 교회들에게 하시는 말씀을 들을 것을 촉구하는 29절의 말씀으로 끝을 맺는다. 들음의 공식에 대해서는 앞에서 충분히 설명했으므로 여기에서는 생략한다.

---

455 벤후 1:17-19가 시 2:7-8과 민 24:17을 조합해서 기록하고 있어 이 두 본문의 관련성을 확증한다는 주장이 있으나(Beale, *The Book of Revelation*, 269), 벤후 1:17-19는 이 두 본문을 의식한 것이라기보다는 일반적인 내용을 언급한 것일 가능성이 더 크다(R. Bauckham, *Jude, 2 Peter*, WBC 50 [Nashville, TN: Thomas Nelson, 1983], 224).

📑 핵심 메시지

2장은 네 도시(에베소, 서머나, 버가모, 두아디라)에 있는 교회 공동체에게 주어지는 선지적 메시지를 담고 있다. 이 교회들에게 선포되는 선지적 메시지는 거의 동일하게 다음과 같은 형식을 갖는다. 첫째, 예수님의 이름이 주어지는데, 1장 13-20절에서 소개된 바 있는 부활/승천하신 예수님의 모습을 근거로 각 메시지의 내용과 직결되는 이름들이 주어진다. 둘째, 이기는 자들에게 주어지는 종말적 약속을 언급하는 이김의 공식과 성령의 말씀에 귀 기울일 것을 촉구하는 들음의 공식이 주어진다. 셋째, 내용에 있어서는 칭찬과 책망의 패턴을 갖는다. 다만 서머나 교회에게는 책망 대신 권면의 말씀이 주어진다. 칭찬을 언급할 때 예수님은 "내가 … 아노니"라는 문구를 사용하심으로써 교회 공동체의 잘한 부분을 분명하게 인식하고 계심을 나타내신다. 더 나아가서 칭찬 후에 책망의 말씀을 주심으로써 교회를 향한 예수님의 사랑의 마음을 보여주신다. 이러한 형식과 내용을 다음 장의 도표와 같이 정리할 수 있다.

교회	그리스도의 이름	칭찬	책망/경고/권면	이기는 자에게 약속
에베소 교회	오른손에 일곱 별들을 붙잡고 계시는 분; 일곱 금 촛대들 가운데 다니시는 분(2:1)	자칭 사도라 하는 자들의 거짓됨을 드러냄; 수고와 인내와 순결(2:2-3, 6)	네가 처음 사랑을 버렸다; 처음 행위들을 회복하라; 회개하지 않으면 촛대를 옮길 것이다(2:4-5)	하나님의 낙원에 있는 생명 나무로부터 먹게 할 것(2:7)
서머나 교회	죽었다가 살아난 처음과 마지막인 분(2:8)	환난과 가난 중에 있지만 부요하다(2:9)	고난당하는 것을 두려워하지 말라; 죽기까지 신실하라(2:10)	생명의 면류관을 줄 것(2:10); 둘째 사망이 해하지 못함(2:11)
버가모 교회	양쪽이 날카로운 검을 가지신 분(2:12)	사탄의 보좌가 있는 곳에 살면서 예수님의 이름을 굳게 잡음; 안디바가 죽임을 당했을 때에도 그리스도의 신실하심을 부정하지 않음(2:13)	발람의 교훈을 지키는 자들과 니골라 당의 교훈을 지키는 자들이 있다; 회개하지 않으면 신속하게 임하여 내 입의 검으로 그들과 싸울 것이다(2:14-16)	감추어져 있던 만나를 줄 것; 흰 돌을 줄 것; 받는 자 외에는 아무도 알 수 없는, 흰 돌 위에 기록된 새 이름을 줄 것(2:17)
두아디라 교회	그의 눈이 불의 화염 같고 그의 발이 빛난 청동 같으신 하나님의 아들(2:18)	사랑과 신실함과 섬김과 인내의 행위들; 마지막 행위들이 처음 행위들보다 더 많음(2:19)	행음하게 만들고 우상의 제물들을 먹게 하는 자칭 선지자 이세벨을 용납하였다; 회개할 기회를 이세벨에게 주었으나 회개하지 않음(2:20-21); 회개치 않는 자를 큰 환난에 던질 것이다(2:22)	나라들에 대한 권세를 줄 것; 나라들을 점토로 만든 그릇들을 깨뜨리는 것같이 철의 막대기로 부서뜨릴 것; 새벽 별을 줄 것(2:26-28)

🗐 설교 포인트

설교 포인트를 정하는 데 있어서는 두 가지 측면에서 접근할 필요가 있다. 먼저는 일곱 메시지를 함께 담고 있는 2-3장의 전체적인 측면이고, 다음은 2장의 특정한 측면이다. 먼저 2-3장의 전체적인 측면에 대한 설교 포인트는 다음과 같다.

첫째, 2-3장을 설교하는 데 있어서 설교자가 중요하게 취급해야 하는 점은 이것이 독립된 서신이 아니라 요한계시록 전체와 유기적으로 연결되어 있는 선지적 메시지로 주어진다는 것이다. 이것은 요한계시록 전체의 통일성과 관련될 뿐 아니라 2-3장의 일곱 메시지에 대한 이해를 돕는 데도 결정적인 근거가 된다. 그러므로 2-3장을 설교할 때 이러한 통일성을 염두에 두어야 하며, 더 나아가서 일곱 교회 각각의 성도들의 입장에서 요한계시록 전체의 메시지가 어떻게 받아들여질 수 있는지를 유추해 보는 것도 흥미로울 것이다.

둘째, 2-3장에서 반복되어 나타나는 형식을 잘 파악할 필요가 있다. 반복되어 나타나는 형식의 요소에는 예수님의 이름, 칭찬과 책망, 성령의 말씀에 귀 기울일 것에 대한 촉구, 이기는 자에게 주어지는 종말적 약속이 포함된다. 이러한 일정한 형식을 잘 파악하고 있으면 2-3장에 대한 설교가 용이할 뿐 아니라 간결한 설교도 가능하게 된다.

셋째, 2-3장에서 각 교회에게 주어지는 메시지들의 초두마다 등장하는 예수님의 이름이 1장 13-20절에서 등장하는 부활/승천하신 예수님의 모습을 배경으로 주어진다는 점을 기억할 필요가 있다. 이것은 각 교회에게 주어지는 메시지들의 초두 부분에 예수님의 이름이 일관성 있게 나오는 이유를 효과적으로 제시할 수 있게 할 것이다. 더 나아가서 이러한 이름의 선정이 그것에 이어지는 메시지의 내용을 결정하거나 반대로 그 내용이 이러한 이름을 선정하게 된다는 것을 도출해 낼 수도 있을 것이다.

넷째, 2-3장에서 이기는 자들에게 주어지는 종말적 약속들은 영생에 대한 다른 표현들이라는 사실을 인식하는 것이 중요하다. 이러한 약속들이 다양한 등급의 상급으로 인식되어 상급에 차등이 존재한다는 인상을 주지 않도록 해야 한다. 이 모든 약속들은 결국 영생을 주는 것에 대한 다양한 표현 방식일 뿐이다. 하지만 상급에 차등이 없고 동일하게 영생이 주어진다는 사실은 신앙 생활을 게을리 해도 된다는 안일함을 유발할 수 있다. 여기에서 설교자가 이 영생을 얻을 수 있는 자들이 어떠한 자들인지를 환기시키는 것이 중요하다. 그들은 바로 "이기는 자들"이다. 바로 여기에 우리가 나태할 수 없는 이유가 있는 것이다. 그렇다면 그것은 행위 구원을 말하는가? 그렇지 않다. 믿음으로 구원을 얻는다. 그러나 그 믿음의 진실성은 행위를 통해 증명되어야 한다. 이러한 증명의 과정이 바로 영적 전투에서 이기는 작업을 통해 드러나게 된다.

다섯째, 설교자는 2-3장에서 주어지는 책망과 심판의 경고를 성도들을 겁주는 데 사용해서는 안 된다. 왜냐하면 이 메시지들의 본질은 위로와 격려이기 때문이다. 칭찬이 먼저 등장하고 책망이 나중에 등장하는 것도 이러한 이유에서 주어진 순서이며, 마지막에 주어지는 이기는 자들에 대한 약속도 이러한 동기를 잘 반영하고 있다. 물론 2-3장에는 책망과 경고가 담겨 있다. 이것을 무시하자는 것이 아니라 균형을 맞추어 설교할 필요가 있다는 것이다.

여섯째, 2-3장은 목회 현장에 가장 실제적인 내용을 다루고 있기 때문에 설교자에게는 매우 유용한 부분이라고 할 수 있다. 2-3장에서 다루고 있는 문제들은 오늘날의 교회 공동체에서도 동일하게 발생할 수 있는 것들이다. 그럼에도 불구하고 설교자는 2-3장에서 등장하는 일곱 교회의 역사적 특수성과 각각의 내용들이 내포하고 있는 구속사적 의미를 먼저 잘 주지하고 있어야 한다. 앞의 본문 주해 부분에서 가능하면 이러한 부분들에 대해 자세하게 언급하려고 하였다.

마지막으로, 일곱 메시지에서는 예수님의 오심이 자주 언급되는

데, 이 오심이 재림 때 일어나는 종말적 오심인지 아니면 교회의 역사 가운데 일어나는 상시적 오심인지를 구별할 필요가 있다. 회개하지 않으면 오시겠다는 조건적 오심은 상시적 오심이다. 이것은 조건적이기 때문에 그들이 회개할 때는 오실 필요가 없게 된다. 그러나 조건적 오심이 아닌 경우는 재림 때 오시는 종말적 오심을 의미하는 것으로 생각할 수 있다.

다음으로 2-3장의 특정한 부분에 대한 설교 포인트는 다음과 같다. 첫째, 에베소 교회는 거짓 사도를 구별해 내는 탁월한 분별력을 가지고 있어 하나님의 칭찬을 들음에도 불구하고 그 칭찬 들을 만한 것 속에 책망을 들을 만한 것도 있었다는 사실을 발견할 수 있다. 거짓 사도를 분별해 내는 탁월한 분별력 이면에는 매우 비판적이 되어 하나님과 사람에 대한 "처음 사랑"을 잃어버릴 수 있는 함정이 있었다는 것을 설교를 통해 지적할 필요가 있다. 이러한 지적은 교리적 진정성에만 관심을 갖는 공동체의 오류를 바로 잡을 수 있는 기회로 작용할 수 있을 것이다.

둘째, 서머나 교회에게 주어진 메시지에서 설교자는 개역개정이 "네가 죽도록 충성하라"(10e절)로 번역한 말씀의 의미를 정확하게 전달할 필요가 있다. 이 문구를 자칫 교회의 일에 몸 바쳐 충성하라는 것으로 받아들이기 쉬운데 실제로 본문이 의미하는 바는 죽는 순간이라 하더라도 하나님 앞에 신실하라는 것이다. 이 신실함이 교회에서의 열정적인 봉사로 나타날 수도 있고 아니면 집에서 잠잠히 주님의 말씀을 묵상하는 것으로 나타날 수도 있을 것이다. 설교자는 이 말씀을 정확하게 해석함으로써 이러한 폭넓은 적용을 도출해 낼 수 있어야 할 것이다.

셋째, 버가모 교회의 성도들은 신실한 증인 안디바의 죽음에도 불구하고 예수님의 신실함을 부정하지 않은 불굴의 신앙을 소유한 자들이었다. 그러나 그들에게 약점이 있었는데 그것은 바로 발람의 교훈 곧 니골라 당의 교훈을 지키는 자들이 있었다는 것이다. 여기에서 설교자는 투철한 신앙을 가지고 있음에도 불구하고 이단적 교훈에 빠질 수 있다는 사실을 인식하고 이에 대해 경고하는 것을 잊지 말아야 할 것이다.

넷째, 두아디라 교회도 사랑과 믿음과 섬김과 인내를 가졌음에도 불구하고 문제가 있었는데 그것이 아합 왕의 아내인 "이세벨"이란 이름을 통해 은유적으로 드러난다. 이세벨의 가르침은 버가모 교회의 "발람의 교훈"이나 "니골라 당의 교훈"과 유사하다. 예수님은 이 가르침을 따르는 자들을 심판하실 것이라 강조하신다. 여기에서 설교자는 23c절의 말씀대로 예수님이 "생각들과 마음들을 살피는 자"이심을 지적하고 청중에게 경각심을 환기해야 한다.

📋 설교 요약 1

- **제목:** 처음 사랑을 버렸다: 에베소 교회를 향한 메시지
- **본문:** 요한계시록 2장 1-7절

● **구조**

1절	예수님의 이름
2-3절, 6절	칭찬
4-5절	책망과 경고
7절	이기는 자에게 주어지는 종말적 약속

● **서론**

우리는 하나님과 사람에 대해 가졌던 처음 사랑을 지금도 가지고 있는가? 사람들을 비판하면서 하나님에 대한 사랑이 점점 타성화되어 가고 있지는 않은가? 에베소 교회의 정황을 통해 다시 한 번 우리 자신을 돌아보는 시간을 갖도록 하자.

● **본론**

1. 예수님은 에베소 교회에게 어떠한 모습으로 나타나시는가?(1절)
    1) 오른손에 일곱 별을 붙잡고 계시는 분
    2) 일곱 금 촛대 가운데 다니시는 분
2. 에베소 교회에 대해 무엇을 칭찬하시는가?(2-3절, 6절)
    1) 자칭 사도라 하는 자들을 드러냄(2-3절)
    2) 수고와 인내와 순결(6절)
3. 에베소 교회에 대한 책망의 내용은 무엇이고 그에 대한 경고는 무엇인가?(4-5절)
    1) 책망: 처음 사랑을 버렸다(4절)
    2) 경고: 회개하지 아니하면 촛대를 옮길 것이다(5절)

4. 이기는 자에게 주어지는 종말적 약속은 무엇인가?(7절)

　하나님의 낙원에 있는 생명 나무로부터 먹게 할 것이다

●**결론: 적용**

1. 예수님은 우리 교회에게 어떠한 분으로 다가오시는가?

2. 예수님이 우리의 어떤 점을 칭찬하실 수 있을까? 우리에게 수고, 인
　내, 순결, 분별력이 있는가?

3. 우리에게 예수님이 책망하실 만한 것이 있지는 않는가? 혹시 처음
　사랑을 버린 것에 대해 책망하시지는 않을까?

4. 예수님이 에베소 교회에 약속하신 하나님 낙원의 생명 나무가 주는
　구원의 풍성함이 우리에게도 주어진 것을 믿고 있는가?

📑 설교 요약 2

● **제목:** 죽기까지 신실하라: 서머나 교회를 향한 메시지
● **본문:** 요한계시록 2장 8-11절

● **구조**

8절	예수님의 이름
9절	칭찬
10절	권면
10-11절	이기는 자에게 주어지는 종말적 약속

● **서론**

우리가 죽기까지 하나님 앞에 신실할 수 있을까? 우리가 죽는 순간까지 누군가에게 신실할 수 있다면 그것은 행복한 죽음을 맞이하는 것이다. 예수님은 서머나 교회에게 말씀하신 것처럼 우리에게도 죽는 그 순간조차 신실할 것을 요구하신다.

● **본론**

1. 예수님은 서머나 교회에 어떠한 모습으로 나타나시는가?(8절)
   1) 처음과 마지막이신 이
   2) 죽었다가 살아나신 이
2. 서머나 교회에 대해 무엇을 칭찬하시는가?(9절)
   1) 환난과 궁핍 가운데 있지만 실상은 진정으로 부요하다
   2) 자칭 유대인이라 하는 자들 곧 사탄의 회당의 훼방에도 불구하고 믿음을 지키다
3. 서머나 교회에 대해 무엇을 권면하시는가?(10절)
   1) 장차 받을 고난을 두려워하지 말라
   2) 죽기까지 신실하라

4. 이기는 자에게 주어지는 종말적 약속은 무엇인가?(10-11절)

　　1) 생명의 면류관을 줄 것이다(10절)

　　2) 둘째 사망의 해를 받지 않을 것이다(11절)

●결론: 적용

우리는 서머나 교회처럼 환난과 궁핍 가운데서도 진정으로 부요한 자로 인정받고 있는가? 죽는 순간까지도 하나님 앞에 신실할 준비가 되어 있는가?

📑 설교 요약 3

● **제목:** 죽기까지 믿음을 저버리지 않는 자들의 함정:
　　　버가모 교회를 향한 메시지
● **본문:** 요한계시록 2장 12-17절

● **구조**

12절	예수님의 이름
13절	칭찬
14-16절	책망과 권면
17절	이기는 자에게 주어지는 종말적 약속

● **서론**

"선 줄로 생각하는 자는 넘어질까 조심하라"(고전 10:12)는 권면은 누구라도 신앙 생활 중에 넘어질 수 있다는 경각심을 주며, 버가모 교회의 경우를 통해 그 경각심을 새롭게 할 수 있다.

● **본론**

1. 예수님은 버가모 교회에 어떠한 모습으로 나타나시는가?(12절)
   양쪽이 날카로운 검을 가지신 이 → 심판하시는 예수님
2. 버가모 교회를 향하여 무엇을 칭찬하시는가?(13절)
   예수님의 신실한 증인 안디바가 사탄이 사는 곳에서 죽임을 당했음에도 불구하고 버가모 교회는 예수님의 신실하심을 부정하지 아니하였다
3. 버가모 교회에 대한 책망과 권면과 경고의 내용은 무엇인가?(14-16절)
   1) 책망: 발람의 교훈과 니골라 당의 교훈을 지키는 자들이 있다
   2) 권면: 회개하라
   3) 경고: 회개하지 아니하면 내 입의 검으로 그들과 싸우리라

4. 이기는 자에게 주어지는 종말적 약속은 무엇인가?(17절)

   1) 감추어 있던 만나를 줄 것이다

   2) 흰 돌을 줄 것이다

   3) 받는 자 외에는 아무도 알 수 없는, 흰 돌 위에 기록된 새 이름을
      줄 것이다

● **결론: 적용**

하나님 앞에 우리는 어떻게 서 있어야 하는가? 항상 깨어 있어 두렵고
떨림으로 살아야 한다. 섰다고 하는 자는 넘어질까 조심하라!

📑 설교 요약 4

● **제목:** 남은 자들이 누릴 종말적 통치의 권세:

　　두아디라 교회를 향한 메시지

● **본문:** 요한계시록 2장 18-29절

● **구조**

18절	예수님의 이름
19절	칭찬
20-23절	책망과 심판의 경고
24-25절	남아 있는 자들에 대한 칭찬과 권면
26-28절	이기는 자에게 주어지는 종말적 약속
29절	들음의 공식

● **서론**

두아디라 교회에는 이세벨의 교훈 곧 음행과 우상 숭배에 영향을 받은 자들이 적지 않게 있었다. 그들은 심판을 면치 못할 것이다. 그러나 그러한 가운데 남은 자들의 존재는 두아디라 교회를 빛나게 한다.

● **본론**

1. 예수님은 두아디라 교회에 어떠한 모습으로 나타나시는가?(18절)

　1) 하나님의 아들

　2) 불의 화염 같은 눈을 가지신 분: 심판주로서의 모습

　3) 빛나는 청동 같은 발을 가지신 분: 예수님의 능력과 안정되고 영광스러운 모습

2. 두아디라 교회를 향하여 무엇을 칭찬하시는가?(19절)

　1) 두아디라 교회의 행위들: 사랑과 섬김과 인내

　2) 두아디라 교회의 마지막 행위들이 처음 행위들보다 더 많음

3. 두아디라 교회에 대한 책망의 내용은 무엇이고 그에 대한 경고는 무엇인가?(20-23절)

  1) 책망: 이세벨의 가르침(행음과 우상 숭배)을 용납함

  2) 경고: 회개하지 아니하면 큰 환난으로 던질 것이다

4. 두아디라 교회의 "남은 자들"에 대해 무엇을 칭찬하고 권면하시는가?(24-25절)

  1) 칭찬: 이세벨의 교훈을 집요하게 거부해서 사탄의 깊은 것들을 알지 못하는 자들이 됨(24절)

  2) 권면: 너희가 가지고 있는 것들을 예수님이 오실 때까지 굳게 잡으라(25절)

5. 이기는 자에게 주어지는 종말적 약속은 무엇인가?(26-28절)

  1) 나라들에 대한 권세(26절): 예수님의 메시아적 통치에 동참

  2) 철의 막대기로 나라들을 부서뜨릴 것(27절): 예수님의 종말적 심판에 동참

  3) 새벽 별(28절): 예수님의 메시아적 통치에 동참

● **결론: 적용**

음행과 우상 숭배를 조장하는 이세벨의 가르침은 오늘날의 교회 안에도 편만한 것이 사실이다. 이세벨의 가르침을 거부함으로써 남은 자가 될 것인가, 아니면 그것을 수용함으로써 버림받는 자가 될 것인가?

II. 일곱 교회에게 보내는 메시지 2: 사데, 빌라델비아, 라오디게아 교회(3장)

3장은 사데 교회(1-6절), 빌라델비아 교회(7-13절), 라오디게아 교회(14-22절) 공동체에게 보내는 메시지로 구성된다.

5. 사데 교회에게 보내는 메시지(3:1-6)

구문 분석 및 번역

1절 a   Καὶ τῷ ἀγγέλῳ τῆς ἐν Σάρδεσιν ἐκκλησίας γράψον·
       그리고 사데에 있는 교회의 천사에게 쓰라

  b   Τάδε λέγει ὁ ἔχων τὰ ἑπτὰ πνεύματα τοῦ θεοῦ καὶ τοὺς ἑπτὰ ἀστέρας·
       하나님의 일곱 영과 일곱 별을 가진 이가 이같이 말씀하신다

  c   οἶδά
         나는 알고 있다

  d   σου τὰ ἔργα
           너의 행위들을

  e   ὅτι ὄνομα ἔχεις ὅτι ζῇς, καὶ νεκρὸς εἶ.
           곧 네가 살았다 하는 이름은 가졌으나 죽어 있다는 것을

2절 a   γίνου γρηγορῶν
       너는 계속 깨어 있으라

  b   καὶ στήρισον τὰ λοιπὰ ἃ ἔμελλον ἀποθανεῖν,
       그리고 그 죽게 되어 있는 남은 것들을 강하게 하라

  c   οὐ γὰρ εὕρηκά σου τὰ ἔργα πεπληρωμένα ἐνώπιον τοῦ θεοῦ μου.
         왜냐하면 내가 네 행위들이 나의 하나님 앞에서 온전해 있음을 발견하지 못해
         왔기 때문이다.

3절 a   μνημόνευε οὖν πῶς εἴληφας καὶ ἤκουσας
       그러므로 네가 어떻게 받았고 들었는지 기억하라

  b   καὶ τήρει
       그리고 지키라

  c   καὶ μετανόησον.
       그리고 회개하라

  d   ἐὰν οὖν μὴ γρηγορήσῃς,
       만일 네가 깨어 있지 아니하면

e	ἥξω ὡς κλέπτης,
	내가 도적같이 올 것이다
f	καὶ οὐ μὴ γνῷς ποίαν ὥραν ἥξω ἐπὶ σέ.
	그리고 내가 어느 시에 네게 임하는지 네가 결코 알지 못하리라
4절 a	ἀλλ᾽ ἔχεις ὀλίγα ὀνόματα ἐν Σάρδεσιν
	그러나 너는 사데 안에 몇 이름을 가지고 있다
b	ἃ οὐκ ἐμόλυναν τὰ ἱμάτια αὐτῶν,
	그들의 옷을 더럽히지 아니한
c	καὶ περιπατήσουσιν μετ᾽ ἐμοῦ ἐν λευκοῖς,
	그리고 그들은 흰옷을 입고 나와 함께 다닐 것이다
d	ὅτι ἄξιοί εἰσιν.
	왜냐하면 그들은 합당한 자이기 때문이다
5절 a	Ὁ νικῶν οὕτως περιβαλεῖται ἐν ἱματίοις λευκοῖς
	이기는 자는 이와 같이 흰옷으로 입혀질 것이요
b	καὶ οὐ μὴ ἐξαλείψω τὸ ὄνομα αὐτοῦ ἐκ τῆς βίβλου τῆς ζωῆς
	그리고 나는 그의 이름을 생명의 책으로부터 결코 지우지 아니할 것이다
c	καὶ ὁμολογήσω τὸ ὄνομα αὐτοῦ ἐνώπιον τοῦ πατρός μου καὶ ἐνώπιον τῶν ἀγγέλων αὐτοῦ.
	그리고 나는 그의 이름을 나의 아버지 앞과 그의 천사들 앞에서 시인하리라
6절	Ὁ ἔχων οὖς ἀκουσάτω τί τὸ πνεῦμα λέγει ταῖς ἐκκλησίαις.
	귀를 가진 자로 성령이 교회들에게 말씀하시는 것을 듣게 하라

1abc절의 구문과 번역에 대해서는 앞의 경우들에서 충분히 논의했으므로 중복되는 내용에 대한 언급은 생략하기로 하겠다. 다만 1d절과 1e절의 구문 관계에 대해서는 설명할 필요가 있다. 1e절은 '호티'(ὅτι)절로서 1c절의 동사 '알다'(οἶδά, 오이다)의 목적절이다. 그런데 이 동사는 1d절의 '수 타 에르가'(σου τὰ ἔργα, 너의 행위들)를 목적어로 가지고 있다. 따라서 목적어인 1d절과 목적절인 1e절은 동격의 관계로 간주될 수 있다.

2절은 두 개의 명령형 동사, "깨어 있으라"(γίνου γρηγορῶν, 기누 그레고론; 2a절)와 "강하게 하라"(στήρισον, 스테리손; 2b절)로 구성되어 있다. 2a절의 '기누 그레고론'(γίνου γρηγορῶν)은 "지속적인 경계"를 표현하는 "우언법"(periphrasis)적 문구이며,[1] 따라서 "너는 계속 깨어 있으라"로 번역한다.[2]

---

1   Zerwick and Grosvenor, *A Grammatical Analysis of the Greek New Testament*, 747. 이 내용에 대한 보충적인 정보는 Zerwick and Smith, *Biblical Greek*, 78-79 (§242)를 참고하라.
2   '기누'(γίνου)가 영어의 be동사에 해당하는 헬라어 '에이미'(εἰμί)의 의미를 갖기 때문에 '기누 그레고론'(γίνου γρηγορῶν)을 "경계하라"(be watchful)로 번역할 수 있지만, "네 자신이 경계하고 있음을 보이라"(show yourself to be watchful)로 번역하는 것이 더 적절하다는 견해도 있다(Osborne, *Revelation*, 174).

2c절은 이유를 나타내는 접속사 '가르'(γάρ, 왜냐하면)를 사용함으로써 2a절과 2b절에서 주어진 두 명령 모두에 대한 이유를 제시한다. 2c절의 문장은 완료형 동사가 지배한다. '휴리스코'(εὑρίσκω, 찾다)의 완료형인 '휴레카'(εὕρηκά)가 주동사로 사용되고, '플레로오'(πληρόω, 온전하다)의 완료 수동 분사인 '페플레로메나'(πεπληρωμένα)가 사용된다. 이곳에서는 내러티브의 기본 구조를 이루는 부정과거형 동사가 함께 사용되지 않았기 때문에 완료형의 사용이 그 동사들을 부각시키려는 목적을 갖는다고 보기는 어렵다.[3] 대신 이 문맥에서는 완료형 동사의 특징 자체를 반영한다: 완료형 동사는 "과거 시점이 아니라 현재 시점으로서, 과거의 행위 자체가 아니라 과거의 행위로부터 초래된 '사건들의' 현재 '상태'를 나타낸다."[4] 그러므로 2c절을 번역할 때 이러한 완료형 동사의 특징을 반영하여, 부정어와 완료형 동사로 결합된 '우 ... 휴레카'(οὐ ... εὕρηκά)는 "발견하지 못해 왔다"로 번역하고, 완료 수동 분사인 '페플레로메나'(πεπληρωμένα)는 "온전해 있음"으로 번역한다.

3a절은 접속사 "그러므로"(οὖν, 운)를 통해 직전의 2절에 대한 결과를 서술하면서 세 개의 명령형 동사로 구성되어 있다. 이곳에서는 세 동사를 단순하게 나열하여 번역했고, 그 셋의 관계는 해석의 영역이기에 본문 주해에서 다루겠다. 특별히 3a절의 '포스'(πῶς)절에서는 '람바노'(λαμβάνω, 받다)의 완료형 동사 '에일레파스'(εἴληφας)가 사용되는데 이 동사에 대한 입장은 둘로 나뉜다. 첫째, '에일레파스'는 완료형이지만 부정과거형처럼 사용되고 있다는 입장이다.[5] 둘째, '에일레파스'는 뒤이어 나오는 동사 '아쿠오'(ἀκούω, 듣다)의 부정과거형 '에쿠사스'(ἤκουσας)와 비교되어 더 강조되는 의도로 사용된다는 입장이다.[6] 5장 7절에서도 이와 유사한 구문인 '엘덴 카이 에일레펜'(ἦλθεν καὶ εἴληφεν, 그가 왔다 그리고 취하였다)이 등장하는데, 이 경우에는 두 번째 입장이 적용될 수 있다. 즉, 5장 7절의 문

---

3   이것은 "동사 상"(verbal aspect) 이론으로서 이 주제에 대한 자세한 내용은 David L. Mathewson, *Verbal Aspect in the Book of Revelation: The Function of Greek Verb Tenses in John's Apocalypse* (Leiden: Brill, 2010), 19-47과 91-108을 참고하라. 앞으로 요한계시록에서 완료형 동사가 등장할 때마다 이 이론을 반영해서 고려할 것이다.

4   Zerwick and Smith, *Biblical Greek*, 96.

5   Zerwick and Grosvenor, *A Grammatical Analysis of the Greek New Testament*, 747. 체르빅(Zerwick)은 이와 동일한 경우로서 5:7의 예를 제시하는데 이것은 간단한 문제가 아니다. 5:7의 '엘덴 카이 에일레펜'(ἦλθεν καὶ εἴληφεν, 그가 왔다 그리고 취하였다)에서는 "왔다"보다 "취하였다"가 완료형으로서 강조되는 의도가 뚜렷한 반면(Mathewson, *Verbal Aspect in the Book of Revelation*, 99), 3:3a의 경우는 "받다"와 "듣다" 중 어떤 것이 더 중요한지를 뚜렷하게 구별하기가 쉽지 않다.

6   Mathewson, *Verbal Aspect in the Book of Revelation*, 97-98.

맥에서는 예수님이 책을 취하시는 장면이 강조되는 것이 분명하다.[7] 그러나 3a 절에서는 '에일레파스'가 강조된다고 보기가 쉽지 않은데, 왜냐하면 그 다음에 나오는 '에쿠사스'(ἤκουσας, 듣다)도 그만큼 중요한 것으로 여겨지기 때문이다. 그러므로 완료형이라고 무조건 강조의 의도를 갖는다고 간주하는 것은 신중해야 할 문제다. 이상의 내용으로 볼 때, 첫 번째 주장을 근거로 추정하는 것이 적절해 보인다.

이상의 내용을 근거로 우리말 어순에 맞추어 번역하면 다음과 같다.

1a	그리고 사데에 있는 교회의 천사에게 쓰라.
1b	하나님의 일곱 영과 일곱 별을 가진 이가 이같이 말씀하신다.
1c	"나는
1d	너의 행위들
1e	곧 네가 살았다 하는 이름은 가졌으나 죽어 있다는 것을
1c	알고 있다.
2a	너는 계속 깨어 있으라.
2b	그리고 그 죽게 되어 있는 남은 것들을 강하게 하라.
2c	왜냐하면 내가 네 행위들이 나의 하나님 앞에서 온전해 있음을 발견하지 못해 왔기 때문이다.
3a	그러므로 네가 어떻게 받았고 들었는지 기억하라.
3b	그리고 지키라.
3c	그리고 회개하라.
3d	만일 네가 깨어 있지 아니하면
3e	내가 도적같이 올 것이다.
3f	그리고 내가 어느 시에 네게 임할는지 네가 결코 알지 못하리라
4a	그러나 너는 사데 안에
4b	그들의 옷을 더럽히지 아니한
4a	몇 이름을 가지고 있다.
4c	그리고 그들은 흰옷을 입고 나와 함께 다닐 것이다.
4d	왜냐하면 그들은 합당한 자이기 때문이다.
5a	이기는 자는 이와 같이 흰옷으로 입혀질 것이요
5b	그리고 나는 그의 이름을 생명의 책으로부터 결코 지우지 아니할 것이다.
5c	그리고 그 이름을 나의 아버지 앞과 그의 천사들 앞에서 시인하리라
6	귀를 가진 자로 성령이 교회들에게 말씀하시는 것을 듣게 하라."

---

7 이 본문에 대한 자세한 설명은 5:7에 대한 본문 주해에서 다루도록 하겠다.

배경 연구: 사데는 어떤 도시인가?

"사데는 역사 기록 초기의 큰 도시들 중 하나다. 헬라인들의 시각에서 그 도시는 오랫동안 모든 도시들 중 가장 위대한 도시로 여겨져 왔다."[8] 사데에 대한 이와 같은 평가는 사데 교회 공동체를 향한 예수님의 메시지에 대해 큰 호기심을 갖게 한다.

1) 사회 정치적 특징

사데는 난공불락의 도시였으나 BC 546년에 페르시아의 고레스에게 점령당한 후에 그리스를 거쳐 마침내 로마에게 점령되면서, 독립된 국가의 수도로서의 기능을 상실했으며, 이러한 과정으로 인해 사데는 많은 전쟁을 치러야 했다.[9] 특히 호전적인 리디아 왕국의 수도로서 리디아 왕국이 일으키는 각종 전쟁에 앞장서야 하는 입장이었다.[10] 설상가상으로 AD 17년에는 엄청난 지진이 일어나 사데를 초토화시키고 말았는데,[11] 플리니우스는 이 지진을 역사상 최악의 재앙이라고 평가한다.[12] 이러한 최악의 재앙 후에 도움이 절실했던 순간에 사데는 로마 제국 황제인 티베리우스의 지원을 받아 신속하게 재건에 성공했다.[13] 이러한 과정은 사데가 로마 제국과 얼마나 밀착될 수 있는 환경이었는지를 단적으로 보여 주는 대목이라고 할 수 있다. 이러한 사회 정치적 특징은 다음 단락에서 살펴볼 종교적 특징과 직결된다.

2) 종교적 특징

사데의 재건을 위해 로마 제국이 크게 기여했다는 사실은 그 도시의 시민들에게 로마에 대한 긍정적인 정서를 형성해 주었고, 이로 인해 사데는 로마 제국 황제와 매우 밀착될 수밖에 없는 현실에 놓이게 되었을 것이다. 이런 관계를 기반으로 사데가 보여준 가장 대표적인 반응은 황제에 대한 충성이었는데, 이것은 지진이 일어난 지 불과 9년만인 AD 26년에 황제 숭배를 위한 신전 건축을 확보하

---

8 Ramsay, *The Letters to the Seven Churches of Asia*, 354.
9 Osborne, *Revelation*, 171-172.
10 Ramsay, *The Letters to the Seven Churches of Asia*, 357.
11 Swete, *The Apocalypse of St. John*, 47; Reddish, *Revelation*, 69.
12 Hemer, *The Letters to the Seven Churches of Asia*, 134; Osborne, *Revelation*, 172
13 Swete, *The Apocalypse of St. John*, 47; Reddish, *Revelation*, 69. 이러한 이유로 인하여 스트라보(Strabo)는 그 도시를 "위대한 도시"(πόλις μεγάλη, 폴리스 메갈레)라 칭했다(Swete, *The Apocalypse of St. John*, 47).

기 위해 열 개의 다른 아시아 도시와 경쟁하는 방식으로 드러나게 되었다.[14] 이러한 정황은 사데의 재건 속도가 매우 빨랐다는 의미도 되겠지만, 사데라는 도시 공동체에 로마 제국의 영향력이 얼마나 즉각적으로 나타나는지를 보여주는 것이기도 하다. 사데는 전쟁과 자연적 재난을 겪으면서 "죽음과 불멸에 대해 특별한 관심"을 갖게 되었으며,[15] 이것이 1절에서 "죽음"과 "생명"이 대조되어 나타나는 이유이기도 하다.

3) 경제적 특징

사데는 아시아에서 가장 찬란한 역사를 가진 도시다. 사데는 BC 1200년경에 세워져서 BC 7세기와 BC 6세기 사이에 부요하고 강력했던 리디아 왕국의 수도가 되었는데, 특별히 사데는 그곳에서 생산되는 금으로 말미암아 전설적인 부의 상징이 되었다.[16] 또한 두아디라처럼 사데에서는 모직과 같은 섬유와 염색 산업이 발달했고[17] 서머나와 버가모로부터 내륙부로 통하는 많은 도로들이 교차하는 지점에 이 도시가 존재하기 때문에 상업의 중심지로서 큰 발전을 이루게 되어 부요한 도시의 위상을 유지할 수 있었다.[18] 이와 같은 상업 발전은 디아스포라 유대인들이 그 도시로 유입되게 하는 효과를 가져왔다.[19]

4) 사회적 특징

사데에서 발견된 한 비문에는 사데를 가리키는 ספרד란 아람어 자음이 새겨져 있다.[20] 이 비문의 연대에 대해서는 논쟁이 있지만, 이 비문에 새겨진 아람어의 존재는 다음의 세 가지 가능성을 제시한다:[21] (1) 사데에 아람어가 존재했던 이유는 아람어가 페르시아 시대의 "공식 언어"(official language)였기 때문일 것이다. (2) 사데에는 유대인을 주축으로 하는 상당수의 아람어 사용자가 있었을 것이다. (3) 당시 소아시아의 초기 교회들에서는 아람어가 "정규 언어"(regular language)

---

14 Hemer, *The Letters to the Seven Churches of Asia*, 134. 그러나 이 경쟁에서 신전 건축의 특권을 차지한 것은 서머나 도시였다(Osborne, *Revelation*, 172).
15 앞의 책.
16 Reddish, *Revelation*, 69; Hemer, *The Letters to the Seven Churches of Asia*, 130-131.
17 Swete, *The Apocalypse of St. John*, 47.
18 Reddish, *Revelation*, 69; Hemer, *The Letters to the Seven Churches of Asia*, 134.
19 Hemer, *The Letters to the Seven Churches of Asia*, 136.
20 앞의 책, 135.
21 앞의 책.

로 사용되었을 것이다. 이 세 가능성에 대해서는 논란의 여지가 있지만 한 가지 분명한 것은 당시 유대인 디아스포라의 중심지라고 할 수 있는 사데에 아람어를 사용하는 유대인들이 상당수 거주했다는 사실이다.[22] 또한 그리스도인들이 유대인들과 함께 그 도시의 이교적 생활 방식에 동화되어서 이교도들과 동일한 생활 방식을 오랫동안 추구해 왔다는 증거들이 있다.[23] 이러한 사실은 사데의 세속화가 유대 사회를 비롯한 그리스도인 공동체에게도 심각한 영향을 미쳤을 것임을 짐작케 한다.

본문 주해
[3:1] 사데 교회에게 쓰라

사데 교회에 보내는 선지적 메시지 역시 "사데에 있는 교회의 천사"에게 선포하는 형식과 함께 예수님의 모습을 표현하는 말로 시작한다. 먼저 1a절의 "교회의 천사"라는 표현과 명령형 "쓰라"의 의미는 앞에서 설명했으므로 생략하고, 1b절부터 살펴보기로 하겠다.

하나님의 일곱 영과 일곱 별(τὰ ἑπτὰ πνεύματα τοῦ θεοῦ καὶ τοὺς ἑπτὰ ἀστέρας, 1b절). 1b절의 "하나님의 일곱 영"(τὰ ἑπτὰ πνεύματα τοῦ θεοῦ, 타 헤프타 프뉴마타 투 데우)은 하나님의 영으로서 성령을 의미하며(참고, 1:4; 4:5), "일곱 별"(τοὺς ἑπτὰ ἀστέρας, 투스 헤프타 아스테라스)은 일곱 촛대에 의해 상징되는 일곱 교회의 천상적 대응체로서의 천사를 가리킨다(1:20에 대한 본문 주해를 참고하라). 여기에서 "일곱 영"과 "일곱 별"이 "일곱"이라는 숫자를 통해 "일곱 촛대"와 평행 관계를 이룬다는 점에 주목할 필요가 있다.

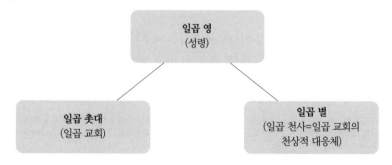

22 앞의 책, 136. 실제로 사데에 있던 회당 시설의 유적이 발견된 바 있다(앞의 책, 137).
23 앞의 책.

이러한 평행 관계의 설정은 성령과 교회 공동체의 밀접한 관계를 의도한 것으로 간주할 수 있다. 이 밀접한 관계는 어떻게 형성되는가? 먼저 일곱 별은 지상의 일곱 교회 공동체에 대한 천상적 대응체로서 일곱 천사를 상징한다(1:20). 성령은 교회가 지닌 천상적 존재로서의 실존적 본질을 지상에서 활성화하는 데 결정적 역할을 한다.[24] 곧 성령에 의해 "영적 생명의 힘"(the spiritual life-forces)이 지상의 교회 공동체를 지배하여 천상적 공동체로서의 존재를 체험하도록 주도한다.[25] 이러한 점에서 일곱 영과 일곱 별의 평행 관계를 이해할 수 있다. 그리고 이러한 평행 관계를 갖는 두 개의 대상을 나란히 병치시킨 것은 두 대상이 서로 밀접한 관계임을 강조하려는 의도성을 가진 것으로 보인다. 특별히 예수 그리스도께서 일곱 영과 일곱 별을 가지고 계시다는 것은 이러한 과정을 예수님이 주관하고 계심을 보여준다.[26]

이러한 관계는 에베소 교회에게 주어지는 메시지인 2장 1절의 "오른손에 일곱 별을 붙잡고 있는 이 곧 일곱 금 촛대 가운데 다니시는 이"라는 문구와 유사한 패턴을 갖는다. 두 본문에 차이점이 있다면 2장 1절에서는 일곱 별과 일곱 금 촛대가 한쌍으로 언급되는 반면, 3장 1절에서는 일곱 별과 일곱 영이 한쌍으로 언급된다는 점이다. 2장 1절에서는 지상적 교회와 그것의 천상적 대응체를 한쌍으로 묶어서 이 둘 사이의 관계를 밀접하게 설정한 반면, 3장 1절에서는 천상적 교회를 연상시키는 천상적 대응체와 성령을 한쌍으로 묶고 있다. 즉, 3장 1절은 지상적 교회의 천상적 대응체인 일곱 별과 성령을 한쌍으로 제시함으로써 지상의 교회가 성령에 의해 천상적 공동체로서의 특징을 구현할 수 있게 된다는 점을 보여준다. 뿐만 아니라 2장 1절과 3장 1절 모두에서 일곱 별이 예수님께 속해 있는 것으로 표현되는 것은 교회 공동체가 예수님의 주권 아래 있음을 시사한다.[27]

이것을 종합하여 말하면 하늘로 승귀하신 예수님은 성령을 의미하는 "일곱 영"과 일곱 교회를 의미하는 "일곱 촛대"와 일곱 교회의 천상적 대응체인 "일곱

---

24 램지는 이러한 사실을 다소 다른 각도에서 바라보면서, 일곱 영이 "일곱 교회에 대한 신적 능력의 전방위적인 영향력을 표현하는 상징적 또는 알레고리적 방법"으로 사용된다고 본다(Ramsay, *The Letters to the Seven Churches of Asia*, 370).

25 F. Düsterdieck, *Critical and Exegetical Handbook to the Revelation of John*, trans. H. E. Jacobs (New York, NY: Funk & Wagnalls, 1887), 159.

26 앞의 책.

27 Beasley-Murray, *The Book of Revelation*, 95.

별"을 주관하고 계신다. 이러한 관계에 의해 지상적 교회는 그리스도의 주권 아래 성령에 의해 천상적 존재로서의 정체성을 각성하게 됨으로써 지상에서 천상적 교회의 모습을 구현할 수 있게 된다. 즉, 지상적 교회는 성령 안에서 천상적 교회와의 일체감을 경험한다. 또 다른 측면에서 천상적 대응체인 일곱 별에 의해 연상되는 천상적 교회의 온전한 모습은 성령과의 완벽하고 이상적인 조화를 이룬다. 이러한 이상적인 조화는 지상적 교회가 지상에서 구현해야 하는 완벽한 모델을 제시한다. 역으로, 이러한 완벽한 모델의 모습은 지상적 교회가 회복되고 견고하게 세워져 갈 수 있는 생명과 능력의 원천이 된다.

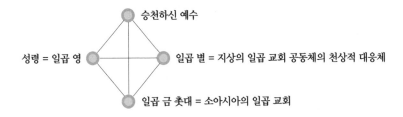

여기에서 또 다른 측면에서 교회와 성령의 관계에 대한 설명이 필요하다. 성령과 교회의 관계에 대해서는 1장 20절에서 일곱 금 촛대와 일곱 등잔의 관계를 통해서도 상세하게 설명한 바 있다. 여기에서 교회를 상징하는 일곱 촛대는 성령을 상징하는 일곱 등잔(4:5)을 떠받치고 있다(참고, 슥 4:1-2). 이러한 관계에 의해서 성령은 교회를 통해 세상에 빛을 발하는 활동을 지속한다. 역으로, 교회는 성령의 활동의 받침대와 통로가 된다. 교회가 온전하지 못하면 성령의 활동이 세상을 향하여 정상적으로 일어날 수 없다. 이것은 태초에 하나님의 영이 무질서의 수면에 운행하심으로 질서와 정돈의 상태로 창조의 역사를 일으키신 것과 같은 패턴을 보여준다. 성령은 교회를 통해 이 타락한 피조 세계의 무질서를 질서의 상태로 갱신하는 새창조의 사역을 수행해 나가신다. 그리고 이러한 새창조 사역의 기초를 놓으신 분이 바로 예수님이시다. 이러한 점에서 예수님이 성령을 상징하는 일곱 영과 일곱 별을 가지고 계시다는 것은 매우 중요한 의미를 갖는다.

살았다 하는 이름(1cde). 지금까지의 패턴으로 보면 1c절부터는 칭찬이 나올 것으로 기대할 수 있지만 이곳에서는 예상을 뒤엎고 사데 교회에 대한 책망이 먼저 주어진다. 1cd절의 "내가 너의 행위들을 알고 있다"(Οἶδά σου τὰ ἔργα, 오이다 수 타 에그라)라는 문구는 2-3장에서 교회 공동체에 대해서 칭찬하는 형식으로 사용되고 있다. 그러나 사데 교회의 경우에는 칭찬이 아니라 책망의 말씀으로 주어지고, 이어지는 1e절이 책망받을 행위의 내용을 설명한다. 그것은 바로 사데 교회가 "살았다 하는 이름은 가졌으나 죽어 있다"라는 것이다. 여기에서 "살았다 하는 이름"(ὄνομα ἔχεις ὅτι ζῇς, 오노마 에케이스 호티 제스)이란 문구에서 "이름"(ὄνομα, 오노마)과 "네가 살았다"(ζῇς, 제스)는 동격의 관계로 간주할 수 있다. 여기에서 "살았다"(ζῇς, 제스)ζάω, 자오)는 은유적 표현으로서 "활기차다"를 의미하며 "이름"은 "명성"을 의미한다.[28]

히브리 문화에서 이름은 내면적 차원의 문제였던 반면에 그리스 문화에서는 외적인 차원의 문제가 강하게 작용했다.[29] 이 본문에서는 후자의 경우가 강하게 드러나고 있다. 그렇다면 "살았다 하는 이름을 가지고 있다"는 표현은 사데 교회 공동체가 그 도시의 분위기에 맞게 얼마나 활기차고 힘이 넘쳤는지를 은유적으로 표현하고 있는 것이다.[30] 그러나 그것은 겉모습일 뿐이다. 내면적으로 볼 때 그들은 죽어 있다(1e절). 예수님은 그들의 겉모습만 보고 계신 것이 아니라 내면의 핵심을 정확하게 간파하신다. 여기에서 사용된 "죽음"(νεκρός, 네크로스)이란 단어는 랍비들이 불경건한 자들을 가리켜 비유적으로 표현할 때 사용되는 단어다.[31] 이러한 비유적 의미는 신약 성경인 야고보서 2장 17절과 26절에서 "행함 없는 믿음은 죽은 것"이라고 한 것과 같은 맥락이다.[32]

이러한 패턴은 2장 9절에서 서머나 교회를 향하여 말씀하실 때 겉으로는 "환난과 가난"이 있으나 실제로는 "부요하다"고 하신 경우와 반대된다. 고린도 후서 6장 9절의 "죽은 것 같으나 보라 우리가 살아 있다"(ὡς ἀποθνήσκοντες καὶ ἰδοὺ ζῶμεν, 호스 아포드네스콘테스 카이 이두 조멘)라는 문구와도 동일한 패턴이지만 내용은 대조를 이루고 있다.[33] 누가복음 15장 24절과 32절에서 탕자는 죽었다가 다시 살아난 것으로 평가된다.[34] 반면 사데 교회의 경우에는 "죽어 있다"라는 평가가

---

28 Hermer, *The Letters to the Seven Churches of Asia*, 143.
29 Sweet, *Revelation*, 99.
30 Strelan, *Where Earth Meets Heaven*, 77.
31 Ford, *Revelation*, 408.
32 앞의 책.
33 Charles, *A Critical and Exegetical Commentary on the Revelation of St. John*, 1:79.
34 Ford, *Revelation*, 409.

"살았다 하는 이름"과 대조 관계를 형성한다. 곧 예수님이 보실 때 사데 교회 공동체는 죽어 있는 것이 명확해 보인다. 이것은 사데 교회에 대한 매우 가혹한 평가일 수 있다. 이러한 상태를 가지고는 성령의 역사가 세상을 향해 발현되는 통로로 사용되는 것이 불가능하다. 그러나 1b절에서 예수님 자신을 "일곱 영과 일곱 별을 가진 이"로 나타냄으로써, "죽어 있는" 사데 교회를 정상적인 교회 공동체로 회복시켜서 성령의 일곱 등잔의 빛이 세상을 향하여 비추어지게 하는 통로가 되게 하려는 예수님의 의지를 피력하는 것은 우연이라고 할 수 없다. 다음 2절은 예수님의 이러한 의지에 대해 기록해 주고 있다.

[3:2] 남은 자들을 강하게 하라

2절의 말씀은 앞의 1절(특히 1e절) 말씀에 근거하여 사데 교회가 그러한 상태에서 회복되도록 촉구하는 내용을 소개하고 있다. 2절에서는 두 개의 명령문이 주어지는데, 첫째는 "너는 깨어 있으라"이고, 다음은 "강하게 하라"이다.

깨어 있으라(γίνου γρηγορῶν, 2a절). "너는 깨어 있으라"(γίνου γρηγορῶν, 기누 그레고론)는 '기노마이'(γίνομαι) + '그레고레오'(γρηγορέω)의 문장 구조를 가지고 있다. 여기에서 "깨어 있으라"는 권면은 두 가지 배경을 갖는다. 첫째, 앞서 사회적 배경에서도 살펴보았듯이 사데의 그리스도인들은 유대인들과 함께 세속적 생활 방식에 동화된 상황에 있었고, 따라서 그들에게는 깨어 있으라는 권면이 절실했다. 둘째, 사데라는 도시는 과도한 확신과 경계 소홀로 인해 두 번이나 불시에 외세의 침략을 당했고(크로이소스[Croesus]가 통치하던 시기인 BC 549년에 페르시아의 고레스가 사데를 급습했고 BC 218년에 안티오쿠스가 그 도시를 점령했다),[35] 도시의 중심부인 난공불락의 요새라고 할 수 있는 아크로폴리스를 침략당한 경험이 있었다.[36] 사데의 이와 같은 역사적 사건을 배경으로 요한은 영적으로 게으른 삶을 살아가는 사데에 있는 교회 공동체에게 언제 닥칠지 모르는 영적 도전에 대비해 "깨어 있으라"고 경고하고 있다.

---

35 Charles, *A Critical and Exegetical Commentary on the Revelation of St. John*, 1:79; Smalley, *The Revelation to John*, 81. 한편 헤머(Hermer, *The Letters to the Seven Churches of Asia*, 133)와 오즈번 (Osborne, *Revelation*, 171)은 이 시기를 각각 BC 546년과 BC 214년으로 주장한다. 또한 블라운트는 후자를 BC 213년의 사건으로 간주하는 반면(Blount, *Revelation*, 68), 마운스는 BC 216년으로 추정한다 (Mounce, *The Book of Revelation*, 93-94).

36 Ramsay, *The Letters to the Seven Churches of Asia*, 377-378; Charles, *A Critical and Exegetical Commentary on the Revelation of St. John*, 1:79; Smalley, *The Revelation to John*, 81.

강하게 하라(στήρισον, 2b절). 두번째 명령문은 "강하게 하라"이며, 여기에서 강하게 해야 할 대상은 "죽게 되어 있는 남은 것들"인데, 이것을 "죽게 되어 있는"과 "남은 것들"의 두 부분으로 나누어 생각해 보도록 하겠다. 이 두 문구는 관계 대명사 '하'(ἅ)로 연결되어 있다.

죽게 되어 있는(ἔμελλον ἀποθανεῖν, 2b절). 이 문구에서 사용된 동사 '에멜론'(ἔμελλον)은 '멜로'(μέλλω)의 미완료 과거 형태로서, 이 메시지가 기록되고 있는 순간에도 계속되고 있고 필연적으로 도달하게 되는 지점이 확실하게 보이는 상태를 의미한다.[37] 이곳에서 '에멜론'은 "진행적 완료"의 의미로 번역될 수 있고,[38] 따라서 '에멜론 아포다네인'(ἔμελλον ἀποθανεῖν)은 아무런 조치를 취하지 않으면 죽게 되어 있는 상태를 의미한다. 이러한 의미에서 1e절에서 말하고 있는 것처럼 사데 교회는 죽어 있거나 죽어 가고 있으며, 그대로 두면 반드시 죽음에 이르게 될 것을 예측하게 한다.

남은 것들(τὰ λοιπὰ, 2b절). "남은 것들"(τὰ λοιπὰ, 타 로이파)이란 문구는 관계 대명사 '하'(ἅ)에 의해 "죽게 되어 있는"이란 문구와 연결되어 있다. 그러므로 이것을 연결하여 번역하면 "죽게 되어 있는 남은 것들"이라고 할 수 있다. 죽어 가는 것들 가운데는 아직 죽지 않고 "남은 것들"이 있다. 예수님은 바로 그러한 것을 죽을 때까지 방치하지 말고 찾아내어 죽지 않도록 강하게 할 것을 촉구하신다. 어떤 학자들은 '타 로이파'가 중성 복수라는 점을 근거로 이 단어가 사람들뿐 아니라 제도들도 모두 포함한다고 이해해서 사데 교회 공동체의 전반적인 쇄신을 의미한다고 주장한다.[39] 그러나 중성이 항상 비인격적인 대상을 묘사하기 위해 사용되는 것은 아니다.[40] "중성은 그 강조점이 개인들이 아니라 일반적인 자질(quality)에 있다면 인격적 존재에 대한 언급으로 사용되기도 한다."[41] 이러한 의

---

37 Beale, *The Book of Revelation*, 273.
38 앞의 책. 비일은 "진행적 완료"의 개념을 Ernest De Witt Burton, *Syntax of the Moods and Tenses in New Testament Greek* (Edinburgh: T. & T. Clark, 1898), 13-14(§28)에서 가져온다. 한편, 로버트슨(Robertson)은 이것을 "진행적 미완료"(Progressive Imperfect)라 칭한다(A. T. Robertson, *A Grammar of the Greek New Testament in the Light of Historical Research* [London: Hodder & Stoughton, 1919], 884).
39 Swete, *The Apocalypse of St. John*, 48; Charles, *A Critical and Exegetical Commentary on the Revelation of St. John*, 1:79; Blount, *Revelation*, 67.
40 Smalley, *The Revelation to John*, 81.
41 BDF §138.1.

미가 가능하다면 요한이 굳이 여기에서 제도에 대해 언급했다고 보는 것은 자연스럽지 않다. 이곳에서 '타 로이파'는 제도가 아닌 사람들을 의미하며,[42] 따라서 그것이 가리키는 것은 현재 죽게 될 위기에 놓여 있는 남은 자들이다.

2b절의 "남은 것들"(τὰ λοιπά, 타 로이파)이란 문구에서는 2장 24절에서 이세벨의 가르침을 받지 않고 사탄의 깊은 것들을 알지 못하는 것으로 묘사되는 두아디라 교회의 "남은 자들"(τοῖς λοιποῖς, 토이스 로이포이스)이란 문구와 동일한 단어(λοιπός, 로이포스)가 사용된다. 이러한 동일한 단어에 의해 "남은 자" 사상이 이 본문에 적용되고 있다고 추정하는 것이 가능하다. 사데 교회가 다 죽어 있는 것 같지만 아직 남아 있는 하나님의 사람들이 있는 것이다. 그들을 그대로 두면 교회의 생명력의 부재로 함께 죽어 버리고 말 것이다. 예수님은 그들을 강하게 하라고 요청하고 계신다. 곧 죽어 가는 공동체에 아직 생명을 가지고 있는 남아 있는 자들에게 생명을 공급하라는 것이다.

죽어 가는 사데 교회를 살릴 수 있을까? 그렇다면 죽어 가는 남아 있는 자들을 강하게 하라는 예수님의 요청을 누가 어떻게 충족시킬 수 있는 것인가? 이러한 명령을 받는 대상은 누구인가? 누가 살릴 수 있는가? 먼저 우리는 예수님이 교회의 천상적 대응체인 "천사"에게 말씀하는 형식을 취하고 계신다는 점을 기억할 필요가 있다. 이 천사를 비롯한 일곱 천사는 예수님이 가지고 있는 일곱 별에 의해 상징되고 있다(1절; 참고, 1:20). 일곱 별에 의해 상징되는 일곱 천사는 일곱 교회에 대한 천상적 대응체다. 여기에서 요한은 예수님의 말씀의 직접적인 대상을 각 지역 교회의 이상적인 존재로서의 천상적 대응체로 설정한다. 즉, 이 본문에서는 죽어 있는 지상적 교회가 아니라 이상적 존재로서의 천상적 교회가 예수님의 명령을 수행할 수 있는 것으로 간주된다. 지금까지 각 교회에 선지적 메시지를 선포함에 있어서 천상적 대응체와 지상적 교회는 일치되어 나타나기도 하지만 사데 교회의 경우에는 이 두 대상이 분리된다. 왜냐하면 사데 교회가 죽어 있고 또 죽어 가고 있기 때문이다. 그것을 살리는 일은 예수님이 들고 있는 일곱 등불에 의해 상징되는 성령의 능력으로만 가능하다. 스가랴 시대에 성전 건축이 그러했듯이 요한의 시대에 사데 교회의 회복은 사람의 힘이나 능으로 되지 아니하고 오직 여호와의 영으로 말미암는다(참고, 슥 4:6). 이것이 바로 1절에서 예수님

---

42   Aune, *Revelation 1-5*, 216.

이 일곱 별과 일곱 영을 가지고 있는 것으로 묘사되는 이유다. 이러한 해석이 적절하다면 이 시대에는 어떤 교회든지 성령의 능력으로 회복될 수 있다는 희망을 가질 수 있다.

온전치 못한 상태의 행위(2c절). 2c절은 "왜냐하면"(γὰρ, 가르)이라는 접속사로 시작한다. 그러므로 2c절은 2a절과 2b절에 대한 이유를 설명하는 것으로 이해할 수 있다. 곧 예수님은 사데 교회를 향하여 하나님 앞에서 그들의 행위가 온전하지 못한 상태라는 것을 2ab절의 명령에 대한 이유로 말씀하신다. 2c절의 내용은 1e절에서 언급하고 있는 것처럼, 그들이 사람이 보기에는 아무런 문제가 없어 보일 뿐 아니라 도리어 큰 명성을 얻은 것처럼 보일 수 있지만 중심을 보시는 하나님께는 인정받지 못했다는 것을 의미한다.[43] 이러한 결과는 사람 앞에서 살아 있는 것으로 인정을 받았지만 하나님 앞에서 죽어 있는 상태에 있다는 것을 말하는 1절에서 이미 암시되어 있다.[44] 사데 교회가 외면은 화려하여 살아 있는 것처럼 보임으로써 사람 앞에서는 인정을 받을지 모르나 그 내면은 실상 영적으로 죽어 있는 상태에 있다면,[45] 부활 생명의 원천이신 예수님 앞에 온전치 못하게 보이는 것은 당연하다. 어둠과 빛이 공존할 수 없듯이 사망과 생명은 혼합될 수 없다. 생명 앞에서 죽음은 그 본질의 한계를 여지없이 드러낼 수밖에 없다. 이것은 2장 9절, 20절, 3장 9절에서 자칭 유대인 또는 선지자라고 하나 실제로는 전혀 그렇지 않은 경우와도 동일한 패턴을 공유한다. 그들에게 생명은 없으며 사망만 역사한다.

바로 이와 같은 사실이 2ab절의 내용처럼 깨어 있고 강하게 해야 하는 이유인 것이다. 곧 하나님이 보시기에 온전하지 못하기 때문에 깨어 있어 죽어 가는 것들을 강하게 해야 하는 것이다. 사데 교회는 지금 겉치레에 집중한 나머지 죽어 있거나 죽어 가고 있다. 이제 사데 교회의 당면 과제는 영적 각성이 필요한 죽어 가는 자들을 강하게 하여 살려 내는 것이다. 또한 이러한 평가는 교회의 수준이 온전한 상태에 이를 수 있다는 소망을 갖게 한다. 예수님은 이러한 회복의 메시지를 천상적 대응체인 천사에게 선포하고 있는 것이다.

---

43 Hermer, *The Letters to the Seven Churches of Asia*, 144.
44 Blount, *Revelation*, 67
45 Beale, *The Book of Revelation*, 273.

[3:3] 회개의 촉구

3abc절은 2ab절의 반복이고 2c절에 대한 결과를 말한다. 그렇다면 2ab절, 2c절, 3abc절은 A-B-A´의 관계를 형성한다.[46]

기억하라-지키라-회개하라(3abc절). 3abc절에서는 세 개의 명령형 동사가 사용된다. 첫 번째는 "기억하라"(μνημόνευε, 므네모뉴에)이고, 두 번째는 "지키라"(τήρει, 테레이)이며, 마지막은 "회개하라"(μετανόησον, 메타노에손)이다. 결국 이 세 행동은 서로 밀접하게 상관된다. 이러한 일련의 과정은 2장 5절의 에베소 교회에게 요청된 "기억하라-회개하라-처음 행위를 가지라"의 경우와 유사하다. 이곳과 2장 5절을 비교해 보면 회개와 행함의 순서가 바뀌어 있음을 알 수 있다. 논리적으로 보면 회개가 먼저이고 행함으로 지키는 것이 나중이지만, 이곳에서 그 순서가 뒤바뀌어 있는 것은 일종의 "도치법"(hysteron-proteron)이라 할 수 있다(참고, 3:17; 5:5; 6:4; 10:4, 9; 20:4-5, 12-13; 22:14).[47] 즉, 행함으로 회개의 자세를 증명해 보여야 한다는 사실을 강조하기 위해 동사 "지키라"를 먼저 둔 것이라 할 수 있다. 회개가 즉흥적인 반응이 아니라 반드시 숙고와 행위가 동반되어야 하는 것이란 점이 이 두 경우에서 일관성 있게 나타난다.

이와 같은 맥락에서 세 명령형 동사의 시제 조합은 시사하는 바가 크다. 3a절의 "기억하라"(μνημόνευε, 므네모뉴에)와 3b절의 "지키라"(τήρει, 테레이)는 현재형이고 3c절의 "회개하라"(μετανόησον, 메타노에손)는 부정과거형이다. 각각의 동사에 이러한 시제 차이를 둔 것은 각각의 행위가 지닌 특징을 고려한 것이다. 즉, 기억하는 것과 지키는 행위에 현재형이 사용된 것은 그 두 행위가 지속적으로 반복되어야 하는 성격을 갖는다는 점을 보여주는 반면, 회개하는 것에 부정과거 시제가 사용된 것은 그 행위가 한 번에 극적으로 이루어져야 하는 특징을 갖는다는 점을 보여준다.[48]

무엇을 기억해야 하는가(3a절). 3절에 나오는 세 명령 중 첫 명령어인 "기억하라"(3a절)는 "어떻게 받았는지"와 "어떻게 들었는지"를 기억해야 한다는 것이다.

---

46 Osborne, *Revelation*, 176.
47 Aune, *Revelation 1-5*, 221.
48 Smalley, *The Revelation to John*, 82.

그들이 받았고 들었던 것은 무엇인가? 한마디로 말하면 그것은 "복음"이다.[49] 교회는 복음을 받기도 하고 듣기도 한다. 여기에서 동사 "듣다"(ἀκούω, 아쿠오)가 부정과거형 '에쿠사스'(ἤκουσας)로 사용되어 어느 "특정한 시점"에 복음을 들었던 사건을 가리킨다면, 동사 "받다"(λαμβάνω, 람바노)는 완료형 '에일레파스'(εἴληφας)로 사용되어 믿음의 전승이 계속되어 왔음을 의미한다.[50] 복음의 확산은 바로 복음의 들음과 복음의 전승을 통해 이루어진다. 사데 교회도 이와 같이 복음의 들음과 전승을 통해 구원의 은혜에 동참하게 되었다. 바울도 로마서 10장 17절과 고린도전서 15장 3절에서 각각 복음의 들음과 복음의 전승("나도 받은 것"[ὃ καὶ παρέλαβον, 호 카이 파렐라본])을 말한다. 그러므로 사데 교회 공동체는 그들이 복음을 받고 들음으로써 그리스도의 구원에 동참했던 사건을 기억하라는 요구를 받고 있는 것이다. 언제나 위기의 순간에는 기본으로 돌아가는 것이 중요하고 또 필요하다.

이것은 에베소 교회 공동체에게 "어디로부터 떨어졌는가를 기억하라 그리고 회개하라"(2:5)고 요구하는 것과 동일한 패턴이다. 그러나 에베소 교회의 경우는 문제의 출발점을 기억하는 부정적 성격의 것이지만 사데 교회의 경우는 믿음의 근본을 기억하는 긍정적 성격을 갖는다. 이러한 패턴은 자연스럽게 세 번째 명령어인 3c절의 "회개하라"와 연결된다. "기억하라"와 "회개하라"는 마치 하나의 짝처럼 병행되는 관계인 반면, 두 번째 명령어인 3b절의 "지키라"가 이 동사들과 함께 사용되는 것은 다소 생소하다. 이 동사는 "순종하다"라는 의미를 갖는다.[51] 여기에서 그들이 받고 들은 복음을 기억하고 그것에 순종하는 것은 회개하는 자세에 있어서 매우 중요하다. 곧 회개는 복음에 대한 기억에서 역동되며 순종을 통해 열매를 맺게 될 것이다. 순종 없는 회개는 회개가 아니다.

도적같이 올 것이다(3def절). 3def절은 2-3abc절에서 요구된 회개가 제대로 이행되지 않으면 어떤 결과를 초래하는지를 경고한다. 3d절은 "만일 네가 깨어 있지 아니하면"이란 표현을 사용함으로써 사데 교회의 성도들이 예수님의 권면을 받아들이지 않고 제대로 회개하지 않을 경우를 가정한다. 여기에서 사용된 동사 "깨어 있다"(γρηγορήσῃς, 그레고레세스<γρηγορέω, 그레고레오)는 2a절에서도 사용된 바

---

49 앞의 책.
50 앞의 책(참고, Swete, *The Apocalypse of St. John*, 49; Mounce, *The Book of Revelation*, 94).
51 Wall, *Revelation*, 80; Strelan, *Where Earth Meets Heaven*, 79.

있다. 이곳에서 이 동사는 2a절과 3abc절의 행위들을 유지할 것을 강조하려는 의도로 사용되고 있다. 특별히 이곳에서는 그 의도를 경고 형태로 제시하기 위해 실패의 경우를 가정해서 "만일 깨어 있지 아니하면"이란 표현을 사용하고, 그 실패의 결과로서 예수님이 "도적같이 올 것"이며(3e절) 어느 때에 오실지 "결코 알지 못할" 것이라고 언급한다(3f절). 3e절은 3f절의 내용을 보충한다. 곧 예수님이 도적같이 임하신다면 예수님이 임하시는 때를 알지 못하는 것은 당연하다. 이곳에서 도적같이 임하고 그 시기를 알지 못할 것이라는 예수님의 말씀은 마태복음 24장 42-43절(눅 12:39)을 배경으로 한다(참고, 살전 5:2-4).[52]

> [42]그러므로 깨어 있으라 어느 날에 너희 주가 임할는지 너희가 알지 못함이니라 [43]너희도 아는 바니 만일 집 주인이 도적이 어느 시각에 올 줄을 알았더라면 깨어 있어 그 집을 뚫지 못하게 하였으리라(마 24:42-43)

이렇게 3def절이 예수님의 재림의 때를 비유적으로 설명하는 마태복음 24장 42-43절을 배경으로 하고 있음에도 불구하고 그것은 재림의 시점이 아니라 재림 이전에 상시적 오심을 의미할 수 있는데, 왜냐하면 이 오심이 조건적 오심이기 때문이다(참고, 2:5, 16, 22-23).[53] 곧 사데 교회의 성도들이 회개하지 않으면 지금 당장 도적같이 갑작스럽게 오셔서 그들을 심판하시겠다는 것이다. 역으로 말하면 그들이 회개하면 예수님이 오실 필요가 없다는 것이다. 그러므로 예수님의 오심은 회개하지 않을 경우에만 심판을 위해 불가피하게 이루어지는 것이며, 회개하지 않는 자들에게 있어서는 이러한 심판을 위한 예수님의 오심이 도적이 오듯 예고 없이 이루어지는 것이 된다. 예수님이 심판을 위해 불시에 오신다는 사실은 사데 교회가 방심하지 않도록 경각심을 주었을 것이고, 그들로 하여금 늘 예수님을 생각하고 긴장감을 유지하며 자신을 돌아보게 만들었을 것이다.

[3:4] 회개의 대상에서 제외된 자들

4절은 반전을 의미하는 접속사 "그러나"(ἀλλά, 알라)로 시작하면서 2-3절의 회개해야 할 대상에 해당되지 않는 자들을 소개한다.[54] 회개의 대상에서 제외되는 자들은 "옷을 더럽히지 아니한 몇 이름"과 "흰옷을 입고" 예수님과 함께 다니는 자들로 표현된다.

---

52 Beale, *The Book of Revelation*, 275
53 앞의 책; Osborne, *Revelation*, 178.
54 앞의 책.

옷을 더럽히지 아니한 몇 이름들(4ab절). 사데 교회의 성도 대부분은 죽은 이름을 가지게 되었고, 그런 상태에 빠지지 않고 살아 있는 이름을 가지고 있었던 성도는 "몇 이름"에 불과했다. 여기에서 "몇"(ὀλίγα, 올리가)은 소수의 무리를 가리키고, "이름들"(ὀνόματα, 오노마타)은 "인격들"을 의미한다. [55] 그러므로 "몇 이름"이란 사데 교회 공동체 안에 소수의 인원으로 구성된 무리를 가리킨다. [56] 이곳에서 "이름"은 1e절의 "살았다 하는 이름"을 의식해서 대조적으로 사용되고 있다. 곧 1e절의 이름은 허울뿐인 죽은 이름인 반면, 4a절의 이름은 진실되고 살아 있는 이름이다. 4b절에 의하면 그들은 자기 옷을 더럽히지 않았다. 여기에서 "옷"은 앞서 언급된 "이름"과 마찬가지로 "인격"(personality)에 대한 동의어로 볼 수 있고, [57] 따라서 4ab절은 사데에 자기 자신을 더럽히지 않은 소수의 사람들이 있었음을 말해 준다. 이러한 자들은 이세벨의 교훈을 받지 아니하고 소위 사탄의 깊은 것을 알지 못하는 두아디라 교회의 "남은 자들"과 동일하다. 사데 교회에서는 자기 옷을 더럽히지 아니한 몇 이름들과 2b절의 죽어 가고 있지만 강해지게 되면 죽음의 정황에서 회복될 몇 안 되는 사람들이 모두 남은 자들이다.

흰옷을 입고 예수님과 함께 다니다(4cd절). 4c절에 의하면 남은 자들은 일생 동안 흰옷을 입고 예수님과 함께 동행하게 될 것이다. 여기에서 "흰옷"이란 무엇인가? 엄밀하게 말하면 이곳에서 "흰옷"이라고 번역한 단어에는 "옷"에 해당하는 '히마티아'(ἱμάτια)란 명사 없이 형용사 '류코이스'(λευκοῖς, 흰)만 사용된다. 그러나 요한계시록에서 이 단어는 통상적으로 "옷"(ἱμάτιον, 히마티온; 3:5, 18; 4:4), "두루마기"(στολή, 스톨레; 6:11; 7:9, 13), "세마포"(βύσσινος, 뷔씨노스; 19:14) 같은 의복 관련 단어들과 함께 사용된다. 이 본문들의 경우를 통해 볼 때 요한계시록에서 "흰옷"은 성도들의 정체성을 나타낸다(4:4; 7:9; 19:14).

"다니다"(περιπατήσουσιν, 페리파테수신〉περιπατέω, 페리파테오)라는 동사는 이미 2장 1절의 "일곱 금 촛대 가운데 다니시는 이"라는 문구에서 사용되었는데, 그곳에서 이 동사는 금 촛대가 상징하는 교회 가운데 임하시는 예수님의 임재를 나타낸

---

55 찰스는 2세기경에 "이름"이 인격을 의미하는 것으로 사용되었다는 다이스만(Deissmann)의 주장에 근거해서 요한도 동일한 의미로 사용했을 가능성을 제시한다(Charles, *A Critical and Exegetical Commentary on the Revelation of St. John*, 1:81. 참고, Adolf Deissmann, *Bible Studies* [Edinburgh: T. & T. Clark, 1901], 196).

56 Aune, *Revelation 1-5*, 222.

57 Ford, *Revelation*, 409.

다. 즉, 이 동사는 단순히 걸어다니는 행위를 나타내기 위해서가 아니라 예수님의 임재를 표현하려는 목적으로 사용된다. 70인역 창세기 3장 8절에서도 동일한 동사가 사용되어 에덴에 임한 하나님의 임재를 하나님이 "걸어다니셨다"고 표현한다.[58] 이러한 의미가 4c절에도 적용될 수 있다. 곧 예수님이 그들의 옷을 더럽히지 않은 이름들 가운데 임재하시고 더불어 지내시겠다는 것이다. 태초에 에덴에서 하나님이 아담과 함께 에덴을 거니셨다면 이제 종말에 예수님은 일곱 교회 가운데와 사데의 흰옷 입은 자들과 함께 거니신다.

이어지는 4d절은 이유를 나타내는 접속사 "왜냐하면"(ὅτι, 호티)으로 시작함으로써 4c절이 사데 교회의 남은 자들이 흰옷을 입고 예수님과 함께 다닐 것이라고 말하는 이유를 제시한다. 즉, 그들이 예수님과 함께 다니기에 합당하기 때문이다. 그들이 이 합당한 자격을 갖추게 된 구체적인 내용은 4ab절에 잘 나타나있다. 즉, 그들이 자신들의 옷을 더럽히지 않은 까닭이다. 곧 그들은 하나님의 자녀로서 세상과 타협하지 않고 그들의 존재에 합당한 이름을 가지고 하나님에 대한 신실함을 잃지 않았기 때문에 예수님과 함께할 수 있게 되었다.

[3:5] 이기는 자에게 주어지는 종말적 약속

5절은 "이기는 자"에게 주어지는 약속을 소개한다. 두아디라 교회의 경우처럼 이기는 자에게 주어지는 약속이 들음 공식보다 앞서 소개되는데, 이는 4절과의 연속적 관계 때문이다.

흰옷을 입다(5a절). 5a절에서 "이기는 자" 직후에 나오는 부사 "이와 같이"(οὕτως, 후토스)는 5절이 4절의 연속으로 주어지고 있음을 보여준다.[59] 이러한 연속성은 4절의 "흰옷"이란 주제가 5a절의 이기는 자에게 주어지는 약속에서도 동일하게 사용된다는 점에서 더욱 잘 드러난다. 5a절에서 주어지는 "흰옷으로 입혀질 것이다"라는 종말적 약속은 4절에서 보여주는 것처럼 이미 이 세상에서 하나님의 자녀로서 신실한 삶을 살아갈 때 체험될 수 있는 것들이고, 또한 이기는 자들이 마지막 날에 하나님께 순결하고 신실한 모습으로 온전하게 됨으로써 나타나게 될 것이다. 이러한 관계는 "이미"와 "아직" 사이의 긴장이라는 특징을 보여준다.

---

58 2:1에 대한 본문 주해를 참고하라.
59 Beale, *The Book of Revelation*, 278. 비일은 '후토스'(οὕτως)가 4절을 받는 것일 수도 있지만, 또 바로 앞의 "이기는 자"(Ο νικῶν, 호 니콘)를 받는 것일 수도 있다고 말한다(앞의 책).

즉, 마지막 날이 오기 전에 하나님의 백성으로서 이미 흰옷을 입은 자들이 있다. 앞서 4절에 언급된 것처럼 지상의 삶에서 예수님과 함께 다니며 그분의 임재를 누리는 하나님의 백성이 흰옷을 입고 있고, 4장 4절이 언급하듯이 하늘의 이십사 장로도 하나님의 백성으로서 이미 흰옷을 입고 있다.[60] 또한 지상의 흰옷 입은 하나님의 백성은 마지막 날에 이기는 자로서 영원히 흰옷을 입을 수 있도록 신앙 생활에 힘써야 할 것이다.

생명의 책의 이름(5b절). 5b절은 이기는 자에게 주어지는 두 번째 약속을 소개한다. 그것은 바로 그 이름을 생명의 책에서 결코 지우지 않으시겠다는 것인데, 이 약속은 '우 메'(οὐ μή)라는 이중적 부정 부사로 강조된다. 이 약속은 구약 및 유대적 배경과 요한계시록 안에서의 용례들을 통해 더 잘 이해될 수 있다.

(1) 구약 및 유대적 배경
성경에서 생명책 이미지가 최초로 등장하는 곳은 출애굽기 32장 32절이다.[61]

> 그러나 이제 그들의 죄를 사하시옵소서 그렇지 아니하시오면 원하건대
> 주께서 기록하신 책에서 내 이름을 지워 버려 주옵소서(출 32:32)

이스라엘 백성의 죄에 대한 용서를 구하면서 이스라엘의 언약 백성 명단에서 자신을 제하여 줄 것을 요청하는 모세의 기도다.[62] 이 기도는 어차피 이스라엘의 죄가 용서받지 못하면 언약 백성으로서 자신의 신분도 무의미하다는 의미를 내포한다. 반면 시편 69편 28절에서 시편 기자는 악인들의 이름을 생명책에서 지워서 의인들과 함께 기록되지 않기를 기도한다.[63] 이런 성격의 기도는 죄인들의 이름이 생명책에서 제하여 질 것에 대해 말하는 에녹1서 108장 3절에도 나타난다.[64] 구약에서 생명책은 "지상에 존재하는 하나님 나라의 시민"에 속한 자로서의 신분을 나타내기 위한 것이었던 반면, 후대로 가면서 점차적으로 "내세"(next life)에 적용되는 것으로 발전하게 되었다.[65]

---

60 이십사 장로가 현재 시점에서 흰옷을 입고 있다는 점에서(Blount, *Revelation*, 71) 계 4:4는 "이미"의 상태와 관련된다.
61 Ford, *Revelation*, 409.
62 앞의 책.
63 Boxall, *Revelation of St. John*, 70.
64 Ford, *Revelation*, 409.
65 앞의 책.

다니엘 7장 10절과 에녹1서 47장 3절에 의하면 생명책은 영광의 보좌에 앉아 계신 옛적부터 항상 계신 이 앞에 놓여 있다.[66]

> 불이 강처럼 흘러 그의 앞에서 나오며 그를 섬기는 자는 천천이요 그 앞에서 모셔 선 자는 만만이며 심판을 베푸는데 책들이 펴 놓였더라(단 7:10)

> 그때에 나는 영광의 보좌에 좌정 중이신 그분(시간의 선재자)을 보았고, 살아 있는 자들의 책들이 그분 앞에 펼쳐져 있었다(에녹1서 47:3)[67]

또한 희년서 19장 9절과 30장 20-21절은 하늘의 돌판에 하나님의 친구들 이름이 새겨져 있다고 말하고(참고, 예루살렘 탈무드의 출 32:32-33 해설),[68] 야곱의 유언 7장 27-28절은 지상의 삶에서 하나님을 기쁘게 한 성도들이 하늘에서 생명책에 기록될 것을 말하며, 다니엘 12장 1절은 "책에 기록된 모든 자가 구원을 받을 것"이라고 약속한다.

(2) 요한계시록의 용례

생명책 이미지는 요한계시록에서도 자주 등장한다.[69]

> 죽임을 당한 어린 양의 생명책에 창세 이후로 이름이 기록되지 못하고 이 땅에 사는 자들은 다 그 짐승에게 경배하리라(13:8)

> … 땅에 사는 자들로서 창세 이후로 그 이름이 생명책에 기록되지 못한 자들이 이전에 있었다가 지금은 없으나 장차 나올 짐승을 보고 놀랍게 여기리라(17:8)

> 또 내가 보니 죽은 자들이 큰 자나 작은 자나 그 보좌 앞에 서 있는데 책들이 펴 있고 또 다른 책이 펴졌으니 곧 생명책이라 … (20:12)

> 누구든지 생명책에 기록되지 못한 자는 불못에 던져지더라(20:15)

> 무엇이든지 속된 것이나 가증한 일 또는 거짓말 하는 자는 결코 그리로 들어가지 못하되 오직 어린 양의 생명책에 기록된 자들만 들어가리라 (21:27)

이 구절들에 분명하게 나타나는 사실은 창세 이후로 그 이름이 생명책에 기록되지 못한 자들이 있으며 그것이 최후 심판의 근거가 된다는 점이다. 그러므로 5b

---

66 앞의 책.
67 *OTP* 1:35.
68 Ford, *Revelation*, 409.
69 Beale, *The Book of Revelation*, 279.

절에서 그 이름을 생명책에서 결코 지우지 않겠다고 하시는 것은 그들의 구원에 대한 확고한 보증을 약속하시는 것이다.[70] 이 약속은 이기지 못하면 생명책에서 그 이름을 지워버리실 것이라는 개념까지는 함축하지 않으며, 다만 이기는 자에게 주어지는 적극적인 약속을 강조할 뿐이다.[71] 이러한 생명책의 약속은 예수님이 마지막 날에 심판대 앞에서 성도들을 시인하실 것이라는 복음서의 말씀과 같은 의미라고 할 수 있다(마 10:32-33; 눅 12:8).[72] 이것에 대해서는 다음 5c절에서 다시 다루도록 하겠다.

정리하자면, 구약과 유대 문헌에서 생명책에 이름이 기록되는 것은 하나님 백성에 속해 있음을 알려 주는 이미지로 사용되었다. 포드는, 생명책은 "신정국가의 시민 명부"라고 말하고 있다.[73] 따라서 생명책에 이름이 기록되는 것은 하나님 나라의 백성으로 인정되는 것을 의미한다. 5절은 바로 이러한 사실을 강조한다.

천사들 앞에서의 이름 시인(5c절). 5c절은 5b절의 내용을 좀 더 적극적으로 표현한다. 단순히 그들의 이름을 생명책에서 지우지 않는 정도가 아니라 아버지 앞과 천사들 앞에서 그들의 이름을 시인하신다는 것이다. 여기에서 1절에 이어 다시 한 번 "이름"이 등장한다. 이곳에서 예수님이 이름을 시인하시는 것은 1절에서 그들이 살았다 하는 이름은 가졌으나 죽어 있다는 것과 대조된다. 마침내 그 이름의 본질을 회복하여 예수님 앞에 인정받는 이름이 될 것을 약속한다. 그리고 그 약속은 22장 4절의 "그의 이름도 그들의 이마에 있으리라"에 마침내 성취되어 나타난다.

5c절의 내용은 마태복음 10장 32-33절(눅 12:8)을 배경으로 한다고 볼 수 있다.[74]

> [32]누구든지 사람 앞에서 나를 시인하면 나도 하늘에 계신 내 아버지 앞에서 저를 시인할 것이요 [33]누구든지 사람 앞에서 나를 부인하면 나도 하늘에 계신 내 아버지 앞에서 저를 부인하리라(마 10:32-33)

---

70 앞의 책.
71 앞의 책, 279-280.
72 Roloff, *The Revelation of John*, 59.
73 Ford, *Revelation*, 410.
74 Beale, *The Book of Revelation*, 280.

이 마태복음 본문은 핍박과 관련된 문맥에서 주어진다는 점에서 로마 제국의 황제 숭배의 핍박 가운데 있는 요한계시록 독자들의 정황과 유사하다.[75] 이러한 유사성은 요한이 요한계시록 본문에서 복음서 말씀을 사용했다는 근거가 될 수 있다.

이 마태복음 본문에서는 제자들이 사람 앞에서 예수님을 시인하거나 부인하는 것이 예수님이 그들을 하나님 앞에서 시인하거나 부인하는 것에 대한 조건으로 제시된다. 요한계시록 본문에서는 그런 조건이 언급되지 않지만 이미 "이기는 자"라는 문구 속에 예수님을 시인한 행위가 전제되어 있다. 즉, 이기는 자는 사람들 앞에서 그리스도의 이름을 시인하는 자들이다. 황제 숭배를 거부하고 예수님만을 예배하는 자들이다. 사람들 앞에서 예수님을 철저하게 시인함으로써 "이기는 자"가 될 수 있는 것이다. 그러나 사데 교회 성도들이 겉으로만 화려한 이름을 자랑하고 있다는 것은 예수님의 거룩한 이름에는 무관심했다는 것을 암시한다. 예수님은 그런 자들의 이름을 천사들 앞에서 시인하실 수 없는데, 왜냐하면 예수님의 이름은 화려한 곳에 있지 않기 때문이다. 이 본문은 이에 대한 각성을 촉구하고 있다. 복음서에서는 예수님이 단지 "아버지 앞에서"만 시인하시는 반면에 요한계시록 본문에서는 "아버지 앞과 그의 천사들 앞에서" 시인하신다. 이것은 예수님이 "이기는 자들"을 시인하시는 상황이 더 강조되고 있음을 보여준다.

---

75   앞의 책, 281.

6. 빌라델비아 교회에게 보내는 메시지(3:7-13)

구문 분석 및 번역

7절 a   Καὶ τῷ ἀγγέλῳ τῆς ἐν Φιλαδελφείᾳ ἐκκλησίας γράψον·
그리고 빌라델비아에 있는 교회의 천사에게 쓰라

    b   Τάδε λέγει
그가 이같이 말씀하신다

    c   ὁ ἅγιος, ὁ ἀληθινός,
거룩하고 참되신 이

    d   ὁ ἔχων τὴν κλεῖν Δαυίδ,
다윗의 열쇠를 가지고 있는 이

    e   ὁ ἀνοίγων καὶ οὐδεὶς κλείσει καὶ κλείων καὶ οὐδεὶς ἀνοίγει·
열면 아무도 닫을 사람이 없고 닫으면 아무도 열 사람이 없는 이

8절 a   οἶδά
내가 알고 있다

    b   σου τὰ ἔργα,
네 행위들을

    c   ἰδοὺ δέδωκα ἐνώπιόν σου θύραν ἠνεῳγμένην,
보라 내가 네 앞에 열려져 있는 문을 주었다

    d   ἣν οὐδεὶς δύναται κλεῖσαι αὐτήν,
아무도 그것을 닫을 수 없는

    e   ὅτι μικρὰν ἔχεις δύναμιν
곧 네가 적은 능력을 가지고도

    f   τὸν λόγον καὶ οὐκ ἠρνήσω τὸ ὄνομά μου.
내 말을 지키며 내 이름을 부정하지 않았다는 것을

9절 a   ἰδοὺ διδῶ
보라 내가 (네게) 넘겨줄 것이다

    b   ἐκ τῆς συναγωγῆς τοῦ σατανᾶ
사탄의 회당에 속한 자들을

    c   τῶν λεγόντων ἑαυτοὺς Ἰουδαίους εἶναι,
곧 자신들을 유대인이라고 말하는 자들(에 속한 자들)을

    d   καὶ οὐκ εἰσὶν ἀλλὰ ψεύδονται.
그러나 그들은 (유대인이) 아니다 그러나 거짓말하고 있다

    e   ἰδοὺ ποιήσω αὐτοὺς
보라 내가 그들이 하도록 만들 것이다

    f   ἵνα ἥξουσιν καὶ προσκυνήσουσιν ἐνώπιον τῶν ποδῶν σου
그들이 와서 네 발 앞에 경배하도록

    g   καὶ γνῶσιν ὅτι ἐγὼ ἠγάπησά σε.
그리고 내가 너를 사랑하는 줄을 알도록

10절 a   ὅτι ἐτήρησας τὸν λόγον τῆς ὑπομονῆς μου,
               네가 나의 인내의 말씀을 지켰기 때문에

    b   κἀγώ σε τηρήσω
               나도 역시 너를 지킬 것이다

    c   ἐκ τῆς ὥρας τοῦ πειρασμοῦ
               고통의 시간으로부터

    d   τῆς μελλούσης ἔρχεσθαι ἐπὶ τῆς οἰκουμένης ὅλης
               온 세상에 오게 되어 있는

    e   πειράσαι τοὺς κατοικοῦντας ἐπὶ τῆς γῆς.
               땅에 사는 자들을 괴롭히기 위하여

11절 a   ἔρχομαι ταχύ·
               내가 속히 올 것이다

    b   κράτει ὃ ἔχεις,
               네가 가진 것을 굳게 잡으라

    c   ἵνα μηδεὶς λάβῃ τὸν στέφανόν σου.
               아무도 너의 면류관을 빼앗지 못하도록

12절 a   Ὁ νικῶν ποιήσω αὐτὸν στῦλον ἐν τῷ ναῷ τοῦ θεοῦ μου
               이기는 자, 그를 내가 나의 하나님의 성전 안에 기둥으로 만들 것이다.

    b   καὶ ἔξω οὐ μὴ ἐξέλθῃ ἔτι
               그래서 그는 결코 다시는 밖으로 나가지 않을 것이다

    c   καὶ γράψω ἐπ᾽ αὐτὸν
               그리고 내가 그에게 기록할 것이다

    d   τὸ ὄνομα τοῦ θεοῦ μου
               나의 하나님의 이름을

    e   καὶ τὸ ὄνομα τῆς πόλεως τοῦ θεοῦ μου,
               그리고 나의 하나님의 도시의 이름

    f   τῆς καινῆς Ἰερουσαλὴμ
               곧 새예루살렘의 (이름을)

    g   ἡ καταβαίνουσα ἐκ τοῦ οὐρανοῦ ἀπὸ τοῦ θεοῦ μου,
               나의 하나님으로부터 하늘로부터 내려오는

    h   καὶ τὸ ὄνομά μου τὸ καινόν.
               그리고 나의 새 이름을

13절   Ὁ ἔχων οὖς ἀκουσάτω τί τὸ πνεῦμα λέγει ταῖς ἐκκλησίαις.
         귀를 가진 자로 성령이 교회들에게 말씀하시는 것을 듣게 하라

8절은 A(8ab절)-B(8cd절)-A′(8ef절)의 구조를 갖는다. A와 A′는 예수님이 알고 있다는 사실과 그 내용을 말하고, B는 삽입된 부분으로 아무도 닫을 수 없는 열린 문에 대한 내용이다. 찰스는 이러한 구조를 인지하여, A가 A′로 연결되므로 B

를 그 사이에 존재하는 "삽입구"(parenthesis)로 본다.[76] A와 A′는 구문적으로 밀접한 관계를 갖는다. 곧 8b절의 "행위들"과 8ef절의 '호티'(ὅτι)절은 서로 동격 관계이거나 설명적 관계일 수도 있다. 이런 관계를 표시하기 위해 아래의 우리말 번역에서는 8e절의 시작 부분에 "곧"이란 단어를 덧붙이고 8f절 끝부분에 8a절의 "내가 알고 있다"를 괄호 안에 넣어 한 번 더 사용했다. 2장 2절, 3장 1절, 15절 등의 경우를 보면, "너의 행위들"과 '호티'절이 둘 사이에 삽입구 없이 서로 연속적으로 붙어 있어서 동격이나 설명적 관계로 존재한다. 이 본문에서는 왜 A와 A′ 사이에 B의 내용이 삽입되었는지를 규명하는 것이 해석의 중요한 관건이 될 수 있다.

9a절의 '디도'(διδῶ)δίδωμι, 디도미)를 "만들다"로 번역할 것인지 아니면 "주다"로 번역할 것인지에 대해서는 논란이 있다. 사전적 의미로는 이 두 경우 모두 가능하다.[77] 대부분의 영어 번역본들(NRSV, NKJV, ESV)이 전자를 지지하며, 비일도 9e절의 '이두 포이에소'(ἰδοὺ ποιήσω)와의 평행 관계를 전제로 전자를 지지한다.[78] 비일은 톰프슨의 견해를 그대로 수용하여 이렇게 주장하는데, 톰프슨은 요한계시록 본문이 열왕기상 9장 22절과 출애굽기 7장 1절의 경우처럼 히브리어 '나탄'(נתן)을 문자적으로 번역한 70인역을 사용하고 있다고 주장한다.[79] 반면 스몰리는 후자를 지지하면서 "주다"를 좀 더 의역해서 "넘겨주다"라는 의미로 해석한다.[80] 그리고 이곳의 넘겨주는 정황을 이사야 45장 14절과 60장 14절 같은 구약 본문의 종말적 성취로 해석한다.[81] 이 경우에 '디도'가 현재형으로 사용된 것은 "미래적 현재"(futuristic presence) 용법으로 간주될 수 있다.[82]

이 두 경우에 어느 것이 적절한 것인지 결정하기가 쉽지 않다. 그러나 결정하는 데 있어서 9e절의 '이두 포이에소'(ἰδοὺ ποιήσω)와의 평행 관계에 얽매여서 "만들다"의 의미로 볼 필요는 없다. 왜냐하면 8c절에서 분명히 "주다"라는 의미를 가지고 있는 '이두 데도카'(ἰδοὺ δέδωκα)와의 평행 관계도 충분히 고려할 수 있기 때문이다. 그리고 전자를 따를 경우에 번역이 쉽지 않다. 그러므로 여기에서

76   Charles, *A Critical and Exegetical Commentary on the Revelation of St. John*, 1:87.
77   BDAG, 242.
78   Beale, *The Book of Revelation*, 287.
79   Thompson, *The Apocalypse and Semitic Syntax*, 14. 그리고 더 이전에 찰스도 톰프슨의 견해와 동일한 입장을 표한 바 있다(Charles, *A Critical and Exegetical Commentary on the Revelation of St. John*, 1:88).
80   Smalley, *The Revelation to John*, 90.
81   앞의 책, 91.
82   Osborne, *Revelation*, 190n12.

비일보다는 스몰리의 주장이 좀 더 적절한 것으로 생각된다. "넘겨줄 것이다"라는 번역을 받아들이면서 원문에는 없지만 번역의 자연스러움을 위해 "네게"라는 간접 목적어를 덧붙여 번역하였다. 이 문구에 대한 좀 더 자세한 해석은 본문 주해에서 다루도록 하겠다.

9b절의 전치사 '에크'(ἐκ)를 "부분적"(Partitive) 용법으로 간주하여 "...중에서 얼마를"로 번역할 것인지 아니면 "출처"(origin 또는 source)의 용법으로 간주하여 "...에 속한 자들"(참고, 요 3:31)로 번역할 것인지 결정할 필요가 있다.[83] 전자는 사탄의 회당의 일부분을 의미하는 것이고 후자는 전체를 의미하는 것이다. 이것을 결정하는 것은 문법적인 차원의 문제가 아니라 문맥과 신학적인 차원의 문제이다. 문맥으로 볼 때 저자가 일부분만을 지칭할 이유가 없다. 도리어 스스로 유대인이라고 하는 자들을 통칭하여 그들 앞에서 빌라델비아 성도들을 높이려는 의도를 갖는 것이 더 자연스럽다. 또한 후자의 경우는 앞서 구약 배경으로 언급한 이사야 60장 14절의 "너를 멸시하던 모든 자가 네 발 아래 엎드려 너를 일컬어 여호와의 성읍이라, 이스라엘의 거룩한 이의 시온이라 하리라"라는 말씀에 나오는 "모든 자"와 평행 관계에 있는 것으로 간주할 수 있다. 따라서 '에크'는 "...에 속한 자들"로 번역하겠다. 그리고 9c절도 9b절과 동격 혹은 설명적 관계이므로 전치사 '에크'를 9c절에도 적용시켜서 "자신들을 유대인이라고 말하는 자들에 속한 자들"로 번역한다.

9d절에서는 9bc절의 경우와 비교하면 파격이 발생한다. 9bc절에서는 전치사 '에크'와 관련하여 소유격 명사(τῆς συναγωγῆς, 테스 쉬나고게스)와 소유격 분사(λεγόντων, 레곤톤)가 사용되지만, 9d절에서는 서술문이 등장한다. 이런 변화는 강조하기 위한 것으로 간주될 수 있다. 이 부분은 "그들은 (유대인이) 아니다 그러나 거짓말하고 있다"로 번역될 수 있다.[84] 이 부분은 9c절을 부연 설명하려는 목적을 갖지만 서술문의 형태로 주어짐으로써 강조하려는 의도를 갖기도 한다.

10a절은 "왜냐하면"을 의미하는 접속사 '호티'(ὅτι)로 시작한다. 통상적으로

---

83 이 두 용법의 용어는 Robertson, *A Grammar of the Greek New Testament in the Light of Historical Research*, 598-599에서 사용되었다. 특별히 로버트슨은 요 3:31의 '에크'(ἐκ)를 출처의 용법으로 분류했는데(앞의 책, 588), 이 본문의 문맥에 의하면 "...에 속하다"로 번역할 수 있다.

84 9d절의 첫 문장은 단순히 "그리고 그들은 아니다"(καὶ οὐκ εἰσίν, 카이 우크 에이신)라고만 되어 있어서 무엇이 아닌지가 분명하게 표현되지 않기 때문에, 의미를 좀 더 분명히 하고자 "유대인"를 괄호 안에 넣어 덧붙였다. 그들은 스스로를 일컬어 하나님의 백성인 "유대인"이라고 말하지만 실상은 메시야를 거부하고 하나님의 백성을 핍박하는 자들이기에 "참 유대인"이 아니며, 따라서 그들이 스스로를 "유대인"이라고 하는 것은 거짓말을 하는 것이다(Osborne, *Revelation*, 190). 이 경우에 "유대인"은 긍정적인 의미로서 하나님의 백성을 의미하는 것으로 이해된다.

종속절은 주문장 뒤에 나오는데, 이곳에서는 종속절인 10a절이 주문장인 10b절 앞에 위치하고 있다. 그 이유는 무엇일까? 바로 10a절의 내용을 강조하기 위함이다. 그리고 구문적으로 주목을 끄는 것은 10a절의 "네가 지켰다"(ἐτήρησας, 에테레사스)와 10b절의 "내가 지킬 것이다"(τηρήσω, 테레소)가 동일하게 '테레오'(τηρέω) 동사를 사용함으로써 언어유희를 보여준다는 점이다. 전자는 빌라델비아 성도들의 행위이고 후자는 예수님의 행위이다. 전자는 부정과거 형태이고 후자는 미래 시제다. 이러한 관계에 대한 해석적 의미는 아래의 본문 주해에서 좀 더 상세하게 밝히도록 하겠다.

10e절에서는 분사 '카토이쿤타스'(κατοικοῦντας)(κατοικέω, 카토이케오)가 사용되는데, 요한계시록에서 이 동사는 "땅에"(ἐπὶ τῆς γῆς, 에피 테스 게스)라는 문구와 함께 사용되는 경우가 빈번하다(3:10; 6:10; 8:13; 11:10; 13:8, 14; 17:8). 이런 경우 '카토이케오'는 12장 12절과 13장 6절에서 "하늘에"(ἐν τῷ οὐρανῷ, 엔 토 우라노)와 함께 사용되는 '스케노오'(σκηνόω) 동사와 대조된다. 사전적으로는 '카토이케오'와 '스케노오' 모두 "살다"(live)라는 뜻이기 때문에,[85] 우리말 번역에서 두 단어를 구별하려면 각 동사에 해당하는 우리말 단어를 정하여 일관성 있게 번역할 필요가 있다. 따라서 '카토이케오'에 해당하는 우리말은 "살다"로 정하고 '스케노오'에 해당하는 우리말은 "거하다"로 정해서, '카토이케오'의 분사형과 '에피 테스 게스'가 함께 사용될 때는 "땅에 사는 자들"로 번역하고 '스케노오'의 분사형과 '엔 토 우라노'가 함께 사용될 때는 "하늘에 거하는 자들"로 번역하도록 하겠다.[86]

10c절의 명사 '페이라스무'(πειρασμοῦ)와 10e절의 동사 '페이라사이'(πειράσαι)는 동일한 어근을 갖는데, 이 단어군은 마귀에 의해 초래될 수 있는 "고통"(affliction)이나 "유혹"(temptation)과 밀접하게 관련된다.[87] 그러므로 "시험"과 "시험하다" 같은 모호한 단어들이 아니라 구체적이고 분명하게 "고통의 시간"(10c절)과 "괴롭히다"(10e절)로 번역한다. 이에 대한 자세한 설명은 아래의 본문 주해에서 제시하도록 하겠다.

---

85 BDAG, 534, 929.
86 개역개정에서는 이러한 일관성이 유지되지 않고 있다. 예를 들어, '카토이케오'의 분사형과 '에피 테스 게스'의 조합을 "땅에 거하는 자들"(3:10; 6:10)과 "땅에 사는 자들"(11:10, 13:8, 17:8)로 일관성 없이 번역하는가 하면, '스케노오'의 분사형과 '엔 토 우라노'의 조합에 대해서도 "하늘과 그 가운데 거하는 자들"(12:12)과 "하늘에 사는 자들"(13:6)로 번역하면서 일관되지 못한 모습을 보인다. 헬라어 원문에서는 땅에 "사는" 것을 표현할 때와 하늘에 "거하는" 것을 표현할 때 분명하게 구별되는 동사를 사용함에도 개역개정의 번역은 이러한 구별을 고려하지 않고 있다.
87 Charles, *A Critical and Exegetical Commentary on the Revelation of St. John*, 1:90.

12a절은 주격인 "이기는 자"(Ὁ νικῶν, 호 니콘)를 언급하면서 시작하지만 그에 대한 문장은 만들어지지 않고 곧이어 새로운 문장이 주어지는데, 이 새로운 문장에서는 목적격 인칭 대명사 "그를"(αὐτὸν, 아우톤)이 사용되어 앞서 주격으로 언급되었던 "이기는 자"를 다시 지칭한다. 이러한 관계는 2장 26절에서 언급했던 "불완전 구문 주격"(혹은 "관계의 주격") 용법이라고 할 수 있다.[88] 2장 26a절에서는 주격을 다시 지칭하는 인칭 대명사가 여격이었지만 이곳에서는 주격이 목적격 인칭 대명사로 다시 지칭된다.[89] 이 용법은 문장의 맨 앞에서 주격으로 사용된 "이기는 자"를 강조하는 효과를 가져온다. 번역문으로는 이러한 강조 효과가 잘 드러나지 않기 때문에 독자들은 헬라어 원문의 이러한 강조점을 염두에 두고 이 본문을 읽어야 한다.

12b절은 12a절의 결과로 이해되며, 따라서 12b절을 시작하는 접속사 '카이'(καὶ)는 "그리고"가 아닌 "그래서"로 번역해야 한다. 자세한 설명은 본문 주해에서 제시될 것이다. 그리고 12d절의 "나의 하나님의 이름"(τὸ ὄνομα τοῦ θεοῦ μου, 토 오노마 투 데우 무)을 좀 더 구체적으로 설명하는 내용이 바로 12e절에서 주어진다.

주격인 12g절이 소유격인 12f절을 수식하면서 격의 차이를 보인다. 상식적으로 전자는 수식을 받는 후자와 동일하게 소유격으로 사용되어야 하지만 주격으로 사용된다.[90] 이런 패턴은 요한계시록에서 자주 볼 수 있는 "문법의 파괴"(solecism) 현상이다.[91] 그리고 흥미롭게도 12d절부터 12h절까지 "이름"이란 단어가 세 번(12f절의 생략된 경우를 포함하면 네 번) 반복된다: "나의 하나님의 이름"(12d절), "나의 하나님의 도시의 이름"(12e절), "새예루살렘의 (이름)"(12f절), "나의 새 이름"(12h절). 이곳의 이름들은 동일한 의미이며, 강조를 위해 반복 사용된다.

이상의 내용을 정리해서 우리말 어순에 맞추어 번역하면 다음과 같다.

7a	그리고 빌라델비아에 있는 교회의 천사에게 쓰라.
7c	거룩하고 참되신 이
7d	다윗의 열쇠를 가지고 있는 이
7e	열면 아무도 닫을 사람이 없고 닫으면 아무도 열 사람이 없는 이가

---

88 Zerwick and Grosvenor, *A Grammatical Analysis of the Greek New Testament*, 748; Zerwick and Smith, *Biblical Greek*, 9.

89 3:21절에서도 주격 '호 니콘'(Ὁ νικῶν, 이기는 자)이 여격 인칭 대명사 '아우토'(αὐτῷ)로 지칭되면서 불완전 구문 주격이 사용된다. 한편, 2:7, 17에서는 "이기는 자"와 "그"가 동일하게 여격으로 사용되어 이 용법에 해당되지 않는다.

90 Beale, *The Book of Revelation*, 295.

91 앞의 책, 296.

7b	이같이 말씀하신다.
8a	"내가
8b	네 행위를
8a	알고 있다.
8c	보라 내가 네 앞에 열려져 있는
8d	아무도 그것을 닫을 수 없는
8c	문을 주었다.
8d	곧 네가 적은 능력을 가지고도
8e	내 말을 지키며 내 이름을 부정하지 않았다는 것을 (내가 알고 있다).
9a	보라 내가
9b	사탄의 회당에 속한 자들
9c	곧 자신들을 유대인이라고 말하지만
9d	(유대인이) 아니라 거짓말하고 있는
9c	자들(에 속한 자들)을
9a	(네게) 넘겨줄 것이다.
9e	보라 내가
9f	그들이 와서 네 발 앞에 경배하고
9g	내가 너를 사랑하는 줄을 알도록
9e	만들 것이다.
10a	네가 나의 인내의 말씀을 지켰기 때문에
10b	나도 역시 너를
10e	땅에 사는 자들을 괴롭히기 위하여
10d	온 세상에 오게 되어 있는
10c	고통의 시간으로부터
10b	지킬 것이다.
11a	내가 속히 올 것이다.
11c	아무도 너의 면류관을 빼앗지 못하도록
11b	네가 가진 것을 굳게 잡으라.
12a	이기는 자, 그를 내가 나의 하나님의 성전 안에 기둥으로 만들 것이다.
12b	그래서 그는 결코 다시는 밖으로 나가지 않을 것이다.
12c	그리고 내가
12d	나의 하나님의 이름과
12e	나의 하나님의 도시
12g	곧 나의 하나님으로부터 하늘로부터 내려오는
12f	새예루살렘의
12e	이름과
12h	나의 새 이름을
12c	그에게 기록할 것이다."
13	귀를 가진 자로 성령이 교회들에게 말씀하시는 것을 듣게 하라.

배경 연구: 빌라델비아는 어떤 도시인가?

1) 사회 정치적 특징

빌라델비아는 사데로부터 동남쪽으로 48km 정도 떨어진 곳에 있으며,[92] 유메네스(Eumenes)와 그의 동생 버가모 왕 아탈루스(Attalus) 2세(BC 159-138년에 통치)에 의해 세워진 도시로서 이 도시의 이름은 이 두 "형제간의 사랑"(fraternal affection)을 기념하기 위해 붙여졌다.[93] 이 도시의 설립 목적은 이 도시를 "그리스-아시아 문명의 중심지"로 삼아 다른 지역에 헬라의 언어와 생활 방식을 보편화시키기 위한 것이었다.[94] 따라서 처음부터 이 빌라델비아는 헬레니즘을 통해 식민 지역의 다양한 문화를 통일하여 효과적인 지배 효과를 가져올 목적으로 탄생했다.[95] 이런 사실은 이 도시가 헬라적 영향력이 매우 강한 특징을 가지고 있음을 짐작할 수 있게 한다.

빌라델비아는 "드로아로부터 버가모, 사데를 거쳐 이어지는 로마의 주요 통신로(postal road)"로도 잘 알려져 있다.[96] 이러한 지정학적 장점에 의해 빌라델비아는 "동쪽의 관문"으로서 상업에 매우 유리한 환경을 갖고 있었다.[97] 그러나 AD 17년에 사데를 강타했던 지진의 영향이 빌라델비아까지 미치게 되면서 여러 면에서 생활 환경이 열악해졌고,[98] 이 상황은 지진 발생 후 3년이 지난 AD 20년에 역사가 스트라보(Strabo)가 당시의 정황을 기록하는 순간까지도 지속되었다.[99] 스트라보는 당시 빌라델비아의 상황에 대해 다음과 같이 보고한다.[100]

> 그 근처 도시인 빌라델비아는 그것의 성벽조차 안전하지 않고 날마다 흔들리며 어느 정도 금이 가 있다. 사람들은 계속적으로 땅의 흔들림에 주의를 기울이며 이러한 요소를 염두에 두고 건축을 계획한다(Strab. 12.8.18)

이런 이유로 거주민 대부분이 도시 안에 들어가지 못한 채 도시 밖 계곡에서 움

---

92 Hemer, *The Letters to the Seven Churches of Asia*, 153.
93 앞의 책, 155; Ramsay, *The Letters to the Seven Churches of Asia*, 391. 유메네스가 그의 동생인 아탈루스에게 '필라델푸스'(Philadelphus)라는 별칭을 붙여 주었다고 한다(앞의 책).
94 앞의 책.
95 앞의 책, 391-392.
96 Osborne, *Revelation*, 184.
97 앞의 책. 뿐만 아니라 빌라델비아 지역은 "화산토"(volcanic soil)의 비옥한 토양을 가지고 있었고, 특별히 포도 농사를 하기에 최적화되어 있던 것으로 알려져 있다(Hermer, *The Letters to the Seven Churches of Asia*, 155).
98 앞의 책, 156.
99 Ramsay, *The Letters to the Seven Churches of Asia*, 397.
100 Hermer, *The Letters to the Seven Churches of Asia*, 156.

막이나 오두막을 짓고 살거나 교외에서 농사를 지으며 살게 되었다.[101] 이처럼 열악한 환경으로 인하여 로마 제국의 황제 티베리우스는 빌라델비아가 로마 제국에게 바치는 세금 등의 조공을 약 5년간 면제해 주어 도시를 재건하는 데 경제적으로 크게 기여했다.[102] 이러한 연유로 빌라델비아는 황제의 배려에 감사하는 마음으로 기념비를 로마에 세웠을 뿐만 아니라 티베리우스의 양자이자 상속자인 게르마니쿠스(Germanicus)를 신으로 숭배하는 의식을 시작하였다.[103]

또한 빌라델비아에서는 유대인과 그리스도인 사이에 갈등이 있었다. 요한계시록이 기록된 후 몇 년이 지나 빌라델비아에 보낸 것으로 알려진 이그나티우스의 편지에는 그리스도인과 유대인 사이에 갈등이 있음을 암시하는 내용이 담겨져 있다.[104] 그리고 한참 후이기는 하지만 AD 3세기경에 빌라델비아 동쪽으로 약 16km 떨어진 곳에 위치했던 델릴러(Deliler)에서 "히브리인들의 회당"이란 문구가 언급된 비문이 발견된 바 있다.[105] 이런 사실은 빌라델비아 지역에 유대인 집단이 형성되어 있었음을 짐작하게 하고, 유대인과 그리스도인 사이의 갈등이 야기될 수 있는 상황이 조성되어 있었음을 나타낸다.

2) 종교적 특징

빌라델비아의 종교는 다른 도시들처럼 "아나톨리아적인 관습과 헬라적인 관습"을 혼합한 이방 종교 형태를 취하고 있었으며, 특별히 빌라델비아인들은 "술의 신" 디오니소스를 수호신으로 여겼다.[106] AD 69년에 황제에 즉위한 플라비우스 베스파시아누스 황제는 빌라델비아라는 도시에 황제 가문의 별칭인 "플라

---

101 Ramsay, *The Letters to the Seven Churches of Asia*, 397; Hermer, *The Letters to the Seven Churches of Asia*, 156.

102 Osborne, *Revelation*, 185.

103 Ramsay, *The Letters to the Seven Churches of Asia*, 397. 또한 이 시기에 빌라델비아는 아마도 황제의 배려를 기념하려는 목적으로 도시의 이름을 "새 시저"란 의미의 "네오카이사레이아"(Neokaisareia)로 개명했는데, 여기서 "새 시저"가 가리키는 것은 "(아우구스투스와 비교했을 때 새 황제인) 티베리우스이거나 (티베리우스와 비교했을 때 새 황제인) 게르마니쿠스였다"(앞의 책, 397-398).

104 Boxall, *Revelation of St. John*, 71. 이그나티우스는 빌라델비아에 보내는 그의 편지에서 다음과 같이 말한다(Kirsopp Lake, *The Apostolic Fathers*, LCL [Cambridge, MA: Harvard University Press, 1912], 1:245):

그러나 만일 누가 너에게 유대교를 해석해 주면 그의 말을 듣지 말라. 할례 받은 자들에게 기독교를 듣는 것이 할례 받지 못한 자들에게 유대교를 듣는 것보다 나으니라. 그러나 그들이 예수 그리스도에 대해 말하지 않는다면 나에게 있어 그들 모두는 사람의 이름들만 새겨져 있는 죽은 자들의 묘비와 무덤이니라(Ignatius, *To the Philadelphians*, 6:1)

105 Hermer, *The Letters to the Seven Churches of Asia*, 160.

106 Osborne, *Revelation*, 185.

비아"(Flavia)라는 호칭을 붙여주었다.[107] 로마 제국은 자신들이 진심으로 인정하지 않는다면 아무 도시에나 이러한 호칭을 부여하지 않는 관례가 있으므로 이러한 호칭 부여는 명예로운 것으로 인식되었고 동시에 그들이 얼마나 황제 숭배에 열심이었는가를 잘 보여주고 있다.[108] 또한 로마 제국의 황제 카라칼라(Caracalla)의 재임기(AD 211-217년)에 빌라델비아는 "네오코로스"(Neokoros) 곧 "신전 관리자"(Temple-Warden)로 위촉된 바 있는데, 이것은 그 기간에 빌라델비아 지역에 황제 숭배를 자행하던 신전이 존재했다는 것을 명백하게 보여준다.[109] 또한 5세기에는 그곳의 "많은 신전들과 종교 행위들"로 인해 "작은 아테네"(Little Athens)로 일컬어지기도 했다.[110] 이상으로 볼 때 빌라델비아는 혼합 종교와 황제 숭배가 만연했던 도시였음을 알 수 있다.

본문 주해
[3:7] 빌라델비아 교회의 천사에게 쓰라
빌라델비아 교회를 향하여 선포된 메시지는 7절부터 시작된다. 이 교회에게 주어지는 선지적 메시지는 다른 여섯 메시지와 비교해 볼 때 매우 아름다운 내용으로 전개된다.

거룩하고 참되신 이(ὁ ἅγιος, ὁ ἀληθινός, 7c절). 다른 교회들에게 주어지는 메시지들은 1장에서 보았던 예수님에 대한 환상을 그대로 사용하는 반면, 빌라델비아 교회에게 주어지는 메시지는 1장에서 언급된 내용을 인유적으로 활용하는 것으로 추정할 수 있다.[111] 곧 7c절의 "거룩하고 참되신 이"(ὁ ἅγιος, ὁ ἀληθινός, 호 하기오스, 호 알레디노스)라는 표현은 1장 5절의 "신실한 증인"(ὁ μάρτυς, ὁ πιστός, 호 마르튀스, 호 피스토스)을 석의적으로 발전시킨 결과라고 할 수 있다.[112] 1장 5절에서는 "신실한"(πιστός, 피스토스)이란 단어가 사용되고 3장 7c절에서는 "참된"(ἀληθινός, 알레디노스)이란 단어가 사용되는데, 이 두 단어가 3장 14절의 "신실하고 참된 증인이시

---

107 Hermer, *The Letters to the Seven Churches of Asia*, 157-158. "플라비아"라는 표현은 베스파시아누스 황제의 처음 이름인 "플라비우스"에서 유래한 것으로 추정될 수 있다.

108 Ramsay, *The Letters to the Seven Churches of Asia*, 410.

109 앞의 책, 399.

110 Osborne, *Revelation*, 185.

111 Beale, *The Book of Revelation*, 283.

112 앞의 책.

며"(ὁ μάρτυς ὁ πιστὸς καὶ ἀληθινός, 호 마르튀스 호 피스토스 카이 알레디노스)와 19장 11절의 "신실함과 참됨"(πιστὸς καὶ ἀληθινός, 피스토스 카이 알레디노스) 같은 문구들에 함께 사용된다는 점에서 1장 5절과 3장 7c절이 석의적 관계임을 더욱 잘 알 수 있다.[113]

"거룩한 이"(ὁ ἅγιος, 호 하기오스)는 70인역 하박국 3장 3절, 이사야 40장 25절, 에녹1서 1장 3절, 37장 2절에서 하나님의 호칭으로 사용되는데, 이 문맥에서는 그리스도에게 적용되어 "신적 칭호"(divine title)로 사용되고 있다.[114] 그리고 "참되신 이"(ὁ ἀληθινός, 호 알레디노스)에 사용된 "참된"이란 단어는 "하나님 혹은 그리스도께서 참된 분으로서 자신의 말씀을 성취하실 것"을 암시하며, 따라서 예수님을 "참되신 이"로 규정하는 것은 예수님이 하나님의 약속을 성취하는 메시아 사역을 감당하기에 충분한 분이라는 사실을 드러낸다.[115] 또한 7c절에서 예수님에 대한 호칭으로 사용되는 "거룩하고 참되신 이"라는 문구가 6장 10절에서는 하나님의 호칭으로 사용된다는 점에서 7c절이 예수님의 하나님 되심을 강조하고 있음을 알 수 있다.[116] 이러한 사실들로 미루어 볼 때 이곳에서 요한은 하나님과 예수님이 동등하시며 신적인 속성을 공유하고 계심을 보여주고 있다.

다윗의 열쇠를 가지고 있는 이(ὁ ἔχων τὴν κλεῖν Δαυίδ, 7d절). 이 호칭의 의미는 1장 18절과의 비교를 통해서, 그리고 7d절의 구약 배경을 살펴봄으로써 더 잘 이해할 수 있다.

(1) 1장 18절과의 비교

"다윗의 열쇠를 가지신 이"(ὁ ἔχων τὴν κλεῖν Δαυίδ, 호 에콘 텐 클레인 다위드)는 예수님을 하나님이 약속하신 메시아 사역을 온전히 성취하는 분으로 표현하는 7c절의 "참되신 이"라는 메시아적 호칭과 관련된다. 아울러 "다윗의 열쇠를 가지신 이"란 표현은 1장 18d절의 "사망과 음부의 열쇠를 가지고 있다"라는 표현을 좀 더 발전시키고 있다(1:18의 "사망과 음부의 열쇠"와 3:7d의 "다윗의 열쇠"의 관계에 대해서는 1:18의 본문 주해를 참고하라). 이 두 구절은 "열쇠를 가졌다"는 표현을 공통적으로 사용하고 있으며, 이곳에서는 1장 18절의 "사망과 음부의 열쇠"가 "다윗의 열쇠"로 바뀌어

---

113 Beale, *The Book of Revelation*, 283. 참고, Swete, *The Apocalypse of St. John*, 52.
114 Charles, *A Critical and Exegetical Commentary on the Revelation of St. John*, 1:85; Swete, *The Apocalypse of St. John*, 52.
115 Charles, *A Critical and Exegetical Commentary on the Revelation of St. John*, 1:86.
116 앞의 책, 85.

사용되고 있다. 신약 성경에서 "다윗"이라는 호칭은 예수님과 관계되어 사용될 때 "메시아적 함의"(messianic overtones)를 갖는다(마 1:1; 22:42-45; 막 11:10; 12:35-37; 눅 1:32; 20:41-44; 요 7:42; 행 2:30-36; 13:34; 15:16; 롬 1:1-4; 딤후 2:8).[117] 따라서 1장 18절의 강조점이 "죽음과 심판"에 대한 예수님의 권세에 있다면 3장 7d절의 강조점은 메시아 "왕국에 들어오는 자들"에 대한 예수님의 권세에 있다고 볼 수 있다.[118] 전자를 심판이라고 한다면 후자는 구원의 의미를 갖는다. 심판과 구원은 그리스도의 통치 행위의 특징을 보여주는 동전의 양면과 같다.

(2) 구약 배경을 통한 이해

7d절의 "다윗의 열쇠"란 문구는 이사야 22장 22-23절을 배경으로 한다.[119]

> [22]내가 또 다윗의 집의 열쇠를 그의 어깨에 두리니 그가 열면 닫을 자가 없겠고 닫으면 열 자가 없으리라 [23]못이 단단한 곳에 박힘 같이 그를 견고하게 하리니 그가 그의 아버지 집에 영광의 보좌가 될 것이요(사 22:22-23)

이 본문은 엘리아김이 왕위에 오를 때 다윗 왕조의 청지기로서 하나님으로부터 다윗의 열쇠를 맡게 되어 왕의 존전에 나아 올 수 있는 자들을 결정할 수 있는 권한을 부여받게 되었음을 보여준다.[120] 따라서 이곳에서 사용된 "다윗의 열쇠"는 문자적인 열쇠가 아니라 왕에게로 오게 할 수도 있고 오는 것을 허락하지 않을 수도 있는 권세의 상징이다.[121] 이런 의미는 엘리아김을 "왕궁의 책임자"(왕하 18:37; 19:2)로 묘사하는 데서 잘 드러난다. 이처럼 엘리아김은 왕의 집에 대한 권세를 의미하는 "다윗의 열쇠"를 가지고 있었고, 따라서 요한계시록 3장 7d절에서 예수님을 "다윗의 열쇠"를 가지신 분으로 소개하는 것은 예수님이 엘리아김의 이러한 역할과 기능을 성취하는 분이심을 나타낸다.[122] 이런 점에서 엘리아김은 "왕적이며 제사장적인 메시아적 종"이신 예수님의 "예표"(type)라고 할 수 있다.[123] 엘리아김이 다윗 왕조의 열쇠를 가진 자였다면 메시아로서 이 땅에 하나님 나라를 설립하신 예수님은 다윗 왕국의 성취인 영원한 하나님 나라의 출입을

---

117 Beale, *The Book of Revelation*, 284.
118 앞의 책.
119 Smalley, *The Revelation to John*, 88; Beale, *The Book of Revelation*, 215.
120 Blount, *Revelation*, 74.
121 J. N. Oswalt, *The Book of Isaiah: Chapters 1–39*, NICOT (Grand Rapids, MI: Eerdmans, 1986), 422.
122 앞의 책.
123 Beale, *The Book of Revelation*, 215.

결정하는 분이시다. 특별히 엘리아김은 이사야 22장 20절에서 "나의 종"으로 언급됨으로써 이사야 40-53장에서 "나의 종"으로 언급되는 메시아적인 종의 주제와 자연스럽게 연결되며,[124] 이러한 연결점은 엘리아김이 메시아의 모형이라는 사실을 더욱 강화시켜 준다. 이와 같은 사실들로 엘리아김과 예수님의 예표적 관계가 더욱 분명해진다.

열면 닫을 자가 없다(7e절). 7e절은 예수님을 "열면 아무도 닫을 사람이 없고 닫으면 아무도 열 사람이 없는 이"라고 표현한다. 이것은 다윗의 열쇠를 가진 이에 대한 부연 설명이고, 다윗의 열쇠를 가진 이에게 당연한 결과이며, "다윗의 열쇠를 가진 이"가 의미하는 바를 더욱 강화한다. 결국 이 문구는 메시아 왕국에 대한 예수 그리스도의 절대적 주권을 의미한다.

[3:8] 열린 문

8절 말씀은 7절과 연속선상에 있다. "다윗의 열쇠"와 "문"에 대한 주제가 서로 연결되어 나타나는 7절에 이어 8절에서도 "열린 문"이라는 표현이 사용됨으로써 두 절 사이의 연속성이 유지된다. 또한 앞서 언급했듯이 8절은 A(8ab절)-B(8cd절)-A'(8ef절)의 구조를 갖는다. A와 A'는 예수님이 빌라델비아의 행위를 속속들이 알고 계시다는 사실과 그 내용을 말하고, B는 그 사이에 삽입되어 "열린 문"에 대한 내용을 다룬다.

내가 네 행위들을 안다(A[8ab절]-A'[8ef절]). 8ab절의 "내가 네 행위들을 알고 있다"(οἶδά σου τὰ ἔργα, 오이다 수 타 에르가)라는 문구는 2-3장에서 교회를 칭찬할 때 일관성 있게 사용되는 표현이다. 이 본문에서는 "네 행위들"이 8e절의 '호티'(ὅτι) 이하에서 좀 더 자세하게 설명되고 있다. 8b절이 말하는 "행위"는 적은 능력을 가지고도(8e절) 예수님의 말씀에 순종했다는 것이다(8f절). 세상적 관점으로 보면 적은 능력으로는 아무것도 할 수 없고, 따라서 8e절의 상태와 8f절의 행위는 서로 공존할 수 없는 관계다. 하지만 빌라델비아 교회에서는 그 둘이 서로 공존해 있었고, 그것이 바로 빌라델비아 교회가 예수님으로부터 칭찬받는 이유가 되었

---

124 앞의 책, 284. 그 밖에도 이사야서에서 "나의 종"은 이사야 선지자 자신(20:3)과 다윗(37:35)을 가리키는 데 사용되기도 한다(앞의 책).

다. 당시의 로마 사회에서는 강한 힘을 가져야 어떤 일을 해낼 수 있다는 통념이 있었다. 이와 같은 논리는 로마 시대의 통념일 뿐 아니라 상식이기도 하다. 따라서 8e절과 8f절은 당시의 사회적 통념에 반할 뿐 아니라 일반적인 상식과도 모순된다. 빌라델비아에 있는 교회가 "적은 능력"을 가지고 있었다는 것은 당시에 그 교회가 수적으로나 재정적인 측면에서 규모가 크지 않았을 뿐 아니라 외적인 핍박이나 멸시를 당하는 중에 있기도 했음을 표현한다고 볼 수 있다.[125] 그럼에도 불구하고 그들은 예수님의 말씀을 신실하게 지켰고 그 이름을 부정하지 않았다(8f절). 이것은 역설이며 이러한 역설은 오직 예수 그리스도로 말미암아 일어날 수 있다. 이것이 빌라델비아 교회가 칭찬받을 만한 행위인 것이다.

열려져 있는 문을 두다(B[8cd절]). 8ab절과 8ef절 사이에 8cd절이 삽입되어 있다. 이러한 구조적 관계에 의해 8cd절의 내용은 8ab절 및 8ef절과 밀접한 관계를 갖는다. 먼저 8cd절의 내용을 살펴보면, 예수님은 빌라델비아 교회 공동체 앞에 아무도 닫을 수 없는 "열려져 있는 문을 주셨다"(θύραν ἠνεῳγμένην, 뒤란 에네오그메넨)고 말씀하신다. 여기에서 "열려져 있는"(ἠνεῳγμένην, 에네오그메넨)이란 단어는 완료 수동태 분사다. 이 수동태는 신적 수동으로서 다윗의 열쇠를 가지고 있는 예수님에 의해서 문이 열린 것으로 간주할 수 있으며(7c), 열린 상태가 완료 형태로 표현된 것은 열려져 있는 상태가 예수님의 메시아적 사역에 의해 이미 완료되어 현재까지 지속되고 있다는 사실을 보여주려는 목적을 갖는다.

여기에서 "열려져 있는 문"이란 문구는 고린도전서 16장 9절, 고린도후서 2장 12절, 사도행전 14장 27절과 같은 다른 신약 성경에서 말하는 복음 전파를 위한 "열린 문"과는 다른 의미를 갖는다.[126] 8c절의 "열려져 있는 문"은 이어지는 9절에서 언급되는 자칭 유대인과의 갈등 관계에 비추어 이해해야 할 것이다.[127] 당시에 그리스도인들은 자칭 유대인이라 하는 자들에 의해 많은 고난을 받았다. 실제로 초기 그리스도인 공동체를 구성했던 유대인 그리스도인들은 자신들의 친족일 수 있었던 유대 공동체로부터 파문을 당해야만 했다.[128] 유대 공동체에서

---

125 Beckwith, *The Apocalypse of John*, 477.
126 Osborne, *Revelation*, 188-189.
127 Mounce, *The Book of Revelation*, 101.
128 Beckwith, *The Apocalypse of John*, 477. 벡위드는 이 주제와 관련하여 다음과 같이 진술한다: "유대인들은 적극적으로 교회에 대적했고, 과거에 교회에 반대하여 시작되었던 특정 운동들이 그들에 의해 시행되었던 것으로 보인다"(앞의 책); Mounce, *The Book of Revelation*, 101.

쫓겨나게 된 유대인 그리스도인들에게는 유대인 회당의 문이 닫힌 문이 되고 말았다. 유대인들이 이렇게 했던 이유는 그리스도인들이 그들의 유별난 행위로 인해 로마 제국의 핍박의 대상이 되고 있는 때에 자신들이 그리스도인들과 동등하게 여겨져 똑같은 취급을 당할 수도 있다는 위기 의식이 작용했기 때문이다. 종교/사회적 관점에서 볼 때 당시의 유대인들은 로마 제국에게 독립적 지위를 인정받아 황제 숭배와 같은 로마 제국의 법률을 적용하는 데 있어서 어느 정도 예외적 혜택을 받고 있었기 때문이기도 하다.[129] 그리스도인들에게 적대감을 가지고 있던 유대인들이 자신들이 누리는 여러 혜택과 보호를 그리스도인들이 받지 못하게 하려 했던 것은 당연한 일이었다.[130] 특별히 신학적 측면에서 유대인들은 예수 그리스도를 메시아로 인정할 수 없었기 때문에 신성 모독을 명분으로 그리스도인들을 핍박하는 대열에 더욱 앞장 섰다. 결국 유대인들과의 갈등은 그리스도인들이 로마 제국의 핍박에 무차별적으로 노출되는 결과를 초래했다. 결과적으로 그리스도인들은 사회와 민족으로부터 소외되어 사회적 불안정 가운데 살아갈 수밖에 없었다. 이러한 유대인들과의 긴장은 이곳에서처럼 유대인들이 "사탄의 회당"(2:9)으로 언급되는 서머나 교회에서도 발생한 바 있다.

이러한 배경에서, 닫혀 있는 회당의 문과 대조되는 "열려져 있는 문"이 빌라델비아 교회의 성도들 앞에 놓여 있다는 것은 그들이 메시아적 왕국에 속한 "하나님의 종말적 백성"(God's eschatological people)으로서 그리스도의 위로를 받으며 진정으로 그리스도로부터 용납된 자들임을 강조한다.[131] 이 문을 열어 놓은 분은 다름 아니라 7절에서 다윗의 열쇠를 가진 분으로 언급되는 예수님이시다. 이것은 또한 역으로 다음 구절인 9절에서 사탄의 회당으로 간주되는 유대인들은 이 열려져 있는 문에 들어 올 수 없는 자들임을 의미한다. 이 문을 닫을 수 있는 자는 아무도 없다(8d절). 유대인도 로마 제국의 황제도 이 문을 닫을 수 없다. 8d절은 관계 대명사 '헨'(ἥν)으로 시작하면서 8c절의 "열려져 있는 문"을 수식한다. 그리고 이 문장에서 "아무도"(οὐδείς, 후데이스)는 강조의 의미를 갖는다.[132] 그리고 8c절에서 동사 "주었다"(δέδωκα, 데도카〉δίδωμι, 디도미)가 사용됨으로써 "열려져 있는

---

129 Reddish, *Revelation*, 57.
130 이 주제에 대해서는 2-3장 서론부 2의 예비적 고찰 6.3의 "(3) 유대인들과의 갈등" 부분을 참고하라.
131 Krodel, *Revelation*, 137(참고, Beckwith, *The Apocalypse of John*, 480; Reddish, *Revelation*, 75; Mounce, *The Book of Revelation*, 101).
132 Beckwith, *The Apocalypse of John*, 480.

문"이 "선물로 약속된 것"임을 보여준다.[133] 곧 다윗의 열쇠에 의해 "열려져 있는 문"은 적은 능력을 가지고도 신실하게 약속의 말씀을 지켰던 빌라델비아 성도들에게 주시는 하나님의 선물이다.

이상의 내용으로 볼 때, 8절은 적은 능력을 가지고도 예수님의 말씀을 순종하며 살던 빌라델비아 성도들은 그들에게 유대인 회당의 문이 닫혀 있어 유대인들로부터는 소외되었지만, 아무도 닫을 수 없는 하나님 나라의 문이 그들에게 열려 있어 하나님 나라 백성에 속하게 되었음을 보여준다.

[3:9] 유대인들에 대한 심판

8절의 내용은 자연스럽게 9절로 넘어간다. 9절의 말씀은 빌라델비아 성도들을 괴롭힌 유대인들에 대한 심판을 언급하는데, 악한 자들에 대한 이러한 심판은 역으로 빌라델비아 성도들에 대한 보상의 의미를 갖는다.

사탄의 회당에 속한 자들(ἐκ τῆς συναγωγῆς τοῦ σατανᾶ, 9b절). 9b절은 빌라델비아 성도들을 괴롭히는 유대인 무리를 "사탄의 회당에 속한 자들"(ἐκ τῆς συναγωγῆς τοῦ σατανᾶ, 에크 테스 쉬나고게스 투 사타나)이라 부른다. 이들은 또한 9cd절에서 "자신들을 유대인이라고 말하지만 (유대인이) 아니라 거짓말하고 있는" 자들로 묘사된다. 이 두 문구는 동격 관계로 볼 수도 있고 후자가 전자를 설명하는 설명적 관계로 볼 수도 있다. 이 문맥에서는 "유대인"이란 신분 자체가 바울의 경우와는 다르게 구약의 이스라엘의 정체성을 계승하는 하나님의 백성을 뜻하면서 긍적적인 의미로 사용되고 있다. 따라서 유대인과 참 유대인을 구분할 필요가 없다. 그러므로 사탄의 회당에 속한 자들은 유대인이 아닌 것이다. 그리고 이 문맥에서 "사탄의 회당에 속한 자들"로 불리는 자칭 유대인들은 2장 9절의 서머나 교회에서도 "사탄의 회당"으로 언급되었다. 이런 호칭은 매우 역설적인 함의를 갖는다. 과거에 하나님을 예배하기 위해 모였던 회당이 사탄의 회당이 되어 버린 것이다. 자칭 유대인들이 사탄의 회당에 속한 자들로 불리는 이유는 그들이 스스로를 참다운 하나님의 백성이라고 하면서도 정작 하나님의 백성인 빌라델비아 교회 공동체를 괴롭혔기 때문이다. 이런 행위는 출애굽 시대에 바로 왕이 이스라엘에게 했던 행위이고, 바벨론 시대에 바벨론 제국이 이스라엘을 향하여 행했던 행위이

---

133 앞의 책, 481.

며, 다니엘 7장의 폭력적인 네 짐승이 하나님의 백성들에게 자행했던 행위들이다. 하나님의 백성을 괴롭히는 이러한 행위들은 하나님에 대한 도전이고 하나님을 모독하는 것이다.[134]

따라서 그들은 과거에 아브라함의 자손이었고 다윗 왕국에 속한 자들이었지만 지금은 하나님의 백성들에게 열려져 있는 구원의 문에 절대로 들어올 수 없는 자들로 전락해 버리고 말았다. 그래서 11장 8절에서는 유대인의 도시 예루살렘을 소돔과 애굽이라고 비유적으로 표현하고 있다. 이런 특징은 요한계시록에서 악의 세력의 대표라 할 수 있는 네로 황제를 대표하는 짐승과 공유된다.

자신들을 유대인이라고 말하는 자들(9cd절). 9b절의 "사탄의 회당에 속한 자들"은 먼저 9c절에서 "자신들을 유대인이라고 말하는 자들"로 부연 설명된다. 여기에서 그들이 스스로를 유대인이라고 말했다는 것은 스스로를 언약 백성으로 여기고 있었음을 보여준다. 그런데 문제는 이러한 자각이 하나님에 의한 객관적인 평가가 아니라 그들 자신의 주관적인 평가라는 데 있다. 예수님은 그들의 자각이 착각이라고 평가하신다. 따라서 그들은 진실이 아닌 거짓을 말하고 있는 것이다. 9d절은 그것을 다시 부연 설명한다: "그러나 그들은 (유대인이) 아니다 그러나 거짓말하고 있다."

내가 (네게) 넘겨줄 것이다(διδῶ, 9a절). 예수님은 사탄의 회당에 속한 자들을 빌라델비아 성도들에게 넘겨줄 것이라고 약속하신다. 여기에서 예수님이 넘겨주겠다고 하신 대상은 사탄의 회당에 속한 자들 중 일부가 아닌 전체다(구문 분석 및 번역을 참고하라). 이에 대한 구약 배경인 이사야 60장 14절에서는 이스라엘을 괴롭히던 자의 자손이 몸을 굽혀 이스라엘에게 나아오며, 멸시하던 모든 자가 이스라엘의 발 아래 엎드린다고 말한다.[135] 이사야 말씀에서 주목을 끄는 것은 이스라엘을 멸시하던 "모든 자"가 이스라엘 앞에 무릎을 꿇는다는 것이다. 이스라엘에 대한 이방 나라들의 집합적 굴복은 종말적 약속이다. 이제 요한계시록 본문에서, 구약의 이스라엘은 빌라델비아 교회 공동체로, 이스라엘을 멸시하던 이방 나라는 사탄의 회당으로 바뀐다. 사탄에 속한 "모든" 자가 하나님의 진정한 백성인 빌

---

134 Osborne, *Revelation*, 131. 이런 사실은 13:5-6에서 하나님을 모독하고 비방하는 것이 하나님의 장막 곧 하늘에 거하는 자들인 교회 공동체를 비방하는 것과 동일시되는 데서 더욱 확증된다.

135 Koester, *Revelation*, 324.

라델비아 성도들에게 넘겨지는 것은 바로 이사야서에 주어진 종말적 약속의 성취라고 할 수 있다. 그러므로 "내가 (네게) 넘겨줄 것이다"라는 문구는 악의 세력에 대한 완전한 승리를 확증하는 수사적 표현이다. 빌라델비아 성도들이 하나님 나라의 참 백성이라는 사실이 확증되는 순간 유대인들은 스스로 엄청난 비참함에 휩싸이게 될 것이다.[136] 이런 정황은 하나님의 백성에게 대적했던 세력이 그들 앞에 무릎을 꿇게 된다는 의미를 갖는다.

유대인들로 경배하게 하심(9fg절). 9fg절에 의하면, 예수님은 그러한 자들을 빌라델비아 교회 성도들의 발 앞으로 오게 해서(ἥξουσιν, 헥수신) 그들 앞에 절하게 하셔서(προσκυνήσουσιν, 프로퀴네수신)προσκυνέω, 프로스퀴네오) 예수님이 그들을 사랑하시는 것을 알게 하실 것이다. 이 일련의 표현은 빌라델비아 교회 성도들에게 고난을 안겨 주었던 유대인들 앞에서 빌라델비아 성도들을 높임으로써 그들을 부끄럽게 하시려는 예수님의 의지를 잘 드러내 주고 있다. 이것은 시편 23편 5절의 "원수의 목전에서 내게 상을 차려 주시고"라는 문구를 연상케 한다. 더 나아가서, 모든 이방 민족이 유대인들 앞에 무릎을 꿇게 될 것이라는 약속의 말씀들(사 45:14; 49:23; 60:14; 슥 8:20-23. 참고, 시 86:9)이 참 유대인이요 새 이스라엘인 빌라델비아 교회 공동체 앞에 육적 이스라엘인 유대인들이 무릎을 꿇고 경배하게 되는 방식으로 성취되는 현장을 보여준다.[137]

이러한 사실은 육적 이스라엘에 대한 구약의 약속들이, 진정한 하나님의 백성인 교회 공동체 안에서 성취되어 나타나고 있음을 보여준다. 예수님이 구약의 약속들을 성취하신 후, 이제 구약의 이스라엘은 더 이상 약속 성취의 주인공이 아니다. 표면적 유대인들은 더 이상 유대인이 아니고, 이면적 유대인인 빌라델비아 성도들이 참 유대인이다(참고, 롬 2:28-29).[138] 앞서 언급된 이사야서와 스가랴서의 말씀들은 이스라엘에게 왕적 지위를 회복시켜 주실 것에 대한 약속이다. 그러므로 유대인들이 빌라델비아 성도들의 발 앞에서 경배하게 된다는 것은 바로 이러한 에덴적인 왕의 지위을 주시겠다는 약속과 다름이 아니다. 9f절의 "네 발 앞에"(ἐνώπιον τῶν ποδῶν σου, 에노피온 톤 포돈 수)와 "경배하게 하다"(προσκυνήσουσιν, 프로스퀴네수신)란 동사가 이런 개념을 가장 극명하게 보여준다. 이것이 바로 8절에

---

136 Blount, *Revelation*, 76.
137 Smalley, *The Revelation to John*, 91; Blount, *Revelation*, 76; Reddish, *Revelation*, 75.
138 Osborne, *Revelation*, 190.

서 적은 능력을 가지고도 예수님의 말씀을 지키며 배반치 않았다고 묘사된 빌라델비아 성도들에게 예수님이 주시는 반전의 은혜인 것이다.

[3:10] 고통의 시간

9절에서는 빌라델비아 성도들에게 허락하실 은혜를 자칭 유대인이라 하는 자들을 심판하심으로써 허락하실 것을 말하고 있다면, 10절의 말씀은 이러한 은혜를 좀 더 긍정적인 측면에서 기록하고 있다.

인내의 말씀을 지키다(10a절). 10a절은 접속사 '호티'(ὅτι)를 사용해서 10b절에 대한 이유를 제공한다. 일반적으로 이러한 종속절은 주절보다 뒤에 오지만 이곳에서 원인절이 주절보다 앞에 나오는 것은 강조의 목적을 갖는다. 10a절에 의하면 빌라델비아 성도들은 인내의 말씀을 지켰다. "인내의 말씀을 지켰다"는 것은 무엇을 의미하는가? 이것은 먼저 8ef절의 "네가 적은 능력을 가지고도 내 말을 지키며 내 이름을 부정하지 않았다"라는 말씀과 관련된다. 그들은 큰 능력이 아닌 적은 능력으로 예수님의 말씀을 지켰다. 인내의 말씀을 지키는 것의 구체적인 내용은 황제 숭배를 거부하고 예수님의 이름을 부정하지 않는 것이다. 여기에서 말씀을 "나의 인내의 말씀"(τὸν λόγον τῆς ὑπομονῆς μου, 톤 로곤 테스 휘포모네스 무)으로 표현하는 것은 예수님의 말씀을 순종하는 데 인내가 필요함을 의미한다. 이것은 1장 9절의 "예수 안에 있는 환난과 나라와 인내에 동참한 자"와 같은 맥락이다. 예수 안에 있는 자들은 황제 숭배를 거부하기 때문에 필연적으로 환난이 뒤따르는데, 그 환난 가운데 인내가 필요하다. 빌라델비아 성도들이 이와 같은 인내의 말씀을 지켰다고 예수님께 칭찬받고 있는 것이다.

나도 역시 너를 지킬 것이다(κἀγώ σε τηρήσω, 10b절). 10b절에서 예수님은 "나도 역시 너를 지킬 것이다"(κἀγώ σε τηρήσω, 카고 세 테레소)라고 말씀하신다. 여기의 '카고'(κἀγώ)란 단어는 "그리고 나는"이라는 의미도 있지만 "나도 역시"라는 의미가 더 적절하다.[139] 이 의미는 10a절과 10b절을 매우 역동적인 상호 관계로 엮는다. 10a절과 10b절에는 모두 '테레오'(τηρέω, 지키다) 동사가 있는데, 10b절에서는 미래 시제인 '테레소'(τηρήσω)가 사용되고 10a절에서는 부정과거형 '에테레사

---

139 BDAG, 487.

스'(ἐτήρησας)가 사용되면서 대비된다. 곧 10a절에서는 지키는 것이 과거에 발생한 빌라델비아 성도들의 행위인 반면, 10b절에서는 그에 대한 반응으로 나타나는 예수님의 행위를 묘사한다. 즉, 10b절의 동사는 10a절의 빌라델비아 성도들의 행위에 대한 예수님의 반응이 필연적이란 것을 강조한다. 이런 상호 관계는 구약에서 볼 수 있는 이스라엘에 대한 하나님의 언약적 신실성과 관련된다. 구약에서 하나님은 이스라엘이 하나님께 신실할 때 하나님도 이스라엘에게 신실한 모습을 보여주신다. 이런 관계는 이방 신들이 이방 나라의 반응에 항상 신실하지 못한 것과 비교된다. 예수님은 빌라델비아 성도들의 신실한 모습에 대해 신실하게 갚아 주실 것을 약속하신다. 예수님은 신실한 분이시므로 그분에게 신실한 모습을 보여주는 자들을 절대 외면하지 않으신다. 이것이 버가모 교회가 사탄의 권좌가 있는 곳에서도 예수님의 신실하심을 부인하지 않을 수 있었던 이유인 것이다.

앞서 언급한 것처럼 10b절은, 10a절에서 빌라델비아 성도들이 인내의 말씀에 대해 보인 행위와 동일한 단어인 "지키다"를 사용하여 언어유희를 시도하는데, 여기에서 예수님의 말씀을 지키는 것과 예수님이 지키시는 것은 그 성격이 다르다. 빌라델비아 성도들이 지킨다는 것은 인내의 말씀에 순종한다는 의미이지만, 예수님이 지키신다는 것은 그들을 보호하시겠다는 의미이다. 다소 다른 의미이긴 하지만 "지키다"(τηρέω, 테레오)라는 하나의 동사가 이 두 의미를 모두 포괄하고 있다.[140]

여기에서 지키는 대상으로서 "너"(σε, 세)라는 2인칭 단수 대명사가 사용된다. 이것은 그 메시지의 대상이 지상적 빌라델비아 교회의 천상적 대응체인 "천사"를 향하여 주어지고 있기 때문이다. 그럼에도 불구하고 내용상으로는 빌라델비아 성도들을 가리키고 있음이 분명하다. 이러한 관계에 의해 지상의 빌라델비아 성도들과 천상적 대응체인 천사가 동일시되고 있음을 다시 한 번 확인하게 된다. 이러한 동일시는 교회에 대한 요한계시록만의 매우 독특한 시각이다. 책망 없이 칭찬만 있는 빌라델비아 교회의 경우에는 지상적 교회의 상태가 천상적 대응체의 상태와 거의 분리되지 않고 일치하는 것을 보여준다. 사데 교회만 해도 이 둘 사이에 간극이 존재한다.

---

140 "지키다"라는 동사는 우리말과 영어 모두에서 두 의미를 모두 포괄할 수 있는 흥미로운 단어이다.

고통의 시간(10cde절). 10b절에서 예수님이 지켜 주실 것이라고 말씀하셨던 것의 구체적인 내용이 10cde절에서 소개된다. 즉, 예수님은 "땅에 사는 자들을 괴롭히기 위하여 온 세상에 오게 되어 있는 고통의 시간으로부터 지켜 줄 것"을 약속하신다.

(1) 괴롭힘의 대상: 땅에 사는 자들

여기에서 괴롭힘의 대상은 "땅에 사는 자들"이다. 요한계시록에서 "땅에 사는 자들"은 "로마 제국의 황제 숭배에 대한 그들의 충성 맹세로 인해, 그리스도와 그를 따르는 자들에게 필연적으로 적대적인 자들"을 가리킬 때 사용되는 전문 용어로서, 6장 10절, 8장 13절, 11장 10절, 13장 8절, 17장 8절 등에서 황제를 숭배하는 불신자들을 가리키는 데 사용된다.[141] 그렇다면 이 본문에서 말하는 괴롭힘의 대상은 확실하게 이 땅에 사는 자들로서 황제 숭배를 추종하는 세상에 속한 자들이다. "온 세상"이란 표현은 이런 고통의 시간이 지닌 우주적 성격을 가리킨다.

(2) 고통의 시간에 대한 묵시적 배경

"고통의 시간"은 먼저 묵시문헌들이 공통적으로 내포하고 있는, "일련의 종말적 재앙들이 종말에 선행될 것"이라는 개념을 바탕으로 이해될 수 있다(막 13장; 에스드라2서 5:1-13; 6:11-28; 8:63-9:13; 바룩2서 25:1-27:15; 32:6; 70:1-71:1).[142] 종말에 선행되는 일련의 종말적 재앙들이 요한계시록이 말하는 "고통의 시간"에 해당될 수 있다. 그렇다면 "고통의 시간"은 종말 이전에 필연적으로 발생하는 일종의 종말적 재앙의 성격을 갖는다. 요한계시록에서는 재림 이전에 어떤 특정 시기 동안 진행되는 환난의 기간을 따로 설정하고 있지 않으며, 대신 초림부터 재림까지의 기간을 고통 곧 환난의 시대로 규정한다.[143] 재림을 종말의 시점으로 설정하면, 묵시문헌에서 언급하는 종말 이전에 선행되는 일련의 환난의 시대는 재림 이전 기간, 즉 초림부터 재림까지를 가리킨다고 볼 수 있다.

---

141 Blount, *Revelation*, 77, 215. 찰스도 동일한 맥락에서 이 표현이 "신자들의 세계와 구별되는 불신자들의 세계"를 의미한다고 본다(Charles, *A Critical and Exegetical Commentary on the Revelation of St. John*, 1:90).
142 Reddish, *Revelation*, 77.
143 이 부분에 대해서는 심판 시리즈에 대한 논의에서 자세하게 다룰 것이다.

(3) 구약 배경(단 12:1, 10)을 통해 본 "고통의 시간"의 의미

"고통의 시간"은 다니엘 12장 1절과 10절을 배경으로 더 잘 이해될 수 있다.[144]

> 그때에 네 민족을 호위하는 큰 군주 미가엘이 일어날 것이요 또 환난(의 때)이 있으리니 이는 개국 이래로 그때까지 없던 환난일 것이며 그때에 네 백성 중 책에 기록된 모든 자가 구원을 받을 것이라(단 12:1)
>
> 많은 사람이 연단을 받아 스스로 정결하게 하며 희게 할 것이나 악한 사람은 악을 행하리니 악한 자는 아무것도 깨닫지 못하되 오직 지혜 있는 자는 깨달으리라(단 12:10)

다니엘 12장 1절의 "그때"는 "환난의 때"(MT: עֵת צָרָה, 에트 짜라; 70인역: ἡ ἡμέρα θλίψεως, 헤 헤메라 들립세오스)를 가리킨다. 마소라 본문의 '에트 짜라'는 "고통의 시간"으로 번역할 수 있고, 70인역의 '헤 헤메라 들립세오스'는 "환난의 날"로 번역할 수 있다. 히브리어 문구는 요한계시록 본문의 "고통의 시간"과 동일하다. 이러한 사실에서 이 다니엘서 본문을 요한계시록 3장 10절의 배경으로 볼 수 있다.

다니엘 12장 1절에 의하면 미가엘의 등장으로 하나님의 백성들은 구원을 받는 반면 하나님의 백성들을 핍박했던 안티오쿠스 4세로 대표되는 세상 나라 세력은 개국 이래로 없던 고통의 시간을 맞게 된다.[145] 미가엘에 의해 초래되는 심판과 구원의 사건은 종말적 특징을 갖는다. 여기에서 고통의 시간은 세상 세력에 대한 심판의 결과이다. "책에 기록된 모든 자"는 이 환난의 때에 구원을 얻게 되고(단 12:1), "많은 사람"(책에 그 이름이 기록된 자들)이 환난의 때를 통해 정결케 된다(단 12:10). 반면, 악한 사람은 악을 행하여 궁극적으로 심판을 받게 된다.

이러한 다니엘적인 "고통의 시간"은 신약과 요한계시록에서 어떻게 재해석될 수 있는가? 여기서 기억해야 할 것은 신약이 구약을 해석하는 통상적인 원리가 구약을 문자 그대로 받아들이지 않고 예수님의 사역의 관점에서 재해석하는 것이란 점이다. 그렇다면 다니엘서의 종말적 환난의 때를 신약적 관점에서는 어떻게 이해할 수 있을까? 신약적 관점에서 보면 다니엘서가 기대하는 종말은 이미 예수 그리스도의 사역으로 성취되어 시작되었으므로 이제는 재림을 통한 종말의 완성을 기다리고 있는 것이다. 이러한 패턴은 요한계시록에도 적용될 수 있다. 그러므로 요한계시록에서 성취된 다니엘서의 고통의 시간은 요한계시록에서 초림부터 재림까지의 종말적 기간을 특징짓는다고 볼 수 있다.

---

144 Beale, *The Book of Revelation*, 292.
145 Goldingay, *Daniel*, 306.

다니엘서는 환난의 때에 성도들이 구원을 받게 될 것을 선포한다(단 12:1). 성도들은 연단을 받아 스스로 정결케 하며 희게 할 것이지만 악인들은 악을 행함으로써 심판을 자초하게 될 것이다(단 12:10). 이러한 패턴이 요한계시록 3장 10절 말씀에 적용될 수 있다. 곧 다니엘서에서 환난이 하나님의 백성에게는 연단을 통한 구원을 가져오지만 악인들에게는 심판을 가져오게 되는 것처럼, 요한계시록에서는 땅에 사는 자들에게는 고통이 닥치게 되지만 빌라델비아 성도들은 그 고통으로부터 보호를 받게 될 것이다.[146]

(4) 고통의 시간의 필연성

"고통"을 수식하는 '멜루세스'(μελλούσης)라는 단어가 고통의 시간이 필연적이라는 사실을 보여준다. 이 단어는 요한계시록에서 '데이'(δεῖ)라는 단어와 함께 하나님의 뜻의 필연적 특징을 표현하는 데 사용된다.

(5) 서머나 교회의 경우(2:10)와 비교

10e절의 동사 "괴롭히다"(πειράσαι, 페이라사이)는 2장 10절의 "시험하다"(πειρασθῆτε, 페이라스데테)와 동일한 단어 '페이라조'(πειράζω)를 사용하지만, 2장 10절의 시험은 10일이라는 기간에 한정되어 있고 서머나 교회에 국한된 사건으로 간주되므로, 온 세상에 고통이 임하는 것으로 언급되는 3장 10절의 경우와는 차이가 있다.[147] 곧 2장 10절은 신자들을 향한 것이지만 보호하시겠다는 의지는 없고, 3장 10절은 불신자들을 향하지만 그것들로부터 신자들을 보호해 주시겠다는 의지를 보여주고 있다. 그러나 공통점은 이 동사가 "괴롭히다"(afflict)라는 의미를 갖는다는 것이다.[148] 이러한 점에서 이 시점을 "환난의 때"로 표현하는 것이 타당하다. 예수님이 그들을 지키시겠다는 것은 "고통의 시간"으로부터 지켜 주시겠다는 것이다(개역개정의 "시험의 때"와는 다소 차이가 있다). 10c절의 전치사 '에크'(ἐκ, ...로부터)는 "분리"(separation)의 용법으로[149] 사용되어 신자들을 고통의 시간으로부터 분리하여 보호해 주겠다는 예수님의 의지를 더욱 강조해 주고 있다.

---

146 이와 같은 맥락에서 레디쉬는 다음과 같이 주장한다: "이것들[일련의 종말적 재앙들]에는 이 땅의 사람들을 시험하는 혹독한 시간이 포함될 것이다. 악인들에게는 이 사건들이 형벌의 도구가 되겠지만, 신실한 자들은 이 끔찍한 재앙들이 창궐하는 동안 하나님의 보호를 받게 될 것이다"(Reddish, *Revelation*, 77).

147 Charles, *A Critical and Exegetical Commentary on the Revelation of St. John*, 1:90.

148 앞의 책.

149 Wallace, *Greek Grammar beyond the Basics*, 371.

(6) 요한계시록 7장 14절과의 비교

이러한 패턴이 요한계시록 7장 14절에서 재현된다. 이 본문에서 "아무도 셀수 없는 큰 무리"가 상징하는 교회 공동체는 "큰 환난으로부터 나오는 자들"(οἱ ἐρχόμενοι ἐκ τῆς θλίψεως τῆς μεγάλης, 호이 에르코메노이 에크 테스 들립세오스 테스 메갈레스)로 묘사되는데, 이 문구에서 "환난"(θλῖψις, 들립시스)이란 단어는 3장 10절의 '페이라스모스'(πειρασμός)와 유사한 의미를 갖는 것으로 볼 수 있다. 왜냐하면 '페이라스모스'가 "고통"이란 의미를 갖기 때문이다(구문 분석 및 번역을 참고하라). 7장 14절에서 교회 공동체는 심판으로 말미암은 환난을 특징으로 하는 세상으로부터 나와 하늘에 속하게 되는 구원을 경험한다.[150] 여기서 "큰 환난"은 3장 10절의 "고통의 시간"에 속한 공간적 특징을 나타내 준다. 빌라델비아 성도들을 고통의 시간으로부터 지켜 주시겠다는 3장 10절의 약속은 셀 수 없는 큰 무리가 큰 환난으로부터 구원받아 하늘에 속하게 되는 7장 14절 정황에서 좀 더 구체화되고 보편화된다.

(7) 요한복음 3장 18절 및 17장 15절과의 비교

종말의 시작은 필연적으로 심판의 시작을 의미한다. 요한복음 3장 18절에서 예수님도 믿지 않는 자들에게 이미 심판이 시작됐다고 천명하신 바 있다. 이런 심판은 또한 세상에 대하여는 환난의 시작을 의미한다. 그것은 물리적인 차원보다는 영적인 차원에서 이해될 수 있다. 물리적으로 환난의 사건들이 발생하지 않았다고 해서 심판의 시대가 아닌 것이 아니다. 따라서 심판이나 환난의 주제를 반드시 물리적 차원의 문제로 취급할 필요가 없다.

이처럼 지켜 주시겠다는 약속의 본질은 영적인 차원의 문제다. 이 시대에 심판과 구원이 영적인 것이란 점은 요한복음 17장 15절과의 비교를 통해 더욱 잘 드러난다.[151]

> [15a]내가 비옵는 것은 그들을 세상에서 데려가시기를 위함이 아니요 [15b]다만 악에 빠지지 않게 보전하시기를 위함이니이다(요 17:15)

요한복음 17장 15절에서 예수님은 제자들을 세상에서 데려가시려는 것이 아니라 세상에 그대로 둔 채 지켜 주시려 한다고 말씀하신다. 따라서 제자들을 지켜 주시겠다는 예수님의 약속은 "고통의 시간"을 제하여 주신다는 약속이 아니라

---

150 이 부분에 대한 좀 더 자세한 해석은 7:14에 대한 본문 주해를 참고하라.

151 Charles, *A Critical and Exegetical Commentary on the Revelation of St. John*, 1:89-90.

그런 고통의 시간 속에서 보호해 주시겠다는 약속이다.[152] 이것은 이런 보호가 육체적 차원의 것이 아니라 영적인 차원이라는 것을 명확하게 보여준다.[153] 후반부인 15b절의 "악에 빠지지 않게 보전하시기를"(ἵνα τηρήσῃς αὐτοὺς ἐκ τοῦ πονηροῦ, 히나 테레세스 아우투스 에크 투 포네루; 직역하면, "그들을 악으로부터 지켜 주시기를")이라는 문구는 요한계시록 3장 10b절의 "나도 역시 너를 고통의 시간으로부터 지킬 것이다"(κἀγώ σε τηρήσω ἐκ τῆς ὥρας τοῦ πειρασμοῦ, 카고 세 테레소 에크 테스 호라스 투 페이라스무)와 유사하게 동사(지키심) + 목적어(지키심의 대상) + 전치사 '에크'(ἐκ, ...로부터) + 악의 세력(요 17:15b)/고통의 시간(계 3:10b)의 구조로 되어 있다. 이러한 구문적 유사성이 두 구절 사이의 주해적 의미의 동질성을 유추할 수 있는 충분한 근거가 된다.

이러한 관계에 비추어 볼 때, "고통의 시간"으로부터 지켜 주시겠다는 10b절의 약속은 물리적 차원의 보호보다는 영적 차원의 보호를 가리킨다는 것을 알 수 있다.[154]

(8) 고통의 시간은 특정 시간이 아니다

"고통의 시간"을 재림 직전의 7년 환난과 같은 어떤 특정 시기의 사건으로 해석하는 경우가 있다.[155] "고통의 시간"을 정해진 기간 동안의 환난으로부터 구원받는 것으로 해석하는 관점은 "휴거" 사건을 전제하고, 따라서 이 본문이 말하는 큰 환난으로부터의 구원을 휴거에 대한 "임박한 희망"을 언급하는 것으로 이해한다.[156] 이러한 이해와 관련해서는 두 가지를 지적할 수 있다. 첫째, 이 본문의 문맥은 "휴거"의 주제에 대해 아무런 여지를 남기지 않는다. 그러므로 여기에서 휴거의 주제를 끌어들이는 것은 인위적인 시도일 수밖에 없다. 둘째, 요한계시록 전체에서 예수님의 재림 직전에 세상에 특정 기간 동안 특정한 고통의 시간이 있을 것이라는 언급이 전혀 나타나지 않는다. 그러므로 이 환난의 때를 재림 직전에 존재하는 특정 사건으로 해석하는 것이나 특정 시점이나 기간을 가리키는 것으로 해석하는 것은 신중해야 한다. 더군다나 이 본문이 놓인 문맥을 보면, 그러한 해석은 12절에서 이기는 자에게 주어지는 종말적 약속과도 거리가 있다.

---

152 Osborne, *Revelation*, 192.
153 R. H. Gundry, *The Church and the Tribulation* (Grand Rapids, MI: Zondervan, 1973), 54-61.
154 Beale, *The Book of Revelation*, 292.
155 Walvoord, *The Revelation of Jesus Christ*, 86-87.
156 앞의 책.

(9) 정리

이런 "고통의 시간"은 종말이 이미 예수님의 초림으로 시작되었고 예수님의 재림 때에 완성된다는 이중적 종말론의 관점에서 가장 잘 이해될 수 있다. 이것은 요한계시록이 기조로 삼고 있는 매우 긴요한 종말의 신학이다. 종말이 이미 시작되었다는 맥락에서 보면 심판도 이미 시작되었다는 것이고, 그렇다면 지금이 바로 "고통의 시간"인 것이다.[157] 예수님의 초림과 재림 사이를 심판의 시대로 역설하고 있는 인, 나팔, 대접 심판의 존재는 이 초림과 재림 사이의 기간이 바로 "고통의 시간"이라는 것을 확증하고 있다. 이러한 고통의 시간은 믿지 않는 자들에게는 심판의 시간이고 믿는 자들에게는 구속의 시간이다. 예수님이 인내의 말씀을 지킨 빌라델비아 교회의 성도들을 이러한 고통의 시간으로부터 지켜 주시겠다는 약속은 예수님의 초림으로 시작된 온 세상에 임하는 심판의 때에 그들을 구속해 주시겠다는 약속과 다름 아니다. 그런데 여기에서 빌라델비아 성도들(혹은 신실하게 믿는 모든 자들)을 이러한 환난의 때에 지켜 주시겠다는 것은 육체적으로 면하게 해 주실 것을 의미하지 않고 영적으로 그들을 보호해 주시겠다는 것을 의미한다.

[3:11] 속히 임하시는 예수님

빌라델비아 성도들에 대한 칭찬을 담고 있는 8절과 빌라델비아 성도들의 신실한 삶에 대한 예수님의 보상을 말하는 9-10절에 이어지는 11절의 말씀에서는 빌라델비아 성도들을 향한 권면이 주어진다. 이것은 잘못하는 사람에게 잘하라는 것이 아니라 잘하는 사람에게 더 잘하라는 메시지다.

"오다"의 의미(11a절). 11a절에서 동사 "오다"(ἔρχομαι, 에르코마이)는 현재형이다. 헬라어의 현재 시제에는 미래적 용법이 있어서 미래 시제로 사용되는 것일 수도 있지만, 이곳에서는 그런 용법보다는 예수님의 오심의 "생동감"을 자아내려는 목적으로 사용되었을 가능성이 더 높다.[158] 그러므로 11a절의 "속히 올 것이다"는 예수님의 재림의 때를 가리키는 것이 아니라 위로와 보호를 위해 상시적으로 오

---

157 이처럼 이미 시작된 심판의 의미를 비일은 "이미 시작된 종말의 환난"(inaugurated end-time tribulation) 이라고 표현한다(Beale, *The Book of Revelation*, 292).

158 L. Morris, *The Revelation of St. John: An Introduction and Commentary*, TNTC 20 (Downers Grove, IL: InterVarsity Press, 1987), 82. 모리스는 11b절의 명령형 동사 "굳게 잡으라"도 현재형으로 사용되어 "굳게 잡기를 계속하라"라는 의미로 사용되었다는 설명을 덧붙인다(앞의 책).

시는 것을 의미한다. 예수님의 오심은 2장 5절, 16절, 3장 3절의 경우처럼 조건적 오심으로서 "교회들의 역사적 정황들"(historical situations of the churches)에서 상시적으로 오시는 것을 의미하기도 하고,[159] 2장 25절의 경우처럼 재림의 때를 의미하기도 한다. 본문의 맥락으로 봤을 때 11a절의 오심은 재림을 의미한다고 보기 힘들다.[160]

예수님의 오심은 언제나 "속히"라는 개념을 갖는다. 신실한 빌라델비아 성도들을 칭찬하는 이 문맥에서 예수님이 속히 오신다는 것은 고난당하는 신실한 하나님의 자녀들을 향한 하나님 아버지의 애정을 표현해 준다. 그러므로 하나님의 자녀들인 빌라델비아 교회 성도들에게 있어 이곳의 "속히 오심"은 위협이 아니라 자녀를 향한 약속이다.[161] 만일 빌라델비아 교회가 칭찬의 대상이 아니라 하나님의 책망을 받는 대상이었다면 이러한 속히 오심은 큰 위협이 아닐 수 없을 것이다. 이 "속히 오심"은 성령을 통하여 상시적으로 성도들에게 일어나며 예수님의 재림을 통해 완성된다.[162] 따라서 재림은 반복되는 속히 오심의 최종 단계라고 볼 수 있다.

특별히 이러한 속히 오심에 대해서는 두 가지 구체적인 정황을 상정해 볼 수 있다. 첫째, 10절에서 언급한 "고통의 시간"이다. 비일은 11절의 오심을 "신자들이 환난을 지날 때에 그들을 보호해 주실 그리스도의 증가되는 임재(increased presence)"라고 규정한다.[163] 따라서 11절에서의 오심은 10절에서 예수님이 신자들을 고통의 시간으로부터 지켜 주겠다고 하신 약속의 구체적 실현이라고 할 수 있다. 고통이 심화될수록 이러한 예수님의 오심으로 인한 임재가 더욱 증폭되어 신자들이 고통으로부터 도피하지 않고 그 고통을 이겨낼 수 있는 능력을 발산하게 된다.[164]

둘째로, 이러한 오심은 성만찬 정황에서 좀 더 구체적이고 세부적으로 조명해 볼 수 있다. 박스올(Boxall)에 의하면 요한계시록은 본래 "성만찬 정

---

159 Reddish, *Revelation*, 77. 그러나 레디쉬는 3:11의 오심을 재림으로 간주한다(앞의 책).

160 마운스의 경우처럼, 이 오심을 재림의 사건으로 단정짓는 학자들도 있다(Mounce, *The Book of Revelation*, 104).

161 Boxall, *Revelation of St. John*, 73. 벡위드는 예수님의 오심이 "신실하지 못한 자들에게는 경고이고 신실한 자들에게는 격려"인데, 이 문맥에서는 후자의 경우라고 지적한다(Beckwith, *The Apocalypse of John*, 484).

162 이러한 점에서 이 문맥에서 예수님의 오심이 "시작된 의미"(inagurated thrust)를 갖는다는 설명은 적절하다(Osborne, *Revelation*, 194).

163 Beale, *The Book of Revelation*, 293.

164 앞의 책.

황"(eucharistic context)에서 읽히도록 의도되었다고 한다.[165] 이러한 가정하에 오심이라는 주제를 조명하면, 성만찬에 참여하는 신자들은 예수님의 오심을 기대하고 예수님의 오심은 성령의 오심을 통해 신자들에게 실현된다.[166] 이러한 의미는 "오다" 동사가 현재형으로 사용될 때 갖는 의미에 대한 앞선 설명과 잘 어울린다. 결국 빌라델비아 성도들은 성만찬 정황에서 성령을 통한 예수님의 오심을 경험함으로써 환난의 기간 동안 인내할 수 있는 능력을 공급받게 된다.[167] 이처럼 예수님의 속히 오심에 대한 약속은 10절에서 언급한 "고통의 시간"으로부터 지켜 주시겠다는 약속에 대한 확신을 준다.[168]

네가 가진 것을 굳게 잡으라(11b절). 11b절은 재림의 때까지 "네가 가진 것을 굳게 잡으라"고 권면한다. 명령형 동사 "굳게 잡으라"(κράτει, 크라테이)는 현재 시제로 사용되어 지속적인 행동을 표현하고 있다. 곧 "굳게 잡는 것을 계속 하라"(Keep a firm grip on)는 것이다.[169] 여기에서 "네가 가진 것"(ὃ ἔχεις, 호 에케이스)은 무엇인가? 각 교회는 각기 가지고 있는 그들만의 좋은 전통이 있을 수 있다.[170] 두아디라 교회를 향해 주어진 2장 25절에서도 동일하게 '호 에케테'(ὃ ἔχετε, 너희가 가지고 있는 것들)가 사용된다. 두아디라 교회의 정황에서는 이 표현이 사탄의 깊은 것들을 알지 못하는 남은 자들과 관련해서 사용된다. 곧 남은 자들이 이세벨의 가르침에 동참하지 않은 상태를 "너희가 가진 것"으로 규정하고 있다. 빌라델비아 교회의 경우에는 그 표현이 8절에서 "적은 능력을 가지고도 내 말을 지키며 내 이름을 부정하지 않았다"고 한 것처럼 그들이 현재 견지하고 있는 예수님에 대한 신실한 태도를 가리키는 것일 수도 있고, 아니면 그들 앞에 열려져 있는 구원의 문을 가리키는 것일 수도 있다. 따라서 11b절의 "굳게 잡으라"는 명령은 이런 태도를 계속적으로 유지할 것을 권면하고 있는 것이다. 이런 자세는 예수님의 신실한 오심에 대한 신실한 반응일 뿐 아니라 예수님의 오심을 지속적으로 경험할 수 있는 방법이기도 하다.

---

165 Boxall, *Revelation of St. John*, 73.
166 앞의 책. 이와 동일하게 22:20도 성만찬 정황에서의 "오심"을 언급한다. 이에 대한 자세한 논의는 22:20에 대한 본문 주해를 참고하라.
167 비일은 이러한 능력을 "지탱하는 힘"(sustaining power)이라고 표현한다(Beale, *The Book of Revelation*, 293).
168 앞의 책.
169 Morris, *The Revelation of St. John*, 82.
170 Swete, *The Apocalypse of St. John*, 55.

아무도 면류관을 빼앗지 못하도록(11c절). 이 문장은 11b절의 목적절로서, 가진 것을 굳게 잡는 목적이 아무도 면류관을 빼앗지 못하도록 하는 것임을 보여준다. 여기에서 "면류관"은 '스테파노스'(στέφανος)로서 운동 경기에서 승리자에게 수여하는 월계관 혹은 화관을 의미한다. [171] 여기에서 "너의 면류관을 빼앗지 못하도록"이라는 표현이 사용된 것은 빌라델비아 성도들이 이미 그 면류관을 가지고 있음을 보여준다. 그들은 이미 승리를 쟁취한 것이다. 그런데 여기에서 논점은 그 면류관을 빼앗기지 않도록 하라는 것이다. 이것은 이미 쟁취한 승리의 영광을 계속 유지하도록 힘쓰라는 권면의 말씀이다. 빌라델비아 성도들은 적은 힘을 가졌지만 그들이 가진 것을 굳게 잡고 신실하게 예수님의 말씀에 순종하기를 쉽지 않은 수고의 삶을 살게 되는데, 이러한 수고는 성령을 통해 속히 오시는 예수님의 오심을 통해 위로를 받게 된다.

정리하자면, 11절에서 예수님의 오심은 재림을 의미하는 것이 아니라, 고통의 순간에 지켜 주겠다는 약속의 실현을 의미하는 동시에 예배와 성만찬 같은 정황에서의 오심을 의미한다. 빌라델비아 성도들에게 이러한 오심은 위협이 아니라 위로와 격려를 목적으로 한다. 이러한 예수님의 신실하신 관심에 대해 빌라델비아 성도들은 승리를 빼앗기지 않도록 현재의 상태를 계속 유지하는 일에 더욱 힘써야 할 것이다.

[3:12] 이기는 자에게 주시는 종말적 약속

11절 말씀은 "이기는 자"를 위한 약속이 주어지는 12절로 자연스럽게 연결된다.

나의 하나님의 성전 안에 기둥(12a절). 12a절에서 예수님은 이기는 자를 하나님의 성전 안에 있는 기둥으로 만들어 줄 것을 약속하신다. 이기는 자가 하나님의 성전 안에 있는 기둥이 된다는 것은 일종의 은유적 표현(metaphor)으로서 성전 안에 있는 기둥을 상상하게 한다. [172] 이런 상상을 통해 두 가지 방향이 제시된다.

첫째, 성전의 관점에서 기둥을 바라보는 것이다. 이 관점에서는 먼저 성전의 의미를 되새겨 보는 것이 중요하다. "하나님의 성전"이란 하나님의 임재와 통치를 누리는 영역을 의미하고 따라서 이 성전에 속한다는 것은 그런 하나님의 임

---

171 Boxall, *Revelation of St. John*, 73.
172 Harrington, *Revelation*, 71. "기둥"의 은유적 사용은 갈 2:9와 딤전 3:15에서도 나타난다(Mounce, *The Book of Revelation*, 104).

재와 통치를 누리는 영역에 속하게 됨을 의미한다.[173] 구약에서 이런 영역이 성전이라는 건물을 통해서 드러나기도 했지만, 하나님이 거니시는 임재 장소로서의 에덴(창 3:8)과 가나안 땅(출 15:17)을 통해서와 하나님의 언약 백성의 신분(출 19:6)을 통해서 드러나기도 했다. 그러므로 성전과 하나님의 백성은 하나님의 임재와 통치가 드러나는 도구로서 유기적 관계를 갖는다. 따라서 하나님의 성전에 속하게 된다는 것은 곧 하나님 백성의 지위를 갖게 된다는 것을 의미한다. 그것도 그 성전을 떠받치는 역할을 하는 가장 중요한 기둥이 될 것이란 말은 하나님 백성으로서의 그들의 정체성에 대한 확고한 지위를 보증한다는 의미로 이해될 수 있을 것이다. 이런 점에서 이곳의 "성전"은 8절의 "열려져 있는 문"과 관련된 의미를 갖는다.[174] 이런 관련성에 의해, 성전의 기둥이 된다는 것은 메시아 왕국에 속한 자들이 된다는 의미를 갖게 된다.

이런 사실은 빌라델비아 교회 성도들이 자칭 유대인이라 하는 자들로 인해 회당으로부터 쫓겨나 정치적, 사회적, 종교적으로 홀대를 받고 있는 상황을 반영한다.[175] 참으로 빌라델비아 성도들이 그들이 잡고 있는 것을 끝까지 견고히 잡으면 하나님의 백성으로서의 그들의 신분은 확고하다. 쫓겨나야 할 자들은 빌라델비아 성도들이 아니라 자칭 유대인들이라 하는 사탄의 회당에 속한 자들이다. 그들은 하나님의 성전에서 그 어떤 자리도 차지할 수 없다. 그러나 빌라델비아 성도들은 도리어 성전의 기둥이 되어 하나님의 백성으로서의 위치를 확고하게 가지게 될 것이다. 이렇게 빌라델비아 성도들과 자칭 유대인들은 큰 대조를 이루고 있고, 이 대조는 이기는 자로서 헌신과 수고의 삶을 사는 빌라델비아 성도들에 대한 위로와 격려를 극대화한다.

둘째, 기둥의 관점에서 성전을 바라보는 것이다. 성전 안에 있는 기둥은 단순히 성전의 한 요소가 아니라 성전을 떠받치고 있는 필수 불가결한 핵심 구조물이다. 기둥이 없으면 성전이 서 있지 못하고 무너질 것이므로, 기둥 없는 성전은 존재할 수 없다. 이처럼 이긴 자들로서의 성도들은 하나님의 통치에서 없어

---

173 이와 같은 맥락에서 비일은 이 본문에서 하나님의 "신적 임재의 주제"가 더욱 강조되고 있다고 주장한다 (Beale, *The Book of Revelation*, 294).

174 이런 점에서 블라운트는 이 본문에서 "열린 문의 은유가 다시 등장한다"고 지적한다(Blount, *Revelation*, 78).

175 이와 관련해서는, "성전의 기둥 됨"이 지진으로 파괴된 바 있던 도시의 모습과 비교됨으로써 이긴 자들의 무너지지 않는 모습에 대한 더욱 선명한 메시지를 전달한다는 의미로 이해하는 입장이 있을 수 있는데, 레디쉬는 이러한 입장을 견제하면서 "교회와 회당 사이의 긴장"이 이 문구가 사용된 배경에 좀 더 큰 영향을 미쳤다고 적절하게 주장하고(Reddish, *Revelation*, 78), 블라운트도 "지진"이란 주제의 적절성을 인정하면서도 이 본문이 "사탄의 회당"과 좀 더 깊이 관련된다고 주장한다(Blount, *Revelation*, 78).

서는 안 될 중요한 요소이다. 하나님은 교회 공동체 없이는 자신의 통치를 발현하실 수 없다. 이처럼 하나님의 통치를 나타내는 통로로 사용되기 위해 교회 공동체가 "이기는 자"가 되어야 하는 것은 당연하고 필수적인 일이다. 교회 공동체가 이기는 자가 되지 못하면 하나님의 목적이 그들을 통해 이루어질 수 없다. 그러므로 교회 공동체가 하나님의 성전 안 기둥이 되는 것은 하나님의 영광을 온 세상에 드러내려는 하나님의 의지를 잘 반영해 주고 있다.

결코 다시는 밖으로 나가지 않을 것이다(12b절). 앞서 논의한 12a절의 의미는 12b 절에서 더욱 강화된다. 12b절에서는 확실한 부정을 강조하는 이중 부정 부사 '우 메'(οὐ μή)가 사용된다. 이 표현에 의해 이기는 자들이 결코 성전으로부터 쫓겨나지 않을 것이라는 사실이 더욱 강조된다.[176] 그리고 "다시"(ἔτι, 에티)[177]와 "밖으로"(ἔξω, 엑소)라는 단어는 빌라델비아 성도들이 유대인들에 의해 회당으로부터 쫓겨난 경험을 반영하는 것으로 간주될 수 있다. 곧 그들은 "사탄의 회당"(3:9)으로부터 쫓겨났을지 모르지만 하나님의 성전의 기둥이 된 그들은 하나님의 백성으로서 결코 쫓겨날 수 없는 신분을 갖는다. 실제적으로 그들은 회당에서 쫓겨난 것이지만, 이 본문이 능동형 동사를 사용함으로써 그들이 스스로 걸어 나온 것으로 표현된다. 여기에서 이긴 자는 초라하거나 위축되지 않고 당당하다.

이름(12defgh절). 12defgh절은 이기는 자에게 주어질 네 종류의 이름을 열거한다: "나의 하나님의 이름"(12d절), "나의 하나님의 도시의 이름"(12e절), "새예루살렘의 (이름)"(12f절), "나의 새 이름"(12h절). 여기에서 이름이 새겨지는 대상이 이기는 자인지 아니면 성전의 기둥인지에 대한 논란이 있을 수 있다. 그러나 이러한 논란은 무의미한데, 왜냐하면 성전의 기둥은 일종의 은유적 표현이고 이기는 자들과 성전의 기둥은 동일시되기 때문이다.[178] 이 일련의 이름들은 동일한 의미로서 하나님의 소유된 백성임을 표시하는 것으로 이해될 수 있고, 그런 이름이 "이기는 자"에게 주어진다는 것은 의미가 있다.

---

176 BDF에 의하면 '우 메'는 "미래에 대한 부정의 가장 확실한 형식"이다. 그러므로 이 문장에서 이 문구가 사용되는 것은 "나가지 않게 될 것"이라는 미래적 결과에 대한 가장 강력한 부정의 의미를 표현하는 것이다(BDF §365).
177 개역개정은 '에피'를 "다시"로 번역하고 NKJV는 "더 이상 … 아니다"(no more)로 번역함으로써 의미를 잘 살리고 있다. 다른 영역본들은 이 단어를 번역하지 않고 생략한다.
178 Beale, *The Book of Revelation*, 295.

(1) 나의 하나님의 이름(12d절)과 나의(예수님)의 새 이름(12h절)

12d절에서 하나님의 이름이 새겨지는 것은 하나님의 소유가 된다는 말이고 12h 절에서 예수님의 새 이름이 새겨지는 것은 예수님의 소유가 된다는 것을 의미한다. 하나는 하나님의 소유를 말하고 다른 하나는 예수님의 소유를 말하지만, 소유의 쟁탈전으로 인한 하나님과 예수님 사이의 긴장은 이곳에 전혀 존재하지 않으며, 도리어 그 둘은 매우 조화로운 관계를 갖는다. 곧 하나님의 소유와 예수님의 소유는 동일한 의미로 간주되며 이것은 예수님이 하나님과 동등하시다는 사실에 근거한다. 또한 그 반대 논리도 성립되어, 이러한 공유가 예수님과 하나님의 동등하심을 입증해 주기도 한다.

소유의 의미로서의 새 이름이란 주제는 요한계시록의 다른 본문들에도 등장한다. 먼저 7장 1-8절에서 이마에 하나님의 인을 받음으로 하나님의 소유된 백성으로 인정된 144,000의 경우가 이에 해당하고, 14장 1절에서 동일한 144,000의 이마에 "어린 양의 이름과 그 아버지의 이름을 쓴 것이 있다"고 한 것에서도 똑같은 의미를 발견할 수 있다. 이러한 이름들의 반복은 8절에서 빌라델비아 교회 성도들이 예수님의 이름을 부인하지 않았다는 사실과도 관련되며, 이것이 22장 4절의 "그의 이름도 그들의 이마에 있으리라"라는 말씀에서 성취된다는 것을 알 수 있다.

또한 "새 이름"은 5장 9절과 15장 3절에서 모세의 노래에 대응되는 "새 노래"와 동일한 패턴으로 이해될 수 있다. 옛 언약을 통해 약속된 구원의 성취를 가져온 새 시대의 축복을 새 노래 형식으로 찬양하는 것처럼, 새 이름도 예수님에 의한 성취와 완성이 가져오는 새 시대와 밀접하게 관련된다. 곧 새 이름이 기록된다는 표현의 의미를 고려할 때는 한 개인의 변화에 우선적인 초점을 맞출 것이 아니라 새 시대라는 큰 틀의 존재를 먼저 생각해야 한다. 다시 말하면, 새 이름을 갖게 되는 한 개인의 변화보다는 그 개인이 속하게 되어 새 이름을 갖게 되는 새 시대의 새로운 패러다임이 중요하다는 것이다. 새 이름 앞에 "나의"라는 수식어가 붙는 것은 이런 새 이름의 역사를 일으키는 주체가 예수님이심을 시사해 준다. 물론 이런 새 시대에 속하게 될 때 "한 개인의 성격이나 행동이나 신분의 변화"가 일어나는 것은 필연적인 일이다.[179]

---

179 Aune, *Revelation 1-5*, 244.

(2) 하나님의 도시, 새예루살렘의 이름(12efg절)

12fg절은 "곧 나의 하나님으로부터 하늘로부터 내려오는 새예루살렘의 (이름)"이라고 말한다. 여기에서 "새예루살렘"은 21장 2절과 9절에서 어린 양의 신부로 해석되어 교회 공동체를 가리키는 것으로 간주되는데, 이는 "어린 양 예수님의 신부"가 교회 공동체 외에는 다른 의미를 갖지 않기 때문이다. 이 새예루살렘이 하나님으로부터, 하늘로부터 내려온다. 이러한 모습은 21장 2절에서도 언급되는데, 21장 2절에 의하면 미래적 종말에 이 새예루살렘이 하늘로부터 곧 하나님으로부터 새롭게 회복이 완성된 새창조로 내려온다.[180] 이기는 자에게 이러한 새예루살렘의 이름이 기록된다는 것은 이기는 자가 새창조의 주인으로서, 장차 완성될 영광스러운 교회 공동체의 일원이 된다는 것을 의미한다.

이런 미래의 사건을 빌라델비아 교회 공동체의 정황에서 미리 언급하는 것은 이러한 약속들이 결국에는 종말에 모두 성취되고 완성될 것을 보여줌으로써 치열한 경주 현장에서 이기고자 하는 동기를 부여하려는 목적을 갖는다. 2-3장의 종말적 약속들이 21-22장에서 성취되는 구조의 구성에 대해서는 2-3장의 서두 부분에서 이미 언급한 바 있다.

들음의 공식(13절). 끝으로 13절의 "들음의 공식"이 성령이 교회들에게 하시는 말씀을 들을 것을 촉구하면서 빌라델비아 교회에게 쓰는 선지적 메시지가 마무리된다. 성령이 "교회들"에게 말씀하신다는 것은 여기에서 빌라델비아 교회에게 주어지는 메시지가 그들만이 아니라 오고 가는 모든 교회 공동체가 귀를 기울여야 하는 메시지임을 의미한다.

---

180 "하늘로부터 내려온다"는 문구에 대한 자세한 설명은 21:2의 본문 주해에서 다루도록 하겠다.

7. 라오디게아 교회에게 보내는 메시지(3:14-22)

구문 분석 및 번역

14절 a   Καὶ τῷ ἀγγέλῳ τῆς ἐν Λαοδικείᾳ ἐκκλησίας γράψον·
        그리고 라오디게아에 있는 교회의 천사에게 쓰라

    b   Τάδε λέγει
        그가 이같이 말씀하신다

    c   ὁ ἀμήν,
         아멘이신 이

    d   ὁ μάρτυς ὁ πιστὸς καὶ ἀληθινός,
         신실하고 참된 증인이신 이

    e   ἡ ἀρχὴ τῆς κτίσεως τοῦ θεοῦ·
         하나님의 창조의 시작이신 이

15절 a   οἶδά
        내가 알고 있다

    b   σου τὰ ἔργα
           너의 행위들을

    c   ὅτι οὔτε ψυχρὸς εἶ οὔτε ζεστός.
           곧 네가 차지도 아니하고 뜨겁지도 아니하다는 것을

    d   ὄφελον ψυχρὸς ἦς ἢ ζεστός
         나는 네가 차든지 뜨겁든지 했기를 원했다

16절 a   οὕτως ὅτι χλιαρὸς εἶ καὶ οὔτε ζεστὸς οὔτε ψυχρός
         이와 같이 네가 미지근하고 뜨겁지도 아니하고 차지도 아니하기 때문에

    b   μέλλω σε ἐμέσαι ἐκ τοῦ στόματός μου.
        나는 너를 나의 입으로부터 토해 내야만 할 것이다

17절 a   ὅτι λέγεις ὅτι πλούσιός εἰμι καὶ πεπλούτηκα καὶ οὐδὲν χρείαν ἔχω,
        왜냐하면 네가 나는 부자요 나는 번성하였으며 아무런 부족한 것을 가지고 있지
        않다고 말한다

    b   καὶ οὐκ οἶδας ὅτι σὺ εἶ ὁ ταλαίπωρος καὶ ἐλεεινὸς καὶ πτωχὸς καὶ τυφλὸς
         καὶ γυμνός,
         그러나 너는 네가 비참하고 불쌍하며 가난하고 소경이며 벌거벗은 자라는 것을
         알지 못하기 때문이다

18절 a   συμβουλεύω σοι
         내가 너에게 조언한다

    b   ἀγοράσαι παρ᾽ ἐμοῦ χρυσίον πεπυρωμένον ἐκ πυρὸς ἵνα πλουτήσῃς,
         네가 부요해지도록 나로부터 불로 단련한 금을 살 것을

    c   καὶ ἱμάτια λευκὰ ἵνα περιβάλῃ καὶ μὴ φανερωθῇ ἡ αἰσχύνη τῆς γυμνότητός
         σου,
         그리고 네가 벌거벗은 수치를 보이지 않도록 흰옷을 (살 것을)

	d	καὶ κολλ[ο]ύριον ἐγχρῖσαι τοὺς ὀφθαλμούς σου ἵνα βλέπῃς.
		그리고 네가 보기 위하여 너의 눈에 바르도록 안약을 (살 것을)
19절	a	ἐγὼ
		나는
	b	ὅσους ἐὰν φιλῶ
		내가 사랑하는 자는 누구든지
	c	ἐλέγχω καὶ παιδεύω·
		책망하고 훈육한다
	d	ζήλευε οὖν καὶ μετανόησον.
		그러므로 너는 열심을 내라 그리고 회개하라
20절	a	Ἰδοὺ ἕστηκα ἐπὶ τὴν θύραν καὶ κρούω·
		볼지어다 내가 문에 서 있어 왔고 두드리고 있다
	b	ἐάν τις ἀκούσῃ τῆς φωνῆς μου καὶ ἀνοίξῃ τὴν θύραν
		누구든지 내 음성을 듣고 문을 열면
	c	[καὶ] εἰσελεύσομαι πρὸς αὐτὸν
		내가 그에게로 들어갈 것이다
	d	καὶ δειπνήσω μετ᾽ αὐτοῦ καὶ αὐτὸς μετ᾽ ἐμοῦ.
		그리고 나는 그와 함께 먹고 그는 나와 함께 먹을 것이다
21절	a	Ὁ νικῶν δώσω αὐτῷ καθίσαι μετ᾽ ἐμοῦ ἐν τῷ θρόνῳ μου
		이기는 자, 그에게 나는 내 보좌에 나와 함께 앉게 할 것이다
	b	ὡς κἀγὼ ἐνίκησα καὶ ἐκάθισα μετὰ τοῦ πατρός μου ἐν τῷ θρόνῳ αὐτοῦ
		내가 이기고 나의 아버지와 함께 그의 보좌에 앉은 것과 같이
22절		Ὁ ἔχων οὖς ἀκουσάτω τί τὸ πνεῦμα λέγει ταῖς ἐκκλησίαις.
		귀를 가진 자로 성령이 교회들에게 말씀하시는 것을 듣게 하라

15절에서는 15b절과 15c절의 구문 문제를 살펴봐야 한다. 15b절의 "너의 행위들"(τὰ ἔργα, 타 에그라)은 15c절의 '호티'(ὅτι)절과 동격 관계를 형성하며, 이와 동일한 구문이 1절에서도 사용된 바 있다. 이러한 동격 관계를 드러내기 위해 15c절 시작 부분의 번역에 "곧"을 넣었다. 15b절의 "너의 행위들"의 구체적인 내용이 15c절에서 서술되어, 라오디게아 교회 성도들의 행위들이 차지도 않고 뜨겁지도 않음을 나타낸다. 그리고 15d절의 '오펠론'(ὄφελον)은 "어떤 것이 일어났기를 바라는 표현"으로 사용된다.[181] 그러므로 이 표현은 어떤 사건이 발생하기를 바랬지만 그렇게 되지 않았음을 가리키고, 이런 의미를 반영해서 "했기를 원했다"로 번역했다.

---

181 BDAG, 743.

16b절의 '멜로'(μέλλω)라는 단어는 신적 당위성을 나타내는 '데이'(δεῖ)와 거의 유사한 의미로 사용되는 조동사로서, 막연한 미래가 아니라 신적 당위성을 의미한다. 이런 점을 반영해서 "...해야만 할 것이다"로 번역했다.

17절은 "왜냐하면"(ὅτι, 호티)으로 시작하는 원인절이다. 따라서 17절은 15-16절에서 예수님이 그 기능을 상실한 라오디게아 교회를 토해 낼 것이라는 의지를 표명하시는 이유를 말해 주고, 이는 17절이 15-16절의 맥락에서 이해되어야 함을 의미한다. 17절에서 또 한 가지 주목해야 할 것은 17b절에서 정관사 '호'(ὁ) 하나에 다섯 개의 단어가 함께 묶여 있다는 점이다. 이런 구문 형태는 그 다섯 단어가 하나의 단위를 이루고 있음을 보여주고, 번역에 이런 특징을 반영했다. 이에 대한 좀 더 자세한 해석은 본문 주해에서 제시하겠다.

18a절의 동사 '쉼불류오'(συμβουλεύω)는 개역개정에서 "권하노니"로 번역되었는데, 이 동사는 "조언하다"(advise)라는 의미에 더 가깝다.[182] 이 동사는 18b절의 부정사 "살 것을"(ἀγοράσαι, 아고라사이)을 목적구로 갖는다. 이 목적구가 18c절과 18d절에는 사용되지 않았지만 생략된 것으로 간주할 수 있다. 이 생략된 목적구 "살 것을"이 18c절에서는 "흰옷"(ἱμάτια λευκὰ, 히마티아 류카)을 목적어로 취하고 18d절에서는 "안약"(κολλ[ο]ύριον, 콜루리온)을 목적어로 취한다. 이것을 반영해서 18c절과 18d절에 목적구 "살 것을"을 넣어서 번역했다. 이 구문에서 또 한 가지 주목할 것은 목적구 "살 것을"이 18bcd절 각각에서 '히나'(ἵνα) 목적절을 갖는다는 점이다. 즉, 사는 행위에 대한 목적이 '히나'절을 통해 구체적이고 분명하게 명시된다. 각 부분에 대한 번역에 이와 같은 '히나'절의 존재를 반영했다.

19절의 번역에서는 먼저 19b절의 '호수스 에안'(ὅσους ἐὰν)을 어떻게 번역해야 하는지가 쟁점이 되는데, 이에 대해서는 마태복음 18장 18절의 '호사 에안'(ὅσα ἐὰν)에서 힌트를 얻을 수 있다.[183] 마태복음 18장 18절에서 '호사 에안'은 "무엇이든지 땅에서 묶으면"이란 의미를 갖는다. 이러한 의미를 이 본문에 적용하면 "내가 사랑하는 자는 누구든지"가 될 것이다. 곧 19c절의 "책망하고 훈육하는" 대상에 사랑하는 자들 전부가 포함된다는 것을 보여준다. 19절에서 또 한 가지 쟁점이 되는 것은 바로 19c절의 '파이듀오'(παιδεύω)의 번역과 관련된다. 개역개정은 이 단어를 "징계하다"로 번역하지만, BDAG에 의하면 이 단어는 "훈육하

---

182 BDAG, 957.
183 참고, BDAG, 729.

다"(discipline)라는 의미를 갖는다.[184] 이에 대한 구체적인 설명은 본문 주해에서 제시하겠다.

20a절에서 동사 '헤스테카'(ἕστηκα, 서 있다)는 현재 완료형으로 사용되었으며, 이 완료 시제 동사의 기능은 다음과 같은 세 가지로 제시될 수 있다. 첫째, 문법적으로 완료 시제의 기능을 갖는 것으로 간주될 수 있다. 즉, 과거에 발생했던 상태가 현재까지 지속되는 것으로 해석되어, 예수님이 과거에 서 있기를 시작하셨고, 그것이 지속되어 오랜 시간이 지난 지금까지 서 계시다는 사실을 의미하는 것으로 간주할 수 있다.[185] 둘째, 동사의 상(verbal aspect) 이론을 적용해서 이 완료형이 강조의 목적을 갖는 것으로 보는 것이다.[186] 이 관점에서는 문을 두드리는 행위에 비해 문에 서 있는 행위가 더 중요한 것으로 간주된다.[187] 셋째, 완료 시제를 무시하고 문맥에 의해 그 의미를 결정하는 경우다.[188] 이 경우는 구약 본문을 번역한 70인역에서 그 실례를 찾아볼 수 있다. 예를 들면, 출애굽기 17장 9절의 동사 '니짜브'(נִצָּב, 서 있다)는 70인역에서 완료 시제인 '헤스테카'(ἕστηκα)ἵστημι, 히스테미)로 번역되는데,[189] 거의 모든 영역본은 이 단어를 미래 시제인 "내가 서 있을 것이다"(I will stand)로 번역한다. 즉, 여기에서 완료 시제 동사 '헤스테카'는 완료 시제로서의 의미를 완전히 상실하고 문맥에 의해 미래적 의미를 갖게 된다.

이상 위의 세 가능성을 모두 고려하여 20a절의 완료형 동사 '헤스테카'의 용법을 파악할 필요가 있다. 먼저 첫 번째 경우처럼, 예수님은 문에 일정 기간 동안 서 계셨던 것으로 볼 수 있고, 현재형으로 사용된 문을 두드리는 행위는 현재적으로 반복되고 있는 것으로 간주할 수 있다.[190] 이것은 독자들에게 예수님의 간절한 마음을 전달하고자 하는 의도를 보여준다.[191] 또한 두 번째 경우처럼, 완료형으로 표현된 "서 있는" 모습이 더욱 강조되고 있다고 볼 수 있다.[192] 세 번째

---

184 BDAG, 749. BDAG는 "훈육하다"라는 의미에 "징계와 함께"(with punishment)라는 문구를 덧붙여서 훈육의 행위가 "징계"의 성격을 갖는다는 것을 보여준다(앞의 책).

185 Wallace, *Greek Grammar beyond the Basics*, 573.

186 D. L. Mathewson, *Verbal Aspect in the Book of Revelation* (Leiden: Brill, 2010), 103.

187 앞의 책, 103.

188 Thompson, *The Apocalypse and Semitic Syntax*, 45.

189 앞의 책. 출17:9 외에도 70인역의 사 43:7; 렘 7:10, 11, 14, 30; 암 9:12 등의 본문에서 동일한 패턴의 구문이 사용된다(앞의 책).

190 Smalley, *The Revelation to John*, 101.

191 Mathewson, *Verbal Aspect in the Book of Revelation*, 103.

192 앞의 책, 103.

경우도 앞의 두 경우와 모순되지 않을 수 있는 것은 미래 시제인지 완료 시제인지의 여부는 문맥에 의해 결정될 수 있기 때문이다. 이 문맥에서는 완료 시제로서의 의미를 없애고 미래 시제로 간주할 수 있는 여지가 없다. 강조의 의미를 가지면서 완료 시제로서의 의미만을 유지하는 것이 적절하다고 보는 것이 문맥과도 조화를 이룬다.

21a절에서는 주격인 "이기는 자"(Ο νικῶν, 호 니콘)가 여격인 "그에게"(αὐτῷ, 아우토)로 표현되고 있다. 이런 구문에 대해서는 2장 26절과 3장 12절에서 충분히 논의했기 때문에 중복된 부분은 피하고 간단하게 언급하고자 한다. 2장 7절과 17절에서는 "이기는 자에게"와 "그에게"를 사용함으로써 둘 모두 동일하게 여격으로 통일시키고 있다. 2장 11절에서는 "이기는 자"가 주격으로 사용되긴 하지만 "그에게"가 존재하지 않는다. 3장 12절에서는 "이기는 자"가 주격으로 사용되고 이어서 "그를"이라는 목적격이 사용된다. 2장 26절은 이곳과 동일하게 주격의 "이기는 자"와 여격의 "그에게"를 가지고 있다. 이러한 문형에 대해서는 그것을 "통속적 헬라어"에 존재하는 것으로 간주하는 견해와[193] 히브리적 표현으로 간주하는 견해가 있다.[194] 이런 문형의 사용은 파격에 의한 강조 효과를 나타낸다. 여기에서 강조되는 것은 주격으로 사용된 "이기는 자"가 될 것이다. 독자들은 이 구문을 번역하거나 읽을 때 이러한 강조의 의도를 감지해야 한다.

이상의 내용을 정리해서 우리말 어순에 맞추어 번역하면 다음과 같다.

14a	그리고 라오디게아에 있는 교회의 천사에게 쓰라
14c	아멘이신 이,
14d	신실하고 참된 증인이신 이,
14e	하나님의 창조의 시작이신 이가
14b	이같이 말씀하신다.
15a	"내가
15b	너의 행위들,
15c	곧 네가 차지도 아니하고 뜨겁지도 아니하다는 것을
15a	알고 있다.
15c	나는 네가 차든지 뜨겁든지 했기를 원했다.
16a	이와 같이 네가 미지근하고 뜨겁지도 아니하고 차지도 아니하기 때문에
16b	나는 너를 나의 입으로부터 토해 내야만 할 것이다.

---

193 Zerwick and Smith, *Biblical Greek*, 9.
194 Charles, *A Critical and Exegetical Commentary of St. John*, 1:53.

17a	왜냐하면 네가 나는 부자요 나는 번성하였으며 아무런 부족한 것을 가지고 있지 않다고 말하지만
17b	너는 네가 비참하고 불쌍하며 가난하고 소경이며 벌거벗은 자라는 것을 알지 못하기 때문이다.
18a	내가 너에게
18b	네가 부요해지도록 나로부터 불로 단련한 금을 사고
18c	벌거벗은 수치를 보이지 않도록 흰옷을 사고
18d	네가 보기 위하여 너의 눈에 바르도록 안약을 살 것을
18a	조언한다.
19a	나는
19b	내가 사랑하는 자는 누구든지
19c	책망하고 훈육하나니
19d	너는 열심을 내고 회개하라.
20a	볼지어다 내가 문에 서 있어 와 두드리고 있다.
20b	누구든지 내 음성을 듣고 문을 열면
20c	내가 그에게로 들어갈 것이다.
20d	그리고 나는 그와 함께 먹고 그는 나와 함께 먹을 것이다.
21b	내가 이기고 나의 아버지와 함께 그의 보좌에 앉은 것과 같이
21a	이기는 자, 그에게 나는 내 보좌에 나와 함께 앉게 할 것이다.
22	귀를 가진 자로 성령이 교회들에게 말씀하시는 것을 듣게 하라."

배경 연구: 라오디게아는 어떤 도시인가?

1) 사회 경제적 특징

이 도시는 BC 253년에 셀류쿠스의 왕 안디오쿠스 2세(BC 261-246년에 통치)에 의해 건립되었으며, 그의 아내의 이름인 "라오디케"(Laodice)를 따서 도시 이름을 라오디게아로 지었다.[195] 라오디게아는 빌라델비아로부터 남동쪽으로 65km 정도 떨어진 곳에 위치해 있었으며, 리쿠스 강의 비옥한 계곡 가운데 자리 잡고 있었다.[196] 또한 세 개의 무역로와 통신로가 만나는 곳이었기 때문에 이 도시는 "상업과 행정의 중심지"였으며 통신의 중심지이기도 했다.[197] 통신과 상업/행정은 서로 밀접한 관계를 가지고 시너지 효과를 낼 수 있는 장점을 가지고 있다. 이런 이유로 로마 제국 시대에 라오디게아는 경제적으로 상당히 번성하게 되었는데, 고고학적 발굴에 의해 발견된 "두 개의 극장과 인상적인 운동 경기장과 실내경

---

195 Smalley, *The Revelation to John*, 95; Osborne, *Revelation*, 201.
196 Boxall, *Revelation of St. John*, 75.
197 Beasley-Murray, *The Book of Revelation*, 103. 라오디게아의 도로 체계에 대한 자세한 내용은 Ramsay, *The Letters to the Seven Churches in Asia*, 416 이하를 참고하라.

기장과 목욕탕 단지 그리고 수로"등이 이러한 경제적 부흥의 사실을 잘 보여주고 있다.[198]

특별히 발달한 산업은 의류와 카페트 제조를 위한 섬유 산업과 금융과 의료 산업인데, 의료 산업이 발달한 이유는 눈병 필수 치료제인 "프리지아 분말"(Phrygian powder)로 유명한 의료 학교의 영향이 컸던 것으로 알려져 있다.[199] 이 의료 학교는 저명한 안과 의사 알렉산더 필랄레데스(Alexander Philalethes)라는 사람이 건립한 것으로 알려져 있다.[200] 따라서 라오디게아는 안과 의술에 상당한 진보가 있었고, 그것이 부를 축적하는 경제 수단이 되기도 했다.[201] 여기에 언급된 세 분야의 산업이 라오디게아 교회를 향한 메시지에 영향을 끼쳤다.[202] 이런 산업을 통해 부를 축적했던 라오디게아는 AD 60년경 지진 피해를 입었음에도 불구하고 빌라델비아와는 달리 로마에 도움을 구하지 않고도 자체적으로 도시를 재건할 수 있었고,[203] 이것이 라오디게아 시민들에게는 자부심을 가질 만한 일이었을 것이다.

한편, 라오디게아 지역에는 자체적인 수원지가 존재하지 않았기 때문에 특별히 물 공급과 관련된 문제가 있었다. 이 도시는 남쪽으로 약 10km 떨어져 있는 데니즐리에 수로를 연결해서 물을 공급받았으며, 이것은 이 도시가 기후나 군사적 침략에 상당한 취약점을 갖게 만드는 요인이 되었다.[204]

2) 종교적 특징

라오디게아 주민들의 종교 생활은 그 지역의 토착 신들과 로마의 신들을 결합한 혼합주의라고 할 수 있다. 라오디게아 지역의 토착 수호신이라고 할 수 있는 것은 프리지아의 신인 "멘 카루"(Men Karou)였는데, 이 신을 숭배하기 위한 신전이 종교적 행사에서는 물론 사회, 행정, 통상, 무역에서도 중심적인 역할을 했다.[205] 헬레니즘이 이 지역에 영향을 미치면서 라오디게아에서는 토착신인 멘

---

198 Boxall, Revelation of St. John, 75.

199 Harrington, *Revelation*, 74-75. 이 의료 학교는 치료의 신 "멘 카루"(Men Karou)의 신전과 밀접하게 관련되었던 것으로 알려져 있다(Osborne, *Revelation*, 201). 이러한 사실은 의료에 있어서도 이교적 우상 숭배가 영향을 미치고 있었음을 보여준다.

200 Smalley, *The Revelation to John*, 99; Hemer, *The Letters to the Seven Churches of Asia*, 198.

201 Hemer, *The Letters to the Seven Churches of Asia*, 198.

202 Reddish, *Revelation*, 79.

203 Osborne, *Revelation*, 202.

204 앞의 책.

205 Ramsay, *The Letters to the Seven Churches in Asia*, 417.

카루를 헬라화시킨 형태의 제우스가 숭배되기 시작했고,[206] 그들이 제우스와 혼합시켜 만들어 낸 신들 중 가장 유명한 신의 이름은 "제우스 라오디케누스"(Zeus Laodicenus)였다. 이처럼 제우스가 토착화되면서 혼합 종교의 극치를 보여주었고, 이런 라오디게아의 혼합 종교가 그곳과 인접해 있던 골로새 교회에서 문제를 일으켰던 이교의 가르침에 영향을 주었을 것이라 추정된다.[207] 바울은 라오디게아에 대해 매우 깊은 애정을 가지고 있었고(골 2:1), 골로새서를 라오디게아 교회도 읽을 수 있게 하라고 권면할 뿐 아니라(골 4:16), 골로새 교회에서 중심적인 역할을 했던 에바브라(골 1:7)가 라오디게아와 히에라볼리에 있는 성도들을 위해 많이 수고했음을 말하기도 한다(골 4:13).[208] 골로새 교회와 라오디게아 교회가 이렇게 밀접하게 연결되는 것으로 봤을 때, 골로새 교회의 문제와 라오디게아 교회의 문제는 어느 정도 공통점이 있었음을 짐작할 수 있다.

본문 주해
[3:14] 라오디게아 교회에게 쓰라
라오디게아 교회에 쓰는 메시지는 일곱 번째로서 다른 경우와 같이 예수님에 대한 묘사로 시작되는데, 특별히 예수님을 (1) 아멘이신 이, (2) 신실하고 참된 증인이신 이, (3) 하나님의 창조의 시작이신 이라 부른다. 이 세 가지 호칭은 "새창조" 모티브에 의해 서로 밀접하게 관련된다. 주제적인 측면에서 첫 번째 호칭과 세 번째 호칭이 밀접한 관계를 갖기 때문에, 등장하는 순서와는 달리 첫 번째 호칭, 세 번째 호칭, 두 번째 호칭의 순서로 다루도록 하겠다.

아멘이신 이(ὁ ἀμήν, 14c절). 14c절에서 예수님을 "아멘이신 이"(ὁ ἀμήν, 호 아멘)로 칭하는 것은 이사야 65장 16절의 "진리(아멘)의 하나님"(בֵאלֹהֵי אָמֵן, 벨로헤 아멘)이란 문구를 반영한다.[209] 여기에서 주목할 것은 '아멘'이 의미하는 "진리"라는 단어가 단순하고 막연하게 신실하거나 진실하다는 속성을 표현하려는 의도만 갖지는 않

---

206 앞의 책, 418.
207 Hermer, *The Letters to the Seven Churches of Asia*, 184.
208 Reddish, *Revelation*, 80.
209 대부분의 학자들이 이런 관계에 동의한다(Reddish, *Revelation*, 80; Osborne, *Revelation*, 203). 또한 이 관계는 요한이 요한계시록의 다른 곳에서도 종종 사 65:16과 같은 문맥에 속한 구절들을 사용한다는 사실을 통해 더욱 확증될 수 있다: 계 3:12에서 사 65:15, 계 21:1에서 사 65:17, 계 21:4d에서 사 65:16c가 각각 사용된다(Fekkes, *Isaiah and Prophetic Traditions in the Book of Revelation*, 138n114).

는다는 사실이다. 이 호칭의 의미를 정확하게 파악하기 위해서는 이 호칭의 배경인 이사야 65장 16절의 문맥을 면밀하게 살펴볼 필요가 있다. 이사야 65장 16절에서 말하는 "아멘의 하나님"이라는 호칭은 65장 17절부터 나오는 새창조 사역에 대한 언급의 도입부로 주어진다. 하나님은 첫 창조를 회복하시고 새창조를 이루시는 데 있어서 아멘이시다. 곧 새창조를 회복하겠다는 언약을 지키시는 데 있어 진실되고 신실한 분이시라는 것이다.[210]

이처럼 요한은 이사야서에서 새창조를 이루실 하나님께 돌려졌던 "아멘"이 이제는 예수님의 이름으로 사용됨으로써 예수님이 새창조를 이루시는 데 있어 아멘이심을 말하려 한다. 이러한 점에서 이 본문은 골로새서 1장 15-20절과 요한복음 1장 1-18절에서 예수님을 창조주이실 뿐 아니라 새창조를 이루시는 분으로 소개하는 것과 동일한 맥락을 갖는다고 볼 수 있다.[211] 예수님은 이사야를 통해 주어진 하나님의 언약을 하나님을 대신하여 하나님과 동등된 입장에서 실패 없이 신실하게 이루시는 분이다. 이런 내용은 14e절의 "하나님의 창조의 시작이신 이"라는 문구에서 다시 한 번 언급되고 있다. 14e절로 넘어가기 전에 14d절에서 "신실하고 참된 증인이신 이"란 문구가 등장하는 것은 이런 주제의 흐름 속에서 숙고해 보아야 할 사항임이 분명하다.

하나님의 창조의 시작이신 이(ἡ ἀρχὴ τῆς κτίσεως τοῦ θεοῦ, 14e절). 순서에 있어서는 14d절의 "신실하고 참된 증인이신 이"가 먼저 나오지만 주제의 동질성으로 인하여 14e절을 먼저 살펴보도록 하겠다.

(1) "시작"의 의미: 창조와 새창조
요한계시록 3장 14e절에서 예수님은 "하나님의 창조의 시작"(ἡ ἀρχὴ τῆς κτίσεως τοῦ θεοῦ, 헤 아르케 테스 크티세오스 투 데우)으로 불린다. 여기에서 "시작"(ἀρχή, 아르케)이란 단어는 처음 창조 사건을 가리키는 것으로 이해할 수 있다. 이곳에서 사용된 '아르케'는 요한계시록에서 "알파와 오메가"(τὸ ἄλφα καὶ τὸ ὦ, 토 알파 카이 토 오)나 "처음과 마지막"(ὁ πρῶτος καὶ ὁ ἔσχατος, 호 프로토스 카이 호 에스카토스)과 함께 사용되는 "시작과 끝"(ἡ ἀρχὴ καὶ τὸ τέλος, 헤 아르케 카이 토 텔로스)이라는 문구에서 "시작"을 의미하는

---

210 Charles, *A Critical and Exegetical Commentary on the Revelation of St. John*, 1:94. 찰스는 "아멘의 하나님"이란 문구가 "신실하신 분 곧 언약을 지키시는 분"이라는 개념을 갖는다고 한다(앞의 책).
211 Sweet, *Revelation*, 107. 스윗은 예리하게도 이 호칭을 골 1:15-20 및 요 1:1-18과 연결시키는 유일한 학자다.

'아르케'(ἀρχή)와 동일하다. 이 일련의 문구들은 하나님 또는 예수님을 창조주이시자 창조를 회복하여 마침내 새창조를 이루시는 분으로 칭할 때 사용된다(1:8과 21:6은 하나님에 대한 호칭이고, 22:13은 예수님에 대한 호칭이다). 따라서 하나님/예수님을 창조의 주체로 표현하려는 목적을 가지고 있음을 알 수 있다.

그렇다면 "하나님의 창조의 시작이신 이"라는 표현은 예수님이 창조의 주체로서 창조 사역을 주관하신 분이심을 의미하고 있다. 그러나 신약 성경에서 예수님을 창조주로 언급할 때는 단순히 과거의 사건을 회고하려는 것이 아니라 타락으로 망가진 창조 질서를 회복하는 새창조를 이루신 분으로 소개하기 위한 목적도 있다. 따라서 신약 성경에서 창조주로서의 예수님에 대한 소개는 동시에 새창조를 가져오는 분이라는 사실을 함축한다. 새창조는 첫 창조 사건을 전제하고 후자는 전자를 필연적으로 기대한다. 이러한 패턴을 14e절에 적용하면, "창조의 시작이신 이"는 "새창조"를 의미하는 것으로 볼 수 있다.[212] 이런 점에서 14e절의 "창조의 시작이신 이"와 14c절의 "아멘이신 이"라는 문구는 새창조 주제에 의해 서로 밀접하게 연결되고 있다.

(2) "죽은 자들의 처음 나신 이"(1:5)와의 관계

요한계시록 3장 14e절의 "하나님의 창조의 시작이신 이"는 1장 5절의 "죽은 자들의 처음 나신 이"(ὁ πρωτότοκος τῶν νεκρῶν, 호 프로토토코스 톤 네크론)를 해석하는 기능을 갖는다.[213] 이러한 관계에 의해 죽음에 대한 통치권은[214] 창조와 새창조의 주권자의 기능에서 좀 더 구체화되어 실행된다. 곧 죽음을 이기시고 통제하시는 예수님의 부활은 생명을 회복한 새창조의 시작으로 이해할 수 있고, 그런 의미에서 예수님은 바로 "하나님의 창조 곧 새창조의 시작"이신 것이다. 이런 점에서 14e절의 '아르케'(ἀρχή, "시작이신 이"[beginning])는 1장 5절의 '프로토토코스'(πρωτότοκος, "처음 나신 이"[firstborn])를 좀 더 발전시키기 위한 목적으로 사용된 것이라 판단할 수 있다.[215]

---

212 Beale, *The Book of Revelation*, 298.
213 앞의 책.
214 "죽은 자들의 처음 나신 이"란 문구는 단순히 부활의 의미보다는 죽음에 대한 주관자로서 "만물에 대한 통치자"라는 의미와 직결된다(1:5에 대한 본문 주해를 참고하라).
215 Beale, *The Book of Revelation*, 298. '아르케'와 '프로토토코스'의 밀접한 관계는 계 22:13의 "처음과 마지막"(ὁ πρῶτος καὶ ὁ ἔσχατος, 호 프로토스 카이 호 에스카토스)과 "시작과 끝"(ἡ ἀρχὴ καὶ τὸ τέλος, 헤 아르케 카이 토 텔로스)에서도 "처음"(πρῶτος, 프로토스; '프로토토코스'[πρωτότοκος]와 어근이 동일함)과 "시작"(ἀρχή, 아르케)이 서로 유사어로 사용된다는 점에서 좀 더 분명해진다(앞의 책).

(3) 골로새서 1장 15절을 통한 이해

골로새서 4장 16절에서 골로새서가 라오디게아 교회 성도들에게도 읽혀지도록 권면되었다는 점을 감안하면, 골로새서와의 유사성도 주목할 필요가 있다.[216] 골로새서 1장 15절에는 "모든 창조의 처음 나신 이"(πρωτότοκος πάσης κτίσεως, 프로토토코스 파세스 크티세오스)라는 문구가 나온다. 여기에서 개역개정은 소유격 명사 '크티세오스'(κτίσεως)를 "피조물보다"로 번역했지만, 요한계시록 3장 14e절과 동일한 단어를 사용하기 때문에 "창조의"로 번역했다. 차이가 있다면 14e절의 "시작"(ἀρχή, 아르케) 대신 "처음 나신 이"(πρωτότοκος, 프로토토코스)라는 단어가 사용된다는 점이다. 그러나 이런 차이가 의미상 큰 변화를 가져올 수는 없는데, 왜냐하면 앞서 언급한 것처럼 골로새서 1장 5절과 요한계시록 3장 14절의 밀접한 관계에 의해서 두 단어가 평행 관계를 갖기 때문이다.[217]

골로새서 1장 15절은 예수님을 "하나님의 형상"이라고 표현함으로써 하나님의 형상대로 지음 받은 아담의 성취로서 오신 둘째 아담으로 규정하고, "모든 창조의 처음 나신 이"라고 하여 하나님의 형상대로 지음 받은 아담의 지위를 연상시키고 있다.[218] 이런 내용을 14e절에 적용하면 예수님을 "창조의 시작"이라고 호칭한 것은 예수님이 창조주로서 새창조를 시작하셨을 뿐 아니라 첫 창조 때에 아담이 에덴에서 누렸던 왕적 지위를 회복하신 분으로서 갖는 특징을 설명하는 것이라 할 수 있다.

신실하고 참된 증인이신 이(ὁ μάρτυς ὁ πιστὸς καὶ ἀληθινός, 14d절). 14d절의 "신실하고 참된 증인이신 이"(ὁ μάρτυς ὁ πιστὸς καὶ ἀληθινός, 호 마르튀스 호 피스토스 카이 알레디노스)란 문구는 1장 5절의 "신실한 증인"(ὁ μάρτυς, ὁ πιστός, 호 마르튀스, 호 피스토스)과 3장 7절의 "참되신 이"(ὁ ἀληθινός, 호 알레디노스)가 조합된 형태를 갖고 있다. 여기에서 "신실하고 참되신 증인"이란 호칭은 "아멘이신 이"를 설명하는 것으로서 하나님의 신실한 언약을 최종적으로 성취하시는 예수님의 종말 사역의 진실성을 강조한다. 특별히 요한계시록에서 신실한 증인은 필연적으로 죽음의 고난과 관계되는

---

216 오우니는 계 3:14가 골 1:15에 대한 의존성을 갖는다는 점을 지적한다(Aune, *Revelation 1-5*, 256).

217 골 1:18에서는 "시작"(ἀρχή, 아르케)과 "처음 나신 이"(πρωτότοκος, 프로토토코스)가 나란히 놓여 있어 두 단어가 동격 관계임을 보여준다(Smalley, *The Revelation to John*, 97). 그러나 찰스는 '아르케'는 "창조에 있어서 동적 법칙"(active principle in creation)을 의미하는 반면 '프로토토코스'는 창조에 대한 "주권자"(soverign Lord)를 의미하는 것으로 보기도 한다(Charles, *A Critical and Exegetical Commentary on the Revelation of St. John*, 1:94).

218 P. T. O'Brien, *Colossians-Philemon*, WBC 44 (Nashville, TN: Thomas Nelson, 2006), 43.

데, 이것은 1장 5절과 5장 6절의 예수님의 경우에서와 11장의 두 증인(교회를 상징)의 경우에서 잘 나타난다. 교회에게, 예수님을 본보기로 삼아 이러한 과정을 밟아나갈 것을 요구한다(참고, 11:1-13).[219] 이제 예수님의 증인 신분은 한 발자국 더 나아간다. 곧 예수님은 지상에서뿐 아니라 승귀하신 후에도 진리의 영, 성령을 보내셔서 교회 공동체를 통해 진리를 계속 증거하고 계신다.[220]

그렇다면 예수님이 십자가에서 죽기까지 "신실하고 참된 증인"으로서 이루고자 하신 것이 무엇인지를 14절의 구조적 특징을 통해 확인할 수 있다. 14d절의 "신실하고 참된 증인이신 이"라는 문구는 각각 새창조라는 주제를 함축하고 있는 14c절의 "아멘이신 이"와 14e절의 "하나님의 창조의 시작이신 이" 사이에 삽입됨으로써 예수님이 새창조의 역사를 이루는 분임을 보여준다. 즉, 14c절과 14e절이 예수님을 새창조를 이루는 분으로 소개하고 있으므로, 14d절에서 예수님은 이러한 새창조 사역을 실패 없이 이루시는 신실하고 참된 증인으로 소개되시는 것이다. 예수님이야말로 이 새창조에 대한 온전한 증거자가 되시며, 말씀만이 아니라 행위를 통해서도 신실한 증인의 사역을 온전히 감당하셨다.

참 증거자로서 예수님은 이사야 43장 10-12절 말씀을 성취하신 것이다.[221]

> [10]나 여호와가 말하노라 너희는 나의 증인, 나의 종으로 택함을 입었나니 이는 너희가 나를 알고 믿으며 내가 그인 줄 깨닫게 하려 함이라 나의 전에 지음을 받은 신이 없었느니라 나의 후에도 없으리라 [11]나 곧 나는 여호와라 나 외에 구원자가 없느니라 [12]내가 알려 주었으며 구원하였으며 보였고 너희 중에 다른 신이 없었나니 그러므로 너희는 나의 증인이요 나는 하나님이니라 여호와의 말씀이니라(사 43:10-12)

이 말씀에 의하면 하나님은 하나님 외에는 누구도, 어떤 우상도 구원자가 될 수 없다는 사실에 대한 증인으로 이스라엘을 세우셨다. 이러한 이스라엘의 성취로 오셨다면 예수님은 새 이스라엘로 오신 것이다. 새 이스라엘로 오신 예수님은 새창조를 이루시는 신실하고 참된 증인이시고, 따라서 참 이스라엘이시다. 요한은 이러한 신실하고 참된 증인이신 예수님의 모습을 신실하지도 않고 참되지도 않은 라오디게아 성도들의 모습과 의도적으로 대조시키고 있으며, 이것은 라오디게아 성도들에게 대단히 큰 충격이 아닐 수 없었을 것이다.[222]

219 Osborne, *Revelation*, 204.
220 Smalley, *The Revelation to John*, 97.
221 Beale, *The Book of Revelation*, 297.
222 Osborne, *Revelation*, 204.

이상으로 볼 때 14cde절은 서로 긴밀한 관계로 구성되어 있음을 알 수 있다. 이 구절들은 A⁽¹⁴ᶜ절⁾–B⁽¹⁴ᵈ절⁾–A′⁽¹⁴ᵉ절⁾의 구조를 갖는다고 볼 수 있다. A와 A′는 각각 예수님을 새창조의 창시자로 보고 B에서는 예수님을 그것에 대한 신실하고 참된 증인으로서 소개하고 있다. 예수님 자신이 새창조의 창시자가 되심으로써 이에 대한 가장 완벽한 증인이 되신 것이다. 바로 이와 같은 예수님이 라오디게아 교회를 향하여 말씀하시기 때문에 그 말씀에는 신실하심과 마땅한 권위가 있다. 왜 라오디게아 교회에게 선포되는 말씀의 서두에서 예수님을 새창조 개념이 충만한 내용으로 소개하고 있는 것일까? 그것은 이어지는 내용에서 확인되겠지만, 그만큼 라오디게아 교회의 상황이 예수님 앞에서의 미지근한 태도로 말미암은 혼돈과 무질서의 상태에 있었기 때문에 새창조의 질서가 더욱 절실하다는 것을 의미한다고 볼 수 있다.

[3:15–16] 예수님의 책망

15절부터는 예수님이 라오디게아 교회 성도들을 향해 주시는 말씀을 소개한다. 라오디게아 교회에게는 칭찬 없이 곧바로 책망의 말씀이 주어진다.

너의 행위들을 알고 있다(οἶδά σου τὰ ἔργα, 15ab절). 15ab절에서 라오디게아 교회 공동체에게 주어지는 "내가 너의 행위들을 알고 있다"라는 메시지 형식은 본래 칭찬할 때 사용하는 형식이지만, 여기에서는 칭찬이 아닌 책망을 말하는 데 사용된다. 이런 용법은 사데 교회의 경우에도 동일하게 적용되고 있다. 칭찬의 내용이 있어야 할 자리에 책망을 삽입한 이러한 변칙적 표현 방법은 독자들에게(특별히 라오디게아 성도들에게) 더 큰 충격을 주었을 것이다. 본인들의 치부를 예수님이 아신다는 사실은 그들에게 무시무시한 공포로 다가왔을 것이 분명하다.

차지도 아니하고 뜨겁지도 아니하다(οὔτε ψυχρὸς εἶ οὔτε ζεστός, 15c절). 15c절에서 예수님이 라오디게아 성도들을 책망하는 내용은 바로 "차지도(ψυχρός, 프쉬크로스) 아니하고 뜨겁지도(ζεστός, 제스토스) 아니하다"는 것이다. 그리고 15d절에서 예수님은 라오디게아 성도들에게 차든지 아니면 뜨겁든지 하라고 요청하신다. 여기에서 사용된 동사 '오펠론'(ὄφελον)은 본래 "실현 불가능한 소원"을 표현하지만, 이 본문에서는 "현재는 실현되지 않고 있지만 가능성을 나타내 주기 위해" 사용된다(참고, 고후 11:1).[223] 여기에서 의문이 하나 생긴다. 예수님은 그들이 뜨겁기를 원하시는 것일까, 아니면 차갑기를 원하시는 것일까?

전통적인 관점에서는 차가운 상태가 영적 열정의 결함으로 여겨지는 경향이 있었고, 따라서 이 본문이 차가운 것을 미지근한 것보다 더 좋은 것으로 평가하는 것은 의아하게 여겨졌다.[224] 이러한 전통적 입장을 견지하는 사람들은 이곳에서 문제가 되는 것이 영적 열정의 결함이라면 어떻게 "차든지 뜨겁든지 했기를 원했다"라고 하여 차게 될 것을 요구할 수 있는지 반문하는데, 이는 그들이 보기에는 차게 될 것을 요구하는 것이 영적 열정과 모순된다고 여겨졌기 때문이다. 그러나 이것을 은유적 표현으로 이해한다면 큰 문제가 없을 것이다. 즉, 차든지 뜨겁든지 하라는 것은 실제로 그러한 상태에 머물러 있으라는 요구가 아니라, 주님을 믿는 신앙에 있어 분명한 입장을 가질 것을 요구하는 것이다. 이렇게 분명한 입장을 취하는 것은 영적 열정과 밀접하게 관련된다. 왜냐하면 "영적 열정의 결함은 위선적이며, 결단력이 없고, 우유부단하며, 타협하고, 말뿐인 고백과 기계적 예배와 삶의 열매가 없음 같은 미지근한 삶의 모습으로 나타나기 때문이다."[225]

한편, 이러한 은유적 해석과는 다르게 지역적 특징을 근거로 접근하는 경우도 있다.[226] 여기에서 "뜨겁지도 아니하고 차지도 아니하다"는 문구는 각각 히에라폴리스라는 도시에서 "약용"(medical)으로 사용되는 뜨거운 물과 골로새 지역에서 분출되던 매우 "신선하고 정결한" 물을 배경으로 주어지는 표현이라는 것이다.[227] 이 두 종류의 물은 그것이 약용이든 신선한 특징을 갖든 각각 특별한 효과를 지닌다는 공통점이 있다. 반면, 히에라폴리스와 골로새 사이의 거의 "중간에"(equidistant)[228]에 위치해 있는 라오디게아는 그것의 물질적 부유함에도 불구하고 한 가지 결함이 있었는데, 그것은 바로 그 도시 자체에 물 공급원이 존재하지 않았다는 것이다.[229] 그래서 라오디게아는 그곳으로부터 약 10km 정도 떨어

223 Charles, *A Critical and Exegetical Commentary on the Revelation of St. John*, 1:95.
224 Hemer, *The Letters to the Seven Churches of Asia*, 187.
225 Strelan, *Where Earth Meets Heaven*, 88-89.
226 Hemer, *The Letters to the Seven Churches of Asia*, 187-191; Beale, *The Book of Revelation*, 303; Boxall, *Revelation of St. John*, 76-77.
227 Hemer, *The Letters to the Seven Churches of Asia*, 188.
228 Boxall, *Revelation of St. John*, 76.
229 Rudwick and Green, "The Laodicean Lukewarmness," *ExpTim* 69 (1957–58): 177(Hemer, *The Letters to the Seven Churches of Asia*, 188에서 재인용). 라오디게아 주변에 리쿠스 강이 있긴 하지만, 이 강은 여름에 말라 버려서 수원지로서의 기능을 상실했다고 전해진다(앞의 책).

져 있는 "데니즐리"라는 도시에서 미네랄 성분이 있는 뜨거운 물을 "돌로 된 파이프"(stone pipes)를 통해 공급받았는데, 뜨거운 물이 돌 파이프를 통해 라오디게아까지 오는 과정에서 천천히 식어서 미지근해졌고, 그것을 마시면 구토를 일으킬 정도였다고 한다.[230]

　　이러한 라오디게아의 미지근한 물은 치료 목적을 가졌던 히에라폴리스의 뜨거운 온천수나 차고 정결하여 건강을 촉진시켜 주었던 골로새의 시원한 음용수로서의 기능을 갖지 못했다. 여기에서 주목해야 할 것은 데니즐리로부터 라오디게아에 공급되는 미지근한 물은 히에라폴리스의 뜨거운 물이나 골로새의 신선한 물과는 달리 어떤 효과도 기대되지 않았다는 점이다. 이러한 정황이 바로 15절의 말씀과 특별히 16절에서 말하는 "미지근하고 뜨겁지도 아니하고 차지도 아니하기 때문에 나는 너를 나의 입으로부터 토해 내야만 할 것이다"라는 말씀의 배경이 되고 있다.

　　반면, 최근의 비평가들은 이러한 지역적 특징들이 이 본문을 해석하는 데 과도하게 사용된 것은 아닌지 의문을 제기한다. 예를 들면, 쾨스터(Koester)는 다음과 같은 두 가지 문제점을 제기한다:[231] (1) 요한계시록의 이미지는 음용수의 차가움과 뜨거움에 대한 것이기 때문에 히에라폴리스의 온천수는 적절한 근거가될 수 없다, (2) 라오디게아에 적절한 음용수가 없어서 데니즐리로부터 음용수를 공급받았다는 주장에는 아무런 근거가 없다. 실제로 양질의 물을 공급해 주는 수리 시설로 사용된 "물탑"(water tower)이 라오디게아에 존재했음을 짐작하게하는 근거들이 발견되었다는 것이다.[232] 쾨스터는 이런 문제 제기와 함께 "지역적 지형학"(local topography)에 대한 대안으로서 음용 관습과 관련된 여러 자료들을 제시한다.[233] 예를 들면, 2세기에 아테나이우스(Athenaeus)는 한 대화에서 건강에 좋은 "매우 찬 물"과 연회에서 마시는 "뜨거운 물"에 대해 언급한 바 있다(Deipn. 3.123a).[234] 이 외에 포도주와 관련해서도 차가운 것과 뜨거운 것을 긍정적인 측면에서 분류하는데, 예를 들면, 크세노폰(Xenophon)은 여름에 값비싼 포도

230 Hemer, *The Letters to the Seven Churches of Asia*, 188.
231 C. R. Koester, "The Message to Laodicea and the Problem of Its Local Context: A Study of the Imagery in Rev 3.14-22," *NTS* 49 (2003): 409-410.
232 Koester, "The Message to Laodicea and the Problem of Its Local Context," 410. 스트라보(Strabo)는 라오디게아에서 나오는 물이 히에라폴리스의 온천수보다 더 마시기 좋았다고 언급한다(*Geor.* 13.4.14[Koester, "The Message to Laodicea and the Problem of Its Local Context," 410에서 재인용]).
233 Koester, "The Message to Laodicea and the Problem of Its Local Context," 411.
234 앞의 책, 413.

주를 마시는 즐거움을 고양시키기 위해 포도주를 차게 해 줄 눈(snow)을 찾아 나섰던 사람들에 대한 기록을 남겼다(*Mem.* 2.1.30).[235] 뿐만 아니라, 로마 시대에는 저녁 식사 때 "가열된 와인"(heated wine)을 마시는 것이 보편적이었으며, 1세기에 폼페이에서 뜨거운 음료가 판매되었다는 기록들이 남겨져 있기도 하다.[236] 이상에서 중요한 것은 뜨거운 음료와 차가운 음료 모두가 긍정적으로 여겨졌다는 점이다.

한편, 고대 자료에서는 차가운 상태나 뜨거운 상태와는 대조적으로 미지근한 상태는 부정적인 측면에서 언급된다. 예를 들면, 『이솝의 생애』(Life of Aesop) 2-3은 "미지근한 물이 구토를 유발한다"고 기술하고,[237] 이러한 정서가 당시의 사람들에게 어느 정도는 공감을 이루고 있음을 알 수 있다. 이상의 내용들은 이곳에서 언급되는 차거나 뜨겁거나 미지근한 상태가 라오디게아, 히에라폴리스, 골로새, 데니즐리 같은 지역들의 물이 지닌 특징을 배경으로 삼고 있지 않다는 주장을 강력하게 지지해 준다.

이 본문에서 뜨겁지도 차지도 않고 미지근하다는 것은 열정의 정도를 나타내는 "영적 온도"(spiritual termparature)와 관련되는 것이 아니라 "증거의 부족"과 같은, 사역에 열매가 없는 모습을 지적하는 것이라고 할 수 있다.[238] 곧 라오디게아 교회가 "효용성"(effectiveness)을 잃고 말았다는 것이다.[239] 15c절에서 예수님은 바로 이러한 라오디게아 교회의 문제를 지적하시면서 라오디게아 성도들에게 적어도 그러한 토하고 싶은 심정이 들게 하는 미지근한 물처럼 되지 말고 하나님과 사람들에게 유익한 차가운 물이나 뜨거운 물처럼 될 것을 촉구하신다. 그러나 어떤 경우이든 이러한 라오디게아 교회의 상태는 우상 숭배 및 황제 숭배와 밀접하게 관련된다. 일곱 교회 모두가 그렇듯이 라오디게아 교회도 그 지역의 토착신들과 로마의 신들이 결합된 혼합주의로 가득찬 라오디게아 도시의 환경 속에 존재했다. 이어지는 17절에서 그들이 스스로를 부요하다고 판단하는 것은 우상 숭배를 통한 협동조합 활동에서 얻는 이득을 고려하지 않고는 이해가 불가능하다.

---

235 앞의 책.
236 앞의 책, 414.
237 앞의 책, 415.
238 Sweet, *Revelation*, 107.
239 Boxall, *Revelation of St. John*, 76.

[3:17] 라오디게아 교회의 부요함과 가난함

17절은 왜 라오디게아 성도들이 뜨겁지도 아니하고 차지도 아니하여 미지근한 상태에 머물러 있을 수밖에 없는지를 보여준다.

라오디게아 교회의 부요함(17a절). 먼저 17a절에 의하면 라오디게아 교회는 자신들이 부자요 번성하였고 아무 부족함이 없다고 말한다. 여기에서 사용된 "부자"와 "번성하다"와 "아무 부족함이 없다"라는 표현들이 라오디게아 교회의 모습을 잘 표현해 주고 있다. 특별히 동사 "말하다"(λέγεις, 레게이스)λέγω, 레고)를 덧붙이고 있는 것이 인상적이다. 이것은 그들이 부요하다는 사실을 자랑스럽게 생각할 뿐만 아니라 실제로 그것을 말로 표현하며 자랑하고 있다는 것을 의미한다. 어떤 것을 속으로 생각만 하고 있는 것과 그것을 말로 발설하는 것에는 큰 차이가 있다. 곧 그들이 자신들의 화려함에 대한 자부심을 스스로 말하고 다닌 것은 그들의 천박함을 더욱 고조시킨다. 그렇다면 그들은 왜 부요한 자신들의 모습을 자랑스럽게 이야기하고 다녔을까? 아마도 그들은 자신들의 부요한 상태가 단순히 물질적 차원에 머무는 것이 아니라 그들의 영적 상태까지도 건강한 것으로 입증해 준다고 이해했을 것이다.[240] 그들의 이러한 이해는 하나님을 향한 언약적 신실함에 대한 결과로 물질적 축복이 주어지는 구약적 패턴에서 연유했을 가능성이 크다.[241]

과연 그들은 부요한가?(17b절). 라오디게아 교회 성도들은 스스로를 부요하다고 판단했지만 중요한 것은 그들 자신의 판단이 아니라 예수님의 판단이며, 그것이 17b절에서 소개된다. 17b절은 통상적으로 "그리고"로 번역되는 접속사 '카이'(καί)로 시작하지만, 이곳에서는 '카이'를 중심으로 전후 내용이 반전을 이루기 때문에 "그러나"의 의미를 갖는다고 할 수 있다. 라오디게아 교회 성도들의 부요함에 대한 그들 자신의 이해는 17b절에서 주어지는 예수님의 판단에 의해 거짓된 것으로 드러난다. 예수님의 판단에 의하면 그들은 육적으로는 부요할지 몰라도 영적으로는 비참하고 불쌍하며 가난하고 눈 멀고 벌거벗은 상태에 있다. 이런 모습은 축복이 아니라 속히 벗어나야 할 저주받은 모습이다. 예수님의 판

---

240 Beale, *The Book of Revelation*, 304.
241 앞의 책.

단을 보여주는 일련의 항목들은 하나의 정관사 '호'(ὁ)에 의해 하나로 묶여 있어 그것들이 서로 밀접하게 연결되는 하나의 단위로 취급되고 있음을 알 수 있다. 특별히 이 구문은 "동일한 상태의 다섯 측면"을 보여주는 것으로 이해할 수 있고,[242] "네가"(σύ, 쉬)라는 인칭 대명사가 직접 사용되어 강조의 분위기를 더욱 고조시키고 있다.

다섯 가지 항목 중 마지막 세 가지인 "가난하고 소경이며 벌거벗다"라는 항목은 각각 라오디게아 도시가 은행의 중심지이며 안과 의료로 유명한 지역이며 섬유 산업이 발달한 지역이라는 특징과 정면으로 대치되면서 모순된 관계를 함축한다.[243] 곧 그들은 은행의 중심지로서 재정적으로 풍요함에도 불구하고 가난하고, 안과 의료 학교가[244] 있음에도 불구하고 눈이 멀고, 섬유 산업이 발달하여 온갖 의류가 넘쳐남에도 불구하고 벌거벗고 있는 역설적 상황이 상정되고 있다.[245] 또한 이 항목들은 18절의 "금을 살 것"과 "안약을 살 것"과 "옷을 살 것"과도 연결된다. 즉, 17b절에서 드러난 라오디게아 교회의 실상에 대한 처방이 18절에서 제시되고 있다. 이러한 예수님의 판단으로 볼 때, 라오디게아 교회가 자신들의 부요함이 언약적 축복의 결과라고 말하는 것은 그들이 얼마나 영적으로 무지하며 심각한 착각 속에 살고 있는지를 잘 보여준다.

17절의 라오디게아 교회의 상황과 유사한 정황을 보여주는 구약의 말씀으로는 호세아 12장 7-8절과 스가랴 11장 4-5절이 있다.[246]

> [7]그는 상인이라 손에 거짓 저울을 가지고 속이기를 좋아하는도다 [8]에브라임이 말하기를 나는 실로 부자라 내가 재물을 얻었는데 내가 수고한 모든 것 중에서 죄라 할 만한 불의를 내게서 찾아낼 자 없으리라 하거니와(호 12:7-8)

> [4]여호와 나의 하나님이 이르시되 너는 잡혀 죽을 양 떼를 먹이라 [5]사들인 자들은 그들을 잡아도 죄가 없다 하고 판 자들은 말하기를 내가 부요하게 되었은즉 여호와께 찬송하리라 하고 그들의 목자들은 그들을 불쌍히 여기지 아니하는도다(슥 11:4-5)

호세아서의 말씀은 이스라엘이 "상인"이라 불리우며 상인으로서 거짓으로 상행위를 하는 것을 말하고 있다(7절). 그러면서 그들은 자신들이 실로 부자라고 자부

---

242 Smalley, *The Revelation to John*, 99.
243 Sweet, *Revelation*, 108.
244 이와 관련해서는 앞서 "배경 연구"에서 소개한 라오디게아 도시의 "사회 경제적 특징"을 참고하라.
245 Smalley, *The Revelation to John*, 99.
246 Swete, *The Apocalypse of St. John*, 60.

하면서 정당하게 그 부를 획득했다고 공언한다(8절). 그러나 호세아 2장 5절, 8절, 12장 8절과 같은 본문에 비추어 볼 때 이스라엘이 얻은 이와 같은 부요는 우상 숭배의 결과물이다.[247] 이러한 호세아 시대의 정황이 라오디게아 교회의 상황과 겹쳐보인다.

스가랴서 본문은 양을 산 자들은 잡혀 죽을 양 떼를 먹이라는 하나님의 말씀을 거스르고 그들을 잡아도 죄가 없다 하고, 판 자들은 부요하게 되었다고 도리어 여호와께 찬송을 돌린다고 말한다. 여기에서 양을 판 자들은 자신들의 부요함이 여호와 하나님의 언약적 축복이라고 착각하는 듯하다. 하지만 이것을 판단하시는 분은 하나님이시다. 하나님은 이스라엘의 행위를 죄악이라 규정하시고 심판하실 것을 말씀하신다(슥 12:6).

일곱 교회 중에서 부요한 것으로 인하여 책망을 받은 것은 라오디게아 교회가 유일하다. 이 당시에는 경제 단위인 무역 협동조합(길드) 조직에 가입하여 우상 숭배를 하지 않으면 정상적인 경제 활동을 통한 부의 축적이 불가능했다(2:18-29의 두아디라 교회에 대한 설명을 참고하라). 라오디게아 교회의 경우도 행음과 우상 숭배를 자행하는 무역 협동조합과 연루되지 않고서는 경제적 부요를 가져올 수 없었던 것이 분명하다.[248] 그렇다면 경제적으로 부요했던 라오디게아 교회는 우상 숭배뿐 아니라 황제 숭배를 용인했을 것이라 단정할 수 있다. 여기에서 물질적으로는 부요하지만 영적으로는 가난한 라오디게아 교회의 상황은, 우상 숭배를 거절해서 물질적으로는 빈곤해질 수밖에 없었지만 영적으로는 부요한 서머나 교회의 상황(2:9)과 전적으로 대조된다.[249]

예수님이 라오디게아 교회를 토해 내고자 하시는 이유는 그들이 미지근하여 아무런 효과도 내지 못하는 상태에 있기 때문인데, 그런 상태의 구체적인 정황이 이 본문을 통해 비로소 드러나게 된다. 즉, 라오디게아 교회의 미지근한 상태는 스스로 부요하다고 생각하지만 본질은 전혀 그렇지 않고 비참한 상태에 머물러 있는 상태인 것이다. 따라서 17절은 라오디게아 교회의 미지근한 상태, 즉 전혀 효과를 내지 못하는 상태를 매우 구체적으로 설명함으로써 16절에서 예수님이 라오디게아 교회를 토해 버리고자 하셨던 것에 대한 구체적인 이유를 제시하고 있다.

247 Beale, *The Book of Revelation*, 304.
248 앞의 책, 304-305.
249 Blount, *Revelation*, 82.

[3:18] 예수님의 권면: 사라!

17b절에서 라오디게아 교회의 문제점을 구체적으로 밝히신 예수님은 18절에서 그 문제를 해결하기 위한 처방을 제시하신다.

조언하다(συμβουλεύω, 18a절). 18a절은 18절의 내용이 라오디게아 교회 공동체를 향한 예수님의 조언의 말씀임을 명시한다. 18a절의 동사 "조언하다"(συμβουλεύω, 쉼불류오)는 마치 올바른 투자에 대해 조언하는 형식을 보여주고 있으며, 그 의미는 18b절에서 "사다"(ἀγοράσαι, 아고라사이)라는 동사가 사용됨으로써 더욱 돋보인다. 여기에서 "사는 행위"는 일종의 투자라고 할 수 있다.[250] 그렇다면 생산적인 투자의 핵심은 "핍박의 불을 통해 부요함을 획득했던" 서머나 교회의 역설적인 방식으로 부를 축적하는 것이다.[251] 이것이 진정으로 부요해지는 지혜로운 투자 방식이다. 이런 투자에 관한 조언을 신뢰할 수 있다면 미루지 말고 즉각적으로 행동에 옮기는 실천이 필요하다. 하지만 라오디게아 성도들은 올바른 투자에 실패했고, 그 결과 영적인 가난을 면치 못하게 된 것이다.

18bcd절은 누구로부터 무엇에 투자할지에 대한 구체적인 지시 사항을 소개한다. 앞서 구문 분석 및 번역에서 언급한 것처럼 18b절의 목적구 "살 것을"(ἀγοράσαι, 아고라사이)이 18b절뿐 아니라 그것이 생략된 18c절과 18d절에도 적용되며, 18bcd절 각각에서 '하나'(ἵνα) 목적절이 사용되어 규칙적인 패턴을 형성하고 있다. 이처럼 목적절이 반복되는 구문은 그것들을 사야 하는 목적을 분명하게 명시하고 그 결과에 대한 확고한 신뢰를 심어 준다. 앞에서도 반복해서 언급했듯이, 여기에서 "사다"의 목적어로 나오는 "금"과 "옷"과 "안약"은 당시 라오디게아 도시가 자랑하는 세 가지 경제 요소인 금융, 섬유 산업, 세계적으로 수출되던 안약 산업과 연결되도록 의도적으로 설정된 것이다. 그리고 이러한 항목들에 은유적 의미를 부여하여 사회적 통념을 뒤집는 역설적 방식으로 올바른 투자 방법을 제시한 것이다.

---

250 라오디게아 성도들을 가난하다고 판단하셨던 예수님이 자신에게서 금과 옷과 안약을 사서 투자하라고 하시는 것은 역설이 아닐 수 없다(Mounce, *The Book of Revelation*, 111). 이 부분에 대해서는 먼저 여기에 언급된 "사는 행위"가 은유적 표현이라는 점을 고려할 필요가 있다(Aune, *Revelation 1-5*, 259). 이것은 가난한 자에게 값없이 포도주와 젖을 사라고 권면하는 사 55:1-2(참고, 집회서 51:25)를 배경으로 한다(Boxall, *Revelation of St. John*, 77; Aune, *Revelation 1-5*, 259). 또한 표면적으로 볼 때 "사다"는 재정의 사용을 의미한다는 점에서 라오디게아의 사회적 정황을 반영하는데, 당시에 라오디게아는 금융의 중심지였으며 부호들의 고향이라 불릴 정도로 부촌이었다(앞의 책). 그들에게 편승해서 자신의 부를 자랑하는 라오디게아 교회의 부를 의식해서 "사라"는 표현이 사용된다고 할 수 있다.

251 Blount, *Revelation*, 83.

18b절은 "나로부터"(παρ' ἐμοῦ, 파르 에무)라는 문구를 통해 금과 옷과 안약을 누구에게서 사야 하는지 밝혀 준다. 여기에서 "나"(ἐμοῦ, 에무)는 화자인 예수님을 가리키고, '에무'(ἐμοῦ)는 '무'(μοῦ)의 강조형이므로 강조의 목적으로 사용된다고 볼 수 있다.[252] 다른 상인이 아닌 바로 예수님 자신으로부터 금과 옷과 안약을 사야할 것을 강조하여 말씀하시는 것이다. 만일 협동조합(길드)에 속해 있는 일반적인 상인으로부터 이것들을 산다면 그것은 다시 영적 타락이라는 악순환의 고리에서 벗어나지 못하는 것이지만, 패러다임을 전환시켜 예수님으로부터 은유적 의미의 금과 옷과 안약을 산다면 진정한 영적 회복의 길로 접어들게 될 것이다. 곧 예수님으로부터 산다는 것은 영적 회복이 오직 예수님으로부터 말미암는다는 것을 의미한다. 이 내용들을 아래의 각 항목에서 구체적으로 다루도록 하겠다.

단련한 금을 사라(18b절). 18b절에서 예수님이 사라고 하시는 "단련한 금"(χρυσίον πεπυρωμένον, 크뤼시온 페퓌로메논)은 성경적 용어로서 "죄를 제거함으로써 자신의 삶을 정결하게 하는 것"을 의미하는 은유적 표현이다(참고, 욥 23:10; 잠 27:21; 말 3:2-3; 솔로몬의 시편 17:42-43, 46).[253] 더 나아가 이 표현은 환난을 통해 하나님의 백성을 정결하게 하는 과정에 대한 은유적 표현으로 사용되기도 한다(슥 13:9; 벧전 1:6-9).[254] 이런 맥락으로 볼 때, 예수님이 라오디게아 교회 성도들로 하여금 "연단한 금"을 사도록 권면하시는 것은 불로 금을 단련하여 정결하게 하듯이 그들이 스스로를 정결하게 해서 진정한 영적 부요를 얻도록 촉구하시는 것이다.[255] 여기에는 진정한 부요가 무엇인지 알게 하려는 의도가 숨어 있다. 진정한 부요를 소유하게 되면 히에라폴리스의 뜨거운 물의 치료 효과와 골로새의 신선한 생수 같은 효과를 가져올 수 있다. 이런 의미를 갖는 "단련한 금"을 예수님으로부터 사라는 것은 결국 오직 예수님을 통해 정결케 되는 영적 회복을 촉구하는 것이다.

흰옷을 사라(18c절). 두 번째 조언인 18c절의 "벌거벗은 수치를 보이지 않도록 흰옷을 사라"는 말은 라오디게아 교회가 벌거벗은 듯 매우 수치스러운 모습으로 서 있음을 전제한다. 이러한 모습은 차지도 뜨겁지도 않은 그들의 상태를 잘 반

---

252 Mounce, *The Book of Revelation*, 111.

253 Beale, *The Book of Revelation*, 305. 스몰리는 시 66:10과 사 1:25가 찌꺼기를 제거하여 얻게 되는 "정결의 개념"을 보여준다고 제안한다(Smalley, *The Revelation to John*, 99).

254 Beale, *The Book of Revelation*, 305.

255 Mounce, *The Book of Revelation*, 111.

일곱 교회에게 보내는 메시지 2: 라오디게아 교회(3:14-22) **417**

영해 주고 있다. 이것은 소금이 맛을 잃으면 비참해지는 것과 동일한 모습이다. 여기에서 "흰옷"은 라오디게아에서 유명했던 "검은색 모직물"과의 대조를 의도한 것이다.[256] 라오디게아의 세속적 가치를 상징하는 검은 옷과 대조되는 흰옷을 제시함으로써 흰옷이 상징하는 교회 공동체로서의 정체성이 더 빛을 발하게 만든다. 실제로 요한계시록에서 "흰옷" 또는 "깨끗한 옷"은 교회 공동체의 정체성을 나타내기 위한 목적으로 자주 사용된다. 4장 4절의 이십사 장로, 7장 9절의 셀 수 없는 큰 무리, 19장 7-9절의 혼인 잔치의 신부 그리고 19장 14절의 하늘 군대들이 그런 경우들이다. 가까운 문맥에서는 3장 4-5절에서 사데 교회의 "옷을 더럽히지 아니한 자"들에게 "흰옷을 입고 나와 함께 다닐 것"이라고 말씀하신 적이 있다. 여기에서 "옷을 더럽히지 않았다"는 것은 우상 숭배에 동참하지 않았다는 것과 동일한 의미를 가지며, "흰옷을 입고 나와 함께 다닐 것"이라는 것은 좀 더 적극적인 의미로 예수님과의 정상적인 관계 성립을 의미한다. 그러한 삶은 결국 핍박과 고난을 가져오게 되겠지만, 영적으로는 부요하게 되는 결과를 가져다 줄 것이다.

18c절의 "벌거벗은 수치"는 구약에서 하나님이 하나님을 떠나 이방의 우상을 숭배하는 이스라엘을 정죄하실 때 사용하시는 용어로서(사 43:3; 겔 16:36; 23:29; 나 3:5. 참고, 출 20:26; 사 20:4),[257] 하나님의 심판으로 인한 비참한 처지를 나타내는 상징적 표현이기도 하다(사 20:1-4. 참고, 삼하 10:4; 막 15:20; 요 19:23-24).[258] 이러한 구약적 용례를 배경으로 볼 때 예수님이 라오디게아 교회가 벌거벗은 상태에 있다는 사실을 지적하시는 것은 그들이 황제 숭배와 같은 우상 숭배에 빠져 있다는 사실을 지적하고 그것을 정죄하려는 목적을 갖는다. 그렇다면 반대로 옷을 입는 것은 벌거벗은 수치로부터의 회복을 의미하고 좀 더 구체적으로 말하면 정죄와 심판으로부터 회복되는 것을 의미한다고 볼 수 있다.[259] 그러므로 벌거벗은 상태에서 흰옷을 입는 것은 곧 성도의 영광을 회복하는 것이다. 예수님은 진정으로 라오디게아 교회가 이러한 영광에 동참하기를 원하고 계신다. 결국 흰옷을 사서 입으라는 조언은 우상 숭배로 말미암아 상실했던 하나님 백성의 영광스러운 모습을 회복하라는 권면으로 이해할 수 있다.

---

256 앞의 책.
257 Beale, *The Book of Revelation*, 306.
258 Smalley, *The Revelation to John*, 99.
259 스몰리는 좋은 옷을 입히는 것이 "신원과 영광의 표시"(mark of vindication and honour)라고 말한다(창 41:42; 에 6:6-11. 참고, 눅 15장의 탕자[앞의 책]).

안약을 사라(18c절). 세 번째 조언은 눈에 바를 "안약을 사라"는 것이다. 안약을 사는 목적은 "네가 보기 위함"(ἵνα βλέπῃς, 히나 블레페스)인데, 이것은 17b절이 언급하듯이 라오디게아 성도들이 소경 상태에 있음을 전제로 한다. 이것은 라오디게아 성도들이 신체적으로 소경 상태에 있다는 의미가 아니라 영적 소경으로서 영적 분별력이 결여되어 있는 상태에 있음을 의미한다. 왜 이러한 상태에 있게 되었는가? 그것은 앞에서 라오디게아 교회의 상태에 대해 "미지근하다"고 지적한 것과 무관하지 않다.[260] 이러한 점에서 눈으로 볼 수 있도록 안약을 사라는 조언은 앞서 언급한 두 개의 조언과 유사하다. 영적 침체는 영적 분별력의 상실을 가져온다. 이제 그들은 눈을 열어 볼 수 있어야 한다. 예수님은 그들의 영적인 눈을 뜨게 해 주시기를 원하신다. 그러므로 그들로 하여금 안약을 사서 눈에 바르라고 촉구하고 계신다.

이처럼 눈에 안약을 바르도록 하는 촉구는 필론의 『꿈에 대하여』 1.164에서 "가장 성스러운 신탁들"(the most sacred oracles)에 의해 눈이 열리게 되고 눈에 기름 부음을 통해 말씀의 "비밀스런 빛"(the secret light)과 "숨겨진 것들"(hidden things)을 나타내 보이도록 하는 장면에서도 잘 나타나고 있다.[261] 또한 미드라쉬 라바 신명기 8장 4절, 미드라쉬 라바 레위기 12장 3절, 미드라쉬 시편 19편 15절도 "하나님의 법이 눈을 위한 연고(salve)"라고 한다.[262] 이러한 자료들을 배경으로 볼 때 예수님의 말씀을, 라오디게아 교회 성도들이 영적 소경에서 눈을 뜨게 할 수 있는 안약으로 볼 수 있다.[263] 라오디게아 교회 성도들이 예수님의 이러한 말씀을 듣고 순종할 때 그들은 영적 침체에서 벗어나 예수님 앞에 진정한 교회 공동체로서 회복될 수 있을 것이다. 이러한 결과는 또한 그들이 경제적 이익을 위해 동참했던 우상 숭배의 배후에 존재하는 사탄적 실체를 파악할 수 있게 해 줄 것이다.

[3:19] 예수님의 권면: 회개하라!

이어서 주어지는 말씀은 앞에서 주어진 권면이 어떠한 동기에서 주어졌는지를 밝힘으로써 라오디게아 교회에게 회개의 동기를 부여한다.

---

260 Blount, *Revelation*, 83.
261 C. D. Yonge, *The Works of Philo: Complete and Unabridged* (Peabody, MA: Hendrickson, 1995), 380(참고, Beale, *The Book of Revelation*, 307).
262 앞의 책.
263 앞의 책.

내가 사랑하는 자들(19ab절). 19절은 "나는 내가 사랑하는 자는 누구든지"란 문구로 시작한다. 여기에서 "사랑하다"를 의미하기 위해 사용된 동사는 '필레오'(φιλέω)이지만, 이 본문의 배경이 되는 70인역 잠언 3장 12절에서는 '아가파오'(ἀγαπάω)가 사용되고,[264] 요한계시록 1장 5절과 3장 9절에서도 '필레오'가 아닌 '아가파오'가 사용된다. 요한복음 16장 27절을 제외하면 신약 성경과 70인역에서 인간에 대한 하나님의 사랑을 표현할 때 '필레오'를 사용하는 경우가 거의 없다.[265] 그렇다면 왜 이 본문에서는 라오디게아 성도들에 대한 예수님의 사랑을 표현하는 데 '아가파오'가 아닌 '필레오' 동사를 사용하는 것일까? 여기에서 '필레오'가 사용되는 것에 특별한 의미를 부여할 수 있는가? 이와 관련해서는 두 가지 견해가 있다.

첫째, 필레오의 사용에 특별한 의미를 부여하는 입장이 있다. 이런 입장을 가진 자들은 '필레오'와 '아가파오'의 차이점을 고려하면서 '아가파오'는 "좀 더 이성적 애착(reasoning attatchment)"을 가리키는 반면 '필레오'는 "좀 더 감정에 속하는 자연스러운 애정"을 가리킨다고 주장한다.[266] 찰스는 이러한 의미의 '필레오'가 라오디게아 교회의 처참한 모습을 소개하는 이 문맥에서 사용되는 것은 일곱 교회 중 최악의 교회인 라오디게아 교회를 향한 예수님의 사랑을 매우 극적으로 표현하려는 의도와 목적을 갖는다고 주장한다.[267] 스몰리는 이런 찰스의 해석을 "헬라어에 과다한 의미를 부여하는 것"이라고 비판하는데,[268] 이러한 지적은 적절하다고 여겨진다. 둘째, 필레오를 사용하는 것에 특별한 의미를 부여하는 것에 신중해야 한다는 입장이 있다. 곧 '아가파오'와 '필레오' 사이에 큰 차이가 없으며, 따라서 이 본문에서 '필레오'를 쓴 것은 '아가파오'로 쓰는 것과 큰 차이가 없다는 것이다.[269] 이 본문의 배경이 되는 70인역 잠언 3장 12절에서 사용된 '아가파오'를 이 본문이 '필레오'로 바꾸어 사용하는 것은 두 단어가 호환적인 관계라는 사실을 잘 보여준다.

---

264 Charles, *A Critical and Exegetical Commentary of St. John*, 1:99.
265 요 11:3, 36; 20:2에서는 인간에 대한 예수님의 사랑을 표현할 때 '필레오'를 사용하지만, 복음서의 다른 본문들에서는 전반적으로 '아가파오'를 사용한다(앞의 책).
266 R. C. Trench, *Synonyms of the New Testament*, 12ᵗʰed. (London: Kegan Paul, Trench, Trübner, & Co. Ltd., 1894), 41-42(Charles, *A Critical and Exegetical Commentary of St. John*, 1:99에서 재인용). 스윗은 '필레오'가 "좀 더 인간적이고 감성적인 단어"이고 '아가파오'는 좀 더 "의지의 방향성"(direction of the will)을 표현해 주는 것으로 설명한다(Sweet, *Revelation*, 108).
267 Charles, *A Critical and Exegetical Commentary of St. John*, 1:99.
268 Smalley, *The Revelation to John*, 100.
269 앞의 책.

마지막으로, 19b절에서 "누구든지"로 번역한 '후수스'(ὅσους)와 '에안'(ἐάν)의 결합은 모든 사람을 의미하는 것으로 이해될 수 있지만, 여기에서는 일반적인 원칙을 세운 후에 그것을 라오디게아 교회 성도들에게 적용하는 것으로 이해해야 한다.[270] 그리고 문장의 시작 지점인 19a절에서 사용된 인칭 대명사 '에고'(ἐγώ)는 강조의 표시로서 그 내용대로 행동하시겠다는 그리스도의 의지를 강조한다.[271]

책망하고 훈육하다(19c절). 19c절에서 예수님은 "책망하고 훈육한다"(ἐλέγχω καὶ παιδεύω, 엘렝코 카이 파이듀오)고 말씀하시는데,[272] 이렇게 책망하고 훈육하시는 이유는 19b절에서 볼 수 있듯이 예수님이 라오디게아 교회 성도들을 사랑하시기 때문이다. '파이듀오'(παιδεύω)라는 동사는 거부하는 의미에서의 징계의 심판이 아니라 아버지로서 자녀를 교육하고 양육하기 위한 훈육의 의미가 지배적이다.[273] 이것은 신명기 8장 5절의 "너는 사람이 그 아들을 훈육함(παιδεύσαι, 파이듀사이) 같이 네 하나님 여호와께서 너를 훈육하시는(παιδεύσει, 파이듀세이) 줄 마음에 생각하고"와 잠언 3장 12절의 "대저 여호와께서 그 사랑하시는 자를 훈육하시기를(παιδεύσει, 파이듀세이) 마치 아비가 그 기뻐하는 아들을 훈육하심(μαστιγοῖ, 마스티고이) 같이 하느니라"를 배경으로 한다(참고, 솔로몬의 시편 10:1-3; 14:1).[274] 또한 신약에서는 하나님이 그분의 자녀를 훈육하신다고 말하는 히브리서 12장 6절의 말씀을 연상케 하는 내용이다.[275] 이런 내용은 현재 라오디게아 교회를 향하여 책망하시는 정황에 매우 적절하게 적용되고 있다. 19c절에서 "책망하다"와 "훈육하다"는 영적 침체로부터 회복되는 과정에서 거치게 되는 두 단계로서, 부정적 의미의 책망과 긍정적 의미의 훈육이 서로 조화와 균형을 이룬다.[276] 잘못한 것에 대한 정확한 지적은 잘못된 것을 교정하기 위함이며, 이 지적을 통해 훈육 지침이 제시될 수 있다.

---

270 Osborne, *Revelation*, 211. 오즈번은 일반화에 좀 더 강조점을 두는데 이 문맥에서는 라오디게아 교회에게 초점을 맞추고 있다고 이해하는 것이 좀 더 자연스럽다.

271 앞의 책.

272 개역개정은 '파이듀오'(παιδεύω)를 "징계하다"로 번역했는데, 여기에서는 "징계하다"보다 "훈육하다"로 번역하는 것이 더 낫다.

273 Smalley, *The Revelation to John*, 101; Beale, *The Book of Revelation*, 307.

274 Aune, *Revelation 1-5*, 216.

275 앞의 책.

276 Smalley, *The Revelation to John*, 101.

열심과 회개(19d절). 19d절에서 예수님은 라오디게아 교회 성도들이 사랑하는 자에 대한 책망과 훈육의 손길을 통해 영적 무감각에서 각성하여 회복될 것을 촉구하시면서 "그러므로 네가 열심을 내라 그리고 회개하라"(ζήλευε οὖν καὶ μετανόησον, 젤류에 운 카이 메타노에손)라고 명하신다. 이 말씀에서 눈여겨봐야 할 것은 통상적으로는 회개가 먼저 언급되고 열심이 나중에 언급될 것으로 기대되지만 여기에서는 그 반대로 열심이 먼저 언급되고 회개가 나중에 언급되는 순서로 제시된다는 점이다.[277] 이런 순서로 제시되는 이유는 각 행위가 의미하는 바가 무엇인지를 파악해 보면 분명하게 드러난다. 여기에서 "열심을 내라"(ζήλευε, 젤류에)는 것은 사전적으로 "어떤 일에 매우 진지하게 임하는 것"을 의미한다.[278] 그러므로 여기에서 열심을 내라는 것은 단순히 교회의 일을 열심히 하라는 의미가 아니라 15d절에서 예수님이 "나는 네가 차든지 뜨겁든지 했기를 원했다"라고 말씀하셨던 것과 유사한 의미로서, 우유부단하고 나태해서 영적으로 무감각해 있던 상태에서 벗어나 진지하고 분명한 태도를 취함으로써 하나님의 교회 공동체로 부름받은 것에 합당한 열매 맺는 삶을 살라는 의미다. 그러므로 "열심을 내라"가 "회개하라"와 짝을 이루어 사용되는 것은 자연스럽다. 여기에서 "회개하라"는 말씀은 단순히 생각을 바꾸는 정도의 것을 요구하는 것이 아니라, 그들의 문제로 지적되었던 차지도 아니하고 뜨겁지도 아니한 상태에서 벗어나 하나님에 대한 분명한 태도를 취하는 데 열심을 내라는 뜻에서 구체적 행동을 요구하는 것이다.

라오디게아 교회의 성도들은 심각한 영적 침체 상태에 있었기 때문에 영적 각성을 위한 열정 없이는 회개가 불가능하다.[279] 이러한 과정은 2장 5절의 기억하고 회개하고 처음 행위들을 행하는 과정이나 3장 3절의 기억하고 지키고 회개하는 과정과 비교될 수 있다. 이 두 경우에서 우리는 회개 전후로 기억하고 처음 행위를 갖고 지키는 행위들이 수반되는 것을 확인할 수 있는데, 이러한 과정들이 라오디게아 교회를 향해 주어진 "열심을 내라"는 명령에 해당되는 것들이라 볼 수 있다. 따라서 열심을 내는 것은 회개하는 행위에 대한 분명하고 구체적인 정황을 보여주는 것이다.

---

277 Sweet, *Revelation*, 108.
278 BDAG, 427.
279 Sweet, *Revelation*, 108.

[3:20] 문을 두드리시는 예수님

20절은 열심과 회개를 촉구하는 19절의 연속으로서 예수님이 라오디게아 교회 성도들과의 교제를 회복하고 싶어하심을 보여준다. 20절 말씀에 등장하는 "문이나 두드림은 모두 은유적인 신적 현현이라는 주제"에 해당한다.[280] 이 본문은 불신자들을 전도할 때 복음을 받아들이도록 권면할 목적으로 사용되는 경우가 빈번하지만 이러한 이해는 이 본문의 문맥과는 거리가 멀다. 이 본문의 문맥은 직전 본문인 19절이 보여주듯이 영적 무감각 가운데 있는 라오디게아 교회 성도들에게 회개와 갱신을 촉구하는 내용과 관련된다.[281] 라오디게아 교회 성도들은 명색이 신앙 공동체로서 성만찬을 비롯한 모든 "제의적 표현들"(ritual expressions)을 시행해 왔지만 그것은 형식뿐이었고 예수님의 인정을 받지 못한 상태에 있다.[282] 이러한 상태는 라오디게아 성도들에게 심판의 위기를 가져올 수 있을 뿐 아니라 예수님과의 관계에도 위기를 가져올 수 있다. 그러나 예수님은 그들이 회개하여 정상적인 상태로 회복되기를 원하신다. 이러한 예수님의 마음이 바로 문밖에 서서 문을 두드리시는 모습으로 표현되고 있다.[283] 여기에서 예수님의 서 계심은 완료 시제로서 앞서 언급한 것처럼 예수님의 간절함을 더욱 강조하고 있다. 이러한 기다림은 라오디게아의 개별적인 성도들에게 주어지는 메시지로 이해될 수 있지만, 우선적으로는 라오디게아 공동체 전체를 향한 예수님의 권면과 약속의 말씀이다.[284]

(1) 구약 배경

특별히 20a절에서 문에 서서 문을 두드리고 있는 예수님의 모습은 아가 5장 2절의 말씀에서 신부의 방을 두드리는 신랑의 모습을 연상시켜 준다.[285]

> 내가 잘지라도 마음은 깨었는데 나의 사랑하는 자의 소리가 들리는구나 문을 두드려 이르기를 나의 누이, 나의 사랑, 나의 비둘기, 나의 완전한 자야 문을 열어 다오 내 머리에는 이슬이, 내 머리털에는 밤이슬이 가득하였다 하는구나(아 5:2)

---

280 Aune, *Revelation 1-5*, 260.
281 Beale, *The Book of Revelation*, 308.
282 Blount, *Revelation*, 83.
283 앞의 책.
284 Reddish, *Revelation*, 83.
285 Charles, *A Critical and Exegetical Commentary of St. John*, 1:101; Osborne, *Revelation*, 212; Beale, *The Book of Revelation*, 308.

이 본문에 나오는 "문을 두드려 이르기를 나의 누이 ... 문을 열어 다오"의 70인역(κρούει ἐπὶ τὴν θύραν ἄνοιξόν μοι ἀδελφή μου, 크루에이 에피 텐 뒤란 아노익손 모이 아델페 무)과 요한계시록 본문의 평행 관계가 두드러진다.[286] 아가서 5장 2절을 요한계시록 3장 20절의 배경으로 이해하면, 그곳에서 라오디게아 교회를 향한 예수님의 애정이 얼마나 진하게 묻어나는지를 볼 수 있다. 비록 라오디게아 교회 공동체의 모습은 토해 내고 싶은 심정이 들게 하는 상태이지만(17절) 예수님은 사랑하는 자를 책망하고 훈육한다고 하시면서 라오디게아 교회를 향한 사랑을 피력하고(19절), 따라서 20절의 행위는 논리적으로 자연스러운 결과라고 할 수 있다. 예수님은 라오디게아 교회를 향해 애정어린 마음을 품고 계시고, 이것은 모든 교회 공동체를 향한 예수님의 마음일 것이다. 유대 문헌 중에는 아가 5장 2절의 "문을 열어다오"를 "하나님과의 언약 관계"에 근거하여 이스라엘에게 회개를 촉구하는 의미로 이해하는 경우들이 있다(Midr. Rab. 출 33.3; Midr. Rab. 아 5.2 §2, Pesikta de Rab Kahana 24.12; Pesikta Rabbati 15.6).[287]

아가서 외에도 구약에는 하나님을 떠난 강퍅한 이스라엘과의 관계 회복을 위해 팔을 벌리고 기다리시는 하나님의 모습이 그려지고(사 65:1-2; 호 2:16-23; 11:7-9),[288] 이러한 구도가 지금 예수님과 라오디게아 교회 사이에서 나타나고 있다.

(2) 종말적 만찬으로의 초대

여기에서 특이한 것은 문을 두드리는 주인공이 바로 승귀하신 예수님이라는 사실이다. 이것은 하늘 잔치로의 초대다. 예수님은 역할로는 손님이시지만 실제로는 잔치를 주도하는 주인이시다. 그렇다면 이러한 문 두드림은 바로 하늘 잔치로의 초청을 의미한다. 실제로 20d절의 "나는 그와 함께 먹고 그는 나와 함께 먹을 것이다"라는 문구는 만찬의 정황을 그려 주고 있다. 이미 천상적 존재로서의 지위를 갖고 있지만 나태함으로 인하여 그 지위를 상실할 위험에 처한 라오디게아 교회를 향해 예수님은 회복의 은혜를 베풀려 하신다.

20c절의 "내가 그에게로 들어갈 것이다"라는 말씀에서 "그"는 라오디게아 교회 공동체를 가리킨다. 하지만 예수님은 이미 일곱 촛대 가운데 거니는 분이신데 왜 다시 라오디게아 교회 공동체에게로 들어가셔야 하는가? 그것은 인격

---

286 Charles, *A Critical and Exegetical Commentary of St. John*, 1:101.
287 Beale, *The Book of Revelation*, 308.
288 Smalley, *The Revelation to John*, 101.

적 관계의 정립이 필요하기 때문이다. 20d절에서 예수님은 "그와 함께"와 "나와 함께"를 번갈아 사용하시면서 이러한 인격적 상호 관계에 대한 희망을 강하게 피력하고 계신다. 더 나아가서 20b절의 "내 음성을 듣는다"는 말씀은 요한복음 10장 3절의 양은 목자의 음성을 듣는다는 말씀을 연상케 한다.[289] 곧 목자와 양의 관계 같은 일체감을 나타내 주고 있다. 신약에서 "먹는다"(δειπνήσω, 데이프네소〉δειπνέω, 데이프네오)라는 동사는 대부분 성만찬과 관련해서 사용된다(눅 22:20; 고전 11:20-21, 25).[290] 이 동사의 이러한 특징으로 인해 이 본문이 성만찬의 정황과 관련되는지와 관련된 쟁점이 있지만[291] 그것과 관계없이 이 주제는 종말적 메시아 왕국에서 열리는 만찬의 선취(先取)적 체험을 확증한다.[292] 중동에서 만찬은 "친근과 신뢰의 표시"로 인식되어 있다.[293] 이러한 인식에 근거하면, 예수님의 만찬으로의 초대는 라오디게아 교회에 대한 최고의 사랑 표시가 아닐 수 없다. 곧 19b절에서 언급되었듯이 라오디게아 성도들은 예수님의 사랑을 받은 자들이다.

(3) 미래적 혹은 현재적?

또한 20abc절은 예수님의 재림을 대비하라는 말씀이 주어지는 누가복음 12장 36-37절과도 관련될 수 있다(참고, 약 5:9).[294]

> [36]너희는 마치 그 주인이 혼인 집에서 돌아와 문을 두드리면 곧 열어 주려고 기다리는 사람과 같이 되라 [37]주인이 와서 깨어 있는 것을 보면 그 종들은 복이 있으리로다 내가 진실로 너희에게 이르노니 주인이 띠를 띠고 그 종들을 자리에 앉히고 나아와 수종하리라(눅 12:36-37)

이 본문에서 주인은 자신을 기다리다가 문을 두드릴 때 문을 열어 준 종들과 함께 자리에 앉아 음식을 먹고 그들을 수종들기까지 한다. 여기에서 "수종들다"(διακονέω, 디아코네오)라는 동사는 식탁에서 음식을 제공하기 위해 주의 깊게 대기하고 있는 모습을 그려 주고 있다.[295] 이것은 주인을 위한 종의 행위를 의미하는 것으로서, 예수님이 재림하시는 마지막 때 교회 공동체와 갖게 될 종말적 잔

---

289 Charles, *A Critical and Exegetical Commentary of St. John*, 1:101.
290 Beale, *The Book of Revelation*, 309.
291 벡위드는 이 본문이 성만찬과 관계없다고 주장하는 반면(Beckwith, *The Apocalyps of John*, 491), 롤로프와 케어드는 성만찬과 관련된 내용이라고 주장한다(Roloff, *The Revelation of John*, 65; Caird, *The Revelation of St. John*, 58).
292 Mounce, *The Book of Revelation*, 114.
293 Smalley, *The Revelation to John*, 101.
294 Roloff, *The Revelation of John*, 65.
295 BDAG, 229.

치 풍경을 그려 준다. 이 본문은 네 가지 면에서 요한계시록 3장 20-21절과 공통점을 가지고 있다.[296] (1) 주인의 문 두드림, (2) 깨어 있는 종이 문을 여는 것, (3) 주인과 함께 식사, (4) 자리에 앉힘(눅 12:37; 계 3:21).

그러나 이러한 공통점 외에 차이점도 분명히 존재한다. 요한계시록 본문은 손님으로 문을 두드리는 것이지만 누가복음의 경우에는 돌아온 주인으로서 문을 두드리고 있다.[297] 또한 요한계시록의 경우에는 영적 무감각 가운데 빠진 자들을 깨우려는 목적을 갖지만 누가복음의 경우에는 재림의 때에 신실한 자들에게 상을 주려는 목적을 갖는다.[298] 곧 요한계시록 본문의 경우는 일상 생활 속에서 일어날 수 있는 주제인 반면, 누가복음의 경우는 재림의 때에 국한된다.

이런 복음서 전승을 요한계시록 3장 20절에 직접적으로 적용하여 그 말씀을 미래의 종말적 사건으로만 본다면, 20a절에서 동사 "서다"(ἵστημι, 히스테미)의 현재 완료형(ἕστηκα, 헤스테카)이 사용된 것을 설명하기 어려워질 뿐 아니라, 이 본문의 문맥에서 즉각적으로 회개할 것을 요구하는 것과도 모순될 수 있다.[299] 곧 이 문맥에서 동사 "서다"의 완료형 사용은 문 앞에 서 있는 기간이 얼마 동안 지속되고 있음을 의미한다.[300] 그리고 동사 "두드리다"(κρούω, 크루오)는 현재형으로 사용되어 반복된 행동을 의미하고, 따라서 문으로 들어가려는 예수님의 시도가 반복되어 왔다는 정황을 연출한다.[301] 재림의 정황에서는 이러한 기다림과 반복되는 시도는 발생할 수 없으므로 이 정황을 미래에 일어나는 사건으로 보기보다는 현재 발생하는 것으로 보는 것이 더 자연스럽다. 더 나아가 20b절에서 조건절이 사용되고 있으므로 20절의 정황은 현재에 일어나는 것과 관련된다(참고, 2:5; 3:3).

그렇다면 요한계시록 3장 20절과 누가복음 12장 36-37절의 관계를 어떻게 설정할 수 있을까? 이 본문의 배경에 의해 현재 라오디게아 교회 공동체가 열심을 내고 회개함으로써 영적 각성을 하게 되므로, 종말적 잔치로서의 예수님의 임재와 깊은 교제의 축복을 현재에도 체험하게 될 것을 보여주려는 것으로 이해할 수 있다.[302] 반대로 말하면, 현재의 이러한 경험은 미래에 완성될 구원 잔치

---

296 Roloff, *The Revelation of John*, 65. 롤로프는 처음 세 항목만 제안했고, 마지막 항목은 내가 추가한 것이다.
297 Smalley, *The Revelation to John*, 101; Aune, *Revelation 1-5*, 261.
298 Charles, *A Critical and Exegetical Commentary of St. John*, 1:101.
299 Beale, *The Book of Revelation*, 309.
300 Smalley, *The Revelation to John*, 101.
301 앞의 책.
302 롤로프는 이와 관련해서 "교회의 지금 이곳에서의 성만찬 기념은 주님의 임박한 오심에 대한 인유 (allusion)"라고 주장하기도 한다(Roloff, *The Revelation of John*, 65).

에 참여할 것에 대한 확신과 소망을 갖게 해 준다. 그런데 이러한 종말적 축복의 현재적 경험은 20b절이 말하는 것처럼, 라오디게아 교회 성도들이 문을 열 때 가능하다. 그들이 문을 연다는 것은 무엇을 의미하는가? 바로 18-19절에서 권하고 있는 것처럼, 금과 옷과 안약을 사서 영적으로 각성하고 열심을 내고 회개하라는 요청을 충실하게 실행하는 것을 의미한다. 이러한 점에서 20절은 18-19절과 더불어 읽어야 한다.

(4) 예수님의 오심의 비교(참고, 2:5, 16)

이와 같이 문 앞에 서서 문을 두드리시는 예수님에 대한 묘사는 2장 5절과 16절에서 주어지는 회개하지 않으면 예수님이 "오신다"는 경고의 말씀과 비교해 볼 수 있다. 하지만 2장 5절과 16절이 회개하지 않는 자를 심판하기 위해 오시는 예수님의 모습을 소개하고 있다면, 라오디게아 교회에게 임하시는 것은 그들의 회개와 회복을 촉구하기 위한 오심이다. 전자의 경우는 아직 일어나지 않은 사건인 반면 후자의 경우는 현재 라오디게아 교회에게 발생한 사건이다. 곧 예수님이 문밖에 서서 기다리고 계신다는 것은 이미 예수님이 임하신 정황을 상정하는 것이다. 이미 예수님은 라오디게아 교회에 임하여 그들의 마음 문을 두드리시면서 적극적으로 변화를 촉구하고 계시는 것이다. 여기에서 우리는 라오디게아 교회 같은 교회조차 적극적으로 품고 회복하기를 원하시는 예수님의 심정을 엿볼 수 있다.

[3:21] 이기는 자에게 주시는 종말적 약속: 보좌에 함께 앉다

끝으로 21절에서는 예수님이 이기는 자에게 종말적으로 이루시고자 하는 약속을 소개하고 있다.

(1) 역사적 배경

BC 40년경에 라비에누스 파르티쿠스(Labienus Parthicus)가 라오디게아를 침공하게 되는데, 그때 웅변가인 제노(Zeno)와 그의 아들 폴레모(Polemo)가 분연하게 일어나 침공자들에 맞서 저항하면서 유명해지게 된다.[303] 스트라보는 이때 폴레모가 왕권을 받아 통치하면서 라오디게아 도시 시민들에게 큰 혜택을 입게 했다고 기

---

303 Hemer, *The Letters to the Seven Churches of Asia*, 205.

록한다.[304] 그리고 이어지는 폴레모의 후손들이 그의 왕권을 계승하는데, 이러한 왕위 계승의 관계가 21절의 정황과 평행을 이룬다는 점에서 역사적 배경으로서 참조할 만하다고 할 수 있다.[305]

(2) 문맥적 관계

21a절에서 예수님은 "이기는 자"에게 허락하시는 약속으로서 "내 보좌에 나와 함께 앉게 할 것"을 말씀하신다. 요한계시록에서는 4장 5절의 이십사 장로와 20장 4절의 순교자들이 보좌에 앉아 있는 자들로 나온다. 이 두 본문의 보좌 이미지는 현재 지상의 교회가 천상에서 이미 누리고 있는 지위를 상징적으로 나타내는 것인 반면, 21절의 보좌는 미래적 종말의 시점에 이루어질 약속이다. 시간적인 순서로 보면 3장 21절이 나머지 두 본문보다 더 늦은 시점에 발생하는 것이지만, 요한계시록에서는 4장 5절이나 20장 4절보다 3장 21절이 먼저 등장한다. 이러한 관계는 서론부에서 미래적 완성의 전망을 미리 설정하고 본론부에서 현재적 성취의 상태를 언급함으로써 지상과 하늘이 교차하고(공간적 초월) 현재와 미래가 교차한다는(시간적 초월) 사실을 나타내 주고 있다. 이러한 교차 기법은 묵시문학의 초월적 특징을 사용하는 것으로, 요한계시록의 종말론을 구성하는 데 매우 적절하게 활용되고 있다.

특별히 3장 마지막 부분에서 이러한 "보좌"에 대한 약속이 주어지는 것은 하늘 보좌에 대한 환상을 중심으로 전개될 4-5장을 예고하는 것으로 간주될 수도 있다.[306] 4-5장에서는 그리스도 자신의 "승리"와 그 결과로 하늘에서 하나님 아버지와 함께 보좌에 앉으심을 말한다.[307] 동시에 이러한 승귀의 보좌는 그리스도께서 구름과 함께 하늘로 올라가는 소위 대관식으로 일컬어지는 1장 7절의 사건에서 이미 발판이 마련되었다. 더 나아가 5장은 예수님이 어떻게 이기셨는지에 대한 자세한 설명을 제공한다.[308]

---

304 앞의 책. 폴레모는 BC 39년에 안토니(Antony)에 의해 실리시아(Cilicia)의 한 지방에 대한 통치자로 옹립되었고, 이후에 안토니의 손녀인 피토도리스(Pythodoris)와 결혼하여 로마 제국 왕가의 반열에 들어서게 된다(앞의 책).
305 오즈번 역시 헤머의 자료를 공유하면서 이렇게 폴레모의 왕권 계승 정황을 21절에 대한 역사적 배경으로 참고할 수 있다는 데 동의한다(Osborne, *Revelation*, 214).
306 Bauckham, *The Climax of Prophecy*, 6. 보쿰은 "3:21에 의해서 1:9-3:22와 뒤따르는 장들 사이에 또 다른 연결이 이루어진다"고 말하면서 3:21을 1:9-3:22와 4장 이하 본문들 사이를 잇는 연결점으로 간주한다(앞의 책).
307 앞의 책.
308 이에 대한 자세한 논의는 5:5-6, 9-10에 대한 본문 주해를 참고하라.

(3) 다른 신약 본문과의 관계

이 본문은 마태복음 19장 28절 및 누가복음 22장 29-30절의 내용과 관련된다.

> 예수께서 이르시되 내가 진실로 너희에게 이르노니 세상이 새롭게 되어 인자가 자기 영광의 보좌에 앉을 때에 나를 따르는 너희도 열두 보좌에 앉아 이스라엘 열두 지파를 심판하리라(마 19:28)

> 29내 아버지께서 나라를 내게 맡기신 것 같이 나도 너희에게 맡겨 30너희로 내 나라에 있어 내 상에서 먹고 마시며 또는 보좌에 앉아 이스라엘 열두 지파를 다스리게 하려 하노라(눅 22:29-30)

위의 두 복음서 본문은 서로 유사한 내용을 진술하고 있지만 차이점도 존재한다. 먼저 공통점은 두 본문 모두 예수님처럼 예수님의 제자들도 보좌에 앉아 통치하는 권세를 행사하게 될 것을 말한다는 점이다. 이렇게 기본적인 메시지는 유사하지만, 마태복음은 "인자가 자기 영광의 보좌에 앉을 때"라고 하여 예수님이 보좌에 앉는 행위를 구체적으로 언급하는 반면 누가복음은 보좌에 앉는 행위는 언급하지 않고 "내 상에서 먹고 마시며"라는 행위를 언급한다는 차이가 있다.[309] 이러한 언급에 의해 누가복음 본문과 요한계시록 본문의 밀접한 관계가 더욱 부각되는데, 왜냐하면 요한계시록에서도 만찬으로의 초대(3:20)와 보좌(3:21)라는 주제가 소개되기 때문이다. 그러나 요한계시록에서는 만찬이 현재적 사건이고 누가복음에서는 미래적 시점으로서 재림의 때를 가리킨다는 차이가 있다.

(4) 본문 구조

21b절의 접속사 "...같이"(ὡς, 호스)는 21a절에서 이기는 자가 예수님의 보좌에 앉게 되는 것과 21b절에서 예수님이 이기시고 아버지의 보좌에 앉게 되시는 것 사이의 동질성을 강조하고 있다. 이러한 동질성은 21a절에서 표현된 내용과 21b절에서 표현된 내용의 평행 관계에 의해 더욱 강화된다. 다음 도표를 참고하라.

21b절		21a절
내가 이기고(κἀγὼ ἐνίκησα)		이기는 자(Ὁ νικῶν)
나의 아버지와 함께(μετὰ τοῦ πατρός μου)	같이 (ὡς)	나와 함께(μετ' ἐμοῦ)
그의 보좌에(ἐν τῷ θρόνῳ αὐτοῦ)		내 보좌에(ἐν τῷ θρόνῳ μου)
앉은 것(ἐκάθισα)		앉게 할 것이다(καθίσαι)

---

309 Swete, *The Apocalypse of St. John*, 63.

위의 도표가 보여주는 평행 관계에서 확인할 수 있듯이, 예수님이 이기신 것처럼 우리도 이겨야 하며 그렇다면 예수님이 아버지의 보좌에 앉으신 것처럼 우리도 예수님의 보좌에 앉게 된다. 예수님과 아버지의 관계에서 발생한 내용들이 그대로 예수님과 "이기는 자" 사이에서도 발생한다. 예수님께 적용된 공식이 그대로 우리에게도 적용된다. 예수님과 교회 공동체 사이의 이러한 일체성은 요한계시록 11장의 두 증인 이야기 등에서 매우 중요하게 다뤄진다.

내가 이기고(21b절). 21b절에서 예수님이 보좌에 앉으신 것은 예수님 자신이 먼저 이기셨다는 사실에 근거한다. 여기에서 "이기다"(ἐνίκησα, 에니케사〉νικάω, 니카오)라는 동사는 "역사적 부정과거"로 간주된다.[310] 이 용법은 진행되는 행위가 아닌 "순간적인 행위"를 묘사할 때 사용되며, 그것이 "일련의 행위이거나 전체적인 행위"라 하더라도 "하나의 사실"을 구성하는 것으로 여겨진다.[311] 이 용법을 이 본문에 적용하면, 예수님의 승리는 반복되지 않고 단번에 이루어진 사건이 된다. 그 승리는 십자가 죽음과 부활과 승천이라는 일련의 과정을 통해 완성되고 확증되지만, 이 일련의 행위들은 "승리"라는 한 가지 사실을 제시한다. 이 승리의 절정은 물론 승천이다. 예수님은 승천을 통해 나라와 권세와 영광을 얻어 만왕의 왕, 만주의 주로 등극하셨다. 따라서 승천은 대관식 같은 사건이다. 1장 7절의 대관식으로서의 승천 사건은 3장 21절의 승리를 선언하게 하는 결정적 사건으로 간주된다. 대관식으로서의 승천 사건이 예수님이 보좌에 앉게 되는 순간이다.

이기는 자, 그에게(21a절). 이러한 예수님의 지위는 이 본문에서 "보좌"라는 단어를 통해 표현되고, 예수님이 승리하신 결과가 동일하게 이기는 자에게 공유된다. 이러한 공유는 "내 보좌에 나와 함께 앉게 해 주겠다"는 예수님의 약속에서 확인된다. 이기는 자가 예수님의 보좌에 앉게 된다는 약속은 2장 26-28절에서 두아디라 교회 공동체의 이기는 자에게 주어지는 "나라들에 대한 권세," "철의 막대기," "새벽 별"에 대한 약속과 동일한 의미를 갖는다. 이 모든 것에 있어서 공통적인 것은 예수님의 메시아적 권세를 교회 공동체가 공유한다는 점이다. 이러한 내용은 다음 단락에서 다룰 에덴 주제를 통해 의미가 더 확대된다.

---

310 앞의 책.
311 Burton, *Syntax of the Moods and Tenses in New Testament Greek*, 19-20.

예수님의 보좌에 함께 앉다(21a절). 21절에서 "나의 아버지와 함께 그의 보좌에 앉다"(21b절)와 "내 보좌에 나와 함께 앉다"(21a절)는 서로 평행 관계를 이룬다. 전자는 승리하신 예수님이 하나님과 동등하게 하나님의 보좌에 함께 앉으셨다는 것이고, 후자는 승리한 자들이 예수님의 보좌에 함께 앉아 예수님의 신분과 권세에 동등한 자격으로 함께 참여한다는 것이다. 여기에서 예수님이 승리한 자로서 하나님의 보좌에 앉게 되신 것은 승리한 자들이 예수님의 보좌에 앉게 되는 것의 본보기가 되고 있다. 그리고 이러한 관계에 의해 지위에 관한 한 "하나님=예수님=승리한 자들"의 등식이 성립된다. 이것은 승리한 자들이 예수님과의 동일시를 통해 하나님과 동등한 왕적 지위와 권세를 가지게 될 것을 의미한다. 이러한 관계는 무엇을 의미하는가? 그것은 최초로 에덴에서 아담이 왕적 지위를 갖는 존재로 창조되었다는 사실과 밀접하게 관련된다. 아담의 실패를 회복하고 아담의 왕적 지위를 성취하기 위해 오신 예수님이 하나님의 보좌에 앉으신 것은 모든 인간의 아담적 지위가 회복되었다는 것을 의미한다. 예수님은 마지막 아담으로 오셔서 아담의 요구를 다 이루셨고, 마침내 하나님의 회복의 역사를 성취하심으로써 완성을 위한 발판을 마련하셨다. 그리고 이러한 아담적 지위를 "이기는 자"에게 허락하신다. 왜 이기는 자인가? 아담도 선악과의 시험을 이기고 생명나무 열매를 먹음으로써 영생했어야 했기 때문이다. 그러므로 이제 에덴 회복의 은혜를 누리는 자는 누구나 이기는 자여야 한다.

📋 핵심 메시지

요한계시록 3장은 사데, 빌라델비아, 라오디게아 세 교회에게 주어지는 선지적 메시지를 기록한다. 먼저 사데 교회에게 주어지는 메시지에서 예수님은 "하나님의 일곱 영과 일곱 별을 가진 이"로 소개된다. 곧 교회에 대한 주권이 강조되고 있는 것이다. 그리고 더욱 주목을 끄는 것은 3절에서 사데 교회 성도들이 깨어 있지 아니하면 예수님이 도적같이 오실 것을 경고하는 대목이다. 이것은 예수님이 재림의 정황을 언급할 때 사용하시던 것인데, 이 본문에서는 예수님의 상시적 오심에 적용되고 있다. 성도들이 신앙 생활을 하면서 깨어 있지 못하면 도적같이 오시는 예수님의 심판을 체험하게 된다. 더 나아가서 4절과 5a에서 "흰옷"은 교회 공동체의 특징으로 사용된다. 그리고 종말적 상급으로 "생명의 책으로부터 결코 지우지 아니할 것"이 다시 한 번 구원에 대한 다른 표현으로 사용되고 있다.

이어서 빌라델비아 교회에게 주어지는 메시지에서 예수님은 "다윗의 열쇠"를 가지신 이로 소개된다. 이것은 예수님의 구원과 심판에 대한 주권을 강조한다. 빌라델비아 성도들은 적은 능력을 가지고도 예수님의 말씀을 지키고 배반하지 않은 것에 대해 칭찬을 듣는다(8절). 특별히 예수님은 그들이 인내의 말씀을 지켰다고 칭찬하신다(10a절). 그런 빌라델비아 교회에게 예수님은 그들의 대적자들인 유대인들을 그들에게 굴복시키실 것과(9절) 시험의 때를 면하게 하실 것을 약속하신다(10bc절). 더 나아가서 가진 것을 굳게 잡아 면류관을 빼앗기지 말 것을 권면하신다(11절). 이러한 권면은 그들이 잘하고 있으므로 더욱 잘하도록 독려하기 위함이다. 그들에게 주어지는 종말적 약속은, 이기는 자를 성전의 기둥이 되게 하고 다시는 밖으로 나가지 않게 한다는 것이다(12절). 이것은 유대인들의 회당에서 축출당한 그들이 도리어 역으로 하나님의 성전에 속하였으며 그곳에서 결코 쫓겨나는 일이 없을 것임을 확증하는 말씀이고, 그것 역시 구원의 다른 측면임을 알 수 있다.

마지막으로 라오디게아 교회에게 주어지는 메시지는 칭찬은 전혀 없고 주로 라오디게아 성도들에 대한 책망에 집중되어 있다는 점에서 독특하다. 먼저 라오디게아에게 주어지는 메시지에서 예수님의 이름은 "아멘이신 이, 신실하고 참된 증인이시며, 하나님의 창조의 시작이신 이"로 소개된다(14절). 이 세 호칭은 새창조와 관련된다. 15절에서 예수님은 라오디게아 성도들을 향해 그들이 뜨겁지도 차지도 아니하고 미지근하다고 지적하신다. 이것은 단순히 그들이 열정이 부족함을 의미하는 것이 아니라, 하나님과 세상에 대하여 단호하고 분명한 태도를 취할 것을 요구하는 메시지다. 라오디게아 교회에게 가하시는 책망의 핵심은 그들이 무엇인가 착각하고 있다는 것이다. 그들은 스스로 부요하다고 생각하면서 만족하고 있지만 예수님이 보시기에 그들은 비참하고 불쌍하며 가난하고 눈 멀고 벌거벗은 자들이다(17절). 이러한 착각으로부터 벗어나기 위해 그들은 다른 누구도 아닌 예수님으로부터, 단련한 금과 흰옷과 안약을 사야 한다(18절). 예수님은 그들이 회개하기를 기다리신다(19절). 마치 연인이 문에서 기다리고 있듯이 말이다(20절). 예수님은 라오디게아 교회에게도 이기는 자들에게 주어지는 종말적 선물을 약속하신다. 그것은 예수님이 앉으신 보좌에 함께 앉게 해 주신다는 것이다(21절). 이 약속은 예수님이 직접 체험하신 사실에 근거한다. 바로 예수님 자신이 그렇게 이기심으로써 하나님의 보좌에 앉게 되신 것처럼 이기는 자들도 예수님의 보좌에 함께 앉게 해 주겠다고 약속하시는 것이다.

3장의 내용을 다음과 같은 도표로 요약하여 정리할 수 있다.

교회	사데 교회	빌라델비아 교회	라오디게아 교회
그리스도의 이름	하나님의 일곱 영과 일곱 별을 가진 이(1절)	거룩하고 참되신 이, 다윗의 열쇠를 가지고 있는 이, 열면 아무도 닫을 사람이 없고 닫으면 아무도 열 사람이 없는 이(7절)	아멘이신 이, 신실하고 참된 증인이시며 하나님의 창조의 시작이신 이(14절)

교회	사데 교회	빌라델비아 교회	라오디게아 교회
칭찬	옷을 더럽히지 아니한 몇 이름을 가지고 있다 → 흰옷을 입고 나와 함께 다닐 것이다(4절)	적은 능력을 가지고도 내 말을 지키며 내 이름을 부정하지 아니함(8절) → 사탄의 회당에 속한 자들 곧 자신들을 유대인이라고 말하는 자들이 절하게 하심(9절); 인내의 말씀을 지킴 → 고통의 시간으로부터 지키심(10절)	
책망/ 경고/ 권면	네 행위들이 나의 하나님 앞에서 온전해 있음을 발견하지 못했다 → 계속 깨어 있어 죽게 되어 있는 남은 것들을 강하게 하라(2절); 네가 어떻게 받았고 들었는지 기억하고 지키고 회개하라; 만일 네가 깨어 있지 아니하면 내가 도적같이 올 것이다(3절)	아무도 너의 면류관을 빼앗지 못하도록 네가 가진 것을 굳게 잡으라(11절)	차지도 아니하고 뜨겁지도 아니하고 미지근함(15-16절); 그들은 비참하고 불쌍하며 가난하고 소경이며 벌거벗은 자다(17절); 네가 부요해지도록 나로부터 불로 단련한 금을 사고, 벌거벗은 수치를 보이지 않도록 흰옷을 사고, 보기 위하여 너의 눈에 바르도록 안약을 사라(18절); 열심을 내라 회개하라(19절); 내가 문에 계속 서 있고 두드리고 있다. 누구든지 내 음성을 듣고 문을 열면 그는 나와 함께 먹으리라(20절)
이기는 자에게 약속	이기는 자는 흰옷으로 입혀질 것이요 그의 이름을 생명의 책으로부터 결코 지우지 아니할 것이다; 그의 이름을 나의 아버지 앞과 그의 천사들 앞에서 시인하리라(5절)	하나님의 성전 안에 기둥으로 만드심; 하나님의 이름과 하나님의 도시 곧 하늘에서 내 하나님으로부터 내려오는 새예루살렘의 이름과 나의 새 이름을 그에게 기록할 것이다(12절)	이기는 자는 내 보좌에 나와 함께 앉게 할 것이다(21절)

📑 설교 포인트

3장은 2장에 이어 일곱 교회 공동체 중 세 교회에게 선포되는 선지적 메시지다. 설교 포인트에 대한 공통적인 부분은 앞의 2장에서 언급했으므로 여기에서는 3장에 해당되는 내용만을 다루게 될 것이다. 먼저 사데 교회를 설교할 때 주목해야 할 것은 1b절에서 예수님을 "하나님의 일곱 영과 일곱 별을 가진 이"라고 소개함으로써 예수님이 교회의 주관자가 되심을 강조하고 있다는 점이다. 설교자는 일곱 메시지 각각에 나타난 예수님을 소개하면서 예수님이 어떤 분이시라는 것을 소개하는 기회를 놓치지 말아야 할 것이다. 한편, 예수님이 도적같이 오실 것이라는 표현이 회개를 촉구하기 위해 언급되는 것은 청중들에게 다소 생소할 수 있는데, 왜냐하면 그것이 보통 예수님의 재림을 가리키는 표현이기 때문이다. 설교자는 이것이 예수님의 재림을 가리키는 것이 아니라 상시적 오심을 가리키고 있음을 설득력 있으면서도 매우 생생하게 다가올 수 있도록 설교할 필요가 있다. 사데 교회에게 주어지는 종말적 축복으로서 "흰옷"과 "생명책"이라는 이미지가 사용되고 있는데, 이것이 요한계시록 내에서 구원의 여러 측면 중 하나라는 사실을 잘 설명할 수 있어야 할 것이다.

　빌라델비아 교회에게 주어진 메시지는 모든 교회 공동체가 따라가야 할 본보기를 제시한다. 설교자는 이 빌라델비아 교회의 모습이 어떻게 청중들의 삶 속에서 구현될 수 있는지에 대해 고민하며 말씀을 전해야 할 것이다. 흥미롭게도 빌라델비아 교회는 예수님으로부터 책망뿐 아니라 권면조차도 받지 않은 유일한 교회다. 서머나 교회도 마찬가지로 책망을 받지 않았지만 "죽기까지 신실하라"는 권면은 주어지는데, 빌라델비아 교회 공동체에게는 이러한 권면조차도 주어지지 않는다. 그야말로 순전한 교회 공동체인 것이다. 이러한 교회가 지상에 존재할 수 있을까? 인간적인 생각으로는 불가능한 것처럼 보이지만, 빌라델비아 교회가 그런 교회로서 역사적으로 존재했다는 사실을 기억해야 한다. 설교자는 이런 빌라델비아 교회를 근거로 교회 공동체가 얼마나 예수님 앞에 순전하게 존재할 수 있는지에 대한 가능성을 제시할 수 있을 것이며, 이것이야말로 설교자가 빌라델비아 교회에게 주어진 메시지를 전하는 목표가 되어야 할 것이다.

라오디게아 교회에게 선포된 메시지는 빌라델비아 교회의 경우와는 정반대이다. 라오디게아 교회에게는 칭찬의 메시지가 한마디도 없고 책망과 경고의 메시지만 선포된다. 특별히 이 메시지와 관련해서는 그동안 오해되던 내용이 몇 가지 있는데, 이를 바로잡아 줄 필요가 있다. 먼저 "차든지 뜨겁든지 하라"(15절)는 것은 단순히 교회 일에 열심을 내라는 것이 아니라 하나님 앞에 분명한 태도를 취할 것을 요구하는 것이다. 또한 20절에서 문에 서서 문을 두드리시는 예수님의 모습은 불신자들에게 처음 주님을 영접하도록 설득하기 위한 본문으로 사용되어 왔으나 이 문맥에서는 이미 믿는 성도들에 대한 사랑을 표현하기 위해 기다리시는 예수님을 나타내는 이미지로 사용되고 있다. 그러므로 설교자는 이 본문을 잠자는 성도들에게 예수님의 기다리심과 사랑을 일깨우기 위한 목적으로 적절하게 사용할 수 있어야 할 것이다.

끝으로, 3장의 세 교회를 따로 분리해서 설교할 수도 있겠지만, 7-22절을 하나로 묶어 빌라델비아 교회와 라오디게아 교회를 서로 대조해서 설교함으로써 청중이 올바른 교회관을 정립하게 하는 것도 효과적인 방법이라 할 수 있다.

📑 설교 요약

- **제목:** 두 교회 이야기
- **본문:** 요한계시록3장 7-22절

● 서론

우리는 이 세상에 존재하는 교회가 어떤 모습으로 존재해야 하는지를 끊임없이 고민한다. 요한계시록 3장에서 제시되는 상반되는 두 교회 공동체(라오디게아 교회와 빌라델비아 교회)의 모습을 대조함으로써 예수님이 원하시는 참된 교회의 모습을 정립해 보자.

● 본론

1. 최악의 교회(라오디게아 교회)

   1) 라오디게아 교회에게 말씀하시는 예수님은 어떤 분이신가? 아멘 이신 분, 신실하고 참된 증인이신 분, 하나님의 창조의 시작이신 분이다(14절)

   2) 라오디게아 교회는 어떠한 교회인가?

   (1) 차지도 아니하고 뜨겁지도 아니하고 미지근하다(15-16절)

   → 하나님 앞에서 분명한 태도를 갖지 못하고 있다

   (2) 자신의 부족함을 인식하지 못한다(17절): 그들의 부족함은 어떻게 표현되는가?

   (ㄱ) 비참한 자 (ㄴ) 불쌍한 자 (ㄷ) 가난한 자 (ㄹ) 소경

   (ㅁ) 벌거벗은 자

   3) 예수님의 권면(18절)

   (1) 단련한 금을 사서 부요해지라

   (2) 흰옷을 사서 벌거벗은 수치를 보이지 않게 하라

   (3) 안약을 사서 눈에 바름으로써 보게 되어라

4) 예수님은 사랑하시는 자를 책망하고 훈육하신다(19절)

    (1) 열심을 내라

    (2) 회개하라

5) 문에 서서 두드리시는 예수님(20절): 예수님은 라오디게아 성도들이 회개하여 예수님과의 관계를 회복하기를 간절히 바라신다

6) 이기는 자에게 주시는 종말적 약속(21절): 예수님의 보좌에 예수님과 함께 앉게 하신다

2. 최상의 교회(빌라델비아 교회)

1) 빌라델비아 교회에게 말씀하시는 예수님은 어떤 분이신가? 거룩하고 참되신 분, 다윗의 열쇠를 가지고 있는 분, 열면 아무도 닫을 사람이 없고 닫으면 열 사람이 없는 분(7절)

2) 빌라델비아 교회는 어떤 교회인가?

    (1) 적은 능력을 가지고도 예수님의 말씀을 지키며 예수님의 이름을 부정하지 않았다(8절)

      → 빌라델비아 교회 앞에 열려져 있는 문을 주셨다(8c절)

      → 자신들을 유대인이라고 말하는 자들이 빌라델비아 교회 앞에 경배하게 하신다(9절)

    (2) 예수님의 인내의 말씀을 지킴(10절)

      → 예수님은 빌라델비아 교회를 고통의 시간으로부터 지키실 것이다(10절)

3) 예수님의 권면(11절): 예수님이 속히 오실 것이므로 가진 것을 굳게 잡아 아무도 면류관을 빼앗지 못하게 하라

4) 이기는 자에게 주시는 종말적 약속(12절)

    (1) 하나님의 성전 안에 기둥이 되게 하심

    (2) 하나님의 이름, 하나님의 도시 곧 하나님으로부터 하늘로부터 내려오는 새예루살렘의 이름, 예수님의 새 이름을 그에게 기록하심

●결론: 적용

빌라델비아 교회에게 주어지는 메시지는 간결하고 단순한 반면, 라오디게아 교회에게 주어진 메시지에 나타나는 예수님의 감정은 매우 복합적이다. 때로는 엄중하고 때로는 매우 사려 깊고 때로는 감미롭다. 하나님 앞에 올바르게 서 있지 못한 자들에게 예수님은 이렇게 복합적인 감정으로 다가오신다. 이러한 예수님의 심정을 헤아릴 수 있을 때 회개를 촉구하시는 예수님의 말씀에 귀를 기울일 수 있다. 우리는 지금 라오디게아 교회와 같은 처지에 있지 않은가? 우리에게 다가오시는 예수님의 음성에 귀를 기울이자.

본론부

심판과 구속(4-16장)

본론부

심판과 구속(4-16장)

서론부인 1장 9절-3장 22절에 이어 4-16장이 본론부를 이룬다. 본론부의 주된 화두는 심판과 구속이다. 물론 심판은 악의 세력에 대한 것이요 구속은 하나님의 백성들을 향한 것이다. 본론부는 크게 두 부분으로 나뉜다. 첫 부분인 4-5장은 하늘 성전 환상을 기록하고, 둘째 부분인 6-16장은 4-5장의 하늘 성전 환상에 근거하여 땅에서 일어나는 심판과 구속의 파노라마를 전개한다. [1] 따라서 이 두 부분의 관계는 마치 주기도문의 "뜻이 하늘에서 이루어진 것 같이 땅에서도 이루어지이다"(마 6:10)라는 문구의 구체적 실례를 보여주는 관계라고 할 수 있다.

둘째 부분인 6-16장은 다시 6장-8장, 8-11장, 12-14장, 15-16장으로 나뉠 수 있다. 먼저 6-8장과 8-11장은 일곱 인 심판 시리즈와 나팔 심판 시리즈를 연속적으로 기록한다. 이를 좀 더 구체적으로 구분하면 6장 1절-8장 5절에서 일곱 인 심판 시리즈를 소개하고, 8장 6절-11장 19절에서 나팔 심판 시리즈를 기록한다. 이 두 심판 시리즈는 각각 삽입 부분을 포함한다. 곧, 여섯째 인 심판(6:12-17)과 일곱째 인 심판(8:1-5) 사이에 삽입된 7장은 십사만 사천과 아무도 셀 수 없는 큰 무리를 소개하고, 여섯째 나팔 심판(9:13-21)과 일곱째 나팔 심판(11:15-19) 사이에 삽입된 10장 1절-11장 14절에서는 두 증인에 대한 내용을 기록한다. 이 두 부분의 삽입에서 언급하는 내용 모두가 구속의 대상인 교회 공동체를 상징적으로 묘사한다는 점이 흥미롭다. 이러한 사실은 6-16장이 바로 심판과 구속이라는 두 주제의 조합으로 구성되어 있다는 사실을 잘 보여주고 있다.

1　Bauckham, *The Climax of Prophecy*, 6. 구조에 대한 좀 더 자세한 내용은 앞의 책, 1-22를 참고하라. 또한 보쿰과 피오렌자와 람브레히트의 구조 분석에 대한 간단한 비교 연구에 대해서는 이필찬, 『요한계시록 어떻게 읽을 것인가』, 27-38을 참고하라.

12-14장에서는 앞서 소개되는 인/나팔 심판 시리즈와는 조금 다른 패턴의 내용이 소개된다.[2] 먼저 12-14장은 인/나팔 심판(6-11장)과 대접 심판(15-16장) 사이에 삽입되어 있어 독특한 문맥적 기능을 갖는다. 가장 확실한 것은 12-14장이 15-16장에 용과 짐승의 주제를 자료로 제공해 준다는 것이다. 특별히 12-14장에서는 영적 전투와 악의 세력의 주제가 주를 이룬다. 12장에서는 여자와 용의 적대적 관계를 통해 교회 공동체가 처한 정황을 매우 회화적으로 묘사한다. 13장에서는 용과 함께 악의 세력을 구축하고 있는 두 짐승에 대한 이야기를 소개한다. 또한 14장에서는 하늘에 있는 십사만 사천을 통해 적대적 세력의 도전 가운데 승리한 교회 공동체의 모습과 적대적 세력에 대한 최후 심판 내용을 언급한다.

본론부 2의 마지막 부분인 15-16장은 대접 심판 시리즈이다. 이 부분은 6-11장에서 언급되는 인/나팔 심판과는 다소 구별되는 측면이 있다. 왜냐하면 인/나팔 심판과 대접 심판 사이에 12-14장이라는 큰 간격이 존재하기 때문이다. 특별히 15-16장의 대접 심판을 6-11장의 인/나팔 심판과 비교해 보면, 15-16장이 악의 세력인 용과 두 짐승에 대한 심판에 좀 더 집중한다는 것을 알 수 있다.

이상에서 나열한 것처럼 본론부를 크게 본론부 1(4-5장)과 본론부 2(6-16장)의 두 부분으로 살펴보고자 한다.

본론부 1   하늘 성전 환상(4-5장)
본론부 2   세 개의 심판 시리즈와 구속의 실제적 실현(6-16장)

본권에서는 본론부 1과 본론부 2의 6-11장만 다루고, 본론부 2의 나머지 12-16장은 다음 권에서 다루게 될 것이다.

---

2   12-14장의 문맥적 기능에 대한 자세한 논의는 해당 부분에 대한 논의 과정에서 이루어질 것이므로 여기에서는 간단하게만 언급한다.

본론부 1
하늘 성전 환상(4-5장)

4-5장 본문에 대한 연구를 진행하기 전에 4-5장의 중심 주제, 4-5장의 구약 배경인 다니엘서와의 관계, 4-5장의 문맥적 기능, 4장과 5장의 관계, 4-5장의 해석 원리를 간략하게 정리하고자 한다.

예비적 고찰

1. 4-5장의 중심 주제

피오렌자는 "요한계시록 전체뿐 아니라 4-5장의 중심적인 신학적 질문은 누가 이 세상의 참된 주님이신가?"라고 주장하는데, 이는 매우 적절하고 예리한 관찰이다.[3] 이 질문에 답함으로써 우리는 4-5장의 중심 주제가 무엇인지 분명하게 알 수 있다. 그것은 바로 하나님과 어린 양 예수께서 이 세상의 참된 주인이시라는 것이다. 4장은 창조주 하나님을 보좌에 앉으신 분으로 소개함으로써 하나님의 주권을 강조하고 5장은 어린 양 예수님을 십자가 사건을 통해 승리를 쟁취하신 분으로 소개함으로써 예수님의 주권을 강조한다. 요한은 이러한 주제를 설파하기 위해 "히브리-유대적이며 헬레니즘적이고 로마의 왕정 전승과 이미지로부터 기인된 … 우주적 이미지와 상징적 언어"를 동원한다.[4]

---

3   Fiorenza, *Revelation*, 58.
4   앞의 책. 이 부분에 대한 좀 더 자세한 내용은 아래의 "4-5장의 해석 원리"에서 다룬다.

2. 4-5장의 구약 배경으로서의 다니엘서

많은 해석자들은 4-5장이 다니엘 7장과 에스겔 1-2장의 영향을 받았다고 주장한다.[5] 비일은 두 본문 중에서 다니엘서의 영향이 더 크다고 주장하며, 요한계시록 4-5장과 다니엘 7장의 관계를 다음과 같이 정리한다.[6]

항목	다니엘서	요한계시록
환상을 도입하는 표현	7:9(참고, 단 7:2, 6-7)	4:1
하늘의 보좌(들)	7:9a	4:2a(참고, 4:4a)
보좌에 앉으신 하나님	7:9b	4:2b
보좌에 계신 하나님의 모습	7:9c	4:3a
보좌 앞의 불	7:9d-10a	4:5
보좌를 둘러싼 천상적 수종자들	7:10b	4:4b, 6b-10; 5:8 ,11, 14
보좌 앞의 책(들)	7:10c	5:1-5
펼쳐진 책(들)	7:10c	5:1-5
왕국을 다스릴 권세를 받기 위해 하나님의 보좌로 나아가는 신적(메시아적) 인물	7:13-14a	5:5b-7, 9a, 12-13
왕국의 범위: 모든 백성, 모든 나라, 모든 언어	7:14a[MT]	5:9b
환상을 보는 자가 환상으로 인해 느끼는 정서적 고통	7:15	5:4
천상적 수종자들로부터 주어지는 환상에 대한 설명	7:16	5:5
왕국을 다스리는 권세가 성도들에게 주어짐	7:18, 22, 27a	5:10
하나님의 영원한 통치에 대한 언급으로 마무리	7:27b	4:10-11; 5:13-14
바다	7:2-3	4:6

이 도표에 의하면 다니엘서와 요한계시록 사이에는 사소한 차이가 있긴 하지만 "현저한 유사성"이 있다.[7] 다니엘 7장은 이방 나라에 의해 압제받던 이스라엘에게 나라를 회복시켜 주시겠다는 약속이 하늘 성전에서 하나님에 의해 주어지는

---

5   Blount, *Revelation*, 84.
6   Beale, *The Book of Revelation*, 314-315.
7   앞의 책, 314.

장면을 보여준다.[8] 이러한 주제가 요한계시록 4-5장에서 성취되어 재현된다고 볼 수 있다. 다만 그것이 이스라엘 대신 교회 공동체에게 적용된다는 점에서 차이가 있다. 곧 이스라엘의 회복 대신 교회 공동체에게 주어지는 하나님 나라의 회복이 그 중요한 주제이다. 그리고 다니엘서에서는 이스라엘을 둘러싸고 있는 적대적 세력이 바벨론이나 페르시아 혹은 그리스이지만 요한계시록 본문에서는 로마 제국이라는 차이도 존재한다.

3. 4-5장의 문맥적 기능

4-5장은 요한계시록 전체에서 앞뒤를 받쳐 주는 "지렛대" 역할을 하고 있다.[9] 곧 4-5장은 심판과 구속에 관한 한 6-16장의 도입부 역할을 할 뿐 아니라 서론 부분인 1-3장과도 관련된다. 4-5장은 1장 13-18절의 승귀하신 예수님과 2-3장의 일곱 교회와 관련하여 상호적으로 좀 더 온전한 의미를 이해할 수 있도록 도와주는 내용을 제공하고 있다.[10] 특히 3장 21절의 "보좌" 주제가 4장 2절에서 하나님의 보좌와 관련되고 4장 5절에서는 이십사 장로들의 이십사 보좌와 관련된다는 점에서 4-5장과 2-3장의 유기적 관계를 엿볼 수 있다.[11] 또한 2장 28절의 "받다"(λαμβάνω, 람바노)라는 단어가 5장 7-9절에 세 번 사용되는데 이 두 본문의 경우는 모두 예수님이 하나님으로부터 권세를 위임받는 정황을 묘사하고 있다.[12] 또한 1장 5절과 3장 1절에 언급된 일곱 영이 4장 5절과 5장 6절에도 등장하여 그 역할이 좀 더 명료하게 묘사될 뿐 아니라, 2-3장의 지배적인 소재인 "이김"의 주제가 5장에서 십자가를 통한 어린 양 예수님의 승리라는 핵심적인 주제로 나타나기도 한다.[13] 이처럼 4-5장은 1-3장의 내용을 발전시키면서 동시에 6-16장의 기초를 마련한다. 결국 4-5장은 요한계시록 전체의 의미 형성에 중요한 영향을 끼치는 결정적인 위치에 있다고 할 수 있다. 그러므로 4-5장을 어떻게 해석하느냐에 따라 요한계시록 전체에 대한 이해가 달라질 수 있다.

---

8 이와 관련하여 롱맨은 다음과 같이 설명한다: "인자 같은 이는 높임을 받고 영원한 나라를 얻지만, 짐승은, 아마도 교만한 뿔은 파멸을 맞이한다. 한마디로 인간의 악은 현재에 기승을 부릴지 모르나 하나님이 그것을 통제하고 계시며 최후에 승리를 얻으신다"(Longman, *Daniel*, 188). 여기에서 "인자 같은 이"는 이스라엘을 가리키는 집합 명사이고 "짐승"은 이스라엘을 억압하려는 세상 나라를 가리킨다.

9 Beasley-Murray, *The Book of Revelation*, 108. 스몰리도 이 견해에 동의한다(Smalley, *The Revelation to John*, 110).

10 Beasley-Murray, *The Book of Revelation*, 108.

11 Bauckham, *The Climax of Prophecy*, 6; Beale, *The Book of Revelation*, 311.

12 Beale, *The Book of Revelation*, 311.

13 앞의 책.

4. 4장과 5장의 관계

4장과 5장은 서로 밀접한 관계를 갖는다. 4장은 상징적 이미지를 사용하여 "창조주 하나님의 속성(nature)과 뜻(will)"을 나타내면서 지상에서 일어나는 사건들에 대한 근원적인 배경을 제공하는 반면, 5장은 구속주 어린 양 예수님에 초점을 맞추어, 4장의 천상에서의 결정에 반응하여 "십자가의 지상적 승리의 결과"를 소개한다.[14] 천상에서 결정된 하나님의 뜻(4장)은 지상에서 수행되는 어린 양의 사역(5장)을 통해 그 결과를 기대할 수 있다.[15] 여기에서 "하늘의 뜻은 지상의 반응을 기다린다"는 원리가 성립될 수 있다.[16] 5장은 그런 사역을 완성하신 어린 양을 하늘의 환상에서 보여준다. 결국 이런 십자가 사건은 4장에서 언급된 창조주 하나님의 뜻을 성취하는 창조의 회복으로서의 새창조의 역사를 가져오게 되었다.

5. 4-5장의 해석 원리

4-5장의 해석 원리는 요한계시록 전체를 이해하는 원리와 크게 다르지 않다. 먼저 4-5장은 문자적으로 해석할 성격의 본문이 아니다. 대신에 이 본문은 실존하는 하늘의 의미를 상징적 환상을 통해 표현하려는 목적을 갖는다.[17] 이것은 하늘의 실존적 존재를 부정하는 것이 아니다. 오히려 저자는 실존하는 하늘에 대한 의미를 구속사적 맥락에서 구약(왕상 22:19; 사 6:1-13; 겔 1:1-28; 단 7:9-14) 및 유대 묵시문헌(에녹1서 14:8-25; 38-41; 71:1-17; 에녹2서 8-9; 20-22; 레위의 유언서 5:1; 4Q400-4Q405; 4Q427 등)[18]의 배경을 가지고 요한계시록에서 전달하고자 하는 메시지에 가장 적합하게 조정하여 그 내용들을 구성하고 있다. 이러한 내용들을 문자적으로 해석하려 하면 오히려 본문이 왜곡되는 결과를 가져올 수 있다. 그러므로 현대 독자들은 4-5장을 해석함에 있어서 4-5장이 언급하는 하늘의 존재에 대한 상징적 표현들이 요한계시록 내에서 어떤 의미로 다가오는지를 주의 깊게 살펴봐야만 한다.

14　Sweet, *Revelation*, 113. 여기에서 스윗은 플라톤의 이원론적 이데아 사상을 경계한다.

15　앞의 책.

16　앞의 책.

17　Mounce, *The Book of Revelation*, 118. 마운스는 "우리가 상징주의를 다루고 있다는 것을 유념해야 하고 실재로 존재하는 것 이상으로 본문을 넘어서려는 경향을 경계해야 한다"고 주장한다(앞의 책).

18　이 문헌 목록은 Pilchan Lee, *The New Jerusalem in the Book of Revelation*, WUNT 2. 129 (Tübingen: Mohr Siebeck, 2001), 7-128을 참고한 것이다.

I. 하나님의 창조와 구속 계획(4장)

4장은 1-2a절이 환상의 도입부 역할을 하고, 2b-3절은 하나님의 보좌에 대한 비전을 소개하며, 4-8b절에서 보좌 주변의 내용에 대해 소개하고 난 후에, 마지막으로 8c-11절에서는 천상적 존재들이 창조 사건을 주제로 하나님을 찬양하고 경배하는 장면을 기록하고 있다.

1. 하늘 환상의 도입(4:1-2a)

1-2a절은 하늘 성전에 대한 환상의 도입부로서, 독자들에게 이 환상에 대한 일반적인 이해를 제공한다.

구문 분석 및 번역

1절　a　Μετὰ ταῦτα εἶδον,
　　　　이 후에 나는 보았다

　　　b　καὶ ἰδοὺ θύρα ἠνεῳγμένη ἐν τῷ οὐρανῷ,
　　　　그리고 보라 하늘에 열려져 있는 문이 있다

　　　c　καὶ ἡ φωνὴ ἡ πρώτη ἣν ἤκουσα
　　　　그리고 내가 들은 처음 음성이

　　　d　　ὡς σάλπιγγος λαλούσης μετ᾽ ἐμοῦ
　　　　나와 더불어 말하는 나팔 같은 것의

　　　e　λέγων·
　　　　말한다

　　　f　　ἀνάβα ὧδε,
　　　　이리로 올라오라

　　　g　　καὶ δείξω σοι ἃ δεῖ γενέσθαι μετὰ ταῦτα.
　　　　그리고 이 후에 반드시 되어져야만 하는 것들을 내가 네게 보여줄 것이다.

2절　a　Εὐθέως ἐγενόμην ἐν πνεύματι,
　　　　즉각적으로 내가 성령 안에 있었다.

1a절의 '메타 타우타'(Μετὰ ταῦτα)라는 문구를 개역개정은 "이 일 후에"라고 번역하지만, 이런 번역은 4장 이하가 직전의 3장과 시간적인 순서로 연결된다고 오

해하게 만들 소지가 있다. 본문 주해에서 자세하게 언급하겠지만, 2-3장과 4장은 "시간적 순서로" 배열되어 있는 것이 아니라 "주제적 연결"을 통해 "논리적 순서"로 배열되어 있다.[19] 이러한 맥락에서 이 문구는 논리적 전개를 나타내면서 서론에서 본론으로의 "장면 전환"을 알려 주는 표시로 이해될 수 있다.[20] 따라서 어떤 일정한 사건을 (그것이 이미 발생한 것이든 아니면 미래에 일어날 일이든) 시간적 순서로 나열한 것이라고 할 수 없다. 그러므로 오해를 최소화할 수 있도록 '메타 타우타'를 "이 후에"로 번역한다. 이 문구에서 사용된 '타우타'(ταῦτα)가 복수형이기 때문에 '메타 타우타'를 직역하면 "이것들 후에"가 되겠지만, 7장 1절에서 단수형 "이것"(τοῦτο, 투토)이 사용되고 7장 9절에서는 다시 복수형 "이것들"(ταῦτα, 타우타)이 사용된다는 점을 고려하면 복수형과 단수형이 큰 의미 차이 없이 호환되고 있음을 알 수 있다. 그러므로 이 문구는 단수형이든 복수형이든 "이 후에"로 번역한다.

1d절의 '호스 살핑고스'(ὡς σάλπιγγος)라는 문구의 번역도 살펴볼 필요가 있다. 이와 동일한 문구가 1장 10절에서 등장한 바 있는데, 이 문구에서 '살핑고스'(σάλπιγγος)는 소유격이므로 '호스 살핑고스'를 직역하면 "나팔의 같은"이라고 할 수 있다. 이것은 매우 어색하지 않을 수 없다. 여기에서 주격을 사용하지 않고 소유격을 사용하는 것은 1c절의 "음성"(φωνή, 포네)과 연결되어 "나팔의 음성"이라는 문구를 형성하려는 의도를 갖는다. 다만 나팔 그 자체의 소리를 의미하는 것이 아니라 그 음성을 나팔에 비유하기 위해 "같은"(ὡς, 호스)이라는 단어를 나팔 앞에 위치시키고 있는 것이다. 그러므로 어색함을 피하고 비유의 의도를 모두 살리기 위해서는 이것을 "나팔 같은 것의 음성"으로 번역해야 한다. 그런데 "나팔 같은 것의"와 "음성" 사이에 "내가 들은"(ἣν ἤκουσα, 헨 에쿠사)이라는 관계 대명사절이 존재하고 "나팔" 뒤에는 "나와 더불어 말하는"(λαλούσης μετ᾽ ἐμοῦ, 랄루세스 메트 에무)이라는 분사구가 존재한다. '랄루세스'(λαλούσης, 말하는)는 여성 소유격 분사이므로 여성 소유격 명사인 "나팔"을 수식한다. 그러므로 1d절을 연결해서 번역하면 "나와 더불어 말하는 나팔 같은 것의 내가 들은 처음 음성"이 될 것이다. 이에 대한 자세한 해석은 본문 주해에서 제시될 것이다.

이상의 내용을 근거로 우리말 어순에 맞추어 번역하면 다음과 같다.

---

19 Blount, *Revelation*, 86.
20 Thomas, *Revelation 1-7*, 333. 이러한 "장면 전환"은 "책의 새로운 단계에 진입했다"고 말하는 오즈번의 진술과 같은 맥락이라고 할 수 있다(Osborne, *Revelation*, 223).

1a	이 후에 나는 보았다.
1b	그리고 보라 하늘에 열려져 있는 문이 있다.
1d	그리고 나와 더불어 말하는 나팔 같은 것의
1c	내가 들은 처음 음성이
1e	말한다:
1f	"이리로 올라 오라
1g	그리고 이 후에 반드시 되어져야만 하는 것들을 내가 네게 보여줄 것이다."
2a	즉각적으로 내가 성령 안에 있었다.

본문 주해

[4:1a] 이 후에(Μετὰ ταῦτα)

문제 제기. 1a절의 "이 후에"(Μετὰ ταῦτα/τοῦτο, 메타 타우타/투토)라는 문구가 환상을 도입하는 경우는 요한계시록에서 총 6회 등장한다(4:1; 7:1, 9; 15:5; 18:1; 19:1). 이 문구는 자칫 어떤 사건의 시간적 순서를 소개하는 표현으로 인식되기 쉬워서 2-3장과 4장이 선후 관계에 있는 것처럼 해석하는 경우가 발생한다. 개역개정의 "이일 후에"라는 번역이 그런 예이며, 앞서 언급했던 할 린지(Hal Lindsey)와 같은 세대주의자들도 이 두 본문의 관계를 시간적 순서로 이해한다.[21] 더 나아가 4장을 교회가 휴거하여 지상에 존재하지 않고 하늘에 있는 상태로 해석하기도 한다.[22] 앞서 살펴봤듯이 이러한 주장은 1장 19절의 "네가 본 것들과 지금 있는 것들과 이것들 후에 반드시 되어져야만 하는 것들"이란 문구를 과거와 현재와 미래로 삼등분하여 1장 12-18절의 내용을 과거의 환상적 경험으로 간주하고, 2-3장을 현재로 보고, 4장 이후를 미래의 시점으로 보는 견해와 맥을 같이한다. 그러나 앞서 논의했던 것처럼 1장 19절을 그렇게 이해해야 할 근거는 전혀 없다.

"이 후에"의 의미. 그렇다면 "이 후에"라는 문구가 의미하는 바는 무엇이며 그 기능은 무엇일까? 이 문구는 직접적으로는 1장 10절-3장 22절의 "환상 전체"를 가리키는 것으로 이해될 수 있다.[23] 동시에 이 문구는 앞서 언급했듯이 "새로운 환상의 시작" 혹은 "장면 전환"을 표시해 주는 기능을 갖는다.[24] 그렇다면 어떤

---

21 Lindsey, *There's a New World Coming*, 38-73. 세대주의자들의 구체적인 연대 구분에 대해서는 서론부 1(1:9-20)의 각주 110과 서론부 2(2장)의 각주 15를 참고하라.

22 앞의 책, 74-82.

23 Osborne, *Revelation*, 223.

24 Thomas, *Revelation 1-7*, 333; Osborne, *Revelation*, 223.

장면 전환인가? 직전의 2–3장이 지상의 일곱 교회에 대한 소개를 마친 후에 4장은 하늘 성전의 장면들을 소개하기 시작한다. 이것은 지상에서 천상으로의 현격한 장면 전환을 보여주며, 따라서 "이 후에"는 "시간적인" 것이 아니라 "수사적인" 것으로 이해되어야 한다.[25] 이처럼 "이 후에"는 새로운 내용의 등장을 알리기 위해 사용되며, 내러티브의 진행 과정을 분명하게 드러내 보여주는 기능을 갖는다.[26]

한 가지 경우(19:1)를 제외하고는 "이 후에"라는 문구가 환상을 도입하기 위해 사용되는 본문들에서는 항상 "내가 보았다"(εἶδον, 에이돈)라는 동사가 함께 사용된다(4:1; 7:1; 7:9; 15:5; 18:1).[27] 이 동사 역시 "이 후에"라는 문구와 더불어 새로운 환상의 시작을 알리는 기능을 갖는다.[28]

[4:1b] 하늘에 열려져 있는 문

구약 배경. 1b절에서 언급되는 "하늘에 열려져 있는 문"은 묵시문헌과 구약에서 하나님의 임재 혹은 영원한 축복에 들어가는 것에 대한 상징적 이미지로 자주 사용된다(창 28:17; 시 78:23; 마카베오3서 6:18; 에녹1서 14:10-15; 15:14; 104:2; 레위의 유언서 5:1).[29] 특별히 구약에서 하늘의 의미는 최초로 "에덴"에서 찾아볼 수 있다. 에덴은 하늘에 계신 하나님이 거처로 삼으시고 거니셨던 곳이다(참고, 창 3:8). 이러한 사실은 에덴이, "하늘"과 땅이 서로 구별되지 않는 통합된 상태에 있으며, 땅에서도 하늘 문에 다다를 수 있는 축복의 장소임을 시사해 준다. 그러므로 하나님의 임재 장소인 에덴에서 아담과 하와는 하나님과 막힘 없는 교제를 나눌 수 있었다. 이러한 에덴의 정황은 타락 이후의 모든 성경 역사에서 종말적 회복의 모델이며, 끊임없이 추구해야 할 핵심과 목적이다.

그러나 아담과 하와가 타락한 이후에 에덴의 시스템은 파괴되었고, 하나님이 자신의 거처를 하늘로 옮겨 가심으로써 하늘과 땅이 분리되고 만다. 그 이후로 역사는 닫힌 하늘이 열리는 것에 관심을 갖게 된다. 창세기 28장 17절("이것은 다름 아닌 하나님의 집이요 이는 하늘의 문이로다")의 벧엘 사건은 타락 후 최초로 하늘의 문

---

25 Osborne, *Revelation*, 223.
26 앞의 책.
27 19:1에서는 "내가 보았다"(εἶδον, 에이돈) 대신 "내가 들었다"(ἤκουσα, 에쿠사)가 사용된다.
28 Harrington, *Revelation*, 78; Osborne, *Revelation*, 223.
29 Osborne, *Revelation*, 223.

이 활짝 열린 모습을 보여준다. 이것은 에덴의 회복에 대한 희망을 제공한다. 창세기 32장 24-32절의 브니엘에서도 하늘과 땅이 교통하는 사건이 일어난다. 그리고 모세의 성막과 솔로몬 성전도 하늘과 땅의 결합을 구체적이고 물리적으로 보여준다. 성전과 관련해서 하늘의 문이 활짝 열리는 사건으로는 이사야 6장의 성전 사건을 빼놓을 수 없다. 이것은 이전의 경우들보다 더욱 진전해서 하늘 성전과 지상 성전이 일치되는 장면을 보여준다. 이처럼 지상 성전이 하늘 성전과 일치하는 정황은 에덴에서 하늘과 땅이 결합되어 있던 상태를 연상케 한다. 이것은 이사야 6장의 성전 사건이 벧엘 사건을 계승하면서 에덴 회복을 위한 하나님의 구속 계획의 종말적 성취의 전망을 이어가고 있다는 것을 확인시켜 준다. 구약에 나타나는 이러한 종말적 성취에 대한 기대감은 에스겔 40-48장에서 묘사되는 새 성전에 대한 전망에서 절정에 이른다. 특별히 새 성전을 중심으로 하는 새예루살렘에서의 하나님의 임재를 나타내는 에스겔 48장 35절의 여호와 삼마(여호와께서 거기 계시다)는 에덴의 회복에 대한 하나님의 의지를 더욱 강력하게 보여준다.

초기 유대 문헌 배경. 초기 유대 문헌 중에는 미래적 종말의 축복이 하늘에서는 현재로 표현되는 경우를 제시하는 경우가 있다. 예를 들면, 에스라4서 8장 52절은 하늘에 대해 묘사하기를 "낙원이 열리고 생명 나무가 심겨지고 오는 세대가 준비되며 풍성함이 제공되고 한 도시가 세워지며 안식이 정해지고 선함(goodness)이 세워지고 완벽한 지혜가 이미 주어진다"고 한다.[30] 이것은 하늘에서 이미 에덴의 회복이 이루어지고 있음을 알려 준다. 이 외에도 에스라4서 10장 27절과 42-44절에서 에스라는 하늘에 존재하는 이미 세워진 도시 새예루살렘을 본다.[31] 더 나아가서 쿰란 공동체는 자신들이 현재 하늘에 천사들과 함께 존재하여 종말적 축복을 누리고 있다고 간주한다(4Q400-4Q405; 4Q427; 1QH 14:1-36; 4QFlorlegium 등).[32] 이런 유대 문헌들은 현재 지상에 있는 하나님의 백성들이 하늘의 축복에 참여하고 있는 모습을 보여준다.[33] 이런 정황은 하늘과 땅의 유기적 소통을 전제한다. 유대 문헌들에 기록된 이러한 사상은 요한이 하늘을 현재적

---

30   *APOT* 2:597. 이 유대 문헌 자료는 Lee, *The New Jerusalem in the Book of Revelation*, 134를 참고했다.
31   Lee, *The New Jerusalem in the Book of Revelation*, 135.
32   앞의 책, 111-122.
33   앞의 책, 53-229에서는 유대 문헌에 나타난 하늘의 기능을 집중적으로 연구한다.

시점에서 열려져 있는 상태로 묘사하고 지상의 교회 공동체가 그 하늘에 존재하는 것으로 언급할 수 있게 하는 배경적 근거가 된다.[34]

신약 성경에서의 하늘의 열림. 하늘이 열리는 사건은 신약 성경에도 자주 등장한다(마 3:16; 요 1:51; 행 7:56; 10:11; 고후 12:1-4). 특별히 예수님이 세례를 받으실 때 하늘이 열리고 하나님의 성령이 비둘기같이 내려 예수님의 머리 위에 머물렀고(마 3:16; 요 1:32), 예수님 자신이 "하늘이 열리고 하나님의 사자들이 인자 위에 오르락 내리락 하는 것을 보리라"라고 말씀하셨다(요 1:51). 두 경우 모두에서 "하늘"(οὐρανός, 우라노스)이라는 명사와 "열다"(ἀνοίγω, 아노이고)라는 동사가 사용된다. 요한복음 1장 51절의 경우는 창세기 28장 17절의 벧엘 사건이 예수님에게서 성취된 것으로 볼 수 있다. 또한 예수님은 요한복음 2장 19-21절에서 자신의 몸을 가리켜 성전이라고 하심으로써, 열려진 하늘의 통로가 되신다. 곧 예수님을 통해 하늘이 열려, 그분을 통한다면 누구든지 하늘 성전에 다다를 수 있게 된 것이다. 예수님의 성육신과 승천은 하늘 문을 열고 땅과 하늘을 통일시키는 역사를 일으켰다(참고, 엡 1:10; 골 1:20). 그러므로 성도는 예수님과 함께 하늘에 앉힌 바 되었다(엡 2:5-6).

이런 사실과 관련해서 히브리서는 "그는 하늘에서 지극히 크신 이의 보좌 우편에 앉으셨으니"(히 8:1), "단번에 성소에 들어가셨느니라"(히 9:12), "바로 그 하늘에 들어가사 이제 우리를 위하여 하나님 앞에 나타나시고"(히 9:24)라는 말로 예수님이 하늘 성전에 들어가신 것을 지적한다. 또한 히브리서는 성도들이 예수님의 앞서 가심을 힘입어 하늘 성소에 들어가게 된 사실을 "그러므로 형제들아 우리가 예수의 피를 힘입어 성소에 들어갈 담력을 얻었나니"(히 10:19)와 "하늘에 기록된 장자들의 모임과 교회와 만민의 심판자이신 하나님과 및 온전하게 된 의인의 영들과"(히 12:23) 같은 본문에서 언급하고 있다. 결국 이러한 메시지는 그리스도의 사역을 통해 종말이 왔고 하나님 나라가 도래했으며 비로소 에덴의 회복이 이루어졌다는 것을 의미한다.[35]

---

34 롤로프는 유대 묵시문헌에서 하늘은 현재보다는 미래적인 것들이 "준비되고 보존되어 있는 곳"으로 이해된다고 주장한다(Roloff, *The Revelation of John*, 69). 적지 않은 학자들이 요한계시록의 하늘을 미래적 시점으로 간주하는 경향이 있는데, 이것은 유대적 배경 및 요한계시록의 입장과 차이가 있다.

35 오즈번은 이러한 실현된 종말을 인정하지만, 4:1에서 언급되는 하늘의 열려져 있는 문이 현재가 아닌 미래적인 것을 의미한다고 여겨 "완성의 마지막 단계"를 선포하는 것으로 이해한다(Osborne, *Revelation*, 224). 그러나 이것은 본문에 대한 오해에서 비롯된 견해이다. 요한이 이 단계에서 완성을 전망하고 있다고 보는 시각은 전체적인 문맥에서 자연스럽지 못하다.

요한계시록에서 하늘의 열림.

(1) "열다"의 완료 시제와 신적 수동

1b절에서는 동사 "열다"(ἀνοίγω, 아노이고)의 완료 시제 수동태 분사 '에네오그메네'(ἠνεῳγμένη)가 사용되었고, 이것을 반영해서 '뒤라 에네오그메네 엔 토 우라노'(θύρα ἠνεῳγμένη ἐν τῷ οὐρανῷ)를 번역하면 "하늘에 열려져 있는 문"이라고 할 수 있다. 먼저 동사 "열다"의 수동태가 사용된 것은 그것이 하나님의 신적 행위임을 함축하고,[36] 따라서 하늘을 여신 분이 바로 하나님이시라는 의미를 갖는다.[37] 또한 이 동사가 완료 시제로 사용된 것에 주목한다면, 이 하늘의 문은 요한이 보고 있는 중에 열린 것이 아니라 요한이 봤을 때 이미 열려 있는 상태였다는 것으로 이해할 수 있다.

(2) 무엇이 하늘의 문을 열리게 했는가?

하늘의 문이 열려진 것은 그리스도의 사역으로 가능해졌다. 곧 그리스도의 사역으로 구약에서 기대되어 왔던 종말이 왔고 하나님 나라가 도래했으며 비로소 에덴의 회복이 이루어진 것이다. 이러한 성취의 정황은 1장에서 언급된 바 있는 "반드시 신속하게 되어져야만 하는 것들"(1절), "때가 가깝다(왔다)"(3절), "죽은 자들의 처음 나신 이"(5절), "그의 피로 우리들의 죄들로부터 우리를 해방시키신 분"(5절), "우리를 나라와, 하나님 곧 그의 아버지께 제사장으로 삼으신 분"(6절), "보라 그가 구름과 함께 오신다"(7절)와 같은 말씀들을 통해 잘 드러난다. 특별히 이 중에서 1장 7절의 하늘을 가르고 올라가는 예수님의 승천이 하늘을 열게 하는 가장 결정적 사건으로 간주될 수 있다. 이러한 점에서 4장 1절과 1장 7절을 서로 밀접하게 연관시켜 읽어야 할 필요가 있다.

그렇다면 4장 1b절이 "하늘에 열려져 있는 문"이라고 표현할 때 그것은 묵시 문학적 표현을 맹목적으로 답습하는 것이 아니라 거기에 기독론적인 재해석이 가미되어 있음을 보여주는 것이다. 곧 그것이 예수 그리스도의 사역의 결과로 나타나고 있음을 보여준다. 하늘의 문이 열려 있다는 것이 시사하는 더 발전된 의미는 궁극적으로 세상을 새롭게 하실 예수님의 재림 때에 하늘이 완전히 열려 하늘과 땅이 서로 하나 되는 새창조 회복의 완성을 향한 전망이다(계 22:1-5).

---

36 Aune, *Revelation 1-5*, 280.
37 앞의 책.

이 외에도 요한계시록 내에서 8장 1절, 11장 19절, 12장 10절, 15장 5절, 19장 11절 같은 본문에서도 열려진 하늘이 언급된다. 그런데 특별히 예수님의 재림 장면을 소개하는 19장 11절이 4장 1절과 동일한 완료 시제 수동 분사 '에네오그메논'(ἠνεῳγμένον)을 사용함으로써 두 구절의 평행 관계를 명백하게 보여준다.[38] 이러한 일치가 우연이 아니라 의도적인 것이라면 예수님의 재림에 의해 초래되는 하나님의 구속 역사의 최종 단계는 4장 1절의 열려져 있는 하늘에서 이미 시작된 것으로 볼 수 있다.[39]

3장 8절의 "열려져 있는 문"과의 비교. 3장 8절에서도 "열려져 있는 문"이라는 동일한 문구가 등장한 바 있다. 차이점이 있다면 3장 8절에는 "하늘에"라는 문구가 존재하지 않는다는 점이다. 3장 8절의 경우에는 지상에서 성도들이 종말적 백성으로서 메시아 왕국에 출입하는 것이 가능해졌다는 것을 의미하고 있다면[40] 4장 1절의 경우에는 천상적 차원의 출입이 가능해졌다는 것을 의미한다. 실제로 4장 4절의 이십사 장로는 지상적 교회의 천상적 대응체를 의미하고 있다. 이 두 경우는 서로 별개의 것이 아니라 밀접하게 관련된다. 왜냐하면 하늘로의 출입은 이미 지상에 존재하는 동안 메시아 왕국에 편입됨으로써 가능해졌기 때문이다. 지상에서 예수 그리스도를 통해 메시아 왕국 백성의 신분을 갖는 것은 그와 동시에 하늘에 존재하게 되는 결과를 가져오게 된다.

누가 진정한 세상의 통치자인가? 앞서 4-5장의 중심 주제에 대해 논의할 때, 중요한 "신학적 질문"이 "누가 이 세상의 참된 주인이신가?"라는 것을 언급한 바 있다.[41] 이것은 하늘이 열리게 되는 정황과 절묘한 조화를 이룬다. 곧 하나님의 통치가 발현되는 곳인 하늘의 문이 열려졌다는 사실은 이제 하나님의 통치가 이 지상에서 발현되고 구현될 수 있는 종말적 정황이 펼쳐지게 되었다는 것을 의미

---

38 나머지 본문들에서는 '에노익센'(ἤνοιξεν; 8:1), '에노이게'(ἠνοίγη;11:19; 15:5)와 같이 부정과거 시제의 직설법 동사들이 사용된다. 12:10에서는 분사나 직설법 동사 없이 "하늘에"(ἐν τῷ οὐρανῷ, 엔 토 우라노)라는 문구에 의해 하늘이 열려진 것을 암시한다.

39 오즈번은 4:1과 19:11을 이와 같은 구속사적 맥락에서 구체적으로 언급하지 않고 단지 환상을 보게 되는 정황의 관계에서 두 본문을 연결짓는다(Osborne, *Revelation*, 679). 이와 관련하여 스윗은 행 7:56에서 스데반이 "열려져 있는"(διηνοιγμένους, 디에노이그메누스; 완료 시제 수동 분사) 하늘을 보는 것을 이 본문과 관련하여 소개한다(Sweet, *Revelation*, 117). 사도행전의 맥락에서 보면, 이 경우에 하늘이 열려져 있게 된 것은 예수님의 승천과 동시에 일어난 성령의 오심으로 말미암아 발생한 것으로 추정해 볼 수 있다.

40 Krodel, *Revelation*, 137; Beckwith, *The Apocalypse of John*, 480; Reddish, *Revelation*, 75.

41 Fiorenza, *Revelation*, 58.

한다. 주기도문이 말하는 것처럼 뜻이 하늘에서 이루어진 것 같이 땅에서도 이루어지게 되는 최상의 순간이 도래한 것이다. 하늘이 열렸으므로 이러한 하나님의 뜻은 지상에서 꽃을 피우듯 피어나게 될 것이다. 이러한 정황은 곧 하늘과 땅의 구별이 존재하지 않았던 에덴의 회복이 이루어졌다는 것을 의미하고, 에덴에서 지향했던 창조 목적으로서의 하나님의 통치가 온전히 드러나게 되는 순간이 왔다는 것을 의미한다. 이러한 맥락에서 하늘의 성전 환상을 계시하는 4-5장은 천상적 존재들의 제의적 행위들을 통해 하나님의 영광을 충만하게 드러내며 하나님과 어린 양 예수님이 이 세상을 다스리는 참 주인이시라는 사실을 확증한다.[42] 이것이 4-5장의 중심 주제이다.[43] 이 주제에 대해서는 4장 2절에서 "보좌"라는 주제와 관련하여 좀 더 논의하기로 하겠다.

[4:1cd] 나팔 같은 것의 처음 음성

하나님의 음성과 나팔 소리의 관련성은 시내 산 사건의 정황을 묘사하는 출애굽기 19장 16절, 19절, 20장 18절 등에서 하나님의 현현과 관련하여 나타난다. 이와 동일한 문구가 1장 10절에도 등장한다(참고, 1:10의 본문 주해). 여기에서 "처음 음성"이라고 한 것은 바로 처음에 들었던 음성으로서 1장 10절의 그 "큰 음성"(φωνὴν μεγάλην, 포넨 메갈렌)을 가리킨다.[44] 이러한 관계에 의해 1장 10-11절이 도입하는 "인자 같은 이"에 대한 환상과 4장 1절 이후에 나타나는 하늘 성전 환상이 서로 연결되어[45] "하나의 환상 경험"으로 구성된다.[46] 1장 7절에서 승귀하신 예수님은 1장 10절에서 승귀하신 모습으로 환상을 통해 나타나 나팔 같은 것의 큰 음성을 발하시며[47] 4장에서는 하늘 성전을 보여주기 위해 다시 나팔 같은 것의 음성으로 요한을 초대하고 계신다. 이처럼 4장 1c절에서 하늘로 초대하는 처음 음성의 존재는 "1장 9-11절에서 도입되는 하나의 환상 경험 안에서의 전환(transition)"을 나타내 주고 있다.[48]

---

42 Blount, *Revelation*, 84.
43 Fiorenza, *Revelation*, 58.
44 Aune, *Revelation 1-5*, 282.
45 Ford, *Revelation*, 70.
46 Bauckham, *The Climax of Prophecy*, 6. 보쿰에 의하면 1:9-3:22와 4장을 연결하는 또 다른 고리로는 3:21의 "보좌" 모티브가 있다(앞의 책).
47 1:10의 경우처럼 여기에서도 이 나팔 같은 것의 음성은 승귀하신 예수님의 음성으로 간주될 수 있다(Koester, *Revelation*, 359; Smalley, *The Revelation to John*, 113; Beaeley-Murray, *The Book of Revelation*, 111).
48 Bauckham, *The Climax of Prophecy*, 6.

[4:1f] 이리로 올라오라

나팔 같은 것의 소리는 요한에게 "이리로 올라오라"(1f절)고 말하고, 이것은 1b절의 "하늘에 열려져 있는 문"으로 올라올 것을 의미한다. 하늘을 가르고 먼저 올라가신 예수님이 하늘을 열어젖히셨으므로 요한이 하늘로 올라가는 일이 가능하다. 그렇다고 해서 요한이 물리적으로나 신체적으로 하늘로 옮겨졌다는 의미는 아니다.[49] 이것은 환상 속에서의 영적 체험으로 볼 수 있고 환상은 상징성을 갖는다. 또한 이것이 "휴거"를 의미한다고 주장하는 것은 더욱 적절하지 않다. 월부어드는 4장 1절에서 휴거가 일어난 것을 반대하지만 "4장의 사건들 이전에 하나님의 계획 속에서 이미 휴거가 일어난 것으로 간주될 수 있다"고 주장한다.[50] 그러나 4장은 물론 이전 본문에서도 휴거가 일어났다는 어떠한 증거도 존재하지 않는다. 여기에서 요한은 이러한 환상의 체험을 휴거 개념이 아니라 "하늘 여행"(heavenly journey)과 같은 당시의 묵시문학적 패턴을 사용해서 표현한다.[51]

한편 이러한 하늘 여행의 패턴이 유대 묵시문헌에서 빈번하게 나타나지만, 요한계시록에서는 그리스도의 종말적 성취의 결과로 나타난 정황이라는 관점에서 접근할 필요가 있다. 여기에서는 단순히 하늘이 열려져 있는 것에서 그치지 않고, 선지자 요한은 승귀하셔서 나팔 같은 것의 소리를 발하시는 예수님으로부터 하늘로 올라오라는 요청을 받는다. 이러한 요청은 하늘과 땅이 연결되어 있다는 사실의 적극적인 정황을 반영한다. 예언의 절정을 가져오는 신약 시대의 선지자 요한은 하늘 계시의 소리를 직접 듣는다. 예수님은 바로 이런 요한을 통해 자신이 이루신 하나님의 구속 계획의 성취의 진실을 선포하고자 하신다.

[4:1g] 이 후에 반드시 되어져야만 하는 것들

1장 1절과의 비교. 예수님은 요한을 하늘로 불러 올리셔서 "이 후에 반드시 되어야만 하는 것들"을 보여주고자 하신다. 이것이 하늘로 올라오라고 하신 확실한 목적이다. 이 문구는 1장 1절의 "반드시 신속하게 되어져야만 하는 것들"이란 문구와 동일하게 다니엘 2장 28-29절과 44-45절에서 주어진 종말적 약속들의 성취를 나타내 준다.[52] 다만 4장 1g절에서는 1장 1절과는 다르게 "신속하게"라는

---

49 Mounce, *The Book of Revelation*, 119.
50 Walvoord, *The Revelation of Jesus Christ*, 103.
51 Roloff, *The Revelation of John*, 68.
52 Beale, *The Book of Revelation*, 318.

문구가 "이 후에"라는 말로 변경이 되었을 뿐이다. 하지만 "반드시 되어져야만 하는 것들"이란 핵심적 표현은 그대로 유지된다. 4장 1절에서는 "이 후에"란 문구 때문에 "반드시 되어져야만 하는 것들"이란 문구가 4장 이후의 환상의 내용들이 앞으로 일어날 불특정 다수의 일들에 대한 사건들을 미리 보여준다는 오해를 불러일으키기 쉽다. 이것은 세대주의자들의 주장이다. 따라서 이러한 오해를 피하기 위해 "이 후에"에 대한 정확한 해석이 필요하다.

이 후에(μετὰ ταῦτα). 여기에서 "이 후에"(μετὰ ταῦτα, 메타 타우타)는 "지금부터 모든 것이 미래"라는 것을 의미하지 않는다.[53] "이 후에"와 동일한 문구가 1a절에서도 사용된다. 그러나 1a절의 "이 후에"와 1g절의 "이 후에"의 기능에는 차이가 있다. 전자(1a절)는 장면의 전환과 새로운 환상의 시작에 대한 관용어적 표현인 반면 후자(1g절)는 다니엘 2장 28-29절과 45절의 종말적 약속의 성취를 나타낸다. 왜냐하면 요한계시록 4장 1g절은 1장 1절과 마찬가지로 다니엘 2장 28-29절과 45절의 "반드시 되어져야만 하는 것들"(ἃ δεῖ γενέσθαι, 하 데이 게네스다이)이란 문구를 사용하기 때문이다.[54] 이 문구에서 '데이'(δεῖ)라는 단어는 하나님의 뜻과 계획이 반드시 이루어져야 한다는 당위성을 의미하는 신적 '데이'(divine δεῖ)라고 할 수 있다(참고, 마 16:21; 24:6; 막 8:31; 눅 9:22 등).[55] 이러한 의미를 반영하면 요한계시록 4장은 다니엘 2장의 종말적 약속의 성취로서 하늘에서 결정된 하나님의 뜻과 계획을 소개한다고 볼 수 있다. 여기까지는 1장 1절의 "반드시 신속하게 되어져야만 하는 것들"에 대한 논의와 동일하다. 또한 이러한 사실은 "이 후에"라는 문구에 대한 다니엘서의 배경을 통해 더 잘 드러난다.

다니엘 2장 29절과 45절의 "이 후에"(אַחֲרֵי דְנָה, 아하레 데나)라는 아람어 문구는 70인역에서 "날들의 마지막에"(ἐπ᾽ ἐσχάτων τῶν ἡμερῶν, 에프 에스카톤 톤 헤메론)로 번역되는 반면 데오도티온역에서는 아람어를 직역하여 "이 후에"(μετὰ ταῦτα, 메타 타우타)로 번역한다.[56] 이러한 내용을 다음과 같이 도표로 정리해서 비교해 볼 수 있다.

---

53 Sweet, *Revelation*, 115.
54 찰스는 4:1g가 1:1과 동일한 문구를 사용한다는 점을 지적하지만, 이것을 종말적 성취의 의미가 아니라 "교회의 미래 운명"에 대한 언급으로 본다는 점에서 나의 해석과 차이를 보인다(Charles, *A Critical and Exegetical Commentary on the Revelation of St. John*, 1:109).
55 이 주제에 대한 자세한 내용은 1:1에서의 논증을 참고하라.
56 Charles, *A Critical and Exegetical Commentary on the Revelation of St. John*, 1:109. 하지만 단 2:28의 "이 후에"(בְּאַחֲרִית יוֹמַיָּא, 베아하리트 요마야)는 70인역과 데오도티온역 모두 동일하게 "날들의 마지막에"로 번역한다.

구분	단 2:29	단 2:45	단 2:28	계 1:1	계 4:1
마소라 본문	אַחֲרֵי דְנָה (이 후에)		בְּאַחֲרִית יוֹמַיָּא (날들의 마지막에)	ἐν τάχει (신속하게)	μετὰ ταῦτα (이 후에)
데오도티온역	μετὰ ταῦτα (이 후에)		ἐπ᾽ ἐσχάτων τῶν ἡμερῶν (날들의 마지막에)		
70인역	ἐπ᾽ ἐσχάτων τῶν ἡμερῶν (날들의 마지막에)				
공통	ἃ δεῖ γενέσθαι (반드시 되어져야만 하는 것들)				

먼저 이 도표에 언급된 모든 본문에서 "반드시 되어져야만 하는 것들"(ἃ δεῖ γενέσθαι, 하 데이 게네스다이)이라는 문구가 공통적으로 사용된다. 여기에 "이 후에"(단 2:29, 45; 계 4:1)나 "날들의 마지막에"(단 2:28)나 "신속하게"(계 1:1)라는 문구가 각각 덧붙여진다. 다니엘 2장 29절과 45절에 대한 데오도티온역의 "이 후에"(μετὰ ταῦτα, 메타 타우타)는 아람어 '아하레 데나'(אַחֲרֵי דְנָה)를 직역한 것이다. 그러나 70인역에서 이 문구는 데오도티온역과는 다르게 "날들의 마지막에"(ἐπ᾽ ἐσχάτων τῶν ἡμερῶν, 에프 에스카톤 톤 헤메론)로 번역된다. 그리고 다니엘 2장 28절의 아람어 '베아하리트 요마야'(בְּאַחֲרִית יוֹמַיָּא)는 데오도티온역 및 70인역과 동일하게 "날들의 마지막에"로 직역된다. 정리하면, 다니엘 2장 29절과 45절의 아람어 '아하레 데나'(이 후에)와 2장 28절의 '베아하리트 요마야'(날들의 마지막에)를 70인역은 모두 "날들의 마지막에"로 통일시켜 번역하는 반면, 데오도티온역은 아람어를 직역하여 다니엘 2장 28절은 "날들의 마지막에"로 번역하고 2장 29절과 45절은 "이 후에"로 번역한다. 여기에서 우리는 요한계시록 4장 1절의 "이 후에"가 70인역이 아니라 데오도티온역 다니엘 2장 29절과 45절을 사용했음을 확인할 수 있다.

그렇다면 여기에서 70인역이 아람어 '아하레 데나'(אַחֲרֵי דְנָה)를 데오도티온역처럼 "이 후에"(μετὰ ταῦτα, 메타 타우타)로 번역하지 않고 '베아하리트 요마야'(בְּאַחֲרִית יוֹמַיָּא)와 동일하게 "날들의 마지막에"(ἐπ᾽ ἐσχάτων τῶν ἡμερῶν, 에프 에스카톤 톤 헤메론)로 번역한 것이 의미하는 바는 무엇일까? 먼저 아람어 '베아하리트 요마야'(בְּאַחֲרִית יוֹמַיָּא, 날들의 마지막에)는 히브리어 '베아하리트 하야밈'(בְּאַחֲרִית הַיָּמִים; 호 3:15; 사 2:2; 단 10:14 등)에 해당하는 문구로서 전형적인 "종말적 용어"로 간주된다.[57] 여기서 70인역이 '아하레 데나'를 "날들의 마지막에"로 번역함으로써 '아하레 데나'(אַחֲרֵי דְנָה, 이 후에)가 '베아하리트 요마야'(בְּאַחֲרִית יוֹמַיָּא, 날들의 마지막에)와 동일

---

57 Hartman, *The Book of Daniel*, 140.

하게 종말적 개념을 내포하는 것으로 간주되었을 가능성이 높아진다. 이러한 추론은 다니엘 2장 29절의 '아하레 데나'가 28절의 '베아하리트 요마야'와 평행 관계로 사용되고 있으며[58] 데오도티온역이 2장 28절의 아람어 '베아하리트 요마야'를 70인역과 동일하게 "날들의 마지막에"(ἐπ' ἐσχάτων τῶν ἡμερῶν, 에프 에스카톤 톤 헤메론)로 번역한다는 사실도 확인된다. 이러한 근거들로 볼 때, 비록 데오도티온역이 '아하레 데나'를 "이 후에"(μετὰ ταῦτα, 메타 타우타)로 직역했지만 그것을 단순히 막연한 미래로 이해했던 것이 아니라 종말적 성취의 기대를 나타내는 것으로 이해했다고 볼 수 있다.

이상의 내용을 간단히 정리하면, 다니엘 2장 28절과 29절은 평행 관계를 가지며 따라서 "날들의 마지막에"와 "이 후에"는 동일하게 종말적 의미를 갖는 것으로 사용된다는 것이다. 이러한 사실은 70인역이 "이 후에"를 의미하는 아람어 '아하레 데나'(단 2:29, 45)와 "날들의 마지막에"를 의미하는 아람어 '베아하리트 요마야'(단 2:28)를 동일하게 "날들의 마지막에"로 번역한 것을 보면 알 수 있다. 이러한 사실을 배경으로 요한계시록 4장 1g절의 "이 후에"는 다니엘 2장 29절과 45절의 데오도티온역을 사용하고 있지만 70인역의 종말적 개념을 공유하고 있다고 합리적으로 추론할 수 있다. 그러므로 요한은 4장 1g절에서 "이 후에"라는 문구를 사용함으로써 요한계시록의 말씀이 다니엘 2장 28-29절과 45절에서 주어진 하나님 나라의 종말적 도래에 대한 약속의 성취를 드러내고 있다는 사실을 보여주려는 목적을 갖는다고 해석할 수 있다.[59] 왜냐하면 요한계시록 1장 1절에서 살펴본 바와 같이 다니엘 2장 28-29절과 45절에서 약속된 종말적 하나님 나라의 도래는 이미 성취되었기 때문이다.[60]

---

58 이 두 문구의 평행 관계는 라코크(LaCocque)가 2:28과 2:29를 평행 관계로 간주하는 것에 근거한다 (André LaCocque, *The Book of Daniel*, trans. David Pellauer [Atlanta, GA: John Knox Press, 1979], 47). 이러한 평행 관계는 볼드윈(Baldwin)도 지지하고 있다(Joyce G. Baldwin, *Daniel: An Introduction and Commentary*, TOTC 23 [Downers Grove, IL: InterVarsity Press, 1978], 91). 그러나 하르트만(앞의 책)을 비롯하여 콜린스(Collins, *A Commentary on the Book of Daniel*, 162) 등은 2:29를 후대에 삽입된 것으로 간주한다.

59 Beale, *The Book of Revelation*, 318. 이러한 결론은 계 1:19의 경우와 동일하다(앞의 책).

60 이러한 종말적 성취의 의미를 나타내는 표현들이 다른 신약 성경에서도 사용된다: "마지막 날들에"(ἐν ταῖς ἐσχάταις ἡμέραις, 엔 타이스 에스카타이스 헤메라이스; 행 2:17), "때가 차매"(τὸ πλήρωμα τοῦ χρόνου, 토 플레로마 투 크로누; 갈 4:4), "말세에"(τὰ τέλη τῶν αἰώνων, 타 텔레 톤 아이오논; 고전 10:11), "나중 때에"(ἐν ὑστέροις καιροῖς, 엔 휘스테로이스 카이로이스; 딤전 4:1), "마지막 날들에"(ἐν ἐσχάταις ἡμέραις, 엔 에스카타이스 헤메라이스; 딤후 3:1; 약 5:3), "이 날들의 마지막에"(ἐπ' ἐσχάτου τῶν ἡμερῶν τούτων, 에프 에스카투 톤 헤메론 투톤; 히 1:2), "세상 끝에"(ἐπὶ συντελείᾳ τῶν αἰώνων, 에피 쉰텔레이아 톤 아이오논; 히 9:26), "마지막 때"(ἐσχάτη ὥρα, 에스카테 호라; 요일 2:18), "마지막 때에"(ἐπ' ἐσχάτου χρόνου, 에프 에스카투 크로누; 유 18절).

흥미로운 것은 바로 그 문이 열려 있는 하늘에서 "이 후에 반드시 되어져야만 하는 것들"을 보게 된다는 사실이다. 하늘은 하나님의 뜻이 결정되는 곳이다. 하나님의 임재와 통치의 원천이라고 할 수 있는 성전의 원형이 바로 하늘이다. 반면 지상 성전은 하늘의 모형이다. 바로 그 하늘에서 성취된 종말적이며 구속사적인 의미가 있는 "이 후에 반드시 되어져야만 하는 것들"을 알려 주고 계신 것은 이러한 하늘의 기능이 자연스럽게 그러나 역동적으로 종말적 정황에 맞게 작동하고 있는 것을 잘 보여주고 있다. 하늘에 계신 하나님은 자신의 구속 계획을 이루어 나갈 것을 결정하셨다. 요한은 그러한 일의 확정을 하늘에서 보고 있다. 이런 내용에는 과거의 사건도 있을 수 있고 현재적 효과뿐 아니라 미래에 일어날 하나님의 역사도 포함된다.[61] 1장 11절에서 "네가 보는 것을 책 속으로 써서 ... 보내라"고 한 것처럼 요한은 이러한 계시의 말씀을 글로 기록하여 증거하고 선포하는 선지자적 예언 사역을 감당하고 있다.

[4:2a] 내가 성령 안에 있었다

요한은 "이리로 올라오라"는 나팔 같은 것의 음성을 듣고 난 직후에 "성령 안에" 있는 자신의 모습을 발견한다. 여기에서 "성령 안에 있었다"(ἐγενόμην ἐν πνεύματι, 에게노멘 엔 프뉴마티)라는 문구는 1장 10절에서도 동일하게 사용된다(참고, 1:10에 대한 본문 주해). 1장 10절에서 서론의 시작을 알리는 이 문구가 여기에서는 본론의 시작을 알리는 표시로 사용된다.[62] 이처럼 이 문구가 서론부와 본론부 각각에서 환상의 시작을 알리는 역할로 사용되긴 하지만, 둘 사이를 환상의 중단으로 보기보다는 동일하게 나팔 같은 소리(1:10b; 4:1d)에 의해 주도되는 "동일한 환상 경험"으로 보는 것이 적절하다.[63] 그러므로 성령 안에서 주어지는 환상 계시를 "써서 보내라"는 1장 11절의 명령은 1장 10a절과 4장 2a절 모두에 해당된다.

여기에서 4장 1f절의 "이리로(하늘로) 올라오라"와 관련해서 보면, "성령 안에 있다"는 것은 하늘에 있다는 것과 동일시된다. 그리고 이것은 에스겔 11장 1절의 "그때에 주의 영이 나를 들어올려서" 및 에스겔 11장 5절의 "여호와의 영이 내게 임하여"와 평행 관계를 갖는다.[64] 더 나아가서 요한의 하늘 환상 체험이 성령

---

61 Sweet, *Revelation*, 115.
62 Bauckham, *The Climax of Prophecy*, 3.
63 Smalley, *The Revelation to John*, 114.
64 Mounce, *The Book of Revelation*, 119.

의 임재와 인도를 통해 일어났으므로 그 진실성에 있어서 의문의 여지가 없음을 보여준다(참고, 1:10). 유대 문헌에도 이것과 유사한 하늘 여행에 대한 기록들이 있지만, 예수님이 승천 후에 보내주신 예수님의 영이신 성령을 통한 이러한 계시적 환경은 하나님의 구속적 사역을 계시해 주는 데 있어서 그 어느 경우보다도 더 진실성을 확증해 준다. 또한 요한의 하늘에 대한 환상 체험은 단순히 신비한 체험의 차원이 아니라 하나님의 구속 계시를 성경 독자들에게 드러내기 위한 특별한 목적을 갖는다는 것을 보여준다. 그러므로 이러한 환상 체험은 그 누구에 의해서도 재현될 수 없는 특별한 특징을 갖는다. 따라서 요한의 이런 환상 체험과 관련하여 우리는 그 체험 자체에 가치를 두기보다는 그 체험의 기록을 통해 드러내고자 하는 하나님의 구속 계시의 의미에 초점을 맞추어 읽어야 마땅하다.

2. 보좌에 대한 비전(4:2b-3)

구문 분석 및 번역

2절 b καὶ ἰδοὺ θρόνος ἔκειτο ἐν τῷ οὐρανῷ,
그리고 보라 하늘에 보좌가 놓여 있다

c καὶ ἐπὶ τὸν θρόνον καθήμενος,
그리고 그 보좌 위에 앉으신 이가 있다

3절 a καὶ ὁ καθήμενος ὅμοιος ὁράσει λίθῳ ἰάσπιδι καὶ σαρδίῳ,
그리고 그 앉으신 이가 그 보임에 있어서 벽옥과 홍보석 같다

b καὶ ἶρις κυκλόθεν τοῦ θρόνου ὅμοιος ὁράσει σμαραγδίνῳ.
또 그 보임에 있어서 녹보석 같은 그 보좌 주위에 무지개가 둘려 있다

4장 2b-3절의 구문적 특징은 먼저 어떤 대상을 묘사한 후에 정관사를 연결고리로 사용해서 후속적 내용을 전개해 나간다는 것이다. 예를 들면, 2b절에서는 "보좌"(θρόνος, 드로노스)가 정관사 없이 사용되었는데 2c절에서는 "보좌"(θρόνον, 드로노스) 앞에 정관사(τόν, 톤)가 사용되고 있다. 그러므로 번역할 때도 이런 점을 반영해야 할 것이다. 또한 3a절의 "앉으신 이"(καθήμενος, 카데메노스) 앞에도 정관사(ὁ, 호)가 사용되어 2c절에서 정관사 없이 사용된 "앉으신 이"(καθήμενος, 카데메노스)를 가리키고 있다. 더 나아가 3b절에서 "둘려 있다"(κυκλόθεν, 퀴클로덴)라는 단어를 사용함으로써 보좌 주위를 둘러싼 무지개 그림을 보여주는 데까지 전개해 나가고, 이런 정황들을 번역에 반영했다.

또한 3a절과 3b절에 있는 '호라세이'(ὁράσει)(ὅρασις, 호라시스)와 관련된 번역 문제도 면밀하게 다룰 필요가 있다. 이 단어의 사전적 의미 중에 이 문맥에 적절한 것은 "보임"(sight, appearance)이라고 할 수 있다.[65] 이 단어는 여격으로 사용되었는데 이것을 "관점의 여격"(dative of respect)으로 간주하여 "보임에 있어서"라고 번역할 수 있다.[66]

3b절에서는 "그 보임에 있어서 녹보석 같은"이란 표현이 "보좌"를 수식하는 것인지 아니면 그 보좌를 둘러싸고 있는 "무지개"를 수식하는 것인지가 모호한데, 정확하게 번역하려면 이것을 분명하게 결정해야만 한다. 이것을 결정할 수 있는 중요한 단서가 있는데, 그것은 일반적으로 '호모이오스'(ὅμοιος, ... 같은)

---

65 BDAG, 719.
66 Zerwick and Grosvenor, *A Grammatical Analysis of the Greek New Testament*, 749.

는 그것과 연결되는 명사와 성과 수가 일치한다는 것이다. 따라서 '호모이오스'와 성과 수가 일치하는 단어를 찾으면, '호모이오스'가 "보좌"와 "무지개" 중 어떤 단어와 연결되는지를 확인할 수 있다. 이곳에서 '호모이오스'는 남성 단수형으로 사용되었고, 이 단어와 성과 수가 일치하는 단어는 여성 단수 명사인 "무지개"(ἶρις, 이리스)가 아니라 남성 단수 명사인 "보좌"(θρόνου, 드로누)θρόνος, 드로노스)다. 그렇다면 3b절의 "그 보임에 있어서 녹보석 같은" 것은 "무지개"가 아니라 "보좌"인 것이다.[67]

3b절과 3a절은 동일하게 "그 보임에 있어서 … 같다"(ὅμοιος ὁράσει, 호모이오스 호라세이)라는 문형을 가지고 있지만, 서로 다른 주어를 가지고 있다. 3a절의 주어는 보좌에 "앉으신 이"인 반면, 3b절의 주어는 "보좌"이다. 이러한 차이는 큰 문제가 될 수 없다. 왜냐하면 보좌와 그 보좌에 앉으신 이는 동일시될 수 있기 때문이다.

이상의 내용을 근거로 우리말 어순에 맞추어 번역하면 다음과 같다.

2b	그리고 보라 하늘에 보좌가 놓여져 있다.
2c	그리고 그 보좌 위에 앉으신 이가 있다.
3a	그리고 그 앉으신 이는 그 보임에 있어서 벽옥과 홍보석 같고
3b	또 그 보임에 있어서 녹보석 같은 그 보좌 주위에 무지개가 돌려 있다.

본문 주해

2b절부터는 하늘에 대한 첫 묘사로서 하나님과 하나님이 앉으신 보좌에 대한 소개를 시작한다. 여기에서 분명하게 경계해야 할 것은 하늘 보좌에 대한 문자적 해석이다. 독자들은 보좌에 대한 문자적 묘사를 보면서 그 이면에 있는 진정한 의미를 숙고해야 한다. 물론 이것이 요한이 "보좌"라는 환상의 대상을 실제로 보지 않았다는 것을 의미하지는 않는다. 다만, 요한이 그 환상의 대상을 분명히 보았다는 것과 그 대상이 문자적으로 묘사된 모습 그대로 하늘에 존재한다는 것 사이에는 차이가 있다는 말이다. 이 내용은 다음과 같이 세 모티브로 나누어 생각해 볼 수 있다: (1) 보좌 모티브(2bc절), (2) 보석 모티브: 벽옥과 홍보석과 녹보석(3ab절), (3) 무지개 모티브(3b절).

---

67 유감스럽게도 대부분의 영어 번역본(NRSV, ESV, NIV, NKJV)과 우리말 번역 성경들은 이 표현을 "무지개"와 연결시키고 있다.

[4:2bc] 보좌 모티브

에스겔 1장이 보좌 주변에 대한 묘사로 시작해서 보좌라는 주제로 좁혀 오는 것과는 달리 요한계시록 본문은 도입이 끝나자마자 곧바로 보좌를 중심에 등장시키고 있다.[68] 이것은 요한의 "하나님 중심적 사고"를 반영한다.[69] 또한 에스겔 1장은 하나님을 매우 자세하게 묘사하려 시도하지만 요한은 4장에서 "절제된" 방식으로 하나님을 묘사하려 한다.[70] 이처럼 신속하고 급박한 "보좌" 이미지의 등장과 하나님에 대한 절제된 묘사 방식은 주제의 집중력이 분산되지 않게 하고 4장의 중심 주제가 이러한 보좌와 밀접한 관계가 있음을 강조하기 위함이다. 실제로 4장에 등장하는 여러 주제가 보좌를 중심으로 전개되는 양상을 보인다.

2절은 하늘에 놓여 있는 보좌와 그 보좌 위에 앉으신 이 곧 하나님을 언급한다. 요한계시록에서 하나님의 "보좌"는 짐승의 보좌(13:2; 16:10)와 대조되어 하나님의 통치와 사탄의 통치 사이에 존재하는 긴장을 의도적으로 보여주면서 하나의 중요한 주제를 형성한다. 특별히 이 본문의 보좌는 3장 21절의 예수님의 보좌 및 아버지의 보좌와 연결되어 이 세상에 대한 하나님의 통치와 심판을 의미하는 데 사용된다. 또한 "보좌"라는 단어가 4-22장에서 총 43회 사용되는데 그중 19회가 4-5장에서 사용된다는 것은 4-5장의 "보좌"가 매우 중요한 주제임을 보여준다.[71] 비일은 이것을 다음과 같이 설명한다: "4-5장에서의 이러한 빈번한 사용은 하나님의 영역이 지상 영역과 분리되어 있지만 그럼에도 불구하고 그분이 지상의 일들을 통제하고 계시다는 것을 강조한다."[72] 따라서 "보좌"는 "하늘"이라는 주제와 결합하여 하나님의 통치를 드러내는 효과를 극대화한다.

요한계시록의 이 "보좌"라는 주제는 철저하게 구약을 배경으로 한다. 특별히 이 주제는 에스겔 1장과 다니엘 7장에 지배적으로 나타난다.[73] 이런 관계에 의해 요한계시록 4-5장에서 반복되는 보좌에 대한 언급은 하나님 통치의 회복을 알리는 다니엘 7장의 다니엘적 패러다임의 적용이라 할 수 있다.[74] 이러한 다

---

68 Roloff, *The Revelation of John*, 69.
69 앞의 책.
70 앞의 책.
71 Beale, *The Book of Revelation*, 320. 비일은 4-22장에서 38회, 4-5장에서는 17회 사용된다고 했는데, 이 통계는 약간의 오류가 있다. 정확한 수치는 각각 43회와 19회로 산정된다. 오우니는 요한계시록 전체에서 이 단어가 47회 사용되고, 그 중 40회는 하나님의 보좌(3:21에서는 그리스도의 보좌)를 지칭한다고 주장한다(Aune, *Revelation 1-5*, 284).
72 Beale, *The Book of Revelation*, 320.
73 앞의 책.
74 앞의 책.

니엘적 패러다임의 관점으로 봤을 때, 요한계시록 4장의 보좌 주제가 갖는 목적은 그것의 일차 독자인 일곱 교회 공동체가 하나님 통치의 현재적 발현을 직시하도록 하는 데 있다고 할 수 있다. 또한 다른 측면에서 피오렌자(Fiorenza)는 이 보좌가 로마 제국 황제의 보좌와 대조하도록 의도되었다고 이해한다.[75] 이 경우에 하늘은 성전으로 여겨지지 않고 "동양이나 로마 주권자의 보좌가 있는 황실"처럼 여겨진다.[76] 이 견해를 전적으로 받아들이지 않는다 하더라도 당시 로마 제국의 정치 사회적 문화 속에 살고 있었던 요한의 사고 속에 이러한 부분이 전혀 없었다고 말하기는 어렵다. 따라서 요한계시록에서 보좌 주제는 구약의 통시적 배경과 동시대의 공시적 배경을 조합하여 하나님 통치의 탁월성을 강조하기 위해 사용된다. 4-5장의 주제가 누가 이 세상을 다스리는 진정한 통치자인지에 대한 것이라면 이 보좌 모티브야말로 이런 논의의 핵심이라 할 수 있다.

[4: 3ab] 보석 모티브

'호라세이'(ὁράσει)**의 용법.** 3a절은 보좌에 앉으신 하나님을 보석 모티브로 묘사한다. 여기에서 주목되는 단어는 '호라세이'(ὁράσει⟩ὅρασις, 호라시스)다. 앞서 구문 분석 및 번역에서 언급했던 것처럼 이 단어를 관점의 여격으로 간주하여 "보임에 있어서"로 번역했다.[77] 이런 표현은 요한이 자신이 환상 중에 보게 된 하나님을 구체적인 표현을 사용해서 직접적으로 묘사하는 대신 하나님에 대한 환상을 이미지화하여 간접적으로 묘사하고 있다는 것을 보여준다.[78] 이러한 표현 방식은 은유적 표현인 "... 같다"(ὅμοιος, 호모이오스)라는 단어에 의해서도 나타난다. 여기서 요한이 하나님에 대한 환상을 이미지화하는 소재가 바로 벽옥과 홍보석으로 일컬어지는 보석들이다. 즉, 요한은 '호모이오스'라는 단어를 사용함으로써 이미지를 통한 은유적 표현을 나타내고 있다.[79] "하나님은 보석이시다"가 아니라 "하나님은 그 이미지에 있어서 보석과 같다"고 표현하는 것이 적절하다. 특별히 3a절의 "벽옥과 홍보석 같다"와 3b절의 "녹보석 같다"에서 사용되는 '호모이오스'(ὅμοιος, ... 같다)는 "그와 같은 성격을 가졌다"는 의미로 이해될 수 있을 것이다.

---

75 Fiorenza, *Revelation*, 59.
76 앞의 책.
77 Zerwick and Grosvenor, *A Grammatical Analysis of the Greek New Testament*, 749.
78 해링턴은 이런 표현 방식을 "하나님에 대한 직접적이지 않은 환상"이라고 표현한다(Harrington, *Revelation*, 79).
79 1:10과 4:1에서는 이 단어 대신 '호스'(ὡς)를 사용한다.

구약 배경: 에스겔 1장 26절과 10장 1절. 이런 용법은 이미 구약에서 나타난 바 있는데, 특히 이 용법을 잘 보여주는 구약 본문으로는 에스겔 1장 26절과 10장 1절이 있다(개역개정에 나의 사역을 추가했다).[80]

> 그 머리 위에 있는 궁창 위에 보좌의 형상(ὁμοίωμα θρόνου)이 있는데 그 모양(מַרְאֶה; ὅρασις)이 남보석 같고(כְּ, ὡς) 그 보좌의 형상 위에 한 형상이 있어 사람의 모양(מַרְאֵה; εἶδος) 같더라(כְּ, ὡς) (겔 1:26)
>
> 이에 내가 보니 그룹들 머리 위 궁창에 남보석 같은(כְּ, ὡς) 것, 보좌의 형상(ὁμοίωμα θρόνου)의 모양 같은(כְּמַרְאֵה)[81] 것이 그들 위에 나타나더라 (겔 10:1)

이 본문들은 모두 보좌를 묘사하고 있다. 에스겔 1장 26절에서 70인역은 히브리어 단어 '마르에'(מַרְאֶה)를 '호라시스'(ὅρασις)로 번역한다. 이 단어는 요한계시록 4장 3a절에서 똑같이 사용된다. 이 두 단어는 모두 "보임"(sight)과 "모습"(appearance)이란 의미를 갖는다.[82] 비록 에스겔 10장 1절의 70인역이 마소라 본문의 '케마르에'(כְּמַרְאֵה)에 해당되는 헬라어 '호스 호라시스'(ὡς ὅρασις)를 생략하긴 하지만, 에스겔 10장 1절의 마소라 본문이 '케마르에'(כְּמַרְאֵה)를 사용하면서 에스겔 1장 26절과 더불어 보좌의 모습을 일관성 있게 은유적으로 묘사한다는 사실을 확인할 수 있다. 그리고 이런 묘사 방식이 요한계시록 본문에 영향을 주었을 가능성이 크다.

또한 위의 두 본문에서 "남보석"이 "같다"(כְּ, 케; ὡς, 호스)라는 단어와 함께 사용되는 것도 보좌와 그 보좌에 앉으신 이에 대한 환상이 지닌 상징적 특징을 은유적으로 묘사한 것이다. 두 본문은 모두 하늘에 있는 하나님의 보좌를 "남보석" 같다고 묘사하는데, 여기에서 남보석은 그 보석 자체에 의미가 있다기보다는 하나님의 주권적인 장엄함과 영광과 아름다움을 상징하는 것이다.[83]

구속사적 의미. 보석은 (A) 하늘 성전의 보좌(겔 1:26; 10:1; 출 24:10), (B) 에덴(겔 28:13; 창 2:11-12), (C) 제사장(출 28:17-20), (D) 새예루살렘(사 54:11-12)과 관련되어 등장한다.[84]

---

80 Beale, *The Book of Revelation*, 320.
81 70인역은 '케마르에'(כְּמַרְאֵה)를 번역하지 않고 생략한다.
82 BDAG, 719; *HALOT*, 630.
83 Beale, *The Book of Revelation*, 320.
84 (A)의 본문들은 Beale, *The Book of Revelation*, 320에서 가져왔고 (B), (C), (D)의 본문들은 Lee, *The New Jerusalem in the Book of Revelation*, 285-286에서 가져왔다.

(A) 그 머리 위에 있는 궁창 위에 보좌의 형상이 있는데 그 모양이 남보석
(אֶבֶן־סַפִּיר) 같고 그 보좌의 형상 위에 한 형상이 있어 사람의 모양 같
더라(겔 1:26)

이스라엘 하나님을 보니 그 발 아래에는 청옥(סַפִּיר)을 편 듯하고 하늘
같이 청명하더라(출 24:10)

(B) 네가 옛적에 하나님의 동산 에덴에 있어서 각종 보석 곧 홍보석과 황
보석과 금강석과 황옥과 홍마노와 창옥과 청보석과 남보석과 홍옥과
황금으로 단장하였음이여 네가 지음을 받던 날에 너를 위하여 소고
와 비파가 예비되었도다(겔 28:13)

¹¹첫째의 이름은 비손이라 금이 있는 하윌라 온 땅을 둘렀으며 ¹²그
땅의 금은 순금이요 그 곳에는 베델리엄과 호마노도 있으며(창
2:11-12)

(C) ¹⁷그것에 네 줄로 보석을 물리되 첫 줄은 홍보석 황옥 녹주옥이요 ¹⁸
둘째 줄은 석류석 남보석 홍마노요 ¹⁹셋째 줄은 호박 백마노 자수정
이요 ²⁰넷째 줄은 녹보석 호마노 벽옥으로 다 금테에 물릴지니(출
28:17-20)

(D) ¹¹너 곤고하며 광풍에 요동하여 안위를 받지 못한 자여 보라 내가 화
려한 채색으로 네 돌 사이에 더하며 청옥으로 네 기초를 쌓으며 ¹²홍
보석으로 네 성벽을 지으며 석류석으로 네 성문을 만들고 네 지경을
다 보석으로 꾸밀 것이며(사 54:11-12)

(A)의 에스겔 1장 26절은 하늘 성전의 보좌에 대한 묘사로서 보좌를 "남보석"에
비유한다. 보좌의 형상 위에 있는 사람의 모양은 하나님을 가리키고 있다는 것
이 출애굽기 24장 10절에 의해 입증될 수 있다.[85] 곧 출애굽기 24장 10절이 하
나님의 발 아래를 "청옥을 편 듯하다"고 묘사할 때 "청옥"으로 번역된 히브리어
는 '사피르'(סַפִּיר)이며, 이것은 에스겔 1장 26절에서 "남보석"으로 번역된 '에벤
사피르'(אֶבֶן־סַפִּיר)의 동의어로서, 에스겔서에서 남보석에 비유된 보좌의 형상 위
에 있는 "사람의 모양"이 하나님이라는 것을 확증해 준다.[86] 이런 결론은 보석
모티브의 근원을 하늘에서 찾을 수 있다는 점에서 중요한 의미가 있으며, 하늘
보좌와 지상의 에덴, 성전, 새예루살렘의 관계를 설정하는 데 도움을 준다.

---

85 대부분의 에스겔서 주석이 겔 1:26과 출 24:10의 관련성을 지적한다(Moshe Greenberg, *Ezekiel 1-20:
A New Translation with Introduction and Commentary*, AB 22 [New Haven, CT: Yale University Press,
2008], 50; Leslie C. Allen, *Ezekiel 1-9*, WBC 28 [Nashville, TN: Thomas Nelson, 2006], 35).

86 구약에서 사람들이 알아볼 수 있는 방식으로 하나님이 나타나실 때는 일반적으로 인간의 형태를 취하신
다(Allen, *Ezekiel 1-9*, 35). 알렌은 이 주제와 관련된 참고 자료를 다음과 같이 제공한다(앞의 책): J. Barr,
"Theophany and Anthropomorphism in the Old Testament" in G. W. Anderson et al., *Congress Volume:
Oxford 1959*, VTSup 7 (Leiden: Brill, 1960), 32-33.

보석 모티브를 중심으로 (B)는 에덴을 묘사하고, (C)는 제사장에 의해 포함되는 성전을 묘사하며, (D)는 새예루살렘을 묘사한다. 이 세 대상은 "보석"이라는 공통된 주제에 의해 서로 상통하는 관계를 맺는다. 이런 사실을 다음과 같은 도형으로 표시할 수 있다.

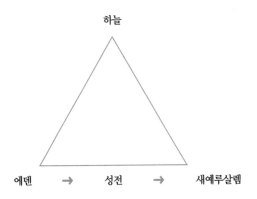

이 세 대상을 모두 보석으로 묘사한 목적은 그것들이 하늘의 하나님과 밀접한 관계를 맺고 있음을 보여주는 데 있다. 이것은 앞서 (A)의 본문들이 하나님의 하늘 보좌를 "남보석"(청옥)에 빗대어 표현한다는 사실에 근거한다. 다시 말해서 지상에 존재하는 에덴, 성전, 새예루살렘은 하늘의 하나님의 속성을 반영하며 하나님의 임재로 충만한 곳이다. 이러한 관계는 최초로 에덴에서 출발하여(참고, 창 2:11-12) 성전을 통해 회복되고 새예루살렘을 통해 회복의 최종적 순간을 기대하게 한다.

이상의 내용을 정리하면, 보석 모티브는 에덴과 새예루살렘과 성전을 하나로 묶어 주는 공통분모의 기능을 할 뿐 아니라, 그것들이 하늘의 하나님께 근원을 두고 있으며 하나님의 속성을 반영하는 기재라는 것을 잘 보여준다.[87] 다시 말하면, 보석 모티브에 의해 하늘과 에덴, 성전, 새예루살렘이 유기적으로 연결되고 있는 것이다. 에덴은 최초로 하늘을 반영했고, 성전은 에덴의 회복을 위해 세워졌으며, 새예루살렘은 에덴과 성전의 회복을 위해 세워진다고 할 수 있다. 따라서 새예루살렘은 에덴 회복의 절정이다. 거꾸로 말하면, 성전과 새예루살렘을 통해 하늘과 에덴의 회복을 경험한다.

---

87 오우니에 의하면 벽옥은 하나님의 특징을 "직유(simile)"적으로 표현하기 위해 사용되며, 이와 같은 맥락에서 하나님의 영광을 반영하는 새예루살렘의 전체적인 모습(21:11)과 그 성벽(21:18)과 열두 기초석의 첫 번째(21:19)를 묘사하는 데도 벽옥이라는 보석이 사용된다(Aune, *Revelation 1-5*, 285).

고대 근동의 배경. 요한계시록의 보석 모티브를 정확하게 이해하려면 구약 배경뿐 아니라 입체적으로 고대 근동의 배경도 살펴볼 필요가 있다. 고대 근동에서는 신전의 내부를 귀금속으로 장식하는 경향이 있었다. 이러한 경향이 갖는 의미는 무엇인가? 먼저 앗수르의 왕들은 보석을 사용하여 신전 내부를 장식했는데, 이것은 신전 안에 장식된 보석들을 통해 하늘처럼 빛나는 광채를 만들어 내려는 목적으로 행해졌다.[88] 이런 사실은 앗수르의 왕 디글랏 빌레셀 1세(Tiglath-Pileser I, BC 1115-1077년)의 선언에 잘 나타난다.[89]

> 위대한 신들이 ... 나에게 그들의 성소를 재건하라고 명하셨다 ... 그것의 내부를 나는 하늘의 내부처럼 장식했다. 나는 그것의 벽들을 떠오르는 별들의 찬란함만큼이나 화려하게 장식했다.[90]

별들을 연상케 하는 양식으로 벽을 화려하게 장식했다고 말하는 디글랏 빌레셀 1세의 진술에서 우리는 신전의 내부와 하늘의 내부를 동일시하는 당시의 사고 패턴을 읽을 수 있다.

후기 앗시리아의 왕인 아슈르바니팔(Ashurbanipal, BC 668-627년)도 다음과 같이 진술한다.

> 내 주들인 위대한 신들의 성소들을 내가 복구했다. 금(과) [은]으로 내가 장식했다 ... 에샤라(Êšarra)를 ... 내가 하늘의 문서(writing)처럼 빛나게 했다 ...[91]

아슈르바니팔이 성소들을 금과 은으로 장식한 것은 그것이 신들의 거처이기 때문이다. 그러므로 보석이 신들의 존재를 동반하는 것으로 인식된다. 그리고 여기에서 언급되는 "에샤라"는 "땅의 표면과 아슈라타(Ašrata; 하늘을 칭하는 명칭)" 사이에 위치한 곳을 가리킨다.[92] 아슈르바니팔이 빛나게 한 것은 분명히 지상의 신전이었음에도 불구하고 하늘에 가까운 에샤라를 빛나게 했다고 묘사하는 것은 보석의 기능과 역할이 지상의 신전을 하늘처럼 꾸며서 신들의 거처로 만드는 것이었음을 잘 보여준다.

88　Beale, *The Temple and the Church's Mission*, 56.
89　앞의 책, 56-57.
90　A. K. Grayson, *Assyrian Royal Inscriptions* (Wiebaden: Otto Harrassowitz, 1976), 2:18(vii. 71-114)(Beale, *The Temple and the Church's Mission*, 56-57에서 재인용).
91　A. C. Piepkorn, *Historical Prism Inscriptions of Ashurbanipal I* (Chicago, IL: Chicago University Press, 1933), 28-29 (i. 16-23)(Beale, *The Temple and the Church's Mission*, 57에서 재인용).
92　Wayne Horowitz, *Mesopotamian Cosmic Geography* (Winona Lake, IN: Eisenbrauns, 1998), 113n7.

또한 이집트의 투트모세 3세(Thutmose III, BC 1490-1436년)는 "아몬 신을 위한 내부 신전을 건축해서 '그의-위대한-보좌는-하늘의-지평선과도-같다'고 하였고, 하늘 자체로부터 나오는 빛의 모방으로서의 역할을 하도록 '그곳의 내부는 호박금으로 장식되었다.'"[93] 신전 내부를 호박금으로 장식했다는 문구는 보석을 통해 하늘의 빛을 경험하려는 의도를 보여준다. 뿐만 아니라 신전 내부의 비품들도 내부의 구조물과 동일하게 하늘의 빛을 드러내는 역할을 했다.

> 호박금의 ... 은, 금, 청동, 구리의 ... 큰 사발 ... 두 땅이 누트[즉, 하늘의 여신]의 몸에 있는 별들 같은, 그것들의 광채로 가득 차 있는 동안 내 동상이 뒤따랐다. 내가 ... 호박금 제단들을 ... 그를 위해 ... 만들었다.[94]

이상의 내용을 정리하면, 고대 근동 세계에서는 신전을 보석으로 장식하는 경향이 있었으며 그 목적은 신적인 존재와 천상적 차원을 지상에서 구현하기 위함이었다. 이런 목적을 가진 보석 모티브에 의해 하늘과 땅이 통합되는 정황이 연출된다. 이것은 구약에서 에덴, 성전, 새예루살렘이 보석 모티브를 통해 하늘과 연결되는 것과 같은 맥락이라고 할 수 있다.

요한계시록에서의 보석 모티브. 요한계시록의 보석 모티브를 올바로 이해하려면 구약 및 고대 근동의 보석 모티브를 요한계시록의 보석 모티브와 비교하며 살펴보아야 한다. 먼저 둘 사이의 공통점은 둘 다 보석 모티브를 통해 하늘의 차원을 묘사하려 시도한다는 점이다. 구약과 고대 근동의 보석 모티브는 지상에서 천상의 실체를 구현하려 하고 요한계시록의 보석 모티브는 천상 그 자체를 묘사하고 있다. 그러므로 두 경우 모두에서 보석 모티브는 초월적인 천상의 상태를 조망한다. 반면에 차이점도 있는데, 예를 들면, 에스겔서에서는 보석 모티브가 하나님의 보좌를 묘사하기 위해서만 사용되는 반면(겔 1:26, 10:1), 요한계시록 4장에서는 보좌뿐 아니라(3b절) 하나님 자신을 직접적으로 묘사할 때도 사용된다(3a절). 또한 에스겔 1장 26절에는 "남보석"이 나오는 반면, 요한계시록 4장 3절에는 "벽옥"과 "홍보석"과 "녹보석"이 등장한다.

이런 차이점 외에도 둘 사이에는 매우 본질적인 차이점이 존재한다. 고대 근

---

93 J. H. Breasted, *Ancient Records of Egypt* (Chicago, IL: The University of Chicago Press, 1906), 2:64 §153(Beale, *The Temple and the Church's Mission*, 57에서 재인용).
94 Breasted, *Ancient Records of Egypt*, 2:68 §164(Beale, *The Temple and the Church's Mission*, 57에서 재인용).

동 문헌과 구약의 경우에는 에스겔 1장 26절과 출애굽기 24장 10절을 제외하면, 지상의 신전이나 성전이나 새예루살렘이 보석으로 장식된 것을 묘사하는 데 집중하지만, 요한계시록에서는 하늘 성전의 보좌와 그 보좌에 앉으신 하나님을 보석에 비유하여 묘사하는 것에 집중한다.[95] 또한 요한계시록 21-22장에서는 보석으로 완벽하게 장식되어 있는 새예루살렘이 하늘로부터 내려오는 것으로 묘사된다(21:2). 즉, 요한계시록에는 지상 성전을 보석으로 장식해서 하늘의 실체를 체험하려는 시도가 존재하지 않는다. 고대 근동이나 구약에서는 보석의 장식을 통해 지상에서 하늘의 실체를 경험하려 했던 반면에 요한계시록은 하늘에서 직접 하늘의 실체를 보고 경험하는 정황을 보여주고 있다. 여기에 요한 자신이 참여하고 있고, 차후에 언급되겠지만 교회 공동체를 상징하는 이십사 장로가 참여한다. 이런 차이는 왜 발생하는 것일까? 왜 요한은 보석 모티브를 하늘에 집중하는 방식으로 사용하는 것일까?

이런 변화는 종말적 성취의 도래로 말미암아 발생하게 된 것으로 볼 수 있다. 구약에서 보석 모티브는 에덴에서 시작하여 성전과 새예루살렘에 이르는 과정에서 종말적 성취를 지향한다. 특별히 성전과 새예루살렘은 에덴의 회복이라는 종말적 성취를 목적으로 세워졌다. 이런 기대가 성취되는 순간이 온 것이다. 그러므로 구속 역사의 과정에서 그림자로만 존재했던 천상의 실체가 드디어 드러나게 된 것이다. 이런 천상적 실체는 단순히 피안적 세계로 남아 있지 않고 지상과의 소통을 더욱 확실하게 이루게 된다. 따라서 고대 근동과 구약에 나타난 배경적 사상을 요한계시록의 보석 모티브에 적용한다면 요한계시록의 보석 모티브는 천상적 실체의 지상적 반영을 더욱 확실하게 실현한다고 할 수 있다.

앞서 살펴본 바와 같이 고대 근동의 배경에서 보석은 하늘의 속성을 갖는다. 이런 사실은 고대 근동 세계와 세계관을 공유하는 구약에서 에덴과 성전과 새예루살렘이 보석으로 장식되어 있는 이유를 잘 설명해 주고 있다. 즉 보석으로 장식되어 있는 에덴은 하늘의 반영이고, 보석으로 장식된 성전과 새예루살렘은 하늘의 모형이며, 에덴은 성전과 새예루살렘의 원형이다. 하늘은 에덴과 성전이나 새예루살렘의 속성을 결정했던 곳으로서 그 원천적 의미를 가지고 있다. 하늘을 반영하는 최초의 출발이 에덴 동산이며 하늘의 모형인 성전이나 새예루살렘은 회복을 위한 구속 역사에서 중요한 전환점이 된다. 결국 이런 구속 역사의

---

95 Reddish, *Revelation*, 95.

진행은 예수님의 승천으로 말미암아 요한계시록 4장의 하늘 성전에서 성취되고 21–22장에서 새창조(새에덴)와 새예루살렘을 통해 완성된다(이에 대해서는 21–22장에서 자세히 논의하도록 하겠다). 바로 이런 일련의 사건들이 일관되게 하늘 성전의 보석 모티브에 의해 연결되고 있다.

[4:3b] 무지개 모티브

무지개의 언어적 고찰. 요한계시록 4장 3b절의 "무지개"는 창세기 9장 13–16절과 에스겔 1장 28절의 '케쉐트'(קֶשֶׁת)라는 히브리어 단어를 배경으로 한다.[96] 이 단어의 주된 사전적 의미는 "활"(bow)이다.[97] 70인역은 이러한 의미를 살리기 위해 이 단어를 "활"을 의미하는 '톡손'(τόξον)으로 번역했다.[98] 이런 이유 때문에 포드는 창세기의 이야기에서 무지개가 "여호와의 전쟁–활"(Yahweh's war-bow)로 나타나고 있다고 해석한다.[99] 흥미롭게도 같은 맥락에서 "파행단장격"(choliambic)의 시인인 아이스크리오(Aeschrio)는 무지개를 "전사의 활"에 비유하기도 한다.[100] 그러나 사전적 의미에서는 다소 다른 맥락으로 접근한다. HALOT에서는 '케쉐트'(קֶשֶׁת)의 의미에 대한 여러 목록을 제시하면서 특별히 창세기 9장 13–16절에서 이 단어가 무지개라는 의미로 "은유적으로"(metaphorically) 사용되고 있다는 것을 지적한다(참고, 집회서 43:11; 50:7).[101] 이러한 은유 관계는 의미의 차원이 아니라 모양의 유사성에 의해 성립되었다고 추론할 수 있다. 활의 휜 모양과 무지개의 곡선은 서로 닮은 꼴이기 때문이다.

노아 언약과 무지개. "무지개"는 노아 홍수 이후에 피조 세계의 보존을 약속하는 노아 언약의 표시로 주어진 바 있다(창 9:12–17).[102] 이 경우에 "무지개"는 노아 언약이 전망하는 새창조 회복에 대한 약속을 보증하는 역할을 감당한다. 이때 무지개는 에덴 모티브를 내포하는 "보석 모티브"와 함께 새창조에 대한 전망을 더

---

96 Aune, *Revelation 1-5*, 285.
97 *HALOT*, 1155.
98 오우니도 이러한 관찰을 지지한다(Aune, *Revelation 1-5*, 285).
99 Ford, *Revelation*, 71.
100 Aune, *Revelation 1-5*, 286.
101 *HALOT*, 1156.
102 Harrington, *Revelation*, 79. 노아 언약에 대한 자세한 내용은 Palmer Robertson, *The Christ of the Covenants* (Grand Rapids, MI: Baker, 1980), 118-125를 참고하라.

욱 확고하게 해 준다.[103] 왜냐하면 "보석 모티브'"는 역사적으로는 첫 창조로서의 에덴 동산에서 출발하고 무지개 또한 새창조에 대한 전망의 기틀로서 노아 언약의 핵심적 기능을 나타내 주고 있기 때문이다. 노아 언약은 "보존의 언약"으로서 창조 회복의 모형을 보여주고 있다.[104]

에스겔서(1:26, 28)**와 무지개.** 앞서 살펴본 구절들 가운데 에스겔 1장 28절에서 무지개는 "사방 광채의 모양"과 "여호와의 형상의 모양"을 은유적으로 표현하고 여호와의 영광을 묘사하는 데 사용된다.[105] 그리고 에스겔 1장 28절의 근접 본문인 에스겔 1장 26절의 "그 머리 위에 있는 궁창 위에 보좌의 형상이 있는데 그 모양이 남보석 같고"라는 표현은 보석 모티브를 통해 하나님의 보좌의 영광을 묘사하고 있다. 이 두 구절에서 무지개와 보석 모티브가 결합하여 하나님의 영광을 표현하는 효과를 극대화하고 있다. 이런 패턴은 요한계시록에 그대로 적용된다. 요한계시록 4장의 본문에서도 무지개는 보석 모티브와 결합하여 보좌와 그 보좌에 앉으신 하나님의 영광을 효과적으로 드러내고 있다.

요한계시록에서 무지개의 의미. 요한계시록은 하늘의 정황에서 창세기 9장 12-17절의 노아 언약 장면과 에스겔 1장 26절과 28절의 하늘 장면을 재현한다. 특별히 요한계시록 4장 3절의 '퀴클로덴'(κυκλόθεν, 둘려 있다)이란 단어에 의해 무지개가 보좌를 원형으로 둘러싸고 있음을 알 수 있다. 이것은 요한계시록 본문이 창세기 본문과 에스겔 본문의 70인역이 은유적 표현으로 채택하고 있는 '톡손'(τόξον, 활)이란 단어를 버리고 그 자체로 "무지개"를 의미하는 헬라어 단어 '이리스'(ἶρις)를 직접적으로 사용하는 것과 관련된다.[106] 왜냐하면 활은 물리적으로 원 모양을 만들어 낼 수 없기 때문이다. 이러한 무지개의 원 모양은 회복에 대한 하나님의 강력한 의지를 강조하려는 목적을 갖는다. 하늘에서 이러한 장면이 연출되는 것은 단순히 과거를 되돌아보고자 하는 것이 아니다. 성경에서 과거는 단순히 지나간 시간에 불과하지 않다. 성경에서의 과거는 미래가 어떻게 전개될 것인지를 결정한다. 태초의 에덴이 종말적 회복의 기틀을 제공해 주고 있는 것

---

103 Beale, *The Book of Revelation*, 321.
104 Robertson, *The Christ of the Covenants*, 109.
105 Beale, *The Book of Revelation*, 321. 이러한 용례들은 *Midr*. Ps. 89.18; *Midr. Rab*. Num. 14.3; *b*. Ḥagigah 16a에서도 나타난다(앞의 책).
106 BDAG, 480. BDAG에서 이 단어는 "활"이란 의미를 전혀 갖지 않는다.

처럼 말이다. 그러므로 보석 모티브와 함께 무지개는 새창조에 대한 하나님의 계획, 그것의 실행 의지를 재확인해 주고 있다. 요한계시록이 보여주듯이, 그 계획은 하늘 성전에서 결정되며, 예수님의 성육신과 승천을 통해 성취되고, 또한 재림을 통해 완성될 것을 전망한다.

정리: 무지개의 의미. 무지개는 보좌와 결합하여 하나님의 영광에 대한 묘사를 극대화한다. 구약을 배경으로 볼 때 무지개는 노아 언약을 대표하는 이미지다. 노아 언약은 "보존의 언약"으로서[107] 창조의 회복에 대한 확고한 기틀을 제공한다. 이와 같은 맥락에서 요한계시록 4장의 하늘 성전에서의 무지개는 보석 모티브와 함께 새창조의 성취를 확증하고 완성을 전망한다. 이런 사실은 신실하신 하나님의 속성에 기초한다.

---

107 Robertson, *The Christ of the Covenants*, 109.

3. 보좌 주변에 대한 다양한 묘사(4:4-8b)

2-3절에서는 보좌와 그 보좌에 앉으신 이를 중심으로 묘사가 이루어졌다면 4-8b절에서는 보좌 주위를 구성하는 요소들을 소개한다. 이러한 요소들로는, 보좌 주위에 둘려 있는 이십사 보좌(4a절)와 그 보좌에 앉아 있는 이십사 장로(4b절), 보좌로부터 나오는 "번개들, 소리들, 우레들"(5a절), "하나님의 일곱 영"(5c절)으로서 보좌 앞에 타오르는 "일곱 등불"(5b절), 보좌 앞의 "수정 같은 유리 바다 같은 것"(6a절)과 보좌 가운데와 보좌 주위의 "네 생물"(6b-8절)이 있다. 이 본문은 앞선 "보좌"의 경우처럼 사실적 묘사보다는 상징적 묘사로 이해해야 한다. 여기에서 주목해야 할 것은 위에서 나열한 모든 요소가 보좌를 중심으로 존재한다는 점이다.

구문 분석 및 번역

4절 a Καὶ κυκλόθεν τοῦ θρόνου θρόνους εἴκοσι τέσσαρες,
   그리고 그 보좌를 두른 이십사 보좌들을

   b καὶ ἐπὶ τοὺς θρόνους εἴκοσι τέσσαρας πρεσβυτέρους καθημένους περιβεβλημένους ἐν ἱματίοις λευκοῖς
   그리고 그 보좌 위에 앉아 있는, 흰옷으로 입혀진 이십사 장로들을

   c καὶ ἐπὶ τὰς κεφαλὰς αὐτῶν στεφάνους χρυσοῦς.
   그리고 그들의 머리 위에 금 면류관들을 (내가 보았다)

5절 a Καὶ ἐκ τοῦ θρόνου ἐκπορεύονται ἀστραπαὶ καὶ φωναὶ καὶ βρονταί,
   그리고 그 보좌로부터 번개들과 소리들과 우레들이 나오고 있었다

   b καὶ ἑπτὰ λαμπάδες πυρὸς καιόμεναι ἐνώπιον τοῦ θρόνου,
   그리고 그 보좌 앞에 일곱 등불이 타오르고 있었다

   c ἅ εἰσιν τὰ ἑπτὰ πνεύματα τοῦ θεοῦ,
   이는 하나님의 일곱 영이다

6절 a καὶ ἐνώπιον τοῦ θρόνου ὡς θάλασσα ὑαλίνη ὁμοία κρυστάλλῳ.
   그리고 보좌 앞에 수정 같은 유리 바다 같은 것이 있다

   b Καὶ ἐν μέσῳ τοῦ θρόνου καὶ κύκλῳ τοῦ θρόνου τέσσαρα ζῷα
   그리고 보좌 중에와 보좌를 두른 네 생물들이 있다

   c γέμοντα ὀφθαλμῶν ἔμπροσθεν καὶ ὄπισθεν.
   앞과 뒤에 눈들로 가득 찬

7절 a καὶ τὸ ζῷον τὸ πρῶτον ὅμοιον λέοντι
   그리고 그 첫째 생물은 사자 같다

   b καὶ τὸ δεύτερον ζῷον ὅμοιον μόσχῳ
   그리고 그 둘째 생물은 송아지 같다

c καὶ τὸ τρίτον ζῷον ἔχων τὸ πρόσωπον ὡς ἀνθρώπου
   그리고 그 셋째 생물은 사람 같은 것의 얼굴을 가지고 있다

d καὶ τὸ τέταρτον ζῷον ὅμοιον ἀετῷ πετομένῳ.
   그리고 그 넷째 생물은 날아가는 독수리 같다

8절 a καὶ τὰ τέσσαρα ζῷα, ἓν καθ᾽ ἓν αὐτῶν ἔχων ἀνὰ πτέρυγας ἕξ,
        그리고 그 네 생물 각각은 여섯 날개를 가졌고

     b κυκλόθεν καὶ ἔσωθεν γέμουσιν ὀφθαλμῶν,
        그들을 둘러서 그리고 그들 안이 눈들로 가득 차 있다

먼저 구문적으로 봤을 때 4a절, 4b절, 4c절 세 본문 각각은 공통적으로 전치사로 시작된다(4a절: '퀴클로덴'[κυκλόθεν, ...을 두른], 4b절과 4c절: '에피'[ἐπί, ...위에]). 그러므로 번역 과정에서 이러한 전치사구의 위치를 잘 드러낼 필요가 있다. 헬라어 원문에서 4a절의 "이십사 보좌들"(θρόνους εἴκοσι τέσσαρες, 드로누스 에이코시 테싸레스)과 4b절의 "이십사 장로들"(εἴκοσι τέσσαρας πρεσβυτέρους, 에이코시 테싸라스 프레스뷔테루스)과 4c절의 "금 면류관들"(στεφάνους χρυσοῦς, 스테파누스 크뤼수스)은 모두 목적격으로 사용되고 있다. 이것은 1절의 "나는 보았다"(εἶδον, 에이돈)의 목적격으로 이어지는 내용이라고 추정할 수 있다. 그러므로 4절의 헬라어 본문에는 직접적으로 나타나 있지 않지만, "보았다"라는 동사를 괄호 안에 넣어서 번역해 두었다.[108] 그리고 "보다"라는 동사의 이러한 가상적 존재는 "이십사 장로들"에 대한 환상이 1절부터 이어지는 하늘 환상의 연속으로 주어지고 있음을 보여준다.

6a절에서는 "... 같은"이라는 의미의 단어군에 속한 '호스'(ὡς)와 '호모이아'(ὁμοία)가 한 문장 안에서 함께 사용되고 있다. 이 두 단어 모두의 의미를 잘 반영해서 번역한 영역본은 NRSV이다. 이 번역본은 6a절을 "수정 같은 유리 바다 같은 어떤 것이 있다"(There is something like a sea of glass, like crystal)로 번역한다. 한편, ESV와 NKJV는 "수정같은 유리 바다가 있었다"(there was a sea of glass, like crystal)로 번역하면서 "유리 바다" 앞에 나오는 "... 같은"(ὡς, 호스)을 번역하지 않고 생략한다. 이 문장에서는 '호스'(ὡς)가 중요한 의미를 제공하기 때문에 '호스'를 반영한 NRSV의 번역이 좀 더 적절하게 여겨진다. '호스'(ὡς)와 '호모이아'(ὁμοία)는 그 대상 자체를 직접적으로 묘사하는 것이 아니라 그 대상을 다른 대상에 빗대어 은유적으로 표현하려는 목적으로 사용됨으로써 상징적 환상의

---

108 벡위드도 이러한 주장에 동의하여 이 문구를 "나는 보았다"(εἶδον, 에이돈)가 사용된 것처럼 읽어야 한다고 제안한다(Beckwith, *The Apocalypse of John*, 498).

특징을 잘 드러내고 있다. 그러므로 "유리 바다" 그 자체가 존재하는 것이 아니라 "유리 바다 같은 어떤 것"이 존재한다고 이해해야 한다. 곧 유리 바다에 비유하여 실제로 존재하는 어떤 것을 설명하고 있는 것이다. 이것은 1장 10절과 4장 1절의 "나팔 같은(ὡς, 호스) 것의 음성"이나 4장 3절의 "벽옥과 홍보석 같다(ὅμοιος, 호모이오스)"(3a절)와 "녹보석 같은(ὅμοιος, 호모이오스)"(3b절)이라는 문구들과도 같은 패턴이라고 할 수 있다.[109]

또한 6a절에서 "수정 같은"의 "같은"(ὁμοία, 호모이아)이란 단어가 일반적으로 여격 명사와 함께 사용되기 때문에 "수정"(κρυστάλλῳ, 크뤼스탈로)이란 단어는 여격으로 사용된다. 또한 '호모이오스'(ὅμοιος)라는 단어가 그것이 관련되는 단어와 성과 수가 일치하는 특징을 갖기 때문에[110] 여기에서 여성 단수로 사용된 '호모이아'(ὁμοία)와 관련되는 명사는 똑같이 여성 단수로 사용된 "바다"(θάλασσα, 달라싸)라고 할 수 있다. 따라서 이러한 관계에 의해 "수정 같은 … 바다"로 번역할 수 있다. 이 경우에도 유리 바다가 수정에 비유되고 있다.

6c절의 분사 '게몬타'(γέμοντα, 가득 찬)는 6b절의 '테싸라 조아'(τέσσαρα ζῷα, 네 생물들)를 수식하는 관계를 갖는다. 이런 관계는 둘 사이의 성, 수, 격 일치를 통해 확인된다. 아래 우리말 번역에서 볼 수 있듯이, 우리말의 특성 때문에 6b절 사이에 6c절을 삽입해서 번역할 수밖에 없다.

7절은 네 생물을 구체적으로 묘사하고 있는데, 유독 7c절의 사람의 경우에서 파격이 일어난다. 곧 다른 세 경우에는 동물들에 빗대어 비유적으로 묘사하기 위해 '호모이온'(ὅμοιον)을 사용하는 반면, 7c절의 세 번째 생물의 경우는 그 생물을 사람과 관련시켜 비유하면서 '호스'(ὡς)를 사용한다. 하지만, 이것은 그 생물을 단순히 사람에 비유하는 것이 아니라 그 생물이 "사람 같은 얼굴"을 가지고 있음을 나타내기 위한 목적을 갖기 때문에, 1장 10절의 "나팔 같은 것은 큰 음성"(φωνὴν μεγάλην ὡς σάλπιγγος, 포넨 메갈렌 호스 살핑고스)과 같은 패턴이다. 여기에서 "사람의"(ἀνθρώπου, 안드로푸)라는 소유격은 "얼굴"(πρόσωπον, 프로소폰)과 관련되어 "사람의 얼굴"이라고 할 수 있지만, "사람의" 직전에 '호스'(ὡς, … 같은)가 있기 때문에 '호스 안드로푸'를 "사람 같은 것의"로 번역하고 그것을 "얼굴"과 연결하여 "사람 같은 것의 얼굴"로 번역했다.

---

109 '호모이오스'(ὅμοιος)에 대해서는 4:3a의 구문 분석 및 번역에서 언급한 바 있고 '호스'(ὡς)의 이러한 내용은 1:10과 4:1d에서도 논의한 바 있으니 함께 참고하라.
110 3b절에서도 동일한 쟁점에 대해 논의한 바 있다.

이상의 내용을 근거로 우리말 어순에 맞추어 번역하면 다음과 같다.

4a   그리고 그 보좌를 두른 이십사 보좌들과
4b   그 보좌 위에 앉아 있는, 흰옷으로 입혀진 이십사 장로들과
4c   그들의 머리 위 금 면류관들을 (내가 보았다).
5a   그리고 그 보좌로부터 번개들과 소리들과 우레들이 나오고 있었고
5b   그 보좌 앞에는 일곱 등불이 타오르고 있었는데,
5c   이는 하나님의 일곱 영이다.
6a   그리고 보좌 앞에 수정 같은 유리 바다 같은 것이 있고
6b   보좌 중에와 보좌를 둘러
6c   앞과 뒤에 눈들로 가득 찬
6b   네 생물들이 있다
7a   그리고 그 첫째 생물은 사자 같고
7b   그 둘째 생물은 송아지 같고
7c   그 셋째 생물은 사람 같은 것의 얼굴을 가지고 있고
7d   그 넷째 생물은 날아가는 독수리 같다.
8a   그리고 그 네 생물 각각은 여섯 날개를 가졌고
8b   그들을 둘러서 그리고 그들 안이 눈들로 가득 차 있다.

본문 주해
[4:4] 이십사 장로들
구약 및 유대 문헌 배경.
(1) 대표성을 갖는 지도자로서의 장로
"장로"라는 용어는 이스라엘 내에서 국가적으로 중요한 위치에 있는 지도자 그룹에 속한 자들을 가리켜 사용된다(출 3:16, 18; 4:29; 12:21; 18:12; 민 11:14-17; 수 7:6; 8:10).[111] 그리고 역대상 24장 7-19절에서 아론 계통의 이십사 제사장들이 수천 명의 제사장을 대표해서 선출된다는 점에서 "이십사"라는 숫자도 대표성을 상징한다고 볼 수 있다.[112] 또한 탈굼역 이사야 24장 23절에서도 장로들은 이스라엘을 대표하는 지도자들로 묘사된다.[113] 쿰란 공동체에서 장로들은 제사장 다음으로 영광스러운 지위를 갖는다(1QS 6:8; CD 9:4).[114] 이처럼 이스라엘 역사 속에서

---

111 Aune, *Revelation 1-5*, 287.
112 Thomas, *Revelation 1-7*, 346; 박스올도 대상 24:1-18을 근거로 이와 비슷한 견해를 제시한다(Boxall, *Revelation of St. John*, 85).
113 Beasley-Murray, *The Book of Revelation*, 113.
114 Aune, *Revelation 1-5*, 287.

장로들은 백성을 대표하는 지도자로 여겨졌고, 이 본문에서는 대표성을 상징하는 "이십사"라는 숫자까지 더해져서 "이십사 장로"의 대표성이 더욱 강조된다.

(2) 제사장으로서의 이십사 레위인(대상 24:1-4; 25:1-4)

역대상 24장과 25장에서는 장로 그룹은 아니지만 레위 제사장 그룹과 관련하여 "이십사"라는 숫자가 등장한다. 역대상 24장에 나오는 아론의 장자 엘르아살 가문의 열여섯 명과 아론의 막내 아들 이다말 가문의 여덟 명을 합치면 이십사 명이 된다. 이 24라는 숫자는 12의 두 배라는 점에서 제의적 역할의 온전함과 충만함을 의도한다고 볼 수 있다.[115] 또한 이 숫자는 이스라엘의 지파 수에 해당하는 12라는 숫자와 관련되는 것이 분명하다. 이러한 관계에 의해 24명의 레위 제사장 그룹은 제사장 나라인 이스라엘을 대표하는 자들로 간주될 수 있다.

역대상 25장 1절에서 이십사 레위인들의 사역을 살펴보면 흥미롭다.

> 다윗이 군대 지휘관들과 더불어 아삽과 헤만과 여두둔의 자손 중에서 구별하여 섬기게 하되 수금과 비파와 제금을 잡아 신령한 노래를 하게 하였으니 그 직무대로 일하는 자의 수효는 이러하니라(대상 25:1)

이 본문에서 다윗이 신령한 노래로 섬기게 한 아삽과 헤만과 여두둔의 자손들은 스물네 그룹으로 나뉘어 직임을 맡게 된다.[116] 개역개정에서 "신령한 노래를 하다"로 번역된 히브리어 단어는 '나바'(נבא, 예언하다)이다. 70인역도 이것을 "내용보다는 소리에 초점을 맞추어 말로 자신을 표현하다"라는 의미의 '아포프뎅고마이'(ἀποφθέγγομαι)로 번역한다.[117] 대부분의 영어 번역본(ESV, NASB, NKJV, NRSV)도 이 단어를 "예언하다"라는 의미의 동사인 "prophesy"로 번역한다. 따라서 이 문구를 직역하면 "수금과 비파와 제금으로 예언하다"가 될 수 있다. 이 경우에 레위 제사장 그룹이 수금과 비파와 제금을 사용하는 것은 분명한 "제의적 행위"로서, 부연 설명 없이도 찬양의 정황을 연상케 하기에 충분하다. 따라서 여기에서 역대기 저자가 레위인들에 의한 제의적 행위로서의 찬양을 "예언" 행위와 동일시하고 있다는 것을 확인할 수 있다.[118]

---

115 보다(Boda)는 "이십사"라는 숫자에 신학적인 의미를 부여하지 않고 단순하게 그 숫자가 당시의 모든 제사장들이 교대하면서 일정 기간 동안 성전에서 봉사할 수 있도록 기회를 제공하는 "시간 공유 장치"(time sharing device)였다고 주장한다(M. J. Boda, *1-2 Chronicles* [Carol Stream, IL: Tyndale House, 2010], 191).

116 Beasley-Murray, *The Book of Revelation*, 114.

117 BDAG, 125.

118 R. W. Klein, *1 Chronicles: A Commentary*, Hermeneia (Minneapolis, MN: Fortress Press, 2006), 480.

그 수가 이십사 명이라는 사실은 역대상 25장 1절에 이어지는 2–4절에 등장하는 이름의 목록을 통해 확증된다. 곧 아삽의 아들 4명(삭굴과 요셉과 느다냐와 아사렐), 여두둔의 아들 6명(그달리야와 스리와 여사야와 시므이와 하사뱌와 맛디디야) 그리고 헤만의 아들 14명(북기야와 맛다냐와 웃시엘과 스브엘과 여리못과 하나냐와 하나니와 엘리아다와 깃달디와 로맘디에셀과 요스브가사와 말로디와 호딜과 마하시옷)을 모두 합하면 이십사 명이다. 이 본문에서 이십사 레위인들은 그들의 신령한 노래를 통한 제사장적 사역의 제의적 특징을 보여준다(참고, 대상 24:7-19; 25:1 이하).

이러한 이십사 레위인의 제사장적 사역은 이십사 장로들이 성도들의 기도가 담긴 대접을 어린 양 앞에 올려 드리는 요한계시록 5장 8절의 제의적 행위와 4장 10절과 5장 9-10절에서 하나님께 드리는 새 노래의 찬양에서 재현된다고 할 수 있다.

(3) 하나님의 영광과 장로들

열왕기상 22장 19절은 장로들이 아닌 "하늘의 만군"이 하나님의 보좌를 좌우로 둘러서 있는 모습을 보여준다.[119]

> 미가야가 이르되 그런즉 왕은 여호와의 말씀을 들으소서 내가 보니 여호와께서 그의 보좌에 앉으셨고 하늘의 만군이 그의 좌우편에 모시고 서 있는데(왕상 22:19)

그리고 출애굽기 24장 9-10절과 이사야 24장 23절에서 장로들은 하나님의 임재가 가장 직접적으로 경험되는 현장에 존재한다.[120]

> [9]모세와 아론과 나답과 아비후와 이스라엘 장로 칠십 인이 올라가서 [10]이스라엘의 하나님을 보니 그의 발 아래에는 청옥을 편 듯하고 하늘 같이 청명하더라(출 24:9-10)

> 그 때에 달이 수치를 당하고 해가 부끄러워하리니 이는 만군의 여호와께서 시온 산과 예루살렘에서 왕이 되시고 그 장로들 앞에서 영광을 나타내실 것임이라(사 24:23)

출애굽기 24장 9-10절에 의하면 칠십 인의 장로들은 시내 산에서 하나님을 보는 경험을 한다. 이때 하나님을 본다는 것은 하나님의 영광을 경험한다는 것과 다름없다. 왜냐하면 하나님 자신이 하나님의 영광 자체이시기 때문이다. 그리고

---

119 Aune, *Revelation 1-5*, 286.
120 Swete, *The Apocalypse of St. John*, 68; Smalley, *The Revelation to John*, 117.

이사야 24장 23절에 의하면 만군의 여호와는 시온 산과 예루살렘의 장로들 앞에서 자신의 영광을 나타내신다.

이상에서 살펴본 세 본문의 공통점은 천상적 존재들과 장로들이 하나님의 영광이 나타나는 현장에서 하나님의 영광을 반향하는 역할을 하고 있다는 점이다. 천상적 존재들은 하늘 보좌에서 반향을 일으키고 있다면 장로들은 시내 산과 시온 산과 예루살렘에서 그렇게 하고 있다. 이러한 반향에 의해 하나님의 영광의 발현은 극대화된다. 이것이 하늘의 천상적 존재들이 있는 이유이며 에덴의 아담이 존재하는 이유이고 천지만물을 창조하신 이유이다. 하나님의 영광은 살아 있는 것이든 존재하는 것이든 무엇이든지 반향을 일으키게 되어 있다. 창조 전에는 삼위 하나님 사이에서 이러한 영광의 반향이 존재했고 이러한 반향에 의해 하나님의 영광의 발현은 극대화되었다. 이와 같은 맥락에서 요한계시록 4장의 이십사 장로들은 하나님의 보좌 주위에 둘려 있어 하늘 성전에서 온누리에 선포되는 하나님의 영광을 극대화하는 제사장적 역할을 보여준다.

(4) 보좌들에 앉아 있는 천사들

하나님의 보좌를 중심으로 이러한 여러 개의 보좌들이 존재하는 것은 다니엘 7장 9절에서도 등장한 바 있다.[121] 개역개정역은 다니엘 7장 9절에서 두 번 언급되는 보좌 중 처음 것을 단수형으로 번역했는데 아람어(כָּרְסָוָן, 코르사반; כָּרְסֵא, 코르세)와 70인역(θρόνοι, 드로노이)은 모두 복수형으로 되어 있기 때문에 정확하게는 "보좌들"로 번역해야 한다. 하나님은 이 보좌들 중 하나를 취하여 앉아 계신다. 여기에서 하나님의 보좌 외에 다른 보좌들은 누구의 것인가? 이런 보좌들은 심판을 위해 천사들이 앉도록 준비된 것으로 짐작할 수 있다.[122] *Sepher ha-Razim* 5장 3-4절에 의하면 일곱 감독자들(seers)이 일곱 보좌에 앉아 있다.[123] 그리고 에녹 3서 10장 1절에서는 미가엘과 동일시되는 메타트론이란 천사에게 "영광의 보좌 같은 보좌"(throne like the throne of glory)와 왕적 면류관(에녹3서 12:3)이 주어진다.[124] 더 나아가서 "보좌들"은 골로새서 1장 16절, 레위의 유언서 3장 8절,[125] 아담의 유언

---

121 Aune, *Revelation 1-5*, 286.
122 앞의 책.
123 앞의 책.
124 앞의 책. 미가엘과 메타트론의 관계에 대한 논의는 *OTP* 1:244를 참고하라.
125 "보좌들과 권세자들이 그와 함께 있다. 그곳에서는 하나님을 향한 찬양이 끊임없이 드려진다"(*OTP* 1:789).

서 4장 8절, 엘리야의 묵시록 1장 10절, 40장 10절 등에서 일단의 "천사 그룹에 대한 은유(metaphor)"로도 사용된다.[126]

이상에서 구약과 유대 문헌에서 보좌들이 하나님의 영광을 수종드는 천사들에게 주어지거나 천사적 그룹에 대한 은유로 사용되고 있음을 알 수 있다. 이런 사실은 잠시 후에 이십사 장로의 의미를 규명하는 데 중요한 단서가 될 수 있다.

(5) 구약과 유대적 배경에서의 "이십사 장로들" 정리

구약과 유대적 배경에서 "이십사 장로들"과 그들의 보좌들은 다음과 같이 정리될 수 있다.

첫째, 장로는 대표성을 갖는다.

둘째, 장로는 제사장적 기능을 갖는다.

셋째, 천상적 존재들과 장로는 하나님의 영광의 발현을 극대화한다.

넷째, 천사는 직접 보좌에 앉거나 보좌와 동일시된다.

이십사 보좌들이 보좌를 두르고 있다(4a절). 먼저 4a절은 "그 보좌를 두른"(κυκλόθεν τοῦ θρόνου, 퀴클로덴 투 드로누)이란 문구로 시작한다. 여기에서 "그 보좌"는 하나님의 보좌이다. 곧 이 표현은 하나님의 보좌를 중심으로 어떤 대상들이 둘려 있는 정황을 연상케 한다. 이것은 3절에서 보좌를 중심으로 둘려 있는(κυκλόθεν, 퀴클로덴) 무지개의 경우에도 동일하게 적용된다. 여기에서 하늘 성전에서의 보좌의 중심성이 강조된다.[127] 그리고 앞으로 전개될 내용들이 보좌를 중심으로 전개될 것을 예고한다. 이런 장면은 앞서 살펴본 구약 배경인 열왕기상 22장 19절, 이사야 24장 23절, 출애굽기 24장 9-10절과 같은 본문에 잘 나타나고 있다. 그 보좌를 두르고 있는 것은 이십사 보좌들이다. "이십사 보좌들"은 하나님의 보좌와 동일하다. 그 어떠한 차이도 없다. 차이가 있다면 하나님의 보좌를 중심으로 둘려 있다는 점뿐이다. 그리고 중심에 있는 보좌에 하나님이 앉아 계시듯 이십사 보좌에는 이십사 장로들이 앉아 있다. 여기에서 천상적 존재인 이십사 장로들은 하나님의 보좌를 두르고 있음으로써 하나님의 영광을 반영하여 그 영광을 극대화

---

126 Aune, *Revelation 1-5*, 287. 특별히 레위의 유언서에서는 3:7의 "여호와의 존전의 천사들"(the angels of the Lord's presence)에 대한 언급 후에 3:8에서 "보좌들과 권세자들"(thrones and authoities)이란 문구가 등장한다(*OTP* 1:789). 이런 관계로 볼 때 레위의 유언서 3:8에 나오는 복수의 "보좌들"은 오우니의 지적대로 천사들에 대한 은유이든지 아니면 천사들의 보좌를 가리키는 것이 분명하다(Aune, *Revelation 1-5*, 287).

127 앞의 책, 286.

하는 역할을 한다. 이러한 진용은 보좌에 앉아 계신 하나님의 영광에 대한 마땅한 반응으로서 예배하는 정황을 나타내고 있다.[128]

흰옷을 입고 금 면류관 쓰고 이십사 보좌들 위에 앉아 있는 이십사 장로들(4bc절). 보좌 주위에 이십사 보좌들이 둘려 있다고 언급한 후에, 그 보좌들 위에 장로들이 앉아 있는데 그들에게 흰옷이 입혀져 있고 그들의 머리 위에는 금 면류관이 있다는 묘사가 주어진다. 이 특징들을 각각 살펴볼 필요가 있다.

(1) 이십사 보좌들 위에 앉아 있다(4b절)

4b절에서는 이십사 보좌 위에 이십사 장로가 앉아 있다. 이 이십사 장로 앞에 정관사가 사용되지 않은 것으로 보아, 요한은 그의 독자들이 이 이십사 장로를 생소하게 여겼을 것이라고 판단했을 가능성이 있다.[129] 24라는 숫자가 의미하는 것이 무엇일까? 앞서 살펴봤듯이 역대상 24장과 25장에서 24라는 숫자는 제의적 기능을 감당하는 레위 제사장 그룹의 숫자로 사용된다. 이 숫자는 구약의 열두 지파에서 유래된 12를 배경으로 하는 것이 분명하다. 12의 배수가 사용됨으로써 제사장 나라인 이스라엘을 대표하는 레위 제사장 그룹의 기능과 역할의 충만함이 강조된다. 그런데 요한계시록 본문에서는 24라는 숫자가 신약적 성취의 맥락에서 사용되고 있다. 이런 경우 구약 이스라엘의 의미를 부여하는 것은 적절하지 않으며 신약적 성취의 관점에서 재해석할 필요가 있다. 즉, 24를 두 개의 12로 분류하여, 구약의 열두 지파가 대표하는 약속으로서의 이스라엘과 신약의 열두 사도가 대표하는 성취로서의 교회 공동체를 가리키는 것으로 이해할 수 있다.[130] 결국 요한계시록에서 이십사 장로는 약속으로서의 구약 백성과 그 성취로서의 신약 백성으로 구성된 하나님의 백성 전체를 상징하는 것으로 간주할 수 있다.[131] AD 4세기경에 현존하는 요한계시록 주석 중 가장 오래된 라틴어 주석을 저술한 마리우스 빅토리누스는 "열두 사도들, 열두 족장들"(*duodecim Apostoli, duodecim Patriarchae*)이라고 표현하면서 이런 견해를 지지한 바 있다.[132]

---

128 Keener, *Revelation*, 171. 앞서 대상 25:1에 대한 논의에서 장로들의 제의적 기능을 확인한 바 있다.
129 Aune, *Revelation 1-5*, 287.
130 Reddish, *Revelation*, 95; Keener, *Revelation*, 172.
131 스웨테는 이것을 "전체로서의 교회"(the Church in totality)로 규정한다(Swete, *The Apocalypse of St. John*, 68).
132 앞의 책에서 재인용.

(2) 흰옷으로 입혀지다(4b절)

4b절에 의하면 이십사 장로들에게는 흰옷이 입혀진다. 여기에서 "입혀지다"(περιβεβλημένους, 페리베블레메누스)라는 동사가 수동태로 사용되었다는 점에 주목할 필요가 있다. 이것은 요한계시록에서 자주 사용되는 신적 수동태로서 하나님에 의해 시행된 행위라고 할 수 있다. 또한 흰옷을 입은 모습은 요한계시록 내에서 묘사되는 성도의 모습과 일치한다. "흰옷"은 요한계시록에서 성도의 표지처럼 사용되고 있다(2:10; 3:4-5, 11, 18; 6:11; 7:9-14; 19:8-9).[133] 이러한 흰옷은 "의로움"(justificaiton)이라는 의미를 갖는다.[134] 그러므로 성도들에게 흰옷이 입혀지는 것은 그들에게 하나님의 의로움이 수여되었다는 것을 의미한다. 이것은 앞서 언급한 것처럼 "흰옷이 입혀지다"라는 신적 수동태가 사용된 것과 밀접하게 관련된다. 곧 흰옷을 입히신 분이 바로 하나님이신 것처럼 의로움도 하나님에 의해 주어지게 되는 것이다. 또한 다른 유대 문헌이나 신약 성경에서는 천사들이 흰옷을 입고 있는 경우들이 있다(마카베오2서 11:8; 마 28:3; 막 16:5; 행 1:10).[135] 다음 단락에서 논의하겠지만, 이런 사실은 이십사 장로가 상징적 의미에서 천사적 그룹으로 설정되었다는 사실과 조화를 이룬다. 한편, 이곳의 "흰색"은 1장 14절에서 머리와 머리카락이 양털과 눈처럼 흰 예수님의 모습과도 일치한다. 이러한 색의 일치는 하나님과 이십사 장로가 동일한 보좌에 앉아 있는 경우와 똑같은 원리로서, 속성의 동일시를 시사해 준다.

(3) 머리에 금 면류관을 쓰다(4c절)

이십사 장로들은 그들의 머리 위에 금으로 된 "면류관"(στέφανος, 스테파노스)을 쓰고 있다. 이 "면류관"은 "전쟁에서는 보호와 승리의 수단"이고 "체육 경기에서는 승리자에게 주어지는 영광(a bestowal of honor)"이다.[136] 이러한 의미를 2장 10절, 3장 4-5절, 18절, 21절에 적용할 수 있다. 이 본문들에서는 "면류관"이 신실한 증인으로서 승리한 성도들에게 재림 때 상으로 주어지는 것으로 간주된다.[137] 그러나 4장에서 이십사 장로들의 머리에 쓰인 금 면류관은 속성은 동일하지만 시점에

---

133 Thomas, *Revelation 1-7*, 345.
134 Sweet, *Revelation*, 118.
135 Boxall, *Revelation of St. John*, 85.
136 Thomas, *Revelation 1-7*, 349.
137 Sweet, *Revelation*, 118.

서 차이가 있다. 곧 미래의 시점이 아니라 현재의 시점에서 이미 쟁취한 승리의 보증으로 주어지고 있는 것이다. 면류관에 해당하는 또 다른 단어가 요한계시록에서 사용되는데 그것은 '디아데마'(διάδημα)이다. '디아데마'는 승리에 대한 영광의 표시로 주어지는 '스테파노스'(στέφανος)와는 달리 "왕적인 권위"(kingly authority)를 나타낸다.[138] 이 단어는 12장 3절, 13장 1절, 19장 12절에서 사용되는데, 이 세 본문 중 처음 두 본문은 각각 용과 짐승에게 해당하고 마지막 본문(19:12)은 재림하시는 예수 그리스도에게 적용된다. 전자의 경우에는 부정적 의미의 왕적 권위를 나타내고 후자의 경우에는 긍정적 의미의 왕적 권위를 보여준다.

(4) 정리

이십사 장로들의 특징은 흰옷을 입고 머리에 금 면류관을 쓰고 보좌에 앉아 있다는 것이다. 이 이십사 장로들은 약속으로서의 이스라엘 백성에 대한 성취로서의 신약 교회 공동체를 의미하는 것으로서, 구약과 유대적 배경에 의해 아담에서 시작된 왕적이며 제사장적인 역할과 기능을 계승한다. 실제로 요한계시록 내에서 이십사 장로는 기도와 찬양과 경배 같은 제의적 행위를 진행하는 모습을 자주 보여준다.

에덴 모티브. 하나님 보좌를 중심으로 둘려 있는 이십사 장로가 흰옷을 입고 금 면류관을 쓰고 보좌에 앉아 있는 모습은 하늘에서 이미 승리하여 하나님의 왕권을 위임받아 왕권을 행사하는 교회 공동체의 모습을 연출하고 있다. 이러한 교회의 특징은 하나님의 형상대로 지음 받아 에덴에서 하나님의 왕권을 대리하여 행사함으로써 하나님의 영광을 모든 피조물 가운데 드러냈던 타락하기 전 아담의 모습을 재현한다. 하늘에서 하나님은 이런 에덴에서의 아담의 기능과 역할을 회복시키기 위한 계획의 성취를 작정하시고 마침내 성취하신다. 이러한 사실은 요한계시록에서 "하늘"이 언제나 에덴 회복의 종말적 성취를 보여주는 현재의 공간으로 사용된다는 것을 잘 보여준다. 이러한 왕적 지위와 관련해서 2장 10절에서는 이기는 자들에게 미래의 종말적 약속으로서 면류관이 약속되고, 3장 21절에서는 이기는 자들에게 주어질 보좌가 약속된다.

---

138 Thomas, *Revelation 1-7*, 349.

이미(already)**와 아직**(not yet)**의 긴장**(계 2:10; 3:21). 앞서 언급했듯이 요한계시록 2장 10절에서는 버가모 교회의 이기는 자에게 생명의 면류관이 약속되고, 3장 21절에서는 라오디게아의 이기는 자에게 보좌가 약속으로 주어진다. 이 두 경우는 모두 미래적 종말의 시점을 가리킨다. 이러한 약속의 내용은 4장 4절의 이십사 장로의 특징과 일치한다. 그러나 차이점도 있다. 2장 10절과 3장 21절의 경우에는 미래적 종말의 시점에 이루어질 약속이지만, 4장 4절은 현재 하늘에서 성도들이 갖고 있는 특징이다. 여기에서 이미 이루어진 모습과 아직 완성되지 않은 경우가 긴장을 이루고 있다. 또한 이러한 두 모습은 현재와 미래를 이어주는 연결고리 역할을 한다. 미래에 완성될 모습을 현재 하늘에서 누리도록 이미 결정되었다. 이제 지상에서 하늘의 결정을 구현해 가야 한다. 뜻이 하늘에서 이루어진 것처럼 땅에서도 이루어져야 한다. 이것은 하늘과 땅이 통하기 때문에 가능하다. 하늘의 문이 열려 있어 얼마든지 하늘의 실존이 지상에서 구현될 수 있다. 이것이 하나님의 통치가 창조의 목적대로 이 지상에서 나타나게 되는 방법이다.

이십사 장로들은 문자적 묘사인가, 상징적 묘사인가? 천사의 무리인가, 인간의 무리인가? 이러한 이십사 장로는 천사의 무리인가, 아니면 인간의 무리인가? 이곳에서는 이십사 장로의 의미에 대해 간략하게 다루려 하는데,[139] 여기에서 필요한 논의 주제는 두 가지다. 첫째, 이십사 장로들은 문자적 묘사인가, 아니면 상징적 묘사인가? 둘째, 이십사 장로들은 천사의 무리인가, 아니면 인간의 무리인가?

먼저 "이십사 장로들"이 문자적 표현이 아니라는 점은 분명하다. 4-5장 전체에서 "보좌," "녹보석," "책," "인," "사자," "어린 양," "뿔" 등의 표현들이 상징적이기 때문에 "이십사 장로들" 역시 상징적 표현으로 이해하는 것이 당연하다.[140] 앞서 논의한 것처럼 이십사 장로는 두 개의 12가 합쳐져 구성된 24라는 숫자다. 두 개의 12 중 처음 12는 약속으로서의 구약 백성을 상징하고 나중 12는 그 성취로서의 신약 백성을 의미한다고 보는 것이 적절하다. 이러한 추론은 이십사 장로의 상징성에 충분한 근거를 제공한다.

다니엘서에서 하나님이 다니엘과 느부갓네살 왕 등에게 보여주신 환상들이

---

139 이십사 장로의 의미와 관련된 여러 다양한 입장에 대해서는 이필찬, 『요한계시록 어떻게 읽을 것인가』, 86-88을 참고하라.

140 Beale, *The Book of Revelation*, 330-331.

상징적 성격을 가지고 있듯이 요한에게 보여주신 환상도 동일하게 상징적 특징을 갖는다.[141] 이러한 상징성을 전제하고 나면 자연스럽게 이십사 장로가 인간적 존재로 설정되었는지, 아니면 천사적 존재로 설정되었는지를 묻게 된다. 결론적으로 말하면 이십사 장로는 약속으로서의 구약과 그 성취로서의 신약의 모든 하나님 백성을 대표하는 상징적 이미지로 설정된 천사적 존재라고 할 수 있다.[142] 이에 대한 네 가지 이유가 있다.

첫째, 이십사 장로가 다음에 이어져 나오는 네 생물과 함께 하늘에서 천사들이 주로 참여하는 제사장적 제의적 기능을 갖는다(위의 "구약 및 유대 문헌 배경"을 참고하라). 이러한 제의적 기능에는 두 가지가 있다. 하나는, 성도들의 기도를 하나님께 가져다 드리는 것이다(5:8).[143] 찰스는 이에 대한 문헌적 근거로 레위의 유언서 3장 7절, Hagigah 12b, Sebach 62a, Menachoth 110d와 같은 유대 문헌들을 제시한다.[144] 또 다른 하나는 이십사 장로가 하나님을 찬양하는 예배에 참여하거나 그것을 주도하는 것이다. 여기에서 찬양을 하나님께 올려드리는 것은 천사들의 역할에 속한다(에녹2서 18:9; 19:3; 20:4 등).[145] 요한계시록 본문에서 교회 공동체와 구별되어 찬양(4:10-11; 5:9-14; 11:16-18; 14:3; 19:4)과 예배(5:14; 11:16; 19:4)의 주체로 활동하는 "장로"들의 역할을 발견하는 것은 어렵지 않다.

둘째, 이십사 장로는 5장에서 요한과 대화하면서 하나님의 뜻을 전하는 메신저로 기능할 뿐 아니라(5:5), 7장 13-14절에서는 "해석하는 천사들"(angeli interpretes)로서의 기능을 갖기도 한다.[146] 천사의 중요한 기능 중 하나가 바로 메신저와 메시지 해석자로서의 역할이다(참고, 단 9:22 이하; 슥 4:1, 5-6, 11-12; 에녹1서 21:5-6; 22:6-7).[147]

셋째, 장로들이 교회 공동체를 상징하는 존재와 구별되는 존재로 함께 등장하는 경우가 있다. 7장 13절에서는 장로들이 교회 공동체를 의미하는 "셀 수 없

---

141 다니엘서를 배경으로 하는 요한계시록 환상의 상징적 특징에 대해서는 앞서 1:1의 "알게 하다"라는 동사를 통해서도 논의한 바 있다.

142 Beale, *The Book of Revelation*, 322; Reddish, *Revelation*, 95. 이와 달리 오즈번과 찰스는 이십사 장로들을 제사장의 역할을 수행하는 천사 정도로만 이해할 뿐 구약과 신약의 모든 백성을 대표하는 상징으로 보지는 않는다(Osborne, *Revelation*, 229-230; Charles, *A Critical and Exegetical Commentary on the Revelation of St. John*, 1:130).

143 Beale, *The Book of Revelation*, 325.

144 Charles, *A Critical and Exegetical Commentary on the Revelation of St. John*, 1:130.

145 앞의 책.

146 앞의 책.

147 앞의 책.

는 큰 무리"의 의미를 요한에게 되묻고, 7장 14절에서는 요한이 이십사 장로 중 하나에게 "나의 주여"라고 함으로써 장로의 천사적 신분을 암시한다.[148] 뿐만 아니라 14장 3절에서는 천상의 144,000이 보좌 앞과 네 생물과 장로들 앞에서 새 노래를 부르고, 19장 4절에서는 이십사 장로들이 네 생물과 함께 하늘의 예배에 참여한다.[149] 이런 모습은 이십사 장로들이 인간적 존재가 아닌 천사적 존재로 설정되어 있음을 추정케 한다.

넷째, 앞서 구약 배경과 여러 유대 문헌에서 살펴보았듯이, 천사들은 면류관을 쓰고 보좌에 앉아 있는 모습으로 묘사되는 경우가 빈번하다. 그러므로 흰옷을 입고 면류관을 쓰고 보좌에 앉아 있는 이십사 장로를 천사적 존재로 볼 수 있다. 뿐만 아니라 다니엘 7장 13절, 10장 5-6절, 요셉과 아세넷 14장 같은 구약과 묵시문헌에서는 천사적 존재들이 "인간의 형태"를 가진 것으로 묘사되기도 한다.[150] 따라서 천사적 존재인 장로가 얼마든지 사람의 형태로 묘사될 수 있다.

이상의 내용으로 봤을 때, 요한계시록에서 이십사 장로는 교회 공동체의 천상적 존재를 나타내기 위해 사용되고 있음에도 불구하고 천사 그룹으로 볼 수밖에 없다. 이러한 패턴은 1장 20절에서 일곱 별이 상징하는 일곱 천사가 일곱 교회의 천상적 대응체라는 패턴과 유사하다. 곧 1장 20절에서 일곱 별이 일곱 천사를 의미하면서 동시에 2-3장에서 그 천사는 교회와 동일시되어 교회 공동체의 천상적 존재로서의 정체성을 규명하는 역할을 하듯이 이십사 장로의 역할도 그와 다르지 않다.

반면에 이십사 장로가 천사 그룹 자체와 구별되는 듯한 표현들이 등장하기도 한다. 예를 들면, 5장 11절에서는 "보좌와 생물들과 장로들 주위의 많은 천사"라고 하여 장로들을 많은 천사와 구별해서 표현한다. 심지어 7장 11절에서는 "모든 천사가 보좌와 장로들과 네 생물의 주위에 서 있다"고 한다. 이 장면에서 이십사 장로들은 모든 천사와 완전히 구별되고 있다. 이렇게 장로들을 천사와 구별하는 표현들을 어떻게 이해해야 할 것인가? 천사들 중에는 5장 2절과 10장 1절의 "힘센 천사"가 있고 12장 7-8절의 미가엘도 있다. 이러한 특정한 천사들은 특정한 역할을 가지고 있어서 모든 천사와 구별된다. 천사적 그룹인 이십사 장로들도 이러한 맥락에서 이해할 수 있다고 본다.

---

148 Beale, *The Book of Revelation*, 325.
149 Osborne, *Revelation*, 229.
150 Boxall, *Revelation of St. John*, 85.

요한계시록에는 "힘센 천사"(5장), "네 천사"와 "다른 천사"(7장), 세 종류의 천사들(14장)과 같이 여러 종류의 천사가 등장하는데, 그러한 천사들의 존재를 문자 그대로 이해하여 대부분 실제로 존재하는 대상이라고 생각하기에는 무리가 있다. 오히려 그런 존재들은 이야기나 사건을 전개해 나가는 데 필요하여 설정된 상징적 존재들로 간주하는 것이 적절하다. 이러한 상징적 특징은 4장에서 하나님을 묘사하기 위해 "보좌 위에 앉으신 이"(2c절)라는 상징적 표현을 사용한 것이나 "그 앉으신 이가 그 보임에 있어서 벽옥과 홍보석 같다"(3a절)고 은유적으로 표현한 것과 같은 맥락에서 이해할 수 있다.

천사적 존재로서의 이십사 장로들의 의미와 목적은 무엇인가? 특별히 여기에서 주목해야 하는 것은 하늘의 천사적 존재인 이십사 장로가 교회 공동체가 천상적 존재로서의 특징을 가지고 있음을 보이려는 목적으로 등장한다는 점이다. 상징적 표현에는 그것에 상응하는 의미가 담겨 있다. 곧 상징적 이미지를 통해 천사적 존재로 묘사되는 이십사 장로는 교회 공동체의 천상적 존재로서의 정체성을 나타내려는 목적을 갖는다. 다시 말하면, 시공을 초월해 있는 하늘에 하나님의 모든 백성이 존재한다는 사실을 이십사 장로의 존재를 통해 시사해 주고자 한다는 말이다. 이것은 1장 20절에서 "일곱 별"을 "일곱 교회의 천사"로 해석하여 천사를 일곱 교회의 천상적 대응체로 간주하는 경우나 2–3장에서 일곱 교회와 천사를 동일시하는 경우를 훨씬 발전시킨 내용이다.

이러한 이십사 장로의 존재는 앞으로 전개될 "교회 공동체"의 정체성을 규정하는 과정의 출발점이 된다.[151] 정체성의 핵심은 바로 교회 공동체가 지상에 존재함과 동시에 하늘에 존재한다는 사실이다. 천상적 교회 공동체로서의 모습은 요한계시록에서 교회를 설명하는 데 중요한 위치를 차지하고 있다. 곧 "셀 수 없는 무리"(7:9-17), "144,000"(14:1-5), "이긴 자들"(15:2-4)은 모두 천상적 교회의 모습들을 상징적 이미지를 사용해서 묘사하는 것으로, 이것들은 4장의 이십사 장로와 연속성을 갖는다. 즉 4장의 이십사 장로는 바로 이러한 내용들의 출현을 대비해 그 토대를 마련하는 것이라 할 수 있다. 그리고 마침내 최종적으로 완성

---

151 월부어드도 이십사 장로를 "교회 공동체"로 규정하지만 결정적인 차이는 그가 이 교회 공동체가 "4장 전에 휴거했다"고 주장한다는 데 있다(Walvoord, *The Revelation of Jesus Christ*, 106). 이런 주장은 에덴에서부터 시작된 하늘의 구속사적 의미를 왜곡하고 축소시킨다. 하지만 요한계시록은 끊임없이 하늘과 땅의 소통을 추적하고 있다.

될 21-22장의 "새예루살렘" 교회 공동체에서 이십사 장로는 그 구체적 본질을 드러내게 된다. 교회 공동체의 이런 정체성은, 교회가 로마 제국의 황제 숭배에 맞서 승리할 수 있는 강력한 확신을 교회에게 제공한다.

[4:5a] 보좌로부터 나오는 번개들, 소리들, 우레들

5a절에서 먼저 소개하고 있는 것은 "번개들과 소리들과 우레들"이 하나님의 보좌로부터 나온다는 것이다. 여기에서 "번개들과 소리들과 우레들"은 무엇을 의미하는 것일까? 그 의미를 추적하기 위해서는 먼저 구약과 유대적 배경을 살펴볼 필요가 있다.

구약과 유대적 배경. 먼저 이러한 현상이 구약의 "하나님의 나타나심" 현상과 매우 유사하다는 점을 기억하는 것이 중요하다. 이와 같은 배경을 기록하는 구약 본문으로는 출애굽기 19장 16절, 시편 18편 7-14절, 에스겔 1장 13절이 있다.[152]

> 셋째 날 아침에 우레와 번개(들)와 빽빽한 구름이 산 위에 있고 나팔 소리가 매우 크게 들리니 진중에 있는 모든 백성이 다 떨더라(출 19:16)

> [7]이에 땅이 진동하고 산들의 터도 요동하였으니 ... [9]그가 또 하늘을 드리우시고 강림하시니 그의 발 아래는 어두캄캄하도다 ... [13]여호와께서 하늘에서 우레를 발하시고 지존하신 이가 음성(소리: φωνὴν)을 내시며 우박과 숯불을 내리시도다 ... [14]그의 화살을 날려 그들을 흩으심이여 많은 번개로 그들을 깨뜨리셨도다(시 18:7-14)

> 또 생물들의 모양은 타는 숯불과 횃불 모양 같은데 그 불이 그 생물 사이에서 오르락내리락 하며 그 불은 광채가 있고 그 가운데에서는 번개가 나며(겔 1:13)

이 본문들의 공통점은 우레(출 19:16; 시 18:7-14), 나팔 소리(출 19:16), 번개들(출 19:16; 겔 1:13), 진동(지진; 시 18:7)의 현상들이 하나님의 현현과 관련해서 나타나고 있다는 점이다. 특별히 시편 18편 7-14절에서는 "흩으시다"와 "깨뜨리다"라는 단어가 사용됨으로써 그것이 심판과 관련되고 있음을 알 수 있다. 이 외에도 하나님이 대적들과 싸우기 위해 전사(warrior)로 오실 때(삿 5:4-5; 욜 2:10; 미 1:4; 시 78:7-8)와 열방들을 통치하기 위해 오실 때(시 97:5; 99:1)와 악인을 심판하기 위해 오실 때(사 13:13; 24:18-20; 34:4; 렘 51:29; 겔 38:20; 나 1:5) 피조 세계가 지진이 나듯이 흔들린다.[153]

---

152 Beale, *The Book of Revelation*, 327.
153 Bauckham, *The Climax of Prophecy*, 199.

이런 현상에 대한 표현은 일종의 "우주적 붕괴 언어"(cosmic dissolution language)에 속한다고 할 수 있다.[154] 묵시문헌에서는 우주적인 대지진이 "하나님의 종말적 현현"과 관련되어 나타나는데, 이것이 악인들에게는 심판을 가져오는 반면에(에녹1서 1:3-9; 102:1-3; 모세의 유언 10:1-7; 바룩2서 32:1) 의인들에게는 구원의 소망을 가져다 주기도 한다(에녹1서 102:4-5).[155] 그러므로 구약이나 유대 묵시문헌에서 지진과 같은 하나님의 나타나심은 구원과 심판을 위해 오시는 종말적 사건이다.

구약과 유대적 배경에 근거한 요한계시록 해석. 이상의 배경적 내용을 근거로 5a 절을 이해하면, 하늘에서 나오는 "번개들과 소리들과 우레들" 같은 현상들을 심판을 위한 종말적 오심의 표시로 이해할 수 있다. 곧 시내 산뿐 아니라 온 우주를 요동하셨던 하나님이 다시 한 번 땅과 하늘을 흔드실 것을 기대하게 하고, 회개하지 않는 자들에게는 그분의 오심이 얼마나 두려운 일인지를 강조한다.[156] 그런데 흥미로운 점은 4장 본문이 이러한 현상을 하늘에서 일어나는 것으로 소개한다는 점이다. 종말적으로 일어나야 할 현상이 하늘에서 일어나는 것으로 묘사되는 이유는 하늘이 하나님의 뜻을 결정하는 곳이기 때문이다. 곧 심판의 뜻이 하늘에서 결정된 것이고, 이러한 하나님의 뜻은 땅에서도 일어나게 될 것이다.

관련 본문들(8:5; 11:19; 16:18, 21)**과의 비교.** 5a절의 이러한 현상은 8장 5절, 11장 19절, 그리고 16장 18절과 21절에서 점점 발전된다.[157]

> 천사가 향로를 가지고 제단의 불을 담아다가 땅에 쏟으매 우레들과 소리들과 번개들과 지진이 나더라(8:5)

> 이에 하늘에 있는 하나님의 성전이 열리니 성전 안에 하나님의 언약궤가 보이며 또 번개들과 소리들과 우레들과 지진과 큰 우박이 있더라(11:19)

> [18]번개들과 음성들과 우레들이 있고 또 큰 지진이 있어 얼마나 큰지 사람이 땅에 있어 온 이래로 이같이 큰 지진이 없었더라 ... [21]또 무게가 한 달란트나 되는 큰 우박이 하늘로부터 사람들에게 내리매 사람들이 그 우박의 재앙 때문에 하나님을 비방하니 그 재앙이 심히 큼이러라 (16:18, 21)

---

154 Beale, *The Temple and the Church's Mission*, 212.
155 Bauckham, *The Climax of Prophecy*, 199.
156 앞의 책, 209.
157 Sweet, *Revelation*, 118.

이 본문들은 서로 밀접하게 연결되어 있으므로 5a절과 비교해서 고찰해 볼 필요가 있다. 4장 5a절과 위의 관련 본문들을 비교해서 정리하면 다음과 같다.

구분	표현 양식	위치
4:5	번개들, 소리들, 우레들	하늘 성전 환상
8:5	우레들, 소리들, 번개들, 지진	일곱 번째 인 심판
11:19	번개들, 소리들, 우레들, 지진, 큰 우박	일곱 번째 나팔 심판
16:18, 21	번개들, 소리들, 우레들, 큰 지진, 큰 우박	일곱 번째 대접 심판

매우 흥미롭게도 8장 5절, 11장 19절, 그리고 16장 18절과 21절에서 일어나는 현상에 대한 다양한 표현의 특징은 두 가지로 요약할 수 있다. 첫째, 현상들에 대한 표현 양식이 뒤로 갈수록 더욱 강해진다는 특징이 있다. 즉, 인 심판 → 나팔 심판 → 대접 심판으로 갈수록 그 심판의 강도가 강화된다. 둘째, 각 현상들이 일곱 번째 심판에서 발생한다는 특징이 있다. 이것은 이러한 현상들이 종말적 심판의 특징을 나타낸다는 점을 확증한다. 심판의 상징적 현상으로서 번개/소리/우레/큰 지진/큰 우박이 공통적으로 일곱 번째에 놓여 있다는 것은 인/나팔/대접 심판이 공통적으로 마지막 종말의 때를 지향한다는 점을 더욱 분명하게 보여준다.

이상에서 4장 5a절과 나머지 8장 5절, 11장 19절, 그리고 16장 18절과 21절은 어떤 관계에 있는가? 그것은 바로 미래의 종말적 사건이 이미 하늘에서 일어나고 있음을 보여주는 것이다. 그것은 또한 하늘 보좌에 앉아 우주의 역사를 총괄하시는 하나님의 통치를 더욱 강조해 주고 있다.[158] 종말적 사건이 하늘 보좌에서 이미 결정되어 있는 것이다. 미래의 시간이 하나님에 의해 장악되어 있다. 능력 있어 보이는 사탄의 통치는 허구이며 거짓이다. 여기에서 하나님의 주권을 발견한다. 뜻이 하늘에서 결정되어 땅에서 이루어지는 것이다. 요한은 사탄의 보좌가 존재하는 곳에(2:13) 살고 있는 독자들에게 하늘의 환상을 통해 이러한 사실을 보게 함으로써, 그들로 하여금 세상에 속한 세력은 일순간에 없어질 안개에 불과하며 "역사의 참된 흐름은 '지금도 계시고 전에도 계셨고 장차 오실 전능하신 분' 안에 있다"는 것을 확신하게 해 준다.[159]

---

158 Reddish, *Revelation*, 93.
159 앞의 책.

[4:5b] 보좌 앞에 타오르고 있는 일곱 등불

5b절에서는 보좌 앞에 타오르고 있는 "일곱 등불" 곧 "일곱 영"을 소개하고 있다. "일곱 영"이 성령을 의미한다는 사실은 1장 4절에서 간단하게 언급한 바 있다. 1장 4절은 인사말로서 삼위 하나님으로부터 은혜와 평안이 기원한다는 사실을 소개하면서 "일곱 영"을 언급하는 반면, 4장은 하늘 성전의 환상이라는 구체적인 정황 가운데 "일곱 영"을 언급한다. 이처럼 두 본문 사이에는 문맥의 차이가 존재하고, 따라서 "일곱 영"에 대해 살펴보려면 이러한 문맥적 정황을 고려해야 한다. 그러나 이러한 문맥의 차이에도 불구하고, 1장 4절에서 "일곱 영"이 "보좌 앞에"(ἐνώπιον τοῦ θρόνου, 에노피온 투 드로누) 있는 것처럼 4장 5b절에서도 "일곱 영"을 나타내는 "일곱 등불"이 "보좌 앞에"(ἐνώπιον τοῦ θρόνου, 에노피온 투 드로누) 있다는 점에서 두 본문은 평행 관계를 갖는다.

요한계시록 4장은 전체적으로 하늘 성전을 묘사한다. 이 하늘 성전은 지상 성전의 원형이며, 그 지상 성전이 파괴된 후에 다시 스가랴서(특히 4장)에서 재건되기로 약속된 새 성전의 원형이다(겔 40-48장에서도 이러한 새 성전에 대한 기대가 매우 자세하게 기록된다). 이것을 달리 말하면 지상 성전은 하늘 성전의 모형인 것이다. 곧 솔로몬 성전은 바로 하늘 성전의 모형이라고 할 수 있다. 이러한 관계에 의해 하늘 성전의 언어는 지상 성전의 언어와 어떤 형식으로든지 연결되고 있다. 요한계시록 4장에서 "일곱 영"으로서의 성령이, 스가랴 4장을 배경으로 일곱 등불로 묘사되는 것이 그 대표적인 예라고 할 수 있다. 하늘 성전을 묘사하는 데 지상 성전의 언어를 반영하고 있는 것이다. 그러므로 요한계시록 4장에 등장하는 일곱 영의 의미를 정확하게 이해하기 위해서는 스가랴 4장을 배경으로 사용되는 지상 성전의 언어를 살펴볼 필요가 있다.

스가랴 4장의 전체 문맥. 요한계시록 4장을 바르게 이해하기 위해서는 그 배경이 되는 스가랴 4장의 전체 문맥을 이해해야 한다. 스가랴 4장의 주제는 한마디로 스룹바벨에 의한 성전 건축이라 할 수 있다. 이러한 사실을 단적으로 보여주는 본문이 바로 스가랴 4장 9절 말씀이다.

> 스룹바벨의 손이 이 성전의 기초를 놓았은즉 그의 손이 또한 그 일을 마치리라 하셨나니 만군의 여호와께서 나를 너희에게 보내신 줄을 네가 알리라 하셨느니라(슥 4:9)

이 본문은 여호와께서 스가랴를 보내신 것이 스룹바벨에 의해 시작된 성전 건축을 마치게 하려 하심임을 보여준다. 또한 이러한 맥락에서 스가랴 4장 2절의 일곱 등잔이나 순금 등대[160] 등과 같은 성전 기물들이 언급되는 것은 성전을 재건하시겠다는 하나님의 단호한 의지를 보여준다. 하나님의 이러한 의지는 스가랴 4장 2절의 일곱 등잔이 스가랴 4장 10절에서 여호와의 눈으로 해석되는 것과 스가랴 4장 6절의 "이는[성전의 건축은] 힘으로 되지 아니하며 능력으로 되지 아니하고 오직 나의 영으로 되느니라"라는 말씀에서 구체적으로 드러난다. 왜냐하면 일곱 등잔과 순금 등대는 스가랴의 관점에서 성전의 중요한 기물로 간주되어 선정되고,[161] 여호와의 영의 존재는 이러한 성전 건축의 전망에 대한 확신을 확고하게 해 주기 때문이다. 이러한 성전 건축의 전 과정은 사람의 힘이 아닌 여호와의 영이 주관하시기 때문에 실패할 수 없다.

이런 배경이 일곱 영과 관련하여 어떻게 요한계시록 본문에 영향을 주었는가? 일곱 영은 요한계시록 4장 5절과 5장 6절에 동시에 등장한다. 요한은 "일곱 영"이라는 표현을 스가랴 4장 1-14절에 기반해서 성령에 대한 상징적 표현으로 사용한다.[162] 곧 일곱 영은 요한계시록 4장 5절에서 하늘 성전의 하나님의 보좌 앞에서 타오르는 일곱 등불로, 요한계시록 5장 6절에서는 온 땅을 두루 다니는 일곱 눈으로 등장하는데, 전자는 스가랴 4장 2절의 "일곱 등잔"을, 후자는 스가랴 4장 10절의 "일곱 눈"을 배경으로 한다.[163] 다음으로 스가랴 4장 2절과 요한계시록 4장 5절의 관계 및 스가랴 4장 10절과 요한계시록 5장 10절의 관계를 좀 더 자세하게 살펴보고자 한다.

---

160 고고학적 발굴에 의하면, 등대를 금속 종류로 만드는 경우는 거의 없고 "세라믹"으로 만드는 것이 일반적이었다고 한다. 그러므로 등대를 순금으로 만든 것은 매우 특별한 경우로서, "이례적인 성전"(extraordinary temple)을 의도한 것이라 할 수 있다(Carol Meyers and Eric Meyers, *Haggai, Zechariah 1-8: A New Translation with Introduction and Commentary*, AYB 25B [New Haven, CT: Yale University Press, 2008], 234).

161 앞의 책.

162 Bauckham, *The Climax of Prophecy*, 162. "일곱 영"의 구약 배경을 사 11:2-3의 "여호와의 영 곧 지혜와 총명의 영이요 모략과 재능의 영이요 지식과 여호와를 경외하는 영 … 여호와를 경외함으로 즐거움을 삼을 것이며"라는 문구에서 여호와의 영과 관련되어 나타나는 일곱 언급과 관련시키는 경우도 있다. 실제로 이러한 입장이 초기 유대 문헌(에녹1서 61:11)과 초기 기독교 문헌들(Justin *Dial* 39.2; 87.2; *Cohort. Ad Graec.* 32; Irenaeus *Adv. Haer* 3.18.2; Victorinus *Comm. in Apoc.* 1.1)에 잘 나타나 있다(Aune, *Revelation 1-5*, 33). 오우니가 여호와의 일곱 영을 사 11:2-3과 연결시키는 견해를 소개하기는 하지만, 오우니 자신은 본문의 일곱 영을 여호와의 일곱 영이나 성령이 아니라 하나님의 일곱 천사로 간주한다(앞의 책, 34).

163 Smalley, *The Revelation to John*, 33; Beckwith, *The Apocalypse of John*, 424-425.

스가랴 4장 2절과 요한계시록 4장 5절. 스가랴 4장 2절에 의하면 "순금 등잔 대"(λυχνία χρυσῆ, 뤼크니아 크뤼세)[164] 위에 기름 그릇이 있고 그 기름 그릇 위에 "일곱 등잔"이 있다.

> 그가 내게 묻되 네가 무엇을 보느냐 내가 대답하되 내가 보니 순금 등잔 대(λυχνία χρυσῆ)가 있는데 그 위에는 기름 그릇(λαμπαδεῖον)이 있고 또 그 기름 그릇 위에 일곱 등잔(λύχνοι)이 있으며 그 기름 그릇 위에 있 는 등잔을 위해서 일곱 관이 있고(슥 4:2)

이 본문에서 일곱 "등잔"(λύχνοι, 뤼크노이)은 요한계시록 4장 5절의 일곱 "등 불"(λαμπάδες, 람파데스)과 평행 관계를 갖는다.[165] 스가랴 4장 2절은 "등잔"을 의미 하는 '뤼크노이'(λύχνοι〉λύχνος, 뤼크노스)를 사용하고 요한계시록 4장 5절은 "등불" 을 의미하는 '람파데스'(λαμπάδες〉λαμπάς, 람파스)를 사용하는데, 이 두 단어는 언어 적으로는 다소 차이가 있지만 서로 상응하는 관계로서 의미적으로는 일치한다 고 볼 수 있다. 스가랴서의 이러한 일곱 등잔은 출애굽기 25장 31-40절과 37장 17-24절을 배경으로 하며, 그 등잔에서 발산되는 빛은 하나님의 성전을 충만히 비춤으로써, 성전에 가득한 "하나님의 영광과 그의 임재"를 상징화한다.[166] 이러 한 맥락에서 스가랴 4장 2-5절의 일곱 등잔은 6절에서 "하나님의 임재 혹은 영 을 나타내는 것으로 해석된다."[167] 이러한 관계에 의해 스가랴 4장의 문맥 자체 에서 일곱 등잔은 하나님의 영 곧 성령을 의미하고 있다는 사실을 알 수 있다. 이러한 하나님의 영은 스가랴서의 정황에서 이스라엘이 여러 열악한 환경 속에 서도 성전 재건을 완수할 수 있도록 힘을 북돋아 주기 위해 활동한다.[168]

이상의 내용으로 봤을 때, 스가랴 4장의 문맥에서 하나님의 영(슥 4:6)을 의미 하는 일곱 등잔(슥 4:2)이 요한계시록 4장 5절에서 성령을 의미하는 "하나님의 일 곱 영"이라는 문구의 출처라는 사실을 확인할 수 있다. 곧 요한계시록에서 성령 을 "일곱 영"이라고 한 것은 바로 스가랴 4장 2절의 일곱 등잔이란 표현의 "일 곱"이란 숫자에 영향을 받은 것이라 볼 수 있다. 스가랴서의 일곱 등잔은 요한계 시록의 "일곱 등불"과 평행하고, 요한계시록 4장 5절에서는 그 일곱 등불을 "일

---

164 요한은 스가랴서의 순금 등대(단수)를 성전 안에 있는 복수의 일곱 등잔(출 25:31-40; 40:4, 24-25)과 연결 해서 생각했을 가능성이 크다(Bauckham, *The Climax of Prophecy*, 163). 그러므로 계 1:12에서는 "일곱 금 촛대"(ἑπτὰ λυχνίας χρυσᾶς, 헤프타 뤼크니아스 크뤼사스)라는 문구가 사용된다.
165 Smalley, *The Revelation to John*, 33.
166 G. L. Klein, *Zechariah*, NAC 21B (Nashville, TN: B & H Publishing Group, 2008), 153.
167 Beale, *The Book of Revelation*, 207.
168 앞의 책.

곡 영"이라고 함으로써 그 일곱 영을 성령을 의미하는 것으로 해석하는 것에 대한 근거와 정당성을 제공한다. 이러한 관계를 다음 도표로 표현할 수 있다.

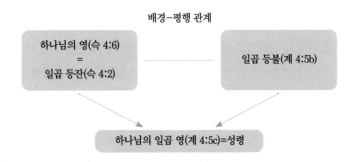

배경-평행 관계

하나님의 영(슥 4:6)
=
일곱 등잔(슥 4:2)

일곱 등불(계 4:5b)

하나님의 일곱 영(계 4:5c)=성령

스가랴 4장 10절과 요한계시록 5장 6절.[169] 스가랴 4장 10절은 성전 안의 일곱 등잔을 온 세상에 두루 다니는 "여호와의 눈"으로 해석한다.

> 작은 일의 날이라고 멸시하는 자가 누구냐 사람들이 스룹바벨의 손에 다림줄이 있음을 보고 기뻐하리라 이 일곱은 온 세상에 두루 다니는 여호와의 눈이라 하니라(슥 4:10)

"여호와의 눈"이 "일곱 등잔"이라는 것은 스가랴 4장 10절의 "일곱"이 스가랴 4장 2절의 "일곱 등잔"을 가리킨다는 점을 통해 알 수 있다.[170] 스가랴 4장 10절에서는 "눈" 앞에 "일곱"이란 숫자가 없지만, 이 배경을 사용하는 요한계시록 5장 6절에는 "눈" 앞에 "일곱"이란 숫자가 붙어서 "일곱 눈"이란 문구가 사용된다. 이런 사실에 비추어 볼 때, 스가랴 4장 10절의 "눈"에도 "일곱"이란 숫자가 부여되어 있다고 짐작할 수 있다. 여기에서 "눈"은 하나님을 "신인동형적으로"(anthropomorphically) 표현한 것으로서 "하나님의 초월성과 주권"을 의미한다.[171] 그러한 "눈"이 "온 세상에 두루 다니는" 것은 "하나님의 편재하심"을 의미하고, 역대하 16장 9절의 "여호와의 눈은 온 땅을 두루 감찰하사 전심으로 자기에게 향하는 자들을 위하여 능력을 베푸시나니 이 일은 왕이 망령되이 행하였은즉 이 후부터는 왕에게 전쟁이 있으리이다 하매"라는 말씀을 연상케 한다.[172]

---

169 5:6에 대한 논의는 해당 본문에 대한 주해에서 좀 더 자세하게 다루도록 하겠다.
170 H. G. Mitchell, *A Critical and Exegetical Commentary on Haggai, Zechariah, Malachi and Jonah*, ICC (New York, NY: Scribner's Sons, 1912),163(Klein, *Zechariah*, 163에서 재인용).
171 K. L. Barker, "Zechariah," *The Expositor's Bible Commentary* (Grand Rapids, MI: Eerdmans, 1983), 7:630(Klein, *Zechariah*, 163에서 재인용).
172 Klein, *Zechariah*, 163; Beale, *The Book of Revelation*, 355.

스가랴 4장과 요한계시록 4-5장의 관계. 요한계시록 4장 5b절에서 성령이 일곱 등불로 나타나는 것은 성전을 빛으로 밝혀 주는 일곱 등불의 기능과 하나님의 임재로 성전을 가득 채우는 하나님의 영 곧 성령의 역할이 평행 관계를 이루기 때문이다(참고, 겔 43:3-5). 곧 이 본문에서 성령을 상징하는 일곱 등불이 등장하는 것은 4장의 지배적 이미지인 하늘 성전 정황의 제의적 차원에서 볼 때 매우 자연스러운 일이다. 이와 비교하여 5장은 예수 그리스도의 구속 사역이라는 정황에서 성령을 온 땅을 두루 다니는 일곱 눈으로 묘사함으로써 그리스도의 사역을 우주적으로 적용하는 목적을 나타내고 있다. 이러한 관계를 다음의 도표로 간단하게 요약할 수 있다.

요한계시록 본문	주제	구약 배경	주제
계 4:5	일곱 등불(λαμπάς)	슥 4:2	일곱 등잔(λύχνος)
계 4:5; 5:6	하나님의 일곱 영	슥 4:6	하나님의 영
계 5:6	일곱 눈	슥 4:10	여호와의 (일곱) 눈

이 표를 통해 알 수 있는 것은 요한계시록 4-5장과 스가랴 4장이 모두 "일곱"이란 숫자를 공통적으로 사용함으로써 두 본문 사이의 평행 관계에 대한 근거를 더욱 공고히 한다는 점이다. 이 도표를 다시 다음과 같은 도식으로 요약하여 정리할 수 있다.

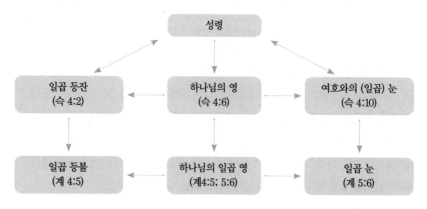

스가랴 4장에서 성령을 의미하는 두 대상인 "일곱 등잔"(슥 4:2)과 "여호와의 (일곱) 눈"(슥 4:10)은 각각 역할에 있어서 다른 측면을 보여준다. 일곱 등잔은 성전에서 하나님의 성전을 밝히는 기능을 하지만 여호와의 (일곱) 눈은 성전 밖에서 온 땅에 두루 다니는 역할을 한다. 요한계시록 4장 5절에서 하늘 성전의 "일곱 등불"

은, 스가랴 4장 2절의 "일곱 등잔"을 배경으로 하여 하늘 성전을 하나님의 임재로 충만히 채우는 "하나님의 일곱 영"을 의미한다. 또한 요한계시록 5장 6절에서 "일곱 눈"은 스가랴 4장 10절의 "여호와의 (일곱) 눈"을 배경으로 하여 그리스도의 구원 사역을 온 세상에 선포하고 적용하는 "하나님의 일곱 영" 곧 성령을 의미한다.

요한은 왜 스가랴 4장의 배경을 사용하고 있는가? 왜 요한이 요한계시록 전체를 압축하여 말하고 있는 서두에서 성령을 "일곱 영"으로 표현함으로써 독자들에게 스가랴 4장의 배경을 떠올리게 하는 것일까? 이에 대한 답은 스가랴 4장의 핵심 본문이라 할 수 있는 스가랴 4장 6절에서 찾을 수 있다.[173]

> 그가 내게 대답하여 이르되 여호와께서 스룹바벨에게 하신 말씀이 이러하니라 만군의 여호와께서 말씀하시되 이는 힘으로 되지 아니하며 능력으로 되지 아니하고 오직 나의 영으로 되느니라(슥 4:6)

이 말씀은 스가랴 4장의 문맥에서는 불가능해 보이는, 하나님의 통치의 발로인 성전 건축이 사람의 힘으로 되는 것이 아니라 오직 하나님의 영으로 가능하다는 것을 천명하는 내용이다(참고, 슥 4:7-9).[174] 그것은 성전 건축이 그만큼 쉽지 않은 상황 속에서 이루어져야 한다는 것을 암시해 준다. 그럼에도 불구하고 성전 건축은 포로 귀환 후에 이스라엘 백성이 감당해야 하는 시대적 사명이다. 하나님의 영은 방해 세력에도 불구하고 성전을 재건할 수 있도록 이스라엘에 용기를 북돋아 주는 역할을 수행한다.[175] 그러므로 스가랴는 4장에서 성전 환상을 통해 성전 건축의 당위성을 독려한다. 스가랴 4장 말씀을 배경으로 요한은 짐승이 강력한 힘과 능력으로 활동하는 이 세상에 대해 하나님이 어떻게 그분의 통치를 이루어 가실지에 대한 답을 찾으려 한다. 그는 스가랴 4장을 배경으로 성령을 "하나님의 일곱 영"이라 칭함으로써, "하나님의 영"의 능력으로 하나님의 통치가 온전히 이루어질 수 있음을 말하는 스가랴 4장 6절을 연상케 하는데, 이는 짐승이 득세하고 있는 이 세상에 대한 하나님의 온전한 통치가 오직 성령의 능력으로 가능하다는 사실을 보여주기 위함이다.[176]

---

173 Bauckham, *The Climax of Prophecy*, 163; Klein, *Zechariah*, 163; Beale, *The Book of Revelation*, 355.
174 Klein, *Zechariah*, 159.
175 Beale, *The Book of Revelation*, 207.
176 Bauckham, *The Climax of Prophecy*, 163.

정리. 이상의 내용을 정리하면, 요한계시록 본문에서 "하나님의 일곱 영" 곧 성령을 의미하는 "일곱 등불"(계 4:5)과 "일곱 눈"은 각각 스가랴 4장 2절의 "일곱 등잔"과 스가랴 4장 10절의 "여호와의 (일곱) 눈"을 배경으로 한다. 다음의 도표는 이러한 관계를 잘 보여주고 있다.

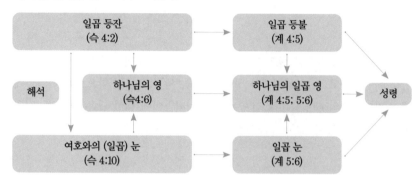

이 도표에서 스가랴 4장 10절은 스가랴 4장 2절에 대한 해석으로 주어진다. 그리고 스가랴 4장 2절은 요한계시록 4장 5절의 배경이고 스가랴 4장 10절은 요한계시록 5장 6절의 배경이다. 또한 요한계시록 4장 5절과 요한계시록 5장 6절은 "하나님의 일곱 영"의 두 측면을 나타내면서 성령의 역할과 기능을 제시한다. 이상의 내용을 바탕으로, 요한계시록의 "일곱 영"이란 문구가 스가랴 4장의 "일곱 등불"과 "여호와의 (일곱) 눈"을 배경으로 성령을 의미한다고 해석할 수 있다.[177]

[4:6a] 수정 같은 유리 바다

구약 배경. 요한계시록 본문에서 "수정 같은 유리 바다"는 보좌 "앞에"(ἐνώπιον, 에노피온) 있다. 이것은 이십사 장로들이 보좌를 "두른"(κυκλόθεν, 퀴클로텐)(4a절)이나 번개들과 소리들과 우레들이 보좌"로부터"(ἐκ, 에크) 나오는 것(5a절)과 확연하게 다르다. 이것은 마치 보좌가 바다 위에 있는 것 같은 모습이다. 이러한 사실에 대한 구체적 의미를 구약을 배경으로 좀 더 입체적으로 살펴보고자 한다. 구약 배경은 창조의 관점과 대적에 대한 제압의 관점으로 나누어 살펴볼 것이다.

---

177 많은 학자들이 이 해석을 지지한다: Beckwith, *The Apocalypse of John*, 424-427; Sweet, *Revelation*, 98; Metzger, *Breaking the Code*, 23-24; Smalley, *The Revelation to John*, 33; Bauckham, *The Theology of the Book of Revelation*, 25, 110-115.

(1) 창조를 기억하고 새창조를 전망하다(겔 1:22; 창 1:7; 시 104:3; 148:4)

먼저 이 문구의 구약적 배경을 간단하게 살필 필요가 있다. 가장 가까운 구약 배경은 하늘 성전을 묘사하는 에스겔 1장 22절 말씀이다.[178]

> 그 생물의 머리 위에는 수정 같은 궁창(στερέωμα ὡς ὅρασις κρυστάλλου)의 형상이 있어 보기에 두려운데 그들의 머리 위에 펼쳐져 있고(겔 1:22)

이 본문에서 "수정 같은 궁창"이란 문구는 요한계시록 본문의 "수정 같은 유리 바다"와 평행을 이룬다. 그러나 요한계시록의 표현에서 약간의 변형이 일어난다. 곧, 에스겔 1장 22절에서는 "궁창"(στερέωμα, 스테레오마)이라고 표현된 것을 요한계시록에서는 유리 "바다"(θάλασσα, 달라싸)라고 표현한다. 이러한 변형은 저자 요한이 창세기 본문을 의식하는 동시에 자신이 드러내려 의도하는 바를 표현하면서 발생한 것이다.

이때 요한이 의식한 창세기 본문은 창세기 1장 7절이다(참고, 에녹1서 14:9; 에녹2서 3:3; 레위의 유언서 2장).[179]

> 하나님이 궁창을 만드사 궁창 아래의 물과 궁창 위의 물로 나뉘게 하시니 그대로 되니라(창 1:7)

창세기 저자는 궁창이 창조의 기본 골격을 이루고, 그 궁창 위에 물이 있다고 보도하고 있다. 이런 사실에 근거했을 때, 구약 시대 사람들은 하늘에서 비가 내리는 것을 이처럼 궁창 위에 있는 물이 내려오는 것으로 생각했을 것이라 추정할 수 있다.

이 창세기 본문과 관련해서 시편 104편 3절과 148편 4절 역시 이러한 사실을 더욱 확증해 주고 있다.[180]

> 물에 자기 누각의 들보를 얹으시며 구름으로 자기 수레를 삼으시고 바람 날개로 다니시며(시 104:3)
>
> 하늘의 하늘도 찬양하며 하늘 위에 있는 물들도 그를 찬양할지어다 (시 148:4)

위의 시편 104편 3절에서는 하나님이 자기 누각의 들보를 물 위에 얹으셨다고 한다. 그리고 시편 148편 4절에서는 하늘 위에 있는 물들이 하늘에서 하나님을

---

178 Beale, *The Book of Revelation*, 328.
179 Swete, *The Apocalypse of St. John*, 69.
180 앞의 책.

예배하고 찬양하는 대열에 참여하는 모습을 보여주고 있다. 이 두 시편 말씀은 하늘에 바다가 있다는 사실을 보여준다. 이 두 시편 말씀 외에도 유대 문헌인 레위의 유언서 2장 7절과 에녹2서 3장 3절 등에서 하늘에 많은 물이 있음을 언급하고 있다.[181]

이상의 내용들은 하늘의 바다가 유대인들의 우주관을 반영한다는 사실을 보여준다. 요한은 이러한 하늘 바다의 존재를 생각하면서, 하나님의 창조 사건에 대한 기억을 통해 새창조에 대한 기대를 불러일으킨다.

(2) 성전의 놋바다(왕상 7:23-26; 대하 4:1-6)

천상적 영역에서의 바다의 존재에 대한 이해는 하늘의 모형으로 설계되는 지상 성전의 건축에 반영된다. 열왕기상 7장 23-26절 혹은 역대하 4장 1-6절은 솔로몬이 성전에 놋으로 형상화한 바다를 만들었다고 기록하는데, 이것은 솔로몬의 지상 성전이 하늘 성전을 반영하고 있다는 것을 보여준다. 특별히 역대하 4장 6절에 의하면, 솔로몬 성전에 만들어진 놋바다의 "물두멍"에서는 번제에 속한 물건을 씻고 "바다"에서는 제사장 자신이 씻는데, 이는 놋바다가 제의적 용도로 사용되는 것을 보여준다. 그러므로 이러한 "바다"는 지상 성전의 정결함을 위한 것으로서 성전의 거룩성을 유지하는 도구다. 이는 지상 성전이 하늘 성전의 모형으로서 거룩해야 했기 때문이다. 그러므로 하늘의 바다의 모형으로 만들어진 성전의 놋바다는 정결케 하기 위한 제의적 용도로 활용되기도 한다.

(3) 하나님의 통치와 대적을 제압하심(시 29:10)

시편 29편 10절은 하늘의 바다와 관련하여 하나님의 통치를 드러낸다.

> 여호와께서 홍수 때에 좌정하셨음이여 여호와께서 영원하도록 왕으로 좌정하시도다(시 29:10)

이 본문에서 "홍수"로 번역된 히브리어 단어 '마불'(מבול)은 사전적으로 "천상의 바다"(celestial sea)란 의미를 갖고,[182] 오우니도 이 단어를 "천상적 바다"(heavenly ocean)로 번역한다.[183] 이런 의미를 시편 29편 10절에 적용하면, 10절 전반부는

---

181 Beale, *The Book of Revelation*, 327.
182 *HALOT*, 541.
183 Aune, *Revelation 1-5*, 296.

하나님이 천상적 바다 위에 좌정하사 왕으로 군림하신다는 내용이 된다. 그리고 이러한 내용은 시편 29편 10절 후반부에서 "왕으로 좌정하시도다"라는 표현을 통해 반복되어 나타난다. 이러한 맥락에서 시편 29편 10절의 전반부는 천상적 영역에서의 통치를, 후반부는 지상적 영역에서의 통치를 각각 나타내 주고 있다고 해석하기도 한다.[184]

한편 "가나안 전승들"을 배경으로 해석하면, 시편 29편 10절의 바다를 홍수를 통제하는 "바알이 좌정하는 자리"로 간주할 수 있다.[185] 그래서 시편 본문에서 하나님이 바다 위에 앉으셨다는 것은 대적자 바알의 통치권을 무너뜨리고 혼돈과 공허의 바다를 제압하여 질서를 정하시는 승리의 주님을 묘사하는 것으로 이해할 수 있다.[186] 이런 해석은 고대 근동 사회에서 바다를 혼돈과 공허의 이미지로 간주하는 것과 맥을 같이하고 있다.

요한계시록에서의 의미. 앞서 살펴본 구약 배경을 요한계시록 4장 6절의 "수정 같은 유리 바다"에 적용할 수 있다. 먼저 이 표현은 성취의 관점에서 새창조에 대한 비전과 관련된다. 곧 요한계시록에서 하늘의 바다는 구약적 우주관을 따라 창조의 근원이 하늘에 있으며 구약과 유대 문헌에서 전망하던 새창조의 회복이 성취되었다는 현실을 확증해 준다. 이처럼 바다의 천상적 존재를 통한 창조의 정황을 연상시킴으로써 창조의 회복으로서의 새창조의 성취와 완성에 대한 전망을 제시해 주고 있다.

또한 요한계시록 4장에서 하늘의 바다는 시편 29편 10절의 말씀처럼 대적들을 제압하시는 홍해 사건을 연상케 한다. 이런 사실은 4장 6절의 "수정 같은 유리 바다"와 동일한 바다가 15장 2절에 다시 등장하는 것과 관련된다.[187] 15장 2-3절에서는 짐승을 이긴 자들이 유리 바닷가에 서서 모세의 노래 곧 어린 양의 노래를 부르는 장면이 나온다. 그들은 바다 위에 계신 승리하시고 통치하시는 하나님과 함께 짐승을 이김으로써 승리와 통치에 동참하며, 그것을 가능하게 하신 하나님을 찬양한다. 그런데 15장에서는 "수정 같은"이란 문구가 "불로

---

184 Nancy DeClaissé-Walford, Rolf A. Jacobson, and Beth Laneel Tanner, *The Book of Psalms*, NICOT (Grand Rapids, MI: Wm. B. Eerdmans Publishing Company, 2014), 286.

185 P. Craigie, *Psalms 1-5*, WBC 19 (Waco, TX: Thomas Nelson, 2005), 248.

186 앞의 책.

187 스웨테는 홍해와의 관련성까지는 언급하지 않지만, 계 4:6의 "수정 같은 유리 바다"와 15:2의 "유리 바다"의 관련성에 주목한다(Swete, *The Apocalypse of St. John*, 69).

섞여진"(μεμιγμένην πυρί, 메미그메넨 퓌리)으로 변경되어 표현된다. 이런 변화는 바로 15-16장의 대접 심판을 기록하는 문맥의 영향 때문이다.

특별히 15장 2절에 의하면 "그 짐승으로부터 그리고 그의 우상으로부터 그리고 그의 이름의 수로부터 승리한 자들"이 유리 바닷가에 서 있다. 그들은 하나님의 하프를 가지고 "모세의 노래" 곧 "어린 양의 노래"를 부른다(15:3). 이 모습은 바로 홍해를 건넌 후 그 바닷가에서 모세와 미리암이 소고를 치며 하나님을 노래했던 사건의 성취로 이 사건을 묘사하고 있는 것이다. 과거에 홍해를 건넌 자들이 애굽의 군대를 제압하고 모세의 노래를 불렀던 것처럼 이제 그들은 짐승을 제압하고 어린 양의 노래를 부른다(이에 대해서는 해당 본문을 다룰 때 자세히 논의하도록 하겠다). 홍해 사건은 바다를 장악하고 통치하시는 하나님의 승리를 나타내며, 바다 위에 앉으신 하나님의 모습을 상상하게 한다. 하나님의 통치에 도전하는 대적자들은 혼돈과 무질서의 바다에 휩쓸려 심판을 받는다. 이러한 구약적 사건을 배경으로 요한은 요한계시록에서 성도들을 하나님과 함께 바다 위에 앉은 승리자의 모습으로 묘사하고 있다. 그리고 이런 모습은 앞서 구약 배경에서 언급한 시편 29편 10절을 반영한 것으로 간주할 수 있다.

요한계시록의 다른 본문들에서 바다는 "악의 저장고"(reservoir of evil)로서 바다에 용이 서 있고(12:17) 그 바다로부터 짐승이 나온다(13:1).[188] 흥미로운 것은 21장 1절의 새창조 회복의 완성에 대한 묘사에서 "바다가 다시 없다"라고 한 것은 역설적이며, 이러한 진술을 통해 새창조에서 악의 세력의 근원은 더 이상 존재할 수 없게 된다는 사실을 천명하고 있다.

정리. 이런 내용을 정리하면 바다와 관련하여 두 가지 사실을 알 수 있다. 첫째, 바다는 첫 창조를 연상케 하고 새창조에 대한 전망을 내놓는다. 요한은 에스겔 1장 22절의 "수정 같은 궁창"을 직접적인 배경으로 하고 있을 뿐 아니라 창세기 1장 7절, 시편 104편 3절, 148편 4절의 말씀을 반영하여 하늘의 "수정 같은 유리 바다"를 표현하고 있다. 둘째, 요한은 또한 이러한 표현으로 요한계시록 내에서 중요한 의미의 전달을 위한 토대를 미리 마련하고 있다. 곧 바다를 악의 근원으로 간주하여 제압되어야 할 대상으로 해석함으로써 악의 세력에 대한 하나님의 승리를 선포한다.

---

188 Caird, *The Revelation of Saint John*, 65.

[4:6b-8b] 네 생물

요한계시록 4장 6b-8b절에서는 네 생물과 그 네 생물이 하나님께 드리는 찬양을 기록하고 있다. 이 본문에 의하면 네 생물은 "앞과 뒤에 눈들로 가득 차" 있고(6c절), 첫째 생물은 "사자" 같고(7a절), 둘째 생물은 "송아지" 같고(7b절), 셋째 생물은 "사람 같은 것의 얼굴"을 가지고 있으며(7c절), 넷째 생물은 "독수리" 같다(7d절). 또한 네 생물 각각은 여섯 날개를 가지고 있고(8a절), 그들을 둘러서와 그들 안이 눈들로 가득하다(8b절). 이러한 특징들을 가지고 있는 네 생물은 무엇을 의미하는가? 이것을 알기 위해서는 먼저 이 생물들의 구약 배경과 유대적 배경을 살펴볼 필요가 있다.

구약 배경과 유대적 배경. 요한계시록의 네 생물은 구약 성경 에스겔 1장 5-25절과 이사야 6장 1-4절의 "환상적 회상들"(visionary recollections)의 조합을 배경으로 한다.[189] 그 중에서도 특히 에스겔 1장 10절의 네 생물과 관련된다고 보는 것이 좋을 것 같다. 에스겔 1장 10절의 네 생물은 에스겔 10장 12-15절과 19-22절에서 "그룹"들로 다시 나타난다. 여기에서 네 생물의 네 가지 얼굴은 공통적으로 각 분야에서 가장 탁월한 피조물들을 대표하며, 이러한 탁월성은 하나님의 영광을 드러내는 데 매우 효과적이다.[190] 곧 사자는 맹수 중 가장 강한 짐승이고(민 23:24; 24:9; 삿 14:18; 삼하 1:23; 17:10 등), 독수리는 빠르고 높이 날 수 있다는 점에서 날짐승 중 가장 위압적이며(신 28:49; 삼하 1:23; 렘 48:40; 애 4:19; 욥 39:27), 소는 가축 중에서 가장 소중하게 사용되는 짐승이며(잠 14:4; 욥 21:10. 참고, 출 21:37), 사람은 만물의 영장이다(창 1:28; 시 8:7).[191]

이러한 내용은 유대인들의 해석(미드라쉬)에서도 동일하게 나타나는데, 특히 다음 문헌이 그 점을 잘 보여주고 있다.

> 세상에 네 종류의 탁월한 존재가 창조되었다. 모든 것 가운데 가장 탁월한 것은 사람이고 날짐승 중에 가장 탁월한 것은 독수리이며 금수 중에 가장 탁월한 것은 소이며 맹수 중에 가장 탁월한 것은 사자이다. 그것들은 모두 거룩한 분의 병거(chariot) 밑에 자리 잡고 있다(*Exodus Rabba* 22:13)[192]

---

189 Blount, *Revelation*, 92.
190 Greenberg, *Ezekiel 1-20*, 56.
191 앞의 책.
192 앞의 책.

이와 같은 미드라쉬의 해석은 네 생물이 각 분야의 피조물을 대표하는 탁월한 존재로서의 특징을 갖는다는 점을 알려 준다. 이러한 대표성은 우주적 의미를 내포하는 "넷"이라는 숫자를 사용함으로써 피조물 전체를 포함하려는 의도를 갖는다.[193] 요한계시록에서도 이렇게 "넷"이란 숫자를 우주적 의미로 사용하는 경우들이 있다. 예를 들면, 요한계시록 5장 9절과 7장 9절 등에 나오는 "모든 족속과 언어와 백성과 나라"라는 네 항목으로 이루어진 표현이나 7장 1절의 "땅의 네 모퉁이" 등이 그런 경우에 해당된다. 이 경우들 모두에서 숫자 "넷"은 우주적 의미를 내포한다. 이러한 의미에서 네 생물은 우주 가운데 살아 있는 모든 존재를 가리킨다고 할 수 있다. 이러한 의미의 네 생물이 하늘에 존재한다는 것은 모든 피조물의 원천이 하늘에 있음을 시사해 준다. 이러한 사실은 또한 하나님이 새창조를 이루실 것에 대한 비전과 함께 하나님이 만물에 대한 통치자이심을 상징적으로 보여주기도 한다.[194]

네 생물의 위치(6b절). 6b절은 네 생물이 "보좌 중에(among)"(ἐν μέσῳ τοῦ θρόνου, 엔 메소 투 드로누) 있고 "보좌를 두른"(κύκλῳ τοῦ θρόνου, 퀴클로 투 드로누) 것으로 묘사하면서 네 생물의 위치를 나타낸다. 먼저 네 생물이 보좌 "중에"(ἐν μέσῳ, 엔 메소) 있다는 첫 번째 묘사의 경우는 2장 1절에서도 동일한 문구가 사용된 바 있다. 곧 2장 1절에서 예수님은 일곱 교회를 의미하는 "일곱 금 촛대 '가운데(ἐν μέσῳ, 엔 메소) 다니시는" 분으로 묘사된다. 두 본문 모두에서 동일하게 '엔 메소'가 사용되지만 둘 사이에는 의미상 차이가 있다. 2장 1절에서는 예수님이 일곱 교회를 주관하는 입장이신 반면, 4장 6절에서는 네 생물이 보좌를 중심으로 자리 잡고 있어서 하나님을 예배하는 제의적 특징을 갖는다(참고, 5:8; 19:4).[195] 실제로 8–11절에서 네 생물의 제의적 활동은 화려하기까지 하다. 이러한 차이 때문에 번역도 동일하게 하지 않고 "보좌 중에"라고 하여 보좌의 중심성을 더욱 드러낼 필요가 있다. 그리고 두 번째 경우에 "보좌를 두른"이란 문구에서 사용된 "두른"(κύκλῳ, 퀴클로)이란 단어는 4a절에서 이십사 장로들의 보좌들이 하나님의 "보좌를 두른" 것을 표현할 때 사용된 "두른"(κυκλόθεν, 퀴클로덴)이란 단어와 거의 동일한 형태와 의미를 가지고 있다. 단어의 이러한 유사성은 네 생물이 천상적 존재들(heavenly beings)로

---

193 롤로프는 "넷"이라는 숫자를 "완전한 형태로의 세상"을 상징하는 숫자로 규정한다(Roloff, *Revelation*, 71).
194 앞의 책.
195 Charles, *A Critical and Exegetical Commentary on the Revelation of St. John*, 1:118.

서 이십사 장로들만큼이나 하늘 성전에서 하나님의 중심성을 강하게 드러내고 있음을 보여줄 뿐 아니라 그들이 제의적 역할에서 중요한 위치에 있음을 보여주기도 한다. 곧 네 생물의 보좌와 관련한 이러한 위치 설정은 하나님이 피조물 가운데 좌정하시며 통치하시며 임재하시는 것을 잘 나타내 준다. 지상에서 이러한 구도를 나타냈던 최초의 공간은 바로 에덴이다. 그리고 역사는 이런 최초의 정황을 회복하기 위해 진행된다. 바로 요한계시록 4장의 네 생물 환상은 이런 전망의 성취와 완성을 제시한다. 이 주제에 대해서는 다음 단락에서 좀 더 자세하게 논의하게 될 것이다.

네 생물의 구속사적 의미. 네 생물이 하나님의 보좌 중에와 보좌 주위에 있다는 것은 창조주와 피조물 사이의 관계를 상징적으로 잘 나타내 준다. 하나님은 온 피조 세계에 충만한 분이시고, 하나님이 그렇게 온 피조 세계에 충만하신 이유는 그분이 창조하신 피조물로부터 영광을 받으시기 위함이다. 이러한 관계가 가장 잘 구현되었던 장소가 바로 타락 전 에덴 동산이었다. 그때의 에덴 동산이야말로 모든 피조물과 하나님의 관계가 가장 아름답게 조화되던 장소였다. 하나님의 보좌가 에덴 동산에 있었으며 피조물은 하나님의 보좌 중에와 보좌 주위에 충만하고 조화롭게 존재할 수 있었다. 피조물을 대표하는 네 생물이 보좌를 중심으로 존재하는 그림이 바로 이런 정황의 근원을 잘 묘사하고 있다. 이러한 점에서 에덴 동산이야말로 하늘을 반영하고 있으며 하늘은 에덴 동산의 원천으로 존재한다. 타락한 이후에 에덴의 회복은 성막과 가나안과 성전을 통해 구현된다. 그리고 그리스도의 탄생과 부활과 승천을 통해 종말적 성취를 이루고 재림을 통해 완성을 바라본다. 그리스도를 통한 성취는 1장 6절과 5장 9-10절에서 우리를 나라와 제사장을 삼으신 것과 7장 15-17절에서 새 출애굽을 경험한 셀 수 없는 큰 무리를 통해서도 잘 나타나고 있다. 뿐만 아니라 21-22장에서는 하나님의 백성 가운데 이루어지는 새창조로서의 에덴 회복을 전망한다. 물론 이러한 새창조는 이미 그리스도 안에서 현재 이곳 지상의 교회 공동체 가운데 성취되어 체험되는 것이기도 하다(참고, 고후 5:17). 이 외에도 이러한 성취의 정황이 요한계시록에 매우 풍성하게 나타나고 있으므로, 그에 해당하는 본문들이 나타날 때마다 논의하기로 하겠다.

이상의 논의를 다음과 같은 도표로 다시 정리해 볼 수 있다.

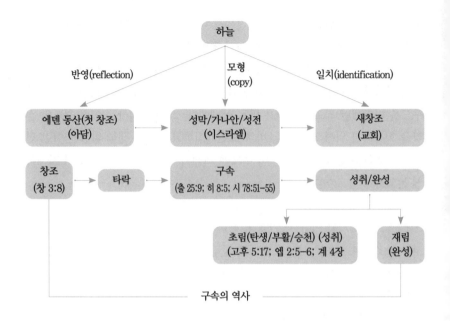

이 도식에서 모든 피조 세계의 중심이라 할 수 있는 에덴은 하늘의 반영
(reflection)이며, 성막/가나안/성전은 하늘의 모형(copy)이고, 새창조는 하늘 그 자
체로서 하늘과 일치한다. 여기에서 에덴이나 성막/가나안/성전과 새창조가 모
두 하늘과 관련되어 있으며 이들이 서로 "약속과 성취" 혹은 "그림자와 실체"의
관계로 나타나고 있다. 요한계시록 4장에서 피조 세계를 대표하는 네 생물이 하
늘에 존재하는 것은 바로 이런 관계들을 반영하기 때문이다. 곧 네 생물의 존재
에 의해 하늘이 피조 세계의 원형임을 시사해 주고 있는 것이다. 더 나아가서 네
생물의 존재가 갖는 이러한 의미는 "열린 하늘"과 함께 이미 그리스도의 초림으
로 말미암아 이루어졌고 재림으로 완성될 새창조의 존재를 예고하고 확증한다.
곧 4장의 네 생물은 우레나 번개 같은 종말적 현상과 함께 종말적 의미를 가진
다. 이것은 "뜻이 하늘에서 이루어진 것처럼 땅에서도 이루어 질 것"이라는 주
님의 기도의 전형을 보여준다.

눈이 앞뒤 그리고 안과 겉으로 둘러서 가득하다(6c절, 8b절). 6c절은 네 생물이 "앞
과 뒤에 눈들로 가득 찼다"고 표현하고 8b절은 "그들을 둘러서 그리고 그들 안
이 눈들로 가득 차 있다"고 기록하고 있다. 이런 내용은 구약의 에스겔 1장 18절

과 10장 12절을 배경으로 한다.[196] 다만 에스겔서에서 눈들은 바퀴의 테를 두르고 있는 것으로 묘사되는 반면, 요한계시록 본문에서는 네 생물에 가득한 것으로 묘사된다는 점에서 차이가 있다. 그들의 모습을 정확한 사실적 그림으로 그리려 해서는 안 되며(아마도 그것은 불가능할 것이다), 단지 상상력을 동원해 개념적인 이미지를 추론해야 할 것이다.[197] 눈들로 가득 찬 이러한 네 생물의 모습은 그들이 어디서든지 언제든지 무엇이든지 모두 볼 수 있으며 따라서 이 세상 어떤 것도 그 눈들로부터 숨겨질 수 없다는 사실을 나타내 준다.[198] 동시에 그 충만한 눈의 초점은 그들의 창조주로서 그들의 "주인"(master)이신 하나님을 향해 있다.[199] 왜냐하면 네 생물이 보좌를 중심으로 존재하기 때문이다. 이것은 피조물에 대한 하나님의 주권을 나타내 준다.

이러한 특징은 네 생물이 피조물을 대표할 뿐 아니라 창조주 하나님을 대표하기도 한다는 것을 보여준다. 곧 그러한 여러 개의 눈은 모든 피조물 가운데 하나님의 "대리자들"로서 하나님의 "신적 편재성"(divine omniscience)을 나타내는 역할을 한다.[200] 탈굼역(구약 성경의 아람어 역본)은 에스겔 1장 14절의 "그 생물들은 번개 모양같이 왕래하더라"를 "그 생물들은 그들의 주인의 뜻을 행하기 위해 보냄을 받는다"로 번역한다.[201] 이 번역에서 우리는 "네 생물"의 역할에 하나님의 뜻을 온 세상에 알리는 것이 포함되어 있음을 발견할 수 있다. 실제로 요한계시록 6장 1-8절의 처음 네 개의 인 심판은 하나님을 대리하도록 보냄 받은 네 생물의 주도 아래 이루어진다. 여기에서 네 생물은 그들의 충만한 눈으로 세상을 살피며 세상에 심판을 도입함으로써 하나님의 뜻을 실행하는 역할을 한다.[202] 또한 네 생물은 피조물을 대표하여 창조주 하나님을 경배하고 예배하는 정황 가운데서 등장한다. 이러한 정황은 8c-11절 등에서도 이어진다.

여섯 날개(8ab절). 8a절에 의하면 네 생물은 여섯 개의 날개를 가지고 있다. 이것은 에스겔서에 나오는 네 생물 혹은 "그룹들"(Cherubim)이 네 개의 날개를 가진 것과 차이가 있다. 따라서 요한계시록 4장 8a절이 말하는 네 생물의 여섯 날개

---

196 앞의 책, 1:123.
197 Mounce, *The Book of Revelation*, 125; Krodel, *Revelation*, 157.
198 앞의 책.
199 앞의 책.
200 Beale, *The Book of Revelation*, 330.
201 앞의 책.
202 앞의 책.

는 에스겔서의 "그룹들"보다는 이사야 6장 2절에서 여섯 날개를 가진 것으로 묘사되는 "스랍들"(Seraphim)을 연상케 한다.[203] 더욱이 8d절에서 네 생물은 "거룩하다 거룩하다 거룩하다 주 하나님 전능하신 이여"라고 찬양하는데, 이것은 이사야 6장 3절에서 스랍들이 "거룩하다 거룩하다 거룩하다 만군의 여호와여 그 영광이 온 땅에 충만하도다"라고 찬양한 것과 동일하다. 이러한 사실을 통해 볼 때, 네 생물에 대한 요한계시록 4장 8절의 묘사는 에스겔서의 네 생물과 이사야 6장의 스랍들의 모습을 조합하여 구성되어 있음을 알 수 있다. 이러한 모양의 조합은 요한계시록 4장의 네 생물이 에스겔서의 네 생물 혹은 그룹들과도 다르고 이사야서의 스랍들과도 다른 제3의 존재라는 것을 보여준다. 그렇다면 그들에 대한 묘사는 실제적인 것이 아니라 요한이 전달하고자 하는 메시지의 목적에 따라 구성된 상징적 묘사라는 것을 알 수 있다.[204] 요한계시록 4장의 네 생물, 에스겔서의 네 생물/그룹들, 이사야서의 스랍들을 다음과 같이 비교 및 정리할 수 있다.

구분	에스겔서의 네 생물/그룹	이사야서의 스랍들	요한계시록의 네 생물
날개 숫자	각 생물들이 네 개의 날개를 가지고 있다	각자가 여섯 개의 날개를 가지고 있고 3개씩 한 짝을 이룬다	각 생물이 여섯 개의 날개를 가지고 있다
성전 안에서의 위치	바퀴와 함께 보좌의 기초 부분을 형성	보좌 위에 서 있다	보좌 중에와 보좌를 둘러 있다
얼굴	네 생물 각자가 네 얼굴을 가지고 있다 (겔 1:6, 10)	없음	각 생물은 하나의 얼굴만 가지고 있다; 안과 주위에 눈이 가득하다
3중의 거룩하다 (trisagion)	없음	거룩하다 x 3	거룩하다 x 3
눈	눈이 가득(1:18; 10:12)	없음	눈이 가득

이 표에서 볼 수 있듯이, 요한계시록의 네 생물은 에스겔서의 네 생물/그룹들과 이사야서의 스랍들을 조합한 것이지만 그들과는 다른 제3의 존재라고 할 수 있다. 그렇다면 요한계시록의 네 생물은 저자 요한에 의해 창조적으로 구성된 상징적 의미를 내포한다는 사실에 힘이 실린다. 그 상징적 의미란 네 생물이 지상의 모든 피조물을 대표하는 천상적 존재라는 것이다. 이런 패턴은 천사적 존재

---

203 Thomas, *Revelation 1-7*, 357.
204 Beale, *The Book of Revelation*, 330-331.

로서 지상 교회의 천상적 지위를 상징화하는 이십사 장로의 경우와 동일하다. 이것은 또한 천사를 의미하는 일곱 별이 지상적 교회의 천상적 대응체 역할을 하는 것과도 동일한 패턴이다. 이와 같은 일관된 패턴은, "네 생물"을 4-5장에 나오는 "보좌," "이십사 장로들," "번개들/소리들/우레들," "책," "인침," "사자," "어린 양," "뿔," "일곱 영" 등과 함께 일관성 있게 상징적으로 이해하는 것이 적절하다는 사실을 더욱 확증해 준다.[205]

---

205 앞의 책.

4. 창조주 하나님에 대한 찬양과 예배(4:8c-11)

요한계시록 4장 8c-11절에 나오는 예배의 찬양은 두 부분으로 나뉘는데, 8c-9
절의 네 생물로 시작해서 10-11절의 이십사 장로들에게로 이어진다. 이런 순서
는 앞에서 열거된 순서와 반대로 제시된다는 점에서 특이하다고 할 수 있다.

구문 분석 및 번역

8절 c   καὶ ἀνάπαυσιν οὐκ ἔχουσιν ἡμέρας καὶ νυκτὸς λέγοντες·
        그리고 그들은 (다음과 같이) 말하면서 낮과 밤에 쉼을 갖지 않는다

     d   ἅγιος ἅγιος ἅγιος κύριος ὁ θεὸς ὁ παντοκράτωρ,
        거룩하다 거룩하다 거룩하다 주 하나님 전능하신 이시여

     e   ὁ ἦν καὶ ὁ ὢν καὶ ὁ ἐρχόμενος.
        전에도 계셨고 지금도 계시고 장차 오실 이시여

9절 a   Καὶ ὅταν δώσουσιν τὰ ζῷα δόξαν καὶ τιμὴν καὶ εὐχαριστίαν
        그리고 그 생물들이 영광과 존귀와 감사를 드리는 때에

     b   τῷ καθημένῳ ἐπὶ τῷ θρόνῳ¹ τῷ ζῶντι εἰς τοὺς αἰῶνας τῶν αἰώνων,
        영원히 사시는 보좌에 앉으신 이에게

10절 a   πεσοῦνται οἱ εἴκοσι τέσσαρες πρεσβύτεροι ἐνώπιον τοῦ καθημένου ἐπὶ τοῦ θρόνου
        이십사 장로들이 보좌에 앉으신 이 앞에 엎드린다

     b   καὶ προσκυνήσουσιν τῷ ζῶντι εἰς τοὺς αἰῶνας τῶν αἰώνων
        그리고 영원히 사시는 이에게 경배한다

     c   καὶ βαλοῦσιν τοὺς στεφάνους αὐτῶν ἐνώπιον τοῦ θρόνου λέγοντες·
        그리고 그들은 (다음과 같이) 말하면서 그들의 면류관을 보좌 앞에 놓는다

11절 a   ἄξιος εἶ, ὁ κύριος καὶ ὁ θεὸς ἡμῶν, λαβεῖν τὴν δόξαν καὶ τὴν τιμὴν καὶ τὴν
        δύναμιν,
        우리의 주와 하나님이여, 영광과 존귀와 능력을 받으시기에 합당합니다

     b   ὅτι σὺ ἔκτισας τὰ πάντα
        왜냐하면 당신은 만물을 지으셨기 때문입니다

     c   καὶ διὰ τὸ θέλημά σου ἦσαν
        그리고 (만물이) 당신의 뜻대로 있었기 (때문입니다)

     d   καὶ ἐκτίσθησαν.
        그리고 (만물이) 지으심을 받았기 (때문입니다)

8c절에서 주동사는 "가지다"(ἔχουσιν, 에쿠신)이고 그것의 목적어는 "쉼"(ἀνάπαυσιν, 아
나파우신)이다. 그리고 8c절 마지막에는 분사형 동사 '레곤테스'(λέγοντες, 말하면서)가
사용된다. 조금 어색한 감이 있지만 8c절은 직역에 가깝게 번역을 했고, 직역에
서는 "말하다"보다는 "쉼을 갖지 않았다"가 좀 더 강조된다.

또한 8cde절과 9절 사이에서 눈여겨볼 것은 비록 구문적으로는 9절이 10절에 속하는 종속절이지만, 문맥적으로는 9절이 네 생물에 대한 내용이기 때문에 동일한 주제를 말하는 8cde절과 연결된다는 점이다. 9a절은 8c절에 나오는 네 생물의 찬양 행위에 좀 더 구체적인 내용을 덧붙여서 "영광과 존귀와 감사"(δόξαν καὶ τιμὴν καὶ εὐχαριστίαν, 독산 카이 티멘 카이 유카리스티안)라고 표현한다. 9a절에서는 "드리다"(δίδωμι, 디도미)의 미래 시제인 '도수신'(δώσουσιν)이 동사로 사용된다. 여기에서 미래 시제 동사가 사용되는 것은 다소 어색한 느낌을 주는데, 왜냐하면 이 문맥에서는 네 생물의 찬양이 환상의 정황에서 현재적 성격을 갖는 것이 확실하기 때문이다. 그렇다면 왜 여기에서 미래 시제 동사가 사용되는 것일까? 먼저 문맥을 통해 볼 때, 비록 이곳에서 미래 시제가 사용되긴 했지만 그것이 미래에 일어날 행위를 의도하는 것이 아니라는 점은 분명하다. 톰프슨에 의하면 이것은 구약 히브리어의 영향을 받은 것으로서 히브리어의 "미완료" 형태를 미래 시제로 표현했을 가능성이 크다.[206] 이에 대한 구체적인 용례가 시편 104편 6절에 잘 나타나 있다.[207]

개역개정	70인역(시 103:6)	마소라 본문
물이 산들 위로 솟아올랐으나	ἐπὶ τῶν ὀρέων στήσονται ὕδατα	עַל־הָרִים יַעַמְדוּ־מָיִם׃

이 도표에서 개역개정의 "솟아올랐다"에 해당하는 동사가 70인역에서는 '히스테미'(ἵστημι, 서다)의 미래 시제인 '스테손타이'(στήσονται)로 나타나고 마소라 본문에서는 '아마드'(עמד, 서다)의 미완료형인 '야암두'(יעמדו)로 나타난다. 여기에서 우리는 70인역의 번역자가 히브리어의 미완료형을 헬라어의 미래 시제로 번역하고 있다는 것을 알 수 있다.

이런 점을 요한계시록의 본문에 적용해 본다면, 9a절에서 영광과 존귀와 감사를 드리는 행위가 미래 시제로 표시되었다고 해서 그것을 단순히 미래적 행위로 이해할 것이 아니라 그것의 본래 개념이 히브리어의 미완료형으로부터 왔다고 판단해야 할 것이다. 따라서 요한계시록 본문의 미래 시제를 올바로 이해하

---

206 Thompson, *The Apocalypse and Semitic Syntax*, 45-47. 이러한 견해는 1919년에 요한계시록 주석을 저술한 벡위드가 제시한 바 있다(Beckwith, *The Apocalypse of John*, 503). 벡위드는 다음과 같이 주장한다: "'페순타이'(πεσοῦνται) 등에 해당되는 미래 시제는 아마도 히브리어 미완료형의 예를 따라서 반복의 의미로 취해졌을 것이며, 따라서 '그 생물들이 영광 … 을 돌릴 때마다 장로들이 엎드린다'가 될 것이다"(앞의 책).

207 Thompson, *The Apocalypse and Semitic Syntax*, 46.

기 위해서는 히브리어 미완료형의 용법을 정확하게 알아야 한다.[208] 히브리어의 미완료형은 "화자에 의해 어느 순간에 계속되거나 혹은 성취의 과정 중에 있거나 혹은 방금 일어난 행위나 사건이나 상태를 나타낸다."[209] 이러한 정의에 의하면 히브리어의 미완료형은 과거의 행위로서 과거의 짧은 순간에 일어난 사건이나 반복되는 사건을 가리킬 수 있으며, 현재의 행위를 가리키는 경우도 있다. 현재를 나타낼 경우에는 다음과 같은 세 가지 용법으로 사용된다: (1) "짧은 시간이나 긴 시간 동안 계속되는 사건이나 행위"를 묘사하는 경우(창 2:10; 19:19; 24:31, 50; 31:35; 37:15; 삼상 1:8; 11:5; 왕상 3:7; 시 2:2; 사 1:13 등),[210] (2) "어느 때든지 반복될 수 있는 행위"를 나타내는 경우(창 6:21; 32:33; 43:32; 삿 11:40; 삼상 2:8; 5:5; 20:2; 삼하 15:32; 시 1:3; 사 1:23; 3:16),[211] (3) "엄밀히 말해 이미 끝나기는 했지만 그 효과가 현재까지 여전히 지속되는 행동"을 표현하는 경우(창 24:31; 32:30; 44:7; 출 5:15; 삼하 16:9).[212]

한편 미래의 경우에도 미완료형이 사용될 수 있는데, 이 경우에는 미래에 짧거나 길게 계속되거나 반복되어 나타나는 행동을 표현하기 위해 사용된다.[213] 히브리어의 미완료형이 갖는 이러한 다양한 용법들이 미래 시제가 사용된 요한계시록 본문에 적용될 수 있는 가능성을 열어 놓는 것이 좋을 것이다. 그러므로 요한계시록에서 사용된 미래 시제 동사를 관찰할 때 그 동사의 사용이 히브리어 미완료형의 용법들 중 어떤 경우에 해당되는지를 문맥을 통해 결정해야 한다(이와 같은 판단을 해야 할 또 다른 본문으로는 5:10과 7:15-17이 있다).

그렇다면 9a절에서 네 생물이 영광과 존귀와 감사를 영원히 사시는 보좌에 앉으신 이에게 드리는 행위는 위에서 열거한 미완료형의 어떤 용법에 해당하는 것일까? 이것에 대한 결정은 저자 요한의 관점을 어디에 맞추느냐에 따라 달라질 수 있다. 요한이 현재 현장에서 일어나는 사건을 생생하게 묘사하려 했다면, 생물들이 하나님께 영광과 존귀와 감사를 반복해서 드리고 있는 정황을 묘사하는 것이라 할 수 있다. 반면 요한이 요한계시록을 기록하는 시점보다 과거 시점

---

208 이러한 필요성과 관련하여 뮤지스(Mussies)는 요한계시록 자체가 철저하게 구약을 배경으로 구성되었기 때문에 요한이 "이중언어"(bilingualism)에 익숙하다는 사실을 지적한다(Mussies, *The Morphology of Koine Greek As Used in the Apocalypse of St. John*, 311). 그러므로 요한계시록의 헬라어는 히브리어에 영향을 받은 것으로 추정하는 것이 가능하며, 헬라어의 시제 문제를 히브리어를 배경으로 해결하려는 자세는 정당하다.
209 GKC § 107.
210 앞의 책, § 107, f.
211 앞의 책, § 107, g.
212 앞의 책, § 107, h.
213 앞의 책, § 107, i.

에 있었던 환상 경험의 내용을 회상하면서 기록하는 관점으로 본다면, 영광과 존귀와 감사를 드리는 행위는 과거의 반복된 행위라고 볼 수 있다. 곧 9a절에서 "...때"(ὅταν, 호탄)라는 문구는 미래에 일어날 사건이 아닌 과거에 일어난 사건을 요한이 보고 보도하는 형식으로 기록되고 있거나 혹은 현재 일어나고 있는 반복된 사건을 묘사하고 있는 것으로 이해할 수 있다.

10절에서 소개되는 찬양과 경배 행위는 세 개의 주동사인 "엎드리다"(πεσοῦνται, 페순타이)πίπτω, 피프토), "경배하다"(προσκυνήσουσιν, 프로스퀴네수신)προσκυνέω, 프로스퀴네오), "놓다"(βαλοῦσιν, 발루신)βάλλω, 발로)로 표현된다. 이러한 미래 시제 동사들의 사용은 9절과 10절의 사건들이 동시적으로 일어나고 있음을 보여주고 있으며, 이 세 동사 역시 미래 시제로서 9a절의 동사 "드리다"와 동일한 패턴을 갖는다. 곧 세 동사 모두 미래 시제로 사용되었지만 이것을 히브리어 미완료형의 용법을 따라 헬라어로 표현한 것이라 이해하면, 이곳에서 미래 시제를 사용하는 것이, 일정 기간에 반복되는 현재적 정황을 저자가 현재 보고 있는 방식으로 묘사하려는 목적을 갖는다는 것을 알 수 있다. 요한은 미래에 일어날 사건을 보도해 주는 것이 아니라 자신이 환상 중에 본 하늘의 예배 정황을 생생하게 보도해 주려 하고 있는 것이다. 이것은 하늘의 현재적 의미를 강화한다. 그러므로 10절의 동사들을 "엎드린다," "경배한다," "던진다"와 같이 현재 시제로 번역했다.

11b절의 "당신은 만물을 지으셨습니다"에서는 "하나님"을 지칭하는 주어를 강조하기 위해 "당신은"(σύ, 쉬)이라는 주격 인칭 대명사를 구체적으로 사용하고 있다. 개역개정에서는 이러한 인칭 대명사를 하나님께 사용하는 것을 어색하게 여겨 "주께서"로 번역했는데, 이것이 도리어 혼란을 야기할 수 있으므로 원어를 그대로 직역해서 "당신"으로 번역했다. 우리말에서 "당신"은 낮춤말로만 사용되지 않고 존중의 의미도 담고 있기에 하나님을 칭하는 용어로 손색이 없다.

이상의 내용을 근거로 우리말 어순에 맞추어 번역하면 다음과 같다.

8c	그들은
8d	"거룩하다 거룩하다 거룩하다 주 하나님 전능하신 이여
8e	전에도 계셨고 지금도 계시고 장차 오실 이여"
8c	라고 말하면서 낮과 밤에 쉼을 갖지 않는다.
9a	그리고 그 생물들이
9b	영원히 사시는 보좌에 앉으신 이에게
9a	영광과 존귀와 감사를 드리는 때에

10a	이십사 장로들이 보좌에 앉으신 이 앞에 엎드리고
10b	영원히 사시는 이에게 경배한다.
10c	그리고 그들은 (다음과 같이) 말하면서 그들의 면류관을 보좌 앞에 놓는다.
11a	"우리의 주와 하나님이여, 영광과 존귀와 능력을 받으시기에 합당합니다.
11b	왜냐하면 당신이 만물을 지으셨고,
11c	(만물이) 당신의 뜻대로 있었고
11d	지으심을 받았기 때문입니다."

본문 주해

[4: 8c-9] 네 생물의 찬양과 경배

거룩하다 거룩하다 거룩하다(8d절). 8c절에서 네 생물은 쉬지 않고 찬양하는데, 이런 모습은 네 생물의 제의적 역할을 나타낸다. 그리고 모든 피조물을 대표하는 네 생물의 제의적 기능은 또한 모든 피조물의 존재 목적이 하나님의 영광을 드러내는 것이라는 사실을 보여준다. 8d절에서 그 찬양의 내용을 소개한다. 특별히 "거룩하다 거룩하다 거룩하다"라는 찬양 형식(이것은 전문적인 용어로 "삼성송"[trisagion] 혹은 "삼위성가"로 칭해진다)은 앞서 언급한 것처럼 이사야 6장 3절에 나오는 스랍들의 찬양 내용을 그대로 반영한다.[214] 이런 관계에 의해 이사야 6장에 기록된 성전의 정황이 요한계시록 4장의 하늘 성전에 반영되고 있다. 그러나 이사야서의 "만군의 여호와여"(κύριος Σαβαώθ, 퀴리오스 사바오드)가 "주 하나님 전능하신 이여"(κύριος ὁ θεὸς ὁ παντοκράτωρ, 퀴리오스 호 데오스 호 판토크라토르)로 바뀌고 여기에 "전에도 계셨고 지금도 계시고 장차 오실 이"라는 이름이 덧붙여진다. 이러한 변형과 덧붙임은 하나님에 대한 요한계시록의 이해를 반영한다. 이 두 이름은 이미 요한계시록 1장에서 "지금 계시고 전에도 계셨고 장차 오실 이"(1:4c, 8c)에 "주 하나님"(1:8b)이 덧붙여져서 사용된 바 있다. 곧, 우주를 통치하시는 하나님은 단순히 영원히 존재하시는 분이 아니라 미래에 역동적으로 "이 세상을 향한 자신의 계획을 완성하기 위해 오시는" 분이다.[215] 모든 피조물을 대표하는 네 생물이 창조를 주제로 하나님을 예배하는 문맥에서 하나님에 대한 이러한 이름들이 사용됨으로써 자연스러운 신학적 조화를 이룬다.

이러한 문맥에 비추어 요한계시록 4장 8e절의 "전에도 계셨고 지금도 계시고 장차 오실 이"란 이름에서 드러나는 의미의 발전을 엿볼 수 있다. 곧 "전에도

---

214 Blount, *Revelation*, 94.
215 Bauckham, *Theology of the Book of Revelation*, 29.

계셨고"는 창조를 의미하고, "장차 오실 이"는 새창조의 완성을 의미하며, "지금도 계시고"는 새창조의 성취와 그것의 완성 사이에 존재하는 모든 시대에 현재적으로 지속되는 회복의 현재성을 의미한다.[216] 이러한 이름을 가지신 하나님이 여기에서 피조물을 대표하는 네 생물에 의한 찬양의 주제가 되고 있는 것은 매우 의미심장하다. 하나님에 대한 이러한 해석은 이 세상 임금인 사탄과 사탄의 대리 통치자인 로마 제국 황제의 존재 의미를 매우 약화시키고 있다.

네 생물은 밤낮 쉬지 않고 하나님께 찬양을 올려 드리는 예배 행위를 지속한다. 이러한 모습은 피조물이 하나님을 향하여 어떠한 모습을 갖추어야 하는지를 잘 보여준다. 이 세상에 존재하는 모든 피조물은 항상 하나님께 찬양을 올려 드려야 하는 위치에 있는 것이다. 이것이 창조의 질서이다.

영광과 존귀와 감사를 드리다(9a절).

(1) 문맥 관계: 8cde절과 9절의 관계

9절은 문맥적으로 8cde절을 보충하는 내용이다. 곧 8d절에서 하나님을 향해 드려지는 "거룩하다, 거룩하다, 거룩하다"라는 찬양이 9a절에서 "영광과 존귀와 감사를 드리는" 행위로 표현되고 있다. 또한 8c절의 "주 하나님 전능하신 이"와 8e절의 "전에도 계셨고 지금도 계시고 장차 오실 이"라는 하나님에 대한 호칭은 9b절에서 "영원히 사시는 보좌에 앉으신 이"로 표현되어 하나님에 대한 이해를 더욱 풍성하게 할 뿐 아니라, 하나님이 예배를 받기에 합당한 분이심을 확고하게 해 주는 근거가 되고 있다.

(2) 영광과 존귀와 감사

9a절에서는 네 생물이 하나님께 "영광과 존귀와 감사"를 드리는데, 그 중에 특히 "영광"은 이사야 6장 3절 후반부에서 스랍들이 서로에게 "그의 영광이 온 땅에 충만하도다"라고 할 때 그 찬양의 현장인 성전이 영광으로 충만해 있는 것과 평행한다. 이러한 평행 관계는 8d절의 "거룩하다 거룩하다 거룩하다"라는 문구가 이사야 6장 3절을 사용하는 것에 의해 더욱 강화된다. 이러한 평행 관계에 "존귀와 감사"가 덧붙여져서, 네 생물의 찬양으로 말미암아 하늘 성전이 하나님

---

216 이것은 박스올(Boxall, *Revelation of St. John*, 88)이 "장차 오실"을 하나님의 "종말적 심판"으로 보는 관점에 착안하여 새창조의 관점으로 해석한 것이다. 이렇게 할 수 있는 근거는 하나님의 종말적 오심이 심판을 위한 것이기도 하지만 새창조의 목적도 갖기 때문이다. 심판은 재림하시는 예수님이 주도하시고(참고, 19:11이하) 하나님은 계 21:5가 말하는 "만물을 새롭게 하시는" 능력으로 새창조를 이루신다.

의 임재에 대한 예배의 반응으로 얼마나 충만해 있는지를 잘 보여준다. 특별히 이사야 6장 1절의 "주께서 높이 들린 보좌에 앉으셨다"는 표현이 요한계시록 4장 9b절에서는 "영원히 사시는 보좌에 앉으신 이"로 표현된다. 여기에서 "보좌에 앉으신 하나님"의 모습이 평행을 이룬다. 곧 두 본문 모두에서 통치하시는 하나님이 성전의 공간을 가득 채우신다. 이사야 6장의 지상 성전에서의 현장감이 요한계시록 4장의 하늘 성전 정황 속에 반영되어 더욱 생생한 효과를 가져온다. 또한 9b절의 "영원히 사시는"(τῷ ζῶντι εἰς τοὺς αἰῶνας τῶν αἰώνων, 토 존티 에이스 투스 아이오나스 톤 아이오논)이라는 표현은 다니엘 12장 7절의 "영생하시는 자"(τὸν ζῶντα εἰς τὸν αἰῶνα, 톤 존타 에이스 톤 아이오나)와 매우 유사한 표현이다.[217] 그렇다면 요한이 4장 8-9절을 기록할 때 이사야 6장 3절과 다니엘 12장 7절을 조합해서 사용했다고 추정할 수 있다.

9b절의 "영원히 사시는 이"는 10절에서 다시 언급되고 10장 6절과 15장 7절에서도 사용되며, 데오도티온역 다니엘 4장 34절에 등장하고, 신명기 32장 40절과 다니엘 12장 7절을 배경으로 한다.[218] 그리고 "영원히 사시는 이"(9b절)와 "전에도 계셨고 지금도 계시고 장차 오실 이"(8e절)는 상호적으로 의미를 주고받는 밀접한 조합을 이루고 있다.[219] 곧 전자는 후자를 가능케 하고 후자는 전자의 의미를 구체화한다. 이러한 관계는 1장 17-18절의 "나는 처음이요 마지막이요"(1:17e)와 "나는 영원히 살아 있다"(1:18c)라는 조합과 유사한 패턴을 보여준다.

여기에서 "영원히 살다"라는 문구는 단순한 생명의 연장이 아니라 생명을 창출해 내는 생명의 근원으로서의 하나님의 속성을 반영한다(참고, 1:18). 생명의 근원으로서 영원히 사시는 분이 통치를 의미하는 보좌에 앉아 계신다. 이것은 완전한 조화가 아닐 수 없다. 영원히 사시는 분이야말로 진정한 통치자로서의 지위를 가질 수 있다. 비록 로마 제국의 황제가 겉으로는 화려하고 능력 있어 보이는 보좌에 앉아 세계를 다스리고 있는 것처럼 보이지만 그의 생명은 영원하지 못하고 그의 권세도 영원히 지속되지 않는다. 따라서 그는 진정한 통치자라고 할 수 없으며 그에게 돌려지는 영광과 존귀와 감사는 공허할 따름이다. 오직 하나님만이 영원히 사시며 보좌에 앉으셔서 온 우주를 영원히 다스리신다. 따라서 영원히 사시며 통치하시는 하나님은 영광과 존귀와 감사를 받기에 합당하시다.

---

217 Beale, *The Book of Revelation*, 333.
218 Charles, *A Critical and Exegetical Commentary on the Revelation of St. John*, 1:128.
219 앞의 책.

[4:10-11] 이십사 장로들의 찬양과 경배

문맥: 네 생물과 이십사 장로의 조화. 10-11절에서는 이십사 장로들이 찬양하는 모습과 그들이 찬양하는 내용이 소개된다. 이러한 내용은 9절에서 제시되는 네 생물의 찬양과 밀접한 관계 속에서 주어지는데, 왜냐하면 9절이 네 생물이 "영광과 존귀와 감사를 영원히 사시는 보좌에 앉으신 이에게 드리는 때에"라고 하면서, 이십사 장로들의 찬양을 소개하는 10절의 내용을 기다리고 있기 때문이다. 따라서 이곳의 문맥은 피조물을 대표하는 네 생물과 하나님의 백성들을 대표하는 이십사 장로들의 조화로운 찬양을 구성하고 있다. 이러한 조화는 인간과 피조물이 함께 하나님을 예배하는 에덴 동산에서의 조화를 반영한다. 이제 이 본문을 통해 독자들은 에덴 동산의 근본인 하늘에서 이러한 조화의 모습을 발견하게 된다.

경배는 누구에게 드려지고 있는가?(10b절). 이십사 장로의 예배와 찬양은 "보좌에 앉으신 이"(10a절) 혹은 "영원히 사시는 이"(10b절)에게 드려지고 있다. 이 두 호칭은 9절에서 "보좌에 앉으신 영원히 사시는 이"라는 하나의 문구로 표현되었다. 10b절의 "영원히 사시는 이"라는 호칭은 다니엘 4장 34절을 배경으로 한다.[220] 다니엘 4장 34절 본문은 느부갓네살 왕이 하나님을 찬양하는 내용을 담고 있다. 그 본문의 문맥(단 4:30-33)에서 느부갓네살 왕은 자신의 권세가 철저하게 제한적이라는 사실을 처절하게 깨달은 후에, 영원히 사시는 하나님의 영원한 권세를 인식하게 된다. 곧 자신의 유한한 권세와 하나님의 영원한 권세가 극명하게 대조된다는 사실을 고백한다.[221] 또 다른 배경 본문일 수 있는 집회서 18장 1절에서도 "영원히 사시는 이"가 언급된다: "영원히 사시는 이가 모든 것을 창조하였다"(집회서 18:1; 나의 사역). 이 집회서 본문에서 "영원히 사시는 이"는 창조 사건과 관련되어 나타난다.[222] 곧 영원히 사시는 하나님만이 창조주로 인정받게 되신다. 유한한 존재는 창조주로 인정될 수 없다. 이러한 패턴은 이어지는 11b절에서 창조주를 찬양하는 내용이 등장하기 때문에 요한계시록 4장의 문맥과도 잘 어울린다.

---

220 Beale, *The Book of Revelation*, 336. 비일은 이 본문들 외에도 단 12:7을 덧붙인다. 이 본문도 역시 세상의 악한 세력들이 가진 유한한 권세와의 대조를 보여준다(앞의 책).

221 Smalley, *The Revelation to John*, 124.

222 Beale, *The Book of Revelation*, 336.

그들은 하나님을 어떻게 경배하는가? 10절에서 예배의 행위는 "엎드리고"(10a절), "경배하고"(10b절), 마침내는 "면류관을 보좌 앞에 놓는"(10c절) 모습으로 묘사되고 있다. 여기에서 엎드리고 경배하는 모습은 전통적으로 하나님에 대한 예배의 모습이다.[223] 이러한 경배 행위의 절정은 10c절에서 면류관을 보좌 앞에 "놓는" 행위를 통해 드러나고 있다. 여기에서 "놓다"로 번역한 동사는 헬라어 동사 '발루신'(βαλοῦσιν)βάλλω, 발로)인데, 이 단어는 실제로 "던지다"(throw) 혹은 "놓다"(put, lay)라는 의미를 갖는다.[224] 이 본문에서 '발루신'은 "던지다"보다는 "놓다"로 번역하는 것이 더 좋다.[225]

면류관을 보좌 앞에 놓는 행위는 정복당한 왕이 정복한 왕에게 권력을 이양하면서 자비를 구하고 복종을 다짐하는 상징적 퍼포먼스로 알려져 있다.[226] 플루타르크(Plutarch)의 루쿨루스(Lucullus) 위인전에 기록된, "티그라네스는 머리의 왕관을 벗어서 그 발 앞에 놓았다"(Τιγράνης τὸ διάδημα τῆς κεφαλῆς ἀφελόμενος ἔθηκε πρὸ τῶν ποδῶν, 티그라네스 토 디아데마 테스 케팔레스 아펠로메노스 에데케 프로 톤 포돈)라는 문구에도 이러한 의미가 잘 나타나 있다.[227] 또한 파르티아 왕 티리다테스(Tiridates)가 자신을 굴복시킨 "네로 황제의 형상 앞에" 그의 왕관(διάδημα, 디아데마)을 내려 놓는다고 기록하는 타키투스의 『연대기』 15.29에서도 그 예를 찾아볼 수 있다.[228] 또한 군대 지휘관이자 역사가인 아리안(Arrian, *Anabasis Alexandri* 7.23.2)에 의하면 특사들이 알렉산더 왕을 알현할 때 "금 면류관들"(στεφάνοι χρύσοι, 스테파노이 크뤼소이)을 쓰고 와서 마치 "신을 경배하듯이" 그 금 면류관을 바치는 행위를 보여주었다고 한다.[229] 또한 역사가인 헤로디안(Herodian, 8.7.2)은 3세기 초 막시무스 황제의 재임 시절에 여러 도시로부터 파견된 유력 인사들이 황제 앞에 나아갈 때에 "금 화관"을 바치는 행위로 황제에 대한 경배의 마음을 표현했다고 전한다.[230]

---

223 Swete, *The Apocalypse of St. John*. 73.

224 BDAG, 163.

225 BDAG, 163도 계 4:10의 이 단어를 "내려놓다"로 번역하면서 이러한 의미 범주에 포함시킨다. 하지만 다수의 영어 번역본들(NRSV, NKJV, ESV 등)은 이것을 "던지다"(cast)로 번역한다.

226 Swete, *The Apocalypse of St. John*. 73; Osborne, *Revelation*, 239.

227 Swete, *The Apocalypse of St. John*. 73. 한편, 키케로는 "하지만 그나이우스 폼페이우스는 그가 자신의 막사에서 자기 발 앞에서 애원하는 티그라네스를 보았을 때 그를 일으켰고, 그가 그의 머리에서 벗어서 내려놓았던 왕관을 다시 씌워 주었다"(hunc Cn. Pompeius, cum in suis castris supplicem abiectumque vidisset, erexit, atque insigne regium, qued ille de sue capite abiecerat, reposuit)고 기록한다(앞의 책; R. Gardner, *Cicero: Pro Sestio*, LCL 309 [Cambridge, MA: Harvard University Press, 1958], 7:113).

228 Sweet, *Revelation*, 121; Mounce, *The Book of Revelation*, 126n40.

229 Aune, *Revelation 1-5*, 308-309.

230 앞의 책, 309; Boxall, *Revelation of St. John*, 89; Harrington, *Revelation*, 80.

위의 내용에서는 왕권의 의미를 갖는 '디아데마'(διάδημα, 왕관)와 경주에서 승리의 보상으로 주어지는 '스테파노스'(στέφανος, 화관)가 모두 면류관을 의미하면서 호환되어 사용되고 있다. 10절에서 이십사 장로가 드리는 면류관은 '디아데마'가 아니라 '스테파노스'다. 두 단어 사이에 특별한 차이는 없지만 굳이 구별을 하자면, 이 본문에서는 '스테파노스'가 사용됨으로써 승리의 개념이 좀 더 부각되어 이십사 장로에 의해 상징되는 교회 공동체의 "승리와 영원한 생명이 하나님으로부터 왔다는 인식"을 분명히 하고 있다는 사실을 잘 보여주고 있다.[231]

이상의 내용으로 볼 때, 이십사 장로가 엎드리고 경배하며 면류관을 드리는 행위는 하나님과의 관계에서 완벽한 주종관계를 인정하는 것으로 이해할 수 있다. 이런 행위는 이십사 장로가 교회 공동체를 상징한다는 점을 고려할 때 더 잘 이해할 수 있다. 하나님의 백성들은 경배의 행위를 통해, "영원히 사시는 보좌에 앉으신" 주권자 하나님과의 철저한 주종관계를 인정해야 한다. 결국 면류관을 하나님의 보좌 앞에 놓는 행위는 경배 행위의 절정에 해당한다고 할 수 있다.

무엇을 찬양하는가?(11절). 11절은 이십사 장로들이 찬양하는 내용을 소개하고 있다. 9절에서는 네 생물이 올려 드렸던 찬양의 제목으로 "영광과 존귀와 감사"가 소개되었다면, 11a절에서는 이십사 장로들이 올려 드리는 찬양의 내용으로 "영광과 존귀와 능력"이 소개되면서 "감사" 대신 "능력"을 삽입한다. 이러한 유사성에서 우리는 다시 한 번 피조물이나 하나님의 백성들이 하나님께 올려 드리는 찬양의 속성이 유사하다는 것을 확인하게 된다. 특별히 11a절에서 시선을 끄는 것은 "합당하다"(ἄξιος εἶ, 악시오스 에이)는 표현과 "우리의 주와 하나님"(ὁ κύριος καὶ ὁ θεὸς ἡμῶν, 호 퀴리오스 카이 호 데오스 헤몬)이라는 표현이다. 이런 표현들은 당시 로마의 황제들을 가리키는 것으로 알려져 있다.[232] 특별히 "우리의 주와 하나님"이라는 문구는 도미티아누스 황제가 "우리의 주와 하나님"(dominus et deus noster)으로 불렸던 것과 동일한 표현이다(Suetonius, Domitianus, 13).[233] 이처럼 로마 황제들에 비견하여, 이런 호칭을 가지실 분은 로마 황제가 아니라 오직 만군의 하나님뿐이시며 그분만이 경배와 찬양을 받기에 합당한 분이시다.[234]

---

231 Swete, *The Apocalypse of St. John*. 73.
232 Mounce, *The Book of Revelation*, 127; Aune, *Revelation 1-5*, 309.
233 Beale, *The Book of Revelation*, 335.
234 Osborne, *Revelation*, 240.

11bcd절은 하나님의 창조주로서의 속성을 표현하고 있다. 이 구절은 "왜냐하면"(ὅτι, 호티; 개역개정에는 없음)이라는 접속사로 시작하므로, 11a절이 하나님이 찬양을 받기에 합당하시다고 말한 이유를 밝히고 있다. 그것은 바로 하나님이 만물을 지으신 창조주라는 사실이다. 11bcd절의 구조는 A(11b절)—B(11c절)—A'(11d절)의 형태로 주어진다:

A(11b절)   주께서 만물을 창조하심(ἔκτισας)

B(11c절)   (만물이) 주의 뜻대로 존재함(ἦσαν)

A'(11d절) (만물이 주의 뜻대로) 창조됨(ἐκτίσθησαν)

A의 동사는 능동형인 "창조하다"(ἔκτισας, 에크티사스)κτίζω, 크티조)인 반면, A'의 동사는 수동형인 "창조되다"(ἐκτίσθησαν, 에크티스데산)κτίζω, 크티조)이다. A'의 주어는 B의 주어인 "만물"(τὰ πάντα, 타 판타)과 동일하다. A-B-A'의 관계에 대한 몇 가지 해석이 존재한다. 첫째, A와 A'는 창조 사건이고 B는 창조 이후의 "계속적인 보존"(ongoing preservation)이라는 해석이 있다.[235] 이 경우에 B는 창조 질서를 유지하는 섭리를 뜻한다. 창조에 대한 언급 사이에 만물의 보존으로서의 섭리를 언급하고 있는 것은 역사의 모든 부분이 하나님의 창조 목적을 이루기 위한 것임을 일깨우려는 목적을 갖는다.[236] 둘째, A와 A'는 서로 같은 의미로서 창조를 의미하고, B는 A와 A'의 결과로 볼 수 있다는 해석이다.[237] 이 경우는 창세기 1장의 창조 사건을 요약해서 보여주는 것으로서, A/A'와 B의 "주의 뜻대로" 사이의 관계는 하나님이 창조의 질서를 명령하시자(A/A') 명령하신 그대로 되었다(B)는 창조의 정황을 묘사하는 관계라 할 수 있다.[238] 셋째, A와 A'는 창조를 말하는 것으로 보면서 A'가 B와 짝을 이루어 A를 설명하는 관계로 해석하는 경우다. 이 해석에서는 B의 "주의 뜻"이 창조를 시작하기 전에 하나님 마음에 있었던 창조 계획을 가리킨다고 여긴다.[239] 둘째와 셋째 해석은 섭리보다는 창조 자체에 초점을 맞춘다는 점에서 공통점이 있지만, 전자는 주의 뜻대로 창조가 이루어졌다

---

235 Beale, *The Book of Revelation*, 335.

236 앞의 책.

237 Sweet, *Revelation*, 121.

238 앞의 책. 스윗은 창조에 머물지 않고 구속으로 발전되어 가는 단계까지 고려하는데, 이는 그가 구속을 타락으로 말미암아 "혼돈의 세상"으로 전락한 창조 세계의 회복으로 간주하기 때문이다 (앞의 책).

239 H. Kraft, *Die Offenbarung des Johannes*, HNT 16a (Tübingen: Mohr Siebeck, 1974), 101(Beale, *The Book of Revelation*, 335에서 재인용).

고 해석하는 반면 후자는 창조의 뜻이 창세 전에 존재했다고 해석한다는 점에서 차이가 있다.

세 가지 해석 모두 본문의 의미를 잘 조명하고 있으므로 무엇이 옳은지 결정하기가 쉽지 않다. 여기에서는 어느 하나를 결정하기보다는 세 가지 다양한 견해를 통해 다양한 각도에서 그 의미를 숙고해 볼 필요가 있다. 세 견해의 공통된 핵심 내용은 하나님이 창조주라는 것과 그 창조주의 뜻이 반드시 이루어지게 되어 있다는 것이다. 하나님이 "창조주"라는 사실은 하나님의 주권을 강조한다.[240] 이 역사와 세상을 향한 하나님의 주권은 바로 하나님이 만물을 창조하셨다는 사실에서 출발한다. 하나님의 영원한 주권은 유한할 수밖에 없는 로마 제국 및 로마 황제의 주권과 대조된다는 점을 강조한다.

구약 배경. 4장 11bcd절은 70인역 다니엘 4장 37절과 데오도티온역 다니엘 4장 35절을 조합해서 사용하고 있다.[241] 이런 관계를 다음과 같은 도표로 정리할 수 있다(우리말 번역은 나의 사역이다).

요한계시록 4:11bcd	70인역 다니엘 4:37	데오도티온역 다니엘 4:35
b) ὅτι σὺ ἔκτισας τὰ πάντα c) καὶ διὰ τὸ θέλημά σου ἦσαν d) καὶ ἐκτίσθησαν.	τῷ ὑψίστῳ ἀνθομολογοῦμαι καὶ αἰνῶ τῷ κτίσαντι τὸν οὐρανὸν καὶ τὴν γῆν καὶ τὰς θαλάσσας καὶ τοὺς ποταμοὺς καὶ πάντα τὰ ἐν αὐτοῖς·	κατὰ τὸ θέλημα αὐτοῦ ποιεῖ ἐν τῇ δυνάμει τοῦ οὐρανοῦ
b) 왜냐하면 당신은 <u>만물을 지으셨고</u> c) 만물이 <u>당신의 뜻</u>대로 있었고 d) <u>지으심을</u> 받았기 때문입니다.	나는 지극히 높은 분께 감사하며 <u>하늘과 땅과 바다와 강들과 그것들 안에 있는 모든 것들을 창조하신</u> 분께 찬양을 드린다.	<u>그의 뜻에 따라</u> 그는 하늘의 능력으로 행하신다.

이 다니엘서 본문의 문맥은 느부갓네살 왕이 자신의 유한한 권세를 깨닫고 영원한 하나님의 권세를 찬양하는 장면이다. 요한계시록 4장 11bcd절은 70인역 다니엘 4장 37절의 "창조하다"(κτίσαντι, 크티산티〉κτίζω, 크티조)와 데오도티온역 4장 35절의 "그의 뜻에 따라"(κατὰ τὸ θέλημα αὐτοῦ, 카타 토 델레마 아우투)를 조합했다고 추정할 수 있다. 그리고 70인역에서 "하늘과 땅과 바다와 강들과 그것들 안에 있는 모든 것들"이란 문구를 요한계시록 본문은 "모든 것"(τὰ πάντα, 타 판타), 즉 "만물"이라고 단순화해서 표현한다.

---

240 Reddish, *Revelation* 101.
241 Beale, *The Book of Revelation*, 335.

이러한 배경 관계를 바탕으로 요한은 독자들이, 영원한 권세를 가지신 영원하신 하나님과 유한한 권세를 가진 유한한 로마 제국 및 로마 황제의 권세 사이의 차이를 충분히 인식하도록 선포하고 있다.

정리. 요한계시록 4장 8-11절은 하늘에서 울려 퍼지는 찬양과 경배의 내용을 담고 있다. 그 찬양과 경배의 주체는 모든 피조물을 상징하고 대표하는 네 생물과 하나님의 백성들을 대표하고 상징하는 이십사 장로들이고 그 대상은 영원히 사시는 창조주 하나님이시다. 이런 관계는 첫 창조 때 에덴에서 시작된 틀이라고 할 수 있다. 결국 이러한 사실은 온 우주를 채우고 있는 피조물과 그 피조물을 다스리도록 부름 받은 하나님의 백성들이 마땅히 해야 할 일이 하나님께 대한 찬양이라는 것을 함축하고 있다. 이러한 하늘에서의 찬양의 내용은 5장에서 이십사 장로들과 네 생물이 그리스도의 구속하심을 찬양하는 데서 좀 더 구체적으로 주어진다. 7장 9-12절에서는 하늘에 있는 "각 나라와 족속과 백성과 언어에서 아무도 셀 수 없는 큰 무리"와 이십사 장로의 찬양의 소리를 들을 수 있으며, 11장 15-18절에서도 하나님 나라의 완성에 대한 하늘의 큰 음성과 이십사 장로들의 찬양의 소리가 소개되며, 12장 10-12절에서는 하늘의 큰 음성을 통하여 그리스도의 권세가 이루어졌음을 찬양하며, 14장 2-3절에서는 하늘에서 많은 물 소리와도 같고 큰 우레 소리와도 같은 소리가 나와서 새 노래를 부른다. 끝으로 19장 1-10절에서도 하늘의 허다한 무리의 큰 음성의 찬양 소리가 나오고, 이십사 장로와 네 생물의 음성과 보좌에서 나는 음성이 전능하신 하나님의 통치를 찬양한다. 이런 일련의 찬양을 담은 본문에서 발견할 수 있는 것은 네 생물과 이십사 장로가 주로 등장한다는 것과 하늘에서의 음성이 이 찬양의 주체로 소개된다는 것이다. 그리고 이런 찬양과 경배가 항상 하나님의 구원 사건의 정황에서 발생한다는 공통점도 확인할 수 있다.

4장의 도입 부분인 1-2a절은 환상을 도입하고 2b-3절은 하나님의 보좌에 대한 환상을 소개한다. 이어서 4-8b절에서 보좌 주변의 내용이 소개된 뒤에 8c-11절에서는 마지막으로 천상적 존재들이 하나님의 창조 사역을 찬양하는 내용을 기록한다. 환상의 도입 부분은 열린 하늘을 소개하여 요한에게 주어진 종말적 계시의 정황을 강조한다. 이 종말적 계시의 내용으로 2b-3절에서는 하나님의 보좌에 대한 환상으로 무지개와 보석 모티브가 적용된다. 이것은 언약에 신실하시고 구속 역사를 일관성 있게 경영해 가시는 하나님의 속성을 반영한다. 그리고 4-8b절에서는 교회 공동체를 상징하는 이십사 장로들과 종말적 심판의 현상을 소개하는 "번개들, 소리들, 우레들"이라는 현상과 출애굽 모티브를 함축하는 수정 같은 유리 바다와 피조물의 천상적 원천을 상징하는 이미지로 네 생물의 존재를 소개한다. 마지막으로 8c-11절에서는 이 모든 내용을 주관하시는 하나님에 대한 찬양과 경배의 내용이 소개된다.

🗐 설교 포인트

설교자들은 하늘 성전을 소개하는 4장에서 세 가지를 주의해야 한다. 첫째, 이 내용이 상징적 이미지라는 사실을 잊지 말아야 한다. 대부분의 청중은 이런 내용을 문자적으로 읽는 것에 익숙해 있기 때문에 그들을 논리적으로 잘 설득하는 작업이 필요하다. 그러므로 4장에 표현된 상징적 이미지들이 어떠한 의미를 갖는지 추적할 필요가 있다. 또한 하늘에 대한 이러한 상징적 이미지들이 구약 배경을 갖는다는 점도 기억해야 한다.

둘째, 4장이 요한계시록 전체에서 갖는 의미가 무엇인지 인식해야 한다. 4장은 5장과 함께 요한계시록의 메시지에 대한 토대를 마련한다. 앞으로 전개될 종말적 전망이 4장에서 미리 확인된다. 곧, 땅에서 이루어질 하나님의 뜻이 하늘에서 이미 이루어졌다는 사실을 보여준다. 이러한 사실에 근거해서 설교자는 청중들에게 4장에서 하나님이 어떠한 뜻을 세우시고 그것을 이루려 하시는지 분명히 전달할 수 있어야 한다. 이러한 과정을 통해 설교자는 하늘을 성도가 죽고 나서 가게 되는 피안의 세계로만 인식하는 청중들의 그릇된 고정 관념을 교정해 주어야 한다.

셋째, 4장은 하늘에 대한 모든 것을 소개하려는 목적을 갖고 있지 않다. 저자는 자신의 목적과 의도에 부합하는 내용만을 의도적으로 선별해서 다루고, 4장에서는 하나님의 구속사적 계획의 종말적 전망에 초점을 맞추고 있다. 청중들 중에는 이러한 하늘의 모습을 보고 기대와 다르게 느끼는 사람들이 있을 수도 있지만, 설교자는 4장이 중심을 두고 있는 것에 초점을 맞추어 설교해야 한다.

📑 설교 요약

- **제목:** 하늘은 어떤 곳인가?
- **본문:** 요한계시록 4장

- **구조**

1-2a절	도입
2b-3절	하나님의 보좌에 대한 환상
4-8b절	보좌 주변에 대한 소개
8c-11절	천상적 존재들의 찬양

- **서론**

성경에서 하늘은 단순히 해/달/별이 떠 있는 그러한 곳이 아니라 하나님의 처소로서 그분의 보좌가 있고 그분의 뜻이 결정되는 통치의 원천이다. 이런 개념들이 성경에 줄곧 등장하지만, 요한계시록 4장만큼 집중적으로 소개되는 경우는 드물다. 이 본문을 통해 하늘이 어떠한 곳인지를 살펴보고 그것이 우리들에게 어떤 의미가 있는지를 살펴보고자 한다.

- **본론: 하늘은 어떠한 곳인가?**

1. 하늘은 열려 있다(1b절)
2. 하늘에는 하나님의 보좌가 있다(2b절): 통치의 장소이다
3. 무지개가 보좌 주위에 둘려 있다(3b절)
4. 보좌에 앉으신 하나님의 모양이 벽옥과 홍보석 같고 그의 보좌는 녹보석 같다(3ab절)
5. 하나님의 백성을 상징하는 이십사 장로가 보좌에 앉아 있다(4ab절): 하나님의 백성 전체가 하나님의 통치에 동참한다
6. 번개들/소리들/우레들이 나온다(5a절): 종말적 현상의 발생

7. 수정 같은 유리 바다(6a절): 창조시의 궁창을 배경으로 하고 출애굽의 홍해 바다를 연상케 함
8. 네 생물(6b-8절): 피조물의 천상적 원천
9. 찬양과 예배(8c-11절): 창조주 하나님에 대한 경배와 찬양이 이루어지는 곳이다

● **결론**

요한계시록 4장에서 소개되는 하늘은 요한계시록 본문에서 특별한 목적을 가지고 기록된다. 그 목적은 바로 하늘이 하나님의 통치가 발현되는 장소이며 성도가 하나님의 통치에 동참한다는 사실을 보여주는 것이다. 이런 사실은 오늘날 우리에게 어떤 의미가 있을까? 두 가지로 요약해서 생각해 볼 수 있다. 첫째, 하나님이 세우신 뜻은 반드시 이루어진다는 믿음을 갖게 한다. 둘째, 우리 성도들도 하나님의 통치에 동참함으로써 하나님의 역사에 능동적으로 참여한다는 사실을 알아야 한다.

II. 예수님의 구속 성취(5장)

4장과 5장은 하늘 성전에 대한 환상으로서 서로 밀접하게 관련된다. 4장이 하늘에 계신 창조주 하나님을 소개한다면, 5장은 그 창조주 하나님의 구속 계획을 성취하신 예수님을 소개한다. 이러한 관계에 의해 4장은, 지상에서의 예수 그리스도의 희생 사역을 통해 하늘에 계신 하나님의 뜻이 실현되는 것을 보여주는 5장을 위한 예비 단계가 된다. 즉, 4장이 "하나님 나라가 반드시 와야만 한다"는 내용을 나타낸다면 5장은 "그것이 어떻게 발생할 수 있는지를 보여준다."[1] 4장과 5장의 이런 관계는 "뜻이 하늘에서 이루어진 것처럼 땅에서도 이루어지리이다"라는 주기도문의 전형적 모습이다.[2]

5장을 이해하는 방법은 4장과 동일하다. 4장에서 "보좌," "번개들/소리들/우레들," "이십사 장로들," "네 생물" 등의 다양한 표현을 상징적으로 해석한 것처럼 5장의 "오른손," "책," "사자," "어린 양" 등의 다양한 표현도 상징적 이미지로 이해해야 한다. 5장은 다음과 같이 크게 다섯 부분으로 나눌 수 있다: (1) 도입(1절), (2) 누가 책의 인을 떼기에 합당한가?(2-4절), (3) 책의 인을 떼기에 합당한 이를 알게 되다(5-7절), (4) 어린 양에 대한 예배와 새 노래(8-10절), (5) 천사들과 모든 피조물의 찬양과 경배(11-14절).

1. 도입(5:1)

5장 1절은 4장의 첫 번째 하늘 성전 환상에 이어 두 번째 하늘 성전 환상이 도입되는 부분이다.

구문 분석 및 번역

1절   a   Καὶ εἶδον ἐπὶ τὴν δεξιὰν τοῦ καθημένου ἐπὶ τοῦ θρόνου βιβλίον
       그리고 나는 보좌 위에 앉으신 이의 오른손 위에 있는 책을 보았다

     b   γεγραμμένον ἔσωθεν καὶ ὄπισθεν κατεσφραγισμένον σφραγῖσιν ἑπτά.
       안쪽과 뒤쪽에 쓰여져 있고 일곱 인으로 인봉되어 있는

---

1   Bauckham, *The Climax of Prophecy*, 249.
2   앞의 책.

요한계시록 5장 1절은 주절인 1a절과 두 개의 분사(γεγραμμένον, 게그람메논; κατεσφραγισμένον, 카테스프라기스메논)를 가진 1b절로 구성되어 있다. 여기에서 1b절의 두 분사는 형용사적 용법이며, 둘 다 1a절의 "책"(βιβλίον, 비블리온)을 수식한다.

1a절에서 "오른손"과 함께 사용된 전치사가 "안에"가 아니라 "위에"(ἐπί, 에피) 라는 점이 주목할 만하다. 이 전치사는 직후에 나오는 "보좌 위에"(ἐπί τοῦ θρόνου, 에피 투 드로누)의 동일한 전치사 "위에"(ἐπί, 에피)와 서로 운율의 조화를 이룬다.

1b절의 '게그람메논'(γεγραμμένον)과 '카테스프라기스메논'(κατεσφραγισμένον)은 현재 완료 분사로 사용되고 있다. 이 문맥에서 이 두 개의 완료 분사를 사용한 것은 시사하는 바가 크다. 요한계시록에서는 완료 시제 분사들이 한 문장이나 문맥에서 군집을 이루어 사용되는 경우가 빈번하다.[3] 이렇게 저자가 여러 분사를 군집 형태로 사용하는 것은 의도적인 것으로 볼 수 있다.[4] 곧 완료 시제 분사의 집중적인 사용은 "저자의 환상 내러티브에서 중요한 대상들과 사람들을 소개하고 그들에게 주목하게 만들려는 목적"을 갖는다.[5] 왜냐하면 완료 시제 분사는 "두드러지거나 강렬해지는" 특징이 있기 때문이다.[6] 본문을 번역할 때 이런 구문적 특징을 잘 반영할 필요가 있지만, 번역에서 그 내용이 충분히 표현될 수 없기 때문에 독자들은 이런 의미를 의식하며 본문을 읽어야 한다. 이 문제는 5장 6절과 7절에서 다시 논의할 것이다.

이상의 내용을 근거로 우리말 어순에 맞추어 번역하면 다음과 같다.

1a   그리고 나는 보좌 위에 앉으신 이의 오른손 위에 있는
1b   안쪽과 뒤쪽에 기록되어 있고 일곱 인으로 인봉되어 있는
1a   책을 보았다.

---

3   매튜슨은 이러한 실례들을 다음과 같이 열거한다(Mathewson, *Verbal Aspect in the Book of Revelation*, 107): 1:13, 15(ἐνδεδυμένον, περιεζωσμένον, πεπυρωμένης); 5:1(γεγραμμένον, κατεσφραγισμένον); 5:6(ἑστηκός, ἐσφαγμένον, ἀπεσταλμένοι); 7:4-8(ἐσφραγισμένων, ἐσφραγισμένοι[3회]); 7:9(ἑστῶτες, περιβεβλημένους); 11:3-4(περιβεβλημένοι, ἑστῶτες); 14:1-3(ἑστὸς, γεγραμμένον, ἠγορασμένοι); 15:2(μεμιγμένην, ἑστῶτας); 15:6(ἐνδεδυμένοι, περιεζωσμένοι); 17:4(περιβεβλημένη, κεχρυσωμένη); 19:12-16(γεγραμμένον[2회], περιβεβλημένος, βεβαμμένον); 21:2(ἡτοιμασμένην, κεκοσμημένη). 매튜슨은 이러한 완료 시제 분사들을 단순히 완료적 의미로만 접근할 것이 아니라, 그의 책 제목처럼 "동사의 상(相)"(verbal aspect)이라는 측면에서 접근할 것을 제안한다(앞의 책). 그러나 이 책에서는 이러한 방법론을 최대한 고려하되 문맥의 흐름을 더 중요하게 취급할 것이다. 곧 문맥의 흐름이 동사의 상과 모순되는 경우에는 문맥을 더 중요하게 생각할 것이다.
4   앞의 책.
5   앞의 책, 108.
6   Constantine R. Campbell, *Verbal Aspect and Non-Indicative Verbs: Further Soundings in the Greek of the New Testament*, SBG 15 (New York, NY: Peter Lang, 2008), 28-29(Mathewson, *Verbal Aspect in the Book of Revelation*, 108에서 재인용).

본문 주해

[5:1a] 보좌 위에 앉으신 이의 오른손 위에 있는 책을 보다

그리고 나는 보았다(Καὶ εἶδον). 1a절을 시작하는 "그리고 나는 보았다"(Καὶ εἶδον, 카이 에이돈)라는 문구는 요한계시록에서 33회 사용된다.[7] 이 문구는 다음과 같은 세가지 기능을 갖는다.[8]

> (1) 새로운 환상 내러티브를 도입한다(8:2; 10:1; 13:1; 14:1, 6, 14; 15:1; 19:11, 17; 20:1, 4, 12; 21:1. 참고, 행 11:5; 단 8:2; 10:5; 12:5; 겔 1:4; 3:13; 8:2; 10:1).

> (2) 계속되는 환상 내러티브 안에서 주요 장면을 도입한다(5:1; 6:1; 8:13; 13:11; 15:2; 19:19; 21:2, 22. 참고, 겔 2:9).

> (3) 계속되는 환상 내러티브 안에서 등장하는 새롭거나 의미 있는 인물 또는 행동에 집중하게 하는 데 사용된다(5:2, 6, 11; 6:2, 5, 8, 12; 7:2; 9:1; 16:13; 17:3, 6. 참고, 행 11:6; 단 12:5; 겔 37:8; 44:4).

5장은 4장과 연속되는 내러티브로서 중요한 장면의 시작이라고 할 수 있으므로, 위 세 항목 중 "계속되는 환상 내러티브 안에서 주요 장면을 도입"하는 기능을 말하는 두 번째 항목에 속한 것으로 보는 것이 좋을 것 같다.

보좌 위에 앉으신 이(τοῦ καθημένου ἐπὶ τοῦ θρόνου). "보좌"라는 주제는 다음에 이어지는 "오른손"과 함께 5장의 중심 주제로서 하나님의 주권을 강조한다.[9] "보좌 위에 앉으신 이"가 4장의 중심 주제이기도 하기 때문에 이 문구는 4장과 5장이 연속성을 가지고 있음을 보여주고, 이러한 연속성에 의해 4–5장의 핵심 주제는 하나님의 주권이라고 말할 수 있다. 그러나 4장과 5장은 그 다루고 있는 주제에 있어서 서로 연속성을 가지고 있으면서도 또한 서로 보완적이다. 곧 4장은 보좌에 앉으신 하나님이 창조주이시며 섭리주로서 온 우주를 통치하신다는 사실에 초점을 맞추고 있는 반면 5장은 하나님의 주권이 구속주 예수님을 통해 어떻게 실행되고 있는지를 소개한다.[10] 그러므로 5장 1절에서 "보좌"라는 단어와 "보좌에 앉으신 이"라는 문구를 읽을 때 4장을 배경으로 하나님의 주권적 계획이 어떻게 결실을 맺는지를 살펴보는 것이 매우 중요하다.

---

7   Aune, *Revelation 1-5*, 338.
8   앞의 책.
9   "보좌"라는 주제에 대한 자세한 논의는 4:2bc에 대한 본문 주해를 참고하라.
10   이와 관련된 내용은 본론부 1 "예비적 고찰"의 "3. 4-5장의 문맥적 기능"과 "4. 4장과 5장의 관계"를 참고하라.

오른손 위에(ἐπὶ τὴν δεξιάν). 요한은 "보좌 위에 앉으신 이"이신 하나님의 "오른손 위에"(ἐπὶ τὴν δεξιάν, 에피 텐 덱시안) 책이 있는 것을 본다. 구약이나 유대 문헌에서 하나님의 "오른손"은 그분의 "능력과 권세"에 대한 은유로 사용된다(출 15:6, 12; 시 18:35; 20:6; 63:8; 사 41:10; 48:13).[11] 따라서 "오른손"은 "보좌"와 더불어 하나님의 주권을 이중적으로 강조한다. 이러한 이중적 강조는 5장에서 하나님의 능력과 권세가 압도적으로 드러나게 될 것을 시사하고 있다. 한편, 요한계시록 본문에서 승귀하신 예수님은 지상의 일곱 교회 공동체의 천상적 대응체인 일곱 별을 그의 "오른손"에 가지고 계신다(계 1:16, 20; 2:1).[12] 이것은 예수님이 하나님과 동등한 분으로서 능력과 권세를 가지고 하나님의 백성을 주관하고 계신다는 사실을 시사한다. 또한 신약의 다른 본문들에서 하나님의 "오른편"이라는 위치는 하나님의 통치가 발현되는 지점으로서 종말의 때에 차지하고 싶어하는 자리로 지정되어 사용하기도 한다(마 22:44; 막 12:36; 눅 20:42; 행 2:34; 히 1:13).[13]

이곳에서 통상적으로 "손"과 함께 사용될 것으로 기대되는 전치사 "안에"(ἐν, 엔) 대신 "위에"(ἐπί, 에피)라는 전치사가 사용되는 것은 책이 손 안에 갇혀서 감추어져 있는 것이 아니라 오른손 위에 펴져 있는 상태로 있음을 드러내려는 목적을 갖는다.[14] 이 모습은 손 "위에" 있는 책을 부각시킨다.[15] 여기에서 "오른손"과 "책"이 드러내는 이미지를 잘 파악할 필요가 있다. 먼저 "오른손"이 4장의 "보좌"와 함께 하나님의 주권을 상징하기 때문에, "책"이 하나님의 "오른손" 위에 있다는 것은 책과 관련된 내용이 하나님의 주권에 의해 결정된다는 것을 보여준다. 그렇다면 그 책과 관련된 내용은 과연 무엇일까?

"책"의 의미에 대한 다양한 견해. 여기서 "책"이 어떤 의미를 갖는지와 관련해서 여러 견해가 제기된다. 먼저 책이 토라를 의미하는 것이라는 주장이 있다. 하지만 토라는 인봉되지 않고 온전히 드러나 잘 알려져 있다는 점에서 일곱 인으로 인봉되어 있는 5장의 책과 조화를 이루지 못하므로 이런 견해를 받아들이기는 어렵다.[16] 또 다른 견해는 그 책이 인봉되어 있다는 점에 착안하여 그 책이 인

---

11 Aune, *Revelation 1-5*, 340.
12 앞의 책.
13 Blount, *Revelation*, 99.
14 Charles, *A Critical and Exegetical Commentary on the Revelation of St. John*, 1:136.
15 이와 유사한 주장이 Beale, *The Book of Revelation*, 337에도 나온다.
16 Bauckham, *The Climax of Prophecy*, 248.

봉된 "법적 문서"와 관련된다는 것이다. 하지만 법적 문서는 보통 "당분간"만 인봉되기 때문에 오랫동안 인봉되어 온 것으로 간주되는 5장의 책과는 차이가 있다고 할 수 있다.[17] 또한 이 책이 "어린 양의 유언"을 의미한다는 견해도 있는데, 이런 견해는 오직 유언한 장본인만 유언서를 열 수 있다는 점에서 자연스럽지 못한 측면이 있다.[18] 이러한 여러 견해들은, 살펴본 바대로 각각의 단점들을 가지고 있어 인봉된 책의 온전한 의미를 드러내지 못한다. 그러므로 1b절에 대한 아래의 설명에서 책의 정확한 의미를 추적해 보도록 하겠다.

[5:1b] 안과 뒤쪽에 쓰여져 있고 일곱 인으로 인봉되어 있는 책

1b절은 책에 대하여 두 가지 특징을 제시한다: (1) 안쪽과 뒤쪽에 쓰여져 있고, (2) 일곱 인으로 인봉되어 있다. 이 두 특징을 중심으로 책의 의미를 살펴보도록 하겠다.

안쪽과 뒤쪽에 쓰여져 있다. "안쪽과 뒤쪽에 쓰여져 있다"는 문구는 에스겔 2장 9-10절과 3장 1-3절의 말씀을 배경으로 한다.[19]

> [9]내가 보니 보라 한 손이 나를 향하여 펴지고 보라 그 안에 두루마리 책이 있더라 [10]그가 그것을 내 앞에 펴시니 그 안팎(앞쪽과 뒤쪽)에 글이 있는데 그 위에 애가와 애곡과 재앙의 말이 기록되었더라(겔 2:9-10)

> [1]또 그가 내게 이르시되 인자야 너는 발견한 것을 먹으라 너는 이 두루마리를 먹고 가서 이스라엘 족속에게 말하라 하시기로 [2]내가 입을 벌리니 그가 그 두루마리를 내게 먹이시며 [3]내게 이르시되 인자야 내가 네게 주는 이 두루마리를 네 배에 넣으며 네 창자에 채우라 하시기에 내가 먹으니 그것이 내 입에서 달기가 꿀 같더라(겔 3:1-3)

에스겔 2장 9절의 "두루마리 책"(κεφαλὶς βιβλίου, 케팔리스 비블리우)은 정확하게 번역하면 "양피지(혹은 파피루스)(의) 두루마리"라 할 수 있는데, 왜냐하면 '비블리온'(βιβλίον)이라는 단어가 "파피루스, 가죽 ... 같은 기록을 위한 재료"를 가리켜 사용되는 용어이기 때문이다(참고, 렘 36:2의 '카르티온 비블리우'[χαρτίον βιβλίου, 파피루스의 한 묶음]).[20] 이에 해당되는 히브리어 '세페르'(סֵפֶר)는 "기록된 어떤 것"을 의미한다.[21]

---

17 앞의 책.

18 앞의 책.

19 앞의 책, 246. 마운스는 겔 2:10이 시 139:16의 영향을 받았다고 진술한다(Mounce, *The Book of Revelation*, 129).

20 Ford, *Revelation*, 84.

21 *HALOT*, 766.

결국 '케팔리스 비블리우'는 "글이 기록된 두루마리 형태의 양피지"로 정리해 볼 수 있다. 이것은 오늘날 책의 고대적인 형태이다. 요한계시록 본문에서는 이 문구의 '비블리온' 부분만을 선택해서 축약하여 사용하고 있다고 볼 수 있다. 이곳의 논의에서는 편의상 "두루마리" 대신 "책"이란 단어로 표현하겠다. 또한 본문의 '비블리온'(βιβλίον)은 '비블로스'(βίβλος)보다는 작은 대상을 가리키는 단어이지만, 서로 호환하여 사용되는 경우가 빈번하다.[22]

에스겔 2장 10절의 70인역에는 "뒤쪽과 앞쪽에 쓰여져 있다"(γεγραμμένα ἦν τὰ ὄπισθεν καὶ τὰ ἔμπροσθεν, 게그람메나 엔 타 오피스덴 카이 타 엠프로스덴)고 되어 있다. 에스겔서의 이 표현은 요한계시록 5장 1b절의 "안쪽과 뒤쪽에 쓰여져 있는"(γεγραμμένον ἔσωθεν καὶ ὄπισθεν, 게그람메논 에소덴 카이 오피스덴)이라는 문구와 "뒤쪽"(ὄπισθεν, 오피스덴)이란 단어를 공유함으로써 평행 관계를 보인다.[23] 그러나 두 문구 사이에는 차이도 있다. 전자(에스겔서)는 "뒤쪽과 앞쪽"이라고 되어 있는 반면, 후자(요한계시록)는 "안쪽과 뒤쪽"으로 되어 있다. 이러한 차이의 이유는 간단하다. 곧 에스겔서에서는 책이 펼쳐져 있기 때문에("그것을 내 앞에서 펴시니"[2:10]) 드러나 있는 앞쪽과 뒤쪽으로 분류되지만, 요한계시록에서는 두루마리로 말려 있고 봉인된 상태이기 때문에 안쪽과 뒤쪽으로 분류된다. 에스겔서의 히브리어 본문에서는 "앞쪽과 뒤쪽"(פָּנִים וְאָחוֹר, 파님 베아호르)으로 되어 있어 70인역과 순서만 바뀌어 있다. 이상에서 에스겔서와 요한계시록 사이의 이러한 차이는 단지 책이 펼쳐져 있느냐 덮여 있느냐의 차이일 뿐이다. 이상의 논의를 정리하면 다음과 같다.

겔 2:9–10(70인역)	겔 2:9–10(MT)	계 5:1b
γεγραμμένα ἦν τὰ ὄπισθεν καὶ τὰ ἔμπροσθεν	פָּנִים וְאָחוֹר	ἔσωθεν καὶ ὄπισθεν
뒤쪽과 앞쪽	앞쪽과 뒤쪽	안쪽과 뒤쪽
열려서 펼쳐진 상태		인봉된 상태

보통은 두루마리 형태로 되어 있는 책을 쓸 때 두루마리의 "앞쪽"(펼쳐져 있을 경우) 혹은 "안쪽"(말려 있을 경우)의 한 면에만 쓰는 것이 통례이지만 쓸 공간이 부족할 때는 뒤쪽이나 바깥쪽에도 쓰는 경우가 있다.[24] 그러므로 양쪽에 글이 기록되고

---

22 Ford, *Revelation*, 84.

23 겔 2:10과 계 5:1의 상관관계에 대해서는 Bauckham, *The Climax of Prophecy*, 246을 참고하라.

24 Adolf Deissmann, *Light from the Ancient East: The New Testament Illustrated by Recently Discovered Texts of the Graeco-Roman World*, trans. Lionel R. M. Strachan, rev. ed. (Grand Rapids, MI: Baker Book House, 1966), 29. 키너는 다이스만(Deissmann)의 주장을 지지한다(Keener, *Revelation*, 184).

있는 것은 "내용의 충만함에 대한 표시"로 볼 수 있다.[25] 또한 에스겔 3장 1-3절에서 에스겔이 책을 먹는 행위와 요한계시록 10장 9-10절에서 요한이 책을 먹는 행위는 에스겔과 요한계시록 본문 사이의 평행 관계에 의한 의미의 공유를 더욱 확고하게 보여주고 있다.[26]

이러한 평행 관계에 의해서 에스겔 2장 9절-3장 3절은 요한계시록 5장에서 소개되는 "책" 이미지의 구체적인 배경적 의미를 제공하고 있다. 즉, 에스겔 2장 10절에서 책의 앞쪽과 뒤쪽에 적힌 글의 내용으로 설명되고 있는 "애가와 애곡과 재앙의 말"이란 표현이 요한계시록의 "책"이 갖는 이미지에 대한 힌트를 제공한다. 저자 요한은 에스겔서의 배경을 통해서 요한계시록 5장의 책에 대해 심판의 책으로서의 이미지를 구성하고 있다. 책이 이런 심판의 이미지를 가지고 있다는 것은 6장에서 어린 양이 책의 인을 열 때마다 심판의 현상이 주어지는 것에 의해 입증된다. 그러나 "책"의 이미지는 심판이라는 부정적 의미만을 담고 있지는 않다. 이것을 다음의 논의에서 좀 더 자세하게 밝히겠다.

일곱 인으로 인봉되다. 앞서 살펴본 에스겔서의 배경과 요한계시록 본문 사이의 결정적 차이는, 에스겔서의 책은 펼쳐져 있어 그 안의 내용을 즉각적으로 읽을 수 있어서 에스겔 선지자에 의해 이스라엘 백성들에게 선포되고 있는 반면에, 요한계시록의 책은 일곱 인으로 인봉되어 있고 누군가에 의해 열리기를 기다리고 있다는 데 있다.[27] 우선, 이런 일곱 인의 의미와 그것의 구약 배경을 살펴볼 필요가 있다.

(1) 일곱 인의 의미

고대 사회에서는 "젖은 진흙이나 밀랍이 용기나 문서의 마감을 인증하기 위해 사용된 바 있다."[28] 이러한 인증 행위는 문서나 어떤 작품 등의 출처를 확증하고 그것들에 대한 어떤 종류의 변작을 방지하기 위해 실행되었다.[29] 이러한 맥

---

25 E. Schick, *The Revelation of St. John* (New York, NY: Herder and Herder, 1971), 1:58(Mounce, 129n1에서 재인용).
26 Bauckham, *The Climax of Prophecy*, 246. 계 10:9-10에 대해서는 해당 본문에 대한 논의에서 좀 더 자세하게 다뤄질 것이다.
27 Boxall, *Revelation of St. John*, 95.
28 Reddish, *Revelation*, 108.
29 앞의 책.

락에서 "일곱 인"이란 "허락받지 않은 사람(unauthorized person)은 인봉된 것에 접근할 수 없다"는 의미를 갖는다.[30] 하지만 여기에서 "일곱 인"은 접근 가능 여부의 문제에 머물지 않고 어떤 시점과도 관련된다. 즉 "어떤 지정된 시점"(appointed time)이 될 때까지는, 접근이 허락된 사람이 출현해도 그 또한 무의미하다.[31] 달리 말하면, 허락된 자의 출현과 적정한 시점은 동시에 발생하게 될 것이다. 따라서 완전수로서의 "일곱" 인에 의한 인봉은 "조기에 개봉하거나 함부로 변경하지" 못하도록 하기 위한 것일 뿐 아니라[32] 하나님의 목적이 그 어떠한 세력에 의해서도 방해받거나 저해되지 않도록 하기 위한 것이다.[33] 특별히 "인봉되다"(κατεσφραγισμένον, 카테스프라기스메논)라는 동사는 완료 수동 분사형이다. 먼저 여기에서 완료 분사형이라는 것은 앞서 구문 분석 및 번역에서 살펴본 것처럼 독자들의 주목을 끌기 위한 목적도 있지만, 만일 그것이 방금 전 논의에서 말했던 것처럼 인봉된 상태가 어느 정해진 시점을 기다리면서 어떤 계획되지 않은 요인에 의해 방해받지 않고 한동안 그러한 상태에 있었다는 점을 함축하는 것이라면, 완료 시제의 "포괄적 완료"(extensive perfect) 용법으로 볼 수 있다. "포괄적 완료 용법"은 "현재의 상태에 이르게 되는 과정"을 강조하기 위해 사용된다.[34] 이러한 완료 용법을 사용함으로써 요한은 요한계시록의 인봉된 책이 현재의 상태로 있게 된 과정의 시작점이 되는 구약 배경인 다니엘 8장 17절, 19절, 26절과 12장 4절, 9절을 소환하고 있다. 곧 다니엘서 8장과 12장은 바로 요한계시록에 기록된 인봉된 책의 배경으로서 그것이 어떻게 현재의 상태에 이르게 되었는지를 보여준다. 이 배경에 대한 자세한 논의는 다음 단락에서 진행될 것이다. 그리고 수동형 동사 "인봉되다"는 신적 수동태로서 그것이 하나님에 의해 주도되었음을 시사한다.

(2) 구약 배경

1b절에서 책이 "일곱 인으로 인봉되어 있다"라는 문구는 구약 배경인 다니엘 8

---

30 Aune, *Revelation 1-5*, 346.
31 Sweet, *Revelation*, 127.
32 Boxall, *Revelation of St. John*, 95.
33 Smalley, *The Revelation to John*, 128. 오즈번에 의하면, 책을 인봉하는 인이 일곱 개라는 것은 하나님 나라의 도래를 포함하는 하나님의 구속 계획의 "온전함"(fullness)과 "완전함"(completeness)을 포함하고 있으며 그것은 완전한 시간에 그것이 열려지게 될 때 하나님의 뜻이 온전하게 계시되고 이루어지게 될 것을 의미한다(Osborne, *Revelation*, 250).
34 Wallace, *Greek Grammar Beyond the Basics*, 577.

장 17절, 19절, 26절 및 12장 4절, 9절과 밀접하게 관련된다.[35] 이제 이 다니엘서 본문들을 중심으로 1b절의 구약 배경을 살펴본 후에 이사야 29장 11-12절을 마지막으로 간단하게 고찰해 보고자 한다. 먼저 이 다니엘서 본문들이 속해 있는 8-12장의 전체 문맥을 살펴보고, 그 후에 각 본문들을 살펴보도록 하겠다.

a. 다니엘 8-12장의 문맥

요한계시록 5장 1b절의 배경이 되는 다니엘서 본문들 중에서 다니엘 8장 17절, 19절, 26절은 다니엘 8장의 전반부에 기록된 환상과 그 해석을 가리키는 것이고, 12장 4절과 9절은 10-12장에 기록된 환상과 그 해석들을 가리킨다. 먼저 이 다니엘서 본문들은 이스라엘 백성이 안티오쿠스 4세(BC 175-164년)에 의해 핍박받는 정황을 배경으로 한다.[36] 따라서 이 본문들을 제대로 이해하려면 이러한 정황적 배경을 근거로 접근해야 한다. 특별히 다니엘 8장 9절에 등장하는 "작은 뿔"은 8장 10-11절에서 다음과 같은 일을 자행한다.

> [10]그것이 하늘 군대에 미칠 만큼 커져서 그 군대와 별들 중의 몇을 땅에 떨어뜨리고 그것들을 짓밟고 [11]또 스스로 높아져서 군대의 주재를 대적하며 그에게 매일 드리는 제사를 없애 버렸고 그의 성소를 헐었으며 [12]그의 악으로 말미암아 백성이 매일 드리는 제사가 넘긴 바 되었고 그것이 또 진리를 땅에 던지며 자의로 행하여 형통하였더라(단 8:10-11)

대부분의 학자들은 이 본문에서 "작은 뿔"에 해당하는 인물이 안티오쿠스 4세라는 것에 동의한다.[37] 본문에 나타난 작은 뿔의 활동은 이스라엘의 제사 제도를 초토화시키는 데 초점이 맞추어져 있다.[38] 이런 활동이 이스라엘과 하나님의 언약 관계 유지를 위한 시스템에 치명적인 악영향을 끼치게 된 것은 당연한 결과이다. 그리고 이처럼 안티오쿠스 4세가 핍박하는 정황은 다니엘 12장까지도 이어지게 된다. 그러므로 다니엘 8장의 본문들과 더불어 요한계시록 5장 1b절의 배경이 되는 다니엘 12장 4절과 9절도 역시 이런 정황적 배경을 바탕으로 접근할 필요가 있다.

---

35 학자들이 언급하는 구절은 조금씩 차이가 있지만, 공통적으로 다니엘 8장 26절의 영향을 주장한다. 예를 들어, 보쿰은 단 8:26; 12:4, 9를 언급하고(Bauckham, *The Climax of Prophecy*, 251), 비일은 특정 구절을 나열하지 않고 다니엘 8장과 12장을 언급하며(Beale, *The Book of Revelation*, 345), 오즈번은 단 8:26만 언급한다(Osborne, *Revelation*, 250).

36 이 내용은 이어지는 논증에서 구체적으로 밝혀질 것이다.

37 Pace, *Daniel*, 265; J. A. Montgomery, *A Critical and Exegetical Commentary on the Book of Daniel*, ICC (New York, NY: Scribner's Sons, 1927), 333.

38 골딩게이도 이러한 사실을 지적한다(Goldingay, *Daniel*, 306).

그러나 다니엘 8장과 12장의 목적은 단순히 이러한 핍박의 정황을 제시하는
것이 아니라, 하나님의 구원으로 말미암아 그러한 핍박에서 해방되는 희망을 제
시하는 것이다. 그것을 잘 보여주는 것이 바로 다니엘 12장 1절의 말씀이다.

> ᵃ그 때에 네 민족을 호위하는 큰 군주 미가엘이 일어날 것이요 ᵇ또 환난
> 이 있으리니 이는 개국 이래로 그 때까지 없던 환난일 것이며 ᶜ그 때에
> 네 백성 중 책에 기록된 모든 자가 구원을 받을 것이라(단 12:1)

이 본문에서 미가엘이 등장할 때(1a절) 개국 이래로 없던 큰 환난(1b절)을 당하는
대상은 다름 아닌 이스라엘을 잔인하게 핍박했던 안티오쿠스 4세와 그의 나라
다.[39] 이런 핍박자에 대한 심판의 결과로 하나님의 백성은 구원을 받는다(1c절).

이런 악의 세력에 대한 하나님의 심판과 하나님의 백성에게 주어지는 구원
은 느부갓네살 왕 시대의 정황에서 계시된 다니엘 2장 44절의 말씀을 통해 이미
그 핵심이 언급된 바 있다.

> 이 여러 왕들의 시대에 하늘의 하나님이 한 나라를 세우시리니 이것은
> 영원히 망하지도 아니할 것이요 그 국권이 다른 백성에게로 돌아가지도
> 아니할 것이요 도리어 이 모든 나라를 쳐서 멸망시키고 영원히 설 것이
> 라(단 2:44)

이 본문은 바벨론 제국을 비롯한 세상의 모든 나라를 능가하는 하나님 나라의
종말적 도래를 말하고 있다. 이 내용은 다니엘서 메시지의 핵심을 차지한다. 이
것이 하나님의 뜻이요 계획이라면 제 아무리 안티오쿠스 4세라 할지라도 그 권
력이 영원할 수는 없다.

이런 내용은 특별히 다니엘 7장의 다음 구절들에서 좀 더 집약적으로 잘 드
러나고 있다.[40]

> ¹³내가 또 밤 환상 중에 보니 인자 같은 이가 하늘 구름을 타고 와서 옛적
> 부터 항상 계신 이에게 나아가 그 앞으로 인도되매 ¹⁴그에게 권세와 영광
> 과 나라를 주고 모든 백성과 나라들과 다른 언어를 말하는 모든 자들이
> 그를 섬기게 하였으니 그의 권세는 소멸되지 아니하는 영원한 권세요 그
> 의 나라는 멸망하지 아니할 것이니라(단 7:13-14)

이 본문에서 "인자 같은 이"는 다니엘 7장 18절의 "지극히 높으신 이의 성도들이
나라를 얻으리니 그 누림이 영원하고 영원하고 영원하리라"에 나오는 "성도들"
의 "상징"이거나,[41] "전체로서의 이스라엘 백성"을 가리키는 집합적 표현일 수

---

39 앞의 책.
40 Beale, *The Book of Revelation*, 337에서 이러한 견해를 지지한다.
41 Hartmann and Di Lella, *The Book of Daniel*, 89.

있다.[42] 이 두 본문의 공통점은 "나라" 곧 "하나님의 나라"를 얻게 된다는 것이고, 그 주체는 바로 하나님의 백성인 이스라엘이다. 이런 사실을 좀 더 부연 설명해 주는 본문이 바로 다니엘 7장 27절이다.

> 나라와 권세와 온 천하 나라들의 위세가 지극히 높으신 이의 거룩한 백성에게 붙인 바 되리니 그의 나라는 영원한 나라이라 모든 권세 있는 자들이 다 그를 섬기며 복종하리라(단 7:27)

이상의 본문들을 통해 볼 때, 다니엘서의 주된 주제는 바벨론부터 시작해서 안티오쿠스 4세의 헬라 시대까지 포로 상태에 있던 이스라엘 백성에게 주어지는 회복과 하나님이 통치하시는 영원한 하나님 나라의 도래에 대한 종말론적 약속이라고 할 수 있다. 이러한 내용은 다니엘서 후반부에 있는 8장 17절, 19절, 26절 및 12장 4절, 9절과 밀접한 관계를 가지고 있음이 분명하다. 즉, 다니엘 8장과 12장의 구절들이 말하는 중요한 주제는 헬라 제국의 안티오쿠스 4세의 권세를 절대적으로 능가하고 압도하는 영원한 하나님 나라의 종말적 도래다. 이것을 확인하기 위해 각 구절들을 좀 더 자세하게 살펴볼 필요가 있다.

b. 다니엘 8장 17절과 19절

> 그가 내가 선 곳으로 나왔는데 그가 나올 때에 내가 두려워서 얼굴을 땅에 대고 엎드리매 그가 내게 이르되 인자야 깨달아 알라 이 환상은 <u>정한 때 끝에 관한 것</u>(לְעֶת־קֵץ; εἰς ὥραν καιροῦ)이니라(단 8:17)
>
> 이르되 진노하시는 때가 마친 후에 될 일을 내가 네게 알게 하리니 이 환상은 <u>정한 때 끝에 관한 것</u>(לְמוֹעֵד קֵץ; εἰς ὥρας καιροῦ)임이라(단 8:19)

요한계시록 5장 1b절의 배경이 되는 다섯 절의 다니엘서 본문 가운데 한 짝을 이루는 다니엘 8장 17절과 19절의 "정한 때 끝에 관한 것"이란 문구를 잘 이해하는 것이 중요하다. 이 문구를 효과적으로 이해하기 위해서는 해당 구절들의 마소라 본문과 70인역을 서로 비교해 볼 필요가 있다.

	마소라 본문	70인역
단 8:17	לְעֶת־קֵץ 끝의 시간에 관한 것	εἰς ὥραν καιροῦ 정해진 때의 시간에 관한 것
단 8:19	לְמוֹעֵד קֵץ 끝의 정해진 시간에 관한 것	

42　Goldingay, *Daniel*, 169.

이 표를 통해 알 수 있는 것은 다니엘 8장 17절과 19절의 히브리어 본문은 각각 '레에트 케쯔'(לְעֶת קֵץ)와 '레모에드 케쯔'(לְמוֹעֵד קֵץ)를 가지고 있어 서로 다른 표현을 사용하는 반면, 70인역은 두 본문 모두에서 동일하게 '에이스 호란 카이루'(εἰς ὥραν καιροῦ)를 가지고 있다는 점이다. 70인역이 사용한 '카이루'(καιροῦ)의 기본형인 '카이로스'(καιρός)가 갖는 사전적 의미 중에는 "확정된 때"(definite, fixed time)라는 의미가 포함되어 있다.[43] 이러한 의미를 이 본문의 문구에 적용하면, 70인역의 번역자들이, 이 문구가 어느 확정된 때의 시간을 상정하고 있다는 것을 인식하고 있었다고 볼 수 있다. 70인역의 이런 의도는 히브리어 마소라 본문에도 충분히 함축되어 있다. 다니엘 8장 17절에서 '케쯔'(קֵץ)는 "끝"(end)을 의미한다. 따라서 '에트 케쯔'(עֶת קֵץ)는 "끝의 시간"(time of the end)을 의미하는 것으로 볼 수 있다.[44] 한편, 다니엘 8장 19절의 '모에드 케쯔'(מוֹעֵד קֵץ)는 좀 더 발전된 의미를 갖는다. 여기에서 '모에드'(מוֹעֵד)는 "지정된 시간"(appointed time)이라는 의미인데,[45] 이 단어가 '케쯔'(קֵץ)와 결합되어 "종말을 위하여 정해진 시간"(the time fixed for the end)을 뜻한다.[46] 이런 의미가 70인역에서 '호란 카이루'(ὥραν καιροῦ, 정해진 때의 시간)로 번역된다.

다니엘 8장 17절과 19절에 있는 "끝의 시간에 관한 것"이라는 문구의 주어는 8장 17절의 "환상"(חָזוֹן, 하존)이다. 이 "환상"이란 단어에 정관사가 붙어 앞에서 경험한 환상의 내용을 가리킨다. 그것은 가깝게는 다니엘 7-8장을 가리킬 수 있고 멀게는 다니엘 1-6장까지도 포함할 수 있다. 왜냐하면 하나님은 대체적으로 환상을 통해 다니엘에게 계시를 주셨기 때문이다. 그렇다면 다니엘 8장 17절에 의해 다니엘서가 전체적으로 하나님의 종말적 계획이라는 의미를 담고 있음을 알 수 있다. 곧 8장을 비롯한 다니엘서 전체를 통해 다니엘이 본 환상은 하나님의 구속 역사라는 프로그램을 계시하고 있으며 이것이 어떤 정해진 시점에서 종말적 성취를 이루게 될 것이라는 사실을 보여주고 있다. 그런데 앞서 다니엘 8-12장의 문맥에 대한 논의에서 언급한 것처럼, 다니엘 8-12장의 문맥에서 종말적 약속의 성취는, 안티오쿠스 4세에 대한 심판으로 하나님 백성이 구원받는 사건을 가리키고 있다.

---

43 BDAG, 497.
44 *HALOT*, 1119.
45 앞의 책, 558.
46 앞의 책.

c. 다니엘 8장 26절

> 이미 말한 바 주야에 대한 환상은 확실하니 너는 그 환상을 <u>간직하라</u>
> (סתם; πεφραγμένον) 이는(왜냐하면) <u>여러 날 후의 일임이라</u> 하더라(단
> 8:26)

이 본문에서 다니엘은 그가 보았던 환상이 여러 날 후에 대한 것이기 때문에
그것을 그때까지 "간직하라"는 명령을 받는다. 여기에서 "간직하라"(סתם, 세툼;
πεφραγμένον, 페프라그메논)φράσσω, 프라쏘)는 것은 무슨 의미인가? 히브리어 어근 '사
탐'(סתם)의 사전적 의미는 "말을 닫다"(to shut up words)이며[47] 70인역의 헬라어 단
어인 '프라쏘'(φράσσω)는 "닫다"(shut) 혹은 "막다"(block)라는 의미이다.[48] 이것은 8
장 17절과 19절에서 언급한 종말적으로 이루어질 성취의 내용들이 즉각적으로
온전히 공개될 수 없음을 시사한다. 왜냐하면 그것은 "여러 날 후에" 성취되어
야 하는 일이기 때문이다. 여기에서 "여러 날"(ימים רבים, 야밈 라빔)이란 문구는 "많
은 날들"로 번역하는 것이 적절하며, 이것은 많은 날들이 지나서야 오게 될 종
말적 시점을 부각시키려는 목적이 있다. 또한 개역개정의 "후에"라는 단어에 해
당하는 전치사 '레'(ל)는 "움직임의 목표물"(aim of movement)을 지향한다는 점에서
"...을 향하여"란 뜻을 갖게 된다.[49] 따라서 다니엘 8장 26절의 "간직하다"라는
문구와 "여러 날 후에"란 문구를 통해 다니엘이 보았던 환상이 특정 시점을 향
해 나아가고 있으며 그것이 성취되는 종말적 시점에 이르기까지는 "많은 날들"
이 남아 있다는 것을 알 수 있다. 이것은 하나님의 구속 계획에 과정이 있음을
의미한다. 그러므로 그 환상이 의미하는 것은 지금 당장 성취될 수 없다. 환상을
닫아 놓아 간직해야 한다는 것은 바로 이와 같은 구속사적 정황의 속성을 반영
한다. 곧 정해진 때가 되어 그것이 성취될 때까지 그 누구에 의해서도 사사로이
개입되거나 간섭받아 변경되거나 앞당겨서 시행될 수 없다. 이것을 반대로 말하
면 정해진 성취의 때가 되면 간직된 것이 반드시 열리게 된다는 것이다. 이런 내
용은 다음에서 논의할 다니엘 12장 4절과 9절에서 좀 더 자세하게 드러난다.

d. 다니엘 12장 4절과 9절

앞서 살펴본 다니엘 8장의 내용들이 12장에서 다시 반복되면서 더 발전된 내용

---

47 앞의 책, 771.
48 BDAG, 1065.
49 *HALOT*, 508.

으로 등장하기 때문에 다니엘 8장의 내용을 좀 더 분명하게 이해하기 위해서는 다니엘 12장, 그 중에서도 4절과 9절을 자세히 살펴볼 필요가 있다.

> 다니엘아 마지막 때까지(עַד־עֵת; ἕως καιροῦ συντελείας) 이 말 (들) (הַדְּבָרִים)을 간수하고(סְתֹם; κάλυψον) 이 글(הַסֵּפֶר)을 봉함하라(חֲתֹם, σφράγισαι>σφραγίζω) … (단 12:4)
>
> 그가 이르되 다니엘아 갈지어다 이 말(들)(הַדְּבָרִים)은 마지막 때까지 (עַד־עֵת; 70인역: ἕως ἄν; 데오도티온역: ἕως καιροῦ πέρας) 간수하고 (סְתֻמִים; κατακεκαλυμμένα) 봉함할(חֲתֻמִים; ἐσφραγισμένα>σφραγίζω) 것 임이니라(단 12:9)

이 두 본문에 의하면 다니엘에게 주어진 하나님의 말씀은 마지막 때까지 간수되고 봉함되어야 한다. 70인역 다니엘 12장에서 "간수하다"라는 뜻을 지닌 4절의 '칼륍손'(κάλυψον>καλύπτω, 칼륍토)과 9절의 '카타케칼륍메나'(κατακεκαλυμμένα>κατακαλύπτω, 카타칼륍토)는 다니엘 8장 26절의 "간직하다"(πεφραγμένον, 페프라그메논>φράσσω, 프라쏘)와는 다른 동사이지만 의미는 같다. 왜냐하면 이 동사들은 모두 동일한 히브리어 단어인 '세톰'(סְתֹם)의 번역어이기 때문이다. 또한 12장 4절의 "간수하다"와 "봉함하다"라는 동사들이 9절에서도 함께 다시 나타난다. 이 두 동사 각각에 해당하는 히브리어 어근은 '사탐'(סְתֹם, 간수하다)과 '하탐'(חֲתֹם, 봉함하다)인데, 70인역은 '사탐'을 '칼륍토'(καλύπτω, 4절)와 '카타칼륍토'(κατακαλύπτω, 9절)로 번역하고 '하탐'은 '스프라기조'(σφραγίζω)로 번역한다. 요한계시록 5장에서 요한은 다니엘서에서는 두 개의 히브리어로 표현되는 "두 행위"를 후자인 '스프라기조'(σφραγίζω, 인봉하다)만 사용하여 하나의 행위로 표현한다.[50]

다니엘 12장의 두 본문은 다니엘 8장 26절의 "간직하라"라는 동사에 "봉함하라"라는 동사를 덧붙여 표현한다. 다니엘 8장에서 "환상"을 "간직하라"는 것과 12장에서 "말씀들"(הַדְּבָרִים, 하드바림)과 "글"(הַסֵּפֶר, 하세페르)을 "간수하고 봉함하라"는 것은 그것들을 기록한 "책"과 관련된 표현인 것이 분명하다.[51] 실제로 다니엘 12장 4절의 "글을 봉함하라"의 "글"에 해당하는 히브리어 단어는 책을 의미하는 '세페르'(הַסֵּפֶר)이고 70인역도 마찬가지로 이 단어를 책을 의미하는 '비블리온'(βιβλίον)으로 번역한다. "환상"이나 "말씀"은 책을 연상하게 하는 대표적 단어로서 제유적 표현일 가능성이 많기 때문에 "간수하고 봉함하라"고 명령된 대상을 환상이나 말씀을 담고 있는 책으로 보는 것이 얼마든지 가능하다.

---

50 Bauckham, *The Climax of Prophecy*, 251.
51 보쿰도 이러한 사실을 전제하여 논리를 전개한다(앞의 책).

그렇다면 여기에서 "책을 간수하고 봉함하라"는 문구는 무엇을 의미할까? 그것을 문자 그대로 이해해야 할 것인가? 아니면 상징적으로 이해해야 할 것인가? 이 질문에 대한 답은 직전의 8장 26절에 대한 논의에서 간단하게 언급한 바 있다. 여기에서도 동일한 패턴이 드러난다. 간수되고 봉함된 책은 하나님이 정하신 시점이 이르기 전까지는 그 누구에 의해서도 열릴 수 없다. 이것을 바꾸어 말하면, 하나님이 정하신 마지막 때가 되면 다니엘에게 환상과 말씀을 통해 계시하신 하나님의 뜻이 온전히 이루어지게 될 것이고 하나님의 목적이 드러나게 될 것이다.[52] 하지만 이것을 문자 그대로 이해해서 이 본문이, 실제로 인봉된 채로 보관되어 있다가 종말의 어느 시점에 인이 떼어져 열리는 책이 있다고 볼 수는 없다. 왜냐하면 그 봉함된 책의 존재를 그 누구도 알 수 없으며 더구나 그 봉함된 책이 문자 그대로 열리는 사건 또한 그 누구에게도 알려진 바 없기 때문이다. 그러므로 "책을 간수하고 봉함하라"는 문구를 문자적으로 이해하면 혼란만 가중된다.

결국 다니엘 8장과 12장이 의미하는 바는 하나님이 다니엘에게 보여주신 환상과 말씀하신 내용들이 지금 당장은 그 온전한 의미가 드러나지 않아 이해하기 어렵지만, 마지막 때("끝의 시간"[단 8:17], "끝의 정해진 시간"[단 8:19], "많은 날들 후"[단 8:26]로 칭해지는 시점)가 되면 그것들이 모두 성취되어 그 의미가 모두 밝혀지고 알려지게 된다는 것을 의미한다. 그러므로 간수하고 봉함하여 비밀스런 상태로 존재하도록 지시된 대상은 다니엘이 기록한 책 자체가 아니라 "그가 기록한 것의 의미"라고 할 수 있다.[53] 여기에서 "마지막 때까지"(עַד־עֵת קֵץ, 아드 에트 케쯔; ἕως καιροῦ συντελείας, 헤오스 카이루 쉰텔레이아스)라는 문구는, 이런 종말적 성취가 일어날 것으로 정해진 시점을 기대하게 하려는 의도로 사용되었다.

e. 이사야 29장 11-12절

그러나 그 시점에 이르기 전까지는 그것이 충분히 알려지지 않고 부분적으로만 드러나기 때문에 그 의미는 닫혀 있으며 비밀로 남게 된다. 이것이 이사야 29장 11-12절에 잘 드러나고 있다.[54]

---

52 앞의 책, 252.
53 앞의 책(강조는 보쿰의 것). 보쿰은 다니엘 자신도 그가 쓴 것이 닫혀 있어야 했기 때문에 그것을 이해하지 못했다고 해석한다(앞의 책).
54 Osborne, *Revelation*, 250.

> ¹¹그러므로 모든 계시가 너희에게는 봉한 책의 말(οἱ λόγοι τοῦ βιβλίου τοῦ ἐσφραγισμένου τούτου)처럼 되었으니 그것을 글 아는 자에게 주며 이르기를 그대에게 청하노니 이를 읽으라 하면 그가 대답하기를 그것이 봉해졌으니 나는 못 읽겠노라 할 것이요 ¹²또 그 책을 글 모르는 자에게 주며 이르기를 그대에게 청하노니 이를 읽으라 하면 그가 대답하기를 나는 글을 모른다 할 것이니라(사 29:11-12)

이 이사야 말씀은 모든 계시를 인봉된 책에 비유하여, 글을 읽을 줄 아는 자나 글을 모르는 자나 모두 그것을 이해하지 못한다고 기록하고 있다. 그것은 물론 그것이 심판의 일환으로 주어지기 때문이기도 하지만, 한편으로는 아직 그것이 온전히 성취될 때가 이르지 않아 온전히 밝혀지지 않았기 때문이기도 하다.

f. 정리

이상에서 논의한 구약 배경들과 관련해서 다음과 같이 정리할 수 있다.

(1) 환상과 말씀을 통해 인봉된 책의 이미지로 주어진 하나님의 종말적 계획은 중간에 그 어떤 존재나 세력에 의해 변경될 수 없고 정해진 종말적 시점에서야 온전한 성취를 이루게 될 것이다.

(2) 정해진 종말의 시간이 이를 때까지는 그 누구도 하나님의 뜻과 계획의 구체적인 내용을 알 수 없다.

(3) 그러므로 인봉된 책은 정해진 시간에 누군가에 의해 열려질 순간을 기다리고 있다.

(4) 다니엘 8-12장이 말하는 "끝의 정해진 시간"의 구체적인 정황은 바로 안티오쿠스 4세가 심판을 받고 이스라엘이 구원받는 날을 가리킨다.

(5) 안티오쿠스 4세가 심판을 받는 날은 이스라엘에게 구원의 날인 동시에, 다니엘 2장 24-25절이 약속한 종말적 하나님 나라가 도래하는 순간이기도 하다.

구약 배경과 요한계시록. 70인역은 다니엘 12장 4절과 9절에서 사용된 동사 "봉함하다"(םתח, 하탐)를 '스프라기조'(σφραγίζω)로 번역하는데, 이 단어는 요한계시록 5장 1b절에서 "인봉하다"라는 의미로 사용된 동사 '카테스프라기스메논'(κατεσφραγισμένον)의 기본형인 '카타스프라기조'(κατασφραγίζω)와 접두어 '카타'(κατα)를 제외하면 똑같은 단어다. 이 관계는 다니엘서와 요한계시록의 평행 관계를 시사한다. 이런 평행 관계가 다니엘 8장과 12장의 본문을 요한계시록 5

장 1b절의 "일곱 인으로 인봉된 책" 이미지에 대한 구약적 배경으로 간주할 수 있는 근거를 제시한다. 이 외에도 이어지는 5장 2절부터의 내용에서 제기되는 "누가 그 책을 열며 그것의 인들을 떼기에 합당한가"라는 질문과 그에 대한 답변이 이러한 일련의 구약 배경과 요한계시록 5장의 관계를 더욱 공고하게 한다.

또한 요한계시록이 "반드시 신속하게 되어져야만 하는 것들"(계 1:1)이라는 종말적 성취의 계시에 대한 선언으로 시작하고, 이것이 다니엘 2장 28-29절을 배경으로 한다는 점도 다니엘서가 요한계시록의 구약 배경임을 분명하게 보여준다.[55]

> [28]오직 은밀한 것을 나타내실 이는 하늘에 계신 하나님이시라 그가 느부갓네살 왕에게 후일에 될 일을 알게 하셨나이다 왕의 꿈 곧 왕이 침상에서 머리 속으로 받은 환상은 이러하니이다 [29]왕이여 왕이 침상에서 장래 일을 생각하실 때에 은밀한 것을 나타내시는 이가 장래 일을 왕에게 알게 하셨사오며(단 2:28-29)

이 두 구절에서 "후일(종말)에 될 일"(28절)과 "장래 일"(29절)은 곧 다니엘 8장과 12장에서 말하는 "끝의 정해진 시간"(단 8:17, 19)에 일어날 일이고, "많은 날들 후의 일"(단 8:26)이며, 간수되고 봉함되었던 하나님의 말씀이 마침내 그 빛을 발하게 되는 "마지막 때"(단 12:4, 9)의 일이다. 이 세 그룹의 본문들은 모두 종말의 시점을 지향한다. 그리고 이러한 내용들은 다니엘 2장 44-45절에서 주어지는 하나님 나라의 종말적 도래에 대한 약속으로 집약된다.

이와 같은 다니엘서의 종말적 약속들이 요한계시록 1장 1절에서는 지금 "반드시 신속하게 되어져야만 하는 것들"로서 성취의 관점으로 새롭게 조명된다. 즉, 다니엘서에서 먼 훗날에 나타날 것으로 약속되는 일이 예수 그리스도의 구속 사역의 결과로 지금 신속히 성취되어 나타나야 하는 일로 바뀌어 등장하고 있는 것이다. 다니엘이 안티오쿠스 4세의 핍박 속에서 이스라엘의 회복과 구원을 이루는 종말적 전망을 바라보았다면, 그런 기대와 약속의 최종적 성취가 그리스도의 오심을 통해 요한과 그의 신약 독자들에게 성큼 현실로 다가온 것이라 볼 수 있다.[56] 따라서 책의 이미지는 다니엘 8장, 12장, 에스겔 2장 9절-3장 3절의 말씀과 함께, 심판을 포함하는 하나님 나라의 종말적 도래와 같은 하나님의 계획이 성취될 것이라는 메시지를 형성하고 있다. 특별히 에스겔 2장 9절-3장

---

55 좀 더 자세한 내용은 1:1에 대한 본문 주해를 참고하라.
56 Bauckham, *The Climax of Prophecy*, 251. 물론 이 약속은 안티오쿠스 4세에 대한 심판으로 일차적으로 성취되기는 하지만 그 자체가 최종적인 성취는 아니었으며, 요한계시록은 그 최종적 성취를 예수님의 초림으로 해석하고 있는 것이다.

3절의 경우는 심판이라는 의미를 담고 있지만 구속이라는 의미도 자연스럽게 내포하고 있다.

이상의 내용을 다음과 같은 그림으로 정리해 볼 수 있다.

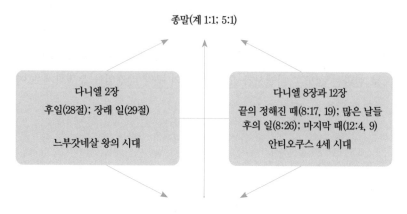

종말(계 1:1; 5:1)

다니엘 2장
후일(28절); 장래 일(29절)

느부갓네살 왕의 시대

다니엘 8장과 12장
끝의 정해진 때(8:17, 19); 많은 날들
후의 일(8:26); 마지막 때(12:4, 9)
안티오쿠스 4세 시대

영원한 하나님 나라의 종말적 도래(단 2:44-45)

지금까지 저자 요한이 "책"이라는 이미지를 어떻게 사용하려 하는지를 구약을 배경으로 살펴보았다. 요한이 다니엘서 본문들과의 관련성 속에서 말하려는 것은, 하나님의 구속 역사가 그리스도를 통해 비로소 그 종결의 순간을 맞이하게 되고 비밀스럽게만 여겨지면서 닫혀 있던 책이 마침내 열려진 것처럼, 이 세상에 존재하는 모든 나라들을 능가하는 하나님 나라의 도래와 같은 구속 계획들이 성취되고 계시되어 이제 만천하에 밝히 드러나게 되었다는 것이다. 이런 구속 계획의 성취에 관한 계시는 단순히 인식적 차원에서만 일어나는 것이 아니라 그 계획 속에 담겨 있는 구속과 심판 같은 내용들의 구체적인 시행까지도 포함한다. 그러므로 5장을 통해서 독자들은 저자 요한이 어떻게 자신이 드러내고자 하는 내용을 표현하고 있는지를 면밀히 살펴봐야 할 뿐 아니라, 5장의 내용을 근거로 요한계시록 전체에서 그러한 구속 계획의 성취와 내용들이 어떻게 구체적으로 시행되고 있는지를 살펴봐야 할 것이다.

2. 누가 책의 인을 떼기에 합당한가?(5:2-4)

도입 부분인 1절에서 "책"이 하나님의 오른손 위에 있다고 함으로써 하나님의 주권을 강조하고 하나님의 뜻과 계획이 이제 밝히 드러나게 되었다는 거룩한 긴장감을 조성하고 있다면, 2-4절은 누가 그러한 일을 이룰 것인지에 대한 질문을 던진다. 2절은 이에 대한 질문으로 시작하고, 3-4절에서는 이 질문에 대한 답변과 관련하여 회의적인 정황이 펼쳐진다.

구문 분석 및 번역

2절 a καὶ εἶδον ἄγγελον ἰσχυρὸν κηρύσσοντα ἐν φωνῇ μεγάλῃ·
　　　그리고 나는 힘센 천사가 큰 음성으로 외치는 것을 보았다

　　 b τίς ἄξιος ἀνοῖξαι τὸ βιβλίον καὶ λῦσαι τὰς σφραγῖδας αὐτοῦ;
　　　누가 그 책을 열며 그것의 인들을 떼기에 합당한가?

3절 a καὶ οὐδεὶς ἐδύνατο
　　　그러나 아무도 할 수 없었다

　　 b ἐν τῷ οὐρανῷ οὐδὲ ἐπὶ τῆς γῆς οὐδὲ ὑποκάτω τῆς γῆς
　　　하늘 안에서나 땅 위에나 땅 아래에서

　　 c ἀνοῖξαι τὸ βιβλίον οὔτε βλέπειν αὐτό.
　　　그 책을 열거나 그것을 보는 것을

4절 a καὶ ἔκλαιον πολύ,
　　　그래서 나는 크게 울었다

　　 b ὅτι οὐδεὶς ἄξιος εὑρέθη ἀνοῖξαι τὸ βιβλίον οὔτε βλέπειν αὐτό.
　　　왜냐하면 아무도 그 책을 열거나 그것을 보기에 합당한 것으로 발견되지 않았기 때문이다

2절은 1a절처럼 "나는 보았다"(εἶδον, 에이돈)라는 단어로 시작한다.[57] 그리고 BDAG에 의하면 2b절의 '뤼사이'(λῦσαι)λύω, 뤼오)는 기본적으로 "풀다"(untie) 혹은 "끌르다"(loose)라는 의미이지만, 이 단어의 의미군 가운데 2b절에 맞는 의미는 "깨뜨리다"(break)이다.[58] 이런 의미를 유지하면서 "인들"이라는 단어와 조화를 이루도록 하기 위해 이 단어를 "떼다"로 번역했다.

3a절은 접속사 '카이'(καί)로 시작하는데, 접속사 '카이'는 기본적으로 등위 접속사로서 일반적으로 전후 관계를 긍정적으로 연결하는 기능을 갖지만, 그와 동

---

57 이 단어에 대한 자세한 내용은 5:1a를 참고하라.
58 BDAG, 606.

시에 "긍정적인 절과 부정적인 절"을 연결해 주는 기능도 하는데, 그럴 때는 "그러나"라는 의미로 사용되기도 한다.[59] 3a절은 2절의 질문에 대한 부정적 답변을 제시하므로 "그러나"로 번역하는 것이 자연스러울 것이다. 그리고 이 접속사에 이어서 "아무도 … 없다"라는 의미의 '우데이스'(οὐδείς)란 단어가 나오기 때문에 번역에서도 이 단어들의 위치를 살려서 3절의 시작 부분을 "그러나 아무도"로 번역했다.

4a절도 마찬가지로 접속사 '카이'(καί)로 시작하는데, 이것을 단순히 "그리고"로 번역하기보다는 앞의 내용과 관련하여 "그래서"로 번역하는 것이 좋다. 이 접속사의 의미 가운데 "앞선 것으로부터 초래되는 결과"를 서술하는 경우가 있다는 점을 근거로 그렇게 번역했다.[60] 이 경우에는 내용적인 면에서도 4절이 3절의 결과로 초래되는 내용을 소개하기 때문에 이 접속사를 "그래서"로 번역할 수 있다.

4b절은 이유를 나타내는 접속사 '호티'(ὅτι)로 시작하므로, 그것을 "왜냐하면"으로 번역했다. 따라서 4b절은 4a절에 대한 이유를 제시한다. 4b절에서는 주동사인 '유레데'(εὑρέθη, 발견되다)가 수동태로 사용되고 주어인 '우데이스'(οὐδείς, 아무도 … 없다)가 목적어 역할을 하고 '악시오스'(ἄξιος, 합당하다)는 목적 보어로 사용되는데, 이 일련의 단어들을 연결해서 번역하는 것이 쉽지 않다. 동사 '유레데'의 수동태의 의미를 드러냄과 동시에 이 동사와 '악시오스'를 연결시켜 "아무도 … 합당한 것으로 발견되지 않았다"로 번역하는 것이 좋다.

이상의 내용을 근거로 우리말 어순에 맞추어 번역하면 다음과 같다.

2a	그리고 나는 힘센 천사가 큰 음성으로 외치는 것을 보았다.
2b	"누가 그 책을 열며 그것의 인들을 떼기에 합당한가?"
3a	그러나 아무도
3b	하늘 안에서나 땅 위에나 땅 아래에서
3c	그 책을 열거나 그것을 볼
3a	수 없었다.
4a	그래서 나는 크게 울었다.
4b	왜냐하면 아무도 그 책을 열거나 그것을 보기에 합당한 것으로 발견되지 않았기 때문이다.

---

59 앞의 책, 495.
60 앞의 책.

본문 주해

[5:2] 힘센 천사와 그의 질문

힘센 천사(ἄγγελον ἰσχυρὸν, 2a절). 2절은 요한이 큰 음성으로 외치는 "힘센 천사"(ἄγγελον ἰσχυρὸν, 앙겔론 이스퀴론)의 모습을 보는 것으로 시작한다. 이런 천사의 모습은 "한 천사가 능력 가운데"(ἄγγελος ἐν ἰσχύι, 앙겔로스 엔 이스퀴이) 하늘로부터 보냄을 받아 외쳤다고 말하는 70인역 다니엘 4장 13-14절과 23절에서 그 구약적 배경을 찾아볼 수 있다.[61] "힘센 천사"는 일반적인 천사와는 구별되지만, 그렇다고 여기에서 천사에 대한 계급 구조를 논하는 것은 본문의 의도를 벗어나는 것이다. 다만 이 힘센 천사의 등장을 역할과 기능의 차원에서 접근할 필요가 있다. 다니엘서의 천사가 "천상 회의의 대변인"(spokesman for the heavenly council)으로서 하나님의 뜻을 선포하는 것처럼, 요한계시록 5장의 힘센 천사도 하늘의 하나님의 뜻과 계획을 전하고 알리는 "대변인" 역할을 감당한다.[62] 뿐만 아니라 이런 천사가 등장하는 것은 이 본문에서 논의되고 있는 사안이 매우 중요한 것임을 암시하고 있다. 이 "힘센 천사"는 5장 2절을 비롯해서 10장 1절과 18장 21절까지 요한계시록에서 총 세 번 등장하는데, 천사가 등장하는 이 본문들은 매우 중요한 사건을 도입하는 역할을 한다.[63]

힘센 천사의 질문과 그 의미(2b절). 힘센 천사는 "누가 그 책을 열며 그것의 인들을 떼기에 합당한가?"라고 질문한다. 이 질문은 앞서 구약 배경에서 살펴본 다니엘 8장 및 12장과 이 본문 사이에 상호 작용이 발생하고 있음을 보여준다. 다니엘서의 배경을 근거로 볼 때, 인봉된 책을 열고 인들을 떼는 것은 하나님의 정하신 때 곧 마지막 때에 하나님의 구속 계획이 온전히 이루어져서, 약속된 종말적 하나님 나라의 실체가 온전히 드러나게 되는 것을 의미한다. 이런 맥락에서 힘센 천사의 질문은 종말의 때가 이르렀음을 전제한다. 이제 그 일을 수행하기에 합당한 인물이 필요하고, 힘센 천사는 과연 그 인물이 누구인지를 묻는다. 주목해야 할 것은 여기에 "합당하다"(ἄξιος, 악시오스)라는 단어가 사용된다는 점이다. 이 단어는 5장에서 3회 사용되는데, 이곳에 처음 등장한다. 4장 11절에서는 하나님이 모든 만물을 창조하셨기 때문에 경배를 받으시기에 합당하다는 맥락에

---

61 Beale, *The Book of Revelation*, 338.
62 앞의 책.
63 Osborne, *Revelation*, 250.

서 이 단어가 사용된다. 이 단어는 창조주 하나님이 경배를 받기에 합당하시듯이, 하나님의 구속 계획을 이루는 일에도 어떤 적절한 조건을 갖춘 합당한 존재가 필요하다는 것을 의미한다. 아무나 이러한 일을 수행할 수 없기 때문이다.

[5:3] 합당한 자의 부재

그러나 그러한 자격을 갖춘 자가 쉽게 발견될 수 있겠는가? 3절은 안타까운 현실을 적나라하게 보여준다. 이 본문은 3a절의 '우데이스'(οὐδείς, 아무도)라는 인칭대명사로 시작한다. 아무도 없다! 그리고 그것은 3c절로 연결되어 그 책을 펴거나 볼 수 있는 사람이 아무도 없음을 보여준다. 이렇듯 "무"(無)의 상황이 제시되고, 그러한 상황은 "하늘에서나 땅 위에서나 땅 아래에서" 합당한 사람을 찾아볼 수 없다고 말하는 3b절의 내용으로 더욱 강조된다. 여기에서 제시되는 하늘/땅/땅 아래의 삼중 구조는 성경에서 우주적 범위를 묘사할 때 자주 사용되는 형식이다(출 20:4; 신 5:8; 빌 2:10).[64] 구조적으로 보면, 3a절의 조동사 '에뒤나토'(ἐδύνατο)와 3c절의 부정사 '아노익사이'(ἀνοῖξαι)가 직접 연결되고, 우주적 범주를 말하는 3b절은 3a절과 3c절 사이에 삽입되는 구조를 갖는다. 삼중 구조를 언급하는 3b절의 삽입으로 말미암아 3a절과 3c절의 아무도 책을 열거나 볼 자가 없다는 내용이 더욱 강조된다. 3c절에 의하면, 그야말로 이 우주의 어느 곳에서도 하나님의 구속 계획의 종말적 성취를 이루어 드릴 자가 없다. 이처럼 극단적으로 부정적인 정황은, 이야기의 전개 과정에서 매우 극적인 반전을 기대하게 한다.

[5:4] 요한의 반응: 요한이 울다

4절에서는 3절의 절박한 상황에 대한 요한의 반응이 소개된다. 4a절에서 요한은 크게 울음으로써 절박한 상황에 대한 반응을 보인다. 여기에서 "울다"(ἔκλαιον, 에클라이온·κλαίω, 클라이오)라는 동사가 요한의 슬픔을 잘 나타내고, "크게"(πολύ, 폴뤼)라는 부사는 요한의 슬픔을 더욱 가중시킨다. 왜 요한은 이처럼 힘센 천사의 질문에 답을 하지 못한 채 크게 울고 있을까? 이에 대한 답은 직전의 3절에서 찾을 수 있다. 3절에서 요한은 아무도 책을 열거나 그것을 볼 수 없다는 것을 이미 알게 되었고, 그래서 4a절에서 크게 울게 된 것이다. 4b절은 다시 한 번 4a절에

---

64 Charles, *A Critical and Exegetical Commentary on the Revelation of St. John*, 1:139; Mounce, *The Book of Revelation*, 130; Ford, *Revelation*, 85.

대한 이유를 제공하면서 3절의 '우데이스 ... 아노익사이 토 비블리온 우테 블레페인 아우토'(οὐδεὶς...ἀνοῖξαι τὸ βιβλίον οὔτε βλέπειν αὐτό)를 동일하게 사용한다. 이러한 관계에서 4b절이 3절의 내용을 반복하고 있음을 알 수 있다. 이렇게 4a절에 대한 이유가 구문을 통해 드러나지만, 드러나지 않고 이면에 함축되어 있는 다른 이유들도 있다.

4장의 환상과 5장 1절부터 이어지고 있는 환상의 과정을 통해 요한은 합당한 자가 책의 인을 떼고 책을 열게 되는 과정이 다니엘서에서 약속한 하나님의 종말적 구속 계획의 성취의 실존을 확증해 주는 상징적 행위라는 사실을 잘 알고 있었을 것이다. 이런 지식은 책의 인을 떼기에 합당한 자가 필연적으로 나타나야 한다는 사실에 대한 기대감을 더욱 상승시킨다. 그런데 그 기대가 합당한 인물의 부재로 물거품이 될 수 있는 상황에 직면한다. 요한의 큰 울음은 바로 이러한 정황에 대한 좌절감의 표현이다. 물론 환상을 본 시점에 요한은 분명히 예수 그리스도를 인식하고 있었겠지만, 그가 외부 세계와 차단된 환상의 세계에 있었기 때문에 일시적으로 예수님이 이 책의 인을 떼실 수 있을 것이라 생각하지 못했던 것이 분명하다.[65] 그래서 요한은 로마 제국의 황제 숭배라는 도전 앞에 교회가 무기력하게 무너져 갈 것이 두려웠을 것이다. 역사가 교회의 편이 아니기 때문에 하나님의 백성은 어떠한 보호도 받지 못할 것이고(no protection), 성도를 핍박하는 세상에 대해서는 어떠한 심판도 시행되지 않을 것이며(no judgments), 성도들은 궁극적인 승리를 얻지 못하게 될 뿐 아니라(no ultimate triumph), 새 하늘과 새 땅도 없고(no new heaven and earth), 미래의 기업도 상속받지 못할 것(no future inheritance)이라는 생각이 들었을 것이다.[66] 이것이 바로 요한이 크게 울 수밖에 없었던 이유다.

여기에서 저자 요한이 환상을 처음 보았던 시점과 그 내용을 글로 기록했던 시점을 구별할 필요가 있다. 적어도 이러한 환상을 체험했던 최초의 순간에는 이러한 절박한 정황이 요한 앞에 있었겠지만, 이 글을 기록할 때는 이미 그 책을 누가 펴서 볼 수 있는지를 잘 알고 있었을 것이다. 그렇다면 요한은 왜 자신이 상징적 환상 가운데 겪었던 상상하고 싶지 않은 고통의 순간을 2-4절에서 이렇

---

65 Beale, *The Book of Revelation*, 348. 비일이 지적하는 것처럼, 요한은 책의 인을 뗄 수 없었고 그래서 하나님의 영광스러운 계획이 실행되지 않을 것이라는 생각이 잠시나마 요한을 절망스럽게 했다. 이것이 요한이 크게 운 이유이다. 그러나 요한은 곧 책의 인이 떼어지는 장면을 보게 된다.

66 Hendriksen, *More than Conquerors*, 89.

게 기술하고 있는 것일까? 요한은 이러한 과정을 생략하고 직접 예수님을 소개할 수도 있지 않았을까? 이것은, 다음에서 그 책을 열 수 있는 분으로 소개되는 그리스도의 배타적 유일성을 극적으로 강조하는 효과를 가져오기 위함이다. 곧, 오직 그리스도만이 하나님의 구속 계획을 성취하고 완성하실 수 있는 분이라는 사실을 강조하기 위함이다.

끝으로, 요한의 울음을 통해 독자들은 "지금 우리는 무엇을 위해 울고 있는가?"를 자문하고 반성하게 된다. 요한을 보며 우리가 진정 무엇을 위해 울어야 하는지를 배우게 된다. 이어지는 5-7절에서는 요한을 크게 울게 만들었던 문제를 해결하실 분, 즉 책의 인을 떼실 분이 소개된다.

3. 책의 인을 떼기에 합당한 이를 알게 되다(5:5-7)

5-7절에서는 인봉된 책을 펴서 볼 수 있는 분이 누구신지 정확하게 소개되면서 2-4절의 상황이 반전되고 있다. 책을 펴 볼 수 있는 분은, 5절에서는 구약적 관점에서 "유다 지파의 사자, 다윗의 뿌리"로 소개되고 6절에서는 성취의 관점에서 죽임을 당한 어린 양으로 소개된다. 그리고 그렇게 확정된 인물인 어린 양이 7절에서 하나님의 오른손에서 책을 취하신다.

구문 분석 및 번역

5절 a καὶ εἷς ἐκ τῶν πρεσβυτέρων λέγει μοι·
그리고 장로들 중 하나가 내게 말한다

b μὴ κλαῖε,
울지 말라

c ἰδοὺ ἐνίκησεν ὁ λέων ὁ ἐκ τῆς φυλῆς Ἰούδα, ἡ ῥίζα Δαυίδ,
보라 유다 지파의 사자, 다윗의 뿌리가 이기셨다

d ἀνοῖξαι τὸ βιβλίον καὶ τὰς ἑπτὰ σφραγῖδας αὐτοῦ.
그 책과 그것의 일곱 인을 열기 위하여

6절 a Καὶ εἶδον
그리고 나는 보았다

b ἐν μέσῳ τοῦ θρόνου καὶ τῶν τεσσάρων ζῴων καὶ ἐν μέσῳ τῶν πρεσβυτέρων
보좌와 네 생물 중에와 장로들 중에

c ἀρνίον ἑστηκὸς ὡς ἐσφαγμένον
죽임당한 것 같은, 서 있는 어린 양을

d ἔχων κέρατα ἑπτὰ καὶ ὀφθαλμοὺς ἑπτὰ
일곱 뿔과 일곱 눈을 가지고 있으면서

e οἵ εἰσιν τὰ [ἑπτὰ] πνεύματα τοῦ θεοῦ ἀπεσταλμένοι εἰς πᾶσαν τὴν γῆν.
(이 눈들은) 모든 땅으로 보내심을 받은 하나님의 [일곱] 영이다

7절 a καὶ ἦλθεν
그리고 그가 왔다

b καὶ εἴληφεν ἐκ τῆς δεξιᾶς τοῦ καθημένου ἐπὶ τοῦ θρόνου.
그리고 보좌에 앉으신 이의 오른손으로부터 (책을) 취하셨다

먼저 5절에서는 5c절의 '호 레온 호 에크 테스 퓔레스 이우다'(ὁ λέων ὁ ἐκ τῆς φυλῆς Ἰούδα)를 번역하기 곤란한 부분이 있다. 여기서 사용된 전치사 '에크'(ἐκ)는 두 가지 용법의 가능성이 있다. 첫째, 이 전치사는 "가문, 인종, 도시, 백성, 지역 등

과 관련된 기원(origin)을 드러내기 위해" 사용된다.[67] 이 용법으로 이 문구를 번역하면 "유다 지파로부터 기원한 사자"라고 할 수 있다. 둘째, 이 전치사의 용법 중에 "부분적(partitive) 용법"이 있는데, 이 용법을 이 본문에도 적용해 볼 수 있다.[68] 이 경우에 이 구절은 "유다 지파에 속한 사자"라고 번역할 수 있다. 여기에서 이 문구는 "사자"가 유다 지파로부터 기원했다는 것을 말하고자 하는 것일까? 아니면 사자가 유다 지파에 속했다는 것을 말하고자 하는 것일까? 이 두 경우는 서로 배타적이지 않고 상호 보완적인 것으로 여겨질 수 있다. 곧 이 전치사에 의해 유다 지파는 사자의 기원이 되고 소속이 된다. 이 두 경우를 모두 포함할 수 있는 적절한 번역은 "유다 지파의 사자"일 것이다. 따라서 대부분의 영어 번역본들(NKJV, ESV, NRSV)이 이 문구를 "유다 지파의 사자"(the Lion of the tribe of Judah)로 번역하는 것은 적절하다고 할 수 있다.

5d절에서 주목할 것은 "책"(βιβλίον, 비블리온) 앞에 붙은 정관사(τό, 토)의 의미를 살려 "그 책"이라고 번역했다는 점이다. 이것은 여기에서 언급된 "책"이 1-4절에서 언급되었던 바로 그 "책"임을 의미한다. 그리고 같은 5d절에서 부정사로 사용된 동사 '아노익사이'(ἀνοῖξαι)는 목적의 용법이므로, "열기 위하여"라고 번역한다.[69] 이런 관계에 의해 "유다 지파의 사자, 다윗의 뿌리"가 이기시는 이유는 바로 그 책과 그것의 일곱 인을 여시기 위함이 된다.

6절에는 세 개의 완료 시제 분사 군집이 등장한다: '헤스테코스'(ἑστηκός)ἵστημι, 히스테미; 6c절), '에스파그메논'(ἐσφαγμένον)σφάζω, 스파조; 6c절), '아페스탈메노이'(ἀπεσταλμένοι)ἀποστέλλω, 아포스텔로; 6e절). 이렇게 세 개의 완료 시제 분사들이 군집적으로 사용되는 것은 앞서 1절에 대한 "구문 분석 및 번역"에서 논의했던 것처럼, 분사들 자체에 초점이 있기보다는 저자가 중요하게 취급하여 부각시키고자 하는 대상들을 주목하게 만들기 위한 것이다.[70] 따라서 독자들은 이런 특징을 잘 파악하고 본문을 읽는 것이 중요하다. 그러므로 6c절의 '에스파그메논'(ἐσφαγμένον)에 단순하게 완료 시제의 의미를 반영하여 "이미 죽임을 당한"이라고 번역하는 것은 피하도록 하겠다. 그리고 '에스파그메논' 앞에 사용된 '호스'(ὡς)에는, 앞서 이 단어의 용법에 대해 언급했던 것처럼(참고, 1:10; 4:1, 6-7) 환상

---

67 BDAG, 296.
68 Wallace, *Greek Grammar beyond the Basics*, 371.
69 Charles, *A Critical and Exegetical Commentary on the Revelation of St. John*, 1:140.
70 Mathewson, *Verbal Aspect in the Book of Revelation*, 107.

의 상징적 특징을 보여주는 기능이 있다. 이 두 단어를 합하여 "죽임을 당한 것 같은"으로 번역할 수 있다. '에스파그메논'은 '에스테코스'(ἑστηκός, 서 있는)와 함께 '아르니온'(ἀρνίον, 어린 양)을 수식한다. 그러므로 이 단어들을 모두 합하여 "이미 죽임을 당한 것 같은, 서 있는 어린 양을"로 번역할 수 있다.

7절에서는 부정과거 동사와 완료 시제 직설법 동사가 나란히 사용된다. 이 조합은 앞서 1절과 6절에서 부정과거 동사와 완료 시제 분사가 함께 사용된 것 과는 차이를 보인다. 7절에서 완료 시제로 사용된 동사는 "취하다"(εἴληφεν, 에일레 펜)λαμβάνω, 람바노)인데, 이 동사의 완료 시제 용법을 그대로 적용하여 "현재적 결 과" 혹은 "지속적인 결과"(abiding result)로 이해하면 혼란을 야기할 수 있다. 왜냐 하면 그렇게 이해할 경우, 책을 취한 어린 양이 요한이 요한계시록을 기록하는 순간까지도 그 책을 가지고 있다고 오해할 수 있기 때문이다.[71] 따라서 이것을 "부정과거적 완료형"(Aoristic Perfect)으로 이해해서 부정과거의 의미를 갖는 것으 로 보기도 한다.[72] 그런데 여기에서 문제가 되는 것은 왜 요한이 그냥 부정과거 형 동사를 사용하지 않고 굳이 완료형 동사를 사용해서 부정과거형 동사의 의 미를 전달하느냐는 것이다. 이와 관련해서는 이 동사의 주변 단어들이 모두 부 정과거형으로 사용되고 있다는 사실에 주목할 필요가 있다. 바로 직전의 '엘 덴'(ἦλθεν)이라든지 5장 8절의 '엘라벤'(ἔλαβεν)이나 '에페산'(ἔπεσαν) 같은 동사가 모 두 부정과거형이다. 직전과 직후에 모두 부정과거형 동사를 사용하고 있다면 요 한이 본 환상의 내러티브 형식으로 볼 때 이곳에서도 동일하게 부정과거형을 사 용해야 할 텐데, 굳이 완료 시제 동사를 사용하는 것은 특별한 목적이 있을 것이 라고 추정할 수 있다. 그것은 바로 저자가 어린 양이 하나님의 오른손에 있는 책 을 취하는 행위를 "전면"(frontground)[73]에 부각시켜 요한의 환상 내러티브에서 가 장 절정에 이르는 단계로 강조함으로써 독자들의 주목을 끌기 위한 목적이라고 볼 수 있다.[74] 이러한 사실을 번역 과정에서 명확히 드러내기는 쉽지 않기에, 독 자들은 이 부분을 읽을 때 본문의 이러한 특징을 잘 파악하고 있어야 할 것이다.

---

71 앞의 책, 94.

72 BDF § 343.

73 매튜슨에 의하면, 부정과거는 "내러티브의 뼈대"로서 "배경"(background)으로 기술할 때 사용되고, 현재 시제와 미완료 시제는 어떤 행위를 "전경"(foreground)에 내세울 때 사용되며, 완료 시제는 그것보다 더 "전 면"(frontground)에 부각시킬 때 사용된다고 한다(Mathewson, *Verbal Aspect in the Book of Revelation*, 45).

74 앞의 책 99. 8:5에서 사용된 '에일레펜'(εἴληφεν)도 동일한 패턴으로 이해할 수 있다. 이 유형의 동사를 부 정과거 의미로만 해석하는 것에는 신중해야 한다. 왜냐하면 이 동사는 부정과거형 시제 자체로 사용되는 경우가 빈번하기 때문이다(3:11; 4:11; 6:4; 10:8, 9, 10; 17:12; 18:4; 20:4; 22:17)(앞의 책, 100).

이상의 내용을 근거로 우리말 어순에 맞추어 번역하면 다음과 같다.

5a	그리고 장로들 중 하나가 내게 말한다.
5b	"울지 말라.
5c	보라
5d	그 책과 그것의 일곱 인들을 열기 위하여
5c	유다 지파의 사자, 다윗의 뿌리가 이기셨다."
6a	그리고
6b	보좌와 네 생물 중에와 장로들 중에
6d	일곱 뿔과 일곱 눈을 가지고 있으면서
6c	죽임당한 것 같은, 서 있는 어린 양을
6a	나는 보았다.
6e	(이 눈들은) 모든 땅으로 보내심을 받은 하나님의 [일곱] 영이다.
7a	그리고 그가 와서
7b	보좌에 앉으신 이의 오른손으로부터 (책을) 취하셨다.

본문 주해
[5:5] 유다 지파의 사자, 다윗의 뿌리
5절에서는 이십사 장로 중 하나가 나서서 어린 양을 소개한다.

장로들 중 하나의 등장(5a절). 여기에서 "장로들 중 하나"는 4장의 이십사 장로 중 하나를 가리킨다. 4장에서 이십사 장로는 교회 공동체의 천상적 존재를 상징하기 위해 사용된 바 있다. 2-4절에서 "누가 책의 인을 뗄 것인가?"에 대해 "힘센 천사"가 문제 제기를 하고 여기에서 이십사 장로들 중 하나가 그에 답하는 것은 의미 있는 역할 분담을 시도한 것이라 볼 수 있다. 특별히 책의 인을 떼고 그 책을 보는 것이 하나님의 종말적 구속 계획의 성취를 보여주는 것이라면,[75] 힘센 천사가 던지는 질문의 중심에는 하나님 백성의 구속이 자리 잡고 있다고 할 수 있다. 이것은 다니엘 8장과 12장의 배경에서 인봉된 책의 주제가 안티오쿠스 4세의 핍박으로부터 이스라엘이 해방되는 것과 밀접한 관계가 있다는 사실로 잘 드러난다.[76] 그렇다면 그에 대한 답을 소개하는 데 있어 하나님의 백성을 상징적으로 대표하는 이십사 장로 중 하나가 주도적인 역할을 하는 것은 자연스러운 일일 수 있다. 이처럼 "장로들 중 하나"는 요한과의 대화를 이끌면서 어떤 주제

---

75 이 주제는 5:1에서 "책"과 관련하여 자세하게 논의한 바 있다.
76 이에 대한 자세한 내용은 앞서 다룬 구약 배경(특히 단 12:4, 9)에 대한 논의를 참고하라.

에 대한 논의를 진행하는 역할로 등장한다(참고, 7:13-14). 이런 역할은 4장에서 하나님 백성의 천상적 존재를 알려 주는 상징적 이미지로 등장할 뿐 아니라 어떤 에피소드에서 일정 역할을 감당하는 존재로서의 역할도 하고 있음을 보여준다.

유다 지파의 사자, 다윗의 뿌리가 이기다(5c절). 5b절에서는 장로들 중 하나가 요한에게 "울지 말라"고 권면하고, 5c절에서는 "유다 지파의 사자, 다윗의 뿌리가 이기셨다"고 말함으로써 그가 울지 말아야 할 이유를 제시한다. 여기에서 두 개의 명칭, 즉 "유다 지파의 사자"와 "다윗의 뿌리"가 등장한다. 이 두 명칭은 구약적이며 유대적 전통을 갖는다. 이 두 문구는 각기 구약적 유대 전승을 유지하기도 하고 결합되어 사용되기도 한다. 이 세 경우를 하나씩 살펴보고자 한다.

(1) 유다 지파의 사자
먼저 '호 레온 호 에크 테스 퓔레스 이우다'(ὁ λέων ὁ ἐκ τῆς φυλῆς Ἰούδα)를 "유다 지파의 사자"로 번역한 이유는 앞서 "구문 분석 및 번역"에서 밝힌 바 있다. 이 문구는 사자가 유다 지파에 속해 있다는 의미도 있지만 동시에 그 근원이 유다 지파에 있다는 것으로도 이해할 수 있다. 그러므로 이 "사자"는 공시적으로 유다 지파에 속해 있는 동시에 통시적으로 유다 지파를 근원으로 하는 사자다. 이에 대한 구약 배경은 창세기 49장 9절이다.

> 유다는 사자 새끼로다 내 아들아 너는 움킨 것을 찢고 올라갔도다 그가 엎드리고 웅크림이 수사자 같고 암사자 같으니 누가 그를 범할 수 있으랴(창 49:9)

이 본문의 "유다는 사자 새끼로다 ... 그의 엎드리고 웅크림이 수사자 같고 암사자 같다"는 표현에서 요한계시록 5장 5c절의 "유다 지파의 사자"라는 표현이 나오게 된다. 이 "사자" 이미지는 "메시아의 주권적 능력"을 나타낸다.[77] 그래서 유대인들은 창세기 49장 9절을 메시아의 오심을 기대하는 근거로 여겼다. 예를 들면, BC 1세기의 유대 문헌인 유다의 유언서 24장 1-5절은 이 본문을 "메시아적으로" 해석했다.[78] 창세기 49장 9절에서 메시아적 이미지로 사용된 사자는 메시아의 근원이 유다 지파라는 사실을 보여줄 뿐 아니라 그 메시아가 유다 지파에 속한다는 사실도 확인시켜 준다.

---

77 Smalley, *The Revelation to John*, 130.
78 Charles, *A Critical and Exegetical Commentary on the Revelation of St. John*, 1:140.

(2) 다윗의 뿌리

다윗의 뿌리라는 호칭의 구약 배경은 이사야 11장 1절과 10절이다.[79]

> 이새의 줄기에서 한 싹이 나며 그 뿌리에서 한 가지가 나서 결실할 것이요 (사 11:1)
>
> 그 날에 이새의 뿌리에서 한 싹이 나서 만민의 기치로 설 것이요 열방이 그에게로 돌아오리니 그가 거한 곳이 영화로우리라 (사 11:10)

이사야 11장 1절과 10절에 동시에 나오는 "이새"라는 이름은, 다윗을 대신하는 것으로서 "이스라엘의 과거와의 확실한 연속성"을 보여줌과 동시에 다윗 왕조의 출발이 진정한 왕적 지위에서 출발한 것이 아니라 비천한 가운데 하나님의 선택에 의해 시작되었음을 상기시킨다.[80] 또한 아하스 왕의 불신앙으로 말미암아 이스라엘이 심판을 받게 되어 멸망하게 되었지만 "줄기" 혹은 "뿌리"에서[81] 나온 "한 싹"이나 "한 가지"가 상징하는 메시아를 통해 "참 이스라엘"의 출현에 대한 비전을 보게 된다.[82] 또한 이사야 11장 10절의 "이새의 뿌리"는 다윗의 후손인 "새 다윗"(New David)으로서[83] 메시아를 약속하는 것은 물론 "구원과 평화의 새로운 시대에 참여하는 이스라엘의 남은 자로서의 메시아적 공동체"에 대한 약속을 제시한다.[84] 자칫하면 심판으로 말미암아 소멸될 수도 있다는 절망 가운데 있는 이스라엘에게 다윗 왕조의 영속성을 확증해 주려했던 것이다. 이사야 11장 1절의 이새의 줄기에서 나는 "한 싹"과 "그 뿌리에서 나는 한 가지"와 이사야 11장 10절의 "이새의 뿌리"가 바로 요한계시록 5장 5c절에 나오는 "다윗의 뿌리"라는 문구의 배경이다. "이새"가 "다윗"으로 변경되었을 뿐이다. 또한 이사야서의 두 본문(사 11:1, 4)이 솔로몬의 시편(Psalms of Solomon) 17편 24절과 35-39절에서 메시아에게 적용되어 사용된다는 점도 "다윗의 뿌리"를 메시아에게 적용하는 요한계시록 5장이 이사야 11장을 구약 배경으로 한다는 사실을 뒷받침한다.[85]

---

79 앞의 책.
80 Childs, *Isaiah*, 102. "이새"란 이름의 등장은 현재의 다윗 왕권에 대한 이사야의 비판적 입장도 반영한다 (J. J. M. Roberts, *First Isaiah: A Commentary*, Hermeneia [Minneapolis, MN: Fortress Press, 2015], 182).
81 이사야 11:1의 "줄기"와 "뿌리"라는 두 단어는 평행 관계이다. 이런 관계는 마소라 본문에서 히브리어로는 각각 גֶּזַע(게자)와 שֹׁרֶשׁ(쇼레쉬)라는 별개의 단어였던 것이 70인역에서는 "뿌리"라는 의미를 갖는 헬라어 '리제스'(ῥίζης>ῥίζα, 리자)라는 한 단어로 통일되어 번역되는 것에서 확인된다. 이러한 70인역의 번역은 줄기와 뿌리가 서로 호환될 수 있는 관계로 간주될 수 있음을 시사한다. 또한 이 두 단어의 평행적 관계에 의해 서로 관련되는 "한 싹"과 "한 가지"도 서로 평행 관계에 있는 것으로 볼 수 있다.
82 Childs, *Isaiah*, 102. 여기에서 "줄기"라는 단어는 이사야 6:13의 "그루터기로부터 나오는 거룩한 씨"와 관련된다(앞의 책).
83 Roberts, *First Isaiah*, 182.
84 Childs, *Isaiah*, 106.
85 Charles, *A Critical and Exegetical Commentary on the Revelation of St. John*, 1:140.

(3) 유다 지파의 사자 + 다윗의 뿌리와 어린 양

유대 문헌에서도 사자와 다윗의 후손은 메시아에 대한 소망과 연관된다. 예를 들면, 사자와 다윗의 후손이 결합되어 나타나거나(4QPBless, 1QSb 5:20-29, 에스라4서 12:31-32[86]) 다윗의 후손만 나타나기도 한다(4QFlor 1:11-12; 4QpIsaa Frag. A; 에스라4서 13:10; 에녹1서 49:3; 62:2; 유다의 유언서 24:4-6 등).[87] 이처럼 "유다 지파의 사자"와 "다윗의 뿌리"가 결합된 형태로 "유대적 왕적 메시아의 핵심 자질들 중 하나"를 부각시켜 준다.[88] 즉, 메시아는 "다윗 왕조의 후손이어야 한다"는 것이다.[89]

이어지는 내용에서 어린 양 예수 그리스도께서 이러한 자질들을 충족시키는 분으로 소개된다. 예수님이야말로 유일하게 유다 지파의 사자요 다윗의 뿌리로서 이러한 메시아에 대한 기대의 성취로 오신 것이다. 이런 맥락에서 5c절의 두 명칭은 "이기다"(ἐνίκησεν, 에니케센/νικάω, 니카오)라는 이미지와 매우 잘 조화된다. 왜냐하면 5c절에서 "유다 지파의 사자, 다윗의 뿌리가 이기셨다"라고 표현되는 예수님의 모습은 창세기 49장 9절이나 이사야 11장 1절과 10절 등에서 기대해 왔던 메시아의 모습으로서, 다윗 왕처럼 적들을 물리치고 심판하는 모습으로 비치기 때문이다. 이것이 바로 예수님이 책의 인을 떼기에 합당한 분이신 근거다.

열기 위하여(ἀνοῖξαι, 5d절). 5d절의 '아노익사이'(ἀνοῖξαι)는 목적의 용법으로 사용된 부정사다. "유다 지파의 사자, 다윗의 뿌리"이신 예수님이 이기신 것(5c절)은 메시아로서 "그 책과 그것의 일곱 인을 열기 위함"(5d절)이다. 이것은 메시아의 사역과 그 승리의 목적을 분명히 드러낸다. 즉, 책의 인을 떼고 그것을 열기 위한 것이다. 또한 메시아이신 예수님은 그 일을 행하기에 합당한 분이 되시기 위해 유다 지파의 사자와 다윗의 뿌리로 오셔서 이기신 것이다. 곧 메시아는 다니엘서가 대망했던 종말적 하나님 나라가 오도록 하기 위해 승리한 것이다. 승리의 목적이 분명하다. 이러한 사실은 인을 뗄 자가 없는 것에 놀라 크게 울음을 터뜨릴 수밖에 없었던 요한의 마음을 안심시키기에 충분했을 것이다. 이 답변을 듣고 난 이후에 요한은 더 이상 의문을 제기하지 않는다. 이러한 사실을 들었을 때 요한은 그것을 알기 전에 크게 울었던 것만큼이나 감동도 컸을 것이 틀림없다.

---

86 에스라4서 12:31-32에 의하면, "숲으로부터 올라와 울부짖는 것을 네가 보았던 그 <u>사자</u>는 ... 지극히 높으신 분이 마지막 때까지 간직해 오신 <u>다윗의 후손</u>으로부터 일어날 메시아이시다"(OTP 1:550).

87 Bauckham, *The Climax of Prophecy*, 214.

88 Aune, *Revelation 1-5*, 351.

89 앞의 책.

[5:6] 죽임당한 것 같은, 서 있는 어린 양

6절은 죽임을 당하신 어린 양의 모습을 소개하고 있다. 이것은 5절과 관련하여 동일한 예수님에 대한 이미지를 소개하고 있지만 대조적인 모습을 보여준다.

죽임당한 것 같은, 서 있는 어린 양(6c절). 먼저 6절에서 보여주는 예수님은 "죽임당한 것 같은, 서 있는 어린 양"의 모습이시다. 이 문구는 "그리스도에 대한 은유"[90] 혹은 "희생적 은유"(sacrificial metaphor)라고 할 수 있다.[91] 또한 "죽임당한 것 같은"이란 문구는 "비현실적인"(unreal) 것으로서[92] "단순히 어린 양이 죽임을 당한 것처럼 보인다"는 의미가 아니라 "실제로 일어난 것"에 대해 언급하고 있는 것이다.[93] 좀 더 구체적으로 말하면, "죽임당한 것 같은 … 어린 양"이란 문구는 "같은"이란 단어에 의해 어린 양이 실제로 죽임을 당했으나 실제로 다시 부활하여 살아 있는 상태에 있다는 것을 함의하고 있다.[94] 따라서 이 문구는 "죽음과 부활이라는 두 개의 신학적 모티브를 조합"하고 있다고 할 수 있다.[95]

어린 양을 "서 있는"(ἑστηκός, 에스테코스) 모습으로 묘사한다는 점이 특히 흥미로운데, 왜냐하면 어린 양의 "서 있는" 모습이 보좌에 "앉아 계신"(καθήμενος, 카데메노스; 계 4:2-3) 하나님과 대조되기 때문이다. 4장과 5장에서 각각 하나님과 어린 양 예수님에 대한 찬양의 내용을 보면 하나님과 어린 양 예수님이 동등한 분임을 알 수 있다. 그럼에도 불구하고 왜 어린 양은 보좌에 앉아 계신 하나님과는 달리 서 있는 모습으로 묘사되고 있는가? 이것은 어린 양이라는 이미지와 조화시키기 위한 것이다. 여기에서 어린 양은 죽을 뿐 아니라 죽음을 이긴 사자 같은 "승리의 인물"로서 "사자-어린 양"(Lion-lamb)이라는 호칭이 어울린다.[96] 이러한 맥락에서 서 있는 어린 양의 모습은 "능력의 지위"(position of strength)를 나타내 주고 있다.

번역에 대한 논의에서 살펴봤듯이, "죽임당한"(ἐσφαγμένον, 에스파그메논)σφάζω, 스파조) 어린 양의 모습은 당연히 예수님이 십자가에서 죽임당하신 사건을 가리키

---

90 Blount, *Revelation*, 108.
91 Aune, *Revelation*, 352.
92 Smalley, *Revelation*, 132.
93 Koester, *Revelation*, 376. 쾨스터는 이러한 "죽임당한 것 같은 어린 양"의 의미를 다음과 같이 세 가지로 요약한다(앞의 책, 376-377): (1) 취약성(vulnerability): 사자와 대조, (2) 구원을 위한 희생(sacrifice of deliverance): 유월절 어린 양을 배경으로, (3) 대속적 희생(sacrifice of atonement).
94 Aune, *Revelation 1-5*, 353.
95 앞의 책. 스몰리도 이런 입장을 지지한다(Smalley, *Revelation*, 132).
96 Reddish, *Revelation*, 109.

는데, 그것이 완료 시제로 사용되어 그 사건을 더욱 강조하고 부각시킴으로써 독자들의 주목을 끌려는 의도를 갖는다. 이러한 의도에서 요한이 그의 저술에서 십자가 사건을 중심 메시지로 간주하고 매우 중요하게 취급함으로써 독자들의 공감을 이끌어 내려 하고 있음을 알 수 있다. 따라서 5장에서 요한이 어린 양 예수 그리스도의 구속 사역을 표현하고 강조하기 위해 완료 시제를 빈번하게 사용하는 것은 의도적이라고 할 수 있다.[97]

그리고 "죽임당한 어린 양"은 구약에 나타나는 출애굽기의 "유월절 어린 양"과 이사야 53장 7절의 "도수장으로 끌려 가는 어린 양"의 모습을 조합한 것이라 할 수 있다.[98] 곧 요한계시록의 어린 양 이미지는 구약의 어느 한 배경에서 연유했다기보다는 여러 배경이 조합되어 요한만의 독특한 이미지로 연출된 것이다.[99] 레디쉬는 이러한 모습의 어린 양을 "다면적 캐릭터"(multivalent character)로 규정한다.[100] 다면적 캐릭터로서 하나님의 뜻을 온전히 이루시고 대속 사역을 성공적으로 이루신 예수님께서는 하나님의 종으로서의 이러한 두 모습[101] 외에도 에녹1서 89-90장의 "정복하는 어린 양"의 모습이 적용될 수 있다.[102] 특별히 이사야 53장 7절과의 관계에서 요한계시록 본문의 "죽임당한 것 같은 … 어린 양"이라는 문구는 이사야서 본문의 '호스 프로바톤 … 호스 암노스'(ὡς πρόβατον … ὡς ἀμνὸς, 어린 양 같은 … 양 같은)와 같은 개념에서 온 것으로 보인다.[103]

우주적 역설. 흥미롭게도 여기서는 어린 양이 죽임당한 것 같다는 언급만 있을 뿐 부활했다는 언급은 존재하지 않는다. 이곳에서 예수님은 죽임당한 어린 양으로 제시되면서, 유다 지파의 사자로 묘사되는 5절과는 매우 대조적인 모습을 보인다. 이러한 대조는 본문에서 죽임당한 어린 양의 모습만 언급하고 예수님의 부활에 대해서는 전혀 언급하지 않는다는 사실로 인해 더욱 돋보인다. 죽임당한 어린 양의 모습으로 철저하게 패배한 모습을 부각시키고 있다.

---

97 이러한 사실에 대한 자세한 논의는 앞선 "구문 분석 및 번역"을 참고하라.
98 Bauckham, *The Climax of Prophecy*, 215; Beale, *The Book of Revelation*, 351; Osborne, *Revelation*, 256. 이 본문의 죽임당한 어린 양의 구약 배경을 출애굽의 유월절 어린 양으로 봐야 하는지 아니면 이사야의 도수장으로 끌려가는 어린 양으로 간주해야 하는지에 대해서는 학자들의 입장이 일치하지 않는다. 그러나 이것은 양자택일의 문제가 아니라 서로 조합된 이미지로 볼 수 있다. 반면에 마운스는 이사야 53:7만을 구약 배경으로 언급한다(Mounce, *The Book of Revelation*, 132).
99 Reddish, *Revelation*, 109.
100 앞의 책.
101 Beale, *The Book of Revelation*, 351; Osborne, *Revelation*, 256.
102 Reddish, *Revelation*, 109.
103 Swete, *The Apocalypse of St. John*, 76.

그렇다면 이러한 대조 관계를 부각시킴으로써 요한이 보여주고자 하는 진리는 무엇인가? 예수님을 유다 지파의 사자로서 이기신 모습으로 묘사한 직후에 죽임당한 어린 양으로서 패배한 모습으로 묘사하는 것은 무엇을 의미하려는 것일까? 요한은 이러한 대조적인 두 모습을 나열함으로써 진정한 승리가 어떻게 이루어지게 되었는지를 보여주려 한 것이다. 즉, 유다 지파의 사자와 같은 다윗의 뿌리이신 예수님의 왕적 메시아로서의 승리가, 예수님이 죽임당한 어린 양처럼 십자가에 못 박혀 죽으심으로써 쟁취된 것임을 보여주려는 것이다. 실제로 예수님은 죄를 통제하는 악의 세력을 자신의 "희생적 죽음"(sacrificial death)을 통해 물리치셨다.[104] 이러한 사자 이미지와 어린 양 이미지의 역설적 결합은 요셉의 유언서 19장 8절에 잘 나타나 있다.[105] 이 문헌에 의하면, 유다 지파에서 태어난 어떤 처녀(virgin)가 있었고 이 처녀로부터 "흠 없는 어린 양"이 태어났는데, 그 어린 양의 왼편에는 "사자 같은 어떤 것"(something like a lion)이 있었으며, 그 어린 양은 자신을 향해 공격해 오는 들짐승들을 "정복하고 발로 밟으면서 패퇴시켰다"(요셉의 유언서 19:8).[106]

구약 성경에서 이스라엘이 간절히 원했던 종말적 희망이 하나님이 악의 세력을 진멸하시어 승리를 쟁취하시는 것이었다면, 예수님의 희생적 죽음을 통한 승리의 쟁취야말로, 군사적 능력으로 이방 나라들을 제압하는 것보다 훨씬 빛나는 유대적이며 민족적인 희망과 기대를 진정으로 실현하는 사건이라고 할 수 있다.[107] 구약의 정황에서 악에 대한 승리는 전쟁을 통한 승리였다. 그러나 종말적 성취의 시대에 악에 대한 진정한 승리는 죄를 이기는 승리이며, 이것은 필연적으로 죄의 삯을 치르는 어린 양의 죽음으로만 쟁취될 수 있었다.[108] 물론 이런 개념이 구약에도 존재했다. 그래서 군사적이며 정치적인 메시아적 모델인 다윗과 같은 인물이 제시됨과 동시에 고난받는 종의 모습도 제시되었던 것이다. 예수님이 어린 양으로 오셔서 다윗의 뿌리가 승리하는 모습을 보여주심으로 이 두 개념을 동시에 성취하고 충족시켰던 것이다.

이것은 이 세상에 존재하는 그 어떤 승리보다도 가장 본질적인 승리라고 할 수 있다. 이것은 우주적인 역설이다. 그러나 예수님은 그런 역설을 보편적 진리

---

104 Bauckham, *The Climax of Prophecy*, 215.
105 G. R. Beasley-Murray, *John*, 2nd ed., WBC 36 (Nashville, TN: Thomas Nelson, 1999), 24.
106 *OPT* 1:824.
107 Bauckham, *The Climax of Prophecy*, 215.
108 앞의 책.

로 만드셨다. 어린 양으로서 십자가에서 죽으신 것은 유다 지파로서의 승리를 의미하며 그것은 또한 책의 인을 떼기에 합당한 자격을 갖추게 하는 것이다. 이런 승리 방법은, 그의 모든 제자들이 따라야 하는 전형적인 패턴이다. 예수님을 따르는 제자들이 승리를 쟁취하기 위해서는 그분처럼 죽는 길을 택해야 한다.[109] 여기에서 예수님과 연관되어 사용된 "이긴다"(ἐνίκησεν, 에니케센)νικάω, 니카오)라는 단어가, 2-3장에서 성도들에게 적용되는 "이기는 자"(ὁ νικῶν, 호 니콘)νικάω, 니카오)를 표현할 때 동일하게 사용된다는 점에서, 예수님과 그 제자들인 교회 공동체의 삶의 방식의 공통점을 찾아볼 수 있다.

하늘의 중심에 있는 어린 양(6b절). 6b절에 의하면 죽임을 당한 어린 양이 하나님의 보좌와 네 생물 "중에"(ἐν μέσῳ, 엔 메소)와 장로들 "중에"(ἐν μέσῳ, 엔 메소) 서 있다. 여기에서 '엔 메소'가 두 번 사용되는데 이것은 "...사이에"(between)를 의미하는 히브리어 '벤 ... 우벤'(וּבֵין ... בֵּין)을 반영한다.[110] 이런 의미를 요한계시록 본문에 적용하면, 한쪽에는 보좌와 네 생물이 있고 다른 한쪽에는 장로들이 있는 사이에 어린 양이 서 있는 모습을 그려볼 수 있다.[111] 이것이 옳다면 어린 양은 하나님보다 더 중심에 있는 존재로 주목받는 것이 된다. 여기에서 사용된 '메소'(μέσῳ)의 원형인 '메소스'(μέσος)는 사전적으로 "공간적으로나 시간적으로 중심 위치(middle position)"를 의미한다.[112] 하나님의 보좌와 네 생물과 이십사 장로는 4장에서 하늘의 구성을 소개하기 위한 핵심 요소들이다. 이제 예수님은 바로 이러한 하늘의 중요한 구성 요소의 중심에 서 계신다. 4장에서 보좌는 이십사 장로들과 네 생물의 중심에 존재한다. 여기에서 어린 양도 보좌에 앉으신 이와 동등하게 그 중심에 있다. 즉, 어린 양이신 예수님이 하나님의 뜻이 세워지는 하늘의 중심에 있음을 보여준다(참고, 계 7:17). 이러한 위치는 하나님과 예수님이 동등한 분이시며 예수님이 모든 구속 역사의 중심이심을 의미한다. 구속 역사를 계획하시는 하나님과 피조물의 대표인 네 생물과 교회 공동체를 대표하는 이십사 장로 가운데 예수님이 죽임을 당하신 어린 양의 모습으로 서 계신 것은 그분이 하늘의 중심에 계심을 잘 설명해 주고 있다.

---

109 이에 대한 자세한 내용은 Bauckham, *The Climax of Prophecy*, 215-229를 참고하라.
110 Koester, *Revelation*, 376.
111 앞의 책.
112 BDAG, 634.

어린 양이 일곱 뿔을 가지고 있다(6d절). 6d절에 의하면 어린 양은 일곱 뿔과 일곱 눈을 가지고 있다. 먼저 "일곱 뿔"은 에녹1서 90장과 요셉의 유언서 19장의 "승리한 메시아적 어린 양"을 배경으로 한다.[113] 더 나아가 구약에서 "뿔"은 권세와 능력을 나타내는 은유적 표현으로 사용된다(신 33:17; 삼상 2:10; 왕상 22:11; 시 89:17; 112:9; 집회서 47:5; 렘 48:25; 단 7:20-21; 8:3-4; 에녹1서 90:37).[114] 부정적 경우이기는 하지만, 다니엘서에도 뿔과 관련된 짐승들이 등장한다. 예를 들면, 다니엘 7장 7절의 네 짐승 중 넷째 짐승이 열 개의 뿔을 가지고 있는데, 그 열 뿔 중에서 또 다른 작은 뿔이 나온다(단 7:8). 또한 다니엘 8장 3절의 두 뿔 가진 숫양을 7절에서 숫염소가 엎드러뜨리고 짓밟는데, 그 숫염소에게서 뿔 넷이 나오고(단 8:8) 그 중 한 뿔에서 또 작은 뿔 하나가 나와(8:9) 하늘 군대에 미칠 만큼 커져서 별들 중 몇을 땅에 떨어뜨리고 짓밟는다(8:10). 이런 일련의 과정들은 헬라 제국의 알렉산더 대왕의 출몰과[115] 그 후계자로서 당시 하나님의 백성을 핍박했던 안티오쿠스 4세에 대한 묘사이므로,[116] 여기에서 "뿔"은 권세와 능력으로 승리하는 이미지를 갖는다. 그러므로 요한계시록의 "일곱 뿔"을 가진 어린 양은 상징적으로 완전함을 의미하는 "일곱"이라는 숫자와 다니엘서 배경에서 "뿔"이 갖는 이미지가 결합된 표현으로서, 악한 세상 세력을 압도하는 완벽한 권세와 능력을 소유하고 완전한 승리를 이루시는 분을 의미한다. 이런 개념은 요한계시록 5장 5절에서 유다 지파의 사자로서 승리를 거두는 메시아의 그림을 계속해서 이어가는 것이다. 여기에서 다시 한 번 죽임을 당함으로써 승리를 쟁취하신 어린 양과 일곱 뿔사이에 환상적, 조화를 이루는 관계가 성립되고 있음을 발견한다.

모든 땅으로 보내심을 받은 일곱 영(6de절). 1장 4절과 4장 5절의 논의에서 우리는 일곱 영이 성령을 의미한다는 점을 확인한 바 있다. 5장 6de절의 "일곱 영"과 관련해서 주목해야 할 점은 두 가지다. 첫째는 어린 양이 일곱 눈을 가지고 있다는 점이고, 둘째는 그 일곱 눈이 "모든 땅으로 보내심을 받은 하나님의 일곱 영"으로 해석된다는 점이다. 이곳에서는 이 내용에 대한 구약 배경을 먼저 살펴보고, 4장 5절의 일곱 영과 비교함으로써 그 의미를 좀 더 자세하게 살펴보고자 한다.

---

113 Beale, *The Book of Revelation*, 351; Boxall, *Revelation of St. John*, 98.
114 Aune, *Revelation 1-5*, 353; Boxall, *Revelation of St. John*, 98.
115 Collins, *Daniel*, 331.
116 Pace, *Daniel*, 265.

(1) 구약 배경

먼저 요한계시록 본문에서 어린 양이 가지고 있는 일곱 눈으로서의 일곱 영이 "모든 땅으로(εἰς πᾶσαν τὴν γῆν, 에이스 파산 텐 겐) 보내심을 받는" 것은 스가랴 4장 10절의 "모든 땅에(70인역: ἐπὶ πᾶσαν τὴν γῆν, 에피 파산 텐 겐; MT: בְּכָל־הָאָרֶץ, 베콜 하아레쯔) 두루 다니는 여호와의 눈"이라는 문구를 배경으로 한다.[117] 이 두 본문은 "모든 땅"이라는 문구를 공유한다는 점에서 평행 관계를 갖지만, 두 본문 사이에 차이점도 있는데, 그것은 스가랴서의 전치사 "...에"(בְּ, 베; ἐπί, 에피[70인역])가 요한계시록에서는 "...으로"(εἰς, 에이스)가 되고, "두루 다니다"(מְשׁוֹטְטִים, 메쇼트팀)[118]가 "보내심을 받다"(ἀπεσταλμένοι, 아페스탈메노이⟩ἀποστέλλω, 아포스텔로)로 변경된다는 점이다. 또한 스가랴 4장 10절에서 모든 땅에 두루 다니는 것은 여호와의 눈인데 반해 요한계시록 본문에서 모든 땅으로 보내심을 받은 것은 바로 일곱 눈을 의미하는 일곱 영이다. 이런 변화는 요한계시록에서 일곱 눈을 일곱 영으로 해석한 결과이다. 그렇다면 과연 어떻게 이런 해석이 가능할까?

스가랴 4장의 문맥 안에서 2절의 "일곱 등잔"과 10절의 "여호와의 눈"은 모두 하나님의 영을 의미한다고 할 수 있다.[119] 곧 2절의 일곱 등잔과 10절의 일곱 눈이 모두 6절의 여호와의 영과 관련되어 있다는 것이다. 이를 좀 더 구체적으로 말하면, 2절의 일곱 등잔에서 발하는 빛처럼 6절의 여호와의 영이 성전을 가득 채우고 있다는 점에서 평행 관계를 보이고 있고, 2절을 해석하는 10절의 일곱 눈은 하나님의 목적을 드러내기 위해 모든 땅에 두루 다닌다는 점에서 역시 하나님의 뜻을 이루기 위해 역사하는 6절의 여호와의 영과 동일시된다.[120] 결국 일곱 등잔(슥 4:2) = 여호와의 영(슥 4:6) = 일곱 눈(슥 4:10)이라는 등식이 성립된다.[121] 이런 관계에 의해 요한계시록 5장 6절에서 일곱 눈을 일곱 영 곧 성령으로 해석하는 것이 가능하다.

이상의 내용을 정리하면, 요한계시록 4장 5절에서 "보좌 앞에 하나님의 일

---

117 Koester, *Revelation*, 377; Boxall, *Revelation of St. John*, 98.

118 70인역에서는 이에 해당하는 동사로 '에피블레폰테스'(ἐπιβλέποντες)를 사용하는데, 이 동사는 "집중해서 보다"(to look intently)라는 의미를 갖는다(BDAG, 368). 70인역이 이러한 의미의 동사를 사용하는 것은 "여호와의 눈"과 조화를 이루기 위한 것이다.

119 Beale, *The Book of Revelation*, 355.

120 Koester, *Revelation*, 377. 쾨스터는 슥 4:6에 대해서 "하나님의 목적들이 그의 영에 의해 수행된다"고 진술한다(앞의 책).

121 쾨스터는 "하나님의 목적들이 그의 영에 의해 수행된다고 말하는" 슥 4:6에 의해 슥 4:10의 여호와 눈이 하나님의 영(그는 복수를 써서 "영들"[spirits]로 표현한다)과 동일시된다는 사실을 언급한다(앞의 책). 비일도 이런 입장을 지지한다(Beale, *The Book of Revelation*, 355).

곱 등불"로서의 "하나님의 일곱 영"은 스가랴 4장 2절의 "일곱 등잔"을 배경으로 하고, 요한계시록 5장 6de절의 "모든 땅으로 보내심을 받은 일곱 눈"으로서의 "하나님의 일곱 영"은 스가랴 4장 10절의 "모든 땅에 두루 다니는 여호와의 눈"을 배경으로 기록된다.

(2) 4장 5절의 일곱 영과 5장 6절의 일곱 영 비교

앞서 4장 5절에서 일곱 영을 논의할 때 이 문제를 간단하게 언급한 바 있는데도 여기에서 다시 한 번 4장 5절과 5장 6절의 일곱 영을 좀 더 자세하게 비교하는 것은 일곱 영의 의미를 좀 더 심층적으로 규명하기 위함이다. 먼저, 4장 5절에서는 보좌 앞에 있는 "일곱 등불"을 하나님의 일곱 영이라고 한 반면, 5장 6절에서는 어린 양이 가지고 있는 "일곱 눈"을 하나님의 일곱 영이라고 해석한다. 5장 6절에 따르면 일곱 눈을 가지고 있는 어린 양이 일곱 영을 가지고 있는 셈이다. 4장 5절에서는 일곱 영이 "보좌 앞에" 있는 것으로 묘사되는 것과는 달리, 5장 6절에서는 "모든 땅으로" 보내심을 받는 것으로 묘사된다. 전자의 경우에는 일곱 영이 하늘 성전을 하나님의 임재로 충만히 채우는 역할을 하는 반면, 후자의 경우는 모든 땅으로 보내져서 어린 양의 구속 사역을 온 땅에 알리고 적용하는 역할을 한다.

이런 사실을 좀 더 구체적으로 표현하자면, 4장 5절의 경우는 하늘 성전에서 구속 계획을 결정하셔서 이 땅에서 실현하시려는 하나님의 의지를 반영하는 반면, 5장 6절의 경우는 하늘에서 결정된 하나님의 뜻이 예수 그리스도를 통해 전 우주에 구체적으로 시행되는 정황을 나타내 준다. 하나님의 뜻에 대한 실현 의지와 관련해서 보자면, 스가랴 4장에서 여호와의 영을 통해 하나님의 뜻을 실현하려는 확고한 의지가 요한계시록에도 반영된다고 봐야 한다. 즉, 오직 여호와의 영을 통해서만 하나님의 뜻을 이루는 것이 가능하다는 원리가 요한계시록 본문에 반영되어 있다. 스가랴 4장에서는 그 하나님의 뜻이 성전 건축이었다면, 요한계시록 4장과 5장이 말하는 하늘에서 결정된 하나님의 뜻은 땅에서 이루어진 그리스도의 구속 사역을 통한 창조(에덴)의 회복이다.

요한계시록 5장 6절이 일곱 영의 이러한 사역의 특징을 보여주기 위해 일곱 눈 이미지를 사용하는 것은 일곱 눈이 "지식의 충만함 곧 전지(omniscience)"[122]를

---

122 Beasley-Murray, *Revelation*, 124.

의미한다는 점에 근거한다. 곧 일곱 눈을 가진 어린 양은 성령의 사역을 통해 전지한 능력을 행사하신다. 또한 일곱 눈이신 성령은 모든 땅으로 보내심을 받게 되므로 편재의 특징을 갖는다. 전지와 편재의 특징을 갖는 일곱 눈이신 성령의 사역은 우주적 특징을 갖는다. 그 누구도 일곱 눈이신 성령의 사역으로부터 자신을 숨길 수 없다.[123]

이상의 내용을 다음과 같은 도표로 요약 및 정리할 수 있다.

구 분	요한계시록 4:5	요한계시록 5:6
구약 배경	슥 4:2의 일곱 등잔	슥 4:10의 여호와의 일곱 눈
구약 배경에 대한 요한계시록의 표현	보좌 앞의 일곱 등불	보좌와 네 생물과 장로들 중에 있는 어린 양의 일곱 눈
일곱 영의 소유	하나님의 일곱 영: 하나님께 속함	하나님의 일곱 영: 하나님께 속함
일곱 영의 위치	보좌 앞: 하늘 성전	모든 땅
일곱 영의 기능	성전을 밝게 비추는 등불처럼 성전을 하나님의 임재로 충만하게 채우는 것	어린 양의 구속 사역을 모든 땅에 선포하고 적용하는 것

에덴 모티브. 6절에는 중요한 의미를 가지고 있음에도 불구하고 무심코 지나칠 수 있는 문구가 하나 있는데, 그것은 바로 6e절의 "모든 땅으로"(εἰς πᾶσαν τὴν γῆν, 에이스 파산 텐 겐)라는 문구다. 이 본문에서는 성령을 "모든 땅"으로 보내심을 받은 "하나님의 일곱 영"이라고 한다. 성령은 "모든 땅"을 압도하시면서 그리스도의 구속 사역을 드러내신다. "보내심을 받다"(ἀπεσταλμένοι, 아페스탈메노이)라는 동사는 완료형 분사 형태다. 이런 완료 시제 용법은 동사의 상을 감안할 때 강조로 볼 수도 있고[124] 성령이 모든 땅으로 보내심을 받은 것이 완료되고 그 완료된 상태가 지속되었다는 것을 밝히는 것으로 볼 수도 있다. 어쨌든 "모든 땅으로" 보냄을 받게 된 것은 예수님의 구속 사역을 통한 창조의 회복 사역이 이미 전 우주적으로 시작되었음을 보여준다. 이것은 창세기 1장 28절에서 하나님의 형상대로 지음 받은 아담으로 하여금 완전하신 하나님께 완전하게 영광을 돌리도록 하기 위해 "땅을 충만히 채우라"고 명령하시고 강복하셨던 것이 성취되는 현장이다. 결국 구속의 역사는 에덴 회복을 목적으로 한다.

---

123 아무도 하나님께로부터 자신을 숨길 수 없듯이(대하 16:9; 잠 15:3) 어린 양에게도 그렇다(Koester, *Revelation*, 377).
124 이 주제에 대해서는 5:7의 "구문 분석 및 번역"에서 언급한 바 있고 5:8에서도 자세하게 다룰 것이다.

[5:7] 책을 취하시다

7절에서는 마침내 어린 양이 나아와서 보좌에 앉으신 이 곧 하나님의 오른손으로부터 문제의 책을 취하신다. 물론 이런 행위는 환상 속에서 일어나는 상징적 연출이라는 것을 잊지 말아야 한다. 이것은 "어린 양"이나 "보좌"나 "오른손" 같은 표현들이 한결같이 상징적 묘사라는 사실에서 알 수 있다. 여기서 어린 양이 하나님의 오른손에서 책을 취하는 행위는 인봉된 책의 인을 떼기 위함이며, 이는 하나님의 구속 계획을 성취하기 위한 사역이 실행되기 시작했음을 공식적으로 확증해 주는 것이다. 이 장면은 이제 구속의 경륜이 하나님의 계획으로부터 그리스도에 의한 실행의 단계로 옮겨졌다는 것을 시사한다. 물론 이런 정황은 요한계시록이 기록되기 이전에 예수님의 십자가 죽음을 통해 이미 이루어진 상태이지만, 이 본문에서 요한은 이러한 사실을 상징적 환상으로 기록하여 자신의 관점과 언어로 설명하고자 한다.

요한이 어린 양이 하나님의 오른손으로부터 책을 취하시는 장면을 특별히 중요하게 취급하여 다른 동사들과는 구별되게 완료 시제 동사를 사용하고 있다는 점에 주목하지 않을 수 없다. 이 주제에 대한 자세한 논의는 "구문 분석 및 번역"에서 충분히 이루어졌기 때문에 생략하도록 하겠지만, 여기에서 한 가지 강조하고 싶은 것은, 요한이 독자들로 하여금 어린 양이 책을 취하시는 행위가 구속 역사에서 획기적인 전환을 가져온다는 점을 주목하게 하려 한다는 사실이다.

또한 7절에서, 인자 같은 이가 옛적부터 항상 계신 이 곧 하나님께 "와서"(ἤρχετο, 에르케토) 소멸되지 아니하는 영원한 권세와 영광과 멸망하지 않을 나라를 받는 다니엘 7장 13-14절과 평행하는 장면을 연출한다.[125] 이 장면은 또한 동일하게 다니엘 7장 13-14절을 배경으로 예수 그리스도의 승천을 묘사하는 요한계시록 1장 7절과도 밀접하게 관련된다. 1장 7절에서 구름과 함께 "오신"(ἔρχεται, 에르케타이) 예수님은 5장 7절에서 천상의 어린 양으로 하나님께 "오셔서"(ἦλθεν, 엘텐) 책의 인을 떼기 위한 통치권을 위임받으신다. 흥미롭게도 이 세 본문(단 7:13-14; 계 1:7; 5:7) 모두에서 동일하게 "오다"(ἔρχομαι, 에르코마이)라는 동사가 사용된다. 책의 인을 떼고 여는 것이 하나님 나라의 종말적 성취를 의미하는 것이라면, 이 본문은 예수님이 그러한 성취를 이루시는 분으로서 하나님으로부터 권한을 위임받는 장면을 보여주기 위해 기록된 것이다.

---

125 Beale, *The Book of Revelation*, 356.

4. 어린 양에 대한 예배와 새 노래(5:8-10)

8-10절은 어린 양이 책을 취하시는 행위에 대한 반응으로서 어린 양에 대한 예배 행위(8절)와 새 노래 장면(9-10절)을 소개한다.

구문 분석 및 번역

8절 a   Καὶ ὅτε ἔλαβεν τὸ βιβλίον,
      그리고 그가 책을 취하셨을 때

    b   τὰ τέσσαρα ζῷα καὶ οἱ εἴκοσι τέσσαρες πρεσβύτεροι ἔπεσαν ἐνώπιον τοῦ ἀρνίου
       네 생물과 이십사 장로들이 어린 양 앞에 엎드렸다

    c   ἔχοντες ἕκαστος κιθάραν καὶ φιάλας χρυσᾶς γεμούσας θυμιαμάτων,
        각자 하프와 향으로 가득한 금 대접들을 가지고

    d   αἵ εἰσιν αἱ προσευχαὶ τῶν ἁγίων,
         성도들의 기도들인

9절 a   καὶ ᾄδουσιν ᾠδὴν καινὴν λέγοντες·
      그리고 그들은 (다음과 같이) 말하면서 새 노래를 노래한다

    b   ἄξιος εἶ λαβεῖν τὸ βιβλίον καὶ ἀνοῖξαι τὰς σφραγῖδας αὐτοῦ,
       당신은 그 책을 취하고 그것의 인들을 열기에 합당하십니다

    c   ὅτι ἐσφάγης
       왜냐하면 당신은 죽임을 당하셨고

    d   καὶ ἠγόρασας τῷ θεῷ ἐν τῷ αἵματί σου
       그리고 (사람들을) 하나님께 속하도록 당신의 피로 사셔서

    e   ἐκ πάσης φυλῆς καὶ γλώσσης καὶ λαοῦ καὶ ἔθνους
       모든 족속과 언어와 백성과 나라로부터

10절 a   καὶ ἐποίησας αὐτοὺς τῷ θεῷ ἡμῶν βασιλείαν καὶ ἱερεῖς,
       그들을 우리의 하나님께 나라와 제사장으로 만드셨고

    b   καὶ βασιλεύσουσιν ἐπὶ τῆς γῆς.
       그래서 그들이 땅에서 통치하기 때문입니다

7절에서 완료형 동사(εἴληφεν, 에일레펜)가 사용된 후에 8절에서는 부정과거 시제 동사인 "취하다"(ἔλαβεν, 엘라벤; 8a절)와 "엎드리다"(ἔπεσαν, 에페산; 8b절)가 사용된다. 이 동사들은 "일상적 이야기 전개"(ordinary narration)를 위한 부정과거 시제 동사라고 할 수 있다.[126] 따라서 이 부정과거 시제 동사들은 "이야기의 기본적인 구조"를 구성하고 이야기의 내용이 진행해 가도록 추동하는 기능을 갖는다.[127] 뿐만 아니

---

126 Swete, *The Apocalypse of St. John*, 78.
127 Mathewson, *Verbal Aspect in the Book of Revelation*, 51.

라 이 부정과거 시제 동사는 환상의 시점에서는 현재이지만 그것을 기록하는 시점에서는 과거를 가리키는 것으로 이해될 수도 있다.[128] 이런 점에서 부정과거 시제는 현재 시점을 가리키는 것으로도 간주될 수 있다.[129] 그러므로 번역에서는 이야기를 전개하는 기본적인 구조로서 과거 시제로 번역하지만 독자들은 그것이 환상적 경험의 시점에서 현재적 시점을 가지고 있다는 점을 유념할 필요가 있다.

9-10절의 번역은 쉽지 않다. 먼저 9a절은 다음에 이어지는 내용을 전체적으로 포괄하는 기능을 갖는다. 그러므로 현재 분사인 '레곤테스'(λέγοντες)를 "말하면서"로 번역하여 부대 상황으로 만듦으로써 주동사인 "노래하다"(ἄδουσιν, 아두신)를 부각시키고자 한다. 이러한 맥락에서 "(다음과 같이) 말하면서 새 노래를 노래한다"로 번역했다. 그리고 9c절의 접속사 '호티'(ὅτι)는 이유를 나타내 주는 것이므로 "왜냐하면"으로 번역했고, 이 접속사가 10절 마지막 부분까지를 모두 포함하기 때문에 마지막 부분인 10b절을 "때문입니다"로 마무리했다. 곧 9c절에서 10b절까지가 한 문장으로서 9b절에 대한 이유를 제시하고 있다. 또한 10a절과 10b절에는 두 개의 '카이'(καί) 접속사가 사용되고 있는데 이것을 단순히 "그리고"라고 번역하기보다는 문맥에 맞게 조정하여 번역했다. 10a절은 9d절의 결과를 나타내는 관계로 판단되기 때문에 이 관계를 드러내기 위해 10a절의 '카이'를 9d절의 동사 "사셨다"(ἠγόρασας, 에고라사스)와 결합시켜서 "사셔서"로 번역했고 10a절의 결과에 해당하는 10b절의 '카이'도 "그래서"로 번역했다.

9d절의 '토 데오'(τῷ θεῷ)에 대한 번역도 쉽지 않다. 이 단어는 여격으로 사용되었는데 이 여격을 "소유"(possession)의 용법으로 볼 수 있다.[130] 이런 용법의 관점에서 벡위드(Beckwith)는 이 문구를 "하나님께 속한"(belonging to God)으로 번역한다.[131] 이렇게 번역한 것을 주동사인 "사다"와 연결시키면 "하나님께 속하도록 샀다"로 번역될 수 있다. 또한 어떤 사본에는 '토 데오' 직후에 "우리를"(ἡμᾶς, 헤마스)이라는 목적격 인칭 대명사가 들어가 있다.[132] 이런 사본의 독법은 동사의

---

128 앞의 책, 53. 이 부분은 매튜슨이 뮤지스(Mussies)의 견해를 소개하는 내용인데 아쉽게도 매튜슨이 밝힌 출처에는 해당 내용이 존재하지 않아서 뮤지스의 원자료 대신 매튜슨의 간접 자료를 사용하게 되었다.
129 앞의 책, 55.
130 Wallace, *Greek Grammar beyond the Basics*, 149.
131 Beckwith, *The Apocalypse of John*, 513.
132 이러한 사본으로는 ℵ, P, 046, 1006, 1611, 1841, 2053, 2329, 2351, 𝔐 (lat)가 있다. 영어 번역본들 중에서는 NKJV가 이 번역을 지지한다.

목적어 부재로 인한 어색함을 피하고 9d절을 9e절의 "모든 족속과 언어와 백성과 나라로부터"라는 문구와 연결시켜 다음과 같은 의미를 갖게 한다: "모든 족속과 언어와 백성과 나라로부터 우리들을 … 피로 사셨다." 그러나 이러한 사본의 독법은 외적 증거는 차치하더라도 내적 증거도 취약하다. 10a절에 3인칭 복수형으로 사용된 "그들을"(αὐτούς, 아우토스)이라는 목적격 인칭 대명사와 10b절에 3인칭 복수형으로 사용된 동사 '바실류수신'(βασιλεύσουσιν, 그들이 왕노릇하다)과 인칭이 일치하지 않기 때문에 "우리를"이라는 1인칭 복수 인칭 대명사를 쉽게 받아들이기는 어렵다. 그렇다면 '에크 파세스 필레스 카이 글로쎄스 카이 라우 카이 에드누스'(ἐκ πάσης φυλῆς καὶ γλώσσης καὶ λαοῦ καὶ ἔθνους, 모든 족속과 언어와 백성과 나라로부터) 앞에 동사 "사다"(ἠγόρασας, 에고라사스)의 목적어가 생략되었다고 추정할 수 있다. 영어 번역본들에서는 그 생략된 단어를 "성도들"(saints[NRSV])이나 "사람들"(persons[NIV]; people[ESV])로 추정하여 추가한다. 이때 전치사 '에크'(ἐκ)는 소속이 아니라 "…로부터"(out of, from)를 의미하는 "원천(source)의 용법"으로 보는 것이 적절하다.[133] 곧 이곳에서 지시하는 성도들 혹은 사람들은 그 원천을 "모든 족속과 언어와 백성과 나라"에 두는 자들로서, 우주적 특징을 갖는다.

9e절의 번역에서 주목해야 할 것은 명사 '필레스'(φυλῆς)를 1장 7c절과는 약간 다르게 "족속"으로 번역했다는 점이다. 이 단어는 1장 7c절의 문맥에서는 "나라"로 번역하는 것이 적절한 것으로 판단되었지만, 이곳에서는 좀 더 강하게 "나라"의 의미를 갖는 '에드누스'(ἔθνους)라는 단어가 함께 사용되기 때문에 중복을 피하기 위해 '필레스'를 "족속"으로 번역했다. 이에 대한 주해적 의미에 대해서는 해당 부분의 본문 주해에서 좀 더 자세하게 다루도록 하겠다.

10b절에서 "통치하다"라는 뜻의 동사 '바실류수신'(βασιλεύσουσιν)은 미래 시제로 되어 있지만, 이 동사의 시제와 관련해서는 사본적 차이가 있다. 곧 시내 산 사본(ℵ)은 미래 시제 동사를, 알렉산드리아 사본(A)은 현재 시제 동사를 가지고 있다. 비일에 의하면, 알렉산드리아 사본은 시내 산 사본보다 신약 성경에서 덜 신빙성이 있는 것으로 여겨지고 있지만 요한계시록에서는 더 신빙성이 있다.[134]

---

133 Wallace, *Greek Grammar beyond the Basics*, 371.
134 Beale, *The Book of Revelation*, 72. 특별히 2053, 2062, 2344 사본들에 의해 지지되는 본문에서는 더욱 그렇다(앞의 책). 그러나 계 5:10에서는 2344 사본이 시내 산 사본과 마찬가지로 미래 시제 동사인 '바실류수신'(βασιλεύσουσιν)으로 읽고 있어 마치 시내 산 사본을 지지하는 것처럼 보이는데, 여기에서 우리는 2344 사본이 알렉산드리아 사본의 신뢰도의 우월성을 결정하는 데 보조적일 뿐 절대적이지 않다는 점을 기억할 필요가 있다.

그래서 비일은 슈미트(Schmid)의 의견에 근거하여[135] 알렉산드리아 사본을 에브라임 사본(C)과 함께 "최고"의 사본으로 규정하는데, 그 이유는 그 사본들이 "어떤 다른 본문 전승보다도 (슈미트에 의해 결정된 것처럼) 본래의 본문을 나타내는 더 단일한 독본들(singular readings)을 담고 있기 때문이다."[136] 이상의 논의에서 외적인 증거는 알렉산드리아 사본의 현재 시제 동사를 지지하고 있음을 알 수 있다. 뿐만 아니라 내적 증거도 현재 시제를 지지한다. 이에 대한 좀 더 자세한 논의는 본문 주해와 부록에서 다루게 될 것이다. 결론적으로 내외적인 증거에 근거해서 이 동사를 현재 시제로 번역했다.

이상의 내용을 근거로 우리말 어순에 맞추어 번역하면 다음과 같다.

8a	그리고 그가 책을 취하셨을 때
8b	네 생물과 이십사 장로들이
8c	각자 하프와
8d	성도들의 기도들인
8c	향으로 가득한 금 대접들을 가지고
8b	어린 양 앞에 엎드렸다.
9a	그리고 그들은 (다음과 같이) 말하면서 새 노래를 노래한다:
9b	"당신은 그 책을 취하고 그것의 인들을 열기에 합당하십니다.
9c	왜냐하면 당신은 죽임을 당하셨고
9e	모든 족속과 언어와 백성과 나라로부터
9d	(사람들을) 하나님께 속하도록 당신의 피로 사셔서
10a	그들을 우리의 하나님께 나라와 제사장으로 만드시고
10b	그래서 그들이 땅에서 통치하기 때문입니다."

본문 주해

[5:8] 어린 양을 예배하다

네 생물과 이십사 장로(8ab절). 8a절의 "책을 취하셨을 때"라는 문구는 7절에서 어린 양이 "하나님의 오른손으로부터 책을 취하셨다"라고 말하기 때문에 7절과 연속성을 갖는다. 어린 양이 그 책을 취하신 바로 그때에 어린 양의 주변에

---

135 비일은 "슈미트는 호스키어(H.C. Hoskier, *Concerning the Text of the Apocalypse*)에 의해 수집된 방대한 헬라어 사본 증거들을 신중하게 검토하여 다른 사본 비평가들에 의해 일반적으로 용인될 수 있는 요한계시록의 사본 전승에 대한 결론에 도달했다"고 말한다(Beale, *The Book of Revelation*, 72). 그리고 비일은 또한 슈미트의 연구의 결과를 엿볼 수 있는 자료를 다음과 같이 소개한다(앞의 책, 72n10): J. Schmidt, *Studien zur Geschichte des griechischen Apokalypse-Textes* II, Münchener Theologische Studien 1/1–2, 2 (Munich: Zink, 1955–56), 44-146.

136 Beale, *The Book of Revelation*, 72.

있는 "살아 있는 피조물의 대표자"인 네 생물과 "우주적 교회 공동체의 대표자들"인 이십사 장로가 어린 양 앞에 엎드린다(8b절).[137] 요한계시록에서 "엎드리다"(ἔπεσαν, 에페산)πίπτω, 피프토)라는 동사는 하나님의 거룩하심 앞에 선 인간의 당연한 반응으로서 예배하는 모습으로 묘사된다(참고, 계 4:10; 5:14; 7:11; 11:16; 19:4, 10; 22:8).[138] 그런데 이 본문에서는 어린 양께서 하나님으로부터 책을 취하신 것에 대한 반응으로 그려지고 있다. 이것은 바로 책을 취하신 어린 양 예수님이 예배를 받으시기에 합당하신 분임을 보여주는 것이다. 하나님의 구속 계획을 이루실 주권을 이양받은 어린 양 예수님께 드리는 최고의 경배와 예배의 모습이다. 처음 창조를 이루신 하나님께 드린 예배가 구속 사역을 통한 에덴 회복의 새창조를 이루시는 어린 양께 드려지고 있다. 이러한 내용은 어린 양을 찬양하는 9-10절에서 이어지고 이러한 예배 행위는 14절에 다시 나타난다.

하프와 금 대접들(8c절). 8c절에 의하면 그들은 "하프"(κιθάρα, 키다라)와[139] "향으로 가득한 금 대접들"을 가지고 있다. 여기에서 "가지고 있다"라는 행위는 8b절의 "엎드리다"라는 행위와 동시에 이루어진다. 전자는 분사 형태로 사용되어 네 생물과 이십사 장로가 엎드렸을 때 그들이 하프와 향으로 가득한 금 대접들을 가지고 있는 상태임을 나타낸다. 그래서 8bc절을 "네 생물과 이십사 장로들이 각자 하프와, 향으로 가득한 금 대접들을 가지고 어린 양 앞에 엎드렸다"라고 번역했다. 이러한 행위들의 연관성은 또한 그들의 행위가 8a절에서 책을 취하시는 것과도 관련되고 있음을 의미한다.

그렇다면 여기에서 다음과 같은 질문이 제기될 수 있다: 8c절에서 누가 "하프"와 "향으로 가득한 금 대접들"을 가지고 있는가? 네 생물과 이십사 장로가 함께 이것들을 가지고 있는가, 아니면 이십사 장로들만 가지고 있는가? 이에 대해서는 후자가 적절하다고 할 수 있다.[140] 여기에는 세 가지 이유가 있다. 첫째, 문법적으로 "가지고 있다"(ἔχοντες, 에콘테스)ἔχω, 에코)는 남성 복수 분사 형태이기 때문에 중성 복수형인 "네 생물"(τὰ τέσσαρα ζῷα, 타 테싸라 조아)과는 성이 일치하지 않으

---

137 Swete, *The Apocalypse of St. John*, 78.
138 Osborne, *Revelation*, 258.
139 개역개정은 이 단어를 "거문고"로 번역했는데, 이는 '키다라'(κιθάρα)가 의미하는 것과는 거리가 멀기 때문에 BDAG, 544와 ESV에 근거해서 "하프"로 번역했다.
140 Swete, *The Apocalypse of St. John*, 78.

며 남성 복수형인 이십사 장로와 일치한다.[141] 둘째, 이십사 장로가 교회 공동체를 상징한다면, 성도들의 행위로 간주될 수 있는 성도들의 기도인 "향으로 가득한 금 대접들"은 이십사 장로와 잘 조화를 이룬다. 셋째, 이십사 장로의 제의적 기능은 부분적으로 역대상 25장 6-31절에서 "제금과 비파와 수금을 잡아 여호와의 전에서 노래하며 하나님의 전을 섬겼던" 이십사 레위 제사장들의 제의적 역할을 연상케 한다.[142] 이상의 세 가지 이유로 "하프"와 "향으로 가득한 금 대접들"을 가지고 있는 주체를 이십사 장로로 보는 것이 적절하다고 할 수 있겠다.

성도들의 기도들(8d절). 8d절은 금 대접들 안에 담겨 있는 향을 "성도들의 기도들"이라고 해석한다. 왜 이 문맥에서 성도들의 기도라는 주제가 등장하는가? 이 질문에 적절하게 답하기 위해서는 먼저 구약 배경을 살펴볼 필요가 있다.

(1) 구약 배경

우선 "성도들의 기도들"이라는 문구의 구약적 배경이 되는 시편 141편 2절과 출애굽기 2장 23절을 중점적으로 살펴보도록 하겠다.

a. 시편 141편 2절

먼저, 시편 141편 2절에서 향은 기도를 상징하는 것으로 표현된다: "나의 기도가 주의 앞에 분향함과 같이 되며 나의 손 드는 것이 저녁 제사 같이 되게 하소서."[143] 이 시편에서는 시인의 기도를 주님 앞에 올라가는 "분향"에 비유한다. 여기에서 "분향"으로 번역된 단어는 70인역에서 '뒤미아마'(θυμίαμα)로 번역되었는데, 이 헬라어 단어는 요한계시록 5장 8절에서 "향"으로 번역된 것과 같은 단어다. 이렇게 같은 단어를 사용한다는 점을 근거로 요한계시록이 구약의 전통을 따라 향을 기도로 간주하고 있다고 추정하는 것이 가능하다. 따라서 향으로 기도를 비유한 요한계시록 본문을 대할 때 이런 구약적 전통을 기억하는 것은 큰 흐름을 이해하는 데 도움이 될 수 있을 것이다. 더 나아가 이 시편 본문에서는

---

141 Smalley, *The Revelation to John*, 134. 스웨테는 중성 복수형인 "네 생물"이 문법적으로 남성 복수에 포함될 수도 있다고 주장하지만, 이어지는 내용에서 금 대접이 이십사 장로에게 주어진 것이라고 인정한다 (Swete, *The Apocalypse of St. John*, 78).
142 Beale, *The Book of Revelation*, 357; Smalley, *The Revelation to John*, 134.
143 오리겐은 *Contra Cels.* 8.17에서 계 5:8에 나오는 "향에 대한 은유적 해석"을 시 141:2와 연결시킨다 (Aune, *Revelation 1-5*, 358).

"나의 기도가 … 분향함 같다"라는 문구와 "나의 손 드는 것이 저녁 제사 같다"라는 문구가 평행 관계를 이룸으로써 분향하는 것이 제사를 드리는 것과 동일한 의미를 갖게 되는데, 이것은 기도가 제의적 의미로 재해석되는 것으로 간주될 수 있다. 기도는 마치 하나님께 드리는 제사와 같다. 바꾸어 말하면, 오직 기도에 의해서만 이 시인이 드리는 제사가 효과를 가질 수 있게 된다는 말이다.[144]

b. 출애굽기 2장 23-25절

출애굽기 2장 23-25절은 기도의 기능과 관련하여 요한계시록 본문의 기도를 이해하는 데 매우 중요한 구약적 패턴을 제시한다. 출애굽 사건은 그것이 발생하기 400여년 전에 아브라함에게 약속되고 요셉을 통해 구체적으로 준비되었던 하나님의 구속 사건이다. 그러나 출애굽기 2장 23-25절에서 볼 수 있듯이 이 사건이 촉발된 매우 직접적인 동기는 바로 고난 중에 있는 이스라엘의 부르짖음이다.

> [23]여러 해 후에 애굽 왕은 죽었고 이스라엘 자손은 고된 노동으로 말미암아 탄식하며 부르짖으니 그 고된 노동으로 말미암아 부르짖는 소리가 하나님께 상달된지라 [24]하나님이 그들의 고통 소리를 들으시고 하나님이 아브라함과 이삭과 야곱에게 세운 그의 언약을 기억하사 [25]하나님이 이스라엘 자손을 돌보셨고 하나님이 그들을 기억하셨더라(출 2:23-25)

이 말씀에 의하면, "그 고된 노동으로 말미암아 부르짖는 소리"가 하나님께 상달되어 하나님이 그 고통 소리를 들으시고 아브라함과 이삭과 야곱에게 세운 언약, 곧 애굽에서 400년간 종살이한 후에 가나안으로 인도하셔서 그 땅을 기업으로 주시겠다는 언약을 기억하시고 행동에 옮기기 시작하신다. 여기에서 우리는 하나님의 출애굽 역사가 이스라엘의 부르짖음에 대한 응답으로 이루어지게 되었음을 알 수 있다.

(2) 요한계시록에서의 기도

앞서 언급한 출애굽기에서의 기도 패턴은 요한계시록의 기도가 갖는 의미를 올바로 이해하는 데 결정적 단서를 제공한다. 곧 하나님은 하나님의 역사를 이루어 가실 때 성도들의 기도를 사용하신다는 것이다. 출애굽기 2장 23-25절의 경

---

144 M. J. Dahood, *Psalms III 101-150: Introduction, Translation, and Notes with an Appendix, The Grammar of the Psalter*, AB 17A (New Haven, CT: Yale University Press, 2008), 310.

우처럼 요한계시록에서 성도들의 기도는 어린 양이 책의 인을 떼시는 데 직접적인 원인을 제공하고 있다.[145] 따라서 요한계시록 6-8장에서 일곱 인을 떼는 것은 바로 5장 8절에서 드려진 성도들의 기도에 대한 응답으로 발생한 것으로 간주할 수 있다. 즉, 책의 인을 뗌으로써 하나님의 구속 역사가 성취되고 그 현상으로 심판이 주어지게 되는 것은 성도들의 기도가 응답된 결과인 것이다.

이와 같은 맥락에서 요한계시록 5장 8절에서 하나님의 백성을 상징하는 이십사 장로들이 기도를 상징하는 "향"으로 가득한 금 대접들을 가지고 있다는 것은 시사하는 바가 크다. 이것은 이십사 장로들이 하나님의 보좌 둘레에 존재한다는 점에서 이러한 성도들의 기도가 이제 하나님께 온전히 상달되었다는 사실과 하나님이 언제든지 그 기도에 대한 응답으로 하나님의 뜻을 이루시게 될 것을 시사하고 있다. 이 기도 주제는 5장 8절 외에도 다섯 번째 인 심판(6:9-11)과 일곱 번째 인 심판(8:3-4)에서도 동일하게 나타나게 된다.[146] 이 두 본문에서도 성도들의 기도는 인 심판을 추동하는 중요한 요인으로 등장한다.

(3) 기도의 주체인 성도들은 누구인가?

그렇다면 5장 8절에서 기도의 주체로 나오는 성도들은 과연 누구를 가리키는 것일까? 많은 주석가들은 그들이 신약의 성도라고 해석한다.[147] 그러나 만일 이 성도들을 신약의 교회 공동체로 간주할 경우에 시점의 혼란이 생긴다. 성도들의 기도에 대한 응답으로 책의 인이 떼어지는 결과를 가져오게 되었다면 기도의 시점은 신약 시대 이전이 되어야 하는 것이 당연하다. 왜냐하면 종말에 책의 인이 떼어지게 될 것이라는 다니엘서의 약속은 예수님의 초림으로 성취되었기 때문이다. 따라서 기도의 주체인 성도들을 신약의 성도들로 보는 것은 불가능하고 예수님이 오시기 전에 생존해 있던 경건한 하나님의 백성으로 간주하는 것이 적절하다.[148]

---

145 같은 맥락에서 박스올은 성도들의 기도와 인을 떼는 행위가 밀접하게 관련되고 있는 것으로 간주하고 (Boxall, *Revelation of St. John*, 100), 블라운트는 성도들의 기도가 일곱 인 심판에 "선행되는 것"으로 표현함으로써 그 밀접한 관계를 시사하며(Blount, *Revelation*, 113), 스윗은 "어린 양은 성도들의 기도 없이는 책을 취하여 열지 않는다"고 진술하면서 이 두 주제의 유기적 관련성을 확증한다(Sweet, *Revelation*, 129).

146 Beale, *The Book of Revelation*, 358.

147 Reddish, *Revelation*, 111; Smalley, *The Revelation to John*, 135.

148 이런 점에서 성도들의 기도를 요한 당시의 순교자들의 기도로 언급하는 계 6:9-11이나 8:3-4의 경우와 차이가 있다. 그러므로 5:8절의 기도를 6:9-11과 8:3-5의 기도와 동일선상에서 이해하려는 오즈번(Osborne, *Revelation*, 259)의 시도는 흔쾌하게 수용할 수 없다.

실제로 누가복음 2장 25절에서는 시므온을 가리켜 "이스라엘의 위로를 기다리는 자라 성령이 그 위에 계시더라"라고 묘사한다. 그는 예수님이 오시기 전에 오랫동안 "주의 그리스도를 보기 전에는 죽지 아니하리라 하는 성령의 지시를 받고"(눅 2:26) 평생을 메시아의 오심을 기다리던 자이다. 그는 다음과 같이 고백한다.

> ²⁹주재여 이제는 말씀하신 대로 종을 평안히 놓아 주시는도다 ³⁰내 눈이 주의 구원을 보았사오니 ³¹이는 만민 앞에 예비하신 것이요 ³²이방을 비추는 빛이요 주의 백성 이스라엘의 영광이니이다(눅 2:29-32)

이 본문에서 시므온은 메시아로서 오신 예수님을 보고 마음의 평안을 얻는다. 이처럼 평안을 얻게 되는 것은 오랫동안 기도하며 기다린 자가 누리는 축복이라고 할 수 있다.

또한 누가복음 2장 36절에는 안나라는 여인이 등장하는데, 누가는 이 여인에 대해 다음과 같이 표현하고 있다.

> ³⁶또 아셀 지파 바누엘의 딸 안나라 하는 선지자가 있어 나이가 매우 많았더라 그가 결혼한 후 일곱 해 동안 남편과 함께 살다가 ³⁷과부가 되고 팔십사 세가 되었더라 이 사람이 성전을 떠나지 아니하고 주야로 금식하며 기도함으로 섬기더니 ³⁸마침 이 때에 나아와서 하나님께 감사하고 예루살렘의 속량을 바라는 모든 사람에게 그에 대하여 말하니라(눅 2:36-38)

이 본문에 의하면 안나는 예루살렘의 속량을 바라는 모든 사람을 대표한다. 그녀는 성전을 떠나지 아니하며 평생을 금식하며 예루살렘의 속량을 위해 기도해 왔고 또 메시아를 기다리는 모든 사람들에게 메시아 예수님에 대해 말하였다. 이러한 사실에 의해 당시에 안나처럼 예루살렘의 속량 곧 메시아의 오심을 기다리는 사람들이 다수였을 것이라고 추정할 수 있다. 메시아 예수님의 오심은 이와 같은 성도들의 기도가 있었기 때문에 가능했다. 실제로 구약에서 하나님의 백성들을 "거룩한 자들"(קְדֹשִׁים, 케도쉼), 즉 "성도들"이라고 호칭한 사례들이 있다 (시 34:9; 단 7:21-22; 8:24).[149]

---

149 Aune, *Revelation 1-5*, 359. 스몰리도 시 34:9; 단 7:21-22; 8:24를 참고하도록 제안하는데(Smalley, *The Revelation to John*,135), 특별히 아람어로 기록된 단 7:21-22에서는 "거룩한 자들"을 의미하는 아람어 '카디쉰'(קַדִּישִׁין)이 이스라엘을 가리켜 사용된다(Aune, *Revelation 1-5*, 359). 한편, 오우니는 "거룩한 자들"이 "의로운 유대인들"을 일컫는 데 사용되는 유대 문헌의 예들을 제공하고(에녹1서 38:4, 5; 41:2; 43:4; 48:1; 50:1; 51:2; 58:3, 5; 62:8; 65:12; 99:16; 100:5; IQM 6:6; 10:10; 12:1b; 16:1), 단편 탈굼(*Fragmentary Targum*)이 신 33:3의 "거룩한 자들"을 "거룩한 천사"로 해석한다는 점도 지적한다(앞의 책). 그러므로 구약 성경에서 히브리어 '케도쉼'이나 아람어 '카디쉰'을 단순히 하나님의 백성을 의미하는 성도들로 보는 데에는 신중을 기할 필요가 있다.

[5:9-10] 새 노래

9절은 어린 양에 대한 네 생물과 이십사 장로의 찬양을 소개하면서 그것을 "새 노래"라 칭한다. 이 새 노래는 이십사 장로와 마찬가지로 교회 공동체를 상징하는 14장 1-5절의 십사만 사천이나 15장 2-4절의 승리한 자들에 의해 다시 소개되고 있다.

새 노래(ᾠδή καινός, 9a절). 9a절에서 "새 노래"라는 표현은 구속과 관련해서 "옛 노래"라고 할 수 있는 구약의 "모세의 노래"와 대비되는 표현이다. 이것은 15장 2-4절에서 "모세의 노래"와 "어린 양의 노래"가 서로 대비되어 나타나는 점에서 그 단서를 얻을 수 있다. 구약의 시편 33편 3절(70인역 32:3), 40편 4절(39:4), 96편 1절(95:1), 98편 1절(97:1), 144편 9절(143:9), 149편 1절 등에서 "새 노래"라는 명칭이 사용된다.[150] 이러한 일련의 시편 말씀의 중요한 공통 주제는 "하나님이 주권과 찬송을 받기에 합당하시다"는 것이다.[151] 그리고 이사야 42장 10절의 "항해하는 자들과 바다 가운데의 만물과 섬들과 거기에 사는 사람들아 여호와께 새 노래로 노래하며 땅 끝에서부터 찬송하라"에서도 "새 노래"가 등장한다.[152] 여기에서 새 노래는 "종말론적인 성격을 갖는 것으로서 여호와의 종의 나타나심과 관련된다."[153] 여호와의 종의 등장은 이사야 42장 1-7절에서 매우 구체적으로 언급되고 있으며, 하나님의 새로운 구원의 역사를 의미하는 이사야 42장 9절의 "새 일"과도 관련된다. 여기에서 "새 일"이란 바벨론 포로 상태로부터의 해방 사건을 가리킨다. 그러므로 이사야서의 문맥에서 새 노래는 바로 바벨론 포로 해방 사건에 대한 반응으로 주어지고 있다.

새 노래와 새창조-에덴 모티브. 더 나아가서 "새 노래"는 새창조와도 관련된다. 비일은 이러한 관련성과 관련하여 다음과 같이 네 가지 이유를 제시한다:[154] 첫째, 5장의 환상은 4장 11절의 창조주 하나님에 대한 찬양의 문맥에 속해 있기 때문에 창조의 문맥에서 새 노래가 갖는 의미를 해석해야 한다. 둘째, 5장 12-13절의 그리스도의 구속 사역에 대한 찬양은 "4장 11절의 하나님의 창조 사역에

---

150 Charles, *A Critical and Exegetical Commentary on the Revelation of St. John*, 1:146.

151 Osborne, *Revelation*, 259.

152 Charles, *A Critical and Exegetical Commentary on the Revelation of St. John*, 1:146.

153 Osborne, *Revelation*, 259.

154 Beale, *The Book of Revelation*, 358.

대한 찬양과 평행 관계"에 있다.[155] 셋째, "새 노래"의 "새"(καινὴν, 카이넨)καινός, 카이노스)라는 단어와 동일한 단어가 21장 1-2절과 5절에서 새창조와 관련하여 세 번 반복하여 사용된다. 넷째, 유대 문헌(*Midr. Rab.* Num. 15:11; *Midr. Tanhuma* Gen. 1:32; *b. Arakhin* 13b)에서 새 노래는 새창조를 가져오는 "메시아 시대의 도래"에 대한 약속과 기대를 불러일으키기 위한 목적으로 노래된다.[156] 흥미롭게도 미드라쉬 라바 출애굽기 23장 11절은 새 노래를 말하는 시편 98편 1절을 이사야 65장 16절의 새창조 본문에서 약속하는 메시아 시대와 밀접하게 관련시킨다.[157] 여기에서 우리는 요한계시록에서 새 노래가 울려 퍼지게 된 시점이 바로 구속과 새창조가 만나는 종말적 상황이 발생하는 순간임을 알 수 있다. 이런 맥락으로 볼 때, 새창조 사역이라 할 수 있는 10b절의 "땅에서 통치하다"라는 문구가 새 노래의 내용으로 주어지는 것은 자연스러운 결과라고 할 수 있다. 이런 결과는 처음 창조 때에 에덴에서 아담이 최초로 땅에서 통치하도록 세움을 받은 것과 평행을 이룬다. 이러한 평행 관계에 의해 전자는 후자의 성취라고 할 수 있다. 10b절의 "통치" 행위에 대해서는 해당 부분에 대한 본문 주해에서 좀 더 자세하게 논의하도록 하겠다.

새 노래의 내용(9b-10절). 9b절부터는 새 노래의 구체적인 내용이 소개된다. 지금부터 그 구체적인 내용을 하나씩 정리해 보도록 하겠다.

(1) 책의 인들을 열기에 합당하시다(9b절)

새 노래의 첫 번째 내용은 바로 책을 취하신 예수님이 그 책을 인봉한 일곱 인들을 열기에 합당하시다는 것이다. 이것은 5장 2절에서 "누가 그 책을 열며 그것의 인들을 떼기에 합당한가?"라는 질문에 대한 답변과 밀접하게 관련된다. 이 질문에 대한 직접적인 답변으로 주어진 5-6절에서는 죽임을 당한 어린 양이 책의 인을 떼기에 합당하신 분으로 확증된 바 있다. 이제 어린 양은 인을 떼기에 합당한 분으로서 인 떼는 일을 실행하기 위해 하나님으로부터 책을 취하셨다. 9b절에서 구속의 사역을 감행하시는 어린 양을 예배하는 새 노래의 맥락에서 다시 한번 어린 양의 합당하심에 감탄하는 찬양이 울려 퍼지고 있다. 9b절에

---

155 앞의 책.
156 앞의 책.
157 앞의 책.

서는 2절의 "열며 … 떼기에"(ἀνοῖξαι … καὶ λῦσαι, 아노익사이 ... 카이 뤼사이)라는 동사들 대신에 "취하고 … 열기에"(λαβεῖν … καὶ ἀνοῖξαι, 라베인 ... 카이 아노익사이)라는 동사들이 사용된다. 2절과는 달리 9b절에서 "취하다"(λαβεῖν, 라베인)라는 부정사 형태의 동사가 사용된 것은 7절에서 사용된 동사 "취하다"(εἴληφεν, 에일레펜)의 영향 때문이라고 할 수 있다.

(2) 합당하신 이유

9c절은 이유를 나타내는 접속사 '호티'(ὅτι, 왜냐하면)로 시작한다. 따라서 그 이하의 본문들은 9b절이 예수님께 책의 인들을 열기에 합당하시다고 말한 이유를 나열한다. 이 이유들은 논리적으로 매우 밀접하게 연결되어 있기 때문에 그 점을 유의하면서 각 항목을 세심하게 관찰할 필요가 있다.

a. 합당하신 이유 1: 죽임을 당하셨다(9c절)

왜 예수님이 책의 인을 열기에 합당한 분이신가? 그 첫번째 이유는 예수님이 죽임을 당하셨기 때문이다. 9c절의 "죽임을 당하다"(ἐσφάγης, 에스파게스)σφάζω, 스파조)라는 단어는 6c절의 "죽임당한 것 같은, 서 있는 어린 양"(ἀρνίον ἑστηκὸς ὡς ἐσφαγμένον, 아르니온 헤스테코스 호스 에스파그메논)의 "죽임당한"(ἐσφαγμένον, 에스파그메논)과 같은 단어다. 물론 9c절의 경우는 "죽임을 당하다"에 해당하는 동사가 직설법 부정과거형으로 사용되고 있는 반면 6c절의 경우는 현재 완료 분사형으로 사용된다는 점에서 둘 사이에는 약간 차이가 있다. 전자가 다른 부정과거 동사들(9d절의 ἠγόρασας, 에고라사스; 10a절의 ἐποίησας, 에포이에사스)과 함께 내러티브의 기본 골격을 형성하는 기능을 한다면, 후자는 앞서 1절과 6절에서 논의한 것처럼 완료 시제를 사용함으로써 그 장면을 부각시켜 강조하려는 것이다.

또한 두 본문에서 "죽임을 당하다"가 수동형으로 사용되었다는 점에 주목할 필요가 있다. 이 수동형은 이중적 의미가 있을 수 있다. 하나는 유대인들에 의해 죽임을 당했다는 것을 의도하는 것일 수 있고, 다른 하나는 신적 수동태로 이해하여 이러한 예수님의 죽음이 하나님이 계획하신 구속 사건이라는 사실을 시사하기 위한 것일 수 있다. 그러나 어떤 경우이든 여기에서 중요한 것은 그리스도께서 죽임을 당하신 것이 그분이 책의 인을 열기에 합당한 분이 되실 수 있는 이유가 된다는 점이다. 이것이 6절에 대한 좀 더 명확한 설명을 제공한다.

b. 합당하신 이유 2: 어린 양의 대속 사역(9de절)

두 번째 이유는 어린 양이 자신의 죽음을 통해 대속 사역을 이루셨다는 것이다. 이것은 9c절의 어린 양의 죽음이 갖는 의미를 좀 더 발전시킨 내용이다. 이런 점에서 9c절과 9d절은 점층적인 관계를 갖는다. 곧 9d절은 9c절의 어린 양 예수님의 죽음이 가져온 결과에 대해 좀 더 진전된 내용을 기록한다. 곧 어린 양 예수님이 십자가의 죽음으로 말미암아 흘리신 피로 모든 족속과 언어와 백성과 나라로부터 사람들을 사셨다는 것이다. 여기에서 "사다"(ἠγόρασας, 에고라사스)(ἀγοράζω, 아고라조)라는 동사는 대속을 의미한다(이 부분에 대해서는 아래에서 좀 더 자세히 설명하겠다).

여기에서 대속의 대상으로 언급된 "모든 족속과 언어와 백성과 나라"는 요한계시록에서 모두 일곱 번 사용된다(계 5:9; 7:9; 10:11; 11:9; 13:7; 14:6; 17:15).[158] 이런 항목들을 비교하기 위해 도표로 만들면 다음과 같다.

본문	내 용	비 고
5:9	ἐκ πάσης φυλῆς καὶ γλώσσης καὶ λαοῦ καὶ ἔθνους 모든 족속과 언어와 백성과 나라로부터	구속 대상
7:9	ἐκ παντὸς ἔθνους καὶ φυλῶν καὶ λαῶν καὶ γλωσσῶν 모든 나라와 족속들과 백성들과 언어들로부터	
10:11	ἐπὶ λαοῖς καὶ ἔθνεσιν καὶ γλώσσαις καὶ βασιλεῦσιν πολλοῖς 많은 백성들과 나라들과 언어들과 왕들에게	중립적 대상
11:9	ἐκ τῶν λαῶν καὶ φυλῶν καὶ γλωσσῶν καὶ ἐθνῶν 백성들과 족속들과 언어들과 나라들로부터	짐승의 추종자
13:7	ἐπὶ πᾶσαν φυλὴν καὶ λαὸν καὶ γλῶσσαν καὶ ἔθνος 모든 족속과 백성과 언어와 나라에게	짐승의 통치가 미치는 대상
14:6	ἐπὶ πᾶν ἔθνος καὶ φυλὴν καὶ γλῶσσαν καὶ λαόν 모든 나라와 족속과 언어와 백성에게	중립적 대상
17:15	λαοὶ καὶ ὄχλοι εἰσὶν καὶ ἔθνη καὶ γλῶσσαι 백성들과 무리들과 나라들과 언어들이다	바벨론에 속한 자들

이 도표에서 몇 가지 특징을 발견할 수 있다. 첫 번째 특징은 단수 명사와 복수명사가 혼용되고 있다는 점이다. 먼저 5장 9절, 13장 7절, 14장 6절에서는 모두 단수형이 사용되고, 10장 11절, 11장 9절, 17장 15절에서는 모든 항목이 복수형으로 사용되며, 7장 9절에서는 "나라"(ἔθνους, 에드누스)만 단수형으로 사용되고 나머지 "족속들과 백성들과 언어들"(φυλῶν καὶ λαῶν καὶ γλωσσῶν, 필론 카이 라온 카이 글로쏜)

---

158 Bauckham, *The Climax of Prophecy*, 326.

은 복수형으로 사용된다. 여기에서 분명히 보여주고 있는 것은 단수형과 복수형이 불규칙적으로 사용되고 있다는 점이다. 이러한 불규칙성을 설명하기는 쉽지 않지만, 저자가 이 항목들을 단수형과 복수형의 차이에 특별한 의미를 부여하지 않은 채 자유롭게 혼용하고 있다고 짐작할 수 있다. 따라서 이러한 불규칙성은 저자의 의도가 없는 우연이라고 할 수 있다. 두 번째 특징은 "모든"이란 단어가 5장 9절, 7장 9절, 13장 7절, 14장 6절에서 사용되어 우주적 의미를 강조한다는 점이다. 10장 11절에서는 "모든" 대신 "많은"(πολλοῖς, 폴로이스)이란 단어가 사용된다. 세 번째 특징은 네 항목의 순서가 임의적이라는 것이다. 다섯 본문에서 이 항목들의 순서가 일치되는 경우는 하나도 없다. 네 번째 특징은 정확하게 "족속, 언어, 백성, 나라"의 항목들을 가진 다섯 본문(5:9; 7:9; 11:9; 13:7; 14:6) 중 처음 두 본문(5:9; 7:9)에서는 그 항목들이 구속의 대상을 가리키고, 다음 두 본문(11:9; 13:7)에서는 짐승의 추종자들에 해당되며, 마지막 본문(14:6)에서는 중립적 대상을 가리켜 사용되고 있다는 점이다.

이런 네 가지 특징을 가진 일곱 개의 본문은 그 안에 포함된 항목들이 임의적 순서로 사용되고 단수형과 복수형이 불규칙적으로 사용됨에도 불구하고, 모든 본문에서 네 개의 항목이 사용된다는 점과 일부 예외를 제외하면[159] 모든 본문이 동일한 단어들을 사용해서 네 항목을 구성하고 있다는 점에서 일치한다. 곧 불규칙성 가운데 특정 형식의 반복에 의한 규칙성이 존재한다는 것을 알 수 있다. 이 특정 형식의 반복은 일정한 목적을 가지고 사용된다는 점을 기억할 필요가 있다.[160] 특별히 네 개의 항목에서 "4"라는 숫자는 "세상의 수"(number of the world)이며 동시에 이 문구의 사용 횟수인 일곱은 "완전함의 수"(number of completeness)라고 할 수 있다.[161] 그렇다면 이 네 항목을 일곱 번 사용한 것은 "세상의 모든 나라들"을 의미하려는 의도를 지닌 것이라고 볼 수 있다.[162]

또한 위 본문들에서 네 항목과 함께 사용된 전치사에도 주목할 필요가 있다. 먼저 5장 9절, 7장 9절, 11장 9절은 "...로부터"(ἐκ, 에크)라는 전치사를 사용한다. 처음 두 경우는 구속이 모든 사람을 대상으로 하지만 모든 사람이 구속의 결과를 경험하는 것은 아니라는 의미를 갖는다. 그들로부터 택함 받은 자들이 있는

---

159 10:11에서는 "족속들"(φυλαῖς, 퓔라이스) 대신 "왕들"(βασιλεῦσιν, 바실류신)이 사용되고, 17:15에서는 "족속들"(φυλαί, 퓔라이) 대신 "무리들"(ὄχλοι, 오클로이)이 사용된다.

160 Bauckham, *The Climax of Prophecy*, 326.

161 앞의 책.

162 앞의 책.

것이다. 그러므로 여기에서 이러한 표현은 구속의 우주적 성격과 동시에 특수한 성격을 모두 표현하려는 절묘한 시도라 할 수 있다. 구속 대상은 단순히 이스라엘 백성이 아닌 모든 인간들을 포함하는 우주적 성격을 갖지만, 그것의 혜택을 보는 자들은 그 중에서 그리스도를 믿음으로 말미암는 의를 가진 일부일 수밖에 없다. 이런 구성에서 요한계시록에서의 교회론을 엿볼 수 있다. 교회 공동체는 우주적 범주를 형성한다. 단지 일부 족속이나 민족으로 구성된 것이 아니라 지구의 모든 민족을 포함하는 우주적 성격을 가지고 있음을 보여주고 있다. 반면 11장 9절의 경우에는 전치사가 짐승에게 속한 자들을 가리키는 소속의 용법으로 사용된다. 그리고 '에피'(ἐπί)라는 전치사는 10장 11절, 13장 7절, 14장 6절에서 사용되는데, 10장 11절과 14장 6절은 우주적 범위를 갖는 중립적 대상을 향하여 예언 사역을 하거나 복음을 선포할 것을 요청하는 내용이다. 반면 13장 7절에서는 그 전치사가 짐승의 권세의 우주적 범위를 표현하는 데 사용된다.

9d절에 의하면 예수님의 대속 사역은 모든 사람들 중에 대속 효과를 경험한 자들을 하나님께 속하도록 하는 결과를 초래한다. 이것은 본래 인간이 하나님께 소속된 존재라는 사실을 전제하며 에덴에서 하나님의 형상대로 지음 받은 인간이 죄로 인하여 상실했던 본래의 자리로 돌아오게 되었다는 것을 의미한다. 이런 결과는 죄 문제를 해결해 주시는 그리스도의 죽음 없이는 불가능하다. 여기에서 "사다"(ἠγόρασας, 에고라사스)ἀγοράζω, 아고라조)라는 동사는 시장에서 노예를 사고 팔 때 사용되는 용어로서[163] "값을 지불하고 어떤 사람에 대한 권리를 확보한다"는 의미를 갖는다.[164] 이러한 의미를 본문에 적용하면, 죄의 노예로서 사망 가운데 있었던 우리를 예수님의 피로 해방시켜 주셨다고 할 수 있다(참고, 행 20:28; 벧전 1:18-19).[165] 또한 이 동사는 전쟁에서 승리한 나라에 전쟁 포로로 잡혀간 죄수들의 몸값을 지불하고 본국으로 송환함으로써 포로의 속박으로부터 해방시키는 것을 의미하는 은유적 표현으로 사용되기도 한다.[166] 여기에서 이런 의미의 동사를 사용한 것은, 예수님이 죄와 사탄의 종으로 있던 사람들을 십자가에서 흘리신 피로 죗값을 지불하고 사셨음을 강조함으로써 그들에 대한 하나님의 소유권을 보여주기 위해서다.

---

163 Smalley, *The Revelation to John*, 136.
164 BDAG, 14.
165 Smalley, *The Revelation to John*, 136.
166 Fiorenza, *Revelation*, 61.

또한 이러한 정황은 애굽에 속박된 이스라엘 백성들을 해방시킨 사건을 배경으로 한다. 곧 "유월절 어린 양의 피가 애굽의 속박으로부터 해방을 의미"한 것처럼, 유월절 어린 양으로 오신 예수님의 십자가에서 흘리신 피로 신약의 성도들은 "우주적 속박"(universal bondage)으로부터 해방된 것이다.[167] 이러한 점에서 예수님의 피로 인한 죄로부터의 해방 사건을 "새 출애굽"(New Exodus)이라는 개념으로 이해할 수 있다.[168] 또한 이러한 새 출애굽 주제는 좀 더 진전된 방법으로 다음과 같이 표현될 수 있다: 출애굽 사건을 통해 이스라엘이 열방을 향한 여호와를 위한 제사장 나라로 등장했던 것처럼(출 19:6), 예수님의 대속 사건에 의해 교회 공동체도 이 세상을 향한 "하나님의 능력과 통치를 증거하는" 제사장 나라로 세움을 받았다.[169]

이것이 바로 예수님이 그 책의 인들을 열기에 합당하신 이유인 것이다. 책을 취하고 그것의 인들을 여는 것이 하나님의 구속 계획의 종말적 성취를 이루시는 것이라면, 바로 어린 양이신 예수님이야말로 하나님의 뜻을 이루기에 합당한 분이시며 그분이야말로 마침내 하나님의 종말적 계획을 성취하는 데 결정적 역할을 감당하신 분이다. 그래서 어린 양에 의해 그 책의 인들이 열려졌을 때 하나님의 종말적 계획인 하나님 나라의 도래와 함께 하나님 백성의 구속이 이루어질 수 있게 된 것이다.

c. 합당하신 이유 3: 나라와 제사장으로 만드시다(10절)
10절은 어린 양 예수님이 십자가에서 그분의 보배로운 피로 값을 지불하심으로써 하나님의 백성에 대한 하나님의 소유권을 확보하셨을 뿐 아니라 그 백성들에게 "나라와 제사장"으로서의 분명한 정체성을 부여하셨음을 기록한다. 10절은 어린 양이 흘린 피의 대속을 통한 해방의 메시지를 담고 있는 9de절의 결과로 주어지고 있으며 특별히 9c절의 '호티'(ὅτι)절에 속해 있어 9c절과 연속되는 내용을 갖는다. 10절에 대해서는 "나라와 제사장"(10a절)이란 주제와 "통치하다"(10b절)란 주제로 둘로 나누어 살펴보기로 하겠다.

---

167 앞의 책.
168 J. M. Ford, "The Christological Function of the Hymns in the Apocalypse of John," *AUSS* 36.2 (1998), 217(Osborne, *Revelation*, 260에서 재인용).
169 Fiorenza, *Revelation*, 61.

i. 나라와 제사장(10a절)

10a절의 "그들을"(αὐτοὺς, 아우투스)은 9de절에서 어린 양의 피로 모든 족속과 언어와 백성과 나라로부터 값을 주고 사서 하나님께 속하게 된 자들을 가리킨다. 그리고 10a절의 동사 "만들다"(ἐποίησας, 에포이에사스)ποιέω, 포이에오)의 주어는 여전히 9c절의 "죽임을 당하다"(ἐσφάγης, 에스파게스)σφάζω, 스파조)와 하나님께 속하도록 피로 "사다"(ἠγόρασας, 에고라사스)ἀγοράζω, 아고라조)의 주어인 예수님이시다. 바로 예수님이 죽임을 당하셨고, 하나님의 백성을 모든 족속과 언어와 백성과 나라로부터 피로 값 주고 사셔서 하나님의 소유가 되게 하셨으며, 그들을 하나님께 나라와 제사장으로 세워 주셨다. 여기에서 "나라와 제사장"으로 세워 주셨다는 것은 출애굽기 19장 6절을 배경으로 한다. 출애굽기 19장 6절은 출애굽한 이스라엘 백성이 시내 산에서 하나님과 언약 관계를 수립한 최초의 순간을 기록하고, 이러한 언약 관계는 에덴에서 최초로 시작된 하나님과 아담의 관계에 근거한다. 이런 배경을 근거로, 요한계시록 본문에서 예수님의 십자가 피로 회복된 하나님과의 관계를 바탕으로 주어지는 "나라와 제사장" 신분은 에덴에서의 아담과 시내 산에서의 이스라엘의 정체성에 대한 최종적 성취로 볼 수 있다.

"나라와 제사장"이라는 문구는 요한계시록 1장 6절에서도 동일하게 사용된다. 그러나 5장 10a절에서의 "나라와 제사장"에 대한 언급은 1장 6절과는 달리 좀 더 역동적인 문맥 가운데 주어지고 있다. 다시 말하면, "누가 책의 인을 뗄 것인가?"라는 질문으로 시작하여, 어린 양처럼 죽임을 당하여 사람들을 피로 값 주고 사시고 그들을 나라와 제사장으로 만드신 예수님을 그 책의 인을 여실 자로 지목함으로써, 그분을 통해 하나님의 뜻과 계획이 마침내 이루어진다는 거대한 구속 역사에 대한 안목을 제시하는 맥락에서 "나라와 제사장"이란 언급이 주어지고 있다. 그러므로 1장 6절이 5장 10절에 대한 예시적 언급이라면 5장 10절은 1장 6절을 더욱 발전시킨 내용이라고 볼 수 있다.

ii. 통치하다(10b절)

앞서 언급했듯이, 하나님은 출애굽기 19장 6절에서 출애굽한 이스라엘 백성을 "제사장 나라와 거룩한 백성"으로 삼으신 것처럼, 요한계시록 5장 10a절에서는 그리스도 안에서 구속함을 받은 자들을 하나님 앞에서 "나라와 제사장"으로 삼으신다. 교회 공동체가 "나라와 제사장"으로 부르심을 받은 것은 에덴의 아담과 시내 산의 이스라엘 백성이 제사장 나라와 거룩한 백성으로 하나님의 통치를 받아 만국에 하나님의 영광을 드러내도록 부르심을 받은 것과 동일하다. 이렇게 부르심을 받은 자들은 그와 동시에 "땅에서 통치"하게 되는 은혜도 입게 된다 (10b절). 나라와 제사장으로 부르심을 받았다면 그것은 세상을 통치하는 삶으로 이어지는 것이 당연하다.

여기에서 "통치하다"(βασιλεύσουσιν, 바실류수신〉βασιλεύω, 바실류오)란 동사는 미래 시제로 사용되었는데, 이것을 단순하게 미래로만 이해하는 것은 이 본문에 나타나는 시제 사용의 복합적 관계를 인식하지 못한 결과일 수 있다. 나라와 제사장을 삼으신 것은 예수님의 십자가 사건으로 이미 이루어진 일이고 이것을 부정과 거형 동사(ἐποίησας, 에포이에사스〉ποιέω, 포이에오)를 사용해서 표현하고 있다. 그럼에도 불구하고 통치의 행위를 미래의 시점으로 설정하게 된다면 그것은 모순이 아닐 수 없다. 곧 나라와 제사장의 신분을 이미 가지게 되었다면 통치 행위는 미래는 물론이고 현재에도 이미 시작되었다고 보는 것이 타당하다. 그렇다면 여기에서 이러한 미래형 동사의 용례를 어떻게 이해해야 하는가?

이것과 관련해서는 두 가지 접근이 가능하다. 첫째는 사본학적 접근이다. 이 접근법에 대한 설명은 다음의 부록에서 논의되는 내용으로 대신하고자 한다.

부록(Excursus)[170]

여기에서 문제는 네스틀레-알란트(Nestle-Aland) 28판이나 UBS(United Bible Societies' The Greek New Testament) 4판이 모두 "통치하다"에 해당하는 동사를 시내 산 사본(ℵ)의 지지를 받는 미래 시제(βασιλεύσουσιν, 바실류수신)로 선택하고 있다는 점이다.[171] 그러나 현재 시제(βασιλευουσιν, 바실류우신)를 지지하는 사본도 이에 못지않게 유력하다. 밴스트라(Bandstra)에 의하면 현재 시제의 경우는 요한계시록에 관한 한 "단일한 최고의 문서"(the single best manuscript)인 알렉산드리아 사본(A)의 지지를 받는다고 한다.[172] 이러한 알렉산드리아 사본의 우위는 메츠거(Metzger)가 시내 산 사본을 요한계시록과 관련하여 "덜 좋은 것"(less good)이라고 표현한 것으로 잘 드러나고 있다.[173] 현재 시제는 이러한 외증 외에도 내증의 지지를 받는다. 곧 어린 양 대속 사역의 결과로 구속받음으로 하나님의 나라요 제사장으로 인정받은 자들의 통치는 땅에서 즉각적으로 시작되고 영원히 지속된다. 그러므로 만일 문맥에 의해 사본을 택해야 한다면 여기에서는 알렉산드리아 사본의 지지를 받는 현재 시제 동사 '바실류우신'(βασιλευουσιν)을 택하는 것이 적절하다.[174]

사실상 이 해석은 더 어려운 독법을 택한 경우다. 왜냐하면 현실적으로 땅에서 통치하는 것을 인정하기가 쉽지 않기 때문이다.[175] 또한 스윗(Sweet)은 20장

---

170 이 부록은 이필찬요한계시록연구소 주최로 2019년 12월 16일에 개최된 제5회 종말론 학회에서 발표한 "요한계시록에 나타난 천년왕국: 20:1-6을 중심으로"라는 제목의 논문 중 5:9-10에 대한 부분(13-16쪽)만을 발췌한 것이다. 단, 논문의 "왕노릇하다"라는 단어를 이 책에 맞춰 "통치하다"라는 단어로 변경했다.

171 시내 산 사본 외에 P, 1854, 2050, 2053, 2344, 2351, 𝔐ᴬ, lat, co, Hipp, Cyp가 미래 시제를 지지한다.

172 A. J. Bandstra, "A Kingship and Priests: Inaugurated Eschatology in the Apocalypse," *CTJ* 27(1992): 18. 이에 덧붙여 밴스트라는 다음과 같이 진술한다(앞의 책): "사본 증거와 관련해서, 미래 시제는 시내 산 사본과 10-12세기의 어떤 소문자 사본(minuscules)과 다수 본문 전승(Majority text tradition)의 한 부분과 부분적으로 라틴어와 콥틱어 사본의 지지를 받는다. 현재 시제는 요한계시록에 관한 한 단일한 최고의 사본인 알렉산드리아 사본과 10-12세기의 어떤 사본 그리고 부분적이긴 하지만 다수 본문 전승의 지지를 받는다."

173 B. M. Metzger, *A Textual Commentary on the Greek New Testament, Second Edition a Companion Volume to the United Bible Societies' Greek New Testament*, 4th Rev. ed. (New York, NY: United Bible Societies, 1994), xxix.

174 A. J. Bandstra, "A Kingship and Priests," 18. 밴스트라에 의하면 "편집 위원회는 5:10에서 문맥이 미래 시제에 좀 더 적절하다고 제안하는 것 같다. 그러나 5:10b는 5:9에서와 5:10a에서 부정과거 시제와 연결되기 때문에 현재 시제가 문맥의 의미에 좀 더 적절한 것 같다"(앞의 책, 19n26).

175 Beale, *The Book of Revelation*, 362. 이러한 사실은 필사자가 어떤 입장에 있었는가에 의해 동사의 시제가 결정된다는 것을 잘 보여준다. 찰스는 현재 시제 동사를 더 어려운 독법으로 간주하는 것은 동일한데 비일과는 약간 결이 다르고 스윗과는 비슷하다. 찰스에 의하면 "통치"를 20:4에서 비로소 성취되는 미래적 사건으로 이해하면 더 어려운 독법은 현재 시제가 될 것이다(Charles, *A Critical and Exegetical Commentary on the Revelation of St. John*, 1:148).

4-6절의 천년왕국의 미래성의 개념을 가진 필사자가 현재형을 미래형으로 바꾸었을 가능성이 크기 때문에 현재형이 더 어려운 독법이라고 생각한다.[176]

여기에서 한 가지 분명한 것은 전천년적인 입장이 미래 시제형 동사의 독법을 더 선호한다는 점이다. 메츠거는 이 두 사본 사이에서 어느 하나를 택하는 것이 매우 어렵다는 것을 인정하면서 원문을 결정하는 위원회는 "문맥의 의미에 좀 더 적절하다"(more suited to the meaning of the context)는 문맥 증거에 의해 미래형인 '바실류수신'(βασιλεύσουσιν)을 더 선호한다고 밝힌다.[177] 메츠거와 편집 위원회는 더 어려운 독법보다는 문맥 증거에 의해 결정했다고 볼 수 있다.[178] 여기에서 문맥을 바라보는 그들의 시각이 통치를 미래적 사건으로 간주하는 전천년적 견해에 가깝거나 혹은 영향을 받았을 가능성이 크다. 이러한 결정에 대한 이해를 도울 수 있는 것은 다음에 소개할 전천년주의자인 토머스(Thomas)의 입장이다.

토머스는 5장 9-10절에서 죽임을 당하시고 사람들을 피로 사서 하나님께 드리시고 우리 하나님 앞에서 나라와 제사장들을 삼으신 것을, 과거적 사건으로서 그들이 재림 이후에 "천년왕국"(millenial kingdom)에서 그리스도와 함께 통치하게 될 것에 대한 "단지 예비적인"(only preliminary) 과정으로 간주한다.[179] 이러한 주장은 나라와 제사장으로 삼으신 그 자체를 통치하게 되는 출발점으로 간주하는 것이 아니라 단지 예비적 과정으로서 그 예비적 과정이 모두 끝난 후에는 20장 4절에서 언급하는 천년왕국에서 성취되어 통치하게 된다는 것이다.[180] 이 논리의 구조에 의하면 5장 10절의 "통치하다"는 미래 시제가 적절한 것으로 받아들여지게 된다. 특별히 "땅에서"(ἐπὶ τῆς γῆς, 에피 테스 게스)라는 문구에 의해 통치는 지상에서 이루어지게 되는데 현재 상황과 비교하면 비현실적이라고 여겨진다.[181] 그러므로 5장 10절의 통치는 미래에 이루어질 행위로 간주될 수 있다.

---

176 Sweet, *Revelation*, 130. 이 외에도 메튜슨은 동사의 상(verbal aspect) 이론에 근거하여 현재형이 올바른 독법이라는 전제하에 5:9-10에서 사용된 부정과거 동사는 내러티브의 배경 혹은 골격을 이루고 있는 반면 이러한 가운데 현재 시제 동사의 사용은 집중 시키기 위한 목적이 있다고 주장한다(Mathewson, *Verbal Aspect in the Book of Revelation*, 127).

177 Metzger, *A Textual Commentary on the Greek New Testament*, 667.

178 그런데 흥미롭게도 밴스트라는 문맥에 맞는 것은 도리어 현재형 동사인 '바실류우신'(βασιλευουσιν)이라고 주장하면서 메츠거와 그의 위원회를 비판한다(Bandstra, "A Kingship and Priests," 19).

179 Thomas, *Revelation 1-7*, 402.

180 전통적인 세대주의자인 월부어드(Walvoord)도 이 미래 시제의 동사를 선호하면서 통치를 미래적 사건으로 간주하여 다음과 같이 진술한다: "그리스도께서 왕 중의 왕이요 만주의 주로서 통치할 지상 왕국(역주: 천년왕국)의 예언들을 성취하고 완성하는 하나님의 목적이 암시된다"(Walvoord, *The Revelation of Jesus Christ*, 119). 여기에서 월부어드는 통치를 재림 이후에 있게 될 지상에서의 천년왕국 활동으로 간주한다.

181 앞의 책.

그러나 1장 5-6절의 경우도 그렇고 5장 9-10절에서 왕의 신분과 왕으로서의 행위를 분리할 수 있을까? 왕과 제사장의 신분을 가지고 있지만 그 신분에 맞는 행위는 연기된다는 것이 과연 가능할까? 왕의 신분과 통치는 시간적으로 분리될 수 없다. 에덴에서 아담은 하나님의 형상대로 지음 받은 아들로서 왕의 신분을 부여받고 "다스리고 정복하라"는 왕적 행위를 하도록 위임받음과 동시에(창 1:26, 28) 에덴 정원을 경작하며 지키고(창 2:15) 짐승의 이름을 짓는 왕적 행위를 실행하였다(창 2:19). 또한 시내 산에서 하나님은 이스라엘 백성과 언약을 맺으시면서 "제사장 나라"요 "거룩한 백성"의 신분을 허락하셨다(출 19:6). 이러한 신분은 이방 나라를 향하여 하나님의 왕권을 대리하는 그들의 제사장적이며 왕적 행위를 동반한다. 그러므로 5장 9-10절에서는 왕의 신분만을 취득한 것이고 20장 4절과 6절의 천년왕국에서 그 통치가 실행되는 것으로 보는 것은 적절하지 않다.[182]

이러한 사실은 "통치하다"를 현재 시제로 읽는 것과 잘 조화를 이룬다. 캠벨은 적절하게도 현재 시제가 "진행"(progressive), "존재의 상태"(stative), "반복" 등의 동작을 나타내 준다고 주장한다.[183] 이러한 현재 시제 동사의 용법들은 5장 10절에서 사용되는 "통치하다"라는 동사의 특징을 잘 설명해 주고 있다. 곧 5장 10절의 통치하는 행위는 진행 중이고 성도의 존재의 상태를 나타내 보여주며 한 번에 끝나는 것이 아니라 지속적으로 반복되는 특징을 보여주고 있다.

정리

… (중략)

(c) 5장 9-10절에 의하면 피로 값을 주고 대속받은 성도들은 하나님께 나라와 제사장들이 되어 통치하는 직임을 받게 된다. 이러한 통치는 첫 창조 때에 에덴에서 아담에게 최초로 주어진 왕적 지위의 회복의 양상을 보여준다. 이러한 문맥 관찰에서 공통적으로 얻은 결론은 성도들의 통치가 예수 그리스도의 죽음과 부활의 결과로 이미 시작된 종말적 사건이라는 것이다.

(d) 5장 10절의 "통치하다"라는 동사는 외적 증거와 내적 증거에 의해 알렉산드리아 사본의 지지를 받는 현재 시제로 보는 것이 타당하다.

---

182 크로델(Krodel)은 통치가 5:9-10에서 이미 성취되었고 20:4-6에서 완성되는 것으로 간주하기도 한다 (Krodel, *Revelation*, 167).
183 콘스탄틴 R. 캠벨, 『성경 헬라어 동사 상의 기초』, 이상일 역 (서울: 그리심, 2019), 95-97.

(e) 5장 10절의 "통치하다"와 관련된 사본학적 쟁점을 다음과 같이 정리해 볼 수 있다.

분류	현재 시제(βασιλευουσιν)				미래 시제(βασιλεύσουσιν)	
사본	알렉산드리아 사본(A)				시내 산 사본(ℵ)	
지지 학자	Bandstra	Beale	Charles[184] Mounce[185]	Mathewson	Metzger; Thomas; Walvoord	?
천년왕국	현천년설		전천년설		전천년설	현천년설
시제	현재적 행위		미래적 현재		단순 미래	히브리어 미완료형의 헬라어 번역 – 격언적(Gnomic); 반복; 행위의 시작
사본 선택 기준	문맥	더 어려운 독법	더 어려운 독법		문맥	더 어려운 독법
20장의 천년왕국과의 관계	동일한 사건		예언과 성취		예언과 성취	동일한 사건
동사의 시상				강조		

---

184 Charles, *A Critical and Exegetical Commentary on the Revelation of St. John*, 1:148.

185 마운스는 몰턴(Moulton, *Grammar*, 3rd, 1.120)의 견해를 근거로 다음과 같이 주장한다(Mounce, *The Book of Revelation*, 136n36): "'바실류수신'(βασιλεύσουσιν) 대신 '바실류우신'(βασιλευουσιν)으로 읽히더라도 그것이 가리키는 것은 미래일 것이다. 이때 그 동사는 미래적 현재의 기능을 하며 확신의 어조를 나타낸다."

두 번째는 언어적 접근이다. 이 접근법은 "통치하다"라는 동사의 시제가 미래 시제라고 가정할 경우에 필요한 접근 방식으로서, 언어적으로 연구해 보면 미래 시제를 단순히 미래적 시점의 의미가 아니라 다른 의미로 이해하는 것이 가능하다. 곧 4장 9a절의 "드리다"라는 동사와 4장 10절의 "엎드리다"와 "경배하다"와 "놓다"라는 동사 모두가 미래형으로 사용되었지만 그것들을 단순히 미래 시제가 아니라 히브리어의 미완료형을 헬라어로 표현하는 과정에서 미래형을 사용하게 된 것으로 진술한 바 있다. 예를 들면, 시편 104편 6절(70인역 103:6)의 "물이 산들 위에 섰더니"(개역한글)에서 "서다"라는 동사의 경우 히브리어로는 미완료형을 사용하였지만 이를 70인역, 곧 헬라어 구약 성경은 미래 시제로 표현한다. 특별히 히브리어 미완료형의 용법 중에 "어느 때이든지 반복되는 행위"를 표현하는 경우가 있다. 이러한 패턴을 요한계시록 5장 10절에 적용하여 "통치하다"라는 동사의 미래 시제를 히브리어 미완료형의 관점에서 이해할 수 있다. 특히 5장 9c절에서 그리스도의 피로 값을 지불하고 산 하나님의 백성들을 5장 10a절에 의하면 나라와 제사장으로 이미 만드셨다. 그리고 이러한 나라와 제사장은 바로 통치하는 것으로 이어진다. 그런데 통치하는 행위가 미래의 사건으로 남는다면 그때까지 왕권을 행사하지 않고 공백 상태로 남아 있게 되는 모순이 발생한다. 나라와 제사장이 되었으면 이제 통치 행위를 해야 하는 것은 당연한 일이다. "통치하다"는 히브리어 미완료형을 반영하는 헬라어의 미래 시제 동사로서 통치 행위를 반복하는 의미를 갖는다. 이제 나라와 제사장으로 세움을 입었으니 계속 통치하는 일만 남았다.

(3) 에덴 모티브

여기에서 "통치한다"는 것은 요한계시록 2장 26-28절의 "나라들에 대한 권세"와 "철의 막대기"로 다스리는 권세 혹은 "새벽 별"과 같은 맥락에서 그리스도의 메시아적 통치에 동참하는 것이다. 요한계시록 2장 26-28절에서 "나라들에 대한 권세"를 얻는다는 것은 미래적 종말의 약속이다. 그러나 그런 통치자라는 지위 획득이 미래적 종말의 완성의 순간에만 되는 것이 아니다. 5장 9-10절에 나타나 있는 바와 같이, 그것은 그리스도의 십자가 사역을 통해 이미 성취되었다. 따라서 성도들의 통치 행위는 그리스도의 초림으로 성취되고 재림으로 완성된다고 말할 수 있다. 그것은 하나님의 백성들에게 그리스도께서 획득하신 높은 위치를 허락하신다는 것이고, 그 높아진 위치의 최초 모델은 바로 에덴 동산에서의 아담과 하와다. 곧 나라들에 대한 권세를 갖는다는 것은 에덴의 아담에게 위임된 만물을 "정복하고 다스리는"(창 1:28) 왕권을 회복하는 것으로 이해하는 것이 적절하다.

이러한 왕적 지위에 대한 구체적 해석이 시편 8편 5-6절에 잘 나타나 있다.

> [5]그를 하나님보다 조금 못하게 하시고 영화와 존귀로 관을 씌우셨나이다
> [6]주의 손으로 만드신 것을 다스리게 하시고 만물을 그의 발 아래 두셨으니(시 8:5-6)

이 말씀은 에덴에서 아담이 가졌던 왕적 지위를 잘 보여주고 있다. 앞서 언급된 "나라와 제사장"이라는 지위도 역시 에덴에서의 아담의 위치를 잘 설명해 주고 있다. 에덴에서 아담에게 부여된 "경작하고 지키라"(창 2:15)는 명령은 동일하게 민수기 3장 8-9절에서 레위 제사장의 성전에서의 활동을 묘사하는 데 사용된다. 이러한 평행 관계는 에덴의 아담이 곧 왕적 제사장의 지위를 가지고 있었음을 시사한다. 교회의 이러한 지위는 예수님 재림 후의 교회 공동체의 상황을 언급하는 22장 5절의 "통치할 것이다"에서 다시 한 번 확증된다.

요한은 통치의 영역으로서 "땅에서"(ἐπὶ τῆς γῆς, 에피 테스 게스)라는 단어를 함께 사용한다. 통치의 영역은 저 피안의 세계가 아니다. 그것은 바로 현재 성도가 서 있는 이곳 "땅"에서 실행된다. 그것은 최초로 생육하고 번성하는 아담의 삶의 터전이었던 땅으로서의 에덴 정원에서 하나님의 통치를 시작하셨기에 사실에 근거한다. 이 에덴 정원은 가나안 땅을 거쳐 이 땅에서 성취되고 궁극적으로는 새 하늘과 새 땅에서 완성된다.

정리. 요한계시록 5장 9-10절은 어린 양이 책의 인들을 열기에 합당한 이유를 새 노래를 통해 제시한다. 어린 양이 책의 인을 열기에 합당한 이유는 그가 죽임을 당하셨고 대속 사역을 통해 사람들을 나라와 제사장으로 만들어 주셨기 때문이다. 이와 같은 나라와 제사장으로서의 신분은 미래에 예수님의 재림 때에 이루어질 상태이지만 그리스도의 초림 이후에 하나님의 백성으로 회복된 교회 공동체가 이 시대에 왕권을 행사하며 살아가도록 주어지는 특권이자 책임이다. 이러한 지위는 아담과 하와가 에덴 동산에서 왕권을 위임받아 하나님의 왕권을 드러내며 살도록 부르심 받은 것을 회복한다. 이러한 권세는 복음을 전함으로써 행사할 수 있다(참고, 마 16:19). 뿐만 아니라 이러한 왕적 지위는 모든 삶의 영역에서 하나님의 영광스러운 왕권을 드러내는 삶을 통해 구현될 수 있다.

5. 천사들과 모든 피조물의 찬양과 경배(5:11-14)

요한계시록 5장 11-14절에서는 네 생물과 이십사 장로의 찬양에 이어 자연스럽게 만만과 천천의 천사들이 외치는 찬양과 피조물들의 찬양이 소개된다. 먼저 11-12절에서는 천사들의 찬양을 소개하고, 13-14절에서는 모든 피조물의 찬양과 경배의 내용을 기록한다.

구문 분석 및 번역

11절 a Καὶ εἶδον,
그리고 나는 보았다

   b καὶ ἤκουσα φωνὴν ἀγγέλων πολλῶν
   그리고 나는 많은 천사들의 음성을 들었다

   c κύκλῳ τοῦ θρόνου καὶ τῶν ζῴων καὶ τῶν πρεσβυτέρων,
   보좌와 생물들과 장로들 주위에 (있는)

   d καὶ ἦν ὁ ἀριθμὸς αὐτῶν μυριάδες μυριάδων καὶ χιλιάδες χιλιάδων
   그리고 그들의 수가 만만이요 천천이다

12절 a λέγοντες φωνῇ μεγάλῃ·
   그들이 큰 음성으로 말하기를

   b ἄξιόν ἐστιν τὸ ἀρνίον τὸ ἐσφαγμένον
   죽임을 당하신 어린 양이 합당하다

   c λαβεῖν τὴν δύναμιν καὶ πλοῦτον καὶ σοφίαν καὶ ἰσχὺν καὶ τιμὴν καὶ δόξαν καὶ εὐλογίαν.
   능력과 부와 지혜와 힘과 존귀와 영광과 찬송을 받으시기에

13절 a καὶ πᾶν κτίσμα ὃ ἐν τῷ οὐρανῷ καὶ ἐπὶ τῆς γῆς καὶ ὑποκάτω τῆς γῆς καὶ ἐπὶ τῆς θαλάσσης καὶ τὰ ἐν αὐτοῖς πάντα
   그리고 하늘 안과 땅 위와 땅 아래와 바다 위에 있는 모든 피조물과 그것들 안에 있는 모든 것들이

   b ἤκουσα λέγοντας·
   (다음과 같이) 말하는 것을 나는 들었다

   c τῷ καθημένῳ ἐπὶ τῷ θρόνῳ καὶ τῷ ἀρνίῳ
   보좌에 앉으신 이와 어린 양에게

   d ἡ εὐλογία καὶ ἡ τιμὴ καὶ ἡ δόξα καὶ τὸ κράτος εἰς τοὺς αἰῶνας τῶν αἰώνων.
   찬송과 존귀와 영광과 능력이 영원토록 (있기를 바랍니다)

14절 a καὶ τὰ τέσσαρα ζῷα ἔλεγον· ἀμήν.
   그리고 네 생물이 말하고 있었다: 아멘

   b καὶ οἱ πρεσβύτεροι ἔπεσαν καὶ προσεκύνησαν.
   그리고 장로들은 엎드려 경배하였다

이 본문은 흥미롭게도 11a절에서 "보았다"(εἶδον, 에이돈)라는 동사로 시작하고 즉 각적으로 11b절에서 "들었다"(ἤκουσα, 에쿠사)라는 동사로 이어진다. 그리고 13b절 에서도 11b절의 "들었다"(ἤκουσα, 에쿠사)가 다시 반복된다. 이것은 처음의 "보다" 라는 행위가 11b절과 연결될 뿐 아니라 13b절과도 연결되고 있음을 시사한다. 요한계시록에서 "보다"와 "듣다"가 동시에 사용되는 것은 8장 13절을 제외하면 이곳이 유일하다. 여기에서 "보는" 행위와 "듣는" 행위가 서로 교차하고 있음을 보여준다. 곧 요한이 "본" 내용은 바로 그가 "들은" 내용에서 구체적으로 나타나 고 있다. 여기에서 "들음"은 또한 "말하기"와도 조합을 이루고 있는데, 이는 12a 절과 13b절에서 각각 "말하다"(λέγοντες, 레곤테스)라는 동사가 분사 형태로 사용되 는 점에서 확인할 수 있다.

그리고 이 본문에서는 "보았다"와 "들었다"를 비롯하여 14b절의 "엎드렸 다"(ἔπεσαν, 에페산)와 "경배했다"(προσεκύνησαν, 프로세퀴네산)가 부정과거 시제로 사용 되었다. 이러한 부정과거 시제 동사의 사용은 해당되는 행위들을 단순히 과거의 것으로 치부하는 것이 아니라 8절에서 언급했듯이 "이야기의 기본 구조"를 구성 하고 이야기의 내용이 진행해 가도록 추동하는 기능을 갖는다고 할 수 있다.[186]

12c절의 '라베인'(λαβεῖν)λαμβάνω, 람바노)란 단어는 자주 "합당하다"(ἄξιόν, 악시온) 와 함께 사용된다. 찬양 문맥에 놓여 있는 4장 11절과 5장 12절에서 이 동사의 목적어는 각각 "영광과 존귀"와 "능력 … 찬송"이고 5장 9절에서는 "책"이 목적 어로 사용된다. 후자의 경우에는 "취하다"(take)가 자연스럽지만 전자의 경우에 는 "받다"(receive)가 자연스럽다. 그러므로 이 문맥에서는 '라베인'에 "받다"라는 의미를 부여해서 "받으시기에"로 번역했다.

13a절의 '엔토 우라노'(ἐν τῷ οὐρανῷ)라는 문구는 "땅 아래"라는 문구와 비교하 여 습관적으로 "하늘 위에"라고 번역하기 쉬운데, 이곳에서는 전치사 '엔'(ἐν)이 사용되기 때문에 "안에"로 번역하는 것이 좋다.

이상의 내용을 근거로 우리말 어순에 맞추어 번역하면 다음과 같다.

11a   그리고 나는 보았다.
11b   그리고 나는
11c   보좌와 생물들과 장로들 주위에 (있는)
11b   많은 천사의 음성을 들었다.

---

186 Mathewson, *Verbal Aspect in the Book of Revelation*, 51.

11d	그들의 수는 만만이요 천천이다.
12a	그들이 큰 음성으로 말하기를
12b	"죽임을 당하신 어린 양이
12c	능력과 부와 지혜와 힘과 존귀와 영광과 찬송을 받으시기에
12b	합당하다."
12a	하였다.
13a	그리고 하늘 안과 땅 위와 땅 아래와 바다 위에 있는 모든 피조물과 그것들 안에 있는 모든 것들이
13b	(다음과 같이) 말하는 것을 나는 들었다.
13c	"보좌에 앉으신 이와 어린 양에게
13d	찬송과 존귀와 영광과 능력이 영원토록 (있기를 바랍니다)."
14a	그리고 네 생물이 말하고 있었다: "아멘."
14b	그리고 장로들은 엎드려 경배하였다.

본문 주해

[5:11-12] 천사들의 찬양과 경배

천사들의 숫자(11d절). 11절은 천사들의 수가 "만만이요 천천"이라고 한다. 이 숫자를 구체적으로 계산할 필요는 없다. 이 표현은 단지 무수히 많은 숫자임을 강조하기 위한 것이며, "만만이요 천천"은 헬라어로 표현할 수 있는 최대한의 숫자다.[187] 이처럼 무수한 천사들의 소리(φωνή, 포네)는 그들이 드리는 찬양과 경배의 장엄함을 연출하며, 이러한 정황으로 인하여 하나님의 영광이 더욱 강조되고 부각된다. 뿐만 아니라 이런 무수한 천사들의 소리를 듣기도 하고 보기도 한다는 요한의 설명은 하나님의 영광이 드러나는 정황을 입체적으로 경험하는 느낌을 효율적으로 전달해 주고 있다. 예배의 정황에서 청각과 시각을 동시에 동원할 때 온전한 참여가 가능하다.

보좌의 중심성(11c절). 이 무수히 많은 천사들은 보좌와 생물들과 장로들을 둘러서 있다. 이러한 모습은 보좌와 네 생물과 이십사 장로들이 하늘의 핵심적 의미를 차지한다는 것을 다시 한 번 확증하고 있다. 12b절에서 제시되는 찬양은 "합당하다"(ἄξιόν, 악시온)라는 단어로 시작한다. 이것은 4장 11절과 5장 9절의 새 노래와 같은 패턴을 보여주면서, 이 패턴이 찬양의 공식으로 자리매김한 것처럼 보인다. 따라서 이렇게 "합당하다"가 반복되어 등장하는 것은 찬양과 경배의 기

---

187 Beasley-Murray, *The Book of Revelation*, 128.

본 정신이 바로 그 대상의 지위와 역할에 대한 정확한 인식에서 출발한다는 것을 보여준다. 이러한 인식 가운데 찬양 목록이 의미 있게 배열된다. 곧 처음 네 목록(능력과 부와 지혜와 힘)은 "하나님을 대신해서 그리스도께서 행사하시는 주권"을 나타내는 반면, 나중 세 목록(존귀와 영광과 찬송)은 왕으로 등극하신 예수 그리스도에 대한 우주적 인식을 나타내 주고 있다.[188] 특별히 "능력"(δύναμις, 뒤나미스)과 "힘"(ἰσχύς, 이스퀴스)"은 구약에서 왕의 특징을 묘사할 때(삼상 2:10. 참고, 시 28:8)와 하나님의 왕권을 표현할 때 주로 사용되었던 낱말들이다(출 15:13; 대상 16:27-28; 시 62:11; 사 45:24).[189]

이곳에서는 그런 특징을 예수님께 적용함으로써 예수님의 왕적 지위를 공표한다. 이러한 일련의 표현들은 경배를 받기에 합당한 분에 대한 정당한 반응이다. 더 나아가서 12절에 의하면 이 천사들의 찬양 주제는 바로 "죽임을 당하신 어린 양이 능력과 부와 지혜와 힘과 존귀와 영광과 찬송을 받기에 합당하다"는 것이다. 여기에서 "합당하다"는 것은 5장 2절의 "누가 그 책을 열며 그것의 인들을 떼기에 합당한가?"에 상응하는 반응으로 주어지는 것이며, 5장 9b절에서 네 생물과 이십사 장로들의 새 노래에서도 사용된 바 있다. 이러한 찬양 목록은 4장에서 하나님께 드려진 찬양 목록에 비하여 매우 다양하고 화려하다. 4장 9절의 "영광과 존귀와 감사"와 4장 11절의 "영광과 존귀와 능력"이란 목록에 "부와 지혜와 힘과 존귀와 … 찬송"이 덧붙여진다. 이렇게 화려한 목록이 주어지는 찬송은 다음 13절에서도 계속 이어진다.

[5:13-14] 모든 피조물의 찬양과 경배

11-12절이 천상의 천사들이 어린 양을 향해 드리는 찬양과 경배에 집중되어 있다면, 13-14절에서는 찬양의 주체가 모든 피조물로 확장된다. 13a절의 "하늘 안과 땅 위에 그리고 땅 아래와 바다 위에 있는 모든 피조물과 그것들 안에 있는 모든 것들"이 찬양을 드리는 주체로 등장한다. 13a절은 책의 인을 뗄 자가 없다고 말하는 5장 3절의 "하늘 안에서나 땅 위에나 땅 아래에서"라는 문구에 "바다 위에"라는 문구를 덧붙인다. 그리고 13a절의 이러한 문구 구성은 우주를 "하늘과 땅/바다 그리고 지하 세계(underworld)"라는 세 영역으로 보는 유대적 우주관

---

188 앞의 책.
189 Smalley, *The Revelation to John*, 139.

을 반영한다(참고, 욥 11:8-9).[190] 여기에서 13a절의 '엔 토 우라노'(ἐν τῷ οὐρανῷ)라는 문구를 "하늘 안"으로 번역했는데, "하늘 안"이라는 범주 안에는 "천사 그룹"이 포함될 수 있다.[191] 비즐리 머레이(Beasley-Murray)는 심지어 "죽은 자의 영역"(realm of the dead)에 있는 자들까지도 포함된다고 지적한다.[192] 물론 이것은 신자에 한정해서 말하는 것으로 이해해야 할 것이다. 이와 같이 13a절에서 땅이나 바다의 경우처럼 "하늘 위에서"라고 하지 않고 "안"(ἐν, 엔)이라는 전치사를 사용하여 하늘이라는 범주를 "하늘 안"이라고 구체적으로 한정한 것은 바로 이러한 "천사"나 "죽은 자"와 같은 구체적 대상을 염두에 두었을 가능성이 있다. 이것은 이 표현이 미칠 수 있는 "가장 먼 곳"(the farthest limits)과 "가장 깊은 깊숙한 곳들"(the deepest recesses)까지 포함하려는 의도를 나타내고 있다.[193] 13a절에서 "모든 피조물"에 "그것들 안에 있는 모든 것들"이 덧붙여짐으로써 이런 의도가 더욱 강조된다. 곧 만물의 충만함이 강조된다. 이러한 일련의 표현은 창세기 1장의 창조 사건에서 하나님의 형상대로 지음 받은 인간에게 주어진 "생육하고 번성하여 땅을 충만하게 채우라"(창 1:28)는 말씀을 연상케 한다. 하나님의 영광이 온 땅에 충만해야 한다. 온 세상에 하나님의 영광이 충만하게 드러나는 것이 하나님의 창조 목적이다. 13절은 이러한 창조 목적이 온전히 이루어지게 된 현장을 충실하게 반영하고 있다.

여기에서 주목할 것은 우주의 모든 영역이 보좌에 앉으신 하나님과 어린 양께 "찬송과 존귀와 영광과 능력"이 영원토록 있게 될 것을 소망하고 있다는 것이다. 여기에서 어린 양 되신 예수님은 하나님과 동등한 분으로 인정되며 더 나아가서 하나님께 드려지는 찬양의 제목 그 이상의 찬양을 받으시기에 합당하신 분으로 등장한다. 모든 피조물의 이러한 찬양은 4장에서 창조주 하나님을 찬양할 때는 등장하지 않았던 내용이다. 그런데 4장과는 달리 5장에서 하나님과 어린 양을 대상으로 이러한 우주적 피조 세계의 반응이 등장하는 이유는 무엇인가? 4장에서는 언급되지 않은 어린 양의 구속 사역이 5장에서 언급되고 있는 것이 큰 차이라고 할 수 있다. 어린 양의 구속 사역으로 말미암아 하나님의 아들들이 왕 같은 제사장으로 통치자의 지위를 획득하였다. 이제 에덴을 회복하는 새

190 Aune, *Revelation 1-5*, 366.
191 Smalley, *The Revelation to John*, 140.
192 Beasley-Murray, *The Book of Revelation*, 128.
193 Beckwith, *The Apocalypse of John*, 513.

창조의 도래로 우주적 조화의 환경이 조성된 것이다. 죄의 왕 노릇으로 인해 신음하던 피조물이 회복되어 하나님의 창조 목적대로 하나님을 찬양하는 장면을 연출하고 있는 것이다.

그렇다면 이러한 우주적 반응이 중요한 이유는 무엇인가? 그 이유는 바로 책의 인을 떼시는 어린 양의 구속 사건의 성취가 창조의 회복을 가져옴으로써, 썩어짐에 복종하며 탄식하던 모든 피조물(참고, 롬 8:22)이 이제 그 모든 짐을 벗고 온전한 조화 가운데 존재할 수 있는 시대가 시작되었기 때문이다. 물론 이것이 지금 당장 완성되어 나타나는 것은 아니다. 그러나 그 성취가 비로소 이루어졌고 그 성취된 현실로 말미암아 이제 예수님의 재림으로 완성될 때를 보장할 수 있게 된 것이다. 그러므로 이 장면은 그리스도 안에서 "모든 생명의 통합"(gathering up of all life)을 이루는 "미래적 종말(end-time)"을 지향하고 있다고 판단할 수 있다.[194] 이런 내용은 앞서 "새 노래"라는 표현에 대한 설명에서 언급한 바 있는데, 21-22장에서 다시 자세하게 설명될 것이다.

14절은 모든 만물의 찬양에 대해 "네 생물"이 아멘하고 "장로들은 엎드려 경배하였다"라고 한다. 여기에서의 네 생물로 대표되고 상징되는 만물의 찬양은 11-12절에서 네 생물과 이십사 장로들을 둘러싼 많은 천사의 찬양과 완벽한 조화를 이룬다. 특히 14절의 만물과 그 만물들의 천상적 원형을 상징하는 천사 그룹으로서 네 생물이 동일한 상황에서 등장하는 것은 자연스럽게 온 우주에 충만한 만물이 하나님을 찬양하도록 짜여진 에덴적 정황을 연상시켜 준다. 네 생물과 만물이 하나의 짝을 이루고 이십사 장로와 교회 공동체가 하나의 짝을 이루는 이런 구성은 요한계시록에서 매우 자주 사용되는 표현 방식이다. 6장 1-8절까지는 피조물을 향한 심판 장면에서 그 심판을 도입하는 역할을 네 생물이 담당한다. 7장 13절의 이십사 장로는 교회 공동체를 상징하는 표현과 함께 동일한 문맥에서 등장한다. 22장 17절에서도 교회 공동체를 나타내는 "신부," 곧 "새 예루살렘 교회 공동체"가 그곳에 속할 사람들을 초청하는 모습을 보이기도 한다. 이런 예들을 살펴볼 때, 요한계시록은 상징적 이미지를 사용하여 그것이 의미하는 대상과 관련시키거나 중복해서 사용하는 매우 독특한 기법을 발휘하고 있으므로 독자들은 이것을 혼돈하지 않도록 주의해야 한다.

---

194 Smalley, *The Revelation to John*, 140.

[정리] 4장의 찬양과 5장의 찬양 비교

5장 11-14절의 내용을 바탕으로 4장의 찬양과 5장의 찬양을 비교하면 다음과 같은 표로 정리해 볼 수 있다.

구분	4장	5장
주제	창조주 하나님	구속주 예수님
쟁점	누가 우주를 다스리는 진정한 주권자인가?	누가 책의 인을 떼기에 합당한가?
찬양의 내용	창조와 섭리 1) 네 생물: 영광과 존귀와 감사 2) 이십사 장로: 영광과 존귀와 능력	구속의 성취와 새창조 1) 네 생물과 이십사 장로: 나라와 제사장 삼으심 2) 많은 천사: 능력과 부와 지혜와 힘과 존귀와 영광과 찬송 3) 모든 만물: 찬송과 존귀와 영광과 능력

📑 핵심 메시지

요한계시록 5장은 4장과 하나의 문맥을 이루는 것으로 이해할 때 적절하게 해석될 수 있다. 곧 4장이 하나님의 통치를 계시해 주고 있다면 5장은 그리스도의 구속 사건을 통해 그 통치가 어떻게 구현될 수 있는지를 다루고 있다. 이러한 목적을 이루기 위해 요한은 "책" 이미지를 사용한다. "책" 이미지는 다니엘 8장과 12장을 배경으로 하며, 하나님나라의 도래를 통한 종말적 성취가 이루어졌다는 사실을 보여주기 위해 사용된다. 왜냐하면 다니엘서 본문들은 그 책을 열 수 있는 시점이 종말적 순간이라고 말하기 때문이다. 이 책은 바로 죽임을 당하신 어린 양 예수님에 의해서만 열릴 수 있다. 이러한 사실은 어린 양 예수께서 종말적 사건의 중심에 서 계심을 의미한다. 5장은 바로 이러한 방법으로 어린 양 예수님을 구속 사건의 중심으로 설정하고 있다. 흥미롭게도 이 5장의 내용은 6장과 연결된다. 왜냐하면 6장은 5장에서 책의 인을 떼시는 것으로 소개된 어린 양이 직접 인을 떼는 장면을 연출하고 있기 때문이다. 이런 점에서 5장은 6장부터 이어지는 심판 시리즈의 기초를 놓는다.

더 나아가서 하나님의 자녀들은 그리스도의 구속 사역으로 말미암아 하나님이 통치하시는 나라와 제사장이 되어 땅에서 통치하도록 특권을 부여받게 되었다. 이것이 바로 어린 양 예수께서 책의 인을 떼기에 합당하신 분으로 소개되는 이유다(9절). 책의 인을 뗌으로써 계시된 종말적 성취의 정황은 에덴의 아담적 지위와 역할을 회복하고 계승하는 하나님 백성의 획기적인 신분 변화를 가져오게 되었다. 이러한 종말적 사건에 대한 반응으로 네 생물과 이십사 장로와 천사들이 합동하여 찬양을 올려 드리고 있다. 이처럼 어린 양 예수께 돌려지는 찬양은 하나님께 돌려지는 것보다 더 웅장하다. 그러나 어린 양 예수님의 탁월성은 결국 하나님 자신의 탁월성으로 귀결되므로 아무런 문제가 없다.

📑 설교 포인트

설교자는 요한계시록 5장을 통해 무엇을 드러내야 하는가? 5장에서 설교자가 가장 관심을 가지고 선포해야 하는 메시지는 무엇인가? 그것은 바로 예수 그리스도의 죽으심으로 말미암아 종말적 정황이 발생했다는 것이다. 이것은 요한계시록 전체에서 매우 중요한 요소다. 이러한 종말적 성취의 정황을 설명하는 데 매우 편리한 것이 바로 "책" 이미지이다. 그러므로 설교자는 바로 이 "책" 이미지에 대한 정확한 이해를 가지고 있어야 할 것이다. 요한계시록에서 나타난 주제들이 늘 그렇듯이 책과 관련하여 여러 가지 견해가 제시된다. 그러나 설교자는 여러 가지 다양한 의견들에 현혹되지 말고 하나의 논리적 틀 안에서 확신을 가지고 설교에 임해야 할 것이다. 이러한 논리적 틀을 형성하기 위해서는 다니엘 8장과 12장을 배경으로 책의 이미지가 주어지고 있음을 기억할 필요가 있다.

5장의 본문은 "누가 책의 인을 떼기에 합당한가?"라는 문제를 제기하고 그에 대한 답으로서 바로 유다 지파의 사자이시며 죽임을 당한 어린 양이신 예수님이 그 책의 인을 떼기에 합당하다고 설파한다. 여기에서 설교자는 책의 인을 떼는 것과 예수께서 어린 양으로 죽임을 당하신 것의 상관관계를 정확하게 이해할 필요가 있다. 그 상관관계란 무엇인가? 그것은 바로 예수님의 죽으심이 책의 인을 떼는 결과를 가져왔다는 것이다. 곧 예수님의 죽으심이 종말적 정황을 전개시키는 단초를 제공하게 된 것이다. 이를 다른 말로 표현하면 예수님이 죽으신 사건은 바로 다니엘서에서 말하는 책의 인을 떼게 되는 종말적 사건으로서 하나님 나라의 도래를 가능하게 하는 사건이다. 여기에서 설교자는 에덴으로부터 시작하여 회복의 절정인 예수님의 십자가 사건에 이르는 복음의 통전성을 잘 정리하여 청중들에게 설파하는 것이 중요하다. 바로 이러한 목적을 위해 5장 전체에 대한 올바른 시각을 가지고 있어야 한다.

📄 설교 요약

● **제목:** 누가 책의 인을 뗄 것인가?
● **본문:** 요한계시록 5장

● **서론**

이 세상에서 저절로 되는 일은 없다. 어떤 일이든 누군가의 희생에 의해 이루어지게 된다. 하나님의 큰 계획도 역시 그리스도의 희생에 의해 이루어지게 되었다. 하나님의 큰 계획은 무엇인가? 그것은 바로 하나님 나라 회복의 성취와 완성이다. 오늘 본문에서 어떻게 예수님의 희생을 통해 하나님 나라가 오게 되었는가를 살펴보고자 한다.

● **본론**

1. 보좌에 앉으신 이: 오른손에 책을 가지고 있다(1절)
   1) 책: 안쪽과 뒤쪽에 쓰여져 있고 일곱 인으로 인봉되어 있다
   2) 인봉: 인봉되어 있는 책은, 다니엘 8장과 12장을 배경으로 볼 때 하나님 나라의 도래를 알리는 종말적 성취를 전망하는 상징이다
2. 힘센 천사의 외침: 누가 책의 인들을 뗴기에 합당한가?(2절)
3. 질문에 대한 요한의 반응: 인을 뗄 자가 없으므로 크게 울었다(3-4절)
4. 이십사 장로 중 하나의 위로(5절)
   유다 지파의 사자/다윗의 뿌리 예수께서 책의 인을 뗴기 위해 이기셨다 ➡ 예수님의 승리는 종말적 성취로서 하나님 나라의 도래를 가능하게 했다
5. 일곱 뿔과 일곱 눈을 가진 어린 양(6절)
   1) 일곱 뿔: 완전한 권세와 능력에 대한 은유적 표현으로서 완전한 승리를 상징
   2) 일곱 눈: 온 땅에 보내심을 받은 하나님의 일곱 영으로서 성령의 전지하심과 편재하심을 상징

6. 성도들의 기도와 새 노래(7-10절)

   1) 성도들의 기도(7-8절): 예수님이 책을 취하시는 역사적 사건이 성도들의 기도와 맞물려 있음을 암시

   2) 새 노래(9-10절): 그리스도의 인봉을 여시는 사건을 통해 모든 족속과 언어와 백성과 나라로부터 사람들이 하나님의 나라와 제사장이 되어 왕으로서 통치하게 되었음을 노래함

7. 예수님의 사역에 대한 피조물과 천상적 존재들의 반응(11-14절)

   1) 많은 천사(12절): 큰 음성으로 어린 양을 찬송

   2) 모든 만물(13절): 보좌에 앉으신 이와 어린 양께 찬송

   3) 네 생물(14a절): 아멘으로 화답

   4) 이십사 장로(14b절): 엎드려 경배

●결론

예수님의 희생은 하나님 나라의 도래라는 엄청난 결과를 초래하게 되었다. 그것은 역사를 바꾸어 놓은 위대한 사역이다. 우리는 이렇게 이루어진 역사의 생생한 현장에 있다. 이런 진리를 올바르게 인식할 필요가 있다. 그리고 하나님 나라와 제사장으로서 이 진리 안에서 종말적 축복을 누리며 살아야만 한다.

본론부 2

세 개의 심판 시리즈와 구속의 실제적 실현(6-16장)

두 번째 본론부는 6-16장으로서 세 개의 심판 시리즈와 함께 하나님의 구속 사역을 다루고 있다. 심판 시리즈에 대한 본문을 연구하기 전에 먼저 심판을 이해하기 위한 방법을 살펴보고자 한다.

6-16장을 이해하기 위한 서론적 고찰로서, 먼저 4-5장과의 문맥적 관계를 살펴보고, 심판의 본질적 특징을 파악하기 위해 종말과 심판의 관계를 정리해 보고자 한다. 그리고 6-16장의 구조 분석을 통해 통일성과 규칙성과, 특별히 6-16장의 구조에서 삽입 부분의 기능에 대해 규명해 보고자 한다. 그리고 세 개의 일곱 심판 시리즈가 시간적 순서로서 직렬적 관계인지 아니면 반복되는 병렬적 관계인지에 대한 논의를 진행할 것이다. 또한 일곱 심판 시리즈의 골격을 이루고 있는 출애굽 모티브를 살펴볼 것이다. 끝으로 앞에서 논의한 내용을 근거로 심판 시리즈를 읽는 방법을 정리하고자 한다.

예비적 고찰

1. 문맥: 4-5장과 6-16장의 관계

도입 부분으로서 4-5장에 이어 6-16장은 요한계시록 본론의 주된 부분이다. 4-5장이 하늘 성전 환상의 내용으로서 하나님의 뜻이 결정되는 정황을 보여주고 있다면, 6-16장은 하늘에서 정해진 하나님의 뜻이 땅에서 이루어지는 내용을 소개한다. 전자(4-5장)의 경우에 하늘에서 정해진 하나님의 뜻의 핵심적 요소는 하나님의 통치로서 하나님의 백성을 향한 구원과 세상을 향한 심판이다. 그런 구원과 심판은 후자(6-16장)에서 일곱 심판 시리즈와 그 시리즈 중간에 삽입되어 표현된 교회 공동체를 통해 구체화된다.

더 나아가서 하늘 성전의 환상을 상징적으로 소개하는 4-5장에 함축된 내용들이 6-16장에서 구체적으로 확대 및 부여되는 관계를 보인다. 예를 들면 4장 5절의 "번개들, 소리들, 우레들"은 일곱 번째 인 심판(8:5; 우레들, 소리들, 번개들, 지진)과 일곱 번째 나팔 심판(11:19; 번개들, 소리들, 우레들, 지진, 큰 우박) 그리고 일곱 번째 대접 심판(16:18, 21; 번개들, 소리들, 우레들, 큰 지진, 큰 우박)에서 각각 더 확장된 목록을 열거한다. 또한 4장 6절의 "수정 같은 유리 바다"가 15장 2-4절에서 "불이 섞인 유리 바다"로 다시 언급된다. 그리고 5장에서 "누가 책의 인을 뗄 것인가?"라는 질문에 어린 양 예수님이 그 인들을 여실 것이라는 답변이 주어지고 바로 6장의 인 심판에서 어린 양이 이 인들을 여는 장면을 기록하고 있다. 6장의 인 심판은 처음부터 일곱 번째 인까지 5장에 나타난 어린 양 예수님의 대속 사역의 결과로 주어진다. 그러므로 인 심판의 순서는 재림의 시점과 관련된 일곱 번째를 제외하고는 시간적으로 큰 의미가 없고 그 책의 인을 여는 행위는 단지 요한에 의해 창안된 "문학적 장치"로서 일종의 퍼포먼스일 뿐이다.[1] 이러한 패턴은 나팔 심판 시리즈나 대접 심판 시리즈의 경우에도 마찬가지로 적용될 수 있다.

2-3장이 1장 9-20절과 밀접한 관계를 가지고 전개되듯이 6-16장과 4-5장도 의미상 밀접한 유기적 관계를 가지고 있을 뿐 아니라 "구조적으로"도 매우 밀접하게 관련되어 있다.[2] 따라서 4-5장을 배경으로 하지 않고는 6-8장의 인 심판 시리즈뿐 아니라 나팔과 대접 심판도 이해할 수 없다.

2. 종말과 심판의 관계

앞의 문맥에서 밝혀진 것처럼 4-5장과 6-16장은 문맥적 일치를 보여주고 있다. 곧 6-16장은 5장에서 책의 인을 열 수 있는 어린 양의 등장으로 발생한 종말적 사건으로서 심판 메시지를 소개하고 있는 것으로 이해할 수 있다. 요한계시록 5장에서 요한은 다니엘 8장과 12장을 배경으로 어린 양 예수를, 종말적 사건인 십자가 죽음으로 말미암아 책의 인을 열기에 합당한 분으로 소개한다. 그

---

1   Bauckham, *The Climax of Prophecy*, 250.
2   Smalley, *The Revelation to John*, 145.

리고 6장은 그 어린 양께서 책의 인을 여는 행위를 실행하는 장면을 소개한다. 이런 관계에 의해 6장의 내용은 5장의 종말적 사건의 결과를 보여주는 일종의 상징적 퍼포먼스이다. 특별히 종말적 사건으로서 어린 양 예수 그리스도의 십자가의 죽음의 사건을 언급하는 5장과 관련하여 인 심판을 읽어야 한다는 사실은 인 · 나팔 · 대접 심판 시리즈를 읽는 중요한 원리를 제시해 준다.

그렇다면 여기에서 "왜 종말적 현상으로서 심판이 발생하게 되는가?"라는 질문이 나올 수 있다. 이것은 요한계시록에서 종말적 정황으로서 심판을 말하는 구약의 패턴을 그대로 적용하고 있기 때문이다. 구약에서 종말을 전망할 때 항상 동반되는 내용은 이스라엘의 구원(혹은 회복)과 이방 세력의 심판이다. 구약 역사에서 구원과 심판은 동전의 양면처럼 발생한다.[3] 예를 들면 구약의 대표적 구원 사건인 출애굽 사건에서 이스라엘이 애굽으로부터 해방되기 위해서 필연적으로 열 재앙이나 홍해 사건 같은 심판이 애굽에게 발생한다. 그리고 이사야와 에스겔 같은 선지자들의 경우에 바벨론으로부터 이스라엘의 해방을 약속할 때에도 바벨론에 대한 심판을 동시에 선포한다. 예언의 절정으로서 요한계시록은 5장에서 어린 양 예수의 십자가 죽음으로 성취된 종말적 구속의 결과로서 6장에서 심판을 선포하고 있는 것이다. 그렇다면 예수님의 십자가 사건(초림)으로 인 심판은 시작되며 재림 때에 그 심판은 완성된다. 이때에 심판의 대상은 구약의 애굽이나 바벨론으로부터 우주적 대상인 세상이나 사탄으로 발전되고, 구원의 대상은 이스라엘로부터 교회 공동체로 성취되고 발전하게 된다. 이러한 패턴은 인 심판을 반복하는 나팔 심판과 대접 심판에도 그대로 적용될 수 있다.

이상의 내용을 다음과 같은 도식으로 표현할 수 있다.

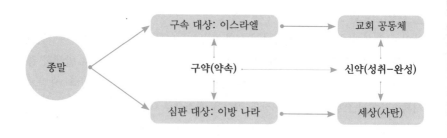

3　이 주제에 대해 연구한 책으로는 J. M. Hamilton Jr., *God's Glory in Salvation through Judgment: A Biblical Theology* (Wheaton, IL: Crossway, 2010)가 있다.

3. 구조

먼저, 요한계시록의 두 번째 본론부인 6-16장의 구조를 간단하게 요약하면 다음과 같다.[4]

A	6:1-17; 8:1; 8:3-5	일곱 인들
		삽입 1(7:1-17)
B	8:2; 8:6-9:21; 11:15-19	일곱 나팔들
		삽입 2(10:1-11:14)
C	12:1-14:20; 15:2-4	악과의 충돌 상태에 있는 하나님의 백성 이야기
D	15:1; 15:5-16:21	일곱 대접들
		(삽입 없음)

6-16장의 구조에서 가장 두드러지는 것은 세 개의 심판 시리즈가 중심축을 이룬다는 것이다. 그리고 인과 나팔의 경우에 각각 여섯 번째와 일곱 번째 사이에 삽입 부분이 존재하지만 대접 심판의 경우에는 이런 삽입이 없다는 점이 주목할 만하다. 이러한 구조의 특징과 관련하여 파생된 중요한 두 가지 주제를 다루어 보고자 한다: (1) 통일성과 규칙성, (2) 삽입 부분.

1) 통일성과 규칙성

보쿰은 요한계시록을 연구하면 할수록 요한계시록이 "문학적 통일성"을 가지고 있을 뿐만 아니라 신약 성경 중에서 "가장 통일성 있는 책들 중 하나"라는 사실을 발견하게 된다고 진술한다.[5] 이런 통일성은 필연적으로 규칙적 패턴을 동반하는 것이 당연하다. 곧 이러한 통일성은 의도적으로 그 구조에 규칙성을 부여하여 "말로 전달"(oral performance)하는 과정에서 그 전달 효과를 극대화한다.[6] 독자들의 입장에서 이러한 규칙성에 의해 구성된 패턴을 접하게 될 때 요한의 메시지는 좀 더 명료하고 쉽게 수용될 수 있다. 또한 독자의 입장에서 구조의 규칙성을 충분히 이해할 때 내용의 흐름을 좀 더 정확하게 파악할 수 있다. 그러므로 이러한 통일성과 규칙성을 가지고 구조를 정확하게 파악하는 것은 본문을 이해하는 데 필수적이다.[7]

---

4 Bauckham, *The Climax of Prophecy*, 21.
5 앞의 책, 1n1.
6 앞의 책, 1-2. 요한계시록 1:3에 의하면 요한계시록은 한 사람이 읽고 청중들은 듣도록 구성되었다.
7 앞의 책.

이러한 규칙성은 세 개의 일곱 심판 시리즈에서도 두드러지게 나타난다. 세 개의 일곱 심판 시리즈가 갖는 규칙성을 다음 도표를 통해서 잘 확인할 수 있다.

	인 심판 시리즈	나팔 심판 시리즈	대접 심판 시리즈
1	네 생물 중 하나; 흰말	피 섞인 우박이 땅에 떨어짐	대접을 땅에 쏟음
2	둘째 생물; 붉은 말	불 붙는 큰 산이 바다에 던져짐	대접을 바다에 쏟음
3	셋째 생물; 검은 말	큰 별이 강과 물 샘에 떨어짐	대접을 강과 물 근원에 쏟음
4	넷째 생물; 황녹색 말	해, 달, 별 각각 삼분의 일이 침을 받아 어두워짐	대접을 해에 쏟음
5	순교자들의 기도	황충이 아뷔쏘스에서 나옴	대접을 짐승의 보좌에 쏟음
6	우주적 붕괴	큰 강 유브라데에 결박된 네 천사에 의한 심판	아마겟돈에서의 심판
삽입	144,000(7:1-8)과 아무도 셀 수 없는 큰 무리(7:9-17)	두 증인(10:1-11:14)	없음
7	하늘에서의 침묵: 성도들의 기도가 하늘에 상달	하늘에서의 찬양: 세상 나라가 하나님의 나라가 됨	대접을 공기에 쏟음: 바벨론의 멸망
	우레들, 소리들, 번개들, 지진	번개들, 소리들, 우레들, 지진, 큰 우박	번개들, 소리들, 우레들, 큰 지진, 큰 우박

이 표에서 각 심판 시리즈의 처음 네 개는 규칙성을 가지고 있음을 알 수 있다. 곧 인 심판의 경우에는 네 생물과 네 마리 말이 하나의 묶음으로 구성되고 나팔 심판과 대접 심판의 경우에는 네 영역으로서 땅과 바다와 강/물/샘 그리고 해/달/별이 심판의 대상으로 설정된다. 이 네 개의 심판은 모두 자연계에 대한 것들이다. 여기에서 "넷"이라는 숫자는 우연이 아니라 의도적인 목적을 갖고 등장한다. 곧 "넷"은 우주적 성격을 가지며 자연계에 대한 심판의 우주적 성격을 시사한다.[8]

여기에 덧붙여서 또 다른 규칙성이 존재한다. 그것은 일곱 심판의 후반부인 나머지 세 개의 경우도 서로 유기적 관계를 가지고 있다는 것이다. 처음 네 개만큼 정교하지는 않지만 느슨하게나마 상관성이 존재한다. 예를 들면 다섯 번째 인 심판에서 순교자들의 기도가 심판을 추동하는 것으로 등장하는데, 일곱 번째에도 역시 기도가 그 마지막 심판을 추동하는 동기로 드러난다. 그리고 다섯

---

8   보쿰은 네 가지 대상을 "피조물의 네 가지 영역"(four divisions of creation)이라고 표현하여 우주적 의미를 강조한다(Bauckham, *The Climax of Prophecy*, 14).

번째 나팔 심판에서 아뷔쏘스(개역개정 "무저갱")의 황충과 일곱 번째 나팔 심판에서 유브라데 강에 결박된 네 천사는 모두 악의 세력을 이용한 심판이라는 공통점이 있다. 대접 심판의 경우에도 이런 특징이 두드러지게 나타난다. 곧 마지막 세 개의 심판은 재림과 관련된 종말적 특징을 공유한다.[9]

2) 삽입 부분(intercalation)[10]

삽입은 AD 1세기에 소아시아 지역의 청중들이 연설이나 역사 그리고 시와 산문 등에서 익숙하게 접할 수 있었던 문학 기법이다.[11] 인과 나팔의 경우에 여섯 번째와 일곱 번째 사이에 삽입이 존재하지만 대접 심판의 경우에는 삽입이 없다. 여기에서 여섯 번째와 일곱 번째 사이의 삽입은 또 다른 측면의 규칙성을 보여 준다. 이러한 삽입은 문맥의 흐름을 단절하는 것이 아니라 오히려 전체적인 내용들의 전달 효과를 더욱 극적으로 상승시키는 문학적 효과를 갖는다(이에 대해서는 삽입 부분에 대한 설명을 통해 밝히고자 한다). 이것은 1세기의 문학 기법으로서 삽입이 전후 문맥보다 더 중요하게 취급되고 있었다는 사실과 조화를 이룬다.[12] 또한 이것은 신학적 의미를 내포한다. 그것은 바로 심판 중에 교회 공동체의 정체성에 대한 규명을 시도하고 있다는 것이다. 곧 인 심판의 삽입 부분은 교회 공동체(144,000; 셀 수 없는 큰 무리)를 "심판으로부터 보호받는" 존재로 제시하기 위한 것이요, 나팔 심판의 삽입 부분은 교회 공동체가 세상을 향해 감당할 "선지적 선포"의 역할을 소개하기 위한 목적을 갖는다.[13]

이와 같이 인·나팔 심판 시리즈의 두 삽입은 구조적으로 치밀하게 고안되었다. 저자는 인과 나팔 심판 시리즈에서 믿지 않는 세상에 대한 하나님의 심판의 이야기를, 두 개의 삽입 부분에서 언급하는 하나님 백성의 정체성 및 세상을

---

9   이러한 이유로 보쿰은 4+3이라는 숫자로 표시한다(앞의 책, 10-11). 그러나 그는 이 숫자의 조합을 대접 심판의 경우에만 적용하고 인과 나팔 심판의 경우에는 마지막 세 개는 서로 관련성이 없다는 뜻으로 4+(1+1+1)로 표시한다(앞의 책, 21). 그러나 이에 동의할 수 없다. 왜냐하면 인과 나팔 심판의 경우에 느슨하기는 하지만 서로 결속된 관계가 형성되어 있기 때문이다.

10   "삽입"이란 말은 보쿰이 사용한 "intercalation"이란 단어에 대한 번역이다(앞의 책, 13). 반면 페리(Perry)는 이와 관련된 다양한 용어들을 다음과 같이 소개한다(P. S. Perry, *The Rhetoric of Digression: Revelation 7:1-17 and 10:1-11:13 and Ancient Communication*, WUNT 2. 268 [Tübingen: Mohr Siebeck, 2009], 39-50): (1) 막간(interlude 혹은 interval)(Schüssler Fiorenza; Osborne)-불연속성, (2) 삽입(intercalation)(Lambrecht; Lohse; Bauckham)-연속성과 연기(delay), (3) 중단(interruption)(Rowland; Maier)-불연속성, (4) 삽화(Parenthesis)(Beale; Mounce; Prigent)-연속성. 여기에서는 간단히 핵심만 정리하고 7장을 해석할 때 좀 더 자세히 논의하도록 하겠다.

11   Perry, *The Rhetoric of Digression*, 31. 페리는 "삽입"이란 표현 대신 "이탈"(digression 혹은 deviation)이란 단어를 사용한다.

12   앞의 책.

13   Bauckham, *The Climax of Prophecy*, 13.

향한 그들의 증거 이야기와 서로 절묘하게 조화를 이루도록 한다.[14] 그러나 한 가지 문제는 대접 심판의 경우에 삽입 부분이 존재하지 않는다는 점이다. 이것은 인·나팔 심판에서는 여섯 번째 심판과 일곱 번째 심판 사이에 삽입을 설정하여 마지막 심판에 대한 연기의 의미를 암시하는 것과는 대조적으로 대접 심판에서는 결론 부분인 마지막 심판 단계로 급박하게 넘어가는 것을 독자들에게 보이는 효과를 위한 것이다.[15]

4. 세 일곱 심판 시리즈의 상호 관계

6-16장을 올바로 이해하기 위해서는 그 근간을 이루는 세 심판 시리즈의 상호 관계를 정확하게 규명할 필요가 있다. 이런 주제에 대해서 두 가지 대표적인 입장을 중심으로 살펴보고자 한다.

1) 시간적 순서의 관계(직렬식)

첫 번째는 인·나팔·대접 심판 시리즈가 철저하게 시간적 순서로 이어진다는 이론이다. 이것을 도표로 표현하면 다음과 같다.

세대주의적 종말론을 추종하는 부류가 이런 견해를 주장한다. 이런 주장을 펼치는 자들은 인과 나팔과 대접 심판의 관계를 문자 그대로 시간적 순서로 이어지는 것으로 간주한다. 이것은 요한계시록 전체를 시간적 순서로 치밀하게 짜여진 구조로 믿는 그들의 입장과 맥을 같이한다. 좀 더 구체적으로 말하면 1장 19절의 "네가 본 것들과 지금 있는 것들과 이것들 후에 반드시 되어져야만 하는 것들"을 근거로 요한계시록 전체를 삼등분하고 그 중 "반드시 되어져야만 하는 것들"을 4-16장을 가리키는 것으로 이해하고, 4-16장은 장차 될 일로서 미래의 일들을 시간적으로 나열해 놓은 내용이라고 간주한다.[16] 그래서 인·나팔·대

---

14 앞의 책.

15 앞의 책, 14-15. 보룸은 이와 관련하여 "심판을 위한 주님의 최종적 오심의 돌발성" 혹은 "일곱 번째이면서 마지막 심판의 방해받지 않는 신속함"(unimpeded rapidity to the seventh and the final judgment)이라고 말하고 있다(앞의 책, 14).

16 Walvoord, *The Revelation of Jesus Christ*, 47-48. 월부어드는 인 심판을 "문자적 의미로" 간주하여 인 심판을 1:19의 "이것들 후에 반드시 되어져야만 하는 것들"과 관련시키려고 한다(앞의 책, 122).

접 심판의 내용이 역사적 시간의 전개 과정과 어떻게 맞아 떨어지는가를 관찰하기 위해 아주 많은 노력을 기울인다.

이러한 견해의 또 다른 중요한 특징은 인과 나팔과 대접 심판의 발생 시점을 예수님의 초림이 아닌 재림 직전, 미래에 일어날 7년 환난과 같은 어느 특정한 시점을 설정하여 제시하고 있다는 점이다.[17] 그러나 이러한 입장이 간과하는 사실이 있다. 그것은 인 심판의 시작이 5장과의 관계에서 예수님의 십자가 사건으로 촉발된다는 점이다.[18] 따라서 인 심판을 예수님의 재림과 관련된 미래의 어떤 시점에 발생하는 것으로 이해하는 것은 근거를 찾아보기가 어렵다. 또한 세 심판 시리즈 모두 마지막 일곱 번째에 4장 5절의 번개들과 소리들과 우레들을 공통적으로 사용하고 있다는 사실로 인해 인·나팔·대접의 끝나는 시점이 동일하다는 결론을 피할 수 없다.[19] 그러므로 직렬식으로 세 심판 시리즈를 배열하는 것은 이러한 시작과 마지막의 동시성을 무시하는 결과가 아닐 수 없다. 더 나아가서 인·나팔·대접 심판의 내용을 살펴보면 서로 철저하게 시간적 순서로 짜여져 있다는 근거를 찾기가 쉽지 않다. 그러므로 인·나팔·대접 심판이 철저하게 시간적 순서로 이어진다고 보는 것은 상당히 인위적이라는 인상을 피하기 어렵고 요한계시록을 오해할 수 있는 여지가 많다.

2) 반복의 관계(병렬식)

두 번째는 병렬적으로 인·나팔·대접 심판 시리즈가 반복된다고 보는 입장이다. 이런 입장을 다음과 같은 도표로 나타낼 수 있다.

이러한 입장은 세 심판 시리즈 각각의 마지막인 일곱 번째가 동일한 현상(번개들, 소리들, 우레들)으로 마무리된다는 인식에서 출발한다. 곧 인·나팔·대접 심판 시리즈 각각의 마지막 부분인 일곱 번째가 (약간의 정도 차이는 있지만) 모두 4장 5절에서 처음으로 언급된 "번개들과 소리들과 우레들"과 동일한 현상으로 끝나고 있

---

17 이러한 주제에 대한 좀 더 자세한 내용에 대해서는 앞의 책 122-123을 참조하라.
18 이에 대한 자세한 논의는 5장에서 충분하게 진행한 바 있다.
19 Bauckham, *The Climax of Prophecy*, 8.

다는 것은 세 심판 시리즈가 끝나는 시점이 동일하다는 것을 의미하며, 이 세 심판 시리즈가 반복되는 관계라는 것에 대한 확고한 근거가 된다.[20] 그리고 5장에서 그리스도께서 십자가에 못 박혀 죽으심으로 책의 인을 여시는 것으로 간주되어 심판을 종말적 현상으로 소개하는 것이라면, 인·나팔·대접 심판의 시작은 이미 초림에서 출발한다는 점에서 세 심판 시리즈의 시작 시점도 동일한 것으로 간주할 수 있다. 그리고 세 심판 시리즈 각각의 일곱 번째에 언급되는 동일한 현상들에 의해 재림 때에 완성의 시점을 나타내 주고 있다는 것을 알 수 있다. 시작과 끝 사이는 어느 정도 느슨하게 시간적 흐름이 존재한다는 것을 부정할 수 없으나 철저하게 시간적 순서로 짜여져 있다고는 간주할 수 없다. 이것은 심판의 메시지들이 역사적으로 일어나는 불특정한 사건들과 일대일 방식으로 대응되는 것으로 의도되지 않았다는 것을 의미한다.

그러나 인·나팔·대접 심판 시리즈 병렬적 관계를 갖는다는 것이 세 심판이 단순한 반복에 불과하다는 의미는 아니다. 인 심판에서 나팔 심판과 대접 심판으로 진행해 갈 때 그 강도가 점차 강화되고 있는 것이 분명하게 감지된다. 이것은 마치 방송 카메라가 좀 더 강력하게 작동하는 렌즈를 가지고 대상을 향하여 점점 더 가까이 클로즈업하여 대상을 더 자세하게 비추어 가는 것과 같다.[21] 이러한 강화 현상은 세 가지 점에서 감지된다. 첫째, 인 심판 시리즈에서는 "사분의 일"이란 숫자가 사용된 반면 나팔 심판 시리즈에서는 "삼분의 일"이라는 숫자가 사용된다.[22] 둘째, 각 심판 시리즈의 일곱 번째 심판에서 일어나는 현상이 인 심판, 나팔 심판, 대접 심판으로 갈수록 그 강도가 점점 강화된다.[23] 셋째, 자연계에 대한 심판에 집중되는 인·나팔 심판의 경우와는 달리 대접 심판에서는 짐승의 표를 받은 자와 짐승과 사탄을 향한 직접적인 심판에 집중하고, 더욱이 대접 심판의 마지막 세 개의 경우는 모두 종말적인 최후 심판에 집중한다.

---

20 앞의 책.
21 이 내용은 위더링턴이 병렬적 관계를 주장하는 케어드(Caird)의 입장을 소개하면서 언급한 것이다 (Witherington, *Revelation*, 129). 그러나 위더링턴은 케어드의 견해에 동의하지 않으며 부분적으로 병렬적 관계를 가지고 있다고 주장한다. 그의 주장은 일곱 번째 인 심판과 첫 번째 나팔 심판이 서로 "겹치기"(overlapping 혹은 interweaving) 기법에 의해 연결되고 있다는 보쿰의 견해(Bauckham, *The Climax of Prophecy*, 208)에 근거한다(Witherington, *Revelation*, 129). 심지어는 "대접 심판 전체가 일곱째 나팔의 발전"이라고까지 주장한다. 그러나 위더링턴이 간과한 것은 인 심판과 나팔 심판의 경우에는 겹치기가 존재하지만 나팔과 대접 심판 사이에는 12-14장이 있어서 그러한 겹치기가 전혀 허용될 수 없는 상황이라는 점이다. 그러므로 인, 나팔, 대접 심판 시리즈를 겹치는 관계로 간주하는 것은 적절하지 않다.
22 이 부분은 위더링턴에 의해서도 관찰되고 있다(앞의 책).
23 이러한 점층적인 강조의 관계에 대해서는 4:5에 대한 주해를 참고하라.

이상의 내용을 근거로, 인과 나팔과 대접 심판의 관계를 직렬적 관계로 보기보다는 병렬적 관계로 간주하는 것이 적절하다고 볼 수 있다.

5. 출애굽 모티브

이 외에도 심판 시리즈의 전체적인 특징 중에서 반드시 기억해야 하는 것은 출애굽 모티브를 그 표현 자료로 사용한다는 점이다.[24]

나팔 심판 시리즈		애굽의 재앙들	대접 심판 시리즈
첫 번째(8:6-7): 우박, 불, 피		일곱 번째: 출 9:13-25	일곱 번째(16:17-21): 소리들, 우박들
두 번째(8:8-9): 바다가 피로 변함		첫 번째: 출 7:14-25	두 번째(16:3): 바다가 피로 변함
세 번째(8:10-11): 쓴 물		첫 번째: 출 7:14-25	세 번째(16:4-7): 물의 근원이 피가 됨
네 번째(8:12): 어둠		아홉 번째: 출 10:21-23	다섯 번째(16:10-11): 어두움
다섯 번째(9:1-11)	황충	여덟 번째: 출 10:12-20	
	어두움	아홉 번째: 출 10:21-23	
		여섯 번째: 출 9:8-12	첫 번째(16:2): 독한 종기
		두 번째: 출 8:2-6	여섯 번째(16:12-16): 개구리들

이 도표에서 나팔 심판 시리즈와 대접 심판 시리즈에서 표현된 재앙의 종류들은 출애굽할 때 애굽에게 내려졌던 재앙들을 중심으로 제시되고 있다는 것을 알 수 있다. 여기에서 요한은 구약 출애굽기의 자료들을 사용함으로써 하나님의 백성으로서의 교회를 출애굽하는 이스라엘 백성들과 평행시키고 그들을 핍박하는 사탄의 존재를 애굽 나라 및 바로 왕과 평행시키고 있다. 그리고 이러한 평행 관계를 통해 요한은 출애굽의 구원 사건들의 프레임을 가지고 교회와 사탄의 관계를 설명하고 있다고 볼 수 있다. 더 나아가서 요한은 출애굽 열 재앙의 심판과 구원의 패턴을 요한계시록에 적용시키고 있다. 곧 출애굽에서 심판 대상이었던 애굽과 바로가 요한계시록에서는 사탄이 되고, 출애굽에서 구원 대상이었던 이스라엘 백성이 요한계시록에서는 하나님의 백성인 교회가 된다.

---

24 오우니도 역시 일곱 나팔 심판과 대접 심판을 열 재앙과 비교하고 있는데 그는 내용의 일치보다는 각 경우의 순서를 그대로 나열하여 비교하고 있다(Aune, *Revelation 6-16*, 500). 다음 논문에, 일곱 심판 시리즈와 새 출애굽 모티브의 관계에 대한 매우 유용한 연구가 담겨 있다: Benjamin G. Wold, "Revelation's Plague Septets: New Exodus and Exile," in *Echoes From the Caves: Qumran and the New Testament*, ed. Florentino G. Martinez (Leiden: Brill, 2009), 279-297.

6. 정리: 심판 시리즈를 읽는 방법

이상의 내용을 정리하면서 심판의 메시지를 이해하는 원리를 다음의 몇 가지로 요약해 볼 수 있을 것이다.

(1) 인·나팔·대접 심판 시리즈는 동일하게 예수님의 초림부터 재림까지의 기간을 포함한다.

(2) 인 → 나팔 → 대접으로 갈수록 더욱 심판의 강도가 강화된다. 이것은 뒤로 갈수록 재림의 시점에 가까워지면서 심판의 완성도를 높여가는 양상을 보인다.

(3) 인·나팔·대접 심판 시리즈는 첫 번째에서 일곱 번째까지 시간적 순서를 내포하지만(일곱 번째가 항상 종말의 시점으로 설정된다는 점에서) 철저하게 시간적 순서로 짜여져 있지는 않다. 예를 들면 각 심판의 경우 처음 네 개는 어느 것이 먼저인지 알 수 없다. 그리고 다섯 번째 인 심판은 순교자의 기도이므로 시간적 순서를 설정하기 어렵다.

(3-1) 그러므로 각 심판의 내용들을 일대일 대응식으로 미래적 사건을 나열하는 일종의 예언으로 보는 것은 올바른 해석이 아니다.

(4) 세 개의 심판 시리즈는 구약의 종말적 약속의 성취인 종말적 성취의 결과로 주어지는 것이다. 곧 예수님의 오심으로 말미암은 구속 사건은 종말을 도래하게 하였으며 종말은 필연적으로 심판을 동반한다. 이러한 일련의 사건들은 5장에서 어린 양 예수께서 책의 인봉을 떼실 수 있는 분으로 소개되었을 때 언급된 바 있다. 책의 인봉을 뗀다는 것은 종말을 의미하며 그 종말은 심판을 초래한다. 더욱이 어린 양 예수께서 책의 인을 여시는 인 심판 시리즈를 담고 있는 6장은 책의 인봉을 여실 수 있는 분으로 예수님을 소개한 5장의 연속으로 이해할 수 있다.

(4-1) 그리고 나팔 심판이나 대접 심판은 바로 이러한 인 심판을 강조하기 위해 두 번 등장한다.

(4-2) 4번의 경우는 심판 시리즈에서 사용하는 표현이나 용어들이 출애굽 사건의 열 가지 재앙뿐만 아니라 요엘서와 같은 구약적 배경에서 기원한다는 사실에서 더욱 지지를 받는다. 특별히 출애굽의 열 가지 재앙 사건은 요한계시록에서 심판의 형식으로 활용된다. 그것은 바로

심판은 본질적으로 하나님의 백성을 향한 것이 아니라 하나님의 백성의 적대적 세력을 향한 것임을 드러내는 것이다.

(4-3) 4번과 4-1, 4-2의 원리에 의해서 세 개의 심판 시리즈는 구체적으로 일어날 미래적 사건을 일일이 예견하는 것으로 이해할 수 없고(참고, 3-1) 단지 예수 그리스도의 오심으로 말미암아 도래한 종말적 심판에 대한 구약의 약속이 어떻게 성취되었는지에 관심을 갖는다는 사실이 드러난다.

(5) 그럼에도 불구하고 심판의 환경은 예수님의 초림으로 말미암아 이 우주에 드리워진 일종의 현실이므로 그 어떤 형태로든지 그것은 인간에게 주어진다. 그 심판의 양상을 마치 일대일의 대응식으로 요한계시록에서 찾으려고 해서는 안 될 것이지만 요한계시록에서 주어진 원리를 가지고 현실 속에서 하나님의 심판이 우주와 인간에게 어떻게 발생하는가를 볼 수 있는 영적 통찰력은 필요하다.

I. 요한계시록 6장과 8장 1-5절: 인 심판 시리즈(1-7번째)

인 심판 시리즈는 6장과 8장 1-5절로 구성되어 있다. 먼저 6장 1-8절은 처음 네 개의 인 심판을 기록하고 있고, 6장 9-11절은 다섯 번째 인 심판, 6장 12-17절은 여섯 번째 인 심판을 소개한다. 그리고 8장 1절과 3-5절에서 일곱 번째 인 심판을 기록하고 있다. 그리고 여섯 번째와 일곱 번째 인 심판 사이에 삽입 부분인 7장이 존재한다. 이 삽입 부분에 대해서는 인 심판 시리즈와는 분리해서 살펴볼 것이다.

1. 인 심판 시리즈를 해석하는 방법

인 심판 시리즈의 본문들을 주해하기에 앞서 먼저 인 심판 시리즈를 해석하는 방법에 대해 살펴보고자 한다. 찰스는 일곱 인 시리즈를 해석하는 다섯 가지 방법을 제안한다.[25] 이러한 해석 방법들에 대해 알고 이해하는 것이 인 심판 시리즈 본문들을 해석하는 데 도움을 줄 수 있기 때문에 이곳에서 간단하게 소개하고자 한다. 찰스는 다섯 가지를 제시했지만 중복되는 것들이 있으므로 여기에서는 세 가지만 소개하겠다.

1) 동시대적-역사적 해석 방법(Contemporary-Historical Method)

이 해석 방법을 따르는 학자로는 에어베스(Erbes)와 뷜터(Völter)와 홀츠만(Holtzmann) 그리고 스웨테(Swete)가 있다.[26] 이 학자들의 주장에 의하면 인 심판 기록은 당시에 발생했던 사건들을 반영하고 있다.[27] 에어베스에 의하면 처음 세 개의 인 심판은 "고대의 종말론적 틀"(ancient eschatological scheme)을 재현하고 있지만 또한 그것들은 "현재의 사건들"(events of the present)에 맞추어 고안된 것인데, 예를 들면 둘째 인 심판의 붉은 말은 AD 61년에 발생해서 15만 명의 희생자를 낸 영국의 "대반란 사건"(the great insurrection)이나 당시에 독일이나 팔레스타인에

---

25 Charles, *A Critical and Exegetical Commentary on the Revelation of St. John*, 1:155-161.
26 앞의 책, 1:155.
27 앞의 책.

서 발생한 전쟁들이나 소요 사태들을 나타내고 있다는 것이다.[28] 그리고 세 번째 인 심판의 경우는 AD 62년경에 아르메니아나 팔레스타인에서 발생한 기근과 관련되고, 네 번째 인 심판은 AD 61년에 아시아와 에베소에서 일어난 "역병들"(pestilenes)이고, 다섯 번째 인 심판은 "네로 황제의 핍박"(Neronic persecution)을 반영하고 있다는 것이다.[29]

반면 뷜터와 홀츠만 그리고 스웨테는 약간 다른 형태의 의견을 제시한다. 이 학자들은, 첫 번째 인 심판의 흰말은 "파르티아 제국"(Parthian Empire)을 나타내고, 두 번째 인 심판의 붉은 말은 로마 제국을 나타내며, 세 번째 인 심판의 기근은 도미티아누스 황제 시대의 기근을 의미한다고 본다.[30] 특별히 홀츠만은 네 번째 인 심판을 AD 44년과 네로 황제 시대에 있었던 기근과 AD 65년에 로마 제국 전체를 휩쓸었던 "대역병"(the great pestilence)에 대한 언급이라고 주장한다(Tac. Ann. xvi. 13; Suet. Nero, 39, 45).[31]

이런 해석 방법의 중요한 원리는 인 심판을 묘사하기 위해 동원된 여러 상징들이 당시의 사건들을 나타내기 위해 "고안되거나"(devised) 혹은 "배열되었다"(arranged)는 점이다.[32] 이러한 해석 방법이 몇 가지 문제점들을 가지고 있을 수 있음에도 불구하고, 요한이 요한계시록을 기록함에 있어서 진공 상태에서 순전히 창의적으로 내용들을 고안해 낼 가능성(찰스는 이것을 "free composition"이라고 호칭한다)[33]이 전혀 없다는 점에서 이러한 시대적 배경을 참고하는 것은 얼마든지 가능하다. 왜냐하면 요한은 그의 일생 동안 수많은 사회적 자연적 재난을 겪었을 것이기 때문이다.[34] 그러나 이러한 해석 방법의 장점을 충분히 인정하더라도, 앞에서 언급된 내용들은 신중하게 다룰 필요가 있다. 저자가 당시의 사건들을 모

---

28 Erbes, *Die Offenbarung Johannis: Kritisch Untersucht* (Gotha: Perthes, 1891), 37(Charles, *A Critical and Exegetical Commentary on the Revelation of St. John*, 1:155에서 재인용).

29 Erbes, *Die Offenbarung Johannis*, 37(Charles, *A Critical and Exegetical Commentary on the Revelation of St. John*, 1:155에서 재인용).

30 Charles, *A Critical and Exegetical Commentary on the Revelation of St. John*, 1:155.

31 앞의 책.

32 앞의 책.

33 앞의 책.

34 이러한 재난에 대해서 케어드는 다음과 같이 진술한다(Caird, *The Revelation of St. John*, 79): "AD 60년에 있었던 지진(Tac. *Ann.* xiv, 27); AD 62년에 동부 전선에서 로마 군대가 파르티아 제국에게 당한 굴욕적 패배(Tac. *Ann.* xv, 13-17); AD 64년에 로마 화재 사건이 있은 후에 일어난 그리스도인들에 대한 핍박(Tac. *Ann.* xv. 44); AD 70년에 예루살렘 멸망으로 끝난 4년간의 공포스런 유대인 반란; AD 68년에 네로 황제가 자살하고 네 명의 경쟁자가 로마 제국의 황제를 차지하기 위해 치열하게 경쟁하고 있었기 때문에 발생했던 정치적 혼란 ... AD 79년에 휴양지 나폴리를 초토화시켰던 베스비우스 화산 폭발(Pliny, *Ep.* vi. 16) ... AD 92년에 발생했던 대기근 (Suet. *Dom.* 7)."

두 인지했을 가능성이 별로 없고, 설령 그것들을 모두 인지하고 있었다 하더라도 당시의 사건들을 나타내기 위한 목적으로 인 심판을 기록했을 가능성은 별로 없기 때문이다. 만일 요한이 그런 자료들을 알았고 참고하고자 했다면 그것들 자체가 목적이 아니고 단지 심판의 본질적 특징을 전달하기 위한 수단으로 사용했을 뿐일 것이다.

2) 전승사적 해석 방법(The Traditional-Historical Method)

"전승사적 해석 방법"은 궁켈(Gunkel)이 제안한 것이다. 이 해석 방법에서는 인 심판의 처음 네 개가 "동양의 원시적인 자료들"(primitive Oriental materials)을 배경으로 한다고 주장한다.[35] 그 원시적인 자료들에 의하면, 네 말에 탄 자들은 요한 계시록의 경우와 전혀 다르게 본래 네 시대를 지배하는 "세상의 네 신들"(the four world gods)을 의미한다: 첫째 말 탄 자는 "태양 신"이고, 둘째는 "전쟁의 신"이며, 셋째는 "기근의 신"으로 변환된 "곡식의 신"이다.[36] 그러나 궁켈은 네 번째에 상응하는 원자료는 제시하지 않는다. 이러한 주장에 대해 평가하자면, 요한이 이 자료들에 나타난 내용들을 인지하고 있었는지에 대한 근거를 발견하기 쉽지 않고,[37] 설령 그가 그 내용들을 인지하고 있었다 하더라도 그 내용들은 요한이 전달하고자 하는 심판의 의미와는 거리가 멀다.

3) 복음서 전승사적 해석 방법[38]

이 해석 방법은 요한계시록의 인 심판 내용이 마가복음 13장, 마태복음 24장, 누가복음 21장에 나타난 복음서 전승의 영향을 받았으리라는 추정에 기반한다.[39] 이 방법론에 의하면, 이런 영향으로 인 심판 시리즈는 복음서 전승과 내용적으로 평행 관계를 갖는다. 이러한 평행 관계를 다음과 같은 도표로 정리해서 나타낼 수 있다.[40]

---

35 Hermann Gunkel, *Zum religionsgeschichtlichen Verständnis des Neuen Testaments* (Göttingen: Vandenhoeck & Ruprecht, 1903), 53이하(Charles, *A Critical and Exegetical Commentary on the Revelation of St. John*, 1:156에서 재인용).
36 Charles, *A Critical and Exegetical Commentary on the Revelation of St. John*, 1:156.
37 앞의 책, 1:157.
38 앞의 책, 1:158. 본래는 "당대의 사건들에 대한 부가적 언급을 가진 전승적-역사적 방법"(Traditional-Historical Method with incidental references to contemporary Events)으로 표현되었으나 여기에서는 이것을 내용과 관련하여 "복음서 전승사적 방법"으로 바꾸어 부른다.
39 앞의 책.
40 앞의 책.

마 24:6, 7, 9a, 29	막 13:7-9a, 24-25	눅 21:9-12a, 25-26	계 6:2-17, 8:5
전쟁들	전쟁들	전쟁들	첫째 인: 전쟁들
국제적 분쟁	국제적 분쟁	국제적 분쟁	둘째 인: 국제적 분쟁
기근	지진	지진	셋째 인: 기근
지진	기근	기근	넷째 인: 역병
핍박	핍박	역병	다섯 번째 인: 핍박
해와 달이 빛을 잃고 별이 떨어짐; 하늘의 권능들이 흔들림	마태복음과 동일	핍박	여섯 번째 인: 지진; 해가 검은 베옷같이 되고 달이 피같이 되고 별이 떨어짐; 땅의 왕들이 괴로워함(6:15-17)
		일월성신의 여러 징조; 사람들이 두려워함; 하늘의 권능들이 흔들림; 민족들이 혼란 중에 곤고함(21:25)	일곱 번째 인: 우레들과 소리들과 번개들과 지진(8:5)

대부분의 학자들이 동의하는 것처럼 요한계시록이 AD 90-100년에 기록되었다면 그 전에 기록된 복음서의 영향을 받았을 가능성이 매우 높다고 볼 수 있다.[41] 그렇다면 영향을 받은 방식에 대한 의문이 남는다. 세 가지 방식이 제기된다: (1) 복음서 중에 두 개 곧 마태복음 혹은 마가복음과 함께 누가복음을 사용, (2) 복음서 배후의 독립된 문서-작은 묵시록(Little Apocalypse)을 사용, (3) 구전(oral tradition)을 사용.[42] 찰스는 두 번째를 선호하나 그 독립된 문서의 존재를 증명하기가 쉽지 않다. 이에 대한 학자들의 의견이 아직까지도 정리되지 않고 있다.

그러나 위의 도표에서 분명히 확인된 사실은 요한계시록의 인 심판 시리즈가 복음서나 혹은 그 이전의 문서(그것이 존재한다면)의 영향을 받았다는 점이다.[43] 이런 관계는 요한계시록에 나오는 인 심판의 내용들이 "이전에 존재했던 종말론적 틀"(pre-existing eschatological scheme)로 구성되었다는 사실을 잘 보여준다.[44] 이러

---

41 앞의 책. 요한계시록에 나타난 복음서 전승에 대한 연구 자료로는 Louis A. Vos, *The Synoptic Traditions in the Apocalypse* (Kampen: J. H. Kok N.V., 1965)를 참고하라.

42 Charles, *A Critical and Exegetical Commentary on the Revelation of St. John*, 1:159.

43 앞의 책.

44 앞의 책. 복음서의 종말적 재앙들이 단순히 재림의 시점에 일어날 사건이 아니라는 점에 대해서는 1:7의 본문 주해에 수록된 부록 "요한계시록 1장 7절과 마태복음 24장 30절"을 참고하라.

한 사실은 겉으로 볼 때는 마치 차이가 나는 것처럼 보이지만 실제로는 그렇지 않은 두 가지 사실로 잘 드러난다. 첫째, 요한계시록의 마지막 인 심판인 일곱 번째와 복음서들의 마지막 재앙(마태복음과 마가복음은 여섯 번째, 누가복음은 일곱 번째) 사이에 큰 차이가 있지만, 요한은 여섯 번째 인 심판에서 복음서들의 마지막 재앙들을 사용한다.[45] 둘째, 도표에서 보여주고 있는 것처럼 요한계시록 저자는 복음서들에 나타난 재앙들의 순서를 자신의 의도대로 변경한다.[46] 요한계시록과 복음서의 이러한 차이는 두 가지 이유로 생긴다. 첫째는 복음서와는 달리 요한계시록은 네 마리 말을 기록하고 있는 스가랴 1장 8절과 6장 1-8절을 사용했기 때문이고, 둘째는 복음서와는 달리 요한계시록은 심판의 순서가 "극적 충만함"을 향하여 진행해 나아가는 구조적 특징을 갖기 때문이다.[47]

4) 정리

이상에서 살펴본 해석 방법론들을 통해 1-8절의 내용을 어떻게 해석할 것인가에 대한 원칙을 정리해 볼 수 있을 것이다. 먼저 본문과 연결될 수 있는 합리적 근거를 갖는 자료라면 그것이 전승사적 자료이든 당대의 역사적 사건이든 본문 해석 과정에서 활용하는 것이 가능하고, 또한 필요하다. 그러나 요한계시록의 본문을 그러한 동시대적 정황을 단순히 예견하고 설명하는 차원에서만 이해하는 것은 적절하지 않다. 이런 표현들은 본문의 표현을 구성하는 데 도움을 주었을 뿐이기 때문이다.

더 나아가서 마태복음, 마가복음, 누가복음 같은 복음서 전승이 일곱 인을 묘사하는 데 영향을 끼쳤다는 사실은 인 심판을 해석하는 데 요긴한 통찰력을 제공한다. 이런 해석 과정에서 복음서, 스가랴 1장 8절, 6장 1-8절의 성경적 전승이 영향을 주고 있다는 점을 반드시 유념해야 한다. 그러므로 복음서의 자료(이것을 찰스는 "전승사적 자료"라고 표현한다)와 동시대적 사건을 균형 있게 조화를 이루면서 본문을 해석해야 할 것이다.

---

45 Charles, *A Critical and Exegetical Commentary on the Revelation of St. John*, 1:160. 대신에 일곱 번째 인 심판은 복음서들의 마지막 재앙들과는 달리 요한계시록 4:5와의 관련성을 고려하여 "우레들과 소리들과 번개들"이라는 문구를 사용한다.

46 앞의 책. 예를 들면, 마가복음과 누가복음에서는 세 번째 순서에 위치한 "지진"을 요한계시록은 여섯 번째 인 심판에 배치했다.

47 앞의 책.

2. 처음 네 개의 인 심판(6:1-8)

1-8절에 기록된 처음 네 개의 인 심판은 하나의 묶음으로 취급될 수 있다. 왜냐
하면 처음 네 개의 심판이 네 생물과 네 마리 말 활동의 근간을 이루고 있기 때
문이다. 곧 네 개의 인 심판 각각에서 네 생물 중 하나가 등장하여 심판의 시작
을 알리고 네 마리의 말 곧 흰말, 붉은 말, 검은 말, 황녹색 말이 네 개의 심판마
다 등장하면서 심판을 주도하고 있기 때문이다. 그렇다면, 처음 네 개의 인 심
판에서 "네 생물"이 등장하는 이유는 무엇일까? 4장에서 네 생물은 피조물을 대
표하는 존재로서 그 근원이 하늘에 있음을 상징하는 역할을 하는 것으로 확인된
바 있다. 이러한 네 생물이 인 심판의 처음 네 개에 등장하는 것은 그 심판의 성
격이 피조물을 포함하는 이 세상에 대한 것이므로 피조물에 대한 심판의 의미를
강하게 드러내기 위해 동원되고 있다고 볼 수 있을 것이다.

구문 분석 및 번역

1절 a Καὶ εἶδον ὅτε ἤνοιξεν τὸ ἀρνίον μίαν ἐκ τῶν ἑπτὰ σφραγίδων,
그리고 어린 양이 일곱 인 중 하나를 여실 때에 나는 보았다

b καὶ ἤκουσα ἑνὸς ἐκ τῶν τεσσάρων ζῴων λέγοντος ὡς φωνὴ βροντῆς·
그리고 나는 네 생물 중 하나가 우레의 소리같이 말하는 것을 들었다

c ἔρχου
오라

2절 a καὶ εἶδον,
그리고 나는 보았다

b καὶ ἰδοὺ ἵππος λευκός,
그리고 보라 흰말이 있다

c καὶ ὁ καθήμενος ἐπ᾽ αὐτὸν ἔχων τόξον
그리고 그것 위에 탄 자가 활을 가졌다

d καὶ ἐδόθη αὐτῷ στέφανος
그리고 그에게 면류관이 주어졌다

e καὶ ἐξῆλθεν νικῶν καὶ ἵνα νικήσῃ.
그리고 그가 이기면서 나갔고 또 이기기 위하여 나갔다

3절 a Καὶ ὅτε ἤνοιξεν τὴν σφραγῖδα τὴν δευτέραν,
그리고 그가 둘째 인을 여실 때에

b ἤκουσα τοῦ δευτέρου ζῴου λέγοντος·
나는 둘째 생물이 말하는 것을 들었다

c ἔρχου
오라

4절 a καὶ ἐξῆλθεν ἄλλος ἵππος πυρρός,
그리고 다른 붉은 말이 나왔다

b καὶ τῷ καθημένῳ ἐπ᾽ αὐτὸν ἐδόθη αὐτῷ
그리고 그것 위에 탄 자 바로 그에게 지정되었다

c λαβεῖν τὴν εἰρήνην ἐκ τῆς γῆς
땅으로부터 평화를 취하는 것

d καὶ ἵνα ἀλλήλους σφάξουσιν
곧 서로를 죽이는 것이

e καὶ ἐδόθη αὐτῷ μάχαιρα μεγάλη.
또 큰 칼이 그에게 주어졌다

5절 a Καὶ ὅτε ἤνοιξεν τὴν σφραγῖδα τὴν τρίτην,
그리고 그가 셋째 인을 여실 때에

b ἤκουσα τοῦ τρίτου ζῴου λέγοντος·
나는 셋째 생물이 말하는 것을 들었다

c ἔρχου.
오라

d καὶ εἶδον,
그리고 나는 보았다

e καὶ ἰδοὺ ἵππος μέλας,
그리고 보라 검은 말이다

f καὶ ὁ καθήμενος ἐπ᾽ αὐτὸν ἔχων ζυγὸν ἐν τῇ χειρὶ αὐτοῦ.
그리고 그것 위에 탄 자가 그의 손에 저울을 가지고 있다

6절 a καὶ ἤκουσα ὡς φωνὴν ἐν μέσῳ τῶν τεσσάρων ζῴων λέγουσαν·
그리고 나는 네 생물 중에서 음성 같은 것이 말하는 것을 들었다

b χοῖνιξ σίτου δηναρίου καὶ τρεῖς χοίνικες κριθῶν δηναρίου,
한 데나리온에 밀 한 되요 한 데나리온에 보리 석 되이다

c καὶ τὸ ἔλαιον καὶ τὸν οἶνον μὴ ἀδικήσῃς.
그리고 감람유와 포도주를 해하지 말라

7절 a Καὶ ὅτε ἤνοιξεν τὴν σφραγῖδα τὴν τετάρτην,
그리고 그가 넷째 인을 여실 때에

b ἤκουσα φωνὴν τοῦ τετάρτου ζῴου λέγοντος·
나는 넷째 생물의 음성이 말하는 것을 들었다

c ἔρχου.
오라

8절 a καὶ εἶδον,
그리고 나는 보았다

b καὶ ἰδοὺ ἵππος χλωρός,
그리고 보라 황녹색 말이다

c καὶ ὁ καθήμενος ἐπάνω αὐτοῦ ὄνομα αὐτῷ [ὁ] θάνατος,
그리고 그것 위에 탄 자는 사망이라는 이름이 그에게 있다

d καὶ ὁ ᾅδης ἠκολούθει μετ᾽ αὐτοῦ
그리고 음부가 그것과 함께 따른다

e καὶ ἐδόθη αὐτοῖς ἐξουσία ἐπὶ τὸ τέταρτον τῆς γῆς
땅의 사분의 일에 대한 권세가 그들에게 주어졌다

f ἀποκτεῖναι ἐν ῥομφαίᾳ καὶ ἐν λιμῷ καὶ ἐν θανάτῳ καὶ ὑπὸ τῶν θηρίων τῆς γῆς.
칼과 기근과 사망으로 말미암아, 그리고 땅의 짐승들에 의해서 죽이는

1a절에서 헬라어 본문은 '에이돈'(εἶδον, 나는 보았다)으로 시작한다. 이 단어를 쓴 것은 새로운 단락이나 주제의 시작을 알리기 위함이다. 이런 목적으로 사용되므로 이 단어는 통상 문장의 첫 부분에 위치한다. 그러나 이것을 우리말로 번역할 때는 직후에 종속절이 나오고 있으므로 이 목적을 유지하기 위해 첫 부분에 두는 것은 부자연스럽다. 그러므로 부득이하게 1a절 문장의 마지막 부분에 놓을 수밖에 없다. 그리고 1a절에서 어린 양 앞에 정관사 '토'(τό)가 사용된 것은 5장에서 언급된 어린 양을 의식하고 있는 것이므로 번역에서도 정관사의 존재를 명백하게 드러내어 이런 의도를 반영할 필요가 있다. 여기에서 흥미롭게도 "어린 양"(ἀρνίον, 아르니온)이라는 주어가 일곱 인들 중에서 첫 번째에 딱 한 번 사용되고 나머지에서는 생략된다. 또한 1b절에서 '포네 프론테스'(φωνὴ βροντῆς, 우레의 소리)의 '포네'(φωνὴ)를 1장 10절과 4장 1절에 나오는 "나팔 같은 것의 음성(φωνὴ, 포네)"의 경우와는 달리 "소리"라고 번역한 것은 '포네'가 소유격 "우레의"와 함께 사용되고 있어서 "우레의 음성"으로 번역하는 것이 어색하기 때문이다.

그리고 2c절과 4b절 그리고 5f절과 7c절에서 '호 카데메노스 에프 아우톤'(ὁ καθήμενος ἐπ᾽ αὐτόν; 단 4b는 여격인 '토 카데메노'[τῷ καθημένῳ]로 사용되고 7c절에서는 '에프 아우톤' 대신 '에파노 아우투'[ἐπάνω αὐτοῦ]가 사용됨)의 번역과 관련하여 고려해야 할 사항이 있다. 먼저 '카데메노스'는 "앉다"라는 뜻을 지닌 '카데마이'(κάθημαι)의 분사 형태이다. 그러므로 이것을 '에프 아우톤'(ἐπ᾽ αὐτόν)과 연결해서 번역하면 "그것 위에 앉아 있는 자"라고 할 수 있다. 그런데 앉아 있는 대상이 "말"이기 때문에 단순히 앉아 있는 것으로 표현하기보다는 "타다"로 표현하는 것이 자연스러울 수 있다. 그렇다면 "그것 위에 탄 자"라고 번역할 수 있다. 여기에서 "그것을 탄 자"라고 하면 좀 더 자연스러울 수 있으나 이것은 "'...위에"라는 의미를 갖는 '에피'(ἐπί)라는 전치사를 무시하게 되기 때문에 부적절하다.

2a절의 "나는 보았다"라는 문구 역시 소규모의 새로운 주제의 시작을 알려 준다. 이때는 연결된 종속절이 존재하지 않기 때문에 우리말 번역에서 문

장의 첫 부분에 둘 수 있다. 더 나아가서 2e절의 '엑셀덴 니콘 카이 히나 니케세'(ἐξῆλθεν νικῶν καὶ ἵνα νικήσῃ, 이기면서 나갔고 또 이기기 위하여 나갔다)라는 문구는 AD 62년에 있었던 파르티아 제국의 로마 제국에 대한 승리와 궁극적으로는 로마 제국이 파르티아 제국에 의해 멸망당할 것을 두려워하던 당시의 정서(실제로는 그렇게 되지 않았지만)를 반영한다.[48] 곧 처음 사용된 분사 형태의 '엑셀덴 니콘'(ἐξῆλθεν νικῶν, 이기면서 나가다)이라는 문구는 로마 제국에 대한 과거의 승리를 가리키고, 반면에 '히나 니케세'(ἵνα νικήσῃ, 이기기 위하여 나갔다)는 목적절로서 미래에 이루어질 로마 제국에 대한 파르티아 제국의 "궁극적 승리"를 가리켜 표현하는 것으로 이해할 수 있다.[49] 그러므로 이런 취지를 살려서 2e절의 전반부는 과거의 사건으로, 후반부는 궁극적 승리의 사건으로 이해할 수 있도록 번역에 반영했다.

4절에는 '에도데'(ἐδόθη>δίδωμι, 디도미)란 동사가 두 번 사용되는데, 하나는 4b절에서, 다른 하나는 4e절에서 사용된다. 그런데 이 두 동사가 동일한 단어임에도 불구하고 구문 구조에는 다소 차이가 있다. 4e절에서는 주어가 하나의 명사로 설정되어 동사를 단순히 수동태로 "주어졌다"라고 번역하는 것이 적절한 반면 (8e에서도 동일한 의미로 사용된다), 4b절에서는 4c절과 4d절에서와 같이 목적어를 가지고 있는 부정사 '라베인'(λαβεῖν, 취하는 것)과 '히나'(ἵνα)절이 주어 역할을 한다.[50] 4c절과 4d절은 접속사 '카이'(καί)로 연결되어 있는데, 이 접속사는 앞서 언급된 문구를 설명하기 위해 사용되는 경우가 있다.[51] 이 경우 접속사 '카이'는 "곧"(that is, namely)이라는 의미이다.[52] '카이'의 이러한 용법을 4c절과 4d절의 관계에 적용하면 "땅으로부터 평화를 취하는 것 곧 서로를 죽이는 것"으로 번역할 수 있다.

4b절에 사용된 '에도데'의 주어에 해당하는 4c절과 4d절이 행위를 나타내고 있기 때문에 4b절의 '에도데'를 4e절의 경우처럼 "주어졌다"로 번역하면 몹시 어색하다. 이런 문장의 구성을 자연스럽게 번역하기 위해 '에도데'라는 동사의 사전적 의미 중에 적절한 것을 관찰한 결과 "어떤 특별한 책임을 하도록 지정하다"(to appoint to special responsibility)라는 의미가 있음을 확인하였다.[53] 그러므로 이

---

48 Charles, *A Critical and Exegetical Commentary on the Revelation of St. John*, 1:163.
49 앞의 책.
50 '히나'절은 목적절의 용법으로 사용될 뿐 아니라 주어 기능을 갖는 명사절 용법으로 사용되는 경우도 있다(Wallace, *Greek Grammar beyond the Basics*, 678).
51 BDAG, 495.
52 앞의 책.
53 BDAG, 242. 톰프슨도 '디도미'(δίδωμι) 동사의 용법 중에서 "지정하다"라는 의미의 가능성을 언급한다(Thompson, *The Apocalypse and Semitic Syntax*, 14).

의미를 적용하여 수동태의 의미를 살려서 4b절의 '에도데'를 번역하면 "...하도록 지정되었다"라고 할 수 있다. 한편, NRSV와 ESV는 '에도데'를 "허락되다"(to be permitted)로 번역한다. 이 두 의미의 차이는 전자의 경우는 어떤 목적을 위하여 좀 더 적극적인 역할이 예고되는 반면, 후자의 경우는 소극적인 행위라는 뉘앙스를 갖는다는 점에 있다. 이 문맥에서 붉은 말이 세상에서 평화를 제거하는 행위가 하나님의 주권에 의해 주관되는 적극적 행위로 그려지고 있다는 점에서 "지정하다"의 수동형인 "지정되다"로 번역했다.

6b절의 '코이닉스 시투'(χοῖνιξ σίτου)와 '트레이스 코이니케스 크리돈'(τρεῖς χοίνικες κριθῶν)은 번역하기 어렵다. 왜냐하면 헬라어의 수량에 상응하는 적절한 우리말이 존재하지 않기 때문이다. 헬라어의 '코이닉스'(χοῖνιξ)는 본래 곡식의 계량을 위해 사용되는 단어이다. 개역개정에서는 이 단어를 "되"라고 번역하는데 이 번역이 헬라어 단어가 의미하는 수량을 정확하게 반영하고 있는 것인지는 불분명하지만 우리말의 이 단어가 "곡식, 가루, 액체 따위의 양을 헤아리는 단위를 나타내는 말"[54]로서 헬라어의 그 단어와 용례가 꽤 유사하기 때문에 이 단어를 그대로 사용하도록 한다.

7b절의 "넷째 생물"에는 앞의 생물들의 경우와는 다르게 '포네'(φωνή)란 단어가 함께 사용된다. '포네'는 4장 5절 등에서 "번개" 및 "우레"와 함께 "소리"라고 번역되었지만 이 문맥에서는 말하는 행위와 관련되기 때문에 "음성"으로 번역했다. 이런 패턴은 1장 10b절의 경우와 같다. 이 경우에도 말하는 행위를 나타내고 있기 때문에 "음성"으로 번역하였다.

8f절에서는 "죽이다"(ἀποκτεῖναι, 아포크테이나이)라는 단어가 부정사 형태로 사용된다. 이 부정사는 형용적 용법으로 사용되어 8e절의 "권세"(ἐξουσία, 엑수시아)를 수식한다. 그리고 "죽이다"에 이어서 죽이는 수단으로 나오는 "칼과 기근과 사망"과 "땅의 짐승들"은 전치사가 다르다. 전자의 경우는 전치사 '엔'(ἐν)이 사용되고, 후자의 경우에는 전치사 '휘포'(ὑπό)가 사용된다. 이러한 전치사의 차이는 생물과 무생물의 차이에서 기인한다. 전자의 전치사 '엔'은 수단의 용법이고 후자의 전치사 '휘포'는 동인의 용법이다. 그래서 전자는 수단을 나타내는 "말미암아"로 번역하고 후자는 동인을 나타내는 "...에 의해서"로 번역함으로써 두 단어를 구별했다.

---

54 출처: Daum 사전(https://dic.daum.net/word/view.do?wordid=kkw000070218&supid=kku000089532).

이상의 내용을 근거로 우리말 어순에 맞추어 번역하면 다음과 같다.

1a   그리고 어린 양이 일곱 인 중 하나를 여실 때에 나는 보았다.
1b   그리고 나는 네 생물 중 하나가 우레의 소리같이 말하는 것을 들었다.
1c   "오라."
2a   그리고 나는 보았다.
2b   그리고 보라 흰말이 있다.
2c   그리고 그것 위에 탄 자가 활을 가졌고
2d   그에게 면류관이 주어졌고
2e   그가 이기면서 나갔고 또 이기기 위하여 나갔다.
3a   그리고 그가 둘째 인을 여실 때에
3b   나는 둘째 생물이 말하는 것을 들었다.
3c   "오라."
4a   그리고 다른 붉은 말이 나왔다.
4b   그리고 그것 위에 탄 자 바로 그에게
4c   땅으로부터 평화를 취하는 것
4d   곧 서로를 죽이는 것이
4b   지정되었다.
4e   또 큰 칼이 그에게 주어졌다.
5a   그리고 그가 셋째 인을 여실 때에
5b   나는 셋째 생물이 말하는 것을 들었다.
5c   "오라."
5d   그리고 나는 보았다.
5e   그리고 보라 검은 말이다.
5f   그리고 그것 위에 탄 자가 그의 손에 저울을 가지고 있다.
6a   그리고 나는 네 생물 중에서 음성 같은 것이 말하는 것을 들었다:
6b   "한 데나리온에 밀 한 되요 한 데나리온에 보리 석 되이다.
6c   그리고 감람유와 포도주를 해하지 말라."
7a   그리고 그가 넷째 인을 여실 때에
7b   나는 넷째 생물의 음성이 말하는 것을 들었다.
7c   "오라."
8a   그리고 나는 보았다.
8b   그리고 보라 황녹색 말이다.
8c   그리고 그것 위에 탄 자는 사망이라는 이름이 그에게 있다.
8d   그리고 음부가 그것과 함께 따른다.
8f   칼과 기근과 사망으로 말미암아, 그리고 땅의 짐승들에 의해서 죽이는
8e   땅의 사분의 일에 대한 권세가 그들에게 주어졌다.

구약 배경(슥 1:8-15; 6:1-8; 겔 14:12-13)

요한계시록 6장 1-8절에 등장하는 네 마리 말에 대한 올바른 이해를 위해서는 구약 배경을 참고하는 것이 필요하다. 네 마리 말에 대한 구약 배경은 스가랴 1장 8-15절과 6장 1-8절이다.[55] 이 두 스가랴서 본문의 네 마리 말은 서로 "유사성"을 갖는다.[56] 스가랴 1장 8-15절에서 네 마리의 말을 탄 자들은 "여호와께서 땅에 두루 다니라고 보내신 자들"이다(슥 1:10). 두루 다녀 본 결과 그들은 "온 땅이 평안하고 조용"한 상태에 있음을 알게 된다(슥 1:11). 스가랴 1장 16-17절은 다음과 같은 말로 끝맺는다.

> [16]그러므로 여호와가 이처럼 말하노라 내가 불쌍히 여기므로 예루살렘에 돌아왔은즉 내 집이 그 가운데에 건축되리니 예루살렘 위에 먹줄이 처지리라 만군의 여호와의 말이니라 [17]그가 다시 외쳐 이르기를 만군의 여호와의 말씀에 나의 성읍들이 넘치도록 다시 풍부할 것이라 여호와가 다시 시온을 위로하며 다시 예루살렘을 택하리라 하라 하니라(슥 1:16-17)

이 본문은 바벨론 포로로부터의 해방과 예루살렘의 회복을 약속하는 내용이다. 여기에서 네 마리 말을 탄 자들은 온 땅을 두루 다니며 예루살렘의 회복의 날이 왔음을 확증하는 역할을 한다.

그런데 흥미로운 것은 스가랴 6장에 등장하는 네 마리 말들의 활동 내용이다. 6장은 대체로 1장의 경우와 유사하지만 1장과는 달리 말 탄 자가 아니라 말들의 활동을 주로 소개한다. 네 마리 말 중에 검은 말은 북쪽 땅으로 나가고 흰 말이 그 뒤를 따른다(슥 6:6). 여기에서 언급되는 "북쪽"은 이동하기 쉬운 "비옥한 초승달 지대"(fertile crescent)로서 이스라엘이 늘상 앗수르와 바벨론으로부터 침략을 당했던 장소이며 바벨론 포로로 잡혀가는 곳이며 포로로부터 돌아오는 곳이기도 하다(사 14:31; 렘 1:14-15; 6:1, 22; 15:12; 46:20, 24; 겔 26:7; 38:6; 39:2; 습 2:13).[57] 이런 정황은 스가랴 6장에서의 중요한 쟁점이 바로 "성전 건축"으로 상징되는 이스라엘의 회복이라는 것을 보여주는 동시에,[58] "북쪽"이라는 지정학적 위치를 언급

---

55 요한계시록 6:1-8의 배경이 되는 스가랴 1장의 범위에 대해서는 학자들간에 다소 견해 차이가 있다. 블라운트는 스가랴 1:7-17이라고 주장하는 반면(Blount, *Revelation*, 121) 오즈번은 스가랴 1:7-11이라고 한다(Osborne, *Revelation*, 274).

56 J. D. Nogalski, *The Book of the Twelve: Hosea–Malachi*, SHBC (Macon, GA: Smyth & Helwys, 2011), 877-878.

57 앞의 책. 앗수르와 바벨론은 지정학적으로 이스라엘의 동쪽에 있지만 그들이 이스라엘을 침략할 때 이스라엘의 북쪽으로 뻗어 있는 경로를 사용했기 때문에 이곳에서 거기를 가리킬 때 "북쪽"이란 단어가 사용된다(앞의 책).

58 이런 사실은 슥 6:12의 "만군의 여호와께서 이같이 말씀하시되 보라 싹이라 이름하는 사람이 자기 곳에서 돋아나서 여호와의 전을 건축하리라"라는 말씀에 잘 나타나 있다.

함으로써 이스라엘을 포로로 잡아가서 억압했던 바벨론에 대한 심판을 암시하기도 한다.[59]

정리하면 스가랴 1장과 6장의 네 마리 말 탄 자들은 이 땅을 정탐하고 하나님의 백성들을 억압하는 바벨론을 비롯한 모든 이방 나라들을 심판하도록 부르심을 받는다(슥 1:8-15; 6:1-8).[60] 이 나라들은 원래 이스라엘을 심판하기 위해 하나님에 의해 세움 받았으나 욕심에 이끌려 하나님이 정하신 것보다 훨씬 더 많은 괴로움을 이스라엘 백성들에게 가하였기 때문에(슥 1:15) 하나님이 그들을 심판하시고 그들의 억압으로부터 이스라엘을 회복시키신다(슥 1:16). 곧 이방 나라들에 대한 심판은 이스라엘을 회복시키기 위한 목적으로 집행된다. 하나님이 사랑하시는 이스라엘을 향한 "질투하는 사랑"(슥 1:14)으로 말미암아 이방 나라들에 대한 징벌을 가하시게 된 것이다. 요한계시록에서 스가랴서의 이러한 말씀을 사용하여 네 마리의 말을 묘사하고 있는 것은 하나님의 심판의 성격을 극명하게 보여주기 위함이다. 곧 하나님의 심판은 이 세상에서 억압받는 하나님의 백성에게는 구원이 되고 하나님의 백성을 억압하는 세력에게는 심판이 된다.

끝으로, 처음 네 개의 인 심판에서 등장하는 재앙의 네 가지 정황이 에스겔 14장 12-23절에서 제시되는 "칼, 기근, 들짐승, 역병"의 순서에 근거하고 있기 때문에 스가랴 14장 12-23절도 요한계시록 6장 1-8절의 구약 배경으로 추가할 수 있다.[61]

본문 주해

인 심판의 처음 네 심판은 시간적 순서로 배열된 것이 아니라 동시에 일어나는 일을 논리적 순서로 기록한 것이며, 마지막 네 번째는 앞의 세 개를 정리해 주는 것으로 이해하는 것이 좋다.[62]

1) 첫 번째 인을 열다(6:1-2)

나는 보았다(εἶδον, 1a절). 요한계시록 6장 1-2절은 "... 때에 나는 보았다"(εἶδον ὅτε, 에이돈 호테)라는 문구로 시작한다. 이 문구는 새로운 시작을 표시하는 기능이 있다. 동일한 패턴이 4장 1절과 5장 1절에서도 나타난 바 있다. 다음에 이어지는

---

59   Sweet, *Revelation*, 137.
60   앞의 책.
61   Blount, *Revelation*, 121.
62   Beale, *The Book of Revelation*, 370-371.

두 개의 인 심판의 경우에는 "… 때에 나는 보았다"라는 문구 대신 "… 때에 나는 들었다"(ὅτε … ἤκουσα, 호테 … 에쿠사)라는 문구가 사용된다. 그리고 네 번째에서는 다시 1절의 경우처럼 "나는 보았다"(εἶδον, 에이돈)라는 단어가 사용된다. 그런데 거기서는 "… 때에"(ὅτε, 호테)라는 단어가 함께 사용되지 않는다. 다섯 번째 인 심판(6:9)에서는 두 번째와 세 번째의 경우처럼 "… 때에"가 사용되지만 "듣다"라는 동사 대신 "보다"라는 동사가 사용된다. 6장 12절에 나오는 여섯 번째 경우에는 6장 1절의 경우와 동일하게 "… 때에 나는 보았다"(εἶδον ὅτε, 에이돈 호테)라는 문구가 사용된다. 여기에서 "보다"와 "듣다"가 반복적으로 사용되고 있으며 이 두 가지 행위는 상호 호환적인 것으로서 1장 12절의 '블레페인 텐 포넨'(βλέπειν τὴν φωνὴν, 음성을 보다)이라는 문구와 같은 패턴이다.

어린 양이 일곱 인 중 하나를 열다(1a절). 1a절의 "어린 양이 일곱 인 중 하나를 여실 때"라는 표현에서, 어린 양이 일곱 인을 여시는 것이 일곱 인 심판을 촉발하고 있음을 알 수 있다. 이러한 정황은 6장이 책을 여는 주제를 다루는 5장과 연동되고 있음을 시사한다. 5장에서는 "책을 열고 그것의 인들을 떼다"(5:2), "책과 그것의 일곱 인들을 열다"(5:5), "책의 인들을 열다"(5:9)라고 묘사했는데, 6장은 그 가운데서 5장 9절의 표현을 사용하고 있다.

여기에서 "일곱 인 중 하나"를 여는 것은 책의 일곱 인 모두를 여는 것이 아님에도 불구하고, 마치 일곱 인을 다 여는 것과 동일한 효과를 낸다. 왜냐하면 그 일곱 인 중 하나를 열었을 때 곧바로 심판이 내려지기 때문이다. 그렇다면 여기에서 일곱 인을 하나씩 열어 가는 것은 앞서 언급한 것처럼 일종의 "문학적 장치"(a literary device)이자[63] "상징적 행위"(symbolic action)이다.[64] 이미 어린 양의 죽음에 의해 그 책의 일곱 인은 떼어졌고 그 책은 열려졌으며 하나님의 종말적 뜻과 계획은 성취되었다(5:5-6). 그렇다면 6장에서 일곱 인을 하나씩 열어 가는 것은 책의 일곱 인을 열어 가는 과정을 소개한다기보다는 이미 일곱 인이 열려진 결과를 문학적으로 표현하는 일종의 문학적 차원의 전개 방식으로 이해해야 한다. 요한은 이런 문학적 구성 기법으로 단순히 심판의 물리적 발생이 아닌, 심판의 구속사적인 의미를 극적으로 전달하고 싶어 한다.

---

63   Bauckham, *The Climax of Prophecy*, 250.
64   Harrington, *Revelation*, 90.

우레의 소리(1b절). 1b절에서는 어린 양이 일곱 인 중 하나를 열었을 때, 네 생물 중 하나가 "우레의 소리같이"(ὡς φωνὴ βροντῆς, 호스 포네 브론테스) 말하였다고 표현한다. 이 우레의 소리는 심판의 천상적 결정을 말하는 4장 5절에서 하나님의 보좌로부터 나온 바 있으며, 이곳 6장 1b절에서는 땅에 대한 심판의 전조를 시사한다.[65] 그리고 1장 10절과 4장 1절에서는 "나팔 같은 것의 음성"이 소개되고 14장 2절과 19장 6절에서는 하늘의 무리의 소리가 소개되는데, 이 두 소리는 서로 구별된다. 전자는 승귀하신 예수님의 음성인 반면 후자는 불특정한 천상적 존재들의 음성이라고 할 수 있다. 6장 1b절의 "우레의 소리"는 네 생물 중 하나의 소리로서 후자에 속한다. 이러한 우레의 소리는 "음성의 권위적 속성"(authoritative nature)을 나타내고(계 4:5; 14:2),[66] 구약에서는 "시내 산 전승의 이미지"로부터 기원하여 하나님의 음성을 표현할 때 사용되기도 한다(삼하 22:14; 욥 37:2-5; 시 18:13; 29:3-9; 사 29:6; 30:30-31; 렘 25:30; 암 1:2).[67] 여기에서 우레의 소리를 내는 천사는 하나님의 심판 메시지를 전달하는 메신저 역할을 한다.

오라(1c절). 바로 이러한 우레의 소리 같은 것이 1c절에서 "오라"라고 말한다. 이 단어는 인 심판 시리즈의 처음 네 개에서 모두 사용된다. 여기에서 "오라"라는 말은 누구를 향한 말인가? 22장 20절처럼 예수님의 오심을 가리키는 것으로 해석하는 것은 적절하지 않다.[68] 이 문맥에서는 어린 양 예수께서 이미 책의 인을 여는 행위를 통해 심판 사건에 개입하고 계시므로 또 다시 예수님의 오심을 요청할 필요가 없기 때문이다.[69] 도리어 이 "오라"라는 말은 이 문맥에 충실하게 이해될 필요가 있다. 그렇다면 이 "오라"라는 발언은 2b절에 등장하여 심판을 주도하는 "흰말"과 "흰말 위에 탄 자"의 출현을 촉구하고 그 등장을 예고하는 것으로 보는 것이 가능하다.

---

65 Koester, *Revelation*, 393. 쾨스터는 이 우레의 소리가 14:2와 19:6에서 하나님의 승리를 축하하는 것으로 사용된다고 지적한다(앞의 책).

66 Boxall, *Revelation of St. John*, 106.

67 Aune, *Revelation 6-16*, 393.

68 스웨테가 이러한 주장을 지지한다(Swete, *The Apocalypse of St. John*, 83-84). 그의 이런 주장은 요한계시록에서 "오다"라는 동사가 하나님 혹은 예수님의 오심과 관련하여 사용되고 있다는 사실(ὁ ἐρχόμενος[1:4, 8; 4:8]; ἔρχομαι[2:5, 16; 3:11; 16:15; 22:7, 12, 20]; ἔρχεται[1:7]; ἔρχου[22:17, 20])에 근거한다(앞의 책, 83).

69 비일은 이 "오심"을 예수님의 재림을 요청하는 것으로 간주하는 해석에 대해 "끼어드는"(intrusive)이라는 표현으로 문맥상 어색함이 있음을 지적한다(Beale, *The Book of Revelation*, 375).

흰말과 흰말 위에 탄 자(2절).

(1) 활을 가지고 흰말 위에 탄 자와 면류관(2bcd절)

2b절에는 흰말이 등장하고 2c절에는 활을 가지고 그 흰말 위에 탄 자가 등장한다. 2d절에서는 그 흰말 위에 탄 자에게 면류관이 주어진다. 여기서 흰색은 "승리의 색"(color of victory)이고 면류관은 승리의 상징이다.[70] 따라서, 흰말 위에 탄 자라는 이미지는 승리를 강조한다. 2c절에서 흰말 위에 탄 자가 활을 가졌다는 것은 그가 고도로 훈련된 자임을 암시한다.[71] 왜냐하면 빨리 달리는 말 위에서 활을 쏘는 일은 고도의 훈련을 필요로 하기 때문이다. 여기에서 이처럼 활을 가지고 흰말 위에 타서 파죽지세의 승리를 쟁취하는 모습은 당시에 말을 탄 채로 활을 쏘면서 적들을 제압했던, 용맹스럽고 정교한 공격력을 보유한 파르티아 제국의 병사들을 떠올리게 한다(Herod. 5:49, 7:61; Ovid, *Trist*. ii. 227; Ammianus Marcellinus, 22:8; and Wetstein *in loc*.).[72] 왜냐하면 1세기에 말을 타면서 활을 가지고 전투하는 군대는 파르티아 제국의 병사들이 유일했기 때문이다.[73] 그러므로 활을 가지고 흰말 위에 탄 자의 모습은 승리의 이미지를 지닌 파르티아 병사를 배경으로 묘사되고 있음이 분명하다.

또한 2d절에서 면류관과 관련해서 사용된 동사 "주어졌다"(ἐδόθη, 에도데〉δίδωμι, 디도미)는 "신적 수동태"(divine passive)로 요한계시록에서 빈번하게 사용되는데(6:11; 7:2; 8:2, 3; 9:1, 3, 5; 11:1, 2; 12:14; 13:5, 7, 14, 15; 16:8), 이것은 이 모든 과정이 하나님에 의해 주도된다는 것을 보여주려는 의도를 갖는다.[74] 이러한 형태의 동사를 사용함으로써 악의 세력을 포함한 "모든 피조물에 대한 하나님의 주권"을 함축하는 동시에 이 문맥에서 전개되는 심판의 정당성을 부여해 준다.[75] 이런 동사 형태는 다음에 이어지는 세 개의 인 심판에서도 동일하게 사용된다. 면류관이라는 주제는 아래에서 제시되는 "요한계시록 19장 11-16절의 흰말 위에 탄 자와의 비교"에서 좀 더 자세하게 다루어질 것이다.

---

70 Charles, *A Critical and Exegetical Commentary on the Revelation of St. John*, 1:162.
71 고구려 병사가 말을 타면서 호랑이를 향해 활을 쏘는 장면이 그려진 고구려 벽화를 생각해 보면 이곳의 표현을 좀 더 생생하게 느낄 수 있을 것이다.
72 Charles, *A Critical and Exegetical Commentary on the Revelation of St. John*, 1:163n1.
73 Harrington, *Revelation*, 89.
74 Osborne, *Revelation*, 277.
75 앞의 책.

(2) 이기면서 나갔고 또 이기기 위하여 나갔다(2e절)

또한 2e절의 "그가 이기면서 나갔고 또 이기기 위하여 나갔다"(ἐξῆλθεν νικῶν καὶ ἵνα νικήσῃ, 엑셀텐 니콘 카이 히나 니케세)는 앞서 "구문 분석 및 번역"에서 언급한 것처럼 과거의 승리와 궁극적 승리를 동시에 표현하는 방식으로서 끊임없는 승리를 강조하는 기법이다. 승리에 대한 이러한 강조는 2b절에서 언급한 승리의 색깔을 가진 흰말 이미지와 조화를 이룬다. 특히 이 문구는 파르티아 제국의 병사들의 거침없는 전투력에서 표현의 아이디어를 얻은 듯하다.[76] 실제로 파르티아 제국은 BC 55년, BC 36년, AD 62년에 로마 제국에 치명적인 피해를 입히면서 전쟁에서 승리한 바 있다(Plutarch, *Crassus* 24.5–25.5; Plutarch, *Antonius* 34.3–5; Tacitus, *Annales* 15.1–19).[77] 여기에서 당시 양국의 군사력을 볼 때 매우 극렬한 전쟁의 참상을 쉽게 상상할 수 있다. 이 파르티아 제국의 병사들에 대한 자료는 전쟁의 참혹한 정황을 극대화하는 "군사적 정복의 상징"(a symbol of military conquest)을 위한 이미지로 적극 활용된다.[78]그리고 이러한 전쟁의 참상에 대한 상상은 자연스럽게 심판의 심각성을 자각하게 한다. 이러한 이해는 앞서 언급한 해석 방법 중에 동시대적–역사적 해석 방법과 관련된다. 그러나 이러한 동시대적 배경은 그 자체로 의미 있는 것이 아니라 결국 전쟁을 통한 종말적 심판의 정황을 실감 있게 전달하는 데서 그 의미를 찾을 수 있다.

(3) 요한계시록 19장 11–16절의 흰말 위에 탄 자와의 비교

면류관을 쓰고 계속적인 승리를 거두는 6장의 흰말 위에 탄 자를 19장 11–16절의 흰말 위에 탄 자, 즉 그리스도와 혼동하는 경우가 있다.[79] 최초로 6장 2절의 흰말 위에 탄 자를 그리스도로 해석했던 사람은 2세기 말에 활동했던 이레나이우스다.[80] 이처럼 오래된 해석의 역사 탓에 이러한 오해의 소지는 얼마든지 있을 수 있다. 그러나 이 두 본문 사이에는 표현상 큰 차이가 있다. 그 차이를 다음

---

76 Sweet, *Revelation*, 24, 137; Smalley, *The Revelation to John*, 150. 앞서 언급한 것처럼 이 표현은 정교한 전쟁 기술을 보유한 파르티아 군대의 모습을 배경으로 하고 있다고 볼 수 있다(Osborne, *Revelation*, 277). 그러나 비즐리 머레이는 파르티아 제국의 병사들에 대한 배경을 2절에만 적용하지 않고 처음 네 개의 인 심판 모두에 적용하여 해석하는 것을 심각하게 경계한다(Beasely-Murray, *The Book of Revelation* 132. 특별히 132n1을 참고하라). 이런 경계는 적절하다고 여겨진다. 다만 파르티아 제국의 병사들이라는 배경 자체를 부정하는 것은 지나치다고 여겨진다.

77 Koester, *Revelation*, 394-395. 이러한 파르티아 제국과 로마 제국간의 적대적 긴장은 유대 문헌(에녹1서 56:5-7; 시빌의 신탁 5:438)에도 언급되고 있다(Boxall, *Revelation*, 108).

78 Reddish, *Revelation*, 125.

79 Blount, *Revelation*, 124; Reddish, *Revelation*, 126.

80 Mounce, *The Book of Revelation*, 141.

과 같은 도표로 나타낼 수 있다. [81]

	6:2의 흰말 위에 탄 자	19:11-16의 흰말 위에 탄 자
무기	말에서 쏘는 활	입에서 나오는 양날이 있는 칼
면류관	στέφανος(스테파노스)	διάδημα(디아데마)
동반자	함께 따르는 자들이 없다	흰말들을 타고 따르는 자들
이름	없음	만왕의 왕이요 만주의 주

6장 2절에 등장하는 흰말 위에 탄 자의 두드러진 특징은 활을 가지고 있다는 점
이다. 이러한 특징은 "면류관"과 함께 스가랴 1장이나 6장에서도 소개되지 않는
부분이다. 이것을 덧붙이는 것은 저자 자신이 드러내고자 하는 내용을 좀 더 효
과적으로 표현하려는 노력의 일환으로 보아야 할 것이다. 반면 19장 11-16절에
서는 이러한 배경적 영향이 전혀 나타나지 않으며 6장 2절에서 나타내려는 의
도와는 전혀 다른 양상을 보여준다. 곧 입에서 나오는 양날의 칼을 언급함으로
써 이사야 11장 4절을 배경으로 하는 요한계시록 1장 16절의 "그의 입으로부터
양쪽이 날카로운 칼"을 연상시켜 주면서 메시아적 이미지를 분명하게 한다.

그리고 두 본문의 결정적 차이점은 쓰고 있는 면류관에 대한 헬라어의 차
이에 있다. 6장 2절의 흰말 위에 탄 자의 면류관을 표현할 때는 '스테파노
스'(στέφανος)라는 단어를 사용하는 반면, 19장의 흰말 위에 탄 자의 면류관을 표
현할 때는 '디아데마'(διάδημα)라는 단어를 사용한다. '스테파노스'는 당시에 통
상적으로 "월계관"(Laurel wreath)으로 알려져 있었으며, 주로 "승리한 황제"뿐 아
니라(Dio Cassius, Roman History 53.16) 전쟁에서 두각을 나타내면서 "승리한 장군들
과 병사들"에게 주어졌던 것으로 알려져 있다(Pliny the Elder, Nat. 16.10; Aulus Gellius,
Noctes atticae 5.6.1-27). [82] 이러한 성격의 월계관은 흰말 위에 탄 자의 승리하는 모
습과 잘 조화된다. 이 면류관은 요한계시록 2장 10절과 3장 11절에서 승리한 자
들에게 주어진다.

반면 '디아데마'는 승리자에게 주는 '스테파노스'와는 달리 "주권의 증
표"(badge of soverignty)라는 의미를 갖는, [83] "왕적 지위의 상징"이다. [84] 이러한 의미

81 Blount, Revelation, 124; Mounce, The Book of Revelation, 142.
82 Koester, Revelation, 395. 이 단어의 사전적 의미 중에는 "탁월한 봉사나 행위에 대한 보상이나 상급"이라
   는 의미가 있다(BDAG, 944).
83 William D. Mounce and Rick D. Bennett, Jr. eds., Mounce Concise Greek-English Dictionary of the New
   Testament (Accordance edition, 2011).
84 BDAG, 227.

에 대한 실례로서 "이집트와 아시아에 대한 통치권"의 표시로서 두 개의 '디아데마'가 주어지는 경우를 들 수 있다(마카베오1서 11:13; 요세푸스, 『유대 고대사』 13:113).[85] 파르티아 제국에서 통용된 동전에는 그들의 통치자들이 '디아데마'를 머리에 두르고 있는 모습과 함께 "왕들의 왕"이라는 호칭이 새겨져 있다.[86] 따라서 19장 16절에서 '디아데마'를 쓰고 흰말 위에 탄 자에게 "만왕의 왕이요 만주의 주"라는 표현이 사용된 것은 지극히 당연하다.

이러한 차이로 인하여, 요한계시록 6장의 흰말 위에 탄 자와 19장의 흰말 위에 탄 자가 동일 인물이 아니라는 사실이 분명하다. 그러나 이러한 차이에도 불구하고 6장 2절의 흰말 위에 탄 자의 활동에 의해 보여주고자 하는 심판의 심각성과 19장 11-16절에서 흰말 위에 탄 자 곧 메시아 예수님의 오심을 통해 보여주고자 하는 심판의 정황은 연속성을 갖는다. 곧 전자는 예수님의 초림으로 말미암아 초래된 심판의 정황을 보여주는 반면 후자는 예수님의 재림으로 말미암아 전개되는 최종적 심판의 정황을 보여준다.

2) 두 번째 인을 열다(6:3-4)

이어지는 3-4절에서 두 번째 인 심판이 소개된다. 이번에는 하나님의 심판의 전령으로서 붉은 말이 등장한다.

심판의 전사로 지정되다(4b절). 3절은 앞의 1절과 동일한 패턴을 유지한다. 3b절에서 둘째 생물의 "오라"라는 말에 4a절의 붉은 말이 나온다. 여기에서는 첫 번째 경우와는 달리 "그리고 나는 보았다"(καὶ εἶδον, 카이 에이돈)라는 표현이 생략되어 있다. 이런 생략은 이곳의 내용이 앞의 내용과 밀접하게 연결되어 전개되고 있음을 의미한다. 여기에서 말의 색깔로 묘사되는 붉은색은 전쟁에 의한 "피 흘림의 색깔"[87]이며 "살육의 색깔"이다.[88] 4bcd절에서 이러한 상황을 구체적으로 묘사하고 있다. 먼저 4b절에서 '에도데'(ἐδόθη>δίδωμι, 디도미)라는 동사는 앞서 "구문분석 및 번역"에서 언급한 것처럼 수동태 동사로서 "지정되다"라는 의미로 이해할 수 있다. 곧 붉은 말 위에 탄 자에게 땅으로부터 화평을 제하고 서로를 죽이는 심판의 전사로서의 특별한 책임이 하나님에 의해 지정된 것이다. 이러한 심

---

85 Koester, *Revelation*, 754.
86 앞의 책.
87 Sweet, *Revelation*, 140; Beale, *The Book of Revelation*, 372.
88 Harrington, *Revelation*, 90.

판을 위한 책임 지정은 하나님의 주권을 강조한다. 여기에서 붉은색이 상징하는 것처럼 피 흘림의 정황은 필연적이다. 이 동사는 2d절의 경우처럼 "신적 수동태"로 사용되면서 이러한 심판의 정황이 신적 섭리의 통제 아래 일어나고 있음을 보여준다. 왜냐하면 이러한 정황은 5장의 어린 양의 십자가의 승리로 시작된 세상을 향한 종말적 심판이기 때문이다.

땅으로부터 평화를 취하다(4cd절). 4cd절은 모두 4b절의 '에도데'(ἐδόθη, 지정되다)라는 동사와 연결되고 있다. 그 특별한 책임의 지정은 먼저 "땅으로부터 평화를 취하는 것"이다(4c절). 땅으로부터 평화를 취하는 것은 전쟁의 발생을 예상케 한다. 4d절은 그러한 전쟁의 상황을 좀 더 구체적으로 "서로를 죽이는 것"으로 묘사하고 있다. 여기에서 "서로를 죽이다"라는 문구는 인간에게 내재되어 있는 악으로 말미암아 벌어지는 전쟁의 정황을 표현하는 것으로서, 인간 스스로 심판을 자초하는 속성을 보여주고 있다. "땅"은 본래 에덴에 있었던 안식의 평화가 충만하도록 창조되었다. 따라서 "땅"은 당대의 전쟁의 배경이 되기도 하지만 그 근원적 배경에 에덴적 모티브가 자리 잡고 있음을 알 수 있다. 그러나 타락 이후 가인이 아벨을 살인하는 결과를 가져오게 되었다. 타락의 최초 현상이 바로 가인이 아벨을 죽인 것이다. 살인은 인간에게 내려진 저주의 결과이다. 그러므로 심판의 정황으로서 이러한 전쟁과 죽음이라는 주제를 사용하는 것은 저주의 현장을 심판의 방편으로 보여주고자 하는 목적이 있기 때문이다.

큰 칼이 주어지다(4e절). 4e절에서는 붉은 말 위에 탄 자에게 큰 칼이 주어진다. 여기에서 "주어지다"로 번역된 동사는 '에도데'(ἐδόθη)로서 4b절처럼 "특별한 책임을 지정받다"로 번역하지는 않았지만, 둘 다 '에도데'(ἐδόθη)를 사용하기 때문에 구문적으로 평행 관계를 갖는다고 본다. 두 부분은 내용적인 면에서도 긴밀하게 연결된다. 곧 4b절에서 지정받은 특별한 책임은 서로를 죽이고(4d절) 땅으로부터 평화를 취하는 것인데(4c절), 이 책임을 이루기 위해 4e절에서 "큰 칼"(μάχαιρα μεγάλη, 마카이라 메갈레)을 받는 것이다. 여기에서 "큰 칼"은, 전쟁 곧 땅에서 평화를 제하여 버리는 일에 사용되는 도구가 "큰"이라는 형용사에 의해 강조된 형태라고 볼 수 있다. 결국 두 번째 인 심판의 내용은 전쟁을 통한 화평의 제거이며 이로써 이 우주 안에 있는 모든 생명체들이 큰 고통을 당하지 않을 수 없다.

3) 세 번째 인을 열다(6:5-6)

다음으로 5-6절은 세 번째 인 심판을 기록한다.

검은 말과 저울(5ef절). 어린 양이 세 번째 인을 열었을 때 셋째 생물의 "오라"하는 소리에 맞추어 "검은 말"이 나온다. 여기에서 검은 말은 "최악의 상태에 있는 기근을 묘사하는 이미지"이며[89] 또한 "기근에 의해 초래되는 고통과 슬픔"의 상징이다.[90] 여기에서 검은색은 6장 12절에서 해가 검은 털로 짠 상복같이 검게 되는 경우처럼 불길한 징조를 나타내는 색이다(참고, 8:12; 16:10).[91] 검은 말에 탄 자는 손에 "저울"을 가지고 있다(5f절). 이 저울은 6b절에서 언급된 "밀 한 되"나 "보리 석 되"를 측량하기 위한 것이다. 이것은 에스겔 4장 16절에서 하나님이 "내가 예루살렘에서 의뢰하는 양식을 끊으리니 백성이 근심 중에 떡을 달아 먹고"라고 말씀하신 기근 상황을 연상케 한다.[92] 구약에는 기근의 때에 음식을 저울에 달아서 일정한 양을 공급하는 경우가 언급된다(레 26:26; 왕하 7:1; 겔 4:10, 16).[93] 따라서 음식을 저울에 달아 양을 재는 행위 자체가 "기근의 상징"으로 간주되기도 한다.[94]

6a절은 "네 생물 중에서" 나는 "음성"에 대해 말한다. 이러한 "음성"은 앞의 두 경우에는 나타나지 않는 독특한 표현이다. 4장 6절에서 네 생물이 보좌 "중에"(ἐν μέσῳ, 엔 메소)와 그것을 "둘러서"(κύκλῳ, 퀴클로) 존재하는 것으로 보아 이곳의 "음성"이 하나님 자신의 말씀이라고 확신할 수는 없지만 어쨌든 이것은 이러한 심판의 시행이 신적 기원을 가지고 있음을 보여주기 위한 표현이다. 6장 6절의 "네 생물 중에"와 4장 6절의 "보좌 중에"에서, "중에"(ἐν μέσῳ, 엔 메소)라는 전치사구가 똑같이 사용된다.

한 데나리온에 밀 한 되와 보리 석 되(6b절). 이 "음성"이 말한 내용이 6b절과 6c절에 기록되어 있다. 먼저 "한 데나리온"은 은으로 만든 로마의 주화로서 그리스의 한 드라크마에 상응하는 가치를 지니며 노동자의 하루 임금에 해당된다(토비트 5:14; 마 20:1-16; Polybius, *Histories* 6.39.12-13; Tacitus, *Annales* 1.17; b. '*Abod. Zar.* 62a).[95] 본

---

89 Fee, *Revelation*, 94.
90 Osborne, *Revelation*, 279.
91 Koester, *Revelation*, 396.
92 Osborne, *Revelation*, 280.
93 Beale, *The Book of Revelation*, 381.
94 Sweet, *Revelation*, 140.
95 Koester, *Revelation*, 396.

문에 의하면 한 데나리온이라는 동일한 가격에 밀은 한 되 분량을 살 수 있고 보리는 그 세 배인 석 되 분량을 구매할 수 있다. 이것은 밀이 보리보다 세 배 더 비싸다는 것을 의미한다. "밀 한 되"(χοῖνιξ σίτου, 코이닉스 시투)는 한 사람의 하루 분량의 식량이며(Herodotus, *Historiae* 7.187), 이것에 비교해서 보면 "보리 석 되"(τρεῖς χοίνικες κριθῶν, 트레이스 코이니케스 크리돈)는 한 사람의 삼일치의 식량이고 한 가족에게는 하루치 식량이다.[96] 로마 시대에 통상적인 주식으로 사용되던 빵은 밀로 만들어졌다. 반면, 영양분이 부족하고 소화 장애를 일으키며 식감도 떨어지는 보리로 만든 빵은 가난한 사람들의 주식으로 사용되었다.[97] 구약(왕하 7:1, 16, 18)이나 미쉬나(*m. Ketub.* 5:8)에서도 밀 음식이 보리 음식보다 두 배 정도 비싼 가격으로 나타난다.[98] 여기에서 밀 한 되와 보리 석 되의 값이 한 데나리온이라고 하는 것은 그 당시 로마 제국의 평균 물가보다 여덟 배에서 열여섯 배나 더 비싼 것이다 (참고, Cicero, *In Verrem* 3.81).[99] 이러한 상황은 무엇을 의미하는가? 그것은 바로 기근으로 인해 물가 특히 곡물류의 가격이 상당히 상승했음을 시사한다. 곧 평상시에 밀을 주식으로 삼던 사람들도 동일한 금액으로 그보다 질이 떨어지는 보리를 먹지 않으면 안 되는 궁핍한 상황으로 몰리게 된 것이다.[100] 이상에서 기근을 직면해야 하는 인간의 고통에 대한 적나라한 묘사는 독자들로 하여금 심판에 대한 심각성을 공감하게 하는 효과를 나타내게 될 것이다.

포도주와 감람유를 해하지 말라(6c절). 이런 정황에서 "감람유와 포도주를 해하지 말라"(6c절)는 명령이 내려진다. 이 내용은 도미티아누스 황제(AD 81-96년)의 칙령과 관련 있는 것으로 알려져 있다.[101] 곧 AD 92년에 도미티아누스 황제는 여러 지역들, 특별히 아시아 지역을 비롯해서 지방에 있는 지역들에게는 포도원의 절반 이상을 제거하게 하고 이탈리아 지역에는 새로운 포도나무를 심지 못하게 하는 칙령을 내린 바 있다(Suet. *Dom.* 7.2; 14.2; Philostr. *Vit. Ap. Th.* 6.42; *Vit. Soph.* 1.21).[102] 찰

---

96 Beale, *The Book of Revelation*, 381.
97 Reddish, *Revelation*, 127.
98 앞의 책.
99 Beale, *The Book of Revelation*, 381; Harrington, *Revelation*, 90.
100 거의 모든 노동 수입을 양식을 구입하는 데 사용해야 하기 때문에 엥겔 지수가 100%인 상태라고 할 수 있다.
101 Beale, *The Book of Revelation*, 381.
102 Hemer, *The Letters to the Seven Churches of Asia*, 158. 당시에 가장 고품질의 포도주를 생산했던 지역은 이탈리아, 그리스, 소아시아, 갈리아 지역이었다(M. Rostovtzeff, *The Social and Economic History of the Roman Empire* [Oxford: Oxford at the Clarendon Press, 1926], 148). 이 칙령은 그로 인해 포도원 밭을 갈아 엎어야 했던 아시아의 포도원 소유자들에게는 상대적 박탈감과 실제적인 경제적 손실을 안겨주기 때문에 매우 고통스러운 결정이 아닐 수 없었을 것이다.

스는 도미티아누스 황제가 이런 칙령을 내린 이유가 "곡물 부족과 포도주의 과잉 생산 때문"이었다는 견해를 제시한다.[103] 그렇다면, 도미티아누스 황제의 칙령은 당시에 소아시아 지역을 강타했던 기근에[104] 대응하여 다량의 곡식을 제공하기 위해 내려진 것으로 간주할 수 있다.[105] 그리고 도미티아누스의 이러한 조치는 그의 직전 황제였던 베스파시아누스(AD 69-79년)를 비롯한 로마 제국의 황제들이 기근에 대응하기 위해 포도 재배를 제한하고 옥수수 재배를 장려하는 정책을 펼쳤던 것과 연속선상에서 이해될 수 있다.[106] 그러나 도미티아누스의 칙령은 그대로 시행될 수 없었다. 왜냐하면 포도주를 생산하는 지주들의 심한 저항이 있었기 때문이다.[107] 수에토니우스에 따르면 도미티아누스의 칙령으로 인해 아시아 도시들이 소동을 일으켰고, 그들은 도미티아누스에게 칙령을 거두어 들이기를 요구했을 뿐 아니라 6c절의 문구와 비슷하게 "포도원을 해하지 말라"는 칙령을 내려 포도원을 해치는 자들에게 징벌을 내려 달라고 요구하기도 했다.[108]

도미티아누스 황제의 칙령을 중심으로 하는 배경 문헌에서는 감람유에 대한 언급 없이 포도주를 중심으로 내용들이 언급되는 반면 요한계시록에서는 포도주와 함께 "감람유"가 언급되는 것과 관련하여, 찰스는 요한계시록 본문이 감람유를 덧붙인 것이 저자의 임의적 추가이거나 우리에게 알려지지 않은 칙령과 관련될 수 있다고 주장하는 하르낙(Harnack)의 견해를 소개한다.[109] 또한 포도주와 감람유는 하나의 짝으로서 당시에 로마 제국에서 부를 축적하는 주요 근원이 되기 때문에 저자가 이 두 항목을 함께 사용하는 것으로 이해할 수도 있다.[110] 요한

---

103 Charles, *A Critical and Exegetical Commentary on the Revelation of St. John*, 1:167.
104 당시 소아시아 지역에 발생했던 기근에 대한 "의미 있는 증거"가 있는데, 특별히 갈라디아 지역에서는 물가를 통제하고 사재기를 방지하는 "비상 행동"(Emergency action)이 취해지기도 했다고 한다(Hemer, *The Letters to the Seven Churches of Asia*, 158). 또한 로스톱체프는, 1924년에 비시디아 안디옥 지역에서 윌리엄 램지와 미시건 발굴팀의 발굴 과정에서 발견된 라틴어 비문(AD 93년 추정)에 나오는 "소아시아 지역의 광범위한 기근"이 요한계시록 본문과 밀접한 관계가 있음을 지적한다(Rostovtzeff, *The Social and Economic History of the Roman Empire*, 188).
105 Fee, *Revelation*, 94.
106 Rostovtzeff, *The Social and Economic History of the Roman Empire*, 188.
107 앞의 책, 189.
108 Charles, *A Critical and Exegetical Commentary on the Revelation of St. John*, 1:167. 반면에 로스톱체프는 도미티아누스 황제 칙령의 목적이 과잉 공급된 포도의 생산량을 줄여서 포도주 가격을 더 높임으로써 이탈리아 지역에 있는 포도원 소유자들이 더 높은 수익을 보장받게 하려는 것이었다고 주장한다(Rostovtzeff, *The Social and Economic History of the Roman Empire*, 189). 레이나크(Reinach)는 실제로 도미티아누스 칙령 전년도에 포도주가 과잉 공급되었다는 증거들을 제시한다(S. Reinach, "La Mevente des vins sous le Haut-Empire romain," *RA* 39 [1901]: 350-374[Hemer, *The Letters to the Seven Churches of Asia*, 158n23에서 재인용]). 이렇게 본다면, 도미티아누스의 칙령은 기근의 정황과 직접적인 관련이 없어 보인다.
109 Charles, *A Critical and Exegetical Commentary on the Revelation of St. John*, 1:167n1.
110 Rostovtzeff, *The Social and Economic History of the Roman Empire*, 492.

계시록의 저자는 6장 6c절의 이러한 배경을 통해 독자들로 하여금 기근에 대한 현장감을 공감하게 함으로써 심판의 심각성을 실감 나게 이해하도록 돕고 있다.

4) 네 번째 인을 열다(6:7-8)
7-8절은 네 번째 인 심판을 기록한다.

넷째 생물의 음성(7b절). 7절은 다른 세 경우와 마찬가지로, 어린 양이 네 번째 인을 여실 때에(7a절) 넷째 생물이 등장하여 "오라"라고 말하는 형식을 동일하게 유지한다(7c절). 다만 다른 세 경우와는 달리 "넷째 생물의 음성(φωνήν, 포넨)"이란 단어를 덧붙인다(7b절). 여기에서 "음성"의 등장은 말하는 행위의 구체적 현상을 드러내고 있다.

황녹색 말(8b절). 8a절에서 요한은 "나는 보았다"고 하여 종말적 심판에 대한 환상적 계시의 정황을 보여주고 있다. 그리고 "오라"라는 초청에 응하여 "황녹색" 말과 그 위에 탄 자가 등장한다. 여기에서 "황녹색"은 헬라어 '클로로스'(χλωρός)를 번역한 것으로서, "yellow-green"에 대한 우리말 표현인데 "창백한"(pale)이라는 뜻도 있다.[111] 이 색깔은 "건강한 모습과 대조되는 병색이 있는" 모습이라고 할 수 있다.[112] 그래서 오우니는 이 말을 "창백한 색깔의 말"(pale-clored horse)로 번역하기도 한다.[113]

사망과 음부(8cd절). "황녹색"이 갖는 특징에 걸맞게 그 황녹색 말 위에 탄 자에게는 "사망"이라는 이름이 주어진다(8c절). 이처럼 병색이 짙은 모습의 말과 "사망"이라는 이름이 주어진 말 탄 자는 서로 조화를 이룬다. 여기에서 그치지 않고 "음부"가 "의인화되어"(personified) "사망"과 짝을 이루며 등장한다.[114] 요한계시록에서 "사망과 음부"라는 문구는 본문을 포함해서 총 4회 등장한다(1:18; 6:8; 20:13, 14).[115] 그리고 70인역에서 이 두 단어는 "죽은 자의 영역"이라는 의미로 동의어처럼 사용된다(참고, 시 6:6[5]; 48[49]:14-15; 잠 2:28; 5:5; 아 8:6; 욥 17:13-16; 33:22).[116] 구약

---

111 BDAG, 1085.
112 앞의 책.
113 Aune, *Revelation 6-16*, 400.
114 Charles, *A Critical and Exegetical Commentary on the Revelation of St. John*, 1:169.
115 Aune, *Revelation 6-16*, 401.
116 Beale, *The Book of Revelation*, 382.

에서부터 사망과 음부는 서로 짝을 이루어 붙어다니는 관계라는 것을 볼 수 있다. 이런 구약 배경을 볼 때 요한계시록 본문에서 두 단어가 동일하게 등장하는 것은 매우 당연하다. 8c절에서 "사망"이 언급되고 8d절에서 "음부"가 언급되면서 두 단어가 이중적으로 사용되는 것은 황녹색 말의 이미지와 더불어 이 시대에 "죽음"이라는 심판의 정황을 더욱 강화시키고 있다. 죄의 삯은 사망인 것처럼 예수님의 구원 안에 들어와 있지 않은 이 세상은 사망 선고를 받는다. 이런 심판의 정황은 회복의 핵심인 "생명"과는 대조적 상태를 드러낸다.

칼과 기근과 사망 그리고 땅의 짐승들(8f절). 8절은 황녹색 말 위에 탄 자가 "사망"이라는 이름을 가졌고, 그의 이름대로 "칼과 기근과 사망"과 "땅의 짐승"으로 땅의 사분의 일을 죽이는 권세를 가졌다고 기록한다. 여기에서 첫 번째 항목인 "칼"(ῥομφαία, 롬파이아)은 두 번째 인 심판에서 언급된 4e절의 "큰 칼"(μάχαιρα μεγάλη, 마카이라 메갈레)과 단어는 다르지만 같은 의미로서, 전쟁을 표현하는 대표적인 단어다. 일종의 환유법이라 할 수 있다. 이 경우에 전쟁을 의미하는 이 두 단어의 공통된 특징 때문에 네 번째 인 심판은 두 번째 인 심판을 반복하면서 정리하고 있다고 볼 수 있다. 이러한 패턴은 두 번째 항목인 "기근"의 경우에도 적용된다. 곧 이 기근 항목은 기근 상황을 통한 심판을 소개하는 세 번째 인 심판과 관련된다. 그리고 세 번째 항목인 "사망"은 8c절에서 황녹색 말 위에 탄 자의 이름이라 일컬어지는 사망(θάνατος, 다나토스)이란 단어와 동일한 것으로, 앞선 두 개의 항목인 칼과 기근의 특징을 반영하고 있을 뿐 아니라 전쟁과 기근에 의해 초래될 수 있는 참혹한 결과도 함의하는 단어라고 할 수 있다.[117] 정리하면 네 번째 인 심판은 앞의 세 심판을 요약하는 내용으로 구성되어 있다.[118] 곧 첫 번째와 두 번째 인 심판은 전쟁과 관련되고 세 번째 인 심판은 기근을 그 내용으로 하는데 네 번째 인 심판은 전쟁과 기근, 그리고 그것으로 말미암아 초래되는 결과인 사망을 한꺼번에 언급한다. 이러한 특징을 통해 우리는 6장 1-8절에 나오는 처음 네 개의 인 심판 시리즈가 시간적 순서가 아니라는 것을 알 수 있다.

그리고 세 항목 외에 "땅의 짐승들"이란 항목이 덧붙여진다. 흥미로운 것은,

---

117 앞의 책, 383.
118 비즐리 머레이는 "마지막 말 탄 자가 … 앞선 세 말 탄 자들의 사역 결과를 수집한다"라는 말로 마지막 네 번째와 앞의 세 개의 관계를 설명하고 있다(Beasley-Murray, *The Book of Revelation*, 134). 반면 비일은 첫째 인 심판에 나오는 흰말 탄 자의 정복 행위가 나머지 세 개의 인 심판에서 좀 더 자세하고 구체적으로 설명되는 관계로 되어 있다고 주장한다(Beale, *The Book of Revelation*, 383).

앞의 세 항목에 사용된 전치사 '엔'(ἐν)과는 달리 "땅의 짐승들"의 경우에는 '휘포'(ὑπό)라는 전치사가 사용된다는 점이다. "구문 분석 및 번역"의 논의에서 언급했듯이 후자는 생물과 관련되기 때문에 '휘포'가 사용된 것이다. 여기에서 땅의 짐승들에 의해 죽임을 당하는 경우는 언제 어떻게 발생하는가? 이것은 전쟁의 결과로 발생한 상황을 상정해 볼 수 있다. 전쟁이 일어나면 가옥이 파괴되기 때문에 사람들은 들짐승들에게 쉽게 노출되어 짐승의 먹잇감이 될 수 있다. 이러한 정황을 연상시킴으로써 전쟁의 참상을 더욱 극적으로 묘사하고 있는 것이다.

한편 땅에 사는 짐승들의 이러한 적대적 행위를 에덴적 정황의 반전의 관점에서도 바라볼 수 있을 것이다. 본래 에덴에서 짐승들은 인간의 통치 아래 평화롭게 살도록 계획되어 있었다(참고, 사 9:6-9). 에덴에서 인간은 통치 행위로 짐승의 이름을 지어주는 모습을 보여주기도 한다(창 2:19). 그러나 인간의 타락으로 모든 평화로운 관계는 깨지고 말았다. 인간과 인간 사이는 물론이고 인간과 짐승 사이에서도 서로 죽고 죽이는 관계가 되고 만 것이다. 그러므로 8f절의 짐승의 파괴적 활동은 이러한 에덴적 정황을 배경으로 타락으로 인하여 그 평화가 깨진 상태를 반영한다고 볼 수 있다. 인 심판은 타락으로 말미암아 초래된 창조 질서 와해라는 정황을 심판을 묘사하는 데 사용한다.

사분의 일(8ef절). 8e절에 의하면 8cd절의 사망과 음부의 이름을 가진 황녹색 말 위에 탄 자는 땅 사분의 일을 심판하는 권세를 부여받는다. 이러한 권세의 구체적인 내용은 8f절에서 언급되고 있다. 8f절의 "죽이다"(ἀποκτεῖναι, 아포크테이나이)는 부정사로서 8e절의 "권세"(ἐξουσία, 엑수시아)를 수식한다. 곧 황녹색 말 위에 탄 자가 받은 권세는 "죽이는 권세"인 것이다. 그 수단이 되는 것이 "칼과 기근과 사망"이고 "땅의 짐승들"에 의한 것이다. 여기에서도 역시 4e절의 경우처럼 신적 수동태인 '에도데'(ἐδόθη, 주어지다)가 사용된다(8e절). 이것은 황녹색 말 위에 탄 자가 자기 마음대로 죽이는 권세를 사용하는 것이 아니라 하나님의 주권 아래에서 행사한다는 사실을 명백하게 보여준다. 이 죽이는 권세는 땅의 "사분의 일"에만 적용된다. 이 표현은 이 심판이 매우 제한된 영역에서 이루어질 것을 암시한다.[119] 우주적이면서도 제한적인, 다소 모순되어 보이는 표현이 서로 긴장을 이루면서 의미를 극대화한다. 우주적이라 함은 어떤 특정한 대상을 표적으로 삼는

---

119 보쿰은 이처럼 제한된 영역에 심판이 주어지는 상태를 묘사하면서 "moderate"(온건한, 적당한)라는 단어를 사용한다(Bauckham, *The Climax of Prophecy*, 55).

것이 아니라는 의미이고, 제한적이라 함은 모든 피조 세계를 다 멸절하는 것이 아니라는 것이다. 여기에서 노아 언약을 통해 보여주신 우주를 보존하시려는 하나님의 약속이 유효함을 알 수 있다(창 9:8-17). 보존에 대한 이러한 약속은 4장 3절에서 하늘 보좌 주위에 둘려 있던 무지개를 통해 보존 언약인 노아 언약을 연상케 했던 데서 암시된 바 있다. 이 보존 약속은 만물을 새롭게 하시는 에덴의 회복을 향한 하나님의 의지를 보여준다. 이처럼 심판 중에도 만물에 대한 하나님의 뜻과 계획이 상실되지 않고 있음을 볼 수 있다.

8절의 구약 배경. 8f절은 특별히 에스겔 14장 21절을 배경으로 한다.[120]

> 주 여호와께서 이같이 이르시되 내가 나의 네 가지 중한 벌 곧 칼과 기근과 사나운 짐승과 전염병을 예루살렘에 함께 내려 사람과 짐승을 그 중에서 끊으리니 그 해가 더욱 심하지 아니하겠느냐(겔 14:21)

이 구절의 "칼과 기근과 사나운 짐승과 전염병"에서 마지막 "전염병"만 요한계시록 6장 8f절에서 "사망"이라는 표현으로 바뀌고 나머지는 모두 똑같이 사용된다. 여기에서 "짐승"이 사나운 짐승으로 표현되는데, 이것은 "악한(רָעָה, 라아) 짐승"(θηρία πονηρά, 데리아 포네라)이라고 하는 것이 더 정확한 번역이다. 죄로 인하여 짐승은 악한 존재가 되어 버리고 말았다. "전염병(pestilence)"(דֶּבֶר, 데베르)은 70인역에서 "사망"(θάνατον, 다나톤)θάνατος, 다나토스)으로 번역된다. 이러한 에스겔서의 심판 요소들은 레위기 26장 18-28절(참고, 신 32:24-26)에서 발전된 것들이다.[121] 레위기 본문에서 하나님은 하나님의 말씀에 불순종하면 언약의 사중적 저주인 기근, 들짐승, 칼, 염병(혹은 사망)을 내리실 것이라고 말씀하신다. 레위기 26장 25절의 "염병(pestilence)"(דֶּבֶר, 데베르)은 에스겔 14장 21절의 "전염병"과 같은 단어로서 이 단어에 대한 70인역의 번역 역시 "사망"(θάνατος, 다나토스)으로 되어 있다.

이상의 내용을 볼 때 요한이 마소라 본문보다는 70인역을 참조했을 가능성이 높다. 왜냐하면 요한계시록의 사중적 심판의 목록이 에스겔서와 레위기의 70인역에 나오는 4중적 심판의 목록과 정확하게 일치하기 때문이다. 레위기와 에스겔서에서 이스라엘에게 주어진 심판 패턴이 요한계시록에서는 예수님의 초림으로 시작된 종말적 정황에서 세상에 대한 우주적 심판에 적용된다.

---

120 Beale, *The Book of Revelation*, 383.
121 앞의 책.

3. 마지막 세 개의 인 심판(6:9-17, 8:1, 3-5)

마지막 세 개의 인 심판은 6장 9-17절과 8장 1절과 8장 3-5절에 기록되어 있다. 처음 두 본문 사이에는 삽입 부분인 7장이 있다. 7장은 인 심판을 모두 논의한 후에 따로 다루도록 할 것이다.

1) 다섯 번째 인을 열다(6:9-11)

일곱 개의 인 심판 시리즈에서 처음 네 개는 하나의 쌍을 이루고 있는데 나머지 세 개도 서로 밀접하게 관련된다. 특별히 다섯 번째 인 심판과 일곱 번째 인 심판은 여러 주제를 통해 밀접하게 연동된다. 먼저 6장 9-11절에서 다섯 번째 인 심판이 소개된다. 사실 다섯 번째 인 심판에는 직접적인 심판의 내용이 없다. 하지만 순교자들을 죽게 한 세상의 악함을 드러내 줌으로써 심판의 정당성을 나타내 주고 있을 뿐 아니라 기도라는 주제와 함께 최종적 심판의 동기와 심판의 연기(延期)에 대한 근거를 제시해 주기도 한다.[122] 따라서 이 다섯 번째 인 심판은 앞의 네 개의 심판들이 최종적인 것이 아니라는 사실을 보여주는 기능을 하기도 한다. 9절에서 순교자들을 소개하고, 10절에서는 그들의 기도를 소개하며, 11절에서는 하나님의 응답의 내용을 기록한다.

구문 분석 및 번역

9절 a Καὶ ὅτε ἤνοιξεν τὴν πέμπτην σφραγῖδα,
그리고 그가 다섯째 인을 여실 때에

b εἶδον ὑποκάτω τοῦ θυσιαστηρίου τὰς ψυχὰς τῶν ἐσφαγμένων
나는 제단 아래에 있는 죽임을 당한 자들의 영혼들을 보았다

c διὰ τὸν λόγον τοῦ θεοῦ καὶ διὰ τὴν μαρτυρία
하나님의 말씀 때문에 그리고 증거 때문에

d ἣν εἶχον.
그들이 가지고 있었던

10절 a καὶ ἔκραξαν φωνῇ μεγάλῃ λέγοντες·
그리고 그들이 큰 소리로 외쳐 말했다

b ἕως πότε,
언제까지

c ὁ δεσπότης ὁ ἅγιος καὶ ἀληθινός,
거룩하고 참되신 대주재여

---

122 이에 대한 자세한 설명은 본문 주해에서 하게 될 것이다.

d   οὐ κρίνεις
       심판하지 않으시고

e   καὶ ἐκδικεῖς τὸ αἷμα ἡμῶν
       우리들의 피를 신원하여 주지 아니하시겠습니까?

f   ἐκ τῶν κατοικούντων ἐπὶ τῆς γῆς;
         땅에 사는 자들을 향하여

11절 a   καὶ ἐδόθη αὐτοῖς ἑκάστῳ στολὴ λευκὴ
       그리고 그들에게 각각 길고 늘어진 흰옷이 주어졌다

b   καὶ ἐρρέθη αὐτοῖς
       그리고 그들에게 말씀이 주어졌다

c   ἵνα ἀναπαύσονται ἔτι χρόνον μικρόν,
       아직 잠시 동안 쉴 것이다

d   ἕως πληρωθῶσιν καὶ οἱ σύνδουλοι αὐτῶν καὶ οἱ ἀδελφοὶ αὐτῶν
       그들의 동료 종들과 그들의 형제들의 (수가) 완성되기까지

e   οἱ μέλλοντες ἀποκτέννεσθαι
         죽임을 당하게 되어 있는

f   ὡς καὶ αὐτοί.
          그들과 같은 방식으로

9c절에는 두 개의 '디아'(διά) 전치사가 사용된다. 1장 9절에서는 이 전치사가 한 번 사용되고 20장 4절에서는 여기와 똑같이 두 번 사용된다. 이곳에서 '디아' 전치사가 두 번 사용되는 것은 하나님의 말씀과 그들이 가지고 있는 예수의 증거 사이의 긴밀한 관계를 보여주는 동시에 각각의 개별성도 드러내 주기 위함이다. 뿐만 아니라 같은 전치사의 반복적인 사용으로 강조하는 의미를 내포한다고도 할 수 있다. 그러므로 어색할 수 있지만 번역에 있어서도 저자의 의도를 온전히 드러내기 위해 이 두 개의 전치사를 모두 번역하였다. 관계 대명사절인 9d절의 '헨 에이콘'(ἣν εἶχον)에서 동사인 '에이콘'(εἶχον)은 미완료 과거 시제로 사용된다. 문맥상 이 미완료 과거 동사는 "과거에 규칙적으로 되풀이되는 행위" 혹은 "어느 일정 기간 동안 이어지는 상태"를 나타내 주는 "관례적 미완료"(customary imperfect) 용법으로 볼 수 있다.[123] 이런 맥락에서 '에이콘'은 그들이 증거를 가지고 있는 행위가 어느 시점부터 반복적이고 지속적인 특징을 가지고 있다는 의미이므로, 이러한 의미를 반영하여 "그들이 가지고 있었던"이라고 번역할 수 있다. 이에 대한 주해적 의미는 본문 주해에서 논의하게 될 것이다.

---

123 Wallace, *Greek Grammar beyond the Basics*, 548. 이 용법의 특징을 세 단어로 표현하면 "관례적으로 (customarily), 습관적으로(habitually), 지속적으로(continually)"라고 할 수 있다(앞의 책).

10f절의 "땅에 사는 자들"이란 문구는 요한계시록에 처음 등장하는 표현으로서 "하늘에 거하는 자들"(12:12; 13:6)과 대비된다. 즉, 전자는 불신자들을 가리키는 반면 후자는 신자들을 가리킨다. 이 두 문구에 사용되는 동사는 각각 '카토이케오'(κατοικέω)와 '스케노오'(σκηνόω)이다. 전자는 땅과 관련하여 사용되는 반면 후자는 하늘과 관련하여 일관성 있게 사용되기 때문에 이 문구를 번역할 때 일관성을 유지할 필요가 있다. 그러므로 전자는 "살다"(분사 형태는 "사는 자들")로 번역하고 후자는 "거하다"(분사 형태는 "거하는 자들")로 번역한다. 그러나 개역개정에서는 이 두 문구의 차이를 구별하지 않으며 그 일관성을 유지하지도 않는다. 곧 위의 본문에서 "땅에 사는 자들"이라고 한 것과 동일하게 13장 6절에서 "하늘에 사는 자들"이라고 번역한다. 그리고 13장 8절에서 다시 "땅에 사는 자들"이라고 번역하고 13장 14절에서는 "땅에 거하는 자들"이라고 두 번 반복하여 번역한다. 동사가 다르게 사용되었음에도 불구하고 그것을 동일하게 번역하거나, 혹은 동일하게 사용되었음에도 불구하고 일관성이 없이 그것을 다르게 번역한다. 이런 혼돈은 이 두 문구의 중요성에 대한 인식의 결여에서 비롯된 것이라고 생각된다. 따라서 이러한 혼돈을 피하기 위해 이 책에서는 일관성 있게 "카토이케오"(κατοικέω)는 "살다"(분사는 "사는 자들")로, '스케노오'(σκηνόω)는 "거하다"(분사는 "거하는 자들")로 번역한다.

10f절에서는 "땅에 사는 자들"과 함께 사용된 전치사 '에크'(ἐκ)를 어떻게 번역하는지도 중요한 쟁점이다. 이 전치사는 동사인 "신원하다"(ἐκδικεῖς, 에크디케이스)와 연결해서 살필 필요가 있다. 왜냐하면 이 두 단어는 일종의 숙어처럼 사용되고 있기 때문이다. 신명기 18장 19절과 사무엘상 24장 12절(70인역과 마소라 본문은 24:13)이 좋은 예다.[124] 신명기 18장 19절에서는 '에고 에크디케소 엑스 아우투'(ἐγὼ ἐκδικήσω ἐξ αὐτοῦ)라는 문장이 사용되는데 여기에서 동사인 '에크디케소'(ἐκδικήσω)는 직접 목적어가 없고, 대신 '엑스 아우투'(ἐξ αὐτοῦ)가 목적어처럼 사용된다. 따라서 이 문장은 "내가 그를 징벌할 것이다"로 번역할 수 있다. 사무엘상 24장 12절(70인역과 마소라 본문은 24:13)에서도 동일한 문형 '에크디케사이 메 퀴리오스 에크 수'(ἐκδικήσαι με κύριος ἐκ σοῦ)가 사용되는데 이 문장에서 '에크 수'(ἐκ σοῦ, 너로부터)는 징벌의 대상이고 목적어인 '메'(με, 나를)는 신원의 의뢰자다. 그러므로 이 문장을 직역하면 "여호와께서 왕을 향하여 나를 신원하셨다"가 된다.[125]

---

124 Charles, *A critical and exegetical commentary on the Revelation of St John*, 1:175.
125 개역개정은 해당 본문을 "여호와께서 나를 위하여 왕에게 보복하시려니와"로 번역한다.

신약의 누가복음 18장 3절도, 전치사 '에크'(ἐκ) 대신 '아포'(ἀπό)를 사용하기는 하지만, 유사한 문형으로 구성되어 있다: '에크디케손 메 아포 투 안티디쿠무'(ἐκδίκησόν με ἀπὸ τοῦ ἀντιδίκου μου). 이것을 직역하면 "나의 대적에 대하여 나를 신원하여 주십시오"라고 할 수 있는데,[126] 이 경우에도 "나의 대적"(τοῦ ἀντιδίκου μου, 투 안티디쿠 무)은 심판의 대상이고 "나를"(με, 메)이라는 목적어는 대적에 의해 고난받는 신원의 의뢰자다. 이러한 문형의 패턴을 요한계시록 6장 10ef절에 적용하여 번역할 수 있고, 그러면 10ef절은 "땅에 사는 자들을 겨냥하여(against) 우리의 피를 신원하여 주십시오"(의문문을 알기 쉽게 서술문으로 표현했음)라고 번역할 수 있다. 여기에서는 신원의 의뢰자를 '메'(με, 나를) 대신 '토 하이마 헤몬'(τὸ αἷμα ἡμῶν, 우리의 피)으로 사용하여 좀 더 구체적으로 표현하고 있다. 이 본문과 동일한 문형을 가진 본문이 19장 2절에도 등장한다: '엑세디케센 토 하이마 톤 둘론 아우투 에크 케이로스 아우테스'(ἐξεδίκησεν τὸ αἷμα τῶν δούλων αὐτοῦ ἐκ χειρὸς αὐτῆς). 이 문장 역시 "그가 그 여자의 손을 향하여 그의 종들의 피를 신원하셨다"로 번역할 수 있다.

11a절에서 번역의 쟁점이 되는 것은 '스톨레'(στολή)라는 단어를 어떻게 번역하느냐는 것이다. 개역개정은 이 단어를 "두루마기"라고 번역했다. "두루마기"란 단어의 사전적 정의는 "외투용으로 겉에 입는 한복"이다.[127] 이런 의미의 두루마기는 사실상 '스톨레'와는 차이가 있다. '스톨레'(στολή)는 사전적으로 "길고 늘어진 옷"(a long, flowing robe)이란 의미이다.[128] 이 옷은 실내에서 입을 수도 있기 때문에 꼭 외출복으로만 볼 수는 없고, 따라서 이 단어를 단순히 "두루마기"라고 번역하는 것은 적절하지 않다. 그래서 이 단어를 사전적 의미를 활용하여 "길고 늘어진 옷"으로 번역했다. 그리고 "흰"이란 형용사와 함께 사용되고 있으므로 자연스럽게 연결하여 "길고 늘어진 흰옷"이라고 번역했다.

11d절은 상당히 난해한데, 왜냐하면 헬라어 원문을 직역하면 "그들의 동료 종들과 그들의 형제들도 … 충만하게 되다"가 되어 매우 어색해지기 때문이다. 따라서 대부분의 영어 번역본(NRSV, ESV, NKJV)은 이런 어색함을 피하기 위해 "그들의 동료 종들과 그들의 형제들"이란 문구 다음에 원문에는 없는 "수"(number)라는 단어를 덧붙인다. 이 경우에 채워지는 것은 그들의 숫자라고 볼 수 있다. 여기에서 "채워지다"(πληρωθῶσιν, 플레로도신)라는 동사는 '플레로오'(πληρόω)의 수동태

---

126 개역개정은 해당 본문을 "내 원수에 대한 나의 원한을 풀어 주소서"라고 번역한다.
127 출처: Daum 사전(https://dic.daum.net/word/view.do?wordid=kkw000070824&supid=kku000090265).
128 BDAG, 946.

646 요한계시록 1-11장: 때가 가까우니라 | 본론부 2 세 개의 심판 시리즈와 구속의 실제적 실현(6-16장)

다. 이것은 신적 수동태로서 이러한 과정이 하나님의 통제 아래 있음을 시사한다. 이 동사는 "채우다"(fill; make full) 혹은 "완성하다"(complete)라는 의미다.[129] 이 문맥에서 숫자와 관련하여 "채우다"라는 단어도 적절할 수 있지만 "완성하다"라는 단어가 좀 더 조화로울 것이라 판단되어 번역에 반영했다. 따라서 11d절을 "그들의 동료 종들과 그들의 형제들의 (수가) 완성되기까지"로 번역할 수 있다.

11f절의 '호스 카이 아우토이'(ὡς καὶ αὐτοί)라는 문구에서 '카이'(καί)라는 단어는 단순히 "그리고"라는 접속사의 용법으로 사용되지 않는 것이 분명하다. 이 단어는 '호스'(ὡς)와 함께 결합하여 독특한 의미를 나타낸다. 영어 번역본 중에 NRSV와 ESV는 "그들 자신처럼"(as they themselves)이라고 번역하는데 이 번역으로는 이 문구의 의미를 충분히 반영하지 못한다. BDAG는 이 문구와 같은 의미 그룹에 '호사우토스 카이'(ὡσαύτως καί; 고전 11:25)와 '호모이오스 카이'(ὁμοίως καί; 요세푸스, 『유대 전쟁사』 2.575; 요 6:11; 유 8절)를 포함시키며 그 의미를 "또한 같은 방식으로"(in the same way also)라고 규정한다.[130] 따라서 이런 의미를 요한계시록 본문의 '호스 카이 아우토이'에 적용하여 번역하면 "그들과 같은 방식으로"라고 할 수 있다.

이상의 내용을 근거로 우리말 어순에 맞추어 번역하면 다음과 같다.

9a	그리고 그가 다섯째 인을 여실 때에
9b	나는
9c	하나님의 말씀 때문에 그리고
9d	그들이 가지고 있었던
9c	증거 때문에
9b	죽임을 당한 자들의 영혼들이 제단 아래에 있는 것을 보았다.
10a	그리고 그들이 큰 소리로 외쳐 말했다.
10c	"거룩하고 참되신 대주재여
10b	언제까지
10f	땅에 사는 자들을 향하여
10d	심판하지 않으시고
10e	우리들의 피를
10e	신원하여 주지 아니하시겠습니까?"
11a	그리고 그들에게 각각 길고 늘어진 흰옷이 주어졌다.
11b	그리고 그들에게 말씀이 주어졌다.
11f	"그들과 같은 방식으로
11e	죽임을 당하게 되어 있는
11d	그들의 동료 종들과 그들의 형제들의 (수가) 완성되기까지
11c	아직 잠시 동안 쉴 것이다."

---

129 앞의 책, 828.
130 앞의 책, 496(2c).

본문 주해

[6:9] 제단 아래 있는 순교자들

9절에서는 세 개의 주제를 다루게 될 것이다: (1) 하나님의 말씀과 그들이 가진 증거, (2) 하늘에 있는 제단, (3) 하늘 제단 아래 있는 순교자들: 어린 양 예수의 제자들.

하나님의 말씀과 그들이 가진 증거. 9절에서 어린 양이 다섯째 인을 여실 때, 요한은 "하나님의 말씀 때문에 그리고 그들이 가지고 있었던 증거 때문에 죽임을 당한 자들의 영혼들"을 본다. 여기에서 "하나님의 말씀과 그들이 가지고 있었던 증거"는 1장 2절에서 요한계시록의 말씀 전체를 가리키는 것으로 사용되고, 1장 9절에서는 요한으로 하여금 밧모 섬에 있게 했던 "하나님의 말씀과 예수의 증거"와 같으며, 20장 4절에서 목 베임을 받은 자들이 붙들고 있었던 "예수의 증거와 하나님의 말씀"과도 같다. 그런데 9절의 말씀과 20장 4절은 1장 2절 및 1장 9절과 의미상 차이가 있다. 도표로 비교해 보도록 하겠다.

1:2	1:9	6:9	20:4
ἐμαρτύρησεν τὸν λόγον τοῦ θεοῦ καὶ τὴν μαρτυρίαν Ἰησοῦ Χριστοῦ	ἐγενόμην ἐν τῇ νήσῳ τῇ καλουμένῃ Πάτμῳ διὰ τὸν λόγον τοῦ θεοῦ καὶ τὴν μαρτυρίαν Ἰησοῦ	τὰς ψυχὰς τῶν ἐσφαγμένων διὰ τὸν λόγον τοῦ θεοῦ καὶ διὰ τὴν μαρτυρίαν ἣν εἶχον	τὰς ψυχὰς τῶν πεπελεκισμένων διὰ τὴν μαρτυρίαν Ἰησοῦ καὶ διὰ τὸν λόγον τοῦ θεοῦ
하나님의 말씀과 예수 그리스도의 증거를 증거하다	나는 하나님의 말씀과 예수의 증거를 위하여 밧모라 불리는 섬에 있었다	하나님의 말씀 때문에 그리고 그들이 가지고 있었던 증거 때문에 죽임을 당한 자들의 영혼들	예수의 증거 때문에 그리고 하나님의 말씀 때문에 목 베임을 당한 자들의 영혼들
요한계시록 전체	요한계시록 전체	증거를 가진 자의 삶	증거를 가진 자의 삶
요한	요한	순교자	순교자

이 표를 통해 알 수 있듯이, 1장 2절을 제외한 나머지 세 구절은 모두 전치사 '디아'(διά)를 사용하고 있다. 1장 9절은 하나의 '디아'(διά) 아래 두 항목을 두고 있는 반면, 6장 9절과 20장 4절에서는 각 절의 두 항목 모두에 '디아'(διά)가 따로 사용된다. 후자는 강조의 의미를 더해 주는 것으로 볼 수 있다. 여기에서 1장 2절과 1장 9절이 동일한 의미이고, 6장 9절과 20장 4절이 동일한 의미이다. 곧 1장 2

절과 1장 9절의 "하나님의 말씀과 예수의 증거"는 요한계시록 전체를 함축하는 문구이고[131] 6장 9절과 20장 4절은 죽음이라는 모티브와 결합되어 죽음을 무릅쓴 증거를 가진 자의 삶을 묘사한다.

특별히 1장 9절의 "예수의 증거"에서 "예수의"는 주격적 소유격으로서 "예수가 주신 증거"로 풀어서 표현할 수 있다. 곧 그 증거는 그들이 만들어 내는 증거가 아니라[132] "예수님이 주신 것과 동일한 증거(가르침)"인 것이다.[133] 그리고 6장 9절에서는 "그들이 가진"(ἣν εἶχον, 헨 에이콘)이라는 관계 대명사절이 "증거"를 수식한다. 그렇다면 그들이 가지고 있는 증거는 예수께서 주신 증거이다. 순교자들은 예수께서 그들에게 주신 증거를, 그들이 살아 있는 동안 그것이 그들의 생명을 위협함에도 불구하고[134] 포기하지 않고 그것을 지속적으로 붙들고 있었던 것이다. 왜냐하면 그 예수의 증거는 그들에게 죽음보다 강한 영적 생명을 주는 것이기 때문이다.

이상의 내용으로 봤을 때, 제단 아래 있는 순교자들은 하나님의 말씀과 그들이 가지고 있었던 증거 때문에 죽임을 당한 자들이고, 따라서 제단 아래 있는 영혼들의 죽음은 앞서 1-8절에서 소개된 네 개의 심판과는 관계없이 발생했던 것이 분명하다.[135] 1-8절에서 소개되는 심판은 스가랴 1장과 6장 그리고 에스겔 14장 21절과 레위기 26장 18-28절을 배경으로 하나님에 의해서 주도되는 하나님을 배반한 세상에 대한 심판의 성격을 갖지만, 9-11절에서 하늘의 성전에서 보이는 "죽임을 당한 자들의 영혼들"은 하나님의 말씀과 예수가 주신 증거 때문에 그러한 결과를 맞이하게 된 것이기 때문이다. 이 둘 사이에 인과 관계의 정황을 전혀 찾아볼 수 없다.

---

131 1:9는 논란의 여지가 있다(이 부분에 대해서는 1:9에 대한 설명을 참고하라).

132 Sweet, *Revelation*, 142. 쾨스터는 이 문구를 "그들이 주었던"(they had given)이라고 번역함으로써 그 증거를 그들이 만들어 낸 것으로 이해한다(Koester, *Revelation*, 399).

133 Zerwick and Grosvenor, *A Grammatical Analysis of the Greek New Testament*, 752.

134 하나님의 말씀과 그들이 가지고 있었던 증거는 그것을 붙잡는 자들에게 고난과 죽음까지도 불러들이는 성격을 띤다. 왜냐하면 예수님이 주셔서 그들이 가지고 있었던 증거는 본질적으로 로마 제국의 황제 숭배를 거부하도록 하는 속성을 가지고 있기 때문이다. 요한계시록 자체도 이런 속성을 공유한다. 따라서 1:2와 1:9가 6:9와 20:4와 다소 다른 의미를 가지고 있음에도 불구하고 서로 연속성을 갖는다고 볼 수 있다.

135 비일은 이 둘의 관계를 상호적으로 이해하여 다섯 번째 인 심판에 등장하는 순교자들이 앞선 네 심판의 결과로 발생했다고 간주한다(Beale, *The Book of Revelation*, 389). 하지만 이러한 비일의 의견에 동의할 수 없는데, 왜냐하면 1-4번째 인 심판 대상은 세상이요 땅에 사는 자들이므로 그 심판 때문에 순교자들이 발생할 수 없는 구조이기 때문이다. 이러한 비일의 주장은 1-8절과 9-11절 사이에 어떤 "논리적 관련성"(logical link)의 존재를 전제한다(앞의 책). 그러나 이 두 본문 사이에 이러한 연결이 부자연스러운 것은 보쿰의 구조 분석에서 4+1+(1+삽입)+1이라는 숫자가 보여주고 있듯이 1-8절의 네 개의 인 심판과 9-11절의 다섯 번째 인 심판은 서로 구별된 그룹을 이루고 있기 때문이다(Bauckham, *The Climax of Prophecy*, 21).

하늘에 있는 제단. 먼저 이 제단이라는 단어 앞에 정관사(τοῦ, 투)가 사용된 것은 하늘에 제단이 존재한다는 당시의 통념을 반영한다.[136] 유대 묵시문헌과 기독교 묵시문헌에 의하면 하늘의 제단은 단 하나만 존재하는 것으로서 향단의 특징과 번제단의 특징을 부분적으로 혼합해서 가지고 있는데 전자의 의미가 좀 더 우세하다.[137] 이러한 배경은 요한계시록의 경우와 조화를 이룬다. 왜냐하면 요한계시록에서는 번제를 드리는 정황보다는 순교자들의 기도와 관련하여 향을 피우는 정황이 더 두드러지기 때문이다(참고, 5:8; 8:3-5). 흥미롭게도 출애굽기 25장 9절, 40절, 민수기 8장 4절, 히브리서 8장 5절, 9장 23절에 의하면 지상의 제단과 성막은 "하늘의 양식 혹은 원형"(heavenly patterns or originals)을 본떠서 만든 것이나[138] 요한계시록 본문에서 언급되는 하늘의 제단은 역으로 지상의 모형에 근거하여 표현하고 있다.

하늘 제단 아래 있는 순교자들: 어린 양 예수의 제자들

(1) 구약-유대적 배경

6장 9-11절에서 제단 아래 있는 순교자들의 모습은 구약적이며 유대적인 의식의 배경을 바탕으로 묘사되고 있다. 먼저 그 배경이 되는 구약의 레위기 4장 7절과 17장 11절을 살펴볼 필요가 있다.[139]

> 제사장은 또 그 피를 여호와 앞 곧 회막 안 향단 뿔들에 바르고 그 송아지의 피 전부를 회막 문 앞 번제단 밑에 쏟을 것이며(레 4:7)

> 육체의 생명(שֶׁבֶּן; 70인역: ψυχή)은 피에 있음이라 내가 이 피를 너희에게 주어 제단에 뿌려 너희의 생명을 위하여 속죄하게 하였나니 생명이 피에 있으므로 피가 죄를 속하느니라(레 17:11)

레위기 4장 7절은 번제단 밑에 피를 쏟는 장면을 보여주고, 레위기 17장 11절은 피가 육체의 생명을 대신하고 있음을 보여주고 있다. 이러한 사실은 생명 혹은 영혼이 피 안에 있다는 히브리적 사고에 근거한다.[140] 여기에서 "생명"에 해당하는 70인역의 단어는 요한계시록 6장 9b절에서 죽은 자들의 "영혼들"(ψυχὰς, 프쉬카스)을 표현할 때 사용한 단어와 같은 '프쉬케'(ψυχή)다. 이 구약 배경을 요한계시

---

136 Charles, *A Critical and Exegetical Commentary on the Revelation of St. John*, 1:172.
137 앞의 책.
138 앞의 책.
139 Smalley, *The Revelation to John*, 158.
140 Reddish, *Revelation*, 130

록 본문과 비교해 보면 제단 아래 있는 죽임을 당한 자들의 영혼은 마치 제단에 뿌려진 피와 같은 존재다. 그러므로 순교자들의 흘린 피는 하나님께 드려진 "관제"(빌 2:17)나 "전제"(딤후 4:6)와도 같은 것이다.[141]

구약 배경에 이어 유대적 배경에서도 순교자들은 희생 제물과 같은 존재라는 인식이 널리 퍼져 있다.[142] 예를 들면, 마카베오4서 6장 29절의 "나의 피로 그들을 정결케 해 주십시오 그리고 나의 생명을 그들의 생명을 위해 바꾸어 취해 주십시오"(NRSV)라는 말은 순교자의 죽음이 희생 제사로서 대속적 능력을 가지고 있음을 보여준다(참고, Moed Qatan, 28a; Gittin, 57b).[143] 이러한 유대 사상은 의인이 하늘의 제단 아래 있다는 사상으로 발전한다. *Aboth R. N.* 26은 "랍비 아키바가 선포한다: 이스라엘 땅에 묻히는 자들은 누구든지 제단 아래 묻히는 것과 같고 제단 아래 묻히는 자는 누구든지 영광의 보좌 아래 묻히는 것과 같다"고 한다.[144] 그리고 Shabb. 152b에 의하면 "의인의 영혼은 영광의 보좌 아래에 보존된다"고 했고, Debarim rabba, 11에서 하나님은 모세의 영혼에게 다음과 같이 말씀하신다: "가라, 지체하지 말라. 그리고 나는 너를 하늘 꼭대기로 올려 줄 것이다. 그리고 너를 그룹과 스랍들과 천상적 군상들 중에 나의 영광의 보좌 아래 거하도록 할 것이다."[145] 여기에서 의인의 영혼이 천상적 제단 아래 있다는 것은 그 영혼이 제단 위에 제물로 드려지기 위해 대기하고 있다는 것을 의미한다.[146] 따라서 그들은 하나님의 영광의 보좌 아래 거하게 될 것이다. 이런 맥락에서 Tosaphoth on Menachoth, 110a가 말하는 "미가엘이 율법의 제자들의 영혼을 천상의 제단 위에 희생 제물로 드린다"는 표현의 의미를 이해할 수 있다.[147]

이상의 내용을 볼 때 구약적 유대적 배경에서 순교자들의 피는 하늘 보좌 곧 하늘 성전의 제단 아래 뿌려진 의인의 피로서 세상의 죽은 생명을 구하기 위해 하나님께 드려진 희생 제사와도 같다. 이런 개념은 바울이 로마서 12장 1절에서 "너희 몸을 하나님이 기뻐하시는 거룩한 산 제물(θυσίαν ζῶσαν, 뒤시안 조산)로 드리라"고 한 것의 "완성"(consummation)이라고 할 수 있다(참고, 롬 6:13; 빌 2:17; 골 1:28).[148]

---

141 Smalley, *The Revelation to John*, 158.
142 Charles, *A critical and exegetical commentary on the Revelation of St John*, 1:173.
143 앞의 책, 1:173n1.
144 앞의 책, 1:173.
145 앞의 책.
146 앞의 책.
147 앞의 책.
148 앞의 책, 1:174.

요한은 그의 독자들이 스스로를 제단 아래 있는 순교자들과 동일시함으로써 고난 중에 능히 승리할 수 있도록 돕고 있다. 자신이 이미 죽어 있는 순교자의 반열에 있다는 것을 깨닫는 순간 고통은 사라지게 될 것이기 때문이다. 죽은 자는 고통을 느낄 수 없다.

(2) 참 증인으로서의 순교자들과 어린 양 예수의 평행 관계
하나님의 말씀과 예수께서 주신 증거로 인해(9cd절) 죽임을 당한 순교자들은 "참 증인"(1:5)의 특징을 가지고 있다. 여기에서 이런 순교자들의 모습은 참 증인이시며(1:5) 어린 양으로서 죽임을 당하신(5:6) 예수님과 평행 관계를 갖는다.[149] 이러한 평행 관계는 이 내용에 대한 세 가지 중요한 통찰력을 제공한다. 첫째, 죽임을 당해 하늘의 번제단 아래에 있는 순교자들의 영혼은 하늘 성전에서 드려진 희생 제사 제물로서의 의미를 함축하고 있다.[150] 곧 예수님이 어린 양처럼 죽임을 당해 하늘 제단에 제물로 드려진 것처럼, 죽임을 당한 순교자들도 하늘 성전의 제단 아래 제물로 바쳐진 모습을 보여주고 있다. 9b절의 "제단 아래"(ὑποκάτω τοῦ θυσιαστηρίου, 휘포카토 투 뒤시아스테리우)라는 표현은 이 환상의 장면이 바로 하늘 성전을 가리키고 있음을 알려 준다. 하늘 성전의 이러한 정황은 계속 이어지는 내용에서 더욱 분명하게 나타난다.

둘째, 이러한 평행 관계는, 죽임을 당한 영혼들이 그리스도께서 가셨던 길을 순전하게 따라갔던 자들이라는 것을 확정짓고, 더 나아가 죽임을 당한 영혼들 역시 모든 그리스도인들이 본받고 따라가야 하는 전형(典型)이 되게 한다. 그렇다고 해서 모든 그리스도인들이 동일하게 죽임을 당해야 한다는 의미는 아니다. 다만 순교자의 모습이 이 당시의 정황에서 모든 그리스도인, 곧 교회 공동체를 특징짓는 일종의 모델이 된다는 뜻이다. 실제로 로마 제국의 황제 숭배를 강요받았던 1세기의 그리스도인들은, 그들이 하나님의 말씀과 그리스도의 증거를 신실하게 붙들고 있는 참 증인이라면 언제나 잠재적인 순교자들인 셈이었다.

셋째, 예수님과 순교자들이 이런 평행 관계를 갖기 때문에, 죽임을 당한 어린 양이 상징적 표현으로 기록되듯이 9b절의 제단 아래 있는 죽은 자들의 영혼 역시 상징적 표현으로 이해되어야 한다. 실제로 죽은 자들이 하늘 성전의 제단 아래 있다고 생각하는 것은 넌센스이다. 그러나 여기에서 상징적 표현이라고 하

149 Beale, *The Book of Revelation*, 390; Blount, *Revelation* 132.
150 Sweet, *Revelation*, 142; Osborne, *Revelation*, 284.

여 사실 관계와 전혀 무관한 것은 절대로 아니다. 요한은 그 당시에 실제로 하나님의 말씀과 그리스도의 증거로 인해 순교를 당한 자들의 존재를 근거로, 구속역사라는 맥락에서 상징성을 부여하여 신학적으로 개념화하고자 한다. 이러한 개념화의 내용은 다음 10-11절에서 분명하게 드러나게 된다.

순교자 모티브의 세 가지 의미를 다음과 같이 정리할 수 있다: (1) 확신의 메시지: 하나님은 신실한 증인들의 고난을 잊지 않으신다, (2) 고난의 현실 인식: 요한은 당시의 교회가 박해의 끝을 보고 있는 것이 아님을 알려 준다. 소수의 순교는 시작에 불과하다. 이제 본격적인 순교의 역사가 시작된다, (3) 고난의 효과: 요한의 독자들이 직면하게 될 것으로 예상되는 고난과 죽음은 절대로 헛되지 않을 것이다. 결국 그들의 죽음은 하나님의 공의가 완성될 종말을 촉진한다. 이 내용은 다음 10-11절에서 좀 더 구체적으로 언급될 것이다.

[6:10] 순교자들의 기도

10절에서는 죽임당했던 영혼들이 제단 아래서 하나님께 드리는 간구의 기도를 소개하는데, 다음과 같은 내용들이 다루어진다: (1) 큰 소리로 외침(10a절), (2) 대주재(10c절), (3) 거룩하고 참되신 하나님(10c절), (4) 땅에 사는 자들(10f절), (5) 보응을 구하는 기도(10def절), (6) 언제까지? 혹은 얼마 동안(How long?)(10b절).

큰소리로 외침(10a절). 10a절은 "그들이 큰 소리로 외쳤다"(ἔκραξαν φωνῇ μεγάλῃ, 에크락산 포네 메갈레)고 한다. 이것은 요한계시록에서 하나님의 뜻을 수행하는 천사들의 큰 소리를 표현할 때 강조하기 위해 사용되거나(7:2; 10:3; 14:15; 18:2; 19:17), 하나님의 구원을 찬양할 때 사용된다(7:10). 여기에서도 평범한 목소리가 아니라 "큰소리"라는 표현으로 독자로 하여금 그 중요성에 집중하도록 하는 효과를 노린다. 이 외침은 순교자들이 하나님께 "정의"(justice)를 간구한다는 점에서 "법적인 함의"(juridical overtones)를 갖는 것으로 볼 수 있다.[151]

대주재(10c절). 10c절에서는 그 큰소리로 하나님을 향해 "대주재여"(ὁ δεσπότης, 호 데스포테스)라고 외친다. 이 호칭은 라틴어로 표현되는 로마 제국의 황제에 대한 호칭을 헬라어로 번역할 때 쓰이는 단어다.[152] 이러한 맥락에서 요한은, 이 단어를 하나님을 향하여 사용함으로써 로마 제국의 황제에게 정면으로 도전하고 있는

---

151 Aune, *Revelation 6-16*, 406.
152 앞의 책, 407; Blount, Revelation, 134.

것이다.[153] 하나님의 절대적 권세와 주권을 인정하는 표현이다. 이 표현은 요한계시록에서는 단 한 번 사용되고, 신약의 다른 책들에서는 노예에 대한 소유권을 가진 "주인"을 칭하기도 하고(딤전 6:1; 딛 2:9; 벧전 2:18), 그리스도를 가리키기도 하며(벧후 2:1; 유 4절), 70인역에서는 하나님을 가리켜 17회 사용되기도 한다(창 15:2, 8; 수 5:14; 욥 5:8; 잠 6:7; 사 1:24; 렘 1:6; 욘 4:3).[154] 요한계시록 문맥에서 순교자들이 하나님을 향하여 "대주재여"라고 부르짖는 것은 하나님의 "통치하는 능력"(reigning power)과 "정의를 가지고 행동하시는 권세"에 대한 고백을 의미한다.[155] 순교자들에게는 하나님이 "대주재"로 존재하셔야 하는 절박함이 있다. 이러한 절박함은 개인적 복수를 위한 것이라기보다는 "공적 정의를 위한 열망"에 기인한다.[156] 곧 박해자에 의해 자행된 순교자들의 무고한 죽음에 상응하는 공의로운 심판이 없다면 악인들의 악행을 심판하시는 공의로운 하나님의 명성에 상당한 흠집을 내게 될 것이다.[157] 당시 로마 제국의 관점에서 볼 때 그들의 죽음은 그들의 실패요 그들이 믿는 하나님의 실패로 인식되는 것이 당연했다. 그러므로 그에 상응하는 심판이 없을 때 하나님의 공의는 사라지고 하나님의 거룩하고 참되신 이름은 훼손된다. 이것이 바로 순교자들이 하나님을 "대주재여"라고 외치는 이유다.

거룩하고 참되신 하나님(10c절). 더 나아가서 역사를 주관하시는 대주재이신 하나님이 "거룩하고 참되시다"(ὁ ἅγιος καὶ ἀληθινός, 호 하기오스 카이 알레디노스)는 것은 모든 판단에 있어서 흠결이 없고 믿을 수 있다는 의미로서 다음에 이어지는 순교자들의 기도가 어떤 형태로든지 정확하게 응답될 것이라는 기대감을 자아내게 한다. 이 문구는, 하나님의 완전한 심판을 언급하는 신명기 32장 4절의 "그는 반석이시니 그가 하신 일이 완전하고 그의 모든 길이 정의롭고 진실하고 거짓이 없으신 하나님이시니 공의로우시고 바르시도다"라는 말씀을 그 배경으로 한다.[158] 여기에서 특별히 "참되다"라는 단어는 구약에서 다른 거짓된 우상 신들과 구별되시는 하나님의 속성을 나타낼 때 사용된다(대하 15:3; 시 86:15; 렘 10:10 등).[159] 이러

---

153 Blount, *Revelation*, 134.
154 Aune, *Revelation 6-16*, 407.
155 Smalley, *The Revelation to John*, 159.
156 Caird, *The Revelation of St. John*, 85.
157 Beale, *The Book of Revelation*, 392. 그러나 순교자들의 "피"에 대한 신원에서 개인적인 복수의 의도를 완전히 배제할 수 없다는 주장도 있다(Charles, *A critical and exegetical commentary on the Revelation of St John*, 1:175).
158 Beale, *The Book of Revelation*, 393.
159 Smalley, *The Revelation to John*, 160.

한 의미를 이 본문에서 하나님께 적용하면 순교자들에게 죽음을 가져왔던 박해자들이 의존하는 세상의 권력 곧 로마 제국과 제국의 황제의 권세는 일시적 속성을 가진 것으로서 때가 되면 사라지는 허구에 불과하다는 의미가 된다. 이와는 대조적으로 대주재로서 참되신 하나님의 권세와 능력은 영원하여, 이 세상에서 상실할 수밖에 없었던 순교자들의 희망이 좌절될 수 없으며 신원의 기도에 상응하는 응답을 기대할 수 있게 되었다.

땅에 사는 자들(10f절). 10f절은 "땅에 사는 자들"(τῶν κατοικούντων ἐπὶ τῆς γῆς, 톤 카토이쿤톤 에피 테스 게스)에 대한 심판을 요청한다. 여기에서 "땅에 사는 자들"이란 4장의 이십사 장로에 의해 상징되는 "하늘에 거하는 교회 공동체"(12:12; 13:6, 8; 17:8)와는 대조적으로 사탄에 속한 자들을 표현할 때 요한계시록에서 주로 사용되는 숙어적 문구다(3:10; 6:10; 8:13; 11:10[x2]; 13:8, 14[x2]; 17:8).[160] 그리고 특별히 사해 문서의 1QH 8:19-36에 의하면 "'땅에 사는 자들'은 거룩한 자들의 군대에 적대적이다."[161] 그러므로 여기에서 말하는 심판은 하나님의 백성이 아니라 땅에 사는, 사탄에게 속한 자들을 향하고 있다는 사실이 다시 한 번 확증된다. 10f절에서 이 문구는 "땅에 사는 자들을 향하여"라고 되어 있으며 이것은 10e절의 "우리의 피"와 밀접하게 연결된다. 곧 "땅에 사는 자들"은 순교자들의 피를 흘리게 한 자들이다. 그러므로 순교자들의 신원을 위한 기도는 하나님께 땅에 사는 자들에 대한 심판을 의뢰하는 기도인 것이다.

이처럼 땅에 사는 자들에 의해 순교자들이 피를 흘리게 된 상황의 배경은 구약의 호세아 4장 1-2절이다.[162]

> ¹이스라엘 자손들아 여호와의 말씀을 들으라 여호와께서 이 땅 주민과 논쟁하시나니 이 땅에는 진실도 없고 인애도 없고 하나님을 아는 지식도 없고 ²오직 저주와 속임과 살인과 도둑질과 간음뿐이요 포악하여 피가 피를 뒤이음이라(호 4:1-2)

이 호세아 본문에 의하면 땅은 진실도 없고 인애도 없고 하나님을 아는 지식도 없고 오직 저주와 속임과 살인과 도둑질과 간음으로 충만하여 포악으로 피를 흘리는 곳이다. 요한계시록에서 말하는 땅은 바로 이런 특징으로 충만한 세상이

---

160 Aune, *Revelation 6-16*, 410.
161 Ford, *Revelation*, 100.
162 Beale, *The Book of Revelation*, 393.

다. 물론 호세아 선지자가 말하는 땅은 안식과 평화로 충만해야 하는 이스라엘 땅이 이스라엘 백성의 타락으로 어떠한 모습으로 전락해 버렸는지를 적나라하게 보여주고 있다. 이스라엘 백성이 살고 있는 가나안 땅은 에덴 회복을 위한 목적으로 아브라함에게 약속하시고 모세의 출애굽을 통해 성취가 시작되어 여호수아의 가나안 정복을 통해 성취가 완성된 결과로 주어진다. 그러나 에덴 회복의 터전이었던 가나안 땅이 이스라엘의 반역으로 말미암아 온갖 악행으로 가득하게 되었다. 그러나 그 땅은 영원히 버려질 운명이 아니라 다시 회복되어야 할 대상이다. 이러한 패턴을 요한계시록에 적용하면 땅은 현재 이 세상에 속한 영역으로 간주될 수 있지만 궁극적으로는 새롭게 되어 에덴 회복의 대상에 포함될 것이다.

보응을 구하는 기도(10def절). 10def절에서 순교자들은 "땅에 사는 자들을 심판하시고 그들을 향해 우리들의 피를 신원하여 주십시오!"라고 기도한다. 이 기도는 분명하게 보응의 의미를 갖는다. "신원하다"에 해당하는 동사는 '에크디케이스'(ἐκδικεῖς>ἐκδικέω, 에크디케오)로서 "보응"의 의미를 더욱 강하게 드러낸다.[163] 곧 이것은 "땅에 사는 자들"이 순교자들의 피를 흘리게 하여 그들을 죽게 한 것에 대한 보응을 요청하는 기도이다. 그런데 앞서 논의한 것처럼 이러한 보응의 성격은 개인적 복수를 목적으로 하는 것이 아니라 공적 공의의 실행을 목적으로 한다. 더 나아가서 보응을 청하는 기도가 부정 의문문의 형태를 취하면서 더욱 간절하게 표현된다. 하나님은 자기 백성이 흘린 피를 간과하지 아니하시고 반드시 그 피에 대해 보응할 것을 약속하신다(신 32:43; 왕하 9:7; 시 79:10. 참고, 계 16:6; 17:6; 18:24; 19:2).[164] 시편에 이러한 보응을 위한 기도가 자주 등장하는 것을 볼 수 있다(시 7, 35, 55, 58, 59, 69, 79, 83, 109, 137, 139편).[165] 보응을 위한 이러한 기도는 불의에 대한 저항이며 정의에 대한 추구라고 할 수 있다. 그리고 기도의 시작 부분에서 하나님을 절대적 주권자로서 인정하는 대주재로 부르는 모습에서 이러한 보응의 기도에 대한 응답을 기대하게 만든다.

　　신원을 구하는 순교자들의 기도가 희생 제물로서 죽은 그들의 죽음이 갖는 의미와 모순된다고 보기는 어렵다. 또한 죄인들을 용서해 달라고 구했던 예수님

163　BDAG, 300-301. 이 단어는 사전적으로 "복수"(vengeance)를 위한 징벌의 의미를 갖는다.
164　Blount, *Revelation*, 134.
165　Aune, *Revelation 6-16*, 407.

의 기도(눅 23:34)나 스데반의 기도(행 7:60)와도 모순되지 않는다. 왜냐하면 공의와 사랑은 동전의 양면처럼 서로 조화롭게 하나님의 대표적 속성으로서 하나님의 인격 안에 공존하기 때문이다. 그러므로 신원을 구하는 기도를 초래했던 순교자들의 죽음은 이중적 결과를 예상할 수 있다. 그것은 개인적이든 공적이든 악에 대한 심판을 불러오며 동시에 구원의 결과를 가져오게 된다. 심판과 구원은 동전의 양면과 같이 동시적 사건이기 때문이다. 결국 순교자들의 죽음은 세상을 위한 희생 제사로서의 의미와 하나님의 공의를 위한 신원의 목적을 동시에 갖는 다고 볼 수 있다.

언제까지? 혹은 얼마 동안(How long)?(10b절). 10b절에서 사용되는 '헤오스 포테'(ἕως πότε; "언제까지?" 혹은 "얼마 동안?"[How long?])라는 헬라어 문구는 70인역, 특히 시편에 빈번하게 나타나는 기도 패턴이다(시 6:3[70인역 6:4]; 13:1-2[12:2-3]; 35:17[34:17, πότε만 사용]; 62:3[61:4]; 74:10[73:10]; 79:5[78:5]; 80:4[79:5]; 82:2[81:2]; 89:46[88:47]; 90:13[89:13]; 94:3[93:3]; 사 6:11; 렘 47:6[ἕως만 사용]).[166] 그런데 흥미로운 것은 현재까지 네 번의 인 심판을 통해 땅에 사는 자들을 심판하고 있었음에도 불구하고 이곳의 다섯 번째 인 심판에서 "언제까지 심판을 행하여 주지 않느냐"고 질문한다는 점이다. 이것은 모순이다. 그러므로 다섯 번째 인 심판은 처음 네 개의 심판과는 다른 경우이며 다섯 번째 인 심판과 앞의 네 개의 인 심판을 분리해서 접근할 필요가 있다. 이런 점에서 비일이 주장하는 것처럼[167] 처음 네 심판의 결과로 순교자들이 발생했다고 하여 처음 네 심판과 다섯 번째 심판의 관련성을 모색하는 것은 적절하지 않다.

도리어 다섯 번째 인 심판에 등장하는 순교자들의 기도는 앞서 언급한 네 개의 인 심판의 완결판으로서 최후의 심판을 지향하는 것으로 이해할 수 있다. 곧 하나의 단위인 처음 네 개의 인 심판 직후에 나오는 다섯 번째 인 심판에서 최후의 심판을 요청하는 순교자들의 기도가 마침내 일곱 번째 인 심판에서 응답되며 성취된다.[168] 그러므로 다섯 번째 인 심판에 나오는 순교자들의 기도는 처음 네 개의 인 심판이 최종적인 것이 아니며 좀 더 최종적 성취의 순간을 예기하고 있음을 보여준다.

---

166 Harrington, *Revelation*, 93; Beale, *The Book of Revelation*, 392.
167 Beale, *The Book of Revelation*, 389.
168 Bauckham, *The Climax of Prophecy*, 55.

[6:11] 하나님의 반응

이러한 맥락에서 11절에서 주어지는 하나님의 답변은 바로 최후의 심판을 지향한다. 그 성격이 어떻게 나타나고 있는지 11절을 관찰해 보면 흥미로울 것이다.

길고 늘어진 흰옷(11a절). 11a절에서는 "길고 늘어진 흰옷"(στολὴ λευκή, 스톨레 류케)이 순교자들에게 주어진다. 여기에서 다시 신적 수동태 동사 "주어지다"(ἐδόθη, 에도데〉δίδωμι, 디도미)가 사용되어 이것이 대주재이신 하나님의 주도로 이루어진 것임을 시사한다. 이 옷은 3장 4–5절에 등장하는, 이 땅에서 자신을 더럽히지 않고 살아가는 자와 이기는 자들에게 종말적으로 주어지는 "흰옷"과, 1장 13절에 나오는, 부활하여 승귀하신 예수님이 입고 계신 "긴 옷"(ποδήρη, 포데레)의 조합이라고 할 수 있다. 여기에서 우리는 순교자들에게 주어진 "길고 늘어진 흰옷"이 무엇을 의미하는지 짐작할 수 있다. 그것은 그들이 사람들 앞에서 예수님을 시인하는 순결하고 거룩한 삶을 통하여 "승리"를 획득했으며, 하나님으로부터 인정을 받음으로 "영광"을 얻게 된 것을 상징한다.[169]

4장 4절에서 이십사 장로들이 단순히 "흰옷"을 입은 것으로 묘사되는 것과 달리, 6장 11a절에서 순교자들이 "길고 늘어진 흰옷"을 입었다고 말하는 것은 그들이 그리스도를 위해 피를 흘렸다는 좀 더 역동적 문맥에서 주어진 발전으로 볼 수 있다. 또한 여섯 번째와 일곱 번째 인 심판 사이의 삽입 부분에 속하는 7장 9절에 등장하는 하늘의 "셀 수 없는 큰 무리"에게도 동일하게 '스톨라스 류카스'(στολὰς λευκὰς)라는 단어가 사용된다. 이것은 인 심판의 다섯 번째와 삽입 부분이, 같은 인 심판의 문맥 속에서 '스톨레 류케'라는 문구에 의해서 서로 관련되고 있음을 나타낸다.[170] 이점은 다음 단락에서 한 번 더 언급하도록 하겠다.

잠시 동안 쉼(11c절). 순교자들에게는 "길고 늘어진 흰옷"이 주어질 뿐 아니라(11a절), "잠시 동안 쉴 것"이라는 말씀도 주어진다(11bc절). 11b절에 의하면 "말씀하다"(ἐρρέθη, 에르레데〉λέγω, 레고) 역시 신적 수동태로 사용되고 있다. "잠시 동안 쉴 것"이란 말씀에 "아직"(ἔτι, 에티)이라는 부사가 사용됨으로써 이러한 쉼이 어느 정도 지속되어야 함을 의미하지만,[171] "잠시 동안"이라는 문구에 의해 그것이 너

---

169 Harrington, *Revelation*, 93.
170 Bauckham, *The Climax of Prophecy*, 55.
171 이 단어는 "여전히"(still)란 의미를 가지므로 지속적인 유지의 의미를 내포한다(BDAG, 400).

무 길게 지속될 것은 아니라는 것도 암시하고 있다. 그렇다면 이들에게 주어진 "쉼"이라는 것은 영원히 지속될 것이 아니므로 잠정적인 성격의 것이라고 볼 수 있다. 그리고 이러한 임시적인 쉼의 마침은 곧 이들의 기도가 완전히 응답되는 순간이기도 하다. 예수님은 이들의 이러한 기도에 "아니오"라고 말씀하시는 대신 아직 정해진 때가 이르지 않았음을 상기시키고 계신다. 그러나 그러한 때에 대한 기다림이 불확실한 미래에 대한 초조와 불안이 아니라 "쉼" 가운데 지속된다는 것은 하나님의 은혜가 아닐 수 없다.[172]

그렇다면 언제까지 이러한 쉼이 지속되는가? 11c절에 의하면 그것은 그들처럼 죽임을 당할 그들의 동료 종들과 그들의 형제들의 수가 "완성되기"(πληρωθῶσιν, 플레로도신)까지다. 여기에서 먼저 "그들의 동료 종들"(οἱ σύνδουλοι αὐτῶν, 호이 쉰둘로이 아우톤)과 "그들의 형제들"(οἱ ἀδελφοὶ αὐτῶν, 호이 아델포이 아우톤)은 서로 보완적 관계를 갖는다. 해링턴에 의하면 "동료 종들"이란 순교자들의 관점에서 표현된 것이고 "형제들"은 일반적인 성도들의 관점에서 표현된 문구다.[173] 이러한 맥락이라면 완성되어야 할 숫자가 단순히 순교자만이 아니라 거기에 일반 성도들의 숫자도 포함되어 있음을 엿볼 수 있다. 이러한 점에서 순교자들은 단순히 문자적 의미 그 이상으로서 "모든 성도들의 상징적 대표"라고 할 수 있다.[174] 이 주제는 이어지는 내용에서 좀 더 자세하게 논의될 것이다.

수의 완성(11def절). 그렇다면 하나님의 말씀과 그리스도의 증거를 인하여 죽임을 당한 "그들과 같은 방식으로"(ὡς καὶ αὐτοί, 호스 카이 아우토이)[175] 죽임당하게 될 그들의 동료 종들과 그들의 형제들의 "수가 완성"되어야 한다는 것은 무엇을 의미하는가? 순교자들의 숫자가 정해져 있음을 의미하는가? 결론부터 말하면, 이 표현은 하나님이 순교자들의 숫자를 미리 정해 놓으셨음을 의미하지 않는다.[176] 이러한 추측은 성경 어디에도 그 근거가 없다. 그렇다면 "수가 완성되어야 한다"는 문구에서 우리는 서로 밀접하게 연관된 이중적 측면을 고려하지 않을 수 없다.

---

172 기다림의 인내에 의해 마음의 고통을 수반한다는 견해(Augustine, Alcasar, Ribiera, Bengel, De Wette, Bleek, Holtzmann, Bousset 등)와 이와는 달리 이런 상태를 축복으로 간주하는 입장(Hengstenberg, Düsterdieck, Kliefoth, Alford, Swete)이 있다(Charles, *A critical and exegetical commentary on the Revelation of St John*, 1:176).

173 Harrington, *Revelation*, 93.

174 Beale, *The Book of Revelation*, 455.

175 이러한 번역에 대한 설명은 "구문 분석 및 번역"을 참고하라.

176 보큠은 "완성되어야 하는 순교자들의 임의적으로 정해진 정원(arbitrarily decreed quota)"의 존재에 대해 비판한다(Bauckham, *The Climax of Prophecy*, 56).

(1) 첫 번째 측면: 지연이라는 주제

첫 번째 측면은 지금 당장은 순교자들이 요청하는 신원에 응답해서 최후의 심판을 할 때가 아니며 조금 더 지연되어야 한다는 것이다. 이런 지연에 있어서 여섯 번째 인 심판과 삽입과 일곱 번째 인 심판이 서로 연관된다. 곧 다섯 번째 인 심판에서 "지연"(delay)이라는 주제가 중심을 이루고, 여섯 번째 인 심판(6:12-17)에서는 묵시적 이미지를 통해 최종적 심판의 시기에 대한 예고(최종적 심판 그 자체는 아니다)가 주어진다.[177] 그리고 일곱 번째 인 심판이 시작되기 직전의 삽입 부분인 7장 전반부(1-8절)에 등장하는 "십사만 사천"이란 숫자는 모든 시대마다 현존하는 초월적 의미로서 성도의 완전한 수라는 의미를 갖는다. 성도의 완전한 수로서의 초월적 의미는 "순교자들의 완전한 수"(full number of martyrs)에도 적용될 수 있다.[178] 왜냐하면 순교자들은 성도 전체의 부분 집합이므로 성도들의 완전한 수에는 순교자들의 완전한 수가 당연히 포함되기 때문이다. 곧 성도들의 수가 완전하게 찼다는 것은 당연히 순교자들의 수도 완전히 차게 되었다는 것을 의미한다. 요한계시록의 맥락에서 순교자들은 성도들의 대표자이기도 하고 교회 공동체의 특징을 대표적으로 나타내기도 한다. 이것은 앞서 언급한 "동료 종들과 그들의 형제들"이 "일반적으로는 하나님의 백성이고 구체적으로는 순교자들을 의미한다"는 점과도 조화를 이루고 있다.[179]

이상에서 순교자들의 기도에 대한 응답으로 순교자들의 동료 종들과 형제들의 수가 완전해질 때까지 기다리라는 "지연"의 주제는 7장의 십사만 사천이라는 숫자를 통해 그 성취 과정을 확인하게 되며 그 최종적 성취는 8장 1-5절의 일곱 번째 인 심판을 통해 나타나게 된다. 그리고 삽입의 후반부인 7장 9-17절에서 "셀 수 없는 큰 무리"는 "흰 스톨레"(στολὰς λευκὰς, 스톨라스 류카스)을 입고 있는데(7:9), 이 옷은 제단 아래에 있는 죽임을 당한 영혼들(6:9) 각각에게 주어진 "흰 스톨레"(στολὴ λευκὴ, 스톨레 류케; 6:11)와 동일하다.[180] 이러한 "흰 스톨레"라는 주제에 의해 6장 9절의 "죽임을 당한 자들의 영혼들"과 7장 9-17절의 천상의 "셀 수 없는 큰 무리"가 서로 연결되어 후자를, 전자의 완성되어야 할 충만한 수의 천상적 존재로 간주할 수 있게 된다.[181] 여기에서 7장 1-8절의 "십사만 사천"과 7장

---

177 앞의 책, 55.
178 앞의 책.
179 Harrington, *Revelation*, 93.
180 Bauckham, *The Climax of Prophecy*, 55.
181 앞의 책.

9-17절의 "셀 수 없는 큰 무리"라는 공통된 주제가 충만한 수의 존재임을 알 수 있다.[182] 이 두 본문은 미래에 완성될 충만한 수로서 하나님의 백성이 이미 현재에 초월적으로 그 실체를 드러내고 있음을 나타낸다.

그러므로 7장의 이러한 내용은 다섯 번째 인 심판에서 언급하는 "지연"이라는 주제를 "정교하게 극화시키고 있다"(dramatizes precisely)고 볼 수 있다.[183] 곧 다섯 번째 인 심판에서의 순교자들의 기도의 응답을 이루게 하는 완전한 수가 7장에서 하나님 백성의 완전한 수인 십사만 사천과 셀 수 없는 큰 무리를 통해 성취되는 과정을 보여주고 있으며, 이 과정을 거쳐서 마침내 8장 1절과 3-5절에서 순교자들의 기도의 응답으로 초래되는 최종적 심판이 발생한다.[184] 여기에서 다시 한 번 5장 8절의 경우처럼 하나님의 구속 사역이 성도들의 기도와 함께 경영된다는 사실이 확증된다. 이상에서 볼 때 다섯 번째 인 심판과 여섯 번째 인 심판 그리고 삽입(7장)과 일곱 번째 인 심판은 지연과 성취의 관계로 서로 유기적으로 밀접하게 연결되고 있음을 알 수 있다.

(2) 두 번째 측면: 순교자의 고난이라는 주제

두 번째 측면은 이 문구가 포함하고 있는 주제로서 "수가 완성되기까지" 순교자들에게 주어진 지연의 기간은 "하나님 나라의 완성이 이루어지기 전까지 남아 있는 기간"(그 나라의 완성은 예수님의 재림으로 이루어진다)으로서, 이 기간 동안 "하나님의 신실한 백성들은 고난과 죽음"을 각오하고 예수님처럼 신실한 증인(1:5)으로 살아야 한다는 것이다.[185] 그것은 하나님 나라의 종말적 도래의 완성에 하나님의 주권과 함께 인간의 책임으로서 고난을 통한 성도들의 증거가 결정적 역할을 한다는 것을 의미한다.[186] 이러한 차원에서, "순교자들의 죽음은 하나님이 악의 세력에 대한 승리를 쟁취하시는 수단이고 오직 완전한 승리만이 하나님의 목적을 완성시킬 수 있다"라는 케어드의 주장이 설득력을 얻는다.[187]

그렇다면 초림과 재림 사이의 기간에 살아가는 모든 그리스도인은 하나님

---

182 물론 7장은 다섯 번째 인 심판과 관련하여 지연됨이라는 주제와 정해진 수가 완성되는 것에 대한 주제를 포함하지만 동시에 교회론적 주제를 포함한다. 그러므로 순교자의 수와 관련하여 144,000과 셀 수 없는 큰 무리를 생각할 수 있게 되지만 동시에 이 숫자가 교회 공동체 전체를 의미하고 있음을 기억해야 한다.

183 Bauckham, *The Climax of Prophecy*, 55.

184 Beale, *The Book of Revelation*, 455.

185 Bauckham, *The Climax of Prophecy*, 56.

186 앞의 책.

187 Caird, *The Revelation of St John*, 87.

나라의 완성을 위해 부르심 받은 잠재적 순교자들이다.[188] 이 사실을 강력하게 지지해 주고 있는 것이 바로 11f절에서 "그들과 같은 방식으로"라고 번역되는 '호스 카이 아우토이'(ὡς καὶ αὐτοί)라는 문구이다.[189] 이 문구는 순교자들과 잠재적 순교자들의 동질성을 강조해 주고 있다. 이런 점에서 7장의 십사만 사천과 셀 수 없는 큰 무리는 순교적 정신을 공유한 자들로서 다섯 번째 인 심판의 "수의 완성"의 결과로 간주하는 것이 가능하다. 따라서 순교자들은 문자적 의미의 순교자들의 수를 가리키는 것이 아니라 "어느 정도이건 간에 고난당하는 모든 성도들에 대한 비유적 표현"이라고 할 수 있다.[190]

(3) 수의 완성이 갖는 이중적 측면 정리

이상에서 수의 완성이라는 주제를 "지연"과 "고난"이라는 두 가지 측면에서 살펴보았다. 요한계시록에서 모든 그리스도인의 정체성을 결정짓는 표상은 바로 5장 6절의 죽임을 당한 어린 양이므로 모든 그리스도인은 순교자들과 관련된다. 무엇보다 그리스도인의 삶은 죽임을 당하신 어린 양을 좇아 순교적이어야 하며, 고난 가운데 진행되는 삶 그 자체와 사역은 모두 제단 아래 있는 죽임당한 영혼들의 수를 완성하는 과정인 것이다. 결국 그것이 밑거름이 되어 하나님 나라가 완성될 것이다. 이것이 바로 제단 아래 있는 죽임을 당한 영혼들의 수가 완성되어야 한다는 것을 문자적 의미가 아닌 상징적 의미에서 포괄적으로 이해해야 하는 이유다. 그러므로 6장 9-11절에서 하늘 성전의 제단 아래 있는 순교자들은, 초림과 재림 사이에 지상에서 하나님의 신실한 백성이자 참 증인으로 영적 전투를 치르며 살아가는 교회 공동체로서[191] 7장 1-8절의 십사만 사천과 7장 9-17절의 셀 수 없는 큰 무리와 같이 완성된 수를 채우며 나아가는 존재이다.

(4) 수의 완성에 대한 구약적 유대적 배경

이러한 "수의 완성"이라는 주제는 구약적 유대적 배경을 가지고 있다. 에스라4서 4장 33-37절은 다음과 같이 말하고 있다.[192]

---

188 Beale, *The Book of Revelation*, 391, 455. 이것은 "죽임을 받아 수가 완성되어야 한다"는 순교자들의 정해진 수가 창세 전에 이미 결정되어 그 수를 채워야 한다는 것을 말하려는 것이 아니다. 만일 이러한 해석을 할 경우 무모한 순교를 강요할 수 있는 부작용이 예상되기 때문이다.
189 이 문구의 번역과 관련된 쟁점에 대해서는 11f절에 대한 "구문 분석 및 번역"을 참고하라.
190 Beale, *The Book of Revelation*, 455.
191 앞의 책.
192 Harrington, *Revelation*, 93.

^{33}그때 내가 대답하여 말했다: 얼마나 오랫동안 그리고 언제 이 일들이 있게 될 것입니까? 왜 우리의 연수는 적고 악합니까? ^{34}그가 나에게 대답하여 말했다: "너는 지극히 높으신 이보다 더 서두르지 말지니 이는 네 조급함이 너 자신을 위한 것이기 때문이라. 그러나 지존자는 많은 자들을 위해 재촉하신다. ^{35}의인들의 영혼들이 그들의 방에서 '이 문제들에 대하여 우리가 얼마 동안 여기에 머물러야 합니까? 그리고 우리들의 보상의 추수는 언제 올 것입니까?'라고 말하면서 질문하지 않았느냐? ^{36}그때 천사장인 예레미엘이 대답하여 말하였노라: '너희들과 같은 사람들의 수가 완성될 때까지이다. 왜냐하면 그분은 시대를 저울에 달아 재시고, ^{37}시간들을 자로 측량하시며, 시간들을 숫자로 세시기 때문이다. 그리고 그분은 그 측량이 완성될 때까지 그것들을 움직이거나 일으키지 않으실 것이다'"(에스라4서 4:33-37)$^{193)}$

이 본문의 33절에서 "이 일들"은 에스라4서 4장 26-32절에 언급된 세상의 끝이 신속하게 다가오고 있다는 내용을 가리킨다(에스라4서 4:26). 천사 우리엘(Uriel)과 예레미엘의 발언의 핵심은 세상의 종말과 관련하여 하나님은 서두르시지만 시간들을 정확하게 측정하시면서 정확한 시점에 하나님의 계획을 이루어 가신다는 것이다. 특별히 그 시점을 가늠할 수 있는 기준은 바로 자신들의 방에서 보상을 기다리는 의인들의 영혼의 수가 완성되는 것이다. 여기에서 하나님에 의한 종말적 성취의 결정적 조건은 바로 의인들의 수의 완성이다.

더 나아가서 에녹1서 47장 3-4절에서는 의인들의 결정적 숫자와 그들의 기도와 그들이 흘리게 되는 피에 대한 언급이 함께 등장한다.$^{194)}$

^{3}저 날들에 나는 그가 그의 영광의 보좌에 앉아 있는 동안 시간의 선행자인 그를 보았다. 그리고 살아 있는 자들의 책들이 그 앞에 열려져 있다 ... ^{4}거룩한 자들의 마음이 기쁨으로 가득 찼다. 왜냐하면 의인들의 수가 제공되었고$^{195)}$ 의로운 자들의 기도들이 들은 바 되었으며 의인들의 피가 영들의 주님 앞에 받아들여졌기 때문이다(에녹1서 47:3-4)$^{196)}$

이 본문에서는 거룩한 자들과 의인들이 구별되는데, 전자가 일반적인 성도들이라면 후자는 순교자들을 의미하는 것으로 추정할 수 있다. 왜냐하면 47장 4절 후반부에서 "의인들의 피가 영들의 주님 앞에 받아들여졌다"고 언급되기 때문이다. 여기에서 의인으로 칭해지는 순교자들의 수가 완성되는 것과 그들의 피가 주님 앞에 열납되는 것은 서로 평행 관계를 갖는다. 순교자들의 수가 완성되고

---

193 *OTP* 1:531.
194 Boxall, *Revelation of St. John*, 115.
195 쾨스터는 이 문구를 "도달했다"(reached)라고 번역한다(Koester, *Revelation*, 400).
196 *OPT*, 1:35.

그들의 기도와 피가 하나님 앞에 열납되는 것을 보면서 거룩한 자들의 마음은 기쁨으로 가득 차게 된다.

이 외에도 바룩2서 23장 5절에 의하면 태어나는 자들의 "정해진 수(the number that has been appointed)가 완성되지 않는다면"[197] 아담의 범죄로 말미암아 죽었던 피조물 중 어떤 것도 다시 살 수 없다고 한다.[198] 이것은 끝이 오기 전에 정해진 수가 완성되어야 한다는 것을 의미한다. 이곳의 바룩2서 본문은 순교자의 수에 대해 언급하고 있는 것은 아니지만 피조물의 회복을 위해 필요한 정해진 사람의 수가 완성되어야 한다는 것을 언급한다는 점에서 요한계시록 본문의 배경적 기능을 보여주고 있다. 그리고 다른 측면이기는 하지만 아브라함 시대에 소돔과 고모라가 하나님의 심판을 면하기 위해 필요한 의인의 수가 요구되기도 했다. 이처럼 구약이나 유대 문헌에서 의인들의 정해진 숫자가 하나님의 사역 행위의 동기로 작용하는 경우들이 있음을 확인할 수 있다.

정리. 이상에서 살펴본 다섯 번째 인 심판의 내용은 예수님의 초림과 재림 사이에 순교자들이 필연적으로 발생할 수밖에 없는 정황을 소개한다. 그것은 바로 하나님 나라가 완성되기 위해서는 성도들의 고난이 필연적이기 때문이다. 이제 고난받는 순교자들의 수가 채워져야 하므로 8장의 완성 지점으로 가기 전에 삽입 부분(7장)에서 성도의 수를 비롯한 순교자의 수가 완성되는 과정을 보여준다. 이것은 "지연"이라는 주제이며 동시에 "고난"이라는 주제도 포함한다. 특히 다섯 번째 인 심판은 단순히 죽임을 당한 영혼들의 간구와 그에 대한 응답만 기록하는 데 그치지 않고 순교자들을 죽게 했던 주체들에 대한 강력한 심판에 대한 정당성과 필연성을 함축한다. 따라서 일곱 번째 인 심판에서는 이러한 순교자들의 기도에 대한 응답으로 최후의 심판이 주어지고 16장 5-6절의 세 번째 대접 심판에서는 "당신은 의롭습니다 … 왜냐하면 그들이 성도들과 선지자들의 피를 흘렸고 당신은 그들에게 피를 마시게 했기 때문입니다"라고 하여 순교자들을 죽게 한 자들에 대한 심판의 이유를 더욱 명료하게 제시한다.

---

197 *OPT*, 1:629.
198 Koester, *Revelation*, 400.

2) 여섯 번째 인을 열다(6:12-17)

여섯 번째 인 심판에서는 앞선 다섯 인 심판의 내용과는 다소 다른 어휘들이 동원되고 있다. 그것들은 좀 더 우주적이며 묵시적인 표현들로 볼 수 있다. 여섯 번째 인 심판은 앞에서도 언급했듯이 마지막 심판을 예시하는 기능을 내포하고 있다. 이 특징이 어떻게 나타나는지 살펴볼 필요가 있다. 이 여섯 번째 인 심판은 6장 12-17절에서 소개되고 있으며 이는 다시 12-14절, 15-16절, 17절의 세 부분으로 나뉜다. 12-14절에서는 심판의 현상을 소개하고, 15-16절에서는 그 심판에 대한 사람들의 반응을 소개하며, 17절에서는 마무리를 기록한다.

구문 분석 및 번역

12절 a   Καὶ εἶδον ὅτε ἤνοιξεν τὴν σφραγῖδα τὴν ἕκτην,
         그리고 그가 여섯째 인을 여실 때에 나는 보았다

     b   καὶ σεισμὸς μέγας ἐγένετο
         그리고 그때 큰 지진이 일어났다

     c   καὶ ὁ ἥλιος ἐγένετο μέλας ὡς σάκκος τρίχινος
         그리고 해가 검은 베옷같이 검게 되었다

     d   καὶ ἡ σελήνη ὅλη ἐγένετο ὡς αἷμα
         그리고 달 전체가 피같이 되었다

13절 a   καὶ οἱ ἀστέρες τοῦ οὐρανοῦ ἔπεσαν εἰς τὴν γῆν,
         그리고 하늘의 별들이 땅으로 떨어졌다

     b   ὡς συκῆ βάλλει τοὺς ὀλύνθους αὐτῆς ὑπὸ ἀνέμου μεγάλου² σειομένη,
         무화과나무가 큰 바람에 의하여 그것의 익은 과일을 떨어뜨리게 되는 것처럼

14절 a   καὶ ὁ οὐρανὸς ἀπεχωρίσθη ὡς βιβλίον ἑλισσόμενον
         그리고 하늘은 두루마리가 말리는 것처럼 분리되었다

     b   καὶ πᾶν ὄρος καὶ νῆσος ἐκ τῶν τόπων αὐτῶν ἐκινήθησαν.
         그리고 모든 산과 섬이 그것들의 위치로부터 옮겨졌다

15절 a   Καὶ οἱ βασιλεῖς τῆς γῆς καὶ οἱ μεγιστᾶνες καὶ οἱ χιλίαρχοι καὶ οἱ πλούσιοι καὶ οἱ ἰσχυροὶ καὶ πᾶς δοῦλος καὶ ἐλεύθερος
         그리고 땅의 왕들과 귀족들과 장군들과 부자들과 강한 자들과, 모든 종과 자유자가

     b   ἔκρυψαν ἑαυτοὺς
         자신들을 숨겼다

     c   εἰς τὰ σπήλαια καὶ εἰς τὰς πέτρας τῶν ὀρέων
            굴들 속으로 그리고 산들의 바위들 속으로

16절 a   *καὶ λέγουσιν τοῖς ὄρεσιν καὶ ταῖς πέτραις·*
         그리고 그들이 산들과 바위들에게 말했다

     b   *πέσετε ἐφ᾽ ἡμᾶς*
         우리 위에 떨어져라

c   *καὶ κρύψατε ἡμᾶς*
      그리고 너희들은 우리를 숨기라

d   *ἀπὸ προσώπου τοῦ καθημένου ἐπὶ τοῦ θρόνου καὶ ἀπὸ τῆς ὀργῆς τοῦ ἀρνίου,*
        보좌에 앉으신 이의 얼굴로부터 그리고 어린 양의 진노로부터

17절 a   *ὅτι ἦλθεν ἡ ἡμέρα ἡ μεγάλη τῆς ὀργῆς αὐτῶν,*
      왜냐하면 그들의 진노의 큰 날이 이르렀기 때문이다

b   *καὶ τίς δύναται σταθῆναι;*
      그리고 그래서 누가 견고하게 설 수 있겠는가?

12bcd절에서 '기노마이'^(γίνομαι)의 부정과거 형태인 '에게네토'^(ἐγένετο)가 세 번 연속으로 사용된다. 이러한 일련의 사용으로 운율을 형성하여 청중들에게 몰입을 유도한다. 처음 것은 "일어났다"로 번역해야 하고 나머지 두 개는 "되었다"로 번역하는 것이 자연스럽다.

14a절의 '비블리온'^(βιβλίον)은 본래 5장에서 "책"이라고 번역하였으나 여기에서는 하늘이 말리는 형태를 두루마리에 비유하였으므로 책보다는 그 이미지를 정확하게 연상시켜 주기 위해 "두루마리"로 번역했다.

15b절의 동사 '에크룹산'^(ἔκρυψαν)과 16c절의 동사 '크룹사테'^(κρύψατε)는 개역개정에서 각각 "숨어"와 "가리라"로 번역되었는데 이것들은 동일한 동사이므로 일관성 있게 각각 "숨겼다"와 "숨기라"로 번역하는 것이 적절하다. 후자를 "가리라"로 번역하면 "숨기라"로 번역하는 것보다 다소 소극적인 반응으로 보일 수 있다. 이 본문에서는 하나님과 어린 양의 진노로부터 자신들을 숨기고 싶은 심리가 더 크게 작용하고 있는 것으로 볼 수 있다.

15c절의 전치사 '에이스'^(εἰς)는 숨는 방향성을 분명하게 보여주고자 하기 때문에 "속으로"라고 번역하였다. 이 전치사는 "숨다"라는 단어와 함께 사용되어 다급하게 어느 지역을 향하여 도피하는 그림을 그려준다. 영어 역본들 중 NRSV, ESV, NIV는 "굴들"의 경우에는 "굴들 안에⁽ⁱⁿ⁾"로 번역하고 "산들의 바위들"의 경우는 "산들의 바위들 중에^(among)"로 번역한다. 하지만 이런 번역은 '에이스'^(εἰς)의 의미에 "중에"^(among)라는 의미가 없기 때문에 적절하지 않다. 따라서 이 전치사를 "속으로"로 번역해서 "굴들"과 "산들의 바위들" 각각에 적용하면 15c절은 "굴들 속으로 그리고 산들의 바위들 속으로"라고 번역되어야 한다.

17a절은 "왜냐하면"이라는 의미의 접속사 '호티'^(ὅτι)로 시작한다. 이 접속사는 직전의 16절에 대한 이유를 제시한다. 그리고 17b절은 '카이'^(καί)라는 접속사

로 시작하는데 이것을 단순히 등위 접속사 용법으로 이해하기보다는 "선행하는 것으로부터 초래되는 결과"를 나타내 주는 것으로 간주하여 "그리고 그래서"(and so)[199])로 번역하는 것이 더 낫다. 왜냐하면 17b절이 17a절에 종속되는 것이 아니라 독립적으로 존재하여 그 결과를 서술해 주기 때문이다. 그리고 17b절의 동사로 사용된 '히스테미'(ἵστημι)는 "견고히 서다"(stand firm)라는 의미이다.[200]) 이런 사전적 의미를 번역에 반영해야 한다.

이상의 내용을 근거로 우리말 어순에 맞추어 번역하면 다음과 같다.

12a	그리고 그가 여섯째 인을 여실 때에 나는 보았다.
12b	그리고 그때 큰 지진이 일어났다.
12c	그리고 해가 검은 베옷같이 검게 되었다.
12d	그리고 달 전체가 피같이 되었다.
13a	그리고
13b	무화과나무가 큰 바람에 의하여 그것의 익은 과일을 떨어뜨리게 되는 것처럼
13a	하늘의 별들이 땅으로 떨어졌다.
14a	그리고 하늘은 두루마리가 말리는 것처럼 분리되었고
14b	모든 산과 섬이 그것들의 위치로부터 옮겨졌다.
15a	그리고 땅의 왕들과 귀족들과 장군들과 부자들과 강한 자들과, 모든 종과 자유자가
15c	굴들 속으로 그리고 산들의 바위들 속으로
15b	자신들을 숨겼다.
16a	그리고 그들이 산들과 바위들에게 말했다.
16b	"우리 위에 떨어져라
16c	그리고 너희들은
16d	보좌에 앉으신 이의 얼굴로부터 그리고 어린 양의 진노로부터
16c	우리를 숨기라
17a	왜냐하면 그들의 진노의 큰 날이 이르렀기 때문이다.
17b	그리고 그래서 누가 견고하게 설 수 있겠는가?"

본문 주해

[6:12-14] 심판의 현상

먼저 12-14절은 어린 양 예수님이 여섯 번째 인을 여실 때 일어나는 현상을 소개한다. 여기에 사용된 동사는 모두 "부정과거형"이다: "일어났다"(ἐγένετο, 에게네토; 12b절), "되었다"(ἐγένετο, 에게네토; 12c절, 12d절), "떨어졌다"(ἔπεσαν, 에페산; 13a절), "분

---

199 BDAG, 495.
200 앞의 책, 482.

리되었다"(ἀπεχωρίσθη, 아페코리스데; 14a절), "옮겨졌다"(ἐκινήθησαν, 에키네데산; 14b절). 이와 같이 부정과거 시제의 동사들이 사용되는 이유는, 여기에서 요한이 자기가 경험했던 환상 내용을 전달하는 방식을 취하고 있기 때문이다. 이 방식은 또한 미래에 일어날 일을 미리 예견하여 쓰고자 하는 의도가 아니라 환상을 통해 계시된 종말적 심판의 정황을 묘사하기 위한 목적과 의도를 가지고 있다. 여기에서 이 본문에 나타난 종말적 심판의 특징을 요약하면 다음과 같다: (1) 큰 지진 (12b절), (2) 해가 검은 베옷같이 검게 됨(12c절), (3) 달 전체가 피같이 됨(12d절), (4) 하늘의 별들이 땅으로 떨어짐(13a절), (5) 하늘이 두루마리가 말리는 것처럼 분리 됨(14a절), (6) 모든 산과 섬이 제자리에서 옮겨짐(14b절). 이 일련의 목록들은 모두 다 구약적인 표현들이다.

구약 배경. 본문의 내용은 요한이 임의적으로 구성한 표현이 아니고 구약의 심판 패턴을 적용한 것이다. 다음 도표에서 어떤 구약 본문이 각 표현의 배경으로 사용되는지 쉽게 확인할 수 있다.[201]

주제	계 6:12-14	구약
지진	큰 지진이 일어났다(12b)	여호와께서 땅을 진동시키려고 일어나실 때에(사 2:19)
해의 어두워짐과 베옷	해가 검은 베옷같이 검게 되었다(12c)	내가 흑암으로 하늘을 입히며 굵은 베로 덮느니라(사 50:3); 해가 어두워지고(욜 2:31a)
달이 피같이 됨	달 전체가 피같이 되었다(12d)	달이 핏빛같이 변하려니와(욜 2:31b)
무화과나무	무화과나무가 큰 바람에 의하여 그것의 익은 과일을 떨어뜨리게 되는것처럼(13b)	하늘의 만상이 사라지고(떨어지고) 하늘들이 두루마리(βιβλίον) 같이 말리되 그 만상의 쇠잔함이 포도나무 잎이 마름 같고 무화과나무 잎이 마름 같으리라(사 34:4)
하늘의 별들이 떨어짐	하늘의 별들이 땅으로 떨어졌다(13a)	
하늘이 두루마리처럼 말림	하늘은 두루마리(βιβλίον)가 말리는 것처럼 분리가 되었다(14a)	
산의 이동	모든 산과 섬이 그것들의 위치로부터 옮겨졌다(14b)	내가 산들을 본즉 다 진동하며 작은 산들도 요동하며(렘 4:24)

---

201 Sweet, *Revelation*, 145.

먼저 이런 비교에서 가장 두드러진 구약적 배경을 갖는 주제는 6장 12b절의 "큰 지진"이다. "큰 지진"은 시내 산에서의 하나님의 현현을 비롯하여 구약에서 하나님을 대적하는 자들을 심판하시기 위한 하나님의 오심에 대한 전조 현상으로 자주 표현된다(삿 5:4-5; 욜 2:10; 시 78:7-8).[202] 또한 이 지진 현상은 여호와의 날에 대한 현상의 필수적인 요소로서(욜 2:1-2; 미 1:3-4; 나 1:3-6; 슥 14:4-5)[203] 요한계시록에서는 "종말에 대한 중요한 이미지들 중 하나"로 활용되고 있다.[204] 이에 덧붙여서 지진은 "불경한 세상의 붕괴에 대한 반복되는 상징"이라고 할 수 있다.[205]

또한 위의 표에서 확인할 수 있듯이, 6장 12c절은 이사야 50장 3절과 요엘 2장 31a절을 배경으로 하고, 6장 12d절은 요엘 2장 31b절을 배경으로 하고 있다.

계 6:12cd	사 50:3 / 욜 2:31
그리고 해가 검은 베옷같이 검게 되었다(12c)	내가 흑암으로 하늘을 입히며 굵은 베로 덮느니라(사 50:3) 여호와의 크고 두려운 날이 이르기 전에 해가 어두워지고(욜 2:31a)
그리고 달 전체가 피같이 되었다(12d)	달이 핏빛같이 변하려니와(욜 2:31b)

요한계시록 6장 12c절의 "해가 검은 베옷같이 검게 되다"는 이사야 50장 3절의 "흑암으로 하늘을 입히며 굵은 베로 덮느니라"와 요엘 2장 31a절의 "해가 어두워지고"를 조합한 것이라고 할 수 있다. 6장 12d절의 "달 전체가 피같이 되었다"는 요엘 2장 31절의 "달이 핏빛같이 변하다"와 평행 관계를 갖는다.

또한 요한계시록 6장 13-14a절과 이사야 34장 4절을 좀 더 자세하게 비교한 내용은 다음 표로 확인할 수 있다.

계 6:13-14a	사 34:4
13) 그리고 무화과나무가 큰바람에 의하여 그것의 익은 과일을 떨어뜨리게 되는 것처럼 하늘의 별들이 땅으로 떨어졌다. 14a) 그리고 하늘은 두루마리(βιβλίον, 비블리온)가 말리는 것처럼 분리되었고	하늘의 만상이 사라지고(떨어지고) 하늘들이 두루마리(βιβλίον, 비블리온)같이 말리되 그 만상의 쇠잔함이 포도나무 잎이 마름 같고 무화과나무 잎이 마름 같으리라

이상 두 본문의 비교에서 먼저 요한계시록 6장 13절에서 "하늘의 별들"이 땅으로 떨어지는 것은 이사야 34장 4절에서 "하늘의 만상"이 떨어지는 현상과 동일하게 표현된다. 70인역에서는 만상을 "별들"이 떨어지는 것으로 번역하고 있다.

---

202 Osborne, *Revelation*, 291.
203 앞의 책.
204 Bauckham, *The Climax of Prophecy,* 199. 지진의 주제에 대한 좀 더 자세한 연구를 위해서는 앞의 책, 199-209를 참고하라.
205 Sweet, *Revelation*, 145.

여기에서 요한계시록 본문은 이사야 본문의 70인역을 따르고 있음을 알 수 있다. 그리고 요한계시록 6장 14a절에 사용된 "두루마리"(βιβλίον, 비블리온)라는 단어가 이사야 34장 4절에서도 사용된다. 다만 전자는 "분리되다"(ἀπεχωρίσθη, 아페코리스데〉ἀποχωρίζω, 아포코리조)라는 동사와 함께 사용된 반면 후자는 "말리다"(ἑλιγήσεται, 헬리게세타이〉ἑλίσσω, 헬리쏘)라는 동사와 함께 사용된다는 차이가 있다.

위의 도표에 언급된 구약 본문들 외에 사용된 구약 배경 본문들은 다음과 같다: 이사야 13장 10-13절, 24장 1-6절, 19-23절, 에스겔 32장 6-8절, 요엘 2장 10절, 3장 15-16절, 하박국 3장 6-11절.[206] 이러한 구약 본문의 영향을 받은 자료들에는 유대 전승들(모세의 유언서 10:3-6; 에스라4서 5:4-8[참고, 7:39-40])이 있고 신약의 책들(마 24:29; 막 13:24-25; 행 2:19-20)이 있다.[207] 이 구약 본문들에는 공통적으로 "땅 혹은 산들의 흔들림"이나 "달, 별, 해 그리고 하늘이 어두워지거나 흔들림"이나 "피가 부어짐" 같은 요소들이 들어 있다.

우주적 붕괴 언어. 앞서 언급한 구약 배경의 말씀들에서 "우주적 붕괴 언어"(cosmic dissolution language)가 출발했다고 볼 수 있다.[208] 이러한 우주적 붕괴 언어는 구약의 문맥에서 역사적으로 존재했던 이방 나라들을 멸망시키고자 하는 하나님의 심판에 대한 상징적(figurative) 표현으로서 필연적으로 종말적 특징을 띤다.[209] 왜냐하면 우주적 붕괴 언어를 통한 이방 나라들에 대한 심판은 종말적 사건으로서 이스라엘의 회복을 동반하는 것이기 때문이다. 그렇다면 왜 선지자들은 종말적 정황에 대해 묘사하면서 이러한 "우주적 붕괴 언어"를 사용하고 있는 것일까? 여기에서 우주적 붕괴 언어는 창조 질서의 파괴를 표현한 것이라는 사실을 기억할 필요가 있다. 구원 사역을 위해서는 창조의 회복이 필요하겠지만 심판 과정에는 창조 질서의 파괴가 수반된다. 그러므로 이방 나라들을 향한 심판을 위해서는 우주적 붕괴 언어를 사용하지만 반대로 이스라엘을 향한 구원을 위해서는 에덴 회복의 언어를 사용한다.

---

206 Beale, *The Book of Revelation*, 396.
207 앞의 책.
208 Beale, *The Temple and the Church's Mission*, 212. 비일은 이 우주적 붕괴 언어를 사용하는 구약 본문을 앞에서 언급한 것과 매우 유사하게 열거한다(앞의 책): 사 13:10-13; 24:1-6, 19-23; 34:4; 겔 32:6-8; 욜 2:10; 2:30-31; 3:15-16; 합 3:6-11; 약간 약한 것으로는 암 8:8-9; 렘 4:23-28; 시 68:7-8. 그러나 이 용어와 유사한 표현이 좀 더 이른 시점에서 연구 활동을 한 스윗(Sweet)의 저작에서도 발견된다. 스윗은 지진을 "불경한 세상의 붕괴에 대한 반복되는 상징"으로 보고 있다(Sweet, *Revelation*, 145).
209 Beale, *The Temple and the Church's Mission*, 213.

선지자들은 에덴의 구속사적 의미에 정통하기 때문에 이런 식의 개념의 개진이 충분히 가능하다. 요한계시록 본문의 심판에 대한 묘사를 보면 창조 질서가 철저하게 와해되고 있음을 관찰할 수 있다. 예를 들면, 삶의 터전으로 평온해야 하는 땅은 지진으로 갈라지고(12b절) 하늘에서 빛을 발해야 하는 해와 달은 빛을 잃고(12cd절) 별은 있어야 할 자리에서 "땅으로" 떨어진다(13a절). 여기에서 "땅으로"라고 하여 전치사 '에이스'(εἰς)로 방향을 정확하게 제시한다. 별이 떨어지는 지점은 본래의 위치와는 정반대의 장소이다. 그리고 궁창처럼 평평하게 펼쳐져 있어야 할 하늘은 두루마리가 말리듯이 분리되어 버린다(14a절). 모든 산과 섬이 그것들이 있어야 할 본래의 자리에서 옮겨진다(14b절). 이러한 방식의 심판에 대한 표현에는 역사가 창조 질서의 회복을 향하여 진행하고 있다는 사실이 역설적으로 반영되고 있다.

요한계시록과 동일하게 구약의 우주적 붕괴 언어를 사용하는 마가복음 13장 24-25절의 "그 때에 그 환난 후 해가 어두워지며 달이 빛을 내지 아니하며 별들이 하늘에서 떨어지며 하늘에 있는 권능들이 흔들리리라"도 반드시 재림의 때를 가리키는 것으로 해석할 이유가 없다. 왜냐하면 마가복음 13장 26절을 재림이 아니라 성전 파괴 사건으로 해석할 수도 있기 때문이다.[210] 마가복음 13장 30절이 "이 세대가 지나가기 전에 이 일이 다 일어나리라"라고 하여 마가복음 13장 3-23절을 비롯한 이러한 일련의 사건들을 예수님의 동시대적 사건으로 간주하고 있다는 사실이 이와 같은 입장을 지지한다.[211]

해석 원리. 우주적 붕괴 언어와 관련하여 쟁점이 되는 것은 그것을 문자 그대로 발생할 것으로 이해해야 하는가, 아니면 상징적인 표현으로 이해할 것인가에 대한 것이다. 그리고 소위 7년 환난과 같은 재림 이전에 일정한 기간 동안 발생하는 사건으로 해석할 것인가, 아니면 초림과 재림 사이에 일어나는 시대의 특징을 묘사는 것으로 해석할 것인가? 지금까지 요한계시록에 인용된 구약 본문들이 거의 대부분 상징적 이미지로 사용되고 있음을 확인해 왔다. 위의 본문에 언급된 표현들 역시 구약적 세계관의 입장에서 형성된 종말적 심판에 대한 관점이 반영된 결과들이다. 곧 구약에서 선지자들은 우주적 붕괴 언어를 사용하여 심판

---

210 France, *The Gospel of Mark*, 530 이하.
211 L. W. Hurtado, *Mark*, UBC (Grand Rapids, MI: Baker, 2011), 226.

의 메시지를 선포하는 전통이 있었다. 이것은 앞서 우주적 붕괴 언어에 대한 설명에서 밝혔듯이 심판의 핵심이 인간에게 창조의 질서를 와해시키는 것이기 때문이다. 요한은 창조 질서 붕괴 언어의 방식으로 묘사되는 구약의 심판 프레임을 성취의 시대에 적용함으로써 심판의 종말적 성취가 발생했음을 증거하고 있는 것이다. 따라서 앞서 인 심판의 처음 네 경우처럼 여섯 번째 인 심판도 구약의 종말적 사건을 예수님의 초림에 의해 초래되는 종말적 정황에 적용하여 초림과 재림 사이의 모든 역사 가운데 존재하는 모든 인간에게 적용되는 것으로 이해할 수 있게 된다.[212] 왜냐하면 요한은 교회가 이미 "종말적 심판이 시작된 시대"에 속하여 있다고 생각하고 있기 때문이다.[213] 따라서 12-14절의 본문을 요한의 시대나 현재의 시점이나 혹은 미래의 어느 시점이든 어느 특정 시대에 국한해서 그것이 문자 그대로 발생할 것으로 해석하는 것은 적절하지 않으며, 어느 시대이든 시대의 본질을 특징짓는 상징적 표현으로 해석하는 것이 적절하다.

요한계시록 본문에서 종말적 의미를 갖는 구약 본문들을 사용할 때, 예수님의 재림 시점만이 아니라 예수님의 초림으로 말미암은 종말 시점에 적용하는 경우도 적지 않다. 다니엘 2장 28-29절을 배경으로 주어지는 1장 1절의 "반드시 신속하게 되어져야만 하는 것들"이나, 다니엘 7장 13절을 배경으로 하는 1장 7절의 "구름과 함께 오시는" 예수님이나, 스가랴 12장 10절을 배경으로 하는 1장 7절의 "모든 눈이 … 그를 볼 것이다"라는 문구나, 종말적 사건을 전제로 기록된 다니엘 8장과 12장을 배경으로 주어지는 5장에서의 "책"의 주제가 그러한 예다. 이것은 예수님의 재림뿐 아니라 예수님의 초림도 종말이라는 인식에서 출발한다는 것을 보여준다. 그렇다면 구약의 종말적 현상을 인용하는 요한계시록 6장 12-14절에서 언급된 종말적 현상을 문자 그대로 예수님의 재림 때 일어나는 사건으로 이해해야 할 이유는 없다.

[6:15-16] 심판에 대한 반응

이러한 우주적 심판의 발생은 당연히 사람들에게 두려움과 공포의 마음을 갖도록 하기에 충분하다. 심판에 대한 사람들의 이러한 반응을 기록하고 있는 것이 바로 15-16절이다.

---

212 Witherington, *Revelation*, 131.
213 앞의 책. 위더링턴은 다음과 같은 내용을 덧붙이고 있다: "이러한 대부분의 심판들은 매우 전반적이어서 인간 역사의 많은 시대에서 일어난 사건들을 나타내 줄 수 있다"(앞의 책).

구약 배경. 15-16절은 이사야 2장 12절, 19-21절, 호세아 10장 8b절 말씀의 조합을 배경으로 하고 있다.[214]

> 대저 만군의 여호와의 날이 모든 교만한 자와 거만한 자와 자고한 자에게 임하리니 그들이 낮아지리라(사 2:12)

> [19]사람들이 암혈과 토굴로 들어가서 여호와께서 땅을 진동시키려고 일어나실 때에 그의 위엄과 그 광대하심의 영광을 피할 것이라 [20]사람이 자기를 위하여 경배하려고 만들었던 은 우상과 금 우상을 그 날에 두더지와 박쥐에게 던지고 [21]암혈과 험악한 바위 틈에 들어가서 여호와께서 땅을 진동시키려 일어나실 때에 그의 위엄과 그 광대하심의 영광을 피하리라(사 2:19-21)

> … 그 때에 그들이 산더러 우리를 가리라 할 것이요 작은 산더러 우리 위에 무너지라 하리라(호 10:8b)

이 구절들 가운데 이사야 2장 12절이 구약 배경 본문으로 타당성을 갖는 이유는 이사야 2장 12절이 요한계시록 본문과 명백한 평행적 표현을 갖는 이사야 2장 19절과 동일한 문맥에 놓여져 있기 때문이다. 요한계시록 6장 15절은 이사야 2장 12절의 "모든 교만한 자와 거만한 자와 자고한 자"라는 다소 추상적인 표현을 좀 더 구체적으로 표현한다. 이런 관련성이 성립된다면, 결국 요한계시록 6장 15절에서 열거된 부류들은 높은 위치에 있는 자들로서 하나님을 알기를 거부하는 교만하고 거만하고 자고한 자들이다. 이사야는 이러한 자들이 심판을 받아 마땅하다고 설파한다. 그 결과를 밝힌 내용이 이사야 2장 19절 말씀이다. 그리고 요한계시록 본문의 16abc절에서는 호세아 10장 8b절의 말씀이 사용되며, 16d절에서는 구약 본문에 요한 자신의 해석이 가미된다. 곧, 구약에서는 "보좌에 앉으신 이의 얼굴"에서 숨겨질 것만을 말하지만 요한계시록 본문에서는 거기에 "어린 양의 진노"가 덧붙여진다. 이 문맥에서 "어린 양의 진노"가 주어지는 것은, 1장 14-16절의 "… 그의 눈은 불의 화염 같고 … 그의 입으로부터 양쪽이 날카로운 칼이 나오고 …"라는 문구와 5장 5절의 "유다 지파의 사자 다윗의 뿌리"로서 이기신 예수님의 모습을 연상시키려는 의도가 있는 듯하다. 이러한 연상 작용은 특별히 어린 양 예수님이 일곱 인을 여시는 주체이시기 때문에 생기게 된다.[215] 일곱 인을 여시는 어린 양 예수님은 구속주이신 동시에 심판주이시기 때문이다.

---

214 Sweet, *Revelation*, 145.
215 앞의 책, 146.

심판받은 자들의 목록(15a절). 먼저 15a절에서는 이 심판을 받고 그 심판에 대해 반응을 보이는 자들의 목록에 주목할 필요가 있다. 열거된 목록은 "땅의 왕들과 귀족들과 장군들과 부자들과 강한 자들과, 모든 종과 자유자"들이다. 이 목록의 중요한 특징은 대부분이 기득권층이라는 점이다. 그리고 끝부분에 자유자와 함께 덧붙여진 "모든 종"은 독립된 계층이라기보다는 이러한 기득권층에 부속된 부류로 볼 수 있다. 특별히 모든 종은 개별 인격체로서가 아니라 왕들과 귀족들과 장군들과 부자들 그리고 강한 자들에 의해 완전한 통제를 받는, 그들에게는 없어서는 안 되는 재산 목록으로 취급된다.[216] 따라서 여기 언급된 모든 종조차도 기득권층에 귀속되는 존재로 간주되어, 기득권층에 대한 심판이 필연적으로 그들에게 속한 종들에 대한 심판을 동반하게 된다. 여기에서 기득권을 가진 권력층은 스스로를 보호할 수 있는 안전망을 나름대로 구축하고 있었기 때문에 세상의 재난에 대해 가장 안전하다고 느끼고 있었을 법하다.[217] 그것은 그들로 하여금 교만하여 스스로를 영화롭게 하는 죄를 짓게 했을 것이다. 그러나 하나님의 심판은 그들이 쌓아 놓은 안전망을 무력하게 만들고 말 것이다. 하나님의 심판 앞에서는 어떤 것도 안전할 수 없기 때문이다.

이런 심판 대상 목록을, 앞에서 언급했던 것과 다른 관점으로도 접근할 수 있다. 그것은 심판 대상 목록에 열거된 대상의 수가 완전수인 일곱이라는 점에 착안한 관점이다. 여기에서 이 목록이 7이라는 숫자와 관련되는 것은 "세상의 인구에 대한 포괄적 묘사"를 의도한 것이라고 할 수 있다.[218] 그 첫째 단계에서는 로마 제국의 황제(땅의 왕들 중에 포함)에서 시작하여 귀족들과 병사 그룹까지를 망라하고, 둘째 단계에서는 부자들 및 강한 자들을 시작으로 일반 시민(자유자)과 노예까지 망라한다.[219] 이러한 포괄적 묘사를 통해 세상에 대한 심판에 예외가 없음을 강조한다. 심판의 우주적 포괄적 특징은 심판의 종말적 특징을 잘 나타내 준다.

땅의(τῆς γῆς, 15a절). 여기에서 흥미로운 것은 목록 중 처음으로 등장하는 "왕들" 앞에 "땅의"(τῆς γῆς, 테스 게스)라는 단어가 덧붙는다는 점이다. 여기에서 "땅의"라

---

216 톰슨은 이 종의 소유자인 주인이 종의 생사여탈권을 가지고 있는 존재라는 것을 지적한다(Thompson, *Revelation*, 106).

217 이 내용은 "그들의 지위가 일반적으로 그들로 하여금 안전함을 느끼게 했다"라는 스몰리의 언급에서 힌트를 얻었다(Smalley, *The Revelation to John*, 169).

218 앞의 책.

219 Beasley-Murray, *The Book of Revelation*, 138.

는 관용어는 이 본문의 배경이 되는 구약 본문 어디에도 나타나지 않으므로 일단 요한의 해석적 작업이 가미된 것으로 이해할 수 있다. 이것은 두 가지 측면의 의미가 있다.

첫째, 임금들의 통치 영역은 이 땅에 속한 것으로 매우 제한적이다. 이러한 의미는 4장에서 명백하게 밝혀진 바 있는 하늘과 땅을 통치하시는 만군의 하나님의 통치 영역과 비교된다. 둘째, 여기 사용된 "땅의"라는 관용어는 요한계시록에서 "하늘"과 대비되어 특별한 의미로 사용된다. 요한계시록 13장 3절, 8절, 12절, 14절, 14장 6절, 17장 2절, 8절과 같은 본문들에 의하면 "땅에 사는 자들"은 태생적으로 짐승과 사탄을 매우 적극적으로 경배하는 자들이다. 이에 반하여 교회 공동체는 "하늘"에 거하는 자들이다(이에 대해서는 차후에 자세하게 논의될 것이다). 이런 맥락에서 "땅의"라는 단어를 이해하면, 이것이 목록의 처음에 등장하는 "왕들"에게만 붙여지는 것이지만 실제로는 이어서 열거되는 모든 대상에게도 해당된다고 볼 수 있다. 그렇다면 이 관용어는 위에서 열거된 부류들의 정체성을 특징짓는 용어로 이해될 수 있다. 그러므로 땅에 속한 자들에 대한 심판은 당연하다고 할 수 있다.

자신을 숨기다(15b절, 16c절). 하나님의 심판은 바로 사탄에게 속한 "땅에 사는 자들"을 향한다. 이 현상은 인 심판의 의미를 일관성 있게 유지하고 있음을 보여준다. "땅에 사는 자들"은 이러한 그들의 생래적 특성 때문에 어린 양의 심판에 대해 회개하고 돌아서는 것은 꿈에도 생각하지 못하고, 16cd절의 말씀처럼 "보좌에 앉으신 이의 얼굴로부터 그리고 어린 양의 진노로부터 우리를 숨기라"라고 말하면서 일시적인 도피 방책만을 간구한다. 그들이 "우리를 숨기라"라고 하는 것은 하나님과 어린 양의 진노가 그만큼 극렬하다는 것을 말할 뿐 아니라 진노 중에 발하는 그 영광의 빛을 그들이 감히 감당할 수 없다는 사실도 보여준다. 이런 모습은 최초로 하나님 앞에 범죄했던 아담이 보여주었던 반응과 연속선상에 있다. 아담도 범죄 후에 하나님 앞에 부끄러움과 수치와 두려움으로 말미암아 하나님으로부터 자신을 숨기려고 한 바 있다(창 3:8 이하).[220] 이처럼 사람들이 하나님의 심판을 두려워하여 피하려는 모습을 보이는 이유가 17절에서 좀 더 분명해진다.

---

220 앞의 책.

[6:17] 여섯 번째 인 심판의 마무리

17절은 여섯 번째 인 심판을 마무리하고 있다. 먼저 이 본문은 땅의 왕들을 비롯한 심판을 받는 자들의 입에서 나오는 내용이 아니라, 저자가 이 상황을 기록하면서 보충적으로 설명하고 있는 것이라 볼 수 있다. 17절의 헬라어 원문은 '호티'(ὅτι, 왜냐하면)라는 접속사로 시작하고, 이러한 접속사로 인해 17a절은 앞의 내용에 대한 이유를 말하고 있다고 생각할 수 있다. 바로 앞 16절에서는 땅에 사는 자들이 하나님의 심판을 받을 때 하나님의 얼굴과 어린 양의 진노를 피하고자 했다. 왜 그처럼 처절한 반응을 보여주고 있는가? "왜냐하면"이라는 접속사로 시작하는 17a절에 그 답이 있다. 그것은 바로 그들에 대한 "진노의 큰 날"이 왔기 때문이다(17a절).

여기에서 말하는 "진노의 큰 날"(참고, 욜 2:11, 31; 말 4:1, 5)이란 무엇을 가리키는 것일까? 분명한 것은 이 문맥을 통해 볼 때 "진노의 큰 날"은 어느 특정한 날을 가리키는 것이지 예수님의 재림 때에 있게 될 "최후의 심판" 자체는 아니라는 것이다. [221] 먼저 이에 대한 이유로서 이 문맥과 관련한 설명은 앞에서 말한 바와 같다. 다만 정리해서 다시 말하면, 저자 요한이 구약의 종말적 표현을 적용하는 데 있어서 매우 융통성이 있음을 독자들은 인정해야 한다. 비록 "진노의 큰 날"이 구약에서 미래적 의미의 종말적 표현으로만 사용되는 것이긴 하지만 신약, 특별히 요한계시록의 문맥에서는 그날을 이미 시작된 종말로 인해 발생하는 심판 상황에 적용하는 것도 충분히 가능하다. 더 나아가서 "진노의 큰 날"이라는 문구는 하나님의 심판이 얼마나 극렬한지를 보여주려는 의도를 갖는다. 끝으로 이 본문은 "진노의 큰 날"이라는 표현을 사용함으로써, 인 심판 중 다른 어떤 경우보다 독자들로 하여금 종말 그 자체는 아니지만 최후 순간의 분위기를 맛보게 하려는 목적을 갖는다고 할 수 있다. [222]

17b절의 "그리고 그래서 누가 견고하게 설 수 있겠는가?"라는 질문은 하나님의 심판 앞에 "아무도 건재할 수 없다"는 것을 의미하는 수사 의문문이다. 곧 그들에게 주어진 진노의 큰 날에 아무도 심판을 견딜 수 없다. 이것이 바로 6장에서 소개되는 여섯 번째 인 심판의 결론이다. 보좌에 앉으신 하나님과 어린 양의 심판은 그 대상에 예외가 없지만 그것을 견딜 수 없는 사실에 있어서도 또한

---

221 아쉽게도 비일(Beale, *The Book of Revelation*, 400-401)이나 오즈번(Osborne, *Revelation*, 297)조차 이것을 단순히 최후 심판으로 해석하고 있다.

222 Witherington, *Revelation*, 136.

예외가 없다. 이러한 성격에 대한 설명은 이 땅의 임금들에 의한 핍박과 억압으로 인하여 고난당하는 하나님의 백성들에게 획기적인 반전이 아닐 수 없다. 그리고 이 세상을 하나님이 주관하신다는 사실을 다른 각도에서 바라볼 수 있는 의미 있는 관점도 제공하고 있다.

3) 일곱 번째 인을 열다(8:1-5)

여섯 번째 인 심판의 마지막 부분인 6장 17절에서 잠시 중단되었던 인 심판 시리즈가 7장의 삽입 부분 후에 8장 1-5절에서 재개된다. 8장 1절이 일곱 번째 인 심판의 시작이라는 것은 "일곱째 인을 여실 때에"라는 말로 알 수 있다. 그 가운데 들어 있는 8장 2절은 나팔 심판에 대한 예고이다. 그리고 8장 3-5절은 다시 8장 1절을 이어받아 일곱 번째 인 심판을 마무리한다.

구문 분석 및 번역

1절 a Καὶ ὅταν ἤνοιξεν τὴν σφραγῖδα τὴν ἑβδόμην,
그리고 그가 일곱째 인을 여실 때에

b ἐγένετο σιγὴ ἐν τῷ οὐρανῷ ὡς ἡμιώριον.
하늘에서 반 시 같은 기간 동안 침묵이 있었다

2절 a Καὶ εἶδον τοὺς ἑπτὰ ἀγγέλους οἳ ἐνώπιον τοῦ θεοῦ ἑστήκασιν,
나는 하나님 앞에 서 있는 일곱 천사를 보았다

b καὶ ἐδόθησαν αὐτοῖς ἑπτὰ σάλπιγγες.
그리고 일곱 개의 나팔이 그들에게 주어졌다

3절 a Καὶ ἄλλος ἄγγελος ἦλθεν
그리고 다른 천사가 왔다

b καὶ ἐστάθη ἐπὶ τοῦ θυσιαστηρίου ἔχων λιβανωτὸν χρυσοῦν,
그리고 그가 금 향로를 가지고 제단 위에 섰다

c καὶ ἐδόθη αὐτῷ θυμιάματα πολλά,
그리고 많은 향들이 그에게 주어졌다

d ἵνα δώσει ταῖς προσευχαῖς τῶν ἁγίων πάντων ἐπὶ τὸ θυσιαστήριον τὸ χρυσοῦν τὸ ἐνώπιον τοῦ θρόνου.
모든 성도들의 기도들과 함께 보좌 앞에 있는 금 제단에 드리도록

4절 a καὶ ἀνέβη
그리고 올라갔다

b ὁ καπνὸς τῶν θυμιαμάτων
향들의 연기가

c ταῖς προσευχαῖς τῶν ἁγίων
성도들의 기도들과 함께

d ἐκ χειρὸς τοῦ ἀγγέλου ἐνώπιον τοῦ θεοῦ.
천사의 손으로부터 하나님 앞으로

5절 a καὶ εἴληφεν ὁ ἄγγελος τὸν λιβανωτὸν
그리고 그 천사가 향로를 취하였다

b καὶ ἐγέμισεν αὐτὸν ἐκ τοῦ πυρὸς τοῦ θυσιαστηρίου
그리고 그는 그것을 제단 위의 불로 가득 채웠다

c καὶ ἔβαλεν εἰς τὴν γῆν,
그리고 그는 땅으로 던졌다

d καὶ ἐγένοντο βρονταὶ καὶ φωναὶ καὶ ἀστραπαὶ καὶ σεισμός.
그리고 그때 우레들과 소리들과 번개들과 지진이 일어났다

위 본문은 모두 12개의 주동사로 구성되어 있는데 그 중 11개가 집중적으로 부정과거 시제이고[223] 오직 5a절의 '에일레펜'(εἴληφεν, 취하였다)만 완료 시제다.[224] 이 본문에서는 부정과거 시제 사용과 관련해서 두 가지를 언급하고자 한다. 첫째, 직설법 동사의 부정과거 시제는 내러티브에서 "가장 빈번하게" 사용되며,[225] 내러티브의 전개를 위한 "기본 뼈대"(basic backbone) 기능을 지닌다.[226] 이러한 용법을 위 본문에 적용하면, 위 본문은 단편적 내러티브 형식으로 기승전결의 구조를 갖추고 있고 부정과거 시제 동사들은 이러한 내러티브 전개의 골격을 구성하기 위한 문학적 장치다. 둘째, 환상적 계시로 주어지는 독특한 문학적 환경 때문에 구성된 요한계시록 내러티브의 부정과거는 "환상의 실제적 시간"(the actual time of the vision)을 반영하는 것이다.[227] 이런 환상의 실제적 시간은 저자가 이 본문을 기록한 시점에서 볼 때는 과거의 시점이다.[228] 즉, 부정과거 시제 동사의 빈번한 사용으로 8장 1-5절은 요한이 과거에 보았던 환상의 내용이 되고, 그래서 요한이 이것을 기록하는 시점에서는 과거의 사건이 된 것이다. 이 두 가지 경우는 서로 배타적이지 않고 보완적인 관계라고 할 수 있다.

반면 8장 1-5절에 사용된 12개의 주동사 중에서 유일하게 완료 시제로 사용된 동사가 있다. 그것은 바로 5a절의 '에일레펜'(εἴληφεν, 취하였다)이다. 동사의 상 용법으로 접근하면 이 완료 시제 동사는 5장 7-8절의 경우처럼 강조의 의도를 드러내기 위한 완료 시제로 이해될 수 있다. 번역문에서는 이러한 미묘한 의도를 드러내기 쉽지 않기 때문에 독자들은 이러한 본문의 의도를 인지한 상태에서 본문을 읽어야 한다.

---

223 요한계시록에서 부정과거 시제는 451회 사용된다(Mathewson, *Verbal Aspect in the Book of Revelation*, 51).
224 이처럼 부정과거와 완료 시제가 혼합되어 등장하는 경우에 대해서는 5:7-8의 "구문 분석과 번역"을 참고하라.
225 C. R. Campbell, *Basic of Verbal Aspect in Biblical Greek* (Grand Rapids, MI: Zondervan, 2008), 83.
226 Mathewson, *Verbal Aspect in the Book of Revelation*, 42.
227 매튜슨은 뮤지스(Mussies)의 견해를 소개하면서 이런 내용을 진술한다(앞의 책, 53). 그러나 유감스럽게도 매튜슨이 밝힌 출처에는 해당 내용이 존재하지 않아서 뮤지스의 원자료 대신 매튜슨의 간접 자료를 사용하게 되었다.
228 앞의 책.

그리고 1b절의 '호스 헤미오리온'(ὡς ἡμιώριον)이란 문구를 번역하는 데 있어서 '호스'의 "같은"이란 의미와 '헤미오리온'의 "반 시"란 의미를 적절하게 조합시키는 것이 중요하다. '헤미오리온'은 목적격으로서 "기간"을 나타내 주는 용법이다.[229] 그렇다면 '헤미오리온'은 "반 시 동안"이라고 할 수 있다. 그런데 여기에 '호스'를 결합하여 같이 읽어야 하므로 이 모든 것을 충족시킬 수 있는 방법은 "반 시 같은 기간 동안"이라고 번역하는 것이 적절하다.[230] 그러므로 침묵의 기간은 "반 시"라는 기간에 비교되고 있는 것이라고 할 수 있다.

5b절의 '에크 투 퓌로스'(ἐκ τοῦ πυρός)는 "여격의 기능을 하는 부분적 소유격"(partitive genitive) 용법으로 볼 수 있다.[231] 이곳에서 "부분적 소유격"인 '에크 투 퓌로스'는 수단의 여격으로 기능하며, 그것을 이 본문에 적용하면 "그 불로"가 된다. 이러한 패턴은 요한복음 3장 25절과 누가복음 15장 16절에도 잘 나타나 있다.[232] 그리고 동사인 '에게미센'(ἐγέμισεν)γεμίζω, 게미조)은 "어떤 것을 그것의 능력만큼 어떤 대상에 넣다"라는 의미이다.[233] 그렇다면 이것은 단순히 "채우다"를 의미하는 것이 아니라 "가득 채우다"라는 의미를 갖게 된다. 그러므로 수단의 여격 기능을 하는 부분적 소유격 '에크 투 퓌로스'와 동사 '에게미센'의 의미를 고려해서 이 문장을 번역하면 "불로 가득 채웠다"가 될 것이다.

5d절의 '카이'(καί) 접속사는 5c절과의 관계에서 단순히 "그리고"라는 등위 접속사로서가 아니라 "선행한 것들로부터 초래되는 결과를 소개"하는 기능으로서 "그리고 그때"(and then)라는 의미를 가질 수 있다.[234] 따라서 이러한 의미를 반영하여 5d절을 번역할 수 있다.

이상의 내용을 근거로 우리말 어순에 맞추어 번역하면 다음과 같다.

1a	그리고 그가 일곱째 인을 여실 때에
1b	하늘에서 반 시 같은 기간 동안 침묵이 있었다.
2a	나는 하나님 앞에 서 있는 일곱 천사를 보았다.
2b	그리고 일곱 개의 나팔이 그들에게 주어졌다

---

229 월리스는 이러한 목적격의 용법을 "측정의 목적격"(Accusative of measure) 혹은 "시간/공간의 범위(extent)의 목적격"이라 칭한다(Wallace, *Greek Grammar Beyond the Basics*, 201).

230 이 번역은 보쿰이 제안하는 번역으로서 "for what seems like half an hour"라는 문구를 참고한 것이며, 그는 이 문구와 함께 "말하자면 반 시 동안"(for, as it were, half an hour)이라는 번역도 제안한다(Bauckham, *The Climax of Prophecy*, 83).

231 Aune, *Revelation 6-16*, 516.

232 앞의 책.

233 BDAG, 191.

234 앞의 책, 495.

3a	그리고 다른 천사가 왔다.
3a	그리고 그가 금 향로를 가지고 제단 위에 섰다.
3c	그리고
3d	모든 성도들의 기도들과 함께 보좌 앞에 있는 금 제단에 드리도록
3c	많은 향들이 그에게 주어졌다.
4a	그리고
4b	향들의 연기가
4c	성도들의 기도들과 함께
4d	천사의 손으로부터 하나님 앞으로
4a	올라갔다.
5a	그리고 그 천사가 향로를 취하였다.
5b	그리고 그는 그것을 제단의 불로 가득 채웠다.
5c	그리고 그는 땅으로 던졌다.
5d	그리고 그때 우레들과 소리들과 번개들과 지진이 일어났다.

본문 주해

이곳에서는 반 시 동안의 침묵(1절)과 일곱 나팔들을 가진 천사들의 등장(2절)과 성도들의 기도(3-5절)에 대해 다루도록 하겠다.

[8:1] 반 시 같은 기간 동안의 침묵

하늘의 침묵(1b절). 1a절에서 일곱째 인을 여시는 분은 물론 어린 양이지만 앞서 여러 번 반복되어 언급되었기 때문에 여기에서는 명시되지 않고 생략되어 있다. 1b절에서 하늘에서 반 시 같은 기간 동안 "침묵"(σιγή, 시게)이 있었다는 것은 무엇을 의미하는가? 유대 문헌에는 하나님이 자기 백성의 기도를 들으시기 위해 하늘을 조용하게 하셨다는 기록들이 있는데, 이곳 역시 그러한 의미를 공유한다고 볼 수 있다. [235] 유대 문헌 중 바벨로니아 탈무드의 Chagigah 12b는 "'마온'(또는 다섯째 하늘)에서 천사 무리가 밤에는 하나님을 찬양하지만 낮에는 이스라엘의 영광 때문에 침묵한다"고 기록하는데, 여기서 천사들은 "이스라엘의 찬양이 하늘에서 들려지게" 하기 위해 침묵한다. [236] 반면 요한계시록 본문에서는 좀 더 차원 높게 가장 높은 등급의 천사들이 "땅에서 고난받는 성도들의 기도가 보좌 앞에 들려지도록" 찬양을 중단하여 정적이 흐르듯이 조용하게 되었다는 것이다. [237]

---

235 Bauckham, *The Climax of Prophecy*, 71.
236 Charles, *A Critical and Exegetical Commentary on the Revelation of St. John*, 1:223.
237 앞의 책, 1:224.

곧 이 본문이 말하는 하늘에서의 침묵은 하나님이 고난당하는 성도들의 기도를 들으시기 위한 조치이며, 하나님 백성의 기도를 들으시겠다는 하나님의 강력한 의지를 보여주는 것으로 이해할 수 있다. 특별히 다섯 번째 인 심판에 기록된 하늘 제단 아래 있는 순교자들의 기도를 들으시는 것으로 간주할 수 있다. 이러한 기도 주제는 다음 3-5절에서 계속 이어지고 있다.

반 시 같은 기간 동안(ὡς ἡμιώριον, 1b절). 이 문구에 들어 있는 "같은"(ὡς, 호스)이란 단어는 요한계시록에서 한결같이 "환상적 경험"의 문맥에서 사용된다(4:6; 5:6; 6:1; 8:8; 9:7; 13:3; 14:3; 19:1, 6).[238] 따라서 '호스'는 환상에 대한 "전문적인 숙어(technical idiom)"처럼 사용되는 것으로 볼 수 있다.[239] 이 단어가 사용된 1b절의 문맥도 환상의 정황이라는 것을 알 수 있다. 또한 이 본문에서 "반 시"라는 기간은 예루살렘 성전의 오전 의식에서 "반 시" 동안 분향했던 제의적 관습을 배경으로 한다.[240] 이러한 맥락에서 1b절의 "반 시 같은 기간 동안"은 지상 성전에서의 분향 의식에 대한 "천상적 대응 관계"(heavenly equivalent)에 해당하는 것으로 간주할 수 있다.[241] 기도를 들으시는 침묵의 주제와 함께 "반 시"라는 기간의 설정은 상징적 의미로서 하나님이 성도들의 기도를 들으시는 침묵의 정황과 자연스럽게 조화를 이루고 있다.

[8:2] 일곱 나팔이 주어지는 일곱 천사의 등장

2절에서는 갑작스럽게 일곱 나팔이 주어지는 일곱 천사가 등장한다. 이러한 나팔 심판의 등장은 일곱 인 심판에 대한 언급이 마무리되기도 전에, 1절과 3-5절에서 일곱 번째 인 심판이 언급되는 사이에 갑자기 발생한다. 이것은 단순히 "겹치기"(overlapping) 혹은 "뒤섞기"(interweaving)와 같은 저자 요한의 표현 기법이라고 할 수 있다.[242] 저자 요한은 일곱 번째 인 심판을 말하는 과정에서 8장 6절의 나팔 심판의 시작을 준비하면서 8장 2절에서 잠깐 나팔 심판의 시작을 예고하고 있는 것이다. 곧 이러한 표현 기법으로 저자는 독자들에게 미리 나팔 심판

---

238 Bauckham, *The Climax of Prophecy*, 83.
239 앞의 책. 상징적 환상의 정황을 표현하는 방식으로서의 '호스'에 대해서는 4:6의 번역 문제에 대한 논의에서도 다룬 바 있다.
240 Bauckham, *The Climax of Prophecy*, 83.
241 앞의 책.
242 앞의 책, 9-10.

의 시작을 읽을 마음의 준비를 하게 한다. 그러나 세 개의 일곱 심판 시리즈에 이러한 겹치기 혹은 뒤섞기를 일반화해서는 안 될 것이다. 왜냐하면 나팔 심판과 대접 심판 사이에서는 이러한 표현 기법이 적용되고 있지 않기 때문이다. 곧 나팔 심판과 대접 심판 사이에는 12-14장의 간격이 존재한다. 그러므로 인/나팔/대접 심판은 어떤 것이 다른 것과 겹치거나 포함하는 관계가 아니라 서로 독립적으로 존재하며, 예수님의 초림과 재림 사이가 본질적으로 이 세상을 향한 하나님의 심판의 기간이라는 역사적 의미를 동일하게 세 번 반복해서 보여주는 관계에 있는 것이다. 다만 인과 나팔 심판 시리즈는 이러한 겹치기를 통해 둘 사이에 심판이라는 공통 주제가 공유되고 있다는 사실을 드러내는 효과를 보여주고 있다.

2a절의 일곱 천사는 "하나님 앞에 서 있는"(ἐνώπιον τοῦ θεοῦ ἑστήκασιν, 에노피온 투 데우 헤스테카신)이란 문구에 의해 하나님의 말씀을 수종드는 역할을 감당하는 것으로 간주된다.[243] 이런 맥락에서 "...의 앞에 서 있다"(ἐνώπιον ... ἑστήκασιν, 에노피온 ... 헤스테카신)라는 문구는 "시중들다"(attend upon) 혹은 "...의 종이 되다"(to be the servant of)라는 의미를 갖는다.[244] 이 문구는 구약에서 "...를 섬기다"라는 의미로 사용되는 히브리어 '아마드 리프네'(עמד לפני; 직역하면, "...의 앞에 서 있다"; 왕상 17:1; 18:15; 왕하 3:14; 5:16; 렘 15:19)에 상응하는 헬라어 문구이며,[245] 이것의 구체적인 예들이 70 인역 사사기 20장 28절, 사무엘상 16장 22절, 열왕기상 17장 1절, 18장 15절, 열왕기하 5장 16절, 예레미야 15장 19절 등에 나타나고 있다.[246] 요한계시록에서는 이 문구가 7장 9절에서 예배의 의미로 사용되고[247] 11장 4절에서는 증인 사역을 통한 섬김의 의미로 등장한다.[248] 11장 4절은 "땅의 주 앞에 서 있는 그 두 감람나무"라고 하는데 여기에서 두 감람나무는 하나님을 섬기는 종들이라는 의미를 갖는다. 그리고 일곱 천사에게 일곱 나팔이 주어졌다. 여기에서 "주어지다"(ἐδόθησαν, 에도데산〉δίδωμι, 디도미)라는 동사는 신적 수동태로서 그 나팔을 제공하신 분이 하나님 자신이라는 것을 암시한다. 여기에서 다시 한 번 나팔 심판을 주도하시는 분이 하나님 자신임을 알 수 있다.

---

243 Aune, *Revelation 6-16*, 508.
244 Charles, *A Critical and Exegetical Commentary on the Revelation of St. John*, 1:225.
245 앞의 책.
246 Aune, *Revelation 6-16*, 508-509.
247 Charles, *A Critical and Exegetical Commentary on the Revelation of St. John*, 1:225.
248 Aune, *Revelation 6-16*, 509. 이러한 패턴은 눅 1:19의 가브리엘 천사의 경우에도 적용된다(앞의 책).

[8:3-5] 성도들의 기도

이어지는 3-5절 말씀은 1절의 "반 시 같은 기간 동안 침묵"이 있은 후에 일어나는 일을 소개하고 있다. 여기에서는 금 제단과 금 향로와 보좌의 주제(3절), 하늘로 올라가는 향들의 연기(4절), 불로 가득한 향로를 땅으로 던지는 주제(5절)에 대해 살펴보기로 하겠다.

금 제단과 금 향로 그리고 많은 향들과 모든 성도들의 기도(3절). 3a절에 언급되는 "다른 천사"(ἄλλος ἄγγελος, 알로스 앙겔로스)는 2절에서 일곱 나팔이 주어지는 일곱 천사를 의식한 표현이다. 즉 3절에 등장하는 천사는 2절의 일곱 천사와는 다르다. 바로 그 천사가 금 향로를 가지고 금 제단 "위에"(ἐπί, 에피) 서 있다(3b절).

(1) 금 제단과 금 향로(3b절)

3d절에서 "금 제단"(τὸ θυσιαστήριον τὸ χρυσοῦν, 토 뒤시아스테리온 토 크뤼순)으로 밝혀지는 3b절의 "제단"은 6장 9-11절에서 순교자들이 신원의 기도를 올리는 제단과 동일하다.[249] 이러한 일치에 의해 두 지점 사이에 연속성을 상정할 수 있다. 하지만 6장 9-11절의 순교자들은 "제단 아래에서"(ὑποκάτω τοῦ θυσιαστηρίου, 휘포카토 투 뒤시아스테리우) 신원의 기도를 드리는 반면, 8장 3b절의 "다른 천사"는 "제단 위에"(ἐπὶ τοῦ θυσιαστηρίου, 에피 투 뒤시아스테리우) 서 있다. 후자는 전자보다 하나님의 보좌에 더 가까이 있다. 이러한 변화는 순교자들이 신원의 기도를 드리는 다섯 번째 인 심판을 시작으로 그 기도의 응답이 완성되는 일곱 번째 인 심판에 이르기까지의 기도 응답의 진행 과정을 보여준다. 그리고 이러한 과정에 속하는 1절에서는 하나님이 기도를 들으시도록 하늘에서 반 시 같은 기간 동안 침묵이 흐른다. 이상의 내용으로 볼 때, 제단은 기도 응답의 과정을 보여주기 위한 특정한 목적을 갖고 등장한다.

이러한 기도의 주제를 더욱 강화시켜 주는 것이 바로 이어서 등장하는 "금 향로"다. 3b절에서 다른 천사는 "금 향로를 가지고"(ἔχων λιβανωτὸν χρυσοῦν, 에콘 리바노톤 크뤼순) 제단 앞에 서 있다. 여기에서 "가지고"(ἔχων, 에콘)ἔχω, 에코)는 분사 구문으로서 부대적 상황으로 보는 것이 적절하다. 이러한 부대적 상황은 기도 응답의 정황을 시청각적으로 보여주고 있다. 왜냐하면 그 금 향로에 성도들의 기도

---

249 비일도 두 제단의 동일성에 주목한다(Beale, *The Book of Revelation*, 455). 제단에 대한 구체적 의미에 대해서는 9절의 제단에 대한 설명을 참고하라.

와 함께 드려지는 많은 향들이 담겨져 있기 때문이다. 향로와 제단이 모두 금으로 장식되어 있는 것은 보석으로 충만한 에덴적 정황을 반영한다(참고, "그 땅의 금은 순금이요 그 곳에는 베델리엄과 호마노도 있으며"[창 2:12]).[250] 고대 근동 사회에서는 신전을 초월적 세계와 접속을 이루는 곳으로 간주하여 그것을 보석으로 장식한다.[251] 왜냐하면 보석의 아름다움과 찬란한 빛이 초월적 세계를 반영하고 있다고 생각하기 때문이다. "금 향로"(3b절)와 "금 제단"(3d절)의 금 장식은 지상의 성전을 모델 삼아 그것이 상징하는 초월적 공간으로서의 하늘의 특징을 보여주고 있다.[252]

(2) 많은 향들과 모든 성도들의 기도(3cd절)

그리고 이 천사에게 "많은 향들"(θυμιάματα πολλά, 뒤미아마타 폴라)이 주어진다. "주어지다"(ἐδόθη, 에도데)는 신적 수동태로서 그 행동의 주체가 하나님이심을 드러내는 것임이 틀림없다. 그리고 이렇게 주어진 많은 향들은 천사가 가지고 있는 금 향로에 담기게 될 것이다. 금 향로에 담겨질 많은 향들이 하나님에 의해 주어지는 것은 그 향들과 함께 성도들의 기도가 하나님 앞으로 올라가게 될 것을 예측하게 하고(참고, 4절), 기도 응답을 위한 구체적 행동으로 이해될 수 있다. 이와 같은 맥락에서 3d절의 '히나'(ἵνα) 목적절은 많은 향들이 주어진 목적을 분명하게 보여준다. 그것은 바로 모든 성도들의 기도와 함께 "보좌 앞에 있는 금 제단"에 드려지게 하기 위함이다(3d절). 여기에서 "향"은 모든 성도들의 기도가 하나님께 상달된다는 것을 보여주는 상징적 이미지의 기능을 갖는다. 실제로 이 당시 예루살렘 성전에서는 하나님의 백성들의 기도가 하나님께 상달될 것을 기대하며 매일 아침 향을 피우는 의식이 있었다고 한다.[253] 요한계시록 본문에서 언급하고 있는 향은 바로 이러한 역사적 사실들을 반영한다.

여기에서 또 한 가지 주목할 것은 복수형인 "향들"에 "많은"(πολλά, 폴라)이 덧붙여져서 "많은 향들"로 표현된다는 점이다. 3c절에서 복수형으로 표현된 "많은 향들"은 3d절의 "모든 성도들"과 매우 적절하게 조화를 이룬다. 곧 하나님이 "많은 향들"을 주셨다는 표현에서 모든 성도들의 기도를 듣고자 하시는 하나님의

---

250 에덴과 성전의 평행 관계에 대해서는 다음 자료를 참고하라: G. J. Wenham, "Sanctuary Symbolism in the Garden of Eden Story" in *I Studied Inscriptions from before the Flood: Ancient Near Eastern, Literary, and Linguistic Approaches to Genesis 1-11*, ed. R. S. Hess and D. T. Tsumura (Winona Lake, IN: Eisenbrauns, 1994), 399-404.

251 지상 성전(이방 세계의 경우에는 신전)에서의 보석의 기능에 대한 논의는 4장의 보석 모티브를 참고하라.

252 이와 동일한 내용을 6:9의 "하늘에 있는 제단"에 대한 논의에서 언급한 바 있다.

253 Bauckham, *The Climax of Prophecy*, 83.

열심이 엿보인다. 더 나아가서 복수의 향들은 성도들의 기도에 대한 하나님의 응답이 지닌 지속적 성격을 드러내고 있다. 그리고 "모든 성도들"은 다섯 번째 인 심판(6:9-11)에서 하나님께 신원의 기도를 드리는 "순교자들"과 밀접하게 관련된다. 먼저 두 대상 모두 기도라는 주제와 관련된다는 점에서 연속성을 갖는다. 또한 저자인 요한의 입장에서는 당시의 "모든 성도"가 잠재적인 순교자로 인식될 수 있었기 때문에 "모든 성도들"이 "순교자들"과 관련될 수 있다. 그러므로 6장 9절의 "순교자들"은 "어느 정도의 고난이든 고난을 당하는 모든 성도들의 상징적 대표"로 설정되고 있다.[254] 따라서 6장 9절의 순교자들의 기도가 8장 3d절에서 모든 성도들의 기도로 표현되는 것은 자연스럽다. 또 다른 측면에서 다섯 번째 인 심판(6:9-11)의 순교자들이 7장의 수의 완성을 거쳐서 8장 3d절의 모든 성도들로 확장된다고 보는 것도 가능하다. 그렇다면 3절부터 시작해서 4절을 거쳐 5절에서 이루어지는 모든 성도들의 기도에 대한 응답은 6장 9-11절의 순교자들의 기도에 대한 최종적 응답으로 간주될 수 있다.[255]

하늘로 올라가는 향들의 연기(4절). 4절은 3절에서 언급된 "향"이 기도와 함께 하늘의 하나님께 상달되는 장면을 소개하고 있다. 4b절의 "향들의 연기"는 3c절의 "많은 향들"에서 나오는 연기를 가리키고 있다. "향들"은 복수인데 "연기"는 단수로 표현되는 것이 흥미롭다. 이것은 향들이 여러 개가 존재하지만 그것들이 내는 연기는 하나로 이루어져 올라가기 때문이다. 그리고 모든 성도들의 기도의 단일 대오를 표현해 주려는 그림 언어이기도 하다. 곧 모든 성도들이 기도하지만 그들의 기도의 방향을 동일하게 표현함으로써 그들 모두의 기도가 하나님의 뜻이 이루어지기를 원하는 단 하나의 소망을 반영하고 있음을 보여준다. 금 향로에서 향들의 연기(4b절)가 성도들의 기도들과 함께(4c절) 천사의 손으로부터 하나님 앞으로(4d절) 올라가고 있다(4a절). 이 과정에 대한 시청각적 묘사는 성도들의 기도가 하나님 앞에 상달되는 사실을 확신하도록 돕는다. 이러한 확신은 고난당하는 상황 가운데 절실하게 필요한 성도들의 태도이다. 결국 여기에서 향들의 연기는 성도들의 기도가 하나님께 응답된다는 사실을 확신케 하는 일종의 가시적 증거의 기능을 갖는다.

---

254 Beale, *The Book of Revelation*, 455(강조는 비일의 것).
255 앞의 책.

그러나 이러한 정황을 문자적으로 이해하여 우리의 기도가 향들의 연기와 함께 천사의 손을 거쳐 하나님께로 상달된다고 믿어서는 안 될 것이다. 그리고 천사를 성도와 하나님 사이를 중보하는 역할로 이해해서도 안 될 것이다. 6장 10절에서 순교자들은 천사의 중보를 통하지 않고 제단 아래에서 직접 대주재이신 하나님께 기도한다. 우리에게 중보자는 예수님 한 분뿐이시며(요일 2:1-2) 우리는 예수님을 통해 직접 하나님을 만난다. 다만 위의 본문에서 기도와 관련하여 향과 천사의 역할에 대해 언급하는 것은 초기 유대 문헌(대표적으로 바룩3서 11-16장)에서 하나님의 백성들의 기도가 하나님께 상달되는 방법으로 묘사되던 방식을 일종의 그림 언어로 채택하고 있는 것이다. 좀 더 구약으로 거슬러 올라가면, 매일 두 번에 걸쳐 드려지는 희생 제사 때에 향을 피우거나(출 30:34-38), 대속죄일에 죄를 속하는 속죄제의 과정에서 향로를 취하여 단 위에서 피운 불로 향기로운 향을 여호와 앞에서 분향할 때 향연으로 증거궤 위의 속죄소를 가리게 함으로써 죽음을 면했던 의식을 소개한다(레 16:11-14).[256] 여기에서 향의 연기 그 자체가 효력이 있다기보다는, 죄를 속하기 위한 희생 제사를 하나님이 받으셨다는 사실을 확증하기 위해 첨가된 것으로 이해할 수 있다(참고, 출 29:18; 레 2:1-2; 엡 5:2).[257]

시편 141편 2절은 이러한 물리적 현상을 은유적으로 표현하기도 한다.[258]

> 나의 기도가 주의 앞에 분향함(θυμίαμα)과 같이 되며 나의 손 드는 것이
> 저녁 제사 같이 되게 하소서(시 141:2[70인역 140:2])

이 본문의 70인역 본문인 시편 140편 2절을 보면, 개역개정에서 "분향함"으로 번역된 단어는 요한계시록 본문에서 "향"으로 번역된 것과 같은 '뒤미아마'(θυμίαμα)이다. 이 시편 본문에서는 이러한 향이 성도들의 기도에 대한 은유적 표현으로 사용되어, 기도가 향처럼 하늘로 올라가는 그림을 연상케 한다.

이상의 구약 배경을 근거로 볼 때, 요한계시록에서 나타나는 천사의 손을 통한 향연의 상달은 하나님이 성도들의 기도를 열납하셨다는 사실에 대한 "상징적 표현"(symbolic portrayal)이라고 볼 수 있다.[259] 그리고 이러한 상징적 표현은 5장 8

---

256 Smalley, *The Revelation to John*, 216; Blount, *Revelation*, 163. 블라운트는 요한계시록 본문이 출 30:34-38의 경우와 일치한다고 주장한다(앞의 책).

257 비일은 이러한 주장을 D. B. Weisberg, "Incense" in *The New Westminster Dictionary of the Bible*, ed. H. S. Gehman (Philadelphia, PA: Westminster Press, 1970), 421을 참고하여 주장한다(Beale, *The Book of Revelation*, 456).

258 앞의 책. 이러한 은유적 표현은 지혜서 18:21에서도 잘 드러나고 있다(앞의 책).

259 앞의 책. 블라운트는 이것을 가리켜 "상징적 함의"(symbolic implications)를 지닌 "제단 이미지"라고 표현하고(Blount, *Revelation*, 163), 스몰리는 "은유"(metaphor)로 표현한다(Smalley, *The Revelation to John*, 216).

절에서 성도의 기도인 향이 대접에 가득한 것과 8장 3절에서 금 향로를 가진 천사에게 많은 향이 주어진 것에서 잘 드러나고 있다. 다만 5장 8절에서는 향을 성도들의 기도라고 해석하여 향을 성도들의 기도에 대한 상징적 표현으로 사용하고 있는 반면에 8장 3절에서는 성도들의 기도가 향연과 함께 올라간다고 하여 향과 기도를 구별하고 있다는 점에서 약간 차이가 있다. 이렇게 유사한 장면을 통해 유추되는 공통점은 성도들의 기도에 의해 하나님의 사역이 결정된다는 것이다. 5장의 경우에는 어린 양으로서 책의 인을 여는 십자가의 역사가 성도들의 기도에 의해 이루어지게 되었다는 것이고, 8장(6:9-11 포함)의 경우에는 성도들의 기도에 의한 최종적 심판이 완성되었다는 사실이다. 이어지는 5절에서 최종적인 심판의 정황을 소개한다.

불로 가득한 향로를 땅으로 던지다(5절). 5절에서는 성도들의 기도에 대한 하나님의 응답을 소개하고 있다. 하나님은 성도들의 기도를 열납하실 뿐 아니라 그것에 대해 구체적인 반응을 보여주고 계신다.

(1) 구약 배경

먼저 제단 위의 불을 향로에 담아 땅에 쏟는 행위는 심판에 대한 상징적 표시로서 에스겔 10장 2-7절이 그 배경이다.[260] 이 에스겔서 말씀에서 특히 10장 2절과 7절을 주목할 필요가 있다.

> 하나님이 가는 베옷을 입은 사람에게 말씀하여 이르시되 너는 그룹 밑에 있는 바퀴 사이로 들어가 그 속에서 숯불을 두 손에 가득히 움켜 가지고 성읍 위에 흩으라 하시매 그가 내 목전에서 들어가더라(겔 10:2)
>
> 그 그룹이 그룹들 사이에서 손을 내밀어 그 그룹들 사이에 있는 불을 집어 가는 베옷을 입은 자의 손에 주매 그가 받아 가지고 나가는데(겔 10:7)

에스겔 10장 2절에서 "그룹 밑에 있는 바퀴 사이"는 성전에서 하나님의 보좌 중앙을 의미하며(참고, 겔 1장), 이것은 요한계시록 본문에서 천사가 금 향로를 가지고 보좌 앞에 있는 제단 위에 서 있는 위치와 유사하다(계 8:3). 그 그룹 밑 바퀴 사이에서 취하여진 숯불을 손에 가득히 채워 하나님에 대하여 범죄한 성읍 곧 예루살렘을 향하여 흩으라고 한 것은 그 예루살렘에 대한 심판의 시행을 의미한

---

260 Osborne, *Revelation*, 346.

다.[261] 그리고 에스겔 10장 7절에서 베옷 입은 사람이 그의 손에 불을 취하여 나가 명령대로 성읍을 향하여 심판의 상징적 퍼포먼스를 실행한다. 에스겔서 말씀의 숯불을 성읍 위에 흩는 이러한 행위는 요한계시록 8장 5bc절의 이해를 돕는 적절한 구약 배경이다.

(2) 불로 향로를 가득 채우고 땅으로 던지다(5bc절)

먼저 5b절의 "그것을 제단 위의 불로 가득 채웠다"에서 언급되는 "그것"(αὐτόν, 아우톤)은 5a절의 "금 향로"를 가리키는 대명사다. 따라서 5c절에서 "던졌다"고 언급되는 대상은 불로 채워진 향로다. 이 향로는 본래 성도들의 기도와 함께 올라가기 위한 많은 향들을 담은 용기다. 그런데 여기에 향들 대신 불로 채웠다는 것은 향로에 담겼던 그 향들이 다 소진되었음을 의미하고 또한 그러한 소진은 모든 성도들의 기도가 하나님께 온전히 상달되었다는 것을 암시한다. 그렇게 비워진 향로에 불이 가득 담겨져 심판을 위해 땅으로 던져진다. 이것은 6장 9-11절의 순교자들과 8장 3-4절의 모든 성도들이 드린 신원을 청하는 기도가 그에 대한 응답인 심판과 긴밀하게 연동되어 있다는 사실을 시사해 준다.[262] 곧 기도의 향로가 심판의 향로로 바뀌어서 활용되고,[263] 하나님의 자비의 원천인 제단이 심판의 시작점이 되며, 대제사장적 중보자의 역할을 감당하는 천사가 갑자기 심판의 "집행자"가 되어 버린 모습이다.[264] 이러한 변화는 "자비와 심판이 하나님의 대조적인 두 측면의 속성이 아니라 동일한 것이라는 유대적 관점을 극적으로 표현하고 있는 것이다."[265]

천사가 향로를 던진 방향은 땅쪽이다(5c절). 이러한 방향성은 전치사 '에이스'(εἰς)에 의해 분명하게 드러난다. 또한 이러한 정황은 에스겔 10장 2절에서 베옷 입은 사람이 그룹 사이에서 숯불을 취하여 예루살렘 성읍 위에 흩은 것과 동일하게 심판을 시행하는 행위다.[266] 그러나 심판 대상이 예루살렘이었던 에스겔서와는 달리 요한계시록에서는 세상(로마 제국)이 심판 대상이다.

261 Bauckham, *The Climax of Prophecy*, 82. 보쿰은 "그룹 사이 보좌 밑에서 타오르는 불은 겔 1:12-13에서 좀 더 자세하게 묘사된 바 있다"는 것을 지적한다(앞의 책).

262 Thomas, *Revelation 8-22*, 11-12.

263 Osborne, *Revelation*, 346.

264 J. R. Michaels, *Revelation*, The IVP New Testament Commentary Series (Downers Grove, IL: InterVarsity Press, 1997), 118.

265 앞의 책.

266 Boxall, *Revelation*, 134.

(3) 우레들, 소리들, 번개들, 지진(5d절)

5d절에 의하면 "우레들, 소리들, 번개들, 지진"이 일어나고 있다. 이러한 현상은 요한계시록 4장 5절에서 종말적 심판의 현상으로서 하늘에서 일어난 바 있는데 여기에서는 일곱 번째 인 심판의 정황으로 소개되고 있다. 심판이라는 하나님의 뜻이 하늘에서 이루어진 것처럼 땅에서도 이루어지는 형식을 보여준다. 이러한 관계에 의해 일곱 번째 인 심판은 하늘에서 결정된 심판이 지상에서 최종적으로 발생하는 심판임을 보여준다.

4절에서 하나님께 드려지고 열납된 성도들의 기도에 대한 응답으로서 5절과 같은 최후 심판의 현상이 일어나는 것은 5장 8-10절의 구속 사건처럼 심판 역시 성도들의 기도에 의해 견인되고 있음을 보여준다. 그리고 이러한 기도에 대한 응답으로서의 심판은 바로 6장 9-11절에서 순교자들이 드렸던 신원의 기도가 8장 3절의 모든 성도들의 기도로 확장되어 순교자들의 기도에 대한 궁극적 응답으로 발생하는 것으로 간주할 수 있다. 그리고 이러한 응답은 이어지는 내용의 다양한 문맥에서 다양한 방법으로 소개된다(참고, 18:20, 24). 결국 8장 3-4절에서 기도를 드리는 주체인 "모든 성도들"은 고난과 핍박 가운데 있는 자들로서 실제적 순교자들을 포함하여 잠재적 순교자들이라 할 수 있다. 하나님은 그런 신자들의 기도를 당연히 열납하시며 그에 대한 구체적 응답으로서, 그들을 핍박하고 억압했던 세상에 대한 최후 심판을 예비하고 계시는 것이다. 이러한 최후의 심판은 20장 10-15절에서 좀 더 구체적인 문맥과 정황으로 소개된다.

📑 핵심 메시지

6장은 여섯 개의 인 심판 시리즈를 소개하고, 마지막 일곱 번째는 7장의 삽입 부분을 지나 8장 1절과 3-5절에서 마무리된다. 이러한 인 심판 시리즈는 나팔 심판 시리즈 및 대접 심판 시리즈와 함께 세 개의 심판 시리즈를 형성하는데, 그 중 첫 번째 시리즈로 기록되고 있다. 그러므로 인 심판 시리즈는 나머지 두 심판 시리즈의 속성을 이해하는 데 매우 중요한 역할을 한다. 왜냐하면 인 심판 시리즈는 5장에서 책의 인을 떼실 수 있는 분으로 소개된 어린 양 예수님에 의해 책의 인이 열리는 과정에서 일어나는 현상들을 기록하고 있기 때문이다. 달리 말해서 인 심판 시리즈는 나팔 심판 시리즈나 대접 심판 시리즈와는 달리 그 심판이 발생하게 된 원인을 분명하게 밝혀 주고 있다. 그러므로 5장과 관련하여 인 심판 시리즈를 이해해야 하며 이를 통해 요한계시록에 나타난 심판의 의미를 적절하게 정리할 수 있을 것이다. 죽임을 당하신 어린 양께 책의 인을 떼실 수 있는 분으로서의 자격이 주어지는 것으로 보아 5장에서 책의 인들을 여는 것은 그리스도의 구속 사역과 밀접하게 관련된다. 그런데 이러한 책의 인을 여는 작업은 다니엘 8장과 12장을 배경으로 볼 때 종말적 성취를 전제한다. 그렇다면 요한은 바로 그리스도의 구속 사역을 종말적 사건으로서 이해하고 있다고 할 수 있다. 그리스도의 구속 사역으로 말미암아 비로소 종말이 도래했으며, 그러한 종말의 도래가 책의 인들을 여는 행위를 통해 이미지화되고 있는 것이다. 그리고 구약적 맥락에서 볼 때 이러한 종말의 도래는 필연적으로 심판을 초래한다. 이러한 심판의 의미가 바로 6장부터 소개되는 인 심판 시리즈의 본질이다.

먼저 인 심판 시리즈는 일곱 개의 심판 메시지로 구성되어 있으며, 처음 네 개와 나중의 세 개가 각각 짝을 이루어 두 개의 그룹을 형성한다. 먼저 처음 네 개는 전쟁과 기근을 중심으로 하는 자연계와 인간 세상을 향한 심판을 기록하고, 나중 세 개는 기도에 의해 연동되어 최종적 심판의 특징을 공유한다. 곧 나중 세 개는 서로 유기적으로 연결되어 있는데, 다섯 번째 인 심판은 순교자들의 기도를 통해 최후 심판의 필연성에 대한 포석을 놓는 동시에 최후 심판의 지연(delay)이라는 주제와 성도의 고난의 필연성을 새롭게 소개한다. 여섯 번째 인 심판은 심판의 현상으로서 종말적 현상들을 열거하므로 최후 심판에 대한 예시를 제공한다. 끝으로 일곱 번째 심판은 다섯 번째 인 심판의 순교자들의 기도에 대한 응답으로 최후의 심판이 소개되고 있다. 이상에서 볼 때 요한계시록에서 심판은 예수님의 구속 사역으로 말미암은 종말적 현상으로 소개되고 있음을 알 수 있다. 곧 종말은 필연적으로 구속과 심판을 초래하게 되는데 바로 이러한 종말적 성취의 결과로서 심판이 발생하게 된 것이다.

끝으로 8장 1-5절은 일곱 번째 인 심판을 기록한다. 여기에서는 종말적 심판의 형식으로서 "우레들, 소리들, 번개들, 지진"등의 현상을 소개한다. 특별히 주목할 것은 이 종말적 심판이 성도의 기도와 함께 발생한다는 사실이다. 이것은 종말적 심판이 성도들의 기도의 응답으로 일어나고 있다는 것을 보여준다. 다름 아닌 기도가 심판을 추동하는 큰 수레 바퀴의 한 축을 형성한다. 이러한 관점에서 일곱 번째 인 심판은 6장 9-11절의 다섯 번째 인 심판에서 순교자들이 드리는 신원의 기도에 대한 응답이라고 이해할 수 있다.

📄 설교 포인트

설교자는 요한계시록의 심판 시리즈를 어떻게 설교할 것인가? 고민이 되지 않을 수 없다. 왜냐하면 심판의 메시지야말로 요한계시록에 나오는 그 어떠한 것보다도 깊은 오해 가운데 혼란을 겪고 있으며 심판에 대한 의미를 전달하는 것이 쉽지 않기 때문이다. 먼저 설교자가 알아야 할 것은 심판의 의미이다. 이러한 심판의 의미를 알기 위해서는 인 심판 시리즈가 5장의 인봉된 책 이미지와 직접적으로 관련되고 있다는 것을 인식할 필요가 있다. 바로 심판의 의미를 5장에서부터 풀어가야 한다는 것이다. 그리하면 심판에 대한 설교의 실마리를 쉽게 잡아갈 수 있을 것이다.

설교자는 6장에서 전개되는 심판의 메시지가 역사적으로 일어날 사건들을 일일이 시간적 순서에 따라 기록하고 있는 것이 아니라 예수님의 구속 사건으로 말미암은 종말적 정황을 확증하려는 목적으로 기록되고 있음을 기억해야 할 것이다. 그러므로 이것을 설교하기 위해서는 심판의 메시지들이 예수님의 구속 사건으로 말미암은 결과라는 사실에 철저하게 집중해야 할 것이다. 그렇다면 처음 네 개의 인 심판에서 기록된 내용들이나 여섯 번째의 경우 등을 가지고 그러한 것들이 역사적으로 어떻게 일어날 것인가에 관심을 가질 것이 아니라 그러한 표현들의 구약적 배경에 근거하여 그것들이 이미 시작된 종말적 심판의 현상들이라는 사실을 밝혀내야 할 것이다.

인 심판 시리즈에서 한 가지 흥미로운 것은 다섯 번째 인 심판이 심판의 내용보다는 순교자들의 기도를 소개한다는 점인데, 이것은 심판과 전혀 관계없는 것이 아니라 도리어 심판을 더욱 촉진하는 역할을 하고 있다는 점을 분명하게 드러내야 할 것이다. 여기에서 설교자는 고난 중에 있는 성도들에게 좀 더 적극적으로 기도에 집중하도록 설득하기 위한 중요한 근거를 발견하게 될 것이고, 그것을 잘 활용하여 기도를 독려할 수 있어야 한다. 또한 설교자는 다섯 번째 인 심판이 보여주고 있는 것처럼 순교자는 실패자가 아니라 세상의 변화를 가져올 수 있는 승리자라는 사실을 강조함으로써, 이 심판의 메시지를 고난 중에 있는 성도들을 위로할 수 있는 기회로 삼아야 할 것이다.

이러한 심판의 최종 목표는 대적의 괴수인 사탄의 궤멸에 있다. 처음 네 개의 인 심판뿐 아니라 나머지 마지막 세 개의 인 심판의 경우도 이러한 측면에서 이해할 수 있다. 인 심판 시리즈를 설교하는 설교자는 종말의 도래와 그 도래로 인하여 일어나는 현상에 대한 기록을 통해 성도들로 하여금 두려움보다는 위로와 확신을 갖도록 해야 한다. 8장 1-5절에서 소개되는 일곱 번째 인 심판은 나머지 여섯 인 심판을 설교할 때 함께 연결해서 설교할 필요가 있는데, 왜냐하면 일곱 번째 인 심판이 다섯 번째의 경우와 밀접한 관계를 갖기 때문이다.

끝으로 일곱 번째 인 심판을 소개하는 8장 1-5절에 대한 설교는 종말적 심판이 고난받는 성도들의 기도에 대한 응답으로 주어질 것임을 강조하여 청중들로 하여금 큰 위로를 받게 해야 한다. 하나님은 성도들이 당하는 현재의 고난을 간과하지 않으시고 심판을 통해 반드시 그 억울함과 원통함을 갚아 주실 것이다. 그러나 이렇게 응답받는 고난의 삶은 복음을 위한 것이어야 한다.

● **제목:** 우리의 억울함을 갚아 주시는 심판
● **본문:** 요한계시록 6장 1-17절, 8장 1-5절

● **서론**

우리가 살고 있는 이 세상의 역사는 겉으로 보기에는 누구의 간섭도 없이 스스로 흘러가고 있는 것처럼 보일 수도 있다. 사람들은 모두 기뻐하기도 하고 슬퍼하기도 하고 미워하기도 하고 사랑하기도 하면서 일상에 파묻혀 하루하루 살아간다. 누구는 병들기도 하고 누구는 일찍 죽기도 하며 누구는 무병장수하며 살아간다. 이러한 인간의 지극히 단조로운 일상 속에서 그리스도인들이 간파해야 할 한 가지 굵은 선이 있다. 그것이 이 가운데 하나님의 심판의 손길이 이미 미치고 있다는 사실이다. 그것을 느끼든 그렇지 않든 상관없다. 성경적 진리는 언제나 우리의 느낌과는 상관없이 선포되니 말이다. 이 시대는 심판의 시대다. 누구든지 그리스도 밖에 있으면 이러한 심판의 영향권 아래 존재한다. 그리스도인이라면 바로 이러한 성경적 시대 정신을 올바로 읽을 수 있어야 한다. 우리는 오늘 본문 말씀에서 이러한 사실이 어떻게 묘사되고 있는지 관찰해 보는 시간을 갖고자 한다.

● **본론**

오늘 본문은 5장을 배경으로 주어지고 있다. 5장에서는 종말의 도래를 어린 양 예수 그리스도에 의해 책의 인이 떼어지게 되는 것으로 이미 지화해서 표현한다. 그리고 6장에서는 그러한 사실에 근거하여 어린 양 예수님이 책의 인들을 열어 가면서 종말적 심판의 현상들을 소개한다. 그러므로 6장의 심판 현상들은 예수님의 초림부터 시작되는 시대적 특징을 심판으로 규정하여 소개하고 있는 것이다.

1. 심판은 어떠한 형태로 소개되고 있는가?(6:1-8, 12-14)

   1) 첫 번째/두 번째 인 심판: 전쟁(1-4절)

      이 전쟁은 파르티아 제국과 로마 제국의 전쟁 양상을 배경으로 소개된다

   2) 세 번째 인 심판(5-6절): 기근

      한 데나리온에 밀 한 되/한 데나리온에 보리 석 되

   3) 네 번째 인 심판(7-8절): 전쟁/기근/사망/땅의 짐승

   4) 여섯 번째 인 심판(12-14절): 지각 변동과 천체의 변화

      큰 지진, 해가 어두워짐, 달이 피같이 됨, 별들이 떨어짐, 하늘이 말려져 분리됨, 산의 이동

2. 심판은 순교자들의 기도에 의해 더욱 촉진된다(6:9-11)

   1) 하나님의 말씀과 그들이 가진 증거로 인해 죽임당한 영혼들이 제단 아래 있다(9절): 순교자들은 희생 제사로 드려진 자들이다

   2) 보응을 구하는 순교자들의 기도(10절): 언제까지 땅에 사는 자들을 향하여 심판하지 않으시고 우리들의 피를 신원하여 주지 아니하시겠습니까? ➡ 순교자들의 죽음은 필연적으로 마땅한 심판을 초래한다

   3) 하나님의 응답(11절)

      (1) 길고 늘어진 흰옷을 주심

      (2) 아직 잠시 동안 쉴 것이다

      (3) 그들처럼 죽임을 당하게 되어 있는 자들의 수가 완성되기까지
         ➡ 이런 기도 응답은 거절의 뜻이 아니라 긍정의 뜻이다. 이 응답은 바로 일곱 번째 인 심판 곧 최후의 심판에서 이루어진다

3. 일곱 번째 인 심판: 최후의 심판(8:1-5)

   일곱 번째 인 심판은 성도들의 기도에 대한 응답으로 일어나는 것들로 구성되어 있고, 이러한 구성에 의해 다섯 번째 인 심판과 평행 관계를 갖는다. 그러므로 우리는 이 일곱 번째 인 심판을 다섯 번째 인 심판에서 드려진 순교자들의 기도에 대한 응답으로 해석할 수 있다.

●결론

6장에서 언급되고 있는 인 심판 시리즈는 예수님의 초림에서 재림까지를 망라하는 시대의 속성을 밝혀 주고 있다. 그것은 바로 심판의 시대라는 것이다. 우리는 이런 심판의 시대를 살아가고 있고, 누구도 그 심판에서 자유롭지 못하다. 그러므로 구속의 필요성은 더욱 절실하다. 사망을 초래하는 이러한 심판에서의 자유는 오직 예수님과 그분의 십자가를 통해서만 얻을 수 있다. 이 십자가를 통해 심판으로부터 해방을 얻을 수 있기를 바란다.

II. 요한계시록 7장(삽입): 144,000과 셀 수 없는 무리

1. 문맥 관찰 및 구조

7장은 독특한 문맥을 형성하고 있기 때문에 7장을 해석하기에 앞서 7장의 문맥을 먼저 살펴봐야 할 필요가 있다. 7장의 문맥과 관련해서 먼저 고려해야 할 것은 여섯 번째 인 심판의 마지막 구절인 6장 17절의 "누가 견고하게 설 수 있겠는가?"라는 질문이다. 이 질문은 수사 의문문으로서 답이 확실하게 정해져 있기는 하지만 동시에 독자들로 하여금 어떤 답을 숙고하도록 여백을 남겨 두고 있다. 6장 12-17절의 여섯 번째 인 심판에 이어지는 7장에서는, 일곱 번째 인 심판이 등장할 것이라는 예상을 뒤집고 전혀 다른 내용이 전개된다. 그리고 8장 1절에 가서야 일곱 번째 인 심판이 등장한다. 그렇다면 7장은 여섯 번째 인 심판과 일곱 번째 인 심판 사이에 삽입된 부분이라 할 수 있다.[1] 이런 문맥의 흐름을 인식하고 이 문맥에 삽입된 본문의 기능이 무엇인지 살펴보는 것은 대단히 중요하다.

세대주의 해석의 대표 학자인 월부어드는, 4장의 교회의 휴거 후에 지상에는 6장의 인 심판에 의한 대환난의 시대가 일어나게 되는데, 7장 1-8절의 144,000은 대환난 중에 "이스라엘의 경건한 지상에 남은 자의 대표자"이며,[2] 7장 9-17절의 "셀 수 없는 큰 무리"는 대환난 중에 순교를 당한 자들로서 많은 이방인들과 많은 유대인들도 거기에 포함된다고 주장한다.[3] 여기에서 4장과 6장 그리고 7장을 연결짓는 기본 골격은 휴거 사건을 기점으로 그 이후에 전개되는 사건들 사이의 시간적 연속 관계다. 곧 휴거 이후에 지상에 남은 다수의 유대인들 및 이방인들의 구원과 관련된 문제를 7장에서 다루고 있다는 것이다. 예수님의 (공중)재림 때에, 믿는 그리스도인들은 하늘로 휴거하여 올라가지만 그 후에 대환난 중에 있는 지상에서 새로운 개종자들이 생겨날 것이고 그들을 통해 유대인들과 이방인들에게 복음이 증거될 것이라는 말이다.[4] 이러한 월부어드의 주장은 받아들일 수 없다. 본문을 살펴보며 그 이유를 숙고해 볼 것이다.

---

1   페리는 이 부분에 대해 막간(interlude), 삽입(intercalation), 중단(interruption), 괄호(parenthesis), 이탈(digression) 등의 다양한 용어를 소개한다(Perry, *The Rhetoric of Digression*, 39-50).
2   Walvoord, *The Revelation of Jesus Christ*, 139.
3   앞의 책, 144.
4   앞의 책, 139.

7장은 두 부분으로 나뉜다. 첫째는 1-8절이고 둘째는 9-17절이다. 전자는 이마에 하나님의 인을 맞은 144,000을 소개하고 있고, 후자는 각 나라와 족속과 백성과 언어로부터 선택받은 "아무도 셀 수 없는 하늘의 큰 무리"를 소개한다. 삽입의 내용 후에 8장 1-5절에서는 일곱 번째 인 심판을 소개한다.

2. 이마에 하나님의 인을 맞은 144,000(7:1-8)

1-8절은 1-4절과 5-8절로 나눌 수 있다. 전자(1-4절)가 심판의 시행자인 네 천사와 하나님의 인을 가지고 있는 다른 천사가 등장하여 그 천사들로 하여금 하나님의 백성의 이마에 인치기까지 땅을 해하지 말 것을 촉구하는 과정을 기록하고 있다면, 후자(5-8절)는 하나님의 인을 가진 다른 천사가 이마에 인침을 받은 하나님의 종들의 수를 계수하는 장면을 소개한다.

1) 네 천사, 다른 천사, 그리고 144,000(7:1-4)
1-4절은 다시, 네 천사의 등장(1절)과 다른 천사의 등장(2-3절) 그리고 인침을 받은 자의 수(4절)에 대한 내용으로 나뉠 수 있다.

구문 분석 및 번역

1절 a Μετὰ τοῦτο εἶδον τέσσαρας ἀγγέλους
　　　　이 후에 나는 네 천사를 보았다

　　　b ἑστῶτας ἐπὶ τὰς τέσσαρας γωνίας τῆς γῆς,
　　　　땅의 네 모퉁이에 서 있는

　　　c κρατοῦντας τοὺς τέσσαρας ἀνέμους τῆς γῆς
　　　　땅의 네 바람들을 붙잡고 있는

　　　d ἵνα μὴ πνέῃ ἄνεμος ἐπὶ τῆς γῆς μήτε ἐπὶ τῆς θαλάσσης μήτε ἐπὶ πᾶν δένδρον.
　　　　바람이 땅에나 바다에나 모든 나무에 불지 않도록

2절 a Καὶ εἶδον ἄλλον ἄγγελον
　　　　그리고 나는 다른 천사를 보았다

　　　b ἀναβαίνοντα ἀπὸ ἀνατολῆς ἡλίου
　　　　동쪽으로부터 올라오는

　　　c ἔχοντα σφραγῖδα θεοῦ ζῶντος,
　　　　살아 계신 하나님의 인을 가진

d καὶ ἔκραξεν φωνῇ μεγάλῃ τοῖς τέσσαρσιν ἀγγέλοις
그리고 그가 네 천사를 향하여 큰 소리로 외쳤다

e οἷς ἐδόθη αὐτοῖς ἀδικῆσαι τὴν γῆν καὶ τὴν θάλασσαν
그들에게 땅과 바다를 해롭게 하는 (권세가) 주어진

3절 a λέγων·
말하기를

b μὴ ἀδικήσητε τὴν γῆν μήτε τὴν θάλασσαν μήτε τὰ δένδρα,
땅과 바다와 나무들을 해롭게 하지 말라

c ἄχρι σφραγίσωμεν τοὺς δούλους τοῦ θεοῦ ἡμῶν ἐπὶ τῶν μετώπων αὐτῶν.
우리가 우리 하나님의 종들을 그들의 이마에 인칠 때까지

4절 a Καὶ ἤκουσα τὸν ἀριθμὸν τῶν ἐσφραγισμένων,
그리고 나는 인침 받은 자들의 수를 들었다

b ἑκατὸν τεσσεράκοντα τέσσαρες χιλιάδες, ἐσφραγισμένοι ἐκ πάσης φυλῆς υἱῶν Ἰσραήλ·
이스라엘의 아들들의 모든 지파로부터 인침 받은 자들은 십사만 사천이다

개역개정에서는 1a절의 '메타 투토'(Μετὰ τοῦτο)를 "이 일 후에"로 번역한다. 이런 번역은 6장과 7장의 관계를 시간적 관계로 오해하게 만들기 쉽다. 6장과 7장이 시간적 관계라는 근거는 없다. 이렇게 보는 이유에 대해서는 주해 과정에서 구체적으로 논의할 것이다. 그러므로 시간적 관계라는 오해를 최소화하기 위해 이 문구를 "이 후에"라고 번역하고자 한다. 그리고 1d절에서는 "땅"과 "바다"와 "모든 나무"라는 단어들 각각에 전치사 '에피'(ἐπί)가 사용되고 있어서 이것을 그대로 번역에 반영하고자 하였다.

2a절의 '아나톨레스'(ἀνατολῆς)는 "돋음"(rising)이란 의미를 갖는 명사로서,[5] "해의"(ἡλίου, 헬리우)라는 소유격 명사와 함께 사용되는 경우에는 직역하면 "해의 돋음"이 되고, 여기에 전치사 '아포'(ἀπό)가 덧붙여져 있어서 "해의 돋음으로부터"라고 직역할 수 있다. 그러나 이 단어는 "동쪽"(east)이란 의미도 동시에 가지고 있다. 따라서 이 단어에 "해의"라는 단어가 함께 사용될 경우에는 "동쪽으로부터"(from the east)라는 뜻을 지닌다.[6] BDAG에서는 이러한 의미에 요한계시록 7장 2절을 참고 구절로 제시한다. 따라서 이 문구를 직역하기보다는 BDAG에서 제시한 대로 "동쪽으로부터"라고 번역했다.

2e절의 문장은 번역하기 곤란한 부분이 있다. 왜냐하면 '에도데'(ἐδόθη, 주어졌다)

---

5 BDAG, 74(1).
6 BDAG, 74(2a).

와 '아디케사이'(ἀδικῆσαι, 해롭게 하다)가 결합되어 있는데 이 두 문구를 직역하면 "해롭게 하는 것이 주어졌다"가 되어 다소 어색한 번역이 되기 때문이다. 이런 어색한 점을 보완하기 위해 일부 영어 번역본들(ESV, NKJV, NIV)은 "능력"(power)이란 단어를 덧붙여 "해롭게 할 능력이 주어졌다"(... had been given power to harm)라고 번역한다. 다만 NKJV만이 "능력"이란 단어를 사용하지 않은 채 "해롭게 하는 것이 허락되었다"(it was granted to harm)로 번역한다. 본 번역에서는 영어 번역본 중 전자의 경우를 따라 번역하되, "능력"(power)대신 "권세"라는 단어를 사용하여 번역한다. 왜냐하면 이 네 천사는 하나님에 의해 해롭게 하는 심판의 권세를 위임받은 것으로 간주될 수 있기 때문이다. 2e절의 인칭 대명사 '아우토이스(αὐτοῖς, 그들에게)는 관계 대명사의 선행사인 2d절의 "네 천사"(τοῖς τέσσαρσιν ἀγγέλοις, 토이스 테싸르신 앙겔로이스)와 중복되므로 아래의 우리말 번역에서는 생략했다.

3c절에서 "우리가 인치다"(σφραγίσωμεν, 스프라기소멘)라는 동사의 목적어는 "이마"(τῶν μετώπων, 톤 메토폰)가 아니라 "종들"(δούλους, 둘루스)이기 때문에 "종들을 인치다"로 번역해야 하고, 여기에 종들을 인치는 구체적인 부위를 "그들의 이마에"(ἐπὶ τῶν μετώπων αὐτῶν, 에피 톤 메토폰 아우톤)로 적시하고 있으므로 "종들을 그들의 이마에 인치다"라고 번역해야 한다.

3a절은 "말하다"의 분사 형태인 '레곤'(λέγων)으로 시작한다. 이 분사는 히브리어의 '레모르'(לֵאמֹר; 70인역: λέγων, 레곤)를 반영한다.[7] 신약에서 이 단어는 '아포크리네스다이'(ἀποκρίνεσθαι, 대답하다), '랄레인'(λαλεῖν, 말하다), '크라제인'(κράζειν, 외치다), '파라칼레인'(παρακαλεῖν, 부르다)이라는 동사 후에[8] 주동사의 부대 상황에 해당하는 "직접 화법"(direct speech)을 유도하기 위해 사용되는 경우가 많다.[9] 이 용법을 "직접 화법의 분사"(혹은 "직접 화법을 유도하는 분사")라고 한다.[10] 이 용법에 대해 좀 더 설명을 덧붙이면, "절(clause)의 주동사의 행위와 연결하여 일어나는 발언을 보여주는 분사 용법"이다.[11] 이런 정황을 우리말로 번역하는 것은 의외로 까다롭다. 왜냐하면 어순의 차이가 많이 나기 때문이다. 그래서 우리말 번역에서는 부대 상황과 직접 화법의 유도 등과 같은 의미를 살리기 위해 주동사인 2c절의 "외치

---

7   BDF, § 420.
8   앞의 책.
9   Albert L. Lukaszewski, "Participle of (or introducing) direct speech" in *The Lexham Syntactic Greek New Testament Glossary* (Lexham Press, 2007).
10 앞의 책.
11 앞의 책.

다"를 "외쳐"로 번역하고 분사 '레곤'은 "말하기를"이라 번역한 후에 직접 화법 부분의 마지막에 "라고 하였다"를 덧붙였다.

이상의 내용을 근거로 우리말 어순에 맞추어 번역하면 다음과 같다.

1a	이 후에 나는
1d	바람이 땅에나 바다에나 모든 나무에 불지 않도록
1c	땅의 네 바람들을 붙잡고
1b	땅의 네 모퉁이에 서 있는
1a	네 천사를 보았다.
2a	그리고 나는
2c	살아 계신 하나님의 인을 가지고
2b	동쪽으로부터 올라오는
2a	다른 천사를 보았다.
2d	그리고 그가
2e	땅과 바다를 해롭게 하는 (권세가) 주어진
2d	네 천사를 향하여 큰 소리로 외쳐
3a	말하기를,
3c	"우리가 우리 하나님의 종들을 그들의 이마에 인칠 때까지
3b	땅과 바다와 나무들을 해롭게 하지 말라"
3a	라고 하였다.
4a	그리고 나는 인침 받은 자들의 수를 들었다.
4b	이스라엘의 아들들의 모든 지파로부터 인침 받은 자들은 십사만 사천이다.

본문 주해

[7:1] 네 천사의 등장

1절에서 중요한 사건은 네 천사의 등장이다. 네 천사와 관련된 사항들을 면밀하게 관찰할 필요가 있다.

이 후에(1a절). 먼저 1a절의 "이 후에"(Μετὰ τοῦτο, 메타 투토)는 4장 1절에서처럼 새로운 장면의 시작을 표시하는 역할을 하고 있다.[12] 그러므로 이 표현이 6장과 7장 사이의 주제의 연속성을 드러내거나 시간적 순서를 가리키는 것이 아님을 인식하는 것이 중요하다.[13] 시내 산 사본(ℵ)을 비롯한 046, 1611, 2329, 2344, 𝔐ᴷ,

---

12 오우니는 이 문구에 대해 "주제에 있어서 변화를 알리고 본문의 새로운 단락을 소개하기 위해 사용한다"고 설명한다(Aune, *Revelation 6-16*, 450).

13 비일도 이 문구가 6장과 "시간적으로 연속되는"(chronologically subsequent) 관계가 아니라는 점을 지적한다(Beale, *The Book of Revelation*, 406).

sy^{ph} 같은 사본들과 교부 베아투스는 이 문구 앞에 '카이'(καί, 그리고)라는 접속사를 넣고 읽어서 6장과 7장을 연결지으려 한다.[14] 반드시 시간적 연결이 아니더라도 6장의 인 심판을 대환난으로 규정하고 7장의 144,000과 "셀 수 없는 큰 무리"를 그 대환난의 주제와 연결시키기 위한 목적으로 "그리고"라는 접속사와 함께 '메타 투토'라는 문구를 사용하는 것은 본문을 왜곡하는 것이다. 실제로 세대주의적 해석의 대표적 입장에 있는 월부어드는 7장 1절에서 시내 산 사본을 반영하여 "그리고"를 덧붙여 번역할 뿐 아니라,[15] 7장 1-8절의 144,000을 6장의 인 심판에 의한 대환난 가운데서 구원받은 유대인으로 해석하고, 7장 9-17절의 "셀 수 없는 큰 무리"를 대환난 중에 순교한 자들로 해석하여 6장과 7장을 긴밀하게 연결짓는다.[16] 결국 이러한 연결은 7장의 두 주제를 6장의 대환난과 관련된 미래적 사건으로 설정하여 역사적으로 발생하게 되는 사건들의 시간적 순서로 간주하고 있다는 비판을 피할 수 없다.[17]

한편 요한계시록 본문에 있어 더 신빙성을 갖는 알렉산드리아 사본(A)에는 접속사 '카이'(καί)가 존재하지 않는다.[18] 이 접속사의 존재 여부에 대한 이러한 차이는 사본적으로도 쟁점이 될 수 있다. 사본 비평적인 차원에서 보더라도 '메타 투토'라는 문구를 시간적 순서가 아닌 새로운 장면의 시작을 알리는 표시로 이해하는 것이 적절하다는 것이 분명해진다.

이상의 내용을 바탕으로 볼 때, "이 후에"라는 문구에 의해 7장은 새로운 시작이지만 6장과 무관한 것은 아니게 된다. 6장과 7장 사이에 논리적 관계가 형성되어 있다는 것이다. 이 논리적 관계를 좀 더 구체적으로 말하면 7장은 6장 17절의 질문에 대한 답변으로서,[19] 요한이 본 환상의 다음 순서를 논리적으로

---

14 Perry, *The Rhetoric of Digression*, 57.

15 Walvoord, *The Revelation of Jesus Christ*, 140.

16 앞의 책, 139-140. 월부어드는 6장과 7장의 내러티브적 연결을 부정하지만 주제상 긴밀한 연결을 가지고 있는 것으로 간주한다(앞의 책).

17 월부어드는 "대환난의 중요한 사건들 가운데 시간적 순서를 제공해 주는 것 같은 6장과는 대조적으로 7장은 내러티브를 진행하지 않고 대환난 중에 있는 두 개의 중요한 성도 그룹에 대한 주목을 끌어낸다"고 한다(앞의 책, 139). 이러한 그의 진술은 6장과 7장 사이의 시간적 순서를 부정하는 것이라기보다는 6장과는 다르게 7장 자체는 대환난 중에 시간적 연결로 전개되는 역사적 시나리오가 존재하지 않는다는 것을 지적하고 있다. 따라서 그의 이러한 주장의 이면에는 6장과 7장이 시간적으로 연결될 가능성이 얼마든지 열려 있다고 할 수 있다.

18 메츠거는 요한계시록 본문에 관한 한 시내 산 사본을 "덜 좋은 것"(less good)으로 평가하는데, 이는 알렉산드리아 사본의 상대적 우월성을 드러낸 것이라고 할 수 있다(Metzger, *A Textual Commentary on the Greek New Testament*, xxviii).

19 Caird, *The Revelation of St. John*, 93-94; Osborne, *Revelation*, 301.

나열하고 있는 것이다.[20] 또한 이 문구는 앞서 언급한 것처럼, 6장과는 분리되는 새롭고 중요한 환상의 시작을 표시해 주는 관용적 표현으로 간주될 수도 있다.[21] 왜냐하면 요한계시록에서 새로운 시작을 표현해 주는 것으로 사용되는 동사 '에이돈'(εἶδον, 나는 보다)이 이곳에서 사용되고 있기 때문이다. 따라서 7장은, 6장과 논리적 관계를 갖는다는 점에서 6장과 "연속성"(continuity)을 가지고 있지만, "이 후에"라는 문구가 새로운 시작을 표시해 주고 있다는 점에서는 "불연속성"(discontinuity)을 갖는다고 볼 수 있다.[22]

네 천사와 땅의 네 모퉁이와 땅의 네 바람(1abc절). 요한은 "네 천사가 땅의 네 바람을 붙잡고 땅의 네 모퉁이에 서 있는 것"을 본다. 천사들이 서 있는 "땅의 네 모퉁이"는, 땅 전체를 "정사각형"(square) 모양으로 상상했던 고대 사회의 우주관을 반영한 것으로 볼 수 있다.[23] 구약에도 이런 우주관을 반영하는 본문들이 존재한다(사 11:12; 욥 37:3; 겔 7:2; 바룩2서 6:4-7:2). 이러한 의미에서 "넷"이라는 숫자는 우주적 범주로서 땅 전체를 포함하는 것으로 이해할 수 있다. 이 숫자의 우주적 의미는 4장 6절의 "네 생물"과 5장 9절의 "모든 족속과 언어와 백성과 나라"라는 표현에 의해서도 확증된다. 아울러 땅의 네 모퉁이에 상응하는 네 천사가 등장한다. 그 네 천사는 바람이 땅에나 바다에나 모든 나무에 불지 않도록(1d절) 땅의 네 모퉁이에 서서 땅의 네 바람을 붙잡고 있다(1c절).[24]

여기에서 "땅의 네(사방의) 바람"(τοὺς τέσσαρας ἀνέμους τῆς γῆς, 투스 테싸라스 아네무스 테스 게스)은, 예레미야 49장 36절(70인역 25:16)의 "하늘의 최고 높은 네 곳으로부터의 네 바람"(τέσσαρας ἀνέμους ἐκ τῶν τεσσάρων ἄκρων τοῦ οὐρανοῦ, 테싸라스 아네무스 에크 톤 테싸론 아크론 투 우라누)이나[25] 다니엘 7장 2절의 "하늘의 네 바람"(τέσσαρες ἄνεμοι τοῦ οὐρανοῦ, 테싸레스 아네모이 투 우라누) 등을 배경으로 한다.[26] 스가랴 6장 5절에서는 네 마리의 말 위에 탄 자가 네 바람으로 표현되기도 한다.[27] 이 세 경우 모두의 공

---

20   Fee, *Revelation*, 106. 물론 환상을 본 순서가 아니라 보았던 환상을 논리적 순서로 연결한 것이라고 할 수 있다.

21   Reddish, *Revelation*, 141.

22   이러한 관계는 Perry, *The Rhetoric of Digression*, 56 이하에서 논의된다.

23   Ford, *Revelation*, 115; Roloff, *The Revelation of John*, 96; Mounce, *The Book of Revelation*, 155.

24   요한계시록에서 천사는 자연을 다스리는 역할로 묘사되기도 한다. 예를 들면, 14:18에는 불을 다스리는 천사가, 16:5에는 물을 다스리는 천사가 등장한다(Mounce, *The Book of Revelation*, 155).

25   마소라 본문에는 "하늘의 끝들(ends)"(קְצוֹת הַשָּׁמַיִם, 케쪼트 하샤마임)로 되어 있다.

26   Mounce, *The Book of Revelation*, 155; Osborne, *Revelation*, 305.

27   Boxall, *Revelation of St. John*, 121.

통점은 바람이 심판 상황과 관계된다는 것이다.[28] 구약 배경에서는 바람의 근원이 하늘인 반면 요한계시록에서는 "땅의"(τῆς γῆς, 테스 게스)라는 소유격 명사가 바람을 특징짓는다. 이러한 차이는 저자 요한이 "땅"에 특별한 의미를 부여하기 때문에 생긴다. 여섯 번째 인 심판에서 "땅의 왕들"에 대해 설명했던 것처럼, 요한계시록에서 "땅"은 대체로 사탄 추종 세력의 삶의 영역을 의미한다(12:12; 13:3, 8). 이와 같은 맥락에서 "땅의 네 바람"의 "땅의"를 목적격 소유격으로 간주하여 "땅을 향하여 부는 바람"이라는 의미로 해석할 수 있다. 그렇다면 "땅의 네(사방의) 바람"은 사탄 추종 세력의 삶의 영역을 파괴하기 위하여 전방위적으로 동원되는 심판의 도구로 이해할 수 있다.

또한 네 천사가 땅의 네 모퉁이에서 땅의 네 바람을 붙잡고 있는 것은 심판을 막고 있는 것이 아니라 심판을 집행하기 위해 대기하고 있는 것으로 이해해야 한다. 왜냐하면 다음 2e절에서 네 바람을 붙들고 있는 네 천사를 "땅과 바다를 해롭게 할 네 천사"라고 일컫고 있기 때문이다. 네 천사의 이런 모습은 유대 묵시문헌에서 천사가 하나님의 대리인으로서 "심판과 파괴"를 수행하는 역할을 감당하는 것으로 나타나는 것과도 맥을 같이한다.[29]

[7:2-3] 다른 천사의 등장

2-3절에 네 천사와 구별되는 "다른 천사"가 등장한다. 이 "다른 천사"는 살아 계신 하나님의 인을 가지고 해가 돋는 곳으로부터 올라와서 네 천사에게 하나님의 종들의 이마에 인칠 때까지 땅이나 바다나 나무들을 해롭게 하지 말라고 큰 소리로 외친다.

하나님의 인(2c절)

(1) 의미 분석

먼저 살펴볼 주제는 "하나님의 인"(σφραγὶς θεοῦ, 스프라기스 데우)이다. 여기에서 "인"(σφραγὶς, 스프라기스)은 "하나님의"(θεοῦ, 데우)라는 소유격과 함께 쓰인다. 이때 소유격은 주격적 용법으로서 "하나님이 주시는 인"이라는 의미이다. 그런데 흥미롭게도 여기의 "인"이라는 단어는, "일곱 인"을 언급할 때와 똑같은 단어를 사용

28　반면 시 18:10; 68:17, 33; 104:3; 사 19:1; 66:15; 합 3:8; 신 33:26에서는, 이러한 바람이 하늘을 나는 수레와 그룹과 병거 등으로 표현되기도 한다(Caird, *The Revelation of St. John*, 94).

29　Boxall, *Revelation of St. John*, 121.

한다. 일종의 "언어유희"(word-play)라고 할 수 있다.[30] 일곱 인을 떼고 열 때에 심판이 일어나지만 하나님의 인은 "하나님의 소유권 표시"(mark of God's ownership)로서 심판 중에는 "보호의 표시"(mark of protection)로 기능을 발휘한다.[31] 곧 하나님의 인은 하나님의 백성들에게 "종들"(δούλους, 둘루스)이라는 "낙인"(brand)을 찍어 주는 기능을 갖는다.[32] 이 단어는 3c절에서 동사 형태로 "인치다"(σφραγίσωμεν, 스프라기소멘)σφραγίζω, 스프라기조)라는 단어로 사용되기도 한다. "다른 천사"는 이런 하나님의 인을 가지고 있으며 그 인으로 하나님의 종들을 인치게 된다.

여기에서 하나님의 "인"은 구약 시대에 "공식적 문서에 대한 보증"이나 "재산을 표시하기" 위해 사용되던 "인장 반지"(signet ring)를 가리킨다(창 41:42; 에 3:10; 8:2 이하; 단 6:17; 마카베오1서 6:15).[33] 뿐만 아니라 하나님의 종들의 이마에 인친다는 것은, 출애굽 때에 죽음의 사자를 피하기 위해 어린 양의 피를 이스라엘 백성의 집 문설주에 발랐던 것을 연상케 한다.[34] 아무튼 그 공통점은 심판으로부터 보호받는다는 점이다.

(2) 구약 및 유대 문헌 배경

좀 더 구체적인 정황에서 요한계시록과 유사한 구약 배경으로는 에스겔 9장 4-6절이 있다.[35]

> [4]여호와께서 이르시되 너는 예루살렘 성읍 중에 순행하여 그 가운데에서 행하는 모든 가증한 일로 말미암아 탄식하며 우는 자의 이마에 표(σημειον)를 그리라 하시고 [5]그들에 대하여 내 귀에 이르시되 너희는 그를 따라 성읍 중에 다니며 불쌍히 여기지 말고 긍휼을 베풀지 말고 쳐서 [6]늙은 자와 젊은 자와 처녀와 어린이와 여자를 다 죽이되 이마에 표 있는 자에게는 가까이 말라 내 성소에서 시작할지니라 하시매 그들이 성전 앞에 있는 늙은 자들로부터 시작하더라(겔 9:4-6)

이 말씀에서는 요한계시록 본문의 "인"(σφραγίς, 스프라기스)과는 달리 "표"(σημεῖον, 세메이온)로 표현하고 있지만 그것을 이마에 표시한다는 점에서는 공통점이 있다고 할 수 있다. 에스겔서의 말씀에 의하면 "모든 가증한 일로 말미암아 탄식하며 우

---

30 Harrington, *Revelation*, 98.
31 Bauckham, *The Climax of Prophecy*, 216.
32 앞의 책.
33 Swete, *The Apocalypse of St. John*, 94.
34 Boxall, *Revelation of St. John*, 122.
35 Moyise, *The Old Testament in the Book of Revelation*, 71.

는 자" 곧 하나님 앞에 신실한 자들의 이마에 이러한 표를 함으로써 긍휼 없는 하나님의 심판으로부터 면제될 수 있다. 이러한 정황을 요한계시록 7장에 적용하면 이마에 인을 친다는 것은 하나님의 소유된 백성임을 확증하는 것이요, 동시에 그들은 하나님의 심판의 대상이 되지 않을 것임을 천명하는 것이다.[36] 바꾸어 말하면, 그 이마에 하나님의 인을 맞은 자들은 악한 세상을 향한 하나님의 심판 가운데 하나님의 소유된 자들로서 영적으로 보호받는다는 것이다.[37]

유대 문헌 중에는 욥의 유언서(Testament of Job) 5장 2절이 요한계시록 7장 2-8절과 평행 관계를 갖는다.[38] 이 유대 문헌은 욥이 사탄과의 싸움에서 절대 물러서지 않을 것을 결심하고(욥의 유언서 4:4; 5:1) 천사에 의해 인침을 받은 후에 우상 신전을 허물고 집에서 안전하게 보호받는 과정을 소개한다.[39] 여기에서 욥은 사탄과의 전쟁에 노출되어 있었으나 인침을 통해 승리를 경험한다.

(3) 인침의 다른 신약 성경 용례들

인침의 주제는 다른 신약 성경에도 등장한다. 고린도후서 1장 22절에서는 "그가 또한 우리에게 인치시고 보증으로 우리 마음에 성령을 주셨느니라"라고 한다.[40] 이 본문에서 "인치다"는 하나님에 의해 주어지는 것으로서 이 또한 하나님이 "보증으로 우리 마음에 성령을 주심"과 같다. 바울의 신학에서 인침의 행위는 성령의 은혜 주심을 통해 이루어진다. 이것은 에베소서 1장 13절에서 "약속의 성령으로 인치심을 받았다"는 문구에 의해 더욱 분명하게 드러난다. 성령의 인치심을 통해 하나님의 자녀요 백성으로 확증된다. 에베소서 4장 30절에서도 성령으로 "구원의 날까지 인치심을 받았다"고 함으로써 성령의 인치심에 영원한 구원을 보증하는 기능이 있다는 것을 알려 준다.

동쪽으로부터 다른 천사의 등장(2a절). 다른 천사가 "하나님의 인"을 가지고 "동쪽으로부터" 올라온다. 교부들이나 중세의 해석자들 중에는 "동쪽" 혹은 "돋다"라는 단어를 근거로 이 본문의 "동쪽으로부터"를 메시아를 가리키는 것으로 보

---

36 앞의 책, 71.
37 Bauckham, *The Climax of Prophecy*, 217.
38 앞의 책, 217n15.
39 앞의 책.
40 Swete, *The Apocalypse of St. John*, 94. 이 다음 설명에서 다루는 성경 본문들(엡 1:13; 4:30)에 대한 정보 역시 스웨테로부터 얻은 것이다(앞의 책).

는 경우가 있었다.[41] 왜냐하면 "동쪽" 혹은 "돋다"에 해당하는 헬라어 '아나톨 레'(ἀνατολή)는 스가랴 6장 12절의 70인역에서 메시아를 의미하는 "싹"(צֶמַח, 쩨마흐) 이라는 단어의 번역어로 사용되고 있고, 또한 신약에서 예수님이 죽음으로부터 "일어난" 부활 사건과 관련된 단어이기 때문이다.[42] 이런 이유로 동쪽으로부터 올라온 "다른 천사"를 그리스도와 동일시하기까지 한다(Primasius, Bede, Haimo).[43] 그리고 최근에 해링턴과 스윗 같은 학자들이 동쪽이라는 지명을 하나님(겔 43:2) 과 메시아(마 2:1-2)가 출현하는 지역으로 간주하기도 했다.[44] 그러나 쾨스터는 이 런 주장을 모두 반박한다. 왜냐하면 16장 12절에 동일한 문구가 사용되는데, 거 기에서는 "동쪽"이 하나님의 대적들이 출현하는 출발점을 가리키기 때문이다.[45] 따라서 구약 배경을 고려하여 "동쪽으로부터"란 문구에 메시아적 의미를 부여 할 수도 있지만, 이 문구가 그러한 의미를 절대적으로 가지고 있지는 않다는 사 실을 기억해야 한다.

이 "다른 천사"는 1절에 등장했던 땅의 네 모퉁이에 서 있는 "네 천사"와는 구별된다. 왜냐하면 2de절의 "땅과 바다를 해롭게 하는 권세가 주어진 네 천사" 라는 문구는 이 네 천사가 "심판"을 위해 보내심을 받았다는 것을 명시적으로 보여주는 반면, "다른 천사"는 하나님의 "보호"를 상징하는 하나님의 인을 가지 고 있기 때문이다. 앞에서 언급한 것처럼 하나님의 인은 하나님 백성의 하나님 의 소유로서의 정체성을 확증시켜 주며 하나님의 보호에 대한 상징적 의미를 갖 는다. 이런 점에서 다른 천사는 심판을 행하는 네 천사와는 달리 심판 중에 하나 님의 백성을 보호해 주는 역할을 감당한다.

지연의 주제(3bc절). 3절에서 다른 천사는 땅과 바다를 해롭게 하기 위해 준비하 고 있는 네 천사에게 "우리가 우리 하나님의 종들을 그들의 이마에 인칠 때까지 땅과 바다와 나무들을 해롭게 하지 말라"(3bc절)고 명령한다. 여기에서 네 천사의 역할은 세상을 심판하기 위해 대기하는 것이다. 1bc절에서 그들이 땅의 네 바람 을 붙잡아 바람이 땅에나 바다에나 모든 나무에 불지 못하게 하여 심판을 방지 하는 것처럼 보이지만 그것은 하나님의 종들의 이마에 인을 칠 때까지 잠시 심

---

41 Koester, *Revelation*, 415.
42 앞의 책.
43 앞의 책.
44 Harrington, *Revelation*, 98; Sweet, *Revelation*, 148; Roloff, *Revelation*, 96.
45 Koester, *Revelation*, 416. 이러한 입장을 비일도 주장한 바 있다(Beale, *The Book of Revelation*, 408).

판을 지연시키고 있는 것이다. 그러는 사이에 다른 천사가 와서 하나님의 종들의 이마에 인을 치게 된다.

여기에서 지연이라는 주제는 유대 배경을 통해 좀 더 잘 이해할 수 있다. 대표적인 문헌은 바룩2서 6장 4절-7장 2절이다.[46] 바룩2서 6장 4절에 의하면 네 천사가 심판을 위해 타는 횃불을 가지고 "도시의 네 모퉁이에"(at the four corners of the city) 서 있는데, 6장 5절에서 다른 천사가 그 네 천사에게 자신이 요청하기까지 그 횃불을 비추지 말고 붙들고 있으라고 하면서 심판의 지연을 요구한다. 그리고 그 천사가 하늘로부터 내려와 "휘장, 거룩한 에봇, 속죄소, 두 돌판, 제사장들의 거룩한 옷, 향단, 제사장들의 옷에 장식된 48개의 보석 그리고 성막의 모든 거룩한 그릇들"을 성전으로부터 취한 후에(바룩2서 6:7), 네 천사에게 그 도시를 완전히 파괴할 것을 요청한다(바룩2서 7:1). 이 바룩2서의 본문은 요한계시록의 바람이 횃불로 바뀌어서 표현된 것을 제외하고는 지연이라는 주제와 관련하여 요한계시록과 거의 똑같은 패턴을 보여준다. 에녹1서 66장 1-2절에서는, 천사들이 땅에 사는 모든 자들을 심판하기 위해 지하에 있는 물들의 능력들을 풀어 쏟고자 하였으나 영들의 주님은 심판의 천사들에게 명령을 내려 에녹이 방주를 완성할 때까지 중단하도록 명령하시면서 심판을 지연시키신다.[47]

하나님의 종들(3c절). "다른 천사"는 하나님의 인을 가지고 하나님의 종들의 이마에 인치고자 한다. 여기에서 인침 받은 하나님의 종들은 누구인가? 1장 1절에도 동일하게 하나님의 종들이란 문구가 등장하는데 이 경우에 하나님의 종들은 하나님의 백성 곧 교회 공동체를 의미한다. 그렇다면 하나님의 종들의 이마에 인치는 것은 그들이 하나님의 소유로서 하나님의 백성이라는, 그들의 정체성을 확고히 하는 것이라고 할 수 있다. 이것은 13장 16절에서 짐승의 표를 이마나 손에 받는 것과 대조를 이룬다. 하나님의 "인"(σφραγίς, 스프라기스)과 짐승의 "표"(χάραγμα, 카라그마)는 각각 하나님의 종과 짐승의 종으로서의 정체성을 나타내 주고 있다는 점에서 대조적이지만 이마에 그 인과 표를 받는다는 점에서 평행을 이룬다. "다른 천사"에 의해 하나님의 인침을 받아 하나님의 소유로 인증된 하나님의 종들은 하나님의 군대로서 하나님을 섬기는 자로 세움 받는다.[48]

---

46   Roloff, *Revelation*, 96.
47   앞의 책.
48   Bauckham, *The Climax of Prophecy*, 216.

[7:4] 인침 받은 자의 수: 144,000

4절부터는 하나님의 인을 가지고 있는 다른 천사에 의해 인침 받은 자들의 수를 계수하는 내용이 소개된다. 4a절에서 요한은 "인침 받은 자들의 수"를 듣는다. 그리고 4b절에서 그 인침 받은 자들의 수를 "이스라엘 아들들의 모든 지파로부터 … 십사만 사천"이라고 진술한다. 여기에서 144,000이 의미하는 것은 무엇인가? 이 문구의 의미를 알 수 있는 힌트를 "144,000"이라는 숫자 자체에서 찾을 수 있다. 이 숫자의 의미와 동일한 패턴을 보여주고 있는 것이 바로 4장의 이십사 장로다. 즉 이십사 장로의 의미를 추적할 때 결정적인 것은 바로 "24"라는 숫자였다. 이 숫자는 12＋12로 구성되어 있다고 말한 바 있다. 이런 패턴을 144,000에 적용하면 12×12×1,000이라는 숫자 구성을 쉽게 떠올릴 수 있다. 두 개의 12는, 약속으로서의 구약의 하나님 백성과 그 성취로서의 신약의 하나님 백성의 합이라고 할 수 있다. 전자는 열두 지파에 의해 세워지고 후자는 열두 사도 위에 세워진다.

여기에서 이 숫자는 문자적으로 열두 지파로부터 차출된 유대인들을 가리키는 것이 아니다.[49] 문자적으로 이스라엘을 의도하지 않은 것으로 이해할 수 있는 가장 중요한 이유는 요한계시록 자체 내에서 혈통적 유대인을 참 유대인이 아닌 "사탄의 회"(2:9; 3:9)로 부정적으로 표현하고 있기 때문이다. 이것은 역으로 말하면 교회 공동체가 참 유대인이라고 간주하는 것과 같다. 곧 교회 공동체가 구약 이스라엘의 성취로서, 약속으로 존재했던 유대적 정체성을 계승하고 있다는 것을 의미한다. 이것이 신약의 교회 공동체를 "하나님의 이스라엘"이라고 부르는 이유다(갈 6:16).[50] 갈라디아서 3장 7절에서는 "믿음으로 말미암은 자들은 아브라함의 자손"이라고 말하고, 3장 29절에서는 진정한 아브라함의 자손은 그리스도에게 속한 자들이라고 말하며, 로마서 2장 28-29절에서는 "표면적 유대인이 유대인이 아니요 … 이면적 유대인이 유대인"이라고 함으로써 참 이스라엘의 의미를 재정의하고 있다.[51] 요한도 이러한 신약 성경 저자들의 보편적 이해의 연장선상에 존재한다. 그렇다면 이 문맥에서 144,000을 "이스라엘의 아들들

---

49 월부어드는 이스라엘의 아들들의 모든 지파로부터 인침 받은 144,000을 문자적으로 해석하여 이스라엘의 열두 지파가 "여전히 존재"(still in existence)하는 것으로 해석하면서 교회 공동체가 참 이스라엘이라는 것은 어떤 성경적 지지도 받지 못한다고 주장한다(Walvoord, *The Revelation of Jesus Christ*, 141).

50 Harrington, *Revelation*, 98. 롱에네커(Longenecker)는 "하나님의 이스라엘"을 유대인으로 해석하는 모든 견해는 갈라디아서 전체의 맥락을 잘못 이해한 결과라고 지적한다(R. N. Longenecker, *Galatians*, WBC 41 [Dallas, TX: Word, 1990], 298).

51 여기에서 언급한 본문들은 오즈번의 책을 참고하였다(Osborne, *Revelation*, 312).

의 모든 지파로부터"라고 했다고 하여 문자 그대로 유대인으로 해석하는 것은 적절치 않다.

그러므로 여기에서 144,000은 24장로의 경우와 동일한 의미로서 두 개의 12(12×12)에 의해 약속으로서의 구약 백성과 그 성취로서의 신약 백성을 함께 포함하는 하나님의 교회 공동체 전체를 상징적으로 보여주는 숫자라는 해석이 더욱 힘을 얻게 된다.[52] 다만 여기에서 "이스라엘의 아들들의 모든 지파"를 144,000의 출처로 명시하는 것은 구약의 이스라엘을 배경으로 하나님의 백성에 대한 이해를 유도하고 있는 것이라고 할 수 있다. 여기 "1,000"이라는 숫자는 구약에서 군대 용어로 사용되고 있다.[53] 예를 들면, 민수기 31장 4절은 "이스라엘 모든 지파에게 각 지파에서 천(χιλίους, 킬리우스)χίλιοι, 킬리오이) 명씩을 전쟁에 보낼지니라"라고 말하고 있고, 역대상 27장 1-5절에서 소개하는 군대 조직의 기본 단위가 "천"(χιλιάς, 킬리아스)으로 설정된다(참고, 마카베오1서 3:55; 요세푸스 BJ 2.20.7; 1QM 4:2, 16; 5:3 등).[54] 아마도 요한계시록 7장 4-8절에서 각 지파는 12,000명으로 구성되어 있을 것이고, 그것은 각 지파마다 1,000명씩 12개의 부대로 구성되어 있다고 간주할 수 있다.[55] 이런 맥락에서 144,000은 전투하는 공동체로서의 교회를 가리킨다. 전투하는 교회 공동체로서의 특징은 다음에서 이어지는 5-8절에서 다시 한 번 분명하게 드러난다. 또한 숫자 12(12×12)와 10(10×10×10)의 중복된 사용에 의해 144,000은 "완전함의 상징"으로 간주될 수 있다.[56] 그렇다면 144,000은 하나님의 백성의 완전한 수라고 할 수 있다.

52 Beale, *The Book of Revelation*, 416-423; Osborne, *Revelation*, 312; Witherington, *Revelation*, 137; Harrington, *Revelation*, 98.
53 Bauckham, *The Climax of Prophecy*, 218.
54 앞의 책.
55 앞의 책, 218-219.
56 Reddish, *Revelation*, 146.

2) 인침을 받은 열두 지파 목록(7:5-8)

5-8절은 4절에서 말하는 이스라엘의 모든 지파로부터 인침 받은 십사만 사천을 지파별로 나누어 소개하고 있다.

구문 분석 및 번역

5절 a ἐκ φυλῆς Ἰούδα δώδεκα χιλιάδες ἐσφραγισμένοι,
   유다 지파로부터 일만 이천이 인침 받았다

   b ἐκ φυλῆς Ῥουβὴν δώδεκα χιλιάδες,
   르우벤 지파로부터 일만 이천

   c ἐκ φυλῆς Γὰδ δώδεκα χιλιάδες,
   갓 지파로부터 일만 이천

6절 a ἐκ φυλῆς Ἀσὴρ δώδεκα χιλιάδες,
   아셀 지파로부터 일만 이천

   b ἐκ φυλῆς Νεφθαλὶμ δώδεκα χιλιάδες,
   납달리 지파로부터 일만 이천

   c ἐκ φυλῆς Μανασσῆ δώδεκα χιλιάδες,
   므낫세 지파로부터 일만 이천

7절 a ἐκ φυλῆς Συμεὼν δώδεκα χιλιάδες,
   시므온 지파로부터 일만 이천

   b ἐκ φυλῆς Λευὶ δώδεκα χιλιάδες,
   레위 지파로부터 일만 이천

   c ἐκ φυλῆς Ἰσσαχὰρ δώδεκα χιλιάδες,
   잇사갈 지파로부터 일만 이천

8절 a ἐκ φυλῆς Ζαβουλὼν δώδεκα χιλιάδες,
   스불론 지파로부터 일만 이천

   b ἐκ φυλῆς Ἰωσὴφ δώδεκα χιλιάδες,
   요셉 지파로부터 일만 이천

   c ἐκ φυλῆς Βενιαμὶν δώδεκα χιλιάδες ἐσφραγισμένοι.
   베냐민 지파로부터 일만 이천이 인침 받았다

시작 부분인 5a절과 끝부분인 8c절에서는 "인침 받은"(ἐσφραγισμένοι, 에스프라기스메노이)이라는 분사 형태의 단어가 사용된다. 분사 형태이지만 서술적으로 번역한다. 그리고 이 두 본문 사이에 있는 5b-8b절의 문구들에는 이 단어가 생략되어 있는데, 이는 중복을 피하기 위함이다. 처음과 끝부분에 이 문구를 사용함으로써 인클루지오(inclusio) 혹은 수미상관 구조를 보여준다. 이런 구조적 특징을 반영하여 처음과 마지막 부분에서만 "인침 받았다"라고 번역했다. 그리고 두 문구

사이의 문구에서는 이 번역을 생략한 채 "… 지파로부터 일만 이천"이란 문형만 쓰겠다.

이상의 내용을 근거로 우리말 어순에 맞추어 번역하면 다음과 같다.

5a	유다 지파로부터 일만 이천이 인침 받았다.
5b	르우벤 지파로부터 일만 이천,
5c	갓 지파로부터 일만 이천
6a	아셀 지파로부터 일만 이천,
6b	납달리 지파로부터 일만 이천,
6c	므낫세 지파로부터 일만 이천,
7a	시므온 지파로부터 일만 이천,
7b	레위 지파로부터 일만 이천,
7c	잇사갈 지파로부터 일만 이천,
8a	스불론 지파로부터 일만 이천,
8b	요셉 지파로부터 일만 이천,
8c	베냐민 지파로부터 일만 이천이 인침 받았다.

본문 주해

열두 지파의 순서. 열두 지파의 목록은, 구약에서 열두 지파 순서가 대부분 장남인 르우벤 지파부터 시작하는 것과는 달리, 유다 지파부터 시작한다. 요한계시록 본문의 열두 지파 목록은 창세기 49장 10절의 유다의 메시아 계보에 영향을 받아 유다 지파가 제일 먼저 나열되는 민수기 2장 3절, 34장 19절, 여호수아 21장 4절, 역대상 12장 23-37절을 배경으로 기록되고 있다고 볼 수 있다.[57] 앞서 요한은 5장 5절에서 어린 양 예수 그리스도를 "유다 지파의 사자 다윗의 뿌리"로 규정하여 메시아적 성취를 확증한 바 있다. 결국 요한은 7장의 목록에서 "유다 지파"를 맨 앞에 등장시킴으로써 유다 지파로부터의 메시아 출현과 그 성취를 강조할 뿐 아니라 교회 공동체가 그러한 메시아적 성취 사역을 통해 세워졌다는 것을 보여주고 있다.[58]

… 지파로부터(ἐκ φυλῆς). 위 본문의 두드러진 특징은 "… 지파로부터"(ἐκ φυλῆς, 에크 필레스)라는 문구의 반복이다. 이것은 이 본문의 구약 배경이라고 할 수 있는 민

57　Beale, *The Book of Revelation*, 417.
58　앞의 책.

수기 1장에서 전쟁에 나갈 만한 자로 20세에서 50세까지의 장정들을 계수하여 기록할 때 사용했던 문구와는 차이가 있다. 민수기 마소라 본문의 전치사 '레'(?)를 70인역에서 '에크'(ἐκ)로 번역했는데, 요한계시록에서는 70인역을 따라서 '에크'(ἐκ)로 표현하고 있다. 히브리어 전치사 '레'(?)는 "소속"(belonging)이나 "소유의 여격"으로 사용되기도 한다.[59] 요한계시록의 문맥에서 이 문구는 두 가지 가능성을 갖는다. 첫째, 144,000이 선택받은 자들임을 보여준다. 이것은 5장 9de절에서 "모든 족속과 언어와 백성과 나라'로부터'(ἐκ, 에크) 사람들을[60] … 피로 사셨다"와 동일한 패턴을 가진다.[61] 여기에서 "사람들"은 "모든 족속과 언어와 백성과 나라로부터" 선택받은 것이다. 여기에서 '에크'는 선택의 의미를 제공하는 역할을 한다. 따라서 144,000은 이스라엘의 각 지파로부터 선택된 자들임을 의미한다. 둘째, 144,000은 이스라엘의 열두 지파의 정체성을 계승하는 자들임을 알 수 있다. 여기에서 "…로부터"라는 의미의 전치사 '에크'(ἐκ)는 "가계, 인종, 도시, 백성, 지역의 기원(origin)을 드러내기 위해"[62] 사용된다. 이러한 의미에서 144,000은 이스라엘 열두 지파에 그 근원을 두고 그 정체성을 유일하게 성취하는 참 이스라엘인 것이다. 오우니(Aune)는 이 전치사를 "부분적 소유격"(partitive genitive)이라고 규정한다.[63]

열두 지파 각각에 속한 12,000명이 모여 144,000을 구성한다. 144,000이 상징적 의미를 가지듯이 이 문맥에서 열두 지파로 구성되는 이스라엘 역시 상징성을 갖는다. 따라서, 144,000은, 새 이스라엘로 선택받은 하나님의 백성임이 분명하다.

구약 배경인 민수기 1장과의 관계. 5-8절에서 열두 지파의 합에 해당하는 144,000에 대한 계수 기록은 민수기 1장에서 20세 이상 50세 이하에 해당하는 자들로 전쟁에 나갈 만한 자들을 계수한 사건과 평행 관계를 갖는다.[64] 이러한 평행 관계는 앞에서 "… 지파로부터"(ἐκ φυλῆς, 에크 필레스)라는 문구를 사용함으로써 민수기 1장과 평행 관계를 갖는 것 외에도 전체적인 내용 구성에 있어서도

---

59 *HALOT*, 509.
60 이 단어가 원문에는 존재하지 않지만 생략된 것으로 간주한 바 있다. 좀 더 자세한 내용에 대해서는 9de절의 구문 분석 및 번역을 참고하라.
61 5:9de에 대한 본문 주해를 참고하라.
62 BDAG, 296(3b).
63 Aune, *Revelation 6-16*, 462.
64 Bauckham, *The Climax of Prophecy*, 217.

그 사실을 충분히 확인할 수 있다.[65] 물론 요한은 민수기 1장의 말씀을 그대로 사용하지 않는다. 자신의 목적을 위해 민수기 1장에서 들쑥날쑥했던 각 지파의 숫자를 12,000으로 통일하여 144,000을 구성하도록 기획한다. 반대로 말하면 144,000을 만들기 위해 각 지파의 수를 12,000으로 통일했다고 할 수도 있다.

그렇다면 여기서 민수기 1장을 배경으로 사용한 것이 144,000에 어떠한 의미를 부여하는가? 이에 대한 적절한 답을 얻기 위해서는 민수기 1장에서 이스라엘 백성을 계수하는 목적이 무엇이었는지를 확인해 볼 필요가 있다. 민수기 1장에 의하면 백성을 계수하는 목적은 하나님의 군대인 이스라엘이 전쟁을 준비할 수 있게 진용을 정비하는 것이다.[66] 이것은 민수기 1장 2-3절에 잘 나타난다.

> ²너희는 이스라엘 자손의 모든 회중 각 남자의 수를 그들의 종족과 조상의 가문에 따라 그 명수대로 계수할지니 ³이스라엘 중 이십 세 이상으로 싸움 에 나갈 만한 모든 자를 너와 아론은 그 진영별로 계수하되(민 1:2-3)

백성들을 계수하는 목적은 가나안 땅을 정복하기 위해 "싸움에 나갈 만한 모든 자"의 수를 파악하기 위한 것이다(민 1:3). 계수에 의해 다시 한 번 하나님의 전쟁을 대행하는 군대인 이스라엘의 정체성을 확인한다. 이 민수기의 말씀은 쿰란 문헌인 1QM(전쟁 두루마리)에 영향을 주었다. 곧 이 쿰란 문헌에서는, 약속의 땅을 쟁취하기 위해 광야에서 군대 조직을 체계적으로 정비한 것이 바로 광야로부터 약속의 땅을 재탈환하기 위해 나아오는 "종말적 이스라엘"(eschatological Israel)인 쿰란 공동체의 역할 모델로 채택된다(특별히 1QM 1:2-3).[67] 이 쿰란 문헌의 사상을 요한계시록 본문에 적용할 수 있다.

민수기 1장의 이런 개념은 요한계시록 7장과 민수기 1장의 평행 관계에 의해 요한계시록 7장의 십사만 사천에 적용될 수 있다. 오즈번은 144,000의 군사적 모티브와 관련하여 두 가지 측면을 제시한다: (1) "땅에 사는 자들"(earth-dwellers)을 향한 복음 증거, (2) "짐승의 군대"를 정복(17:14. 참고, 2:26-27).[68] 이 두 가지는 상호 작용한다. 이 두 가지 모두 순교 정신을 통해서만 구현될 수 있다는 공통점을 갖는다. 그렇다면 십사만 사천은 문자 그대로의 물리적인 군사적 공동체가

---

65 앞의 책.
66 앞의 책.
67 앞의 책, 217-218.
68 Osborne, *Revelation*, 313. 그러나 오즈번은 여기에서 군사적 모티브는 144,000의 "주된 강조점"(the primary emphasis)이 아니라 이차적 의미를 갖는 것이며 "핵심적 의미"는 "하나님께 소유되고 보호를 받는" 대상이라고 지적한다(앞의 책).

아니라, 왕적 메시아의 사역에 의해 구성되어 이 세상에 복음의 깃발을 높이 들고 하나님의 통치를 구현하는 영적 전사로서의 교회 공동체를 상징적으로 보여준다.

단 지파의 생략. 5-8절의 목록에는 열두 지파 중 단 지파가 생략되어 있다. 이런 생략과 관련하여 과도한 해석은 자제해야 한다. 흥미로운 해석 중 하나는 본래 단 지파가 포함되어 있었는데 '단'(Δάν)이란 단어가 '만'(Μάν)이란 단어로 변형되어 이 단어로부터 "므낫세"라는 명칭으로 변질되었다는 주장이다.[69] 그러나 이런 변형 가능성은 없다. 그리고 가장 경계해야 할 해석 중 하나는 단 지파가 생략된 것이 그 지파로부터 적그리스도가 출현한다는 전통 때문이라는 것이다.[70] 이것은 2세기에 이레나이우스가 처음 주장하였다(*Adv. Haer.* 5.30.2; Hippolytus, *De Antichristo* 14).[71] 그러나 이런 전통은 기독교 이전의 자료가 아니기 때문에 요한계시록 본문의 해석에 참고하는 것은 적절하지 않다.[72] 더 나아가서 유대 묵시문헌에서 적그리스도는 "예외 없이"(invariably) 이방인과 이교도들을 가리켜 사용되었기 때문에 단 지파로부터 적그리스도가 등장하게 된다는 해석은 더욱 적절하지 않다.[73]

창세기 49장 16-17절과 사사기 18장 30절과 예레미야 8장 16절과 초기 유대 문헌(*Vitae Proph.* 3:17-20)에서 단 지파를 부정적으로 말하고 있지만, 초기 유대

---

69 찰스는 고마루스(Gomarus), 하르트비히(Hartwig), 블레크(Bleek), 췰리크(Züllig), 스피타(Spitta)가 다음과 같은 주장을 했다고 밝혔다: "본래 본문에는 단(Δάν)이 존재했었는데 초기에 오염되어 만(Μάν)으로 기록되었다. 그래서 므낫세(Manasseh)가 등장한 것이다"(Charles, *A Critical and Exegetical Commentary on the Revelation of St. John*, 1:208). 이 외에도 찰스에 의하면 그로티우스(Grotius), 에발트(Ewald), 드 베테(De Wette), 뒤스테르디크(Düsterdieck)는 단 지파가 오래전에 사라졌기 때문에 생략되었다고 주장하는데, 다른 지파도 동일하게 오래전에 사라졌으므로 이 견해는 성립될 수 없다(앞의 책). 또 다른 편에서는 그 생략이 단 지파가 사사기에서 초기에 우상 숭배 죄를 저질렀기 때문에 생략되었다고 하는데 이러한 죄질로 보면 다른 지파의 경우도 그에 못지않다는 점에서 받아들이기 어렵다(앞의 책). 찰스는 이러한 주장들이 모두 다 적절하지 않은 것으로 평가한다(앞의 책, 209).
70 앞의 책, 208.
71 Bauckham, *The Climax of Prophecy*, 223; Charles, *A Critical and Exegetical Commentary on the Revelation of St. John*, 1:209. 이러한 해석은 초기 기독교 교회(Eucharius, Augustine, Jacob of Edessa, Theodoret, Arethas, Bede 등)에 의해 지속되었다(Charles, *A Critical and Exegetical Commentary on the Revelation of St. John*, 208-209). 그리고 근대에 와서 에어베스(Erbes), 부셋(Bousset), 홀츠만(Holtzmann), 바이스(Weiss), 스웨테(Swete) 등이 주장하였다(앞의 책, 209). 그리고 롤로프도 이러한 주장에 가담한다: "단 지파가 빠져 있는데 이것은 아마도 단이 타락하여 사탄에게 지배를 받는 것으로 여겨졌기 때문일 것이다(왕상 12:29-30; 삿 18장; 렘 8:16; 다니엘의 유언서 5:4 이하)"(Roloff, *The Revelation of John*, 98). 이러한 해석은 또한 히폴리투스(Hippolytus) 같은 초기 교부들에 의해 계승되면서(*De Antichristo* 14) 다소 변경되어 나타나는데(Bauckham, *The Climax of Prophecy*, 223), 히폴리투스(*Frag. Gen.* 30-31)에 의하면 가룟 유다가 단 지파 출신이었다(Roloff, *The Revelation of John*, 98).
72 Bauckham, *The Climax of Prophecy*, 223.
73 앞의 책.

문헌에 나타난 열두 지파의 수많은 목록에서 단 지파를 생략한 경우가 없다는 사실은 그러한 것들을 무색하게 만든다.[74] 만일 단 지파에 대한 부정적 개념이 아주 뚜렷했다면 당시 대부분의 목록에서 단 지파가 생략되는 흐름이 뚜렷하게 나타났어야 했을 것이다. 결국 단 지파의 생략에 대한 가장 적절한 해석은 열두 지파를 맞추기 위한 저자의 "임의적"(arbitrary) 선택으로 볼 수밖에 없다.[75] 요셉의 아들 므낫세와 에브라임이 포함된다면 13지파가 되기 때문에 종종 어느 한 지파가 생략되곤 하였다.

요셉과 므낫세(6c절, 8b절). 흥미로운 것은 므낫세와 에브라임의 조합이 아닌 요셉과 므낫세의 조합이 목록에 들어가 있다는 사실이다. 이러한 구성에서 독자들은 왜 에브라임이 생략된 채 요셉과 므낫세의 조합이 포함되었는가 하는 의문을 당연히 가질 수 있다. 이것을 이해하려면 민수기 1장 32-34절을 참고해야 한다.[76] 민수기 1장 32절에는 "요셉의 아들 에브라임의 아들들에게서 난 자를 …"로 되어 있고, 민수기 1장 34절에는 "므낫세의 아들들에게서 난 자를 …"이라고 되어 있다. 일반적으로 민수기 1장에서는 민수기 1장 34절처럼 "…의 아들들에게서"라는 형식을 취하는 데 반해, 민수기 1장 32절에서는 예외적으로 "요셉의 아들 에브라임의 아들들에게서 …"라고 하여 에브라임이 요셉에게 부속된다는 사실을 암시해 준다. 바로 이런 사실을 요한계시록의 저자 요한이 감지한 것이라고 할 수 있다. 그러므로 민수기 1장을 배경으로 사용하는 전체적인 맥락에서 민수기의 패턴을 활용하여 에브라임 대신 요셉을 표기하고 이어서 므낫세를 표기한 것으로 볼 수 있다. 결국 여기에서 에브라임을 포함하는 요셉의 존재로 인하여 므낫세가 단을 대체하고 있다고 볼 수 있다.

레위 지파가 군대 조직에 포함되다(7b절). 본문의 목록은 민수기 1장을 반영하여 144,000을 군대 조직으로 구성하고 있는데, 특이한 점은 여기에 레위 지파가 포함되어 있다는 것이다. 보통 비군사적인 목적으로 인구 조사를 할 경우에는 레위 지파가 포함되지만(민 3:14-39; 26:57-62), 군사적 목적으로 이스라엘을 계수할

---

74 Aune, *Revelation 6-16*, 462. 한 가지 예외는 Pseudo-Philo LAB 25:4가 있는데 이것은 실수로 생략된 것으로 간주된다(앞의 책).

75 Bauckham, *The Climax of Prophecy*, 222-223. 보쿰은 이 주제에 대해 다음 논문에서 집중적으로 논의한다: Bauckham, "The List of the Tribes in Revelation 7 Again," *JSNT* 13.42 (1991): 99-115.

76 Bauckham, *The Climax of Prophecy*, 222.

때는 비무장한 레위 지파는 생략될 때가 많다(민 1:49; 2:33; 26:1-51. 참고, 대상 21:6).[77] 그러나 쿰란 문서인 1QM 1장 2절과 2장 2절을 보면 레위 지파도 "종말적 전쟁에 참여"하기 위해서 열두 지파 안에 포함되는 경우가 있음을 알 수 있다.[78] 이러한 사실을 배경으로 요한은 5-8절의 목록을 종말적 메시아적 공동체로 기록하면서 그 목록에 통상적으로 비폭력적 지파인 레위 지파를 포함시킴으로써 이런 의도를 더욱 강화하고자 했을 가능성이 충분히 있다. 곧 비폭력적인 방법으로 종말적 전쟁에 참여하는 공동체의 특징을 부각시키고자 하는 의도가 있는 것이다.

정리. 5-8절은 하나님의 인침을 받은 144,000이 속해 있는 열두 지파의 목록을 열거한다. 이 목록에 의해 144,000은 참 이스라엘이자 메시아적 공동체로서의 특징을 보여준다. 따라서 144,000은 문자적 의미의 혈통적 이스라엘이 아니라 약속으로서의 구약 백성과 그 성취인 신약의 교회 공동체에 대한 상징적 표현이다.

---

77 Aune, *Revelation 6-16*, 463.
78 앞의 책.

3. 하늘에 아무도 능히 셀 수 없는 큰 무리(7:9-17)

1-8절의 셀 수 있는 수로서의 144,000과는 대조적으로 9-17절에서는 "아무도 셀 수 없는 큰 무리"를 소개한다. 또한 전자가 지상에서 전투하는 교회 공동체의 모습이라고 한다면 후자는 하늘 성전에서 안식을 누리는 "큰 무리"이다. 이처럼 셀 수 없는 큰 무리가 무엇을 의미하는지를 규명하는 것이 이 단락의 목적이다. 9-17절은 크게 두 부분(9-14절과 15-17절)으로 나뉜다. 전자는 아무도 셀 수 없는 큰 무리의 특징을 소개하고, 후자는 그 큰 무리가 하늘에서 어떠한 축복을 누리고 있는지 설명한다.

1) 아무도 셀 수 없는 큰 무리의 존재와 그 특징(7:9-14)

구문 분석 및 번역

9절　a　Μετὰ ταῦτα εἶδον,
　　　　이 후에 나는 보았다

　　　b　καὶ ἰδοὺ ὄχλος πολύς,
　　　　그리고 보라 큰 무리가

　　　c　　　　　　　ὃν ἀριθμῆσαι αὐτὸν οὐδεὶς ἐδύνατο,
　　　　　　　　　　아무도 셀 수 없는

　　　d　　　　　　　ἐκ παντὸς ἔθνους καὶ φυλῶν καὶ λαῶν καὶ γλωσσῶν
　　　　　　　　　　모든 나라와 족속들과 백성들과 언어들로부터

　　　e　　　　　　　στῶτες ἐνώπιον τοῦ θρόνου καὶ ἐνώπιον τοῦ ἀρνίου
　　　　　　　　　　보좌 앞과 어린 양 앞에 서 있다

　　　f　　　　　　　περιβεβλημένους στολὰς λευκὰς καὶ φοίνικες ἐν ταῖς χερσὶν αὐτῶν,
　　　　　　　　　　흰옷을 입고 그들의 손에 종려 가지를 (들고)

10절　a　καὶ κράζουσιν φωνῇ μεγάλῃ λέγοντες·
　　　　그리고 그들은 큰 소리로 외쳐 말했다

　　　b　ἡ σωτηρία τῷ θεῷ ἡμῶν τῷ καθημένῳ ἐπὶ τῷ θρόνῳ καὶ τῷ ἀρνίῳ.
　　　　구원하심이 보좌에 앉으신 우리 하나님과 어린 양에게 있습니다

11절　a　Καὶ πάντες οἱ ἄγγελοι εἱστήκεισαν κύκλῳ τοῦ θρόνου καὶ τῶν πρεσβυτέρων καὶ τῶν τεσσάρων ζῴων
　　　　그리고 모든 천사들이 보좌와 장로들과 네 생물의 주위에 섰다

　　　b　καὶ ἔπεσαν ἐνώπιον τοῦ θρόνου ἐπὶ τὰ πρόσωπα αὐτῶν
　　　　그리고 그들은 보좌 앞에 얼굴을 대고 엎드렸다

　　　c　καὶ προσεκύνησαν τῷ θεῷ

그리고 하나님께 경배하여

12절 a λέγοντες·
말하기를

b ἀμήν, ἡ εὐλογία καὶ ἡ δόξα καὶ ἡ σοφία καὶ ἡ εὐχαριστία καὶ ἡ τιμὴ καὶ ἡ δύναμις καὶ ἡ ἰσχὺς
아멘 찬송과 영광과 지혜와 감사와 존귀와 능력과 힘이

c τῷ θεῷ ἡμῶν εἰς τοὺς αἰῶνας τῶν αἰώνων· ἀμήν.
우리 하나님께 영원토록 있습니다. 아멘

13절 a Καὶ ἀπεκρίθη εἷς ἐκ τῶν πρεσβυτέρων λέγων μοι·
그리고 장로 중에 하나가 응답하여 내게 말했다

b οὗτοι οἱ περιβεβλημένοι τὰς στολὰς τὰς λευκὰς τίνες εἰσὶν καὶ πόθεν ἦλθον;
이 흰옷 입은 자들이 누구며 또 어디서 왔는가?

14절 a καὶ εἴρηκα αὐτῷ·
그리고 내가 그에게 말했다

b κύριέ μου, σὺ οἶδας.
나의 주여 당신이 압니다

c καὶ εἶπέν μοι·
그리고 그가 나에게 말했다

d οὗτοί εἰσιν οἱ ἐρχόμενοι ἐκ τῆς θλίψεως τῆς μεγάλης
이들은 큰 환난으로부터 나오는 자들이다

e καὶ ἔπλυναν τὰς στολὰς αὐτῶν
그리고 그들은 그들의 옷들을 씻었다

f καὶ ἐλεύκαναν αὐτὰς ἐν τῷ αἵματι τοῦ ἀρνίου.
그리고 그것들을 어린 양의 피로 희게 하였다

9a절의 '메타 타우타'(Μετὰ ταῦτα)에서는 1절의 '메타 투토'(Μετὰ τοῦτο)의 단수형 '투토'(τοῦτο)가 복수형 '타우타'(ταῦτα)로 변경되었다. 그럼에도 불구하고 의미 차이는 없다. 그러므로 1절과 똑같이 "이 후에"로 번역한다. 실제로 영어 번역본 중에서 NKJV는 복수형(these)으로 번역하나 ESV, NRSV, NIV는 단수형(this)으로 번역한다. 여기 "이 후에"는 1-8절과 9-17절을 시간적 관계가 아니라 논리적 관계로 연결짓는다. 그리고 9d절의 목록에서 "나라"(ἔθνους, 에드누스)ἔθνος, 에드노스)만 단수형이고 나머지는 복수형이다. 이처럼 불규칙적인 상태를 변동 없이 그대로 직역하여도 어색함이 없기 때문에 원문 그대로 번역에 반영했다.

9f절의 '페리베블레메누스'(περιβεβλημένους)는 분사 형태의 남성 복수 목적격인 반면, 9e절의 '스토테스'(στῶτες, 서 있다)는 동일하게 분사 형태이지만 주격이다. 이런 변형은 주동사인 '에이돈'(εἶδον, 나는 보았다)의 목적격을 의식했든지 아니면 '이

두'(ἰδού, 보라)와의 관계 때문일 수 있다.[79] 이 분사를 목적격으로 번역할 경우, 직전에 주격으로 사용된 분사 형태인 '스토테스'(στῶτες)와 어울리지 않기 때문에 균형을 맞추기 위해 동일하게 주격으로 번역했다.

12a절에서 분사 형태로 사용된 '레곤테스'(λέγοντες)는 앞서 3a절의 '레곤'(λέγων)처럼 "직접 화법"을 유도하기 위해 사용된다. 차이는, 12a절의 '레곤테스'는 복수형인 반면, 3a절의 '레곤'은 단수형이라는 점이다. 좀 더 자세한 내용은 3a절의 번역에 대한 설명에서 다뤘기 때문에 여기서는 생략하겠다. 아래의 우리말 번역도 3a절의 경우와 동일하게 한다. 곧 11절에서 부정과거 직설법 동사가 세 개 사용되는데 앞의 두 개는 정상적으로 부정과거형으로 번역하되 마지막 세 번째는 12a절의 '레곤테스'(λέγοντες)와의 자연스러운 연결을 위해 3a절과 같은 형식으로 "경배하여"로 번역하고, '레곤테스'는 "말하기를 ... 이라고 하였다"로 번역했다.

이상의 내용을 근거로 우리말 어순에 맞추어 번역하면 다음과 같다.

9a   이 후에 나는 보았다.
9b   그리고 보라
9d   모든 나라와 족속들과 백성들과 언어들로부터
9c   아무도 셀 수 없는
9b   큰 무리가
9f   흰옷을 입고 그들의 손에 종려 가지를 (들고)

9e   보좌 앞과 어린 양 앞에 서 있다.
10a   그리고 그들은 큰 소리로 외쳐 말했다.
10b   "구원하심이 보좌에 앉으신 우리 하나님과 어린 양에게 있습니다."
11a   그리고 모든 천사들이 보좌와 장로들과 네 생물의 주위에 섰다.
11b   그리고 그들은 보좌 앞에 얼굴을 대고 엎드렸다.
11c   그리고 하나님께 경배하여,
12a   말하기를
12b   "아멘 찬송과 영광과 지혜와 감사와 존귀와 능력과 힘이
12c   우리 하나님께 영원토록 있습니다. 아멘"
12a   이라고 하였다.
13a   그리고 장로 중에 하나가 응답하여 내게 말했다.
13b   이 흰옷 입은 자들이 누구며 또 어디서 왔는가?
14a   그리고 내가 그에게 말했다.

---

79   Swete, *The Apocalypse of St. John*, 98. 이런 문제를 의식해서인지 어떤 사본(ℵ² P 등)은 이 목적격을 주격 '페리베블레메노이'(περιβεβλημένοι)로 필사하는데 이것은 명백하게 수정된 것으로 보아야 한다(앞의 책).

14b	"나의 주여 당신이 압니다."
14c	그리고 그가 나에게 말했다.
14d	"이들은 큰 환난으로부터 나오는 자들이다.
14e	그리고 그들은 그들의 옷들을 씻었다.
14f	그리고 그것들을 어린 양의 피로 희게 하였다."

본문 주해

[7:9] 하늘에 있는 아무도 셀 수 없는 큰 무리

나는 보았다(9a절). 9b절의 "큰 무리"(ὄχλος πολύς, 오클로스 폴뤼스)는 목적격이 아니라 주격으로서, "보라"(ἰδού, 이두)라는 단어와 함께 사용되고 있기 때문에 9a절의 "나는 보았다"(εἶδον, 에이돈)의 목적어가 아님을 알 수 있다. 그렇다면 9a절의 "나는 보았다"는 9-17절 전체를 가리키는 것으로 이해할 수 있다. 동시에 이 단어는 "이 후에"와 함께 새로운 단락의 시작을 알리는 관용적 표현이기도 한다. 9ab절의 '메타 타우타 에이돈, 카이 이두'(Μετὰ ταῦτα εἶδον, καὶ ἰδού)는 4장 1절의 '메타 타우타 에이돈, 카이 이두'(Μετὰ ταῦτα εἶδον, καὶ ἰδού)와 동일한 문형이다. 곧 4장 1절이 새로운 단락의 시작인 것처럼 9ab절도 역시 새로운 시작을 알리는 문구이다.

큰 무리(ὄχλος πολύς)**의 특징들.** 9b절에서는 "보라"(ἰδού, 이두)라는 단어와 함께 "큰 무리"(ὄχλος πολύς, 오클로스 폴뤼스)라는 문구가 등장한다. 이러한 문장 구성은 "큰 무리"를 주목하게 만드는 효과가 있다. 그리고 이 문구 후에 관계 대명사 '혼'(ὄν)이 사용되어 큰 무리에 대한 구체적인 내용을 열거한다. 이에 대해 자세하게 살펴보도록 하겠다.

(1) 아무도 셀 수 없다(9c절)

9cdef절은 9b절에서 등장하는 "큰 무리"에 대한 구체적 특징을 제공한다. 그 첫 번째 주제는 9c절의 "셀 수 없다"이다. 9c절은 관계 대명사절로서 9b절의 "큰 무리"를 설명하고 있는데, 9c절에 따르면 그 큰 무리는 "아무도 셀 수 없다." 이 큰 무리가 얼마나 큰 규모인지를 강조해 주고 있는 것이다. 그러나 셀 수 없다는 것은 단순히 큰 무리라는 것을 강조하는 데 머물지 않는다. 이 문구는 좀 더 원대한 그림 속에서 읽혀져야 한다. 그것은 바로 하나님이 아브라함에게 하신 약속과 관련된다.

하나님이 아브라함과 이삭과 야곱에게 허락하신 약속들 가운데 큰 민족을 이루어 주시겠다는 약속이 있다. 그런데 큰 민족을 이루어 주시겠다는 약속의 의미는 "아무도 셀 수 없다"는 특징으로 극대화된다. 아브라함에게 하신 하나님의 약속에 관한 아래의 구절들이 바로 이런 특징을 잘 보여주고 있다.[80]

> 내가 네 자손이 땅의 티끌 같게 하리니 사람이 땅의 티끌을 능히 셀 수 있을진대 네 자손도 세리라(창 13:16)
>
> 그를 이끌고 밖으로 나가 이르시되 하늘을 우러러 뭇별을 셀 수 있나 보라 또 그에게 이르시되 네 자손이 이와 같으리라(창 15:5)
>
> 내가 네게 큰 복을 주고 네 씨가 크게 번성하여 하늘의 별과 같고 바닷가의 모래와 같게 하리니 ... (창 22:17)

이 구약 본문에서 하나님이 아브라함에게 자손을 약속하실 때 땅의 티끌, 하늘의 별들 그리고 바다의 모래 같은 은유적 표현들을 사용하시는데, 이 문구들의 공통점은 그 안에 표현된 대상들을 "셀 수 없다"는 것이다. 실제로 위 본문들에서 "셀 수 없음"이 명시되고 있다. 하나님은 아브라함을 비롯한 이삭과 야곱에게 바로 이렇게 셀 수 없는 큰 백성을 후손으로 주실 것을 약속하셨다. 저자 요한은 9절 이하를 기록하면서 하나님이 아브라함에게 하셨던 셀 수 없이 많은 자손을 주시겠다는 약속을 반영하고 있는 것이 분명하다.

이러한 약속은 아브라함뿐 아니라 이삭과 야곱에게도 그대로 이어진다.

> 네 자손을 하늘의 별과 같이 번성하게 하며 이 모든 땅을 네 자손에게 주리니 네 자손으로 말미암아 천하 만민이 복을 받으리라(창 26:4)
>
> 주께서 말씀하시기를 내가 반드시 네게 은혜를 베풀어 네 씨로 바다의 셀 수 없는 모래와 같이 많게 하리라 하셨나이다(창 32:12)

두 본문 중에서 창세기 26장 4절은 이삭에게, 창세기 32장 12절은 야곱에게 하신 하나님의 약속이다. 그리고 출애굽기 1장에서 애굽의 바로 왕을 위협할 정도로 이스라엘 인구가 폭발적으로 증가하여 아브라함에게 하신 약속의 말씀이 성취되기 시작하는 과정을 보여준다.

그런데 역대상 27장 23절에서 다윗이 인구를 조사하는 정황은 이러한 아브라함의 약속이 성취되는 과정을 더욱 분명하게 보여주고 있다.[81]

---

80 Bauckham, *The Climax of Prophecy*, 223.
81 앞의 책.

> 이스라엘 사람의 이십 세 이하의 수효는 다윗이 조사하지 아니하였으니 이
> 는 여호와께서 전에 말씀하시기를 이스라엘 사람을 하늘의 별같이 많게 하
> 리라 하셨음이라(대상 27:23)

이 본문에서는 다윗이 인구를 조사하는데, 이십 세 이하는 세지 않는다. 왜냐하면 이스라엘 사람을 하늘의 별같이 많게 하실 것이라는 하나님의 약속이 이루어져야 한다고 확신했기 때문이다(창 13:3; 15:5; 22:17). 만일 모든 백성의 수를 계수하면 이미 이스라엘은 셀 수 없는 큰 민족으로서의 특징을 상실하게 된다. 그러므로 이십 세 이하는 계수 대상에서 제외하여 백성의 수를 미확정 상태로 남겨놓음으로써 이스라엘을 하늘의 별같이 셀 수 없는 존재로 규정할 수 있게 만든 것이다. 열왕기상 3장 8절에서 주어지는 솔로몬의 고백은 다윗의 이런 이해를 더욱 확증해 준다.[82]

> 주께서 택하신 백성 가운데 있나이다 그들은 큰 백성이라 수효가 많아서
> 셀 수도 없고 기록할 수도 없사오니(왕상 3:8)

이 본문에서 솔로몬은 아브라함에게 주어진 약속의 성취로 이루어진 셀 수 없는 백성을 재판하여 통치하는 것이 심히 두려운 일이라는 사실을 고백한다(왕상 3:9). 이것은 하나님의 큰 계획 속에서 이루어진 결과로서 셀 수 없을 만큼 큰 이스라엘 공동체에 대한 솔로몬의 감격을 반영한다.

위(僞)-필론(Pseudo-Philo) 14장 2절은 셀 수 없는 백성의 독특한 특징을 다음과 같이 잘 보여준다.[83]

> ... 내가 그들의 조상들에게 말했던 모든 것을 성취할 때까지 그리고 그들
> 을 그들의 땅에 견고하게 정착시킬 때까지 그들의 수를 기록하라; 나는 내
> 가 그들의 조상들에게 말했던 것 중 한 마디도 취소하지 않을 것이다. 내가
> 그들에게 말했던 것은 다음과 같다: "너의 씨가 수많은 하늘의 별 같을 것
> 이다." 그들은 셀 수 있는 숫자(by number)로 그 땅에 들어갈 것이다. 그리
> 고 순식간에 그들은 셀 수 없는 수(without number)가 될 것이다.[84]

이 자료에 의하면 하나님은 자신이 약속하신 말씀이 반드시 이루어지게 될 것에 대한 의지를 재확인하는 과정을 거쳐서 그 약속의 내용을 구체적으로 제시하신다. 그 내용은 가나안 땅에 들어가기 전에는 이스라엘이 셀 수 있는 상태에 있었

---

82 앞의 책.
83 앞의 책.
84 *OTP* 2:322.

으나 그들이 들어간 후에는 셀 수 없는 큰 무리가 될 것이라는 것이다. 여기에서 가나안 땅에 들어가게 되는 것과 셀 수 없는 큰 무리가 되는 것이 필연적으로 연동되어 있음을 보여주고 있다.[85] 이 두 가지는 아브라함 약속의 핵심이기 때문이다.

같은 맥락에서 역대상 27장 23절은 다음과 같이 기록하고 있다.

> 이스라엘 사람의 이십 세 이하의 수효는 다윗이 조사하지 아니하였으니 이는 여호와께서 전에 말씀하시기를 이스라엘 사람을 하늘의 별 같이 많게 하리라 하셨음이라(역대상 27:23)

이 본문은 다윗이 인구를 조사한 정황을 보여준다. 여기에서 역대기 기자는 "전에 말씀하시기를"이란 말씀을 통해 아브라함에게 하신 하나님의 약속의 말씀을 연상시킨다. 곧 다윗의 인구 조사가 아브라함에게 하신 하나님의 약속에 근거하고 있다는 점을 분명히 한다. 다윗의 인구 조사에서 특이한 점은 인구 조사의 범위에서 20세 이하를 제외한다는 것이다. 다시 말하거니와 다윗이 이렇게 한 이유는 하나님이 아브라함에게 하늘의 별처럼 셀 수 없는 큰 민족을 주시겠다고 약속하셨기 때문이다. 곧 다윗은 20세 이하의 수효는 조사하지 않음으로써 당시의 이스라엘 백성을 셀 수 없는 큰 민족으로 남겨 두려 한 것이다. 다윗은 가나안 정복을 완성한 인물로 간주된다. 따라서 가나안 정복의 절정에 해당하는 단계에서 이스라엘을 셀 수 없는 큰 민족으로 간주하고 있는 것이다. 이러한 점에서, 역대상 27장 23절은 앞서 언급한 위-필론의 내용과 일맥상통하고 있다.

그렇다면 왜 하나님은 아브라함에게 셀 수 없는 큰 민족을 이루어 주겠다는 약속을 하셔야만 했을까? 그것은 바로 에덴에서 아담에게 하신 "생육하고 번성하고 땅을 충만히 채우라"(창 1:28)는 명령을 회복하기 위한 목적 때문이다. 본래 하나님의 창조 목적은 하나님의 형상대로 지음 받은 아담을 통해 하나님의 영광을 모든 만물 가운데, 땅끝까지, 물이 바다를 덮음같이 드러내도록 하는 것이었다. 타락 이후에도 완전하고 신실하신 하나님의 창조 목적은 변함이 있을 수 없다. 하나님은 아브라함을 통해 공식적으로 창조 목적의 회복을 선언하셨다. 특별히 하늘의 별처럼, 땅의 티끌처럼, 그리고 바다의 모래처럼 셀 수 없는 큰 백성을 이루시어 에덴에서 목적하셨던 바 땅을 충만히 채우는 아담의 후손에 대

---

85 요세푸스의 『유대 고대사』 11.133은 "열 지파는 지금까지 유브라데 강 너머에 있고 엄청난 무리이며 숫자로 측정할 수 없다"고 말한다(Whiston, *The Works of Josephus*, 294).

한 그리고 아담의 후손을 위한 계획을 이어가고자 하신 것이다. 따라서 구약 전체에서 하나님의 백성의 특징으로 나타나는 "셀 수 없음"은 에덴 회복이라는 큰 그림 속에서 필연적으로 등장하는 매우 중요한 요소이다.

그렇다면 성취의 시대인 신약 시대에는 누가 이런 아브라함 자손의 정체성을 계승하는가? 바울은 갈라디아서에서 진정한 의미의 아브라함 자손에 대해 다음과 같이 논증한다.

> 그런즉 믿음으로 말미암은 자들은 아브라함의 자손인 줄 알지어다(갈 3:7)
>
> 그러므로 믿음으로 말미암은 자는 믿음이 있는 아브라함과 함께 복을 받느니라(갈 3:9)
>
> 너희가 그리스도의 것이면 곧 아브라함의 자손이요 약속대로 유업을 이을 자니라(갈 3:29)

이 본문은, 아브라함의 진정한 자손은, 그리스도를 믿는 믿음으로 말미암은 자들이며 그들은 아브라함과 함께 복을 받는 자들로서 약속의 유업을 이을 자들이라고 규정한다. 따라서 신약의 성도들은 바로 아브라함 자손에 대한 하나님의 약속을 종말적으로 성취하는 공동체라고 할 수 있다.[86] 그렇다면 구약에서 아브라함 자손의 중요한 특징인 셀 수 없는 숫자로서의 속성이, 종말적 성취인 신약의 교회 공동체에도 고스란히 유지되는 것은 필연적이다.

이상의 논증에 근거하면, 요한계시록 7장 9절의 "아무도 셀 수 없는 큰 무리"는 바로 구약의 아브라함 자손에 대한 약속을 배경으로 성취된 신약의 교회 공동체를 의미한다. 그리고 아무도 셀 수 없는 큰 무리를 이룬 교회 공동체를 통해 하나님은 에덴에서 아담을 통해 이루고자 하셨던 창조의 목적을 성취하셨다. 그리고 위-필론(Pseudo-Philo) 14장 2절과 요세푸스의 『유대 고대사』 11.133에서 언급하는 것처럼 가나안에 들어간 이스라엘은 셀 수 없는 공동체가 된다고 생각되었는데, 이것을 7장 9절의 "아무도 셀 수 없는 큰 무리"에 적용하면 그들은 신약 교회 공동체로서 구약의 가나안에 해당하는 "하늘"에 들어간 셀 수 없는 큰 무리가 된 것이다.

숫자를 세는 것과 관련해서 볼 때, 7장 9절의 "아무도 셀 수 없는 큰 무리"는 민수기 1장을 배경으로 계수되는 7장 4-8절의 "144,000"과 대조된다. 이 대조

---

86 Bauckham, *The Climax of Prophecy*, 224.

관계는 교회 공동체를 설명하기 위해 의도적으로 설정된 것으로서 교회 공동체를 이해하는 데 종합적인 안목을 제공한다. 곧 7장 9절은 이스라엘의 열두 지파를 중심으로 144,000을 구성하는 7장 4-8절을 아브라함 언약의 우주적 관점에서 재해석한다.[87] 결국 7장 9절에 의하면 하나님의 교회 공동체는 이스라엘 민족을 "대체"(replacement)하는 또 다른 민족의 등장이 아니라, 이스라엘이라는 "민족적 한계"(national limit)를 제거하여 모든 나라와 족속과 백성과 언어에 속한 자들로부터 모여든 자들을 포함하는 우주적인 백성으로 구성된 공동체다.[88] 이런 결론은 구약의 이스라엘은 약속으로서 준비적이며 예비적인 과정이고 신약의 교회는 그것의 종말적이고 최종적인 성취라는 의미를 드러낸다. 이러한 면에서 7장 9절은 7장 4-8절에 나타난 하나님의 백성으로서의 교회 공동체를 다른 관점에서 재조명하여 교회 공동체의 올바른 정체성을 알려 준다. 이것이 바로 7장 1-8절과 9-17절을 병치시키는 이유이기도 하다.

(2) 모든 나라와 족속들과 백성들과 언어들로부터(9d절)
이 문구는 9c절의 "아무도 셀 수 없는"이란 문구와 밀접하게 연결된다. 4-8절은 셀 수 있는 144,000을 구성하기 위해서 이스라엘 열두 지파라는 제한된 대상을 배경으로 하는 반면, 9d절의 "아무도 셀 수 없는 큰 무리"는 모든 나라와 족속들과 백성들과 언어들에 속한 우주적 대상을 향하고 있다. 이 두 가지 측면은 교회 공동체의 특징을 균형 있게 조명해 준다. 동시에 전치사 '에크'(ἐκ, ...로부터)는 앞서 4-8절의 경우처럼 이 큰 무리의 기원을 언급하고 있을 뿐 아니라 그들 가운데 택함 받은 자들의 의미를 똑같이 의도하고 있다. 여기서 셀 수 없는 큰 무리의 보편성과 특수성의 조합을 엿볼 수 있다.

특별히 9d절의 "모든 나라"(παντὸς ἔθνους[〉ἔθνος, 판토스 에드누스[〉에드노스])와 "큰 무리"(ὄχλος πολύς, 오클로스 폴뤼스)의 조합은 70인역 창세기 17장 4절에서 아브라함에게 약속된 "많은 나라들"(πλήθους ἐθνῶν[〉ἔθνος, 플레두스 에드논[〉에드노스])을 배경으로 한다.[89] 이것의 중요성을 고려하여 이 항목을 첫 번째 자리에 놓았다고 할 수 있다. 또한 두 번째로 나오는 "족속"(φυλῶν, 퓔론)은 요한계시록에 등장하는 유사한 문구들(5:9; 11:9; 13:7; 14:6)과는 다르게 7장의 문맥에서 매우 신중하게 선택된 표

---

87 앞의 책, 225.
88 앞의 책.
89 앞의 책.

현이다. 곧 이 단어는 4-8절에서 반복해서 등장하는 "지파로부터"(ἐκ φυλῆς, 에크 필레스)의 "지파"와 동일한 단어이다. 보쿰은 특이하게도 이러한 일치에 대해 주목할 만한 의미를 부여한다. 보쿰은, 이 단어가 이스라엘도 신약 성도들 중에 포함된다는 것을 의미한다고 한다.[90] 다만 여기서 말하는 이스라엘은 혈통적 이스라엘이 아니라 혈통적 한계를 넘어 믿음으로 말미암는 의를 가진 자들로서 교회 공동체에 참여하는 이들이다.

(3) 흰옷과 종려 가지(9절)

더 나아가서 9f절에 의하면 이 큰 무리는 "흰옷"(στολὰς λευκὰς, 스톨라스 류카스)을 입고 "종려 가지"를 들고 있다. 이 두 표현은 전쟁 모티브와 관련되어 있다. 먼저 흰옷은 승리의 상징이며[91] 승리를 축하하기 위한 축제 복장으로서(참고, 터툴리안 *Scorpiace* 12; 마카베오2서 11:8), 그리스도를 따르는 신실한 종으로서 사탄의 진영을 제압하는 승리의 표시이기도 하다.[92] 이런 흰옷의 의미를 요한계시록에 적용할 수 있다. 6장 9-11절의 순교자들과 4장 4절의 이십사 장로들과 7장 9절의 셀수 없는 큰 무리가 다 같이 흰옷을 입고 있고, 3장 4-5절에서는 사데 교회 성도들에게 똑같은 흰옷이 약속되고 있다. 여기에서 "흰옷"의 일관된 의미는 하나님의 신실하고 참된 백성들에게 주어지는 표지이자 승리의 상징이며 축제의 복장이라고 할 수 있다.[93] 특별히 이 "흰옷"은 6장 9-11절의 순교자 모티브와 7장 9-17절의 하늘의 큰 무리 사이의 연관성을 제시해 주고 있는데 이에 대해서는 아래에서 7장 전체를 정리할 때 함께 좀 더 자세하게 논의하려 한다.

한편 종려 가지는 두 가지 정황을 연상케 한다. 첫째, 종려 가지는 출애굽 모티브로서, 장막절을 기념하여 순례자들이 종려 가지를 버드나무와 함께 가져오는 관습과 관련된다(레 23:40; 마카베오 2서 10:7; 희년서 16:31; 요세푸스, 『유대 고대사』 3.245; 13.372; *m. Sukk.* 3).[94] 이것을 본문에 적용하면 종려 가지를 들고 있는 셀 수 없는 큰 무리는 죄악 세상으로부터 출애굽한 공동체로 간주될 수 있다. 그러므로 출애굽한 이스라엘 백성들이 경험했을 감동과 기쁨의 정서가 바로 셀 수 없는 큰

---

90 앞의 책.
91 Harrington, *Revelation*, 68.
92 Blount, *Revelation*, 150.
93 순교자들의 정황이 축제일 수 없기 때문에 6:9-11의 순교자들의 흰옷을 축제 복장으로 간주하는 것은 모순인 것처럼 보이지만, 순교자들의 대적들이 하나님의 주권에 의해 심판을 받을 것이므로 축제의 순간이 그들을 기다리고 있다고 간주할 수 있다.
94 Swete, *The Apocalypse of St. John*, 98; Boxall, *Revelation of St. John*, 125.

무리 안에서도 재현된다.[95] 둘째, 시몬 마카비의 군대가 예루살렘 성의 재탈환을 축하하며 종려나무 가지를 흔들었던 것과 비교될 수 있다(마카베오1서 13:51. 참고, 납달리의 유언서 5:4).[96] 여기에서 "무리"(ὄχλος, 오클로스)라는 단어가 "군대"("troop" 혹은 "army")라는 말로 달리 번역될 수 있다는 점도 이런 추론을 더욱 강화시켜 준다.[97]

이와 같은 종려 가지의 의미는 흰옷과 함께 승리의 의미를 나타내 주고 있다. 그렇다면 "흰옷을 입고 그들의 손에 종려 가지"를 가진 큰 무리는 전쟁을 치르고 난 후 승리를 축하하는 군대와도 같은 이미지를 보여주는 것이다. 그래서 이어지는 10절에서 이 큰 무리는 하나님의 승리를 선포한다.

(4) 보좌 앞과 어린 양 앞(9e절)

9e절의 "보좌 앞과 어린 양 앞"이라는 문구는 4-5장과 관련하여 하늘 성전을 특징짓는 핵심 표현이다. "보좌"는 4장 4절의 하나님의 보좌를 가리키고, "어린 양"은 5장에서 하늘에 승귀하셔서 책의 인을 떼기에 합당하신 예수님에 대한 상징적 표현으로 등장한다. 이로써, 셀 수 없는 큰 무리의 활동이 바로 하늘의 성전에서 현재에 이루어지고 있는 것임을 알 수 있다. 요한계시록에서 하늘은 언제나 현재적 정황을 묘사한다. 그러므로 흰옷 입고 손에 종려 가지를 들고 있는 "아무도 능히 셀 수 없는 큰 무리"는 바로 하늘에 현존하는 승리한 교회 공동체임이 분명하다. 더 나아가서 하나님의 보좌와 어린 양이 나란히 언급되고 있는 것은 하나님과 어린 양 예수님이 동등한 분이심을 보여주려는 의도를 드러내는 것이다.

(5) 정리

지금까지 논의한 "아무도 셀 수 없는 큰 무리"는 하나님이 아브라함에게 약속하셨던 아브라함 자손의 성취로서 신약의 교회 공동체를 의미한다. 이 큰 무리가 보좌 앞과 어린 양 앞에 서 있는 모습은 신약 교회 공동체가 천상적 존재라는 사실을 분명하게 보여준다. 이것이 미래의 모습이 아닌 현재의 모습이라는 사실을 주목해야 한다. 또한 흰옷을 입고 종려 가지를 들고 있는 큰 무리의 모습에서 교회 공동체의 궁극적인 승리를 볼 수 있다.

---

95 Harrington, *Revelation*, 100.
96 Bauckham, *The Climax of Prophecy*, 225.
97 *TDNT* 5:583.

10-12절은 하나님의 구원에 대한 반응으로 나타나는 찬양을 소개한다. 10절은 하나님과 어린 양을 향한 큰 무리의 찬양이고, 11-12절은 천사들의 찬양이다.

구원에 대한 큰 무리의 찬양(10절). 여기서 강조되는 것은 보좌에 앉으신 하나님과 어린 양이 이루신 구원이다. 10b절에서 여격으로 사용된 "하나님께"(τῷ θεῷ, 토 데오)와 "어린 양에게"(τῷ ἀρνίῳ, 토 아르니오)는 "소유의 여격"(dative of possession) 용법으로서 하나님과 어린 양에게 속해 있다는 의미를 갖는다.[98] 곧 구원이 하나님과 어린 양에게 속해 있다는 것이다. 그렇다면 여기에서 "아무도 능히 셀 수 없는 큰 무리"는 왜 하나님과 어린 양에게 속한 구원을 찬양하고 있는 것일까? 그것은 바로, 9절에서 그들이 보좌 앞과 어린 양 앞에서 흰옷을 입고 종려 가지를 흔들었던 그 행위와 관련하여, 그들에게 주어진 승리의 이유를 구원이란 이름으로 하나님과 어린 양께 돌리고 있는 것이다. 이런 승리의 원인이신 하나님과 어린 양의 존재는 4-5장에서 자세하게 밝혀졌다. 곧 4장에서는 하나님의 구속 계획이 하늘에서 세워진 사실을 보여주고, 5장에서는 그러한 하나님의 계획을 어린 양 예수님이 성취하고 이루시는 모습을 보여준다. 이러한 사역의 결과로 종말이 도래하고 하나님의 뜻은 이루어졌으며 하나님의 백성들은 구속을 경험하게 된다. 이것이 바로 "큰 무리"가 승리할 수 있었던 이유이며 근거이다. 그러므로 큰 무리는 구원이 하나님과 어린 양께 속한 것으로 인정하고 찬양을 올려 드린다.

모든 천사들의 찬양(11-12절). 11-12절은 천사들의 찬양으로서 앞서 소개된 "큰 무리"의 찬양에 대하여 천사가 화답하는 형식으로 전개된다.

(1) 보좌의 중심성(11a절)
찬양에 참여한 모든 천사들은 보좌와 장로들과 네 생물을 중심으로 도열해 있다. 4장에 의하면 보좌와 장로들과 네 생물은 또한 보좌를 중심으로 자리 잡고 있다. 곧 4장 4절에서 이십사 장로는 "보좌를 두르고" 있고 4장 6절에서 네 생물은 "보좌 중에와 보좌를 두르고" 있다. 그렇다면 이 모든 등장인물의 중심에 보좌가 있음을 알 수 있다. 결국 찬양의 대상은 이십사 장로나 네 생물이 아니라 오직 보좌에 앉으신 하나님이신 것이다. 그래서 12c절은 찬송이 "하나님께" 있

---

98 Wallace, *Greek Grammar beyond the Basics*, 149.

다고 천명한다. 다만 이십사 장로와 네 생물은 찬양을 받으시는 하나님의 영광을 극대화하는 보조 역할을 감당할 뿐이다. 4장 9절에서 네 생물은 보좌에 앉으신 이에게 영광과 존귀와 감사를 드리고 4장 10절에서 이십사 장로는 보좌에 앉으신 이 앞에 엎드려 경배한다. 네 생물이 모든 피조물을 상징하고 이십사 장로가 교회 공동체를 상징한다면, 피조물과 교회 공동체와 모든 천사가 보좌에 앉으셔서 우주 만물을 통치하시는 하나님을 찬양하는 자리에 동참하는 것이다.

(2) 찬양의 목록(12b절)

12b절에 열거된 찬양 목록은 독자들에게 4-5장의 내용을 연상시킨다. 4장 9절은 "영광과 존귀와 감사"를 말하고(네 생물), 4장 11절은 "영광과 존귀와 능력"을 언급하며(이십사 장로), 5장 12절은 "능력과 부와 지혜와 힘과 존귀와 영광과 찬송"을 말하고(많은 천사), 5장 13절은 "찬송과 존귀와 영광과 능력"을 언급한다(모든 만물). 4-5장의 찬양 제목들과 7장 12절의 찬양이 거의 일치함을 알 수 있다. 이런 평행 관계에 의해서도 4-5장에서 어린 양을 통해 성취된 하나님의 구속 계획이 구체적으로 하나님의 교회 공동체 가운데 구현되고 있음을 볼 수 있다.

[7:13-14] 큰 환난으로부터 나오는 자들

13-14절은 "아무도 셀 수 없는 큰 무리"에 대해 좀 더 자세하게 설명하고 있다.

장로의 등장. 13a절에 장로 중 하나가 등장한다. 여기에서 장로의 등장은 이상할 것이 없다. 5장 5절에서 요한에게 누가 책의 인을 뗄 것인지를 가르쳐 준 장본인이 바로 이십사 장로 중 하나이기 때문이다. 여기에서 이러한 장로 중 하나가 등장했다고 해서 이 장로들을 실존하는 존재로 보아야 할 이유는 없다. 다만 장로를 천사 캐릭터로 설정하여 상징적 표현으로 개념화했을 뿐이다. 또한 이 이십사 장로를 교회 공동체를 상징하는 것으로 해석하는 것에 대한 장애물이 되지도 않는다. 적어도 문학적 차원에서 이십사 장로의 존재를 이해할 수 있고 또한 그러한 차원에서 이십사 장로 중 하나의 이러한 등장은 자연스럽게 받아들일 수 있다. 이런 모습은 21-22장에서 어린 양의 신부인 "새예루살렘"이 또 다시 22장 17절에서 성령과 함께 등장하여 "오라 ... 듣는 자도 오라 할 것이요 목마른 자도 올 것이요 또 원하는 자는 값없이 생명수를 받으라"라고 초청하는 장면에서도 볼 수 있다. 또 6장 1-8절에서 처음 네 인 심판을 도입하는 네 생물의 경우도 이런 맥락에서 이해할 수 있다. 요한계시록의 저자 요한은 그의 문학적 기교를 발휘하는 데 있어서 우리의 상상력을 초월하는 기발함을 유감없이 보여주고 있으므로 우리들은 독자들로서 그러한 문학적 기법에 융통성 있게 순응하며 따라가면 본문을 더 잘 이해할 수 있을 것이다.

장로의 응답. 장로 중 하나가 10-12절의 찬양에 대해 응답하며 질문한다. 이러한 관계는 13-14절의 내용이 10-12절의 찬양과 밀접한 관계를 갖는다는 것을 시사한다. 여기에서 "응답하다"(ἀπεκρίθη, 아페크리데)는 "표현되지 않은 질문"(unexpressed question)에 대한 답변으로 사용되는 경우가 있으나 이 문맥에서는 "어떤 새로운 사건 혹은 정황에 대한 반응"으로 이해하는 것이 더 적절하다.[99] 먼저 장로들의 응답은 질문 형식으로 시작한다: "이 흰옷 입은 자들이 누구며 또 어디서 왔는가?"(13b절). 이 질문은 장로가 몰라서 묻는 것이라기보다는 그 의미를 알려 주려는 목적으로 던지는 "교훈적 질문"(didactic question)이라고 할 수 있다.[100] 흥미로운 것은 장로 중 하나가 이 큰 무리를 묘사하는 데 있어 다른 어떤 것보다도 "흰옷"에 주목하고 있다는 점이다. 이것은 이 큰 무리에 "집중하게 만들기"(arrest attention) 위한 특징으로서 선택된 소재이다.[101] 이것은 이어지는 말씀에서 좀 더 분명하게 드러난다. 이에 대해 14b절에서 요한은 "나의 주여 당신이 압니다"라고 답변한다. 이 답변은 에스겔 37장 3절에서 에스겔이 "나의 주 여호와여 당신이 아시나이다"라고 발언한 것을 상기시킨다.[102] 에스겔서에서 "나의 주"는 여호와를 가리키는 것이 분명하지만 요한계시록에서는 "나의 주여"(κύριέ μου, 퀴리에 무)라는 호칭이 장로를 가리켜 사용되고 있다. 여기에서 요한이 장로를 하나님으로 착각하여 이렇게 부르는 것이 아니라 그 장로가 가지고 있거나 알려 주려고 하는 계시의 신적 권위를 인정하고 있는 것이라고 할 수 있다. 이러한 인식은 "당신이 압니다"라는 고백에서 분명하게 드러나고 있다.

큰 환난에서 나오는 자들(14d절).
(1) 큰 환난이란 어떤 사건을 가리키는가?
14bc절은 장로 중 하나가 "큰 무리가 누구이며 어디에서 왔느냐"는 자신의 질문에 대해 요한에게 스스로 답변하는 내용을 소개한다. 먼저 14d절은 "이들은 큰

---

99 Charles, *A Critical and Exegetical Commentary on the Revelation of St. John*, 1:212.
100 Roloff, *The Revelation of John*, 99
101 Swete, *The Apocalypse of St. John*, 100.
102 앞의 책.

환난으로부터 나오는 자들이다"라고 말한다. "이들"은 9절에서 언급한 "아무도 셀 수 없는 큰 무리"를 가리킨다. 그러므로 이어지는 내용은 이 큰 무리에 대한 설명이라는 사실을 알 수 있다. 여기서 큰 무리와 관련하여 중요한 주제는 "큰 환난"(τῆς θλίψεως τῆς μεγάλης, 테스 들립세오스 테스 메갈레스)이다. 이 문구의 배경은 다니엘 12장 1절이다.[103] 그러므로 다니엘 12장 1절을 면밀하게 살펴볼 필요가 있다.

> 그때에 네 민족을 호위하는 큰 군주 미가엘이 일어날 것이요 또 환난이 있으리니 이는 개국 이래로 그때까지 없던 환난일 것이며 그때에 네 백성 중 책에 기록된 모든 자가 구원을 받을 것이라(단 12:1)

큰 군주 미가엘이 등장하면서 두 가지 결과가 나타난다. 첫째는 "개국 이래로 그때까지 없던 환난"이며, 둘째는 책에 기록된 모든 자의 구원이다. 이 두 사건은 심판과 구원으로서 전자는 안티오쿠스 4세와 그가 통치하는 헬라 제국을 향한 것이고, 후자는 안티오쿠스 4세에 의해 핍박받은 이스라엘을 위한 것이다. 따라서 위의 다니엘서 본문은 막연하게 오늘날의 시점에서 미래에 대한 종말적 시나리오를 보여주고자 한 것이 아니라 다니엘의 시대적 정황에서 먼저 이해해야 할 것이다. 이러한 다니엘서 본문을 마태복음 24장 21절에서는 성전 파괴 사건과 관련하여 일어나는 큰 환난에 적용하고 있다.[104] 예루살렘 성전 파괴라는 무시무시한 환난과 관련하여 실제로 요세푸스는 직접 예루살렘의 멸망을 경험한 자로서,『유대 전쟁사』 1.12에서 "세상의 시작으로부터(from the beginning of the world) 있었던 사람들의 모든 불행은 유대인들의 이 일에 비하면 그렇게 엄청나지 않다 … 이것은 나로 하여금 비탄을 억누를 수 없게 만든다"라고 말하면서 예루살렘 멸망의 현장을 생동감 있게 전달해 주고 있다(참고, 5.424-438, 512-518, 567-572; 6.193-213).[105] 성전 파괴를 비롯한 예루살렘에 대한 심판은, 예루살렘이 예수님을 십자가에 못 박는 편에 서 있었기 때문에 필연적으로 발생하게 되어 있었다. 여기에서 다니엘서의 큰 환난이 마태복음에서 예수님의 초림과 관련된 심판 사건에 적용되고 있음을 알 수 있다. 다니엘서의 큰 환난에 대한 마태복음의 적용 사례를 요한계시록에서의 큰 환난을 해석하는 데 참고할 수 있다.

위에서 언급한 마태복음의 해석 사례는 요한계시록의 큰 환난을 예수님의 재림과 관련된 어떤 특정한 시기에 일어나는 특정한 사건으로 적시하여 맹목

---

103 Bauckham, *The Climax of Prophecy*, 226; Beale, *The Book of Revelation*, 433.
104 France, *The Gospel of Matthew*, 915.
105 앞의 책, 915, 915n66. 『유대 전쟁사』 1.12의 번역은 Flavius Josephus and William Whiston, *The Works of Josephus*, 544를 사용했다.

적으로 해석하는 것을 경계하게 하며 동시에 또 다른 해석의 가능성을 열어 준다.[106] 요한계시록에서는 초림과 재림 사이 전체 기간을 종말로 규정하고, 구약이 이러한 종말적 성취의 대표적 특징으로 말하는 심판을 이 기간 전체에 적용한다.[107] 다시 말하면 요한계시록에서는 초림부터 재림 사이를 심판의 시대로 규정하고 있으며 이러한 심판의 시대 외에 다른 특정 시점에서 발생하는 어떤 사건을 환난으로 규정하지 않는다. 이 본문에서 "큰 환난"에 대한 해석도 이러한 요한계시록 전체의 맥락과 조화를 이루어야 할 것이다. 그렇다면 큰 환난과 요한계시록에서 말하는 심판은 상관하는 관계가 없을 수 없다. 초림부터 재림 사이를 특징짓는 심판의 정황은 14절에서 큰 환난으로 재정의되고 있는 것이라고 할 수 있다. 그렇다면 요한계시록에서 "큰 환난"은 어느 일정한 기간에 주어지는 특정한 사건이 아니라[108] 초림과 재림 사이에 이 세상에 주어지는 심판의 상황에 대한 일반적인 표현으로 이해할 수 있다.

그렇다면 이러한 큰 환난은 성도들에게 어떠한 영향을 끼칠 것인가? 성도들은 이러한 심판에 필연적인 환난의 환경에 어떻게 대응해야 하는가? 이 질문에 적절하게 답하기 위해서는 심판의 성격이 어떤 것인지를 상기할 필요가 있다. 요한계시록에서 심판은 세상을 그 대상으로 한다. 교회 공동체는 대상이 아니다. 그러므로 교회가 심판의 정황에 머물러 있는 것은 모순이다. 교회는 그 심판으로부터 나와 있어야 한다. 그러므로 어느 시대의 어느 교회 공동체이든지 그리스도의 생명을 공유하는 공동체라면 심판이 아니라 하늘에 속한 자들로서 이러한 "큰 환난"으로부터 나온 자들인 것이다.[109]

(2) 큰 환난으로부터 나오다: 출애굽 모티브

14d절은 천상에 존재하는 셀 수 없는 큰 무리를 "큰 환난으로부터 나오는 자들"(οἱ ἐρχόμενοι ἐκ τῆς θλίψεως τῆς μεγάλης, 호이 에르코메노이 에크 테스 들립세오스 테스 메갈레스)로 묘사하는데, 여기에서 '에르코메노이'(ἐρχόμενοι)는 "일반적 현재 분사"(The General Present

---

106 이러한 맥락에서 "환난"이라는 단어가 요한계시록에서 하나의 "전문 용어"(technical term)로 사용되지 않는다는 오즈번의 주장은 적절하다(Osborne, Revelation, 324).
107 이러한 내용에 대한 자세한 설명은 본론부 2의 "예비적 고찰" 부분을 참고하라.
108 오즈번은 "환난"(θλίψις, 들립시스)이란 단어가 "마지막 시대에 대한 칭호"도 아니고 "전문적인 용어"도 아니라고 주장한다(Osborne, Revelation, 324).
109 모든 성도들이 이미 이러한 환난 가운데 있다고 주장하는 오즈번의 입장(Osborne, Revelation, 324)에 동의할 수 없다. 그는 1:9; 2:9, 10을 근거로 "환난"(θλίψις, 들립시스)이란 단어가 요한계시록 전체에서 성도의 고난을 다루는 문맥에서 사용되고 있다고 주장한다(앞의 책). 그러나 앞에서 열거한 세 본문의 문맥과, 환난을 성도가 당하는 고난이 아니라 세상이 당하는 심판으로 규정하는 7:14d의 문맥은 전혀 다르다.

Participle)로서 "시간이나 어떤 진행과 관계없이, 단순히 그것의 주어를 특정 부류 곧 그 동사가 나타내는 행동을 취하는 부류에 속하는 것으로 규정한다."[110] 이러한 용법에 따르면, "큰 환난으로부터 나오는 자들"이란 표현은 계속적으로 큰 환난에서 나오는 자들이 있음을 말하는 것이 아니라 하늘에 거하는 자들의 성격을 이미 "큰 환난"으로부터 분리된 자들로 규정하는 것이라 볼 수 있다. 여기에서 "...로부터 나오다"라는 문형을 통해 출애굽 모티브를 엿볼 수 있다. 이스라엘 백성들을 일컬어 "애굽으로부터 나오는 자들"이라고 할 때, 그것은 그들이 애굽으로부터 나오는 과정을 표현하는 것이 아니라 애굽으로부터 나와서 애굽과 분리되어 하나님께 속하게 된 상태를 묘사하는 것이란 점에서 이 본문과 출애굽 모티브 사이의 유사한 패턴을 발견할 수 있다.

옷을 씻다(14ef절). 14e절에서는 큰 무리가 "그들의 옷들을 씻었다"고 한다. 여기에서 "옷을 씻었다"는 것은 성전(聖戰)에서의 승리와 자연스럽게 조화를 이루고 있다. 왜냐하면 "옷을 씻는 것"은 전쟁 후에 승리에 대한 감사의 표현으로 드리는 예배에 참예하기 전에 전쟁으로 피 묻은 옷을 씻어내는 "제의적 정결 의식"(ritual purification)의 한 절차이기 때문이다(민 31:19-20, 24. 참고, 민 19:19; 1QM 14:2-3).[111] 이것은 9f절에서 "흰옷"이 승리를 축하하는 축제를 위한 복장이라고 말한 것과 조화를 잘 이루고 있다. 왜냐하면 흰옷은 피를 씻어낸 결과로 간주될 수 있기 때문이다. 그리고 14f절에서 반복하여 말한다: "그것들을 어린 양의 피로 희게 하였다." 이것은 14e절을 단순히 반복하는 것이 아니라 표현을 달리하여 좀 더 구체적으로 묘사하는 것이다. 곧 옷을 희게 하였는데, 어린 양의 피로 씻어서 희게 하였다는 것이다. 이런 내용은 큰 무리가 쟁취한 승리가 어린 양 예수께서 십자가에서 흘리신 피로 말미암은 것임을 확증해 주고 있다. 그렇다면 "큰 무리"의 승리에는 또한 어린 양으로서 십자가에 죽임을 당함으로써 쟁취하신 그리스도의 승리라는 패턴이 적용될 수 있다(5:6). 이렇게 어린 양의 피로 씻는 정황은, 전쟁 후에 예배 의식에 참여하기 위해 "죄인들의 시체"(guilty cadavers)로부터 나온 피를 씻어내서 자신들을 정결케 했던 쿰란 공동체의 행위와는 대조된다(1QM 14:2-3).[112]

---

110 Burton, *Syntax of the Moods and Tenses in New Testament Greek*, §124.
111 Bauckham, *The Climax of Prophecy*, 226.
112 앞의 책, 226-227.

2) 아무도 셀 수 없는 큰 무리가 하늘에서 누리는 축복들(7:15-17)

15-17절에서는 "아무도 셀 수 없는 큰 무리"가 하늘 성전에서 어떠한 축복의 삶을 사는지 묘사하고 있다.

구문 분석 및 번역

15절 a διὰ τοῦτό εἰσιν ἐνώπιον τοῦ θρόνου τοῦ θεοῦ
          그러므로 그들은 하나님의 보좌 앞에 있다

      b καὶ λατρεύουσιν αὐτῷ ἡμέρας καὶ νυκτὸς ἐν τῷ ναῷ αὐτοῦ,
          그리고 그들이 그의 성전에서 밤낮 하나님을 예배한다

      c καὶ ὁ καθήμενος ἐπὶ τοῦ θρόνου σκηνώσει ἐπ᾽ αὐτούς.
          그리고 보좌에 앉으신 이가 그들 위에 장막을 펼치신다

16절 a οὐ πεινάσουσιν ἔτι
          그들은 더 이상 굶주리지 않는다

      b οὐδὲ διψήσουσιν ἔτι
          그리고 그들은 더 이상 목마르지 않는다

      c οὐδὲ μὴ πέσῃ ἐπ᾽ αὐτοὺς ὁ ἥλιος οὐδὲ πᾶν καῦμα,
          그리고 그들은 해나 모든 뜨거움이 그들에게 떨어지지 않는다

17절 a ὅτι τὸ ἀρνίον τὸ ἀνὰ μέσον τοῦ θρόνου ποιμανεῖ αὐτοὺς
          왜냐하면 보좌 가운데 계신 어린 양이 그들을 먹이시기 때문이다

      b καὶ ὁδηγήσει αὐτοὺς ἐπὶ ζωῆς πηγὰς ὑδάτων,
          그리고 그들을 생명수 샘으로 인도하시기 때문이다

      c καὶ ἐξαλείψει ὁ θεὸς πᾶν δάκρυον ἐκ τῶν ὀφθαλμῶν αὐτῶν.
          그리고 하나님이 그들의 눈으로부터 모든 눈물을 씻어 주시기 때문이다

15절 번역 과정에서 문제가 될 수 있는 문구는 15c절의 '스케노세이 에프 아우투스'(σκηνώσει ἐπ᾽ αὐτούς)이다. 이 문구 번역에서 쟁점이 되는 것은 두 가지다. 첫째, 이 문구에서 미래 시제로 사용된 동사 '스케노세이'(σκηνώσει)를 어떻게 번역할 것인가? 둘째, 이 문구에서 동사 '스케노세이'(σκηνώσει)와 전치사 '에피'(ἐπί)의 조합을 어떻게 번역할 것인가? 먼저, 첫 번째 쟁점에 대해 말하자면, 영어 번역본 중에 NIV와 ESV는 '스케노세이'를 "그들을 그분의 임재로 덮으실 것이다"(will shelter them with his presence)로 번역하고, NRSV는 "그들을 덮으실 것이다"(will shelter them)로 번역하며, NKJV는 "그들 중에 거하실 것이다"(will dwell among them)로 번역한다. 영어 번역본은 대체로 미래 시제 동사인 '스케노세이'를 직역하여 미래적 행위를 의미하는 것으로 번역한다. 그러나 15절의 다른 동사들(εἰσιν, 에이신; λατρεύουσιν, 라트류우신)은 모두 현재 시제로 사용된다. 따라서 이 본문에는 요한이

환상을 보는 시점에서의 현재적 정황이 지배적으로 나타나고 있다. 곧 그들이 현재 하나님의 보좌 앞에 있고 하나님을 예배하고 있는데, 하나님이 장막을 펼치시는 일은 미래의 시점에 발생할 것이라는 것은 모순이다. 이 문제를 해결하고자 도리어 이 본문의 현재 시제 동사들을 모두 "미래적 현재"(futuristic presence)로 간주하여 미래적 행위들로 통일시키려는 시도도 있었다.[113] 그러나 그들이 이미 보좌 앞에 있게 되었는데 15a절의 현재 시제 동사 "있다"(εἰσίν, 에이신)를 미래적 시점으로 간주해서 "있을 것이다"로 번역하는 것은 앞뒤가 맞지 않다. 따라서 현재 시제 동사들을 미래적 현재로 간주하는 것보다는 미래 시제 동사를 달리 이해하는 방법을 찾아보는 것이 더 적절하다.

그 대안적 해석의 용례를 4장 9-10절에서 찾아볼 수 있다. 이 본문에서는 "드리다"(δώσουσιν, 도수신>δίδωμι, 디도미), "엎드리다"(πεσοῦνται, 페순타이>πίπτω, 피프토), "경배하다"(προσκυνήσουσιν, 프로스퀴네수신>προσκυνέω, 프로스퀴네오), "놓다"(βαλοῦσιν, 발루신>βάλλω, 발로)가 모두 미래 시제로 사용되었지만 한결같이 현재적 의미를 갖는다.[114] 여기에 사용된 이 미래 시제는 히브리어의 미완료형을 헬라어로 번역한 것으로서 이것은 일정 기간 동안 반복되는 현재적 정황을 저자가 현재 보고 있는 방식으로 묘사하려는 목적으로 사용된다. 이러한 패턴을 요한계시록 7장 15절에 적용하면 요한은 지금 하나님이 장막을 펼치고 계시는 것을 환상을 통해 보고 있는 것이다. 따라서 이 미래 시제는 시간적 관점에서 미래로 번역하기보다는 현재형으로 번역하는 것이 적절하다고 판단된다. 이 본문에서 현재 시제와 미래 시제 동사가 혼합되어 사용되는 것은 시간에 무감각한 구약 히브리어 직설법 동사의 "무시간성"(timelessness)에 영향을 받았기 때문인 것으로 볼 수 있다.[115]

다음으로 동사 '스케노세이'(σκηνώσει)와 전치사 '에피'(ἐπί)의 조합에 대한 번역과 관련해서 말하자면, 앞서 언급한 영어 번역본들은 "...위에"(on, upon)를 의미하는 원문의 전치사 '에피'(ἐπί)를 충분히 반영하지 못하는 한계를 가지고 있다. BDAG에서는 '스케눈 에피 티나'(σκηνοῦν ἐπί τινα)라는 문구가 "어떤 사람 위에 장막을 펼치다"(spread a tent over someone)라는 의미를 갖는다고 말하는데,[116] 이러한 해석은 전치사 '에피'(ἐπί)의 의미를 충분히 반영한 것으로 보인다. 따라서 이 의

---

113 Thompson, *The Apocalypse and the Semitic Syntax*, 33.
114 이에 대한 자세한 논증은 앞서 4:9의 "드리다"(δώσουσιν, 도수신>δίδωμι, 디도미)와 관련해서 다뤘던 문법적 고찰을 참고하라.
115 Mussies, *The Morphology of Koine Greek*, 335.
116 BDAG, 363(1c).

미를 본문의 번역에 반영하여 15c절의 '스케노세이 에프 아우투스'(σκηνώσει ἐπ αὐτούς)를 "그들 위에 장막을 펼치신다"로 번역했다.

16절에서는 세 개의 동사가 모두 미래 시제로 사용되고 있다. 이러한 미래 시제 동사들은 15c절의 경우처럼 미래이지만 현재적 의미를 갖는 것으로서 현재적으로 번역하는 것이 이 문맥의 흐름에 적절하다. 여기에서 현재적 의미임에도 불구하고 미래 시제 동사를 사용한 이유가 될 수 있는 또 하나의 가능성은, 요한계시록 7장 16절이 배경으로 하는 70인역 이사야 49장 10절에서 세 동사 '페이나수신'(πεινάσουσιν), '딥세수신'(διψήσουσιν), '파탁세이'(πατάξει)가 모두 미래 시제로 사용되는데, 요한계시록 본문이 그 중 앞의 두 동사 '페이나수신'과 '딥세수신'을 그대로 가져와서 사용한다는 것이다.[117] 이처럼 70인역의 미래 시제 동사를 그대로 가져와 사용한 것이 요한계시록에서 미래 시제가 등장하는 이유라고 할 수도 있다. 70인역 번역자에게는 해당 내용이 미래에 이루어질 종말적 회복의 약속이기 때문에 미래 시제를 사용하는 것이 당연한 것일 수 있다. 그러나 요한계시록의 전체적인 맥락에서 보면 7장 9-17절은 "아무도 셀 수 없는 큰 무리"에 의해 상징되는 교회 공동체가 현재 하늘에서 경험하는 정황을 소개하는 내용이므로 이러한 미래 시제가 현재적 의미를 동시에 갖는 것이 마땅하다.

16절의 '에티'(ἔτι)는 BDAG에 의하면 "어떤 것이 멈추고 있는 중이거나 혹은 멈추었거나 혹은 멈추어야만 하는 것"을 표현하려는 의도와 함께 "더 이상 … 않다"(no longer)라는 의미를 갖는다.[118] 이것을 16절의 번역에 적용하면 배고픔이나 갈증은 하늘의 큰 무리로부터 반드시 중단되어야 하는 대상으로 설정된다. 이러한 의미를 반영하여 이 부분을 번역하면 "그들은 더 이상 굶주리지 않는다. 그리고 그들은 더 이상 목마르지 않는다"라고 할 수 있다.

17절에서 가장 번역하기 어려운 단어는 17a절의 '포이마네이'(ποιμανεῖ)다. BDAG는 이 단어가 이 본문에서 갖는 의미를 "먹이다"(nurture)로 규정한다.[119] 문맥적으로 봤을 때도 17절은 "왜냐하면"(ὅτι, 호티)이라는 접속사로 시작하기 때문에 17a절은 16a절의 "더 이상 굶주리지 않는다"에 대한 이유로 이해될 수 있다. 이러한 점에서 이 단어를 "먹이다"로 번역했다.

---

117 사 49:10의 세 번째 동사인 '파탁세이'(πατάξει>πατάσσω, 파타쏘, "치다")는 요한계시록 본문에서 '페세'(πέσῃ>πίπτω, 피프토, "떨어지다)로 변경되어 사용된다.
118 BDAG, 400. 솔로몬의 시편 3:12의 '우크 에클레입세이 에티'(οὐκ ἐκλείψει ἔτι)가 이러한 예다.
119 BDAG, 842(2b).

이상의 내용을 근거로 우리말 어순에 맞추어 번역하면 다음과 같다.

15a　그러므로 그들은 하나님의 보좌 앞에 있다.
15b　그리고 그들이 그의 성전에서 밤낮 하나님을 예배한다.
15c　그리고 보좌에 앉으신 이가 그들 위에 장막을 펼치신다.
16a　그들은 더 이상 굶주리지 않는다.
16b　그리고 그들은 더 이상 목마르지 않는다.
16c　그리고 그들은 해나 모든 뜨거움이 그들에게 떨어지지 않는다.
17a　왜냐하면 보좌 가운데 계신 어린 양이 그들을 먹이시고
17b　그들을 생명수 샘으로 인도하시고
17c　하나님이 그들의 눈으로부터 모든 눈물을 씻어 주시기 때문이다.

본문 주해
[7:15] 그들은 어디에서 무엇을 하는가?
15절은 셀 수 없는 큰 무리가 어디에서 무엇을 하고 있는지를 말하고 있다.

보좌 앞에 있다(15a절). 15a절은 "그러므로"(διὰ τοῦτό, 디아 투토)라는 접속사로 시작되는데, 이것은 앞의 14ef절의 "그리고 그들은 그들의 옷들을 씻었다. 그리고 그것들을 어린 양의 피로 희게 하였다"라는 진술의 논리적 결과로 주어지는 말씀이라고 볼 수 있다. 곧 그 큰 무리는 어린 양의 피로 말미암은 승리의 결과로 지금 "하나님의 보좌 앞"에 있게 된 것이다(15a절). 이들이 보좌 앞에 존재하는 것은 9절에서 "보좌 앞과 어린 양 앞에 서 있다"라는 표현을 통해 이미 언급된 바 있지만, 15절은 그들이 보좌 앞에 있는 상황을 어린 양의 피로 말미암은 그들의 승리와 적극적으로 관련시키고 있다. 이들이 보좌 앞에 있다는 것은 그들이 하늘 성전에 있음을 의미하며 더 나아가서 하나님과 함께 있음을 말해 준다. 이것은 미래에 이루어질 사건이라기보다는 셀 수 없는 큰 무리에 의해 상징되는 교회 공동체가 하늘에서 현재 경험하는 모습을 보여준다. 이러한 모습은 4장 4절의 이십사 장로들이 의미하는 것과 동일한 패턴을 보이고 있다.

하나님을 예배하다(15b절). 15b절은 그 큰 무리가 하나님의 성전에서 밤낮 하나님을 예배하고 있음을 소개한다. 여기에서 "예배하다"(λατρεύουσιν, 라트류우신〉λατρεύω, 라트류오)라는 단어는 셀 수 없는 큰 무리가 하늘 성전에서 예배 공동체로 존재한다는 것을 잘 보여준다. "밤낮"이란 표현은 그들의 행위가 끊임없이 계속적으로 지속되고 있음을 시사한다. 곧 "아무도 셀 수 없는 큰 무리"는 성전인 하늘에서

항상 끊임없이 하나님을 예배하는 삶을 살게 된다. 이것은 모든 인간의 본연의 삶이라고 할 수 있다. 하나님이 에덴에서 아담과 하와를 창조하셨을 때 그들은 하나님의 왕권을 위임받아 그 왕권을 대행하는 왕 같은 제사장으로서 다스리고 정복하는 삶을 살라는 명령을 받았으며, 바로 그러한 사역을 통해 하나님을 항상 예배하는 삶을 살도록 하셨다. 그러한 인간 본연의 모습이 하늘 성전에 존재하는 "아무도 셀 수 없는 큰 무리"를 통해 회복되어 재현되고 있는 것이다.

장막을 펼치다(15c절). 15c절에서는 "보좌에 앉으신 이" 곧 하나님이 그 큰 무리 위에 장막을 펼치신다. 여기에서 "장막을 펼치다"(σκηνώσει, 스케노세이)σκηνόω, 스케노오)라는 단어는 일종의 그림 언어로서 이런 용어를 사용하여 실제로 장막을 치는 행위를 생동감 있게 표현한다. 이 의미는 결국 "그들 가운데 거하신다"라는 의미로 이해할 수 있을 것이다. 앞서 번역의 문제를 다룰 때 언급했듯이 이 동사는 미래 시제로 사용되고 있지만, 이러한 거하심은 미래에 한 번 일어나는 것이 아니라 하늘에서 지속적으로 반복된다. 이것은 언어적 차원에서도 지지를 받고 있지만("구문 분석 및 번역" 참고), 동시에 이 본문의 문맥적 차원에서도 그 타당성이 확인된다. 곧 "아무도 셀 수 없는 큰 무리"는 현재 하늘에 존재하고 있는 것이다.

"장막을 펼치다"라는 표현은 출애굽 모티브를 근원으로 한다. 먼저 이 표현은 광야에서의 성막(레 26장), 불 기둥과 구름 기둥(출 13:21-22), "쉐키나 영광"(출 40:34-38)에 대한 기억을 소환한다.[120] 더 나아가서 장막을 펼치는 사건은 하나님이 그분의 백성 가운데 처소를 두실 것이라고 말하는 구약의 약속(겔 37:27; 슥 2:10)이 성취된 것이라고 할 수 있다.[121] 특별히 에스겔 37장 27절의 "내 처소가 그들의 가운데에 있을 것이며"라는 문구의 "처소"(κατασκήνωσίς, 카타스케노시스)라는 명사는 요한계시록 본문의 "장막을 펼치다"(σκηνώσει, 스케노세이)σκηνόω, 스케노오)라는 동사와 동일한 어근(-σκήνω-, -스케노-)을 가지고 있다.[122] 에스겔 37장 27절은 바벨론 포로 해방 후에 이루어질 상황에 대한 약속을 소개하는 문맥에 들어 있다. 바벨론 포로 해방은 출애굽 사건의 모델을 따르고 있다는 점에서 제2의 출애굽 혹은 새 출애굽이라 불린다. 따라서 에스겔 37장 27절에 주어진 약속의 성취를 보여주는 요한계시록 본문(15b절)은 새 출애굽의 성취라고 할 수 있다. 요한계시록 13

---

120 Mounce, *The Book of Revelation*, 166.
121 앞의 책.
122 요 1:14에서도 요한계시록 본문과 동일한 단어(ἐσκήνωσεν, 에스케노센>σκηνόω, 스케노오)가 사용되어 신약적 성취의 또 다른 경우를 확증한다.

장 6절에서는 "그의 장막 곧 하늘에 거하는 자들"(τὴν σκηνὴν αὐτοῦ, τοὺς ἐν τῷ οὐρανῷ σκηνοῦντας, 텐 스케넨 아우투, 투스 엔 토 우라노 스케눈타스)이라고 하여 하나님의 백성 그 자체를 하나님이 거하시는 장막이라 칭한다. 이상에서 하늘은 새 출애굽의 약속이 성취되는 하나님의 임재, 그 영광이 충만한 공간으로 묘사되고 있다.

요한복음 1장 14절도 요한계시록 본문과 동일하게 "장막을 펼치시다"라는 동사(ἐσκήνωσεν, 에스케노센)σκηνόω, 스케노오)를 사용해서 구약의 약속에 대한 종말적 성취의 또 다른 경우를 보여준다. 단, 요한복음 1장 14절은 예수님의 성육신과 관련된다. 곧 예수님은 성육신을 통하여 이 땅에 성전을 세우시고 하늘과 땅이 통하도록 하셨다. 이것은 성육신 후에 세례 받으실 때에 성령이 하늘로부터 내려와 예수님의 머리 위에 머물게 되는 사건을 통해 확증된다. 그리고 예수님이 부활하시고 승천하셔서(계 1:7; 행 1:9) 하늘 문을 여시고(계 4:1) 이제 하늘 성전에 하나님의 백성들을 거하게 하심으로써 그들 가운데 하나님의 임재를 충만하게 하시는 것을 가능하게 하셨다. 예수님의 성육신을 통해 하나님이 이 땅에 장막을 치신 사건은 하나님의 백성들로 하여금 하늘에 거하여 하나님의 장막 치심을 경험할 수 있는 환경을 가능케 한 사건이다. 이러한 과정의 결과가 바로 15c절에서 하늘 성전 가운데 장막을 펼치시는 모습인 것이다. 그러므로 장막을 펼치심은 하나님의 임재를 의미하는 것으로서 미래적 사건이 아니라 하늘에서 현재적으로 경험되는 사건이라고 할 수 있다.

정리하면, 전체적으로 "장막을 펼치시다"라는 묘사는, 출애굽 사건을 연상시키는 성전/성막 모티브를 함축하며, 에스겔서를 비롯한 선지서 등에서 새 언약의 표징으로서 하나님의 임재를 나타내는 성소/처소의 존재와, 그것을 하나님의 백성과 함께하게 하시겠다는 새 출애굽의 약속을 배경으로 한다. 이것은 바로 예수님의 성육신으로 성취되었고, 예수님이 승천하심으로 말미암아 하나님의 백성이 예수님과 함께 현재 하늘에 거할 수 있는 환경이 확고하게 주어지게 되었다. 결국 그 "큰 무리"가 하늘에 존재하는 것은 (새) 출애굽 모티브의 성취라고 할 수 있다.

[7:16] 다시는 주리지 않는다

이어지는 16-17절에서 이 출애굽 모티브가 어떻게 지속되는지를 살펴볼 필요가 있다. 16절에서 그들의 굶주리지 않는 모습을 보게 된다.

구약 배경으로서의 이사야 49장 10절: 새 출애굽 모티브. 16절은 이사야 49장 10절을 배경으로 한다.[123]

> 그들이 굶주리거나(나의 번역) 목마르지 아니할 것이며 더위와 볕이 그들을 상하지 아니하리니 이는 그들을 긍휼히 여기는 이가 그들을 이끌되 샘물 근원으로 인도할 것임이라(사 49:10)

이 본문은 이스라엘 백성이 바벨론 포로 생활을 마치고 귀환할 것을 약속하는 문맥에 들어 있다. 곧 49장 9절의 "잡혀 있는 자"와 "흑암"은 포로 상태를 나타내는 언어이고 "나오라"는 "출애굽 동사"(exodus verb)로 간주될 수 있다.[124] 이런 언어 조합은 이사야서가 바벨론 포로 귀환 사건을 역사적 출애굽의 언어로 접근하고 있음을 알려 준다. 이런 접근이 가능한 이유는 바벨론 포로 해방 사건과 역사적 출애굽이 동일하게 하나님의 구원 사건이라는 점에서 평행 관계에 있기 때문이다. 이 평행 관계에 의해 바벨론 포로 사건을 새 출애굽이라 부르는 것이다.

곧 이사야 49장 10절의 "굶주리거나 목마르지 아니할 것이다"와 "더위와 볕이 그들을 상하지 않을 것이다"와 "샘물 근원으로 인도할 것이라" 같은 표현들은 출애굽의 광야 여행의 정황을 생생하게 반영한다. 그런 광야 여행의 정황은 역사적 출애굽 사건에서 이스라엘이 이미 경험한 바 있는 것이었다. 이제 하나님의 심판으로 말미암아 바벨론으로 쫓겨갈 이스라엘 백성은 다시 하나님의 긍휼을 힘입어 그 바벨론으로부터 회복되어 가나안 땅으로 오게 될 것이다. 이사야서의 이 말씀이 그것을 묘사하고 있다. 그러므로 바벨론 포로 귀환은 이사야를 비롯한 모든 선지자들에게 있어서 하나님의 구속을 체험하는 종말적 사건이다. 따라서 이러한 바벨론 포로 귀환 사건을 "새 출애굽"이라고 칭하는 것이다.

요한계시록의 새 출애굽 모티브. 요한은 7장 16절에서 이러한 이사야서의 말씀을 활용하여 새 출애굽의 약속이 하늘에 존재하는 "큰 무리"를 통해 성취되었다는 것을 보여주려 한다. 곧 이사야서 등에서 말하는 새 출애굽의 진정한 성취를 하늘에 존재하는 아무도 셀 수 없는 큰 무리의 존재에서 발견하고 있는 것이다. 그러므로 지금 하늘에 존재하는 "큰 무리"는 바로 이사야서 등에서 말하는 새 출애굽의 성취를 현재 체험하고 있는 공동체라고 할 수 있다. 여기에서 "하늘"이라는 주제와 출애굽 모티브가 서로 랑데부하는 것을 보게 된다.

---

123 Swete, *The Apocalypse of St. John*, 103.
124 W. Brueggemann, *Isaiah 40–66* (Louisville, KY: Westminster John Knox, 1998), 113-114.

[7:17] 16절에 대한 이유 제시

16절의 출애굽 모티브는 17절에서도 계속된다. 17절은 "왜냐하면"(ὅτι, 호티)으로 시작하는데 이것은 17절이 16절에 대한 이유를 제시하고 있음을 보여준다.

구약 배경을 통한 해석. 17절 말씀도 16절처럼 새 출애굽 사건을 전망하는 이사야 49장 10절, 25장 8절, 에스겔 34장 23절의 말씀을 배경으로 한다. 이 구약 본문들을 17절과 비교하면 다음과 같다.

요한계시록 7:17	구약 배경 본문
a) 보좌 가운데 계신 어린 양이 <u>그들을 먹이시고</u>(ποιμανεῖ αὐτούς)	내가 한 목자를 그들의 위에 세워 <u>먹이게 하리니</u> 그는 내 종 다윗이라 그가 <u>그들을 먹이고</u>(ποιμανεῖ αὐτούς) 그들의 목자(αὐτῶν ποιμήν)가 될지라(겔 34:23)
b) 그들을 생명수 샘(직역하면, 생명의 물들의 샘)으로(ἐπὶ ζωῆς πηγὰς ὑδάτων) 인도하시고	… 샘물 근원(직역하면, "물들의 샘")으로(διὰ πηγῶν ὑδάτων) 인도할 것임이라(사 49:10)
c) 하나님이 그들의 눈으로부터 모든 눈물을 씻어 주시기 때문이다	… 주 여호와께서 모든 얼굴에서 눈물을 씻기시며 자기 백성의 수치를 온 천하에서 제하시리라 … (사 25:8)

17a절의 "보좌 가운데 계신 어린 양이 그들을 먹이신다"는 에스겔 34장 23절의 "내가 한 목자를 그들의 위에 세워 먹이게 하리니 그는 내 종 다윗이라 그가 그들을 먹이고 그들의 목자가 될지라"라는 말씀의 성취로 나타나고 있다. 에스겔서 본문은 목자인 다윗을 모델로 하는 메시아에 대한 약속을 기록하고 있다. 이 에스겔서 본문의 70인역은 "먹이다"(ποιμανεῖ, 포이마네이)라는 동사를 한 번만 사용하지만, 히브리어 구약 성경인 마소라 본문은 "먹이다"를 의미하는 동사 '라아'(רעה)를 두 번 반복해서 사용한다(רֹעֶה, 라아; יִרְעֵם, 이르엠). 이 본문은 메시아 사역의 성격을 목자가 양을 먹이는 것으로 특징짓고 있다. 유다 지파의 사자이자 다윗의 뿌리이신(5:5) 어린 양 예수님은 참 목자로서 양을 먹이는 사역을 감당하신다. 그러므로 예수님의 양인 교회 공동체는 더 이상 굶주리지 않게 되는 것이다.

70인역 이사야 49장 10절의 "샘물 근원(직역하면, "물들의 샘")으로 인도할 것이다"라는 문구는 요한계시록 7장 17b절의 "생명수 샘으로 인도하신다"와 관련되고, 이사야 25장 8절의 "주 여호와께서 모든 얼굴에서 눈물을 씻기시며 그 백성의 수치를 온 천하에서 제하시리라"는 "하나님이 그들의 눈으로부터 모든 눈물을 씻어 주신다"고 말하는 17c절에서 이루어지고 있음을 볼 수 있다. 이상의 세 구약 본문은 모두 바벨론 포로 해방에 대한 약속과 관련된다. 바벨론 포로 해방에 대한 약속은 새 출애굽이라 불린다. 따라서 17절은 새 출애굽의 약속과 관련된 구약 말씀들을 배경으로 하고, 그것으로 보아 17절의 말씀도 16절의 경우처럼 새 출애굽에 대한 약속의 성취를 보여주고자 하는 것임을 알 수 있다. 이러한 약속의 성취가 갖는 의미에 대해서는 "동시대적 이슈"를 다루는 다음 단락에서 자세히 소개하도록 하겠다.

동시대적 이슈: 진정으로 바벨론 포로로부터 해방되었는가? AD 1세기 당시의 유대인들은 바벨론으로부터의 해방이 진정으로 이루어지지 않았다고 생각했다. 그들은 포로기 이전의 솔로몬의 영광이나 포로기 이후에 이루어질 것이라고 믿었던 새창조와 새예루살렘 같은 회복의 약속(사 40-66장)이나 메시아의 오심과 새 이스라엘의 탄생과 새 성전 건축에 대한 약속들(겔 36-48장)이나 새 언약에 대한 약속의 말씀(렘 31:31-33)이 온전히 실현되지 않고 있는 현실을 보고 있었다.[125] 오래전이기는 하지만 포로로부터 돌아온 느헤미야조차도 자신이 여전히 포로 가운데 있음을 토로한다.[126]

> 우리가 오늘날[까지] 종이 되었는데 곧 주께서 우리 조상들에게 주사 그것의 열매를 먹고 그것의 아름다운 소산을 누리게 하신 땅에서 우리가 종이 되었나이다(느 9:36)

곧 유대인들은 바벨론 포로 해방 후에 장밋빛 미래가 펼쳐질 것이라고 믿었는데 포로에서 해방된 후에도 그들은 페르시아와 헬라와 로마 제국의 압제 아래 지속적으로 신음할 수밖에 없었고, 급기야 AD 70년에는 성전이 파괴되는 비극까지 당하게 되었다. 성전 파괴 후에도 성전 없이 유대적 정체성을 되찾고자 했던 야브니안 운동(Yavnean Movement, AD 70-135년)과 제3 성전을 재건하기 위한 바르 코크바(Bar Kokhba) 독립 운동(AD 132-135년)을 통해 진정한 바벨론 포로 해방을 위한 치열한 몸부림이 있었다.[127] 특별히 바르 코크바 독립 운동은 무력 사용을 정당화하면서 성전 재건을 통한 메시아의 오심을 기대한다는 점에서 진정한 바벨론 포로 해방을 위한 투쟁으로 간주될 수 있다.[128]

성전 파괴 이전에 기록된 복음서는 복음서대로, AD 90~100년 사이에 기록

---

125 N. T. Wright, *New Testament and the People of God*, Christian Origins and the Question of God 1 (Minneapolis, MN: Fortress, 1992), 268.
126 앞의 책. 쿰란 공동체 역시 자신들의 공동체를 세울 때까지 포로 상태가 지속되었다고 증거한다(CD 1.3-11)(앞의 책).
127 Lee, *The New Jerusalem in the Book of Revelation*, 206-220.
128 앞의 책, 218.

된 것으로 여겨지는 요한계시록은 계시록대로 당시에 들끓었던 이러한 화두를 피해갈 수 없었다. 따라서 복음서 저자들은 예수님을 통해 진정한 바벨론 포로 해방이 이루어지게 되었다는 사실을 설파하는 데 모든 노력을 집중한다. 이런 이유로 복음서에 출애굽 모티브가 풍성하게 드러나고 있는 것이다. 또한 바로 앞서 논의했던 새 출애굽 모티브를 중심으로 기록하고 있는 15-17절은, 이러한 쟁점에 대해 복음서와는 다른 방식으로 반응하고 있다. 곧 새 출애굽 모티브를 중심으로 하는 구약 본문들을 교회 공동체를 상징하는 하늘의 셀 수 없는 큰 무리와 관련시킴으로써 그 교회 공동체가 진정한 해방으로서의 새 출애굽을 경험하게 되었다는 사실을 확증하고 있는 것이다. 곧 당시에 자신들이 여전히 바벨론 포로 상태에 있다고 생각하는 유대인들의 뿌리 깊은 고민이었던 바벨론 포로로부터의 진정한 해방이라는 문제가 그리스도 안에서 완전히 해소될 뿐 아니라 그러한 결과를 교회 공동체가 온전히 경험하게 된다는 사실이 바로 요한계시록 본문(7:15-17)에서 확증된다. 결국 그리스도 안에서 교회 공동체는 진정한 바벨론 포로 해방의 기쁨을 경험한다. 요한계시록에서 하늘이라는 공간은 바벨론으로부터의 진정한 해방을 보여주는 새 출애굽이 성취되는 공간으로 활용되고 있다.

[추가 연구] 7장 15-17절과 21-22장의 관계

하늘과 종말 사이. 요한계시록 7장 15-17절의 내용은 21-22장에서 소개되는 새 예루살렘의 새창조 안에서의 미래적 종말의 정황과 평행 관계를 이루고 있다. 두 부분을 비교하면 다음과 같다.

계 7:15-17	계 21-22장
그들은 하나님의 보좌 앞에 있다. 그리고 그들이 그의 성전에서 밤낮 하나님을 예배한다(15a절)	… 하나님과 그의 어린 양의 보좌가 그것 가운데 있을 것이다. 그리고 그의 종들이 그를 섬길 것이다(22:3)
보좌에 앉으신 이가 그들 위에 장막을 펼치신다(15c절//겔 37:27; 레 26:9-11)	… 보라 하나님의 장막이 사람들과 함께 있다. 그리고 하나님이 저희와 함께 거하실 것이다(21:3)
그들은 더 이상 굶주리지 않는다. 그리고 그들은 더 이상 목마르지 않는다 …해나 모든 뜨거움이 그들에게 떨어지지 않는다(16절//사 49:10)	… 사망이 더 이상 없을 것이다. 슬픔도 부르짖음도 고통도 더 이상 있지 않을 것이다 … (21:4)

왜냐하면 보좌 가운데 계신 어린 양이 그들을 먹이시고(17a절//겔 34:23) 그들을 생명수 샘으로 인도하시고(17b절//사 49:10) 하나님이 그들의 눈으로부터 모든 눈물을 씻어 주시기 때문이다(17c절//사 25:8)	모든 눈물을 그들의 눈들로부터 씻어 주실 것이다(21:4a) … 내가 생명수 샘으로부터 목마른 자에게 값없이 줄 것이다(21:6)

이 도표를 통해 볼 수 있는 두 본문 사이의 평행 관계로 인해 15-17절의 내용을 단순히 미래적 사건을 전망하는 것으로만 봐야 할 것인가? 요한계시록에 사용되는 미래 시제 동사들은 단순히 미래의 사건을 묘사하는 것으로 이해해서는 안 되며 따라서 미래 시제로 사용된 동사들의 시점을 결정하는 데 있어 매우 신중해야 할 것이다. 이 문제에 대해서는 4장 9-10절과 앞에서 자세하게 논의한 바 있지만 다시 한 번 간단히 언급하자면, 히브리어의 미완료형 동사를 헬라어로 표현하는 과정에서 미래형을 사용하게 된 것이라 할 수 있다. 예를 들면, 시편 104편 6절(70인역 103:6)의 "물이 산들 위에 섰더니"(개역개정)에서 "서다"라는 동사는 히브리어 미완료형인데, 헬라어 구약 성경인 70인역은 그것을 미래 시제로 표현한다. 그렇다면 요한계시록 7장 15-17절에서 미래 시제로 사용된 동사들도 히브리어의 미완료형에 대한 헬라어 표현이라는 관점에서 이해해야 할 것이다. 히브리어 미완료형의 용법에 대해서는 요한계시록 4장 9절을 논의할 때 세 가지로 열거한 바 있다. 이곳에서는 세 가지 용법 중 두 번째로 언급했던 것, 즉 어느 때든지 반복될 수 있는 행위를 표현하는 것으로 이해하는 것이 적절하다.

　이러한 사실을 7장 15-17절에 적용하면, 이 본문의 내용은 구약을 배경으로 셀 수 없는 큰 무리로 상징되는 현재의 교회 공동체가 반복적으로 누리는 새 출애굽 구원의 은혜를 묘사하고 있는 것이 된다. 그렇다면 15-17절과 미래적 종말을 묘사하는 21-22장이 형성하는 평행 관계는 어떤 의미가 있는가? 이러한 평행 관계는 공간적 초월성을 나타내는 하늘과 시간적 초월성을 나타내는 종말이 서로 교차하는 것을 보여준다. 좀 더 구체적으로 말하면, 교회 공동체는 하늘에서 미래적 종말의 상태를 미리 경험하고 있다는 것이다. 이러한 하늘의 기능은 유대 전통에서도 생생하게 나타나고 있다.

유대 전통에서의 하늘. 좀 더 다른 측면에서, 요한계시록이 사상적 배경을 공유하는 여타 묵시문헌이 언급하는 "하늘"을 통해 요한계시록 본문 이해에 적절한 도움을 얻을 수 있다. 하늘에 대해 가장 고전적인 사상을 드러내 주는 유대 문헌은 쿰란 문서라고 할 수 있다. 쿰란 문서에 드러난 "하늘"에 대한 쿰란 공동체의 사상은 그 공동체가 그 하늘에 존재하여 미래의 종말적 축복들을 이미 누리고 있다는 것이다(4Q400-4Q405; 4Q427; 1QH 14:1-36).[129] 이 외에도 에녹서뿐 아니라 요한계시록과 유사한 시기에 기록된 에스라4서, 바룩2서, 바룩3서 등에서도 "하늘"은 미래의 시점이 아니라 미래적 축복을 현재 담고 있는 신비적 공간이라는 사실을 풍부하게 전달한다.[130] 특별히 에스라4서는 미래에 세워질 종말적 새 성전/새예루살렘(시온)과 새창조가 하늘에 이미 존재하고 있다고 기록한다(에스라4서 7:26; 8:52, 53-54; 10:27, 42-44, 53-54; 13:6). 이런 사상은 아마도 지상 성전이 하늘 성전을 본떠 세워졌다는 구약 사상에 근거하여 형성된 것으로 이해할 수 있다.

요한계시록은 하늘과 관련하여 이러한 초기 유대 전통을 공유한다. 이를 배경으로 요한계시록 7장 15-17절의 "하늘"에 대한 개념을 정리하면, "아무도 셀 수 없는 큰 무리"가 존재하는 하늘이라는 공간은 미래적 사건을 예시하고 있는 것이 아니라 구약을 배경으로 새 출애굽의 성취로서 현재 교회 공동체가 종말적 회복의 축복을 누리는 곳이라고 할 수 있다. 이러한 점에서 개혁주의 신학자인 안토니 후크마의 "중간 상태"(intermediate state)와는 차이가 있는데,[131] 왜냐하면 중간 상태는 죽은 신자가 초림과 재림 사이에 존재하는 상태를 의미하기 때문이다. 그러나 요한계시록 7장 15-17절에는 죽은 신자는 물론 살아 있는 모든 교회 공동체도 포함되어 있다.

정리. 7장 15-17절과 21-22장의 관계를 비교한 도표에 나타난 두 본문 사이의 평행 관계는 하늘에 존재하는 교회 공동체로서의 "큰 무리"가 이미 종말적 축복

---

129 Lee, *The New Jerusalem*, 105-22.
130 앞의 책, 129-205.
131 후크마(A. A. Hoekema)는 그의 책 *The Bible and the Future* (Grand Rapids, MI: Eerdmans, 1979), 92-108에서 이 주제를 다룬다. 이러한 중간 상태에 대한 가르침은 종교 개혁자 칼빈이 매우 선호했던 개념이다(앞의 책, 92). 믿는 자는 죽은 후에 부활할 때까지 잠을 자게 될 것이라고 믿는 재세례파에 대한 답변에서 칼빈은 중간 상태에 있는 신자들은 잠정적인 축복을 누리면서 온전히 성취될 순간을 기대한다고 설명한 바 있다(J. Calvin, *Tracts and Treatises of the Reformed Faith*, trans. H. Beveridge [Grand Rapids, MI: Eerdmans, 1958], 3:413-490[Hoekema, *The Bible and the Future*, 92에서 재인용]). 이러한 칼빈의 주장 후에 많은 개혁주의 신학자들이 이 개념을 계승했고 여러 신앙고백서에도 반영되었다: 하이델베르크 교리문답 질문 57; 벨기에 신앙고백 37; 웨스트민스터 신앙고백 32장(혹은 34장); 웨스트민스터 소교리문답 질문 37; 웨스트민스터 대교리문답 질문 86, 87(앞의 책, 92-93n6).

을 현재적으로 누리는 정황을 단적으로 보여주는 것으로 이해할 수 있을 것이다. 그러므로 요한계시록에서, 특히 7장 15-17절, 14장 1-5절, 15장 2-4절에서 소개되는 "하늘"의 정황은 언제나 최종적인 단계를 말하지 않으며 그 상태가 이미 하늘에 와 있음을 나타내는 것일 뿐이다. 다만 최종적 순간에 대한 기록은 21-22장의 새 하늘과 새 땅과 새예루살렘에 대한 소개에 집중되어 있다.

4. 요한계시록 7장 정리

1) 1-8절과 9-17절 비교

이상에서 논의한 7장 1-8절과 9-17절을 다음과 같은 도표로 비교 및 정리해 볼 수 있다.

	계 7:1-8	계 7:9-17
구성원	144,000(12×12×1,000)	셀 수 없는 큰 무리
기원	이스라엘 열두 지파(참고, 민 1장)	모든 나라와 족속들과 백성들과 언어들
기원에 따른 특징	특수성	보편성
존재 양식	땅에서 전투하는 교회	하늘에서 승리한 교회 (흰옷을 입고 종려 가지를 들고 있다)
누리는 축복	하나님의 인침을 받음: 하나님의 철저한 보호를 받는 공동체	15-17절의 내용: 하늘에서 누리는 종말론적 축복(21:3, 4, 6; 22:3과의 비교는 앞의 도표를 참고하라)

이 두 숫자는 결국 동일한 개념을 내포한다. 왜냐하면 144,000은 1,000이라는 숫자에 의해서 영원한 의미를 가지며(출 20:6; 삼상 18:7; 21:11; 시 3:6; 68:17; 단 7:10) "셀 수 없는 큰 무리"는 문자 그대로 셀 수 없는 것이 아니라 셀 수 있는 무리일 수밖에 없기 때문이다. 그러므로 하나의 개념에 대한 두 개의 다른 관점일 뿐이다.

2) 7장의 역할

그렇다면 여섯 번째 인 심판과 일곱 번째 인 심판 사이에 삽입되어 있는 7장은 이 문맥에서 어떠한 역할을 하는가? 먼저 6장 1-17절에서는 극렬하게 타오르는 하나님의 심판이 이 세상을 향하여 가차없이 주어지고 있다. 그 중에서 여섯 번째 인 심판은 "땅의 임금들"을 비롯한 이 세상에 속한 자들의 괴로움을 극에 달하게 하고 있다. 이쯤에서 저자는 심판의 와중에 교회 공동체가 어떠한 정황 속에 있는지를 설명할 필요가 있다고 판단했을 것이다. 하나님의 극렬한 심판 중에 하나님께 속한 교회 공동체는 어떤 상태에 머물고 있는지를 살피는 것은 필연적이다. 6장 17절의 "누가 견고하게 설 수 있겠는가?"라는 질문이 다음과 같은 질문을 야기한다: 아무도 감히 대항하여 존재할 수 없는 가차없는 하나님의 심판 앞에서 하나님의 교회 공동체는 어떠한 모습으로 존재할까?

이 질문에 대한 반응으로서 7장의 삽입 부분이 주어지고 있는 것이다. 이 문제에 대한 논의는 두 가지 관점에서 제시된다. 첫째, 1-8절에서 언급되는 지상적 관점이다. 이 땅에서 하나님의 교회 공동체는 전투하는 공동체이지만 그 이마에 하나님의 인침을 받아 하나님의 소유로 확증되어 그 어떠한 심판으로부터도 보호함을 받는다. 하나님의 심판의 대상이 아니므로 그 심판으로부터 해함을 받지 않는다. 둘째, 9-17절에서 언급되는 천상적 관점이다. 하늘에서 하나님의 교회 공동체는 현재에 역동적으로 종말적 축복을 누리면서 존재한다. 하늘은 철저하게 하나님의 임재와 통치가 존재하는 곳이다. 누가 능히 하나님의 심판 가운데 견딜 수 있는가? 그렇다. 이 세상에 속한 자들은 그 심판 가운데 견딜 수 없지만 교회 공동체는 그 심판 가운데 견딜 수 있다. 왜냐하면 하나님이 함께하시기 때문이다. 이것은 현실일까? 아니면 가상일까? 이것을 믿음으로 받아들이는 자들에게는 그것이 현실로 다가올 것이다. 그러나 그러한 사실을 믿음에 적용하지 않는다면 그것은 그저 종이 위에 기록된 생명 없는 글자에 지나지 않을 것이다.

📄 핵심 메시지

7장은 여섯 번째 인 심판과 일곱 번째 인 심판 사이에 삽입되어 있는 본문이다. 먼저 7장이 놓여진 문맥은 하나님의 심판이 극렬하게 시행되고 있는 정황이다. 7장은 이런 정황에서 하나님의 백성들은 어떠한 모습을 가지게 되는가를 밝혀 주고 있다. 결론적으로 말하면 그들은 하나님의 심판 대상이 아니다. 도리어 하나님이 그들을 보호하신다. 이런 내용을 설명하기 위해 7장은 두 가지 관점에서 접근하고, 이 두 가지 관점에 따라 1-8절과 9-17절로 나뉜다. 전자는 하나님의 인침을 받은 144,000에 대해 소개하고, 후자는 하늘에 존재하는 아무도 셀 수 없는 큰 무리를 소개한다. 이 두 그룹은 교회 공동체를 이해하는 데 매우 중요한 단서를 제공한다. 전자는 지상에서 전투하는 교회의 모습을 제시하고 후자는 하늘에서 승리한 교회의 모습을 제시한다. 전자는 지상에서 전투하는 교회의 모습을 보여주는 동시에 그들이 이마에 인침을 받은 하나님의 소유임을 확증한다. 이것은 그들이 하나님의 심판을 면할 수 있는 표징으로 작용한다. 반면 이러한 144,000은 다시 천상적 관점으로 설명되면서 하늘에 존재하는 "셀 수 없는 큰 무리"로 소개된다. 그들이 하늘에 존재하는데 어떻게 심판의 대상일 수 있겠는가?

이 두 그룹의 존재는 시차를 두고 일어나는 사건이 아니라 동시적 사건이다. 곧 동일한 교회 공동체를 두 가지 관점으로 제시하는 것이다. 특별히 천상적 관점에서 그려진 교회 공동체는 먼저 창세기 13장 16절, 15장 5절, 32장 12절에서 아브라함에게 "셀 수 없는 자손"을 주겠다고 하신 하나님의 약속을 그 배경으로 하고 있다. 동시에 역대상 27장 23절과 열왕기상 3장 8절의 인구 조사에서 20세 이상만을 계수하고 그 이하는 셀 수 없는 영역으로 남겨 놓은 것이 아브라함에게 약속하신 "셀 수 없는 자손"의 성취에 대한 믿음 때문이라는 것이, 요한계시록 7장의 144,000이 셀 수도 있지만 동시에 "셀 수 없는 큰 무리"라는 이중적 정체성을 가지고 있는 것에도 영향을 미치고 있다. 동시에 9-17절의 "셀 수 없는 큰 무리"는 1-8절의 "144,000"을 재해석하는 관계에 있다. 곧 후자는 전자를 바라보는 전망의 확대라고 할 수 있는 것이다. 더 나아가서, 셀 수 없는 큰 무리를 묘사하는 15-17절은 종말적 사건으로서 새 출애굽 사건을 전망하는 이사야 49장 10절을 배경으로 주어진다. 요한계시록 7장 15-17절은 이 본문을 하늘에 존재하는 "셀 수 없는 큰 무리"로서의 교회 공동체에게 적용함으로써 교회 공동체야말로 새 출애굽을 성취하고 체험하는 주체로 존재한다는 것을 보여준다.

🗐 설교 포인트

요한계시록 7장을 설교한다는 것은 설교자에게 매우 행복한 일이 아닐 수 없는데, 그 이유는 7장이 교회 공동체의 정체성에 대한 주제를 가지고 있어 그것을 목회 현장에 매우 현실감 있게 적용할 수 있기 때문이다. 설교자가 이 본문을 설교할 때 가장 중요하게 취급해야 할 것은 144,000과 "셀 수 없는 큰 무리"가 어떻게 교회 공동체를 상징하는지를 설득력 있게 설명하는 것이다. 여기에서 이런 설명을 설득력 있게 할 수 있는 방법은, 이 두 본문이 구약의 아브라함 약속과 그 약속에 근거하여 인구 조사를 위한 계수 작업을 시도했다는 사실을 배경으로 제시하는 것이다. 이러한 구약적 배경을 설정하는 것은, 하나님의 백성을 셀 수 있는 존재인 동시에 셀 수 없는 존재로 보는 인식이 구약에 이미 깊게 깔려 있었다는 결론을 이끌어 내게 해 준다. 바로 이런 사실이 7장에 그대로 적용된다. 1-8절의 "144,000"은 교회 공동체를 셀 수 있는 존재로 규정하고, 9-17절의 "큰 무리"는 교회 공동체를 셀 수 없는 존재로 규정한다.

다음으로 설교자가 7장의 본문을 설교하는 데 있어서 기억해야 할 것은 이 본문이 여섯 번째 인 심판과 일곱 번째 인 심판이라는 하나님의 심판이라는 정황에서 기록되었다는 사실이다. 7장이 이러한 심판의 정황에서 기록된 이유는 하나님의 백성들은 하나님의 심판의 대상이 아니며 오히려 그러한 심판에서 보호받는 대상임을 보여주기 위함이다. 좀 더 구체적으로 말하면 144,000의 이마에 하나님의 인을 침과 동시에 그들이 하늘에 존재하는 자들이라는 것을 확증함으로써 하나님이 교회 공동체를 보호하신다는 사실을 드러내고 있다. 설교자는 이러한 문맥적 흐름을 분명하게 주지시킬 필요가 있다.

또한 설교자는 9-17절에서 소개되는 천상적 교회의 정체성에 대해 청중들에게 실감나게 강조할 수 있어야 한다. 교회 공동체의 천상적 존재는 요한계시록에서 매우 중요한 주제로 사용되고 있다. 청중들이 하늘에 존재한다는 것이 얼마나 복된 것인지를 믿음으로 받아들일 수만 있다면 그들의 삶은 더욱 능력 있고 활기차게 될 수 있을 것이다. 에베소서 2장 5-6절과 요한계시록 13장 5-6절은 이 본문을 그런 식으로 이해하는 데 도움을 줄 수 있다. 더 나아가서 9-17절은 미래적 사건이 아니라 이미 현재에 일어나고 체험될 수 있는 사건이라는 것도 청중들에게 주지시킬 필요가 있다. 특별히 7장 15-17절이 미래적 사건이지만 이미 하늘에서 현재적으로 누릴 수 있는 축복이라는 것을 21-22장과의 관계를 통해 설파할 필요가 있다.

📑 설교 요약

● **제목:** 교회 공동체의 이중적 정체성
● **본문:** 요한계시록 7장 1-17절

● **문맥**

7장은 여섯 번째 인 심판과 8장 1-5절의 일곱 번째 인 심판 사이에 삽입된 것으로서, 하나님의 심판 가운데 "누가 견고하게 설 수 있겠는가?"라는 6장 17절의 질문에 대한 답으로 주어지고 있다.

● **구조**

1-8절	하나님이 이마에 인치신 144,000
	→ 지상의 전투하는 교회
9-17절	아무도 셀 수 없는 큰 무리
	→ 하늘의 승리한 교회

● **서론**

요즘처럼 마음 놓고 살기가 힘든 시기가 역사상 또 있었을까 하는 생각이 든다. 전세계적으로 테러가 극성을 부리고 전쟁과 기근과 지진 같은 자연 재앙에 대한 소식이 하루가 멀다 하고 들려오고 있다. 이런 가운데 우리 교회 공동체는 온전할까 하는 염려가 들 때가 있다. 오늘 본문은 이에 대한 해답을 제시하고 있다.

● **본론**

하나님은 어떻게 교회 공동체를 취급하시는가? 이것은 다음의 두 부분으로 나누어 생각해 볼 수 있을 것이다: 하나님의 인침을 받은 144,000(1-8절)과 아무도 셀 수 없는 큰 무리(9-17절).

1. 인침을 받은 144,000^(1-8절): 지상적 관점에서 본 교회 공동체
   1) 네 천사는 지상에 심판을 행하려고 한다
   2) 네 천사는 하나님의 종들이 이마에 인침을 받을 때까지 심판을 받지 않도록 바람을 붙들고 있다
   3) 다른 천사가 와서 그들의 이마에 인침을 받게 한다: 이 인침은 하나님의 백성 됨을 확증하여 심판을 면하게 하려는 목적을 갖는다
   4) 인침을 받은 자의 수는 144,000명이다: 하나님의 백성의 온전한 숫자 → 모든 하나님의 백성은 인침을 받았으며 하나님의 심판의 대상에서 제외된다
   5) 144,000명은 열두 지파의 각 지파에서 12,000명씩 계수한 것으로 구성되며 이러한 계수는 민수기 1장에서 전쟁에 나갈 만한 자들을 계수한 사건을 배경으로 한다: 이는 144,000이 지상에서 전투하는 교회에 적용되고 있음을 알 수 있다 → 지상에서 전투하는 교회를 상징하는 144,000은 인침을 받은 자들로서, 비록 그들이 지상에서 전투하고 있을지라도 하나님의 심판의 대상이 아닌 것은 분명하다
2. 아무도 셀 수 없는 큰 무리^(9-17절): 천상적 관점에서 본 교회 공동체
   1) "아무도 셀 수 없는 큰 무리"는 하나님이 아브라함에게 셀 수 없는 자손을 주겠다고 약속하셨던 아브라함 약속을 배경으로 주어진다^(창 13:16; 15:5; 32:12): 역대상 27장 23절과 열왕기상 3장 8절의 인구 조사 과정은 이스라엘 백성이 계수할 수 있는 대상이면서 동시에 셀 수 없는 대상임을 본질적으로 지적하고 있다
   2) 요한은 "아무도 셀 수 없는 큰 무리"를 통해서 아브라함 약속이 교회 공동체를 통해 이루어지고 있음을 보여준다
   3) 아무도 셀 수 없는 큰 무리는 하늘에^(보좌 앞과 어린 양 앞에) 존재한다 → 이들이 하늘에 존재한다는 것은 그들이 하나님에 의해 보호받고 있음을 의미한다
   4) 그들은 그곳에서 새 출애굽의 성취된 상태를 체험하고 있다^(15-17절)

●결론: 적용

하나님은 자신의 백성 곧 교회 공동체를 심판 대상이 아니라 구속 대상으로 취급하고 계신다. 그들의 이마에 인치시고 그들을 하늘에 올려 놓으심으로써 그들이 심판의 대상이 아니라 구속의 대상임을 천명하신다. 이러한 정체성은 우리들이 역동적으로 이 세상에서 살아갈 수 있는 추동력을 제공한다. 교회 공동체로서 우리들은 이 땅에서 전투하고 있는 공동체이지만 하나님의 인침을 받은 하나님의 소유로서 그 승리를 이미 쟁취한 것이다. 따라서 해 아래에 이보다 더 안전할 수 있는 길은 없다.

III. 요한계시록 8장 6절-9장 21절: 나팔 심판 시리즈(1-6번째)

1. 서론적 고찰

1) 나팔 이미지

본문을 관찰하기 전에 먼저 "나팔" 이미지가 구약에서 어떻게 사용되고 있는지 살펴볼 필요가 있다. 케어드(Caird)는 나팔이 다음과 같은 경우에 등장한다고 한다: (1) "의식적(ceremoinal) 행진"(수 6장; 대상 15:24; 느 12:41), (2) "왕의 즉위"(왕상 1:34, 39; 왕하 9:13), (3) "하나님의 심판에 직면하여 국가적인 회개를 촉구"하거나 "경고의 표시"(렘 4:5; 6:1, 17; 겔 33:3), (4) "모든 절기, 매달 첫날, 매일의 희생 제사" 같은 제의 의식(민 10:10).[1] 비즐리 머레이는 여기에 "전쟁"을 덧붙인다(삿 3:27 이하; 7:8 이하; 느 4:18).[2] 이때 나팔은 악인에 대한 "임박한 심판"을 예고하는 성격을 띤다.[3] 이런 특징은 요한계시록의 나팔 심판이 지닌 성격과 조화를 이룬다. 또한 위 목록에서 케어드는 여호수아 6장을 첫 번째 범주인 의식적 행진에 속하는 것으로 간주하지만, 이것은 또한 여리고 성에 대한 심판을 예고하는 성격을 지니기도 한다. 전쟁과 심판은 서로 연결되어 있다. 이것은 하나님의 전쟁 선포가 곧 심판을 의미한다는 사실에 근거한다.

이 사실을 더 분명하게 이해하기 위해서는 민수기 10장 1-10절과 여호수아 6장을 좀 더 자세히 살펴볼 필요가 있다. 민수기 10장 2절과 9절이 좋은 예가 될 수 있다.

> 은 나팔 둘을 만들되 두들겨 만들어서 그것으로 회중을 소집하며 진영을 출발하게 할 것이라(민 10:2)
>
> 또 너희 땅에서 너희가 자기를 압박하는 대적을 치러 나갈 때에는 나팔을 크게 불지니 그리하면 너희 하나님 여호와가 너희를 기억하고 너희를 너희의 대적에게서 구원하시리라(민 10:9)

이 말씀을 보면, 나팔은 하나님의 군대인 이스라엘 백성을 소집하고 그 진을 진행하기 위해 사용되었을 뿐만 아니라 대적을 치러 나갈 때 곧 하나님의 거룩한 전쟁을 수행할 때도 사용되었음을 알 수 있다.

---

1 Caird, *The Revelation of St. John*, 108-109.
2 Beasley-Murray, *The Book of Revelation*, 152.
3 앞의 책, 153.

여호수아 6장에서 하나님은 여리고 성을 심판하시기 위한 작업으로서 이스라엘 백성으로 하여금 여리고 성을 매일 한 번씩 돌다가 일곱째 날에는 일곱 번을 돌게 하셨는데, 그렇게 하는 과정에서 양각 나팔은 필수적이었다.

> [4]제사장 일곱은 일곱 양각 나팔을 잡고 언약궤 앞에서 나아갈 것이요 일곱째 날에는 그 성을 일곱 번 돌며 그 제사장들은 나팔을 불 것이며 [5]제사장들이 양각 나팔을 길게 불어 그 나팔 소리가 너희에게 들릴 때에는 백성은 다 큰 소리로 외쳐 부를 것이라 그리하면 그 성벽이 무너져 내리리니 백성은 각기 앞으로 올라갈지니라 하시매(수 6:4–5)

> [15]일곱째 날 새벽에 그들이 일찍이 일어나서 전과 같은 방식으로 그 성을 일곱 번 도니 그 성을 일곱 번 돌기는 그 날뿐이었더라 [16]일곱 번째에 제사장들이 나팔을 불 때에 여호수아가 백성에게 이르되 외치라 여호와께서 너희에게 이 성을 주셨느니라(수 6:15–16)

이 말씀에서 나팔 소리는, 여리고를 향한 심판의 전주곡이며 여리고에 대한 심판이 곧 하나님의 전쟁의 결과로 주어지고 있음을 암시하고 있다. 이렇게 전쟁과 관련해서 나팔을 사용하는 민수기 10장과 여호수아 6장의 정황은, 벨리알과의 "종말적 전쟁에서 나팔을 조직적으로 사용하는 것"이 기록되어 있는 쿰란 공동체의 "전쟁 두루마리"에 매우 명확하게 반영되어 있다(1QM 3; 8:10-9:16; 10:6-8; 11:9-11; 16; 17:10-15; 18:3-5).[4]

특별히 나팔 소리를 통해 예고되는 전쟁에서의 심판 대상에 해당하는 민수기 10장 9절의 "대적들"과 여호수아 6장의 "여리고"와 전쟁 두루마리의 "벨리알"은 한결같이 하나님의 원수들이다. 그러므로 이들에 대한 심판은 회개하게 하려는 목적이 아니며 오직 그들의 "징벌적"(punitive) 파멸을 목적으로 한다.[5] 그러나 이런 심판의 이면에서는 이스라엘 혹은 쿰란 공동체의 구원이 발생한다고 볼 수 있는데, 왜냐하면 심판과 구원이 동전의 양면처럼 항상 동시에 발생하기 때문이다. 이런 패턴을 요한계시록의 나팔 심판에 적용할 수 있다. 나팔 심판은 단순히 회개에 대한 경고가 아니라 심판 그 자체이며 더 나아가서 하나님의 거룩한 전쟁을 선포하는 것이다. 그 전쟁의 상대가 누구이겠는가? 그것은 바로 사탄과 그가 지배하는 세상이다. 나팔 심판은 사탄과 그의 추종자들을 향한 전쟁 선포이자 심판 선포이며, 따라서 그들의 멸망은 필연적일 수밖에 없다. 반면 이 심판 상황에서 하나님의 백성인 교회 공동체에 대한 구원의 메시지는 더욱 빛을

---

4   Beale, *The Book of Revelation*, 471.
5   앞의 책.

발한다. 왜냐하면 세상과 사탄을 향한 심판은 결국 교회 공동체를 향한 구원을 목적으로 하기 때문이다.

성경에서 나팔 모티브가 최초로 등장했던 시점은 바로 출애굽기 19장의 시내 산 사건이다. 따라서 이 요한계시록 본문에 기록된 나팔 이미지의 구약 배경으로 출애굽기 19장의 시내 산 사건이 하나 더 추가될 수 있다. 특히 주목해야 할 본문은 출애굽기 19장 11절과 16-19절이다.

> [11]준비하게 하여 셋째 날을 기다리게 하라 이는 셋째 날에 나 여호와가 온 백성의 목전에서 시내 산에 강림할 것임이니(출 19:11)
>
> [16]셋째 날 아침에 우레와 번개와 빽빽한 구름이 산 위에 있고 나팔 소리가 매우 크게 들리니 진중에 있는 모든 백성이 다 떨더라 [17]모세가 하나님을 맞으려고 백성을 거느리고 진에서 나오매 그들이 산 기슭에 서 있는데 [18]시내 산에 연기가 자욱하니 여호와께서 불 가운데서 거기 강림하심이라 그 연기가 옹기 가마 연기 같이 떠오르고 온 산이 크게 진동하며 [19]나팔 소리가 점점 커질 때에 모세가 말한즉 하나님이 음성으로 대답하시더라(출 19:16-19)

인용한 말씀에서 "나팔 소리"의 역할은 시내 산에서 하나님의 율법을 이스라엘 백성들에게 수여하는 정황 가운데서 하나님의 현현을 알려 하나님 앞에 백성들을 모으는 것이다.[6] 나팔 소리 가운데 시내 산에 현현하신 하나님은 그 지경을 범하는 자들이 즉시 죽임을 당할 정도로 거룩하고 엄위하시다(출 19:12). 곧 시내 산의 정황에서 나팔 이미지가 보여주는 것은 하나님의 주권과 거룩하심이다. 출애굽기 19장의 "나팔" 이미지를 이렇게 이해한다면, 요한계시록의 나팔 심판에서 "나팔"을 부는 이미지도 독자들로 하여금 출애굽의 시내 산에서의 분위기와 동일하게 하나님의 임재와 개입으로 인한 두려움 같은 정서를 느끼게 할 것이라 기대할 수 있다.[7]

2) 새 출애굽 모티브

역사적 출애굽의 시내 산 사건과의 이러한 동질성을 바탕으로 요한은 세상을 향한 심판 중에 있게 될 교회 공동체를 위한 "새 출애굽"(new exdodus)의 희망을 강렬하게 표현한다.[8] 곧 나팔 심판을 통해 세상을 심판하지만 그 이면에서는 하

---

6   Beasley-Murray, *The Book of Revelation*, 154.
7   앞의 책.
8   앞의 책.

나님의 백성을 구원하시는 역사가 동시에 발생하게 된다는 것이다. 이러한 이중적 특징은 특별히 여섯 번째 나팔 심판과 일곱 번째 나팔 심판 사이에 삽입된 10-11장의 두 증인 이야기를 통해 더욱 도드라지게 된다.

나팔 심판과 대접 심판 시리즈의 새 출애굽 모티브는 출애굽 사건에서의 열 가지 재앙이 등장함으로써 더욱 분명해진다는 것을, 다음 도표에서 확인할 수 있다.[9]

나팔 심판 시리즈	애굽에 내렸던 재앙	대접 심판 시리즈
첫 번째(8:6-7) 우박, 불, 피	일곱 번째(출 9:13-25) 뇌성, 우박	일곱 번째(16:17-21) 뇌성, 우박
두 번째(8:8-9) 바다가 피로 변함	첫 번째(출 7:14-25) 나일 강이 피로 변함	두 번째(16:3) 바다가 피로 변함
세 번째(8:10-11) 쓴 물: 마시지 못함	첫 번째(출 7:21) 물에서 악취: 마시지 못함	세 번째(16:4-7) 물의 근원이 피가 됨
네 번째(8:12) 해, 달, 별이 어두워짐	아홉 번째(출 10:21-29) 어두움	다섯 번째(16:10-11) 어두움
다섯 번째(9:1-11) 연기로 어두워짐, 메뚜기(황충)	여덟 번째(출 10:1-20) 메뚜기로 어두워짐	
	여섯 번째(출 9:8-12) 악성 종기(ἕλκος)	첫 번째(16:2) 악성 종기(ἕλκος)
	두 번째(출 8:1-15) 개구리떼	여섯 번째(16:12-16) 개구리떼

이 도표에서 애굽에 내렸던 재앙이 나팔 심판과 대접 심판 시리즈에서도 핵심 요소임을 확인할 수 있다. 이 사실에서 출애굽 모티브가 나팔 심판 시리즈의 근간을 이루고 있음을 알 수 있다. 따라서 출애굽의 관점으로 심판을 이해해야만 한다.

이러한 출애굽의 관점은 다시 거시적 관점과 미시적 관점의 두 가지로 나누어 생각해 볼 수 있다. 먼저 거시적 관점이란 나팔 심판을 출애굽과 새 출애굽이라는 하나님의 구원 사건에 대한 큰 그림에서 조망하는 것이다. 하나님은 출애굽과 새 출애굽이라는 큰 구원 사건을 통해 에덴 회복이라는 본래의 계획을 진행해 가신다. 출애굽과 새 출애굽의 공통점은 둘 다 이스라엘을 향한 구원 사건이라는 점도 있지만, 이방 나라(전자의 경우는 애굽이고 후자의 경우는 바벨론 제국)에 대한

---

9   이 도표는 Reddish, *Revelation*, 164와 Harrington, *Revelation*, 107을 참고해서 작성했다.

심판이 필연적으로 수반된다는 점도 있다. 이런 거시적 관점에서 나팔 심판의 출애굽 모티브는 바로 출애굽과 새 출애굽의 심판적 요소를 종말적으로 성취하는 의미를 갖는다. 애굽과 바벨론이었던 심판 대상이 요한계시록에서는 사탄과 그의 대행자인 짐승과 그 짐승에 의해 지배되는 로마 제국으로 바뀌어 나타난다. 요한계시록에서 로마 제국을 바벨론으로 표현하는 것도 바벨론 포로로부터의 해방을 의미하는 새 출애굽의 성취를 보여주는 중요한 근거라고 할 수 있다.

미시적 관점은 출애굽의 열 재앙과 나팔 심판 사이에 존재하는 연관성에서 출발한다. 둘 사이의 연관성은 출애굽의 열 재앙이 나팔 심판의 "문학적이며 신학적인 모델"이기 때문에 확실하다.[10] 이 확실한 연관성을 바탕으로 요한계시록에서 심판이 의미하는 바를 정확하게 규명할 수 있다. 먼저 열 재앙은 애굽 왕 바로와 애굽 백성들을 회개하게 하려는 목적으로 시행된 것이 아니다. 오히려 열 재앙으로 인해 애굽 왕 바로의 마음은 더 완악하게 되었고, 본질적으로 하나님을 대적하는 위치에 서게 된다. 여기에서 하나님이 애굽에게 내리는 심판의 정당성이 성립된다. 그렇다면 열 재앙을 통해 하나님이 이루시려는 목적은 무엇인가? 두 가지가 있다. 첫째, 하나님의 "전능하심"을 애굽인들뿐 아니라 만방에 드러내시려는 것이다(참고, 출 7:5, 17; 8:10, 22; 9:16, 29; 10:1-2).[11]

> 내가 너를 세웠음은 나의 능력을 네게 보이고 내 이름이 온 천하에 전파
> 되게 하려 하였음이니라(출 9:16)

둘째, 이스라엘 백성을 애굽에서 해방시키려는 목적을 갖는다. 이스라엘이 애굽에서 빠져나갈 수 있었던 결정적 사건은 마지막 열 번째 재앙에서 애굽의 장자들과 독자들이 죽음의 사자에 의해 떼죽음을 당한 사건이었다. 애굽의 장자들은 죽임을 당하지만 하나님의 장자인 이스라엘은 생명을 얻는다. 따라서 심판과 구원은 동전의 양면과 같다. 이러한 사실은 열 재앙의 심판 대상이 철저하게 애굽 왕과 백성에게 국한되는 정황에 의해 확증된다. 심판 대상은 애굽이요 구원 대상은 이스라엘이다.

이 열 가지 재앙의 의미를 요한계시록의 나팔 심판에 적용한다면 어떠한 해석이 가능하겠는가? 인 심판을 비롯해서 나팔 심판과 대접 심판은 모두 세상의 회개를 위한 것이 아니라 그들의 죄를 심판하기 위한 것이고, 로마 제국의 황제

---

10 Beale, *The Book of Revelation*, 466.
11 앞의 책, 465.

가 아니라 하나님이 온 세상을 주관하고 계심을 온 세상에 알리기 위한 것이며, 하나님의 백성으로서의 교회 공동체를 세상으로부터 구원하기 위한 것으로 해석할 수 있다는 것이다.[12] 흥미롭게도 세상은 나팔/대접 심판을 받으면서도 절대로 회개하는 반응을 보이지 않고 도리어 마음을 완고하게 하여 하나님의 이름을 더럽히는 반응을 보인다(참고, 계 9:20-21). 여기에서 하나님의 심판은 하나님을 대적한 사탄과 그의 추종 세력인 세상을 향하고 있으며 그것은 또한 그들의 회개가 목적이 아니라 그들의 죄들에 대한 징벌의 성격을 갖기 때문에 그들이 회개하지 않는 것은 당연하다. 그러므로 이런 반응은 하나님의 심판에 대한 정당성을 확증해 주고 있다. 따라서 현재에도 하나님을 대적하는 자들은 비록 인/나팔/대접 심판에서 언급되는 가시적인 현상들이 그들에게 문자 그대로 일어나지 않더라도 자신들이 그러한 엄중한 심판의 대상이 되고 있다는 사실 앞에 두려워하고 떨어야 할 것이다. 반면, 하나님의 백성인 교회 공동체는 그들이 하나님의 심판 대상이 아닌 구원의 대상이라는 확신 가운데 평안을 누릴 수 있다.

8장 2절에서 잠시 언급되었던 나팔 심판은 8장 6절에서 본격적으로 시작되어 11장 19절까지 이어진다. 10장 1절-11장 14절은 여섯 번째 나팔 심판과 일곱 번째 나팔 심판 사이에 존재하는 삽입 부분으로서 그 역할은 인 심판의 삽입 부분과 비슷하다. 이곳에서는 먼저 삽입 부분(10:1-11:14)이 시작되기 전에 기록되는 8장 6절-9장 21절을 살펴볼 것인데, 이 부분은 처음 네 개의 나팔 심판이 하나의 묶음처럼 구성되어 있는 8장 6-12절과 두 개(다섯 번째와 여섯 번째)의 나팔 심판을 다루는 8장 13절-9장 21절로 구성되어 있다.

---

12 비일은 열 재앙을 "종말적 교회 시대에 있을 죄인들에 대한 심판의 예표적 전조"로 이해하면서 일곱 심판의 목적이 "하나님의 비할 데 없으심과 죄인들의 심판"을 나타내는 것이라고 설명한다(Beale, *The Book of Revelation*, 467). 그러나 아쉽게도 비일의 설명에는 열 재앙이 "심판"의 특징을 가짐과 동시에 하나님 백성을 향한 "구원"의 특징을 갖는다는 양면성이 언급되지 않는다. 한편 스윗은 심판의 목적이 회개하게 하려는 것이라고 주장한다(Sweet, *Revelation*, 162). 그러나 이렇게 해석하게 되면, 여섯 번째 나팔 심판에서 사람들이 회개하지 않는 장면은 하나님이 회개를 이끌어 내지 못하신 결과가 되고, 따라서 하나님을 목적을 달성하지 못한 실패자로 만드는 것이 된다. 이것은 역사를 주관하시는 하나님의 주권을 강조하는 요한계시록의 신학과 정면으로 배치된다. 따라서 죄인들이 회개하는 일이 일어난다면, 그것은 두 증인의 증거에서 비롯된 것이지 심판에 의한 것이 아니다. 이 주제에 대해서는 10-11장의 삽입 부분에 대한 논의에서 집중적으로 다루게 될 것이다.

2. 처음 네 개의 나팔 심판(8:6-12)

처음 네 개의 나팔 심판은 인간 자체보다는 인간의 삶을 지탱해 주는 자연계를 대상으로 집중적으로 발생하고 나머지 세 개의 나팔 심판은 인간을 향하여 직접적으로 발생한다.[13] 처음 네 개의 나팔 심판은 자연계에 대한 심판이라는 점에서 처음 네 개의 인 심판 및 처음 네 개의 대접 심판과 유사한데, 그 내용은 처음 네 개의 인 심판과 유사하고, 그 구성은 땅/바다/강, 물, 샘/하늘에 그 심판이 가해지고 있다는 점에서 처음 네 개의 대접 심판과 유사하다.

구문 분석 및 번역

6절 Καὶ οἱ ἑπτὰ ἄγγελοι οἱ ἔχοντες τὰς ἑπτὰ σάλπιγγας ἡτοίμασαν αὐτοὺς ἵνα σαλπίσωσιν.
그리고 일곱 나팔들을 가진 일곱 천사가 그것들을 불기 위해 준비하였다

7절 a Καὶ ὁ πρῶτος ἐσάλπισεν·
그리고 그 첫 번째 천사가 나팔불었다

b καὶ ἐγένετο χάλαζα καὶ πῦρ μεμιγμένα ἐν αἵματι
그때 우박과, 피로 섞여진 불이 생겨났다

c καὶ ἐβλήθη εἰς τὴν γῆν,
그리고 그것이 땅으로 던져졌다

d καὶ τὸ τρίτον τῆς γῆς κατεκάη
그리고 땅의 삼분의 일이 태워졌다

e καὶ τὸ τρίτον τῶν δένδρων κατεκάη
그리고 나무들의 삼분의 일이 태워졌다

f καὶ πᾶς χόρτος χλωρὸς κατεκάη.
그리고 모든 푸른 풀이 태워졌다

8절 a Καὶ ὁ δεύτερος ἄγγελος ἐσάλπισεν·
그리고 둘째 천사가 나팔불었다

b καὶ ὡς ὄρος μέγα πυρὶ καιόμενον ἐβλήθη εἰς τὴν θάλασσαν,
그때 불로 말미암아 타는 큰 산 같은 것이 바다로 던져졌다

c καὶ ἐγένετο τὸ τρίτον τῆς θαλάσσης αἷμα
그래서 바다의 삼분의 일이 피가 되었다

9절 a καὶ ἀπέθανεν τὸ τρίτον τῶν κτισμάτων τῶν ἐν τῇ θαλάσσῃ τὰ ἔχοντα ψυχὰς
그리고 바다에 있는 생명을 가진 피조물들의 삼분의 일이 죽었다

b καὶ τὸ τρίτον τῶν πλοίων διεφθάρησαν.
그리고 배들의 삼분의 일이 파괴되었다

---

13 Sweet, *Revelation*, 162.

10절 a   Καὶ ὁ τρίτος ἄγγελος ἐσάλπισεν·
     그리고 셋째 천사가 나팔불었다

    b   καὶ ἔπεσεν ἐκ τοῦ οὐρανοῦ ἀστὴρ μέγας καιόμενος ὡς λαμπὰς
     그때 횃불같이 타는 큰 별이 그 하늘로부터 떨어졌다

    c   καὶ ἔπεσεν ἐπὶ τὸ τρίτον τῶν ποταμῶν καὶ ἐπὶ τὰς πηγὰς τῶν ὑδάτων,
     그리고 그것은 강들의 삼분의 일과 물들의 샘들에 떨어졌다

11절 a   καὶ τὸ ὄνομα τοῦ ἀστέρος λέγεται ὁ Ἄψινθος,
     그 별의 이름은 쑥이라 불리운다

    b   καὶ ἐγένετο τὸ τρίτον τῶν ὑδάτων εἰς ἄψινθον
     그리고 물들의 삼분의 일이 쑥이 되었다

    c   καὶ πολλοὶ τῶν ἀνθρώπων ἀπέθανον ἐκ τῶν ὑδάτων
     그리고 사람들 중 많은 이들이 죽었다

    d   ὅτι ἐπικράνθησαν.
     왜냐하면 그것들[물들]이 쓰게 되었기 때문이다

12절 a   Καὶ ὁ τέταρτος ἄγγελος ἐσάλπισεν·
     그리고 넷째 천사가 나팔불었다

    b   καὶ ἐπλήγη τὸ τρίτον τοῦ ἡλίου καὶ τὸ τρίτον τῆς σελήνης καὶ τὸ τρίτον τῶν ἀστέρων,
     그때 해의 삼분의 일과 달의 삼분의 일과 별들의 삼분의 일이 타격받았다

    c   ἵνα σκοτισθῇ τὸ τρίτον αὐτῶν
     그러자 그것들의 삼분의 일이 어두워졌다

    d   καὶ ἡ ἡμέρα μὴ φάνῃ τὸ τρίτον αὐτῆς καὶ ἡ νὺξ ὁμοίως.
     그리고 낮이 그것의 삼분의 일을 비추지 않았고 밤도 마찬가지였다

7b절의 분사 "섞여진"(μεμιγμένα, 메미그메나)μίγνυμι, 미그뉘미/μιγνύω, 미그뉘오)은 어느 단어와 연결되는가? 직전의 명사인 "불"인가, 아니면 그보다 앞서 제시된 "우박"인가? 먼저 '메미그메나'(μεμιγμένα)는 중성 복수 완료 분사 형태의 단어로서 여성 명사인 "우박"보다는 중성 단수인 직전의 "불"과 연결된다고 보는 것이 타당하다. 그런데 "불"이라는 단어가 단수형인 것이 문제다. 이러한 부조화를 해결하기 위해 여러 사본들(ℵ, P, 𝔐^A, ar, sa^ms, bo^mss)과 티코니우스나 베아투스 같은 교부들은 이 분사의 단수형인 '메미그메논'(μεμιγμενον)을 지지한다. 이런 독법은 더 어려운 본문이 신빙성이 있다는 사본학적 원칙으로 인해 받아들여지기가 쉽지 않지만, 이러한 독법을 시도했다는 것 자체는 이곳에서 "섞여진"이라는 분사형 동사가 "불"과 연결된다는 사실을 고려했음을 보여준다는 점에서 의미가 있다. 이렇게 "섞여진"이 "불"과 연결되는 것으로 받아들여진다면, 그 동사가 '메미그메나'라는 복수형 분사로 사용된 것은 어떻게 이해해야 할까? 이것은 요한계시록에

서 빈번하게 발생하는 의도적인 문법 파괴 현상이라고 할 수 있다. 따라서 이 부분은 "우박과, 피로 섞여진 불"이라고 번역할 수 있다. "우박"을 따로 분리하고 "피로 섞여진 불"이라고 번역하는 것은 피와 불이 하나의 단위이기 때문에 가능하다.

8a절은 도입 부분으로서 두 번째 천사가 나팔 부는 장면을 언급하고, 8b절은 나팔 부는 행위의 결과를 나타내는 정황을 서술하기 때문에 8b절의 '카이'(καί)를 "그때"로 번역했다. [14] 일부 학자들은 8b절의 "불로 말미암아 타는 큰 산과 같은 것이 바다로 던져졌다"라는 문장과 8c절의 "바다의 삼분의 일이 피가 되었다"라는 문장이 서로 인과 관계가 아니라 연속적인 관계를 형성한다고 주장한다. 즉, 8c절의 접속사 '카이'(καί)가 "연속적"(consecutive)용법으로 사용된다는 것이다. [15] 그럴 경우 두 개의 정황이 펼쳐지게 된다. 하나는 불로 타는 큰 산이 땅으로 던져지는 것이고 다른 하나는 바다의 삼분의 일이 피가 되는 것이다. 그리고 그 중 후자의 결과가 9절에서 소개된다는 것이다. 그러나 이 두 개의 정황은 인과 관계로 보는 것이 적절하다. [16] 왜냐하면 큰 산 같은 것이 바다로 던져졌고(8b절), 이어서 즉각적으로 그 바다에서 일어난 일이 8c절에서 언급되기 때문이다. 이것은 세 번째 나팔 심판에서 하늘로부터 별이 강/물샘에 떨어지자 물의 삼분의 일이 쑥처럼 쓰게 변한 것과 동일한 패턴이기 때문이다. 그러므로 8c절의 '카이'(καί)를 8b절의 "그때"와 동일하게 결과를 나타내지만 약간은 다른 "그래서"로 번역했다. [17]

9절에서는 문법적 파괴가 지배적으로 나타난다. 먼저 '토 트리톤 톤 크티스마톤'(τὸ τρίτον τῶν κτισμάτων, 피조물들의 삼분의 일)이라는 문구와 '타 에콘타 프쉬카스'(τὰ ἔχοντα ψυχάς, 생명을 가진)라는 문구의 관계가 쟁점이 된다. [18] '타 에콘타'(τὰ ἔχοντα)는 중성 복수 주격으로 되어 있다. 그런데 이 문구와 연결되는 '토 트리톤 톤 크티스마톤'(τὸ τρίτον τῶν κτισμάτων)의 '토 트리톤'(τὸ τρίτον)은 중성, 단수, 주격이고, 직접적으로 연결되는 '톤 크티스마톤'(τῶν κτισμάτων)은 중성, 복수, 소유격이다. 여기에서 격의 일치가 무너진다. 스몰리는 이 두 개가 서로 동격 관계

---

14 BDAG는 이 접속사의 기능 중에서 선행된 사건의 결과로서 "그때"(then)라는 의미로 사용되는 몇가지 예를 제시한다(BDAG, 495).
15 Smalley, *The Revelation to John*, 221.
16 Beasley-Murray, *The Book of Revelation*, 157.
17 BDAG, 495는 이 접속사가 결과의 의미인 "그래서"(so)로 사용되는 경우를 제시한다.
18 Smalley, *The Revelation to John*, 221.

라고 주장하지만[19] 둘 사이의 관계는 동격 관계라기보다는 수식 관계라고 할 수 있다.[20] 여기에서 동격 관계이든 수식 관계이든 격의 일치가 이루어지기 위해서는 '타 에콘타'(τὰ ἔχοντα)가 '톤 에콘톤'(τῶν ἐχόντων)이 되어야 할 것이다. 이처럼 이 문구 사이에 존재하는 격의 불일치는 "문법 파괴"(solecism) 현상인 것이 틀림없다.[21] 그러나 이러한 문법 파괴에도 불구하고 "생명을 가진 피조물들의 삼분의 일"이라고 번역하는 것이 자연스럽다. 또한 동사인 '디에프다레산'(διεφθάρησαν)διαφθείρω, 디아프데이로)은 3인칭 복수형으로서 "그것들"이라는 주어를 내포하고 있다. 그런데 문제는 이 문장에서 '토 트리톤'(τὸ τρίτον)이라는 3인칭 단수형 주어가 등장한다는 것이다. 중성 복수 주어가 3인칭 단수 동사를 취하는 경우가 있기는 하지만 이 경우는 다르다. 그러나 3인칭 단수형 주어 '토 트리톤'(τὸ τρίτον)을 "집합적 명사"(collective noun)로 간주한다면 이러한 문법적 파괴의 의도를 파악하고 불일치의 문제를 해결할 수 있다.[22]

12b절에서는 '에플레게'(ἐπλήγη)의 번역이 난제다. 이 동사는 '플레쏘'(πλήσσω)의 부정과거 수동태 동사이다. 이 동사를 개역한글은 "침을 받아"로 번역하고 개역개정은 "타격을 받아"로 번역한다. 이러한 번역들은 목적어가 없음에도 불구하고 목적어가 있는 것처럼 여겨질 수 있다. 따라서 이 책에서는 개역개정의 경우를 변형시켜 하나의 단어로 만들어서 "타격받았다"라고 번역했다. 이것은 "나팔을 불다"를 "나팔불다"라는 한 단어로 번역하는 것과 같은 경우라고 할 수 있다.

그리고 12c절의 첫 부분에 목적절을 도입하는 '히나'(ἵνα)가 사용됨으로써 12cd절이 주절인 12b절의 목적절이 된다. 그러나 이곳에서는 자연스러운 번역을 위해 결과절로 만들었고, 이러한 결과를 더 분명하게 드러내기 위해 "그러자"라는 말을 덧붙였다. 12b절에서 해와 달과 별들의 삼분의 일이 타격받는 정황은 12cd절에서 좀 더 구체적인 결과로 낮과 밤의 삼분의 일이 어두워진다고 설명되고 있다.[23]

이상의 내용을 근거로 우리말 어순에 맞추어 번역하면 다음과 같다.

---

19 앞의 책.
20 대부분의 영어 번역본(NRSV, NKJV, ESV, NIV)은 "살아 있는 피조물들"(living creatures)이라고 번역하여 분사의 수식적 관계를 지지한다.
21 Smalley, *The Revelation to John*, 221.
22 앞의 책.
23 Fee, *Revelation*, 125.

6	그리고 일곱 나팔들을 가진 일곱 천사가 그것들을 불기 위해 준비하였다.
7a	그리고 그 첫 번째 천사가 나팔불었다.
7b	그때 우박과, 피로 섞여진 불이 생겨났고
7c	그것이 땅으로 던져졌다.
7d	그리고 땅의 삼분의 일이 태워졌고
7e	나무들의 삼분의 일이 태워졌고
7f	모든 푸른 풀이 태워졌다.
8a	그리고 둘째 천사가 나팔불었다.
8b	그때 불로 말미암아 타는 큰 산 같은 것이 바다로 던져졌다.
8c	그래서 바다의 삼분의 일이 피가 되었다.
9a	그리고 바다에 있는 생명을 가진 피조물들의 삼분의 일이 죽었다.
9b	그리고 배들의 삼분의 일이 파괴되었다.
10a	그리고 셋째 천사가 나팔불었다.
10b	그때 횃불같이 타는 큰 별이 그 하늘로부터 떨어졌다.
10c	그리고 그것은 강들의 삼분의 일과 물의 샘들에 떨어졌다.
11a	그 별의 이름은 쑥이라고 불리운다.
11b	그리고 물들의 삼분의 일이 쑥이 되었다.
11c	그리고 사람들 중 많은 이들이 죽었다.
11d	왜냐하면 그것들[물들]이 쓰게 되었기 때문이다.
12a	그리고 넷째 천사가 나팔불었다.
12b	그때 해의 삼분의 일과 달의 삼분의 일과 별들의 삼분의 일이 타격받았다.
12c	그러자 그것들의 삼분의 일이 어두워졌고
12d	낮이 그것의 삼분의 일을 비추지 않았고 밤도 마찬가지였다.

분문 주해

1) 첫 번째 나팔 심판(8:6-7)

6-7절은 첫째 천사가 나팔 불게 됨으로 발생하는 심판 장면을 소개한다. 먼저 6절은 나팔 심판을 도입하고 7절은 첫 번째 나팔 심판을 소개하고 있다. 7절에서는 첫번째 나팔 심판과 관련해서 다음과 같은 세 주제를 다룬다: (1) 우박과, 피로 섞여진 불(7b절), (2) 땅과 나무들과 모든 푸른 풀(7def절), (3) 삼분의 일.

도입(6절). 6절 말씀은 심판 내용을 직접적으로 다루기보다는 단지 일곱 천사가 나팔 불기 위해 준비하고 있는 모습을 소개하고 있다. 따라서 앞선 8장 2절과 함께 일곱 나팔 심판을 시작하는 도입 부분이라 할 수 있다. 2절에서 일곱 천사가 일곱 나팔을 받았는데, 6절에서는 그 받은 나팔을 불기 위해 준비하고 있다. 그러므로 6절은 2절보다 좀 더 진전된 내용을 소개한다.

우박과, 피로 섞여진 불(7b절). 첫 번째 천사가 나팔 불자 이때 우박과, 피로 섞여진 불이 나서 땅에 쏟아지고 땅의 삼분의 일이 타고 수목의 삼분의 일도 타고 각종 푸른 풀도 태워진다.

(1) 피와 불의 결합
7b절에서 "피로"(ἐν αἵματι, 엔 하이마티)라는 문구에서 사용된 전치사 '엔'(ἐν)은 수단의 용법으로서 불이 피로 섞여져 있다는 것을 나타낸다. 이 표현은 피와 불이 서로 하나의 단위를 이루고 있다는 것을 알려 준다. 이러한 관계는 시빌의 신탁(Sibylline Oracles) 5권 377-378행에도 잘 나타나 있다:[24] "... 불이 사람 위에 하늘의 궁창으로부터 비오듯 내릴 것이다 ... 불과 피(fire and blood) ..."[25] 이런 유대 문헌의 용례는 요한계시록 본문에서 언급되는 "피로 섞여진 불"이라는 문구가 새로운 표현이 아니라 전통적인 전승을 가지고 있는 표현임을 보여준다. 여기에서 "피로 섞여진 불"이란 표현은 종말적 사건들과 관련되는 것으로서(겔 38:22; 욜 2:3, 30), "종말적 속성과 신적 기원을 고양"하려는 목적을 지닌다(참고, 지혜서 16:15-23; 에녹1서 14:9-10).[26]

(2) 구약 배경: 출애굽의 일곱째 재앙
"우박과, 피가 섞여진 불"이란 문구는 출애굽기 9장 22-25절이 그 배경이다.[27]

> [22]여호와께서 모세에게 이르시되 너는 하늘을 향하여 손을 들어 애굽 전국에 우박이 애굽 땅의 사람과 짐승과 밭의 모든 채소에 내리게 하라 [23]모세가 하늘을 향하여 지팡이를 들매 여호와께서 우렛소리와 우박을 보내시고 불을 내려 땅에 달리게 하시니라 여호와께서 우박을 애굽 땅에 내리시매 [24]우박이 내림과 불덩이가 우박에 섞여 내림이 심히 맹렬하니 나라가 생긴 그 때로부터 애굽 온 땅에는 그와 같은 일이 없었더라 [25]우박이 애굽 온 땅에서 사람과 짐승을 막론하고 밭에 있는 모든 것을 쳤으며 우박이 또 밭의 모든 채소를 치고 들의 모든 나무를 꺾었으되(출 9:22-25)

이 두 본문을 비교해 보면 다음과 같다.

---

24 Aune, *Revelation 6-16*, 519.
25 *OTP* 1:402.
26 Boxall, *Revelation of St. John*, 137. 에녹1서 14:9-10에서 에녹은 하늘에 올라갔을 때 하늘에서 불의 혀(tongues of fire)로 둘러싸인 벽을 보게 되는데, 이것을 근거로 볼 때 불은 천상적/신적 기원을 나타내 준다고 할 수 있다.
27 Smalley, *The Revelation to John*, 219.

	계 8:7	출 9:22-25
심판 방법	우박과 (피로 섞여진) 불	우렛소리와 우박을 보내시고 불을 내려(23절) 불덩이가 우박에 섞이다(24절)
심판 대상	땅의 삼분의 일, 나무들의 삼분의 일, 모든 푸른 풀	애굽 전국: 애굽 땅의 사람과 짐승과 밭의 모든 채소(22절) 애굽 온 땅에서 사람과 짐승을 막론하고 ... 밭의 모든 채소를 치고 들의 모든 나무를 꺾다(25절)

이 표에서 확인할 수 있듯이, 출애굽기 9장 22-25절에서 심판의 방법으로 "우박"과 "불"이 주어지는 것과 그 심판 대상이 "밭의 채소와 들의 모든 나무"라는 점은 요한계시록 8장 7절과 동일하다. 그러나 요한은 출애굽기의 말씀을 자신의 목적에 따라 다소 변경된 형태로 사용한다. 즉, 출애굽기 말씀에서는 심판 대상을 "애굽 전국" 혹은 "애굽 온 땅"으로 설정하고 그 범주 안에 "사람과 짐승과 밭의 모든 채소"와 "들의 모든 나무들"이 포함되는 반면(출 9:22, 25), 요한계시록에서는 심판 대상이 애굽과 같은 어느 일정한 지역에 국한되지 않고 모든 지역을 총망라하되 심판받는 범위는 "땅의 삼분의 일/나무들의 삼분의 일"로 국한된다. 이러한 차이의 발생은 당연한데, 왜냐하면 신약의 종말적 성취의 시대에는 구원과 심판의 대상과 범주를 설정하는 데 있어 지역적이고 제한적인 범위가 사라지고 우주적 범주를 대상으로 하기 때문이다.[28]

위의 표에서 발견될 수 있는 또 다른 차이점이 있다면 그것은, 출애굽기 본문에서는 우박이 강조되고 또한 불덩이가 우박에 섞인 것으로 묘사되는 반면, 요한계시록 본문에서는 "피로 섞인 불"로 표현되고 "불"이 우박이 아닌 "태워졌다"(κατεκάη, 카테카에)κατακαίω, 카타카이오)라는 삼중 표현으로 더 도드라지게 나타난다는 점이다. 이 동사는 신적 수동의 형태를 취하여 하나님의 주권을 강조한다. 여기에서 출애굽기 본문의 "불덩이가 우박에 섞였다"는 것이 요한계시록 본문에서 "피에 섞여진 불"로 변환된 것은 "재앙의 공포를 고조시키려는" 의도를 지니는 것으로 볼 수 있다.[29]

땅과 나무들과 모든 푸른 풀(7def절). 요한계시록의 "땅"과 "나무들"과 "모든 푸른 풀"은 셋째 날 창조를 말하는 창세기 1장 11-12절의 "... 땅이 풀과 각기 종류대

---

28 비일은 계 8:7에서 심판의 영역이 삼분의 일로 제한되는 것이 출 9:31-32에서 해를 받게 되는 영역이 제한되기 때문일 수 있다고 주장하지만(Beale, *The Book of Revelation*, 474), 그의 주장은 적절하지 않으며, 두 본문 사이의 연관성은 희박해 보인다.
29 Charles, *A Critical and Exegetical Commentary on the Revelation of St. John*, 1:233.

로 씨 맺는 채소와 각기 종류대로 씨 가진 열매 맺는 나무를 내니 하나님이 보시기에 좋았더라"라는 표현에서 혼돈과 공허의 무질서 상태를 질서의 상태로 세워가는 과정 가운데 등장하는 요소들과 일치한다.[30] 요한계시록 8장 7절의 "나무들"은 팔레스타인과 소아시아 지역에 널리 분포되어 있는 올리브나무나 무화과나무나 포도나무 같은 "열매 맺는 나무들"(fruit-trees)을 가리킨다.[31] 이런 요소들이 불태워진다는 것은 창세기 1장 11-12절의 반전으로서, "창조 질서의 붕괴"를 의미한다.[32] 이것은 여섯 번째 인 심판의 우주적 붕괴 언어를 통한 심판 패턴과 유사하다. 이와 같이 출애굽의 열 재앙도 창조 질서 파괴라는 특징을 공유한다. 이러한 주제가 요한계시록에서 심판과 관련하여 등장하는 것은 심판의 성격이 창조 질서의 파괴라는 것을 잘 나타내 주고 있다. 인간에게 있어서 구원이 창조 질서의 회복이라고 한다면, 창조 질서의 파괴는 치명적인 심판일 수밖에 없다. 이것은 구약에서부터 이어지는 심판의 일관된 패턴이라고 할 수 있다.

삼분의 일. 앞서 간단하게 언급했던 것처럼 요한계시록은 출애굽기 말씀과는 달리 심판 대상에 우주적 범위를 포함하지만 그와 동시에 그 범위를 "삼분의 일"로 제한하고 있다. 흥미로운 것은, 땅과 나무들의 심판 영역은 삼분의 일인 데 반해 풀은 "모든 푸른 풀"이라고 하여 삼분의 일의 범위를 넘어서고 있다는 점이다. 이것은 "요한의 문학적 자유"(John's literary freedom)[33] 혹은 "문학적 변형"(literary variation)[34]의 특징을 드러낸 것이다. 또한 네 번째 인 심판(6:8)의 사분의 일이 여기에서 삼분의 일로 확대된 것은 나팔 심판의 강도가 더 강화되었다는 것을 의미하며 이러한 점층적 패턴은 대접 심판 시리즈까지 이어진다.[35] 이 세 개의 심판 시리즈는 초림부터 재림까지의 기간을 동일하게 포함하는 것으로 표현되지만, 그 강조점에 있어서는 좀 더 진전되는 모양새를 취하고 있다. 이것은 독자들로 하여금 "종말적 드라마"(eschatological drama)의 이야기가 진전되는 구조를 볼 수 있도록 유도하는 효과도 드러낸다.[36]

---

30 Boxall, *Revelation of St. John*, 137.
31 Swete, *The Apocalypse of St. John*, 108.
32 Boxall, *Revelation of St. John*, 137.
33 Harrington, *Revelation*, 105.
34 Smalley, *The Revelation to John*, 220.
35 박스올은 이것을 "진전"(progression)이라고 표현한다(Boxall, *Revelation of St. John*, 138).
36 Reddish, *Revelation*, 164.

(1) 구약 배경

한편 이 "삼분의 일"이라는 숫자는 두 번째와 세 번째 그리고 네 번째 나팔 심판에서도 계속해서 심판 영역에 적용되고 있다. 왜 이처럼 "삼분의 일"이라는 숫자를 고집하는 것일까? 이 질문에 대한 타당한 이유로, "삼분의 일"이라는 숫자에 요한의 신학적 의도가 함축되어 있다고 짐작할 수 있고, 이러한 신학적 의도는 구약 배경에서 추적해 볼 수 있다.

먼저 "삼분의 일"이라는 숫자는 구약에서는 에스겔 5장 2절, 12절, 스가랴 13장 8-9절에 사용되고, 유대 문헌에서는 시빌의 신탁 3권 539-544행에 나타난다.[37]

> 그 성읍을 에워싸는 날이 차거든 너는 터럭 삼분의 일은 성읍 안에서 불 사르고 삼분의 일은 성읍 사방에서 칼로 치고 또 삼분의 일은 바람에 흩으라 내가 그 뒤를 따라 칼을 빼리라(겔 5:2)

> 너희 가운데서 삼분의 일은 전염병으로 죽으며 기근으로 멸망할 것이요 삼분의 일은 너의 사방에서 칼에 엎드러질 것이며 삼분의 일은 내가 사방에 흩어 버리고 또 그 뒤를 따라 가며 칼을 빼리라(겔 5:12)

> [8]여호와가 말하노라 이 온 땅에서 삼분의 이는 멸망하고 삼분의 일은 거기 남으리니 [9]내가 그 삼분의 일을 불 가운데에 던져 은 같이 연단하며 금 같이 시험할 것이라 그들이 내 이름을 부르리니 내가 들을 것이며 나는 말하기를 이는 내 백성이라 할 것이요 그들은 말하기를 여호와는 내 하나님이시라 하리라(슥 13:8-9)

> [539]하나님이 ... [540]온 세상에 가뭄이 일어나게 하실 것이요 땅을 철로 만드실 것이다 [541]그러나 그때 모든 사람은 침통하게 울게 될 것이다 [542]왜냐하면 심음과 거둠의 부족함이 있겠고 하늘과 땅을 지은 자가 [543]땅에 심하게 슬픈 불을 놓게 될 것이기 때문이다 [544]모든 인간의 삼분의 일이 살아나게 될 것이다(시빌의 신탁 3:539-544)[38]

이 본문들은 심판의 범주를 구분하는 데 있어 기본적인 단위가 "삼분의 일"이라는 것을 보여준다. 먼저 에스겔 5장 2절은 심판의 수단을 삼등분하여 심판을 행사하도록 촉구하고, 에스겔 5장 12절은 심판을 받는 자들이 그 심판에 의해 어떻게 죽임을 당하는지를 묘사하면서 전염병/기근과 칼과 사방으로 흩어짐에 의

---

37 Smalley, *The Revelation to John*, 220. 마운스도 삼분의 일과 관련하여 슥 13:8-9를 언급하는데, 그에 의하면 이러한 단위의 숫자 사용은 심판이 "아직 완성되지 않고 최종적이지 않다"는 것을 나타내는 것이다 (Mounce, *The Book of Revelation*, 178). 롤로프는 이것을 아직 파괴되지 않은 상태에서 "위협"하는 의미에서 주어지는 것으로 이해한다(Roloff, *The Revelation of John* 110).
38 *OTP* 1:374.

해 각각 삼분의 일씩 죽임을 당하게 된다고 말한다. 스가랴 13장 8-9절에서는 "삼분의 일"이라는 숫자 단위가 에스겔 5장 2절의 말씀과는 조금 다른 양상으로 사용되고 있다. 스가랴서 본문에서는 "삼분의 이"가 멸망을 당하지만 "삼분의 일"은 남겨지고 연단을 받아 하나님의 백성으로 여겨지게 된다. 여기에서 "삼분의 이"가 심판 대상인 반면에 "삼분의 일"은 회복 대상으로 나타난다. 시빌의 신탁 3권 539-544행에는 심판 중에 삼분의 일의 생존자가 있게 될 것이 언급된다. 이것은 시빌의 신탁이 앞의 세 구약 본문을 반영하고 있음을 짐작할 수 있게 해 준다.[39]

(2) 요한계시록의 삼분의 일

위의 구약 배경과 유대 문헌에서 관찰할 수 있는 것은 "삼분의 일"이 심판과 회복의 단위로 사용된다는 점이다. 그렇다면 이런 사실이 어떻게 요한계시록의 나팔 심판 시리즈에 적용될 수 있을까? 먼저 나팔 심판 시리즈에서 "삼분의 일"이라는 숫자 단위가 반복되어 사용되는 것을 앞서 살펴본 구약 본문들에 비추어 보면, 그것이 심판 시행과 관련되는 일정한 패턴의 단위라는 것을 알 수 있다. 그런데 스가랴 13장 8-9절에서 삼분의 이는 심판을 받고 삼분의 일은 남겨지는 것과는 반대로 요한은 삼분의 일은 심판의 영역에 두고 나머지 삼분의 이는 남겨 놓는 형식을 취한다. 곧 요한계시록은 스가랴서의 패턴을 역으로 활용하고 있는 것이다.

그러면 왜 요한계시록에서는 스가랴서의 경우와는 달리 삼분의 일을 심판의 대상으로 삼고 삼분의 이는 남겨 놓는 것일까?[40] 이것은 두 가지 측면에서 설명할 수 있다. 첫째, 저자 요한이 스가랴서를 의식하여 그것을 반전시키고 있는 것이라면, 이는 심판 중에도 새창조와 같은 회복에 대한 확실한 가능성을 열어 놓고 있음을 보여주려는 의도로 볼 수 있다. 둘째, 삼분의 일만을 심판의 대상으로 삼는 것은 이 심판이 최종적인 단계가 아니라는 것을 암시한다.[41] 같은 맥락에서 마운스도 이러한 단위의 숫자 사용이 심판이 "아직 완성되지 않고 최종적이지 않다"는 것을 나타낸다고 주장한다.[42] 이렇게 요한계시록 본문이, 심판 대상

---

39 Smalley, *The Revelation to John*, 220.
40 삼분의 일이라는 숫자는 7절과 12절 사이에 모두 12회 사용된다(앞의 책).
41 Boxall, *Revelation of St. John*, 138.
42 Mounce, *The Book of Revelation*, 178. 스몰리도 이러한 입장을 지지한다(Smalley, *The Revelation to John*, 220).

은 우주적이면서 그 심판의 영향권 아래 들어오는 것은 그 일부라는 다소 모순된 정황을 연출하는 이유는 바로 이 심판이 최종적인 것이 아님을 보여주기 위해서라고 볼 수 있다. 이것을 "신적인 통제의 손길"(the divine hand of restraint)이라고 부를 수 있다.[43]

홍미로운 점은, 앞서 언급했던 세 구약 본문(겔 5:2, 12; 슥 13:8-9)과 유대 문헌인 시빌의 신탁 3권 539-544행에서 삼분의 일이라는 단위의 수와 관련된 심판의 구체적인 내용들이 기근과 밀접하게 관련된다는 사실이, 요한계시록의 첫 번째 나팔 심판에서 언급되는 구체적인 내용들을 "기근에 의한 심판에 대한 은유적 표현"으로 볼 수 있는 가능성을 열어 준다는 점이다.[44] 실제로 땅과 나무의 삼분의 일과 모든 식물이 불에 타버린다면 곡물을 재배할 수 있는 환경을 근본적으로 파괴시켜 버리는 것이므로, 이것으로써 매우 혹독한 기근의 정황을 충분히 상정할 수 있을 것이다.

2) 두 번째 나팔 심판(8:8-9)

8-9절은 두 번째 나팔 심판을 소개하며, 8a절에서 심판을 도입한 후에 다음과 같은 세 가지 주제를 다룬다: (1) 불로 말미암아 타는 큰 산(8b절), (2) 바다의 삼분의 일이 피가 됨(8c-9a절), (3) 배들의 삼분의 일이 파괴됨(9b절).

불로 말미암아 타는 큰 산(8b절). 8b절은 "불로 말미암아 타는 큰 산"이 바다에 던져졌다고 한다. 여기에서 "불로 말미암아 타는 큰 산"의 의미는 무엇인가? 그 의미를 설명하기 위해 이 문구의 구약 배경인 예레미야 51장 25절과 유대 배경인 에녹1서 18장 13절을 살펴보고, 동시대적인 배경도 살펴보도록 하겠다.

먼저 예레미야 51장 25절을 배경으로 이 문구의 의미를 살펴보고자 한다.[45]

> 여호와의 말씀이니라 온 세계를 멸하는 <u>멸망의 산</u>아 보라 나는 네 원수라 나의 손을 네 위에 펴서 너를 바위에서 굴리고 너로 <u>불탄 산</u>이 되게 할 것이니(렘 51:25)

바벨론에 대한 심판을 말하는 본문이다. 이 본문에서 바벨론을 묘사하는 "온 세계를 멸하는 멸망의 산"을 70인역에 근거해서 번역하면 "모든 땅을 멸망시키는

---

43 Boxall, *Revelation of St. John*, 138.
44 Beale, *The Book of Revelation*, 474; Smalley, *The Revelation to John*, 220.
45 Beale, *The Book of Revelation*, 476.

멸망되어진 산"(τὸ ὄρος τὸ διεφθαρμένον τὸ διαφθεῖρον πᾶσαν τὴν γῆν, 토 오로스 토 디에프다르메논 토 디아프데이론 파산 텐 겐; 70인역 28:25)이라고 할 수 있다. "멸망시키는"(διαφθεῖρον, 디아프데이론)은 현재 능동 분사로서 산의 속성을 모든 땅을 멸망시키는 존재로 나타내는 역할을 하고, "멸망되어진"(διεφθαρμένον, 디에프다르메논)은 완료 수동(신적 수동태) 분사로서 "산"이 상징하는 바벨론이 심판을 받은 상태를 묘사하고 있다. 이 70인역의 번역에서 알 수 있는 것은 바벨론은 모든 땅을 멸망시키는 것에 대한 보응으로서 멸망을 당해 있는 상태에 있다는 것이다. 이러한 내용은 바벨론이 어떤 특징을 갖는 존재인지를 잘 보여준다. 곧 바벨론은 세상을 멸망시키고 더럽히는 권력의 소유자다.[46]

그런데 위 본문의 후반부에서 반전이 일어난다. 하나님이 그 바벨론을 "불탄 산"(ὄρος ἐμπεπυρισμένον, 오로스 엠페퓌리스메논)이 되게 할 것이라고 선언하시는 것이다. 여기에서 "불탄"이란 단어는 히브리어로 "불탐"(burning)을 의미하는 '쎄레파'(שְׂרֵפָה)라는 명사인데 이것이 70인역에서 완료 수동 분사 형태인 '엠페퓌리스메논'(ἐμπεπυρισμένον)ἐμπυρίζω, 엠퓌리조)으로 번역된다. 이 단어의 형태를 반영하여 이 문구를 번역하면 "불에 태워져 있는 산"이라고 할 수 있다. 여기에서 이 문구는 바벨론의 멸망에 대한 은유적 표현으로서,[47] 완료형에 의해 심판을 강조하는 특징을 보여준다.[48] 즉, 하나님은 바벨론의 악행에 대해 그 행위에 상응하는 심판을 내리실 것을 말씀하신다.

여기에서 예레미야 51장 25절의 "불탄 산"이라는 문구는 요한계시록 본문의 "불로 말미암아 타는 큰 산"(8b절)과 평행을 이룬다. 이러한 관계에 의해 8b절의 "불로 말미암아 타는 큰 산"이 예레미야 51장 25절의 바벨론에 상응하는 세상 세력에 대한 심판을 의미한다는 것을 알 수 있다. 이와 유사한 상황이 요한계시록 18장 21절에서 큰 도시 바벨론에 대한 심판을 의미하는 "큰 맷돌 같은 돌"(λίθον ὡς μύλινον μέγαν, 리돈 호스 퓔리논 메간)이 바다에 던져지는 장면에 등장한다.[49] 이것은 8b절에서 "불로 말미암아 타는 큰 산"이 바다로 던져지는 장면과 유사하다. 그렇다면 "불로 말미암아 타는 큰 산"을, 바벨론 제국에 의해 대표되는 세상 나라에 대한 심판을 나타내는 은유적 표현으로 보는 것이 타당하다.

---

46 여기에서 "멸망시키다"(διαφθείρω, 디아프데이로)라는 동사는 "더럽히다"라는 의미도 갖는다(BDAG, 239).
47 앞의 책.
48 앞서 우리는 동사의 상(verbal aspect) 용법에 근거해서 완료형이 강조의 목적으로 사용된다는 것을 살펴본 바 있다.
49 Boxall, *Revelation of St. John*, 138.

다음으로 유대적 배경에 해당하는 에녹1서 18장 13절의 "나는 타는 큰 산들 같은 일곱 별을 보았다"(ἰδὸν ἑπτὰ ἀστέρας ὡς ὅρη μεγάλα καιόμενα, 이돈 헤프타 아스테라스 호스 오레 메갈라 카이오메나)에서 "타는 큰 산 같은"(ὡς ὅρη μεγάλα καιόμενα, 호스 오레 메갈라 카이오메나)이란 문구는 요한계시록 8장 8b절의 "[불로] 말미암아 타는 큰 산 같은"(ὡς ὅρος μέγα [πυρὶ] καιόμενον, 호스 오로스 메가 [퓌리] 카이오메논)이라는 문구와 거의 일치한다.[50] 에녹1서 18장 13절의 "타는 큰 산들과 같은"은, 하늘의 일곱 별에 대한 은유로서 "타락한 천사들에 대한 심판의 인유"이다(참고, 에녹1서 21:3; 시빌의 신탁 5:512-531).[51] 8장 8b절과의 일치를 바탕으로 에녹1서 18장 13절을 요한계시록 본문의 유대적 배경으로 적용한다면, 두 번째 나팔 심판은 타락한 천사들과 밀접하게 관련된 악의 세력에 의해 지배되는 세상에 대한 심판이라고 추정해 볼 수 있다.

끝으로 이러한 구약적 배경이나 유대적 배경이 아닌 동시대적 배경을 고려해 보면, "불로 말미암아 타는 큰 산"이라는 심판의 이미지는 독자들에게 AD 79년에 베수비우스(Vesuvius) 산에서 일어난 화산 대폭발을 연상케 하려는 의도를 담고 있을 가능성도 배제할 수 없다.[52]

바다의 삼분의 일이 피가 되다(8c-9a절). 8c절과 9a절에서는 바다의 삼분의 일이 피로 변하고 그 결과 바다에 있는 생명을 가진 피조물들의 삼분의 일이 죽임을 당하는 장면이 연출된다. 이런 장면은 구약을 배경으로 주어지기 때문에 그 의미를 구약에서 추적해 볼 필요가 있다.

(1) 구약 배경 1: 출애굽 모티브(출 7:17-18, 20-21)
8c절에서 바다의 삼분의 일이 피가 되었기 때문에 9a절에서 피조물들이 죽게 되는 상황이 발생한다. 여기에서 "피"와 "죽음"이라는 주제가 사용되기 때문에, 8c-9a절은 애굽에서의 첫 재앙을 기록하는 출애굽기 7장 17절 및 20-21절과 관련된다.

---

50 Swete, *The Apocalypse of St. John*, 109.
51 Smalley, *The Revelation to John*, 220.
52 Witherington, *Revelation*, 149. 그러나 박스올은 요한계시록에서 바다로 던져지는 것은 불타는 바위가 아니라 불타는 산 자체라는 것을 근거로, 플리니가 기록하는 베수비우스 화산의 배경설에 동의하지 않는다 (Boxall, *Revelation of St. John*, 138).

> 여호와가 이같이 이르노니 네가 이로 말미암아 나를 여호와인 줄 알리라 볼지어다 내가 내 손의 지팡이로 나일 강을 치면 그것이 피로 변하고(출 7:17)

> ²⁰모세와 아론이 여호와께서 명령하신 대로 행하여 바로와 그의 신하의 목전에서 지팡이를 들어 나일 강을 치니 그 물이 다 피로 변하고 ²¹나일 강의 고기가 죽고 그 물에서는 악취가 나니 애굽 사람들이 나일 강 물을 마시지 못하며 애굽 온 땅에는 피가 있으나(출 7:20-21)

이 출애굽기 본문에서는 나일 강이 피로 변하게 되자 나일 강의 고기가 죽고 사람들이 강물을 마시지 못하여 고통을 당하게 되는 정황이 전개된다. 이러한 패턴이 요한계시록 8장에서 바다의 삼분의 일이 피가 되고(8c절) 피조물들의 삼분의 일이 죽게 되는(9a절) 정황에 잘 반영되어 있다.[53]

이런 패턴의 평행 관계는 첫 번째 나팔의 경우처럼 출애굽 모티브를 나팔 심판의 경우에도 적용하려는 목적을 나타내고 있다.[54] 요한계시록의 심판 시리즈에서 출애굽 모티브를 적용하려는 의도는 인 심판에 비해서 나팔 심판에서 좀 더 강하게 드러나고 있다. 이러한 시도는 구원과 심판의 극명한 현장을 보여주는 출애굽적인 모티브를 통해 나팔 심판의 본질적 성격을 규정하려는 신학적 모색이라고 할 수 있다. 더 나아가서 저자는 나팔 심판 시리즈의 기본적인 골격이 되는 출애굽적인 배경을 바탕으로 8a절에서 예레미야 51장 25절을 배경으로 하는 "불로 말미암아 타는 큰 산"이라는 문구를 추출해 활용함으로써 심판 메시지의 전달 효과를 극대화하고 있다.

(2) 구약 배경 2: 종말적 심판(습 1:3)

"종말적 심판"이라는 관점에서 보면, 스바냐 1장 3절이 요한계시록 8장 9a절의 구약 배경으로 제시될 수 있다.[55]

> 내가 사람과 짐승을 진멸하고 공중의 새와 바다의 고기와 거치게 하는 것과 악인들을 아울러 진멸할 것이라 내가 사람을 땅 위에서 멸절하리라 나 여호와의 말이니라(습 1:3)

이 스바냐서 본문은 "종말적 드라마"(eschatological drama)로서 종말적 심판 상황을

---

53 물론 출애굽기의 정황이 이곳에서 정확하게 일치되어 반영되고 있는 것은 아니다. 예를 들면, 출 7:21은 "애굽 온 땅에 피가 있다"고 하는 반면, 요한계시록 본문은 바다의 삼분의 일만 피로 변했다고 말한다.
54 Boxall, *Revelation of St. John*, 139.
55 Charles, *A Critical and Exegetical Commentary on the Revelation of St. John*, 1:234.

설명하고 있다.[56] 그런 상황을 구성하는 요소에 "바다의 고기들"이 진멸되는 내용이 들어있다는 점이 주목할 만하다. 이것으로 인해 스바냐 1장 3절이 요한계시록 8장 9a절의 배경이 될 수 있는데, 왜냐하면 9a절의 "바다에 있는 생명을 가진 피조물들"이란 문구가 바로 바다에 사는 고기들을 가리키는 것이기 때문이다. 따라서 바다 생물의 죽음은 출애굽 모티브의 관점에서 이해할 수도 있지만 종말적 심판의 관점에서도 이해할 수 있다. 그렇다면 두 번째 나팔 심판에서 바다 생물들의 삼분의 일이 죽는 것은 종말적 심판의 부분적 성취라고 할 수 있다.

배들의 삼분의 일이 파괴되다(9b절). 9b절은 나팔 심판으로 바다에 떠 다니는 배들의 삼분의 일이 파괴되었다고 기록한다. 9절이 말하는 심판은 바다가 피로 변하는 것인데 그것이 바다의 배들이 파괴되는 것과 연결되는 것은 다소 비약인 것처럼 비추어질 수 있다. 그러나 이러한 연결은 자연계에 대한 심판이 결국은 인간에 대한 심판으로 연결된다는 것을 보여주려는 의도를 반영한다. 왜냐하면 요한계시록의 심판 메시지가 말하는 심판은 단순히 자연계에 대한 심판에 머무는 것이 아니라 결국에는 악의 세력을 대상으로 삼고 그 세력에 치명적 타격을 가하려는 목적으로 주어지는 심판이기 때문이다. 특별히 여기에서 "파괴되다"라는 의미로 사용된 동사 '디에프다레산'(διεφθάρησαν〉διαφθείρω, 디아프데이로)은 일곱 번째 나팔 심판을 표현할 때도 사용된다. 땅을 더럽힌 자들을 멸망시키신다는 내용을 가진 일곱 번째 나팔 심판은 "더럽히다"(corrupt)라는 의미와 "멸망시키다"(destroy)라는 의미를 이중적으로 갖는[57] 동사 '디아프데이로'로 언어유희를 적절하게 활용해서 최종적 심판 정황을 효율적으로 표현하고 있다.[58] 이 패턴을 두 번째 나팔 심판에 적용하자면, 배들은 그 안에서 배들을 조종하는 자들을 대표하고, 그들에 의해 더럽혀진 바다에 대한 심판에서 배들이 파괴되는 것은 배 안에 있는 인간에게 그 심판의 결과가 환원되는 형태를 보여주는 것이 된다.[59]

---

56 앞의 책.
57 BDAG, 239.
58 계 19:2는 바벨론의 멸망을 말하는 문맥에서 바벨론이 음행으로 땅을 더럽게 했다는 것을 묘사하기 위해 '디아프데이로'(διαφθείρω)와 동일한 어근을 가진 동사 '프데이로'(φθείρω, 더럽히다)를 사용한다.
59 오즈번(Osborne, *Revelation*, 353-354)을 비롯한 일부 학자들은 바다의 배들이 파괴되는 것을 해상 무역을 통해 제국을 운영하던 로마에 대한 심판으로 보는데, 이 문맥에는 로마 제국의 심판에 대한 어떠한 힌트도 존재하지 않기 때문에 그런 관점은 이 문맥에서 적절하지 않다. 도리어 이 문맥에서는 심판의 대상에 땅과 바다와 강/물샘, 그리고 하늘의 해와 달과 별을 포함시킴으로써 로마 제국을 뛰어넘는 우주적 대상을 심판 대상으로 삼는다.

3) 세 번째 나팔 심판(8:10-11)

10-11절은 세 번째 나팔 심판을 소개하고 있다. 여기에서는 횃불같이 타는 큰 별이 하늘로부터 강들과 물의 샘들에 떨어지는 내용으로 심판 상황을 묘사한다. 여기에서 주목해야 할 것은 "쑥"이란 이름을 가진 별이 떨어져 강들과 물의 샘이 쓰게 되었다는 것이다.

횃불같이 타는 큰 별(10b절). 세 번째 천사가 나팔 불자(10a절) "횃불(λαμπάς, 람파스)같이 타는 큰 별"이 하늘로부터 떨어지면서 심판이 시작된다(10b절). 그러면 10b절의 "횃불같이 타는 큰 별"은 무엇을 의미하는 것일까? 어떤 이는 이것을 9장 1절의 "땅으로 떨어진 별"과 동일시하여 타락한 천사라고 이해하는데,[60] 이런 해석은 자연계에 대한 심판을 중심으로 서술되는 처음 네 개 나팔 심판 문맥이 지닌 고유한 흐름을 거스르는 해석이라 할 수 있다. 이 "횃불같이 타는 큰 별"이란 표현은 운석이 하늘에서 떨어질 때 보이는 불이 타는 모습에서 착안한 것으로 간주할 수 있고,[61] 이때 운석의 추락은 "파멸의 징조"로 인식될 수 있다.[62] 따라서 이러한 표현은 9장 1절의 "땅으로 떨어진 별"이 가리키는 사탄에 대한 심판이 아니라 자연적 재앙의 차원에서 일어나는 종말적 심판으로 이해할 수 있다.[63]

큰 별이 하늘로부터 떨어지다(10b절). 큰 별이 하늘로부터 떨어지는 것을 말하는 10b절은 "무화과나무가 큰 바람에 의하여 그것의 익은 과일을 떨어뜨리게 되는 것처럼 하늘의 별들이 땅으로 떨어졌다"고 말하는 6장 13절과 유사하고, 따라서 6장 13절의 경우와 동일하게 이사야 34장 4절을 배경으로 종말적 심판 상황을 소개한다고 볼 수 있다.[64]

---

60 Beale, *The Book of Revelation*, 478-479; Blount, *Revelation*, 169.
61 Smalley, *The Revelation to John*, 221; Mounce, *The Book of Revelation*, 180; Witherington, *Revelation*, 149.
62 Smalley, *Revelation*, 221-222.
63 Osborne, *Revelation*, 354.
64 찰스는 6:13과의 평행 관계를 지지하면서 구약 배경에 대해 언급하지만, 6:13과 동일하게 사 34:4를 배경으로 한다는 구체적인 언급은 생략한다(Charles, *A Critical and Exegetical Commentary on the Revelation of St. John*, 1:234). 반면 스윗은 이에 대한 구약 배경으로 사 14:12를 제시하면서 이 별이 9:1, 11의 경우처럼 사탄 자신(Satan himself)을 의미한다기보다는 "사탄의 양상"(aspect of Satan)를 의미한다고 주장한다(Sweet, *Revelation*, 164). 스몰리도 이런 입장을 지지한다(Smalley, *The Revelation to John*, 222). 그러나 스웨테는 이런 주장에 동조하지 않고 별을 단순히 8절의 "타는 큰 산"처럼 심판을 위한 "신적 방문의 상징"(symbol of the Divine visitation)으로 간주한다(Swete, *The Apocalypse of St. John*, 110). 찰스도 이것을 사탄의 활동으로 간주한다는 어떠한 암시도 없이 6:13과 연결시킴으로써, 그것이 구약의 기대에 대한 성취로서 종말 전에 있어야 하는 징조라고 이해한다(Charles, *A Critical and Exegetical Commentary on the Revelation of St. John*, 1:234).

> 하늘의 만상이 <u>사라지고(떨어지고)</u> 하늘들이 <u>두루마리 같이 말리되</u> 그
> 만상의 쇠잔함이 포도나무 잎이 마름 같고 무화과나무 잎이 마름 같으리
> 라(사 34:4)

이 말씀은 여섯 번째 인 심판의 구약 배경으로도 사용된 바 있다. 70인역은 이
이사야서 말씀에서 "하늘의 만상"이라고 되어 있는 단어를 "별들"로 번역하고
있는데, 이렇게 하늘의 별들이 떨어지는 것은 구약에서 종말적 심판의 중요한
현상 중 하나로 널리 알려져 있다. 그러므로 세 번째 나팔 심판에서 이런 내용
이 사용되는 것은 자연스럽다고 볼 수 있다. 그러나 나팔 심판은 인 심판과는 다
르게 진행된다. 인 심판에서는 하늘의 별들이 어디로 떨어졌는지에 대한 방향이
언급되지 않는 반면 나팔 심판에서는 하늘의 별들이 강과 물의 샘들의 삼분의
일로 떨어져서 강물과 물의 샘들에 영향을 주는 것으로 나타난다. 이러한 현상
은 인간의 삶에 치명적인 해를 초래하게 되어, 물이 쑥처럼 쓰게 되고 그것으로
인하여 많은 사람이 죽게 된다는 내용과 밀접하게 관련된다.

강들과 물의 샘들(10c절). "횃불같이 타는 큰 별"이 떨어진 곳은 바로 "강들의 삼
분의 일과 물의 샘들"이다(10c절). 여기에서는 "물의 샘들"에 삼분의 일이 생략되
었다는 점에 유의할 필요가 있다. 이러한 생략은 언어적 편리를 위해 중복을 피
하려는 목적을 갖는다. 따라서 이 경우는 요한계시록 8장 7f절에서 "모든 푸른
풀"과 관련해서 삼분의 일이 언급되지 않은 것과는 차이가 있다. 또한 여기에서
"강들과 물의 샘들"은 첫 번째 나팔 심판의 "땅"과 두 번째 나팔 심판의 "바다"와
네 번째 나팔 심판의 하늘에 있는 해/달/별과 더불어 우주적 영역의 각 분야들
중 하나로 대두되고 있는 것이고, 따라서 심판의 우주적 성격을 나타내고 있다.

별과 쑥(11ab절). 하늘로부터 떨어진 이 별은 "쑥"('Αψινθος, 압신도스)이란 이름으로
불린다(11a절). 이런 이름을 가진 별이 강들과 물의 샘들에 떨어져 물의 삼분의
일이 쑥이 되었다(11b절). 이것은 이 별 자체가 쑥이라는 의미가 아니라, 은유적
표현으로서 이 별이 "쑥"과 같은 역할을 하여 땅의 물 삼분의 일을 오염시켜서
그 물이 쑥처럼 쓰게 되었다는 것을 의미한다.[65] 물이 쑥처럼 쓰게 되었기 때문

---

[65] 쑥은 렘 9:15; 23:15; 애 3:15, 19 등에서 "신적 심판에 대한 은유"로 사용되기 때문에 별에 대한 은유의 대
상으로도 사용될 수 있다(Harrington, *Revelation*, 106). 이에 대한 좀 더 자세한 내용은 구약 배경에 대한
논의에서 다루게 될 것이다.

에(11d절) 많은 사람이 죽게 되었다(11c절). 여기에서 하늘에서 떨어진 별은 결국 강들이나 물의 샘들의 삼분의 일을 쓰게 만드는 쑥과 같은 기능을 통해 심판의 정황을 효과적으로 드러내고 있다. 곧 하늘에서 떨어진 별의 심판적 역할을 묘사하기 위해 보조적으로 쑥을 사용하는 것이다. 결국 별이 강들과 물의 샘들에 떨어져 먹을 물의 삼분의 일이 쑥처럼 쓰게 되어 그것을 먹은 많은 사람들을 죽게 했다.

여기에서 "사람들 중 많은 이들"(πολλοί τῶν ἀνθρώπων, 폴로이 톤 안드로폰)이란 표현은 삼분의 일이라는 제한된 숫자와 차이를 보여준다. 곧 강들과 물의 샘들 같은 물의 근원에 대한 심판의 정도는 삼분의 일로 제한되지만 그 심판으로 인해 고통을 당하는 사람들은 "많은 이들"로 언급된다. 이 문맥에서 "삼분의 일"은 "강들과 물의 샘들"에 국한해서 사용되고, 사람들은 "사람들 중 많은 이들"로 표현된다. 여기에서 "많은 이들"이 심판의 대상으로 죽지만 그렇다고 모든 사람이 다 죽는 것은 아니다. 이러한 표현들을 사용하는 것은 심판의 보편성과 제한성을 동시에 드러내 주기 위함이다.

끝으로, 왜 쑥은 심판 상황을 설명하는 데 사용되고 있는가? 심판 상황을 효과적으로 전달하기 위해 쑥이라는 주제를 사용한 것은 그것의 구약 배경인 예레미야 9장 15절 및 23장 15절과 밀접하게 관련된다.[66]

> 그러므로 만군의 여호와 이스라엘의 하나님께서 이와 같이 말씀하시니라 보라 내가 그들 곧 이 백성에게 쑥을 먹이며 독한 물을 마시게 하고(렘 9:15)

> 그러므로 만군의 여호와께서 선지자에 대하여 이와 같이 말씀하시니라 보라 내가 그들에게 쑥을 먹이며 독한 물을 마시게 하리니 이는 사악이 예루살렘 선지자들로부터 나와서 온 땅에 퍼짐이라 하시니라(렘 23:15)

예레미야 9장 15절은 이스라엘 백성에 대한 심판의 말씀이고 23장 15절은 선지자들에 대한 심판의 말씀이다. 이 두 본문 모두에서 "쑥을 먹이며 독한 물을 마시게 하다"라는 문장이 동일하게 사용된다. 이 문장에서 "쑥을 먹이다"와 "독한 물을 마시게 하다"는 평행 관계다.[67] 이 평행 관계에 의해 "쑥"과 "독한 물" 사이에 밀접한 상관 관계가 있음을 추정할 수 있다.

---

66 Witherington, *Revelation*, 149; Beasley-Murray, *The Book of Revelation*, 158.
67 W. L. Holladay, *Jeremiah 1: A Commentary on the Book of the Prophet Jeremiah, Chapters 1–25*, Hermeneia (Philadelphia, PA: Fortress, 1986), 308.

방금 인용한 예레미야서 말씀에 나타나는 쑥과 독한 물 사이의 밀접한 관계는 요한계시록 말씀에서 쑥이라는 이름을 가진 별이 강들과 물의 샘들에 떨어져 그 물을 쓰게 만들어서 많은 사람이 죽게 되는 정황을 구성하는 데 기여한다. 곧 요한은 이러한 예레미야서 본문을 배경으로 별을 쑥이라고 은유적으로 표현함으로써 별이 강들 및 물의 샘들에 떨어지는 현상과 사람들이 쓰게 된 물을 마심으로 죽게 되는 것을 연결시키고 있는 것이다. 요한계시록이 이러한 정황을 세 번째 나팔 심판에서 사용하는 것은 예레미야서 본문의 문맥에서 쑥과 독한 물이 "쓰라린 고통과 죽음에 대한 은유"(애 3:15)[68] 혹은 "심판의 고통과 심판에 대한 상징"(참고, 신 29:17; 애 3:15, 19; 렘 9:14; 23:15)[69]으로 사용되는 것과 맥을 같이한다.

이것은 출애굽의 열 재앙과도 관련된다. 열 재앙 중 첫 번째 재앙에서 애굽의 모든 물의 근원이 피로 변하여 마시지 못하게 된 것처럼, 요한계시록에서도 강들과 물의 샘들의 물을 마시지 못하게 되는데, 이러한 점에서 두 경우는 유사한 상황이라 할 수 있다(참고, 출 7:21).[70] 또한 요한계시록 본문에서 물이 쑥으로 말미암아 쓰게 된 것은 출애굽기 15장 22-25절에서 심판으로 마라의 물이 쓰게 된 경우와 유사하며 동시에 그 쓴 물을 다시 달게 만들었던 경우와는 상반된다.[71] 실제로 70인역에서 마라의 "쓴"(πικρός, 피크로스) 물을 표현할 때 사용되는 단어는 요한계시록 8장 11d절의 "쓰게 되다"(ἐπικράνθησαν, 에피크란데산)πικραίνω, 피크라이노)라는 동사와 어근이 같다.

에덴의 반전 모티브. 강과 물의 샘들이 쓰게 되어 사람들이 죽게 되었다는 현실은 이사야 35장 7절의 "뜨거운 사막이 변하여 못이 될 것이며 메마른 땅이 변하여 원천이 될 것이며 승냥이의 눕던 곳에 풀과 갈대와 부들이 날 것이며"라는 종말적 약속의 말씀과는 정반대의 상태로서 심판과 저주의 결과라고 할 수 있다.[72] 또한 이것은 에덴과 광야에서는 생명을 창출하는 원천이었던 강물과 물의 샘들이, 쑥이라 이름하는 별로 인해 쓰게 되어 사망을 가져오는 것으로 반전되는 경우라고 할 수 있다.

---

68 J. R. Lundbom, *Jeremiah 1-20: A New Translation with Introduction and Commentary*, AB 21A (New Haven, CT: Yale University Press, 2008), 555.
69 Roloff, *The Revelation of John*, 111.
70 Boxall, *Revelation of St. John*, 139.
71 Harrington, *Revelation*, 106; Boxall, *Revelation of St. John*, 139.
72 Osborne, *Revelation*, 354.

4) 네 번째 나팔 심판(8:12)

네 번째 나팔 심판의 핵심적 요소는 어두움이다. 이제 어두움이 네 번째 나팔 심판과 관련해서 갖는 의미가 무엇인지에 대해 자세히 살펴보도록 하겠다.

해/달/별들이 타격받다: 우주적 범주—창조 질서의 파괴(12b절). 12b절은 해/달/별들의 삼분의 일이 "타격받았다"고 기록하고 있다. 여기에서 "타격받다"(ἐπλήγη, 에플레게)πλήσσω, 플레쏘)라는 동사는 다른 사람에게 가해지는 치명적인 공격을 표현할 때 사용되는 일종의 "그림 동사"(graphic verb)이다.[73] 이 동사는 70인역 출애굽기 9장 31-32절에서 우박에 의한 심판을 표현할 때 동일하게 사용되었다.[74] 이로써 이 동사가 심판의 정황을 표현할 때 사용되고 있음을 알 수 있다. 이러한 나팔 심판 표현은 일종의 우주 붕괴 언어를 사용해서 심판을 표현하는 여섯 번째 인 심판(6:12-13)과 평행 관계를 이룬다.[75] 첫 번째 나팔 심판의 땅, 두 번째 나팔 심판의 바다, 세 번째 나팔 심판의 강/물의 샘들에 이어 네 번째 나팔 심판에서는 해와 달과 별을 포함하는 천체가 심판의 표적이 되고 있다. 이 요소들은 창세기 1장의 창조 사건에서 우주 질서의 골격을 이루고 있는 것들이다. 여기에서 네 번째 나팔 심판을 포함한 처음 네 개의 나팔 심판이 하나의 짝을 이루면서 우주적 대상을 타깃으로 하는 심판의 성격을 보여준다.

어두움(12cd절). 해/달/별들의 삼분의 일이 타격받은 결과로 해/달/별들의 삼분의 일이 어두워지고 따라서 낮과 밤의 삼분의 일도 비춤이 없이 어두워졌다(12cd절). 이런 정황에 대한 표현들은 문자적으로 해석할 것이 아니라 신학적이며 상징적으로 해석해야 하며, 따라서 구약 배경을 이해할 때 올바르게 해석할 수 있다.

(1) 창세기 1장 2절의 공허 및 혼돈의 재현과 1장 14-19절의 창조 질서의 반전
네 번째 나팔 심판의 결과로 초래된 어두움의 근원은 빛의 질서가 세워지기 전인 창세기 1장 2절의 공허와 혼돈으로 충만한 "흑암"의 상태로 거슬러 올라간다.[76] 그렇다면 어두움은 이러한 공허와 혼돈의 상태인 흑암의 정황이 그 배경

---

73 앞의 책, 355.
74 Mounce, *The Book of Revelation*, 181n26.
75 Smalley, *The Revelation to John*, 224.
76 Sweet, *Revelation*, 164.

이다. 뿐만 아니라 네 번째 나팔 심판의 어두움은 창세기 1장 14-19절의 넷째 날 창조에서 하나님이 궁창의 큰 광명체와 작은 광명체로 하여금 각각 낮과 밤을 질서 있게 주관하게 하신 창조 사건의 반전이다.[77] 넷째 날 창조 사건의 핵심이 광명체들의 "빛"이라면 네 번째 나팔 심판의 핵심은 그 광명체들의 빛의 삼분의 일이 상실됨으로 인해 초래된 "어두움"이다. 따라서 이러한 어두움의 원인은 심판이며, 그 어두움의 발생은 창조 질서의 와해로 이해할 수 있다. 요한은 이러한 심판을 창조 질서의 파괴라는 개념으로 이해하고 있는 것이다.

(2) 출애굽의 열 재앙 중 아홉 번째 재앙(출 10:21-23)과의 관계
어두움에 의한 심판 현상은 열 재앙 중 아홉 번째 재앙과 밀접한 관계를 갖는데, 이것은 출애굽기 10장 21-23절에서 확인할 수 있다.[78]

> [21]여호와께서 모세에게 이르시되 하늘을 향하여 네 손을 내밀어 애굽 땅 위에 흑암이 있게 하라 곧 더듬을 만한 흑암(σκότος)이리라 [22]모세가 하늘을 향하여 손을 내밀매 캄캄한 흑암(σκότος)이 삼 일 동안 애굽 온 땅에 있어서 [23]그 동안은 사람들이 서로 볼 수 없으며 자기 처소에서 일어나는 자가 없으되 온 이스라엘 자손들이 거주하는 곳에는 빛이 있었더라 (출 10:21-23)

이 본문에 따르면, 모세가 하나님의 말씀대로 하늘을 향하여 손을 들자 흑암이 애굽의 모든 땅 위에 삼 일 동안 머물게 되었다. 이 본문의 70인역에 사용된 "흑암"(σκότος, 스코토스)이라는 단어는 요한계시록 본문의 "어두워지다"(σκοτισθῇ, 스코티스데)σκοτίζω, 스코티조)와 동일한 어근을 가지고 있다. 이러한 사실은 요한이 출애굽 본문을 인식하고 있었다는 것을 추정하게 한다. 다만 요한은 출애굽의 열 가지 재앙의 내용을 있는 그대로 사용하지 않고 다소 변형을 시도하는데, 그 대표적인 것이 바로 출애굽기 10장 22절의 경우다. 출애굽기 10장 22절은 "캄캄한 흑암이 '삼 일 동안'(τρεῖς ἡμέρας, 트레이스 헤메라스) 애굽 온 땅에 있었다"라고 하여 재앙의 기간을 언급하고 재앙의 범위를 애굽의 모든 영역으로 설정하는 반면, 요한계시록 본문은 기간을 언급하지 않고 심판의 영역을 "삼분의 일"(τὸ τρίτον, 토 트리톤)이라는 제한된 영역으로 명시하고 있다. 특별히 여기에서 출애굽기의 "삼 일"이 "삼분의 일"로 변형되고 있는 것은 주목할 만하다. "삼"이라는 숫자를 중심으

---

77 Boxall, *Revelation of St. John*, 140.
78 Sweet, *Revelation*, 164.

로 시간(삼 일)이 공간(삼분의 일)으로 바뀌어 나타나고 있다. 이것은 바로 나팔 심판이 인 심판과 마찬가지로 초림부터 재림까지의 기간을 포괄하기 때문에 기간에 대한 언급 없이 공간적인 특징만을 표현하고 있는 것으로 볼 수 있다.

이런 범위의 의미는 앞에서 설명한 바와 같이 회복 가능성을 남겨 놓기 위한 목적일 수 있고, 혹은 이 심판이 최종적인 것이 아니라 더 최종적인 심판을 기다리고 있음을 의미할 수도 있다. 인용한 출애굽기 본문에서 한 가지 더 주목할 만한 것은 23절이 "온 이스라엘 자손들이 거주하는 곳에는 빛이 있었더라"라고 말한다는 점이다. 이 본문은 심판의 대상인 애굽에만 심판이 일어나고 이스라엘 자손들은 그 심판에서 철저하게 제외되고 있음을 보여준다. 이런 패턴은 요한계시록의 나팔 심판에도 적용될 수 있다. 곧 이 나팔 심판의 대상은 교회 공동체가 아니라 세상이다. 만일 그리스도인들이 이 심판의 메시지를 읽으면서 두려워한다면 이 메시지를 잘못 이해한 것이라고 할 수 있다.

(3) 선지서와 복음서의 배경
이러한 어두움의 현상은 출애굽의 열 재앙 중 아홉 번째 재앙 외에도 선지서에서 심판 목록에 자주 등장하고 있다. 요엘 2장 2절은 여호와의 날을 "어둡고 캄캄한 날이요 짙은 구름이 덮인 날"이라 표현하고 스바냐 1장 15절은 심판의 날을 "그날은 분노의 날이요 환난과 고통의 날이요 황폐와 패망의 날이요 캄캄하고 어두운 날이요 구름과 흑암의 날"로 묘사한다. 좀 더 구체적인 표현은 요엘 2장 10절, 3장 14-15절, 이사야 13장 10절, 에스겔 32장 7절, 아모스 5장 18-20절, 8장 9절에 등장한다.[79]

> 그 앞에서 땅이 진동하며 하늘이 떨며 해와 달이 캄캄하며 별들이 빛을 거두도다(욜 2:10)
>
> [14]사람이 많음이여, 심판의 골짜기에 사람이 많음이여, 심판의 골짜기에 여호와의 날이 가까움이로다 [15]해와 달이 캄캄하며 별들이 그 빛을 거두도다(욜 3:14-15)
>
> 하늘의 별들과 별 무리가 그 빛을 내지 아니하며 해가 돋아도 어두우며 달이 그 빛을 비추지 아니할 것이로다(사 13:10)
>
> 내가 너를 불 끄듯 할 때에 하늘을 가리어 별을 어둡게 하며 해를 구름으로 가리며 달이 빛을 내지 못하게 할 것임이여(겔 32:7)

---

79   Boxall, *Revelation of St. John*, 140; Smalley, *The Revelation to John*, 224.

> [18]화 있을진저 여호와의 날을 사모하는 자여 너희가 어찌하여 여호와의 날을 사모하느냐 그 날은 어둠이요 빛이 아니라 ... [20]여호와의 날은 빛 없는 어둠이 아니며 빛남 없는 캄캄함이 아니냐(암 5:18, 20)
>
> 주 여호와의 말씀이니라 그 날에 내가 해를 대낮에 지게 하여 백주에 땅을 캄캄케 하며(암 8:9)

위의 말씀들은 천체의 변화에 의한 "어두움"의 모티브가 얼마나 자주 심판 수단으로 언급되고 있는가를 잘 보여주고 있다. 아마도 이러한 천체의 변화에 의한 어두움의 출현은 빛과 어두움을 창조하신 하나님의 주권을 나타내며 동시에 그러한 어두움에 인간이 얼마나 공포를 느낄 수 있는지를 짐작하게 할 것이다.

이 어두움의 현상은 신약의 복음서에서도 나타나고 있다.

> [24]그 때에 그 환난 후 해가 어두워지며 달이 빛을 내지 아니하며 [25]별들이 하늘에서 떨어지며 하늘에 있는 권능들이 흔들리리라(막 13:24-25)
>
> 그 날 환난 후에 즉시 해가 어두워지며 달이 빛을 내지 아니하며 별들이 하늘에서 떨어지며 하늘의 권능들이 흔들리리라(마 24:29)

이 두 복음서 본문은 모두 예루살렘의 헤롯 성전 파괴의 문맥과 관련된다. 성전 파괴는 이스라엘을 향한 하나님의 심판이면서 이스라엘에 의해 십자가에서 인간을 대신하여 저주받아 죽으신 예수님을 영광스러운 모습으로 드러낸 사건이다(마 24:30).[80] 이때 어두움은 심판의 방편으로 나타난다.

(4) 정리

요한계시록 8장 12절에 등장하는 어두움의 근원은 창세기 1장 2절의 공허와 혼돈으로 충만한 "흑암"의 상태까지 거슬러 올라간다.[81] 그러므로 앞에서 언급한 모든 구약 본문들(출애굽기와 선지서들)과 신약 본문들은 이러한 공허와 혼돈의 상태인 흑암의 정황을 배경으로 삼는다. 네 번째 나팔 심판의 어두움도 이러한 맥락에서 이해할 필요가 있다.

---

80 France, *The Gospel of Matthew*, 923.

81 Sweet, *Revelation*, 164.

3. 나머지 두 개의 나팔 심판(8:13-9:21)

8장 6-12절에서 처음 네 개의 나팔 심판이 하나의 묶음으로 나타나고 8장 13절-9장 21절에서 나머지 세 개 중 두 개의 나팔 심판이 언급된다. 여기에서 마지막 일곱 번째 나팔 심판을 함께 설명하지 않는 것은 10-11장에 삽입 부분이 존재하기 때문이다. 그러므로 일곱 번째 나팔 심판은 11장에서 삽입 부분에 대한 설명과 함께 다루도록 하겠다. 8장 13절은 도입 부분이고, 9장 1-11절은 다섯 번째 나팔 심판의 내용이며, 9장 12-21절은 여섯 번째 나팔 심판을 기록하고 있다. 도입 부분은 전체적으로 두 번째 단락으로 넘어가기 위한 일종의 "잠시 멈춤"(a brief pause) 상태라고 볼 수도 있다.[82] 이 두 나팔 심판의 내용은 처음 네 개의 나팔 심판과 비교해서 상당히 많은 분량을 차지한다. 이 사실은 저자가 이 두 나팔 심판에 상당한 비중을 두고 있음을 시사한다.

1) 도입(8:13)

먼저 8장 13절은 심판 자체를 언급하지 않고 마지막 세 개의 나팔 심판을 도입하는 부분으로, 앞서 주어진 네 개의 나팔 심판과 나머지 세 개의 나팔 심판 사이를 구별해 주고, 후자를 하나로 묶어 주는 역할을 하고 있다.

구문 분석 및 번역

13절 a   Καὶ εἶδον, καὶ ἤκουσα
       그리고 나는 보았다, 그리고 나는 들었다

    b   ἑνὸς ἀετοῦ πετομένου ἐν μεσουρανήματι λέγοντος φωνῇ μεγάλῃ·
       그때에 중천에 날아가는 독수리 하나가 큰 소리로 말하는 것을

    c   οὐαὶ οὐαὶ οὐαὶ τοὺς κατοικοῦντας ἐπὶ τῆς γῆς
       땅에 사는 자들에게 화, 화, 화가 있으리로다

    d   ἐκ τῶν λοιπῶν φωνῶν τῆς σάλπιγγος τῶν τριῶν ἀγγέλων τῶν μελλόντων σαλπίζειν.
       나팔불려는 세 천사의 나팔의 나머지 소리들로부터

13b절은 독수리가 말하는 정황을, 13cd절은 독수리가 말하는 내용을 기록하고 있다. 그러므로 이런 구분을 효과적으로 나타내기 위해 우리말 번역에서는 13b

---

82   Reddish, *Revelation*, 168.

절을 둘로 나누어 그 사이에 13cd절이 들어가도록 번역하고, 13a절을 마지막 부분에 넣어서 앞의 내용을 보고 들은 것으로 번역했다. 그리고 13c절의 '카토이쿤타스'(κατοικοῦντας)는 "땅에"와 결합하여 "사는 자들"이라고 번역했는데, 이는 그들과 대조적인 "하늘에 거하는 자들"(τοὺς ἐν τῷ οὐρανῷ σκηνοῦντας, 투스 엔 토 우라노 스케눈타스)과 구별하기 위함이다.

이상의 내용을 근거로 우리말 어순에 맞추어 번역하면 다음과 같다.

13a	그리고
13b	그때에 중천에 날아가는 독수리 하나가 큰 소리로
13d	"나팔불려는 세 천사의 나팔의 나머지 소리들로부터
13c	땅에 사는 자들에게 화, 화, 화가 있으리로다"
13b	라고 말하는 것을
13a	나는 보았고 들었다.

본문 주해

보고 듣다(13a절). 13a절은 "나는 보았다. 그리고 나는 들었다"(εἶδον, καὶ ἤκουσα, 에이돈, 카이 에쿠사)라는 문구로 시작한다. '에이돈'(εἶδον, 나는 보았다)과 '에쿠사'(ἤκουσα, 나는 들었다)가 동시에 사용되는 경우는 5장 11절과 6장 1절에 나타나고 있으며 이것은 눈과 귀를 사로잡아서 독자 혹은 청중의 집중을 유도하려는 목적을 갖는다.[83] 더 나아가 "보았고 들었다"는 것은 이 내용이 시각적, 청각적 메시지를 형성하고 있다는 것을 암시한다.

중천에(ἐν μεσουρανήματι, 13b절). "중천에"(ἐν μεσουρανήματι, 엔 메수라네마티)란 단어는 요한계시록에서 3회 사용된다(계 8:13; 14:6; 19:17). "중천"(μεσουρανήματι, 메수라네마티)μεσουράνημα, 메수라네마)이란 단어는 "태양의 정점"(zenith of the sun)을 가리키고[84] 이 단어의 동사 형태는 "태양의 정점에 있다"는 뜻이다.[85] 매우 높은 곳이라는 이미지를 제공하며, 따라서 모든 세상이 독수리의 부르짖는 소리를 들을 수 있는 위치를 나타낸다.[86] 이러한 상황 설정은 심판 선포가 온 우주적으로 인식되도록 공표되었다는 것을 알리려는 것이다.

---

83 Swete, *The Apocalypse of St. John*, 111.
84 Beasley-Murray, *The Book of Revelation*, 159.
85 BDAG, 635.
86 Beasley-Murray, *The Book of Revelation*, 159.

독수리(13b절). 요한이 처음 본 것은 "중천에 날아가는 독수리"다(13b절). 어떤 사본들(P 1, 2059s al TR)은 "독수리" 대신 "천사"로 되어 있고 또 다른 사본(42 Prim)은 "독수리 같은 천사"로 읽기도 한다.[87] 이렇듯 각기 다른 사본 기록이 있다는 것은, 어느 정도 독수리라는 단어의 역할에 대한 고민이 있었음을 반영한다. 본문에서 독수리가 어떤 의미로 사용되는지를 파악하려면 독수리에 대해 말하는 구약의 용례를 살펴볼 필요가 있는데, 그것을 다음과 같이 다섯 가지 정도로 요약할 수 있다:[88] (1) "날아감(flight)"(출 19:4; 신 28:49; 삼하 1:23; 욥 9:26; 잠 23:5; 30:19; 사 40:31; 렘 4:13; 48:40; 49:22 등), (2) "죽음과 파멸의 징조"(렘 48:40; 49:22; 호 8:1), (3) "안식처를 마련함(nesting pattern)"(신 32:11; 욥 39:27-30; 렘 49:16), (4) 독수리의 모습을 가진 존재(겔 1:10; 10:14; 단 7:4), (5) "젊음의 활력(youthful vigor)"(시 103:5; 사 40:31).

이상의 용례들 중에서 13절에 가장 적합한 것은 바로 두 번째 경우인 "죽음과 파멸의 징조"라고 볼 수 있다. 이러한 파멸적 성격을 갖는 독수리 이미지는 여러 구약 본문들에 나타난다(신 28:49; 렘 48:40; 애 4:19; 겔 17:3; 합 1:8).[89] 이런 특징의 독수리는 요한계시록에서 "땅에 사는 자들"에게 삼중적 화를 전하는 역할을 하고 있다.

땅에 사는 자들에게 화, 화, 화(13c절). 13c절에는 "땅에 사는 자들"(τοὺς κατοικοῦντας ἐπὶ τῆς γῆς, 투스 카토이쿤타스 에피 테스 게스)이라는 문구가 등장하는데, 이것은 "하늘에 거하는 자들"과 대조되게 하나님을 대적하고 하나님의 백성을 핍박하는 세력으로서 짐승을 경배하고 추종하는 세상에 속한 자들을 일컫는다.[90] 요한계시록에는 이 표현이 열 번 나오는데, 이 본문은 그 중 세 번째에 해당한다(참고, 계 3:10; 6:10[6:15]; 11:10; 12:12; 13:8, 12, 14; 17:2, 8).[91] 본문에서는 이러한 자들에게 "화, 화, 화"(οὐαί οὐαί οὐαί, 우아이 우아이 우아이)가 있을 것이라 선포되는데, 왜냐하면 그들이 심판의 대상이기 때문이다. 여기에서 왜 갑자기 심판이 "화"로 표현되는 것일까? 먼저 '우아이'(οὐαί)라는 단어는 의성어로서 독수리가 내는 소리와 유사하다.[92] 여기에서 요한은 죽음과 파멸을 알리는 독수리와 그 독수리가 만들어 내

---

87 Ford, *Revelation*, 134.
88 H. Van Broekhoven Jr., "Eagle," *ISBE* 2:2.
89 Smalley, *The Revelation to John*, 225.
90 Aune, *Revelation 1-5*, 240; Smalley, *The Revelation to John*, 225.
91 Aune, *Revelation 1-5*, 240.
92 Osborne, *Revelation*, 361.

는 소리, 즉 심판의 의미를 나타내는 "화"라는 표현의 삼중적 사용을 절묘하게 조화시켜 심판 상황을 극적으로 고조시키고 있다.

"화"라는 단어는 구약의 이사야 5장 8-9절, 아모스 6장 1-2절, 하박국 2장 9-10절에서 하나님을 버린 자들에 대한 하나님의 심판을 표현하기 위해 사용되었다.[93] 이런 구약 배경을 요한계시록의 심판 상황에 적용하면, 요한계시록에서의 심판도 역시 하나님을 떠나 하나님을 대적하는 세상을 대상으로 진행되고 있는 것으로 이해할 수 있다. 13d절의 "나팔불려는 세 천사의 나팔의 나머지 소리들로부터"라는 문구는 이 세 개의 화의 출처를 밝히는 내용이다. 바로 세 개의 화는 나머지 9장부터 시작되는 세 천사의 나팔 소리로 말미암는다. 곧 세 개의 화는 세 개의 나팔 심판에 상응하는 관계로 구성된 것이라고 할 수 있다.[94] 또한 이러한 삼중 사용은 요한계시록 4장 8절에 나오는 "거룩하다, 거룩하다, 거룩하다"의 삼중 표현과 대조적 평행을 이루면서 상호 밀접한 관계를 갖는다. 이러한 관계를 오즈번은 전자가 후자의 "반면"(obverse)이라고 묘사한다.[95] 이러한 묘사는 세상에 대한 심판을 촉발시키는 강력한 동기가 하나님의 거룩함이라는 사실을 보여준다. 이 본문에서는 앞의 네 경우와는 달리 마지막 세 심판을 "화"로 규정함으로써 나머지 세 개의 나팔 심판이 땅에 거하는 자들에게 매우 가혹하게 임하게 될 것을 시사한다.[96]

정리. 요한은 하늘의 제일 높은 곳에서 모든 지역과 대상들을 향하여 큰 소리로 말하는 독수리를 보고 (그 소리를) 들었는데, 독수리는 앞으로 전개될 나머지 세 개의 나팔 심판을 앞의 네 개의 나팔 심판과는 다른 삼중의 화로 표현한다. 이런 삼중적 표현은 나머지 세 개의 나팔 심판을 하나로 묶어 주고 있으며, 이 묶음이 앞의 네 개의 나팔 심판과 비교해서 훨씬 더 가혹하다는 사실을 집중적으로 조명하려는 목적을 드러낸다. 특별히 마지막 세 개의 나팔 심판이 이렇게 가혹한 성격을 갖는 것은 자연계에 집중되었던 앞의 네 개의 나팔 심판과는 달리, 나머지 세 나팔 심판은 주로 사람들, 특별히 사탄에게 속한 짐승을 경배하며 생명책에 그 이름이 기록되지 않은 자들을 향해 주어진다는 사실과 깊은 관계가 있다.

---

93 앞의 책.
94 Beasley-Murry, *The Book of Revelation*, 159.
95 Osborne, *Revelation*, 360.
96 이와 같은 맥락에서 포드는 나머지 세 개의 심판을 "더 심한 재앙"(worse disasters)이라고 묘사한다(Ford, *Revelation*, 134). 케어드도 이런 입장을 지지한다(Caird, *The Revelation of St. John*, 117).

2) 다섯 번째 나팔 심판(9:1-11)

다섯 번째 나팔 심판은 매우 독특하다. 먼저 1절에서는 이 심판의 도구로 사용될 "하늘로부터 땅으로 떨어져 있는 별"을 소개한다. 여기에서 다섯 번째와 여섯 번째 나팔 심판을 관찰하면서 다시 한 번 요한계시록의 심판 시리즈의 본질을 되짚어 볼 필요가 있다. 피오렌자(Fiorenza)는 나팔 심판의 마지막 두 심판을 면밀하게 관찰해 보면 "요한계시록을 요한의 시대에 이미 일어난 것에 대한 정확한 묘사 혹은 종말적 미래에 실제적으로 일어날 사건들에 대한 구체적인 예견으로 오해하는 것이 얼마나 재앙적인지를 분명히 알게 된다"고 일갈한다.[97] 곧 요한계시록은 초월적으로 하나님으로부터 주어진 계시를 있는 그대로 받아 적은 원고도 아니고 "미래의 종말적 사건들에 대한 실제적 예견"을 전달하는 것도 아니라는 것이다.[98] 그러면 요한계시록의 심판 시리즈를 어떻게 읽어야 한다는 것인가? 요한계시록은 "이미지 ... 언어로 기록된 환상을 다루는 수사학적 작품(rhetorical work)"으로 읽어야 한다는 것이다.[99] 이러한 피오렌자의 지적은 매우 적절하므로, 다음 두 개의 나팔 심판 시리즈를 관찰할 때 이런 해석의 관점을 반드시 기억해야만 한다.

특별히 요한계시록 9장 1-11절은 인클루지오(inclusio) 혹은 수미상관 구조를 이루고 있다.[100] 곧 9장 1절에서 언급되었던 사탄이 11절에서 한 번 더 등장한다. 이런 구조는 다섯 번째 나팔 심판이 사탄의 활동이라는 틀에서 묘사되고 있음을 의미한다.[101]

구문 분석 및 번역

1절 a Καὶ ὁ πέμπτος ἄγγελος ἐσάλπισεν·
그리고 다섯째 천사가 나팔불었다

b καὶ εἶδον ἀστέρα ἐκ τοῦ οὐρανοῦ πεπτωκότα εἰς τὴν γῆν,
그리고 나는 그 하늘로부터 땅으로 떨어져 있는 별을 보았다

c καὶ ἐδόθη αὐτῷ ἡ κλεὶς τοῦ φρέατος τῆς ἀβύσσου
그리고 그에게 아뷔쏘스의 입구의 열쇠가 주어졌다

---

97 Fiorenza, *Revelation*, 72.
98 앞의 책.
99 앞의 책. 레디쉬도 피오렌자의 이 글을 인용함으로써 이러한 주장을 지지하는 입장을 표한다(Reddish, *Revelation*, 175).
100 Osborne, *Revelation*, 362.
101 앞의 책.

2절 a καὶ ἤνοιξεν τὸ φρέαρ τῆς ἀβύσσου,
그리고 그가 아뷔쏘스의 입구를 열었다

b καὶ ἀνέβη καπνὸς ἐκ τοῦ φρέατος ὡς καπνὸς καμίνου μεγάλης,
그 입구로부터 큰 풀무의 연기 같은 연기가 올라왔다

c καὶ ἐσκοτώθη ὁ ἥλιος καὶ ὁ ἀὴρ ἐκ τοῦ καπνοῦ τοῦ φρέατος.
그때 해와 공기가 그 입구의 연기로 인하여 어두워졌다

3절 a καὶ ἐκ τοῦ καπνοῦ ἐξῆλθον ἀκρίδες εἰς τὴν γῆν,
또 황충들이 그 연기로부터 땅으로 나왔다

b καὶ ἐδόθη αὐταῖς ἐξουσία ὡς ἔχουσιν ἐξουσίαν οἱ σκορπίοι τῆς γῆς.
그리고 땅의 전갈들이 권세를 가지고 있는 것처럼 권세가 그들에게 주어졌다

4절 a καὶ ἐρρέθη αὐταῖς
그리고 그들에게 말씀되었다

b ἵνα μὴ ἀδικήσουσιν τὸν χόρτον τῆς γῆς οὐδὲ πᾶν χλωρὸν οὐδὲ πᾶν δένδρον,
그들이 땅의 풀이나 푸른 것이나 모든 수목을 해롭게 하지 말아야 한다는 것이

c εἰ μὴ τοὺς ἀνθρώπους οἵτινες οὐκ ἔχουσιν τὴν σφραγῖδα τοῦ θεοῦ ἐπὶ τῶν μετώπων.
이마들에 하나님의 인을 갖지 않은 사람들 외에는

5절 a καὶ ἐδόθη αὐτοῖς
그러나 그들에게 허락되었다

b ┌ ἵνα μὴ ἀποκτείνωσιν αὐτούς,
│ 그들을 죽이지 않을 것이

c └ ἀλλ᾽ ἵνα βασανισθήσονται μῆνας πέντε,
그러나 다섯 달 동안 괴롭게만 할 것이

d καὶ ὁ βασανισμὸς αὐτῶν ὡς βασανισμὸς σκορπίου
그들의 괴롭게 함은 전갈의 괴롭게 함과 같다

e ὅταν παίσῃ ἄνθρωπον.
그것이 사람을 쏠 때

6절 a καὶ ἐν ταῖς ἡμέραις ἐκείναις ζητήσουσιν οἱ ἄνθρωποι τὸν θάνατον
그리고 그날들에 사람들이 죽기를 구할 것이다

b καὶ οὐ μὴ εὑρήσουσιν αὐτόν,
그러나 그들은 결코 그것을 발견하지 못할 것이다

c καὶ ἐπιθυμήσουσιν ἀποθανεῖν
그리고 그들이 죽기를 간절히 원할 것이다

d καὶ φεύγει ὁ θάνατος ἀπ᾽ αὐτῶν
그러나 죽음이 그들로부터 피한다

7절 a Καὶ τὰ ὁμοιώματα τῶν ἀκρίδων ὅμοια ἵπποις ἡτοιμασμένοις εἰς πόλεμον,
그리고 황충들의 모양들은 전쟁을 위하여 준비된 말들 같다

b καὶ ἐπὶ τὰς κεφαλὰς αὐτῶν ὡς στέφανοι ὅμοιοι χρυσῷ,
그리고 그들의 머리들 위에 금 비슷한 면류관들 같은 것이 있다

c καὶ τὰ πρόσωπα αὐτῶν ὡς πρόσωπα ἀνθρώπων,
그리고 그들의 얼굴들은 사람들의 얼굴들 같다

8절 a καὶ εἶχον τρίχας ὡς τρίχας γυναικῶν,
또 그들은 여자들의 머리카락들 같은 머리카락들을 가지고 있다

b καὶ οἱ ὀδόντες αὐτῶν ὡς λεόντων ἦσαν,
그리고 그들의 이빨들은 사자들의 (이빨들) 같다

9절 a καὶ εἶχον θώρακας ὡς θώρακας σιδηροῦς,
그리고 그들은 철로 만든 흉갑 같은 흉갑을 가지고 있다

b καὶ ἡ φωνὴ τῶν πτερύγων αὐτῶν ὡς φωνὴ ἁρμάτων ἵππων πολλῶν τρεχόντων εἰς πόλεμον,
그리고 그들의 날개들의 소리는 전장으로 달려가는 말들을 가진 많은 병거들의 소리 같다

10절 a καὶ ἔχουσιν οὐρὰς ὁμοίας σκορπίοις καὶ κέντρα,
그리고 그들은 쏘는 살들을 가진, 전갈들과 같은 꼬리들을 가지고 있다

b καὶ ἐν ταῖς οὐραῖς αὐτῶν ἡ ἐξουσία αὐτῶν ἀδικῆσαι τοὺς ἀνθρώπους μῆνας πέντε,
그리고 그들의 꼬리들에 다섯 달 동안 사람들을 해하는 그들의 권세가 있다

11절 a ἔχουσιν ἐπ᾽ αὐτῶν βασιλέα τὸν ἄγγελον τῆς ἀβύσσου,
그들은 그 아뷔쏘스의 천사를 그들을 다스리는 왕으로 가지고 있다

b ὄνομα αὐτῷ Ἑβραϊστὶ Ἀβαδδών,
그의 이름은 히브리 음으로 아바돈이다

c καὶ ἐν τῇ Ἑλληνικῇ ὄνομα ἔχει Ἀπολλύων.
그리고 헬라 음으로 그는 아폴뤼온이라는 이름을 가진다

먼저 1b절의 "하늘"(οὐρανοῦ, 우라누)이라는 단어 앞에 놓인 정관사(τοῦ, 투)를 살려서 "그"라는 단어를 넣어 번역했는데, 이는 나팔 심판의 시작이 8장 2절의 하늘 성전에서 출발했고 9장 1b절의 "하늘"이 바로 그 하늘을 가리킨다고 볼 수 있기 때문이다. 이것은 8장 10b절도 마찬가지다. 그리고 1b절의 "떨어지다"(πεπτωκότα, 페프토코타〉πίπτω, 피프토)는 완료 시제 분사로서 이미 완료된 상태를 의미한다. 곧 "요한은 별이 떨어지고 있는 것을 본 것이 아니라 이미 떨어져 있는 것을 본 것이다."[102] 같은 맥락에서 스웨테도 "지금 요한은 별이 떨어진 곳에 별이 놓여 있는

---

102 Ford, *Revelation*, 143. 마운스는 이 완료형 분사를, 다나와 맨티(H. E. Dana and Julius R. Mantey, *A Manual Grammar of the Greek New Testament* [Toronto: The Macmillan Company, 1927], 204-205)가 "극적 완료"(dramatic perfect)라 부르는 용법으로 여기면서(Mounce, *The Book of Revelation*, 184n1), 요한이 봤던 것이 "하늘에서 땅으로 방금 떨어진 별"이라고 설명한다(앞의 책, 184). 반면 포터는 분사의 시제 문제에 대해 많은 혼란이 있음을 전제하면서 두 가지를 지적한다. 첫째, 분사가 "명사적"(substantival)으로나 "한정적"(modifying) 용법으로 사용되는 경우에 시간 개념이 사라지기 때문에 "그 분사와 관련된 사건이 언제 일어났는가를 결정할 필요가 없다." 둘째, 시점이라는 문제가 중요한 본문에서 분사는 반드시 문맥의 흐름에 주목하여 결정해야 한다(S. Porter, *Idioms of the Greek New Testament*, [Sheffield: JSOT Press, 1999], 187-188). 이 본문에서는 시제가 중요하게 대두되므로 두 번째 경우를 이 본문에 적용할 필요가 있다. 여기에서 포터도 인정했듯이 무엇보다 중요한 것은 문맥이므로(그는 "문맥적인 지표"[contextual indicator]가 시점을 결정짓는 데 도움을 줄 수 있다고 생각하는 것이 당연히 있을 법한 일이라고 말한다 [앞의 책, 187]), 여기서는 완료 시제에 충실하게 번역하는 것이 문맥상 훨씬 더 적절하다고 판단된다. 이 문맥에서는 별이 땅으로 떨어진 것이 이미 완료된 상태라는 것을 강조하려는 의도로 완료형 분사를 사용했다고 볼 수 있다.

것을 본다"고 말하고,[103] 찰스는 이 상황을 설명하면서 이 단어가 "완료된 행위 (completed action)를 묘사하는 것으로 취급되어야 한다"고 주장한다.[104] 이런 완료 시제를 반영하여 "떨어져 있는"으로 번역했다.

1c절의 "아뷔쏘스"(ἄβυσσος)는 헬라어를 그대로 음역한 것인데, 개역개정에 서는 "무저갱"으로 번역했다. 여기에서 이처럼 음역하여 아뷔쏘스라고 한 것은 "무저갱"이란 표현이 원어의 사전적 의미를 충분히 반영하지 못하기 때문이다. 이 단어가 의미하는 바는 본문 주해에서 이루어질 구약적/유대적 배경 연구에 서 좀 더 분명하게 밝혀지겠지만, 번역 문제를 해결하기 위해 간단하게 언급하 자면, '아뷔쏘스'는 사전으로 "깊음"(depth) 혹은 "심연"(abyss)을 뜻한다.[105] 여러 전 승을 찾아보아도 한결같이 이 의미에서 출발한다. 한편, 대다수의 영어 번역본 들(NRSV, ESV, NRSV)은 '아뷔쏘스'를 "밑바닥 없는 구덩이"(bottomless pit)로 번역하 는데, 그렇게 번역할 수 있는 근거를 찾기 어렵다.[106] 오직 NIV만 이것을 "심연" 이란 의미의 "Abyss"로 번역한다. 대부분의 주석가들은 이 단어를 "밑바닥 없 는 구덩이"(bottomless pit)로 번역하지 않고, NIV(Abyss)를 따라 "심연"(abyss)으로 번 역하되 소문자를 사용한다.[107] 그러나 안타깝게도 우리말에는 영어의 abyss처럼 헬라어 '아뷔쏘스'를 제대로 표현할 수 있는 단어가 없어서 음역을 따라 "아뷔쏘 스"로 번역했다.

3절의 '아크리데스'(ἀκρίδες)ἀκρίς, 아크리스)는 개역개정에서 "황충"으로 번역 되었다. 그러나 이 번역은 본문의 구약 배경이라고 할 수 있는 출애굽기 10장 13-15절에서 개역개정이 동일한 단어 '아크리스'를 "메뚜기"로 번역한 것과 상 충된다. 그리고 요엘 1장 4절도 똑같은 단어를 "메뚜기"로 번역하고 '에뤼시 베'(ἐρυσίβη)를 "황충"으로 번역한다. 따라서 번역의 일관성을 위해 메뚜기나 황충 중 하나를 선택해야 하고, 이를 위해 황충과 메뚜기 사이에 어떤 차이가 있는지 를 살펴보아야 한다.

---

103 Swete, *The Apocalypse of St. John*, 112.
104 Charles, *A Critical and Exegetical Commentary on the Revelation of St. John*, 1:238.
105 BDAG, 2.
106 아마도 개역개정의 "무저갱"은 이러한 영어 번역본을 따르고 있는 듯하다.
107 NIV가 이것을 대문자로 표기하여 어떤 전문 용어(technical term) 같은 인상을 주는 것은 조금 아쉬운데, 왜냐하면 '아뷔쏘스'는 절대적이고 객관적으로 존재하는 대상이 아니기 때문이다. 반면 스웨테나 찰스는 이것을 소문자 abyss로 번역한다(Swete, *The Apocalypse of St. John*, 112; Charles, *A Critical and Exegetical Commentary on the Revelation of St. John*, 1:239). 또한 비일, 해링턴, 오즈번, 박스 등 대부분의 현대 주석가들도 모두 이 단어를 "밑바닥 없는 구덩이"(bottomless pit)가 아닌 "심연"(abyss)으로 번역한다.

먼저 BDAG는 '아크리스'를 "사막 메뚜기"로 칭하면서 "메뚜깃과에 속하는 메뚜기의 이주형"(a migratory phase of the grasshopper, of the family Acrididae)이라고 소개한다.[108] 그리고 고려대 한국어 대사전에서는 "황충"을 다음과 같이 정의한다: "메뚜깃과에 속한 곤충의 한 종. 몸길이는 5~6.5센티미터 정도이다. 몸빛은 누른 갈색 또는 녹색으로, 날개에는 검은 갈색의 큰 무늬가 흩어져 있다. 비황(飛蝗)이라 부르는 군집성(群集性)의 것은 농작물에 큰 해를 입힌다. 세계 각지에 분포한다. 학명은 '이주하는 메뚜기'(Locusta migratoria)이다."[109] 이 황충의 학명은 BDAG의 "메뚜깃과에 속하는 메뚜기의 이주형"(a migratory phase of the grasshopper)이라는 의미와 연결된다. 또한 고려대 한국어 대사전은 "메뚜기"를 다음과 같이 설명한다: "메뚜깃과에 속한 곤충을 통틀어 이르는 말. 겹눈과 세 개의 홑눈이 있고 튼튼한 입을 가졌으며, 뒷다리가 발달하여 잘 뛴다."[110] 정리하면 메뚜기는 좀 더 포괄적인 개념이고 본문에 사용된 '아크리스'는 "사막 메뚜기"로서 좀 더 종속적이고 세부적인 의미를 가지며 공격적인 특징이 있다. 따라서 본문의 '아크리스'를 "황충"으로 번역하는 것이 더 적절하다.

4a절의 동사 '에르레데'(ἐρρέθη)는 번역하기 어렵다. 이 단어는 '레고'(λέγω, 말하다)라는 동사의 부정과거 수동태다. 이 동사를 영어로 번역하기는 쉽지만(대부분의 영어 성경에서는 "They were told ..."로 번역), 수동태가 발달하지 않은 우리말로 번역하는 것은 쉽지 않다. 이 동사의 수동태를 살려서 직역하면 "말씀되었다"라고 할 수 있다. 이 표현이 다소 어색해 보일 수 있지만 원문의 의미를 전달하고자 직역하였다.

4b절은 '히나'(ἵνα)절로 시작되는데, 이 접속사는 실제적으로 목적을 뜻하기보다는 "부정사를 대체하는 것"(substitute for an infinitive)으로서 "목적격을 표시하는"(marker of objective) 역할을 한다.[111] 그러므로 4b절의 '히나'절은 주동사인 4a절의 "말하다"의 목적격절 기능을 하는 것으로 볼 수 있다. 그러나 주동사가 수동형으로 사용되었기 때문에 목적격절은 주어 역할을 하는 주격절로 전환된다.

5a절의 '에도데'(ἐδόθη)는 "주다"를 의미하는 동사 '디도미'(δίδωμι)의 수동형이므로 '에도데 아우토이스'(ἐδόθη αὐτοῖς)를 직역하면 "그들에게 주어지다"라고

---

108 BDAG, 39.
109 출처: https://dic.daum.net/word/view.do?wordid=kkw000298062&q=%ED%99%A9%EC%B6%A9&supid=kku000380501.
110 출처: https://dic.daum.net/word/view.do?wordid=kkw000086590&supid=kku000107327.
111 BDAG, 476. 이때 '히나'(ἵνα)는 영어에서 목적절을 유도하는 'that'의 기능을 갖는다(앞의 책).

할 수 있지만, 이를 신적 수동의 의미를 살려서 자연스럽게 번역하면 "허락되다"(NRSV)라고 할 수 있다. 이것은 황충의 활동 역시 하나님의 통제 아래 이루어지고 있음을 명백하게 보여준다. 개역개정은 이 부분을 따로 번역하지 않고 "... 못하게 하시고 ... 하게 하시는데"라는 문구로 표현하고 있다. 그 허락된 내용이 5bc절에서 소개되는데, 5bc절은 대조적 평행 관계를 갖는 두 개의 '히나'절을 사용해서 5a절의 동사 '에도데'의 주어 역할을 하게 함으로써 그 허락된 내용을 기록하고 있다. 이때 '히나'절은 목적을 나타내는 부사절이 아니라 주어 기능을 하는 명사절로 사용된다.[112] 이런 점에서 5abc절의 문형은 4ab절의 경우와 같은 패턴을 보여주고 있다.

7절에서는 "... 같다"라는 의미의 '호모이오스'(ὅμοιος)와 '호스'(ὡς)가 자주 사용된다. 이 두 단어는 모두 "... 같다"라는 의미를 갖는다는 점에서 유사하지만, 차이점은 '호모이오스'는 그것과 관련된 단어와 성과 수가 일치하고 '호모이오스' 다음에 나오는 단어가 항상 여격으로 사용되는 반면, '호스'는 성, 수, 격의 지배가 없고 그 앞에 관련되는 단어가 없을 수도 있으며 관련되는 단어가 있을 경우 그 단어의 성, 수, 격은 '호스' 뒤에 있는 단어와 일치한다는 것이다. 곧 7a절에서 사용된 '호모이아'(ὅμοια)는 '호모이오스'(ὅμοιος)의 중성 복수형으로서 그것과 관련되어 사용된 중성 복수 명사인 '타 호모이오마타'(τὰ ὁμοιώματα, 모양들)와 성과 수가 일치하고 '호모이아' 뒤에는 '힙포이스'(ἵπποις, 말들)라는 여격이 사용된다. 7b절의 '호스'(ὡς)는 그 앞에 관련된 단어가 없는 경우로서, '호스' 뒤에 나오는 명사인 '스테파노이'(στέφανοι, 면류관들)는 관련되는 단어 없이 주격으로 사용된다. 7c절의 '호스'는 그 앞에 관련 단어가 있는 경우로서, '호스' 앞에서 주격 중성 복수로 사용된 '프로소파'(πρόσωπα, 얼굴들)는 '호스' 뒤에 있는 '프로소파'(πρόσωπα, 얼굴들)와 성, 수, 격이 일치한다.[113]

7절에서는 '호모이오스'(ὅμοιος)가 2회, '호스'(ὡς)가 3회 사용되면서 비유적/은유적 표현이 지배적인 환상적 경험 상황을 보여주고 있다. 이 중에서 가장 난해한 부분은 바로 7b절의 '호스 스테파노이 호모이오이 크뤼소'(ὡς στέφανοι ὅμοιοι χρυσῷ)인데, 이 문구를 직역하면 "금 비슷한(ὅμοιοι) 면류관들 같은(ὡς)"으로 번역

---

112 '히나'절의 기능에는 이렇게 주어나 목적을 나타내는 명사절 기능도 있다(Wallace, *Greek Grammar beyond the Basics*, 677-678).

113 8b절의 '호이 오돈테스 아우톤 호스 레온톤'(οἱ ὀδόντες αὐτῶν ὡς λεόντων)의 경우는 '레온톤' 앞에 '오돈테스'(ὀδόντες)가 있어야 하는데 생략되었다.

할 수 있다. 이 한 문장에서 비유적 표현을 나타내 주는 '호모이오스'(ὅμοιος)와 '호스'(ὡς)가 이중 사용되고 있으며, 그것들과 함께 사용되는 "금"과 "면류관"은 모두 비유적 표현이라고 할 수 있다. 여기에서 '호모이오스'와 '호스'는 서로 거의 유사한 의미를 갖지만 전자는 "비슷한"(similar)으로 번역하고 후자는 "같은"(like)으로 번역하여 약간 차별을 두었다.

그러나 이런 직역은 다소 어색하기 때문에 NKJV는 그 어색함을 피하기 위해 "금 같은 어떤 것으로 만들어진 면류관들"(crowns of something like gold)로 번역하고, NRSV는 "금 면류관들 같은"(like crowns of gold)으로 번역한다. 이 두 번역의 공통점은 둘 다 '호모이오스'나 '호스' 중 하나를 생략한다는 점이다. 그러나 이 두 단어 중 어느 하나도 생략하면 안 되는데, 그 이유는 "금"도 "면류관"도 모두 비유적으로 표현되고 있기 때문이다. 황충은 면류관 자체가 아니라 면류관 "같은 것"을 머리에 쓰고 있으며, 그 면류관은 금 자체가 아니라 금 "비슷한 것"이다. 따라서 이곳에서는 다소 어색하더라도 '호모이오스'와 '호스'를 모두 반영하기 위해 "금 비슷한 면류관들 같은"으로 번역했다.

9a절의 '도라카스'(θώρακας)θώραξ, 도락스)는 개역한글에서는 "흉갑"으로 번역되고 개역개정에서는 "호심경"으로 번역되는데, 전자는 "가슴을 보호하기 위해 입는 갑옷"이고,[114] 후자는 "갑옷의 가슴 쪽에 호신용으로 붙이는 구리 조각"이다.[115] '도라카스'는 단순한 구리 조각이 아니라 "전쟁에서 가슴을 보호하는 덮개(protective covering)"를 의미하므로[116] 여기에서는 개역한글처럼 "흉갑"으로 번역했다. 그리고 '시데루스'(σιδηροῦς)라는 단어는 "철로 만든"(made of iron)이란 의미를 가지고 있으므로 흉갑과 연결하여 "철로 만든 흉갑"으로 번역했다.

9b절의 '하르마톤 힙폰'(ἁρμάτων ἵππων)이란 문구에는 두 개의 복수 소유격 명사가 나란히 놓여 있다. '힙폰'(ἵππων, 말들의)은 "관계의 소유격"(genetive of association)으로서 보통 전치사 '메타'(μετά, ...와 함께)와 함께 사용된다.[117] 비록 이곳에는 생략되어 있지만 그 일반적인 용례를 따라 전치사 '메타'가 암시되어 있다고 가정해서 '힙폰'을 번역하면 "말들과 함께" 혹은 "말들을 가진"이 될 것이다. 그렇다면

---

114 출처: 다음 사전(https://dic.daum.net/search.do?q=%ED%9D%89%EA%B0%91&dic=kor&search_first=Y).
115 출처: 다음 사전(https://dic.daum.net/word/view.do?wordid=kkw000293577&q=%ED%98%B8%EC%8B%AC%EA%B2%BD).
116 BDAG, 463.
117 Smalley, *The Revelation to John*, 232.

'하르마톤 힙폰'은 "말들을 가진 병거들" 혹은 "말들과 함께한 병거들"로 번역하는 것이 적절한데, 전자가 좀 더 자연스러워 보인다. 그리고 "많은"(πολλῶν, 폴론)이란 형용사가 함께 사용되는데, 여기에서 이 형용사는 "말들"을 수식할 수도 있고 "병거들"을 수식할 수도 있다. NKJV는 전자를 지지하고 NRSV와 ESV는 후자를 지지한다. 이 본문에서는 "많은 말들을 가진 병거들"보다는 "말들을 가진 많은 병거들"이 더 잘 어울리며, 그렇게 함으로써 병거의 수가 많은 것을 강조한다고 볼 수 있다. 말들을 가진 병거가 많다는 것은 강력한 군사력이 있음을 의미한다.

10절에서 번역하기 곤란한 것은 바로 10a절의 '켄트라'(κέντρα)이다. 이 단어는 영어로 표현하면 "sting"인데 이것은 "침"을 가리킨다. 영어 번역본에서 "stinger"(침 있는 동물, 가시 있는 식물, 침)로 번역하기도 한다(NRSV, NIV). 한편 개역개정은 '켄트라'를 "쏘는 살"로 번역한다. 스웨테(Swete)는 '켄트라'가 "소들을 위해 사용되는 막대기"(잠 26:3; 행 26:14)를 의미할 수도 있고, 이차적으로는 "벌의 침"(마카베오4서 14:19)을 의미한다고 본다.[118] 이렇게 다양한 표현 중에서 가장 적절한 용어를 찾기는 쉽지 않다. 따라서 개역개정이 채택한 번역어 "쏘는 살"을 그대로 사용했다.

더 나아가서 10a절에서 "전갈들과 같은 꼬리들"과 "쏘는 살들"을 이어주는 접속사 '카이'(καί)의 기능에 주목할 필요가 있다. 이것은 단순히 황충들이 여러 개의 꼬리와 쏘는 살을 가지고 있다는 것을 서술하기 위한 등위 접속사 기능을 가지고 있는 것인가? 여기에서 고려할 것은 5e절에 의하면 전갈의 특징이 "쏘는 것"에 있다는 것이다. 그러므로 "전갈과 같은 꼬리들"이라고 할 때, 그 꼬리들이 "쏘는" 특징을 갖는다는 것은 자명하다. 그런데 마침 '켄트라'(κέντρα)가 이러한 특징을 명시해 주고 있다. 이러한 맥락에서 UBS 번역 핸드북은 이 문장을 다음과 같이 해석할 것을 제안한다: "그들의 꼬리들은 끝에 쏘는 살을 가진, 전갈의 꼬리 같다."[119] 이때 '카이'(καί)는 "가지고 있는"(with)을 뜻한다.[120] 이와 같은 맥락에서 벡위드는 이 문구를 "쏘는 살들을 가진 전갈 같은 꼬리들"로 번역하기도

---

118 Swete, *The Apocalypse of St. John*, 117.
119 R. Bratcher and H. A. Hatton, *A Handbook on the Revelation to John* (New York, NY: United Bible Societies, 1993), 148.
120 박스올도 10a절을 "그들은 침들을 가지고 있는 전갈의 꼬리 같은 꼬리들을 가지고 있었다"(They had tails like scorpions' tails, with stings)라고 번역하면서, '카이'를 "가지고 있는"(with)이란 의미로 이해한다 (Boxall, *Revelation of St. John*, 142).

한다.[121] 벡위드의 주장은 UBS 번역 핸드북과 다소 차이가 있다. 벡위드는 "쏘는 살"을 전갈들과 연결시키는 반면, UBS 번역 핸드북은 "쏘는 살"을 꼬리들과 연결시킨다. 그러나 '켄트라'(κέντρα)가 "꼬리들"(οὐράς, 우라스〉οὐρά, 우라)과 수와 격이 일치하기 때문에 서로 연결되고 있다고 보는 것이 적절하다. 그러므로 UBS 번역 핸드북의 해석을 따라 "그들은 쏘는 살들을 가진, 전갈과 같은 꼬리들을 가지고 있다"라고 번역했다.

11a절의 '에프 아우톤'(ἐπ᾽ αὐτῶν)이라는 문구에 포함된 전치사 '에피'(ἐπί)의 의미도 번역상 중요하다. 이 전치사의 여러 가지 의미 중에 이 문맥에 맞는 것은 "어떤 사람이나 어떤 것에 대한 능력, 권위, 통제의 표시"라고 할 수 있다.[122] 그리고 이런 의미는 '에프 아우톤'과 함께 사용되고 있는 "왕"(βασιλέα, 바실레아〉βασιλεύς, 바실류스)이란 단어와 적절히 조화를 이룬다. 그러므로 11a절의 '에프 아우톤 바실레아'(ἐπ᾽ αὐτῶν βασιλέα)는 "그들을 다스리는 왕"으로 번역할 수 있다.

그리고 11a절의 번역에서 해결해야 할 또 한 가지 문제는 "왕"(βασιλέα, 바실레아)과 "아뷔쏘스의 천사"(τὸν ἄγγελον τῆς ἀβύσσου, 톤 앙겔론 테스 아뷔쑤)의 관계에 대한 것이다. 이 두 문구의 관계와 관련해서는 두 가지 가능성이 있다. 첫째, 이 두 문구를 동격 관계로 보는 것이다. 이 경우에 "왕 곧 아뷔쏘스의 천사"로 번역할 수 있다. 둘째, "아뷔쏘스의 천사"를 목적어로 보고, "왕"을 목적 보어로 이해하는 것이다. 이 경우에는 "그들은 아뷔쏘스의 천사를 왕으로 가지고 있다"로 번역할 수 있다. 여기에서는 후자가 좀 더 그럴 듯해 보인다.[123]

이상의 내용을 근거로 우리말 어순에 맞추어 번역하면 다음과 같다.

1a	그리고 다섯째 천사가 나팔불었다.
1b	그리고 나는 그 하늘로부터 땅으로 떨어져 있는 별을 보았다.
1c	그리고 그에게 아뷔쏘스의 입구의 열쇠가 주어졌다.
2a	그리고 그가 아뷔쏘스의 입구를 열었다.
2b	그 입구로부터 큰 풀무의 연기 같은 연기가 올라왔다.
2c	그때 해와 공기가 그 입구의 연기로 인하여 어두워졌다.
3a	또 황충들이 그 연기로부터 땅으로 나왔다.
3b	그리고 땅의 전갈들이 권세를 가지고 있는 것처럼 권세가 그들에게 주어졌다.

---

121 Beckwith, *The Apocalypse of John*, 563.
122 BDAG, 365.
123 이 번역은 ESV, NRSV, NKJV 등을 비롯하여 다음 두 학자가 따른다: Boxall, *Revelation of St. John*, 142; Blount, *Revelation*, 172.

4a   그리고
4b   그들이
4c   이마에 하나님의 인을 갖지 않은 사람들 외에는
4b   땅의 풀이나 푸른 것이나 모든 수목을 해롭게 하지 말아야 한다는 것이
4a   그들에게 말씀되었다.
5a   그러나 그들에게는
5b   그들을 죽이지 않고
5c   그러나 다섯 달 동안 괴롭게만 할 것이
5a   허락되었다.
5d   그들의 괴롭게 함은
5e   (전갈이) 사람을 쏠 때의
5d   전갈의 괴롭게 함과 같다.
6a   그리고 그날들에 사람들이 죽기를 구할 것이다.
6b   그러나 그들은 결코 그것을 발견하지 못할 것이다.
6c   그리고 그들이 죽기를 간절히 원할 것이다.
6d   그러나 죽음이 그들로부터 피한다.
7a   그리고 황충들의 모양은 전쟁을 위하여 준비된 말들 같다.
7b   그리고 그들의 머리들 위에 금 비슷한 면류관들 같은 것이 있다.
7c   그리고 그들의 얼굴들은 사람들의 얼굴들 같다.
8a   또 그들은 여자들의 머리카락들 같은 머리카락들을 가지고 있다.
8b   그리고 그들의 이빨들은[124] 사자들의 (이빨들) 같다.
9a   그리고 그들은 철로 만든 흉갑 같은 흉갑을 가지고 있다.
9b   그리고 그들의 날개들의 소리는 전장으로 달려가는 말을 가진 많은 병거들의
        소리 같다.
10a   그리고 그들은 쏘는 살들을 가진, 전갈과 같은 꼬리들을 가지고 있다.
10b   그리고 그들의 꼬리들에 다섯 달 동안 사람들을 해하는 그들의 권세가 있다.
11a   그들은 그 아뷔쏘스의 천사를 그들을 다스리는 왕으로 가지고 있다.
11b   그의 이름은 히브리 음으로 아바돈이요
11c   그리고 헬라 음으로 그는 아폴뤼온이라는 이름을 가진다.

본문 주해

[9:1] 하늘로부터 땅으로 떨어져 있는 별

1a절에서 다섯째 천사가 나팔 불면서 다섯 번째 나팔 심판이 시작된다. 다섯 번째 나팔 심판의 핵심 요소는 하늘에서 땅으로 떨어져 있는 별의 등장이다.

---

124 여기에서는 헬라어 '오돈테스'(ὀδόντες)ὁδούς, 오두스)를 "이"로 번역할 것인지 "이빨"로 번역할 것인지 선택해야 하는데, 개역한글은 전자를 택했고 개역개정은 후자를 택했다. 개역개정의 번역을 공유한다.

하늘로부터 땅으로 떨어져 있는 별(1b절). 1b절에서 가장 중요한 주제는 "별"의 의미라고 할 수 있다. 그 의미를 규명하기 위해 그 배경이 될 만한 여러 자료를 살펴볼 필요가 있다.

(1) 유대적 배경

먼저 고대인들은 하늘의 별을 "신성"(divinities)을 가지고 있는 존재 혹은 최소한 "살아 있는 존재"(living beings)로 인식했다.[125] 이러한 인식은, 별을 숭배한 흔적이 있다는 사실로 증명된다.[126] 요한계시록에서도 별들이 천사로 묘사된 바 있다(1:20; 3:1).[127] 유대 문헌에서 "천상적 존재"(a heavenly being)가 별처럼 하늘로부터 떨어졌다는 표현은 사탄이나 타락한 천사들에 대한 심판을 나타낸다.[128] 예를 들면 솔로몬의 유언서(Testament of Solomon) 20장 16-17절에서 마귀는 다음과 같이 말한다: "우리는 나무에서 떨어지는 잎사귀들처럼 떨어지고, 그것을 보는 사람들은 하늘에서 별들이 떨어진다고 생각한다 … 우리는 우리의 결함(weakness) 때문에 떨어진 것이다 ⋯ 우리는 번갯불처럼 땅으로 떨어졌다."[129] 이 문헌에서는 마귀가 하늘로부터 떨어지는 모습을 별이 떨어지는 것에 비유하는데, 하늘로부터 떨어진다는 점에서 그들이 악한 천사들임을 추정할 수 있으며, 하늘로부터 떨어지는 것이 그들의 결함에 대한 심판임을 알 수 있다. 반면 선한 천사들은 "하늘의 별들"로 표현되고 그들의 거처가 "궁창"에 놓여 있기 때문에 하늘로부터 떨어지지 않는다(솔로몬의 유언서 20:17b).[130]

스몰리도 유대 문헌에서 "떨어진 별들은 악한 천사적 존재들 혹은 마귀"를 가리키고(에녹1서 18:15-16; 21:7; 86:3; 88:1, 3; 90:24; 솔로몬의 유언서 20:14-17 등), 때로는 "사탄 자신"(에녹1서 86:1; 엘리야의 묵시록 4:11-12 등)을 가리키는 경우도 있다고 지적한다.[131] 예를 들면, 에녹1서 88장 1-3절에서는 별이 의인화되어, 손과 발이 묶여 "좁고 깊은, 공허하고 어두운" 아뷔쏘스(abyss)로 던져지는 장면이 묘사된다.[132]

---

125 Beckwith, *The Apocalypse of John*, 560.
126 앞의 책.
127 Boxall, *Revelation of St. John*, 142.
128 Beale, *The Book of Revelation*, 492.
129 *OTP* 1: 983.
130 Beale, *The Book of Revelation*, 492.
131 Smalley, *The Revelation to John*, 225. 이러한 배경적 자료를 제시하고 있음에도 불구하고 스몰리는 요한계시록 9:1의 "하늘에서 땅으로 떨어져 있는 별"을 긍정적 의미로 해석하여 하나님으로부터 보냄 받은 메신저로 해석하는데(앞의 책), 동의하기 어렵다.
132 *OTP* 1:64.

한편 에녹1서 86장 1절에는 정확하게 "한 별이 하늘로부터 떨어졌다"라는 표현이 등장한다.[133] 여기에서 "떨어졌다"라는 동작에 의해 조성되는 정황은 정상적으로 하나님으로부터 사명을 받고 하늘로부터 보냄을 받은 천사의 모습이 아니라 비정상적으로 그 지위를 박탈당한 천사의 모습을 보여준다.[134] 실제로 에녹1서 21장 6절은 하늘에서 떨어진 별을 "주님의 계명들을 범했던 하늘의 별들"로 언급한다.[135] 여기에서 결박되어 "하늘로부터"(에녹1서 본문에는 이 문구가 존재하지 않지만 천사가 존재하는 곳이 "하늘"이므로 미루어 짐작할 수 있다) 아뷔쏘스로 던져지는 별은 악한 천사를 의미하는 것으로 추정할 수 있다.[136]

(2) 이사야 14장 12절의 계명성에 대한 재해석

많은 주석가들이 요한계시록 9장 1절에 등장하는 하늘에서 떨어진 별에 대한 표현이 이사야 14장 12절을 구약 배경으로 한다는 점에 동의한다.[137] 이사야 14장 12절에서는 심판을 받은 바벨론의 왕을 하늘로부터 땅에 떨어진 "아침의 아들 계명성"으로 묘사하고 있다. 바벨론에 대한 심판과 관련된 문맥에 놓인 이 본문은 초기 유대 문헌에서 사탄 혹은 사탄을 추종하는 악한 천사를 가리키는 것으로 재해석되고 있다(에녹2서 29:4-5; 아담과 이브의 생애 12장; 15-18장. 참고, 에녹1서 88:1-3; 90:24-26).[138] 특별히 에녹2서 29장 4-5절에서는, 대천사(archangel)의 반열에 있는 한 천사가 하나님의 권위에 도전하여 자신의 보좌를 구름보다 더 높은 곳에 놓고 하나님과 동등하게 되고자 하였으나 심판을 받아 그의 수하 천사들과 함께 하늘로부터 아뷔쏘스로 던져짐을 당한다고 한다. 또한 아담과 이브의 생애 12장과 15-18장에서는 아담에게 경배하기를 거부했던 사탄이 하늘로부터 쫓겨난다. 이처럼 사탄이 하늘로부터 쫓겨나게 된다는 유대 문헌의 언급은 이사야 14장 12절에서 교만하고 높아져서 하나님처럼 되고자 했던 바벨론을 재해석하고 있는 것이다.[139]

---

133 앞의 책, 1:63.
134 솔로몬의 유언서 20:14-17은 선한 천사를 하늘로부터 떨어지지 않은 하늘의 별들로 제시함으로써 하늘로부터 떨어진 악한 천사와 구별한다(Beale, *The Book of Revelation*, 492).
135 *OTP* 1:24.
136 Beale, *The Book of Revelation*, 492.
137 Swete, *The Apocalypse of St. John*, 112; Beale, *The Book of Revelation*, 491.
138 Osborne, *Revelation*, 362.
139 흥미롭게도 이러한 사실을 눅 10:18에 대한 주석에서 확인할 수 있었다(François Bovon, *Luke 2: A Commentary on the Gospel of Luke 9:51–19:27*, Hermeneia [Minneapolis, MN: Fortress, 2013], 31).

(3) 신약적 용례

누가복음 10장 18절에서 예수님은 사탄을 "하늘로부터 번개같이 떨어지는 것 (별)"으로 표현하신다. 이러한 발언은 이 본문의 직전 본문인 누가복음 10장 17절에서 칠십 인이 예수님으로부터 권세와 능력을 위임받아 활동한 후 돌아와서 예수님께 귀신들이 자신들에게 항복했다는 경험을 나누는 내용과 밀접한 관계가 있다. 왜냐하면 후자는 전자에 대한 반응으로 주어지고 있기 때문이다. 이러한 관계로 미루어 볼 때, 사탄이 하늘로부터 떨어지게 된 것은 예수님의 성육신으로 말미암은 결과로서 하나님의 통치를 이 땅에 실현하는 것으로 간주될 수 있다.[140] 더 나아가서 요한계시록 12장 8-9절은 "... 큰 용이 던져졌다. 마귀라고 불리우는 자, 옛 뱀 곧 사탄이 ... 땅으로 던져졌다"라고 기록하고 있다. 여기에서 사용되는 "떨어지다"와 "던져지다"라는 동사들은 모두 부정적인 의미를 갖는다. 이 두 본문의 두 동사는 앞서 언급된 에녹1서의 "떨어지다"(86:1)와 "던지다"(88:1-3)라는 동사와 동일하다. 명백히 사탄은 하늘에서 땅으로 떨어진 신세가 된 것이다.

(4) 유대적, 구약적, 신약적 배경 정리

이상에서 9장 1b절의 "하늘로부터 땅으로 떨어져 있는 별"이란 표현에 대한 유대적, 구약적, 신약적 배경에 대해 살펴봤다. 유대적 배경에서는 하늘에서 별이 떨어진 것이 천사의 타락을 의미한다. 특별히 이사야 14장 12절은 바벨론에 대한 심판을 하늘로부터 떨어진 별(계명성)로 은유적으로 묘사한다. 이 본문을 재해석하는 에녹2서 29장 4-5절과 아담과 이브의 생애 12장 및 15-18장에서는 사탄을 하늘로부터 쫓겨난 존재로 소개한다. 이러한 전통을 따라 누가복음 10장 18절과 요한계시록 12장 8-9절에서는 사탄이 심판을 받아 하늘로부터 떨어지거나 던져지는 장면이 연출되고 있다.

(5) 요한계시록 9장 1b절의 "하늘로부터 땅으로 떨어져 있는 별"의 의미

위에서 살펴본 "별"에 관련된 유대적, 구약적, 신약적 자료들은 요한계시록 9장 1b절의 "하늘로부터 땅으로 떨어져 있는 별"을 이해하는 데 매우 중요한 배경 지식을 제공하고 있다. 이런 배경 자료들로 미루어 볼 때, "하늘로부터 땅으

---

140 캐롤(Carroll)은 이것을 "하나님의 통치의 확장"(the advance of the reign of sovereign God)으로 묘사한다 (John T. Carroll, *Luke: A Commentary*, NTL [Louisville, KY: Westminster John Knox Press, 2012], 239).

로 떨어져 있는 별"을 사탄으로 보는 것이 타당하다.[141] 이것은 요한계시록 12장 8-9절과 적절하게 조화를 이루고 있다.[142] 이런 관계를 통해 볼 때 "하늘로부터 땅으로 떨어져 있는 별"은 바로 예수 그리스도의 탄생과 승천으로 말미암아 심판을 받은 사탄의 정황을 묘사하는 것이라 할 수 있다. 케어드는 이러한 입장을 지지하면서 "하나님은 악으로 하여금 악 자신의 멸망이 되게 하신다"고 말한다.[143] 이것은 다섯 번째 나팔 심판이 가지고 있는 악의 자기 파멸적 성격과 관련된다. 곧 별에 의해 상징되는 사탄이 아뷔쏘스의 문을 열게 될 때 그곳으로부터 나오는 황충이 하나님의 인을 이마에 갖지 못한 자들을 괴롭히는 정황을 염두에 둔 것이라 할 수 있다.

(6) 요한계시록 20장 1-3절의 하늘로부터 내려온 천사와의 관계

9장 1절의 "하늘로부터 땅으로 떨어져 있는 별"이 상징하는 타락한 천사와 20장의 천사가 동일한지 아니면 다른 대상인지에 대해서는 논란이 있다. 앞선 논의에서 유대적, 구약적, 신약적 자료들을 배경으로 살펴본 바에 따르면, 9장 1절의 별은 타락한 천사를 상징하는 것으로 결론내릴 수 있다. 하지만 20장의 하늘로부터 내려온 천사는 9장 1절의 타락한 천사와 여러 면에서 차이점을 가지고 있다. 먼저 20장의 경우에는 천사가 직접 아뷔쏘스의 열쇠를 가지고 있고 용을 아뷔쏘스에 가두어 그 열쇠로 그것을 잠그는 반면, 9장의 "하늘에서 땅으로 떨어져 있는 별"은 열쇠를 누군가로부터 받고 그 열쇠로 아뷔쏘스의 문을 열어 마귀적 세력을 풀어 놓는다.[144] 또한 20장의 경우에는 아뷔쏘스가 사탄에게 감옥인 반면, 9장의 경우에는 아뷔쏘스가 사탄에게 집과 같은 곳으로 간주된다.[145]

---

141 스윗은 "사탄 자신"보다는 "사탄의 양상"(aspect of Satan)이라고 표현한다(Sweet, *Revelation*, 167).

142 스윗은 9:1의 떨어짐이 "12장에서 있을 사탄의 명백한 떨어짐을 준비한다"고 하여 9장과 12장 사이의 유기적 관계를 시사한다(Sweet, *Revelation*, 167).

143 Caird, *Commentary on the Revelation of St. John the Divine*, 118.

144 Blount, *Revelation*, 173.

145 톰프슨은 "어떻게 스올에 감금되도록 선고받은 타락한 천사에게 그 자신의 감옥의 열쇠가 맡겨질 수 있는가?"라고 질문하면서 9:1b의 "하늘로부터 땅으로 떨어져 있는 별"을 타락한 천사로 간주하기를 거부하고 20:1의 천사와 동일시하고자 한다(S. Thompson, "The End of Satan." *AUSS*. 37.2 [1999]: 261). 이러한 맥락에서 톰프슨은 9:1b의 "하늘로부터 땅으로 떨어져 있는 별"을 다섯 번째 대천사(archangel)로 간주하고, 그가 20:1에서 다시 등장하는 것으로 이해한다. 이런 주장은 요한계시록에서 하나님이 악의 세력을 어떻게 활용하시는가에 대한 이해가 부족한 결과라고 할 수 있다. 13:7에서 아뷔쏘스로부터 나온 짐승은 "모든 족속과 백성과 언어와 나라에 대한 권세"를 하나님으로부터 부여받는다. 이러한 과정은 "신적 허용"(divine permission)이라고 할 수 있다(Koester, *Revelation*, 456; 쾨스터는 9:1b의 별과 20:1의 천사를 동일시하는 입장이지만 그의 표현이 적절하다고 생각하여 그의 문구를 사용하였다). 요한계시록에서는 이와 같은 신적 수동태를 활용하여 신적 허용의 의도로 사용하는 경우가 아주 많다.

그리고 20장에서는 천사가 "하늘로부터 내려왔다"(καταβαίνοντα ἐκ τοῦ οὐρανοῦ, 카타바이논타 에크 투 우라누)라고 표현하는 반면, 9장에서는 "하늘로부터 땅으로 떨어져 있다"(ἐκ τοῦ οὐρανοῦ πεπτωκότα εἰς τὴν γῆν, 에크 투 우라누 페프토코타 에이스 텐 겐)고 기록한다. 즉, 전자는 "내려왔다"(καταβαίνοντα, 카타바이논타)라는 동사를 사용함으로써 그 천사가 하나님의 보내심을 받았다는 사실을 보여주지만, 후자는 "떨어졌다"(πεπτωκότα, 페프토코타)라는 동사를 사용함으로써 하늘로부터 쫓겨난 상황을 암시한다. 이러한 차이로 인하여 이 두 본문은 전혀 다른 정황을 기록하고 있으므로 9장의 "별"과 20장의 "천사"를 동일시할 수 없다.[146]

그러나 일부 주석가들은 9장 1b절의 "하늘로부터 땅으로 떨어져 있는 별"을 20장 1-3절의 천사와 동일시하여 하나님의 보냄을 받은 선한 천사로 간주한다.[147] 오즈번은 9장 1b절의 "하늘로부터 땅으로 떨어져 있는 별"을 타락한 천사를 가리키는 것으로 간주하면서도 에녹1서 86장 1절의 "떨어짐"(falling)과 에녹1서 86장 3절의 "내려옴"(descending)의 차이가 크지 않다는 것을 근거로 9장 1b절의 별의 행위와 20장 1절의 천사의 행위 사이에 평행 관계를 제시하는 모순된 해석을 시도한다.[148] 그러나 이 두 에녹1서 본문을 잘 살펴보면 그 본문들이 이러한 평행 관계의 근거가 될 수 없다는 것을 알 수 있다. 에녹1서 86장 1절과 86장 3절은 모두 타락한 천사를 묘사하고 있다.[149] 따라서 이 두 에녹1서 본문은 타락한 천사에게 "떨어지다"라는 동사뿐만 아니라 "내려오다"라는 동사를 사용할 수도 있다는 사실에 대한 근거를 제시할 뿐이다. 따라서 하나님으로부터 보내심을 받은 타락하지 않은 천사에게 "떨어지다"라는 동사가 적용되는 문헌적 근거를 제시하지 않는다면 요한계시록 9장 1b절과 20장 1절 사이의 평행 관계는 받아들일 수 없다.

(7) 8장 10절의 하늘로부터 떨어진 큰 별과의 관계

요한계시록 8장 10-11절은 하늘로부터 떨어지는 큰 별에 대해 기록하고 있는

---

146 Reddish, *Revelation*, 176; Blount, *Revelation*, 173.
147 쾨스터가 이러한 입장을 지지한다(Koester, *Revelation*, 455).
148 Osborne, *Revelation*, 362.
149 이 천사가 타락한 천사라는 증거는 에녹1서 86장을 통해 볼 수 있다. 먼저 하늘로부터 떨어진 처음 별 위로 내려온 별들이 소들처럼 되어서 다른 가축들을 그들의 이로 씹어 삼키고 그들의 뿔로 치받는다(에녹1서 86:3-5) 그리고 땅의 모든 어린이들이 그들 앞에서 두려워 떨며 그들로부터 도망가기 시작한다(에녹1서 86:6). 이러한 정황은 하늘부터 떨어지거나 내려온 별 혹은 별들이 긍정적 의미보다는 부정적 의미를 더 강하게 지니고 있음을 보여준다고 할 수 있다.

데, 이 별은 9장 1b절의 "하늘로부터 땅으로 떨어져 있는 별"과는 차이가 있다. 가장 대표적인 차이를 말하자면, 8장의 별은 무생물적 존재로서 천체의 한 요소를 가리키는 반면, 9장의 별은 앞서 살펴본 것처럼 인격적 존재인 사탄을 의미한다는 점이다.[150]

아뷔쏘스의 입구의 열쇠가 주어지다(1c절). 아뷔쏘스 자체에 대해서는 다음 단락에서 따로 자세하게 논의할 예정이기에, 여기에서는 아뷔쏘스의 입구와 그 입구의 열쇠에만 초점을 맞추어 살펴보도록 하겠다. 먼저 "아뷔쏘스의 입구"란 표현에서 "입구"라는 단어는 헬라어로 '프레아르'(φρέαρ)인데, 요한계시록에서는 9장 1절과 2절에서 총 4회에 걸쳐 사용된다.[151] '프레아르'는 "깊은 지하 세계(the nether world)로 향하는 입구(opening)"를 의미하며,[152] 이 문맥에서는 아뷔쏘스로 들어가는 입구를 가리킨다. 하늘로부터 땅으로 떨어져 있는 별에게 아뷔쏘스 입구의 열쇠가 주어진다. 여기에서 주목할 것은 이것이 아뷔쏘스의 열쇠가 아닌 그 입구의 열쇠라는 점이다. 그렇다면 여기에서 하늘에서 땅으로 떨어져 있는 별인 사탄이 "아뷔쏘스의 입구"의 열쇠를 받았다는 것은 무엇을 의미하는가? "아뷔쏘스"는 사탄에게 감옥의 의미로 사용될 수도 있지만(참고, 20:1) 다른 측면으로 보면 사탄의 거처로 이해할 수도 있다는 것이다.[153] 왜냐하면 사탄이 아뷔쏘스의 열쇠를 받았다는 것은 그가 아뷔쏘스의 거주자라는 것을 의미할 수 있기 때문이다. 9장 1절은 20장 1-3절에서 천사가 열쇠를 가지고 용을 결박하여 아뷔쏘스에 가두는 상황과는 전혀 다른 문맥으로서, 그 내용 또한 전혀 다른 목적을 갖는다.[154] 곧 20장 1-3절은 천사가 아뷔쏘스의 열쇠를 가지고 있는 것이 예수님의 십자가로 말미암은 사탄에 대한 심판의 결과로서 사탄이 어떠한 상황에 처해 있는지를 보여주려는 목적이 있는 반면, 9장의 다섯 번째 나팔 심판에서 "하늘로부터 땅으로 떨어져 있는 별"에게 아뷔쏘스의 열쇠가 주어진 것은 하나님이 이러한 사탄을 세상의 심판을 위한 도구로 사용하신다는 것을 보여주려는 목적이 있는 것이다.

---

150 Blount, *Revelation*, 173.
151 Smalley, *The Revelation to John*, 226.
152 BDAG, 1065.
153 이러한 내용은 아뷔쏘스의 구약 배경을 연구하면서 좀 더 자세하게 다룰 것이다.
154 9:1과 20:1-3 사이의 관계에 대해서는 앞서 "하늘로부터 땅으로 떨어져 있는 별"에 대한 주제를 다룰 때 "(6) 요한계시록 20장 1-3절의 하늘로부터 내려온 천사와의 관계"에서 논의한 바 있다.

여기에서 하늘에서 땅으로 떨어져 있는 별에게 열쇠가 "주어졌다"라는 표현이 사용됨으로써 이 "별"이 무생물이 아니라 인격적 존재라는 것이 암시된다.[155] 곧 이 인격적 존재는 앞서 전승사적 배경을 통해 관찰한 것처럼 "사탄"이라고 말할 수 있다. 그리고 "주어지다"(ἐδόθη, 에도데)δίδωμι, 디도미)라는 동사는 신적 수동 태로서 사탄의 활동이 하나님의 통제 아래 있으며 하나님의 허용 아래 일어나고 있음을 시사하기도 한다.[156] 이런 사실은 다섯 번째 나팔 심판이 세상을 향한 하나님의 심판 중 하나로서 사탄의 활동이라는 수단을 통해 주어지고 있다는 점에서 더욱 명백해진다.

아뷔쏘스(ἄβυσσος, 1c절). 1c절에서 언급되는 '아뷔쏘스'(ἄβυσσος)는 어떤 곳을 가리키는 것일까? 이것은 우리가 흔히 알고 있는 우주 가운데 있는 물리적 공간이 아니다. 흔히 '아뷔쏘스'를 이해하려고 "무저갱"이라는 물리적 장소라는 개념을 먼저 설정하고 접근하려는 경향이 있다. '아뷔쏘스'의 정확한 개념을 정리하기 위해서는 그것의 구약 배경 및 유대적 배경, 그리고 신약의 용례를 살펴보아야 한다.

(1) 구약 배경
구약 성경의 헬라어 역본인 70인역에서 '아뷔쏘스'는 창세기 1장 2절의 히브리어 '테홈'(תְּהוֹם)을 '에파노 테스 아뷔쑤'(ἐπάνω τῆς ἀβύσσου, 깊음 위)로 번역하면서 처음 등장한다(참고, 창 7:11; 8:2; 시 106:9[70인역 105:9]; 107:26[70인역 106:26]).[157] 이와 관련하여 이 단어는 시편 42편 7절(70인역 41:8)이나 이사야 51장 10절에서 "깊은 바다" 혹은 "깊은 물"로 표현되기도 한다. 그리고 시편 71편 20절에서 '아뷔쏘스'는 "땅 깊은 곳"이라고 하여 죽은 자들이 존재하는 장소로 나타나고 있다(참고, 시 63:9). 이런 용례들은 이 '아뷔쏘스'라는 단어가 본래 창세기 1장 2절의 "깊음"이라는 단어에서 파생된 것임을 보여준다. 그리고 여기에서 발전하여 요한계시록 9장 1절에서의 의미와 유사하게 "여호와의 대적의 거처"(the abode of Yahweh's enemy)를 가리

---

155 이처럼 별의 형태에서 갑작스럽게 인격적 존재로 변환시키는 것은 요한의 "문학적 스타일"(literary style)의 중요한 특징 중 하나다(참고, 1:16-17; 17:9-10; 20:12)(Smalley, *The Revelation to John*, 226).
156 앞서 언급한 것처럼 이것은 "신적인 허용"(divine permission)이라고 할 수 있다(Koester, *Revelation*, 456; Sweet, *Revelation*, 167).
157 Swete, *The Apocalypse of St. John*, 112; Harrington, *Revelation*, 109; Witherington, *Revelation*, 150.

키는 데 사용되거나[158] "죽은 자들의 거처"라는 의미로 사용되기도 한다(시 71:20; 88:6[70인역 87:7]; Jos. *As*. 15:12).[159] 욥기에서 이 '아뷔쏘스'는 "우주적 바다 용의 거처"(the abode of the cosmic sea dragon)로 나타난다(욥 41: 31-32[70인역 41:23-24]).[160]

한편, 이 '아뷔쏘스'는 "하데스라는 개념"과 동일시되기도 한다(욥 38:16; 겔 31:15; 욘 2:6).[161] 에녹1서 18장 14절에서 '아뷔쏘스'는 타락한 천사들이 갇혀 있는 "구덩이"(pit) 혹은 "감옥"(prison)을 뜻한다(참고, 에녹1서 10:4-6; 18:9-16).[162] 여기에서 우리는 '아뷔쏘스'가 의미의 진화를 거듭한 끝에 결국 원래의 의미를 벗어나 상징적 성격을 띠게 된 것을 발견한다. 곧 창세기 1장 2절의 깊음에서 출발하여 땅의 깊은 곳 혹은 깊은 바다 그리고 대적자들 혹은 죽은 자들의 거처나 타락한 천사의 거처 혹은 감옥 등의 다양한 의미를 갖게 되었다. 그러나 이렇게 의미가 변화하는 과정에서도 변하지 않는 점이 하나 있는데, 그것은 '아뷔쏘스'가 대체로 악의 세력과 관련된 부정적 개념을 유지하고 있다는 것이다. 이는 창세기 1장 2절의 "깊음"이 창조 질서 이전의 무질서한 혼돈과 공허의 상태를 함축하는 의미로 사용되고 있기 때문일 것이다.

(2) 신약의 용례

신약 성경에서 '아뷔쏘스'는 요한계시록을 제외하면 로마서 10장 7절과 누가복음 8장 31절에서만 사용된다. 먼저 로마서 10장 7절에서 '아뷔쏘스'는 "죽은 자들이 존재하는 장소"를 의미하고 누가복음 8장 31절에서는 "악한 영들의 감옥"을 의미한다. 이 두 가지 의미는 모두 직전에 살펴보았던 구약 배경과 맥을 같이 한다. 특별히 로마서 10장 7절에서 '아뷔쏘스'(개역한글 "음부"; 개역개정 "무저갱")는 죽은 자들이 존재하는 장소로서 "스올"과 동일한 의미를 갖기도 한다.[163] 또한 누가복음 8장 31절과 같은 내용을 기록하는 마가복음 5장 10절에는 '아뷔쏘스'에 대한 언급 없이 단지 "그 지방에서(ἔξω τῆς χώρας, 엑소 테스 코라스) 내보내지 마시기

---

158 Charles, *A Critical and Exegetical Commentary on the Revelation of St. John*, 1:240. 찰스는 근거 구절로 "갈멜 산 꼭대기에 숨을지라도 내가 거기에서 찾아낼 것이요 내 눈을 피하여 바다 밑에 숨을지라도 내가 거기에서 뱀을 명령하여 물게 할 것이요"라고 말하는 암 9:3을 제시하는데, 여기에서 "바다 밑"(τὰ βάθη τῆς θαλάσσης, 타 바데 테스 달라쎄스)이 '아뷔쏘스'로 표현되어 있지는 않지만 '아뷔쏘스'와 동일한 의미의 용례로 간주할 수 있다.

159 Smalley, *The Revelation to John*, 226.

160 Beale, *The Book of Revelation*, 493.

161 앞의 책.

162 Osborne, *Revelation*, 363.

163 Harrington, *Revelation*, 109.

를 간구하더니"라고만 기록되어 있다. 마태복음 8장 28-34절에서는 '아뷔쏘스'
는 물론이고 이러한 요구 자체를 기록하지 않는다. 이것을 종합해 보면 복음서
저자들뿐 아니라 신약 성경 저자들 사이에서도 '아뷔쏘스'란 표현에 대한 보편적
인 이해가 통일되어 있지 않았음을 알 수 있다. 따라서 누가복음에서 사용된 '아
뷔쏘스'는 사실적 묘사가 아니라 에녹1서 18장 14절을 배경으로 하는 상징적 묘
사로서, 누가 자신의 독특한 접근이라는 주장이 더욱 힘을 얻고 있다. 만일 '아
뷔쏘스'라는 장소가 실제로 존재했다면 많은 신약 성경 저자들이 공통적으로 그
사실적 대상을 언급했을 것이다. 따라서 신약 성경에서 아뷔쏘스는 절대적 개념
을 갖지 않고 구약을 배경 삼아 다양한 상징적 의미로 사용되므로, 문맥에 따라
적절한 의미를 결정해야 할 필요가 있다.

(3) 요한계시록의 아뷔쏘스

요한계시록 9장 1c절의 '아뷔쏘스'의 의미는 구약과 유대 문헌 그리고 신약에서
의 용례들을 종합적으로 숙고하여 규정해 볼 수 있는 바, 크게 두 가지 의미로
압축될 수 있다: 첫째는 악한 영들의 처소이고 둘째는 악한 영들의 감옥이다. 이
두 의미는 서로 상충되지 않고 문맥에 따라 결정될 수 있는 상호 보완적인 관계
를 갖는다. 이러한 의미들에는 상징성이 내포되어 있다. 이것은 실제로 악한 영
들의 처소 혹은 감옥이 우주 어딘가에 물리적으로 존재한다는 것을 의미하는 것
이 아니다. 곧 예수 그리스도로 말미암아 하나님의 주권 아래에서 사탄을 우두
머리로 한 악한 영들이 하나님의 심판을 받아 철저하게 제압된 상태에 있다는
사실을 상징적으로 형상화한 것이라고 볼 수 있다. 이러한 점에서 아뷔쏘스는
요한계시록에서 "타락한 천사들, 마귀들, 짐승, 그리고 거짓 선지자에 대한 징
벌의 **예비적**(preliminary) 장소"로 사용된다.[164] 그러므로 '아뷔쏘스'를 정체 불명의
"무저갱"으로 번역하는 것은, 구약과의 연결을 단절시키고 있을 뿐 아니라 이
단어의 배경적 의미와도 거리가 있다고 할 수 있다. 따라서 이러한 문제를 해결
하기 위해 "무저갱"이라는 표현보다는 헬라어 원음대로 '아뷔쏘스'로 표기하는
것이 좋겠다.[165]
　　요한계시록에 나타나는 아뷔쏘스의 용례를 다음과 같이 정리할 수 있다.

---

164 Charles, *A Critical and Exegetical Commentary on the Revelation of St. John*, 1:239(강조는 찰스의 것).
165 이러한 주제에 대해서는 구문 분석 및 번역에서 논의한 바 있다.

구 분	9:1-2, 11	11:7	17:8	20:1, 3
아뷔쏘스에 존재하는 것	황충	짐승	짐승	용(사탄)
아뷔쏘스 입구 열쇠의 소유자	땅에 떨어져 있는 별: 열쇠를 받음			천사
아뷔쏘스로부터 올라옴	큰 풀무의 연기 같은 연기가 올라옴; 해와 공기가 그 입구의 연기로 인해 어두워짐	짐승이 아뷔쏘스로부터 올라온다 (증인을 죽임)	아뷔쏘스로부터 올라와 멸망으로 들어갈 자	천 년 동안 용(사탄)을 결박하여 아뷔쏘스에 던져 잠그고 인봉하는데, 천 년 후에 잠간 놓임
문맥	다섯 번째 나팔 심판	두 증인의 사역을 방해	바벨론의 멸망	최후 심판

이 도표에서 보여주고 있는 것처럼 요한계시록에서 아뷔쏘스는 악의 세력의 온상으로 나타난다. 9장에서는 황충이 등장하고 11장과 17장에서는 짐승이 등장하며 20장에서는 용이 등장한다. 그리고 열쇠와 관련해서 9장에서는 하늘로부터 땅으로 떨어져 있는 별이 아뷔쏘스 입구의 열쇠를 받는 반면, 20장에서는 천사가 아뷔쏘스의 열쇠를 가지고 있다. 또한 아뷔쏘스로부터 올라오는 실체도 다양하고 아뷔쏘스가 등장하는 문맥도 다양하다. 이것은 아뷔쏘스의 절대적 의미가 존재하는 것이 아니라 문맥에 따라 얼마든지 변형이 가능한 폭넓은 의미 범주를 갖는다는 사실을 보여준다. 실제로 '아뷔쏘스'가 이렇게 다양한 방법으로 다양한 문맥에서 사용되고 있음에도 불구하고, 요한계시록은 마치 독자들이 각 본문의 의미를 다 알고 있다는 듯이 어떠한 추가 설명도 하지 않는다. 이것은 요한계시록의 독자들이 구약 배경에 대한 풍부한 이해를 공유하고 있음을 요한이 전제하고 있기 때문이다.

[9:2] 별의 활동

2절부터는 하늘에서 떨어진 별의 활동이 소개된다. 그 별의 활동 중에서 가장 중요한 것은 아뷔쏘스의 열쇠를 가지고 그 입구를 여는 것이라고 할 수 있다.

아뷔쏘스의 입구를 열다(2a절). 하늘로부터 땅으로 떨어져 있는 별이 아뷔쏘스의 입구를 열었다. 이것은 어느 정도 예고된 행위이다. 왜냐하면 그 별이 입구의 열쇠를 가지고 있다는 사실이 이미 언급되었기 때문이다(1c절). 입구가 열리면서 다섯 번째 나팔 심판이 본격적으로 시작된다. 이러한 점에서 아뷔쏘스 입구의 문이 열리게 된 것은 이 심판에서 가장 핵심적인 요소라 할 수 있다. 이때 그 아뷔쏘스의 입구로부터 큰 풀무의 연기 같은 연기가 올라왔다. 그리고 그 연기로 말미암아 해와 공기가 어두워졌다. 2절의 나머지 부분에서는 아뷔쏘스의 입구가 열린 결과 발생한 세 개의 주제를 중심으로 살펴보고자 한다. 첫째는 연기이고, 둘째는 큰 풀무이며, 셋째는 어두움이다.

연기가 올라오다(2b절). 아뷔쏘스의 입구가 열리자 그 입구로부터 큰 풀무의 연기 같은 연기가 올라온다. 두 종류의 연기가 언급된다. 하나는 아뷔쏘스로부터 올라오는 연기이고 다른 하나는 풀무의 연기이다. 후자는 전자를 묘사하기 위해 사용된다. 곧 "풀무의 연기 같은"이란 문구에서 "같은"(ὡς, 호스)이란 단어는 풀무의 연기가 아뷔쏘스의 입구로부터 올라오는 연기를 은유적으로 표현해 주기 위해 사용되고 있음을 보여준다. 그러므로 연기는 풀무 이미지와 분리해서 생각할 수 없다. 풀무는 연기를 더 강력하게 내뿜도록 하는 기능을 갖는다. 그러므로 아뷔쏘스의 입구로부터 올라오는 연기는 풀무의 연기라는 이미지를 통해 더 강렬하게 그려진다.

여기에서 언급되는 풀무의 연기 같은 "연기"는 창세기 19장 28절의 "소돔과 고모라와 그 온 지역을 향하여 눈을 들어 연기가 옹기 가마의 연기같이 치솟음(올라오는 것)을 보았더라"에서 언급되는 "옹기 가마의 연기"를 배경으로 한다.[166] 요한계시록 9장 2b절의 연기가 "올라왔다"(ἀνέβη, 아네베)는 표현은 창세기 19장 28절의 연기가 "올라오는 것"(ἀνέβαινεν, 아네바이넨)이란 표현에서 사용된 것과 동일한 동사 '아나바이노'(ἀναβαίνω)를 사용함으로써 동일한 심판 정황을 나타내고 있다. 그리고 창세기 본문에 사용된 "옹기 가마"(κάμινος, 카미노스)는 다음 단락에서 살펴볼 요한계시록의 "풀무"와 동일한 단어이다. 그러므로 요한계시록의 "풀무의 연기"는 창세기 본문의 "옹기 가마(풀무)의 연기"로부터 비롯된 것이라고 할 수 있다. 이러한 관계로 볼 때 요한계시록 본문은 창세기 19장 28절이 그 배경임이 더욱 분명해진다. 이러한 배경에서 창세기 19장 28절의 소돔과 고모라에 대한 심판 상황이 다섯 번째 나팔 심판 상황에 적용됨으로써 심판의 심각성을 더욱 고조시킨다.

---

166 Charles, *A Critical and Exegetical Commentary on the Revelation of St. John*, 1:242; Osborne, *Revelation*, 363.

이와 동일한 패턴의 또 다른 구약 배경으로 출애굽기 19장 18절을 생각해 볼 수 있다.[167]

> 시내 산에 연기가 자욱하니 여호와께서 불 가운데서 거기 강림하심이라 그 연기가 옹기 가마 연기 같이 떠오르고(올라오고) 온 산이 크게 진동하며(출 19:18)

이 본문의 "옹기 가마"(κάμινος, 카미노스)는 창세기 19장 28절처럼 풀무와 동일한 단어를 달리 번역한 것이다. 즉, 이 출애굽기 본문도 창세기 19장 28절처럼 연기의 강렬함을 강조하기 위해 시내 산의 연기를 풀무의 연기에 빗대어 표현하고 있다. 그리고 그 연기의 움직임이 창세기 19장 28절과 동일하게 "올라오다"(ἀνέβαινεν, 아네바이넨)ἀναβαίνω, 아나바이노)라는 동사로 묘사된다. 물론 이 본문은 직접적으로 심판을 시행하는 문맥이 아니고 불 가운데 강림하시는 하나님의 임재 정황과 연결되고 있기 때문에 풀무의 연기를 심판과 연결시키는 것에는 신중해야 하지만, 그럼에도 불구하고 하나님의 임재 자체가 의미하는 "통치"가 심판의 요소를 함축하고 있으므로 창세기 19장 28절처럼 심판의 의미가 전혀 없다고 할 수는 없다. 하나님의 임재는 하나님의 백성에게는 구원의 은혜이지만 하나님을 대적하는 자들에게는 심판의 의미를 갖기 때문이다.

이상의 두 구약 본문 배경에 의해 요한계시록 9장 2절에서 연기의 역할과 기능이 심판 상황을 보여주는 그림 언어로 사용되고 있음을 알 수 있다.

풀무(2b절). 여기에서는 연기를 강조하기 위해 "풀무"(κάμινος, 카미노스)에 수식어 "큰"(μεγάλης, 메갈레스)μέγας, 메가스)을 붙여서 심판 이미지를 더욱 강렬하게 나타낸다. 그리고 이 풀무는 연기와 함께 "풀무의 연기"라는 문구로 사용된다. 풀무는 연기의 양을 증폭시킨다. 큰 풀무 연기의 양은 더욱 많아진다. 풀무로 증가한 연기의 강렬함을 비유적으로 설명하기 위해 "같은"(ὡς, 호스)이란 단어가 함께 사용된다. 이런 용례들은 앞서 연기에 관한 논의에서 살펴본 두 개의 구약 배경(창 19:28과 출 19:18)에서 확인한 바 있다. 그러므로 여기에서는 두 구약 본문에 대한 설명은 생략하고, 풀무와 관련하여 배경으로 제시되는 다른 구약 본문을 살펴보도록 하겠다.

요한계시록의 "풀무"(κάμινος, 카미노스)라는 단어는 70인역 다니엘 3장 6절과

---

167 Swete, *The Apocalypse of St. John*, 113; Harrington, *Revelation*, 109.

11절의 맹렬히 타오르는 "불의 풀무"(τὴν κάμινον τοῦ πυρὸς, 텐 카미논 투 퓌로스)에 나오는 "풀무"와 같은 단어이다. 이 점에서 두 본문의 관련성이 드러난다. 특별히 이두 본문의 관련성은 BDAG에서 '카미노스'(κάμινος)의 의미를 소개하면서 요한계시록 9장 2절과 다니엘 3장 6절, 11절을 나란히 제시하고 있다는 사실에서도 확인된다.[168] 이 두 본문에서 발생한 사건은 대조적 평행을 이루고 있다. 곧 이 풀무는 다니엘 3장에서는 사드락, 메삭, 아벳느고가 겪어야 했던 느부갓네살 왕의핍박 도구였지만 요한계시록에서는 그 반전이 일어난다. 요한계시록에서 큰 풀무의 연기 같은 연기로 말미암아 고통을 받는 대상은 하나님의 백성이 아니라바로 이 세상이다.

어두워지다(ἐσκοτώθη, 2c절). 2c절에 의하면 아뷔쏘스의 입구에서 올라오는 연기로인하여 해와 공기가 "어두워졌다"(ἐσκοτώθη, 에스코토데)σκοτόω, 스코토오). 발생하고 있는 연기의 양이 얼마나 많은지를 단적으로 보여주는 표현이다. 본문이 말하는어두움은 네 번째 나팔 심판(8:12)에서 해와 달과 별들이 타격받아 어두워지게 되는 것과는 그 성격이 좀 다르다. 왜냐하면 2절에서는 해와 달과 별들이 타격받았다는 언급이 없어서 무엇인가의 결과로 어두워졌다는 인과 관계가 전혀 드러나지 않기 때문이다.[169] 오히려 2절은 열 재앙 중 여덟 번째 재앙인 황충이 온 땅을 덮음으로 인해 어둡게 된 출애굽기 10장 15절이나[170] 황충으로 인하여 해와달과 별들이 어두워지는 요엘 2장 10절의 상황과 유사하다.[171] 이 두 경우는 해와 달과 별들 자체가 훼손되어 어두움을 유발시킨 것이 아니라 황충이라는 대상이 어둡게 하는 원인이 된다는 점에서 2절에서 연기로 어두움이 발생한 것과 평행 관계를 갖는다. 그 밖에 출애굽기 10장 21-22절의 아홉 번째 재앙에서 모세가 하늘을 향하여 손을 내밀자 애굽 땅 위에 캄캄한 흑암이 삼 일 동안 애굽 온땅에 있게 된 경우도 있었다.
　이 어두움의 궁극적인 근원을 추적해 보면, 70인역 창세기 1장 2절의 "아뷔쏘스 위의 흑암"(σκότος ἐπάνω τῆς ἀβύσσου, 스코토스 에파노 테스 아뷔쑤)에 이르게 될 것이다(참고, 희년서 2:2).[172] 여기에서 "흑암"(σκότος, 스코토스)은 "어두워지다"와 동일한 어

---

168 BDAG, 506.
169 그런 의미에서 이 두 경우를 연결지으려는 스윗의 견해에 동의하기는 어렵다(Sweet, *Revelation*, 168).
170 Koester, *Revelation*, 458. 참고, Boxall, *Revelation of St. John*, 143.
171 Roloff, *The Revelation of John*, 115; Mounce, *Revelation*, 186.
172 Koester, *Revelation*, 457.

근에서 파생되었고 이 어두움이 아뷔쏘스와 함께 등장한다는 점에서 이런 관련성을 유추할 수 있다. 여기에서 어두움은 창조 질서 이전의 혼돈과 공허의 상태를 특징짓는 요소라고 할 수 있다. 그렇다면 다섯 번째 나팔 심판으로 인한 어두움의 발생은 창조 질서 이전의 혼돈과 공허의 상태에 이르게 되는 것을 의미한다. 이것은 요한계시록에서의 심판이 창조 질서를 무너뜨리며 진행되는 패턴을 또 다시 확증해 주고 있다.

정리. 풀무의 연기는 아뷔쏘스의 입구에서 나오는 연기의 은유적 표현이다. 이은유적 표현은 아뷔쏘스의 입구에서 나오는 연기의 파괴적 능력을 효과적으로 표현하기 위함이다. 그리고 풀무의 연기 같은 연기 때문에 어두움이 더욱 깊어지는데, 이런 어두움은 창조 이전 상태의 특징으로서 창조 질서의 와해를 의미한다.

[9:3] 황충

3-4절에서는 사탄이 아뷔쏘스의 문을 연 이후에 구체적으로 어떤 심판이 일어나는지를 소개한다.

구약 배경: 요엘 1-2장을 중심으로. 요한계시록 9장 3a절에 의하면 아뷔쏘스의 입구에서 나오는 연기로부터 황충들이 땅으로 나온다. 2절의 "연기"라는 주제에서, 그 연기로부터 나오는 "황충"으로 주제가 발전되고 있다. 여기에서 언급되는 "황충"의 의미를 파악하기 위해서는 그것의 구약 배경을 이해할 필요가 있다. 먼저 "황충"은 출애굽기 10장 13-15절의 여덟 번째 재앙에서 애굽을 심판하는 수단으로 등장한다.[173] 다섯 번째 나팔 심판이, 앞선 네 개의 나팔 심판처럼, 출애굽기의 열 재앙 중 하나를 배경으로 사용함으로써 심판의 목적과 대상을 자연스럽게 매우 효과적으로 드러내고 있다. 곧 심판은 하나님의 구원을 이루기 위함이요, 심판 대상은 이 세상이다.

출애굽기의 여덟 번째 재앙 이후로 구약에서 황충은 "파괴와 신적 심판의 상징"으로 사용된다(신 28:38[신 28:42에서는 '아크리스'(ἀκρίς)가 아닌 '에뤼시베'(ἐρυσίβη)가 사용됨]; 왕상 8:37; 대하 6:28; 7:13; 시 78:46[70인역 77:46]; 105:34[70인역 104:34]; 나 3:15).[174] 특별히 신

---

173 Reddish, *Revelation*, 177.
174 앞의 책.

명기 28장 37-42절에서는 이스라엘 백성이 하나님께 범죄할 때 황충을 통해 심판하실 것이라는 경고가 주어지고, 이 심판에 대한 경고의 말씀이 아모스 4장 9절에서 실제로 집행되는 것을 볼 수 있다(참고, 암 7:1-2).[175] 뿐만 아니라 요엘 1장 4절, 6-7절, 2장 1-11절에서도 "황충"이 하나님의 심판 도구로 등장하는데, 이는 하나님이 바벨론 군대를 통해 이스라엘에게 내리신 "심판의 강력한 상징"으로 사용된 것이다.[176] 특별히 요엘 2장 1절에서 여호와의 심판의 날을 가리키는 "시온에서 나팔을 불며"라는 표현에 "나팔"이 사용되는 것, 요엘 2장 30절의 "연기 기둥"에서 연기라는 주제가 사용되는 것, 요엘 2장 10절의 "... 일월이 캄캄하며 별들이 빛을 거두도다"라는 표현과 요엘 2장 31절의 "해가 어두워지고"에서 어두움이라는 주제가 사용되는 것 등이 모두 다섯 번째 나팔 심판과 유사한 정황을 보여준다.[177] 이런 유사성을 볼 때, 요한계시록 본문이 다섯 번째 나팔 심판에서 연기와 어두움과 황충을 등장시키는 데 있어 요엘 2장을 중요한 정황적 자료로 이용했음을 알 수 있다.

요한은 이와 같은 구약 본문들의 황충 이미지들을 단순히 곤충을 가리키는 데만 사용한 것이 아니라 "마귀적 속성"(demonic character)에 대한 상징으로 더욱 발전시켜 활용한다.[178] 다시 말하면 요한계시록의 황충은 이러한 마귀적 속성을 표현하기 위해 요엘서 본문을 근거로 그려내는 일종의 "언어적 그림"(verbal picture)이라고 할 수 있다.[179]

황충의 권세=전갈의 권세(3b절). 3a절에서는 황충들이 "연기로부터 땅으로" 나왔다고 말한다. 먼저 "연기로부터"라는 문구는 문장의 맨 앞에서 강조하려는 의도를 보이면서 황충들의 출처가 아뷔쏘스의 입구임을 알려 준다. 그런데 왜 2b절의 경우처럼 "아뷔쏘스로부터"라고 하지 않고 "연기로부터"라고 하는 것일까? 앞서 논의한 것처럼, 연기라는 주제가 심판 이미지를 강조하는 것이기에, 황충을 연기와 결합시킴으로써 심판의 이미지를 더욱 강화시키려는 목적이 있다고 볼 수 있다.

---

175 Osborne, *Revelation*, 364.
176 앞의 책. 오즈번은 이러한 상징적 사용을 "황충 이미지"(locust imagery)라고 표현한다(앞의 책).
177 앞의 책.
178 Beasely-Murray, *The Book of Revelation*, 161.
179 앞의 책, 162.

3b절에 의하면 이러한 황충에게 전갈들이 가지고 있는 것과 같은 권세가 주어진다. 여기에서는 두 가지를 주목할 필요가 있다. 첫째, 황충들에게 권세가 "주어졌다"(ἐδόθη, 에도데)δίδωμι, 디도미)라는 표현이다. 이 동사는 신적 수동태로 사용되어 이들에게 주어진 권리가 스스로 가지고 있는 것이 아니라 하나님에 의해서 주어진 것이라는 사실을 말해 주고 있다. 곧 하나님이 모든 상황을 주도하고 계심을 시사하고 있다. 이것은 황충들이 "하늘로부터 땅으로 떨어져 있는 별"의 거처인 아뷔쏘스에서 연기와 함께 나오므로 사탄적 속성을 가지고 있음에도 불구하고 하나님의 명령에 따라 움직이고 있음을 의미한다. 이것은 9장 1c절에서 "하늘로부터 땅으로 떨어진 별"에게 아뷔쏘스의 열쇠가 "주어졌다"(ἐδόθη, 에도데)는 신적 수동의 표현 방식과 같은 패턴이라고 할 수 있다. 이런 패턴은 요한계시록에 매우 빈번하게 등장한다. 이것은 곧 사탄의 세력이 전적으로 하나님의 통제 아래 있다는 사실을 보여주고 있다. 여기에서 우리는 하나님이 그분의 심판을 시행하시는 데 있어서 사탄적 세력을 이용하신다는 것을 알 수 있다.

둘째, 황충의 권세를 전갈의 권세에 빗대어 설명하고 있다는 점이다. 왜 저자는 여기에서 "전갈"을 등장시키는 것일까? 그것은 바로 전갈의 속성 때문이다. 성경에서, 전갈이 인간과 "적대적인"(hostile) 속성을 갖는다는 것이 전통적으로 널리 인식되어 왔다.[180] 먼저 신명기 8장 15절에서는 "너를 인도하여 그 광대하고 위험한 광야 곧 불뱀과 전갈이 있고 물이 없는 간조한 땅을 지나게 하셨으며"라고 하여 전갈을 불뱀과 함께, 광야가 인간에게 위험한 장소라는 것을 밝혀주는 상징적 존재로 묘사하고 있다. 열왕기상 12장 11절(참고, 대하 10:11, 14)은 "… 내 아버지는 채찍으로 너희를 징계하였으나 나는 전갈 채찍으로 너희를 징계하리라"라고 하여 르호보암의 포학적 착취의 통치 행위를 "전갈 채찍"으로 표현하고, 에스겔 2장 6절에서 전갈은 가시, 찔레, 패역한 족속과 같은 속성을 공유한다.[181] 더 나아가서 누가복음 10장 19절에서 예수님은 원수의 모든 능력을 제어할 권세를 주셨다는 것과 "뱀과 전갈을 밟는다"는 것을 동일시하신다. 곧 뱀과 전갈이 원수의 모든 능력의 전형으로서 사용되고 있는 것이다.[182] 즉, 전갈은 뱀처럼 인간에게 적대적인 원수의 상징으로 인식된다.

---

180 Harrington, *Revelation*, 109.
181 Swete, *The Apocalypse of St. John*, 113.
182 벅(Bock)에 의하면 뱀과 전갈이 "적대적 피조물"(hostile creation)을 대표한다고 지적한다(Darrell L. Bock, *Luke: 9:51–24:53*, BECNT [Grand Rapids, MI: Baker Academic, 1996], 1007).

요한계시록의 전갈은 바로 이런 배경에서 묘사되고 있다고 할 수 있다. 곧 전갈의 권세로 황충의 권세를 묘사함으로써, 황충을 통한 인간 심판의 고통과 극렬함을 효과적으로 전달하고 있는 것이다. 이와 같은 맥락에서 요한계시록의 전갈은 "세상에서 활동하는 영적 악의 능력"을 상징하는 것으로 볼 수 있다.[183]

이상에서 풀무의 연기, 황충, 전갈이라는 표현은 심판의 혹독함을 강조하기 위한 목적으로 등장하는 것이라고 할 수 있다.

[9:4] 누구를 해롭게 할 것인가?

그렇다면 전갈과 같은 이러한 황충의 권세는 어떠한 권세인가? 4절에서 그것이 밝혀지고 있다. 4절에서 이러한 황충에게 하나님으로부터 어떤 명령이 떨어진다. 이 명령에서 황충의 권세가 어떠한 종류의 권세인지 알 수 있다.

땅의 풀이나 푸른 것이나 모든 수목은 해하지 말 것(4b절). 4a절은 "그들에게 말씀되었다"(ἐρρέθη αὐταῖς, 에르레데 아우타이스)라는 표현으로 시작한다. 여기에서 말씀을 받는 대상인 "그들에게"(αὐταῖς, 아우타이스)는 3절의 황충을 가리킨다. 곧 황충들에게 말씀이 주어지고 있다. 동사 '에르레데'(ἐρρέθη, 말씀되었다)는 신적 수동태로서 하나님이 말씀하고 계심을 의미하며 이러한 말씀에 의해 황충의 행위가 결정되는 것을 보여준다. 이것은, 3절에서 황충에게 주어졌던 권세가 하나님에 의해 주어진 것과 같은 패턴이다. 황충이 비록 아뷔쏘스에서 나오는 사탄적 세력에 속하는 것이지만 하나님의 통제 아래 있다. 4b절은 황충에게 말씀된 내용을 소개한다. 그것은 바로 땅의 풀이나 푸른 것이나 모든 수목은 해롭게 하지 말라는 것이다. 이것은 8장 7절의 첫 번째 나팔 심판에서 "모든 풀"이 타버리는 것과 대조된다.

이런 명령은, 구약에서 모든 푸른 풀이나 수목들을 모두 먹어 치우는 메뚜기의 속성을 의식한 것이다. 출애굽기 10장 4-5절에서 하나님은 바로에게 이스라엘 백성을 보내지 않으면 "황충"(ἀκρίς, 아크리스)을 보내실 것이라고 말씀하시면서, 그 황충이 "지면을 덮어서 사람이 땅을 볼 수 없을 것"이며, 우박의 재앙 후에 남아 있던 "들에서 자라나는 모든 나무를 먹을 것"이라고 경고하신다. 여기에서 황충의 표적이 되는 것이 바로 "땅의 풀이나 푸른 것이나 모든 수목"과 상응한

---

183 Swete, *The Apocalypse of St. John*, 113.

다고 볼 수 있다. 아모스 7장 1-2절에서도 "황충"(ἀκρίς, 아크리스)이 "땅의 풀을 다" 먹었다고 기술하면서 동일한 황충의 모습을 보여주고 있다. 이것이 본래 황충이 하는 본능적인 일이다. 그런데 요한계시록 9장 4절에서 하나님은 이러한 출애 굽기나 아모스서에서의 심판 방법으로 제시되는 황충의 정상적인 활동에 반하는 두 가지 명령을 내리신다.

첫째, 황충에게 있어서는 지극히 본능적인 일을 하지 말라고 하신다. 앞서 살펴본 구약 본문들이 분명하게 보여주듯이 황충은 이 땅의 모든 식물을 해롭게 하는 존재다. 그런데 4b절에서 하나님은 그런 황충들에게 "땅의 풀이나 푸른 것이나 모든 수목을 해롭게 하지 말라"고 명령하신다. 즉, 황충의 본능적인 활동을 금하는 명령이 내려진다. 둘째, 황충에게는 일반적인 공격 대상이 아닌 존재를 해롭게 하라고 하신다. 곧 황충의 먹이가 될 수 있는 또 다른 대상을 등장시키고 있는 것이다. 그것은 바로 4c절에서 기록하고 있는 "이마에 하나님의 인을 갖지 않은 사람들"이다. 본능적인 대상으로서 "땅의 풀이나 푸른 것이나 모든 수목"이 아니라 "이마에 하나님의 인을 갖지 않은 사람들"을 공격 대상으로 삼으라는 명령이 주어진다. 이러한 표적의 전환은, 황충이 단순히 문자적 차원에서 사용되고 있는 것이 아니라 인간에 대한 심판의 도구로서 마귀적 속성을 가진 존재로 등장하고 있음을 보여준다. 더 나아가 처음 네 개의 나팔 심판이 자연계에 초점을 맞추어서 표현되었으므로, 이제는 심판의 초점을 사람에게 맞추려는 목적을 보여준다고 할 수 있다.[184] 그렇다면 황충의 공격 대상이 되고 있는 "이마에 하나님의 인을 갖지 않은 사람들"은 과연 누구인가?

이마에 하나님의 인을 갖지 않은 사람들(4c절). 특별히 주목을 끄는 것은 4c절의 문장 구성이다. 4c절의 '에이 메'(εἰ μή)는 "... 외에는"(except)이라는 의미를 가지며 4b절의 종속구로 되어 있다. 여기에서 4b절과 4c절을 함께 직역하면 "그 이마에 하나님의 인을 갖지 않은 사람들 외에는(εἰ μή)"이라고 할 수 있다. 그들 외에는 해롭게 하지 말라는 명령이 주어진다. 여기에서 부정의 부정을 통해 "이마에 하나님의 인을 갖지 않은 사람들"만 심판을 받아야 하는 대상이라는 사실을 강조한다. 여기에서 "이마에 하나님의 인을 갖지 않은 사람들"이란 누구를 가리키는 것일까? 이것은 바로 7장 1-8절에서 그 이마에 하나님의 인을 가진 사람들

---

184 Roloff, *The Revelation of John*, 115.

과 상대되는 개념이다. 하나님의 인을 갖지 않은 자라면 13장 16-18절에서 언급하고 있는 것처럼 짐승의 표를 받은 자일 수밖에 없다. 요한계시록에는 오직 두 부류의 사람만 존재한다. 곧 하나님께 속한 자로서 하나님의 인을 가진 자들과 사탄에 속한 무리로서 짐승의 표를 받은 자들이다. 여기에서 황충의 공격 대상은 바로 후자에 속한 자들이다. 이 황충은 "하늘로부터 땅으로 떨어져 있는 별"에 의해 상징되는 사탄이 열쇠로 아뷔쏘스를 열었을 때 아뷔쏘스의 입구로부터 올라오는 연기로부터 나온 바 있다(3a절).

인 심판의 경우처럼 나팔 심판도 일관성 있게 하나님의 백성들이 아닌 사탄에게 속한 자들을 향하여 심판을 행하시는 것을 분명하게 보여준다. 곧 하나님은 전갈과 같은 권세를 가지고 사람을 해하는 황충에 의해 드러나는 사탄의 파괴적 속성을 사용하셔서 사탄에게 속한 자들을 심판하신다. 이것은 악의 세력이 지닌 자기 파멸적 성격에 의해 자동적으로 발생하는 현상이다. 그야말로 사탄에게 속한 자들을 심판하시는 하나님의 절묘한 방법이 아닐 수 없다. 사탄에게 속한 자들은 그들이 추종하는 사탄에 의해 절대로 인격적으로 대접받지 못하는 현실을 직시해야만 한다. 지금도 사탄은 사람들을 향하여 자기에게 속하게 되면 편안하고 안전하다고 속이고 있지만, 그것은 거짓의 아비에 의해 자행되는 허구다. 이러한 사실은 감추어지기도 하지만 때로는 분명하게 드러나게 되어 있다. 바로 하나님이 사탄으로 하여금 이러한 심판의 도구로 사용되도록 통제하심으로써 이렇게 숨겨진 허구를 온전히 드러내고 계시는 것이다. 이러한 하나님의 역사에 의해, 사탄의 거짓됨은 더 이상 지속되지 못하고 심판받는 모습으로 드러나고 있는 것이다.

[9:5-6] 인을 받지 않은 자들의 고통
5-6절은 그 이마에 하나님의 인을 갖지 않은 사람에게 이러한 황충에 의해 주어지는 고통이 제한적인 기간에 주어지기는 하지만 얼마나 괴로운 것인지를 소개한다.

황충의 활동에 의한 고통(5절). 5절에서 황충은 하나님으로부터 두 가지 명령을 받는다. 첫째는 "그들을 죽이지 않는 것"이고(5b절), 둘째는 "다섯 달 동안 괴롭게만 할 것"(5c절)이다. 먼저 그들을 죽이지 않도록 하는 것은 그들에게 하나님의 자비를 베풀어 회개할 기회를 주기 위한 목적이 아니라 그들에게 더한 고통을 주기 위함이다. 이것이 바로 6절에서 그들은 죽기를 구하여도 죽음을 발견하지 못하고 도리어 죽음이 그들을 피해 간다고 말하는 이유이다. 이 심판은 이마에 하나님의 인을 갖지 아니한 자들, 곧 본래적으로 사탄에게 속한 자들을 표적으로 행해지고 있다. 이런 자들은 회개할 가능성이 전혀 없다. 그렇다면 이 심판이 회개를 목적으로 주어지는 것이 아니라 그들의 배역에 대한 보응으로 주어지는 것임을 알 수 있다.

두 번째 명령인 "다섯 달 동안 괴롭게만 할 것"은 문자 그대로 다섯 달 동안만 그들이 심판을 받는 것으로 생각해서는 안 되고, 다섯 달 동안만 생존하는 황충의 "생의 주기"(life cycle)나 팔레스타인 지역의 건기로서 황충이 나타나기 시작하는 기간(4월부터 8월까지)에 근거해서 산출된 기간을 적용하고 있는 것으로 이해해야 할 것이다.[185] 5d절에서 이마에 하나님의 인을 갖지 않은 자들에게 가하는 황충의 "괴롭게 함"을 표현하는 명사로 사용된 '바사니스모스'(βασανισμός)는 "심각한 고통"을 의미하는 것으로서 이것은, 극심한 고통을 나타내기에 가장 적절한 단어다.[186]

5d절은 황충이 사람들을 괴롭게 하는 것을 전갈이 괴롭게 하는 것에 비유한다. 3b절에서 언급했듯이 전통적으로 전갈은 인간을 괴롭게 하는 상징적 존재로 인식되어 왔는데, 여기에서 요한은 황충을 통한 심판이 주는 고통을 전갈에 쏘인 고통에 비유하고 있는 것이다(참고, 신 8:15; 왕상 12:11). 이렇게 전갈에 관한 구약 배경을 통해 볼 때 요한이 전갈을 등장시킨 이유를 충분히 짐작할 수 있게 된다. 특별히 전갈이 "강렬한 고통"(exquisite pain)을 야기하는 것으로 인식된다는 점에서 이러한 비유는 극단의 고통을 표현한다고 할 수 있다.[187]

이마에 하나님의 인을 갖지 않은 사람들의 반응(6절). 6절은 5절에서 황충에 의해 심판받은, "이마에 하나님의 인을 갖지 않은 사람들"의 반응을 소개한다. 이 반응은 황충에 의한 고통이 얼마나 심각한지를 보여준다. 먼저 6a절에 의하면 이 심판의 날에 사람들은 죽기를 구할 것이다. 왜냐하면 그 고통이 너무나 심하기 때문이다. 고통이 너무 심해서 차라리 죽는 것이 나을 것이라고 생각한 것이

---

185 Beale, *The Book of Revelation*, 497; Osborne, *Revelation*, 367.
186 L&N 1:286.
187 Swete, *The Apocalypse of St. John*, 114.

다. 그러나 그들은 결코 죽음을 발견하지 못할 것이다(6b절). 6b절에서 사용된 부정어 '우 메'(οὐ μή)는 부정을 강조하는 표현으로서 이 부정의 상황에 "결코" 혹은 "절대로"라는 말을 덧붙일 수 있다. 이 부정을 강조함으로써 심판받는 자들의 고통을 극대화하고 있다.

6cd절은 6ab절을 반복한다. 6c절을 직역하면 "그들이 죽기를 간절히 열망할 것이다"가 될 것이다. 왜냐하면 '에피뒤메수신'(ἐπιθυμήσουσιν〉ἐπιθυμέω, 에피뒤메오)이라는 동사는 "어떤 대상을 확보하거나 행동하는 것에 대한 간절한 열망을 가지고 있다"라는 의미이기 때문이다.[188] 이렇게 그들은 죽기를 간절히 열망하지만 도리어 죽음은 그들을 피한다(6d절). 고통의 순간에 삶보다 죽음을 더 원하는 것은 통상적인 것이라고 할 수 있다.[189] 그런데 죽음에 대한 간절한 열망에도 불구하고 그 열망이 이루어지지 않는 상황에서 고통은 더욱더 심화된다. 여기에서 우리는 다음과 같은 AB-A'B'의 구조를 확인할 수 있다.

A   죽기를 간절히 구함(6a절)
B   죽음을 찾지 못함(6b절)
A'   죽기를 간절히 원함(6c절)
B'   죽음이 그들로부터 피함(6d절)

곧 AB의 내용을 A'B'에서 반복하여 기록하고 있다. 이러한 반복은 강조 효과를 드러내며 심판을 받는 자들의 고통이 얼마나 심각한지를 분명하게 알려 준다.

고통이 너무 심하여 죽기를 구하지만 죽지도 못하는 이런 정황은 욥기 3장 21절과 예레미야 8장 3절을 배경으로 한다.[190]

> 이러한 자는 죽기를 바라도 오지 아니하니 땅을 파고 숨긴 보배를 찾음보다 죽음을 구하는 것을 더하다가(욥 3:21)
>
> 이 악한 민족의 남아 있는 자, 무릇 내게 쫓겨나서 각처에 남아 있는 자들이 사는 것보다 죽는 것을 원하리라 만군의 여호와의 말씀이니라(렘 8:3)

이 두 구약 본문은 각각 고통을 받으면서 사는 것보다 죽는 것이 낫다는 것을 보여줌으로써 고통의 극심함을 강조한다. 요한계시록 본문은 바로 이러한 구약적 배경을 적용하여 황충에 의한 심판의 고통을 극대화한다.

---

188 BDAG, 372.
189 Koester, *Revelation*, 459.
190 Charles, *A Critical and Exegetical Commentary on the Revelation of St. John*, 1:243.

[9:7-10] 황충의 특징들

7-10절은 이러한 황충의 모양을 구체적으로 설명하고 있다. 이 부분에서 황충에 대한 묘사는 기본적으로 요엘 1장 6-7절과 2장 4-5절을 배경으로 하고 있다. 7-10절에서 소개하는 황충의 모양을 네 가지로 정리해 보겠다.

황충의 모양 1(7절). 먼저 7절에서는 황충의 특징을 세 가지로 소개한다: (1) 전쟁을 위하여 준비된 말들 같다(7a절), (2) 그들의 머리 위에 금 비슷한 면류관들 같은 것이 있다(7b절), (3) 그들의 얼굴들은 사람들의 얼굴들 같다(7c절).

(1) 전쟁을 위하여 준비된 말들 같다(7a절)

7a절은 황충들의 모양이 "전쟁을 위하여 준비된 말들 같다"고 한다. 먼저 황충과 말이 유사점들을 가지고 있다는 점에서 이러한 비유가 성립될 수 있다. 실제로 예레미야 51장 27절과 욥기 39장 19-20절은 황충과 말의 밀접한 관계를 반영한다.[191]

> 땅에 깃발을 세우며 나라들 가운데에 나팔을 불어서 나라들을 동원시켜 그를 치며 아라랏과 민니와 아스그나스 나라를 불러 모아 그를 치며 사무관을 세우고 그를 치되 극성스런 메뚜기(황충) 같이 그 말들을 몰아오게 하라(렘 51:27)

> [19]말의 힘을 네가 주었느냐 그 목에 흩날리는 갈기를 네가 입혔느냐 [20]네가 그것으로 메뚜기처럼 뛰게 하였느냐 그 위엄스러운 콧소리가 두려우니라(욥 39:19-20)

예레미야 51장 27절은 "극성스런 메뚜기(황충)같이 그 말들을 몰아오게 하라"고 명하고 욥기 39장 19-20절은 "말의 힘을 네가 주었느냐 ... 그것으로 메뚜기(황충)처럼 뛰게 하였느냐"라고 묻는다. 이 본문들은 왕성하게 활동하는 황충의 특징을 말의 힘 있는 모습을 빗대어 묘사한다.

또한 이 구절은 요엘 2장 4-5절을 반영하고 있다.[192]

> [4]그의 모양은 말 같고 그 달리는 것은 기병 같으며 [5]그들이 산 꼭대기에서 뛰는 소리는 병거 소리와도 같고 불꽃이 검불을 사르는 소리와도 같으며 강한 군사가 줄을 벌이고 싸우는 것 같으니(욜 2:4-5)

---

191 Blount, *Revelation*, 178.
192 앞의 책; Osborne, *Revelation*, 369.

요엘 2장 4절이 요엘 1장 4절의 "황충"을 "말"이나 "기병"에 비유하고 요엘 2장 5절은 황충의 소리가 병거 소리와 같다고 한다는 점에서 이 요엘서 본문은 황충들이 "전쟁을 위하여 준비된 말들 같다"라고 표현하는 요한계시록 9장 7a절과 평행 관계를 갖는다고 볼 수 있다.[193] 요엘 2장 5절의 "병거 소리"는 황충의 뛰는 소리(욜 1:4)에 비유되어 하나님의 심판 도구로서 이스라엘을 침공하기 위해 쳐들어오는 바벨론 군대의 압도적인 이미지를 만들어 낸다. 이 표현은 바벨론 군대를 통해 이스라엘에게 내려지는 하나님의 심판이 매우 극렬하게 진행되고 있음을 시사한다. 이렇게 요한계시록 본문이 요엘서의 말씀을 배경으로 황충을 묘사하고 있다는 점에서, 황충의 모습을 "전쟁을 위하여 준비된 말들"로 소개하는 것은 자연스럽다고 할 수 있고, 이 부분에 대해서는 9절에서 다시 설명될 것이다. 요엘서의 이러한 황충의 모습은 요한계시록 9장에 등장하는 "이마에 하나님의 인을 갖지 못한 사람들"을 향한 하나님의 심판의 도구인 황충과 그 역할이 유사하다. 다만 그 대상에 있어서 현격한 변화가 발생한다. 요엘서에서는 이스라엘을 향했던 심판이 요한계시록에서는 "이마에 하나님의 인을 갖지 않은 사람들"을 향하게 된다.

(2) 그들의 머리들 위에 금 비슷한 면류관들 같은 것이 있다(7b절)
요한계시록 9장 7b절은 황충의 두 번째 특징으로 "그들의 머리 위에 금 비슷한 면류관들 같은 것이 있다"고 말한다. 여기에서 "금 비슷한 면류관들 같은 것"(ὡς στέφανοι ὅμοιοι χρυσῷ, 호스 스테파노이 호모이오이 크뤼소)이란 표현은 이중적인 은유 표현이다. 요한계시록의 저자는 황충이 금 면류관 자체를 쓰고 있다는 사실을 직접적으로 묘사하는 것을 자제하고 있다. 대신에 "금 비슷한 면류관들 같은 것"이라고 하여 간접적인 표현을 사용한다. 해링턴은 이것을 "유사성"(semblance)이라고 표현한다.[194] 이렇게 간접적인 표현을 시도하는 것은 그 황충에게 금 면류관이라는 영광스런 모습을 부여하기를 꺼리는 데서 비롯된 것이다. 그렇다면 요한계시록의 저자가 이렇게 간접적인 표현을 사용하면서도 황충들의 머리 위에 그러한 면류관 같은 것이 있다고 묘사함으로써 전달하고자 하는 것은 무엇일까? 그것은 간단하게 말하면 황충이 "무적"(invincibility)의 존재란 점을 상징하기 위한

---

193 Mounce, *The Book of Revelation*, 189.
194 Harrington, *Revelation*, 110.

것으로 볼 수 있다.[195] 이와 같은 "무적"의 이미지는 요엘 2장에서 파죽지세로 밀고 들어오는 것으로 묘사되는 바벨론 군대의 이미지를 통해 잘 나타나고 있다. 또한 이런 이미지는 요한계시록 6장 1절의 흰말 위에 탄 자가 면류관을 쓰고 이기고 이기는 모습에서도 잘 나타난 바 있다.[196]

그렇다면 황충들의 머리 위에 면류관 같은 것이 있다는 표현을 통해 부여된 "무적"의 존재란 이미지가 의미하는 바는 무엇인가? 그것은 바로 그 이마에 하나님의 인을 갖지 아니한 자들을 심판하시려는 하나님의 목적이 황충들을 통해 매우 충분하고 완전하게 이루어지고 있음을 의미하는 것이다.

(3) 그들의 얼굴들은 사람들의 얼굴들 같다(7c절)

요한계시록 9장 7c절에서는 황충의 세 번째 특징으로 "그들의 얼굴들은 사람들의 얼굴들 같다"는 점을 밝히고 있다. 황충에 대한 이러한 표현은 다시 한 번 요엘 2장 5-7절의 말씀을 반영하고 있다. 요엘 2장 5-7절에서는 "강한 군사"(2:5), "용사"(2:7), "무사"(2:7) 같다는 표현들이 사용된다. 이 표현들은 모두 군대 이미지로서 결국 "사람 같다"는 말로 통칭될 수 있으며, 따라서 이 각각의 표현들 모두가 7c절의 표현에 포함되어 있다고 할 수 있다.[197] 요한계시록 본문의 황충들은 하나님으로부터 부여받은 바벨론 군대와 같은 강력한 능력과 권세를 가지고 이마에 하나님의 인을 갖지 아니한 자들을 해롭게 함으로써 그들을 향한 심판을 충실하게 집행하고 있다.

황충의 모양 2(8절). 7절에 이어 8절에서는 황충의 모양에 대해 다음과 같이 두 가지로 묘사한다: (1) 여자들의 머리카락들 같은 머리카락들을 가지고 있다(8a절), (2) 그들의 이빨들은 사자의 이빨들 같다(8b절).

(1) 여자들의 머리카락들 같은 머리카락들을 가지고 있다(8a절)

8a절의 "여자들의 머리카락들 같은 머리카락들을 가지고 있다"라는 문구는 단순히 7c절의 "사람들의 얼굴들 같다"라는 문구와의 연속선상에서 그것을 좀 더

---

195 앞의 책. 한편 오즈번은 황충의 면류관을 당시 로마 사회에서 보편적으로 알려져 있던 "승리의 정복자"에 대한 은유적 표현으로 간주한다(Osborne, *Revelation*, 370).
196 6:2에서 흰말 위에 탄 자가 쓰고 있는 "면류관"과 이곳에서 황충들의 머리 위에 있는 "면류관"은 동일하게 '스테파노스'(στέφανος)라는 헬라어로 표현된다.
197 Beale, *The Book of Revelation*, 500-501.

구체적으로 묘사하는 것으로 이해할 수 있다.[198] 길게 늘어뜨린 머리카락과 관련된 구약의 용례는 다음과 같다:[199] (1) "나병을 가진 사람들의 부정함 표시"(레 13:45), (2) "애도의 표시"(레 10:6; 21:10), (3) "간통 혐의가 제기된 여자를 위한 희생 제사 의식의 일부분"(민 5:18). 이런 구약 용례 외에도 아람의 마법 그릇에 새겨진 그림에는 "유대적 마귀 마녀"(the Jewish demon lilith)가 헝클어진 머리카락을 가진 것으로 나타나고, 스바냐의 묵시록 4장 4절은 "악인들의 영혼을 운반하여 그들을 영원한 심판에 던져 넣는 추악한 천사들의 늘어뜨린 머리카락"을 "여자의 머리카락"에 빗대어 묘사한다.[200] 또한 스바냐의 묵시록 6장 8절은 참소하는 자(사탄)의 머리를 묘사하기를 "그의 머리카락은 여인의 것처럼 펴져 있다"고 한다.[201] 이상의 내용을 통해 볼 수 있듯이, 머리카락 이미지는 죄인들이나 마귀 사탄과 관련된 부정적 상황에서 사용된다. 8a절에서 요한은 머리카락과 관련된 이러한 부정적 이미지들을 모두 마귀적 세력의 특징으로 묘사되는 황충을 묘사하는 데 사용한다.

(2) 그들의 이빨들은 사자들의 이빨들 같다(8b절)
8b절에서 황충은 "그들의 이빨들은 사자들의 이빨들 같다"고 묘사된다. 여기에서 "사자들의 이빨들 같다"는 표현은 "불가항력적이며 치명적으로 파괴적인 어떤 것에 대한 격언적 표현(proverbial expression)"이다.[202] 이것은 요엘 1장 6절의 "그 이빨은 사자의 이빨 같고 그 어금니는 암사자의 어금니 같도다"라는 문구를 배경으로 한다.[203] 여기에서 황충의 이빨을 사자의 이빨로 비유하고 있는 것은 사자와 황충이 "격한 식욕"(fierce appetites)을 가지고 있다는 공통점 때문이다.[204] 사자가 자기 먹잇감을 하나도 남겨 놓지 않는 것처럼 황충도 자기 먹잇감인 모든 수목을 하나도 남겨 놓지 않을 정도로 왕성한 식욕을 가지고 있다(참고, 욜 1:7, "그들이 내 포도나무를 멸하며 내 무화과나무를 긁어 말갛게 벗겨서 버리니 그 모든 가지가 하얗게 되었도다"). 그러나 이 문맥에서 황충의 먹잇감은 식물이 아니라 바로 하나님의 인을 이

---

198 Osborne, *Revelation*, 371.
199 Aune, *Revelation 6-16*, 532.
200 앞의 책.
201 앞의 책.
202 Aune, *Revelation 6-16*, 532.
203 Mounce, *The Book of Revelation*, 190.
204 Osborne, *Revelation*, 371.

마에 갖지 아니한 자들이다. 여기에서 황충의 이를 사자의 이에 비교함으로써, 황충이 하나님의 심판을 시행하는 데 있어서 매우 효과적인 역할을 수행하고 있음을 보여주고 있다.

황충의 모양 3: 군대의 이미지(9절). 9절은 황충을 전쟁에 나가는 병사의 모습으로 묘사한다. 이것은 7a절의 "전쟁을 위하여 준비된 말들 같다"는 표현에서 황충을 말들에 비유한 것과 같은 맥락이다. 9절에서 황충의 군대 이미지는 두 가지를 통해 나타나고 있다. 첫째는 "철로 만든 흉갑 같은 흉갑"이고(9a절), 둘째는 "전장으로 달려가는 말을 가진 많은 병거들의 소리"다(9b절).

(1) 철로 만든 흉갑 같은 흉갑(9a절)
요한계시록 9장 9a절은 황충이 "철로 만든 흉갑 같은 흉갑"(θώρακας ὡς θώρακας σιδηροῦς, 도라카스 호스 도라카스 시데루스)을 가지고 있다고 말하는데, 여기에서 "철로 만든 흉갑"은 방어용 갑옷으로서 적들의 공격을 무력하게 만드는 강력한 병사의 모습을 연출한다. 이러한 모습은, 이스라엘을 공격하는 이방 나라의 병사들과 황충을 비교하는 요엘 1-2장의 맥락에서 적절하게 이해될 수 있다. 여기에서 황충은 7a절에서 전쟁에 출정하기 위해 대기하는 말들과 같다. 뿐만 아니라 철흉갑을 입고 그 말을 탄 강력한 병사의 이미지를 갖는다. 여기에서 말과 그 말을 탄 병사들을 구분하는 것은 무의미하므로 이 둘을 하나로 묶어서 이해할 필요가 있다.

(2) 전장으로 달려가는 말을 가진 많은 병거들의 소리(9b절)
또한 9장 9b절에서 황충의 날개 소리를 "전장으로 달려가는 말을 가진 많은 병거들의 소리"에 비유하고 있는 것은 7a절과 유사한 표현으로서, 요엘 2장 5절의 "그들이 산 꼭대기에서 뛰는 소리가 병거 소리와도 같고"라는 표현과 평행을 이루는데, 이것이 황충에게 강력한 군대 이미지를 더해 주고 있다. 요한계시록 본문이 요엘 1-2장의 내용을 배경으로 하나님의 심판 도구로 사용되는 사탄의 세력인 황충들에게 이렇게 강력한 군대의 이미지를 부여하는 것은, 심판의 방편인 전쟁 이미지를 통해 하나님의 심판이 얼마나 처참한 결과를 가져올 수 있는지를 각인시키려는 것이다.

요한계시록 9장 7-9절의 구약 배경 정리

7-9절에 등장하는 황충에 대한 묘사들과 그 구약 배경들을 도표로 요약해서 정리하면 다음과 같다.

요한계시록 9:7	요엘 2장
7a절: 황충들은 전쟁을 위하여 준비된 말들 같다	4절: 모양은 말 같고 그 달리는 것은 기병 같다
7c절: 그들의 얼굴들은 사람들의 얼굴들 같다	5절: 강한 군사 같다 7절: 용사 같고 무사 같다

요한계시록 9:8	레위기, 민수기, 요엘서
8a절: 그들은 여자들의 머리카락들 같은 머리카락들을 가지고 있다	(1) "나병을 가진 사람들의 부정함 표시"(레 13:45) (2) "애도의 표시"(레 10:6; 21:10) (3) "간통 혐의가 제기된 여자를 위한 희생 제사 의식의 일부분"(민 5:18)
8b절: 그들의 이빨들은 사자들의 이빨들 같다	그 이는 사자의 이같고 그 어금니는 암사자의 어금니 같다(욜 1:6)

요한계시록 9:9	요엘 1-2장
9a절: 그들은 철로 만든 흉갑 같은 흉갑을 가지고 있다	강력한 군대의 이미지
9b절: 그들의 날개들의 소리는 전장으로 달려가는 말들을 가진 많은 병거들의 소리 같다	그들이 산 꼭대기에서 뛰는 소리는 병거 소리와도 같다(욜 2:5)

황충의 모양 4(10절). 10절은 5절에서 언급한 전갈의 권세를 다시 한 번 소개한다. 먼저 10a절에 의하면 황충들은 "꼬리들을"(οὐράς, 우라스)οὐρά, 우라) 가지고 있다. 여기에서 "전갈들과 같은"(ὁμοίας σκορπίοις, 호모이아스 스코르피오이스)이란 문구를 통해 황충들의 꼬리가 전갈들의 꼬리에 비유되고 있다는 것을 알 수 있다. 본문에는 "전갈들의 꼬리들"로 되어 있지 않고 "전갈들"이라고만 되어 있지만 꼬리에 대한 비유를 위해 전갈이 사용되었기 때문에 "전갈들"에 "꼬리들"을 덧붙여 읽을 수 있다. 곧 황충들의 꼬리가 전갈들의 꼬리 같다는 것이다.[205] 전갈의 꼬리는 독성을 가지고 있기 때문에 전갈들은 먹이를 발톱으로 잡아 독성을 가진 꼬리로 죽인다.[206] 이렇게 치명적 공격성을 가진 전갈의 꼬리에 황충의 꼬리를 비유하는 것은 황충의 강력하고 치명적인 공격력을 강조하려는 목적이 있는 것이다.

5절에서 황충은 이마에 하나님의 인을 갖지 않은 사람들(4절)을 다섯 달 동안 고통스럽게 하는 권세를 부여받았다고 언급되고, 10b절은 황충들의 꼬리에 다섯 달 동안 사람들을 해하는 권세가 있다고 한다. 여기에서 다섯 달은 황충의 생존 주기를 가리킬 수 있지만 동시에 심판의 "제한된 기간"(limited period)을 가리키는 것일 수도 있다.[207] 여기에서 해롭게 함을 받는 사람들은 4절에서 언급한 "하나님의 인을 갖지 않은 사람들"과 동일한 대상이다. 또 한 가지 주목할 것은 5e절의 '파이세'(παίσῃ)παίω, 파이오)라는 동사와 10a절의 '켄트라'(κέντρα)κέντρον, 켄트론)라는 명사가 긴밀하게 연결되면서 황충이 "하나님의 인을 갖지 않은 사람들"을 괴롭히는 방법이 구체화된다는 점이다. '파이오'는 "무언가로 찌름으로써 폭력적으로 접촉하다"라는 의미인데,[208] 9장 5절에는 그 찌르는 도구가 명시되지 않고 단순히 "그것(전갈)이 사람을 쏠 때"라고만 언급된다. 이와 관련해서 BDAG는 9장 5절에서 사람을 쏘는 도구를 전갈의 "침"(sting)과 연결시킨다.[209] 따라서 5e절의 '파이오' 동사는 동물의 "침"(sting)을 의미하는 명사 '켄트론'(κέντρον)의 목적격으로 사용된 10a절의 '켄트라'(κέντρα)와 직접 연결된다고 할 수 있다.[210] 두 단어 사이의 이러한 밀접한 관련성에 의해서 10절은 5e절을 반복하고 있는 것이라고 할 수 있다. 다만 5e절에서는 황충의 괴롭힘을 전갈의 괴롭힘에 비유하여 일

---

205 스몰리가 이러한 해석을 지지한다(Smalley, *The Revelation to John*, 233).
206 Mounce, *The Book of Revelation*, 190.
207 Smalley, *The Revelation to John*, 233.
208 BDAG, 751.
209 앞의 책, 751(1c).
210 앞의 책, 539.

반적으로 진술하고 있지만, 10b절에서는 황충이 전갈들의 꼬리와 같은 꼬리로 사람들을 괴롭게 하는 권세를 갖는다고 하여 좀 더 구체적으로 괴롭히는 방법을 제시한다고 할 수 있다.[211]

3b절은 황충들에게 주어진 권세를 전갈의 권세에 비유해서 표현하고, 5-6절은 황충이 심판의 도구로서 전갈과 같은 권세를 가지고 사람들을 얼마나 고통스럽게 괴롭히는지를 소개한다. 7-9절은 그러한 황충에게 강력한 군대 이미지를 부여하여 황충이 심판의 시행자로서 얼마나 효과적으로 사용되고 있는지를 언급하고, 10절은 다시 황충들의 꼬리를 전갈들의 꼬리에 비유하여 치명적인 공격성을 가지고 있는 것으로 묘사한다. 그러므로 3-10절은 A(3절, 5-6절)-B(7-9절)-A'(10절)의 구조를 갖고 있다고 볼 수 있다. A와 A'는 황충이 전갈의 권세를 가지고 하나님의 인을 갖지 못한 사람들을 다섯 달 동안 괴롭게 하는 것을 언급하고, B는 하나님의 심판을 대행하는 자에 최적화된 모습으로 황충을 소개한다.

그리고 이 황충들의 꼬리는 "쏘는 살들을"(κέντρα, 켄트라〉κέντρον, 켄트론)을 가지고 있다(10a절). 여기에서 "쏘는 살들"은 직전에 전갈의 꼬리에 비유되어 언급된 황충의 꼬리가 갖는 공격적인 특징을 잘 보여준다. 이 단어와 동일한 단어가 고린도전서 15장 55절의 "사망아 네가 쏘는 것이 어디 있느냐"(ποῦ σου, θάνατε, τὸ κέντρον, 푸 수, 다나테, 토 켄트론)이란 질문에서 "쏘는 것"(κέντρον, 켄트론)으로 사용되는데, 이 "쏘는 것"은 사망을 유발하는 치명적인 공격성을 가지고 있는 것으로 묘사되고 있다.[212] 전갈의 "쏘는 살들"을 비유적으로 표현한 것이라 볼 수 있는 전갈 "채찍"이란 단어로 르호보암의 포학적 착취를 강조하는 열왕기상 12장 11절에도 "쏘는 살들"의 치명적인 공격성이 잘 나타나 있다.[213] 결국 "쏘는 살들"은 황충의 꼬리가 갖는 치명적인 공격성을 나타내는 기능을 한다고 볼 수 있다.

[9:11] 하늘로부터 땅으로 떨어져 있는 별의 이름

다섯 번째 나팔 심판의 마지막 부분인 11절은 계속해서 다뤄오던 "황충"에 대해 언급하지 않고 1절의 "하늘로부터 땅으로 떨어져 있는 별"이 의미하는 "아뷔쏘스의 천사"에 대해 기록하면서 1절로 되돌아가고 있다.

---

211 레디쉬는 집회서 39:30을 인용하면서 "전갈은 죄인들을 징벌하는 하나님의 수단 중 하나에 포함된다"고 설명한다(Reddish, *Revelation*, 178).
212 Mounce, *The Book of Revelation*, 190n30.
213 앞의 책.

아뷔쏘스의 천사=하늘로부터 땅으로 떨어져 있는 별(11a절). 먼저 11a절의 주어인 "그들"은 다름 아닌 직전에 묘사되었던 황충들을 가리킨다. 그 황충들에게는 그들을 다스리는 왕이 있다. 그 왕은 누구인가? 잠언 30장 27절을 보면 본래 황충들은 왕을 갖고 있지 않은 것으로 알려져 있다.[214] 그런데도 이 본문에서 황충들이 왕을 가지고 있다고 말하는 것은 황충들이 상징적으로 표현되고 있기 때문에 가능한 일이다. 그리고 이러한 왕의 존재는 황충의 활동이 그 왕에게 귀속되고 있음을 의미한다. 11a절의 후반부에서는 "아뷔쏘스의 천사"를 그들의 왕으로 소개한다. 곧 "아뷔쏘스의 천사"가 황충들의 왕으로 군림하고 있는 것이다. 여기에서 이 "아뷔쏘스의 천사"는 9장 1절에서 아뷔쏘스의 열쇠를 받은 "하늘로부터 땅으로 떨어져 있는 별"이 상징하는 타락한 천사를 가리키는 것이라고 할 수 있다.[215] 단지 1절에서 "별"이라고 표현했던 것을 11a절에서는 "아뷔쏘스의 천사"라고 표현하면서 그 천사를 황충들의 왕으로 묘사하고 있을 뿐이다.[216] 여기에서 별이 천사로 표현되는 것은 앞서 유대 문헌 배경에 대한 고찰에서도 확인했듯이 충분히 가능한 일이고, 이러한 관계로 인하여 1절의 별과 아뷔쏘스의 천사를 "동일시하는 것은 자연스러운 것"이라고 할 수 있다.[217]

여기에 덧붙여서 추가적으로 1절의 별과 11절의 아뷔쏘스의 천사를 연결짓는 두 가지 이유를 더 생각해 볼 수 있다. 첫째, 1절에서는 "별" 앞에 정관사가 사용되지 않는 반면에 11절에서는 "아뷔쏘스의 천사"라는 문구의 "천사" 앞에 정관사 '톤'(τόν)이 사용되는데, 이 정관사는 1절의 별을 의식한 결과라고 할 수 있다.[218] 물론 16장 5절의 '투 앙겔루 톤 휘다톤'(τοῦ ἀγγέλου τῶν ὑδάτων, 물들의 천사)의 경우처럼 앞에서 물을 다스리는 천사가 소개된 적이 없음에도 불구하고 정관사와 함께 사용되는 경우도 있지만, 9장의 문맥에서는 11절의 "천사" 앞에 사용된 정관사의 기능을 1절과의 상호 관계 속에서 생각해 보지 않을 수 없고, 11절의 정관사가 지칭하는 대상이 다름 아닌 9장 1절의 "하늘로부터 땅으로 떨어져 있는

---

214 Beckwith, *The Apocalypse of John*, 563.
215 Swete, *The Apocalypse of St. John*, 117.
216 해링턴은 9:11의 "왕"(βασιλεύς, 바실류스)이라는 단어가 로마 제국의 황제를 지칭할 때 사용된다는 점에 근거해서 9:11의 "아뷔쏘스의 천사"를 로마 제국의 황제와 연결시키면서, 그 "아뷔쏘스의 천사"가 9:1의 천사와 동일시될 수 없다고 주장한다(Harrington, *Revelation*, 110). 오우니 역시 이 두 대상이 동일시될 수 없다고 주장한다(Aune, *Revelation 6-16*, 534).
217 Sweet, *Revelation*, 167.
218 한편, 오우니는 이 정관사를 통해 독자들이 떠올릴 수 있었던 천사가 "사탄-벨리알"(Satan-Belial)이라고 주장한다(Aune, *Revelation 6-16*, 534).

별"이 상징하는 타락한 천사임을 감지하게 된다.[219] 둘째, 9장 1절에서 "하늘로부터 땅으로 떨어져 있는 별"이 "아뷔쏘스의 입구의 열쇠"를 받는 것은 이 별이 아뷔쏘스의 주인임을 시사한다.[220] 9장 11절의 "아뷔쏘스의 천사"는 황충들을 다스리고 통제하는 왕으로서 아뷔쏘스를 소유하는 천사이기 때문에 1절의 "아뷔쏘스 입구의 열쇠"를 가지고 있는 별과 동일시될 수 있다. 이 두 가지 이유로 인하여 1절의 하늘로부터 떨어진 별 곧 타락한 천사와 11절의 아뷔쏘스의 천사는 동일시될 수 있다. 이렇게 다섯 번째 나팔 심판의 처음(1절)과 끝(11절)에서 아뷔쏘스의 천사가 동일하게 언급되어 1절과 11절이 서로 평행을 이룸으로써 다섯 번째 나팔 심판이 수미상관(inclusio) 구조를 갖는다는 사실을 알 수 있다.

모든 심판은 하나님의 주권 아래 시행되고 있다. 왜냐하면 인 심판이든 나팔 심판이든 모두 하나님의 심판이기 때문이다. 그런데 흥미롭게도 다섯 번째 나팔 심판에 와서 하나님은 사탄적 속성, 즉 자기 파괴적 속성을 심판의 도구로 사용하신다. 이 자기 파괴적 속성은 본래적으로 자기 자신뿐 아니라 자신을 추종하는 자들 역시 파멸로 이끌고 갈 수밖에 없는 운명을 갖는다. 사탄은 자신을 따르는 자들에게 절대로 구원과 평안을 줄 수 없다. 이러한 속성을 잘 드러내 주는 것이 바로 사탄이 스스로의 열쇠로 자신의 거처이자 감옥인 아뷔쏘스의 문을 열었을 때 그 입구로부터 연기와 함께 나오는 황충들이다. 이 황충들은 사탄의 세력에 속한 것으로서 이마에 하나님의 인을 갖지 아니한 자들, 곧 자기 편인 사탄에게 속한 자들만 골라 피할 수 없는 고통을 준다. 이런 내용이 바로 9장 2-10절에 기록되어 있다. 그리고 11절에서는 1절의 "하늘로부터 땅으로 떨어져 있는 별"(타락한 천사)을 "아뷔쏘스의 천사"로 다시 언급하면서 한 단락을 마무리한다.

아바돈(11b절) **혹은 아폴뤼온**(11c절). 11bc절은 11a절에서 언급되었던 "아뷔쏘스의 천사"의 이름을 소개하는데, 그 이름은 히브리 음으로 말하면 '아바돈'(Ἀβαδδών)이고 헬라 음으로 말하면 '아폴뤼온'(Ἀπολλύων)이다. 히브리 음으로 '아바돈'이라

---

219 Blount, *Revelation*, 179.
220 20:1의 천사도 아뷔쏘스의 열쇠를 가지고 있기 때문에 아뷔쏘스의 주인으로 거론될 여지가 있다. 하지만, 20:1의 경우에 천사가 열쇠를 가지고 있다는 것은 아뷔쏘스와 그 아뷔쏘스에 갇혀 있는 적대적 세력에 대한 통제권을 가지고 있다는 것을 의미하고, 이때 천사는 이 아뷔쏘스에 결박되어 있는 대상과 적대적 관계에 있기 때문에 그를 아뷔쏘스의 주인으로 규정하는 것은 적절하지 않다. 반면 9:1에서 아뷔쏘스 입구의 열쇠를 가지고 있는 "하늘로부터 땅으로 떨어져 있는 별"의 경우는 그것이 아뷔쏘스에 있는 황충과 갖는 동질성 때문에 아뷔쏘스의 주인이라고 할 수 있다. 따라서 열쇠의 소유가 갖는 의미와 목적이 두 경우에서 각각 다르게 작용한다고 볼 수 있다.

부르는 이름의 어원은 "파괴하다"란 의미의 히브리어 동사 '아바드'(אבד)이며,[221] 이러한 관계에 의해 '아바돈'은 "파괴자"란 의미를 갖는다. 또한 '아바돈'은 히브리어 "스올"(שאול, 쉐올; ἄδης, 하데스)의 동의어로 사용되고(욥 26:6; 잠 15:11; 27:20), "사망"과 함께 "의인화되어" 사용되기도 한다(욥 28:22. 참고, 계 6:8).[222] 그리고 욥기 31장 12절과 시편 88편 11절(MT 88:12)에서 '아바돈'은 "죽은 자들의 처소"(the abode of the dead)를 의미한다(신 32:22에서는 '아바돈' 대신 '쉐올'(שאול, 스올)을 사용함).[223] 이러한 맥락에서 바룩2서 21장 23절의 "죽음의 천사"도 '아바돈'으로 간주될 수 있을 것이다.[224] 이와 같은 맥락에서 레디쉬는 '아바돈'을 "죽음" 및 '하데스'와 동일한 개념으로 간주하면서 이 세 가지 모두 "불순종한 인간에게 징벌을 가져오기 위해 하나님이 사용하시는 도구"로 간주한다.[225]

"아뷔쏘스의 천사"를 일컫는 이름의 헬라 음인 '아폴뤼온'(Ἀπολλύων)도 '아바돈'과 동일하게 "파괴하다"라는 의미를 갖는 '아폴뤼미'(ἀπόλλυμι)의 분사형이다. 이 헬라어 역시 히브리어 단어와 마찬가지로 "파괴자"라는 의미이다. 이런 이름을 하늘로부터 떨어진 별인 사탄에게 부여하는 것은 그를 "땅에 사는 자들"에 대한 심판의 도구로 사용하려는 목적에 매우 부합한다. 곧 이러한 파괴적 속성의 소유자로서 "아뷔쏘스의 천사"인 '아폴뤼온'은 자기를 추종하는 자들을 고통스럽게 한다.

여기에서 흥미로운 것은 70인역이 히브리어 '아바돈'을 번역할 때 요한계시록에서 제시된 '아폴뤼온'은 한 번도 사용하지 않고 그 대신 '아폴레이아'(ἀπόλεια)라는 단어를 사용한다는 점이다. 이것은 요한에 의해 의도된 "변형"(variation)이라고 할 수 있다.[226] 이러한 변형은 왜 일어났는가? 적지 않은 주석가들이 이러한 변형과 관련해서 고대 그리스 신들 중 하나이며 당시에 지중해 지역을 중심으로 숭배되었던 것으로 널리 알려진 "아폴로"(Applo)를 의식한 것이라는 견해를 제시하고 있는데,[227] 이는 '아폴뤼온'과 "아폴로"가 거의 같은 음을 가지고 있을 뿐 아니라 아폴로에 대한 상징 중 하나로 황충(메뚜기)이 사용된다는 점에서 두 대상이

---

221 Ford, *Revelation*, 145.
222 Beckwith, *The Apocalypse of John*, 563.
223 J. E. Hartley, *The Book of Job*, NICOT (Grand Rapids, MI: Eerdmans, 1988), 414.
224 Bauckham, *The Climax of Prophecy*, 65.
225 Reddish, *Revelation*, 178-179.
226 앞의 책, 179.
227 앞의 책; Witherington, *Revelation*, 154; Harrington, *Revelation*, 110; Osborne, *Revelation*, 374.

서로 연결되기 때문이다.[228] 따라서 아폴로와 관련된 '아폴뤼온'이란 이름을 사용함으로써 아폴로 숭배를 간접적으로 질타하려는 의도를 갖는다고도 볼 수 있다.[229] 더 나아가서 '아폴뤼온'이란 이름의 설정은 요한계시록이 기록되던 시기에 생존해 있던 로마 제국의 황제 도미티아누스가 자신을 성육신한 아폴로로 간주했다는 사실과도 관련된다.[230] 만일 그렇다면 "아뷔쏘스의 천사"를 일컫는 '아폴뤼온'이란 이름은 요한계시록에서 사탄적 세력의 한 축을 형성하는 도미티아누스를 정황적 배경으로 삼아 설정되었을 것이다. 이 관계를 다음과 같은 도표로 표시할 수 있다.

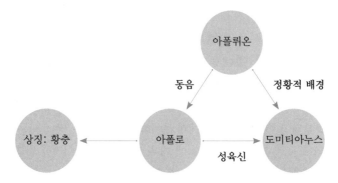

이 도표에서, 비록 이 본문이 황제에 대한 저항을 직접적으로 표현하지는 않지만 '아폴뤼온'이라는 표현을 사용함으로써 로마 제국의 황제(도미티아누스)를 "아뷔쏘스의 천사"와 같은 사탄적 속성을 지닌 대상으로 설정하고 있음을 알 수 있다. 달리 말하면, 이런 관계는 '아폴뤼온'의 정황적 배경을 이해하는 데 도움을 준다. 또한 이러한 관계에 의해, 로마 제국의 황제로 대표되는 세상 세력은 그를 추종하는 자들에게 영원한 안식을 주지 못하고 도리어 그 추종자들을 파멸의 길로 이끌게 될 수밖에 없는 구조임을 알 수 있다. 이러한 자기 파멸적 성격은, 이미 언급한 것처럼 아뷔쏘스로부터 나온 황충들이 이마에 하나님의 인을 갖지 않은 사람들만을 해치도록 허락된 것에서 잘 드러나고, 17장 16절에서 짐승이 음녀 바벨론을 미워하고 망하게 하고 벌거벗게 하고 그의 살을 불로 사르는 장면에서도 잘 나타나고 있다.

228 Witherrington, *Revelation*, 154. 위더링턴은 이에 대한 출처로 Aeschylus, *Agamemnon*, 1080-1086을 제시한다(Witherrington, *Revelation*, 154n217).
229 Reddish, *Revelation*, 179.
230 Osborne, *Revelation*, 374. 해링턴은 이러한 견해를 지지하지만 아뷔쏘스의 천사가 1절의 천사는 아니라고 주장한다(Harrington, *Revelation*, 110).

[9장 1-11절 정리]

결론적으로, 다섯 번째 나팔 심판은 하나님이 사탄적 세력을 통해 세상을 심판
하시는 내용이다. 앞서 살펴본 바와 같이, "하늘로부터 땅으로 떨어져 있는 별"
곧 "아뷔쏘스의 천사"에 의해 대표되는 마귀적 세력은 "조직화되어 있고 강력하
고 두렵게 하며, 자신들을 따르는 자들에 대한 미움과 경멸로 가득 차 있다."[231]
그런데 적어도 이 문맥에서는 그렇게 조직화되어 있는 마귀적 세력이 하나님의
통제 아래 있기 때문에, 그토록 강력한 능력과 권세로 하나님의 백성을 공격하
는 것이 아니라, 사탄을 숭배하기 위해 하나님께 도전하는 자신의 추종자들을
"고통스럽게 하고 죽이기까지" 한다는 사실을 알 수 있다.[232]

---

231 앞의 책.
232 앞의 책.

3) 여섯 번째 나팔 심판(9:12-21)

여섯 번째 나팔 심판은 세 부분으로 나뉘는데 12-14절은 도입 부분이고 15-19절은 심판 내용을 기록한 부분이며 20-21절은 심판을 마무리하는 결말 부분이다.

구문 분석 및 번역

12절 a Ἡ οὐαὶ ἡ μία ἀπῆλθεν·
그 첫째 화는 지나갔다

　　 b ἰδοὺ ἔρχεται ἔτι δύο οὐαὶ μετὰ ταῦτα.
보라 이것들 후에 남아 있는 두 개의 화가 올 것이다

13절 a Καὶ ὁ ἕκτος ἄγγελος ἐσάλπισεν·
그리고 여섯째 천사가 나팔불었다

　　 b καὶ ἤκουσα φωνὴν μίαν ἐκ τῶν [τεσσάρων] κεράτων τοῦ θυσιαστηρίου τοῦ χρυσοῦ τοῦ ἐνώπιον τοῦ θεοῦ,
그때 나는 하나님 앞에 있는 금 제단의 [네] 뿔들로부터 한 음성을 들었다

14절 a λέγοντα τῷ ἕκτῳ ἀγγέλῳ, ὁ ἔχων τὴν σάλπιγγα·
여섯째 천사 곧 그 나팔 가진 자에게 말하는

　　 b λῦσον τοὺς τέσσαρας ἀγγέλους
네 천사를 놓아주라

　　 c τοὺς δεδεμένους ἐπὶ τῷ ποταμῷ τῷ μεγάλῳ Εὐφράτῃ.
큰 강 유브라데에 결박되어 있는

15절 a καὶ ἐλύθησαν οἱ τέσσαρες ἄγγελοι
그리고 네 천사가 풀려났다

　　 b οἱ ἡτοιμασμένοι εἰς τὴν ὥραν καὶ ἡμέραν καὶ μῆνα καὶ ἐνιαυτόν,
그 시간과 날과 달과 년을 위하여 준비되어 있는

　　 c ἵνα ἀποκτείνωσιν τὸ τρίτον τῶν ἀνθρώπων.
그들이 사람들의 삼분의 일을 죽이도록

16절 a καὶ ὁ ἀριθμὸς τῶν στρατευμάτων τοῦ ἱππικοῦ δισμυριάδες μυριάδων
그리고 마병대의 수는 이만 만이다

　　 b ἤκουσα τὸν ἀριθμὸν αὐτῶν.
나는 그들의 수를 들었다

17절 a Καὶ οὕτως εἶδον τοὺς ἵππους ἐν τῇ ὁράσει καὶ τοὺς καθημένους ἐπ᾽ αὐτῶν,
그리고 이와 같이 나는 환상 중에 그 말들과 그것들 위에 앉아 있는 자들을 보았다

　　 b ἔχοντας θώρακας πυρίνους καὶ ὑακινθίνους καὶ θειώδεις,
그들이 불빛과 자줏빛과 유황빛 흉갑을 가지고 있는

　　 c καὶ αἱ κεφαλαὶ τῶν ἵππων ὡς κεφαλαὶ λεόντων,
그리고 그 말들의 머리들은 사자들의 머리들 같다

　　 d καὶ ἐκ τῶν στομάτων αὐτῶν ἐκπορεύεται πῦρ καὶ καπνὸς καὶ θεῖον.
그리고 그들의 입들로부터 불과 연기와 유황이 나온다

18절 a   ┌─ ἀπὸ τῶν τριῶν πληγῶν τούτων
              │   이 세 재앙으로부터

b ἀπεκτάνθησαν τὸ τρίτον τῶν ἀνθρώπων,
  사람들의 삼분의 일이 죽임을 당했다

c   └─ ἐκ τοῦ πυρὸς καὶ τοῦ καπνοῦ καὶ τοῦ θείου
          곧 불과 연기와 유황을 인하여

                    └─ τοῦ ἐκπορευομένου ἐκ τῶν στομάτων αὐτῶν.
                      그들의 입으로부터 나오는

19절 a ἡ γὰρ ἐξουσία τῶν ἵππων ἐν τῷ στόματι αὐτῶν ἐστιν καὶ ἐν ταῖς οὐραῖς αὐτῶν,
  왜냐하면 이 말들의 권세는 그들의 입과 그들의 꼬리에 있기 때문이다

b αἱ γὰρ οὐραὶ αὐτῶν ὅμοιαι ὄφεσιν, ἔχουσαι κεφαλὰς
  곧 머리들을 가지고 있는 그들의 꼬리들은 뱀과 같다

c καὶ ἐν αὐταῖς ἀδικοῦσιν.
  그리고 그들은 이것들로 해롭게 한다

20절 a Καὶ οἱ λοιποὶ τῶν ἀνθρώπων,
  그리고 사람들 곧 남은 자들은

b   οἳ οὐκ ἀπεκτάνθησαν ἐν ταῖς πληγαῖς ταύταις,
    이 재앙들로 말미암아 죽임당하지 않은,

c οὐδὲ μετενόησαν
  그들은 회개하지 않았다

d   ἐκ τῶν ἔργων τῶν χειρῶν αὐτῶν,
    그들의 손의 행위들로부터

e ἵνα μὴ προσκυνήσουσιν τὰ δαιμόνια καὶ τὰ εἴδωλα
  귀신들과 우상들에게 경배하지 않도록

f   ┌─ τὰ χρυσᾶ καὶ τὰ ἀργυρᾶ καὶ τὰ χαλκᾶ καὶ τὰ λίθινα καὶ τὰ ξύλινα,
         금들과 은들과 동들과 돌들과 나무들로 만든

g   └─ ἃ οὔτε βλέπειν δύνανται οὔτε ἀκούειν οὔτε περιπατεῖν,
         볼 수도 들을 수도 걸어 다닐 수도 없는

21절 a καὶ οὐ μετενόησαν
  그리고 그들은 결코 회개하지 않았다

b   ἐκ τῶν φόνων αὐτῶν,
    그들의 살인들로부터

    οὔτε ἐκ τῶν φαρμάκων αὐτῶν
    그리고 그들의 점술들로부터

    οὔτε ἐκ τῆς πορνείας αὐτῶν
    그리고 그들의 음행들로부터

    οὔτε ἐκ τῶν κλεμμάτων αὐτῶν.
    그리고 그들의 도적질들로부터

먼저 12a절과 12b절은 각각 부정과거 시제 동사와 현재 시제 동사를 사용한다. 전자는 '아펠덴'(ἀπῆλθεν)이고 후자는 '에르케타이'(ἔρχεται)다. 이 두 동사는 각각 "지나가다"와 "오다"라는 의미를 갖는다. 전자는 이미 언급한 첫째 화로서 다섯 번째 나팔 심판을 가리키고 후자는 곧 언급하게 될 두 개의 화를 의미하는 여섯 번째와 일곱 번째 나팔 심판을 가리킨다. 요한계시록의 문학적 내러티브 체계에서 전자는 과거의 시점인 것이 분명하고 후자는 아직 발생하지 않은 사건이다. 따라서 전자의 동사인 '아펠덴'은 과거 시제를 충분히 활용하여 "지나갔다"라고 번역하고 후자인 '에르케타이'는 현재 시제의 미래적 용법에 근거하여 "올 것이다"로 번역했다. 그리고 12b절의 '에티'(ἔτι)는 번역하기 쉽지 않다. 그러나 BDAG에 이 문장과 문맥에 적절한 의미가 제시되어 있어서 그 의미를 사용해서 번역할 수 있는데, 그것은 바로 "남아 있는"(what is left 혹은 remaining)이다.[233] 그러므로 '에티 뒤오 우아이'(ἔτι δύο οὐαί)는 "남아 있는 두 개의 화들"로 번역할 수 있다.

그리고 13-14절의 우리말 번역에서 주목할 것은 14a절의 내용이 번역 과정에서 13b절 사이에 삽입되게 되었다는 것이다. 이것은 13b절에서 들은 내용이 바로 14a절에 담겨 있기 때문이다. 14a절의 '레곤타'(λέγοντα)는 여성 단수 목적격 분사로서 13b절의 여성 단수 목적격 명사인 '포넨'(φωνήν)과 연결되어 "말하는 ... 음성을"로 번역할 수 있다. 그리고 14c절에서 완료 분사형으로 사용되는 '데데메누스'(δεδεμένους)는 "네 천사"를 수식하고 있는데 완료의 의미를 드러내기 위해 "결박되어 있는"으로 번역했다.

15c절의 '히나'(ἵνα)절은 15a절의 동사 "풀려났다"의 목적절이다. 그리고 15b절의 "준비되어 있는"(ἡτοιμασμένοι, 헤토이마스메노이)이란 문구는 분사의 형용사적 용법으로서 15a절의 "네 천사"(οἱ τέσσαρες ἄγγελοι, 호이 테싸레스 앙겔로이)를 수식한다. 아래의 우리말 번역에서는 이러한 구문 관계들을 고려해서 15b절과 "네 천사"(15a절)의 조합을 먼저 번역하고, 이어서 15c절과 "풀려났다"(15a절)의 조합을 번역했다. 곧 "준비되어 있는 네 천사"는 "사람들의 삼분의 일을 죽이도록 풀려났다." 그리고 15b절에서 사용된 전치사 '에이스'(εἰς)는 목적을 나타내는 의미로서 "...을 위하여"로 번역하는 것이 적절하다.

17b절의 "가지고 있는"(ἔχοντας, 에콘타스)은 현재 분사의 형용사적 용법으로서 그것이 수식하는 선행사는 17a절의 "앉아 있는 자들을"(τοὺς καθημένους, 투스 카데메

---

233 BDAG, 400(2a). BDAG는 이런 의미를 소개하면서 9:12를 적시하고 있다.

누스)이다. 이 부분을 직역하면 "…을 가지고 있는 앉아 있는 자들을 …"이라고 할 수 있지만 이렇게 번역하면 우리말로는 어색하기 때문에 우리말 번역에서는 현재 분사 형태인 '에콘타스'를 형용사적으로 번역하지 않고 서술적으로 번역해서 "그들은 …을 가지고 있다"로 번역했다.

18절도 우리말로는 원문의 구조를 충분히 드러낼 수 없는 구문을 가지고 있다. 곧 18a절과 18c절은 서로 평행 관계에 있고 그 사이에 18b절이 존재하는 A-B-A′형식이다. A와 A′는 모두 재앙에 대해 언급하고 B는 그 재앙이 미치는 결과를 언급한다. 18a절과 18c절은 18b절을 중심으로 양쪽에 전치사구를 구성하고 있는데, 특별히 이 문맥에서 18c절의 전치사 '에크'(ἐκ)는 그것의 일반적인 용법에 해당하는 출처의 의미가 아니라 "원인"(cause) 혹은 "수단"(means)의 의미로 사용되었다.[234] 곧 사람 삼분의 일이 죽임을 당하는 원인 혹은 수단이 바로 18c절의 "그들의 입에서 나오는 불과 연기와 유황"인 것이다. 이에 따라 18c절의 전치사 '에크'는 "…을 인하여"로 번역했다.

19a절과 19b절은 모두 '가르'(γάρ)라는 접속사로 시작한다. 이 접속사는 크게 세 가지 용법으로 사용될 수 있다: (1) "이유" 혹은 "원인"의 표시로서 "왜냐하면"을 의미하거나 (2) "설명"(clarification)을 위한 표시로 사용되거나 (3) "추론"(inference)의 표시로서 "확실하게"(certainly), "그래서"(so, then)란 의미를 갖기도 한다.[235] 정확한 번역을 위해서는 이 세 가지 중에서 이 본문의 문맥에 가장 적절한 용법을 적용해야 한다. 19a절의 경우는 분명하게 18절에서 사람들 중 삼분의 일이 죽임을 당하게 되는 이유를 제시하고 있으므로 첫 번째 용법을 적용해서 "왜냐하면"이라고 번역할 수 있다. 그리고 두 번째인 19b절은 19a절을 좀 더 분명하게 설명하고 있으므로 두 번째 용법을 적용해서 "곧"으로 번역할 수 있다.[236] 19b절의 '가르'와 관련해서 NKJV, ESV, NIV는 모두 "for"라고 번역하여 이유의 의미를 갖는 것으로 간주하고 있지만, NRSV는 유일하게 "for"라는 단어를 사용하지 않고 19a절과 19b절 사이에 세미콜론(;)을 표시하여 19b절의 '가르'가 설명을 위한 표시로 사용되었을 수 있다는 해석의 여지를 남긴다. 필자는 NRSV의 방식을 따라서 19b절이 19a절의 내용을 좀 더 자세하게 설명해 주는

---

234 Wallace, *Greek Grammar Beyond the Basics*, 371.
235 BDAG, 189-190.
236 토머스도 이러한 번역을 지지하는 취지의 설명을 제시한다. 곧 그는 두 번째 '가르'(γάρ)가 첫 번째 '가르'에서 언급된 꼬리의 능력이 어떠한지를 설명한다고 한다(Thomas, *Revelation 8-22*, 49).

관계를 갖는 것으로 이해한다.

19b절의 번역에서 또 한 가지 고려할 점은 '에쿠사이 케팔라스'(ἔχουσαι κεφαλάς, 그들은 머리들을 가지고 있다)가 19b절 안에서 무엇과 연결되는가 하는 것이다. ESV는 이 문구를 "뱀"(ὄφεσιν, 오페신)과 연결해서 마치 뱀이 머리를 가지고 있는 것처럼 번역한다(... serpents with heads ...). 그러나 '에쿠사이'(ἔχουσαι)는 여성 복수 주격 분사인 반면, "뱀"에 해당하는 '오페신'(ὄφεσιν)은 남성 복수 여격 명사로서 '에쿠사이'와 성과 격이 일치하지 않는다. 19b절에서 '에쿠사이'와 성/수/격이 일치하는 선행사는 바로 여성 복수 주격으로 사용된 '하이 ... 우라이'(αἱ ... οὐραί, 꼬리들)다. 그러므로 "머리들"을 가지고 있는 것은 뱀이 아니라 "꼬리들"인 것이다. 이러한 관계를 바탕으로 19b절을 직역하면 "머리들을 가지고 있는 그들의 꼬리들은 뱀과 같다"로 번역할 수 있다.

20b절은 관계 대명사절로 되어 있는데 이 관계 대명사절의 선행사는 20a절의 "사람들의 남은 자들"이다. 이 문장을 잘 관찰하지 않으면 오해가 생길 수 있다. 관계 대명사인 20b절의 선행사를 "사람들"만으로 착각할 경우, 죽임당하지 않은 사람들이 있고 그 중에서 또 남은 자 그룹을 분류하게 된다. 이것은 이 본문의 의도가 아니다. 20a절의 "사람들의 남은 자들"(οἱ λοιποὶ τῶν ἀνθρώπων, 호이 로이포이 톤 안드로폰)에서 "사람들의"(τῶν ἀνθρώπων, 톤 안드로폰)는 "동격의 소유격"(genetive of apposition) 용법으로 간주하는 것이 적절하다.[237] 이것이 옳다면 "남은 자들"은 "사람들"과 동일시되는 것으로 볼 수 있다.[238] 이러한 맥락에서 20a절의 '호이 로이포이 톤 안드로폰'은 "사람들 곧 남은 자들"로 번역했다.

20절과 21절에서는 두 개의 "회개하지 않았다"(20c절: οὐδὲ μετενόησαν, 우데 메테노에산; 21절: οὐ μετενόησαν, 우 메테노에산)라는 문장이 서로 평행 관계를 이루면서 뼈대를 구성한다. 첫 번째인 20c절은 20e절의 '히나' 목적절과 함께 사용되어 회개의 목적이 귀신들과 우상들에게 경배하지 않도록 하는 것인데 그들이 그렇게 하지 않았다는 것을 나타낸다. 두 번째는 21절에서 나타나는데, 여기에서 회개하지 않은 내용들이 '에크'(ἐκ)라는 전치사의 반복으로 표현된다. 이런 반복은 강조의 성격을 띠고 있다. 그러므로 이 전치사는 출처를 나타내는 의미로서 "...로부터"

---

237 이러한 "동격의 소유격"에 대해서는 Wallace, *Greek Grammar beyond the Basic*, 95를 보라. 동격의 소유격은 "설명적 소유격"(Epexegetical Genetive)으로 불리기도 한다(앞의 책).
238 이와 같은 맥락에서 토머스는 "남은 자들"을 "재앙으로 말미암아 죽임당하지 않은 자들로" 볼 수 있다고 해석한다(Thomas, *Revelation 8-22*, 52).

로 번역했다. 그리고 21b절에서 부정어인 '우테'(οὔτε)가 3회 반복 사용된다. 이 부정어는 보통은 두 번 사용되어 영어의 "neither ... nor"의 의미를 갖지만, 21절을 비롯해서 사도행전 24장 12절에서도 3회 연속으로 사용된다.[239] 특별히 이 조합은 부정어인 '우'(οὐ)를 전후로 함께 사용되기도 한다.[240] 부정의 부정은 긍정으로 이해할 수 있으나 헬라어에서는 부정을 강조하는 의미로 사용된다.[241] 이러한 강조의 의미를 반영하기 위해 번역에 "결코"라는 단어를 첨가했다.

이상의 내용을 바탕으로 우리말 어순에 맞추어 번역하면 다음과 같다.

12a	그 첫째 화는 지나갔다.
12b	보라 이것들 후에 남아 있는 두 개의 화가 올 것이다.
13a	그리고 여섯째 천사가 나팔불었다.
13b	그때 나는 하나님 앞에 있는 금 제단의 [네] 뿔들로부터
14a	여섯째 천사 곧 그 나팔 가진 자에게 말하는
13b	한 음성을
13b	들었다:
14c	"큰 강 유브라데에 결박되어 있는
14b	네 천사를 놓아주라"
15a	그리고
15b	그 시간과 날과 달과 년을 위하여 준비되어 있는
15a	네 천사가
15c	사람들의 삼분의 일을 죽이도록
15a	풀려났다.
16a	그리고 마병대의 수는 이만 만이다.
16b	나는 그들의 수를 들었다.
17a	그리고 이와 같이 나는 환상 중에 그 말들과 그것들 위에 앉아 있는 자들을 보았다.
17b	그들은 불빛과 자줏빛과 유황빛 흉갑을 가지고 있다.
17c	그리고 그 말들의 머리들은 사자들의 머리들 같고
17d	그들의 입들로부터 불과 연기와 유황이 나온다.
18a	이 세 재앙으로부터
18c	곧 그들의 입으로부터 나오는 불과 연기와 유황을 인하여
18b	사람들의 삼분의 일이 죽임을 당했다.
19a	왜냐하면 이 말들의 권세는 그들의 입과 그들의 꼬리에 있기 때문이다;
19b	곧 머리들을 가지고 있는 그들의 꼬리들은 뱀과 같다.
19c	그리고 그들은 이것들로 해롭게 한다.

---

239 BDAG, 740.
240 앞의 책.
241 이것의 대표적인 경우가 바로 '우 메'(οὐ μή)이다.

20a	그리고
20b	이 재앙들로 말미암아 죽임당하지 않은,
20a	사람들 곧 남은 자들은
20e	귀신들과
20g	볼 수도 들을 수도 걸어 다닐 수도 없는
20f	금들과 은들과 동들과 돌들과 나무들(로 만든)
20e	우상들에게 경배하지 않도록
20d	그들의 손의 행위들로부터
20c	회개하지 않았다.
21a	그리고 그들은
21b	그들의 살인들과 그들의 점술들과 그들의 음행들과 그들의 도적질들로부터
21a	결코 회개하지 않았다.

본문 주해

여섯 번째 나팔 심판을 다루는 본문을, (1) 도입(12-14절), (2) 여섯 번째 나팔 심판의 내용(15-19절), (3) 결말(20-21절)의 순서로 살펴보도록 하겠다.

[9:12-14] 도입

12-14절은 여섯 번째 나팔 심판의 도입 부분으로서 심판 상황을 소개한다. 특별히 12절은 1-11절을 마무리하면서 13절부터 시작되는 여섯 번째 나팔 심판과 1-11절을 이어주는 역할을 한다.

남아 있는 두 개의 화(12절). 12a절은 먼저 "그 첫째 화는 지나갔다"고 선언한다. 여기에서 정관사 "그"(ἡ, 헤)가 사용됨으로써 "첫째 화"가 앞서 언급되었던 내용을 지시하는 것임을 알 수 있다. "첫째 화"는 8장 13절에서 언급된 세 개의 화 중 하나로서 직전의 다섯 번째 나팔 심판을 가리킨다. 그리고 12b절의 "보라 이것들 후에 남아 있는 두 개의 화가 올 것이다"에서 "이것들 후에"(μετὰ ταῦτα, 메타 타우타)는 첫째 화인 9장 1-11절의 다섯 번째 나팔 심판이 지나가고 난 후를 의미한다. 이것은 문자적으로 시간적 순서의 사건을 말하려는 것이 아니라 이 문맥에서 흐르고 있는 내러티브 가운데 논리적 순서로 일어나는 사건들을 가리키려는 의도를 반영한다. 곧 다섯 번째 나팔 심판 후에 소개할 화가 두 개 더 남아 있다. 그리고 12b절에서 사용된 "보라"(ἰδού, 이두)라는 표현은 앞으로 소개될 두 가지 화의 내용에 집중하게 만든다. 여기에서 두 개의 화는 무엇인가? 하나는 여섯 번째 나팔 심판이고, 나머지 하나는 일곱 번째 나팔 심판을 가리킨다(참고, 11:14).

여섯째 천사가 나팔불다(13-14절). 12b절이 말하는 "남아 있는 두 개의 화" 중 첫 번째 화인 여섯 번째 나팔 심판은 13a절에서 여섯 번째 천사가 나팔 부는 장면으로 시작한다. 이 나팔은 여섯 번째 나팔 심판의 시작을 알려 준다.

(1) 금 제단의 네 뿔들로부터 나오는 한 음성(13b절)

13b절에서 요한은 한 음성을 듣는다. 그 음성의 출처는 바로 "하나님 앞에 있는 금 제단의 네 뿔들"이다. 먼저 "한 음성"은 누구의 음성인가? 흥미롭게도 요한계시록에서는 어떤 "음성"이 들렸을 때 그것이 누구의 음성인지를 분명하게 언급하지 않는 경우가 빈번하다. 여기에서는 "하나님 앞에 있는 금 제단의 네 뿔들"이 그 음성의 출처이므로, 그 음성의 주체가 하나님 자신과 구별되어 있는 것만은 분명하다.[242] 그렇다면 그 음성이 궁극적으로는 하나님의 뜻을 반영할 수는 있겠지만 하나님 자신의 음성은 아니고, 하나님의 뜻을 대행하는 천사의 음성일 수 있는데,[243] 왜냐하면 1장 1절에서 그리스도의 계시가 천사를 통하여 그분의 종 요한에게 주어지기 때문이다. 그러나 요한은 하나님/예수님의 음성이나 천사의 음성 사이에 큰 차이를 두지 않는데, 그 이유는 그 음성이 천사의 것이라 할지라도 궁극적으로는 그 천사도 하나님으로부터 보냄을 받은 메신저이기 때문이다.

(2) 하나님 앞에 있는 금 제단(13b절)

더 나아가서 그 음성이 "하나님 앞에 있는 금 제단의 네 뿔들"로부터 나온다는 것은 무엇을 의미하는 것인가? 이 "제단"(θυσιαστήριον, 뒤시아스테리온)은 6장 9-11절에서 "하나님의 말씀과 그들이 가진 증거"로 인하여 죽임을 당한 영혼들이 그들의 고통에 대한 신원을 위한 기도를 올리는 장면에 처음 등장한다. 그리고 6장 9-11절에서 순교자들이 드린 기도에 대한 응답으로 8장 3절에서 다시 한 번 "보좌 앞에 있는 금 제단"에 성도의 기도들과 합해진 향이 올라가는 장면을 소개한다. 8장 3절의 "금 제단"(τὸ θυσιαστήριον τὸ χρυσοῦν, 토 뒤시아스테리온 토 크뤼순)은 9장 13b절의 "금 제단"(τοῦ θυσιαστηρίου τοῦ χρυσοῦ, 투 뒤시아스테리우 투 크뤼수)과 동일한 문구로 되어 있다. 다만 8장 3절의 "보좌 앞"(τὸ ἐνώπιον τοῦ θρόνου, 토 에노피온 투 드로누)

---

242 블라운트가 이러한 견해를 지지한다(Blount, *Revelation*, 181).
243 쾨스터는 이 음성이 제단에서 섬기는 천사(8:3; 14:13)의 음성이라고 주장한다(Koester, *Revelation*, 465). 어떤 사본들(1006, 1841, 1854, 2329)에서는 제단 자체가 말하는 것으로 읽는데 이런 독법은 소수에 불과하고 널리 인정되지 않는다(앞의 책).

을 9장 13b절에서는 "하나님 앞"(τοῦ ἐνώπιον τοῦ θεοῦ, 투 에노피온 투 데우)으로 변경시켰을 뿐이다. 6장 9-11절과 8장 3-5절에서 금 제단은 하나님의 말씀과 그리스도의 증거를 인하여 죽임을 당해 희생 제물로 드려진 성도들의 기도가 올려지는 곳인 동시에 그 기도가 응답되는 장소다. 이 본문들과 9장 13b절 사이의 이와 같은 평행 관계에 의해 그 본문들의 특징을 9장 13b절에도 적용할 수 있다.[244] 그렇다면 하나님 앞의 금 제단에서 음성이 나와 심판을 시행하게 되는 것은 바로 성도들의 기도의 응답으로 말미암은 것이라고 추정할 수 있다.

그러나 여기에서 6장 9-11절과 8장 3-5절을 9장 13b절과 유기적으로 연결시키는 것은 신중해야만 한다. 왜냐하면 6장 9-11절의 순교자들의 기도는 일단 8장 3-5절에서 응답된 것으로 봐야 하기 때문이다. 인 심판은 인 심판 시리즈에서 그 문단을 끝내는 것이 타당하다. 다만 인 심판의 두 본문을 통해 금 제단의 성격이 무엇인지를 파악하는 데 어느 정도 도움을 받을 뿐이다.

(3) 네 뿔들(13b절)

그런데 9장 13b절에서는 6장 9-11절 및 8장 3-5절과는 달리 "금 제단"에 "네 뿔들"이 덧붙여지고 있다.[245] 금 제단의 네 뿔들에 대한 구약 배경으로는 출애굽기 27장 2절, 30장 1-10절, 37장 25-26절, 38장 2절, 시편 118편 27절, 에스겔 43장 15절 등이 있다.[246] 그리고 "네 뿔들로부터"라는 표현을 통해 그 음성의 출처가 "네 뿔들"이라는 것을 구체적으로 적시한다. 여기에서는 마치 네 뿔이 말하는 것처럼 설정되어 있는데, 이것은 일종의 "의인화"(personification)로서 심판의 정당성을 설파하는 16장 7절에서도 사용되는 방식이다.[247] 이것은 금 제단의 상황을 좀 더 정확하게 설명하려는 목적을 갖는다. 또한 "넷"이라는 숫자는 "완전함"(completeness)을 의미하며 "뿔"은 "능력"(power)을 의미한다.[248] 그렇다면 네 뿔은 "넷"과 "뿔"의 조합에 의해 "완전한 능력"을 의미하게 된다. 열왕기상 1장 50-51절에 솔로몬을 두려워하는 아도니야가 "보호와 안전"을 위해 제단 뿔을 붙잡는 장면이 소개된다.[249] 여기에서 솔로몬은 아도니야의 죄를 찾을 수 없

---

244 Beale, *The Book of Revelation*, 506; Osborne, *Revelation*, 378.
245 𝔓[47], ℵ[1], A, 027 같은 사본들은 뿔의 숫자인 "넷"이라는 단어가 생략된 독법을 가지고 있는데(Koester, *Revelation*, 466), 영어 번역본 중에는 NET와 NIV가 이 독법을 따르고 있다.
246 Blount, *Revelation*, 181n6.
247 Mounce, *The Book of Revelation*, 193.
248 Beale, *The Book of Revelation*, 506.
249 앞의 책.

어 안전하게 집에 가도록 허락한다. 그리고 열왕기상 2장 28-34절에서도 솔로
몬에게 쫓기는 요압이 여호아의 장막으로 도망하여 "보장된 피난처"(guaranteed
asylum)로 인식되던 제단 뿔을 잡는 사건이 발생한다.[250] 이 두 사건은 공통적으
로 제단의 뿔이 보호와 안전이라는 개념을 공유하고 있음을 잘 보여주고 있다.

이상 네 뿔들의 의미를 요한계시록에 적용하면, 하나님 앞에 있는 금 제단의
네 뿔들은 완전하신 능력을 가지신 하나님의 백성에 대한 보호와 안전의 의미를
가지며, 그러한 보호의 차원에서 세상에 대한 심판이 주어지는 것으로 이해할
수 있다. 이 심판으로 인하여 고통을 당하는 대상을 다섯 번째 나팔 심판의 표현
을 빌려 제시하자면, 그들은 "이마에 하나님의 인을 갖지 않은 사람들"이다(9:4)
이러한 사실은 심판의 본질을 논의하면서 이미 지적한 바 있다. 그러나 이 본문
에서 다시 한 번 독자들에게 심판의 본질을 깨우치고 있다.

(4) 금 제단으로부터 나오는 한 음성(14절)

14절은 13b절에서 언급한 금 제단의 네 뿔들로부터 나오는 한 음성이 말하는 내
용을 소개하고 있다. 그것은 바로 "큰 강 유브라데에 결박되어 있는 네 천사를
놓아주라"는 것이다. 여기에서 두 가지 중요한 주제를 살펴볼 필요가 있다. 첫
째는 네 천사의 정체이고 둘째는 유브라데 강의 의미이다.

a. 네 천사의 정체

14a절에서 한 음성이 여섯째 나팔을 불었던 천사에게 말한다: "네 천사를 놓아
주라"(14b절). 이 네 천사가 어떤 존재인지는 14c절에서 설명된다. 네 천사는 "큰
강 유브라데에 결박되어 있는" 천사들이다. 이 네 천사와 관련해서는 두 개의 쟁
점이 있다. 첫째, 이 네 천사는 하나님을 수종드는 선한 천사인가 아니면 타락
하고 악한 마귀적 천사인가? 둘째, 이 네 천사는 7장 1-3절의 네 천사와 동일한
천사들인가 아니면 다른 천사들인가?

첫 번째 질문에 답변하기 위한 결정적인 단서는 14c절에서 사용되는 "결박
되어 있는"(δεδεμένους, 데데메누스)δέω, 데오)이란 단어에서 찾을 수 있다. 곧 "결박되
어 있는"과 "놓아주라"(λῦσον, 뤼손)가 짝을 이루어 사용되면서 이 네 천사를 "마귀
적 속성"(demonic character)을 가진 존재들로 판단할 수 있는 근거를 제공한다.[251]

---

250 Boxall, *Revelation of St. John*, 146.
251 앞의 책, 147.

20장 1절에서도 동일하게 "결박하다"라는 동사가 용과 관련해서 사용된 바 있다. 이러한 점에서 9장 1절의 "떨어지다"(πεπτωκότα, 페프토코타)πίπτω, 피프토)라는 단어가 "별"을 사탄으로 간주하게 하는 근거가 되듯이 "결박되다"라는 단어도 타락한 천사와 관련되는 것으로 볼 수 있다.[252] 여기에서 흥미로운 점은 "떨어지다"와 "결박되다"가 공통적으로 현재 완료 분사 형태로 사용된다는 점이다.[253] 또한 다섯 번째 나팔 심판에서 황충과 같은 사탄적 세력을 통해 심판이 시행되었던 것처럼 여섯 번째 나팔 심판에서도 사탄적 세력에 속한 타락한 네 천사를 통해 심판이 시행된다. 이런 점에서 다섯 번째 나팔 심판과 여섯 번째 나팔 심판이 동일한 패턴을 보여주고 있다. 이 두 경우 모두에서 하나님은 악의 자기 파멸적 성격을 심판의 도구로 활용하신다.

"결박되어 있는"(δεδεμένους, 데데메누스)이란 동사는 신적 수동태로서, 네 천사가 하나님이 정하신 시점에 하나님의 명령을 수행하기 위해 하나님께 제어된 상태로 대기하고 있는 정황을 설명하고 있다.[254] 이 맥락에서 네 천사는 이야기의 전개 과정에서 설정된 상징적 캐릭터이며, 따라서 "결박되다"라는 표현도 사실적이라기보다는 은유적 표현으로 봐야 할 것이다. 따라서 이런 내용들을 역사 속에서 문자 그대로 이루어져야 하는 시나리오로 이해하는 것은 적절하지 않다.

두 번째 쟁점은 14b절의 네 천사가 7장 1-3절의 네 천사와 어떤 관계인가 하는 것이다. 여기에서 두 본문의 네 천사를 서로 밀접하게 연결시키는 이유는 7장 1-3절에서는 정관사 없이 언급되었던 "네 천사"가 14b절에서는 관사와 함께 언급된다는 점 때문이다. 즉, 14b절의 네 천사에게 사용된 정관사가 바로 7장 1-3절의 네 천사를 지목하는 것이라는 주장이 제기된다.[255] 더 나아가서 7장 1-3절은 14b절을 위한 "서막"(prelude)으로 간주되기도 한다.[256] 그러나 이러한 주장은 근거를 찾기가 쉽지 않고, 사실상 "넷"이라는 숫자 외에는 이 두 본문 사이에 어떠한 공통점도 존재하지 않는다.[257] 7장 1-3절의 네 천사는 바람을 붙들고 있고 14b절의 네 천사는 결박되어 있는 모습이다. 그리고 전자는 하나님으로부

252 Harrington, *Revelation*, 112. 네 천사를 타락한 천사로서 이해하는 입장을 가진 학자들은 다음과 같다: Roloff, *The Revelation of John*, 118; Beale, *The Book of Revelation*, 506; Witherington, *Revelation*, 154; Harrington, *Revelation*, 112; Reddish, *Revelation*, 181; Osborne, *Revelation*, 379.
253 여기에서 완료 시제의 시간적 의미를 적용할 수도 있지만, 동사의 상이라는 측면에서 보면, 주목을 끌기 위한 강조의 목적도 갖는다고 간주할 수 있다.
254 Wall, *Revelation*, 132.
255 Aune, *Revelation 6-16*, 537; Smalley, *The Revelation to John*, 236.
256 Charles, *A Critical and Exegetical Commentary on the Revelation of St. John*, 1:250.
257 Beasley-Murray, *The Book of Revelation*, 163.

터 부여받은 심판의 명령을 수행하기 위해 땅의 네 모퉁이에 서서 바람을 붙잡고 세상의 끝부분에 서 있는 반면, 후자는 자신의 의지와 관계없이 결박된 채로 유브라데 강에 서 있다.[258] 두 경우는 서로 존재의 목적도 다르고 지역적 관련성도 전혀 존재하지 않는다. 곧 땅의 네 모퉁이와 유브라데 강 사이에 어떠한 연결고리도 존재하지 않는다. 여기에서 두 경우는 서로 매우 이질적인 상태에 있다. 더 나아가 7장 1-3절의 네 천사를 14b절에서처럼 타락한 천사로 간주할 만한 근거가 전혀 없다. 끝으로, 7장의 네 천사에게는 사용되지 않았던 정관사가 9장의 네 천사에게 사용된다는 것만을 근거로 두 경우를 연결짓기에는 7장과 9장 사이에 자리 잡고 있는 인 심판 시리즈와 나팔 심판 시리즈라는 문맥의 격차가 너무 크기 때문에 두 본문을 연결짓는 것은 자연스럽지 못하다. 그러므로 14b절의 "네 천사"를 7장 1-3절의 "네 천사"와 동일시하는 일은 신중해야 한다.[259]

b. 유브라데 강(14c절)

14c절에서 또 한 가지 주목할 것은 바로 "유브라데 강"이 언급된다는 점이다. 이 강에 대해서는 두 가지 측면에서 접근할 필요가 있다.

첫째, 유브라데는 구약적 배경을 가지고 있다. 구약에서 유브라데 강은 아브라함을 통해 약속하신 가나안 땅의 동쪽 경계를 형성하고 있다(참고, 창 15:18; 신 1:7; 수 1:4). 다윗은 유브라데 강까지 땅을 정복함으로써 약속의 땅을 완전히 정복했다는 명성을 얻게 된다(삼하 8:3, 대상 18:3).[260] 따라서 유브라데 강이란 이름은 "약속의 땅 전체"를 상징하기도 한다.[261] 앗수르, 바벨론, 페르시아 같은 제국들이 이스라엘을 침공할 때 이 유브라데 강을 건너야만 했다.[262] 이사야 7장 20절은 "하수 저쪽" 곧 유브라데 강 너머에 있는 앗수르가 이스라엘에 대한 심판의 도구로 사용될 것을 말하고,[263] 이사야 8장 7절은 "그러므로 주 내가 흉용하고 창일한 큰 하수(=유브라데 강) 곧 앗수르 왕과 그의 모든 위력으로 그들을 뒤덮을 것이라 그 모든 골짜기에 차고 모든 언덕에 넘쳐"라고 말하면서 그에 대한 실례

258 Reddish, *Revelation*, 180-181; Beasley-Murray, *The Book of Revelatoin*, 163.
259 Beasley-Murray, *The Book of Revelation*, 163; Charles, *A critical and exegetical commentary on the Revelation of St. John*, 1:250.
260 Ford, *Revelation*, 146.
261 Wall, *Revelation*, 132. 월(Wall)은 이 내용을 래드(Ladd, *Revelation*, 136)의 연구에서 가져온다(Wall, *Revelation*, 132).
262 Osborne, *Revelation*, 379.
263 Reddish, *Revelation*, 181.

를 제시한다.[264] 이와 같이 유브라데 강은 아브라함에게 약속하신 땅의 경계로서 긍정적인 의미를 갖는 동시에 이스라엘에 대한 심판이라는 부정적인 이미지도 가지고 있다. 여섯 번째 나팔 심판의 문맥에서 이러한 유브라데 강이 등장하는 것은 구약을 배경으로 심판의 의미를 적용하려는 목적이 있다.

둘째, 요한계시록이 저술되던 당시의 사람들이 유브라데 강에 대해 가지고 있던 정서를 이해할 필요가 있다. 당시에 유브라데 강은 마치 우리나라의 임진강이 그러하듯이 로마 제국과 파르티아(Parthia) 제국의 경계를 이루는 국경선 같은 것이었다.[265] 이 강은 두 나라 사이의 전쟁을 억제하는 역할도 하지만 동시에 두 나라 사이의 전쟁의 상징이기도 했다. 실제로 유브라데 강 동쪽에 위치한 파르티아는 BC 53년에 로마 장군인 크라수스(Crassus)가 이끌었던 로마 군대를 격퇴시켰고,[266] AD 62년에도 로마 군대를 상대로 승리를 거두었으며,[267] AD 116년까지 로마 제국에 의해 패배당하지 않은 채 존재하게 된다.[268] 특히 파르티아는 말을 탄 채 활을 사용하여 정확하게 표적을 맞출 수 있는 전쟁 기술을 갖춘 용맹스런 병사를 보유한 것으로 유명하다(참고, 계 6:2).[269] 여기에서는 유브라데 강이라는 지명을 사용해서 로마 제국과 파르티아 제국의 이러한 대치 상황을 상상하게 함으로써 심판의 긴장감을 더욱 고조시키고 있다.[270]

여기에 덧붙여서 요한은 죽은 것으로 알려졌던 네로 황제가 구사일생으로 살아나서 파르티아 제국으로 도망했고[271] 자신을 죽이려 했던 로마 제국에 복수하기 위해 파르티아 제국의 군대를 이끌고 유브라데 강을 건너 로마 제국으로 귀환할 것이라는 소문으로 인한 긴장과 두려움을 심판의 강도를 고조시키기 위해 활용하고 있다(시빌의 신탁 5:92-110).[272] 이처럼 요한은 거침없는 파르티아의 파멸적 속성을 사용해서, 네 천사를 통해 악한 세력에게 임할 하나님의 심판을 좀 더 효과적으로 설명하고 있다. 이것이 바로 네 천사가 결박되어 있는 장소를 유

264 Harrington, *Revelation*, 113.
265 Ford, *Revelation*, 146. 파르티아인들은 현대의 이라크와 아프가니스탄 지역을 아우르는 아시아의 거대한 제국을 통치하고 있었다(Reddish, *Revelation*, 181의 지도를 참조하라). 특별히 BC 53년과 AD 63년 사이에 유브라데 강을 중심으로 하는 이러한 국경선이 생기게 되었다(Ford, *Revelation*, 146).
266 Sweet, *Revelation*, 172. 이때부터 파르티아는 로마의 "염려와 두려움의 원인"이 되었다(앞의 책).
267 Osborne, *Revelation*, 379.
268 Wall, *Revelation*, 132.
269 파르티아 병사의 이러한 모습에 대한 자세한 내용은 6:2에 대한 논의를 참조하라.
270 Reddish, *Revelation*,182; Wall, *Revelation*, 132; Osborne, *Revelation*, 379.
271 네로가 파르티아 제국으로 도망하였다는 소문은 네로의 귀환을 두려워하게 되는 원인이 된다(시빌의 신탁 4:135 c2).
272 Blount, *Revelation*, 182.

브라데 강으로 설정한 이유라고 할 수 있다. 여기에서 유브라데 강은 그것의 지역적 특징이 배경으로 활용된다는 점에서 "문자적"으로 사용되고 있지만, 그와 동시에 심판의 정황을 극대화하기 위한 목적으로 활용되고 있다는 점에서는 "은유적"으로 사용된다고 볼 수 있다.[273]

　　유브라데 강에 대한 이상의 두 가지 측면은 유브라데 강과 관련하여 당시 독자들이 공감할 수 있는 두려움과 염려의 감정을 활용함으로써 청중(독자)들에게 하나님의 심판의 극렬함에 대한 공감을 효과적으로 불러 일으키고 있다.

정리. 앞에서 논의한 12-14절의 내용을 정리하면, 여섯 번째 나팔 심판은 12b절이 언급하는 "남아 있는 두 개의 화" 중 첫 번째 화로 등장한다. 유브라데 강에 결박되어 있는 네 천사는 마귀적 속성을 가진 악한 천사로서 다섯 번째 나팔 심판의 "하늘로부터 땅으로 떨어져 있는 별"처럼 세상을 심판하기 위한 수단으로 사용되고자 준비하고 있다. 특별히 유브라데 강에 관한 언급은 심판의 극렬한 정황을 표현하는 데 효과적이다.

[9:15-19] 심판의 내용

15-19절에서는 12-14절의 도입에 이어 여섯 번째 나팔 심판의 내용을 구체적으로 밝혀 주고 있다.

네 천사가 풀려나다(15절). 15절 말씀은 결박되어 있던 네 천사가 마침내 풀려나게 된 후에 일어나는 일들을 소개한다.

(1) 하나님의 주권

여기에서 네 천사가 "풀려났다"(ἐλύθησαν, 엘뤼데산)λύω, 뤼오)는 표현은 신적 수동태이다. 신적 수동태는 네 천사와 관련된 이러한 일련의 과정이 하나님의 주권적인 통제 아래 일어나고 있음을 나타낸다. 15b절의 "준비되어 있는 자들"(οἱ ἡτοιμασμένοι, 호이 헤토이마스메노이)은 완료 수동태 분사로서 15a절의 "네 천사"를 수식한다. 이러한 완료형은 네 천사가 "잘 준비된 상태에 있다는 개념"을 강조한다.[274] 더 나아가서 이러한 준비가 하나님의 면밀하신 주권적 통제에 의해 주어

---

273 앞의 책.
274 Mounce, *The Book of Revelation*, 195.

진다는 점이 15b절 후반부의 "그 시간과 날과 달과 년을 위하여"(εἰς τὴν ὥραν καὶ ἡμέραν καὶ μῆνα καὶ ἐνιαυτόν, 에이스 텐 호란 카이 헤메란 카이 메나 카이 에니아우톤)라는 문구로 강조된다.[275] 특별히 정관사(τήν, 텐)가 "시간" 앞에서만 사용되어 나머지 항목과 하나의 단위를 구성하고 있는데, 이것은 하나님이 이 심판 자체에 대한 통제권을 가지셨을 뿐 아니라 구속사적 맥락의 정확한 시점에 관한 통제권도 가지셨다는 것을 강조한다.[276] 이러한 표현은 발생하는 모든 일들이 하나님의 미리 정하신 계획 안에서 일어난다고 생각하는 묵시적 사상의 "결정론적 세계관"(deterministic worldview)의 영향을 받았다고 볼 수 있다.[277] 묵시문헌에는 이 세상에서 일어나는 모든 사건들이 하나님이 정하신 정확한 시점에 발생한다는 개념이 있다. 이러한 사실은 에녹1서 92장 2절과 일맥상통한다:[278] "너희들의 마음이 시간들에 의해 고통을 당하지 않게 하라. 왜냐하면 거룩하고 위대하신 분께서 모든 일들을 위해 (특정한) 날들을 지정하셨기 때문이다."[279] 특별히 15b절의 "그 시간과 날과 달과 년을 위하여"라는 문구는 모든 시간이 하나님의 목적을 위하여 설정되고 있음을 시사하고 있다.

15b절의 표현들은 독자들에게 이 심판의 사건이 어느 특정한 미래의 시점에 역사적으로 일어날 특정한 사건임을 알려 주려는 의도를 갖는 것이 아니라, 모든 사건의 발생 시점을 하나님이 주관하신다는 것을 밝힘으로써 여섯 번째 나팔 심판이 하나님의 주권 아래 진행되고 있음을 강조하려는 의도를 반영한다.

(2) 사람 삼분의 일을 죽임(15c절)

15c절은 네 천사의 역할이 사람들의 삼분의 일을 죽이는 것이라고 밝힌다. 15c절은 '히나'(ἵνα)로 시작하는 목적절로서 15a절의 "풀려났다"(ἐλύθησαν, 엘뤼데산)의 목적을 나타내고 있다. 천사들은 바로 사람들의 삼분의 일을 죽이기 위해 풀려난 것이다. 물론 "사람들의 삼분의 일"(τὸ τρίτον τῶν ἀνθρώπων, 토 트리톤 톤 안드로폰)이 문자 그대로 정확하게 사람들의 삼분의 일을 의미하는 것은 아니다. 그것은 처음 네 개의 나팔 심판에서 모든 자연계에 대한 심판의 명확한 한계를 보여주면

---

275 R. Wall, *Revelation*, 132; Mounce, *The Book of Revelation*, 195; Beale, *The Book of Revelation*, 508.
276 Smalley, *The Revelation to John*, 238; Reddish, *Revelation*, 182.
277 Reddish, *Revelation*, 182.
278 Mounce, *The Book of Revelation*, 195; Smalley, *The Revelation to John*, 238. 이 외에도 시간과 관련된 유대 문헌으로는 에스라4서 7:40-41; 시빌의 신탁 2.325-27; 3.89; 8.424-427이 있다(Roloff, *The Revelation of John*, 119).
279 *OTP* 1:74.

서 "삼분의 일"이란 표현을 사용했던 것과 같은 맥락에서 이해되어야 한다. 특별히 15c절의 "사람들의 삼분의 일"은 다섯 번째 나팔 심판의 경우처럼 그 이마에 하나님의 인을 갖지 않은 사람들에 해당되는 부류라고 할 수 있는데, 그 이유는 심판이 일관성 있게 사탄에게 속한 자들을 향하여 내려지기 때문이다. 특별히 여기에서 풀려난 네 천사는 마귀적 능력을 가지고 세상에 속한 사람들을 심판하기 위한 하나님의 수단으로 사용되고 있다. 그러나 삼분의 일만 사탄에게 속한 부류라는 것은 또한 아니다. 20-21절에 의하면 살아남은 자도 여전히 회개하지 않기 때문이다. 다만 삼분의 일이라는 한계를 설정함으로써, 심판 중에도 사람들에게 주어지는 하나님의 은혜를 발견할 수 있다는 것을 보여주며,[280] 그와 동시에 그들을 향하여 주어지는 하나님의 심판의 상징적 의미를 드러내고 있는 것이다.

이만 만의 마병대(16절). 16절은 네 천사가 사람들의 삼분의 일을 죽이기 위해 동원하는 군대의 숫자를 소개한다. 16a절에서 사용되는 "마병대"(τῶν στρατευμάτων τοῦ ἱππικοῦ, 톤 스트라튜마톤 투 힙피쿠) 이미지는 강력한 마병대를 보유했던 파르티아 제국의 병사들을 모델로 하며, 파죽지세로 몰려오는 무수한 군사들의 모습을 떠올리게 하는데, 이는 15절에서 "유브라데 강"을 언급함으로써 파르티아 군대의 이미지를 떠올리게 했던 것과도 연결된다. 그 숫자는 이만 만($2 \times 10,000 \times 10,000$)으로서 2억에 해당한다.[281] 이러한 숫자는 문자적인 숫자를 떠올리게 하기보다는 무수히 많은 무리를 나타내기 위한 것이다.[282] 실제로 그 당시 그 어떠한 제국도 이런 숫자의 군대를 보유하고 있지 않았다. 다만 이런 숫자는 상상 속에 존재하는 악한 천사들에 의해 풀려난 "마귀적 마병대"(demonic cavalry)[283] 세력의 이미지를 극대화하려는 목적을 갖는다고 할 수 있다. 따라서 이 숫자를 문자 그대로 해석하여 이러한 규모의 군대를 가졌던 국가를 구체적으로 지목하려 시도하는 것은 올바른 해석 자세가 아니다.

---

280 이런 사실은 심판의 목적이 회개가 아니라는 사실과 모순되지 않는데, 그 이유는 죽임을 당하는 삼분의 일에 속하지 않는 나머지 삼분의 이를 회개하게 만드는 결과를 가져온 것은 심판이 아니라 두 증인의 증거 사역이기 때문이다. 곧 나팔 심판 시리즈의 문맥으로 봤을 때, 여섯 번째 나팔 심판에서 심판의 대상이 되었던 삼분의 일에 속하지 않고 살아남은 자들은 일곱 번째 나팔 심판에서 하나님의 심판이 아닌 두 증인의 증거 사역을 통해 회개하고 하나님 나라가 되는 결과를 맞게 된다. 따라서 여섯 번째 나팔 심판에서 삼분의 일만을 심판의 대상으로 삼고 삼분의 이를 남겨 놓으신 것은 하나님의 은혜라 하지 않을 수 없다.

281 Blount, *Revelation*, 183.

282 Smalley, *The Revelation to John*, 239.

283 Osborne, *Revelation*, 381.

이것은 사탄이 아뷔쏘스의 문을 열어 마귀적 속성을 가진 무수한 황충을 보냄으로써 땅에 사는 자들을 괴롭게 하는 것과 같은 패턴이다. 그러므로 이만 만의 마병대는 하나님의 심판이 얼마나 극렬하게 집행되는지를 강조해서 보여주고 있다. 특별히 16b절의 "내가 그들의 수를 들었다"라는 표현에서 언급되는 "들음"은 요한의 "선지적 행위"를 강조한다.[284] 곧 16b절은 이곳에 기록된 내용들이 하늘로부터 들려온 선지적 환상의 자료들임을 명백하게 밝힘으로써 이 기록이 단순히 문학적인 작품으로 간주되어서는 안 된다는 것을 보여준다.[285]

또한 이만 만의 군대와 관련된 네 천사들의 활동은 배경인 에녹1서 56장 5절을 보면 좀 더 잘 이해할 수 있을 것이다.[286]

> 저 날들에 천사들이 모여서 파르티아와 메데가 있는 동쪽을 향해 돌진할 것이다. 그들이 왕들을 뒤흔들(어서) 불안의 영이 그들 위에 임하게 할 것이며 그들을 격동케 해서 그들의 보좌로부터 일어나게 할 것이다; 그리고 그들은 사자처럼 자기 침상으로부터 뛰쳐나갈 것이요, 굶주린 하이에나처럼 자기 무리들 중에서 뛰쳐나갈 것이다(에녹1서 56:5)[287]

이 에녹1서 본문은 요한계시록 본문과 유사하게 천사가 왕들을 격동케 하는 장면을 보여주는데, 이 장면을 요한계시록의 네 천사가 이만 만의 군대를 이끌어내는 장면의 배경으로 이해할 수 있다.[288] 곧 에녹1서 56장 5절에서 악한 천사들이 유브라데의 동쪽 편에 있는 파르티아와 메데 같은 나라들을 격동시켜 그들이 사자와 하이에나처럼 일어나 하나님이 택하신 땅을 짓밟도록 부추기는 장면은 요한계시록 본문에서 유브라데 강에 결박되어 있다가 풀려난 네 천사가 이만 만이나 되는 마병대를 부추겨 하나님의 인을 갖지 않은 사람들의 삼분의 일을 공격하도록 하는 것과 평행 관계를 보여주고 있다.[289] 이에 대한 좀 더 구체적인 내용은 이어지는 본문에서 확인할 수 있다.

마병대의 활동(17-19절). 17-19절은 이만 만의 마병대와 마병대가 타고 있는 말의 모습을 소개한다. 여기에서 마병대와 말의 모습은 9장 7-10절의 황충의 모습과 유사하다. 이러한 유사성은 이 둘 모두 마귀적 속성을 가지고 있음을 암시한다.

---

284 앞의 책.
285 앞의 책.
286 Beckwith, *The Apocalypse of John*, 567.
287 *OTP* 1:39.
288 Charles, *A Critical and Exegetical Commentary on the Revelation of St. John*, 1:250.
289 Roloff, *The Revelation of John*, 118.

(1) 환상 중에(17a절)

17a절에서 요한은 "환상 중에 그 말들과 그것들 위에 앉아 있는 자들을 보았다." 여기에서 "환상 중에"(ἐν τῇ ὁράσει, 엔 테 호라세이)라는 문구는 이 본문에 기록된 내용들이 "본질적으로 고도로 상징적"이라는 사실을 시사한다.[290] 요한이 본 환상이 상징적 의미를 갖는다는 것이다. 17b절부터는 말 위에 앉은 자들이 어떤 모습인지를 설명한다. 그들은 "불빛과 자줏빛과 유황빛 흉갑을 가지고 있다". 이러한 흉갑은 9장 9절에서 황충을 묘사할 때 사용된 "철로 만든 흉갑 같은 흉갑"과 유사하고, 이러한 관계에 의해 이 마병대는 황충과 동일한 패턴의 역할을 한다고 볼 수 있다. 9장 9절의 황충이 요엘서를 배경으로 바벨론과 같은 이방 군대의 모습을 배경으로 한다면 17b절의 마병대는 밝은색의 갑옷과 투구로 유명했던 파르티아 군대의 모습을 배경으로 한다.[291] 그러나 여기에서 "불빛과 자줏빛과 유황빛 흉갑"은 파르티아 군대의 모습 이상의 의미를 갖는다. 비록 17b절은 말 위에 앉은 자들을 중심으로 표현되고 17cd절은 말들을 중심으로 표현된다 하더라도 둘 사이를 구분하기보다는 하나의 마병대로 이해할 필요가 있다.

(2) 마병대의 모습(17bc절)

마병대의 첫 번째 특징은 그들이 "불빛과 자줏빛과 유황빛 흉갑"(17b)을 가지고 있다는 것이다. 여기에서 "자줏빛"(ὑακινθίνους, 휘아킨디누스)은 좀 더 정확하게 표현하면 "유황 연기 같은 거무스름한 푸른색"이다.[292] 그리고 17b절에서 흉갑의 색깔로 언급되는 "불빛과 자줏빛과 유황빛"은 17d절에서는 말들의 입에서 나오는 것으로 표현되고 18c절에서는 사람들의 삼분의 일이 죽임을 당하는(18b절) 원인으로 지목되는 "불/연기/유황"과 짝을 이룬다.[293] 이러한 "불/연기/유황"은 유황불이 타는 정황을 연상케 하며 특별히 구약에서 심판의 상징으로 자주 사용되기도 한다(창 19:24, 28; 신 29:23; 삼하 22:9; 사 34:9-10; 겔 38:22).[294] 따라서 마병대가 가지고 있는 "불빛과 자줏빛과 유황빛 흉갑"은 바로 마병대와 그들의 말의 역할이 심판을 행사하는 것임을 보여준다.

---

290 Mounce, *The Book of Revelation*, 196.
291 Osborne, *Revelation*, 382.
292 J. H. Moulton and G. Milligan, *The Vocabulary of the Greek Testament* (London: Hodder & Stoughton, 1930), 647(Osborne, *Revelation*, 382에서 재인용).
293 Blount, *Revelation*, 184.
294 Beale, *The Book of Revelation*, 511.

마병대의 두 번째 특징은 17c절이 제시하듯이 "말들의 머리들은 사자들의 머리들 같다"는 것이다. 이곳의 묘사는 비록 말들에 초점을 두고 있지만, 말들과 그 말들을 탄 자는 일체를 이루어 마병대 전체로서의 특징을 형성한다. 여기에서 사자의 머리는 다섯 번째 나팔 심판에서 황충의 이빨이 "사자의 이빨" 같다고 했던 것(8절)과 "사자"란 주제에 의해 서로 밀접하게 관련된다.[295] 사자의 "이빨"이나 "머리" 같은 은유는 마병대의 맹렬하고 흉포한 모습을 그려준다. 특별히 17cd절에서는 사자의 머리 같은 머리를 가지고 있는 말들의 입으로부터 불과 연기와 유황이 나오고, 18bc절에서는 불/연기/유황으로 인하여 사람들의 삼분의 일이 죽는다. 이것은 "그것의 입에서는 횃불이 나오고 불꽃이 튀어 나오며 그것의 콧구멍에서는 연기가 나오니 마치 갈대를 태울 때에 솥이 끓는 것과 같구나"라고 말하면서 리워야단으로부터 횃불과 불꽃과 연기가 나오는 것을 묘사하는 욥기 41장 19-20절의 장면을 반영하는 것이라 볼 수 있다.[296]

이상에서 마병대는 파괴적이고 포악한 마귀 세력의 특징을 보여준다. 하나님은 그것들을 사용하셔서 세상을 심판하고 계신 것이다. 그리고 이러한 패턴은 다섯 번째 나팔 심판의 황충의 경우와 동일하다.

(3) 세 재앙: 불/연기/유황(18c절)

18절에서는 사자 같은 머리를 가지고 있는 말들의 입에서 나오는 불/연기/유황의 심판이 가져오는 실제적인 효과를 소개한다. 18a절은 "불/연기/유황"을 가리키는 지시 대명사 "이것들"(τούτων, 투톤)을 "세 재앙"이란 단어와 함께 사용하면서, 17d절의 불/연기/유황을 "세 재앙"이라 일컫는다. 이러한 사실은 18절의 구조를 통해 입증될 수 있다. 앞서 "구문 분석 및 번역"에서 언급한 것처럼 18절은 18a절과 18c절이 서로 평행 관계에 있고 그 사이에 18b절이 존재하는 A-B-A´의 구조이다. A와 A´는 모두 재앙에 대해 언급하고 B는 그 재앙이 가져오는 결과를 언급한다. A(18a절)의 "세 재앙"은 A´(18c절)의 "그들[말들]의 입으로부터 나오는 불과 연기와 유황"을 가리킨다. 여기에서 A´(18c절)는 17d절의 반복이고 따라서 18a절과 동일한 내용이다. 이러한 관계에 의해 A와 A´는 동일한 내용을 반

---

295 Blount, *Revelation*, 184. 오우니는 마병대의 사자에 대한 은유가 키메라(Chimaera) 전설에 기초한다고 주장한다. 이 전설에서 키메라는 "사자의 머리를 가지고 있고 용 혹은 뱀의 꼬리를 가지고 있으며 염소의 몸과 내뿜는 불"을 가지고 있는 것으로 묘사된다(*Iliad* 6.181-82; Hesiod *Theog.* 319-324; Euripides *Ion* 203-204; *Electra* 474-475; Apollodorus 2.3.1 등)(Aune, *Revelation 6-16*, 539).

296 Osborne, *Revelation*, 383.

복하고 이러한 반복에 의해 그 내용이 강조되고 있다. B(18b절)는 그러한 재앙의 결과로 "사람들의 삼분의 일이 죽임을 당했다"고 말한다. 여기에서 "삼분의 일"이라는 범위는 15c절에서 이미 하나님이 정하신 숫자이고 처음 네 개의 나팔 심판에서 규칙적으로 반복되는 심판의 패턴이다.

그리고 불/연기/유황으로 구성된 세 재앙은 다섯 번째 나팔 심판에서 언급된 바 있는 아뷔쏘스의 특징을 잘 반영할 뿐만 아니라 동시에 하늘의 정황에서 발생하는 "정돈된 등불과 달콤한 냄새의 향의 연기"(참고, 4:5의 일곱 등불; 8:4의 향연)와 대조적인 모습을 보인다. [297] 여기에서 세 재앙이 아뷔쏘스의 특징을 공유한다는 점에서 마귀적 특징을 갖는 것으로 간주할 수 있다. 또한 세 재앙이 아뷔쏘스와 특징을 공유하는 것은 앞서 언급한 마병대가 다섯 번째 나팔 심판의 도구로서 황충과 특징을 공유하는 것과 같은 패턴을 보여준다. 곧 악의 세력을 심판의 도구를 삼아서 심판하는 방식이 여섯 번째 나팔 심판에서도 채택되고 있는 것이다.

불과 연기와 유황의 세 요소는 창세기 19장 24-28절에서 "소돔과 고모라에 대한 심판의 능력(forces)으로서" 함께 등장한다. [298] 그리고 이러한 상황을 "재앙들"(πληγῶν, 플레곤)πληγή, 플레게)이라고 표현한 것은 바로 출애굽의 열 재앙을 상기시킨다. [299] 이러한 심판의 배경적 측면에서 보면 이곳의 심판은 다섯 번째 나팔 심판처럼 그 이마에 하나님의 인을 갖지 않은 자들에게는 재앙이지만 구속의 은혜를 입은 하나님의 백성들에게는 재앙일 수 없다. 곧 심판의 대상은 세상과 그 세상에 속한 자들이다.

(4) 입과 꼬리의 권세(19절)

19a절은 이유를 의미하는 접속사 '가르'(γάρ)로 시작한다. 이것은 19a절이 18절에 대한 이유를 서술하는 내용이라는 것을 의미한다. 곧 19절은 말들의 입으로부터 나오는 불과 연기와 유황으로 인하여 사람들의 삼분의 일이 죽게 된다고 말하는 18b절의 원인을 제시한다. 그들이 죽게 만든 원인이 된 것은 무엇인가? 그것은 이 말들의 입과 꼬리로부터 나오는 권세다. 18절과 19절에서 공통적으로 사용되는 단어는 "입"(στόμα, 스토마)이다. 그들의 입에 큰 능력이 있어서 그들의 입에서

---

297 Boxall, *Revelation*, 148.
298 Blount, *Revelation*, 184.
299 이 외에도 지혜서 11:17-18이 유대 문헌 배경으로 제시될 수 있다(Harrington, *Revelation*, 112).

나오는 불과 연기와 유황으로 인하여 사람들이 죽임을 당하게 되는 것이다. 그런데 18절에서는 입만 언급되었는데 19a절에는 "꼬리"가 덧붙는다. 그리고 19bc절은 그 꼬리에 대한 설명이다.

앞서 번역을 논의할 때 언급한 것처럼 19bc절은 접속사 '가르'(γάρ)로 인해 19a절의 내용을 좀 더 분명하게 해 주는 역할을 하게 된다. 곧 19bc절은 19a절의 말들이 가지고 있는 꼬리의 권세를 좀 더 확증하는 내용을 서술한다.[300] 19b절에서 꼬리의 특징은 두 가지로 나타난다. 첫째는 머리를 가지고 있다는 것이고 둘째는 "뱀 같다"(ὅμοιαι ὄφεσιν, 호모이아이 오페신)는 것이다.[301] 먼저 꼬리가 머리를 가지고 있다는 것은 매우 괴기한 모습이다. 이러한 이미지를 만들어 내고 있는 이유는 꼬리를 머리처럼 하나의 독립적 활동의 개체로 강조하기 위함이다. 곧 일반적으로 꼬리는 아무런 역할을 하지 못하는 부수적이고 미약한 부분으로 간주되기 쉽지만, 꼬리가 머리를 가지고 있다고 함으로써 꼬리에 대한 이러한 선입견을 제거한다. 이러한 사실은 19a절에서 "이 말들의 권세는 그들의 입과 그들의 꼬리에 있다"고 말하는 것과 관련된다. 곧 말들의 권세는 입이 있는 머리뿐 아니라 꼬리에도 동시에 존재한다. 이러한 동질성을 강조하기 위해 꼬리가 머리를 가지고 있다고 하는 것이다. 머리가 있다면 당연히 입이 존재한다. 따라서 꼬리의 머리에 있는 입은 머리의 입과 같은 권세를 갖는다.

또한 19b절에서는 말들이 가지고 있는 꼬리를 뱀에 비유하고 있다. 이것은 다섯 번째 나팔 심판을 말하는 9장 10절에서 황충이 가진 전갈 같은 꼬리가 다섯 달 동안 사람들을 해롭게 하는 권세를 가지고 있다는 것과 유사한 패턴을 보여준다. 그렇다면 여기에서 말들의 꼬리를 뱀에 비유하는 것은 다섯 번째 나팔 심판에서 황충의 꼬리를 전갈에 비유한 것과 더불어 뱀과 전갈의 조합을 의도한 것이라는 개연성을 추정해 볼 수 있다.[302] 이러한 조합은 집회서 39장 30절과 누가복음 10장 19절에서도 나타나고 있다.[303] 흥미롭게도 집회서 39장 30절에

---

300 Thomas, *Revelation 8-22*, 49.
301 벡위드는 머리를 가진 뱀 같은 말의 꼬리의 모양이 다음과 같은 다양한 자료들과 관련된다고 제시한다: "뱀 같은 꼬리"(serpent-like tails)의 모양은 "뱀 같은 모습을 보여주는 방식으로 말의 꼬리털을 묶는 파르티아의 관습(Spitta, 340)"을 반영하거나 "버가모에 있는 큰 제단"(스몰리는 이것이 제우스의 제단이라고 명시한다[Smalley, *Revelation to John*, 241])에 조각된 거인들이 "뱀의 형상으로 된 다리들을 가지고 있는" 것을 반영하거나 "양끝에 뱀의 머리를 가지고 양방향으로 움직이는 소위 암피스바에나(Amphisbaena)," 즉 쌍두 뱀을 반영한다(Beckwith, *The Apocalypse of John*, 569; 벡위드를 인용하는 Smalley, *Revelation to John*, 241도 참고하라).
302 Sweet, *Revelation*, 173.
303 앞의 책.

서는 뱀들과 전갈들이 맹수들(wild animals) 및 칼과 함께 악인들(ungodly)을 심판하는 도구로 사용되는데, 그것이 요한계시록의 문맥과 조화를 이룰 수 있다. 요한계시록 문맥에서 좀 더 특별한 것이 있다면, 그것은 뱀이 사탄적 의미를 가질 수 있다는 점이다.[304] "뱀"이 항상 사탄과 연결되는 것은 아니지만, 요한계시록의 전체적인 문맥에서 "뱀"은 사탄으로 비유된다. 가장 대표적인 것은 12장 9절에서 사탄을 "옛 뱀"이라고 명명하는 것이다(참고, 계 12:14, 15; 20:2).[305] 그러므로 전갈에 비유되는 꼬리를 가진 황충이 마귀적 속성을 갖는 것처럼 뱀에 비유되는 꼬리를 가진 말도 마귀적 속성을 갖는다고 할 수 있다.[306] 따라서 이렇게 뱀 같은 꼬리를 가져서 마귀적 속성을 갖는 말들은 "마귀적인 말들"(demonic horses)로 묘사될 수 있다.[307]

이렇게 19b절에서 언급된 두 가지 특징을 갖는 강력한 권세의 꼬리로 말미암아 말들은 19c절에서 사람들을 "해롭게 한다"(ἀδικοῦσιν, 아디쿠신)(ἀδικέω, 아디케오). 19c절에서 해롭게 하는 행위는 18c절에서 입으로부터 나오는 "불과 연기와 유황"으로 사람들을 죽이는 행위에 대한 다른 표현이다.

15-19절 정리. 15-19절은 여섯 번째 나팔 심판의 내용을 소개하고 있다. 여섯째 천사가 나팔 불자 유브라데 강에 결박되어 있던 네 천사가 풀려나고, 그들은 이만 만의 마병대를 동원하여 사람들의 삼분의 일을 죽이게 된다. 그 마병대는 불빛과 자줏빛과 유황빛 흉갑을 가지고 있고, 그들이 탄 말들의 머리는 사자 같고, 그 꼬리는 뱀 같고 머리를 가지고 있다. 말들은 그들의 입에서 나오는 불과 연기와 유황으로, 그리고 그들의 꼬리로 사람들의 삼분의 일을 죽인다.

이러한 내용의 묘사들은 앞으로 일어날 특정 사건들을 미리 예고하기 위한 것이 아니라 하나님을 배역한 인간들을 향한 하나님의 진노에 대한 "공포스런 느낌"(a sense of the horrible nature)을 자아내려는 목적을 갖는다는 점을 기억하는 것은 매우 중요하다.[308] 곧 요한은 결박되었다가 풀려난 네 천사에 의해 풀려난 말들과 관련하여 머리는 사자 같고 꼬리는 뱀 같고 머리가 달려 있는 "기괴하고 치명적인"(grotesque and deadly) 이미지를 만들어 내어 세상을 심판하기 위한 하나님

---

304 Osborne, *Revelation*, 384.
305 앞의 책.
306 Smalley, *Revelation to John*, 241.
307 Fee, *Revelation*, 136.
308 Witherington, *Revelation*, 154.

의 마음을 성공적으로 표현해 내고 있는 것이다.[309] 스웨테는 이러한 이미지 형성이 "공포를 강화하려는" 목적을 갖는다고 설명한다.[310] 따라서 이러한 내용의 글들을 대할 때 문자 그대로 해석하여 앞으로 일어날 사건들을 추적하는 것은 본문의 의도를 벗어나는 것이며 아무런 결과도 기대할 수 없다.

[9:20-21] 결말

끝으로 20-21절은 여섯 번째 나팔 심판의 결말 부분으로서 이러한 심판에 죽지 않고 살아남은 자들이 회개하지 않는 반응을 보이는 모습을 소개한다.

회개하지 않다 1(20절). 20b절의 "이 재앙들로 말미암아"(ἐν ταῖς πληγαῖς ταύταις, 엔 타이스 플레가이스 타우타이스)는 바로 여섯 번째 나팔 심판의 내용을 가리킨다. 그리고 "이 재앙들로 말미암아 죽임당하지 않은, 사람들 곧 남은 자들"(20ab절)은 이 심판으로 말미암아 죽임당한 삼분의 일에 속하지 않고 살아남은 삼분의 이의 사람들을 가리킨다. 물론 이러한 구성도 문자 그대로 사람들의 삼분의 일이 죽임당할 것을 말하려는 것이 아니라 심판의 공포스러운 느낌을 강조하기 위해 문학적 차원에서 설정한 상상적 시나리오다. 더 나아가서 이 재앙에 죽지 않고 살아남은 자들이 존재한다는 것은 이 심판이 최종적 단계에 해당하지 않고 최후 심판의 순간이 기다리고 있음을 암시하는 것이다. 그러나 그와 동시에 세상 나라가 하나님의 나라가 되는 일곱 번째 나팔 심판과의 관련성도 고려할 필요가 있다.

20c절은 20ab절에서 소개한 이 재앙에 죽지 않고 살아남은 자들, 곧 그 이마에 하나님의 인을 갖지 아니한 사람들이 "그들의 손의 행위로부터"(ἐκ τῶν ἔργων τῶν χειρῶν αὐτῶν, 에크 톤 에르곤 톤 케이론 아우톤) 회개하지 않았다는 사실을 지적하고 있다. 먼저 여기에서 "회개하지 않았다"(οὐδὲ μετενόησαν, 우데 메테노에산)는 것은 "회개하기를 거부했다"라는 의미로 이해하는 것이 좋다.[311] 이러한 현상은 출애굽 사건에서 하나님의 열 재앙 심판에도 불구하고 마음을 완고하게 하고 회개하지 않았던 바로 왕을 연상케 한다.[312] 여기에서 "손"이란 단순히 신체의 일부인 손만을 의미하는 것이 아니라 그들의 전인적 존재를 대표한다고 볼 수 있다. 곧 그들

---

309 Reddish, *Revelation*, 183.
310 Swete, *The Apocalypse of St. John*, 122.
311 Osborne, *Revelation,* 385.
312 Beasley-Murray, *The Book of Revelation*, 166.

의 "손의 행위"란 손으로 한 행위만을 가리키는 것이 아니라 그들의 삶 전체의 행위를 포함한다(시 28:4). [313] 한편, 이사야 2장 8절 같은 본문에서는 "손의 행위"를 우상과 관련하여 언급하기도 한다. [314] 실제로 이스라엘의 전통에서는 인간의 손의 작품들이 하나님께 영광을 돌리는 것으로 인정받는 경우도 있지만(시 90:17; 사 65:22) 그것이 우상 숭배를 위한 물리적 형태를 만드는 데 잘못 사용될 위험도 있다(출 20:1-6). [315] 20d절에서 "그들의 손의 행위들"은 20e절의 우상에 대한 언급과 밀접한 관계를 가지고 있으므로 우상 제작과 관련된 것으로 볼 수 있다. [316] 이사야 44장 6-20절은 이러한 생명이 없는 물질(요한계시록 본문에서는 금, 은, 동, 돌, 나무)로 만든 형상을 우상으로 숭배하는 행위의 어리석음에 대해 매우 자세하게 묘사하며, 심각하게 경고하고 비판한다(참고, 에녹1서 99:7; 시빌의 신탁 5:77 이하). [317]

20e절의 '히나'(ἵνα)절은 20c절과 연결되는 목적절로서 매우 독특하게 20c절과 반대의 내용을 서술한다. 곧 20c절의 "회개하다"라는 행위에는 목적이 존재하는데 그것은 바로 20e절에서 언급되는 "귀신들과 볼 수도 들을 수도 걸어 다닐 수도 없는 금들과 은들과 동들과 돌들과 나무들로 만든 우상들에게 경배하지 않도록"(ἵνα μή … , 히나 메 …) 하기 위한 것이다. 그러나 그들은 우상들에게 경배하지 않도록 회개하기를 거부하였다. 여기에서 회개의 초점은 우상 숭배를 하지 않는 것에 맞추어져 있다. 이것은 회개 목록이 주로 우상 숭배에 집중되어 있는 것을 통해 분명하게 알 수 있다. 유대적 전통에서 회개는 우상 숭배에서 돌이키는 것과 같은 구체적인 행동의 변화를 전제한다. 그러나 20절의 사람들은 이러한 구체적인 행동의 변화를 위한 회개를 거부한다.

또한 20e절에서는 "귀신들"과 "우상들"이 병치되어 있다. 이것은 우상의 배후에 귀신들에 의해 대표되는 사탄적 세력이 작용하고 있음을 의미한다(참고, 신 32:17; 시 96:5[70인역 95:5]; 시 106:36-37[70인역 105:36-37]; 희년서 11:4; 에녹1서 19:1; 99:6-7; 고전 10:20). [318] 신명기 32장 16-17절에서는 우상 숭배를 마귀/사탄을 향한 경배로 규정한다. [319]

---

313 Koester, *Revelation*, 468.
314 앞의 책.
315 앞의 책.
316 앞의 책.
317 Roloff, *The Revelation of John*, 119.
318 Beale, *The Book of Revelation*, 519.
319 Mounce, *The Book of Revelation*, 198.

¹⁶그들이 다른 신으로 그의 질투를 일으키며 가증한 것으로 그의 진노를 격발하였도다 ¹⁷그들은 하나님께 제사하지 아니하고 귀신들에게 하였으니 곧 그들이 알지 못하던 신들, 근래에 들어온 새로운 신들 너희의 조상들이 두려워하지 아니하던 것들이로다(신 32:16-17)

이런 구약 배경에 의해 20e절의 우상 숭배는 하나님의 진노를 격발하는 마귀 사탄에 대한 경배로 간주된다. 이러한 이해가 정당하다면 살아남은 자들은 그 이마에 하나님의 인을 갖지 아니하고 도리어 (13장에서 논의하게 될) 짐승의 표를 받은 자들로서, 하나님의 심판에도 불구하고 회개하지 않기로 되어 있는 자들이다.

회개하지 않다 2(21절). 21절은 20b절을 다시 한 번 반복하여 구체적으로 설명하고 있다. 이러한 관계는 "회개하지 않다"(οὐ μετενόησαν, 우 메테노에산)라는 문구의 반복으로 확인된다. 뿐만 아니라 21절에서는 20d절처럼 "회개하지 않다"와 함께 '에크'(ἐκ)라는 전치사가 사용되는데, 무려 네 번이나 반복해서 사용되고 있다. 전치사 '에크'를 통해 표현되는 회개하지 않는 내용들의 구체적인 목록에는 "살인들," "점술들," "음행들," "도적질들"이 포함된다. 이 목록의 내용들이 한결같이 복수형으로 사용되고 있는 것은 그러한 행위들이 한 사람이 아니라 무리 전체에 의해 반복적으로 자행되는 것임을 강조하기 위함이다. 이 목록 중 세 항목, 즉 살인, 음행, 도적질은 각각 십계명의 여섯 번째, 일곱 번째, 여덟 번째 계명에 해당하고(출 20:3-17; 신 5:17-19),³²⁰⁾ 점술은 이교적 우상 숭배의 일종이다. 이렇게 다양한 특징의 항목들로 구성된 목록은 인간이 짓는 죄의 종류가 유대적 범주뿐 아니라 이교적 범주까지도 포함하면서 우주적 영역을 넘나드는 범주를 가지고 있음을 보여준다. 특별히 이 목록 중 "점술"에 해당하는 헬라어 단어 '파르마콘'(φάρμακον)은 본래 "허브나 뿌리나 동물들의 신체 일부가 섞인 일종의 약물"과 관련된다.³²¹⁾ 이러한 약물은 관례적으로 점술자들의 주문과 함께 사용되기 때문에 점술자들의 마술적 행위에 동반된다. 예를 들면 이집트의 마술과 관련된 파피루스 고문서에 기록된 주문에 의하면 "기원자"(petitioner)는 "쿠민(cumin)에 검은 당나귀, 아롱진 암염소, 검은 황소의 털"을 섞은 것을 가지고 "알 수 없는 말로 중얼거리면서 지옥(abyss)과 지상과 하늘의 마귀들에게 간청한다."³²²⁾ 이와 같

---

320 앞의 책.
321 Koester, *Revelation*, 470.
322 앞의 책.

은 정황으로 미루어 볼 때 점술의 행위는 지극히 마귀적 특징을 갖지 않을 수 없다. 그리고 이러한 행위는 심판의 이유가 되기에 충분하다.

20c절과 21a절이 "회개하지 않음"에 의해 평행 관계를 이루는 것처럼 20c절과 21b절도 '에크'(ἐκ)에 의한 전치사구의 반복에 의해 서로 평행 관계를 이룬다. 이러한 평행 관계에 의해 사탄을 경배하는 행위는 곧 살인과 점술과 음행과 도적질을 행하는 삶을 낳으며, 그러므로 사탄을 경배하는 행위를 회개하지 않는 자들은 당연히 살인과 점술과 음행과 도적질을 회개하지 않을 것이다. 20c절과 21a절에서 죽지 않고 살아남은 자들이 "회개하지 않았다"는 것을 반복해서 지적하는 것은 이러한 심판이 회개를 의도했는데도 불구하고 그들이 회개하지 않았다고 함으로써 하나님의 무기력함을 드러내려는 것이 아니다. 만일 그들이 회개하는 것이 전능하신 하나님이 의도하신 목적이라면 그 목적은 이루어지지 않을 수 없다. 왜냐하면 요한계시록에서 하나님은 모든 상황을 통제하시며 자신의 목적을 필연적으로 이루어 가시는 분으로서 결코 실패하실 수 없기 때문이다.

그러므로 그들이 회개하지 않는다는 것은 요한계시록에서의 심판의 목적이 본래 그들을 회개하게 하는 것이 아니라는 것을 보여준다.[323] 심판의 목적은 하나님을 대적하고 하나님의 백성을 핍박하는 세상 세력을 징벌함으로써 하나님의 공의와 승리를 선언하는 것에 있다. 이러한 맥락에서 사람들의 회개하지 않는 반응을 보여주는 것은 인간들이 하나님의 심판에도 불구하고 회개하지 않을 정도로 완악한 상태에 있음을 지적함으로써 하나님의 심판의 정당성을 확증하려는 것이다. 더 나아가서 이러한 회개하지 않는 정황에 반하여 11장에서는 하나님께 영광을 돌리는 모습을 통해 회개의 정황을 드러내며(11:13), 일곱 번째 나팔 심판의 결과로 세상 나라가 하나님 나라가 되는 반전되는 모습을 보여준다(11:15). 이러한 반전은 삽입 부분인 10-11장의 두 증인 이야기에 대한 관전 포인트를 제공한다.

---

323 쾨스터는 이에 반대하여 심판이 회개를 위한 목적을 갖는다고 주장한다(앞의 책, 468).

📑 핵심 메시지

요한계시록 8장 6절-9장 21절은 첫 번째부터 여섯 번째에 이르는 나팔 심판을 기록한다. 8장 6-12절은 처음 네 개의 나팔 심판을 기록하고 8장 13절-9장 21절은 나머지 두 개의 나팔 심판, 즉 다섯 번째와 여섯 번째 나팔 심판을 기록한다. 처음 네 개의 나팔 심판은 자연계에 대한 심판이라는 점에서 그 내용에 있어서는 처음 네 개의 인 심판과 유사하고, 땅, 바다, 강/물샘, 하늘에 그 심판이 가해지고 있다는 점에서 그 구성에 있어서는 처음 네 개의 대접 심판과 유사하다. 여기에서 나팔 심판의 처음 네 개가 인 심판의 경우보다는 좀 더 짜임새 있게 구성되어 있음을 발견한다. 더 나아가서 처음 네 개의 나팔 심판에서 공통적으로 등장하는 것은 바로 심판의 대상을 삼분의 일로 제한한다는 점이다. 이 숫자는 두 가지 의미를 갖는데, 하나는 회복의 가능성을 열어 놓는다는 것이고, 다음은 처음 네 개의 나팔 심판이 아직 최종 단계에 접어들지 않았음을 표시한다는 것이다.

다음으로 9장에서는 나머지 두 개의 나팔 심판을 기록하고 있다. 이것이 기록되기 전에 8장 13절에서는 세 개의 화가 도래할 것을 예고하는데 이 세 개의 화는 바로 다섯 번째와 여섯 번째와 일곱 번째 나팔 심판을 가리키는 것이다. 9장에서는 그 중 다섯 번째와 여섯 번째 나팔 심판을 다루는데, 그것들의 기록된 분량으로 볼 때 두 나팔 심판이 매우 중요하게 취급되고 있음을 알 수 있다. 다섯 번째 나팔 심판은 1-11절에서 소개되고 있으며, 여기에서 1절과 11절이 서로 평행 관계를 갖기 때문에 1-11절은 수미상관(inclusio) 구조로 되어 있다. 이 다섯 번째 나팔 심판에서는 "황충"이 심판의 도구로 사용되는데, 이에 대한 구약 배경은 이스라엘을 향한 하나님의 심판의 도구로 사용되는 바벨론 군대가 요엘서 등에서 "황충"으로 표현되는 것에서 발견할 수 있다. 이러한 배경으로 인하여 이 황충의 핵심적 특징은 폭력적인 군대의 모습이다. 그런데 이 황충의 의미는 요한계시록의 문맥에서 진화한다.

곧 이 황충은 (사탄으로 해석되는) "하늘로부터 땅으로 떨어져 있는 별"이 그 열쇠를 가지고 입구를 여는 아뷔쏘스로부터 나온 것들이다. 다시 말해서 황충은 사탄적 세력에 속한 것으로 간주된다. 하나님은 이러한 사탄적 세력을 사탄에게 속한 자들을 심판하기 위한 도구로 사용하시는 역설적인 분이시다. 여기에서 사탄은 자기 파괴적이므로 스스로를 파괴하는 자체적인 모순을 가지고 있으며, 사탄적 세력의 자기 파괴적인 속성은 그들 자신의 심판을 자초하는 결과를 가져올 수밖에 없다. 하나님은 바로 이러한 속성을 심판을 위해 사용하고 계시는 것이다.

여섯 번째 나팔 심판에서의 중요한 화두는 "유브라데 강"이라고 할 수 있다. 저자는 이 강을 성경적 배경과 동시대적 배경을 동시적으로 겨냥하여 사용하고 있다. 그러므로 이 유브라데 강은 하나님의 심판과 그 심판의 극렬함을 강조하고 있다. 여기에서 유브라데 강과 함께 네 천사가 등장한다. 이 네 천사는 하나님이 정하신 때를 위해 준비된 존재로서 유브라데 강에 결박되어 있다가 사람들을 심판하기 위해 풀려난다. 이들은 다섯 번째 심판(4c절)의 경우처럼 하나님의 인을 갖지 아니한 자들 중 삼분의 일을 죽이기 위해 이만 만의 마병대를 동원한다. 여기에서도 역시 삼분의 일이라는 숫자를 사용함으로써 이 심판이 아직 최종적 심판의 단계가 아님을 암시한다. 이 심판에서 살아남은 자들은 앞서 삼분의 일을 죽인 심판의 극심한 고통에도 불구하고 자신들의 죄를 회개하지 않고 계속해서 죄를 짓는다. 여기에서 우리는 심판의 목적이 그들을 회개하게 만들기 위함이 아니라 사탄의 지배 아래 있는 그들의 존재 자체에 내려지는 필연적인 결과임을 알 수 있다. 회개하게 하는 것이 목적이었다면 그들이 이러한 반응을 보이지 않았을 것이다. 이렇게 비극적인 정황을 남겨 놓은 채 여섯 번째 나팔 심판이 마무리된다.

나팔 심판의 설교는 인 심판의 설교와 동일한 원리를 갖는다. 두 심판 사이의 공통된 내용에 대해서는 인 심판에서 이미 다룬 바 있으므로 나팔 심판만의 독특한 점들만을 나누어 보기로 한다. 인 심판은 5장과 밀접한 관계를 가지고 출발하지만 나팔 심판은 인 심판의 중복과 발전을 함께하는 가운데 기록되고 있으므로 인 심판과 의미를 공유하는 동시에 다소 독립적인 내용도 존재한다는 점을 기억할 필요가 있다. 그러므로 설교자는 이 나팔 심판에서 인 심판이 제시하지 않는 새로운 부분이 무엇인지를 면밀하게 살펴볼 필요가 있다.

나팔 심판에서 새로운 부분은 먼저 처음 네 심판이 좀 더 치밀한 구성으로 이루어지고 있다는 점이다. 이 치밀한 구성이란 처음 네 개의 나팔 심판이 땅, 바다, 강/물샘, 하늘을 심판의 영역으로 설정한다는 점이다. 더 나아가서 나팔 심판에서는 삼분의 일이라는 숫자가 지배적으로 사용되고 있다는 점을 주지할 필요가 있다. 왜 삼분의 일이란 숫자가 지배적으로 사용되는가? 그것은 회복 가능성을 열어 놓은 것이며 이 심판이 최종적 단계가 아니라는 점을 상기시키기 위함이다.

나팔 심판의 하이라이트는 다섯 번째와 여섯 번째 심판에 있다. 따라서 나팔 심판을 설교하는 설교자는 이 두 심판에 초점을 맞춰야 할 것이다. 여기에서는 인 심판에서 상당히 발전한 패턴의 내용이 소개된다. 먼저 다섯 번째에서는 "하늘로부터 땅으로 떨어져 있는 별"이 아뷔쏘스의 열쇠를 가지고 아뷔쏘스의 입구를 열자 여기에서 황충이 나오는데, 하나님이 바로 이 황충을 통해 심판을 시행하신다고 한다. 여기에서 핵심은 하나님이 사탄적 세력을 심판의 도구로 사용하신다는 것이다. 설교자는 이러한 생소한 심판의 양상을 통해 청중들에게 하나님의 심판의 방법이 매우 역설적이라는 것과 또한 사탄에게 속해 있는 삶이 얼마나 두렵고 불안한 것인지를 설득력 있게 전달할 수 있을 것이다. 더 나아가서 설교자는 이 황충의 존재가 미래에 그대로 일어날 특정 대상이 아니라, 요엘서에서 바벨론 군대를 상징하면서 심판의 도구로 등장하는 황충을 배경으로 한다는 점을 주지하여 청중들이 이 황충의 존재를 문자적으로 해석하지 않도록 경계해야 할 것이다.

그리고 여섯 번째 나팔 심판을 설교할 때 설교자는 요한계시록 본문이 유브라데 강의 지역적 특성을 통해 심판의 강도를 강조하고 있다는 점을 기억해야 한다. 청중들은 이 여섯 번째 심판의 유브라데 강에서 일어나는 전쟁을 미래의 전쟁을 예언하는 것으로 이해할 가능성이 농후하다. 왜냐하면 전통적으로 그러한 해석이 난무했기 때문이다. 특히 "그 시간과 날과 달과 년"(15절)이라는 문구는 이러한 오해의 가능성을 더욱 가중시킨다. 설교자는 이러한 오해에 대해 이 유브라데 강이 구약적 배경 및 요한계시록 저술 당시의 동시대적 배경 가운데 사용되고 있다는 확신을 가지고 그것을 설득력 있게 전달할 수 있어야 하고, 15절의 "그 시간과 날과 달과 년"이란 문구가 하나님의 주권을 강조하기 위해 사용된 것임을 잊지 말고 설명해야 한다. 이러한 설득의 과정에서 구약적 배경과 동시대적 배경을 적절하게 설명할 수 있다면 청중에게 일어날 수 있는 오해와 혼란의 가능성을 최소화할 수 있을 것이다. 더 나아가 설교자는 다섯 번째와 여섯 번째 나팔 심판의 심판 대상이 사탄에게 속한 자들임을 지적해야 하지만, 스스로 심판의 대상에서 배제되었다고 믿는 자들이 너무 방종하는 것도 경계할 필요가 있다.

끝으로, 9장 20-21절의 마무리 부분에서는 이러한 심판에도 불구하고 여전히 회개하지 않은 자들이 소개된다. 설교자는 이 부분에서 심판의 목적이 회개하게 만드는 것이 아니라 세상의 죄악을 징벌하기 위한 것임을 확증할 필요가 있는데, 그 이유는 심판의 목적이 회개하게 만드는 것이라면 회개하지 않는 자들의 존재는 하나님의 실패를 의미하는 것이 아니냐고 의문을 제기할 수 있기 때문이다. 그리고 여섯 번째 나팔 심판에서 끝끝내 회개하지 않는 반응이 세상 나라가 하나님의 나라가 되는 일곱 번째 나팔 심판의 결과를 예비하기 위한 목적을 갖는다는 안목을 가지고 그것을 청중들에게 설명할 필요가 있다.

- **제목:** 하나님은 그분의 진노를 어떻게 세상에 쏟아 부으시는가?
- **본문:** 요한계시록 9장 1-21절

● **서론**

하나님이 이 세상의 배역함을 간과하실 것이라 생각하지 말라. 하나님은 반드시 그것을 찾아 심판하시는 분이다. 그 심판은 꼭 미래에 일어나는 것이 아니며 현재에도 진행 중이다. 오늘 본문을 통해 그것을 발견하게 될 것이다.

● **본론**

1. 하나님의 심판의 방법(1-19절)

　1) 하나님은 사탄의 파괴적 속성을 사용하심으로써 이 세상을 심판하신다(1-11절)

　　(1) 이 심판을 촉발시킨 장본인은 바로 사탄이다: 열쇠로 아뷔쏘스의 입구를 열자 심판의 도구인 황충이 나온다(2절)

　　(2) 사탄은 파괴적 속성을 갖는다: 아뷔쏘스의 천사는 아폴뤼온이라 불리운다(11절)

　　(3) 하나님은 그 이마에 하나님의 인을 갖지 않은 사람들을 심판하신다(4절)

　　(4) 황충들의 권세: 인간에게 가장 괴롭고 혐오스러운 전갈의 권세를 갖는다(5, 10절)

　　(5) 심판의 잔임함: 죽기를 구해도 죽지 못한다(6절)

　2) 하나님은 자신의 주권대로 심판을 시행하신다(12-19절)

　　(1) 유브라데 강의 구약적 배경과 동시대적 배경: 유브라데 강은 구약에서 하나님이 이스라엘을 향한 심판의 도구로 사용하시는 이방 나라들을 상기하게 만들고, 요한계시록 저술 당시에

는 로마 제국과 대치하던 저돌적인 파르티아 제국의 군대를 떠올리게 하는 강이었다(14절)

(2) 네 천사: 하나님은 "그 시간과 날과 달과 년"을 위해 준비된 네 천사를 사용하심으로써 이 심판의 주재권을 드러내신다(15절)

(3) 이만 만의 마병대: 하나님의 심판 도구로 제시되는 이만 만의 마병대는 하나님의 심판이 얼마나 극렬한지를 상징한다(16절)

(4) 삼분의 일: 네 천사는 사람들의 삼분의 일을 죽이기 위해 풀려나는데, 여기서 "삼분의 일"은 심판이 아직 최종 단계가 아니라는 점을 암시함으로써 심판의 공포를 강화하는 동시에 회복의 가능성도 제시한다. 또한 "삼분의 일"로 범위를 한정하는 것은 심판에 대한 하나님의 주권을 드러낸다(15절, 18절)

2. 이 세상의 반응(20-21절)

세상은 회개하지 않으며 계속해서 죄를 짓는다. 이것은 그들이 심판받아 마땅한 존재라는 것을 역설적으로 증거하고 있으며, 하나님의 심판의 정당성을 강화하고 있다. 이것은 하나님의 심판이 회개를 위한 것이 아님을 의미한다. 그럼에도 불구하고 일곱 번째 나팔 심판에서는 두 증인이 사역한 결과로 세상 나라가 하나님의 나라가 되는 순간이 찾아온다. 그것은 심판을 통해서가 아니라 두 증인의 증거 사역을 통해서 이루어지게 된다.

●결론: 적용

먼저 나팔 심판 시리즈를 통해서 알 수 있는 것은 이 세상이 심판 아래 있다는 사실이다. 우리는 하나님이 이처럼 집요하게 이루어 가시는 심판의 대상에 속하지 않은 것으로 인해 감사해야 할 것이며, 생명을 풍성히 주시는 예수님 안에서 안식을 누리며 살게 됨을 인하여 감사해야 할 것이다. 왜냐하면 사탄의 파괴적 성격으로 인해 그에게 속한 자들은 필연적으로 고통을 당하게 되어 있기 때문이다. 우리가 그리스도 안에서 당하는 고난은 이처럼 파괴적 속성에 의해 야기된 것이 아니며 생산적 결과를 위해 주어진 것이다. 물론 이 세상에서 사탄에게 속한 자들을 이분법적으로 적대시하며 바라볼 필요는 없다. 우리는 누가 궁극적으로 사탄에게 속한 자들인지도 알지 못한다. 그러나 근본적으로 우리는 하나님을 떠나 살게 될 때 이렇게 심각하게 주어지는 심판의 대상이 될 수밖에 없음을 인식해야 하고 그리스도 안에서의 삶이 참으로 감사한 것임을 확신해야 한다.

IV. 요한계시록 10-11장:
삽입(10:1-11:14)과 일곱 번째 나팔 심판(11:15-19)

10-11장은 삽입 부분과 일곱 번째 나팔 심판에 대한 내용으로 구성되어 있다. 10장 1절-11장 13절은 하나의 문맥을 형성하면서 여섯 번째 나팔 심판과 일곱 번째 나팔 심판 사이에 끼어 있는 삽입 부분이고, 11장 14절은 이 삽입 부분을 여섯 번째 나팔 심판과 밀접하게 연결시킬 뿐 아니라 일곱 번째 나팔 심판을 예고하는 기능을 갖는다. 끝으로, 11장 15-19절은 일곱 번째 나팔 심판을 소개한다.

삽입 부분인 10장 1절-11장 13절은 다시 10장 1-11절, 11장 1-2절, 11장 3-13절의 세 부분으로 나뉜다. 첫 부분은 책과 책을 먹는 요한에 초점을 맞추고 있고, 두 번째 부분은 측량되는 성전 안쪽과 측량되지 않은 채로 두는 바깥 마당에 대한 내용을 기록하며, 마지막 세 번째 부분은 두 증인 이야기를 소개한다. 이 세 부분은 서로 밀접하게 연결되어 있다.

A. 삽입(10:1-11:14)

1. 삽입 1: 열려져 있는 작은 책(10:1-11)

10장은 세 부분으로 나뉜다. 먼저 1-2절은 도입 부분으로서 삽입의 전체적인 내용을 주도하는 다른 힘센 천사를 소개하고, 3-7절은 다른 힘센 천사의 선포와 활동을 통해 그가 가지고 있는 책이 무엇을 의미하는지에 대해 자세하게 설명하며, 8-11절은 요한이 그 책을 먹는 장면을 소개한다.

1) 도입: 다른 힘센 천사의 등장(10:1-2)
도입부인 1-2절은 여러 이미지를 조합하여 다른 힘센 천사의 모습을 묘사한다. 이 천사의 모습은 구약을 배경으로 "여러 겹으로 되어 있는 의미와 관련성들"을 조합하여 구성된다.[1] 이곳에서는 요한계시록의 다른 본문과 마찬가지로 이러한 조합을 잘 분석하여 의미를 찾아내는 것이 중요한 과제다.

---

1   Reddish, *Revelation*, 192.

구문 분석 및 번역

1절 a Καὶ εἶδον ἄλλον ἄγγελον ἰσχυρὸν
그리고 나는 다른 힘센 천사를 보았다

　b καταβαίνοντα ἐκ τοῦ οὐρανοῦ
하늘로부터 내려오는

　c περιβεβλημένον νεφέλην
구름이 입혀진 채로

　d καὶ ἡ ἶρις ἐπὶ τῆς κεφαλῆς αὐτου
그리고 그의 머리 위에 그 무지개가 있다

　e καὶ τὸ πρόσωπον αὐτοῦ ὡς ὁ ἥλιος
그리고 그의 얼굴은 해 같다

　f καὶ οἱ πόδες αὐτοῦ ὡς στῦλοι πυρός,
그리고 그의 발은 불의 기둥 같다

2절 a καὶ ἔχων ἐν τῇ χειρὶ αὐτοῦ βιβλαρίδιον ἠνεῳγμένον.
그리고 그는 열려져 있는 작은 책을 그의 손에 들고 있다

　b καὶ ἔθηκεν τὸν πόδα αὐτοῦ τὸν δεξιὸν ἐπὶ τῆς θαλάσσης, τὸν δὲ εὐώνυμον ἐπὶ τῆς γῆς,
그리고 그는 그의 오른발을 바다에 두고 왼발을 땅에 두었다

먼저 1bc절에서 분사로 사용된 두 단어에 주목할 필요가 있다. 1b절의 '카타바이논타'(καταβαίνοντα)는 '카타바이노'(καταβαίνω, 내려오다)의 현재 시제 분사이며, 1c절의 '페리베블레메논'(περιβεβλημένον)은 '페리발로'(περιβάλλω, 입다)의 완료 시제 수동태 분사다. 이 두 분사는 모두 1a절의 주동사인 '보다'(εἶδον, 에이돈)의 목적어인 "다른 힘센 천사"(ἄλλον ἄγγελον ἰσχυρόν, 알론 앙겔론 이스퀴론)의 보어로 사용된다. 이 두 분사의 시제 차이 때문에 두 분사를 구별해서 해석해야 한다. 먼저 현재 시제로 사용된 '카타바이논타'(καταβαίνοντα)는 "내려오는"으로 번역함으로써 환상을 보는 순간에 현재 내려오고 있는 현장성을 강조했다. 그리고 완료 시제 수동태로 사용된 '페리베블레메논'(περιβεβλημένον)은 "구름이 입혀진 채로"라고 번역함으로써 이미 구름이 입혀져 있는 상태를 강조하고 신적 수동태의 특징이 드러나게 했다.

2a절의 '에네오그메논'(ἠνεῳγμένον)은 '아노이고'(ἀνοίγω, 열다)의 완료 수동태 분사다. 여기에서 이 완료 시제 수동태 분사를 사용한 것은 분명한 의도가 있는 것이다. 먼저 완료 시제는 이미 열려져 있는 상태를 강조한다. 곧 요한이 다른 힘센 천사를 보았을 때에야 비로소 그 책이 열린 것이 아니라 요한이 그 천사를 보았을 때는 이미 그 책이 열려져 있는 상태에 있었다는 것이다. 왜냐하면 5장에서 책이 열려지게 된 것이 이미 결정되었기 때문이다. 그리고 이 동사의 수동

형태는 5장에서 책이 열려지게 된 것이 어린 양에 의한 것이라는 사실을 생각 나게 한다. 이러한 문맥에 비추어 이 분사는 "열려져 있는"으로 번역될 수 있다. 그리고 이 분사는 형용적 용법으로 사용되어 바로 앞에 있는 명사 '비블라리디 온'(βιβλαρίδιον, 작은 책)을 수식해 주기 때문에 "열려져 있는 작은 책을"로 번역했다.

이상의 내용을 바탕으로 우리말 어순에 맞추어 번역하면 다음과 같다.

1a)	그리고 나는
1c)	구름이 입혀진 채로
1b)	하늘로부터 내려오는
1a)	다른 힘센 천사를 보았다.
1d)	그리고 그의 머리 위에 그 무지개가 있고
1e)	그의 얼굴은 해 같고
1f)	그의 발은 불의 기둥 같다.
2a)	그리고 그는 열려져 있는 작은 책을 그의 손에 들고 있다.
2b)	그리고 그는 그의 오른발을 바다에 두고 왼발을 땅에 두었다.

본문 주해

[10:1] 다른 힘센 천사가 하늘로부터 내려오다

도입은 "다른 힘센 천사"가 구름이 입혀진 채로 하늘에서 내려오는 장면으로 시 작한다.

내가 보았다(εἶδον, 1a절). 10장은 "내가 보았다"(εἶδον, 에이돈)라는 말로 시작한다. 요 한계시록에서 40회 이상 등장하는[2] 이 표현은 요한계시록이 "압도적으로 시각 적인 성격"을 가지고 있음을 알려 준다.[3] 따라서 독자들은 요한의 이야기 세계 로 들어가기 위해서 요한이 시각적으로 정교하게 구성한 장면들을 관찰하면서 이에 상응하는 "시각적 상상력"을 발휘해야 한다.[4]

다른 힘센 천사(ἄγγελον ἰσχυρὸν, 1a절). 1a절의 "힘센 천사"(ἄγγελον ἰσχυρὸν, 앙겔론 이스퀴 론)는 5장 2절과 18장 21절에 등장하는 "힘센 천사"와 동일한 표현으로 소개되고 있지만,[5] 1a절에서 "다른"(ἄλλον, 알론)이란 표현이 사용된다는 점으로 볼 때, 적어

---

2   앞의 책.
3   앞의 책.
4   앞의 책.
5   Beale, *The Book of Revelation*, 522.

도 요한계시록 차원에서는 여러 힘센 천사들로 구성된 어떤 그룹이 존재한다는 것을 알 수 있다. 천사에 대해 이렇게 표현하는 것은 성경의 다른 책들에서는 등장하지 않는 요한계시록 특유의 것이다. 학자들은 1a절의 "다른 힘센 천사"를 가브리엘로 간주하거나(Charles, Sweet, Lohmeyer, Lohse, Beaseley-Murray), 1장 12-16절에서 그리스도를 소개했던 것과의 유사점 때문에 그리스도로 간주하기도 한다(Moffat, Boxall, Beale).[6] 그러나 요한이 가브리엘과 같은 어느 특정한 천사를 염두에 두었다는 증거는 희박하며,[7] 1장 12-16절의 그리스도에 대한 묘사와 일부 유사한 부분들이 존재하는 것은 분명하지만 이 천사를 그리스도와 동일하다고 단정짓는 것은 10장의 전체적인 문맥을 봤을 때 무리가 있다.[8] 이 천사와 관련해서는 두 가지로 정리해 볼 수 있다. 첫째, 이 천사는 1장 1절이나 22장 16절에서 하나님의 메신저로 나타나는 "계시하는 천사"(revelatory angel)와 기능적으로 밀접한 관계를 갖는다고 여겨진다.[9] 둘째, 이 천사는 5장 2절과 18장 21절처럼 "힘센 천사들" 중 하나로 보는 것이 더 좋을 것이다.[10] 특별히 어떤 사본들(P, 046, 1, 82, 2036, 2053 pm)에는 "다른"이라는 단어가 존재하지 않는데,[11] 이것은 10장 1a절의 "다른 힘센 천사"를 5장 2절의 "힘센 천사"와 동일한 천사로 이해하려는 시도라고 볼 수 있다.

하늘로부터 내려오다(1b절). 10장 1b절에서는 이러한 "다른 힘센 천사"가 "구름이 입혀진 채로 하늘로부터 내려온다"고 말한다. 이것은 요한이 하늘로 올라가 하늘의 정황을 소개하는 4-5장과는 달리 10장에서는 사건의 정황이 하늘에서 땅으로 전환되고 있음을 의미한다. 이러한 전환에 의해 5장의 "힘센 천사"는 하늘에서 활동하지만 10장의 "다른 힘센 천사"는 지상에서 활동하는 것으로 나타나고 있다. 이러한 전환은 하늘과 땅의 유기적 관계를 전제하여 하늘에서 결정된 하나님의 계획이 지상에서 일어나야 하는 당위성을 구축하려는 목적이 있기 때문이다.[12]

---

6   Osborne, *Reevelation*, 393.
7   Aune, *Revelation 6-16*, 557.
8   이런 문맥과 관련해서는 이어지는 논의에서 점차 밝혀질 것이다.
9   이러한 입장은 보쿰이 먼저 제시했고(Bauckham, *Climax of Prophecy*, 254-255), 오우니는 이러한 보쿰의 입장을 근거로 자신의 주장을 제시한다(Aune, *Revelation 6-16*, 557).
10   Osborne, *Reevelation*, 393.
11   Ford, *Revelation*, 157.
12   이와 관련하여 스몰리는 "요한은 하늘에 있는 것이 아니라 그저 **지상**에 있다"고 지적한다(Smalley, *The Revelation to John*, 256; 강조는 스몰리의 것).

또한 여기서 "하늘로부터 내려온다"(καταβαίνοντα ἐκ τοῦ οὐρανοῦ, 카타바이논타 에크 투 우라누)는 것은 20장 1절의 경우와 동일하지만, 다섯 번째 나팔 심판을 말하는 9장 1절의 "하늘로부터 땅으로 떨어져 있는 별"이나 12장 9절의 하늘로부터 던져진 용의 경우와는 대조된다. 20장 1절에서는 "내려오다"(καταβαίνοντα, 카타바이논타)καταβαίνω, 카타바이노)라고 표현하는 반면, 9장 1절과 12장 9절에서는 각각 "떨어지다"(πεπτωκότα, 페프토코타)πίπτω, 피프토)와 "던져지다"(ἐβλήθη, 에블레데)βάλλω, 발로)로 표현된다. 후자의 두 경우는 타락한 악한 천사를 표현하는 것으로서 부정적 의미로 사용되는 반면, 전자는 분명히 하나님의 부르심을 받고 하나님의 일을 수종들기 위해 보냄 받은 천사를 가리키는 것으로서 긍정적 의미로 사용된다. 요한계시록에서 "하늘로부터 내려옴(Descent from heaven)은 인간을 향한 하나님의 움직임이며 하나님의 행위"(3:12; 21:2, 10)이고 또한 "신적 계시" 행위를 내포한다.[13] 그러므로 이 본문에서 하나님의 대리자로서 하나님으로부터 보냄 받은 천사가 하늘로부터 내려오는 것은 하나님의 신적 행위와 신적 계시를 기대하게 한다.

다른 힘센 천사의 네 가지 특징(1cdef절). 1cdef절을 통해 우리는 하늘로부터 내려오는 "다른 힘센 천사"의 모습을 네 가지로 정리해 볼 수 있다. 첫째, "구름이 입혀진 채로" 있다(περιβεβλημένον νεφέλην, 페리베블레메논 네펠렌; 1c절). 이것은 1장 7절에서 구름과 함께 승천하시는 예수님의 모습과 관련된다. 구름은 성경에서 신적 운송 수단이며(단 7:13; 시 68:4; 104:3; 행 1:9; 살전 4:17; 계 11:12; 14:14) 영광스런 신적 임재를 나타내기 위해 사용되고 있다(출 16:10; 19:9-18; 24:15-18; 레 16:2; 왕상 8:10; 겔 10:4).[14] 이러한 관점에서 10장 1절의 "다른 힘센 천사"에게 하나님의 영광스런 신적 임재와 그리스도의 승천의 영광의 정황이 반영되고 있음을 발견할 수 있다.

둘째, 머리 위에 "그 무지개"가 있다(1d절). 무지개는 1장에 나타난 예수님의 모습과는 관계가 없다. 다만 4장 3절에서 하나님을 언약에 신실하신 분으로 표현할 때 사용된 바 있다.[15] 특별히 이 본문에서는 4장 3절에서는 사용되지 않았던 "그"(ἡ, 헤)라는 정관사가 사용되어 이곳에 등장한 무지개가 4장 3절의 무지개를 지칭하는 것일 수 있다는 가능성을 열어 놓았다.[16] 이 무지개는 창세기 9장 13절에서 구름과 함께 노아 언약의 신실함을 확증해 주기 위해 나타난 바 있

---

13 Boxall, *Revelation of St. John*, 151.
14 Reddish, *Revelation*, 192.
15 앞의 책. 그러나 스웨테는 이러한 연관성에 대해 회의적이다(Swete, *The Apocalypse of St. John*, 123).
16 Beale, *The Book of Revelation*, 524.

고,[17] 에스겔 1장 28절에서 하나님의 영광을 나타내는 데 사용된 바 있다(4:3b에 대한 본문 주해를 참고하라).[18] 이 두 가지를 종합하면 이 천사는 언약에 신실하신 하나님의 신적인 속성을 공유하고 있다고 할 수 있다.

셋째, 그의 얼굴은 "해 같다"(1e절). "그의 얼굴은 해 같다"라는 문구는 "신적 현현"(theophanies)을 나타내기 위한 은유적 표현이다.[19] 이런 특징은 1장 16절에서 예수님의 얼굴이 해가 비치는 것처럼 비치고 있는 모습과[20] 마태복음 17장 2절의 변화산에서의 예수님의 모습에 잘 나타나고 있다.[21] 또한 얼굴을 해와 비교하는 것은 하나님으로부터 보냄 받는 천사들을 표현할 때 나타나고(에녹2서 1:5, 8) 종말에 나타날 의인들과 관련해서도 사용된다(에스라4서 7:97; 마 13:43).[22] 모세가 시내 산에서 하나님과 직면한 직후 시내 산에서 내려왔을 때 그 얼굴이 빛나게 되었던 것이 이러한 일련의 경우들에 대한 패러다임을 제공해 준 것으로 이해할 수 있다(출 34:30. 참고, 고후 3:7).[23] 따라서 시내 산에서 내려온 모세를 전형적 모델로 하여 구약의 하나님과 요한계시록의 그리스도의 광채가 10장 1절의 천사에게 반영되고 있다(참고, 단 10:6의 가브리엘 천사의 얼굴).

넷째, 그의 발은 "불의 기둥 같다"(1f절). 이것은 1장 15절에서 "그의 발은 풀무에 제련된 것처럼 빛나는 청동 같았다"라는 표현과 동일하지는 않지만 다소 유사한 점을 가지고 있다. 이러한 모습은 에스겔 1장 27절의 "... 그 허리 아래의 모양도 불 같아서 사방으로 광채가 나며 ..."나, 다니엘 10장 6절의 "... 그의 팔과 발은 빛난 놋과 같고 ..."를 반영하며, 요한계시록 1장 15절에서 예수님의 광채를 "그의 발은 풀무에 제련된 것처럼 빛나는 청동 같았다"라고 표현하는 것과 비교된다.[24] 또한 요한계시록 본문에서 "구름"(첫 번째 특징)과 "불"은 출애굽기 13장 21절에서 광야 여행 중에 이스라엘에게 임한 하나님의 임재를 표시하는 "불의 기둥(ὁ στῦλος τοῦ πυρός, 호 스튈로스 투 퓌로스)과 구름 기둥"을 연상케 한다.[25] 70인역 출애굽기 13장 21절이 "불의 기둥"을 언급할 때 사용하는 헬라어 단어들은 요

---

17 Harrington, *Revelation*, 115. Mounce, *Revelation*, 202. 쾨스터는 계 10:1의 무지개로부터 노아 언약의 주제를 발전시키는 것에는 신중할 필요가 있다고 제안한다(Koester, *Revelation*, 475).
18 Beckwith, *The Apocalypse of John*, 580.
19 Aune, *Revelation 6-16*, 557.
20 1:16의 이러한 모습은 구약의 겔 43:2와 단 10:6에서 그 배경을 찾아볼 수 있다(Aune, *Revelation 1-5*, 99).
21 Beale, *The Book of Revelation*, 524.
22 Aune, *Revelation 6-16*, 557.
23 앞의 책.
24 Reddish, *Revelation*, 192.
25 Blount, *Revelation*, 189.

한계시록 10장 1절의 "불의 기둥"(στῦλοι πυρός, 스튈로이 퓌로스)에서 사용되는 헬라어 단어들과 동일하다. 또한 에녹1서 18장 11절과 21장 7절에서 에녹은 신적 심판의 맥락에서 하늘로부터 떨어지는 불기둥을 본다.[26]

여기에 한 가지 더 주목해야 할 점은 "다른 힘센 천사"가 "열려져 있는" 작은 책을 손에 들고 있다는 점이다(계 10:2a). 이 열려져 있는 작은 책에 대해서는 다음 단락에서 자세하게 논의될 것이므로 여기에서는 간단하게 언급하도록 하겠다. 이 "열려져 있는" 작은 책은 5장의 일곱 인으로 "인봉되어 있는" 책과 대조된다. 그러나 5장의 인봉된 책이 하나님의 어린 양을 통한 하나님 나라의 종말적 성취에 의해 열린다는 점에서 5장의 책은 10장의 열려져 있는 작은 책과 관련성을 갖는다. 이러한 관련성에 의해 이 천사가 이러한 책을 손에 들고 있다는 표현은 이 천사가 그리스도의 구속 사역을 선포하도록 보냄 받은 메신저로서의 지위를 갖는다는 사실을 시사한다. 그러므로 이 천사를 그리스도나 하나님이나 가브리엘이라는 하나의 캐릭터에 집중하여 그 의미를 결정하기보다는 이러한 여러 캐릭터의 조합으로 "다른 힘센 천사"가 하나님의 구속 사건의 메신저로서 그 어떤 경우보다 의미 있는 역할을 하고 있다고 정리할 수 있을 것이다.

정리. 1절에서 하늘로부터 땅으로 내려온 "다른 힘센 천사"는 하늘의 하나님의 뜻을 땅에서 구현하는 형태를 보여준다. 이 "다른 힘센 천사"는 5장에서 어린 양의 사역을 소개하는 "힘센 천사"와 같은 그룹을 이룬다. 이 다른 힘센 천사는 구약의 하나님과 1장 12-16절의 예수님의 특징을 공유함으로써 그의 사역과 활동이 특별한 목적을 갖고 진행될 것임을 시사한다.

[10:2] 작은 책
"다른 힘센 천사"의 외적인 모습을 소개한 1절에 이어 2절부터는 그 천사의 사역이 소개되기 시작한다.

작은 책에 대한 다양한 견해들. 2a절에서 "다른 힘센 천사"는 그 손에 "열려져 있는 작은 책"(βιβλαρίδιον ἠνεῳγμένον, 비블라리디온 에네오그메논)을 들고 있다. 여기에서는 열려져 있는 "작은 책"이 5장의 인봉되어 있는 "책"과 어떤 관계에 있는지를 규

---

26 Aune, *Revelation 6-16*, 558.

명하는 것이 중요하다. 먼저 이 두 책에 대한 여러 입장들 중 대표적인 세 학자의 견해를 비교해 보도록 하겠다.

	찰스[27]	레디쉬[28]	케어드[29]
5장의 책	(1) "옛 언약 및 새 언약과 관련된 유언장 또는 유서"[30] (2) "신적 칙령"[31]	"세상을 향한 하나님의 계획들" + 6:1-8:5의 사건들	"어린 양에 의해 성취된 하나님의 목적을 포함"
10장의 작은 책	11:1-13에 국한[32]	5장과는 다른 문맥과 흐름 → 요한이 책을 먹게 되는 것은 에스겔의 경우처럼 선지자로 부르시는 의식; 말씀의 내면화	교회 공동체를 통하여 성취되도록 하는 "동일한 목적의 새로운 버전"
두 책 사이의 관계	5장의 책과 10장의 책은 서로 다른 책	두 책은 다른 개념을 전달함; 두 책이 동일한지 그렇지 않은지를 따지는 것은 핵심을 벗어난 논쟁으로 치부	동일한 목적을 갖지만 문맥에 의해 두 가지의 방식으로 표현

위의 세 학자 중 케어드를 제외한 두 학자는 모두 두 책을 다르게 보고 있다. 다음 단락에서 이 두 책의 관계에 대해 논의하도록 하겠다.

10장의 작은 책과 5장의 책의 관계. 10장의 작은 책은 5장의 책과 어떤 관계에 있는가? 이 관계를 이해하는 것은 본문을 이해하는 데 있어서는 물론 전체적인 흐름을 이해하는 데 있어서도 매우 중요하다. 이 문제를 해결하기 위해 두 가지 방법을 사용하고자 한다. 첫째는 언어적 접근이고 둘째는 구약 배경을 통한 접근 방법이다.

(1) 언어적 접근
먼저 5장과 10장의 중요한 차이점은, 10장 2a절이 언급하는 것은 "작은 책"(βιβλαρίδιον, 비블라리디온)인 반면 5장 1절이 언급하는 것은 "책"(βιβλίον, 비블리온)이란 점이다. 이러한 표현의 차이는 이 두 책이 서로 다름을 의미하는 것인가? 흥미롭게도 이 작은 책이 같은 문맥에 속해 있는 10장 8절에서는 5장의 경우와 동

---

27 Charles, *A Critical and Exegetical Commentary on the Revelation of St. John*, 1:260.
28 Reddish, *Revelation*, 198-199.
29 Caird, *A Commentary on the Revelation of St. John*, 126.
30 Charles, *A Critical and Exegetical Commentary on the Revelation of St. John*, 1:137.
31 앞의 책, 1:138.
32 앞의 책, 1:260.

일하게 "책"(βιβλίον, 비블리온)으로 언급되는데, 이는 이 두 표현이 10장 안에서 혼용되고 있고 따라서 그 둘을 구분하는 것이 무의미함을 보여준다.[33] 그렇다면 혼란의 여지를 없애기 위해 10장 2a절의 '비블라리디온'을 "작은 책"이 아닌 "책"으로 번역하는 것이 나을 것이다. 여기서 우리는 '비블라리디온'이 형식에서는 '비블리온'의 축소형을 지칭할 수 있지만 의미에서는 큰 차이가 없음을 알 수 있다. 이와 비슷한 사례는 요한계시록의 다른 본문에서도 찾아볼 수 있다. 예를 들면, 13장 1절의 '데리온'(θηρίον)은 '데르'(θήρ)보다 더 작은 짐승을 가리키는 것으로 간주될 수 있지만, 사전적으로 '데리온'은 "작은 짐승"(little beast)이 아닌 "짐승"으로 규정된다.[34] 또한 5장 6절의 '아르니온'(ἀρνίον)도 '아렌'(ἀρήν)보다 더 작은 짐승을 의미할 수 있으나 "작은 어린 양"(little lamb)을 의미하지 않고 동일하게 "어린 양"으로 여겨진다.[35] 뿐만 아니라 요한계시록과 거의 비슷한 시기에 저술된 것으로 알려진 초기 기독교 문서인 "헤르마스의 목자"(Shepherd of Hermas)에서는 '비블리디온'(βιβλίδιον), '비블라리디온'(βιβλαρίδιον), '비블리온'(βιβλίον)이 모두 동의어로서 "상호 교환적으로"(interchangeably) 사용되고 있다.[36] 이 문헌에서 이 단어들은 그 문헌에 있는 "선지적 계시"(prophetic revelation)를 묘사하기 위해 사용된다.[37]

또 다른 언어적 공통점은, 5장과 10장에서 "책"을 다루는 천사가 동일하게 "힘센 천사"로 나타난다는 점이다. 물론 10장에 "다른"이란 수식어가 붙어 있어 두 천사가 서로 다른 천사임을 나타내지만, 두 본문 모두에서 동일하게 사용된 "힘센 천사"라는 표현은 이 두 천사가 같은 그룹에 속해 있음을 시사한다.

(2) 구약 배경을 통한 접근

10장의 "작은 책"과 5장의 "책"이 동일한 책이라는 것은 이 두 본문이 동일한 구약 배경을 사용하고 있다는 점에서도 확인할 수 있다.[38] 요한계시록 5장 1절

---

33 Bauckham, *The Climax of Prophecy*, 243.
34 Bauckham, *The Climax of Prophecy*, 244; BDAG, 455. '데리온'과 '데르'는 모두 "짐승" 또는 "동물"을 의미할 수 있지만, 차이가 있다면 '데르'는 "야생 짐승"(wild animal)이라는 의미일 수도 있다는 점이다 (BDAG, 455).
35 Bauckham, *The Climax of Prophecy*, 244. 사전적으로 두 단어는 동일하게 "어린 양"(lamb)이라는 의미이다(BDAG, 130, 133).
36 Bauckham, *The Climax of Prophecy*, 244. NA 28의 난하주는 10:2에서 "책"을 가리키기 위해 서로 다른 단어를 사용하는 사본들의 목록을 제시함으로써 10:2의 '비블라리디온'과 5:1의 '비블리온'이 상호교환적으로 사용될 수 있음을 보여준다: βιβλιον 𝔓⁴⁷ᵛⁱᵈ 046. 1854 𝔐ᴷ gig vgᵐˢˢ; Vic Tyc Prim ¦ βιβλιδαριον C* 1006. 1611. 1841. 2053. 2344 𝔐ᴬ ¦ βιβλαριον 2329 ¦ βιβλαρίδιον ℵ*.²ᵇ.⁽²ᵃ⁾ A C² P 2351.
37 Bauckham, *The Climax of Prophecy*, 245.
38 앞의 책, 246.

은 에스겔 2장 9-10절과 평행하고, 요한계시록 10장의 일부를 구성하는 10장 9-10절은 에스겔 2장 9-10절과 직접적으로 연결되어 하나의 문맥을 형성하는 에스겔 3장 1-3절을 사용하고 있다. 이런 관계는 다음 표로 확인할 수 있다.

[A] 계 5:1	¹그리고 나는 보좌 위에 앉으신 이의 오른손 위에 있는, 안쪽과 뒤쪽에 기록되어 있고 일곱 인으로 인봉되어 있는 책을 보았다.	[A′] 겔 2:9-10	⁹내가 보니 보라 한 손이 나를 향하여 펴지고 보라 그 안에 두루마리 책이 있더라 ¹⁰그가 그것을 내 앞에 펴시니 그 안팎에 글이 있는데 그 위에 애가와 애곡과 재앙의 말이 기록되었더라
[B] 계 10:9-10	⁹그리고 나는 그 천사에게 가서 그 작은 책을 달라고 말했다. 그리고 그가 나에게 말한다: 그것을 취하라 그리고 게걸스럽게 먹어라. 그리고 그것이 너의 배를 쓰게 할 것이다. 그러나 너의 입에서 그것은 꿀처럼 달게 될 것이다. ¹⁰그때 나는 그 천사의 손으로부터 그 작은 책을 취했다. 그리고 그것을 게걸스럽게 먹었다. 그때 그것은 나의 입에서 꿀처럼 달았다. 그리고 내가 그것을 먹었을 때, 나의 배가 쓰게 되었다.	[B′] 겔 3:1-3	¹또 그가 내게 이르시되 인자야 너는 발견한 것을 먹으라 너는 이 두루마리를 먹고 가서 이스라엘 족속에게 말하라 하시기로 ²내가 입을 벌리니 그가 그 두루마리를 내게 먹이시며 ³내게 이르시되 인자야 내가 네게 주는 이 두루마리를 네 배에 넣으며 네 창자에 채우라 하시기에 내가 먹으니 그것이 내 입에서 달기가 꿀 같더라

이 표에서 A′(겔 2:9-10)와 B′(겔 3:1-3)는 서로 직접적으로 연결되는 하나의 문맥을 형성하고, A(계 5:1)는 A′를 B(10:9-10)는 B′를 각각 배경 말씀으로 사용하고 있다. 그렇다면 A와 B가 각각 배경으로 삼고 있는 A′(겔 2:9-10)와 B′(겔 3:1-3)가 하나의 문맥을 이루고 있으므로 A의 책과 B의 책도 동일하다는 논리가 성립될 수 있다.

특별히 에스겔 2장 9절은 책과 관련해서 '메길라트 세페르'(מְגִלַּת־סֵפֶר, 책의 두루마리; 개역개정 "두루마리 책")라는 문구를 사용하고 에스겔 3장 1-3절은 "메길라"(מְגִלָּה, 두루마리)라는 단어를 사용한다. 70인역 번역자는 이 두 단어를 각각 '케팔리스 비블리우'(κεφαλὶς βιβλίου, 책의 두루마리)와 '케팔리스'(κεφαλίς, 두루마리)로 번역한다. 보쿰은 요한이 에스겔 2장 9절의 '메길라트 세페르'(מְגִלַּת־סֵפֶר)를 '비블리온'(βιβλίον)으로 번역해서 요한계시록 5장 1절에서 사용하고 에스겔 3장 1-3절의 '메길라'(מְגִלָּה)를 '비블라리디온'(βιβλαρίδιον)으로 번역해서 요한계시록 10장 9-10절에서 사용했을 가능성이 있다고 한다.[39]

---

39 앞의 책, 247.

(3) 10장의 작은 책이 5장의 책과 동일하다는 것이 의미하는 바는 무엇인가?

여기에서 이 두 책이 동일하다는 사실은 5장과 10장의 본문이 서로 관련성을 갖는다는 것을 의미하므로 이러한 관련성을 통해 10장의 의미를 좀 더 밝히 알 수 있다. 5장 1절의 "책"이 일곱 인으로 "인봉되어 있는" 것과는 달리 10장 9-10절의 "작은 책"은 10장 2a절이 언급하듯이 "열려 있다." 어떻게 이러한 차이가 발생할 수 있을까? 여기에서 동사 "열려 있다"(ἠνεῳγμένον, 에네오그메논〉ἀνοίγω, 아노이고)가 현재 완료 수동태로 사용된다는 점에 주목할 필요가 있다. 단순히 열려져 있는 책이 아니라 그 이전에 누군가의 어떤 행위에 의해서 "열려 있게" 되었다는 것이다. 그렇다면 그 이전의 어떤 행위란 무엇이며 어떻게 발생했는가? 적어도 문학적 차원에서 보면 그것은 바로 6-8장에서 5장의 인봉된 책의 일곱 인을 떼었던 어린 양의 행위를 가리킨다. 6-8장에서는 일곱 인을 떼는 장면을 소개하고 이제 10장에서는 그 결과로 책이 열려져 있는 것을 보여주는 것이다. 여기에서 동사가 신적 수동태 용법으로 사용되면서 그 행위가 다름 아닌 어린 양에 의해 이루어졌다는 사실을 함축하고 있다. 여기에서 중요한 것은 이러한 연결이 역사적으로 정확하게 전개되는 시간적 순서를 제시하기보다는 문학적 차원의 논리적 순서를 나타낸다는 점을 인지하는 것이다. 이러한 논리적 순서에 근거해서 책이 열려 있다고 말하는 것은 5장부터 9장까지 준비되어 온 내용을 근거 삼아 나팔 심판의 맥락에서 어떤 메시지를 전달하려는 목적을 갖는다.

그 전달하고자 하는 메시지는 무엇인가? 이에 대한 답을 얻기 위해서는 책의 주제를 처음으로 시작했던 5장이 제시하는 책의 의미를 근거로 그 핵심을 추론해 볼 필요가 있다. 5장에서 책은 일곱 인으로 인봉되어 있는 상태인데, 어린 양으로 말미암아 그 인봉된 책의 인이 떼어지고 책이 열려지게 되는 선지적 퍼포먼스를 통해 다니엘서의 하나님 나라의 종말적 도래에 대한 약속이 성취되었음을 보여준다. 곧 5장에서 죽임을 당하신 어린 양이 흘리신 피로 사람들을 사서 하나님께 드리심으로 나라와 제사장으로 삼으셔서 그들의 통치 행위를 통해 하나님 나라의 종말적 도래를 확증한다. 그러나 내러티브의 흐름을 보면 5장의 내용은 일단 선언적이다. 그리고 6-8장에서 어린 양의 인을 떼는 행위는 이러한 선언적 내용을 구체적으로 실행시켜 가는 과정을 보여준다. 그리고 10장에서 바로 이러한 과정을 이어받아 책은 열려져 있는 상태로 등장한다. 곧 하나님 나라 도래의 종말적 성취를 명백하게 보여주고자 하는 것이다.

(4) 두 책 사이의 차이점?

두 책 사이의 이러한 동일성은 인정하지만 의미상 미세한 차이가 있다는 주장도 있다.[40] 요한은 10장 8절에서 다시 '비블리온'이라는 단어를 사용하고 있기는 하지만 왜 2절에서는 '비블라리디온'을 사용해서 차이를 둔 것일까? 일부 학자들은 그 이유가 5장의 책은 예수님의 사역과 관련되어 사용되는 반면 10장의 책은 예수님의 사역에 근거한 교회 공동체의 사역과 관련되기 때문이라고 주장한다.[41] 곧 5장의 하늘 성전 환상에서 예수님께 하나님 나라의 종말적 도래를 알리는 신적 계시자로서의 사명이 주어진 것과 10장에서 지상에 있는 요한에게 선지적 사명이 주어지는 것은 의미나 규모 면에서 차이가 있을 수밖에 없다는 것이다.[42] 같은 맥락에서 5장의 책은 어린 양에 의해 성취된 하나님의 목적을 포함하지만 10장의 책은 그러한 어린 양에 의해 성취된 하나님의 목적이 "교회 공동체를 통하여 성취되도록 하기 위한 동일한 목적의 새로운 형태"라고 할 수 있다.[43] 곧 5장에서는 인봉된 책을 떼기에 합당한 분으로 인정받으신 죽임을 당하신 어린 양이 하나님 나라의 종말적 도래를 가능하게 하는 반면, 10장에서는 바로 그 열린 책을 요한이 먹게 됨으로써 하나님 나라의 종말적 도래를 선포하는 사역을 감당하게 되는 것이다.[44] 이러한 견해는 타당성이 있으며 10장 8-11절에서 요한이 책을 먹게 되는 장면을 이해하는 데 중요한 근거가 된다. 이상의 내용들로 봤을 때, 5장의 책과 10장의 책 사이의 동일성을 전제하는 동시에 둘 사이에 존재하는 약간의 차이점도 인정할 필요가 있음을 알 수 있다.

다른 힘센 천사의 오른발과 왼발(2b절). 2b절에서 힘센 천사는 오른발을 바다에 두고 왼발을 땅에 "두었다"(ἔθηκεν, 에데켄)τίθημι, 티데미). 이 모습을 어떻게 이해해야 할 것인가? 먼저 "땅과 바다는 지상적 존재들의 전체성(totality)을 의미하는 구약의 관용구(Old Testament formula)"라고 할 수 있다(출 20:4; 20:11; 시 68:35).[45] 이러한 점에서 힘센 천사가 양쪽 발을 바다와 땅에 두고 있었다는 것은 "온 세상에 대한 그 천사의 지배권"을 강조한다.[46] 어떤 지역을 정복한 왕이 그 땅에 발을 딛

40 Beale, *The Book of Revelation*, 545.
41 Sweet, *Revelation*, 176.
42 Boxall, *Revelation of St. John*, 153.
43 Caird, *The Revelation of St. John*, 126.
44 Beale, *The Book of Revelation*, 545.
45 Swete, *The Apocalypse of St. John*, 124.
46 Osborne, *Revelation*, 396.

고 서 있는 것은 그가 그 땅을 장악했음을 의미하는데, 이 본문에서 묘사되는 천사의 모습도 이러한 의미와 관련해서 생각해 볼 수 있다.[47] 또한 여기에서 "땅"과 "바다"는 이곳의 힘센 천사의 활동 대상이 땅 전체를 포함하는 "우주적 범위"(universal scope)라는 것을 강조하고 있다[48] 특별히 10장 1절의 "그의 발은 불의 기둥 같다"(οἱ πόδες αὐτοῦ ὡς στῦλοι πυρός, 호이 포데스 아우투 호스 스튈로이 퓌로스)는 "신자들에게는 구원을, 불신자들에게는 심판을 강조한다."[49]

정리. 2절에서 "다른 힘센 천사"는 5장에서 일곱 인으로 인봉되어 있던 책을 열려져 있는 상태로 손에 가지고 있다. 즉, 5장의 책과 10장의 작은 책은 동일한 책이다. 이것은 언어적 근거와 구약 배경을 통한 근거로 충분히 입증될 수 있다. 이처럼 책이 열려 있다는 것은 5장의 책을 배경으로 하나님 나라의 종말적 도래의 성취의 정황을 확증하고, 더 나아가서 그것이 세상을 향하여 선포되어야 하는 특징을 보여준다. 굳이 두 책 사이에서 차이점을 찾는다면, 5장의 책이 어린 양의 사역과 관련되고 10장의 작은 책은 요한을 비롯한 교회 공동체의 사역과 관련된다는 점이다. 이런 점에서 10장의 다른 힘센 천사의 존재는 5장의 어린 양의 성취 사역과 교회 공동체의 선지적 사역을 이어주는 가교 역할을 한다고 볼 수 있다. 이것은 10장 8-11절에서 요한이 책을 먹으라는 명령을 받으면서 예언 사역으로 부르심을 받는 장면을 통해 분명하게 드러난다.

---

47 앞의 책.
48 Sweet, *Revelation*, 178; Harrington, *Revelation*, 115.
49 Osborne, *Revelation*, 396.

2) 다른 힘센 천사의 활동(10:3-7)

도입부인 1-2절에서 "다른 힘센 천사"의 일반적인 모습을 묘사한 데 이어 3-7절에서는 그 천사의 활동을 소개한다.

구문 분석 및 번역

3절 a καὶ ἔκραξεν φωνῇ μεγάλῃ ὥσπερ λέων μυκᾶται.
그리고 그는 사자가 포효하는 것같이 큰 소리로 외쳤다

b καὶ ὅτε ἔκραξεν, ἐλάλησαν αἱ ἑπτὰ βρονταὶ τὰς ἑαυτῶν φωνάς.
그리고 그가 외칠 때에 일곱 우레들이 자기 자신들의 소리들을 말하였다

4절 a καὶ ὅτε ἐλάλησαν αἱ ἑπτὰ βρονταί, ἤμελλον γράφειν,
그리고 일곱 우레들이 말할 때에 내가 기록하려고 하였다

b καὶ ἤκουσα φωνὴν ἐκ τοῦ οὐρανοῦ λέγουσαν·
그때 나는 하늘로부터 말하는 소리를 들었다

c σφράγισον ἃ ἐλάλησαν αἱ ἑπτὰ βρονταί, καὶ μὴ αὐτὰ γράψῃς.
일곱 우레들이 말한 것들을 인봉하고 그것들을 기록하지 말라

5절 a Καὶ ὁ ἄγγελος, ὃν εἶδον ἑστῶτα ἐπὶ τῆς θαλάσσης καὶ ἐπὶ τῆς γῆς,
그리고 바다 위에와 땅 위에 서 있는 것을 내가 본 그 천사가

b ἦρεν τὴν χεῖρα αὐτοῦ τὴν δεξιὰν εἰς τὸν οὐρανὸν
하늘을 향하여 그의 오른손을 들었다

6절 a καὶ ὤμοσεν
그리고 그가 맹세했다

b ἐν τῷ ζῶντι εἰς τοὺς αἰῶνας τῶν αἰώνων,
영원히 사시는 분으로 말미암아

c ὃς ἔκτισεν τὸν οὐρανὸν καὶ τὰ ἐν αὐτῷ
하늘과 그것 안에 있는 것들을 창조하신
καὶ τὴν γῆν καὶ τὰ ἐν αὐτῇ
그리고 땅과 그것 안에 있는 것들을
καὶ τὴν θάλασσαν καὶ τὰ ἐν αὐτῇ
그리고 바다와 그것 안에 있는 것들을

d ὅτι χρόνος οὐκέτι ἔσται,
기다림은 더 이상 있지 않을 것을

7절 a ἀλλ᾽ ἐν ταῖς ἡμέραις τῆς φωνῆς τοῦ ἑβδόμου ἀγγέλου,
그러나 일곱째 천사의 소리의 날들에

b ὅταν μέλλῃ σαλπίζειν,
그가 나팔불게 될

c καὶ ἐτελέσθη τὸ μυστήριον τοῦ θεοῦ,
그리고 하나님의 비밀이 완성되어질 것이다

d ὡς εὐηγγέλισεν τοὺς ἑαυτοῦ δούλους τοὺς προφήτας.
자신의 종들 곧 선지자들에게 선포하신 것과 같이

6절은 매우 정교한 구문이다. 먼저 주문장은 6a절의 "그가 맹세했다"(ὤμοσεν, 오모
센)이고 그것을 수식하는 부사절인 6bc절과 목적절인 6d절이 들어 있다. 그리고
6c절은 '호스'(ὅς)로 시작하는 관계 대명사절로서 그 선행사는 6b절의 "영원히 사
시는 분"(τῷ ζῶντι εἰς τοὺς αἰῶνας τῶν αἰώνων, 토 존티 에이스 투스 아이오나스 톤 아이오논)이다.
그 앞에 사용된 전치사 '엔'(ἐν)은 수단의 용법이므로 "말미암아"로 번역했다. 그
리고 6d절은 종속 접속사 '호티'(ὅτι)에 의해 6a절의 "맹세하다"(ὤμοσεν, 오모센)라는
동사의 목적절로 기능한다. 따라서 6d절은 6a절에서 맹세한 내용을 소개한다.
또한 6d절의 '크로노스'(χρόνος)는 "연기"(delay)라는 의미를 갖지만,[50] 이것을 단순
히 "연기"로 번역하기보다는 "기다림"으로 번역했는데, 그 이유는 "연기"나 "지
체"는 이 본문의 특징을 보여주는 하나님의 주권에 모순되는 반면, "기다림"은
하나님의 주권과 조화를 이루기 때문이다.[51] 그러므로 "기다림은 더 이상 있지
않을 것"으로 번역했다.

7b절의 '호탄'(ὅταν)은 시간을 나타내는 접속 부사로서 7a절의 시간을 나
타내는 "날들"(ταῖς ἡμέραις, 타이스 헤메라이스)로 연결된다. 그리고 7b절의 '멜
레'(μέλλῃ)μέλλω, 멜로)라는 단어는 사전적으로는 어떤 미래의 시점에 정해져 있는
일이 일어나게 되어 있다는 의미이다.[52] 그러나 부정사와 결합될 때(예, 1:19; 6:11;
12:5) 이 단어는 단순히 미래적 행위를 예고하는 것이 아니라, '데이'(δεῖ)가 부정사
와 결합될 때(예, 1:1; 4:1; 20:3; 22:6)와 유사한 용법으로서 신적 당위성,[53] 혹은 "신
적 결정"(divine determination)을 나타내기도 한다.[54] 이런 의미를 살려서 번역하기
가 쉽지 않지만, 번역의 한계를 일단 인정하면서 7b절의 '멜레 살피제인'(μέλλῃ
σαλπίζειν)을 "나팔불게 될"로 번역하도록 하겠다.

7c절에서는 '텔레오'(τελέω, 완성하다)의 부정과거 수동태 동사인 '에텔레스
데'(ἐτελέσθη)가 사용된다. 문맥상 이 동사가 가리키는 시점은 미래이면서도, 부정
과거형으로 사용되었는데, 이러한 용법을 "예변적"(proleptic) 용법이라고 한다.[55]
실제 시점은 미래인데 그 확실성을 강조하기 위해 동사의 시제를 부정과거형으
로 사용하는 것이다. 따라서 이 동사를 "완성되어질 것이다"로 번역한다.

---

50 BDAG, 1092.
51 이 부분에 대해서는 본문 주해에서 좀 더 자세하게 다루도록 하겠다.
52 BDAG, 628.
53 Osborne, *Revelation*, 400.
54 Smalley, *The Revelation to John*, 265; Beale, *The Book of Revelation*, 541.
55 Wallace, *Greek Grammar beyond the Basics*, 564.

이상의 내용을 근거로 우리말 어순에 맞추어 번역하면 다음과 같다.

3a)   그리고 그는 사자가 포효하는 것같이 큰 소리로 외쳤다.
3b)   그리고 그가 외칠 때에 일곱 우레들이 자기 자신들의 소리들을 말하였다.
4a)   그리고 일곱 우레들이 말할 때에 내가 기록하려고 하였다.
4b)   그때 나는 하늘로부터 말하는 소리를 들었다:
4c)   "일곱 우레들이 말한 것들을 인봉하고 그것들을 기록하지 말라."
5a)   그리고 바다 위에와 땅 위에 서 있는 것을 내가 본 그 천사가
5b)   하늘을 향하여 그의 오른손을 들었다.
6a)   그리고 그가
6c)   하늘과 그것 안에 있는 것들 그리고 땅과 그것 안에 있는 것들 그리고
           바다와 그것 안에 있는 것들을 창조하신
6b)   영원히 사시는 분으로 말미암아
6d)   기다림은 더 이상 있지 않을 것을
6a)   맹세했다.
7a)   그러나
7b)   일곱째 천사가 나팔불게 될
7a)   일곱째 천사의 소리의 날들에
7c)   하나님의 비밀이
7d)   자신의 종들 곧 선지자들에게 선포하신 것과 같이
7c)   완성되어질 것이다.

본문 주해

[10:3] 소리를 발하다

사자가 포효하는 것같이 큰 소리(3a절). 3절은 1-2절에서 소개된 힘센 천사의 모습과 잘 연결되고 있다. 3절에서는 3a절의 "사자가 포효하는 것같이"라는 문구와 3b절의 "일곱 우레들"이라는 문구가 무엇을 의미하는지가 주요한 쟁점이다. 먼저, 3a절의 "사자가 포효하는 것같이"라는 표현은 힘센 천사가 큰 소리로 외치는 것에 대한 비유로 사용되고 있다. 요한계시록에서는 중요한 선포의 시기마다 "큰 소리"라는 표현이 사용된다(1:10; 5:2; 6:10; 7:2, 10; 8:13; 11:12, 15; 12:10 등).[56] 이 "큰 소리"의 구약 배경은 예레미야 25장 30절이다.[57]

> 그러므로 너는 그들에게 이 모든 말로 예언하여 이르기를 여호와께서 높은 데서 포효하시고 그의 거룩한 처소에서 소리를 내시며 그의 초장을 향하여 크게 부르시고 세상 모든 주민에 대하여 포도 밟는 자 같이 흥겹게 노래하시리라(렘 25:30)

---

56   Osborne, *Revelation*, 396.
57   Harrington, *Revelatoin*, 115.

이 예레미야 본문에서 하나님의 크게 부르심은 하나님의 안타까움과 간절함을 반영하고 있다.

또한 이 큰 소리를 "사자가 포효하는 것"에 비유하는 것은 구약의 호세아 11장 10절과 아모스 3장 8절에서 여호와께서 사자처럼 부르짖으시는 모습을 배경으로 한다. [58]

> 그들은 사자처럼 소리를 내시는 여호와를 따를 것이라 여호와께서 소리를 내시면 자손들이 서쪽에서부터 떨며 오되(호 11:10)
>
> 사자가 부르짖은즉 누가 두려워하지 아니하겠느냐 주 여호와께서 말씀하신즉 누가 예언하지 아니하겠느냐(암 3:8)

이 두 구약 본문은 여호와께서 말씀하시는 모습을 사자의 용맹스런 부르짖음에 비유한다. 이런 배경에 비추어 볼 때, 3a절에서 힘센 천사가 사자같이 큰 소리로 외치는 것은 하나님의 음성을 대신하고 있는 것임을 알 수 있다. 그러므로 선지자는 선지적 말씀 사역을 통해 그 계시의 소리에 반드시 반응해야만 한다. [59] 천사가 큰 소리로 외치자 일곱 우레가 소리를 발하면서 3a절의 내용이 3b절로 자연스럽게 넘어가게 된다.

일곱 우레(3b절). 3a절에서 힘센 천사가 사자같이 큰 소리로 외치자, 3b절에서 일곱 우레가 "자신들의 소리들을"(τὰς ἑαυτῶν φωνάς, 타스 헤아우톤 포나스) 내어 "말하였다"(ἐλάλησαν, 엘랄레산/λαλέω, 랄레오). 여기에서 천사들의 큰 소리와 일곱 우레는 서로 구별되는 관계로 보인다. 레디쉬는 일곱 우레의 의미와 관련하여 다음과 같은 세 가지 가능성을 소개한다: (1) "종말이 가까왔다"는 것을 말하는 요한의 방식, (2) "작품의 극적 긴장을 더하기 위해 사용되는 문학적 장치," (3) "우렛소리를 기록하지 말라는 명령"에 의해 인간은 하나님의 비밀을 알 수 없다는 것을 말하는 요한의 방식. [60] 이 세 가지 가능성을 다음에 이어지는 논증에서 좀 더 자세히 검증해 볼 필요가 있다.

"우레"에 대해 이해하려면 먼저 그 구약 배경이 되는 시편 29편을 살펴봐야 한다. [61] 여기에서는 특별히 시편 29편 3-9절을 중심으로 살펴보도록 하겠다.

---

58 Bauckham, *The Climax of Prophecy*, 259; Osborne, *Revelation*, 396.
59 Bauckham, *The Climax of Prophecy*, 260.
60 Reddish, *Revelation*, 194.
61 Harrington, *Revelation*, 115; Osborne, *Revelation*, 396.

³여호와의 소리가 물 위에 있도다. 영광의 하나님이 우렛소리를 발하시니(ἐβρόντησεν) 여호와는 많은 물 위에 계시도다 ⁴여호와의 소리가 힘있음이여 여호와의 소리가 위엄차도다 ⁵여호와의 소리가 백향목을 꺾으심이여 여호와께서 레바논 백향목을 꺾어 부수시도다 ⁶그 나무를 송아지 같이 뛰게 하심이여 레바논과 시룐으로 들송아지 같이 뛰게 하시도다 ⁷여호와의 소리가 화염을 가르시도다 ⁸여호와의 소리가 광야를 진동하심이여 여호와께서 가데스 광야를 진동시키시도다 ⁹여호와의 소리가 암사슴을 낙태하게 하시고 삼림을 말갛게 벗기시니 그의 성전에서 그의 모든 것들이 말하기를 영광이라 하도다(시 29:3–9)

이 시편 말씀이 요한계시록 본문 10장 3절의 배경으로 사용되고 있다는 가장 강력한 근거는 3b절의 일곱 우렛소리가 시편 29편 3–9절에서 일곱 번 사용되는 여호와의 (우렛)소리와 평행 관계를 갖는다는 점이다.[62] 특별히 시편 29편 3절의 "우렛소리를 발하다"(ἐβρόντησεν, 에브론테센)βροντάω, 브론타오)라는 동사와 요한계시록 10장 3b절의 "우레"(βροντή, 브론테)가 동일한 어근을 갖는다는 사실이 시편 29편의 배경적 역할에 무게를 실어 주고 있다. 더 나아가서 시편 29편의 결론부인 시편 29편 10절은 여호와 하나님이 왕으로 좌정하셨음을 선언하고 있는데, 이것은 시편 29편 전체가 하나님의 통치를 주제로 전개되고 있음을 시사한다. 이러한 점에서 시편 29편은, 5장과 동일하게 하나님의 나라라는 주제를 함의하는 요한계시록 10장의 "책"이라는 주제와 밀접하게 관련된다.[63] 곧 시편 29편에서 하나님의 좌정하심을 통해 강조되는 하나님의 영원한 통치라는 중요한 주제가 요한계시록의 주제와 조화를 이루고 있다.[64] 특별히 시편 29편 3절과 9절은 하나님의 통치의 특징을 잘 보여주는 "영광"이라는 주제에 의해 수미상관(inclusio) 구조를 이루고 있다.[65]

또한 "일곱 우레" 심판은 "일곱 심판 시리즈" 중 하나로서 인/나팔/대접 심판과 더불어 계시되었으나 요한계시록에 기록되지는 않은 것으로 간주될 수 있다.[66] 이러한 이해의 배경으로는 앞에서 언급한 시편 29편을 들 수 있다. 29편 3–9절에서 여호와 하나님의 소리는 일곱 번 언급되며 "우렛소리"로 표현되기도

---

62 Bauckham, *The Climax of Prophecy*, 259.
63 앞의 책.
64 앞의 책.
65 N. deClaissé-Walford, R. A. Jacobson, and B. L. Tanner, *The Book of Psalms*, NICOT (Grand Rapids, MI: Eerdmans, 2014), 285.
66 Bauckham, *The Climax of Prophecy*, 259; Mounce, *The Book of Revelation*, 203-204; Beale, *The Book of Revelation*, 534-535; D. E. Holwerda, "The Church and the Little Scroll (Revelation 10, 11)," *CTJ* 34.1 (1999): 150. 비일은 이러한 사중적 일곱 심판 시리즈가 레 26장의 "네 개의 일곱 재앙들의 모델"을 반영하는 것으로 간주한다(Beale, *The Book of Revelation*, 536).

한다(시 29:3). 시편 29편 3절의 우렛소리 같은 여호와의 소리는 이후에 다섯 번 더 언급되는 나머지 "여호와의 소리"에도 적용된다. 일곱 우렛소리가 일곱 나팔과 같은 심판 시리즈라고 간주할 때, 심판의 개념은 하나님 나라의 통치와 밀접한 관계를 갖게 되는데, 그 이유는 이 땅에 하나님 나라의 통치가 수립될 때(시 29:10-11) 구원은 물론이고 필연적으로 심판(시 29:5-8)이 수반되기 때문이다.

더 나아가서 우렛소리 같은 소리는 요한계시록의 다른 본문에서도 사용되는데, 6장 1절에서는 네 생물 중 하나의 소리가 우렛소리 같았다고 말하고, 14장 2절에서는 하늘에서 들리는 소리를 "큰 우렛소리"로 표현하며, 19장 6절에서는 그리스도의 목소리를 "큰 우렛소리"로 표현한다. 이상의 소리들은 하나님의 뜻을 계시하는 소리들로서, 신적 기원을 특징으로 한다. 그러므로 요한계시록 10장 3b절의 일곱 우렛소리는 하나님의 뜻과 계획을 알리는 소리라고 할 수 있다.

[10:4] 하늘로부터 들려온 음성

이 소리를 듣자 요한은 그것을 예언으로 받아 적어야 하는 것으로 이해한다. 그러한 신적 음성을 들었을 때 그것을 기록하는 것은 당연한 반응이기 때문이다(참고, 계 1:11, 19). 그래서 요한은 4절과 같은 반응을 보인다.

요한이 일곱 우레의 소리를 기록하려고 한 이유(4a절). 4a절에서 요한은 일곱 우레들이 말할 때(ἐλάλησαν, 엘랄레산)(λαλέω, 랄레오), 그것들을 기록하려고 하였다. 왜 요한은 그것을 기록하려고 했을까? 이 질문에 답하기 위해서는 앞서 논의했던 것을 되새겨 시편 29편을 배경으로 이해할 필요가 있다. 시편 29편은 이 땅에 하나님 나라의 통치가 수립될 때(10-11절) 필연적으로 수반되는 심판(4-8절)을 선포하고 있다.

> ⁴여호와의 소리가 힘 있음이여 여호와의 소리가 위엄차도다 ⁵여호와의 소리가 백향목을 꺾으심이여 여호와께서 레바논 백향목을 꺾어 부수시도다 ⁶그 나무를 송아지 같이 뛰게 하심이여 레바논과 시론으로 들송아지 같이 뛰게 하시도다 ⁷여호와의 소리가 화염을 가르시도다 ⁸여호와의 소리가 광야를 진동하심이여 여호와께서 가데스 광야를 진동시키시도다 (시 29:4-8)
>
> ¹⁰여호와께서 홍수 때에 좌정하셨음이여 여호와께서 영원하도록 왕으로 좌정하시도다 ¹¹여호와께서 자기 백성에게 힘을 주심이여 여호와께서 자기 백성에게 평강의 복을 주시리로다(시 29:10-11)

이 시편 말씀을 배경으로 "일곱 우레"를 이해하면, 그것이 일곱 인/나팔 심판 시리즈와 동일한 성격을 지니고 있다고 볼 수 있다. 이것이 바로 요한이 우렛소리를 들었을 때 그것을 기록하려 했던 이유다.

하늘로부터의 음성: 일곱 우렛소리를 기록하지 말라(4bc절). 요한은 하늘로부터 소리를 듣는다. 여기에서 "하늘로부터 말하는 소리"는 "다른 힘센 천사"의 우렛소리와는 구별된다. "하늘로부터"란 "하나님의 보좌로부터"의 의미를 갖는 것으로서 하늘로부터 음성을 듣는다는 것은 하나님의 보좌로부터 직접 들려오는 음성을 듣는다는 것을 의미한다.[67] 이러한 점에서 하늘로부터의 음성은 하나님 혹은 그리스도의 음성일 가능성이 있으며 우렛소리보다 더 우위에 있다고 할 수 있다.[68] 하늘로부터 들려오는 소리는 그것을 "기록하지 말라"고 명령한다. 이것은 "인봉하라"라는 명령과 다름 아니다.[69] 이것은 책의 인이 떼어지고 열리게 되는 문맥과 대조되는 상황이기에 매우 특별한 의미가 있다고 볼 수 있다. 먼저 금지명령을 통해 가장 확실하게 나타나는 것은 하나님의 주권이다. 하나님이 일곱 우레에 의한 심판을 실행하지 않기로 결정하셨다.[70] 모든 것이 하나님의 결정에의해 진행되어야 한다. 그리고 이 결정에 따른 명령에 순종해야 한다.

그리고 "기록하지 말라"는 금지 명령은 좀 더 자세하게 9장 20-21절과 10장의 문맥 속에서 해석해야 한다. 이러한 금지는 9장 20-21절의 불신자들의 반응에 대하여 "더 이상의 심판에 대한 경고는 필요 없을 것"이란 의미를 갖는다.[71] 아마도 일곱 우렛소리는 불신자들을 경고하는 더 심각한 심판의 메시지였을 가능성이 높다. 그러하다면 이러한 심각한 심판의 메시지를 기록하지 못하게 하는 이유는 무엇일까? 그것은 이 문맥 속에서, 세상 나라들로 하여금 회개하게 하는 것이 심판을 통해 일어나지 않는다는 사실을 분명히 하려는 목적 때문이다.[72]

---

67 Osborne, *Revelation*, 397.
68 앞의 책.
69 Charles, *A Critical and Exegetical Commentary on the Revelation of St. John*, 1:262.
70 Beale, *The Book of Revelation*, 534.
71 Bauckham, *The Climax of Prophecy*, 260. 이와 같은 맥락에서 해링턴은 다음과 같이 진술한다: "... 이 문맥 안에서 일곱 우레들은 멸망의 메시지를 말하는 것으로 이해될 수 있다; 인봉하라는 명령은 하나님이 그 멸망을 취소하셨다는 것을 의미한다"(Harrington, *Revelation*, 115).
72 마운스는 여섯 번째 나팔 심판에서 "회개하지 않으려는 인간의 단호한 결심이 또 다른 시리즈를 무용하게 만들었다"고 주장한다(Mounce, *The Book of Revelation*, 204). 마운스가 이런 주장을 하는 것은 심판이 회개를 목적으로 한다는 견해를 가지고 있기 때문이다. 이러한 마운스의 주장은 심판의 본질과 관련하여 적절치 않다. 비일도 이러한 마운스의 주장을 반박한다. 마운스에 대한 비일의 반박과 관련된 자세한 내용은 Beale, *The Book of Revelation*, 534-535를 참고하라.

10-11장의 문맥에서는 요한을 통한 예언 사역과 그 사역을 계승하는 두 증인의 증거 사역을 통해서만 세상 나라가 하나님 나라가 되는 결과를 기대할 수 있다. 10장 1절-11장 14절은 이러한 특정한 목적을 가지고 여섯 번째와 일곱 번째 나팔 심판 사이에 삽입된 것이다.

그러므로 일곱 우렛소리에 대한 기록 금지 명령은 일종의 설정으로서, 이어지는 요한의 선지적 사역으로의 "소명 의식"(calling ceremony)을 부각시키기 위한 예비적 성격을 지닌다. 이러한 설정은 세상이 하나님의 나라가 되는 것이 심판이 아니라 증거 사역을 통해 이루어진다는 것을 드러내려는 목적을 갖는다. 이것은 5-7절의 문맥, 특별히 6절에서 "기다림은 더 이상 있지 않을 것"이라고 한 것과 밀접한 관계가 있다. 따라서 요한과 두 증인의 증거 사역을 통한 세상의 변화를 언급하는 것이 중요하다. 그 증거 사역이 하나님의 비밀이 성취되고 완성되는 순간을 가져오게 할 것이다. 이러한 언급은 여섯 번째 나팔 심판(9:12-21)과 삽입(10:1-11:14)과 일곱 번째 나팔 심판(11:15-19)의 관계에서만 이해될 수 있다.

4절에서 "일곱 우레"가 말하는 내용과 2절에서 힘센 천사가 그 손에 가지고 있는 "열려져 있는 작은 책"은 대조적인 관계이다. 2절의 책은 인봉된 것이 열려지는 과정을 통해 결국에는 열려져 있는 책이 되어 있는 반면, 4절의 우렛소리는 그것을 기록하지 말고 "인봉하라"(σφράγισον, 스프라기손)σφραγίζω, 스프라기조)고 명령된다(4c절). 2절의 열려져 있는 책은 인봉된 것을 열어 하나님 나라가 성취되는 정황을 독자들에게 계시하려는 목적을 갖는 반면, 4절의 일곱 우렛소리는 일단 계시되었지만 그것을 인봉함으로써 외부에 알리지 않고 그 내용 또한 시행되지 않도록 조치한다. 이 문맥에서 4c절의 "인봉하라"는 명령은 열려진 책과의 대조 관계를 의식하면서 사용된다.[73]

결국 일곱 우렛소리를 기록하지 말라는 명령은 단순히 하나님의 비밀이 알려지지 말아야 하기 때문이 아니라(앞서 언급한 레디쉬의 세 가지 가능성 중 세 번째 경우를 반대하여), 더 이상 심판을 경고하여 기다릴 필요가 없으며 하나님의 통치가 심판이 아닌 교회 공동체를 통한 선지적 증거로 이루어진다는 것을 나타내려는 의도에서 나온 상황 설정이라고 할 수 있다. 여기에서 일곱 우렛소리는 10장 8-11절에서 일어날 요한의 소명 예식과 11장에서 등장할 두 증인의 예언 사역을 준비하는 예비적 성격을 갖는다고 할 수 있다.

---

73 Bauckham, *The Climax of Prophecy*, 260.

[10:5-7] 하나님의 뜻의 완성

이러한 일곱 우레의 외침은 5-7절에서 힘센 천사의 엄중한 선포를 통해 좀 더 자세하게 설명된다.

하늘을 향하여 오른손을 들다(5b절). 하늘로부터 내려온 "다른 힘센 천사"는 오른 발과 왼발로 각각 바다와 땅을 밟고 있다(2b절). 이런 모습은 그 사역의 우주적 성격을 함축하는 것이라고 언급한 바 있다. 이제 그 "다른 힘센 천사"가 하늘을 향하여 오른손을 드는 모습을 보여주고 있다(5b절). 먼저 이 천사가 하늘을 향하여 오른손을 드는 것은 맹세할 때 보이는 "일반적인 자세"이고(출 6:8; 신 32:40; 겔 20:5, 15, 23, 42. 참고, 단 12:7),[74] 따라서 6a절의 "맹세하다"라는 동사와 자연스럽게 연결된다. 더 나아가서 바다와 땅을 밟고 서 있는 그 천사가 하늘을 향하고 있는 모습은 그가 땅과 바다에 이어 하늘까지 영역을 넓히고 있음을 보여준다.[75] 이것은 "다른 힘센 천사"가 보냄을 받은 목적이 하늘의 뜻을 이루기 위함이라는 점과 그가 시행하고 발언할 행위들 역시 하늘의 뜻을 이루기 위한 것임을 잘 보여주고 있다. 이것은 요한계시록에서 하늘과 땅은 서로 통합되어야 한다는 에덴 회복의 당위성을 잘 반영해 주고 있다.

영원히 사시는 분: 창조주 하나님(6bc절). 6절은 맹세의 자세에 이어 맹세하는 내용을 소개한다. 6a절에서 "다른 힘센 천사"가 맹세한다는 언급이 나오고 6bc절은 맹세의 근거로서 하나님을 등장시키고 있다. 6b절의 "영원히 사시는 분"(τῷ ζῶντι εἰς τοὺς αἰῶνας τῶν αἰώνων, 토 존티 에이스 투스 아이오나스 톤 아이오논)이란 문구는 구약에서 맹세할 때 일반적으로 사용하는 표현의 패턴이다(민 14:21; 삿 8:19; 삼상 20:3). 그러나 요한계시록 본문에서는 이러한 일반적인 표현의 패턴에 6c절의 내용을 덧붙이고 있다. 문법적으로 말하면 6c절은 '호스'(ὅς)라는 관계 대명사에 의해 시작되는 문장으로서 6b절을 좀 더 자세하게 설명하고 있다. 6c절은 "하늘, 땅, 바다"의 순서로 하나님이 그 모든 것들을 창조하신 주인이심을 강조하고 있다. 하나님이 창조주라는 것은 그분이 영원 전부터 존재하시는 분일 뿐 아니라 영원히 사시는 분이기도 하다는 것을 의미한다.

---

74 Harrington, *Revelation*, 115.
75 앞의 책.

또한 이것은 하나님의 우주적 통치권을 나타내고 있다. 특별히 "바다"는 창세기 1장 2절에서 공허와 혼돈의 특징을 가지고 있으며, 이러한 바다를 창조하셨다는 것은 혼돈을 질서의 상태로 정돈시켜 주셨다는 것을 의미한다.[76] 그리고 여기에서 단순히 하늘, 땅, 바다라는 표현만을 사용하지 않고 "그것 안에 있는 것들"(τὰ ἐν αὐτῷ, 타 엔 아우토, 또는 τὰ ἐν αὐτῇ, 타 엔 아우테)이란 표현을 3회 반복해서 덧붙임으로써 창조주의 우주적 통치권이 미치지 않는 곳이 없음을 강조한다. 이런 내용은 하나님이 심판과 구원을 통한 회복 계획에 있어 완전한 주권을 가지고 계심을 보여준다.[77] 이 문맥에서 영원히 사시는 창조주를 언급하는 것은 특별한 의도를 갖는데, 이에 대해서는 다음과 같은 마운스의 주장을 살펴볼 필요가 있다.

> 창조주로서의 하나님에 대해 말하는 것은 자신이 행하고자 시작하신 것을 이루시는 하나님의 능력을 강조해 주고 있다. 요한에게 있어서 그것은 모든 것을 존재하게 하신 분이 그분의 구속적 목적의 성취를 이루실 수 있다는 것을 의미한다. 역사의 마지막은 그 시작이 그랬듯이 하나님의 주권적 통제 아래 있다.[78]

마운스가 말하듯이, 하나님이 창조주시라면 그분은 창조의 목적을 반드시 이루실 것이다. 그것은 하나님의 의지와 하나님의 능력을 반영한다. 하나님의 주권적 통제 아래 시작된 역사는 마침내 하나님의 주권적 통제 아래 완성될 것이다. 결국 이 문맥은 역사의 완성에 대한 주제를 다루고 있는데, 여기에서 창조에 대한 내용이 언급되는 것은 그 완성의 의미를 좀 더 온전케 하는 역할을 하고 있는 것이다. 왜냐하면 구속 역사의 완성은 창조(에덴)의 회복이기 때문이다.

맹세하다(6a절). "다른 힘센 천사"는 이러한 창조주 하나님의 이름으로 결연하게 맹세한다. 창조주의 이름으로 맹세하는 것은 창조주의 의지를 반영하는 것이고, 그렇다면 그러한 맹세로 말하는 내용은 창조주의 뜻과 관련된 것이며, 따라서 틀림없이 이루어질 것이다. 예를 들면, 구약에서 하나님은 아브라함에게 출애굽과 가나안 땅의 약속을 이루실 것이라 맹세하셨고, 그것은 마침내 이루어지게 되었다(창 50:24; 출 6:8; 13:5, 11). 또한 출애굽기 32장 13절에서 모세는 "... 주께서 그들을 위하여 주를 가리켜 맹세하여 이르시기를 내가 너희의 자손을 하늘의 별처럼 많게 하고 내가 허락한 이 온 땅을 너희의 자손에게 주어 영원한 기업이 되

---

76 Smalley, *The Revelation to John*, 263.
77 앞의 책, 263-264.
78 Mounce, *The Book of Revelation*, 206.

게 하리라 하셨나이다"라고 말하는데, 이 본문에 따르면 하나님은 자신보다 더 높은 존재가 없기 때문에 하나님 자신의 이름으로 맹세하신다. 그리고 "주께서 ... 주를 가리켜 맹세"하는 장면을 보여주는 것은 이 약속이 필연적으로 실현될 것을 확증한다. 반면, 마태복음 5장 34-35절에서 예수님은 하늘로도 땅으로도 맹세하지 말라고 권면하시는데, 이는 피조물에 불과한 하늘과 땅은 맹세를 실현시켜 줄 수 없기 때문이다. 그러나 요한계시록 본문에서 힘센 천사는 하나님의 대행자이기 때문에 그의 맹세는 곧 하나님 자신의 맹세이며 이러한 성격의 맹세는 하나님의 뜻의 성취와 완성을 필연적으로 보장하는, 반드시 이루어질 수밖에 없는 맹세다.

맹세의 내용: 기다림은 더 이상 있지 않을 것이다(6d절). 6d절은 6a절의 "맹세하다"의 목적절로서 맹세의 내용을 소개하는데, 그 내용은 "기다림은 더 이상 있지 않을 것"(χρόνος οὐκέτι ἔσται, 크로노스 우케티 에스타이)이란 것이다. 이 본문에서는 '크로노스'(χρόνος)란 표현을 "연기"(delay)가 아니라 "기다림의 시간"(time of waiting)으로 이해하는 것이 적절하다.[79] 이 문맥에는 "연기"라는 주제가 드러나지 않는다.[80] 왜냐하면 "연기"라는 개념은 실패에 의해 초래되는 결과로서 부정적 의미를 갖는데, 하나님의 주권이 강조되는 이곳의 문맥은 그러한 의미와는 거리가 멀기 때문이다. 그보다는 성도들이 하나님의 정해진 때를 기다린다는 개념이 이 문맥과 좀 더 조화를 이루는 것으로 보인다.

한편 이러한 내용은 6장 11절의 말씀과 대조적 평행을 이루고 있다.[81]

10:6d, 7c	6:11
6d) 기다림은 더 이상 있지 않을 것 7c) 그리고 하나님의 비밀이 완성되어질 것이다	c) 아직 잠시 동안 쉴 것이다 d) 완성되기까지
6d) ὅτι χρόνος οὐκέτι ἔσται, 7c) καὶ ἐτελέσθη τὸ μυστήριον τοῦ θεοῦ	c) ἔτι χρόνον μικρόν d) ἕως πληρωθῶσιν

이 도표에서 10장 7c절의 "하나님의 비밀이 '완성되어질 것이다'(ἐτελέσθη, 에텔레스데〉τελέω, 텔레오)"와 6장 11절의 "형제들의 (수가) '완성되기까지'(πληρωθῶσιν, 플레로도신〉πληρόω, 플레로오)"는 둘 다 종말의 완성을 의미하면서 평행 관계를 갖는다. 동시

---

79 Smalley, *The Revelation to John*, 264.
80 Aune, *Revelation 6-16*, 568.
81 Beale, *The Book of Revelation*, 541; Smalley, *The Revelation to John*, 264.

에 10장 6d절의 "기다림은 더 이상 있지 않을 것이다"(χρόνος οὐκέτι ἔσται, 크로노스 우케티 에스타이)는 6장 11절의 "아직 잠시 동안"(ἔτι χρόνον μικρόν, 에티 크로논 미크론)과 대조된다. 6장 11절의 경우에는 아직 종말의 때가 오지 않았기 때문에 기다리는 시간이 필요하지만 10장 6d절의 경우에는 더 이상 기다림의 시간이 필요치 않다. 이러한 대조적 평행 관계를 통해 우리는 저자 요한이 6장 11절의 내용을 의식하여 10장 6-7절을 기술하고 있다고 짐작할 수 있다. 곧 잠시 동안 기다림이 있었으나 이제 완성의 때가 되었으므로 그러한 기다림의 시간은 더 이상 필요치 않게 될 것이다.

하나님의 비밀이 완성되어질 것이다(7절).

(1) 상황적 배경: 일곱째 천사(7a절)

7a절에는 나팔 심판의 일곱째 천사가 등장한다. 일곱째 천사가 하나님의 비밀과 관련하여 활동한다. 여기에서 일곱째 천사가 등장하는 것은 이 본문이 재림의 정황을 상정하고 있음을 의미하는데, 왜냐하면 인, 나팔, 대접 심판 시리즈 모두에서 일곱 번째는 모두 미래적 종말로서의 재림과 관련되기 때문이다. 그러나 일곱째 천사가 일곱째 나팔 심판과 관련하여 등장하지 않고 여섯째 나팔 심판이 끝난 후에 삽입 부분(10장)에 등장하는 이유는 무엇인가? 그것은 바로 일곱 번째 나팔 심판을 예고하면서 준비하기 위함이다. 그러므로 삽입 부분인 10장에서 일곱째 천사가 등장함으로써 이 삽입 부분이 재림의 시점을 의미하는 일곱째 나팔 심판을 겨냥한다고 할 수 있다.

(2) 구문적 특징 이해

7a절은 강한 반전을 나타내는 접속사 "그러나"(ἀλλά, 알라)로 시작한다. 이 접속사를 사용한 것은 7절의 내용이, 부정적인 표현을 사용해서 "기다림은 더 이상 있지 않을 것"이라고 말하는 6d절을 긍정적으로 발전시켜 전개될 것임을 나타낸다. 7a절의 "일곱째 천사의 소리의 날들"은 7b절의 "그가 나팔불게 될"이라는 관계 부사절의 수식을 받는다. 이 시점은 삽입 부분 이후에 기록되는 일곱째 나팔 부는 시점으로서, 앞에서 언급된 바 있는 일곱 번째 인 심판과 동일하게 종말이 완성되는 시점을 의미한다. 특별히 7b절에서 사용되는 '멜레'(μέλλῃ)μέλλω, 멜로)라는 단어는, 앞서 구문 분석 및 번역에서 논의한 것처럼, 부정사와 결합할 때

(예, 1:19; 6:11; 12:5) 단순히 미래적 행위를 예고하는 것이 아니라 '데이'(δεῖ)가 부정사와 결합되어 사용될 때(예, 1:1; 4:1; 20:3; 22:6)와 유사한 용법으로 사용되어 신적당위성을 나타낸다.[82] 신약 성경의 다른 곳에서 이와 유사한 문형이 사용된 예로는 마가복음 13장 4절과 누가복음 21장 7절이 있는데, 이런 본문에서도 '멜레'는 "결정적이거나 확정적인 미래적 의미"로 사용된다.[83] 이 점에서 일곱째 나팔을 부는 것은 필연적으로 일어나야 하는 하나님의 계획 속에 있는 것이다. 바로 그때 "하나님의 비밀이 완성된다"(7c절). "하나님의 비밀"(τὸ μυστήριον τοῦ θεοῦ, 토 뮈스테리온 투 데우)이라는 표현에서 "하나님의"(τοῦ θεοῦ, 투 데우)는 주격적 소유격으로서 하나님을, 비밀을 생성하시는 분인 동시에 그것을 알려 주시는 분으로 이해할 수 있게 한다.[84] 이 비밀을 어떻게 이해해야 하는지에 대해서는 다음 단락에서 논의할 것이다.

(3) 비밀의 구약 배경

여기에서 사용된 "비밀"이란 단어는 다니엘 2장을 배경으로 한다.[85] 이 단어는 지상의 모든 강력한 나라들을 압도하는 하나님 나라의 도래를 약속하는 다니엘 2장에서 단수 형태로 4회(2:18, 19, 27, 30), 복수 형태로 3회(2:29, 47[x2]), 총 7회 사용된다. 다니엘서 전체에서 "비밀"이란 단어가 총 8회(4:6 포함)만 사용된다는 점을 고려했을 때, 이 단어가 다니엘 2장에서 얼마나 집중적으로 사용되는지를 알 수 있다. 다니엘 2장에서 사용된 일곱 용례 중 요한계시록 10장 7c절의 "비밀"과 관련되는 것은 다음의 두 용례라고 할 수 있다.

> 오직 은밀한 것(μυστήρια, 비밀들)을 나타내실 이는 하늘에 계신 하나님이시라 그가 느부갓네살 왕에게 후일에 될 일(ἃ δεῖ γενέσθαι ἐπ' ἐσχάτων τῶν ἡμερῶν, 날들의 마지막에 반드시 되어져야만 하는 것들)을 알게 하셨나이다(단 2:28)

> 왕이여 왕이 침상에 나아가서 장래 일(ἃ δεῖ γενέσθαι ἐπ' ἐσχάτων τῶν ἡμερῶν, 날들의 마지막에 반드시 되어져야만 하는 것들)을 생각하실 때에 은밀한 것(μυστήρια, 비밀들)을 나타내시는 이가 장래 일을 왕에게 알게 하셨사오며(단 2:29)

82　Osborne, *Revelation*, 400.
83　Beale, *The Book of Revelation*, 541.
84　Osborne, *Revelation*, 401; Beale, *The Book of Revelation*, 543.
85　비일은 이 단어를 "다니엘적 정취"(Danielic flavor)로 본다(Beale, *The Book of Revelation*, 543).

이 두 본문에서 "은밀한 것"은 "비밀"의 의미를 갖는다. 하나님은 "비밀들"(μυστήρια, 뮈스테리아)을 나타내시고 알려 주시는 분이다. 이것은 아모스 3장 7절의 "주 여호와께서는 자기의 비밀을 그 종 선지자들에게 보이지 아니하시고는 결코 행하심이 없으시리라"라는 말씀을 반영한다(참고, 렘 7:25; 25:4).[86] 그런데 이 비밀들은 곧 장래 일이며 종말에 반드시 되어져야만 하는 일들이다. 그렇다면 드러나야 할 이 비밀의 내용은 무엇인가? 앞서 언급한 것처럼 다니엘 2장의 문맥에서 볼 때 그것은 바로 강력한 모든 나라들을 능가하고 압도하는 권세 있는 하나님 나라의 도래다. 이러한 의미에서 비밀의 계시는 단순히 인지 작용이 아니라 구속 역사 속에서 일어나는 역동적인 종말적 사건이다.[87]

(4) 비밀의 신약적 용례

구약의 다니엘서를 배경으로 하는 이 "비밀"이라는 단어는 요한계시록이 아닌 다른 신약 본문에서도 사용된다. 하나님 나라의 비유를 말하는 마태복음 13장 11절, 마가복음 4장 11절, 누가복음 8장 10절에서는 "하나님 나라의 비밀"(τὰ μυστήρια τῆς βασιλείας τῶν οὐρανῶν [혹은 τοῦ θεοῦ], 타 뮈스테리아 테스 바실레이아스 톤 우라논 [혹은 '투 데우'])이라는 문구로 사용되고, 바울 서신인 로마서 11장 25절, 고린도전서 2장 1절, 에베소서 3장 3-4절과 9절, 골로새서 2장 2절, 데살로니가후서 2장 7절에서도 하나님의 구속 경륜을 표현할 때 사용된다.[88] 여기에서 이 비밀은 감추어져 있다가 예수 그리스도를 통한 하나님 나라의 종말적 성취로 인해 온 세상에 나타나게 되었다. 다시 한 번, 비밀은 그 자체로 숨겨져 있는 것이 목적이 아니라 구속적 성취를 통한 계시를 목적으로 한다는 것을 분명하게 보여준다.

(5) 비밀의 계시 시작: 초림을 통해 성취되다

그렇다면 비밀의 계시 곧 하나님 나라의 도래 시점은 언제인가? 그것은 70인역 다니엘 2장 28-29절에서 언급하고 있는 것처럼 "날들의 마지막"(ἐπ᾽ ἐσχάτων τῶν ἡμερῶν, 에프 에스카톤 톤 헤메론), 곧 종말의 때다. 그런데 이러한 종말적 사건으로서의 비밀의 계시 곧 하나님 나라의 도래는 그리스도의 초림으로 이미 이루어진 바 있다. 이러한 사실은 1장 1-3절과 20절에서 충분히 논증한 바 있다.[89] 10장

---

86 Swete, *The Apocalypse of St. John*, 127.
87 이 내용에 대해서는 1:1에서 자세하게 논의한 바 있으므로 여기에서는 간단하게만 언급한다.
88 Swete, *The Apocalypse of St. John*, 127; Beale, *The Book of Revelation*, 543.
89 비일은 이 시점을 "승천" 혹은 "공생애" 기간으로 구체적으로 적시한다(Beale, *The Book of Revelation*, 543).

의 문맥에서 보면 요한계시록 10장 2절의 힘센 천사가 가지고 있는 "열려져 있는 작은 책"을 통해, 어린 양 그리스도의 구속에 의해 하나님 나라의 종말적 도래가 이미 성취되었다는 사실을 잘 보여준다. 5장의 "누가 책의 인을 뗄 것인가?"라는 질문을 다니엘서를 배경으로 바꿔 말하면 "누가 종말을 도래케 할 것인가?"라고 할 수 있다. 왜냐하면 종말은 곧 하나님 나라의 도래를 의미하고, 이것은 바로 죽임당하신 어린 양에 의해 이루어졌으며, 결국은 그 결과로 10장에서 그 책이 열려진 상태로 놓여 있게 되었기 때문이다.

(6) 비밀의 완성: 재림을 통해 완성되다(7c절)

그러나 그것만으로는 아직 온전하지 않다. 그리스도의 초림을 통한 비밀의 계시는 시작일 뿐이다. 이제 그 완성이 기다리고 있는데 바로 일곱 번째 나팔을 부는 시점에서 그 하나님의 비밀의 계시는 완전하게 이루어지게 된다. 여섯 번째 나팔 심판 이후 소개되는 10장의 문맥에서 완성의 시점을 일곱 번째 나팔을 부는 시점으로 설정하는 것은 자연스러운 귀결이다. 이것은 곧 예수님 재림의 때에 대한 다른 표현이기도 한 것이다. 예수님의 초림으로 시작된 비밀의 계시가 이 때에 비로소 완성되어 나타나게 되는 것이다. 이런 정황을 나타내기 위해 7c절에서 "완성되다"(ἐτελέσθη, 에텔레스데〉τελέω, 텔레오)라는 단어가 사용된다.[90] 이 단어는 하나님의 구속 계획이 완성되는 시점을 더욱 도드라지게 한다.

이 단어가 부정과거형으로 사용된 것은 조건절인 7b절이 "그가 나팔불게 될 때"(ὅταν μέλλῃ σαλπίζειν, 호탄 멜레 살피제인)라고 하면서 일곱째 나팔 심판을 미래 시점으로 나타낸다는 점과 비교하면 모순되는 것처럼 보일 수 있다. 이런 모순을 피하려면 "완성되다"란 동사를 부정과거형이 아닌 미래형으로 사용하는 것이 자연스러울 수 있다. 그러나 이런 부정과거형의 사용을 단순히 과거 사건에 대한 묘사로 간주할 필요는 없는데, 왜냐하면 이것은 어떤 사건이 실제로 발생하기 전에 그것을 이미 존재하는 것으로 표현하는 "예변적"(proleptic) 용법으로서[91] "비밀의 완성의 확실성"을 강조하려는 목적을 갖기 때문이다.[92] 따라서 요한은 이런 부정과거형 용법을 통해 비밀의 완성에 대한 확고한 신뢰를 드러내고 있다.

---

90 이곳은 요한계시록에서 '텔레오' 동사가 사용되는 총 8회(10:7; 11:7; 15:1, 8; 17:17; 20:3, 5, 7) 중 첫 번째에 해당한다(Osborne, *Revelation*, 401).

91 Wallace, *Greek Grammar beyond the Basics*, 564. 이 용법에 대해서는 앞서 구문 분석 및 번역에서 논의한 내용을 참고하라.

92 Osborne, *Revelation*, 400n13.

선지자들이 선포한 약속의 성취(7d절). 7d절에서 흥미로운 점은 "자신의 종들 곧 선지자들에게"(τοὺς ἑαυτοῦ δούλους τοὺς προφήτας, 투스 헤아우투 둘루스 투스 프로페타스)라는 표현에서 "종들"과 "선지자들"이 동격으로 사용된다는 것이다. 요한계시록에서 "종들"(1:1; 7:4)이나 "선지자들"(11:10, 18; 16:6; 18:20, 24; 22:6, 9)은 보통 교회 공동체 구성원들을 가리켜 사용되고 있으나 여기에서 언급된 "선지자들"은 어떤 선지자들을 구체적으로 지목하는 것이라기보다는 하나님의 말씀 사역을 감당하는 일반적인 구약의 선지자 그룹을 가리키는 것이다.[93] 이와 함께 사용된 동사는 "선포하다"(εὐηγγέλισεν, 유엥겔리센〉εὐαγγελίζω, 유앙겔리조)인데, 이 단어는 70인역에서 히브리어 동사 '바싸르'(בשׂר)를 번역할 때 사용되는 단어로서 일반적으로 "좋은 소식을 가져오다"(bring good news, announce good news)라는 의미로 사용되며(삼상 31:9; 삼하 4:10; 18:19, 26),[94] 특별히 "좋은 소식" 중에서도 구원의 좋은 소식을 가리켜 사용되기도 한다(시 40:9[70인역 39:10]; 96:2[70인역 95:2]).

더 나아가서 이사야는 히브리어 '바싸르'를 바벨론 포로 해방과 함께 구원을 가져오는 하나님 나라 회복의 기쁜 소식을 의미하는 것으로 사용한다(사 40:9; 41:27; 52:7; 60:6; 61:1).[95] 또한 바울은 로마서에서 예수 그리스도를 통해 하나님의 의의 계시가 발생했다는 구원의 좋은 소식을 의미하는 것으로 이 단어를 사용한다(롬 1:2-4, 16). 이사야나 바울을 통해 이스라엘과 교회에게 복음이 선포된 것과는 달리 요한계시록 본문에서는 하나님이 선지자들에게 좋은 소식을 선포하셨다고 한다. 이러한 기쁜 소식의 원천은 하나님 자신이시다. 이 기쁜 소식은 하나님의 종말적 구속 계획이며, 앞서 소개했던 다니엘 2장을 배경으로 말하자면 하나님 나라의 종말적 도래라고 할 수 있다. 물론 하나님 나라의 도래는 모든 선지자들이 선포했던 하나님의 구속 계획의 중심에 있다.

하나님이 선지자들에게 선포하시어 이스라엘 백성들에게 알리셨던 좋은 소식은 그대로 이뤄지게 될 것이다. 이런 사실은 "주 여호와께서는 자기의 비밀을 그 종 선지자들에게 보이지 아니하시고는 결코 행하심이 없으시리라"라고 말하는 아모스 3장 7절에 잘 나타나 있다. 곧 하나님은 자신의 계획을 그분의 종인 선지자들에게 알리지 아니하시고는 일을 행하지 않으신다.[96] 바꾸어 말하면 하나님이 선지자들에게 알려 주신 것은 반드시 이루어지게 되어 있다는 의미다.

---

93 Smalley, *The Revelation to John*, 266.
94 BDAG, 402.
95 Bauckham, *The Climax of Prophecy*, 262.
96 오즈번도 이 부분에서 동일하게 암 3:7의 말씀과의 평행 관계를 지적한다(Osborne, *Revelation*, 401).

아모스서 본문의 "보이다"(εὐηγγέλισεν, 유엥겔리센〉εὐαγγελίζω, 유앙겔리조)라는 동사는 요한계시록의 "선포하다"(εὐηγγέλισεν, 유엥겔리센〉εὐαγγελίζω, 유앙겔리조)와 동일한 단어다. 여기에서 우리는 선지자들에게 하신 말씀을 그대로 이루시는 하나님의 주권과 신실성과 완전하심을 보게 된다. 이러한 말씀은 이미 예수 그리스도의 오심으로 말미암아 성취된다. 요한계시록의 많은 부분은 이처럼 이미 이루어진 내용을 여러 가지 방법으로 증거하고 있다. 그러나 동시에 이 본문에서는 그러한 성취가 일곱 번째 나팔을 불게 되는 날 완성될 것을 예고한다. 곧 구약의 선지자들에 의해 선포된 종말적 메시지들이 마침내 일곱 번째 나팔을 불게 되는 예수님의 재림의 날에 완성될 것이다. 여기에서 요한은 구약의 선지자들의 말씀 성취의 또다른 면을 소개하고 있음을 알 수 있다.

10장 5-7절의 구약 배경(단 12:7, 9; 암 3:7). 요한계시록 10장 5-7절은 전체적으로 다니엘 12장 7절, 9절과 아모스 3장 7절을 배경으로 기록되었다. 요한계시록 본문과 구약 배경 사이의 공통점과 차이점은 아래 표의 내용을 통해 알 수 있다(직선 밑줄은 공통점을 나타내고, 점선 밑줄은 차이점을 표시한다).[97]

계 10:5-7	단 12:7, 9; 암 3:7
5b) 하늘을 향하여 그의 오른손을 들었다. 6b) … 영원히 사시는 분으로 말미암아 6d) 기다림은 더 이상 있지 않을 것을 6a) 맹세하였다(ὤμοσεν〉ὄμνυμι). 7b) 일곱째 천사가 나팔불게 될 7a) 일곱째 천사의 소리의 날들에… 7c) 하나님의 비밀(μυστήριον)이 7d) 자신의 종들 곧 선지자들에게 선포하신 (εὐηγγέλισεν〉εὐαγγελίζω) 것과 같이 7c) 완성되어질 것이다(ἐτελέσθη〉τελέω)	단 12:7) 내가 들은 즉 그 세마포 옷을 입고 강물 위쪽에 있는 자가 그의 오른손과 왼손을 들어 하늘을 향하여 영원히 살아 계시는 이를 가리켜 맹세하였다(ὤμοσε〉ὄμνυμι): 반드시 한 때 두 때 반 때가 지나고 성도의 권세의 깨어짐이 끝날 때 이 모든 것들이 완성되리라(συντελεσθήσεται〉συντελέω) 단 12:9) … 이 말은 마지막 때까지 간수하고 봉함할 것임이니라 암 3:7) 주 여호와께서는 자기의 비밀(παιδεία; סוֹד)을 그의 종들 곧 선지자들에게 계시하지 (εὐηγγέλισεν〉εὐαγγελίζω) 아니하시고는 결코 행하심이 없으시리라

(1) 공통점
위 표는 70인역 다니엘 12장이 요한계시록 10장과 두 개의 주제를 공유한다는 사실을 보여준다. 첫째는 오른손을 들어 하늘을 향하여 영원히 사시는 하

---

97 이 표는 Bauckham, *The Climax of Prophecy*, 260-261을 참고하여 만들었으며, 단 12:7의 번역에는 나의 번역이 포함되어 있다.

나님으로 "맹세했다"(ὄμνυμι, 옴뉘미)는 것이고, 둘째는 모든 것들이 "완성되어질 것"(συντελεσθήσεται, 쉰텔레스데세타이〉συντελέω, 쉰텔레오)이라는 종말적 사상이다. 다니엘 12장 7절의 동사 '쉰텔레오'(συντελέω)에는 접두어인 '쉰'(συν)이 덧붙어 있지만 어근인 '텔레오'(τελέω)가 요한계시록 10장 7절에서 동사로 사용된다.[98] 이런 관계로 다니엘 12장 7절이 요한계시록 10장의 배경이라는 사실이 확인될 수 있다.

또한 아모스 3장 7절도 요한계시록 10장 5-7절의 배경으로 사용된 것이 분명하다. 먼저 두 본문에서 "비밀"이나 "그의 종들 곧 선지자들"이라는 표현이 공통적으로 사용된다. 아모스 3장 7절에서는 하나님이 그분의 비밀을 선지자들에게 반드시 계시한 후에 실행하신다고 말하는데, 이 내용은 요한계시록 10장 7절의 "하나님의 비밀이 자신의 종들 곧 선지자들에게 선포하신 것과 같이 완성되어질 것이다"라고 하신 말씀에 잘 반영되어 있다.

(2) 차이점

요한계시록 10장과 다니엘 12장 사이에는 공통점뿐 아니라 차이점도 존재하는데, 다음 도표에서 확인할 수 있다.

	단 12:7, 9	요한계시록 10:5-7
시대적 정황	헬라 제국이 세계를 지배	로마 제국이 세계를 지배
핍박자-통치자	안티오쿠스 4세	도미티아누스
핍박받은 대상	이스라엘	교회 공동체
기간	핍박의 기간: 한 때 두 때 반 때를 지나(7절)	기다림이 더 이상 없다
종말의 개념	한 때 두 때 반 때가 다 지난(7절) 마지막 때(9절)	일곱째 천사가 나팔불게 될 날
종말의 의미	안티오쿠스 4세로부터의 해방-구속	세상으로부터의 해방-구속의 완성
계 5장과의 관계	단 12:7의 종말적 성취	종말적 완성
책의 상태	간수하고 봉함됨(9절)	책이 열려져 있음(1절): 비밀의 완성(7c절)
비밀의 상태	비밀이 드러나지 않음	비밀이 완성됨: 하나님 나라의 종말적 도래의 완성

---

98 단 12장(정확하게 말하면 9절)과 계 5장(정확하게 말하면 1-2절)이 밀접하게 연결되고(이 두 본문 사이의 밀접한 관계에 대해서는 5장에 대한 내용을 참고하라), 계 5장과 계 10장이 다시 밀접하게 연결된다는 점에 의해서도 단 12장과 계 10장은 서로 관련된다.

위의 도표에서 다니엘 12장 7절의 "한 때 두 때 반 때"는 삼 년 반의 기간으로서, 안티오쿠스 4세가 이스라엘을 핍박했던 기간이고,[99] 그 기간 동안에는 책이 열려 있지 않고 인봉되어 있다(단 12:9). 이 기간이 다 끝나면 안티오쿠스 4세는 심판을 받아 멸망하고 핍박받은 이스라엘은 해방된다. 이것이 바로 종말적 사건이다. 이때까지 책은 간수하고 봉함될 것이요 비밀도 드러나지 않을 것이다. 이것은 아모스 3장 7절이 "선지자들에게 자신의 비밀을 알리지 아니하고는 일을 결코 행하심이 없을 것이다"라고 말하는 것과 모순되지 않는다. 왜냐하면 비밀은 특정 시점에 선지자들에게 계시되는 것처럼 보이지만 성취와 완성의 관점에서 보면 언제나 비밀이기 때문이다. 곧 선지자들을 통해 계시된 하나님 나라에 대한 약속은 종말적 성취를 이루기 전까지는 그들에게 여전히 비밀로 남아 있을 수밖에 없다.

그러나 신약의 선지자 요한에게 하나님 나라의 종말적 도래와 완성은 봉인된 책과 같지 아니하고 도리어 인봉이 떼어져 열려진 책과 같이 충분히 계시되었다.[100] 이것은 요한계시록 5장에서 어린 양으로 말미암아 책의 인이 열려지게 되고, 10장 1절에서 다른 힘센 천사가 그 열려져 있는 책을 들고 있으며, 10장 5-7절에서 마침내 일곱 나팔 심판으로 인하여 더 이상의 기다림이 없이 비밀이 온전히 드러나는 완성의 순간을 예고한다. 곧 다니엘이나 아모스에게는 비밀로 남겨져 있어 그들이 그 비밀의 "온전한 의미"(full meaning)를 이해할 수 없었지만, 요한에게 그 비밀은 예수님의 초림을 통해 성취되어 재림의 때에 완성된다.[101] 이 비밀의 계시는 로마 제국의 지배 아래에서 도미티아누스 황제에 의해 핍박을 받는 교회 공동체를 통해 세상을 향해 선포된다. 이상에서 다니엘 12장 7절과 9절은 요한계시록 10장 5-7절에 일정한 패턴을 제공해 주고 있다. 그러나 요한계시록 10장 5-7절은 다니엘 12장 7절과 9절을 그대로 이어받고 있지 않으며 완성의 관점에서 재해석하는 과정을 거치게 된다. 그러한 이유로 두 본문 사이에는 분명한 차이점이 생기게 된다.

특별히 요한은 요한계시록 10장 7절의 완성 시점을 다니엘 12장 7절의 성취

---

99 C. A. Newsom and B. W. Breed, *Daniel: A Commentary*, OTL (Louisville, KY: Westminster John Knox, 2014), 366-367.
100 Bauckham, *The Climax of Prophecy*, 261.
101 "비밀"이란 단어는 암 3:7에서 '소드'(סוֹד)라는 히브리어로 사용되고 70인역에서는 '파이데이아'(παιδεία)로 번역되는 반면, 단 2:17-19, 27-30, 47에서는 '라즈'(רָז)라는 아람어로 사용되고 70인역에서는 '뮈스테리온'(μυστήριον)으로 번역된다. 요한계시록을 비롯한 신약 성경에서는 "비밀"을 표현할 때 '뮈스테리온'(μυστήριον)을 사용한다.

로 간주하면서 다니엘 12장 7절의 "한 때 두 때 반 때"를 요한계시록 내에서 예수님의 초림과 재림 사이의 기간으로 재해석한다. 왜냐하면 요한계시록 12장 6절에 의하면 요한은 그 시작점을 예수님의 승천으로 정하고 있고 이 기간이 지나서 모든 일이 끝나는 시점을 재림의 시점으로 설정하고 있기 때문이다. "한 때 두 때 반 때"에 대한 이러한 이해가 요한계시록에서 적용되고 있다. 곧 다니엘 12장 7절의 "한 때 두 때 반 때"는 요한계시록 11장 1-2절, 3-13절, 12장, 13장 5절에서 "천이백육십 일"이나 "마흔두 달"이라는 기간으로 달리 표현되기도 하는데(12:14에서는 다니엘서와 동일하게 "한 때 두 때 반 때"라고 한다), 이는 일관성 있게 예수님의 초림과 재림 사이의 기간을 의미한다. 결국 다니엘 12장 7절에서 예수님의 초림과 재림 사이의 기간인 "한 때 두 때 반 때"의 기간이 다 지난 후에 이 모든 일이 "완성되리라"(혹은 "이루리라"; 개역개정 "끝나리라")라고 한 것이 요한의 관점에서는 10장 7절의 "일곱째 천사가 나팔을 불 때"와 동일한 기간인 것이다. 여섯 번째와 나팔 심판과 일곱 번째 나팔 심판 사이에 기록되고 있는 10장의 문맥에서 요한이나 독자들은 최종적 완성의 순간에 대한 확고한 비전을 갖게 된다. 이러한 정황은 요한이 선지자로서 종말적 성취와 완성을 선포하는 부르심을 받게 되는 근거가 된다.

지금까지 요한계시록이 다니엘서를 재해석하면서 두 본문이 갖게 되는 관계를 살펴봤는데, 그것을 간단하게 다음과 같은 도표로 정리할 수 있을 것이다.

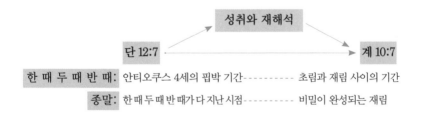

이 도표에서 볼 수 있듯이, 다니엘 12장 7절은 요한계시록 10장 7절에 의해 재해석된다. 다니엘서 문맥에서는 안티오쿠스 4세가 핍박하는 "한 때 두 때 반 때"의 기간이 다 지난 시점을 종말이라고 하는 반면, 요한계시록 10장 7절에서는 종말을 비밀이 완성되는 예수님의 재림의 때로 재해석한다.

이러한 내용을 다음 도표를 통해 좀 더 자세하게 설명하고자 한다.

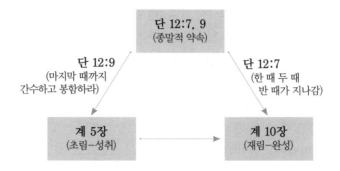

이 도표에서 책을 마지막 때까지 간수하고 봉함하라고 명령하는 다니엘 12장 9절은 어린 양에 의해 봉함된 책의 인이 떼어지고 책 열리는 장면을 소개하는 요한계시록 5장에서 종말적으로 성취되고, 다니엘 12장 7절에서 "한 때 두 때 반 때"가 지나가는 것은 요한계시록 10장 7절에서 재림 사건으로 재해석된다. 따라서 다니엘 12장 9절은 요한계시록 5장과 관계되고 다니엘 12장 7절은 요한계시록 10장과 관계된다. 동일한 문맥에 있는 12장 9절과 7절이 요한계시록에서 각각 초림과 재림 사건에 성취되는 것으로 사용된다. 구약에는 초림과 종말의 구별이 없기 때문에 구약의 관점에서는 신약의 초림과 재림이 동일하게 하나의 종말적 사건으로 읽혀질 수 있다.

지금까지의 내용을 "한 때 두 때 반 때" 혹은 삼 년 반, 달리 표현하면 "1260일"이라는 기간과 관련해서 표로 정리해 보았다.

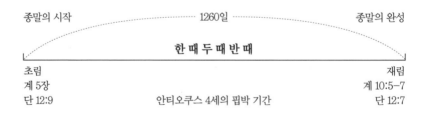

"한 때 두 때 반 때"의 기간은 다니엘서에서 안티오쿠스 4세가 이스라엘 백성을 핍박하는 기간으로서 요한계시록에서는 초림부터 재림 사이로 재해석된다.[102] 그리고 앞서 언급한 것처럼 다니엘 12장 9절은 요한계시록 5장에서 초림 사건

---

102 이 부분에 대해서는 12:6을 주해하면서 좀 더 자세하게 설명할 것이다.

으로 재해석되고 다니엘 12장 7절은 요한계시록 10장 5-7절에서 하나님의 비밀이 완성되는 예수님의 재림으로 재해석된다.

(3) 더 이상 기다림이 없다

더 나아가서 요한계시록 10장 6d절은 더 이상 기다림이 없을 것이라고 한다. 10장 6-7절의 이런 내용은 6장 10절에서 제기된 "언제?" 혹은 "얼마나 오랫동안 기다려야 하는가?"라는 질문에 대한 답변으로 간주할 수 있다.[103] 다니엘 12장에서도 이와 유사한 패턴이 주어진 것이다. 곧 다니엘 12장 7절은 12장 6절에서 제기된 "이 놀라운 일의 끝이 어느 때까지냐"라는 질문에 대한 응답으로 주어진다.[104] 동시에 다니엘 12장 8절에서 제기된 "이 모든 일의 결국이 어떠하겠나이까?"라는 질문에 대해 다니엘 12장 9절은 "이 말들은 감추어지고(κατακεκαλυμμένα, 카타케칼륌메나) 봉함되어져 있어야(ἐσφραγισμένα, 에스프라기스메나) 한다"라고 말함으로써 밝히기를 거부한다. 다니엘에게는 한 때 두 때 반 때의 기간이 필요했고 그동안 하나님의 계획은 감추어져 있겠지만, 요한에게는 더 이상의 기다림이 필요 없다. 이제 일곱째 천사가 나팔을 부는 재림의 때에 기다림의 시간은 끝날 것이다. 왜냐하면 하나님의 뜻이 온전히 이루어지는 종말이 왔기 때문이다.

10장 5-7절의 유대적 배경: 쿰란 문헌. 하나님의 종말적 계획이 다니엘에게 비밀로 남아 있다는 구약적 패턴은 쿰란 문서 중 하나인 1QpHab 7장 1-8절에도 잘 나타나 있다.[105]

> [1]그리고 하나님이 하박국에게 [2]마지막 세대[에게] [1]일어날 것을 기록하라고 말씀하셨다. [2]그러나 하나님은 그로 하여금 그 시대의 완성(consummation)을 알게 하지 않으셨다. [3](공백) 그리고 그가 말씀하신 것에 관하여: 합 2:2 "달려가면서도 읽을 수 있게 하라" [4]그것의 해석은 의의 교사와 관련된다. 하나님은 그에게 [5]그의 종들 곧 선지자들의 말들의 모든 비밀들을 [4]알게 하셨다. [5]합 2:3 ... [7]그것의 해석은 다음과 같다: 그 마지막 시대는 연장될 것이다. 그리고 [8]선지자들이 말한 [7]모든 것을 능가할 것이다. [8]왜냐하면 하나님의 비밀들은 경이로운 것들이기 때문이다(1QpHab 7:1-8)[106]

---

103 Bauckham, *The Climax of Prophecy*, 263.
104 앞의 책.
105 앞의 책, 262.
106 Florentino García Martínez and Eibert J.C. Tigchelaar, *The Dead Sea Scrolls Study Edition* (Leiden: Brill, 1999), 17. 영어와 우리말의 어순 차이로 인해 절과 절을 오가며 번역했다.

이 쿰란 문서는 하박국 2장 2-3a절을 해석한 것이다. 그 해석에 의하면, 하나님의 비밀이 하박국에게는 충분히 알려지지 않았지만 지금 쿰란의 "의의 교사"에게는 계시되었다. 그러나 이 자체가 마지막 시대가 아니라 선지자들이 말했던 모든 것을 능가하는 탁월한 상태를 기대한다. 왜냐하면 이 쿰란 문서는, 쿰란 공동체 자체의 상태를 이미 성취된 종말적 정황으로 이해하면서도 마지막에 완성되어 나타날 순간을 기다리고 있기 때문이다. 그러나 이처럼 봉함되어 비밀로 남겨졌던 하나님 나라의 도래에 대한 메시지가 그리스도의 처음 오심으로 열려짐으로써 요한계시록의 저자인 요한에게는 밝히 계시되었다. 요한은 이러한 성취의 정황에 대해 의심의 여지없이 확고한 입장을 견지할 뿐 아니라, 더 나아가서 예수님의 재림을 통해 그 계시가 완성되어 나타날 것이라고 밝힌다. 이러한 점에 있어서도 요한과 쿰란 공동체 사이에는 차이가 있다.

3) 선지적 부르심의 의식(10:8-11)

3-7절에서 "다른 힘센 천사"의 활동을 소개했던 요한은 이제 8-11절에서 요한 자신에게 주어지는 하나님의 말씀을 소개한다. 3-7절이 "다른 힘센 천사"를 통해 종말적 성취와 완성의 긴박성을 나타내 주고 있다면 8-11절은 그러한 내용을 선포하도록 요한이 부르심 받는 장면을 보여준다. 그러므로 8-11절을 살펴보는 데 있어서 3-7절과의 관계를 인식하는 것이 매우 중요하다.

구문 분석 및 번역

8절 a Καὶ ἡ φωνὴ ἣν ἤκουσα ἐκ τοῦ οὐρανοῦ πάλιν λαλοῦσαν μετ᾽ ἐμοῦ καὶ λέγουσαν·
그리고 하늘로부터 내가 들었던 그 음성이 다시 나와 함께 말했다

b ὕπαγε λάβε τὸ βιβλίον τὸ ἠνεῳγμένον ἐν τῇ χειρὶ τοῦ ἀγγέλου τοῦ ἑστῶτος ἐπὶ τῆς θαλάσσης καὶ ἐπὶ τῆς γῆς.
너는 가서 바다와 땅 위에 서 있는 천사의 손 안에 열려져 있는 그 책을 취하라

9절 a καὶ ἀπῆλθα πρὸς τὸν ἄγγελον λέγων αὐτῷ δοῦναί μοι τὸ βιβλαρίδιον.
그리고 나는 그 천사에게 가서 그 작은 책을 달라고 말했다

b καὶ λέγει μοι·
그리고 그가 나에게 말한다

c λάβε καὶ κατάφαγε αὐτό,
그것을 취하라 그리고 게걸스럽게 먹어라

d καὶ πικρανεῖ σου τὴν κοιλίαν,
그리고 그것이 너의 배를 쓰게 할 것이다

e ἀλλ᾽ ἐν τῷ στόματί σου ἔσται γλυκὺ ὡς μέλι.
그러나 너의 입에서 그것은 꿀처럼 달게 될 것이다

10절 a Καὶ ἔλαβον τὸ βιβλαρίδιον ἐκ τῆς χειρὸς τοῦ ἀγγέλου
그때 나는 그 천사의 손으로부터 그 작은 책을 취했다

b καὶ κατέφαγον αὐτό,
그리고 그것을 게걸스럽게 먹었다

c καὶ ἦν ἐν τῷ στόματί μου ὡς μέλι γλυκὺ
그때 그것은 나의 입에서 꿀처럼 달았다

d καὶ ὅτε ἔφαγον αὐτό, ἐπικράνθη ἡ κοιλία μου.
그리고 내가 그것을 먹었을 때, 나의 배가 쓰게 되었다

11절 a καὶ λέγουσίν μοι·
그리고 나는 들었다

b δεῖ σε πάλιν προφητεῦσαι
너는 다시 예언해야 한다

c ἐπὶ λαοῖς καὶ ἔθνεσιν καὶ γλώσσαις καὶ βασιλεῦσιν πολλοῖς.
많은 백성들과 나라들과 언어들과 왕들을 대적하여

11a절의 동사 '레구신'(λέγουσίν)은 3인칭 복수형으로서 "그들이 말했다"로 번역할 수 있는데, 여기서 "그들"이라는 주어의 등장이 갑작스럽다. 왜냐하면 이 문맥에서 "다른 힘센 천사"나 하늘로부터의 음성은 개별적으로 존재하는 것이지 어떤 복수의 그룹으로 존재하지 않기 때문이다. 여기에서 "그들"이 가리킬 수 있는 대상에 대해서는 두 가지로 해석해 볼 수 있다. 첫 번째 가능성은 이 복수형 주어를 앞서 등장하는 "다른 힘센 천사"와 "하늘로부터 음성"이라는 두 대상으로 특정하는 것인데(참고, 13:16; 16:15), 그렇게 해석할 경우 "하늘로부터의 음성"을 "다른 힘센 천사"와 결합시키는 것이 자연스럽지 못하다.[107] 두 번째 가능성은 이 복수형 주어를 "불특정한 진술의 복수형"(the plural of indefinite statement)으로 간주하는 것이다.[108] 이 경우에는 구약의 히브리어와 아람어 구문에서 종종 나타나는 숙어적 표현과 관련된다(단 4:13, 22, 23, 29; 5:20, 21; 7:12, 26 스 6:5).[109] 이 중에 후자가 더 타당하다고 여겨지는데, 그 이유는 이 문맥에서 어느 특정한 주어를 적시하기가 쉽지 않기 때문이다.

적지 않은 학자들이 이 특징을 반영하여 11a절의 '레구신'(λέγουσίν)을 "나는 들었다"(I was told)로 번역할 것을 제안하고,[110] 이 책에서도 이 번역을 채택했다. 그럼에도 불구하고 이 음성의 주체가 "신적"(divine) 특징을 가지고 있는 것만은 분명하다.[111] 이 진술의 불특정한 복수형 주어가 누구인지는 불분명하지만 이 문맥에서 하나를 정한다면, 요한을 하나님의 선지자로 부르는 주체를 "다른 힘센 천사"로 보기보다는 하늘로부터의 음성, 곧 하나님 혹은 그리스도로 보는 것이 더 적절하다고 할 수 있다.[112]

이상의 내용을 근거로 우리말 어순에 맞추어 번역하면 다음과 같다.

8a)   그리고 하늘로부터 내가 들었던 그 음성이 다시 나와 함께 말하였다.
8b)   "너는 가서 바다와 땅 위에 서 있는 천사의 손 안에 열려져 있는 그 책을 취하라."
9a)   그리고 나는 그 천사에게 가서 그 작은 책을 달라고 말했다.
9b)   그리고 그가 나에게 말한다:

---

107 Reddish, *Revelation*, 200.
108 Charles, *A Critical and Exegetical Commentary on the Revelation of St. John*, 1:269. 쾨스터는 이것을 "비인칭 복수"(impersonal plural)라 칭한다(Koester, *Revelation*, 483).
109 Charles, *A Critical and Exegetical Commentary on the Revelation of St. John*, 1:269. 쾨스터는 이 표현이 헬레니즘 시대의 헬라어에도 나타난다고 지적한다(Koester, *Revelation*, 483).
110 Koester, *Revelation*, 483; Smalley, *Revelation*, 268; Harrington, *Revelation*, 116.
111 Smalley, *Revelation*, 268.
112 Reddish, *Revelation*, 200.

9c)	"그것을 취하라 그리고 게걸스럽게 먹어라.
9d)	그리고 그것이 너의 배를 쓰게 할 것이다.
9e)	그러나 너의 입에서 그것은 꿀처럼 달게 될 것이다."
10a)	그때 나는 그 천사의 손으로부터 그 작은 책을 취했다.
10b)	그리고 그것을 게걸스럽게 먹었다.
10c)	그때 그것은 나의 입에서 꿀처럼 달았다.
10d)	그리고 내가 그것을 먹었을 때, 나의 배가 쓰게 되었다.
11a)	그리고 나는 들었다.
11b)	"너는
11c)	많은 백성들과 나라들과 언어들과 왕들을 대적하여[113]
11b)	다시 예언해야 한다."

본문 주해

[10:8] 책을 취하라

요한계시록 10장 8a절의 "하늘로부터 내가 들었던 그 음성"은 4절에서 이미 요한에게 들려진 바 있고, 그 음성의 주인공은 하나님 또는 예수님이실 수 있다. 당연히 이 음성은 "바다와 땅 위에 서 있는 천사"의 음성과도 구별된다. 10장 8b절은 이러한 8a절의 음성이 요한에게 다시 말하기를 다른 힘센 천사의 손 안에 "열려져 있는 그 책을 취하라"고 명령한다. 먼저 여기에서 언급되는 "책"(βιβλίον, 비블리온)은 앞서 언급된 "작은 책"(βιβλαρίδιον, 비블라리디온)을 가리킨다. 이것은 "책"과 "작은 책"이 서로 호환되어 사용되는 표현임을 분명하게 보여준다. 그리고 다른 힘센 천사의 손 안에 있는 책을 "취하라"(λάβε, 라베)λαμβάνω, 람바노)라는 명령형 동사는 요한계시록 5장 7절에서 사용된 "취하다"(εἴληφεν, 에일레펜)λαμβάνω, 람바노)와 동일한 동사다. 이처럼 동일한 동사가 사용됨으로써 이 두 정황이 서로 평행 관계를 갖게 된다.[114] 그러나 이 두 본문 사이에는 차이점도 존재한다. 5장 7절에서 어린 양은 "보좌에 앉아 계신 이"의 오른손으로부터 누구의 명령에 의한 것이 아닌 스스로 책을 취하신 반면, 10장 8절에서 요한은 다른 힘센 천사로부터 책을 취하도록 하늘로부터의 음성을 통해 명령을 받는다. 이러한 차이는 어린 양과 요한 사이에 존재하는 지위와 사역의 차이에서 발생한다. 그러나 요한이 어린 양의 사역을 계승한다는 점에서 그 차이는 고정적이지 않다. 곧 어린 양이 하나님의 구속 사역을 수행하는 역할을 감당한다면, 요한은 그러한 구속 사

---

113 이 번역에 대해서는 11bc절의 본문 주해를 참고하라.
114 스몰리도 이러한 평행 관계를 지지한다(Smalley, *The Revelation to John*, 267).

역을 선포하는 선지적 사명으로 부르심을 받는 것이다. 요한은 예수님에 의한
구속 사역의 성취를 선포하는 사역을 감당하며 그 사역은 완성이라는 지향점을
겨냥한다.

[10:9-10] 요한이 책을 받아서 먹다

9-11절은 요한이 "다른 힘센 천사"에게서 책을 받는 장면과 그 천사가 요한에게
주문하는 내용을 소개한다. 먼저 9-10절은 그 천사가 요한에게 첫 번째로 말하
는 내용을 기록하고 있다. 특별히 9a절의 "나"는 요한을 가리키고, 따라서 이 본
문이 요한 자신에 대해 서술하는 내용이라는 것을 알 수 있다. 본문 주해에 앞서
본문의 구약 배경을 먼저 살펴보고자 한다.

구약 배경(겔 2:8-3:3). 요한은 하늘로부터 들었던 음성대로 "다른 힘센 천사"에게
책을 달라고 한다(9a절). 이에 그 천사는 요한에게 책을 주면서 그 책을 먹으면
어떤 일이 일어날 것인지에 대해 설명한다(9bcde절). 그리고 요한이 그 책을 취해
서 먹었을 때 그 천사가 말했던 것과 똑같이 배에서는 쓰고 입에서는 달게 되는
현상이 발생한다(10절). 9-10절의 이러한 내용은 에스겔을 선지자로 "부르시는
의식"(calling ceremony)을 기록하고 있는 에스겔 2장 8절-3장 3절을 배경으로 사
용하는 것이 분명하다.[115] 비록 배에서 쓰게 되었다는 표현이 에스겔서 본문에서
직접적으로 언급되지는 않지만, 에스겔이 언급하는 내용들로 미루어 봤을 때 그
도 이미 이러한 쓴 것을 경험했다는 정황을 포착할 수 있다. 예를 들면, 에스겔
2장 10절은 에스겔이 먹은 책에 "애가와 애곡과 재앙의 말"이 기록되었다고 언
급하고, 그러한 말씀을 선포하는 것은 에스겔에게 고통을 야기한다(참고, 렘 15:16-
18).[116] 그래서인지 에스겔 3장 14절에서 에스겔은 "나의 영이 한창 쓴[מַר, 마르]
중에"(in bitterness in the heat of my spirit[ESV]; 개역개정 "내가 근심하고 분한 마음으로")라는 표현
을 사용한다.[117] 이러한 구약 배경으로 미루어 볼 때 요한은 에스겔처럼 선지적
메시지를 선포하도록 "신적이며 선지적인 임무"(divine and prophetic commission)를 위
임받고 있다.[118]

---

115 Roloff, *The Revelation of John*, 126.
116 Beasley-Murray, *The Book of Revelation*, 174.
117 Harrington, *Revelation*, 116.
118 Smalley, *The Revelation to John*, 267.

책을 먹다. 여기에서 요한이 책을 먹는 행위는 선지적 부르심의 과정에서 주어진 말씀을 "내재화하거나"(internalize) 자기의 것으로 만드는(appropriate) 과정을 보여준다고 할 수 있다.[119] 9c절과 10b절에서 먹는 행위를 표현하는 동사는 '카테파곤'(κατέφαγον〉κατεσθίω, 카테스디오)인데, 이 단어는 먹는 행위를 더욱 강조하는 "게걸스럽게 먹다"(eat up; consume, devour, swallow)라는 의미를 갖는다.[120] 에스겔 3장 3절에서는 먹는 행위를 표현할 때 단순히 먹는 행위를 의미하는 '에스디오'(ἐσθίω)라는 동사를 사용한다. 그에 반해 요한이 '카테스디오'(κατεσθίω)를 사용하는 것은 먹는 행위를 더욱 부각시키려는 의도를 갖는다. 이런 강조하려는 의도는 종말적 성취의 시대에 선지적 활동이 얼마나 치열할 수 있는가를 시사한다.

이 책을 요한이 먹는데 왜 배에서는 쓰고 입에서는 꿀처럼 달다고 했을까? 먼저 여기에서 흥미로운 것은 순서가 뒤바뀌었다는 것이다. 곧 음식을 먹는 순서를 생각해 보면 입으로 먹는 행위가 먼저 나오고 배에 대한 내용이 나중에 나와야 정상인데, 이 본문에서는 배에서 쓰다는 것이 먼저 언급되고(9d절) 입에서 달다는 것이 그 다음에 언급된다(9e절). 이러한 순서의 역전은 "뜻밖의 상황"을 통해 몰입도를 높이기 위한 강조의 성격을 갖는다.[121] 그 순서는 10bc절과 10d절에서 다시 교정되어 나타난다. 먼저 10bc절에서는 요한이 책을 먹었을 때 입에서 달게 되었다는 내용을 언급하고 10d절에서는 요한이 책을 먹었을 때 배에서 쓰게 되었다고 말한다. 그렇다면 입에서 달았다는 것과 배가 쓰게 되었다는 것의 의미는 무엇일까? 이에 대해서는 다음의 단락들을 통해 살펴보겠다.

입에서 달았다는 것의 의미. 에스겔서와 요한계시록 본문의 "책이 입에서 꿀처럼 달다"는 표현은 시편 19편 10절과 119편 103절을 떠올리게 한다.[122]

> 금 곧 많은 순금보다 더 사모할 것이며 꿀과 송이꿀보다 더 달도다(시 19:10)
> 주의 말씀의 맛이 내게 어찌 그리 단지요 내 입에 꿀보다 더 다니이다(시 119:103)

이러한 달콤한 맛은 바로 하나님의 말씀이 가진 "생명을 유지하게 하는 속성"(life-sustaining attribute)을 의미하며 이것은 선지자들로 하여금 사명을 잘 감당할

---

119 Fiorenza, *Revelation*, 76; Blount, *Revelation*, 199.
120 BDAG, 532.
121 Beasley-Murray, *The Book of Revelation*, 174.
122 Aune, *Revelation 6-16*, 572.

수 있게 하는 능력을 제공한다(참고, 신 8:3).[123] 또한 말씀의 이러한 단맛은 예레미야 15장 16절의 "만군의 하나님 여호와시여 나는 주의 이름으로 일컬음을 받는 자라 내가 주의 말씀을 얻어 먹었사오니 주의 말씀은 내게 기쁨과 내 마음의 즐거움이오나"라는 말씀처럼 "기쁨과 즐거움의 감정"을 나타내는 "은유"(metaphor)라고 할 수도 있다(참고, 집회서 49:1).[124] 이러한 하나님의 말씀은 시편 119편 107절의 "나의 고난이 매우 심하오니 여호와여 주의 말씀대로 나를 살아나게 하소서"의 경우처럼 그것을 읽고 묵상할 때 영혼이 소성케 됨을 경험하게 해 준다.[125]

배가 쓰게 되었다는 것의 의미. "배가 쓰게 되었다"는 표현의 의미는 선지자로서 말씀을 선포하는 요한의 입장과 그 말씀을 듣는 청중의 입장이라는 두 가지 방향에서 접근할 수 있다. 첫째, 말씀을 전하는 자들에게는 그들이 하나님 나라의 종말적 도래와 완성을 포함하는 말씀을 선포하고 행하려 할 때 핍박과 저항으로 인한 심적 고통이 필연적으로 발생하게 된다.[126] 에스겔과 똑같이 예언 사역으로 부르심을 입은 요한 자신에게 이러한 체험의 과정이 예상된다. 요한계시록에서 하나님의 메신저로서 대가를 지불하게 되는 구체적인 실례들로는 버가모 교회의 안디바(2:13)와 제단 아래 있는 순교자들(6:9-11)이 있다.[127]

둘째, 청중의 관점에서는 배가 쓰게 되는 것이 선지자의 메시지가 회개와 심판의 내용을 가지고 있다는 사실과 관련된다. 회개와 심판의 메시지는 배가 쓰게 되는 것처럼 듣는 자에게 불편함과 괴로움을 야기한다. 그러므로 이 선포의 말씀에는 거부와 저항이 수반되고 또한 이러한 거부와 저항은 전하는 자에게 핍박으로 다가오게 되어 있다(렘 15:15-16; 겔 3:7, 14).[128] 이러한 점에서 첫 번째 관점과 무관하지 않다. 이 책은 심판의 메시지이므로 하나님의 말씀을 받아들이지 않는 자는 필연적으로 심판 가운데 머물게 된다.[129]

---

123 Beale, *The Book of Revelation*, 550.
124 Aune, *Revelation 6-16*, 572. 오우니는 4Q418 Frag. 9:15의 "[그때 너는 사람에게 쓴 것이 무엇인지] 그리고 사람에게 달콤한 것이 무엇인지 [알 것이다]"라는 말을 인용하면서 이 본문이 "사람이 진리의 길과 악의 근원을 연구한 후에" 경험하게 될 것을 말한다고 설명한다(앞의 책, 572-573).
125 오우니는 3세기의 신학자인 페타우(Pettau)의 빅토리누스(Victorinus)의 계시록 해석을 언급하면서 빅토리누스가 계 10:10에서 요한이 책을 먹는 행위를 책을 "암기하는 것"으로 이해했다고 지적한다(Aune, *Revelation 6-16*, 573).
126 Reddish, *Revelation*, 199.
127 앞의 책.
128 Koester, *Revelation*, 493.
129 Reddish, *Revelation*, 200.

정리. 요한은 책을 게걸스럽게 먹도록 요청받자 즉시 순종하여 실천한다. 그러자 그의 입에서는 달지만 배는 쓰게 되는 경험을 하게 된다. 이것은 하나님 말씀을 선포하는 자가 선지자로서 겪게 될 필연적인 과정이고 현상이다. 곧 말씀으로 말미암아 경험되는 기쁨과 감동의 경험뿐 아니라 청중히 가하는 저항과 핍박도 겪어야 하는 것이 말씀 선포자의 숙명이다.

[10:11] 예언하여야 한다

선지자로 부르시는 의식에 이어지는 11절에서 요한은 선지자로서 예언 사역으로 부르심을 받는다. 11a절은 힘센 천사가 요한에게 말하는 행위를 소개하고 11b절에서는 그 천사가 말하는 내용이 나오는데, 그 중에서도 "다시 예언해야 한다"라는 문구를 눈여겨 볼 필요가 있다.

다시(πάλιν, 11b절). 11b절에서 "다시"(πάλιν, 팔린)라고 말하는 것은 2–3장에 소개된 요한의 선지적 메시지를 의식하고 있는 것이다.[130] 비록 요한이 이런 식으로 예언 행위에 대한 명령을 직접적으로 받은 적은 없지만, 1장 19절에서 일곱 교회에 대한 선지적 메시지를 기록하라는 명령이 주어진 것은 예언의 사역을 감당하라는 명령과 다르지 않으며, 이어서 기록된 2–3장은 "부활하신 그리스도께서 선지적 영(prophetic Spirit)을 통하여 말씀하시는 선지적 신탁(prophetic oracles)"으로서 그야말로 요한이 일곱 교회를 향해 선포하는 예언 사역의 정수라 할 수 있다.[131] 곧 요한은 2–3장에서 예언 사역을 했던 것처럼 10장 11절에서도 "다시 예언해야 한다"는 부르심을 받는다. 2–3장에서는 예언 사역의 대상이 교회 공동체였다면 10장 11절에서는 많은 백성들과 나라들과 언어들과 왕들을 대상으로 예언해야 한다. 한편, "다시"에 대한 또 다른 해석의 가능성이 있다. 그것은 바로 이 본문이 에스겔을 예언 사역으로 부르시는 장면을 소개하는 에스겔 3장 1–3절을 배경으로 주어졌기 때문에 요한이 마땅히 감당해야 하는 예언 사역은 에스겔에 이어 또 다시 주어지는 사명이라는 것이다.[132] 이러한 관계에 의해 "다시"라는 단어는 에스겔과 같은 구약 선지자들의 예언 사역을 성취와 완성의 관점에서 "강화"(reinforce)하고 "새롭게 한다"(renew)는 의미를 갖게 된다.[133]

---

130 Bauckham, *The Book of Revelation*, 266.
131 앞의 책.
132 Harrington, *Revelation*, 117.
133 Reddish, *Revelation*, 200.

예언해야 한다: 신적 당위성(11b절). 또한 요한계시록 10장 11b절의 "너는 … 예언해야 한다"(δεῖ σε … προφητεῦσαι, 데이 세 … 프로페튜사이)라는 문구에서는 신적 당위성을 나타내는 '데이'(δεῖ, 해야만 한다)라는 단어가 사용된다. 이와 동일한 단어가 요한계시록 1장 1절에서도 사용되었는데, 1장 1절에서는 '데이'가 하나님의 신적 계획의 필연적 실현에 대한 당위성을 말하고 있다면, 10장 11b절에서는 그러한 신적 계획의 역사를 필연적으로 선포해야 하는 당위성을 나타내고 있다(참고, 암 3:8; 렘 4:19; 시빌의 신탁 3.162-164; 고전 9:16-17 등). [134] 앞서 언급한 참고 본문들 중에서 이러한 예언 사역의 신적 당위성을 가장 잘 나타내 주는 본문은 바로 아모스 3장 8절이다.

> 사자가 부르짖은즉 누가 두려워하지 아니하겠느냐 주 여호와께서 말씀
> 하신즉 누가 예언하지 아니하겠느냐(암 3:8)

이 본문은 하나님이 말씀하시는 것이 선지자들의 예언 사역을 통해 필연적으로 이 땅에 선포되어야 한다는 사실을 명백하게 말씀하고 있다. 요한계시록 5장에서 어린 양의 사역을 통해 하나님의 말씀이 성취된 것이라면, 10장에서 하늘로부터 내려온 다른 힘센 천사가 손에 들고 있는 열려져 있는 책을 요한이 받아 먹게 된 것은 그 성취된 말씀이 선포되어야 함을 시사한다. 그리고 "예언해야 한다"는 말씀으로 이 당위성을 확증한다.

따라서 요한에게 부여되는 예언의 사명은 반드시 이루어져야 하는 종말적 에덴 회복 사건과 관련된다. 완전하신 하나님의 종말적 에덴 회복이 필연적으로 이루어져야 하는 것처럼 그것을 온 세상의 모든 자들에게 선포해야 하는 일도 필연적으로 일어나야 한다. 후자가 없으면 전자의 필연성은 무효화될 수 있다. 이러한 점에서 요한의 예언 사역은 큰 중요성을 갖는다. 요한이 하나님 나라의 종말적 도래를 암시하는 열려진 책을 먹음으로 그 하나님 나라를 선포하도록 부르심 받은 것은 바로 이러한 맥락에서 이해되어야 한다. 이처럼 하나님 나라는 반드시 선포되어야 하는 것이다. 요한에게 부여된 이러한 예언 사역은 바로 교회 공동체가 감당해야 하는 부르심의 전형으로 간주될 수 있다. 그러므로 교회 공동체의 예언 사역을 기록하는 요한계시록 11장은 10장의 연속으로 이해될 수 있다. [135]

---

134 Smalley, *The Revelation to John*, 268.
135 Bauckham, *The Climax of Prophecy*, 265.

심판과 구원의 메시지(11bc절). 끝으로 11c절에서 요한의 예언 대상이 누구인지를 도입하는 전치사 '에피' 역시 에스겔서에서 예언의 대상을 표현할 때 사용되는 문구를 배경으로 한다. 에스겔서의 예언 대상은 기본적으로 범죄한 이스라엘 백성들이었지만, 여러 나라들과(겔 25:2-3; 27:2-3; 28:21-22; 29:2-3; 35:2-3) 그들의 왕들에게(28:2; 29:2-3; 31:2; 32:2) 예언하라는 명령도 주어진다.[136] 요한계시록 10장 11c절의 전치사 '에피'는 에스겔서에서 예언의 대상을 지칭할 때 자주 사용되는 히브리어 전치사 '알'(עַל)을 번역한 것으로서, 여격과 함께 사용될 때 "...에 대적하여"(against)라는 의미를 갖는다.[137]. 더 나아가서 '프로페튜오 에피'(προφητεύω ἐπί)라는 문구는 70인역 예레미야서에서 7회, 아모스서에서 2회, 에스겔서에서 19회 사용되는데, 일관성 있게 "범죄한 이스라엘 혹은 어떤 다른 나라들을 대적하는(against)" 말씀 사역과 관련된다.[138] 따라서 요한계시록 10장 11bc절의 '프로페튜사이 에피'(προφητεῦσαι ἐπί)는 "...을 대적하여 예언하다"로 번역할 수 있다.

11bc절의 "...을 대적하여 예언하다"(προφητεῦσαι ἐπί, 프로페튜사이 에피)라는 표현은 에스겔서에서 예언을 명령하기 위해 자주 사용되는 '히나베 알'(הִנָּבֵא עַל) 또는 '히나베 엘'(הִנָּבֵא אֶל)에 대한 70인역의 번역어 '프로페튜손 에피'(προφήτευσον ἐπί)의 형태를 따른다.[139] 70인역 에스겔서에서 '프로페튜손 에피'(προφήτευσον ἐπί)는 "...을 대적하여 예언하라"(겔 6:2; 11:4; 13:2, 17; 21:2; 25:2; 28:21; 29:2; 34:2; 35:2; 38:2; 39:1), "...에게 예언하라"(겔 36:1; 37:4, 9), "...에 관하여 예언하라"(겔 36:6) 등의 의미로 사용되고, 예언의 대상 없이 그냥 "예언하라"라는 의미로 사용될 때는 '에피' 없이 '프로페튜손'만 사용되기도 한다(겔 21:14, 19, 33; 30:2; 36:3; 37:12; 38:14).

이상에서 살펴본 내용으로 미루어 볼 때, 요한의 예언 사역은 일차적으로 범죄한 세상을 대적하여 심판을 선포하는 성격을 갖는다. 그러나 요한계시록에서 예언 사역의 특징은 에스겔서의 경우처럼 단순히 심판 그 자체를 선포하는 것에서 멈추지 않는다. 그것은 결국 회개를 이끌어 내도록 되어 있다. 따라서 요한의 예언 사역은 당연히 세상 나라가 하나님의 나라가 되게 하려는 목적을 가지고 있다. 이것을 고려하면, 요한의 예언 사역을 부정적 의미로만 보는 것은 적절치

---

136 앞의 책, 264.

137 Aune, *Revelation 6-16*, 574. 루-나이다(Louw-Nida)에 의하면 이런 경우에 '에피'는 "법적인 정황이나 법적인 것에 준하는 정황에서의 반대 표시—대적하여"를 의미한다(L&N 1:802).

138 Beale, *The Book of Revelation*, 554. 오우니(Aune, *Revelation 6-16*, 574)와 스몰리(Smalley, *Revelation*, 268)도 이러한 주장을 지지한다. 그러나 쾨스터는 '에피'(ἐπί)를 긍정적으로 간주하여 "...에 대하여" 혹은 "... 에게"라는 번역을 채택한다(Koester, *Revelation*, 483).

139 Bauckham, *The Climax of Prophecy*, 265.

않다.[140] 실제로 요한계시록 7장 9절에서는 "모든 나라와 족속들과 백성들과 언어들"로부터 나오는 셀 수 없는 큰 무리가 하늘 성전에서 하나님과 어린 양을 찬양하고, 15장 4절에서는 모든 나라들이 하나님 앞에 예배를 드리며, 21장 24절에서는 나라들이 새예루살렘 가운데로 다니게 된다.

많은 백성들과 나라들과 언어들과 왕들(11c절). 요한계시록 10장 11c절은 요한이 예언할 대상을 "많은 백성들과 나라들와 언어들과 왕들"로 언급하는데, 이것은 에스겔서에서 자주 사용되는 "많은 백성들"(עַמִּים רַבִּים, 아밈 라빔; λαοὺς πολλούς, 라우스 폴루스; 겔 3:6, 27, 33; 32:3, 9; 32:10; 38:6, 22)이, 다니엘 7장 14절에서 "모든 백성(πάντα τὰ ἔθνη, 판타 타 에드네)과 나라들과 다른 언어를 말하는 모든 자들"로 좀 더 구체적으로 표현되고, 요한계시록의 이 본문에서 "왕들"을 덧붙여 표현한 것이다.[141] 이러한 사실에 의해 요한계시록의 이 표현이 에스겔서와 다니엘서의 조합으로 이루어진 것임을 알 수 있다. 특별히 에스겔서의 "많은"(πολύς, 폴뤼스)이란 표현과 다니엘서의 "모든"(πᾶς, 파스)이란 표현은 서로 다르지 않고 같은 의미로 사용된다는 것을 알 수 있다.[142]

10장 11절은 "많은 백성들과 나라들과 언어들과 왕들"이란 문구에 담긴 의미의 분기점을 이룬다.[143] 10장 11절 이전까지는 이 문구가 모든 나라들로부터 부름 받은 교회 공동체의 우주적 특징을 가리키는 데 사용된 반면(계 5:9; 7:9), 10장 11절부터는 교회 공동체가 아닌 짐승이나 세상에 속한 자들을 지칭하거나 예언의 대상인 세상 나라들을 묘사하는 데 사용된다(계 11:9; 13:7; 14:6; 17:15).[144] 바로 그들이 교회 공동체가 책의 말씀을 선포해야 하는 대상이 되고 있는 것이다. 특별히 이 문맥에서 이런 변화가 생긴 이유는 10장 11절에서 요한에게 세상을 향한 예언 사역의 당위성을 감당하도록 촉구하고 그러한 예언 사역이 11장에서 교회 공동체에게 전가되도록 의도하고 있기 때문이다.[145] 곧 교회 공동체는 "책"을 씹어서 삼킨 요한의 예언 사역, 즉 고난의 증거 사역을 계승한다. 이 사실은 11장의 두 증인 이야기에서 매우 자세하게 나타난다. 이러한 관계로 볼 때, 요한이

---

140 Koester, *Revelation*, 483.
141 Bauckham, *The Climax of Prophecy*, 264.
142 앞의 책.
143 앞의 책, 265.
144 앞의 책.
145 앞의 책.

예언 사역으로 부르심 받는 것은 교회 공동체가 따라가야 하는 하나의 모델을 제공하는 것이라 볼 수 있다.[146]

요한계시록 10장 11c절의 헬라어 본문에서는 "많은"(πολλοῖς, 폴로이스)πολύς, 폴뤼스)이란 형용사가 문장의 마지막에서 단 한 번만 사용되지만 이 형용사는 그 앞에 열거된 "백성들과 나라들과 언어들과 왕들" 모두에게 적용된다. 이러한 패턴은 요한계시록 7장 9절에서도 동일하게 나타난다. 그리고 "많은 백성"이란 문구는 에스겔 3장 6 절 등에서 사용된 "많은 백성"(עַמִּים רַבִּים, 아밈 라빔; λαοὺς πολλούς, 라우스 폴루스)을 배경으로 한다. 그러나 10장 11c절의 "많은 백성들과 나라들과 언어들과 왕들"에서 "많은"이란 단어가 사용된 것은 요한계시록에서 이러한 패턴으로 사용된 다른 문구들(5:9; 13:7; 14:6; 17:15)과 차이를 보인다. 곧 비슷한 패턴을 가진 다른 문구들에서는 순서의 차이가 있기는 하지만 "모든 족속과 언어와 백성과 나라들"이라고 표현된다. 그리고 10장 11c절의 문구는 다른 요한계시록 본문에서 사용된 유사한 패턴의 문구와 비교해 보았을 때, "족속들"이라는 단어 대신 "많은 왕들에게"(βασιλεῦσιν πολλοῖς, 바실류신 폴로이스)라는 단어를 사용한다. 왜 이러한 문형의 변화가 생겼을까? 그것은 요한이 다니엘 7장을 배경으로 자신이 의도한 주제를 부각시키려는 목적을 가지고 있기 때문이다. 다니엘 7장의 주제는 "모든 백성과 나라들과 다른 언어를 말하는 모든 자들"에 대한 주권이 짐승을 대표하는 세상의 제국들로부터 왕적 통치권을 가진 "인자 같은 이"(단 7:13-14), 곧 "지극히 높으신 이"의 "성도들"(7:18, 22)에게 옮겨지는 것이라고 할 수 있다.[147] 즉, 다니엘 7장은 왕적 지위의 쟁탈전이 펼쳐지는 정황인데, 이러한 구약 배경으로 인하여 요한이 10장 11c절에서 "왕들"이란 단어를 삽입한 것이라 볼 수 있다. 결국 하나님의 관점에서 볼 때 예언 사역은 세상을 향한 하나님의 통치를 회복하는 사역이요, 교회 공동체의 입장에서 볼 때 그것은 왕적 지위를 회복하고 발휘하는 사역이라고 볼 수 있다. 이 두 가지는 모두 에덴 회복의 목적과 정확하게 일치한다.

정리. 요한은 "다른 힘센 천사"의 손에 있는 열려져 있는 작은 책을 먹으라는 명령을 받는다. 이 작은 책의 존재는 5장과의 관련성을 전제한다. 곧 어린 양의 사역으로 결실을 맺은 종말적 하나님의 나라가 도래하는 것을 고난을 무릅쓰고 선

---

146 앞의 책, 266.
147 앞의 책, 265.

포하도록 부르심을 받고 있는 것이다. 그것은 선지적 전통을 이어받는 예언 사역이다. 이 예언 사역은 선택의 문제가 아니라 하나님의 계획 속에서 반드시 실행되어야 하는 필연적 당위성을 갖는다.

[10장 전체 정리]

10장은 11장 1-14절과 함께 여섯 번째와 일곱 번째 나팔 심판 사이에 삽입된 부분으로서 11장 15-19절에 대한 서론적 기능을 한다. 이러한 서론적 기능은 일곱 번째 나팔 심판에서 비밀의 완성이 이루어질 것을 알려 주는 것이며, 또한 열려져 있는 책이 상징하는 하나님 나라의 비밀의 성취가 예언 사역을 통해 반드시 선포되어야 한다는 것을 알려 주는 것이다. 이러한 예언 사역의 선행 주자로서 요한이 등장하고, 이러한 요한의 등장은 교회 공동체가 예언 사역에서 수행해야 할 역할을 예고한다.

2. 삽입 2: 성전을 측량하라(11:1-2)

11장 1-2절에 대한 해석은 여러 입장으로 나뉘어 있다. 이 여러 해석 중에는 양극단을 이루는 두 입장이 있는데, 하나는 이 내용을 예수님의 재림 직전에 있는 환난의 시기로 규정하는 세대주의자들의 입장이고, 다른 하나는 이것을 예루살렘 성전의 파괴 과정으로 해석하는 과거주의자들(Preterists)의 입장이다.[148] 이처럼 해석이 극명하게 갈리는 본문을 올바르게 해석하기 위해서는 보다 정밀한 주해 작업이 필요하다.

구문 분석 및 번역

1절 a Καὶ ἐδόθη μοι κάλαμος ὅμοιος ῥάβδῳ, λέγων·
그리고 막대기 같은 갈대가 나에게 주어지며 말한다

  b ἔγειρε
너는 일어나라

  c καὶ μέτρησον τὸν ναὸν τοῦ θεοῦ καὶ τὸ θυσιαστήριον καὶ τοὺς προσκυνοῦντας ἐν αὐτῷ.
그리고 하나님의 성전과 그 제단과 그것(제단)에서 예배하는 자들을 측량하라

2절 a καὶ τὴν αὐλὴν τὴν ἔξωθεν τοῦ ναοῦ ἔκβαλε ἔξωθεν
그리고 너는 성전의 바깥 마당을 밖으로 던져버리라

  b καὶ μὴ αὐτὴν μετρήσῃς,
그리고 그것을 측량하지 말라

  c ὅτι ἐδόθη τοῖς ἔθνεσιν,
왜냐하면 그것은 이방인들에게 주어졌기 때문이다

  d καὶ τὴν πόλιν τὴν ἁγίαν πατήσουσιν μῆνας τεσσεράκοντα [καὶ] δύο.
그리고 그들이 그 거룩한 도시를 마흔 [그리고] 두 달 동안 짓밟을 것이기 때문이다

1c절 마지막의 '엔 아우토'(ἐν αὐτῷ)는 "성전 안에서"로 번역하기보다는 직전에 언급된 "제단"(τὸ θυσιαστήριον, 토 뛰시아스테리온)을 이어받는 것으로 간주하여 "제단에서 혹은 제단 가까이에서"(at or near the altar)로 번역하는 것이 적절하다.[149] 이러한 번역은 전치사 '엔'(ἐν)의 사전적 의미에 "... 안에"(in)라는 의미뿐 아니라 "...에서"(at) 혹은 "가까이에서"(near)라는 의미도 포함된다는 점에서 가능하다.[150] 이와

---

148 이 본문에 대한 세대주의자(dispensationalist)와 과거주의자(preterist)의 해석과 관련된 다양한 견해에 대해서는 Beale, *The Book of Revelation*, 557 이하를 참고하라. 이 책에서는 그러한 다양한 입장을 소개하는 것이 목적이 아니므로 자세한 논의는 생략한다.
149 Beckwith, *The Apocalypse of John*, 598.
150 BDAG, 326(1c). 영어 번역본들(NRSV, ESV, NKJV)이 이 문구를 "거기"(there)로 번역한 것은 이런 맥락에서 이해될 수 있다.

같은 맥락에서 마태복음 6장 5절의 '엔 타이스 쉬나고가이스 카이 엔 타이스 고니아이스 톤 플라테이온'(ἐν ταῖς συναγωγαῖς καὶ ἐν ταῖς γωνίαις τῶν πλατειῶν, 회당에서와 큰길 어귀에서)의 '엔'도 "... 안에서"가 아니라 "에서"로 번역되고, 누가복음 13장 4절의 '엔 토 실로암'(ἐν τῷ Σιλωάμ, 실로암에서)에서도 '엔'이 "에서"로 번역된다.[151] 또한 로마서 8장 34절의 '엔 덱시아 투 데우'(ἐν δεξιᾷ τοῦ θεοῦ, 하나님의 오른편에)와 에베소서 1장 20절의 '엔 덱시아 아우투'(ἐν δεξιᾷ αὐτοῦ, 그의 오른편에)에서도 전치사 '엔'은 "...에"라는 의미를 갖는다.[152] 이러한 사실들을 반영해서 1c절의 '엔 아우토'(ἐν αὐτῷ)를 "그것(제단)에서"로 번역했다.

　　2절의 중요한 구문적 특징은 2a절과 2b절이 평행 관계라는 점이다. 2b절에서 측량하지 말도록 명령받는 대상인 "그것"은 2a절의 "성전의 바깥 마당"을 가리킨다. 이에 대해서는 본문 주해에서 자세하게 설명하겠다. 2c절은 "왜냐하면"으로 시작하는 종속절로서 단순히 2b절에 대한 이유만을 제시하는 것이 아니라 2b절과 평행 관계를 갖는 2a절에 대한 이유도 제시한다. 그러므로 2c절의 종속절이 2ab절에도 연결됨을 기억할 필요가 있다. 특별히 2a절에서는 '엑소덴'(ἔξωθεν)이란 단어가 두 번 반복해서 사용되는데, 한 번은 "바깥 마당"이란 문구에서 사용되고 다른 한 번은 던지는 행위와 함께 "밖으로"라는 부사로 사용된다. 이러한 이중적 사용은 던져버려야 하는 대상을 더욱 강조하려는 의도를 드러낸다. 그리고 BDAG는 2a절의 '에크발레 엑소덴'(ἔκβαλε ἔξωθεν)이란 문구의 사전적 의미를 "무시하다"(disregard) 혹은 "배제시키다"(leave out)라는 의미로 규정한다.[153] 그러나 이 문구가 다니엘 8장 11절의 '후쉬라크'(הֻשְׁלַךְ)를 반영한다는 점을 고려했을 때, "던지다"의 명령형인 "던져버리라"로 번역하는 것이 적절하다.[154]

　　이상의 내용을 근거로 우리말 어순에 맞추어 번역하면 다음과 같다.

1a)	그리고 막대기 같은 갈대가 나에게 주어지며 말한다:
1b)	"너는 일어나라.
1c)	그리고 하나님의 성전과 그 제단과 그것(제단)에서 예배하는 자들을 측량하라.
2a)	그리고 너는 성전의 바깥 마당을 밖으로 던져버리라.
2b)	그리고 그것을 측량하지 말라."
2c)	왜냐하면 그것은 이방인들에게 주어졌고
2d)	그들은 그 거룩한 도시를 마흔두 달 동안 짓밟을 것이기 때문이다.

151　Beckwith, *The Apocalypse of John*, 598.
152　앞의 책.
153　BDAG, 299.
154　단 8:11과의 관계에 대해서는 11:2의 본문 주해에서 이 주제를 다룰 때 좀 더 자세하게 설명하도록 하겠다.

본문 주해

1) 측량하라(11:1)

1절과 2절은 각각 "측량하라"는 명령과 "측량하지 말라"는 명령을 가지고 있어 서로 대조적인 상황을 소개하고 있다. 먼저 1절을 살펴보면 다음과 같다.

막대기 같은 갈대(1a절). 1절은 "나에게 주어졌다"(ἐδόθη μοι, 에도데 모이)라는 말로 시작한다. 이 문구의 '에도데'(ἐδόθη, 주어졌다)는 신적 수동태로서, 이와 동일한 형태의 동사가 요한계시록의 다른 본문에서도 사용된다(계 6:2, 4, 8, 11; 7:2; 8:3; 9:1-21).[155] 오즈번은, 요한이 이런 신적 수동태를 사용함으로써, 하나님의 주권에 의해 작용되는 "신적 추동력"(divine impetus)을 강조하고 있음을 적절하게 지적한다.[156] 11장 1a절에서 요한에게 주어진 것은 "막대기 같은 갈대"(κάλαμος ὅμοιος ῥάβδῳ, 칼라모스 호모이오스 라브도)이다. 먼저 이 장면은 에스겔 40장 3절과 40장 5절을 배경으로 한다.[157] 이 두 본문에서 '케네 하미다'(קְנֵה הַמִּדָּה, 측량의 갈대)라는 문구가 동일하게 사용되는데, 70역은 40장 3절에서는 '칼라모스 메트루'(κάλαμος μέτρου, 측량의 갈대)로 번역하는 반면[158] 40장 5절에서는 '칼라모스, 토 메트론'(κάλαμος, τὸ μέτρον, 갈대, 측량)으로 번역한다. 전자는 히브리어의 "측량"(הַמִּדָּה, 하미다)이란 단어를 연계형으로 간주하여 소유격으로 번역한 것이고 후자는 두 개의 히브리어 단어를 동격으로 간주하여 번역한 것이다. 여기에서 분명한 것은 측량의 도구로 "갈대"가 사용된다는 점이며, 이 단어를 사용함으로써 에스겔 40-42장에 나타나는 성전 측량의 정황을 상기시키는 효과를 낸다는 점이다. 흥미로운 것은 에스겔 40-42장에서 성전 측량은 하나님의 백성에 대한 "하나님의 소유권과 보호"의 의미를 나타내는데, 이러한 의미를 요한계시록 본문에도 적용할 수 있다는 점이다.[159]

이 "갈대"는 "막대기"(ῥάβδος, 라브도스)에 비유된다. 이 단어는 사전적으로 "비교적 가느다란 나무 조각"을 가리키면서 "지팡이"(rod, staff)나 "막대기"(stick)를 의미하며, 특별히 "목자의 지팡이"(미 7:14), "여행자의 지팡이"(마 10:10; 막 6:8; 눅 9:3),

---

155 Osborne, *Revelation*, 409.
156 앞의 책.
157 Boxall, *Revelation of St. John*, 160.
158 이 두 명사의 병치는 히브리어의 "연계형"(construct chain)을 구성하는 관계라고 할 수 있다(T. O. Lambdin, *Introduction to Biblical Hebrew* [New York, NY: Charles Scribner's Sons, 1971], 67).
159 Osborne, *Revelation*, 409. 블라운트는 여기에 덧붙여서, 슥 2:1-5에도 측량의 행위가 기록되어 있는데 그곳에서도 측량의 행위가 "하나님의 보호"를 상징한다는 사실을 지적한다(Blount, *Revelation*, 202).

또는 "통치자의 규(scepter)"(시 44:7; 히 1:8)를 가리킬 때 사용된다.[160] 오즈번은 '라브도스'가 약 10피트 4인치(약 315cm) 정도의 길이를 가진 막대기로서 고대 사회에서 주로 길이를 재는 자로 사용되었다고 주장하는데[161] 이것은 앞서 언급한 사전적 의미와는 다소 모순된다. 왜냐하면 '라브도스'가 목자의 지팡이나 여행자의 지팡이나 통치자의 규를 가리키는 것이라면 315cm만큼 길 수 없기 때문이다. 도리어 이 단어를 "사람의 키보다 약간 작은" 정도의 길이로서 "목자들이나 여행자들"이 사용한 지팡이를 가리키는 것으로 간주하는 쾨스터의 주장이 사전적 의미와 더 조화를 이룬다.[162] 그렇다면 왜 측정 도구인 갈대를 막대기에 비유하고 있을까? 먼저 요한은 측정 도구로서의 갈대를 막대기에 비유함으로써 막대기가 지닌 신학적 의미를 갈대에 부여하고 있다.[163] 요한계시록에서 막대기는 이기는 자에게 주어지는 만국을 다스리는 종말적 약속이며(2:27) 그리스도의 통치권을 나타내 주는 것으로 사용된다(12:5; 19:15).[164] 이러한 맥락으로 볼 때, "막대기 같은 갈대"로 측량한다는 것은 그 행위가 왕적 행위임을 시사한다. 특히 이렇게 왕적 통치 개념을 갖는 측정 도구인 갈대가 요한에게 주어지는 것을 직전 문맥인 10장 8-11절과 관련시켜 해석해 보면, 요한이 부르심 받은 예언 사역이 왕적 통치라는 개념으로 이해되고 있음을 알 수 있다.

일어나라 측량하라(1bc절). 1bc절은 "일어나라 그리고 측량하라"라는 문장으로 시작한다. 먼저 "일어나라"는 명령은 어떤 행위의 결의에 찬 시작을 알려 주고 있다. 구약에서 일반적으로 일종의 "상징적 선지적 행위"로 등장하는 측량 행위는[165] 심판을 위한 "파괴에 대한 은유"로 나타나는 동시에(삼하 8:2a; 왕하 21:13; 암 7:7-9; 사 34:11; 애 2:8) "보호하심에 대한 은유"로 사용되기도 한다(삼하 8:2b; 사 28:16-17; 렘 31:38-40; 겔 29:6; 40:1-6; 42:20; 슥 2:5).[166] 이러한 용례 중 요한계시록 11장 1절과 관련되는 것은 "보호하심에 대한 은유"라고 할 수 있고, 특별히 에스겔 40-42장과 스가랴 2장 1-5절이 이러한 관련성을 잘 보여준다. 먼저 에스겔 40-42장의 "성전 측량"은 이스라엘을 향한 심판으로 초래된 성전 파괴를 반전시키기 위해 이

---

160 BDAG, 902.
161 Osborne, *Revelation*, 409.
162 Koester, *Revelation*, 483.
163 Blount, *Revelation*, 202.
164 앞의 책, 203.
165 Aune, *Revelation 6-16*, 603.
166 앞의 책, 604.

스라엘을 위한 새 성전을 건축하시겠다는 하나님의 확고한 의지를 보여줄 뿐 아니라 지속적인 하나님의 임재를 통하여 성전과 예루살렘 거민들을 보호하시겠다는 계획도 포함한다.[167] 또한 스가랴 2장 1-5절에서 측량줄을 가진 사람이 예루살렘을 측량하는 것은 하나님의 보호를 나타낼 뿐 아니라 "하나님의 소유권"을 나타내기도 한다.[168]

이러한 에스겔서와 스가랴서의 의미를 요한계시록에 적용하면, 1c절의 "측량하라"는 명령은 그 측량 대상을 구속을 통하여 세우고 보호하시겠다는 하나님의 의지를 나타내는 것이다. 이러한 점에서 이 본문의 측량 행위는 요한계시록 7장 3-8절이 보여주는 하나님의 인치심과 같은 의미를 갖는다고 할 수 있다.[169]

그렇다면 그 측량 대상인 "하나님의 성전과 그 제단과 그것(제단)에서 예배하는 자들"(1c절)은 무엇을 의미하는가? 이것을 성전과 마당, 그 제단, 그것(제단)에서 예배하는 자들로 구분해서 살펴보도록 하겠다.

성전과 마당. 성전과 마당에 대한 내용은 아래의 그림을 근거로 전개해 나가도록 하겠다.[170]

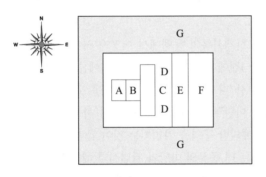

A 지성소
B 성소
C 제단
D 제사장들의 마당
E 이스라엘의 마당
F 여인들의 마당
G 이방인들의 마당

신약 성경에서 성전을 의미하는 단어로는 '나오스'(ναός)와 '히에론'(ιερόν)이 있다. 신약의 복음서에서 '나오스'는 성전의 "실제 건물"(actual house)을 의미하고(마 27:51; 막 15:38; 눅 23:45), '히에론'은 "성전 전체"(the whole temple)를 의미하거나(마 12:6; 21:12)[171] 성전을 "일반적으로" 일컬을 때 사용된다(행 24:6; 25:8)[172]. 곧 '나오스'의 경

167 Beale, *The Book of Revelation*, 559.
168 Osborne, *Revelation*, 409.
169 Beale, *The Book of Revelation*, 560.
170 이 그림은 Reddish, *Revelation*, 208의 그림을 참고해서 만들었다.
171 *TDNT* 4:885.
172 *TDNT* 3:235.

우는 성소, 지성소, 제사장들의 마당, 이스라엘의 마당, 여인들의 마당 등을 구체적으로 언급할 때 사용되고 '히에론'은 '나오스'가 의미하는 것에 덧붙여서, 요한계시록 11장 2절에서 "성전의 바깥 마당"이라고 표현되는 구역도 포함한다(참고, 11QTemple 38:1-40:15).[173] 그러나 이런 구별은 절대적이지 않다. 때로는 혼용되기도 하고 다양한 의미로 사용되기도 하기 때문이다.

예를 들면, 마태복음 26장 61절에서는 '나오스'가 성전에 대한 일반적 명칭으로 사용되고, 마태복음 27장 5절에서는 가룟 유다가 '나오스'에 은을 집어 넣었다고 하는데, 이 경우에는 '나오스'가 제사장에게 한정된 "제사장들의 마당"까지를 일컬어 표현하는 것으로 간주할 수 있다.[174] 이것은 제사장이 아닌 가룟 유다가 제사장 구역에 들어갈 수 없어서 그 밖에서 벽 너머의 제사장들에게 은을 던졌거나 문을 통해서 넣었을 것이라는 정황으로 추론할 수 있다.[175] 이러한 정황에 근거한다면 '나오스'가 제사장만 출입하도록 허락되는 제사장들의 마당까지만 포함한다고 간주할 수도 있다.[176] 이렇게 '나오스'가 지칭하는 범위가 정확하지 않기 때문에 '나오스'와 '히에론'을 너무 엄격하게 구분하기보다는 두 단어가 지칭할 수 있는 범위가 어느 정도인지를 대략적으로 짐작하는 정도로만 다룰 필요가 있다.

중요한 것은 '나오스'가 요한계시록의 문맥에서 어떻게 사용되고 있는지에 대한 것이다. 요한계시록 11장 1절에서 사용되는 단어는 '히에론'이 아니라 '나오스'다. 그렇다면 요한계시록에서 '나오스'는 어느 구역까지를 포함하고 있는 것일까? 2절에서 "성전의 바깥 마당"이 '나오스'와 구별되어 사용되고 있으므로 '나오스'는 성전 바깥 마당을 제외한 구역을 가리키는 것이 틀림없다.[177] 이러한 사실을 위의 그림에서 보여주는 네 종류의 마당과 관련시켜 해석해 보면, "제사장들의 마당"과 "이스라엘의 마당"과 "여인들의 마당"까지는 측량의 대상인 '나오스'로 간주할 수 있고, 측량 대상에서 제외된 "성전의 바깥 마당"은 "이방인들의 마당"을 가리키는 것으로 간주할 수 있다.[178] 따라서 '나오스'의 영역에 해당하는 "제사장들의 마당"과 "이스라엘의 마당"과 "여인들의 마당"은 하나의 범

---

173 Smalley, *The Revelation to John*, 272.
174 France, *The Gospel of Matthew*, 1040.
175 D. A. Hagner, *Matthew 14-28*, WBC 33B (Grand Rapids, MI: Zondervan, 2000), 812.
176 Beale, *The Book of Revelation*, 561-562.
177 Bauckham, *The Climax of Prophecy*, 268.
178 Reddish, *Revelation*, 208.

920 요한계시록 1-11장: 때가 가까우니라 | 본론부 2 세 개의 심판 시리즈와 구속의 실제적 실현(6-16장)

주로서 "안쪽 마당"(inner court)이라 부를 수 있고 "이방인들의 마당"은 "바깥 마당"(outer court)이라 칭할 수 있다.[179]

'나오스'(ναός)라는 단어는 요한복음 2장 19-22절에서 그리스도의 부활의 몸과 동일시되고 바울 서신에서는 교회 공동체를 의미하는 "성전"으로 자주 사용된다(고전 3:16; 6:19; 고후 6:16; 엡 2:21-22). 이처럼 신약 교회 공동체에서는 에스겔 40-48장의 종말적 성전의 전망이 그리스도의 부활을 통해 성취되었고 그 성취가 성령의 임재를 경험한 교회 공동체를 통해 확장되었다는 공감대가 널리 퍼져 있었다. 이 사실에 근거하면, 요한계시록 11장 1c절의 '나오스'는 "문자적 건물(a literal building)이 아니라 하나님을 예배하는 기독교 공동체"를 상징하는 것이 분명하다.[180] 그러므로 11장 1c절에서 "성전"을 측량하라고 명령하시는 것은 교회 공동체를 보호하시겠다는 하나님의 의지를 나타내는 것으로 이해할 수 있다.[181]

위의 내용을 정리하면, 먼저 요한은 '나오스'라는 단어를 사용함으로써 구약의 성전 건물을 배경으로 성전의 주제를 표현하고 있다. 하지만 여기에서 성전을 문자적인 건물로 봐서는 안 되고, 성취라는 관점에서 교회 공동체에 대한 상징적 의미를 갖는 것으로 봐야 한다.

그 제단: 향단(1c절). 1c절이 말하는 "제단"(θυσιαστήριον, 뒤시아스테리온)은 성소 안에 있는 "향단"(altar of incense)으로서 성전의 핵심적 요소라 할 수 있다.[182] 이것이 "어떠한 규정하는 단어"(any defining word)가 없이 사용될 때는 일반적으로 성소 밖 제사장의 마당에 있는 번제단을 의미하는 것으로 사용될 수 있지만,[183] 요한계시록에서는 앞에 "하나님(혹은 보좌) 앞에서"와 같은 수식어가 있는 경우(8:3b; 9:13)뿐 아니라 수식어가 없는 경우(참고, 6:9; 8:3; 14:18; 16:7)에도 하늘의 성소 안에 있는 "향단"을 가리키는 것으로 사용된다.[184]

---

179 Osborne, *Revelation*, 412. 포드는 이러한 구분을 뒷받침하는 자료로 요세푸스의 작품들(「유대 전쟁사」 5.193-194, 「유대 고대사」 15.417)을 제시한다(Ford, *Revelation*, 169).
180 Boring, *Revelation*, 143. 마운스도 '나오스'를 "교회이며 하나님의 백성"이라고 주장하면서 보링의 견해를 지지한다(Mounce, *The Book of Revelation*, 213).
181 '나오스'가 교회 공동체의 의미를 내포하기는 하지만, 계 7:15; 11:19; 14:15, 17; 15:5-6, 8; 16:1, 17에서는 하늘 성전을 가리키는 데 사용되기도 한다(Beale, *The Book of Revelation*, 562). 특별히 11:19와 15:5에서는 하늘의 '나오스'가 열리는 장면이 소개된다. 이러한 관계에 의해 이곳의 성전은 하늘 성전과 관련된다고 볼 수 있다.
182 Mounce, *The Book of Revelation*, 214.
183 Beckwith, *The Apocalypse of John*, 597.
184 Bauckhaum, *The Climax of Prophecy*, 269. 한편, 스몰리는 "향단"은 성소 안에 존재하는 반면 "번제단"은 제사장의 마당에 있어서 예배자들에게 둘러싸여 있기 때문에 이곳의 "제단"을 번제단으로 보는 것이 좀 더 적절하다고 주장한다(Smalley, *The Revelation to John*, 272).

여기에서 향단을 성전과 함께 측량의 대상으로 적시하는 데에는 두 가지 이유가 있다. 첫째, 향단은 성전의 대표적 요소이기 때문에 향단을 적시함으로써 성전의 추상성을 피하고 좀 더 구체화할 수 있다. 둘째, 요한계시록에서 이 단어가 동일하게 사용되는 경우들(6:9; 8:3, 5; 9:13; 14:18; 16:7)의 대부분에서 "향단"이 하늘 성전의 향단을 의미하는 것으로 사용되기 때문에,[185] 이곳에서 "향단"이라는 단어를 사용함으로써 직전에 언급된 "성전"이 하늘 성전과 대응 관계를 갖는다는 것을 보여줄 수 있다.[186] 이에 대해 스몰리는 "요한계시록 6장 9절에서 그러하듯이 11장 1절의 환상에 나오는 성전, 제단, 예배하는 자들은 지상의 성소와 하늘에 있는 하나님의 성전 사이에서 공명하는데(resonate), 이는 마치 11장 19절에서 하늘 성전이 지상 성전과 동떨어져 있지 않은 것과 같다"고 표현한다.[187] 이러한 땅과 하늘의 통일적 관계는 요한계시록에서 중요한 신학적 기초를 형성한다.

그것(제단)에서 예배하는 자들(1c절). 앞서 "구문 분석 및 번역"에서 논의한 바 있듯이, 1c절의 "그것에서"(ἐν αὐτῷ, 엔 아우토)는 직전의 "제단"(향단)을 가리킨다. 그렇다면 여기에서 향단에서 "예배하는 자들"은 누구를 가리키는 것인가? 먼저 보쿰은 제단을 성소의 향단이라고 간주하여 그것에서 예배하는 자들을 제사장들이라고 규정한다.[188] 구약의 맥락에서 원칙적으로 말하면 레위 제사장들만 성소에 들어간다고 할 수 있기 때문에 보쿰의 주장은 정당성을 갖는다. 반면 블라운트는 1c절의 '나오스'(ναός, 성전)가 여인들의 마당, 이스라엘의 마당, 제사장들의 마당, 지성소를 모두 포괄한다고 주장하면서, 1c절의 "예배하는 자들"이 성소에서 사역하는 제사장들뿐 아니라 이스라엘의 남성들과 여인들을 모두 포함할 수 있다는 가능성을 남긴다.[189] 이스라엘 공동체에는 공식적 직분으로서 레위 지파로부터 세워지는 좁은 의미의 제사장직이 있지만, 동시에 출애굽기 19장 6절에서 언급하고 있는 것처럼 이스라엘 백성 전체에게 부여된 넓은 의미의 제사장직이 있다. 따라서 두 개의 입장 중에서 어느 것이 옳은지를 결정하는 것은 의미가 없어 보인다. 어떤 경우이든 예배에 참여한 구성원들은 모두 제사사장적 특징을 공유

185 Bauckhaum, *The Climax of Prophecy*, 269.
186 Smalley, *The Revelation to John*, 273.
187 앞의 책.
188 Bauckham, *The Climax of Prophecy*, 269.
189 Blount, *Revelation*, 203.

하고 있다는 점을 주목할 필요가 있다. 이러한 이해는 요한계시록에서 어린 양의 피로 구속받은 모든 성도들을 제사장으로 간주하고 있다는 사실(5:10)에 의해 확증된다.

또한 여기에서 중요한 것은, 성전의 가장 중요한 요소인 향단과 그 향단에서 예배드리는 자들을 성전의 정황으로 설정하는 것이 성전이란 단어가 야기할 수 있는 추상성을 피하고 내러티브의 생동감과 역동성을 불어넣으려는 목적을 갖는다는 점이다. 달리 말해서 요한은 사실상 "성전" 하나만 언급해도 충분할 수 있었지만, 그 성전에 대한 생생한 그림을 형성하기 위해 "제단"과 그 제단(향단)에서 예배드리는 자들을 포함시킨다. 이것은 단순히 비어 있는 성전이 아니라 제사의 필수 요소인 제단과 그곳에서 예배하는 자들이 있는 성전의 생동감 있는 이미지를 제공하려는 목적을 갖는다. 결국 제단과 그 제단에서 예배하는 자들은 "성전"에 대한 보조적 기능을 위해 언급되는 것이라고 할 수 있다. 더 나아가서 이러한 성전 안 제단에서 예배하는 자들의 존재는 성전이 제사장적 예배 공동체로서 교회 공동체에 대한 상징적 표현이라는 사실과 긴밀한 조화를 이루고 있다. 요한이 측량하라고 요구받은 것은 바로 이러한 성전의 살아 있는 모습이다.

정리. 요한계시록 11장 1절에서 명령된 측량 대상은 성전과 제단과 그 제단에서 예배하는 자들이다. 이 세 요소는 서로 별개의 것으로 존재하는 것이 아니라, 제단과 그 제단에서 예배하는 자들을 통해 성전의 생동감과 구체성을 강화하기 위한 상호 보조적 의미를 제공한다. 성전은 교회 공동체를 상징하며 측량의 행위는 파괴가 아니라 보호를 상징한다. 그렇다면 측량의 행위를 통해 하나님은 교회 공동체를 생명의 위험과 타락의 손길에서 보호하실 것을 약속하시는 것이다.

2) 측량하지 말라(11:2)

성전 안쪽을 언급하는 이런 내용은 그것과 대조되어 2절에서 언급되는 "성전의 바깥 마당"에 대한 내용과의 상호 관계 속에서 이해되어야 한다.

바깥 마당(τὴν αὐλὴν τὴν ἔξωθεν, 2a절). 요한계시록 11장 2a절에서는 1c절에서 측량하도록 명령된 "성전"(ναός, 나오스)과는 달리 측량하지 말아야 할 부분으로서 "성전의 바깥 마당"이 등장한다. 여기에서 성전 바깥 마당은 "이방인들의 마당"을 가리킨다.[190] 이 바깥 바당은 측량 대상에서 제외된다. 이것은 에스겔의 성전 측량에서 성전 안 마당과 바깥 마당이 모두 포함되는 것과 대비를 이룬다. 에스겔 40장 28-37절은 안쪽 마당을 측량하는 장면을 기록하고 40장 17-23절은 바깥 마당을 측량하는 장면을 기록한다.[191] 이것은 양쪽 마당을 가지고 있는 솔로몬 성전을 건축 모델로 한다.[192] 양쪽 마당을 측량하여 건축하는 솔로몬 성전 및 에스겔 성전과는 다르게 요한계시록 본문이 바깥 마당을 측량하지 말라고 하는 것은 특별한 목적을 가지고 있다고 추정할 수 있다. 이러한 추정에 대한 구체적인 내용은 이어지는 논증에서 밝혀질 것이다.

또한 여기에서 중요한 것은 "바깥 마당"이 '나오스'와는 구별되지만 '히에론'에는 포함된다는 사실이다. 그러므로 측량 대상인 '나오스'가 예배 공동체인 교회 공동체의 보호받는 특징을 보여준다면, 측량의 대상이 아닌 "바깥 마당"은 '히에론'의 한 부분으로서 교회 공동체의 또 다른 측면을 보여주려는 목적이 있다고 할 수 있다. 이에 대해서는 이어지는 논의에서 구체적으로 밝혀지게 될 것이다.

밖으로 던져버리라(ἔκβαλε ἔξωθεν, 2a절). 2a절의 또 다른 중요한 문구는 바깥 마당을 "밖으로 던져버리라"(ἔκβαλε ἔξωθεν, 에크발레 엑소텐)라는 명령이다. 이 문구의 의미는 구약 배경을 통해 좀 더 잘 밝혀질 수 있으므로 구약 배경을 먼저 살펴보고 그 결과를 바탕으로 요한계시록 본문의 의미를 생각해 보고자 한다.

(1) 구약 배경
2a절의 "성전의 바깥 마당을 밖으로 던져버리라"라는 문구는 다니엘 8장 11절을 배경으로 형성되었다고 할 수 있다.[193]

> 11a) 또 스스로 높아져서 군대의 주재를 대적하며
>
> 11b) 그에게 매일 드리는 (번)제사를 없애 버렸고
>
> 11c) 그의 성소를 헐었으며(직역하면, "그의 성소가 허물어졌다" 혹은 "성전 바깥 마당이 던져졌다")

---

190 Reddish, *Revelation*, 209.
191 Smalley, *The Revelation to John*, 271.
192 앞의 책, 271-272.
193 Bauckham, *The Climax of Prophecy*, 270.

이 다니엘서 말씀에서 11c절의 '베후쉬라크 메콘 미크다쇼'(מְכוֹן מִקְדָּשׁוֹ וְהֻשְׁלַךְ)가 요한계시록 11장 2a절의 "성전의 바깥 마당을 밖으로 던져버리라"라는 문구의 배경이다. 히브리어 '샬라크'(שלך)의 호팔형인 '후쉬라크'(הֻשְׁלַךְ)는 "허물어지다"와 "던져지다"의 의미를 모두 갖는다.[194] 70인역은 "황폐케 하다" 혹은 "허물다"를 의미하는 '에레모오'(ἐρημόω)의 미래 수동태인 '에레모데세타이'(ἐρημωθήσεται)를 사용함으로써 '후쉬라크'의 두 가지 의미 중 전자의 경우를 따르고,[195] 따라서 70인역 다니엘 8장 11c절은 "그의 성소가 허물어질 것이다"로 번역될 수 있다. 그러나 여기에서 주목해야 할 점은 "그의 성소"로 번역된 마소라 본문 다니엘 8장 11c절의 '메콘 미크다쇼'(מְכוֹן מִקְדָּשׁוֹ)는 성전 자체를 의미하는 것이 아니라 "성소"(מִקְדָּשׁ, 미크다쇼)에[196] 희귀한 단어인 '메콘'(מְכוֹן)을 함께 사용해서 "성전 건물에 속한(즉, 바깥) 마당"을 의미하는 것으로 간주할 수 있다는 점이다.[197] 그렇다면 여기서 사용된 '후쉬라크'(הֻשְׁלַךְ)는 "허물어지다"를 의미하기보다는 "던져지다"라는 의미를 갖는 것으로 보는 것이 적절한데, 왜냐하면 성소의 바깥 마당은 허물어질 수 있는 대상이 아니기 때문이다. 앞서 살펴본 70인역은 단순히 "성소"(τὸ ἅγιον, 토 하기온)와 "허물어지다"(ἐρημωθήσεται, 에레모데세타이)를 사용함으로써 히브리어 본문의 이러한 내용을 반영하지 않는다. 히브리어 본문은 성소가 허물어지는 것이 아니라 성전 바깥 마당이 밖으로 던져지는 정황을 보여주고 있다. 그러면 성전 바깥 마당은 왜 밖으로 던져져야 하는가? 그것은 이방인들이 그것을 더럽혔다는 정황에 근거한다.[198] 안티오쿠스 4세는 안식일에 2만 명의 병사들을 예루살렘에 진군시켰으며 성전 마당에서 드려지던 번제를 제하였고(단 8:11; 11:31; 12:11) 그 마당에 멸망의 가증한 제우스 신상을 세워 우상 숭배의 죄를 저지르고 돼지를 제단에 제물로 바쳐 성전을 더럽히는 행위를 자행했다(단 11:31; 12:11).[199]

---

194 *HALOT*, 1528.

195 BDAG, 392. 이러한 점으로 인해, 요한이 계 11:2a를 기록할 때 70인역 다니엘서 본문을 사용했다고 보기 어렵게 된다. 흥미로운 점은 마소라 본문을 충실하게 번역한 것으로 여겨지는 데오도티온역도 70인역과 동일하게 이 문구를 '에레모데세타이'(ἐρημωθήσεται)로 번역한다는 점이다.

196 '미크다쉬'(מִקְדָּשׁ)의 사전적 의미는 다음과 같다(*HALOT*, 625-626): "성소" = "회막"(출 25:8; 민 3:38; 18:1) = "성전"(겔 45:3, 18; 47:12; 단 11:31; 대하 20:8; 26:18; 29:21); "지성소의 휘장"(레 21:23; 16:33)이나 (כֵּלִים와 함께) "신성한 그릇들"(민 10:21)을 제한적으로 가리키는 경우; 복수형일 때는 "여러 구조물들"을 포함(렘 51:51; 겔 21:2; 28:18); "신성한 구역 전체"(출 25:8; 레 12:4; 19:30; 20:3; 21:12; 26:2, 31; 민 3:38; 18:1; 19:20). 이상의 사전적 정의는 "성소"라는 단어가 회막이나 성전과 동일하게 사용되거나 성전 안의 여러 기구들이나 구조물들을 가리키거나 성전 전체를 가리키기도 한다는 것을 보여준다.

197 Bauckham, *The Climax of Prophecy*, 270.

198 앞의 책.

199 A. M. Harman, *A Study Commentary on Daniel*, EPSC (Darlington, England: Evangelical, 2007), 192.

여기에서 성전 바깥 마당을 포함하여 그 안에 있는 부정한 것들을 밖으로 던져 버려서 분리시켜야 한다는 것에는 레위기적 성결 개념이 적용되고 있다고 볼 수 있다.

(2) 요한계시록에서의 의미

요한은 다니엘서의 이러한 배경과 언어를 충실하게 반영한다. '나오스'(성전 안 쪽 마당)보다 포괄적인 '히에론'(성전 전체)에 속하는 2a절의 "성전 바깥 마당"(τὴν αὐλὴν τὴν ἔξωθεν, 텐 아울렌 텐 엑소덴)이라는 문구는 다니엘 8장 11c절의 '메콘 미크다 쉬'(מְכוֹן מִקְדָּשׁ, 성전 바깥 마당)를 반영하고 "밖으로 던져버리라"(ἔκβαλε ἔξωθεν, 에크발 레 엑소덴)라는 문구는 다니엘 8장 11c절의 '후쉬라크'(הֻשְׁלַךְ)라는 단어의 의미 중에 "던져지다"라는 의미를 충실하게 반영하고 있다. 이런 관계를 도표로 나타내면 다음과 같다.

마소라 본문 단 8:11c	70인역 & 데오도티온역 단 8:11c	요한계시록 11:2a
וְהֻשְׁלַךְ מְכוֹן מִקְדָּשׁ	τὸ ἅγιον ἐρημωθήσεται	καὶ τὴν αὐλὴν τὴν ἔξωθεν τοῦ ναοῦ ἔκβαλε ἔξωθεν
그의 성소 바깥 마당이 던져졌다	성소가 허물어질 것이다	그리고 너는 성전의 바깥 마당을 밖으로 던져버리라

이 표에서도 볼 수 있듯이, 요한계시록 본문은 70인역이 아니라 히브리어 본문 을 따르고 있다.

여기에서 요한계시록의 "성전의 바깥 마당을 밖으로 던져버리라"라는 문구 는 다니엘서의 안티오쿠스 4세가 핍박하는 정황을 연상케 함으로써 성전 바깥 마당이 성전 안과는 다르게 세상의 적대적 세력에 의해 핍박을 받아 고난을 당 하게 된다는 의미를 갖도록 의도한다. 여기에서는 '나오스'가 교회 공동체의 특 징을 나타내는 것처럼 "성전의 바깥 마당"도 교회 공동체의 한 부분으로서 세상 세력에게 핍박을 받아 고난당할 수 있는 특징을 가진 영역으로 취급되고 있다는 사실을 기억하는 것이 중요하다.

한편, 요한계시록 11장 2a절은 다니엘서 배경과 평행 관계를 갖기도 하지만 차이점도 갖고 있다. 곧 다니엘서에서는 바깥 마당이 이방인들에 의해 오염되어 밖으로 던져지게 되지만 요한계시록에서는 바깥 마당도 오염된 상태로 상정되지 않고 핍박받는 교회 공동체의 한 부분으로 간주된다. 다니엘 8장 11절은 성전이 이방인(특별히 안티오쿠스 4세)에 의해 장악되어 바깥 마당에서 우상 숭배가 자행되는 상황이지만 요한계시록의 경우는 이방 세력이 핍박하는 정황은 분명해도 이방인들에 의해 성전 안팎이 철저하게 장악된 것으로 설정되지는 않는다. 다만 핍박으로 인한 고난의 정황만을 다니엘서와 공유할 뿐이다. 그러므로 다니엘서의 정황을 요한계시록에 기계적으로 적용하는 것에는 신중해야 할 것이다.[200] 요한계시록의 저자는 다니엘서의 배경을 창의적으로 사용한다. 곧 다니엘서의 정황에서는 성전 바깥 마당이 이방인에 의해 오염된 영역으로 기록되지만,[201] 요한계시록은 측량 여부를 통해 성전 안과 성전 바깥 마당을 구별해서 성전 안은 하나님의 보호가 있어 이방인들이 침입할 수 없는 영역으로 설정하는 반면, 바깥 마당은 외부적으로 핍박받을 수 있는 영역으로 설정하지만 오염된 영역으로 간주하지는 않는다. 이러한 사실은 다음 논의에서 좀 더 분명히 밝혀질 것이다.

(3) 정리

요한은 "성전의 바깥 마당을 밖으로 던져버리라"라는 문구를 사용함으로써 다니엘 8장 11절의 정황을 상기시키고 그것을 자신의 방식대로 활용하여 고난받는 종말적 교회 공동체의 특징을 설명하고자 한다. 다니엘 8장 11절에서 이스라엘 백성은 안티오쿠스 4세의 핍박으로 고난을 당한다. 특별히 성전의 거룩함이 유린되고 성전 제사 제도가 소멸되어 하나님과의 언약적 관계가 위협을 받는다. 따라서 성전의 거룩함이 훼손된 바깥 마당은 밖으로 던져버려 분리시켜야 한다. 요한은 "성전의 바깥 마당을 밖으로 던져버리라"라는 문구를 사용함으로써 이러한 다니엘서의 고난의 정황을 교회 공동체가 직면하는 고난의 외부적 정황을 설명하는 데 활용한다.

측량하지 말라(2b절). 2b절의 "그것을 측량하지 말라"는 명령은 2a절의 "밖으로 던져버리라"는 명령과 평행 관계를 형성한다. 그렇다면 "그것을 측량하지 말라"

---

200 보쿰은 다음과 같이 진술한다: "그러나 단 8:11-13에 대한 그의 해석은 그의 다니엘서 이해에 있어 암시적일 뿐인 것, 즉 그것의 제단과 그 안에서 예배하는 제사장들을 가진 성소가 열방에 의한 더럽힘과 짓밟힘으로부터 보호를 받는다는 것을 강조한다"(Bauckham, *The Climax of Prophecy*, 272). 이 진술에서 보쿰이 말하는 것은 요한이 다니엘서 본문을 성소와 성소의 제단과 성소 안에서 예배하는 제사장들이 이방인에 의해 짓밟히고 더럽혀지지 않도록 보호받는다는 의미로 해석하고 있다는 것이다.
201 다니엘서의 정황에서 성전 바깥 마당이 타락한 상태라면 성전 자체는 두말할 것도 없을 것이다.

는 명령에서 "그것"은 2a절에서 밖으로 던져버리도록 명령된 것과 동일한 "성전의 바깥 마당"이다. 그렇다면 여기에서 밖으로 던져지도록 한 성전 바깥 마당을 측량하지 말라고 한 이유는 무엇일까? 그 직접적인 이유에 대해서는 이어지는 본문으로서 "왜냐하면"이라는 접속사로 시작하는 2cd절의 내용을 통해 알 수 있다. 이에 대해서는 다음 단락에서 논의하기로 하고 여기에서는 "측량하지 말라"는 주제를 논하고 있으므로 그것과 대조되는 내용을 담고 있는 1절의 "성전과 그 제단과 그것(제단)에서 예배하는 자들을 측량하라"는 명령과의 관계에서 그 이유를 찾아보고자 한다. 1절에서 우리는 그것들을 "측량하라"고 한 것이, 구속을 통하여 하나님의 백성인 교회 공동체를 세우고 보호하겠다는 하나님의 의지를 나타낸다고 해석한 바 있다. 그렇다면 "측량하지 말라"고 한 것은 이러한 내용과 반대되는 것이라고 보는 것이 가능하다. 곧 측량의 대상으로서 성전 안이 하나님의 보호의 대상이었다면 측량하지 않는 성전 바깥 마당은 하나님에 의해 보호받지 못하는 영역으로 간주할 수 있다.

이러한 구분은 앞서 우리가 보았던 성전 그림에서도 확인할 수 있듯이 예수님 당대의 헤롯 성전을 배경으로 만들어졌을 것이고, 에스겔 40-48장이 말하는 종말적 성전을 인지한 데서 비롯되었을 가능성도 크다.[202] 에스겔서의 종말적 성전은 사실상 성전의 모든 곳이 거룩한 곳이다. 그러므로 요한계시록 본문과는 달리 에스겔 40장 20절에서는 "바깥 마당"(τῇ αὐλῇ τῇ ἐξωτέρα, 테 아울레 테 엑소테라)도 측량 대상에 포함된다.[203] 여기에서도 요한계시록 본문과 동일하게 "측량하다"(διεμέτρησεν, 디에메트레센〉διαμετρεω, 디아메트레오)라는 동사가 사용되는데, 앞에 접두어 '디아'(δια)가 붙어서 강조된 형태로 사용된다. 이처럼 에스겔서의 성전 측량과는 달리 요한계시록은 성전의 측량 대상을 의도적으로 구별함으로써 특별한 목적을 드러내고자 한다. 곧 성전이 교회 공동체를 상징하고 측량 행위가 하나님의 보호를 나타내는 것이라면, 교회 공동체는 외적으로는 이방인들에 의해 핍박을 받을 수밖에 없는 현실이지만 내부적으로 하나님의 보호하심이 함께한다는 의미를 갖는다고 할 수 있다. 이러한 사실은 다음 내용에서 더욱 분명하게 드러나게 될 것이다.

---

202 Osborne, *Revelation*, 413.
203 그런데 에스겔서의 성전 구분에서는 "안쪽 마당"(αὐλή ἐσώτερος, 아울레 에소테로스)과 "바깥 마당"(αὐλή ἐξώτερος, 아울레 엑소테로스)의 두 부분으로 나눌 뿐 안쪽 마당을 제사장들의 마당이나 이스라엘의 마당이나 여인들의 마당으로 세분화하지 않는다.

이방인들에게 주어졌다(2c절) ... **짓밟다**(2d절). 2c절은 "왜냐하면"(ὅτι, 호티)이라는 접속사로 시작하고, 이 접속사에 의해 2cd절이 2ab절에서 성전 바깥 마당을 밖으로 던져버리고 측량하지 말아야 할 것을 명령하는 이유를 제시한다는 것을 알 수 있다. 측량하지 말아야 하는 이유는 이방인들에게 주어졌기 때문이다. 이 문구는 구약 배경을 통해 좀 더 잘 이해할 수 있기 때문에 구약 배경을 먼저 살펴본 후에 요한계시록 본문을 살펴보도록 하겠다.

(1) 구약 배경: 다니엘 8장 13절과 스가랴 12장 3절
이 요한계시록 본문의 구약 배경은 다니엘 8장 11절과 인접 문맥인 다니엘 8장 13절과 스가랴 12장 3절인데, 특별히 2c절의 "주어지다"는 2d절의 "짓밟다"와 함께 다니엘 8장 13절("짓밟다"는 슥 12:3을 포함)에 대한 "인유"(allusion)라고 할 수 있다.[204]

> 내가 들은즉 한 거룩한 이가 말하더니 다른 거룩한 이가 그 말하는 이에게 묻되 환상에 나타난 바 매일 드리는 (번)제사와 망하게 하는 죄악에 대한 일과 성소와 백성이 내준 바 되며 짓밟힐 일이 어느 때까지 이를꼬 하매(단 8:13)

요한계시록 11장 2c절의 "이방인들에게 주어지다(ἐδόθη, 에도데)"는 다니엘 8장 13절의 "(성소와 백성이) 내준 바 되며"(ἐδόθη, 에도데)와 평행되고, 2d절의 "짓밟을 것이다"(πατήσουσιν, 파테수신)πατέω, 파테오)도 다니엘 8장 13절의 "짓밟힐 일"(καταπάτημα, 카타파테마)과 평행된다. 여기에서 요한은 "짓밟다"라는 단어를 다니엘 8장 13절의 '카타파테마'(καταπάτημα)에서 가져온 것으로 추정할 수 있다.[205] 이 두 단어는 동일한 어근 '-파테-'(-πάτη-)를 가지고 있기 때문에 이러한 호환이 가능하다. 더 나아가서 다니엘 8장 13절에서 성소가 짓밟힌다는 것은 다니엘 7장 25절과 12장 7절에서 안티오쿠스 4세에 의해 "성도의 권세"가 깨어진다고 하는 것과 동일한 의미를 갖는다.[206] 여기에서 우리는 성소와 성도가 서로 호환적이라는 것을 알 수 있다.

또한 다니엘 8장 13절과 더불어 스가랴 12장 3절 역시 이 요한계시록 본문의 배경으로 간주된다.[207]

---

204 Bauckham, *The Climax of Prophecy*, 270.
205 앞의 책.
206 앞의 책, 272.
207 앞의 책, 270.

a)그 날에는 내가 예루살렘을 모든 민족에게 무거운 돌이 되게 하리니 그것을 드는 모든 자는 크게 상할 것이라 b)천하 만국이 그것을 치려고 모이리라(슥 12:3)

스가랴 12장 3a절에서 하나님은 자신이 예루살렘을 "무거운 돌"이 되게 하실 것이고 그것을 드는 자는 크게 상할 것이라고 말씀하신다. 이것은 땅의 모든 나라들이 예루살렘을 공격하기 위해 모여 오는 3b절의 행위가 성공하지 못할 것임을 의미한다.[208] 스가랴 12장 3b절의 "천하 만국"을 직역하면 "땅의 모든 나라들"이다. 땅의 모든 나라들이 이스라엘에 대항하여 함께 모여든다. 이 "땅의 모든 나라들"은 아브라함의 약속에 의하면 이스라엘을 통해 하나님의 복이 흘러 들어가는 대상이지만, 이스라엘이 하나님 앞에 범죄했을 경우에는 이스라엘을 공격하는 심판의 도구가 된다. 이 스가랴서 본문에서 그 공격 대상은 예루살렘 전체이다.

위의 스가랴 본문은 구약 히브리어 성경인 마소라 본문을 번역한 것이고 이것의 70인역을 번역하면 다음과 같다.

a)나는 예루살렘을 모든 나라들에게 짓밟힌(καταπατούμενον>καταπατέω) 돌로 만들 것이다. 그것을 짓밟는(καταπατῶν>καταπατέω) 모든 자가 그것을 철저하게 조롱할 것이다 b)모든 나라들이 예루살렘을 대항하여 모이게 될 것이다(70인역 슥 12:3)

70인역은 앞의 히브리어 구약 본문(마소라 본문)과 큰 차이를 보인다. 곧 70인역은 예루살렘에 대해 마소라 본문의 "무거움의 돌"로 만든다는 표현 대신 "짓밟힌 돌"로 만들 것이라는 표현을 사용하고,[209] 마소라 본문의 "그것을 드는 모든 자는 크게 상할 것이라" 대신 "그것을 짓밟는 모든 자가 그것을 철저하게 조롱할 것이다"라는 표현을 사용함으로써 이스라엘의 수치스러운 파멸을 예고한다. 여기에서 "짓밟다"(καταπατέω, 카타파테오)라는 동사가 두 번 반복하여 사용되는데, 이 동사는 요한계시록 본문의 동사 '파테수신'(πατήσουσιν>πατέω, 파테오)과 동일한 어근을 가지고 있다. 이런 관계에 근거해서, 히브리어 구약 본문보다는 70인역이 요한계시록 본문과 좀 더 가까운 관계라고 할 수 있다.

---

208 Smith, *Micah–Malachi*, 275.
209 여기에서 우리는 70인역이 "무거움"을 의미하는 명사 '마아마사'(מַעֲמָסָה; 마소라 본문)를 가진 히브리어 본문 대신 "짓밟음"을 의미하는 명사 '미르마스'(מִרְמָס)를 가진 사본을 저본으로 삼아 번역했음을 알 수 있다(Bauckham, *The Climax of Prophecy*, 271).

이상의 내용으로 봤을 때, 다니엘 8장 13절과 스가랴 12장 3절(70인역)이 동일하게 사용하는 "짓밟다"라는 동사와 이방인에 의한 침략의 정황이 공통적으로 요한계시록의 배경으로 사용되고 있음을 알 수 있다.[210] 곧 70인역 스가랴 12장 3절과 다니엘 8장 13절은 요한계시록 본문의 배경으로서, 예루살렘에 대한 이방 세력의 "종말적 침략"(eschatological assault)이라는 공통된 주제를 갖는다.[211] 이런 내용을 표로 나타내면 다음과 같다.

단 8:13(70인역)	슥 12:3(70인역)		계 11:2cd
주어지다(ἐδόθη)			주어지다(ἐδόθη)
짓밟힐 일(καταπάτημα)	짓밟힌(καταπατούμενον〉καταπατέω)		짓밟다(πατήσουσιν〉πατέω)
	짓밟는(καταπατῶν〉καταπατέω)		

이 표에서 확인된 언어적 평행에 의해서, 요한계시록 11장 2절의 "짓밟다"가 이방인들에 의한 성소 혹은 성도들에 대한 핍박과 공격을 담고 있는 다니엘 8장 13절과 스가랴 12장 3절을 배경으로 한다는 것을 쉽게 파악할 수 있다.

(2) 요한계시록에서의 의미

요한은 11장 2절에서 다니엘 8장 13절과 스가랴 12장 3절을 매우 정밀하게 해석하여 교회 공동체의 종말적 고난의 정황을 묘사하기 위해 사용한다.[212] 먼저 요한은 다니엘 8장 13절의 성소 파괴를 다니엘 7장 25절과 12장 7절이 말하는 안티오쿠스 4세에 의한 "지극히 높으신 이의 성도"에 대한 핍박과 동일한 사건으로 해석함으로써 그리스도인에 대한 핍박을 묘사하는 데 사용한다.[213] 이것은 다니엘서 내에서 성소(정확하게 말하면 "성전 바깥 마당")의 짓밟힘이 성도의 고난으로 해석되는 패턴을 요한계시록에 적용하고 있는 것이다. 성전 바깥 마당을 측량하지 말아야 하고(계11:2b) 그곳이 이방인들에게 주어지고(11:2c) 짓밟힌다(11:2d)는 것은 다니엘서의 배경을 사용하여 의도적으로 성도의 고난을 표현하는 것으로 볼 수

---

210 단 8:13의 명사 "짓밟힐 일"(70인역: καταπάτημα, 카타파테마; 마소라 본문: מִרְמָס, 미르마스)과 슥 12:3의 분사 "짓밟힌"(καταπατούμενον, 카타파투메논)과 요한계시록의 동사 "짓밟다"(πατήσουσιν, 파테수신)는 모두 동일한 어근을 공유한다.

211 Bauckham, *The Climax of Prophecy*, 271.

212 앞의 책. 이처럼 이 본문이 슥 12:3과 연결되어 단 8:13에 대한 정밀한 해석의 결과라고 한다면 이 본문을 성전 파괴를 예언하는 것으로 해석하는 것은 적절하지 않다(앞의 책). 이러한 해석은 "과거주의자"(preterist)들의 주장으로서, 이 본문의 문맥과는 전혀 상관이 없다.

213 앞의 책, 272. 이러한 관계는 단 8:14의 "이천삼백 주야"와 단 7:25과 12:7의 "한 때와 두 때와 반 때"라는 기간에 의해 서로 밀접하게 연결된다. "이천삼백 주야"는 1150일로서 "한 때와 두 때와 반 때"의 1260일과 근사치다.

있다. 이러한 고난의 정황은 성전 바깥 마당을 "측량하지 말라"(11:2b)고 한 것의 구체적 상황으로서, 하나님의 보호가 작용하지 않는 영역에서 발생한다.

(3) 정리

요한계시록 11장 2cd절에서 이방인들은 성전 바깥 마당을 점령하고 "거룩한 도시"를 짓밟는다. 이것은 다니엘 8장 13절에서 성전을 비롯한 모든 도시가 이방인들에 의해 성전 마당이 짓밟힌 정황과 평행한다. 또한 다니엘 8장 13절의 성전 파괴는 다니엘 7장 25절과 12장 7절에서 성도의 핍박을 의미한다. 요한계시록이 이방인에 의해 점령당하고 짓밟히는 이미지를 정황적 배경으로 사용하는 것은 교회 공동체에게 보호받는 부분도 있지만 보호받지 않는 부분도 있다는 사실을 구체적으로 보여주려는 목적을 갖는다. 이것은 성전을, 측량하는 부분과 측량하지 않는 부분으로 구분한 것과도 같은 맥락이다. 1c절에서 성전 안을 "측량하라"고 한 것은 교회 공동체를 위한 하나님의 보호가 있을 것을 의미하고, 2b절에서 "측량하지 말라"고 한 것은 2cd절이 이방인들이 성전 바깥 마당을 짓밟게 되는 정황을 연출하는 것과 더불어 교회 공동체가 보호받지 못하고 핍박받는 특징을 이방인들과 공유하게 될 것을 의미한다. 달리 말하면 성전 안이 교회 공동체가 보호받는 특징을 나타내 준다면 성전 바깥 마당은 교회 공동체가 세상의 핍박에 노출되는 특징을 나타내 준다고 할 수 있다.

마흔두 달(2d절). 2d절에 의하면 이방인들이 마흔두 달 동안 거룩한 도시 예루살렘을 짓밟는다. "마흔두 달 동안" 이라는 기간은 이 본문의 구약 배경인 다니엘 8장 13절의 직후 본문인 8장 14절의 "이천삼백 주야"(1150일)와는 느슨하게 평행 관계이다. 이 외에도 다니엘 7장 25절과 12장 7절에서 "한 때와 두 때와 반 때"라는 표현이 나오는데 이것은 "삼 년 반"의 기간으로서 결국 요한계시록 본문의 마흔두 달과 동일한 기간이다. 요한계시록 내에서는 11장 2d절에서 "마흔두 달"이 거룩한 도시 예루살렘이 짓밟히는 기간을 가리키는 것을 비롯해서, 11장 3절에서는 "천이백육십 일"이 두 증인의 증거 활동 기간을 가리키고, 12장 6절의 "천이백육십 일"과 12장 14절의 "한 때와 두 때와 반 때"는 교회를 의미하는 여자가 광야에서 양육하는 기간을 가리키며, 13장 5절에서는 "마흔두 달"이 짐승의 활동 기간을 가리킨다.

(1) 구약 배경인 다니엘서를 통해 유추할 수 있는 마흔두 달의 의미

2d절의 "마흔두 달"과 동일한 기간이 다니엘 7장 25절, 9장 27절, 12장 7절에 등장한다.

> 그가 장차 지극히 높으신 이를 말로 대적하며 또 지극히 높으신 이의 성도를 괴롭게 할 것이며 그가 또 때와 법을 고치고자 할 것이며 성도들은 그의 손에 붙인 바 되어 한 때와 두 때와 반 때를 지내리라(단 7:25)

> 그가 장차 많은 사람들과 더불어 한 이레 동안의 언약을 굳게 맺고 그가 그 이레의 절반에 제사와 예물을 금지할 것이며 또 포악하여 가증한 것이 날개를 의지하여 설 것이며 또 이미 정한 종말까지 진노가 황폐하게 하는 자에게 쏟아지리라 하였느니라 하니라(단 9:27)

> 내가 들은즉 그 세마포 옷을 입고 강물 위쪽에 있는 자가 자기의 좌우 손을 들어 하늘을 향하여 영원히 살아 계시는 이를 가리켜 맹세하여 이르되 반드시 한 때 두 때 반 때를 지나서 성도의 권세가 다 깨지기까지이니 그렇게 되면 이 모든 일이 다 끝나리라 하더라(단 12:7)

먼저 다니엘 7장 25절에 의하면 "한 때와 두 때와 반 때"의 기간은 성도들에 대한 이방 세력의 핍박 기간이다. 그리고 9장 27절의 "이레의 절반"은 삼 년 반의 기간이므로 7장 25절의 "한 때와 두 때와 반 때"와 동일한 기간으로서 이 기간은 이스라엘 백성에게 제사와 예물이 금지되는 고난의 기간이다.[214] 마지막으로 다니엘 12장 7절에서 "한 때 두 때 반 때"는 "성도의 권세가 다 깨지기까지"의 기간과 동일시된다. 여기에서 "성도의 권세가 다 깨지는 것"은 성도의 고난을 의미하므로 이 기간 역시 성도(이스라엘)의 고난의 기간을 가리킨다는 데에는 의심의 여지가 없다. 동시에 이 기간은 종말적 기간이기도 한데, 왜냐하면 이 기간이 지날 때 "이 모든 일이 끝나"고 완성되기 때문이다.

다니엘서의 정황에서 이 세 구절에 동일하게 나타나는 기간은 바로 BC 168-165년에 안티오쿠스 4세(혹은 안티오쿠스 에피파네스)의 지배 아래 이스라엘에게 주어졌던 수치와 모욕의 기간과 일치한다(참고, 단 8:9-14).[215] 그런데 여기에서 중

---

214 Collins and Collins, *Daniel*, 322.

215 Goldingay, *Daniel*, 266-267; Charles, *A Critical and Exegetical Commentary on the Revelation of St. John*, 1:279. 삼 년 반이라는 기간이 신약 성경 저자들에게 인상적으로 작용했다는 사실은 엘리야 시대에 삼 년 동안 지속된 가뭄을 눅 4:25와 약 5:1이 삼 년 반 동안 지속된 것으로 기록한 것을 통해 알 수 있다 (Charles, *A Critical and Exegetical Commentary on the Revelation of St. John*, 1:280). 이것은 삼 년 반이라는 기간이 "재앙의 시간에 대한 유대적 상징"(the Jewish symbol for a time of the calamity)으로 여겨졌기 때문이다(단 7:25; 12:7)(Smalley, *The Revelation to John*, 279). 그러나 롱맨은 이러한 문구와 관련하여 구체적 사건을 적시하는 것이 적절하지 않다고 지적한다(Longman, *Daniel*, 190).

요한 것은 이러한 기간이 "악이 자유로운 권력을 허락받은 시간의 제한된 기간"이라는 점이다.[216] 악한 세력의 지배는 영원하지 않을 것이다. 영원한 것은 하나님의 통치뿐이다. 따라서 안티오쿠스 에피파네스의 핍박 중에도 이러한 제한된 기간을 인식하는 것은 영원한 하나님의 통치에 대한 확신을 의미하고, 이렇게 제한된 기간을 제시하는 것은 당대의 사람들로 하여금 핍박에 의해 변질되지 않고 승리를 확신하면서 하나님에 대한 신실한 자세를 견지할 수 있게 해 주었을 것이다.

(2) 요한계시록의 적용

요한계시록에서 "마흔두 달"은 성전 바깥 마당이 이방인에게 주어져서 짓밟히는 기간이다. 성전 안과 성전 바깥 마당은 측량 여부에 의해 그 특징이 달라진다. 측량의 대상이 보호받는 영역을 설정하는 것이라면, 측량하지 않는 대상은 외부의 공격에 노출시키는 영역을 상징한다. 바로 이러한 특징이 마흔두 달이라는 기간과 연동된다. 곧 마흔두 달 동안 교회 공동체는 내부적으로는 하나님의 보호를 받지만 외부적으로는 고난을 받게 된다는 것이다. 여기에서 마흔두 달은 앞서 구약 다니엘서 배경에서 살펴본 바 있는 "한 때와 두 때와 반 때"와 동일한 기간이다. 교회 공동체에게 일어나는 이러한 정황은 언제 그리고 얼마 동안 발생하게 되는 것일까? 이 기간은 문자적으로 어떤 특정 시기에 발생하게 되어 있는 삼 년 반을 가리키는 것이 아니라[217] 초림과 재림 사이의 모든 기간을 상징한다. 왜냐하면 3절 이하에서도 살펴보겠지만 이 문맥에서는 어떤 시기를 특정한다는 어떠한 암시도 없을 뿐 아니라 교회 공동체가 외부로부터 공격을 받는 것이 예수님의 초림과 재림 사이에 교회가 존재하는 모든 기간에 발생하는 것으로 여겨지기 때문이다. 이러한 특징은 요한계시록에서 매우 중요한 부분을 차지한

---

216 Mounce, *The Book of Revelation*, 215. 비일은 이러한 다니엘서의 기간에 대한 후대의 유대 문헌들의 다양한 이해를 다음과 같이 제시한다(Beale *The Book of Revelation*, 565): (1) 신자들을 위한 일반적인 시험의 기간(시 10:1의 미드라쉬), (2) 이스라엘의 바벨론 포로와 관련된 기간(바벨로니안 탈무드 산헤드린 97b), (3) 이스라엘의 마지막 구속 이전에 지나가야 하는 기간(바벨로니안 탈무드 산헤드린 97b-98a). 이 세 가지 이해의 공통점은 모두 다니엘서의 기간을 "고난"의 기간으로 상정한다는 점이다.

217 문맥상으로나 구약 배경을 통해 볼 때 이 기간은 세대주의적 해석에서 주장하는 7년 환난의 전반부 삼 년 반(전환난)이나 후반부 삼 년 반(후환난)의 기간과는 전혀 관계가 없는 것이 분명하다. 브래처와 해턴은 이 기간이 "묵시문헌에서 마지막 때가 오기 전에 악이 일시적으로 승리하는 것을 가리킬 때 통상적으로 사용되는 기간"이라고 말하는데(Bratcher and Hatton, *A Handbook on the Revelation to John*, 166[Mounce, *The Book of Revelation*, 215에서 재인용]), 이러한 입장은 자칫 해석자들로 하여금 예수님의 재림 직전에 문자적 의미의 삼 년 반의 기간이 있는 것처럼 오해하게 만들 수 있기 때문에 신중하게 접근해야 필요가 있다.

다. 이것은 앞서 인 심판과 관련해서도 어느 특정 기간을 가리키는 것이 아니라 초림부터 재림까지의 모든 기간을 포함한다는 사실과 일맥상통한다. 요한계시록은 어디에서도 어느 특정한 기간을 심판의 기간이나 고난의 기간으로 설정하지 않는다. 초림이 종말의 성취이고 재림이 종말의 완성이기 때문에 초림과 재림 전체의 기간을 심판과 환난의 기간으로 설정하는 것은 당연하다. 물론 이 기간 동안 교회 공동체는 구원과 보호의 은혜를 경험한다.

그러므로 교회 공동체는 예수님의 초림과 재림 사이의 기간 동안 이 세상에서 외부적으로 고난을 겪게 된다. 요한은 이러한 특징을 설명하기 위해 공통된 특징을 갖는 다니엘서의 삼 년 반이라는 기간을 사용한다. 이 기간은 요한계시록 내에서 "마흔두 달" 혹은 "천이백육십 일" 혹은 "한 때와 두 때와 반 때"라는 표현으로 사용된다(계 11:3; 12:6, 14; 13:5-6). 이러한 기간의 사용들은 각 문맥에서 다소 다양한 강조점들을 전달하고 있지만 그것이 초림과 재림 사이에 교회 공동체에게 주어지는 상황이라는 점에서는 공통점을 갖는다. 이러한 내용에 대해서는 각 표현이 나오는 문맥에서 좀 더 자세하게 논의하도록 한다.

끝으로 요한계시록 11장 2d절이 왜 다니엘서처럼 "한 때와 두 때와 반 때"라고 하여 삼 년 반의 기간으로 표현하지 않고 굳이 "마흔두 달"이라고 표현했는지에 대한 의문이 남는다. 어쩌면 그것은 엘리야가 브엘세바에서 호렙 산까지 행했던 사십 일 동안의 여정과 이스라엘이 겪었던 42년 동안의 광야 생활을 연상케 하려는 목적에서 비롯된 것일 수 있다.[218] 이 기간은 교회 공동체의 성전으로서의 정체성에 대한 이해를 돕는다. 곧 이 기간은 교회 공동체가 하나님의 보호를 받는 기간일 뿐 아니라(참고, 계 12:6, 14), 짐승이 교회 공동체에게 영적 공격을 가하는 기간이기도 하다(참고, 13:5-6). 이 모든 의미가 11장 1-2절에 적용될 수 있다.

3) 정리

먼저 11장 1-2절의 성전 혹은 거룩한 도시는 하나님의 백성 곧 교회 공동체를 상징한다. 이러한 상징적 해석은 신약 저자들의 공통된 시각이다(앞에서 언급한 내용을 참고하라). 성전 안은 측량하되 성전 바깥 마당은 측량하지 말아야 한다. 왜냐하면 성전 바깥 마당은 이방인들에게 주어져서 모든 도시가 마흔두 달 동안 짓밟

---

218 Beale, *The Book of Revelation*, 565.

히도록 작정되었기 때문이다. 이러한 내용은 다니엘 8장 11절, 13절, 스가랴 12 장 3절을 배경으로 한다. 11장 2a절의 "밖으로 던져버리라"는 명령은 다니엘 8 장 11절을 배경으로 하고 2cd절에서 사용되는 "이방인들에게 주어지다"(2c절)와 "짓밟다"(2d절)라는 문구들은 다니엘 8장 13절과 스가랴 12장 3절을 배경으로 한 다. 다니엘 8장 11절과 13절에서 성전 바깥 마당이 밖으로 던져지는 것과 다니 엘 12장 7절의 "성도의 권세가 다 깨지기까지"라는 문구가 서로 동일한 의미를 갖는 것도 같은 맥락이다. 곧 다니엘서 자체에서 성전의 파괴가 성도의 깨어짐 과 동일하다는 사실에서 "성전"과 "성도"의 동일성을 발견한다. 이것이 바로 요 한계시록 11장 1-2절에서 "성전"을 하나님의 백성 곧 교회 공동체로 이해할 수 있는 근거가 된다.

교회 공동체는 내부적으로는 하나님의 보호가 있지만 외부적으로는 이방인 들에 의해 성전 바깥 마당이 짓밟히듯이 핍박과 고난에 노출되어 있다. 이것은 요한 당대의 교회가 이 세상에 존재하면서 겪게 되는 이중적 특징을 나타내 주 고 있다. 이러한 이중적 특징은 10장 8-10절에서 요한이 책을 먹을 때 입에서 는 달고 배에서는 쓰게 되는 것을 동시에 겪었던 것과 11장 3-13절에서 두 증인 이 상징하는 교회 공동체의 모습을 묘사할 때 그대로 적용된다. 이러한 관계로 인해 11장 1-2절은 10장과 함께 11장 3-13절에 대한 문맥적 배경을 형성해 주고 있는 것이다. 결국 11장 1-2절에서 성전으로서의 교회 공동체는 내적으로는 하 나님의 보호와 안전함이 있지만 외적으로는 이방인에 의해 짓밟히는 고난과 고 통을 겪게 되는 이중적 모습을 지닌다. 그 구체적인 사례는 다음의 두 증인 이야 기에서 확인될 것이다.

3. 삽입 3: 두 증인 이야기(11:3-14)

3-14절은 두 증인에 대해 기록하고 있다. 이 내용은 기승전결의 전개 과정을 가지는 일종의 이야기다. 동시에 일종의 "비유"(parable)라고도 할 수 있다.[219] 그러므로 이 내용을 "문자적으로"(literally) 이해해서 역사 속에서 발생하는 성취를 시간적으로 추적해 나가거나 지나치게 "풍유적으로"(allegorically) 접근하는 것은 경계해야 할 것이다.[220] 다만 이것은 이야기로서 이 자체 내에서 하나의 독립된 내용을 갖는다. 물론 요한계시록의 전체 문맥 및 인접 문맥과의 관계에서 이 본문을 이해하는 것이 중요하지만, 동시에 이 본문이 갖는 고유한 의미를 이 이야기 자체에서 찾는 것도 매우 중요하다. 그런데 이러한 이야기 형식에 덧붙여서 이 내용에는 상징 기법이 사용된다. 그러므로 상징적 의미를 추적하는 것도 이 본문을 이해하는 데 매우 중요하다.

3-14절은 3-4절, 5-6절, 7-12절, 13-14절의 네 부분으로 나뉜다. 3-4절은 이야기의 도입 부분으로서 두 증인을 소개하고, 5-6절은 사건의 전개로서 모세와 엘리야를 모델로 두 증인의 구체적 사역의 전개를 보여주며, 사건의 절정인 7-12절은 두 증인의 활동(죽음-부활-승천)을 소개한다. 끝으로 13-14절은 결말로서 두 증인의 활동의 결과를 기록하고 있다.

1) 도입: 두 증인에 대한 소개(11:3-4)

구문 분석 및 번역

3절 a   Καὶ δώσω τοῖς δυσὶν μάρτυσίν μου
      그리고 내가 나의 두 증인에게 (권세를) 줄 것이다

   b   καὶ προφητεύσουσιν ἡμέρας χιλίας διακοσίας ἑξήκοντα περιβεβλημένοι σάκκους.
      그들이 베옷을 입고 천이백육십 일을 예언하도록

4절 a   οὗτοί εἰσιν <u>αἱ δύο ἐλαῖαι καὶ αἱ δύο λυχνίαι</u>
      이들은 그 두 감람나무와 그 두 촛대다

   b   αἱ ἐνώπιον τοῦ κυρίου τῆς γῆς ἑστῶτες.
      땅의 주 앞에 서 있는

---

219 Bauckham, *The Climax of Prophecy*, 273.
220 앞의 책, 274.

3b절은 통상적으로 "그리고"로 번역되는 접속사 '카이'(καί)로 시작되는데 여기에서 이 접속사는 "목적의 의미"(final force)를 갖는 용법으로 사용된다.[221] 이러한 용법을 적용하면 3b절은 3a절의 목적이 된다. 이러한 관계를 근거로 번역하면 "예언하도록 …를 줄 것이다"라고 번역할 수 있다. 그리고 3a절의 주동사인 '도소'(δώσω)와 3b절의 주동사인 '프로페튜수신'(προφητεύσουσιν)은 둘 다 미래 시제다. 하지만 이 미래 시제를 미래 사건에 대한 시나리오를 제시하는 것으로 이해하는 것은 적절하지 않다. 오히려 이 미래 시제는 이 문맥에서 발생하는 사건의 과정을 나타내 주는 것으로서 이 에피소드의 맥락 안에서 미래에 일어날 일들을 표현하는 것이다.[222] 더 나아가서 이 미래 시제는 "신적 결단"(divine determination)을 나타내 주는 기능을 한다.[223]

한편 3a절에는 동사 "주다"(δώσω, 도소)의 목적어가 생략되어 있다. 이 동사의 목적은 무엇일까? NRSV는 이 목적어를 "예언하는 권세"(authority to prophesy)로 여겨 "예언하는 권세를 주다"라고 번역한다. 비즐리 머레이도 이러한 번역에 동조하면서 "예언하는 능력을 주다"라고 번역한다.[224] 이 두 번역의 경우는 3b절의 접속사 '카이'(καί)를 목적의 용법으로 간주하려는 의도에는 충분히 일치하지 않지만, 이 접속사를 단순히 "그리고"로 번역하지 않고 3a절과의 밀접한 관계를 활용하여 동사 "주다"의 목적어를 자연스럽게 제시한다는 점에서 충분히 의미가 있다고 할 수 있다. 따라서 이 번역을 따를 필요까지는 없지만 목적어를 "권세" 혹은 "능력"으로 설정할 수 있는 힌트는 얻을 수 있다. 예언하는 사역은 일종의 권세의 특징을 갖는다.

또한 4b절에서 분사 형태로 사용된 '헤스토테스'(ἑστῶτες, 서 있는)는 4a절의 '뒤오 엘라이아이'(δύο ἐλαῖαι, 두 감람나무)와 '뒤오 뤼크니아이'(δύο λυχνίαι, 두 촛대)를 수식해 주는 형용적 용법으로 사용된다. 그런데 '헤스토테스'는 남성 복수형 분사인데 반해 그 선행사인 '뒤오 엘라이아이'(두 감람나무)와 '뒤오 뤼크니아이'(두 촛대)는 여성 복수형이므로 서로 부조화를 이룬다. 그래서 남성 복수형인 3a절의 '토이스 뒤신 마르튀신'(τοῖς δυσὶν μάρτυσίν, 두 증인들)과 연결되는 것으로 간주할 수도 있

---

221 Zerwick and Grosvenor, *A Grammatical Analysis of the Greek New Testament*, 758; Zerwick and Smith, *Biblical Greek*, 153(§455γ).

222 Beale, *The Book of Revelation*, 572.

223 Smalley, *The Revelation to John*, 276; Beale, *The Book of Revelation*, 572. 이와 같은 맥락에서 블라운트는 미래 시제를 두 증인의 사역이 "신적 대권"(divine prerogative)의 결과로 주어진 사명이라는 관점에서 이해한다(Blount, *Revelation*, 207).

224 Beasley-Murray, *The Book of Revelation*, 182.

으나[225] 이 경우에는 서로 격이 불일치하게 된다. 분사 '헤스토테스'(서 있는)는 주격인데 "두 증인들"은 여격이기 때문이다. 그런데 분사 '헤스토테스' 앞에 여성복수형 정관사 '하이'(αί)가 사용되는데 이것은 '뒤오 엘라이아이'(두 감람나무) 및 '뒤오 뤼크니아이'(두 촛대)와 일치한다. 그리고 덧붙여서 4a절의 "이들은"(οὗτοι, 후토이)도 여성 복수형이 아닌 남성 복수형이다. 이것은 또한 분사 '헤스토테스'와 일치한다. 여기에서 저자는 문법적으로는 4a절의 선행사 "두 감람나무"와 "두 촛대"를 의식하고 있지만 남성 복수형을 써서 3a절의 "두 증인"을 가리키려 하는 것으로 이해할 수 있다. 이러한 불일치의 모순을 최소화하기 위해 여성 복수 정관사와 남성 복수 분사 사이에 '에노피온 투 퀴리우 테스 게스'(ἐνώπιον τοῦ κυρίου τῆς γῆς, 땅의 주 앞에)라는 문구를 삽입했다고 볼 수 있다.[226]

이상의 내용을 근거로 우리말 어순에 맞추어 번역하면 다음과 같다.

3a)   그리고
3b)   그들이 베옷을 입고 천이백육십 일을 예언하도록
3a)   내가 나의 두 증인에게 (권세를) 줄 것이다.
4a)   이들은
4b)   땅의 주 앞에 서 있는
4a)   그 두 감람나무와 그 두 촛대다.

본문 주해

두 증인=두 감람나무=두 촛대(3a절, 4a절). 먼저 이 본문은 "두 증인"에 대한 이야기다. 그러나 3절에는 이 두 증인의 의미가 무엇인지 정확하게 나타나 있지 않다. 대신 4a절에서 두 증인을 설명한 "두 감람나무"와 "두 촛대"라는 문구를 통해 그 의미가 분명하게 드러난다. 그러므로 두 증인의 의미를 정확하게 알기 위해서는 4a절의 두 문구에 대해 살펴볼 필요가 있다. 흥미로운 것은 "두 감람나무"와 "두 촛대" 앞에 정관사가 사용된다는 점인데, 이것은 요한의 독자들이 스가랴 4장, 특별히 2-3절과 11-14절을 배경으로 한 이미지에 매우 익숙했음을 알려 준다.[227] 순서는 두 감람나무가 먼저이지만 두 촛대가 두 증인의 의미를 좀더 잘 안내해 줄 수 있기 때문에 이것을 먼저 다루도록 한다.

---

225 스몰리도 이것을 주장한다(Smalley, *The Revelation to John*, 277-278).
226 앞의 책, 278.
227 Aune, *Revelation 6-16*, 612; Smalley, *The Revelation to John*, 277; Blount, *Revelation*, 209.

(1) 두 촛대(4a절)

이 문구의 배경인 스가랴 4장에서는 본래 촛대가 하나로 되어 있지만 요한이 구약을 매우 자유로운 방법으로 사용하고 있으므로 하나의 촛대가 이 본문에서는 두 촛대로 변형된다.[228] 이 본문의 "두 촛대"(αἱ δύο λυχνίαι, 하이 뒤오 뤼크니아이)와 1장 20절(참고, 1:12; 2:1)의 "일곱 촛대"는 "촛대들"(αἱ λυχνίαι, 하이 뤼크니아이)이란 단어를 공통적으로 사용한다. 그런데 1장 20절의 "일곱 촛대"는 "일곱 교회"를 의미한다. 그렇다면 이 본문의 "두 촛대"도 교회 공동체를 나타내는 표현이라고 간주할 수 있다. 다만 1장 20절에서는 "일곱"이란 숫자가 사용된 반면 11장 4a절에서는 "둘"이란 숫자가 사용된다는 차이가 있다. "일곱"이란 숫자는 완전함을 의미하므로 일곱 촛대는 당대에 존재했고 모든 시대에 걸쳐 존재하는 모든 교회를 의미한다. 반면 "둘"이라는 숫자는 "증거"가 합법적으로 성립되기 위한 최소한의 증인의 숫자(참고, 민 35:30; 신 17:6; 19:15; 마 18:16; 요 5:31; 8:17; 15:26-27; 행 5:32; 고후 13:1; 히 10:28; 딤전 5:19)라는 점에서 증거하는 공동체성의 의미를 보여주려는 목적으로 사용된다.[229] 누가복음 10장 1절에서 70명의 제자들이 2명씩 파송을 받는 것도 이러한 맥락에서 이해할 수 있다.[230] 그러므로 "둘"이라는 숫자와 "증인"이라는 단어는 서로 조화를 이루고 있다. 그렇다면 "두 증인"은 증거하는 교회 공동체를 가리키고 있으며, "교회의 일부"(part of the church)가 아니라 "교회 전체"(the whole church)를 포괄한다.[231] 이상에서 일곱의 숫자를 둘의 숫자로 변형하여 사용하는 것을 보면 요한은 스가랴서 본문들을 자신의 목적에 맞게 자유롭게 변형시켜 사용한다고 볼 수 있다.[232]

그러나 또 한편으로 요한이 유대 문헌의 해석적 전통의 영향을 받았다고도 할 수 있을 것이다. 곧 촛대에 대한 고대의 표현 가운데 두 개의 촛대가 토라 보관함 옆에 나란히 놓여 있는 경우가 있다는 것이다(Yarden, *Tree of Light*, 93-95, 101, 109-110, 114, 119, 130, 193-194, 206).[233] 그리고 베트 알파(Beth Alpha) 회당 바닥의 모자이크에도 토라 보관함이 각각 일곱 가지를 가진 두 개의 촛대와 나란히 놓여 있는 것으로 표현되어 있다(Gutmann, *Jewish Sanctuary*, plate XLVIII).[234] 또한 베트 쉐

---

228 Mounce, *The Book of Revelation*, 218.
229 Bauckham, *The Climax of Prophecy*, 274; Beale, *The Book of Revelation*, 575.
230 Sweet, *Revelation*, 184.
231 Bauckham, *The Climax of Prophecy*, 274.
232 Harrington, *Revelation*, 123.
233 Aune, *Revelation 6-16*, 612.
234 앞의 책.

아림(Beth She´arim)에서 발견된 네 개의 그림에도 두 촛대가 언약궤 옆에 나란히 놓여 있는 것으로 나타난다(Hachlili, *Jewish Art*, 247-248, plates 101-105).[235] 이상의 예들을 보면 "두 촛대"라는 개념이 갑자기 발생한 것이 아니라 해석적 전통 속에서 이미 존재해 왔다는 것을 알 수 있다.

(2) 두 감람나무(4a절)

"두 증인"은 "두 촛대" 외에도 "두 감람나무"(αἱ δύο ἐλαῖαι, 하이 뒤오 엘라이아이)로 표현된다. 이것은 두 촛대와 마찬가지로 스가랴 4장이 그 배경이다.[236] 스가랴 4장 3절은 "그 등잔대(촛대) 곁에 두 감람나무가 있는데 하나는 그 기름 그릇 오른쪽에 있고 하나는 그 왼쪽에 있나이다 하고"라고 하여, 두 개의 감람나무가 있는데 순금 촛대 곁에 있으며 기름 그릇의 우편과 좌편으로 각각 하나씩 나뉘어 있는 모습을 묘사한다. 그리고 4장 14절에서는 이 두 감람나무를 "이는 기름 부음 받은 자 둘이니 온 세상(땅)의 주 앞에 서 있는 자"라고 해석하여 "기름 부음 받은 자 둘"이 "두 감람나무"를 가리킨다는 점을 보여준다. 이 기름 부음 받은 자 둘은 그 당시의 대제사장 여호수아와 정치적 통치자 스룹바벨을 가리키는 것으로 이해할 수 있다.[237] 여호수아의 제사장적 지위의 특징과 스룹바벨의 왕적 지위의 특징이 두 증인이 상징하는 교회 공동체의 속성를 결정짓는다. 곧 교회 공동체는 하나님의 통치를 세상을 향하여 드러내는 제사장인 동시에 왕이다. 이러한 직분들은 본래 예수님에 의해 수행되었다. 예수님은 구약의 제사장직과 왕직을 온전히 성취하신 분이시다. 그리고 그러한 직분을 교회 공동체에게 양도하셔서 하나님의 에덴 회복 사역을 계속해서 이어갈 수 있게 하셨다.[238] 이러한 맥락에서 요한계시록 1장 6절과 5장 10절에서 예수님이 교회 공동체를 나라와 제사장으로 삼아 주셨다는 것을 이해할 수 있다. 두 증인에 의해 상징되는 교회 공동체는 "왕 같은 제사장이요 거룩한 나라"다(벧전 2:9). 이런 평행 관계에 의해 스가랴 4장의 스룹바벨과 여호수아의 사역과 요한계시록의 두 증인의 사역은 평행 관계를 갖는다. 곧 스가랴 4장에서 기름 부음 받은 여호수아와 스룹바벨이 하나님의 임재와 통치를 지상에서 구현하는 성전 건축 사역을 온전히 감당하도록 부르

---

235 앞의 책.

236 Harrington, *Revelation*, 123.

237 Aune, *Revelation 6-16*, 420. Abot R. Nat. 34에서는 이 기름 부음 받은 두 사람이 제사장인 아론과 왕적 지위를 갖는 메시아라고 해석한다(앞의 책).

238 Caird, *The Revelation of St. John*, 134.

심을 받은 것처럼 요한계시록 11장의 두 증인도 역시 왕적이며 제사장적 지위를 가지고 땅끝까지 하나님의 통치를 드러내는 증인으로서의 사역을 온전히 감당하도록 부르심을 받는다. 여기에서 "땅끝"의 주제는 다음 단락에서 계속해서 살펴보기로 하겠다.

(3) 두 증인과 성령

교회 공동체를 상징하는 두 촛대는 스가랴 4장에서 일곱 등잔을 받치고 있는 순금 등잔대(燭臺)를 연상케 한다. 이 스가랴서의 순금 등잔대(燭臺)는 요한계시록 1장 12절과 1장 20절에서 교회 공동체를 상징하는 일곱 금 촛대의 배경이 되기도 한다. 여기에서 "촛대"와 "등잔대"는 동일하게 '뤼크니아'(λυχνία)라는 단어를 사용한다. 차이가 있다면 70인역 스가랴서 본문에서는 단수형인 '뤼크니아'(λυχνία)를 사용하는 반면 요한계시록 본문에서는 복수형인 '뤼크니아이'(λυχνίαι)를 사용한다는 점이다. 스가랴 4장 2절에서 순금 등잔대가 일곱 등잔을 떠받치고 있는 것처럼 요한계시록 4장 5절에서 성령인 일곱 영을 상징하는 일곱 등잔을 교회 공동체를 상징하는 일곱 금 촛대가 떠받치고 있다. 이러한 관계는 교회 공동체가 성령과 관련하여 어떤 역할을 하게 되는지 시사한다. 곧 두 증인을 상징하는 두 촛대로서의 교회 공동체는 증거 사역을 통해 세상 나라들을 회심케 함으로써 세상을 밝히는 등불처럼 하나님의 영을 드높여 세상을 비추는 역할을 하는 것으로 이해할 수 있다.[239] 곧 교회 공동체는 성령의 활동을 활성화하도록 하는 역할을 감당한다.

성령이 두 증인을 묘사하는 두 감람나무와 관련되는 것은 스가랴 4장과 요한계시록 11장을 비교해 볼 때 더욱 분명하게 드러난다. 스가랴 4장에서 여호와의 영이 두 감람나무인 여호수아와 스룹바벨을 도와 능히 성전 건축을 이룰 수 있게 했던 것처럼(슥 4:5-6), 요한계시록 11장에서는 "모든 땅으로 보내심을 받은 하나님의 일곱 영"(계 5:6)인 성령이 두 증인 곧 교회 공동체를 도와 그리스도의 구속 사역을 온 땅에 널리 적용케 하고 그들을 통해 그의 사역을 완성할 것이다. 그러므로 "효과적인 증거 사역의 능력과 권세는 바로 하나님의 영 안에 있다"고 할 수 있다.[240]

---

239 Bauckham, *The Climax of Prophecy*, 274.
240 Mounce, *The Book of Revelation*, 218.

땅의 주 앞에 서다(4b절). 4b절에 의하면, 두 증인을 상징하는 "두 감람나무"와 "두 촛대"는 "땅의 주 앞에 서 있다"(αἱ ἐνώπιον τοῦ κυρίου τῆς γῆς ἑστῶτες, 하이 에노피온 투 퀴리우 테스 게스 헤스토테스). 이 문구는 스가랴 4장 14절의 "온 세상(땅)의 주 앞에 서 있는 자"라는 문구에 대한 "직접적 인유"(direct allusion)이다.[241] 그러므로 이 본문은 스가랴서의 직접적 영향을 받는다. 스가랴서 본문에 의하면 주 앞에 서 있는 그들은 두 감람나무 곧 기름 부음 받은 자들인 여호수아와 스룹바벨이다. 요한계시록 11장에서 두 증인은 이 두 사람의 직분, 즉 제사장과 왕의 직분을 부여받는다. "땅의 주 앞에 서 있다"라는 문구는 "땅의 주"와 "주 앞에 서 있다"의 두 부분으로 구분해서 생각해 볼 필요가 있다.

먼저 고대 근동의 우가리트 자료에 의하면 "땅의 주"는 종종 바알(Baʿal)에게 붙여졌던 이름이다.[242] 이것은 바알이 땅을 비옥하게 해 주는 신으로 숭배되었기 때문이다. 반면 로마 제국 시대에 살았던 사람들은 땅의 주인이 로마 제국의 황제라고 확신했을 것이다. 로마 제국 황제는 이 땅에서의 삶을 풍요롭게 해 줄 수 있는 존재로 간주되었다. 역사적으로 통치자들은 전쟁을 통해 땅을 차지하여 "땅의 주"가 되기를 열망했다. 땅의 주가 된 자는 땅을 다스리고 통치력을 확장했다. 그러므로 영토에 대한 욕심은 한계가 없다. 그런데 요한은 바알도 로마 제국의 황제도 아닌 오직 하나님만을 "땅의 주"로 선포한다.[243] 이것은 당연하다. 왜냐하면 하나님이 땅을 창조하셨기 때문이다. 그리고 땅의 주로서 하나님은 죄로 인해 더럽혀진 땅을 회복하기 원하신다. 그것은 두 증인의 증거 사역을 통해 이방 나라들이 하나님께로 돌아오게 될 때 가능하다. 그래서 성경은 끊임없이 에덴의 회복을 추구한다. 두 증인의 증거 사역은 "땅의 주"의 요청이고 그 요청을 이루어 드리기 위함이다. 이것은 스가랴 4장 10절의 "온 세상(모든 땅)에 두루 다니는 여호와의 눈"을 연상케 한다. 하나님은 온 땅을 살피시는 분이다. 왜냐하면 하나님은 땅의 주인이시기 때문이다. 따라서 이러한 하나님의 증인으로 부름 받은 두 증인 역시 온 땅을 증거 사역의 대상으로 삼는다. 여기서 "땅"이란 단어의 반복된 사용은 에덴에서 생육하고 번성하여 온 땅을 충만히 채움으로(창 1:28) 하나님의 영광을 온 땅에 충만하게 채우는 창조 본연의 목적을 함의한다.

---

241 Smalley, *The Revelation to John*, 277.
242 Aune, *Revelation 6-16*, 612. 이 우가리트 자료들로는 "*Baʿal* II iv 47; vii 43ff.; III* A.32; III i 1ff.; iii.8–9; iv 5–6; IV iii 2, 9; V i 2–4; v 35" 등이 있다(앞의 책).
243 앞의 책, 613.

그리고 "주 앞에 서 있다"는 것은 일종의 숙어로서 "제사장적 혹은 레위적 기능"을 나타낸다(희년서 30:18).[244] 이러한 특징은 두 증인이 두 감람나무로서 제사장 여호수아의 기능을 공유한다는 점에서 당연한 귀결이다(이러한 내용의 구약의 본문들로는 출 18:19; 신 10:18; 18:7; 왕상 17:1; 18:15; 왕하 3:14; 5:16; 대하 29:11; 겔 44:15; 슥 3:1이 있다).[245] 또한 이 문구는 섬기는 자세를 나타냄으로써 종의 이미지를 제공해 준다. 왜냐하면 누군가의 앞에 서 있다는 것은 종으로서의 신분을 시사해 주기 때문이다.[246] 또는 하나님의 말씀을 가지고 섬기는 엘리야와 엘리사 같은 선지자와 관련해서 사용되기도 한다.[247] 이 문구는 다음과 같은 "이중적 의미"(double-entendre)를 갖는다:[248] (1) 두 증인은 이 땅에서 증거의 사역을 통해 땅의 주를 섬긴다, (2) 두 증인에 대한 은유적 표현인 두 촛대는 하늘 성전에 존재한다. 결국 두 증인은 이 땅에서 증거의 사역을 감당하고 있는 동시에 하늘 성전에서 하나님을 섬기는 제사장적 역할을 감당하는 천사들과 같은 기능을 공유한다. 하나님이 하늘에 계시므로, 두 증인이 땅의 주이신 하나님 앞에 서 있다는 것은 그들을 천상적 존재로 상정하는 것이 분명하다. 그러므로 이 문구는 하늘 성전에서 제사장적 지위를 가지고 하나님을 섬기는 자들로서의 이미지를 내포하고 있다.[249]

베옷을 입고 예언하다(3b절). 두 촛대로서의 두 증인은 3b절에서 굵은 베옷을 입고 예언 사역을 감당한다. 먼저 여기에서 주목해야 할 것은 "예언하다"(προφητεύσουσιν, 프로페튜수신)προφητεύω, 프로페튜오)라는 표현이다. "예언하다"란 동사는 10장 11절에서 요한에게 주어지는 예언 사역을 표현할 때도 사용된다. 여기에서 다시 이 단어가 사용되는 것은 이 본문을 요한에게 주어진 예언 사역의 연속선상에서 이해하게 만들려는 목적을 갖는다. 곧 요한에게 주어진 예언 사역이 두 증인이 상징하는 교회 공동체에게 계승되어야 한다는 것을 인식시키려는 의도가 있는 것이다.

---

244 Aune, *Revelation 6-16*, 613. 희년서 30:18: "그리고 레위의 씨는 우리가 그러한 것처럼 항상 주님 앞에서 봉사하는 제사장직과 레위 사람의 (반차)를 위해 택함을 받았다"(*OTP* 2:113). 윈터뮤트(Wintermute)는 여기에서 "우리"는 하늘에서 하나님을 섬기는 "천사의 무리"를 가리키는 것으로 이해할 수 있다고 주석한다(앞의 책).

245 Aune, *Revelation 6-16*, 613.

246 앞의 책.

247 Ford, *Revelation*, 171.

248 Aune, *Revelation 6-16*, 613.

249 앞의 책. 오우니는 "두 증인에 대한 은유(metaphor)로서의 두 촛대가 실제로(actually) 하나님 앞에 서 있는 것으로 이해되어야 한다"고 말하면서 두 증인 곧 교회 공동체의 천상적 지위를 더욱 강조한다(앞의 책).

또한 11장 3b절은 예언 사역을 감당하는 두 증인이 베옷을 입었다고 한다. 두 증인의 이런 복장의 특징은 무엇을 의미하는 것일까? "베옷"은 죽음 등으로 인해 초래되는 "슬픔과 회개에 대한 전통적 복장"으로 사용된다(창 37:34; 삼하 3:31; 왕상 21:27; 대상 21:16; 느 9:1; 렘 4:8; 마 11:21).[250] 곧 이러한 복장은 구약과 신약을 통틀어서 "국가적 죄에 대한 슬픔과 그 죄로 인하여 초래되는 심판에 대한 슬픔"을 나타낸다.[251] 이와 같은 맥락에서 구약의 엘리야(왕하 1:8)와 신약의 세례 요한(막 1:6)이 입었던 복장은 베옷과 유사한 것으로서 국가적으로 회개를 촉구하는 "선지적 행위"를 함의한다.[252] 그러므로 베옷은 "두 증인의 선지적 의도"(two witnesses' prophetic intent)를 암시하고 이 선지적 메시지의 핵심은 세상으로 하여금 회개하도록 하는 것이다.[253] 두 증인은 10장의 요한처럼 예언 사역을 계승하는 자들로서 베옷을 입고 입에서는 달지만 배에서는 쓰게 되는 예언 사역을 감당하도록 부르심을 받는다. 끝으로, 앞서 땅의 주 앞에 서 있는 것이 천상적 존재와 지상에서의 사역을 감당하는 이중적 의미를 갖는 것이라고 한다면, 굵은 베옷은 치열한 지상 사역의 현장을 잘 나타내 주고 있는 것이다.

천이백육십 일(3b절). 두 증인의 증거 사역의 기간은 천이백육십 일이다. 이 기간은 앞의 1-2절에서 성전 바깥 마당이 이방인에 의해 짓밟힘을 당하는 기간인 마흔두 달과 같다. 다니엘서가 그 배경인데(이 구약 배경에 대한 자세한 내용은 2절의 마흔두 달에 대한 설명을 참고하라), 다니엘서에서 이 기간은 안티오쿠스 4세가 이스라엘을 핍박하는 기간이다.[254] 이것은 성전 바깥 마당이 마흔두 달 동안 이방인들에게 주어져서 짓밟히게 되는 기간과 정확하게 일치한다. 요한계시록에서는 다니엘서와 동일하게 이 기간을 조합시킴으로써 두 증인이 필연적으로 고난에 직면하게 될 것을 보여주려 한다. 그러나 이 기간을 고난으로만 특징지을 수는 없다. 두 증인은 두 감람나무가 표현하고 있는 것처럼 왕 같은 제사장으로서의 특징을 갖

---

250 Boxall, *Revelation of St. John*, 163.

251 Osborne, *Revelation*, 420.

252 앞의 책; Sweet, *Revelation*, 184. 엘리야와 세례 요한은 밀접한 관계를 가지고 있으며, 세례 요한은 "종말론적 엘리야"(eschatological Elijah)라고 할 수 있다(막 1:2; 9:11-13)(Aune, *Revelation 6-16*, 610).

253 Blount, *Revelation*, 208. 오우니는 굵은 베옷의 네 가지 용례를 다음과 같이 제시한다(Aune, *Revelation 6-16*, 611): (1) "개인적 슬픔이나 국가적 고난에 대한 표시"(창 37:34; 삼하 3:31; 애 2:10; 에 4:1; 시 30:11; 사 15:3; 22:12; 욜 1:13; 암 8:10), (2) 백성들을 위해 하나님께 간청할 때 보이는 복종의 표시(왕상 20:31-32; 렘 4:8; 6:26; 단 9:3 등), (3) 실제적으로 회개를 실행할 때(왕상 22:27-29; 왕하 19:1-2; 대상 21:16; 느 9:1; 시 35:13; 욘 3:5-8; 마 11:21=눅 10:13), (4) 선지자들이 임박한 심판을 선포하며 그에 대한 슬픔을 나타낼 때 착용하는 선지자들의 복장(사 50:3; 계 6:12; 클레멘트1서 8:3).

254 Caird, *A Commentary on the Revelation of St. John the Divine*, 132.

기 때문이다. 여기에 덧붙여서 두 증인은 굵은 베옷을 입고 세상을 향하여 회개를 촉구하는 예언 사역을 감당하는 것으로 묘사된다.

여기에서 두 증인의 선지적 활동 기간인 천이백육십 일과 성전 바깥 마당이 이방인들에 의해 짓밟히는 기간인 마흔두 달의 평행 관계는 동전의 양면처럼 종말의 시대에 교회 공동체가 갖는 이중적 특징을 보여주려는 의도를 갖는다고 할 수 있다.[255] 이러한 이중적 특징은 두 증인의 사역 환경이 고난이라는 부정적 정황으로만 특징지을 수 있는 것이 아니라 세상을 회개케 하여 변화시키는 좀 더 적극적이고 긍정적인 속성을 가지고 있음을 나타낸다.

이상에서 두 증인의 예언 사역이 진행되는 천이백육십 일의 기간은 문자적으로 대환난이라는 어느 특정한 시기로 보기 어렵고, 도리어 "교회의 모든 시간"(the whole time of the church)으로서 초림과 재림 사이에 교회 공동체에게 주어지는 예언 사역의 기간으로 보는 것이 자연스럽다.[256] 고난의 관점에서 보면 이 기간이 언젠가는 끝나게 되어 있는 제한된 기간이라고 한다면, 왕 같은 제사장으로서 예언의 사역을 감당하는 관점에서 보면 이 기간은 에덴의 왕적 지위를 회복해 주신 예수님의 사역을 확장하고 선언하는 종말적 사역의 기간이다. 이것은 이어지는 내용에서 좀 더 분명하게 드러나게 된다.

3-4절 정리. 3-4절은 두 증인의 사역을 도입하는 부분으로서 두 증인에 대한 기본 지식을 제공한다. 첫째로 두 증인은 베옷을 입고 예언 사역을 감당한다. 베옷은 그들의 예언 사역이 회개를 촉구하는 사역임을 시사한다. 이 예언 사역은 요한의 선지적 부르심을 계승하는 것이요 구약 선지자들의 예언 사역을 이어가는 것이라 할 수 있다. 무엇보다도 선지자로 오신 예수님의 선지적 사역을 계승하는 것이 큰 의미가 있다. 이 예언 사역은 초림과 재림 사이를 의미하는 천이백육십 일 동안 진행된다. 두 증인은 두 촛대로 소개되는데, 이는 증거하는 공동체로서의 교회 공동체를 상징한다. 또한 두 증인은 두 감람나무로서 왕 같은 제사장으로서의 특징도 가지고 있다. 그들은 땅의 주 앞에 서 있는 자들로서 땅을 변혁시키도록 부르심을 받은 자들이며 동시에 하늘의 하나님 앞에 서 있는 천상적 존재들이다.

---

255 Sweet, *Revelation*, 184. 이러한 이중적 특징은 측량 대상인 "성전"과 측량하지 않는 대상인 "성전 바깥 마당" 사이의 이중적 특징과는 또 다른 측면이다.
256 Harrington, *Revelation*, 121.

2) 사건의 전개: 두 증인의 사역을 모세와 엘리야를 통해 조명하다(11:5-6)

5-6절은 두 증인의 구체적인 사역에 대해 소개한다. 여기에서 요한은 두 증인의 사역의 특징을 설명하기 위해 구약의 엘리야(5-6c절)와 모세(6defg절)를 모델로 삼는다. 이 두 인물 사이에는 차이점도 있지만 공통점이 있는데, 그것은 둘 다 적대적 세력과의 대립 관계에 있었다는 점이다. 엘리야는 이세벨 및 그녀가 숭배하는 바알 신과 대립 관계에 있었고, 모세는 바로와 그의 마술사들, 그리고 후에는 발락 및 발람과 대립 관계에 있었다.[257] 요한은 이런 대립 관계를 상정하여 두 증인이 예언 사역을 수행할 때 직면하게 될 세상과의 대립 관계를 설명하려고 한다. 먼저 엘리야를 모델로 한 두 증인의 사역을 살펴보고 다음에 모세를 배경으로 하는 두 증인의 사역을 살펴보도록 하겠다.

구문 분석 및 번역

5절 a καὶ εἴ τις αὐτοὺς θέλει ἀδικῆσαι
그리고 만일 누군가 그들을 해하기를 원한다면

b πῦρ ἐκπορεύεται ἐκ τοῦ στόματος αὐτῶν καὶ κατεσθίει τοὺς ἐχθροὺς αὐτῶν·
불이 그들의 입으로부터 나와서 그들의 원수들을 멸망시킨다

c καὶ εἴ τις θελήσῃ αὐτοὺς ἀδικῆσαι,
그리고 만일 누군가 그들을 해하기를 원한다면

d οὕτως δεῖ αὐτὸν ἀποκτανθῆναι.
이와 같이 그는 반드시 죽임을 당해야만 한다

6절 a οὗτοι ἔχουσιν τὴν ἐξουσίαν
이들은 권세를 가지고 있다

b κλεῖσαι τὸν οὐρανόν,
하늘을 닫을

c ἵνα μὴ ὑετὸς βρέχῃ τὰς ἡμέρας τῆς προφητείας αὐτῶν,
그들의 예언의 날 동안 비가 오지 않도록

d καὶ ἐξουσίαν ἔχουσιν
그리고 그들은 권세를 가지고 있다

e ἐπὶ τῶν ὑδάτων στρέφειν αὐτὰ εἰς αἷμα
물들을 피로 바꾸는

f καὶ πατάξαι τὴν γῆν ἐν πάσῃ πληγῇ
그리고 모든 재앙으로 땅을 치는

g ὁσάκις ἐὰν θελήσωσιν.
그들이 원한다면 언제든지

---

257 Bauckham, *The Climax of Prophecy*, 277.

5ab절과 5cd절은 평행 관계다. 5a절과 5c절은 조건절로서 거의 동일한 문장이고, 5b절과 5d절은 조건절의 주절로서 다소 문장에 변화를 주었지만 의미는 같다. 거의 동일한 형태로 구성된 5a절과 5c절 사이에 차이가 있다면 5a절은 직설법 동사를 사용하는 반면 5c절은 가정법 동사를 사용한다는 점이다. 조건절에서 직설법 동사를 사용하는 것은 "추정의 실체"(the reality of the assumption)에 대한 강조를 나타내는데, 이 경우에 조건으로 주어진 것은 곧 "실제적인 경우"(a real case)로 여겨지게 된다.[258] 이것을 5a절에 적용해 보면, 누군가 두 증인을 해하기를 원하는 것은 지극히 현실적이고 실제적인 정황을 반영하는 것이다.[259] 요한은 단순한 가정에서 끝나지 않고 이러한 실제적 정황을 표현하려는 의도를 보인다.

5b절의 '카테스디에이'(κατεσθίει)κατεσθίω, 카테스디오)라는 단어는 "먹어 버리다"(eat up; devour), "삼키다"(swallow), "멸망시키다"(destroy) 같은 의미를 가지고 있다.[260] 이 세 가지 의미 중에서 한 가지 뜻만을 선택하기가 쉽지 않지만, 이 문맥에 가장 가까운 의미에 해당하는 "멸망시키다"를 택하여 번역했다. 또한 요한은 조건절인 5a절과 5c절에서 "원하다"라는 동사를 두 번 반복해서 사용함으로써 두 증인을 해하고자 하는 적대적 세력의 욕망을 잘 반영하고 있다. 5d절에서는 "신적 '데이'"(divine δεῖ)가 사용된다. 그러므로 이것은 반드시 이루어져야만 하는 당위성을 갖는다.

6b절의 "하늘을 닫다"(κλεῖσαι τὸν οὐρανόν, 클레이사이 톤 우라논)는 6a절의 "권세"(τὴν ἐξουσίαν, 텐 엑수시안)를 수식하는 부정사구 형태이며, 6c절은 '히나'(ἵνα) 접속사에 의해 6b절의 목적절로 기능한다. 이런 구문적 특성을 반영해서 6b절은 6a절의 "권세"를 수식하도록 부정사구의 형용적 용법으로 번역했고, 6c절은 6b절의 목적절로 번역함으로써 개역개정에서 결과적으로 번역한 것을 수정했다. 그러므로 하늘을 닫을 권세를 갖는 것(6b절)은 예언의 날 동안 비가 오지 않도록 하기 위한 목적을 지닌다(6c절).

6def절은 6d절의 "권세"(ἐξουσίαν, 엑수시안)라는 명사를 두 개의 부정사 '스트레페인'(στρέφειν, 바꾸다; 6e절)과 '파탁사이'(πατάξαι, 치다; 6f절)가 수식해 주는 구조다. 이런 구조에 의해 두 증인은 두 종류의 권세를 갖게 된다. 첫 번째 권세는 6e절의 "그것들"(αὐτά)이라는 지시 대명사가 앞의 "물들"을 이어받고 있어서 그 물들을

---

258 BDF §371 [1].
259 Aune, *Revelatoin 6-16*, 613.
260 BDAG, 532.

피로 바꾸는 물에 대한 권세이고, 두 번째 권세는 모든 재앙으로 땅을 치는 땅에 대한 권세이다. 6def절의 번역에서는 이 두 권세를 정확하게 드러내는 데 초점을 맞추었다. 따라서 원문에는 "권세"라는 단어가 한 번만 나오지만 번역에서는 두 번 반복해서 번역할 수밖에 없다. 또한 6d절의 "권세"(ἐξουσίαν, 엑수시안)는 6e절의 "바꾸다"(στρέφειν, 스트레페인)라는 부정사와 연결되는 동시에 직접적으로는 직후에 나오는 6e절의 '에피 톤 휘다톤'(ἐπὶ τῶν ὑδάτων, 물에 대한)이라는 문구와 연결되어 "물에 대한 권세"로 번역할 수 있다.

이상의 내용을 근거로 우리말 어순에 맞추어 번역하면 다음과 같다.

5a)	그리고 만일 누군가 그들을 해하기를 원한다면
5b)	불이 그들의 입으로부터 나와서 그들의 원수들을 멸망시킨다.
5c)	그리고 만일 누군가 그들을 해하기를 원한다면
5d)	이와 같이 그는 반드시 죽임을 당해야만 한다.
6a)	이들은
6c)	그들의 예언의 날 동안 비가 오지 않도록
6b)	하늘을 닫을
6a)	권세를 가지고 있다.
6d)	그리고 그들은
6e)	물들을 피로 바꾸는 물에 대한
6d)	권세를,
6f)	그리고
6g)	그들이 원한다면 언제든지
6f)	모든 재앙으로 땅을 치는
6d)	권세를 가지고 있다.

본문 주해

[11:5] 두 증인의 엘리야적 사역 1

11장 5절은 두 증인의 사역을 엘리야의 사역에 비추어 특징짓는데, 이는 5절의 구약 배경과 그것에 대한 요한의 적용을 통해 확인할 수 있다.

구약 배경 및 해석 전승. 5ab절은 열왕기하 1장 10절과 12절의 내용을 약간 변경하여 예레미야 5장 14절과 함께 사용한다.[261] 먼저 열왕기하 1장 10절과 12절은

---

261 Charles, *A Critical and Exegetical Commentary on the Revelation of St. John*, 1:284.

엘리야와 이스라엘 왕 아하시야 사이에 일어난 사건을 반영하고 있다. 이 사건의 핵심은 아하시야가 이스라엘 가운데 통치하시는 하나님의 존재를 무시하고 자신의 목숨과 관련된 문제를 에그론의 신 바알세붑에게 물으러 간 사실에 있다. 그래서 이 본문에서는 "이스라엘에 하나님이 없어서 에그론의 신 바알세붑에게 묻느냐"는 질문이 반복된다(왕하 1:3, 6, 16). 엘리야는 이러한 우상 숭배에 대한 징벌로서 아하시야의 죽음을 확정하여 말했고, 아하시야는 그런 엘리야를 잡기 위해 병사들을 보내지만, 엘리야가 하나님의 말씀을 대언하자마자 하늘에서 불이 내려 아하시야의 병사들을 두 번이나 태워 죽인다(왕하 1:10, 12). 이러한 과정에서 이스라엘 왕의 무지로 인해 무너지려 했던 하나님의 주권이 이스라엘 가운데 다시 한 번 확고하게 인식되는 결과를 가져오게 된다. 이러한 사실이 바로 요한계시록 11장 5절에 충실하게 반영되어 있다. 엘리야가 이스라엘 가운데 하나님의 주권을 올바로 세우는 사역으로 부르심을 받았다면, 두 증인은 온 세상 가운데 하나님의 주권을 온전히 알리는 사역을 감당해야 하는 것이다.

또한 요한계시록 11장 5절은 예레미야 5장 14절의 "그러므로 만군의 하나님 여호와께서 이와 같이 말씀하시니라 너희가 이 말을 하였은즉 볼지어다 내가 네 입에 있는 나의 말을 불이 되게 하고 이 백성을 나무가 되게 하여 불사르리라"라는 말씀도 반영한다. 이 본문에서는 하나님의 말씀이 불에 비유된다. 이런 비유는 사무엘하 22장 9절과 시편 18편 13절에서도 볼 수 있는데, 사무엘하 22장 9절에서는 하나님의 코에서 연기가 뿜어 나오고 하나님의 입에서 불이 나와 사른다고 표현하고, 시편 18편 13절에서는 여호와께서 음성을 우박과 숯불처럼 발하신다고 묘사한다.[262] 이상의 내용을 열왕기하 1장의 경우와 비교하면 하늘로부터 내려온 불은 하나님의 입에서 나오는 말씀이 된다.

이러한 패턴은 집회서 48장 1-3절에도 잘 나타나 있다.[263] 집회서 48장 1-3절은 다음과 같다(NRSV로부터의 사역):

> [1a]그때 불 같은 선지자 엘리야가 일어났다. [1b]그리고 그의 말은 횃불처럼 타올랐다. [2]그는 그들 위에 기근을 가져왔고 그의 열심으로 그들을 수적으로 적게 만들었다. [3]여호와의 말씀에 의해 그는 하늘을 닫았고 또한 세 번 불을 내렸다(집회서 48:1-3)

---

262 Aune, *Revelation 6-16*, 614.
263 Charles, *A Critical and Exegetical Commentary on the Revelation of St. John*, 1:284; Mounce, *The Book of Revelation*, 219.

1a절에서 엘리야는 "불 같은 선지자"로 불리고 1b절에서는 그의 말이 "횃불"에 비유된다. 그리고 3절에 의하면 불을 세 번 내렸다고 말하는데, 이것은 말씀의 능력을 강조한다. 또한 3절은 엘리야의 이중적 능력을 묘사해 준다.

이상의 구약 배경을 정리하면, 엘리야의 사건에서 불은 하늘에서 내려와 하나님의 주권을 무시한 자들을 심판하고 멸망시킨다. 이것을 예레미야 5장 14절, 사무엘하 22장 9절, 시편 18편 13절, 집회서 48장 1-3절의 관점에서 재해석하면 하늘로부터 내려온 불은 하나님의 입에서 나오는 불로서, 곧 하나님의 말씀이다. 요한은 이러한 일련의 구약 배경을 종합적으로 고려하여 사용한다.

요한의 해석. 요한은 이런 구약 배경을 자신의 본문에 적용한다. 5ab절에 의하면 두 증인의 입에서 나온 불이 그들을 대적하여 해하려고 하는 모든 자들을 멸망시킨다. 여기에서 두 가지 사실을 정리할 수 있다. 첫째, 두 증인을 해하려고 하는 자들이 존재하는 것은 필연적이고 엄연한 현실이다. 이러한 현실은 5a절과 5c절의 조건절에 잘 반영되어 있다. 이것은 두 증인이 세상 세력과 적대적 관계에 있다는 것과 고난은 필연적이라는 것을 의미한다. 이러한 정황은 앞에서 언급한 것처럼 엘리야 및 모세와의 공통점이기도 하고, 1-2절에서 성전 바깥마당이 이방인들에 의해 짓밟히는 이미지를 통해서도 제시된 바 있다. 그렇지만 하나님의 주권을 온 세상에 올바로 세우고자 하는 증거 사역은 중단될 수 없다.

둘째, 그것을 방해하는 자들에 대한 심판도 필연적이다. 5d절에서 방해하는 자들의 죽음을 표현할 때 사용된 "신적 '데이'"(divine δεῖ)에 의해 이것은 더욱 강조된다. 5b절의 "멸망시키다"(κατεσθίει, 카테스디에이)κατεσθίω, 카테스디오)는 열왕기하 1장에서 하늘로부터 나온 불이 아하시야의 병사들을 "살랐다"는 것과 동일한 동사를 사용하고 있어 다시 한 번 이 두 본문 사이의 관계성을 확고하게 해 준다. 그런데 열왕기하 1장에는 "하늘로부터" 불이 내려온다고 기록되어 있는 반면 요한계시록 11장 5b절에는 두 증인의 "입으로부터"(ἐκ τοῦ στόματος, 에크 투 스토마토스) 불이 나온다고 기록되어 있어서 "하늘로부터"와 "입으로부터"가 서로 평행 관계를 이루게 된다. 이렇게 "하늘"이 "입"으로 변화되는 것은 예레미야 5장 14절, 사무엘하 22장 9절, 시편 18편 13절, 집회서 48장 1-3절의 영향을 받았다고 추정할 수 있다. 이 본문들에서 불은 하나님의 "입"에서 나온다. 그리고 그 불은 하나님의 말씀을 의미한다. 두 증인의 입이 하나님의 입을 대신하고, 두 증인의 입에서 나오는 불은 하나님의 말씀이다. 두 증인은 하나님의 사역을 대리한다. 그 말씀 사역을 방해하여 하나님의 주권을 훼손시키는 자들은 그 입에서 나오는 불에 의해 심판을 받아 멸망하게 된다. 이것은 두 증인의 증거 사역을 통해 온 세상에 대한 하나님의 주권을 회복하는 것이 하나님께 얼마나 중요하게 취급되는 문제인지를 보여준다. 특별히 5ab절을 5cd절에서 반복하고 있다는 점에서 이러한 사실을 더욱 강조하여 말하려고 하는 것을 알 수 있다. 5d절에서 "반드시"(δεῖ, 데이)라는 단어가 사용되는 것은 이러한 일의 발생이 필연적임을 밝혀 주고 있다.

위의 두 사실을 통해 두 증인이 상징하는 교회 공동체에 대해 알 수 있는 것은 교회 공동체가 하나님의 사역을 대리하는 자들로서 하나님의 권세도 대리한다는 사실이다. 교회 공동체는 방해 세력이 있음에도 그 사역을 중단할 수 없으며(바꾸어 말하면 어떠한 세력도 그 교회 공동체의 증거 사역을 중단시킬 수 없으며), 도리어 그 방해 세력은 교회 공동체의 불 같은 증거의 말씀에 의해 와해될 것이다. 그러한 증거 사역은 구원을 가져오기도 하지만 동시에 그것을 대적하는 세력을 향해서는 심판을 초래하게 될 것이다. 엘리야에게 주어진 권세가 요한의 시대부터 존재하는 모든 교회 공동체에게 강력한 모델이 되고 있다.

[11:6abc] 두 증인의 엘리야적 사역 2

6abc절은 또 다른 구약 배경을 사용해서, 두 증인의 사역이 갖는 엘리야적 사역의 또 다른 측면을 강조한다.

구약 배경. 11장 6abc절은 열왕기상 17-18장(참고, 집회서 48:3)에서 아합 왕의 바알 우상 숭배에 대한 심판으로 엘리야가 언약적 저주로서 삼 년 동안 하늘을 닫아 가뭄이 들게 했던 사건을 배경으로 한다.[264] 그리고 누가복음 4장 25절의 예수님의 설교 말씀을 반영하기도 한다.[265] 이 사건도 역시 앞의 5절의 경우처럼 바알 신을 섬기는 우상 숭배로 인해 훼손된 하나님의 주권을 회복하고자 하는 시도라고 할 수 있다. 곧 엘리야는 하나님으로부터 하늘을 닫을 수 있는 권세를 받아 삼 년 동안 비가 오지 못하게 하였다(왕상 17:1; 18:1). 이것은 엘리야를 핍박했던 아합 왕과 이세벨과 바알 선지자들, 그리고 하나님에 대한 언약적 신실함을

---

264 Smalley, *The Revelation to John*, 279.
265 Sweet, *Revelation*, 185.

저버리고 그들을 추종했던 이스라엘을 향한 하나님의 심판이다.[266] 이러한 가뭄의 심판에 대한 적절한 반응은 바로 하나님께로 돌아오는 것이다(신 11:16-17; 왕상 8:35; 대하 7:13; 렘 3:3; 14:2-7; 암 4:7-8; 1Q22 II, 10).[267]

요한의 해석. 요한은 엘리야의 사역을 두 증인에게 적용한다. 먼저 요한은 두 증인이 이 세상에 대한 심판을 선포하는 것을 그들에게 주어진 권세를 행사하는 것으로 이해한다(6a절). 그러므로 요한은 두 증인이 엘리야 시대에 엘리야가 자신을 핍박했던 아합 왕이나 바알 선지자들을 향하여 시행했던 것처럼 하나님을 욕되게 하는 세상을 향하여 심판의 권세를 행사하는 것으로 묘사하고 있다. 이러한 연결은 엘리야와 두 증인 사이의 평행 관계에 의해 성립된다. 그 평행 관계에 의한 공통점은 무엇일까? 그것은 바로 엘리야 시대가 바알을 숭배하는 시대였다면 두 증인의 시대는 로마 제국의 황제를 숭배하는 시대라는 점이다. 두 증인은 엘리야처럼 이 세상에 심판의 권세를 행사하여 하나님의 살아계심을 드러내고, 세상을 향해 회개하여 하나님께로 돌아올 것을 요구한다. 또 다른 공통점은 엘리야나 두 증인 모두 선지자라는 것이다. 6c절은 "그들의 예언의 날 동안"이란 표현을 통해 두 증인을 선지자로 규정한다.

"그들의 예언의 날 동안"이라는 기간은 앞서 초림과 재림 사이의 기간을 의미하면서 언급된 "마흔두 달"(2d절) 혹은 "천이백육십 일"(3b절)의 기간, 즉 삼 년 반을 가리킨다. 열왕기상 18장 1절에 의하면 엘리야 시대의 가뭄 기간은 삼 년인데, 누가복음 4장 25절과 야고보서 5장 17절은 이것을 "삼 년 육 개월"이라고 하여 약간 다르게 표현한다.[268] 이러한 차이는 앞서 지적했던 바와 같이 삼 년 반이란 기간이 "재앙의 시간에 대한 유대적 상징"(단 7:25; 12:7)이기 때문에 발생했다고 볼 수 있다.[269] 그렇다면 두 증인이 예언 사역을 하는 기간은 우선적으로 요한의 시대로 특정되지만, 초림과 재림 사이의 모든 종말적 시대를 포괄하기도 한다. 시대가 바뀔 수는 있지만 그 모든 시대가 우상 숭배로 점철된 기간이란 점은 달라지지 않는다고 말할 수 있다. 이상에서 두 증인은 하나님의 주권을 온 세상에 온전하게 세우기 위한 예언 사역으로 부르심을 받은 것이다.

---

266 Beale, *The Book of Revelation*, 583.
267 Koester, *Revelation*, 499.
268 Mounce, *The Book of Revelation*, 218.
269 Smalley, *The Revelation to John*, 279.

[11: 6defg] 두 증인의 모세적 사역

6defg절은 두 증인의 사역이 지닌 특징을 모세의 사역을 배경으로 소개한다.

구약 배경. 6defg절은 출애굽 당시에 일어났던 출애굽기 7-12장의 열 재앙을 배경으로 한다. 특별히 6de절에서 물에 대한 권세와 관련해서 언급된 내용은 열 재앙 중 첫 번째 재앙에 해당한다. 이것을 언급한 것은 그 재앙이 첫 번째 재앙으로서 열 재앙 전체를 대표하는 재앙이기 때문일 것이다. 그리고 6f절에서 사용되는 "모든 재앙"이라는 표현은 방금 언급한 첫 번째 재앙 외에 다른 아홉 개의 재앙도 포괄해서 언급하는 것으로 이해할 수 있다. 6f절에 사용된 "치다"(πατάξαι, 파탁사이>πατάσσω, 파타쏘)라는 동사는 출애굽기 7-12장에서 열 재앙과 관련하여 12회 사용되므로 열 재앙을 표현하는 대표적 동사라고 할 수 있다. 이 사건은 앞에서 언급한 엘리야의 경우와 마찬가지로 하나님을 대적하고 하나님의 백성을 핍박하는 세상 세력, 좀 더 구체적으로 말하면 하나님의 말씀을 듣지 않는(출 7:16) 바로 왕과 애굽에 대한 심판이다. 이러한 하나님의 심판 사역에 모세가 대리자로 쓰임 받는다. 이러한 과정에서 모세는 바로 왕 및 애굽 세력과의 적대적 대립 관계에 직면하게 된다.[270] 이것은 엘리야가 필연적으로 아합 왕과 이세벨과 바알 선지자들과의 대립 관계에 직면할 수밖에 없었던 것과 공통점을 갖는다.[271]

요한의 해석. 6defg절에서 요한은 구약의 열 재앙 중에서 물과 땅에 대한 심판에 집중한다. 열 재앙 중에서 절정에 해당하는 것은 당연히 애굽의 장자들을 친 열 번째 재앙인데도 요한은 그 재앙이 아닌 물과 땅에 집중한다. 그 이유는 무엇일까? 물과 땅은 창조 질서의 핵심적 기반이며 인간에게 가장 중요한 삶의 조건이기 때문이다. 에덴에서도 물과 땅은 핵심적인 기본 요소를 차지한다. 그러므로 물과 땅에 대한 권세를 갖는다는 것은 피조물에 대한 대리자로서의 특징을 극명하게 보여준다. 이제 두 증인은 하나님의 대리자로서 이 세상에 대한 심판을 대신한다. 그러나 물론 두 증인의 사역은 심판보다는 회개를 통한 회복에 더 방점이 찍혀 있다. 왜냐하면 두 증인의 복장이 회개를 상징하는 굵은 베옷이기 때문이다.

---

270 Bauckham, *The Climax of Prophecy*, 277.
271 앞의 책.

특별히 마지막 부분인 6g절의 "그들이 원한다면 언제든지"(ὁσάκις ἐὰν θελήσωσιν, 호사키스 에안 델레소신)라는 문구는 두 증인에게 전방위적인 권세가 적용되고 있는 모습을 보여주고 있다. 이것은 모세에게 주어진 권세보다 더 탁월한 면모를 보여준다. 왜냐하면 심판을 행하기 전에 하나님으로부터 지시를 받아야 했던 모세와는 달리 두 증인은 그들이 원하면 언제든지 권세를 행사할 수 있기 때문이다. 따라서 두 증인에게 주어진 권세는 한계가 없다.[272] 하지만 모세와 두 증인은 기본적으로 동일한 사역을 행한다. 모세가 물들을 피로 바꾸고 땅을 재앙으로 치는 사역을 통해 적대적 세력인 애굽과 바로를 제압하고 하나님의 백성을 해방시키고 하나님의 주권을 온 세상에 선포한 것처럼, 두 증인도 그들의 사역을 통해 세상을 심판하고 회개케 함으로써 하나님의 주권을 온 세상에 세우는 결과를 기대하게 한다.

[왜 모세와 엘리야인가?]
지금까지 5-6절에서 모세와 엘리야를 모델로 하는 두 증인에 대한 묘사를 살펴보았다. 그렇다면 왜 두 증인을 묘사하는 모델로 모세와 엘리야를 선택했을까? 모세와 엘리야는 구약의 대표적인 선지자들이다. 모세는 율법을 대표하고 엘리야는 선지서를 대표한다. 구약을 두 부분으로 양분해서 부를 때는 "율법과 선지서"라고 부른다. 따라서 율법과 선지서를 대표하는 이 두 인물은 구약 전체를 말한다고 해도 과언이 아니다. 결국 두 증인은 이 두 선지자에 의해 대표되는 구약 전체의 선지적 약속을 성취하고 구약의 선지적 특징을 계승하는 존재이다. 이것을 달리 말하면, 오늘날의 교회 공동체가 바로 구약의 약속을 성취하는 주체이고 구약의 선지적 특징을 계승하는 존재라고 할 수 있다. 사실상 이러한 역할을 먼저 감당하신 분은 다름 아닌 바로 예수님이시다. 모세와 엘리야는 마가복음 9장 1-7절의 변화산 사건에서 하나님의 아들이신 예수님과 함께 등장한다. 이러한 조합은 모세와 엘리야의 선지적 사역이 예수님을 통해 성취되고 계승되었다는 것을 보여준다. 이러한 맥락에서 요한계시록이 모세와 엘리야를 모델로 하는 두 증인을 등장시키는 것은 예수님의 성취된 선지적 사역이 교회 공동체를 통해 종말적 정황 가운데서 이 세상을 향하여 더욱 확장되고 심화되어야 한다는 것을 의미한다.

---

272 Swete, *The Apocalypse of St. John*, 134.

더 나아가서 모세와 엘리야의 공통된 특징 가운데 하나는 그들이 외부의 적대적 세력과 대립 관계를 갖는다는 것이다. 요한은 모세와 엘리야의 이러한 특징을 두 증인을 묘사하는 데 활용한다. 곧 이러한 특징은 두 증인이 로마 제국의 황제를 상징하는 짐승과 적대적 대립 관계를 형성하고 있는 것과 일맥상통한다.[273] 그리고 모세와 엘리야가 그러했던 것처럼 두 증인 역시 로마 제국의 황제 숭배에 굴복할 수 없고 도리어 하나님의 도우심을 받아 신적인 능력으로 그들을 제압함으로써 하나님의 영광을 드러낸다.

[5-6절 정리]

5-6절은 두 증인의 구체적 사역을 소개하기 시작한다. 두 증인이 감당하는 사역의 중요한 모델은 구약의 모세와 엘리야다. 이 두 인물은 구약을 대표하는 선지자들로서 에덴 회복을 위해 하나님의 말씀을 대언하는 선지적 사역을 감당했다. 이들의 선지적 사역을 참 선지자로 오신 예수님이 성취하셨고, 이제는 두 증인이 모세와 엘리야의 사역 패턴을 따라 그 종말적 성취의 결과를 적대적 세력으로 충만한 세상에 선포하도록 부르심을 받은 것이다.

---

273 Bauckham, *The Climax of Prophecy*, 277.

3) 사건의 절정: 두 증인의 마지막 사역(11:7-12)

7-12절은 두 증인의 사역의 마지막 과정을 소개하고 있다. 이 마지막 과정에는 죽음과 부활과 승천이 있다.

구문 분석 및 번역

7절 a Καὶ ὅταν τελέσωσιν τὴν μαρτυρίαν αὐτῶν,
   그리고 그들이 그들의 증거를 완성할 때에

   b τὸ θηρίον τὸ ἀναβαῖνον ἐκ τῆς ἀβύσσου ποιήσει μετ᾽ αὐτῶν πόλεμον
   아뷔쏘스로부터 올라오는 그 짐승이 그들과 전쟁을 일으킬 것이다

   c καὶ νικήσει αὐτοὺς
   그리고 그가(그 짐승이) 그들을 이길 것이다

   d καὶ ἀποκτενεῖ αὐτούς.
   그리고 그가 그들을 죽일 것이다

8절 a καὶ τὸ πτῶμα αὐτῶν ἐπὶ τῆς πλατείας <u>τῆς πόλεως</u> τῆς μεγάλης,
   그리고 그들의 시체가 그 큰 도시의 넓은 길에 있다

   b ┌─ ἥτις καλεῖται πνευματικῶς Σόδομα καὶ Αἴγυπτος,
   │ 영적으로 소돔과 애굽이라고 불리는
   │
   c └─ ὅπου καὶ ὁ κύριος αὐτῶν ἐσταυρώθη.
      그들의 주께서도 역시 십자가에 못 박혀 죽임을 당하셨던 곳인

9절 a καὶ βλέπουσιν
   그리고 그들이(사람들이) 바라본다

   b ἐκ τῶν λαῶν καὶ φυλῶν καὶ γλωσσῶν καὶ ἐθνῶν
   백성들과 족속들과 언어들과 나라들로부터

   c τὸ πτῶμα αὐτῶν
   그들의 시체를

   d ἡμέρας τρεῖς καὶ ἥμισυ
   삼 일 반 동안

   e καὶ τὰ πτώματα αὐτῶν οὐκ ἀφίουσιν τεθῆναι εἰς μνῆμα.
   그리고 그들은 그들의 시체들을 무덤에 장사하는 것을 허락하지 않는다

10절 a καὶ οἱ κατοικοῦντες ἐπὶ τῆς γῆς χαίρουσιν ἐπ᾽ αὐτοῖς καὶ εὐφραίνονται
   그리고 땅에 사는 자들이 그들에 대해 즐거워하고 기뻐한다

   b καὶ δῶρα πέμψουσιν ἀλλήλοις,
   그리고 그들은 서로에게 선물들을 보낸다

   c ὅτι οὗτοι οἱ δύο προφῆται ἐβασάνισαν τοὺς κατοικοῦντας ἐπὶ τῆς γῆς.
   왜냐하면 이 두 선지자가 땅에 사는 자들을 괴롭게 했기 때문이다

11절 a　Καὶ μετὰ τὰς τρεῖς ἡμέρας καὶ ἥμισυ πνεῦμα ζωῆς ἐκ τοῦ θεοῦ εἰσῆλθεν ἐν αὐτοῖς,
　　　그러나 삼 일 반 후에 하나님으로부터 생명의 영이 그들 안에 들어갔다

　　 b　καὶ ἔστησαν ἐπὶ τοὺς πόδας αὐτῶν,
　　　그리고 그들이 그들의 발로 일어섰다

　　 c　καὶ φόβος μέγας ἐπέπεσεν ἐπὶ τοὺς θεωροῦντας αὐτούς.
　　　그때 큰 두려움이 그들을 바라보던 자들 위에 엄습하였다

12절 a　καὶ ἤκουσαν φωνῆς μεγάλης ἐκ τοῦ οὐρανοῦ λεγούσης αὐτοῖς·
　　　그때 그들은 그들에게 말하는 하늘로부터의 큰 음성을 들었다

　　 b　　ἀνάβατε ὧδε.
　　　　이리로 올라오라

　　 c　καὶ ἀνέβησαν εἰς τὸν οὐρανὸν ἐν τῇ νεφέλῃ,
　　　그리고 그들은 구름의 도움으로 하늘로 올라갔다

　　 d　καὶ ἐθεώρησαν αὐτοὺς οἱ ἐχθροὶ αὐτῶν.
　　　그리고 그들의 대적자들이 그들을 바라보았다

7절은 "때"를 의미하는 종속절(7a절)로 시작해서 그 뒤에 세 개의 주절(7bcd절)이 이어지는 형태로 구성되어 있다. 세 개의 주절에는 다음과 같은 세 개의 미래 시제 동사가 사용된다: (전쟁을) 일으킬 것이다(ποιήσει, 포이에세이; 7b절), 이길 것이다(νικήσει, 니케세이; 7c절), 죽일 것이다(ἀποκτενεῖ, 아포크테네이; 7d절). 종속절에서 사용된 '호탄'(ὅταν)과 가정법 동사(τελέσωσιν텔레소신>τελέω, 텔레오)의 결합이 미래 시제의 의미이기 때문에[274] 주절에서도 미래형 동사가 등장하는 것은 당연하다. 이에 따라 주절의 세 동사를 모두 미래형으로 번역했지만,[275] 유념해야 할 점은 이곳에 등장하는 미래 시제 동사들은 미래에 대한 역사적 시나리오를 제시하기 위해 사용된 것이 아니라 2절에서처럼(2절의 설명을 참고하라) 본문의 에피소드 내에서 진행되는 사건의 과정을 표현하기 위해 사용된 것이라는 점이다.

　　7a절에서 가정법 동사로 사용된 '텔레소신'(τελέσωσιν)은 대부분의 영어 번역본들(ESV, NRSV, NKJV, NIV)에서 "마치다"(finish)로 번역하지만, 이 동사는 10장 7절에서 하나님의 비밀이 완성될 시점과 관련하여 사용되면서 "완성"의 개념을 나타낸 바 있다. 두 증인의 증거 사역은 이러한 하나님의 비밀의 완성과 관

274　Zerwick and Grosvenor, *A Grammatical Analysis of the Greek New Testament*, 758.
275　오우니는 '카이'(καί)+미래형의 문형이 목적절(final or purpose clause)의 기능을 갖는 것으로 이해한다 (Aune, *Revelation 6-16*, 617). 이러한 제안에 근거해서 번역하면 "... 그 짐승이 그들을 이겨서 죽이기 위하여 전쟁을 일으킬 것이다"라고 할 수 있다. 4:1; 5:10; 9:19; 13:7-8; 15:4; 20:7-8, 10과 같은 본문들이 이와 같은 문형을 가지고 있다(앞의 책). 이것도 한편으로는 합리적인 제안이므로, 이런 해석도 가능하다는 점을 기억할 필요가 있다.

련되면서 종말적 특징을 갖는다. 이와 같은 맥락을 고려할 때 '텔레소신'을 단순히 "마치다"로 번역하기보다는 "완성하다"로 번역하는 것이 더 적절하다고 생각된다. 케어드도 이러한 번역을 지지하면서 이 단어를 "완성하다"(complete)로 번역했다.[276] 스몰리도 이 단어를 "완성하다"로 번역하면서 단순히 "시간의 경과"(passage of time)가 아니라 "성취"(fulfillment)의 시점에 초점을 맞추어야 한다고 주장한다.[277] 한편 스윗은 이 단어를 "마치다"(finish)로 번역하면서도 "성취하다"(fulfil)와 동일한 것으로 이해할 것을 제안한다.[278]

개역개정은 8a절의 '폴리스'(πόλις)를 "성"으로 번역하는데 엄밀하게 말하면 '폴리스'는 "도시"라는 의미를 갖는다. "성"과 "도시"는 다소 차이가 있기 때문에 이 책에서는 '폴리스'를 "성" 대신 "도시"로 번역했다.

8절은 주절(8a절)에 이어서 '헤티스'(ἥτις)로 시작하는 관계 대명사절(8b절)과 '호푸'(ὅπου)로 시작하는 관계 부사절(8c절)로 구성되는데, 이 두 관계절의 선행사는 동일하게 "도시"(πόλεως, 폴레오스)πόλις, 폴리스)다. 이 부분을 원문의 순서에 따라서 우리말로 번역하는 것이 쉽지 않고 자연스럽지 못하기 때문에 우리말 번역에서는 8b절과 8c절을 끊어서 번역했다.

9b절의 '에크 톤 라온 카이 퓔론 카이 글로쏜 카이 에드논'(ἐκ τῶν λαῶν καὶ φυλῶν καὶ γλωσσῶν καὶ ἐθνῶν)을 직역하면 "백성들과 족속들과 언어들과 나라들로부터"라고 할 수 있는데 이처럼 직역을 한 상태로 두게 되면 동사인 9a절의 '블레푸신'(βλέπουσιν, 그들이 보다)의 주어를 찾기가 어렵다. 개역개정은 이러한 문제를 해결하기 위해 "... 중에서 사람들이"로 번역하는데, 이 번역은 그 중 일부를 가리키는 것으로 이해될 수 있다. ESV와 NIV는 "... 중에서 어떤 이들"(some from...)로 번역하면서 개역개정과 비슷한 의미를 보이는 반면, NKJV는 "...으로부터 사람들"(those from...)로 번역하고 NRSV는 "...의 구성원들"(members of ...)로 번역한다. 이 번역의 차이는 부분으로 보느냐 아니면 전체로 보느냐의 문제이다.

여기에서 전치사 '에크'(ἐκ)를 "부분적"(partitive) 용법으로 보는 것은 적절하지 않은데,[279] 왜냐하면 9절 전체의 내용은 사람들의 일부가 아니라 "모든 종족과 국적의 사람들"이 그 현장에 있다는 사실을 표현하려는 의도를 갖기 때문이

---

276 Caird, *The Revelation of St. John*, 133.
277 Smalley, *The Revelation to John*, 280.
278 Sweet, *Revelation*, 186.
279 월리스는 전치사 '에크'(ἐκ)의 용법 중에 "부분적" 용법과 "출처"의 용법이 있다는 사실을 소개한다 (Wallace, *Greek Grammar beyond the Basics*, 371).

다.[280] 그렇다면 대안으로, 소속을 의미하는 "출처"(source)의 용법을 적용해서 우주적 의미를 갖는다고 보는 것이 적절하다. "백성들과 족속들과 언어들과 나라들"은 요한계시록에서 "우주적 의미를 갖는 공식 문구"(universal formula)로서 항상 '에크'(ἐκ)라는 전치사와 함께 사용되며, 이방 세력을 가리킬 때나 구원받은 자들을 표현할 때 사용된다(5:9; 7:9).[281] 5장 9절처럼 이 문구 앞에 "사람들"(people)이 생략된 것으로 간주한다면 문제는 간단하게 해결될 수 있다. 출처 혹은 소속의 용법으로서의 '에크'(ἐκ)를 적용해서 번역하면 "...으로부터"로 번역할 수 있다. 결국 ESV와 NIV처럼 일부를 의미하는 "어떤 이들"(some)을 넣어 번역하는 것보다는 NKJV와 NRSV처럼 "사람들"(those)이나 "구성원들"(members)로 번역하는 것이 적절한데, 우리말로는 지칭 대상을 일반화시킬 수 있는 표현인 "사람들"을 사용하는 것이 가장 자연스럽다.

또한 9절에서는 두 개의 동사, 즉 '블레푸신'(βλέπουσιν)과 '아피우신'(ἀφίουσιν)이 사용되는데, 이 두 동사의 시제는 7절에서 미래 시제로 사용된 세 동사, 곧 '포이에세이'(ποιήσει, [전쟁을] 일으킬 것이다), '니케세이'(νικήσει, 이길 것이다), '아포크테네이'(ἀποκτενεῖ, 죽일 것이다)와는 달리 현재형이다. 따라서 7절이 이 내러티브에서 미래 시점을 나타내는 것과는 달리 9절은 이 내러티브 속에서의 현재적 정황을 묘사하는 것으로 간주할 수 있다. 그러므로 9절의 두 동사는 이 현재 시제를 살려서 현재형으로 번역했다.

10a절과 10b절에서는 정황을 설명하고 10c절에서는 "왜냐하면"이라는 의미를 갖는 접속사 '호티'(ὅτι)를 사용해서 그 설명에 대한 이유를 제시한다. 먼저 10a절과 10b절에서는 세 개의 동사, 즉 '카이루신'(χαίρουσιν), '유프라이논타이'(εὐφραίνονται), '펨프수신'(πέμψουσιν)이 사용되는데, 이 세 동사는 모두 현재 시제이다. 9절처럼 여기에서 사용된 이 현재 시제 동사들은 이 이야기의 전개 과정에서 현재적으로 일어나는 정황을 설명하려는 목적이 있다. 그러므로 이러한 현재 시제의 의미를 번역에 반영했다. 그리고 그 이유를 나타내는 10c절은 과거의 사건을 떠올리는 내용이므로 과거 시제 동사를 사용한다.

---

280 Mounce, *The Book of Revelation*, 221. 마운스는 이 전치사를 "부분적 소유격"(partitive genetive)으로 부르면서도 그것을 "어느 특정한 대표 그룹"으로 특정하려 해서는 안 된다고 말함으로써 모순되는 주장을 펼친다(앞의 책, 221n108). 스몰리는 "부분적 용법"을 적용해서 이 문구를 "민족들 중 일부"(some of the peoples)로 해석해야 한다고 하면서도 그것을 "불신앙과 악행의 모든 세계를 대표하는 자들"에 대한 언급으로 역시 모순되게 이해한다(Smalley, *The Revelation to John*, 283).

281 Beale, *The Book of Revelation*, 594.

그리고 10절에서는 '카토이케오'(κατοικέω, 살다)의 분사형이 두 번 사용되는데, 하나는 10a절의 '카토이쿤테스'(κατοικοῦντες)이고 다른 하나는 10c절의 '카토이쿤타스'(κατοικοῦντας)다. '카토이케오'는 "땅에"(ἐπὶ τῆς γῆς, 에피 테스 게스)라는 문구와 함께 사용되는 경우가 빈번한데 이때 '카토이케오'는 12장 12절과 13장 6절에서 "하늘에"(ἐν τῷ οὐρανῷ, 엔 토 우라노)와 함께 사용되는 '스케노오' 동사와 대조된다. 사전적 의미로는 두 동사 모두 "살다, 거하다"(live, dwell)라는 의미이지만,[282] 요한은 일관성 있게 땅과 관련해서는 '카토이케오'를 사용하고 하늘과 관련해서는 스케노오를 사용한다. 그렇기에 이 두 동사 각각에 대한 우리말 번역어를 구별해서 사용할 필요가 있다. 따라서 이 책에서는 '카토이케오'는 "살다"로 번역하고 "스케노오"는 "거하다"로 번역함으로써 두 동사를 구별하고, 분사 형태로 사용되는 경우에 전자는 "사는 자들" 후자는 "거하는 자들"로 번역하도록 한다.

11절에서는 세 개의 동사, 즉 '에이셀덴'(εἰσῆλθεν), '에스테산'(ἔστησαν), '에페페센'(ἐπέπεσεν)이 사용되는데 10절과는 달리 모두 부정과거형이다. 처음 두 동사는 에스겔 37장 10절의 과거형 동사를 그대로 인용한 것이라고 하더라도 마지막 세 번째 동사도 부정과거형으로 사용된 것은 전체적으로 부정과거 시제를 지배적으로 유지하고자 하는 의도를 보여준다. 요한계시록에서 부정과거 시제는 모두 451회 사용되는데, 어떤 행위에 대해 제3자의 전지적 관점에서 전체적으로 조망하려는 목적으로 사용되는 경우도 있고, "내러티브의 기본적 구조"를 이루는 인프라를 구성하는 기능으로 사용되는 경우도 있다.[283] 위 본문에서 부정과거 시제 동사가 반복 사용된 것은 이러한 의도를 적용하여 생각해 볼 수 있다.

11a절을 시작하는 접속사 '카이'(καί)는 주로 "그리고"의 의미를 갖지만, 이 문맥은 정황상 반전되는 과정을 보여주고 있으므로 "그리고"보다는 "그러나"로 번역하는 것이 더 적절할 수 있다. 실제로 ESV, NIV, NRSV는 '카이'를 "그러나"로 번역한다. 그리고 NKJV는 "지금"(Now)이라고 번역하여 상황이 반전된다는 암시를 준다. 결국 대부분의 영어 번역본이 '카이'(καί)를 "그러나"의 의미로 이해하여 상황의 반전을 표현해 주려 한다는 것을 알 수 있다. 실제로 7-10절에서 두 증인이 죽고 장사되지 못하는 등의 부정적인 내용이 나온 후에 11절부터는 부활이라는 긍정적 내용을 제시함으로써 반전을 보이고 있다.

---

282 BDAG, 534, 929.
283 Mathewson, *Verbal Aspect in the Book of Revelation*, 51.

11c절의 접속사 '카이'(καί)는 앞의 내용에 대한 결과를 보여주고 있으므로 "그때"로 번역했다. 실제로 접속사 '카이'는 "선행된 것들로부터 초래되는 결과를 소개하는 것"으로서 "그때"(then) 혹은 "그래서"(so)라는 의미를 갖기도 한다.[284] 또한 11c절의 번역에서 한 가지 더 눈여겨 봐야 할 것은 '에페페센'(ἐπέπεσεν)을 "엄습했다"로 번역했다는 점이다. '에페페센'의 기본형인 '에피피프토'(ἐπιπίπτω)라는 동사는 "떨어지다"(fall)라는 의미를 갖기도 하지만 "생기다" 혹은 "들이닥치다"(befall)를 의미하기도 한다.[285] 이곳에서는 이 동사가 문맥상 갑작스러운 상황의 변화를 보여준다는 점과 이 동사의 주어로 "큰 두려움"이 사용된다는 점을 고려해서 "엄습했다"로 번역했다.

또한 12절도 11절의 경우처럼 내러티브 부정과거 동사들(ἤκουσαν, 에쿠산; ἀνέβησαν, 아네베산; ἐθεώρησαν, 에데오레산)이 일관성 있게 사용된다. 그러므로 이러한 구문적 흐름을 잘 반영해서 번역할 필요가 있다. 그리고 12b절은 12a절의 "큰 음성"이 말한 내용을 직접 화법으로 제시한 부분이므로 따로 분리해서 번역하는 것이 적절하다. 또한 12c절의 '엔 테 네펠레'(ἐν τῇ νεφέλῃ)는 1장 7절의 '메타 톤 네펠론'(μετὰ τῶν νεφελῶν, 구름과 함께)과 70인역 다니엘 7장 13절의 '에피 톤 네펠로'(ἐπὶ τῶν νεφελῶ, 구름을 타고)를 연상시킨다.[286] 그러나 이 두 문구가 각각 전치사 '메타'(μετά)와 '에피'(ἐπί)를 사용하는 것과는 달리 12c절에서는 전치사 '엔'(ἐν)이 사용된다. 먼저 이것을 직역하면 "안에서"라고 할 수 있으나 이러한 번역은 정황상 적절하지 않다. 왜냐하면 "구름" 자체가 어떤 공간을 제공해 주는 성격이 아니기 때문이다. 이 의미 외에도 전치사 '엔'은 여러 가지 의미를 가지고 있는데, 그 중에서 이곳에 적용될 수 있는 두 가지를 말하자면, "수단 혹은 도구를 나타내주는 표시"로서 "함께"(with)를 의미하거나 혹은 "대행(agency)의 표시"로서 "...의 도움으로"(with the help of)를 의미할 수 있다.[287] 이 문맥에서 전치사 '엔'은 단순히 공간이라는 의미가 아니라 수단이라는 의미로 사용되었을 가능성이 크지만, 이 문구를 실제로 "함께"라는 의미인 전치사 '메타'(μετά)와 함께 사용하는 1장 7절과 구별하기 위해 "구름과 함께"가 아닌 "구름의 도움으로"라고 번역했다.

---

284 BDAG, 495.
285 BDAG, 377.
286 이 본문의 데오도티온역은 '메타 톤 네펠론'(μετὰ τῶν νεφελῶν)이다. 이것은 히브리어 구약 본문(마소라 본문)을 직역한 것으로서 요한계시록 본문과 일치한다. 따라서 요한은 70인역이 아닌 데오도티온역을 반영하고 있다고 볼 수 있다(좀 더 자세한 내용은 1:7을 참고하라).
287 BDAG, 328-329.

이상의 내용을 근거로 우리말 어순에 맞추어 번역하면 다음과 같다.

7a)	그리고 그들이 그들의 증거를 완성할 때에
7b)	아뷔쏘스로부터 올라오는 그 짐승이 그들과 전쟁을 일으킬 것이다.
7c)	그리고 그 짐승이 그들을 이길 것이다.
7d)	그리고 그들을 죽일 것이다.
8a)	그리고 그들의 시체가 그 큰 도시의 넓은 길에 있다.
8b)	그 도시는 영적으로 소돔과 애굽이라고 불린다.
8c)	그곳은 그들의 주께서도 역시 십자가에 못 박혀 죽임을 당하셨던 곳이다.
9a)	그리고
9b)	백성들과 족속들과 언어들과 나라들로부터
9a)	사람들이
9c)	그들의 시체를
9d)	삼 일 반 동안
9a)	바라본다.
9e)	그리고 그들은 그들의 시체들을 무덤에 장사하는 것을 허락하지 않는다.
10a)	그리고 땅에 사는 자들이 그들에 대해 즐거워하고 기뻐한다.
10b)	그리고 그들은 서로에게 선물들을 보낸다.
10c)	왜냐하면 이 두 선지자가 땅에 사는 자들을 괴롭게 했기 때문이다.
11a)	그러나 삼 일 반 후에 하나님으로부터 생명의 영이 그들 안에 들어갔다.
11b)	그리고 그들이 그들의 발로 일어섰다.
11c)	그때 큰 두려움이 그들을 바라보던 자들 위에 엄습하였다.
12a)	그때 그들은 그들에게 말하는 하늘로부터의 큰 음성을 들었다.
12b)	"이리로 올라오라."
12c)	그리고 그들은 구름의 도움으로 하늘로 올라갔다.
12d)	그리고 그들의 대적자들이 그들을 바라보았다.

본문 주해

[11:7] 두 증인의 죽음

구약 배경. 7bc절의 "그가(그 짐승이) 그들과 전쟁을 일으킬 것이다 그리고 그가 그들을 이길 것이다"(ποιήσει μετ' αὐτῶν πόλεμον καὶ νικήσει αὐτούς, 포이에세이 메트 아우톤 폴레몬 카이 니케세이 아우투스)는 다니엘 7장 21절이 그 배경이다. 이 두 본문을 70인역(LXX), 데오도티온역(Theodotion), 마소라 본문(MT)과 비교하면 다음과 같다(우리말 번역은 나의 사역이다).[288]

---

288 Beale, *The Book of Revelation*, 588.

계 11:7bc	단 7:21(Theodotion)	단7:21(LXX)	단 7:21(MT)
ποιήσει μετ᾽ αὐτῶν πόλεμον καὶ νικήσει αὐτούς	τὸ κέρας ἐκεῖνο ἐποίει πόλεμον μετὰ τῶν ἁγίων καὶ ἴσχυσεν πρὸς αὐτούς	κατενόουν τὸ κέρας ἐκεῖνο πόλεμον συνιστάμενον πρὸς τοὺς ἁγίους καὶ τροπούμενον αὐτοὺς	דִּכֵּן עָבְדָה קְרָב עִם־קַדִּישִׁין וְיָכְלָה לְהֹון׃
그가(그 짐승이) 그들과 전쟁을 일으킬 것이다. 그리고 그가 그들을 이길 것이다.	저 뿔이 성도들과 전쟁을 일으키고 있었다. 그리고 그가 그들을 이기고 있었다.	나는 저 뿔이 성도들을 향하여 전쟁을 일으켜서 그들을 돌이키는 것을 주시하고 있었다.	이 뿔이 성도들과 함께 전쟁을 하고 그들을 이긴다

위의 표에서 확인할 수 있듯이 요한계시록 11장 7b절 본문은 다니엘 7장 21절의 데오도티온역 및 마소라 본문과는 비슷하지만 70인역과는 큰 차이를 보인다. 이것은 특별히 요한계시록 본문이 "이기다"(νικήσει, 니케세이)라는 동사를 사용하는 것에서 확인할 수 있다. 비록 데오도티온역이 '니케세이'(νικήσει)를 사용하는 요한계시록 본문과는 다르게 '이스퀴센'(ἴσχυσεν〉ἰσχύω, 이스퀴오)을 사용하긴 하지만, '이스퀴오' 동사는 특히 이곳의 데오도티온역이 그렇듯이 전치사 '프로스'(πρὸς)와 함께 사용될 때 '니케세이'와 동일하게 "이기다"라는 의미를 갖는다(참고, 시 13:4[70인역 12:5]; 솔로몬의 시편 7:6). 반면에 70인역 다니엘 7장 21절의 '트로푸메논'(τροπούμενον〉τροποω, 트로포오 혹은 τρέπω, 트레포)이란 동사는 "이기다"라는 의미보다는 "어떤 행동의 방향을 향하도록 하다"(cause to tend toward a course of action)라는 의미로서 "돌이키다"(turn)라는 의미를 갖는다.[289] 여기에서 우리는 요한계시록 11장 7b절이 70인역이 아니라 히브리어 구약 성경(마소라 본문) 혹은 데오도티온역을 사용하고 있음을 알 수 있다. 전쟁을 일으키는 것의 시제와 관련해서는 데오도티온역과 요한계시록 본문이 차이를 보이는데, 전자는 '포이에오'(ποιέω) 동사의 미완료 시제인 '에포이에이'(ἐποίει)를 사용하는 반면, 후자는 '포이에오' 동사의 미래 시제인 '포이에세이'(ποιήσει)를 사용한다. 이것은 각 본문이 놓여 있는 문맥에 의해 결정된 것으로서, 데오도티온역은 그 내러티브 속에서 미래에 일어날 사건을 열거하고 있는 반면 요한계시록 본문은 사건의 현장성을 강조하고 있는 것으로 이해할 수 있다.

---

289 BDAG, 1014. BDAG의 항목에는 '트로포오'(τροποω)는 수록되어 있지 않고 '트레포'(τρέπω)가 수록되어 있다. R. Tan, D. A. deSilva, and I. Hoogendyk, *The Lexham Greek-English Interlinear Septuagint: H.B. Swete Edition* (Bellingham, WA: Lexham Press, 2012)에서는 '트로포오'(τροποω)를 "쫓아버리도록 하다"(cause to turn away) 혹은 "떠나게 하다"(put to flight)로 번역한다.

다니엘 7장 21절은 짐승의 뿔(안티오쿠스 4세)이 성도들과 싸워 이기는 장면을 기록한다. 그러나 이어지는 7장 22절에서는 반전이 일어난다. 옛적부터 항상 계신 하나님이 그분의 성도들을 위하여 원한을 풀어 주시고 성도들이 나라를 얻게 된다. 곧 하나님의 백성들은 핍박으로 인한 고난을 받지만 하나님은 반드시 그들을 구원하셔서 원한을 풀어 주시고 세상의 나라를 빼앗아 자기 백성들에게 돌려주신다. 하나님은 하나님의 백성을 버리지 아니하신다. 요한이 다니엘 7장 21절을 구약 배경으로 사용할 때 구약의 이러한 문맥을 모두 고려했을 것이라고 추정할 수 있다.

요한계시록 본문간 비교 연구. 7a절과 7d절의 "그들이 그들의 증거를 완성할 때에, ... 그가(그 짐승이) 그들을 죽일 것이다"는 6장 9절, 11절을 "반영"(echo)하고 있다.[290] 이 두 본문을 비교하면 다음과 같다.[291]

계 6:9, 11	계 11:7
9) ... τὰς ψυχὰς τῶν <u>ἐσφαγμένων</u> ... διὰ τὴν <u>μαρτυρίαν</u> ἣν εἶχον. 11)... ἕως <u>πληρωθῶσιν</u> ... οἱ μέλλοντες <u>ἀποκτέννεσθαι</u>	a) Καὶ ὅταν <u>τελέσωσιν</u> τὴν <u>μαρτυρίαν</u> αὐτῶν, b) τὸ θηρίον ... d) <u>ἀποκτενεῖ</u> αὐτούς
9) 그들이 가지고 있었던 <u>증거</u> 때문에 죽임을 <u>당한 자들의 영혼들을</u> ... 11) <u>죽임을 당하게 되어 있는</u> ... (수가) <u>완성되기까지</u>	a) 그리고 그들이 그들의 <u>증거</u>를 <u>완성할</u> 때에, b) 그 짐승이 ... d) 그들을 <u>죽일 것이다</u>

이 표에서 볼 수 있듯이, 6장 9절의 "증거"(μαρτυρίαν, 마르튀리안)라는 단어가 11장 7a절에서 똑같이 사용되고 있다. 또한 6장에서 "죽임을 당하다"란 의미로 사용되는 '에스파그메논'(ἐσφαγμένων; 9절)과 '아포크텐네스다이'(ἀποκτέννεσθαι; 11절)는 11장 7d절의 "죽일 것이다"(ἀποκτενεῖ, 아포크테네이)와 동일한 의미를 갖는다. 마지막으로 6장 11절의 "완성되다"(πληρωθῶσιν, 플레로도신)라는 단어는 11장 7a절의 "완성하다"(τελέσωσιν, 텔레소신)란 단어와 정확하게 동일한 단어는 아니지만 동의어라고 할 수 있고, 두 본문 모두 재림의 시점을 의미하는 미래적 종말을 의미한다.

그리고 7b절의 "아뷔쏘스로부터 올라오는 그 짐승"이란 문구는 이곳을 포함해서 17장 8절과 20장 7절까지 세 번 사용되는데 이것을 비교하면 다음과 같다.[292]

---

290 Beale, *The Book of Revelation*, 587.
291 앞의 책.
292 앞의 책.

11:7	17:8	20:7
Καὶ ὅταν <u>τελέσωσιν τὴν μαρτυρίαν</u> αὐτῶν, τὸ θηρίον τὸ ἀναβαῖνον ἐκ τῆς ἀβύσσου …	Τὸ <u>θηρίον</u> ὃ εἶδες ἦν καὶ οὐκ ἔστιν καὶ <u>μέλλει ἀναβαίνειν ἐκ τῆς ἀβύσσου</u> καὶ εἰς ἀπώλειαν ὑπάγει …	Καὶ ὅταν <u>τελεσθῇ</u> τὰ χίλια ἔτη, <u>λυθήσεται ὁ σατανᾶς</u> ἐκ τῆς φυλακῆς αὐτοῦ
그리고 그들이 그들의 증거를 완성할 때에 아뷔쏘스로부터 올라오는 그 짐승 …	네가 본 그 짐승은 전에 있었고 지금은 없고 아뷔쏘스로부터 올라오게 되어 있고 멸망으로 들어간다 …	그리고 천 년이 완성되었을 때, 사탄이 그의 감옥으로부터 풀려났다

이 표에서 서로 공통된 부분을 정리하면 다음과 같다.

	11:7	17:8	20:7
대상	짐승	짐승	사탄
완성 시점	그들이 증거를 완성할 때	전에 있었고 지금은 없고 … 멸망으로 들어간다	천 년이 완성될 때
출처	아뷔쏘스로부터 올라오다	아뷔쏘스로부터 올라오다	그의 감옥으로부터 풀려나다
전쟁	두 증인과 싸워 이기다		하나님의 백성과 전쟁

이 비교표를 보면 11장 7절, 17장 8절, 20장 7절 사이에 평행 관계가 성립되고 있고, 이에 따라 서로 유사한 정황을 보여주고 있음을 알 수 있다. 그 유사한 정황이란 부정적 측면으로 본다면 최후의 심판이고 긍정적 측면으로 본다면 예수님의 재림이라고 볼 수 있다. 즉 짐승 곧 사탄이 아뷔쏘스로부터 올라오는 시점 혹은 감옥으로부터 풀려나는 시점은 모두 재림의 때라는 것이다. 그리고 11장 7절과 20장 7절에서는 모두 동일하게 전쟁이라는 상황이 수반된다.

완성하다. 먼저 7a절의 "그들이 그들의 증거를 완성할 때"라는 문구에서 "완성하다"(τελέσωσιν, 텔레소신〉τελέω, 텔레오)라는 동사는 요한계시록 내에서 모두 8회 사용되는데(10:7; 11:7; 15:1, 8; 17:17; 20:3, 5, 7), 이 동사는 앞서 번역을 논의할 때 언급한 바와 같이 하나님의 뜻을 이루게 되는 정황을 표현할 때 사용된다. 곧 이 단어는 단순한 "시간의 경과"를 나타내고자 하는 것이 아니라 하나님의 계획된 뜻이 이루어진 시점을 가리킨다.[293] 이런 맥락에서 보면 두 증인이 증거를 완성하는 것은 하나님의 계획을 완성하는 과정이다. 이것은 또한 1260일이 다 지남

---

293 Smalley, *The Revelation to John*, 280.

을 의미하면서 예수님의 재림 때의 정황을 시사한다. 이것은 또한 10장 7절에서 "하나님의 비밀이 완성"되는 순간이기도 하다. 그리고 이 기간은 11장 2절에서 성전 바깥 마당이 이방인에 의해 짓밟히는 마흔두 달의 기간과 동일하다(참고, 3절). 예수님의 초림 때에 예수님의 종말적 사역의 결과로 세워진 교회 공동체는 성취된 새창조 회복의 기쁜 소식을 세상에 선포하는 책임을 부여받는다. 축복이기도 한 이러한 책임은 에덴에서 아담에게 부여되었던 온 우주에 하나님의 영광을 드러내는 책임과 연속선상에 있다. 그러므로 이 책임은 하나님의 창조 명령으로서 반드시 이루어져야 하는 하나님의 계획이요 뜻이라고 할 수 있다. 이와 같이 두 증인에 의해 상징되는 교회 공동체는 하나님의 뜻을 완성하는 결과를 예기할 수 있다.

다니엘 7장 21절의 정황에 대한 재해석. 7bcd절에서는 두 증인이 그 증거를 완성했을 때 일어날 일을 소개한다. 그것은 바로 아뷔쏘스에서 짐승이 올라오는 것이고 그 짐승이 두 증인과 싸워 그들을 이기고 결국에는 그들을 죽이게 된다. 먼저 이 본문은 다니엘 7장 21절을 배경으로 한다. 비일은 이것을 예언과 성취의 관계로 이해했는데, 그에 따르면 요한은 다니엘서가 말하는 짐승의 이스라엘 핍박은 예언으로서, 역사의 마지막 시대에 있을 짐승의 교회 핍박이라는 정황에서 성취된다.[294] 이러한 이해도 가능하지만 요한이 다니엘 7장 21절에서 발생한 사건을 종말적 성취의 관점에서 재해석하고 있다고 보는 것이 좀 더 적절하다. 곧 다니엘 7장 21절에서는 네 짐승 중 넷째 짐승의 열한 번째 뿔이 성도들과 싸워 이기게 되는데 이것은 안티오쿠스 4세가 이스라엘 백성을 침략하여 정복한 정황을 의미한다.[295] 그렇다면 요한계시록 본문은 종말적 성취의 관점에서 안티오쿠스 4세는 로마 제국의 황제로, 이스라엘은 두 증인에 의해 상징되는 교회 공동체로 재해석하는 것이 된다. 다니엘서 저자가 안티오쿠스 4세의 이스라엘 핍박을 기록하면서 미래에 로마 제국 황제가 교회 공동체를 핍박하게 될 것을 예언한다고 생각하는 것은 자연스럽지 못하다.

더불어 요한은 "짐승"(θηρίον, 데리온) 앞에 정관사 '토'(τό)를 사용함으로써 자신이 다니엘서의 그 짐승을 의식하고 있음을 암시한다.[296] 다니엘 시대의 짐승(정확

---

294 Beale, *The Book of Revelation*, 588.
295 Newsom and Breed, *Daniel*, 239.
296 Beale, *The Book of Revelation*, 588.

하게 표현하면 짐승의 열한 번째 뿔)이 안티오쿠스 에피파네스였다면 요한 시대의 짐승은 바로 네로 황제를 대표적 이미지로 갖는 로마 제국의 황제라고 할 수 있다. 이러한 관계를 바탕으로 보면, "짐승"은 인유(allusion)로 볼 수도 있다. 곧 요한이 로마 제국의 황제들이 교회 공동체를 핍박하는 정황을 청중들에게 좀 더 감각적으로 이해시키려는 목적으로, 다니엘서의 안티오쿠스에 의한 이스라엘 핍박의 패턴을 인유하고 있다고 볼 수도 있다. 물론 이러한 공통점이 분명히 존재하지만 동시에 차이점도 있다. 대표적인 차이점은 다니엘서의 짐승은 "바다로부터" 올라오는 데 반해(단 7:1) 요한계시록의 짐승은 "아뷔쏘스로부터" 올라온다는 점이다(계 11:7). 그러나 "바다"와 "아뷔쏘스"는 본질상 매우 유사하다. 바다가 혼돈과 무질서의 장소인 것처럼 아뷔쏘스 역시 창세기 1장 2절에서 "수면"(바다)을 의미하는 "깊음"과 동일한 단어로 사용되기 때문이다.

결국 다니엘 7장 22절에서 이스라엘에게 반전이 일어나서 짐승에 의해 빼앗긴 주권을 되찾아 오는 것처럼 두 증인도 짐승에 의해 처참하게 패배를 당하는 것처럼 보이지만 그런 패배로 끝나는 것이 아니라 반전의 정황을 기대하게 한다. 이런 내용은 다음 11-12절에서 좀 더 자세하게 다루도록 하겠다.

요한계시록 13장, 17장 8절, 20장 7절의 짐승과의 상관 관계. 더 나아가서 앞서 언급한 세 동사를 사용함으로써 저자는 짐승에 의한 두 증인의 죽음이 매우 처절하게 진행되고 있음을 차분하게 설명하고 있다. 사실상 이 문맥에서 짐승의 등장은 다소 갑작스럽다. 전후 문맥에서 짐승에 대한 아무런 선(先)이해가 주어지고 있지 않기 때문이다. 하지만 만일 저자가 앞서 언급한 다니엘서의 짐승을 염두에 둔 것이라면 문제는 쉽게 해결될 수 있다. 곧 요한의 의식 속에 이미 다니엘서를 배경으로 한 짐승에 대한 인식이 존재해 있다는 것이다. 그러나 또 다른 측면으로는, 저자가 13장에 등장하는 짐승을 염두에 두었을 가능성도 있다.[297] 만일 그런 것이라면 요한은 독자들로 하여금 다니엘서를 배경으로 읽을 것은 물론이고 요한계시록 전체를 통전적으로 읽기를 주문하고 있는 것이 된다. 비록 갑자기 등장하고 있지만 바로 뒤에서 자연스럽게 등장할 내용이기 때문에 독자들이 그러한 정보를 습득하여 갑작스런 내용에 대해 해석할 수 있기를 기대하는 것이라 할 수 있다.

---

297 Harrington, *Revelation*, 121.

7b절의 "아뷔쏘스로부터 올라오는 그 짐승"이라는 문구는 앞서 본문간 비교 연구에서 살펴본 것처럼 17장 8절 및 20장 7절과 평행 관계이다. 그리고 이 문구는 짐승이 두 증인의 증거 사역 기간 동안 아뷔쏘스에 있었다는 것을 암시한다. 이러한 사실은 또한 17장 8절, 20장 1-3절, 7절의 내용과도 평행 관계이다. 17장 8절에서는 "지금은 없고"라고 하고 20장 1-3절에서는 짐승 대신 용이 아뷔쏘스에 있었다고 한다. 20장 7절에서는 아뷔쏘스를 감옥으로 해석한다.[298]

짐승 혹은 용(짐승과 용의 관계에 대해서는 12-13장에서 좀 더 자세하게 다룰 것이다)이 그리스도의 십자가 사건으로 인해 결박되어 감옥에 갇히게 되었으며 예수님의 재림 때가 가까이 오자 아뷔쏘스에서 나와 곡과 마곡으로 하여금 하나님의 백성들과 전쟁을 일으키게 한다(20:7-10). 이 전쟁은 물리적 전쟁이 아니라 영적 전쟁이다. 사탄과 교회 공동체가 치르게 될 종말적인 영적 전쟁을 물리적 전쟁의 그림 언어로 표현하고 있는 것이다. 종말적으로 있게 될 바로 이러한 영적 전쟁의 의미를 두 증인의 이야기에도 적용하고 있다. 그러므로 11장에서 짐승이 물리적 전쟁을 일으켜 두 증인을 이기고 죽인다는 표현도 문자 그대로 이해하면 안 된다.

짐승이 두 증인을 죽이다. 7bcd절의 이야기 흐름 속에서는 아뷔쏘스로부터 나온 짐승이 증거 사역을 완성한 두 증인을 죽이는 것으로 설정되어 있다. 증거 사역을 완성한 두 증인에게 보상 대신 죽음이 기다리고 있다는 것은 역설적이지 않을 수 없다. 그러나 이러한 역설이 바로 두 증인 이야기의 핵심이다. 이러한 설정은 이중적 의미를 갖는다. 첫째, 재림의 때가 되면 필연적으로 영적 전쟁이 일어날 수밖에 없다는 것이다. 그러한 영적 전쟁에서 하나님의 백성들은 패배하여 죽임을 당하는 모습으로 극도의 고난을 당할 수도 있다. 왜냐하면 그때 사탄은 자신의 때가 얼마 남지 않은 줄을 알고 있어서(12:13) 재림의 시점이 다가올수록 하나님의 백성을 향하여 역사상 가장 치열한 공격을 펼칠 것이기 때문이다. 두 증인의 죽음이 바로 이런 사실을 나타내고 있지만, 한 가지 유념해야 할 것은 두 증인의 죽음이 곧 모든 교회 공동체의 물리적 죽음을 의미하는 것은 아니라는 점이다. 그것은 "참 교회는 증거의 사명을 감당할 때 패배하는 것처럼 보이고 작고 무의미하게 나타날 것"이라는 것을 과장해서 표현한 것이다.[299] 그러나 이러한 패배의 모습은 당연히 궁극적이거나 최종적인 결과는 아니다. 이 문맥의 마

---

298 '아뷔쏘스'에 대한 구체적인 논의는 9:1을 참고하고 20장에서 재차 논의하도록 하겠다.
299 Beale, *The Book of Revelation*, 590.

지막에서 그들은 그러한 죽음으로부터 다시 부활하는 모습을 보인다. 이것은 그러한 패배의 모습이 참모습이 아니며 일시적이며 잠정적인 것임을 보여준다. 이에 대해서는 11-12절에서 다시 한 번 논의하겠다.

둘째, 이러한 영적 전쟁의 현실은 단지 재림의 최종적 순간에 일어나는 것만은 아니라는 것이다. 이 영적 전쟁은 그들이 증거 사역을 감당하는 1260일 동안에는 줄곧 일어나는 현상이다. 왜냐하면 11장 1-2절에서 이미 마흔두 달 동안 성전 바깥 마당이 이방인에 의해 짓밟히게 될 것을 언급함으로써 두 증인 곧 교회 공동체가 1260일 동안 외적 고난을 당할 것을 암시한 바 있기 때문이다. 그리고 5a절과 5c절에서 비록 하늘에서 불이 내려와 제압되기는 했지만 적어도 두 증인을 해하려는 세력이 두 증인의 증거 사역 기간에 존재하고 있다는 사실을 명시하고 있다. 이 기간에 두 증인이 갖는 왕적 권세를 강조하기 위해 이러한 적대적 세력의 능력은 철저하게 두 증인의 권세에 의해 제압당하는 것으로 표현된다. 그러나 이것은 어디까지나 두 증인이 왕적 권세를 가지고 있다는 측면을 강조하기 위한 것일 뿐, 그 기간 동안 두 증인이 항상 어떠한 고난도 없다는 것을 말하려는 것은 아니다. 그런데 저자는 두 증인이 그들의 사역을 마무리하려는 시점에서 이러한 고난의 속성을 명확하게 드러내고 있다. 독자들은 여기에서 이 고난의 속성이 이미 그들의 사역에 존재해 있었다는 것을 미루어 짐작할 수 있다. 이러한 추정은 2절이 성전 바깥 마당이 1260일과 동일한 기간인 마흔두 달 동안 이방인들에 의해 짓밟히게 될 것을 진술한다는 점 때문에 가능하다.

이 비유의 이야기는 일관된 흐름으로 진행된다. 이 비유 이야기는 두 증인이 그들의 증거 기간인 1260일 동안에는 여호수아/스룹바벨이나 엘리야/모세와 같이 누구든지 그들을 해하려고 하면 죽임을 당할 수밖에 없는 제사장적이며 왕적인 권세를 가지고 있는 모습을 강조하고(4-6절), 증거를 완성한 후에는 종말적으로 있을 영적 전쟁을 의식하여 아뷔쏘스에서 나온 짐승에 의해 죽임을 당하는 모습을 강조한다(7절). 여기에서 후자의 경우라고 하여 제사장적이며 왕적인 권세를 상실하는 것이 아니요, 전자의 경우라고 하여 고난당하는 상태가 배제되는 것도 아니다. 다만 이야기의 일관된 흐름을 위해 각 단계마다 한쪽 측면만을 강조하여 드러내고 있는 것이다. 우리는 이 이야기를 통해 11장 1-2절이 말하는 초림과 재림 사이에 교회 공동체에 존재하는 이중적 측면의 긴장을 발견할 수 있다. 그것은 바로 보호와 방임, 승리와 패배, 그리고 안전과 고난이다.

예수님과 두 증인. 11장 7절이 짐승에 의한 두 증인의 죽음을 증거의 완성 후에 오는 것으로 설정한 것은 이야기의 일관성을 유지하기 위한 이유도 있지만, 그 것에 덧붙여서 그들의 사역을 증거를 다 마치고 죽음의 길로 가신 참 선지자 예수님의 패턴과 동일시하려는 목적을 갖기도 한다. 앞서 5-6절에서는 두 증인을 엘리야와 모세를 모델로 하여 묘사한 바 있다. 모세와 엘리야는 변화산에서도 예수님과 함께 등장하는데, 이러한 장면은 예수님이 모세와 엘리야의 선지적 사역을 성취하신 분이라는 것을 보여준다. 따라서 두 증인은 예수님의 사역의 패턴을 따라가는 위치에 있음이 분명하다. 곧 교회 공동체는 구약의 선지적 사역을 성취하신 예수님의 사역을 계승하고 확장하는 역할을 부여받는다. 이러한 해석의 틀은 이어지는 두 증인의 부활과 승천이라는 내용에도 적용된다.

[11:8] 두 증인이 죽임을 당한 곳

두 증인이 고난당하는 모습은 이어지는 8-10절에서 매우 분명하게 소개된다.

큰 도시(8a절). 8a절은 짐승에게 죽임을 당한 두 증인의 시체가 큰 도시의 넓은 길에 놓여 있다고 말한다. 여기에서 "큰 도시"(τῆς πόλεως τῆς μεγάλης, 테스 폴레오스 테스 메갈레스)는 예루살렘을 가리킨다. 이것은 8c절의 "그들의 주께서도 역시 십자가에 못 박혀 죽임을 당하셨던 곳"이라는 문구를 통해 확인된다. 예수님이 죽임을 당하셨던 곳은 다름 아닌 예루살렘이다. 예루살렘을 "큰 도시"로 묘사하는 이유는 구약에서 예루살렘이 갖는 존재의 의미를 함의하려는 목적 때문일 뿐 아니라 두 증인을 핍박하는 세상 세력의 강력한 힘을 보여주려는 목적 때문이기도 하다. 실제로 예루살렘을 큰 도시라고 칭한 자료들이 있다(렘 22:8; 요세푸스, 『아피온 반박』 1.197; 시빌의 신탁 5.154, 226, 413; 엘리야의 묵시록 4:13).[300] 요한계시록 내에서 바벨론(로마 제국을 상징)을 가리켜서 큰 도시라고 표현한 경우도 같은 맥락이라고 할 수 있다(계 17:18; 18:10, 16, 18, 19, 21. 참고, 16:19).[301] 그리고 "넓은 길"(τῆς πλατείας, 테스 플라테이아스)은 "광장"(the public square)이란 의미를 갖는다.[302] 보통 대적자들의 시체는 도시 밖으로 옮겨 처리하는 것이 통상적이다(토비트 1:17-18; 필론, 『모세의 삶에 대하여』 1:39; 행 14:19).[303] 그러나 이 본문에서는 두 증인의 시체를 많은 사람이 동시에 운

---

300 Aune, *Revelation 6-16*, 619; Koester, *Revelation*, 500.
301 Aune, *Revelation 6-16*, 619.
302 앞의 책.
303 Koester, *Revelation*, 500.

집할 수 있는 광장에 두어 많은 사람들이 공개적으로 볼 수 있게 함으로써 두 증인의 수치스러움이 극대화되고 있다.

소돔과 애굽(8b절). 8b절과 8c절은 각각 "큰 도시" 예루살렘에 대한 설명을 제시한다. 먼저 8b절에 따르면 그 큰 도시는 "영적으로"(πνευματικῶς, 프뉴마티코스) 소돔과 애굽이라 "불린다"(καλεῖται, 칼레이타이)καλέω, 칼레오). 여기에서 '프뉴마티코스'를 "영적으로"로 번역한 것은 그 단어의 사전적 의미에 근거한 것이다.[304] 실제로 NJKV는 "영적으로"(spiritually)라고 번역함으로써 이러한 사전적 정의를 따른다. 반면, 다른 영역본들은 이 단어를 다른 식으로 번역하는데, 예를 들면 NIV는 "비유적으로"(figuratively), NRSV는 "선지적으로"(prophetically), ESV는 "상징적으로"(symbolically)라고 번역한다. NRSV의 "선지적으로"는 매우 해석적인 번역이라 할 수 있다. 즉, 그 큰 성이 소돔과 애굽으로 불리는 것은 예언의 영이신 "성령에 의해 주어진 인식"(Spirit-given perception)에 기반한 것이라는 해석을 바탕으로 번역한 것이다.[305] 이러한 맥락에서 보면, 예루살렘이 소돔과 애굽으로 불리는 것은 단순히 비유적이거나 상징적인 표현이 아니라 그러한 개념의 형성에 선지적 통찰력이 작용한 것이다. 그러므로 "소돔"과 "애굽"이라는 호칭을 구약적 유대적 전통의 맥락에서 살펴볼 필요가 있다.

창세기 19장 1-25절에서 소돔은 하늘로부터 내려오는 불로 심판받아 초토화된다. 이러한 정황에 대한 유비(analogy) 관계를 사용하여 선지자들은 "폭력과 부정"(사 1:9-10), "부도덕과 사기"(렘 23:14), "교만, 가난한 자들에 대한 무관심, 그리고 종교적인 불신실함"(겔 16:46-50)에 대한 심판을 선포했다.[306] 이사야 1장 10절, 3장 9절, 이사야의 승천(Ascension of Isaiah) 3장 10절은 예루살렘을 소돔이라고 부른다.[307] 그리고 지혜서 19장 14-17절과 에스겔 16장 26절과 44-58절은 소돔과 애굽을 "핍박과 유혹"의 도시로 특징짓는다.[308] 더 나아가서 아모스 4장 10-11절에서 아모스는 이스라엘에 대한 심판을 선포하면서 그것을 애굽과 소돔/고모라에 내린 심판에 비유한다.[309] 오랜 시간 동안 범죄한 예루살렘을 범죄 도시의 전형이라 할 수 있는 소돔(고모라와 짝을 이룸)에 비유해서 말하곤 하였고 여

---

304 BDAG, 837.
305 Bauckham, *The Climax of Prophecy*, 169.
306 Koester, *Revelation*, 500.
307 Sweet, *Revelation*, 187; Smalley, *The Revelation to John*, 282.
308 Smalley, *The Revelation to John*, 282.
309 앞의 책.

기에 하나님을 대적하는 적대적 세력의 대표적 모델이라 할 수 있는 애굽을 덧붙인다. 이러한 일련의 내용들은 구약에서 선지자들에게 역사하셨던 예언의 영이신 성령에 의한 계시적 통찰을 통해 구성된 것으로 봐야 한다. 이러한 틀을 전제로 이곳의 표현을 ESV처럼 상징적으로 보거나 NIV처럼 비유적으로 볼 수 있다. 결국 이 본문이 표현하는 것은 과거에 하나님의 임재와 통치가 발현되었던 예루살렘이 소돔과 애굽 같은 악의 소굴로 간주된다는 매우 비극적인 현실이다.

그러나 동시에 "큰 도시"라는 표현이 사용된다는 점에서 이 도시를 바벨론이 상징하는 로마를 가리키는 것으로 간주하는 것도 가능하다.[310] 왜냐하면 두 증인이 증거 사역을 펼친 대상은 당시에 세상 그 자체라 볼 수 있었던 로마 제국이기 때문이고, 실제로 요한계시록 안에서도 바벨론이 상징하는 로마 제국을 "큰 도시"라 칭하는 경우가 있기 때문이다(17:18; 18:10, 16, 18, 21).[311] 반면, "큰 도시"라는 표현은 존경의 대상이라기보다는 "미움받는 대적의 도시"로서 경멸적으로 사용된다(참고, 욘 1:2; 3:2, 3; 4:11; 유딧 1:1).[312] 이러한 특징을 요한계시록에도 적용할 수 있다. 큰 도시 로마 제국은 요한에게 존경의 대상이라기보다는 경멸의 대상이다. 이런 특징을 예루살렘에도 적용할 수 있다. 이러한 맥락에서 두 증인은 예루살렘에서 죽임을 당하는 정황을 연출하고 있다. 여기에서 "큰 도시"와 관련하여 이중적 의미가 있음을 알 수 있다. "큰 도시"는 예루살렘을 의미하기도 하지만 로마를 가리킬 수도 있다.

이어서 8c절은 '호푸'(ὅπου)로 시작하면서 "큰 도시"라는 장소를 설명하고 있다. 바로 그 큰 도시에서 두 증인의 주님이 십자가에 못 박히셨다. 그렇다면 여기에서 그들의 주님은 예수님을 가리키고, 그 예수님이 십자가에 못 박히신 곳이 "큰 도시"라면, 그 "큰 도시"는 당연히 예루살렘을 의미한다고 추정할 수 있다. 여기에서 저자 요한은 예루살렘을 선지적으로 해석하여 소돔과 애굽 같은 곳이라고 한다. 예루살렘을 소돔과 애굽 같은 존재로 간주하는 것은 그곳에서 예수님이 죽임을 당하셨기 때문이다. 그리고 이러한 예루살렘을 소돔과 애굽이라는 함축적인 표현으로 비판하고 있다.

그런데 여기에서 독자들이 놓치지 말아야 할 것은 저자가 왜 예루살렘을 두 증인이 죽임을 당한 곳으로 설정하고 있는가라는 점이다. 이것은 저자 요한이

---

310 Harrington, *Revelation*, 122.
311 Aune, *Revelation 6-16*, 619.
312 앞의 책.

관심을 가지고 있는 것이 지정학적 장소뿐 아니라 예수님이 가신 길을 두 증인이 따라가고 있다(혹은 따라가야 한다)는 사실이고, 그 정점에 소돔 및 애굽과 같은 예루살렘이 죽음의 장소로서 있다는 것이다. 그곳이 소돔과 애굽처럼 하나님을 대적하는 반역의 장소라 하더라도 예수님이 가신 길이라면 마다하지 말아야 한다는 것이다. 이 문맥의 곳곳에서 두 증인이 예수님이 걸어가신 길을 좇아가고 있다는 흔적이 발견되고 있는 만큼 두 증인이 상징하는 교회 공동체가 주님이 걸어가신 고난의 길을 걸어간다는 것이 매우 중요하게 취급되고 있다.

[11:9] 장사 지내지 않다

9절은 8절에 이어 두 증인이 당하는 고난의 한 측면을 소개하는 구절로서, 그들에게 주어지는 수치의 극치를 보여준다.

구약 배경 및 해석적 전승. 11장은 시편 79편 1-3절을 구약 배경으로 사용하고 있다[313].

> [1]하나님이여 이방 나라들이 주의 기업의 땅에 들어와서 주의 성전을 더럽히고 예루살렘이 돌무더기가 되게 하였나이다 [2]그들이 주의 종들의 시체를 공중의 새에게 밥으로, 주의 성도들의 육체를 땅의 짐승에게 주며 [3]그들의 피를 예루살렘 사방에 물 같이 흘렸으나 그들을 매장하는 자가 없었나이다(시 79:1-3)

위의 시편 본문과 요한계시록 본문의 공통된 모티브는 세 가지로 요약할 수 있다:[314] (1) 이방 나라들의 예루살렘 점령, (2) 주의 종들의 시체들이 방치되어 있음, (3) 주의 종들이 장사 지내지 않은 채 있음. 이 세 가지 공통된 주제는 두 증인 이야기에 있어 매우 지배적이다. 이러한 관계에 의해서 아마도 위의 시편 본문이 요한계시록의 두 증인 이야기를 구성하는 데 적지 않은 영향을 끼쳤을 가능성이 있다.[315]

사해 문서 중 4Q 176=4QTanhumin 1-2i 1-4에서도 시편 79편 1-3절을 인유한 흔적을 찾아볼 수 있다.[316]

---

313 Aune, *Revelation 6-16*, 621.
314 앞의 책, 621-622.
315 앞의 책, 622.
316 앞의 책.

> [1]당신의 경이로움을 행하소서. 당신의 백성들에게 공의를 행하여 주소서 그리고 ... [...] [2]당신의 성전 ... 예루살렘의 피에 대하여 나라들과 논하여 주소서 [3]당신의 제사장들의 시체들을 보십시오 [4]그들을 장사 지낼 자가 아무도 없습니다.

이 사해 문서에서도 이방 나라들에 의한 하나님의 제사장들의 죽음을 언급하고 그들의 시체를 장사 지내 줄 자들이 아무도 없음을 언급한다. 또한 마카베오1서 7장 16-18절에서도 시편 79편 1-3절의 말씀에 대한 재해석의 정황을 보여준다.[317] 여기에서는 배도자 알키모스(Alcimus)가 60명의 하시딤(Hasideans)을 하루 만에 살육한다(마카베오1서 7:16). 그리고 그들을 장사 지낼 자들은 아무도 없다(마카베오1서 7:17). 이상에서 보는 바와 같이 고대 사회에서 죽은 자를 장사 지내지 않는 것은 주로 무도한 행위로 죽은 자들에 대한 분노를 표출하기 위해 자행된다.[318]

백성들과 족속들과 언어들과 나라들로부터 사람들(9b절). 9a절의 동사는 "바라보다"(βλέπουσιν, 블레푸신)βλέπω, 블레포)로서 그 주어는 "백성들과 족속들과 언어들과 나라들로부터 사람들"이다. 이 문구의 표현은 우주적 의미를 전달하고자 하는 목적을 드러낸다. 요한계시록에서는 이 본문을 포함하여 이와 유사한 문구가 총 7회 사용된다(참고, 5:9, 7:9, 10:11; 13:7; 14:6; 17:15).[319] 여기에서 그 일곱 구절을 서로 비교해 보는 일은 매우 흥미로울 것이다.

주제	5:9	7:9	10:11	11:9	13:7	14:6	17:15
본문	모든 족속과 언어와 백성과 나라로부터	모든 나라와 족속들과 백성들과 언어들로부터	많은 백성들과 나라들과 언어들과 왕들을 대적하여	백성들과 족속들과 언어들과 나라들로부터	모든 족속과 백성과 언어와 나라에게	모든 나라와 족속과 언어와 백성에게	백성들과 무리들과 나라들과 언어들
순서	족속 → 나라	나라 → 언어들	백성들 → 왕들	백성들 → 나라들	족속 → 언어	나라 → 백성	백성들 → 언어들
전치사	'에크'(ἐκ)	'에피'(ἐπί)	'에크'(ἐκ)		'에피'(ἐπί)		없음
우주적 특징의 주제	구속의 우주적 대상	예언의 우주적 대상	성도를 핍박하는 세상 세력의 우주적 성격	첫째 짐승의 우주적 권세	복음 선포의 우주적 대상	음녀의 우주적 권세	

317 앞의 책.
318 앞의 책.
319 Bauckham, *The Climax of Prophecy*, 326.

이 표에서 분명한 것은 비록 순서와 단수 복수의 변화는 있지만 "족속," "언어," "백성," "나라"의 네 항목이 일곱 개의 본문에서 일관성 있게 사용되고 있다는 것이다.

또한 이 일곱 본문은 문맥과 주제에 있어 차이를 보이는데, 예를 들면, 5장 9절과 7장 9절은 구속의 대상인 하나님 백성의 우주적 특징을 드러내고 있고, 10장 11절과 14장 6절은 예언 혹은 복음 선포의 대상이 우주적임을 보여주며, 11장 9절, 13장 7절, 17장 15절은 성도를 핍박하는 세상 세력(짐승과 음녀 바벨론)의 우주적 특징을 보여준다. 이러한 양대 세력이 가지고 있는 우주적 성격은 요한계시록에서 대립하고 있는 두 거대 세력의 양보할 수 없는 일촉즉발의 긴장을 조성한다. 두 증인 이야기에 등장하는 "백성들과 족속들과 언어들과 나라들"에 속한 사람들은 우주적 세력을 가지고 있는 만만치 않은 세상 세력의 존재를 알려 주고 있다.

삼 일 반(9d절). 9절에서는 두 증인을 죽인 자들이 두 증인의 시체를 "삼 일 반 동안" 바라본다. 여기에서 "삼 일 반"은 어떻게 설정된 기간인가? 11절에 의하면 그들은 삼 일 반 동안 온갖 수치를 당하다가 다시 부활하게 된다. 따라서 삼 일 반은 그들이 죽음 가운데 있는 기간이다. 만일 두 증인이 죽음의 경우처럼 예수님의 발자취를 따라가는 것이라면 그들은 부활의 때까지 "삼 일 반"이 아니라 "삼 일" 동안 죽음 가운데 있어야 한다고 해야 하지 않을까? 그런데 "삼 일 반"이라고 한 이유는 무엇일까? 여기에서 표현상 흥미로운 변환이 발생한 것이다. 11절에서 삼 일 반 후에 부활하는 장면과 함께 고려해 보면, 이러한 변환은 삼 년 반이라는 "다니엘적 인유"(Danielic allusion)와 삼 일이라는 예수님의 죽음과 부활의 역사가 서로 결합해서 나타난 결과이다.[320] 곧 다니엘서에서 고난과 핍박의 기간이라고 할 수 있고 요한계시록 본문에서도 고난과 핍박의 기간으로 사용된 바 있는 "삼 년 반"(마흔두 달 혹은 1260일)에 예수님의 죽음의 기간인 삼 일을 반영하여 삼 일 반이라는 숫자를 창출해 낸 것이다.

안티오쿠스 에피파네스 시대의 유대인들에게 삼 년 반은 핍박으로 인한 고난의 기간이며[321] 예수님에게 삼 일이라는 기간은 십자가의 저주로 인한 수치의

---

320 앞의 책, 280.
321 이러한 내용에 대해서는 11:1-2의 "마흔두 달"에 대한 논의에서 다루었기 때문에 여기에서는 자세한 논의는 생략한다.

기간이라는 점에서 공통점이 있다. "삼 일 반"이라는 숫자가 이러한 기간의 숫자를 절묘하게 조합한 것이다. 그러므로 두 증인이 장사 지낸 바 되지 못한 기간을 삼 일 반이라고 한 것은 안티오쿠스 에피파네스 시대의 유대인의 고난의 정황을 교회 공동체에게 투영하기 위한 목적이며, 신실한 증인이신 예수님을 신실한 증인들인 교회 공동체가 따라가야 할 모델로 제시하기 위한 목적이기도 하다. 곧 종말의 시대에 교회 공동체는 안티오쿠스 에피파네스 시대의 유대인들처럼 핍박으로 인한 고난과 수치를 경험한다. 이것은 두 증인이 짐승에 의해 죽임을 당하고 장사 지내지 못한 채로 조롱당하는 정황에 의해 확증된다.

삼 일 반이라는 기간을 또 다른 관점에서 접근할 수도 있다. 그것은 바로 "삼일 반"을 두 증인의 사역의 영광스러운 기간인 "삼 년 반"이라는 기간과 대비시키는 방법이다. 이 두 숫자는 서로 동일하지는 않지만 닮은 꼴이며, 두 숫자를 대비시킴으로써 "삼 일 반"의 의미를 파악할 수 있다. 곧 "삼 년 반"이란 기간은 두 증인이 모세와 엘리야의 권세를 계승하여 행사하는 영광스러운 기간인 반면 "삼 일 반"이라는 기간은 그들에게 수치와 모욕의 기간이다. 여기에서 보여지는 것은 "영광은 길고 수치는 짧다"는 것이다. 찰스와 마운스도 두 증인이 장사 지낸 바 되지 못한 채로 있었던 삼 일 반이 그들의 선지적 활동 기간인 1260일에 "상응한다"고 하면서 이러한 입장을 지지한다.[322] 비일은 "삼 일 반"을 "짧은 반주"(the short half-week)로 표현하고 "삼 년 반"을 "긴 반 주"(the long half-week)로 표현하면서 두 표현이 "대조"(contrast)를 목적으로 사용되었다고 주장한다.[323] 이러한 사실을 요한계시록의 정황에 적용하면, 이 본문은 성도들의 승리에 비하면 "적그리스도의 승리는 짧고 무의미"하다는 것을 강조하고 있는 것이다.[324]

삼 일 반 동안 두 증인에게 일어난 일. 삼 일 반 동안 일어난 일은 두 가지로 정리해서 말할 수 있다. 첫째, 백성들과 족속들과 언어들과 나라들에 속한 사람들이 두 증인의 시체를 바라보는 것이다(9abc절). 그들은 바로 두 증인이 1260일 동안(3b절) 예언의 대상으로 삼았던 자들이고, 하나님의 심판에도 불구하고 회개하지 않던 자들이다(9:20-21). 여기에서 "바라보다"(βλέπουσιν, 블레푸신〉βλέπω, 블레포)라는 동사를 ESV, NIV, NRSV에서는 "주시하다"(gaze at)로 번역하는데, 이 영어

---

322 Charles, *A Critical and Exegetical Commentary on the Revelation of St. John* 1:289; Mounce, *The Book of Revelation*, 221.
323 Beale, *The Book of Revelation*, 595.
324 앞의 책.

단어는 "지속적으로 집중해서 상당한 호기심, 관심, 기쁨 혹은 경이로움을 가지고 바라보다"라는 의미로 사용된다.[325] 번역도 일종의 해석이므로 앞에서 언급한 영역본들이 이 단어를 이렇게 번역했다는 것은 그 번역본들이 "바라보다"를 깊은 관심과 집중력을 가지고 바라보는 것으로 해석하고 있음을 보여준다. 문맥상 이런 해석은 충분히 가능하다. 짐승에 의해 두 증인이 죽임을 당한 후에 사람들은 그들의 죽음을 사사로이 넘길 수 없을 것이다. 짐승의 능력에 대한 경이로움과 자신들의 괴로운 시간이 지나간 것에 대한 안도 후에 오는 흥미, 그리고 두 증인에 대한 분노의 마음을 가지고 그들을 바라볼 것이다. 그들이 이렇게 바라보는 모습에서 승리감에 도취된 모습도 엿볼 수 있다. 또한 이 동사를 현재형으로 사용함으로써 현장감을 높이고 있다.

둘째, 백성들과 족속들과 언어들과 나라들에 속한 사람들은 두 증인의 시체를 장사 지내도록 허락하지 않는다(9e절). 이것은 두 증인에게 최악의 수치로 여겨지는 일이다. 일반적으로 고대 사회에서는 시체를 장사 지내지 못하게 하는 것이 극도의 수치로 여겨졌다(창 40:19; 삼상 17:43-47; 46:2; 왕하 9:10; 시 79:1-5; 사 14:19-20; 렘 8:1-2; 9:22; 16:4-6; 22:19; 토비트 2:1-8).[326] 흥미롭게도 두 증인의 경우를 예수님과 비교할 수 있다. 예수님이 죽으신 후 아리마대 요셉은 예수님의 시신을 수습하여 정성껏 장사를 치렀다(참고, 요 19:38-42). 그러나 이 두 증인에게는 죽은 자에게 당연히 치러지는 장사하는 일이 허락되지 않는다. 이것은 두 증인이 예수님의 발자취를 따라가는 것을 표현하는 데 있어 일종의 파격이다. 이러한 파격을 통해 예수님의 발자취를 걸어가되 주님보다 더한 수치를 당할 수 있음을 시사해 주고 있다.

죽은 자들의 시체(9c절, 9e절). 끝으로 다음과 같은 질문이 남는다: 9c절에서는 시체가 단수형인 '프토마'(πτῶμα)로 표현되었다가 9e절에서는 복수형 '프토마타'(πτώματα)로 표현되는 이유는 무엇일까? 9c절의 경우는 집합적 단수로서 교회 공동체를 집합적으로 표현하기 위해 단수형을 사용했다면 9e절의 경우는 장사 절차와 관련하여 두 시체를 분리해서 접근하기 때문에 복수형을 사용한 것으로 이해할 수 있다.[327] 여기에서 단수형과 복수형이 동시에 사용되었다는 것은 두

---

325 출처: https://www.dictionary.com/browse/gaze?s=ts.
326 Beale, *The Book of Revelation*, 590.
327 Swete, *The Apocalypse of St. John*, 135-136(Aune, *Revelation 6-16*, 621에서 재인용).

증인이 교회 공동체 전체를 상징하는 집합적 의미와 함께 내러티브 안에서 개별적인 존재로도 간주되는 이중적 의미를 가지고 있음을 시사한다. 여기에서 두 증인의 죽은 시체는 교회가 영적으로 죽은 상태를 나타내는 것이 아니라 "죽기까지 그들의 확신을 견고하게 잡고 있는 신실한 자들의 숙명(destiny)을 조명해 준다."[328] 이것은 2장 10절의 "죽기까지 신실하라"는 말씀을 연상시킨다.[329]

[11:10] 땅에 사는 자들이 두 증인의 죽음을 즐거워하다

10절은 왜 백성들과 족속들과 언어들과 나라들에 속한 사람들이 두 증인에 대해 그처럼 증오의 감정을 가지고 그러한 수치를 입히고 있는지를 설명한다.

땅에 사는 자들(10a절). 먼저 10a절과 10c절 각각에 "땅에 사는 자들"(οἱ κατοικοῦντες ἐπὶ τῆς γῆς, 호이 카토이쿤테스 에피 테스 게스)라는 표현이 등장한다. 이 문구는 9a절에서 언급된 "백성들과 족속들과 언어들과 나라들로부터 사람들"과 같은 의미로서 짐승을 좇는 자들에 대한 숙어적 표현이다(참고, 3:10; 6:10; 8:13; 13:8). 이들은 하나님의 백성들 곧 교회 공동체를 핍박하는 자들이며 하나님의 심판 아래 있는 자들이다(6:10; 8:13).[330] 특별히 "땅"(γῆ, 게)이라는 표현은 요한계시록에서 하늘과 대조되는 개념으로서 세상 세력의 영역을 나타낼 때 주로 사용된다. 가장 대표적인 경우는 6장 15절, 17장 2절, 18장 3절, 9절 등에서 세상 세력을 심판의 대상으로 표현하면서 열거되는 항목 중 "땅의 왕들"(οἱ βασιλεῖς τῆς γῆς, 호이 바실레이스 테스 게스)이란 문구가 사용되는 경우다. "땅에 사는 자들"은 짐승이 두 증인을 죽이자 즐거워하고 기뻐하며 선물을 주고받는다. 여기에서도 "짐승"과 "땅에 사는 자들"의 유기적 관계를 엿볼 수 있다.

즐거워하고 기뻐하며 선물들을 보내다(10abc절). 땅에 사는 자들은 두 증인의 죽음을 즐거워하고 기뻐하며 서로에게 선물을 보낸다. 여기에서 우리는 어떤 사람의 죽음을 두고 즐거워하며 선물을 보내는 파렴치한 존재를 보게 된다. 이러한 파렴치한 행위의 이유에 대해서는 접속사 "왜냐하면"(ὅτι, 호티)으로 시작하는 10c절이 잘 제시해 주고 있다. 그것은 바로 두 선지자가 그들을 괴롭게 했기 때문이

---

328 Mounce, *The Book of Revelation*, 221.
329 앞의 책, 222.
330 Beale, *The Book of Revelation*, 595.

다. 여기에서 두 증인을 "두 선지자"라고 칭하는 것은 당연하다. 왜냐하면 그들이 예언 사역을 수행할 뿐 아니라(11:3, 6)[331] 앞서 언급했듯이 모세와 엘리야의 선지적 사역을 계승하기 때문이다.

10c절은 두 선지자의 예언 사역이 땅에 사는 자들을 괴롭게 했다고 말한다. 여기에서 오우니는 "괴롭게 하다"(ἐβασάνισαν, 에바사니산)βασανίζω, 바사니조)라는 동사가 "감정적 고통에 대한 비유적 의미"로 사용된다고 간주한다.[332] 이러한 의미를 적용한다면 두 증인의 사역에 의해 땅에 사는 자들이 깊은 감정의 상처를 입은 것으로 생각해 볼 수 있다. 땅에 사는 사람들이 괴로워할 수밖에 없는 이유는 자명하다. 그들은 이 땅에 속하여 사탄을 좇는 어둠의 자녀들이기 때문이다. 두 증인의 예언 사역의 핵심 요소는 베옷을 입고 회개케 하는 것이다. 회개의 촉구는 어둠에 빛을 비추는 것과 같다. 어둠 속에서 감추고 싶은 것들이 많은 그들에게 빛을 비추는 것은 괴로운 일이 아닐 수 없다. 곧 회개할 의지가 없는 자들에게 회개하라는 메시지는 괴로울 수밖에 없는 것이다. 요한복음 3장 19절은 "빛이 세상에 왔으되 사람들이 자기 행위가 악하므로 빛보다 어둠을 더 사랑했다"고 전한다. 어둠이 빛을 만날 때 어둠은 괴롭게 된다.

그런데 그들을 괴롭게 했던 두 증인이 그들의 숭배자 짐승에 의해 죽임을 당하자 기쁨이 폭발한 나머지 서로 선물을 보내기까지 한다. 일반적으로 사람들은 기쁨을 표현하는 행동으로 선물을 주고받는다. 이러한 패턴은 예수님의 죽음을 앞두고 예수님 때문에 위기 의식을 가졌던 정치적 라이벌인 빌라도와 헤롯이 서로 화해하여 친구가 된 것과 매우 유사하다(눅 23:11). 뿐만 아니라 그들의 감정적 고통을 덜어준 짐승의 승리에 대한 축하의 기쁨도 함께 발동되었을 것이라고 추정해 볼 수 있다.

구약 배경. 10절에서 땅에 사는 자들이 두 증인의 죽음을 즐거워하고 기뻐하여 예물을 주고받는 행위는 에스더 9장 19절과 22절에 기록된 사건을 연상시킨다.[333]

> 그러므로 시골의 유다인 곧 성이 없는 고을고을에 사는 자들이 아달월 십사일을 명절로 삼아 잔치를 베풀고 즐기며 서로 예물을 주더라(에 9:19)

---

331 오우니도 이러한 정황을 인식한다(Aune, *Revelation 6-16*, 623).
332 앞의 책.
333 Sweet, *Revelation*, 187; Bauckham, *The Climax of Prophecy*, 281.

이 달 이 날에 유다인들이 대적에게서 벗어나서 평안함을 얻어 슬픔이
변하여 기쁨이 되고 애통이 변하여 길한 날이 되었으니 이 두 날을 지켜
잔치를 베풀고 즐기며 서로 예물을 주며 가난한 자를 구제하라 하매(에
9:22)

이 두 구절은 바로 초기 유대 그리스도인들이 잘 알고 있었던 부림절의 출발을
알리는 사건이 배경이다(참고, 에 9:24).[334] 이 사건에서 유대인들을 죽이려는 계획
을 세웠던 하만과 그의 가족과 그를 따르던 모든 자들은 죽임을 당하고 만다. 특
별히 위 두 구절에서 이러한 자들의 죽음에 대해 유대인들이 즐거워하면서 서
로 선물을 주고받은 것은 바로 요한계시록 본문에서 두 증인이 죽임을 당했을
때 그들을 미워하던 자들이 기뻐하며 서로 선물을 주고받은 것과 대조적 평행을
이루고 있다.[335] 저자는 독자들로 하여금 부림절 사건을 떠올리게 하면서 그 상
황을 반대로 자신의 본문에 적용한다.[336] 짐승에게 죽임을 당한 두 증인 곧 교회
공동체를 죽임을 당한 하만과 그의 추종자들에 상응하는 것으로 설정하고, 또한
두 증인에 의해 괴로움을 당했던 이 땅에 사는 사람들을 부림절에 즐거워하며
서로 선물을 교환했던 유대인들에 역으로 상응하도록 설정한다. 마지막으로 이
단계에서 조금 더 발전한다. 하만과 그의 추종자들은 그들의 죽음으로 인해 유
대인들이 멸종의 위기에서 벗어남으로써 이스라엘의 회복을 가져왔지만 두 증
인의 경우는 그 죽음을 통하여 그들을 대적하던 자들을 회심케 하는 결과를 가
져온다.[337] 이러한 서술 방법은 에스더서의 배경적 사건을 떠올리게 하면서 내
용 전달에 매우 극적인 효과를 창출해 낸다.

이상의 내용을 다음과 같이 도표로 정리할 수 있다.

주제	요한계시록	에스더서
누가 누구를 죽였는가?	짐승이 두 증인을	유다인이 하만과 그의 가족과 추종자들을
선물을 주고받은 당사자들	이 땅에 사는 자들	하만을 죽인 유다인들
누가 누구를 괴롭혔는가?	두 증인이 이 땅에 사는 자들을	하만이 유다인들을
결과	땅에 사는 자들이 회개함	이스라엘의 회복

334 Bauckham, *The Climax of Prophecy*, 281.
335 앞의 책, 281-282.
336 앞의 책.
337 앞의 책, 282.

[11:11] 반전 1: 두 증인의 부활

고난과 수치의 절정에 있던 두 증인은 11-12절에서 부활과 승천이라는 대반전의 역사를 경험한다. 먼저 11절을 살펴보도록 하겠다.

구약 배경. 죽임을 당하고 삼 일 반 후에 하나님으로부터 "생명의 영"(πνεῦμα ζωῆς, 프뉴마 조에스)이 죽은 두 증인 속으로 들어가자(11a절) 그들은 그들의 발로 일어선다(11b절). 이 표현은 에스겔 37장 9-10절에서 하나님의 생기가 마른 뼈들 속으로 들어가자 그것들이 살아난 사건을 연상시킨다.[338]

> [9]또 내게 이르시되 인자야 너는 생기를 향하여 대언하라 생기에게 대언하여 이르기를 주 여호와께서 이같이 말씀하시기를 생기야 사방에서부터 와서 이 죽음을 당한 자에게 불어서 살아나게 하라 하셨다 하라 [10]이에 내가 그 명령대로 대언하였더니 생기가 그들에게 들어가매 그들이 곧 살아나서 일어나 서는데 극히 큰 군대더라(겔 37:9-10)

70인역 에스겔 37장 10절은 "그 영이 그들 속으로 들어갔다. 그리고 그들이 살았다. 그리고 그들이 그들의 발로 일어섰다"(나의 번역)라고 되어 있는데, 이 내용은 요한계시록 11장 11절의 "하나님으로부터 생명의 영이 그들 안에 들어갔다"(11a절) 및 "그리고 그들이 그들의 발로 일어섰다"(11b절)와 평행을 이룬다. 이러한 평행 관계를 다음과 같이 도표로 정리해 볼 수 있다.

계 11:11ab	겔 37:10(70인역)
a) … πνεῦμα ζωῆς ἐκ τοῦ θεοῦ <u>εἰσῆλθεν ἐν αὐτοῖς</u>, b) καὶ <u>ἔστησαν ἐπὶ τοὺς πόδας αὐτῶν</u>,	… <u>εἰσῆλθεν εἰς αὐτοὺς τὸ πνεῦμα</u> καὶ ἔζησαν καὶ <u>ἔστησαν ἐπὶ τῶν ποδῶν αὐτῶν</u>
a) … 하나님으로부터 <u>생명의 영이 그들 안에 들어갔다</u> b) 그리고 <u>그들이 그들의 발로 일어섰다</u>	… <u>그 영이 그들에게로 들어갔다</u>. 그리고 그들이 살았다. 그리고 <u>그들이 그들의 발로 일어섰다</u>.

이 도표에서 볼 수 있듯이 요한계시록 11장 11절과 에스겔 37장 10절은 요한계시록에 "그들이 살았다"가 빠져 있는 것 외에는 거의 동일하다. 특별히 주목할 수 있는 것은 두 본문에서 공통적으로 사용되고 있는 "그들의 발로 일어서다"인데 이 문구는 실제로 살아났다는 것을 확실하게 보여주려는 목적으로 사용된다.[339] 요한계시록에 "그들이 살았다"가 생략된 것은 이러한 사실 때문인 것으로 이해된다.

---

338 스몰리도 이러한 해석을 지지한다(Smalley, *The Revelation to John*, 284).
339 앞의 책.

에스겔 37장 9-10절은 하나님의 말씀에 불순종하여 심판을 받아 죽게 된 이스라엘을 하나님이 다시 살리셔서 새로운 이스라엘로 만드심으로써 하나님의 새로운 백성을 형성하시겠다는 약속의 말씀으로 주어진다. 이러한 약속의 말씀은 요한계시록의 말씀에서 성취되었다고 볼 수 있다. 곧 하나님에 의해 계획된 예언 사역을 완성한 두 증인이 상징하는 교회 공동체는 에스겔 37장 9-10절 말씀의 성취로서 마침내 새로운 이스라엘로 완벽하게 태어나게 될 것이다.

그런데 에스겔 37장 9-10절은 또 다시 창세기 2장 7절의 말씀을 배경으로 한다.[340] 창세기 본문에서 하나님은 흙으로 사람을 지으시고 생기를 그 코에 불어넣으신다. 여기에서 사용된 "불어넣다"(ἐνεφύσησεν, 에네퓌세센>ἐμφυσάω, 엠퓌사오)라는 동사는 에스겔 37장 9절에 사용된 "불어넣다"와 동일한 단어다. 불어넣어지는 것은 에스겔 37장 9절에서는 하나님의 "영"(πνεῦμα, 프뉴마)이고 창세기 2장 7절에서는 "생명의 숨"(πνοὴ ζωῆς, 프노에 조에스)으로 서로 유사한 형태라고 볼 수 있다. 이러한 관계에 의해 에스겔 37장에서 마른 뼈에 하나님의 영을 불어넣어 하나님의 군대로서의 새로운 이스라엘을 이루고자 하시는 하나님의 역사에는 창세기 2장 7절을 배경으로 새로운 인류로서 하나님의 새로운 백성을 이루시고자 하는 의도가 있음을 알 수 있다.

이렇게 교회를 상징하는 두 증인에게 생명의 영이 들어가 그들의 발로 일어서게 되는 사건이 창세기 2장 7절과 에스겔 37장 9-10절을 배경으로 주어지는 것은 창세기의 에덴에서 아담을 통해 시작된 인류를 새창조에서 새로운 인류인 교회 공동체가 대신하게 됨으로써 온전한 회복을 이루게 된다는 것을 예고한다. 이것은 예수님의 재림 때에 최종적으로 이루어질 것이지만 그 성취의 환경은 예수님의 초림부터 이미 이루어진 상태다. 교회 공동체가 예수님의 발자취를 따라 증거의 사역을 충실하게 감당할 때 인간 공동체는 최초에 에덴에서 기획되었던 상태를 온전히 이루게 될 것이다.

삼 일 반 후에 살아나다. "삼 일 반"이란 문구에 대해서는 이미 고찰한 바 있기 때문에 여기에서는 두 증인의 부활과 관련해서만 간단하게 언급하고자 한다. 두

---

340 스몰리도 이러한 배경을 인식한 상태에서 자신의 주장을 펼친다(앞의 책). 그러나 아쉽게도 그는 "생명의 숨"(breath of life)에 대해서만 언급하고 "불어넣다"(ἐνεφύσησεν, 에네퓌세센>ἐμφυσάω, 엠퓌사오)라는 동사의 일치에 대해서는 언급하지 않는데, 이것은 그가 요한계시록 본문과 창세기 본문의 연결에만 집중했기 때문인 것으로 여겨진다. 그러나 에스겔서와 창세기가 "불어넣다"라는 동사를 통해 연결되고, 이 연결 고리를 통해 요한계시록 본문과의 연관성까지 확장해 나갈 수 있다는 점에서 이 동사를 바탕으로 요한계시록 본문을 이해하는 것도 얼마든지 가능하다.

증인은 예수님처럼 삼 일 반 후에 부활을 경험한다. 요한계시록 본문이 "삼 일 후에"라는 문구 대신 "반"을 덧붙인 것은 앞서 언급했듯이 다니엘적 인유에 예수님의 삼 일 후 부활 사건을 조합하고 있는 것이다. 이제 드디어 두 증인은 삼 일 반 후에 부활의 순간을 맞이하게 된다. 안티오쿠스 4세의 핍박으로 인한 삼 년 반 동안의 고난 이후에 맞이하는 해방의 기쁨과 삼 일 동안의 죽음 이후에 맞이하는 부활로 인한 해방의 기쁨이 조합되어 두 증인의 부활의 기쁨이 더욱 증폭되어 표현된다. 이러한 기쁨은 두 증인이 상징하는 교회 공동체가 증인으로서 예언 사역을 감당하면서 적대 세력의 치명적 저항에 직면할 때 실제적인 힘과 위로가 될 것이다.

특별히 이러한 정황을 이 내러티브의 흐름 속에서 생각해 보면, 부활은 두 증인을 죽인 "짐승"과 그들을 장사 지내지 않은 채 삼 일 반 동안을 바라보며 기뻐하고 선물을 주고 받은 "땅에 사는 자들"에 대한 "설욕"(vindication)의 성격을 갖는다.[341] 이러한 설욕의 성격은 11c절에서 두 증인의 부활을 바라보던 "땅에 사는 자들"에게 큰 두려움이 임하게 되는 사건을 통해 더욱 잘 드러나고, 12절에서 "대적자들"이 두 증인의 승천을 바라보는 장면에서 절정에 이르게 된다.

또한 삼 일 반이 지나 두 증인이 죽음으로부터 살아난 사실은 더 큰 그림을 보여준다. 그것은 앞서 구약 배경에서 살펴본 바와 같이 창세기 2장 7절과 에스겔 37장 9–10절을 배경으로 두 증인이 상징하는 교회 공동체를 통해 새로운 인류를 이루시겠다는 하나님의 의지를 보여주고 있다. 그것은 "짐승"과 "땅에 사는 자들"의 핍박을 통한 저항에도 하나님의 뜻과 계획은 절대로 실패할 수 없음을 보여준다. 물론 이것은 예수님의 성육신과 십자가 사건으로 성취되어 이미 그 실체를 드러내고 있지만 재림의 때에 완성될 것이다.

큰 두려움(φόβος μέγας, 11c절). 11c절에서는 두 증인에게 일어나는 현상을 바라보는 자들에게 "큰 두려움"(φόβος μέγας, 포보스 메가스)이 엄습한다. 큰 두려움이 임하는 정황은 구약에서 매우 익숙한 표현으로서 창세기 35장 5절, 출애굽기 15장 16절, 신명기 11장 25절, 여호수아 2장 9절, 역대하 17장 10절, 시편 105편 38절 등의 본문에 잘 나타나 있다(참고, 유딧 14:3).[342]

---

341 Boxall, *Revelation of St. John*, 166.
342 Bauckham, *The Climax of Prophecy*, 282.

그들이 떠났으나 하나님이 그 사면 고을들로 크게 두려워하게 하셨으므로 야곱의 아들들을 추격하는 자가 없었더라(창 35:5)

놀람과 두려움이 그들에게 임하매 주의 팔이 크므로 그들이 돌 같이 침묵하였사오니 여호와여 주의 백성이 통과하기까지 곧 주께서 사신 백성이 통과하기까지였나이다(출 15:16)

너희의 하나님 여호와께서 너희에게 말씀하신 대로 너희가 밟는 모든 땅 사람들에게 너희를 두려워하고 무서워하게 하시리니 너희를 능히 당할 사람이 없으리라(신 11:25)

말하되 여호와께서 이 땅을 너희에게 주신 줄을 내가 아노라 우리가 너희를 심히 두려워하고 이 땅 주민들이 다 너희 앞에서 간담이 녹나니(수 2:9)

여호와께서 유다 사방의 모든 나라에 두려움을 주사 여호사밧과 싸우지 못하게 하시매(대하 17:10)

그들이 떠날 때에 애굽이 기뻐하였으니 그들이 그들을 두려워함이로다 (시 105:38)

이러한 본문들의 공통점은 하나님이 자신의 백성을 보호하기 위한 목적으로 이방 세력들에게 두려움을 주셨다는 점이다.[343]

요한계시록 11장 11c절에서 땅에 사는 자들에게 큰 두려움이 "엄습하였다"(ἐπέπεσεν, 에페페센)ἐπιπίπτω, 에피피프토)라는 표현이 보여주는 감정 상태는 직전에 11장 10절에서 그들이 두 증인의 죽음을 기뻐하고 즐거워하던 감정과는 매우 대조적이다. 상황이 급변한 것이다. 죄악의 무리들의 기쁨은 오래 지속되지 않는 법이다. 하나님이 상황을 관리하시기 때문이다. 그들을 기다리고 있는 것은 큰 두려움뿐이다. 그러나 이 문맥에서 땅에 사는 자들에게 엄습한 두려움은 단순한 심판 이상의 의미를 갖는다. 그것은 두 증인의 증거 사역에 대한 열매를 보여줌과 동시에, 두 증인에게 수치를 주었던 땅에 사는 자들을 향한 설욕(vindication)의 의미를 갖는다.[344]

왜 그들에게 큰 두려움이 엄습하였을까? 그들 자신이 죽인 두 증인이 살아났기 때문이다. 곧 땅에 사는 그들은 한 번도 하늘의 능력으로 부활의 경이로운 사건을 목도한 적이 없다. 이러한 맥락에서 땅에 사는 자들은 두 증인의 부활을 바라보며 하나님의 장엄한 임재를 직면하게 된 것이다. 이것이 큰 두려움이 그들에게 임한 이유라고 추정할 수 있다.

---

343 앞의 책.
344 앞의 책.

정리. 두 증인의 부활은 앞서 발생한 죽음에 대한 반전이 아닐 수 없다. 이런 반전의 대표적 정황은 그들을 죽인 자들에게 큰 두려움이 엄습하게 되었다는 사실이다. 여기에서 두 증인의 부활 사건은 역사적으로 언젠가 교회 공동체가 죽음에 이어 문자 그대로 부활할 것이라는 역사적 시나리오로서가 아니라 이 내러티브의 흐름 가운데 전개되는 사건으로 접근해야 한다. 또 다른 측면에서 중요한 것은 두 증인의 죽음에 이어지는 부활이 두 증인이 상징하는 교회 공동체가 예수님의 발자취를 따라가는 여정의 과정이라는 것이다. 또한 두 증인의 부활에 대한 구약 배경에서도 살펴보았듯이 하나님은 에덴의 아담과 가나안의 이스라엘을 회복하는 새창조 안에서 새로운 인류인 교회 공동체를 세우실 것이다.

[11:12] 반전 2: 두 증인의 승천

12절은 11절에서 제시된 두 증인의 부활에 이어 두 증인의 승천에 대해 말함으로써 두 증인이 당했던 고난과 수치에 대한 반전의 절정을 보여줄 뿐 아니라 교회 공동체가 예수님의 발자취를 따라가는 여정의 과정을 제시하기도 한다.

구약 배경 및 해석적 전승. 하늘로 승천하는 사건은 구약이나 유대 문헌에도 적지 않게 등장한다. 먼저 창세기 5장 24절에서 하나님은 지상에 살고 있던 에녹을 하늘로 데려가시고, 열왕기하 2장 11절에 의하면 엘리야는 바람을 타고 하늘로 올라간다.[345] 또한 요세푸스의 『유대 고대사』 4.326은 구름에 의한 모세의 승천을 언급한다.[346] 그리고 유대 문헌과 기독교의 순교자와 관련된 전설 등에 의하면 순교자들은 하나님 앞으로 간다(단 12:2-3; 마카베오4서 17:5; 요세푸스, 『유대 전쟁사』 2.153-155; *Mart. Justin* [Rec. A and B] 5; *Acts Scill.* 15; *Mart. Perpetua* 11. 7-8; *Mart. Fruct.* 5; 7.2).[347] 한편, 구름은 구약과 초기 유대 문헌에서 "하나님의 운송 수단"일 뿐 아니라(신 33:26; 시 68:34), "지상에서 하늘"로 올라가는 운송 수단이며(왕하 2:11; 에녹1서 14:8; 39:3; 52:1; 70:2; 에녹2서 3:1; 아브라함의 유언서 10:1; 8:3; 10:2; 요세푸스, 『유대 고대사』 4.326), "하늘의 한 지역에서 다른 지역"으로 이동하기 위한 수단으로 드러난다(시 68:4; 104:3; 사 19:1; 단 7:13; 아브라함의 유언서 12:1, 9; 에스라4서 13:3).[348]

---

345 Sweet, *Revelation*, 188.
346 Charels, *A Critical and Exegetical Commentary on the Revelation of St. John*, 1:291.
347 Aune, *Revelation 1-6*, 625. 레디쉬도 요세푸스가 언급한 모세의 승천 이야기를 언급한다(Reddish, *Revelation*, 213).
348 Aune, *Revelation 1-6*, 625. 오우니는 이 외에도 신약 성경에서 구름이 하늘로부터 땅으로의 운송 수단으로 사용될 뿐 아니라 대관식의 정황에서도 사용되고, "신적 현현 혹은 천사의 현현과 관련된 상징"으로 사용된다는 점(출 14:24; 16:10; 24:16; 레 16:2; 민 12:5; 신 1:33; 마카베오2서 2:8 등)을 지적한다(앞의 책).

이런 내용에 비추어 볼 때, 요한계시록 11장 12절에서 두 증인이 구름의 도움으로 하늘로 올라간 것은 이러한 구약 배경과 유대적 해석 전승을 배경으로 한다고 이해할 수 있다. 12c절의 "구름"(νεφέλη, 네펠레) 앞에 정관사 '테'(τῇ)가 사용된 것은 요한이 이러한 배경을 의식하고 있음을 보여주는 단면이라고 할 수 있다.[349] 물론 이 배경 문헌들과 요한계시록 본문 사이에는 차이점도 존재한다. 첫째, 모세, 엘리야, 에녹 등은 죽음 없이 하늘로 올라가지만 요한계시록의 두 증인은 죽은 후에 하늘로 올라간다.[350] 둘째, 앞서 언급한 배경 문헌들(마카베오4서 17:5; 18:23; 요세푸스, 『유대 전쟁사』 2.153-155)에서 순교자들은 죽음 후에 부활 없이 하나님 앞으로 곧바로 올라가지만 요한계시록의 두 증인은 죽고 나서 부활한 후에 하늘로 올라간다.[351] 이러한 차이점에도 불구하고 구약과 유대적 배경은 승천에 대한 해석적 전통을 보여줌으로써 두 증인이 구름을 타고 하늘로 올라가는 정황을 이해하는 데 크게 기여한다.

요한계시록 본문간 연구. 12ab절의 "... 그들에게 말하는 하늘로부터의 큰 음성을 들었다. 이리로 올라오라"라는 문구는 4장 1-2절과 매우 유사한 형태를 가지고 있으며,[352] 1장 7절에 나타나는 예수님의 승천 장면과도 평행을 이룬다. 이 세 본문을 비교하면 다음과 같다.

계 1:7	계 4:1-2	계 11:12
Ἰδοὺ ἔρχεται μετὰ τῶν νεφελῶν	1) ... ἡ φωνὴ ἡ πρώτη ἣν ἤκουσα ὡς σάλπιγγος λαλούσης μετ' ἐμοῦ λέγων· ἀνάβα ὧδε, ... 2) Εὐθέως ἐγενόμην ἐν πνεύματι,	a) καὶ ἤκουσαν φωνῆς μεγάλης ἐκ τοῦ οὐρανοῦ λεγούσης αὐτοῖς· b) ἀνάβατε ὧδε. c) καὶ ἀνέβησαν εἰς τὸν οὐρανὸν ἐν τῇ νεφέλῃ
보라 그가 구름과 함께 (하늘로) 오신다	1) 이리로 올라오라 2) 내가 성령 안에 있었다	b) 이리로 올라오라 c) 구름의 도움으로 하늘로 올라가다
	1) 나와 더불어 말하는 나팔 같은 것의 (큰) 음성	a) 그들에게 말하는 하늘로부터의 큰 음성
예수님의 승천	요한의 승천	두 증인(교회 공동체)의 승천

---

349 Charles, *A Critical and Exegetical Commentary on the Revelation of St. John*, 1:291.
350 Koester, *Revelation*, 503.
351 앞의 책.
352 대부분의 주석가들이 이러한 관계에 대해 동의한다(Sweet, *Revelation*, 188; Blount, *Revelation*, 216; Smalley, *The Revelation to John*, 285).

이 비교 본문들을 관통하는 하나의 주제는 "승천"이다. 그러나 각 본문마다 승천의 정황은 차이가 있다. 1장 7절은 예수님의 승천에 대한 내용이고, 4장 1-2절은 요한의 승천과 관련되며, 11장 12절은 두 증인 곧 교회 공동체의 승천을 가리키고 있다. 이러한 공통점에 의해 예수님과 요한 그리고 교회 공동체는 서로 유기적인 연관성을 갖는다. 예수님과 두 증인은 "구름"이라는 주제에 의해 평행 관계를 가지며 요한과 두 증인은 "이리로 올라오라"(ἀνάβα[τε] ὧδε, 아나바[테] 호데)라는 문구에 의해 평행 관계를 갖는다. 먼저 요한과 두 증인은 선지자로서의 예언 사역에 의해 밀접한 관계를 보여주고 있다. 10장 11절에서는 요한에게 예언 사역을 위임하고 11장 4절에서 두 증인은 예언 사역으로의 부르심을 이어 간다. 그리고 요한과 두 증인의 이러한 예언 사역은 참 증인으로서 참 선지자이신 예수님의 사역을 계승하고 확산하는 것이다. 여기에서 예수님과 요한 그리고 두 증인은 매우 밀접한 유기적 관계를 갖는다.

그런데 위 도표에서 보여주는 것처럼 이 세 대상이 모두 하늘을 경험한다.[353] 특별히 1장 7절의 예수님의 승천과 11장 12절의 두 증인의 승천은 죽음과 부활 외에도 또 다른 차원의 중요한 의미를 공유한다. 여기에서 이 두 본문 모두 다니엘 7장 13절의 인자 같은 이가 구름 타고 하나님께로 가서 영광과 존귀의 지위를 얻게 되는 장면을 배경으로 한다. 요한계시록의 문맥에서 1장 7절의 예수님의 승천은 예수님 자신의 사역의 진실성이 확증되고 모든 만물을 통치하시는 통치자라는 사실을 선언하는 사건이다. 이와 같은 맥락에서 두 증인의 승천은 예수님이 오르셨던 그 영광의 자리에 교회 공동체를 참여하도록 하는 하나님의 뜻과 계획의 실현을 나타내고 있다. 다시 말해서 예수님과 함께 만물에 대한 통치자의 지위를 갖게 된다는 것을 공표하는 사건으로 이해될 수 있다. 이것은 본래 에덴에서 인간을 영광과 존귀로 관을 씌워 주시며(시 8:5) 창조하셨을 때 계획하셨던 것을 마침내 완성하시는 장면이다. 물론 이러한 지위는 예수님의 초림과 재림 사이에 존재하는 모든 교회 공동체가 천상적 존재로서 이미 경험하고 있는 것이지만 특별히 재림의 때에 이 시점을 설정하고 있는 것은 이 내용이 기승전결이 있는 하나의 이야기로 전개되기 때문일 뿐 아니라 재림의 때에 그러한 계획이 완성된다는 것을 보여주기 위한 목적이기도 하다. 결국 두 증인에게 이러한 지위를 허락하심으로써 구속사적 완성의 의미를 제시하려는 것과 동시에 두

---

353 4:1의 경우에는 요한이 하늘 대신 "성령" 안에 있게 되었다고 기록하고 있다. "성령 안"과 "하늘"은 동일한 공간에 대한 다른 표현이라고 할 수 있다.

증인의 증거 사역의 진실성을 인정해 주는 효과도 갖는다. 덧붙여서 이러한 결과는 그들을 핍박했던 악한 세력을 부끄럽게 만드는 심판의 의미도 갖는다.[354]

구름의 도움으로(ἐν τῇ νεφέλῃ, 12b절). 12a절에 의하면 두 증인은 하늘로부터 큰 음성을 듣는다. 그리고 12b절에서 그들은 그 음성을 듣고 "구름의 도움으로" 하늘로 올라간다. 이러한 패턴은 실제로 예수님의 승천 장면에서 동일하게 작용한 바 있다. 곧 사도행전 1장 9절에는 '네펠레 휘펠라벤 아우톤'(νεφέλη ὑπέλαβεν αὐτὸν)이라고 되어 있는데 이것을 직역하면 "구름이 그를(예수님을) 취하여 올렸다"라고 할 수 있다.[355] 이때 구름은 예수님을 하늘로 올리는 도구로 사용된 것이 자명하다. 구름은 구약에서 하나님의 이동 수단이며(사 19:1; 60:8; 렘 4:13) 신적 임재의 표시로서(출 19:9, 16; 대하 5:13; 시 67:35; 겔 10:3 등) 구름이 두 증인의 승천에 활용된다.

이처럼 두 증인의 승천의 정황에서 구름의 등장은 예수님의 발자취를 따라간 두 증인이 하나님의 이동 수단을 공유하고 신적 임재에 참여했다는 것을 보여준다.

이와 같은 구름 공유의 모델이 바로 다니엘 7장 13절에서 등장한다. 다니엘서 본문에 대해서는 1장 7절을 논의할 때 충분히 다루었으므로 여기에서는 공유의 주제에 국한해서 살펴보고자 한다. 곧 다니엘 7장 13절에서 인자는 하나님의 이동 수단인 구름을 타고 하나님께로 나아간다. 이러한 공유의 패턴이 바로 두 증인의 승천 장면에서 재현되고 있다. 이것은 다니엘 7장 13절의 정황이 재해석되어 일차적으로는 1장 7절에서 예수님께 적용되고 11장 12절에서는 두 증인의 승천 장면에 적용되고 있는 것이다. 결국 두 증인은 죽음과 부활에 이어 승천의 과정도 예수님의 발자취를 따라가는 모습을 취하고 있다. 곧 고난과 죽음의 과정을 거쳐 부활과 승천의 영광을 얻는 것은 주님의 모든 길을 따라가는 신실한 교회 공동체에게 적용될 수 있는 한결같은 패턴이다.

12b절의 '엔 테 네펠레'(ἐν τῇ νεφέλῃ)를 개역개정이 "구름을 타고"라고 번역한 것은 정황상 전혀 틀린 번역은 아니지만 원문과는 거리가 있다. 앞서 번역의 문

---

354 이러한 패턴은 마 24:30에서 잘 나타나고 있다. 곧 예수님의 승귀 장면과 성전 파괴를 대조시킴으로써 예수님은 영광을 얻으셨지만 예수님을 십자가에 못 박은 유대인들은 성전 파괴를 통해 수치를 당하는 심판의 자리에 서게 되었다는 것이다. 이러한 해석에 대한 자세한 내용은 France, *The Gospel of Matthew*, 923 이하를 참고하라.

355 이 문장의 동사인 '휘펠라벤'(ὑπέλαβεν>ὑπολαμβάνω, 휘폴람바노)의 사전적 의미는 "취하여 올리다"(take up)이다(BDAG, 1038). 이 사전적 의미에 맞게 번역한 영어 성경은 ESV가 유일하다.

제를 다룰 때 언급한 것처럼 '엔 테 네펠레'를 직역하면 "구름 안에서"이고 의미상 적절한 번역은 "구름의 도움으로"라 할 수 있다. 70인역 다니엘 7장 13절은 "구름 '위에'(ἐπί, 에피)"("구름 타고"에 가장 가깝다)라고 표현하고 마소라 본문과 데오도티온역은 "구름과 '함께'(마소라 본문: עִם, 임; 데오도티온역: μετά, 메타)"라고 표현한다. 요한계시록 1장 7절은 마소라 본문이나 데오도티온역을 따르는 것이 분명하다. 그런데 12b절의 "구름의 도움으로"(ἐν τῇ νεφέλῃ, 엔 테 네펠레)와 유사한 문구가 데살로니가전서 4장 17절(ἐν νεφέλαις, 엔 네펠라이스)에서 발견된다. 데살로니가전서 4장 17절에서는 요한계시록 11장 12절과 동일하게 전치사 '엔'(ἐν)을 사용하고 정관사 없이 "구름"이란 단어의 복수형을 사용한다. 그리고 끌어올려지는 것도 두 증인과 동일하게 성도들이다. 그리고 이 두 본문은 모두 다니엘 7장 13절을 배경으로 한다. 이 두 본문 사이의 차이점은 요한계시록 본문에는 "구름"의 단수형이 사용된 반면 데살로니가전서 본문에는 복수형이 사용된다는 점이며, 전자에는 정관사가 있는 반면 후자에는 정관사가 없다는 점이다. 그러나 이 차이점들은 결정적이지 않다. 한편 데살로니가전서 4장 17절은 데살로니가전서 4장 16절과 함께 예수님의 재림을 묘사하는 내용으로서, 예수님의 재림 때에 예수님처럼 성도들도 영광의 지위를 얻게 될 것을 의미하는 장면이다. 이러한 의미가 요한계시록 11장 12c절의 경우에도 적용될 수 있다. 다만 요한계시록 본문은 그것이 단지 예수님의 재림의 시점에만 국한되지 않는다는 점이 또한 차이라고 할 수 있다.

바라보다(12d절). 두 증인은 구름의 도움으로 승천하고 그들의 대적자들은 땅에 남아 있었다. 그리고 두 증인의 대적자들이 두 증인의 승천을 바라본다. 스윗은 이러한 "바라봄"의 행위를 요한이 스가랴 12장 10절을 재해석하는 것으로 이해한다.[356] 스가랴 12장 10절의 하나님을 찌른 자들이 바라보는 행위는, 이미 요한복음 19장 17절에서 예수님의 죽음의 정황과 관련하여 적용된 바 있고, 요한계시록 1장 7절에서 예수님의 승천 사건에서 다시 등장한다.[357] 구약의 스가랴 12장 10절을 비롯하여 요한복음 19장 17절과 요한계시록 1장 7절, 그리고 요한계시록 11장 12절까지의 본문에서 일관성 있는 주제는, 바라보는 자들이 처음에는 예수님이나 두 증인(교회 공동체)에게 죽음이라는 치명적인 위해를 가했으나 결국에는 예수님과 두 증인의 부활과 승천을 통해 부끄러움과 큰 두려움을 갖게 된

---

356 Sweet, *Revelation*, 188.
357 앞의 책. 이에 대한 자세한 내용은 1:7에 대한 본문 주해를 참고하라.

다는 것이다. 이미 11c절에서 두 증인이 죽고 삼 일 반이 지나 부활했을 때 큰 두려움이 그들에게 엄습한 바 있다. 승천은 그들에게 두려움을 넘어 경이로움의 감정을 불러일으키기에 충분하다. 이런 모습은 두 증인을 죽인 자들에 대해 설욕하는 특징을 지닌다. 이러한 특징은 마태복음 24장 30절에서 예수님이 자신을 십자가에 못 박아 죽인 유대인들이 바라보는 가운데 구름을 타고 능력과 큰 영광으로 오심으로써 설욕하시는 것과 동일한 패턴을 보여준다.[358]

한편 12d절의 "바라보다"(ἐθεώρησαν, 에데오레산〉θεωρέω, 데오레오)는 9a절의 "바라보다"(βλέπουσιν, 블레푸신〉βλέπω, 블레포)와 다른 동사다. 9a절과 12d절이 서로 다른 동사를 사용하는 것은 상황의 변화를 의식했기 때문이라고 추정할 수 있다. 여기에서 반전이 일어난다. 곧 9a절에는 백성들과 족속들과 언어들과 나라들에 속한 사람들이 죽은 후 장사 지내지 못한 두 증인을 조롱하듯 즐기면서 바라보는 반면, 12d절에서 그들은 구름 안에서 하늘로 승천하는 두 증인을 두려움과 경이로움을 가지고 바라본다. 12d절에서는 9a절의 "백성들과 족속들과 언어들과 나라들로부터 사람들"을 대적들이라고 적대적으로 표현하기도 한다. 죽은 후 장사도 지내지 못할 만큼 수치스러운 상태였던 두 증인이 구름의 도움으로 하늘로 올라가는 영광스러운 모습은 완전한 대반전이 아닐 수 없고, 이러한 상황 변화를 목격한 대적들의 두려움은 극대화되지 않을 수 없었을 것이다. 이것은 마치 마태복음 24장 30절에서 십자가에서 수치스럽게 못 박혀 죽으신 예수님이 구름 타고 하늘로 올라가셔서 영광스러운 지위를 획득하시는 상태와 예루살렘 성전의 파괴로 이스라엘에 가해지는 수치에 대한 예언 사이에서 나타나는 대조적 관계의 패턴과 유사하다.

정리. 두 증인이 구름의 도움으로 하늘로 올라가는 장면은 구약과 유대 문헌의 배경을 갖는다. 특별히 두 증인이 하늘로 올라가는 승천 장면은 4장 1절의 요한 및 1장 7절의 예수님의 경우와 평행 관계를 갖는다. 그리고 1장 7절의 예수님의 승천은 두 증인의 증거 사역의 정당성과 왕적 지위에 대한 구속사적 계획의 완성의 상태를 시사하고 있다. 또한 "구름"이라는 주제는 승천을 통한 두 증인의 영광스러운 지위를 특징적으로 말한다. 두 증인의 승천은 그들의 증거 사역의 진실성에 대한 보증과 대적자들에 대한 설욕의 의미를 동시에 갖는다.

---

358 France, *The Gospel of Matthew*, 924-925. 이에 대한 자세한 내용은 1장 7절의 부록 부분을 참고하라.

4) 결말: 남은 자들이 영광을 돌리다(11:13-14)

13절은 두 증인 이야기의 마무리를 장식한다. 두 증인이 하늘로 올라갈 때 땅에서는 심판의 현상이 일어나고 있다. 그러나 그 심판은 또한 구원을 초래한다.

구문 분석 및 번역

13절 a Καὶ ἐν ἐκείνῃ τῇ ὥρᾳ ἐγένετο σεισμὸς μέγας
그리고 저 시간에 큰 지진이 일어났다

b καὶ τὸ δέκατον τῆς πόλεως ἔπεσεν
그래서 그 도시의 십분의 일이 무너졌다

c καὶ ἀπεκτάνθησαν ἐν τῷ σεισμῷ ὀνόματα ἀνθρώπων χιλιάδες ἑπτὰ
그리고 사람들 중 칠천 명이 지진으로 말미암아 죽임당했다

d καὶ οἱ λοιποὶ ἔμφοβοι ἐγένοντο
그리고 그 남은 자들이 두려워하였다

e καὶ ἔδωκαν δόξαν τῷ θεῷ τοῦ οὐρανοῦ.
그래서 그들이 하늘의 하나님께 영광을 드렸다

14절 a Ἡ οὐαὶ ἡ δευτέρα ἀπῆλθεν·
두 번째 화가 지나갔다

b ἰδοὺ ἡ οὐαὶ ἡ τρίτη ἔρχεται ταχύ.
보라 세 번째 화가 곧 온다

13절에서는 앞선 11-12절에서처럼 다섯 개의 부정과거 시제 동사가 연이어서 사용된다: '에게네토'(ἐγένετο), '에페세'(ἔπεσε), '아페크탄데산'(ἀπεκτάνθησαν), '에게논토'(ἐγένοντο), '에도칸'(ἔδωκαν). 앞서 언급했듯이 이렇게 부정과거 시제 동사를 사용하는 것은 "내러티브의 기본적 구조"의 인프라를 구성하는 기능을 갖는다.[359] 이러한 기능으로 인해 13절은 그것이 11절 이후에 이어지는 이야기의 맥락 속에서 이해되어야 한다는 사실을 시사한다. 그리고 13b절과 13e절은 각각 선행된 사건의 결과를 나타내는 내용이므로 접속사 '카이'를 "그래서"로 번역했다.

　13절의 번역과 관련해서 쟁점이 되는 것은 13c절의 '오노마타 안드로폰'(ὀνόματα ἀνθρώπων)이라는 문구다. 이 문구는 문자적으로 번역하면 "사람들의 이름들"이라고 할 수 있는데 앞의 '오노마타'(ὀνόματα, 이름들)는 인격(person)이라는 의미를 함축한다.[360] 그러므로 이 본문에서 이 부분에 대한 번역을 반드시 "이름"이라는 단어로 번역할 필요가 없고, 그래서 숫자를 나타내는 "명"으로 번역

---

359 Mathewson, *Verbal Aspect in the Book of Revelation*, 51.
360 BDAG, 714; Zerwick and Grosvenor, *A Grammatical Analysis of the Greek New Testament*, 759.

했다. 물론 이 단어를 "명"의 의미로 사용하는 것이 통상적이지 않다는 것은 맞다. 그러므로 토머스도 이것은 "비통상적 표현"(unusual expression)이라고 판단한다.[361] 그리고 이러한 표현은 "각자의 이름이 불려지듯이 그 수가 신중하고 정확하게 진술된다"는 것을 보여주려는 목적으로 사용되고 있다.[362] 요한계시록 3장 4절과 사도행전 1장 15절에서도 같은 용법으로 사용된다고 이해할 수 있다.[363]

이상의 내용을 근거로 우리말 어순에 맞추어 번역하면 다음과 같다.

13a)   그리고 저 시간에 큰 지진이 일어났다.
13b)   그래서 그 도시의 십분의 일이 무너졌다.
13c)   그리고 사람들 중 칠천 명이 지진으로 말미암아 죽임당했다.
13d)   그리고 그 남은 자들이 두려워하였다.
13e)   그래서 하늘의 하나님께 영광을 드렸다.
14a)   두 번째 화가 지나갔다.
14b)   보라 세 번째 화가 곧 온다.

본문 주해

저 시간에(13a절). 13절은 "저 시간에"(ἐν ἐκείνῃ τῇ ὥρᾳ, 엔 에케이네 테 호라)라는 문구로 시작한다. 이 문구는 "신적 징벌의 즉각성"(단 3:15)이나 "기적적 사건들이 일어나는 즉각성"(단 5:5; 마 8:13; 10:19=막 3:11=눅 12:12; 눅 7:21; 요 4:53; 행 22:13)을 강조하는 목적으로 사용된다.[364] 같은 맥락에서 블라운트도 "시간"(ὥρα, 호라)이란 단어가 "하나님의 심판의 임박한 도래"(3:3, 10; 9:15; 14:7, 15; 18:10, 17, 19)를 의도한다고 주장한다.[365] 이 임박한 심판은 이 문맥에서 큰 지진의 발생을 언급함으로써 확증된다. 좀 더 확장해서 생각해 보면 11장 15-19절의 일곱 번째 나팔 심판의 정황까지 생각해 볼 수 있을 것이다.[366]

십분의 일과 칠천 명(13c절). 요한계시록 11장 13절에서는 두 증인의 증거 사역(예언 사역을 비롯하여 죽음과 부활과 승천의 과정)의 결과로, 그들을 대적했던 자들이 크게 두 부류로 나뉘게 된다. 한 부류는 예수님을 비롯해서 두 증인이 죽임을 당했던 도

---

361 Thomas, *Revelation 8-22*, 98.
362 Alford, *Alford's Greek Testament*, 4:660.
363 Thomas, *Revelation 8-22*, 98.
364 Aune, *Revelation 6-16*, 627.
365 Blount, *Revelation*, 217.
366 앞의 책.

시에 지진이 일어나서 그 도시의 십분의 일이 무너질 때 그 지진으로 말미암아 죽임을 당한 칠천 명에 속하는 부류이고(13c절), 다른 한 부류는 하늘의 하나님께 영광을 돌리는 남은 자들이다(13e절). 전자가 이 단락에서 다루고자 하는 주제이다. 여기에서 칠천과 십분의 일이라는 숫자가 어떻게 선정되었을까? 이 수치에 대해서는 두 가지 입장이 있다. 첫째, "칠천"과 "십분의 일"이라는 숫자를 서로 조화로운 관계로 간주하여 산술적 결과로 접근하는 경우이다.[367] 곧 AD 1세기 당시의 예루살렘 인구에 대해서는 여러 견해가 있지만[368] 그 가운데 대략 칠만 명 정도였던 것으로 추정된다는 입장도 있는데, 만일 이 숫자가 받아들여진다면 "칠천"이라는 숫자는 당시 예루살렘 인구의 "십분의 일"을 암시하는 것으로 볼 수 있다.[369]

둘째, 이러한 산술적 수치의 접근을 지양하고 단순히 "제한된 숫자"(limited number)를 사용해서 "제한된 파괴"(limited destruction)를[370] 보여주는 심판의 제한적 특징을 제시하는 것으로 이해하는 입장도 있다.[371] 만일 "칠천"이라는 숫자만 사용된다면 그 자체로 제한성보다는 완전성의 의미로 추정할 수 있으나[372] 여기에 십분의 일이라는 수치가 함께 사용됨으로써 십분의 구와 대조되는 제한적 의미를 유지한다. 이것은 인과 나팔 심판 시리즈에서 각각 사분의 일과 삼분의 일이라는 수치가 심판의 대상과 관련된 제한된 숫자로 사용되는 것과 같은 맥락이라고 할 수 있다.[373] 이때 "칠천"이란 숫자는 "십분의 일"과 함께 제한성이라는 상징적 의미를 갖는다.

이상의 두 가지 입장은 서로 배타적이지 않으며 상호 보완적으로 이해할 수 있다. 요한은 당시 인구의 대략적 수치를 배경으로 하되 철저하게 산술적 수치

367 Beasley-Murray, *The Book of Revelation*, 187.
368 당시 예루살렘의 인구에 대한 다양한 견해에 대해서는 J. M. Court, *Myth and History* (London: SPCK, 1979), 183쪽을 참고하라(Beale, *The Book of Revelation*, 1999, 603에서 재인용). 스웨테는 당시 예루살렘 인구를 최소한 100,000명으로 간주하고(Swete, *The Apocalypse of St. John*, 138), 요세푸스는 그의 「아피온 반박」 1.197에서 "120,000명 혹은 대략 그 수"로 산정한다(참고, Smalley, *Revelation to John*, 286).
369 Sweet, *Revelation*, 189; Reddish, *Revelation*, 213.
370 Sweet, *Revelation*, 189. 이와는 대조적으로 최후의 심판을 소개하는16:19에서는 재앙에 의한 완전한 파괴를 언급하고, 19:21에서는 말씀에 의한 완전한 파괴를 언급한다(앞의 책).
371 Koester, *Revelation*, 504.
372 "7"이라는 숫자가 심판의 완전성을 강조하기 위해 사용되는 대표적인 예는 바로 겔 39장이다. 그곳에는 회복된 이스라엘과의 전쟁에서 패배한 곡과 그와 함께한 연합군에 대한 심판이 기록되어 있는데, 그들의 병기들을 태우는 데 걸리는 시간이 "칠 년"이고(9절), 곡과 그와 함께한 병사들이 땅에 묻히는 데 걸리는 시간이 "일곱 달"로 제시된다(12, 14절). 여기에서 "일곱/칠"이라는 숫자는 심판의 완전성을 강조하기 위해 사용된 상징적 숫자일 가능성이 크기 때문에 "일곱 달"이나 "칠 년"을 문자 그대로 이해하면 안 된다.
373 Osborne, *Revelation*, 433.

에 충실하려 하지 않고 자신이 드러내고자 하는 목적대로 숫자의 가치를 활용하여 심판의 특징을 잘 드러내려고 한다.

또한 "십분의 일"과 "칠천 명"에 또 다른 방식으로 접근할 수도 있다. 곧 무너진 "십분의 일"은 아모스 5장 3절과 이사야 6장 13절에서 의인으로서의 남은 자 십분의 일과 대조적으로 평행되고, 또한 "칠천"도 바알에게 무릎을 꿇지 아니한 하나님의 신실한 이스라엘 백성 칠천과 대조적 평행을 이루고 있다(참고, 왕상 19:14-18; 롬 11:2-5).[374] 이러한 대조적 평행 관계의 패턴은 상황이 완전히 전환되어 역으로 적용되고 있다는 점에서, 앞서 10절의 본문 주해에서 언급했던 에스더의 두 본문(에 9:19, 22)과 동일한 경우이다. 곧 "십분의 일"이나 "칠천"이 구약에서는 심판을 면하는 의인을 대상으로 사용되고 있으나 요한계시록 본문에서는 심판의 대상에 적용됨으로써 역으로 전환되어 사용된다.[375] 곧 그 "개념의 반전"(reversal of that conception)이 발생한 것이다.[376] 이러한 반전의 핵심 요소는 소수가 다수로 전환되고 있다는 것이다. 구약에서는 구원의 대상인 신실한 자들이 "십분의 일"과 "칠천"이라는 소수에 불과했지만 요한계시록 본문에서는 "십분의 일"과 "칠천"이 심판의 대상으로서 소수가 되고 나머지 다수인 십분의 구는 구원의 대상이 된다.[377] 그 이유가 무엇일까? 이에 대해서는 서로 연결될 수 있는 두 가지 측면에서 접근이 가능하다.

첫째, 이것은 심판의 필연적 정황을 구원으로 전환시키는 두 증인의 증거 사역의 효과를 부각시킴으로써 종말의 시대에 교회의 본질적 성격을 규명하려는 의도를 갖는다.[378] 심판의 정황 가운데에서 두 증인이 상징하는 교회 공동체의 증거에 의해 세상의 "십분의 구"가 회개하는 것에 대한 희망을 보여준다.[379] 같은 맥락에서 요한계시록 내에 존재하는 일종의 신학적 경향을 반영한다. 이것은 아브라함 약속의 성취로 볼 수 있는 7장 9절의 "모든 나라와 족속들과 백성들과 언어들로부터 아무도 셀 수 없는 큰 무리"와 무관하지 않다. 하나님은 아브라함에게 하늘의 별과 바다의 모래같이 셀 수 없는 큰 자손을 주실 것을 약속하신 바 있다. 이제 신약의 성취의 관점에서 구원받은 셀 수 없는 큰 무리에 대한 비전을

---

374 Aune, *Revelation 6-16*, 627.
375 Witherington, *Revelation*, 160.
376 Smalley, *The Revelation to John*, 286.
377 Bauckham, *The Climax of Prophecy*, 283.
378 앞의 책.
379 Fiorenza, *Revelation*, 79.

제시한다. 그런데 이곳의 문맥에서는 그것이 두 증인 곧 교회 공동체의 증거 사역을 통해 이루어지게 된다는 것을 강조하려는 목적을 갖는다.[380]

둘째, 심판의 분량을 소수로 전환한 것은 회개의 기회를 남겨 놓기 위해 "징벌의 파괴적 효과들"을 제한하려는 목적을 갖는다.[381] 이것은 인간과 피조 세계에 대한 하나님의 신실하신 속성과도 관련된다.[382] 하나님의 신실하심은 심판 자체에 목적이 있는 것이 아니라 심판을 통한 회복에 방점이 찍혀 있다.[383] 따라서 대적들이 징벌을 받아야 마땅하지만 신실하신 하나님은 그러한 자들에게도 회개의 기회를 주시게 된다. 이러한 패턴은 요한계시록에 잘 나타나고 있다. 예를 들면, 6장 8절의 네 번째 인 심판의 경우에는 땅의 사분의 일이 심판을 당하며, 8장 6-12절의 처음 네 개의 나팔 심판의 경우에는 우주의 각 영역에 삼분의 일이 심판을 받아 죽임을 당하게 된다.[384] 이것은 "사분의 일" 혹은 "삼분의 일"에 해당하지 않는 나머지는 심판의 대상이 아니라는 것을 의미한다. 또한 이러한 비율의 설정은 회복의 여지가 충분히 남겨져 있음을 의미한다.

지진. 먼저 이 지진의 구약 배경은 70인역 에스겔 38장 19절이다.[385] 이 구약 본문에 의하면 큰 지진(σεισμὸς μέγας, 세이스모스 메가스)이 이스라엘 땅을 점령한 곡(Gog)이라는 왕을 중심으로 하는 강력한 연합군인 세상 세력에 임한다. 이와 같은 에스겔서의 세상 세력에 대한 심판이 요한계시록 본문에서는 두 증인을 핍박한 세상 세력에 대한 심판에 적용된다. 또한 예수님의 죽음 및 부활도 지진을 동반했기 때문에(마 27:51; 28:2) 예수님과 두 증인 사이의 평행 관계에서 접근해 볼 수도 있을 것이다.[386] 동시에 요한계시록에서 지진은 "신적 현현의 기능"을 갖거나(6:12; 8:5; 11:19; 16:18) 심판의 정황을 표현하는 데 사용되기도 한다(16:18).[387] 그런데 여기에서 신적 현현과 심판의 정황은 기계적으로 구분될 수 있는 관계가 아

---

380 이러한 맥락에서 다음과 같은 쾨스터의 진술은 매우 적절하다고 할 수 있다: "나라들의 파괴보다는 그들의 회심이 세상을 향한 하나님의 뜻이다(14:7)"(C. Koester, *Revelation and the End of All Things* [Grand Rapids, MI: Eeerdmans, 2001], 111[Witherington, *Revelation*, 160에서 재인용-]).

381 Caird, *The Revelation of St. John*, 139.

382 앞의 책.

383 이것은 심판의 목적이 구원이란 뜻이 아니며, 따라서 9:21에서 심판의 목적이 회개케 하기 위한 것이 아니라고 했던 것과 모순되지 않는다. 결국 심판은 이 세상을 정화시키는 과정으로도 이해할 수 있다는 것이다.

384 Osborne, *Revelation*, 433.

385 Smalley, *The Revelation to John*, 285.

386 Aune, *Revelation 6-16*, 627.

387 앞의 책.

니다. 왜냐하면 심판의 현장에 하나님의 신적 현현이 발생하는 것이 명백하기 때문이다. 물론 구원의 현장에도 하나님의 신적 현현이 발생한다. 따라서 신적 현현과 심판을 구분하는 것은 큰 의미가 없다. 또 다른 측면에서 봤을 때, 큰 도시를 와해시킨 이러한 지진은 "순교자들의 죽음과 설욕(vindication)"의 결과다.[388] 물론 앞서 언급한 바와 같이, 이 지진이 설욕의 결과이기는 하지만 그 결과는 회개의 기회를 주기 위해 제한적으로 조절되고 있음을 주목할 필요가 있다.

남은 자들이 두려워하며 하나님께 영광을 드리다(13c절).
(1) "남은 자들"은 누구인가?
요한계시록에서 "남은 자들"(οἱ λοιποί, 호이 로이포이)이란 표현이 최초로 사용된 본문은 2장 24절이다. 그곳에서 "남은 자들"은 두아디라 교회 공동체 중에서 사탄의 가르침을 모르는 자들이다. 하나님은 이들을 심판하지 않으실 것을 약속하신다. 3장 2절에서는 그냥 놓아 두면 "죽게 되어 있는 것들"을 가리킨다. 그러나 관심을 가지고 격려하면 살아날 수 있는 가능성이 있는 대상이다. 9장 21절에서 "남은 자들"은 하나님의 심판 중에 죽지 않고 살아남은 자들이다. 그러나 이들은 회개하기를 거부한다. 12장 17절에서는 여자의 후손들의 남은 자들로서 하나님의 계명을 지키며 예수의 증거를 가진 자들이다. 그리고 19장 21절에서는 심판을 받았지만 죽지 않고 남은 자들로서 다시 백마 위에 타신 이(예수님)의 입에서 나오는 칼로 말미암아 죽는 자들이다. 20장 5절에서 남은 자들은 영적으로 죽은 불신자들을 가리킨다. 이상의 내용에서 확인할 수 있는 것은 요한계시록에서 "남은 자들"이 크게 세 부류로 나뉜다는 것이다. 첫 번째 부류는 심판을 받을 위기에 처해 있지만 회개할 기회가 있는 자들이고(3:2; 9:21), 두 번째 부류는 심판을 받기로 결정된 불신자들(19:21; 20:5)이며, 세 번째 부류는 하나님의 백성으로 결정된 자들(2:24; 12:17)이다. 그렇다면 11장 13c절의 "남은 자들"은 이 세 부류 중 어디에 속해 있을까? 이들은 땅에 사는 자들로서 심판을 받아 죽게 되어 있지만 죽지 않고 살아남아서 하나님께 영광을 돌리게 되므로 첫 번째 부류에 가깝다고 할 수 있다. 이 주제는 다음 단락에서 좀 더 자세하게 다루도록 하겠다.

---

388 Caird, *A Commentary on the Revelation of St. John the Divine*, 139. 이러한 맥락에서 이 문맥의 지진을 "상징적으로" 보자는 제안이 있다: "그것은 그 순교자와 선지자들의 증거에 의하여 발생된 소란이며 역사적 파괴이다 ... 그 순교자들은 제국의 심장부에서 진정한 의미의 사회적, 정치적, 영적, 교회적 지진을 초래한 것이다"(P. Richard, *Apocalypse: A People's Commentary on the Book of Revelation* [MaryKnoll, NY: Orbis Books, 1995], 92).

(2) 두려움과 영광을 드리는 행위는 회심의 결과인가?

13de절은 "그 남은 자들이 두려워하였다 그래서 하늘의 하나님께 영광을 드렸다"라고 한다. 여기에서 "두려움"은 하나님께 영광을 드리는 행위를 초래한다. 이들에게 최초의 두려움은 두 증인이 생명의 영을 받고 죽음에서 다시 살아난 직후에 엄습한다(11c절). 그러나 이 단계에서는 그 두려움이 어떤 결과도 초래하지 않는다. 그리고 이제 지진 가운데 죽지 않고 남은 자들에게 두 번째로 두려움이 발생한다(13d절). 그들은 그 두려움의 결과로 하늘의 하나님께 영광을 드리게 된다(13e절). 여기에서 "두려움"과 "영광을 드리다"라는 이중적 행위가 어떤 관계인지에 대한 논란이 있다. 먼저 이러한 행위는 회개에서 비롯된 반응이 아니라 단지 발생하는 상황에 압도되어 의도와는 관계없이 어쩔 수 없이 도출되는 반응이라는 견해가 있다.[389] 이것은 애굽의 술사들이 모세를 통한 이적들을 본 후에 다신론적인 관점에서 "이는 하나님의 권능이다"라고 한 것과 같은 패턴이라 할 수 있다.[390] 그리고 다니엘 4장 34절에서도 느부갓네살 왕은 회심과는 관계없이 "지극히 높으신 이에게 감사하며 영생하시는 이를 찬양하고 경배하였나니 그 권세는 영원한 권세요 그 나라는 대대에 이르리로다"라고 말한다.[391]

그러나 요한계시록에서는 이 표현이 회개의 의미로 사용되는 경우가 있으므로 그러한 요한계시록 용례들이 우선적으로 고려되어야 할 것이다. 요한계시록에서 이와 동일한 표현이 등장하는 본문으로는 14장 7절과 15장 4절이 있다.[392]

> 그는 큰 소리로 말하였다: 하나님을 두려워하라(φοβήθητε〉φοβέω) 그리고 그에게 영광을 드리라(δότε...δόξαν), 왜냐하면 그의 심판의 시간이 왔기 때문이다. 그리고 너희는 하늘과 땅과 바다와 물들의 샘들을 만드신 이를 경배하라(προσκυνήσατε〉προσκυνέω)(계 14:7)
>
> 주여 누가 당신의 이름을 두려워하지(φοβηθῇ〉φοβέω) 아니하며 영광스럽게 하지(δοξάσει〉δοξάζω) 아니하겠습니까? 왜냐하면 오직 당신만이 거룩하시기 때문입니다. 이는 모든 나라들이 와서 주께 경배할 것이기(προσκυνήσουσιν〉προσκυνέω) 때문입니다. 왜냐하면 당신의 의로운 행위들이 나타났기 때문입니다(계 15:4)

---

389 마운스는 이러한 견해를 주장하는 대표적 학자이다(Mounce, *Revelation*, 223-224).
390 불링어(Bullinger)와 키들(Kiddle)이 이러한 주장을 펼친다(Thomas, *Revelation 8-22*, 98).
391 오우니(Aune, *Revelation 6-16*, 628)는 다니엘 4:34(70인역)에 나오는 느부갓네살 왕의 발언을 회심(conversion)에 의한 반응으로 해석하는데, 이에 대해서는 동의하기 어렵다. 느부갓네살 왕의 그런 반응은 직전에 언급한 애굽의 술사들처럼 단지 다신론적 배경에서 하나님의 우월하심을 고백하는 경우라고 볼 수 있다. 이러한 이해는 단 1-6장에서 왕들의 반응에 일관되게 적용할 수 있다.
392 Bauckham, *The Climax of Prophecy*, 278.

이 두 본문에서는 동일한 세 동사가 한 묶음으로 사용된다. 이를 다음과 같이 정리할 수 있다.

계 14:7	계 15:4
두려워하라(φοβήθητε)〉φοβέω)	두려워하다(φοβηθῇ)〉φοβέω)
영광을 드리라(δότε … δόξαν)	영광스럽게 하다(δοξάσει)〉δοξάζω)
경배하라(προσκυνήσατε)〉προσκυνέω)	경배할 것이다(προσκυνήσουσιν)〉προσκυνέω)

이 동사들 중 "두려워하다"(φοβέω, 포베오)와 "영광을 드리라"(δότε … δόξαν, 도테 … 독산) 혹은 "영광스럽게 하다"(δοξάζω, 독사조)는 13de절에서도 똑같이 사용되었다. 이 문구에 덧붙여서 사용된 "경배하다"(προσκυνέω, 프로스퀴네오)라는 동사는 하나님께 속한 백성들이 보이는 반응을 나타내는 것이 분명하다. 따라서 "두려워하다"와 "영광을 드리다"라는 문구는 "진실한 회개"(genuine repentance)를 나타내는 표현으로서 오직 하나님의 백성들만 보이는 반응을 나타낸다고 볼 수 있다.[393]

더 나아가 16장 9절은 부정적 측면에서 이런 의미를 더 강하게 나타낸다.[394]

> 그 사람들이 큰 열로 태워졌다. 그리고 그들은 이 재앙들에 대한 권세를 가지신 하나님의 이름을 모독하였다. 그리고 영광을 그분께 드리도록 회개하지 않았다(계 16:9)

위 본문에서는 "하나님의 이름을 모독하다"와 "회개하지 않다"가 평행 관계를 이루고 있고, "영광을 그분께 드리도록"은 "회개하지 않다"의 목적구가 된다. 이러한 관계에 의해 회개하지 않는 것은 곧 영광을 주께 돌리지 않는 것이며 그것은 또한 하나님의 이름을 모독하는 행위로 나타난다. 이것은 역으로 "그들이 회개하였다면 하나님께 영광을 돌리게 되었다"는 것을 가정하게 한다.[395]

이상에서 남은 자들이 "두려워하였다"(13d절)는 것과 그 결과로 "하나님께 영광을 드렸다"(13e절)는 것은 하나님께 회개하여 하나님의 백성이 되었음을 의미한다. 그러므로 이처럼 하나님의 영광의 발현은 곧 두 증인이 상징하는 교회 공동체의 증거 사역을 통해 세상이 회개하여 변화될 것임을 예견한다.[396] 이 주제는 다음 단락에서 좀 더 자세하게 논의하도록 하겠다.

---

393 앞의 책.
394 앞의 책.
395 Aune, *Revelation 6-16*, 628-629.
396 비즐리 머레이는 이에 대해 다음과 같이 진술한다: "큰 성에서 세상의 이미지를 보는 요한에게 있어서 이렇게 하나님께 영광을 돌리는 것은 수많은 사람들의 회개를 예견하는 것이다"(Beasley-Murray, *The Book of Revelation*,187).

(3) 불신에서 회개로의 반전: 9장 20-21절과의 대조적 관계

13절에 나타난 이러한 결과는 9장 20-21절과 대조된다.[397]

> [20]그리고 이 재앙들로 말미암아 죽임당하지 않은, 사람들 곧 남은 자들은 귀신들과 볼 수도 들을 수도 걸어 다닐 수도 없는 금들과 은들과 동들과 돌들과 나무들로 만든 우상들에게 경배하지 않도록 그들의 손의 행위들로부터 그들은 회개하지 않았다. [21]그리고 그들은 그들의 살인들과 그들의 점술들과 그들의 음행들과 그들의 도적질들로부터 결코 회개하지 않았다(계 9:20-21)

요한계시록 9장 20-21절의 주요 내용은 "이 재앙들로 말미암아 죽임당하지 않은, 사람들 곧 남은 자들(οἱ λοιποὶ τῶν ἀνθρώπων, 호이 로이포이 톤 안드로폰)은 … 회개하지 않았다(οὐδὲ μετενόησαν, 우데 메테노에산)"는 것이다. 이와는 대조적으로 11장 13d절에서는 "그 남은 자들"(οἱ λοιποί, 호이 로이포이)에게 큰 두려움이 임하여 하늘의 하나님께 영광을 드리게 된다. 본래 11장 13절의 "남은 자들"은, 그들이 두 증인이 부활하고 승천하기 전에 두 증인의 죽음을 기뻐하고 선물을 나누면서 그들을 장사 지내지도 않았다는 점에서 9장 20-21절의 "남은 자들"과 같은 부류다. 흥미롭게도 이 두 구절에서 "남은 자들"(οἱ λοιποί, 호이 로이포이)이라는 문구가 동일하게 사용되고 있으나 그 결과는 회개의 여부에 따라 서로 대조적으로 나타나고 있다.[398] 동일한 문구의 이러한 사용은 이 두 정황에 대한 비교를 유도하고 있다고 볼 수 있다. 곧 하나님의 심판에도 불구하고 회개하지 않던 자들이 두 증인의 증거 사역을 통해 회개하게 된다. 이와 같은 맥락에서 다음의 글은 시사하는 바가 크다.

> 요한은 증인들의 증거가 헛되지 않음을 말하고 있다. 하나님의 징벌적 심판에 직면하여 편만하게 퍼져 있는 회개치 않는 상황에도 불구하고 (9:20-21; 16:9, 11), 삶과 죽음을 통한 그들의 증거는 효과를 나타냈다. 왜냐하면 그것을 통해 무수한 무리들이 하나님께 반응하면서 하나님의 이름을 경외하고 경배를 드리게 되었기 때문이다. 여기에서 익숙한 격언의 고전적 예를 생각하게 한다: "순교자들의 피가 교회의 씨앗이다."[399]

같은 맥락에서 다음과 같은 케어드의 발언도 주목할 만하다: "징벌적 심판이 사람들을 회개로 이끌어 내는 데 실패한 그곳에서 순교자들의 죽음이 열매를 거두

---

397 Bauckham, *The Climax of Prophecy*, 279.
398 앞의 책.
399 A. A. Trites, *The New Testament Concept of Witness* (New York, NY: Cambridge University Press, 1977), 170(Reddish, *Revelation*, 214에서 재인용).

게 되었다."[400] 물론 케어드의 발언에서 "회개로 이끌어 내는 데 실패"했다는 문구는 심판의 목적과 관련하여 최선의 표현은 아니지만 전체적인 맥락으로 봤을 때 두 증인의 순교적 증거 사역의 의미를 잘 표현해 주고 있는 것이라고 할 수 있다.

(4) 종말의 시대에 교회의 사명

요한계시록 11장 10절에서는 두 증인의 죽음을 기뻐하는 자들을 "땅에 사는 자들"이라고 표현하고 있는데, 이들이 회개하게 되는 것은 요한계시록 내에서 매우 특별한 경우이다. 인/나팔/대접 심판의 그 어느 경우에도 "땅에 사는 자들"이 회개하는 경우는 찾아볼 수 없다(참고, 9:20-21; 16:9, 11). 왜냐하면 그들은 생명책에 그 이름이 기록되지 않은 자들이며(13:8; 17:8), 본래적으로 사탄에게 속한 자들이기 때문이다(12:12). 그렇다면 왜 요한계시록 저자는 여기에서 그들이 두려워하며 영광을 돌리게 되는 이러한 특별한 경우를 소개하고 있는 것일까? 그것은 바로 두 증인의 이야기를 통해 저자가 말하고자 하는 특별한 목적이 있기 때문이다. 그 목적이 무엇인가? 그것은 종말의 시대에 두 증인에 의해 상징되는 교회 공동체의 정체성을 독자들에게 제시하기 위한 것이다. 곧 종말의 시대에 교회 공동체는 이 세상을 향하여 증거하는 공동체라는 것이다. 이러한 두 증인의 증거 사역의 열매는 그들의 구약적 모델로 사용된 두 선지자 모세와 엘리야의 능력을 능가한다. 왜냐하면 그 선지자들은 적대적 세상을 바꾸지 못했지만 두 증인은 세상을 바꾸는 놀라운 결과를 보여주고 있기 때문이다.[401] 그런데 이 두 증인의 순교적 증거 사역을 능가할 뿐 아니라 증인의 진정한 모델이 되는 분이 계시다. 그분은 바로 십자가의 죽음을 통해 진정한 증인의 삶을 살아내신 예수 그리스도이시다.[402]

(5) 문맥-구조적 이해: A-B-A′

여기에서는 요한계시록 11장 13절과 관련하여 문맥 및 구조적 관계를 살펴봄으로써 본문을 이해하고자 한다. 이것을 위해 다음의 세 가지 측면에서 접근하고자 한다.

---

400 Caird, *The Revelation of St. John*, 140.
401 Bauckham, *The Climax of Prophecy*, 279.
402 앞의 책.

첫째, 9장 20-21절에서 죽은 자들의 남은 자들이 회개하지 않았다는 사실에 대한 언급(A)과 10장 1절-11장 12절에서 요한과 두 증인에게 주어진 예언 사역으로의 부르심(B)과 11장 13절에서 그들이 회개하였다는 사실(A′)은 A-B-A′의 구조를 가지며 서로 밀접하게 연결되어 전개되고 있다. 이러한 구조적 연결 관계는 이 세 내용을 하나로 묶어서 읽어야 한다는 것을 의미한다. 여기에서 중요한 것은 A와 A′는 단순한 평행 관계가 아니라 대조적 평행 관계를 형성하고 있다는 사실이다. 이러한 구조에 의해서 저자 요한이 말하고자 하는 것은 본질적으로 교회 공동체의 예언 혹은 증거 사역을 통해서 심판에도 불구하고 회개하지 않던 세상이 회개하여 하나님께 영광을 돌리게 된다는 사실이다. 물론 현실적으로 항상 이러한 방법으로 회개가 일어나는 것은 아니다. 그러나 요한계시록 11장이라는 본문의 문맥에서 저자 요한은 교회 공동체가 종말의 시대에 이 세상에서 어떠한 부르심을 받았고 이 세상과 어떤 관계를 가지고 존재하고 또한 존재해야 하는가를 보여주고자 한다.

둘째, 이 본문은 여섯 번째 나팔 심판과 일곱 번째 나팔 심판 사이의 삽입 부분으로서 위치해 있다. 이에 대한 좀 더 자세한 논의는 다음 부분인 일곱 번째 나팔 심판에 대한 내용에서 다루게 될 것이다. 다만 여기에서 간단하게 언급하면, 두 증인의 사역의 결과로서 회개하게 되는 것에 대한 구체적인 마무리가 바로 일곱 번째 나팔 심판에서 언급되고 있다는 것이다. 이러한 관계는 이 삽입 부분의 의도를 충분하게 보여주고 있다. 그것은 교회 공동체가 종말의 시대에 이 세상을 향한 증거의 공동체로 존재한다는 것이다.

셋째, 3절부터 시작되는 내용의 절정인 13절 본문과 교회 공동체의 이중적 특징을 언급하는 11장 1-2절의 관계를 고려할 필요가 있다. 먼저 3-13절의 내용은 1-2절에 나타난 교회 공동체의 이중적 특징을 잘 반영하고 있음을 보여준다. 곧 교회 공동체가 증인으로서의 사명을 수행하며 이 땅에 존재하게 될 때 표면적으로는 많은 고난과 고통이 따르게 될 것이다. 심지어는 죽임을 당하게 되는 지경까지 이를 수도 있다. 그러나 내면적으로는 하나님의 철저한 보호하심 가운데 있게 된다. 이러한 내용들이 11장 3-13절에서 두 증인이 짐승에게 죽임을 당하나 결국 부활과 승천의 영광을 얻게 되는 결과에 적절하게 반영되고 있음을 알 수 있다.

전환점(14절). 14절은 두 번째 화에서 세 번째 화로 전환된다.

(1) 문맥적 이슈

14a절에 등장하는 "두 번째 화가 지나갔다"라는 표현의 "두 번째 화"는 어디까지를 포함하는 것일까? 두 가지 가능성이 있다. 첫 번째 가능성은 "두 번째 화"가 여섯 번째 나팔 심판만을 포함하는 것으로 간주하는 것이다. 그럴 경우 14절은 10장 1절-11장 13절을 건너뛰고 9장 21절의 연속이 된다. 이러한 입장을 지지하는 비일은 "14절은 9장 21절이 끝나는 곳에서 시작한다"고 한다.[403] 곧 9장 21절에서 11장 14절로 직접 연결되고 그 사이에 있는 10장 1절-11장 13절과는 전혀 관계가 없게 된다. 반면 두 번째 가능성은 11장 14a절의 두 번째 화가 10장 1절부터 바로 직전의 11장 13절까지를 포함하는 것이다. 이 경우에는 요한이 두 증인의 사역에 대해 언급하기 전까지는 두 번째 화가 마무리되지 않는다는 것을 의미한다.[404] 여기에서 "두 번째 화가 지나갔다"는 선언은 두 증인의 예언 사역에 대한 기록이 마무리되기까지 선언되지 않고 "지연"되고 있는 것이다.[405] 이 경우에 두 증인의 증거는 구원이라는 속성을 가짐과 동시에 심판이라는 성격을 갖는다. 실제로 두 증인의 승천 후에 13절에서 발생하는 지진의 현상은 심판의 정황을 잘 나타내 주고 있다.

이상의 두 입장 중에서 후자가 좀 더 적절한 것으로 여겨지는데, 그렇게 여기는 데에는 다음과 같은 세 가지 이유가 있다. 첫째, 10장 1절-11장 13절이, 9장 20-21절과 11장 13절(11:15 포함)의 대조적 평행 관계에 의해(앞에서 논의한 바 있는 A-B-A´의 관계를 기억하라) 여섯 번째 나팔 심판과 하나의 문맥을 이룬다는 사실 때문이다. 둘째, 두 증인의 사역의 결과로 큰 도시의 십분의 일이 무너지고 칠천 명이 죽임을 당한 것은 회개하지 않는 자들에게 주어지는 하나님의 심판이며 그것은 바로 9장 13-21절에서 언급하고 있는 여섯 번째 나팔 심판에서 초래된 재앙과 평행 관계를 갖는다는 점에서 이 문맥의 흐름에 있다는 것을 부정할 수 없다. 셋째, 이것은 인 심판의 삽입 부분인 7장이 여섯 번째 인 심판의 "누가 견고하게 설 수 있겠는가?"라는 질문에 대한 답변으로 주어졌다는 점과 유사한 패턴을

---

403 Beale, *The Book of Revelation*, 609. 토머스도 이러한 입장을 지지하는데, 그에 의하면 두 번째 화를 여기에서 언급하는 것은 단지 세 번째 화와의 연속성을 환기시키려는 목적을 갖는 것이다(Thomas, *Revelation 8-22*, 99).

404 Boxall, *Revelation of St. John*, 167.

405 앞의 책.

보여주고 있다. 이상의 세 가지 이유로, 두 번째 화는 11장 13절까지를 포함하는 것이다. 곧 두 증인의 예언 사역도 심판으로 인한 "화"의 범주에 들어갈 수 있음을 보여준다. 이것이 바로 "두 번째 화가 지나갔다"는 내용이 11장 14a절에서 언급되는 이유다.

세 번째 화(14b절). 두 번째 화가 여섯 번째 나팔 심판을 가리키는 것이 사실이라면 세 번째 화는 당연히 일곱 번째 나팔 심판을 가리키는 것이 된다. 이러한 점에서 14b절은 15절부터 시작되는 일곱 번째 나팔 심판의 도입이라고 할 수 있다.[406] 이러한 세 개의 "화"의 연결을 통해 나팔 심판의 마지막 세 개가 하나의 단위로 묶이게 된다. 이것은 인 심판이나 대접 심판에 나타나지 않은 현상이다. 이처럼 마지막 세 개의 나팔 심판을 특별히 세 개의 화로 표현되는 하나의 단위로 묶는 이유에 대해서는 8장 13절에서 자세하게 논의한 바 있으므로 여기에서는 논의를 생략한다.

　다만 여기에서 세 번째 화가 "곧 온다"는 표현은 세 번째 화의 도래에 대한 시나리오를 시간적 순서로 제시하려는 목적이 아니라 "환상의 순서"(order of visions)에 대한 논리적 표현으로 이해할 필요가 있다.[407] 한편, 9장 12절의 두 번째 화에서 사용된 "이것들 후에"가 아닌 "곧"(ταχύ, 타퀴)이라는 문구가 사용된 것이 재림의 임박성을 나타내 주는 것이라는 주장이 있다.[408] 이것은 앞의 두 개의 화의 경우와 같이 요한계시록을 역사적 사건에 대한 시나리오를 나열하기 위해 기록된 것으로 간주하려는 입장이다. 그렇다면 9장 12절의 "첫째 화는 지나갔다"라는 문구는 첫째 화가 이미 발생했다는 것인데 그것이 가리키는 것이 무엇인지를 적시하는 것은 불가능하다. 여기에서 "곧"이라는 문구는 요한의 환상의 논리적 순서를 더욱 강화시켜 주려는 목적으로 사용된다.

---

406 Beckwith, *The Apocalypse of John*, 606. 그래서 벡크위드는 11:14-19를 아예 일곱 번째 나팔 심판으로 묶어 버린다(앞의 책). 더 나아가서 찰스는 12-13장까지를 세 번째 화 곧 일곱 번째 나팔 심판에 포함시키기도 한다(Charles, *A Critical and Exegetical Commentary on the Revelation of St. John*, 1:292). 그러나 미래적 종말로서의 마지막 재림의 때를 지시하는 일곱 번째 나팔과는 달리 12-13장은 예수님의 탄생과 승천으로 시작된 현재적 종말의 정황을 배경으로 한다.

407 Beale, *The Book of Revelation*, 609.

408 Thomas, *Revelation 8-22*, 100. 토머스는 전천년주의자이다. 전천년적 입장에서는 요한계시록에서 예수님의 재림과 관련하여 어떤 시나리오를 재구성하려는 노력을 아끼지 않는다. 그러나 그러한 노력이 본문의 의도를 왜곡하는 경우가 적지 않다.

5) 정리

이상에서 살펴본 두 증인 이야기를 정리하면 다음과 같다.

(1) 두 증인 이야기는 증거하는 교회 공동체에 대한 내용이다.

(2) 이 두 증인 이야기는 기본적으로 증거 사역을 소개하고 있지만 동시에 그 사역에 저항하는 적대적 세력의 활동도 등장한다는 것을 보여준다.

(3) 적대적 세력의 저항의 절정은 두 증인이 1260일 동안의 증거 사역을 모두 마칠 때 짐승에게 죽임을 당하는 것이다. 이것은 미래적 의미의 종말이 가까울수록 싸움은 더욱 치열해 진다는 것을 의미한다.

(4) 교회 공동체는 예수 그리스도의 발자취를 따라간다: 죽음과 부활과 승천의 기록 위치는 편리상 증거의 마지막 시점에 두고 있지만 교회는 언제나 이러한 죽음의 고난과 부활과 승천의 영광을 경험한다. 그러나 영광은 길고 수치는 짧다.

(5) 교회 공동체는 본질적으로 고난과 보호를 동시에 경험한다.

(6) 교회 공동체는 본질적으로 세상에 존재하는 동안은 세상과 적대적이다.

(7) 종말의 시대에 교회는 고난과 핍박을 견뎌야 하는 수세적 자세를 지양하고 증거 사역을 통해 세상을 변화시키는 역동적 공동체이다.

(8) 두 증인의 증거 사역은 회개하는 자들에게 구원을 가져다 주지만 회개하지 않는 자들에게는 심판에 의한 화를 초래한다. 이것이 바로 두 증인의 사역을 두 번째 화에 속한 것으로 규정하는 이유이다.

(9) 이러한 교회 공동체에 의해 하나님의 심판에도 회개하지 않던 세상 나라가 마침내 하나님의 나라가 되어 나타난다. 이것을 다음 일곱 번째 나팔 심판에서 잘 소개해 주고 있다.

B. 일곱 번째 나팔 심판(11:15-19)

9장 13-21절의 여섯 번째 나팔 심판 이후에 삽입된 부분(10:1-11:14)에 의해 잠시 중단되었던 심판의 메시지가 11장 15-19절에서 일곱 번째 나팔 심판으로 이어지고 마무리된다. 이 일곱 번째 나팔 심판 본문은 15절과 16-18절과 19절의 세 부분으로 나누어 생각해 볼 수 있다. 15절에서는 세상 나라가 하나님의 나라가 되는 일곱 번째 나팔 심판을 선포하고, 16-18절은 장로들을 통해 이에 대한 반응을 나타내며, 19절에서는 "번개들과 소리들과 우레들과 지진과 큰 우박"을 통해 심판의 완성을 소개한다.

구문 분석 및 번역

15절 a Καὶ ὁ ἕβδομος ἄγγελος ἐσάλπισεν·
그리고 일곱째 천사가 나팔불었다

b καὶ ἐγένοντο φωναὶ μεγάλαι ἐν τῷ οὐρανῷ λέγοντες·
그때에 하늘에 큰 음성들이 있어 말하였다

c ἐγένετο ἡ βασιλεία τοῦ κόσμου τοῦ κυρίου ἡμῶν καὶ τοῦ χριστοῦ αὐτοῦ,
세상의 나라가 우리의 주와 그의 그리스도의 나라가 되었다

d καὶ βασιλεύσει εἰς τοὺς αἰῶνας τῶν αἰώνων.
그래서 그가 영원토록 통치하실 것이다

16절 a Καὶ οἱ εἴκοσι τέσσαρες πρεσβύτεροι [οἱ] ἐνώπιον τοῦ θεοῦ καθήμενοι ἐπὶ τοὺς θρόνους αὐτῶν
그리고 하나님 앞에서 그들의 보좌들에 앉은 이십사 장로가

b ἔπεσαν ἐπὶ τὰ πρόσωπα αὐτῶν
그들의 얼굴들을 대고 엎드렸다

c καὶ προσεκύνησαν τῷ θεῷ
그리고 하나님께 경배하였다

17절 a λέγοντες·
말하기를

b εὐχαριστοῦμέν σοι, κύριε ὁ θεὸς ὁ παντοκράτωρ, ὁ ὢν καὶ ὁ ἦν,
지금 계시고 전에도 계셨던 주 하나님 전능자시여, 우리가 당신께 감사드립니다

c ὅτι εἴληφας τὴν δύναμίν σου τὴν μεγάλην
왜냐하면 당신은 당신의 큰 능력을 참으로 취하시기 때문입니다

d καὶ ἐβασίλευσας.
그리고 당신이 통치하기 시작하셨기 때문입니다

18절 a καὶ τὰ ἔθνη ὠργίσθησαν,
그리고 나라들이 분노했습니다

b   καὶ ἦλθεν ἡ ὀργή σου
       그러나 당신의 분노가 임하였습니다

c   καὶ <u>ὁ καιρὸς</u>
       그래서 때가 왔습니다

d   ┌ τῶν νεκρῶν κριθῆναι
         죽은 자들을 심판하실

e   ├ καὶ δοῦναι τὸν μισθὸν
         그리고 상을 주실

            τοῖς δούλοις σου τοῖς προφήταις καὶ τοῖς ἁγίοις
            당신의 종들 곧 선지자들과 성도들에게

            καὶ τοῖς φοβουμένοις τὸ ὄνομά σου, τοὺς μικροὺς καὶ τοὺς μεγάλους,
            그리고 작은 자들이든 큰 자들이든 당신의 이름을 경외하는 자들에게

f   └ καὶ διαφθεῖραι τοὺς διαφθείροντας τὴν γῆν.
         그리고 땅을 망하게 하는 자들을 망하게 하실

19절 a Καὶ ἠνοίγη ὁ ναὸς τοῦ θεοῦ ὁ ἐν τῷ οὐρανῷ
       그리고 하늘에 있는 하나님의 성전이 열려졌다

b   καὶ ὤφθη ἡ κιβωτὸς τῆς διαθήκης αὐτοῦ ἐν τῷ ναῷ αὐτοῦ,
       그때 그의 성전 안에 그의 언약의 궤가 보여졌다

c   καὶ ἐγένοντο ἀστραπαὶ καὶ φωναὶ καὶ βρονταὶ καὶ σεισμὸς καὶ χάλαζα μεγάλη.
       그리고 번개들과 소리들과 우레들과 지진과 큰 우박이 있었다

15b절의 '에게논토'(ἐγένοντο, 있다)와 15c절의 '에게네토'(ἐγένετο, 되었다)는 둘 다 '기노마이'(γίνομαι, 있다, 되다) 동사의 부정과거 시제이다. 15b절의 '에게논토'는 15a절의 "나팔불다"(ἐσάλπισεν, 에살피센)와 함께 내러티브의 "기본적 구조"를 형성하는 기능을 갖는다. 그렇다면 15c절의 '에게네토'도 동일하게 내러티브의 기본적 구조를 형성하는 것으로 봐야 할 것인가? 15c절은 15a절부터 시작하는 내러티브의 큰 흐름 속에 있는 것은 맞지만 정확히는 그 내러티브 안에서 직접화법으로 주어지는 부분에 속하기 때문에 직접화법의 문맥에 따라 시제를 재설정할 수 있다. 그리고 그 직접화법으로 주어진 부분이 마지막 일곱 번째 나팔 심판과 관련된 미래적 정황을 나타내 주고 있기 때문에 미래 시제를 사용해서 표현할 수 있다. 15d절이 그렇다. 곧 15c절과 동일한 문맥에 있는 15d절은 미래 시제 동사인 "통치하실 것이다"(βασιλεύσει, 바실류세이〉βασιλεύω, 바실류오)를 사용하면서 미래적 사건을 표현한다. 이것은 15c절의 부정과거 시제 동사인 '에게네토' (ἐγένετο, 되었다)와 부조화를 이루는 것처럼 보일 수 있다. 이러한 부조화를 어떻게 해결할 수 있을까? 이 부조화의 문제를 해결할 수 있는 방법은 15c절의 부정과거 시제 동사를

"예변적"(proleptic) 용법으로 간주하는 것이다.[409] 여기에서 "예변적" 용법은 "미래의 사건을 완성된 행위"로 표현함으로써 확실성을 강조하려는 목적을 갖는다.[410] 이러한 패턴은 11장 16-18절에서 주어지는 이십사 장로의 발언에도 동일하게 적용될 수 있다.[411]

한편, 15d절의 미래 시제 동사 '바실류세이'(βασιλεύσει>βασιλεύω, 바실류오)는 5장 10절에서 현재 시제로 사용된 '바실류우신'(βασιλευουσιν>βασιλεύω, 바실류오)과 비교된다.[412] 두 본문 사이의 이러한 차이는 문맥의 차이 때문에 발생한다. 11장 15d절은 완성의 시점이므로 저자의 시점에서는 미래적 사건임이 틀림없고 5장 10절은 예수님의 성취의 시점이므로 교회 공동체가 현재 누리는 통치의 상황을 표현하는 내용이다.

15b절의 접속사 '카이'(καί)는 단순히 "그리고"로 번역하기보다는 "선행된 것으로부터 초래되는 결과를 소개하는 것"으로서 "그때"(then)로 번역했다.[413] 또한 15d절의 '카이'도 15c절의 결과를 나타내 주는 관계에서 사용되고 있으므로 "그래서"로 번역했다.

15c절의 "우리의 주와 그의 그리스도의"(τοῦ κυρίου ἡμῶν καὶ τοῦ χριστοῦ αὐτοῦ, 투 퀴리우 헤몬 카이 투 크리스투 아우투)에는 직전에 위치한 "세상의 나라"(ἡ βασιλεία τοῦ κόσμου, 헤 바실레이아 투 코스무)에서 언급된 "나라"(βασιλεία, 바실레이아)라는 단어가 생략되어 있다고 볼 수 있다. 이것은 중복을 피하기 위해서 생략된 것이라는 이유 외에도 또 다른 이유가 있는데, 그것은 본문 주해에서 밝혀지게 될 것이다.

16절에서 사용된 두 개의 주동사는 모두 부정과거 시제로 되어 있다. 이 부정과거 시제 동사들은 15절에서 부정과거 시제로 사용된 '에살피센'(ἐσάλπισεν; 15a절)과 '에게논토'(ἐγένοντο; 15b절)를 이어서 내러티브의 기본 골격을 이루는 역할을 한다. 이 기본적 구조 속에서 17절과 18절은 이십사 장로의 발언을 담고 있는 직접화법에 해당하는 부분이다. 그러므로 이곳의 시제는 이야기 흐름의 기본적 구조에 영향을 받지 않고 재설정될 수 있다. 따라서 17b절에서는 현재 시제 동사인 '유카리스투멘'(εὐχαριστοῦμέν, 우리가 감사드린다)이 사용되고, 17c절에는 완료 시제

---

409 Charles, *A Critical and Exegetical Commentary on the Revelation of St. John*, 1:294.
410 Osborne, *Revelatoin*, 440.
411 Charles, *A Critical and Exegetical Commentary on the Revelation of St. John*, 1:294.
412 5:10에서 시내 산 사본은 미래 시제 동사를 사용하고 알렉산드리아 사본은 현재형 동사를 사용하는데, 이 책에서는 이 본문과 관련하여 알렉산드리아 사본의 독법을 따른다. 더 자세한 내용은 5:10의 설명을 참고하라.
413 BDAG, 495.

동사인 '에일레파스'(εἴληφας, 당신이 취한다)가 사용되며, 17d절에서는 부정과거 시제 동사인 '에바실류사스'(ἐβασίλευσας, 당신이 통치하기 시작하셨다)가 혼재되어 있다. 이와 유사한 패턴이 15cd절에서도 나타난다. 즉 15cd절은 15b절의 "큰 음성"(φωναὶ μεγάλαι, 포나이 메갈라이)이 말하는 내용으로서 부정과거 시제 동사 '에게네토'(ἐγένετο)와 미래 시제 동사 '바실류세이'(βασιλεύσει)가 혼재되어 있다. 이렇게 내러티브 속에 존재하는 직접화법에서의 시제는 그 의미를 독립적으로 고려할 필요가 있다. 곧 17b절의 "우리가 감사드린다"(εὐχαριστοῦμεν, 유카리스투멘)라는 현재 시제 동사는 환상적 정황의 현장성을 강조하려는 목적으로 사용된다. 이러한 감사의 주체는 이십사 장로이고 그 대상은 하나님이시다. 그리고 17b절에서 하나님의 호칭으로 사용된 '퀴리에 호 데오스 호 판토크라토르, 호 온 카이 호 엔'(κύριε ὁ θεὸς ὁ παντοκράτωρ, ὁ ὢν καὶ ὁ ἦν)은 1장 8절의 '퀴리오스 호 데오스, 호 온 카이 호 엔 카이 호 에르코메노스, 호 판토크라토르'(κύριος ὁ θεός, ὁ ὢν καὶ ὁ ἦν καὶ ὁ ἐρχόμενος, ὁ παντοκράτωρ, 지금 계시고 전에도 계셨고 장차 오실 주 하나님 곧 전능자)와 거의 동일하다. 이러한 유사성 때문에 1장 8절의 번역에 근거해서 17b절을 "지금 계시고 전에도 계셨던 주 하나님 전능자"로 번역했다.

17cd절은 17b절에 대한 이유를 제시하는 내용이다. 장로들이 감사하는 이유로 제시되는 동사는 17c절의 완료 시제 동사 '에일레파스'(εἴληφας)와 17d절의 부정과거 시제 동사 '에바실류사스'(ἐβασίλευσας)이다. 이러한 시제의 조합은 3장 3절의 '에일레파스 카이 에쿠사스'(εἴληφας καὶ ἤκουσας)와 5장 7절의 '엘덴 카이 에일레펜'(ἦλθεν καὶ εἴληφεν)과 8장 5절의 '에일레펜 … 카이 에게미센 … 카이 에발렌'(εἴληφεν … καὶ ἐγέμισεν … καὶ ἔβαλεν) 등에서 나타난다.[414] 따라서 완료 시제 동사와 부정과거 시제 동사의 조합은 요한계시록에서 일종의 패턴을 이루고 있다고 볼 수 있다. 이러한 패턴이 사용되는 이유에 대한 입장은 두 가지로 살펴볼 수 있다. 먼저, 코이네 헬라어에서 완료 시제는 부정과거 시제의 기능까지 확대해 가면서 오히려 부정과거로 흡수되어 소멸되는 현상이 일어나게 되었다는 주장이 있다.[415] 그러나 포터는 이러한 주장을 반박하면서 완료 시제는 부정과거 시제에 흡수되지 않았으며 두 형태의 시제가 동시에 활발하게 존재하고 사

---

414 Swete, *The Apocalypse of John*, 140.
415 Moulton and Turner, *A Grammar of New Testament Greek: Syntax*, 3:68. 오우니도 이러한 입장을 따르면서 "취하다"(εἴληφας, 에일레파스)라는 동사를 "부정과거적 완료"(aoristic perfect)라고 규정한다(Aune, *Revelation 6-16*, 642).

용되었다고 주장한다. [416] 이런 경우에 부정과거는 내러티브의 기본적 구조를 이루고 있는 반면, 이러한 부정과거 시제 동사와 함께 사용되는 완료 시제는 "돌출"(prominence)을 통한 강조의 목적을 갖는다. [417] 그러나 여기에서 중요한 것은 이러한 용법이 모든 경우에 적용되는 것이 아니라 그것의 "실제적인 기능"은 각 문맥에 따라 결정되어야 한다는 것이다. [418]

그렇다면 이 문맥에서 17c절의 "취하다"(εἴληφας, 에일레파스)라는 완료 시제 동사를 구문적으로 어떻게 이해하고 번역해야 할 것인가? "돌출"을 통해 강조하는 방법이 이 본문에도 적용될 수 있을까? 매튜슨은 "취하다"(εἴληφας, 에일레파스)라는 동사가 완료 시제에 의해 강조되고 있는 것으로 본다. [419] 이러한 점에서 5장 7절과 유사한 패턴을 보여준다. 그리고 목적어인 "능력"(δύναμίν, 뒤나민) 앞에 "큰"(μεγάλην, 메갈렌)이란 형용사가 붙어서 이러한 강조의 정황을 더욱 강화시키고 있다. 그런데 이러한 강조의 정황을 번역으로 나타내기가 쉽지 않기 때문에 "참으로"라는 부사를 동사 앞에 첨가해서 번역했다. 17c절에서 하나님이 큰 능력을 취하시는 것은 17d절의 "하나님의 통치가 가능하게 하는 것"(that which makes the reign of God possible)을 더욱 "부각시켜"(highlighting) 주는 결과를 낳는다. [420] 곧 17c절은 17d절의 결과를 가능하게 하는 원인이 된다. 이러한 관계를 고려하여 아래의 우리말 번역에서는 17c절의 동사를 "취하셔서"로 번역하고 17d절의 접속사 '카이'는 번역에서 생략한다. 여기에 덧붙여서 17d절의 동사인 '에바실류사스'(ἐβασίλευσας)는 부정과거 시제로서 "발단"(inceptive)의 용법으로 간주할 수 있다. [421] 발단의 용법은 "어떤 행동의 시작이나 혹은 어떤 상태로의 돌입을 강조하기 위해 사용된다."[422] 이러한 용법을 인식하여 찰스는 '에바실류사스'를 "당신은 당신의 통치를 시작하셨다"(begun thy reign)로 번역한다(시 93:1; 삼하 15:10; 16:8). [423]

---

416 Porter, *Verbal Aspect*, 271-273. 포터에 의하면 완료형은 주전 3세기부터 주후 1세기에 부정과거형 동사 사용이 극적으로 증가할 때까지 개인 서신을 중심으로 활발하게 사용되었으며 또한 최소한 주후 3-4세기까지 부정과거형에 의해 흡수되지 않고 "상응하는 생존성"(corresponding viability)을 유지하고 있었다고 한다(앞의 책, 272). 따라서 완료형의 활발한 사용이 부정과거형의 소멸을 가져오지도 않았고 반대로 부정과거형의 활발한 사용이 완료형의 소멸을 가져온 것도 아니다(앞의 책).

417 Mathewson, *Verbal Aspect*, 97. 이러한 경우에 해당하는 대표적인 본문이 바로 5:7이다. 자세한 내용에 대해서는 5:7의 논의를 참고하라.

418 앞의 책, 96.

419 앞의 책, 98.

420 앞의 책.

421 Zerwick and Grosvenor, *A Grammatical Analysis of the Greek New Testament*, 759.

422 Wallace, *Greek Grammar beyond the Basics*, 554; BDF §318.

423 Charles, *A Critical and Exegetical Commentary on the Revelation of St. John*, 1:295. 이 외에도 NIV, NRSV, ESV 등이 이 번역을 채택한다.

18절은 17a절에서 시작된 이십사 장로의 감사 찬양의 연속이다. 따라서 아래 우리말 번역에서는 이 내용이 마무리되는 마지막 부분에 17a절을 이어받아 "... 하였다"라는 말로 마무리했다. 18a절과 18b절에서 두 개의 부정과거 시제 동사가 사용되는데 이 동사들 역시 내러티브 진행 과정의 기본적 구조를 이루는 기능을 갖는다. 또한 18c절에는 동사가 없는 것처럼 보이는데 18b절의 동사 '왔다'(ἦλθεν, 엘덴)를 공유하고 있는 것으로 볼 수 있다. 그러므로 18b절은 "당신의 분노가 임하였습니다"로 번역하고 18c절은 "때가 왔습니다"로 번역했다. 그리고 18c절의 "때"(ὁ καιρός, 호 카이로스)는 다음과 같은 세 개의 부정사의 수식을 받는다: 18d절의 '크리데나이'(κριθῆναι, 심판하실), 18e절의 '두나이'(δοῦναι, 주실), 18f절의 '디아프데이라이'(διαφθεῖραι, 망하게 하실). 또한 18절에서는 언어유희가 사용된다. 먼저 18a절의 동사 '오르기스데산'(ὠργίσθησαν〉ὀργίζω, 오르기조)과 18b절의 명사 '오르게'(ὀργή)는 서로 같은 어근을 공유한다. 그리고 18f절에서는 '디아프데이로'(διαφθείρω) 동사가 부정사 형태인 '디아프데이라이'(διαφθεῖραι)와 분사 형태인 '디아프데이론타'(διαφθείροντα)로 사용된다. 이러한 언어유희의 관계가 충분히 드러나도록 번역해야 하기 때문에 18ab절의 경우는 "분노"로, 18f절의 경우는 "망하게 하다"로 용어를 통일시켰다.

19절에서도 부정과거 시제 동사가 사용되고 있다. 이러한 동사의 사용은 수신자들의 입장에서 내용이 과거의 사건으로 읽히도록 하는 "서신적 부정과거"(epistolary aorist)로[424] 간주할 수도 있고 또한 내러티브의 기본적 구조를 이어가는 것으로도 간주할 수 있다. 요한계시록이 서신이기 때문에 서신적 과거의 용법을 충분히 고려할 필요가 있다. 따라서 요한계시록에서 부정과거로 되어 있는 동사를 대할 때 수신자의 입장이 되어 읽어 보는 것도 흥미로운 시도가 될 것이다. 뿐만 아니라 지금까지 내러티브의 기본적 구조를 이루는 기능으로서 부정과거 시제를 고려해 왔으므로 이 본문에서도 그것에 대한 가능성을 열어 놓을 수 있다. 여기에서 또 한 가지 주목할 것은 19a절과 19b절의 두 동사가 모두 수동태로 사용된다는 점이다. 이것은 신적 수동태로서 하나님의 주권적 역사를 돋보이게 한다.

이상의 내용을 근거로 우리말 어순에 맞추어 번역하면 다음과 같다.

---

424 서신적 과거에 대해서는 Wallace, *Greek Grammar beyond the Basic*, 562-563을 참고하라.

15a)	그리고 일곱째 천사가 나팔불었다.
15b)	그때에 하늘에 큰 음성들이 있어 말하였다:
15c)	세상의 나라가 우리의 주와 그의 그리스도의 나라가 되었다.
15d)	그래서 그가 영원토록 통치하실 것이다.
16a)	그리고 하나님 앞에서 그들의 보좌들에 앉은 이십사 장로가
16b)	그들의 얼굴들을 대고 엎드려
16c)	하나님께 경배하였다.
17a)	말하기를
17b)	"지금 계시고 전에도 계셨던 주 하나님 전능자시여, 당신께 감사드립니다.
17c)	왜냐하면 당신은 당신의 큰 능력을 참으로 취하셔서
17d)	통치하기 시작하셨기 때문입니다
18a)	그리고 나라들이 분노했습니다.
18b)	그러나 당신의 분노가 임하였습니다.
18c)	그래서
18d)	죽은 자들을 심판하시며
18e)	당신의 종들 곧 선지자들과 성도들에게와 작은 자들이든 큰 자들이든 당신의 이름을 경외하는 자들에게 상을 주시며
18f)	땅을 망하게 하는 자들을 망하게 하실
18c)	때가 왔습니다."
17a)	하였다.
19a)	그리고 하늘에 있는 하나님의 성전이 열려졌다.
19b)	그때 그의 성전 안에 그의 언약의 궤가 보여졌다.
19c)	그리고 번개들과 소리들과 우레들과 지진과 큰 우박이 있었다.

본문 주해

1) 세상의 나라가 우리의 주와 그의 그리스도의 나라가 되다(11:15)

일곱째 천사가 나팔불다. 15a절은 일곱 번째 나팔 심판의 도입 부분으로서, 다른 경우와 마찬가지로 천사가 나팔불면서 그 심판의 메시지가 시작된다. 이 문맥에서 볼 때 나팔불기는 "세상에 대한 하나님의 왕권"을 선언하는 것과 밀접한 관계가 있다.[425] 그 심판의 메시지는 "하늘에 큰 음성들"(φωναὶ μεγάλαι ἐν τῷ οὐρανῷ, 포나이 메갈라이 엔 토 우라노)로부터 들려지고 있다. 이것은 일곱 번째 인이 떼어졌을 때 하늘에 "침묵"이 있었던 것과는 대조적이다.[426] 일곱 번째 인 심판에서는 침묵 후에 기도 응답이 주어졌다면, 일곱 번째 나팔 심판에서는 하늘의 큰 음성이 하나님 나라의 완성을 찬양한다.

---

425 Koester, *Revelation*, 512.
426 Beasley-Murray, *The Book of Revelation*, 188.

요한계시록에서 "큰 음성"은 보통 단수형으로 사용되며 모두 20회 사용되는데(1:10; 5:2, 12; 6:10; 7:2, 10; 8:13; 10:3; 11:12, 15; 12:10; 14:7, 9, 15, 18; 16:1, 17; 19:1, 17; 21:3), 이 중에서 4회(5:12; 7:10; 11:15; 19:1)는 예배의 정황에서 어떤 그룹의 음성에 대해 사용되고, 6장 10절에서는 순교자들의 기도의 음성을 표현할 때 사용된다.[427] 그런데 유일하게 11장 15절에서만 "큰 음성들"(φωναὶ μεγάλαι, 포나이 메갈라이)이라고 하면서 복수형을 사용한 것은 이 문맥에서 보여주는 것처럼 "하나님의 종말적 승리"에 대한 반응으로서 천상적 합창의 감격에 찬 외침을 특별히 강조하려는 목적이 있기 때문이다.[428] 또한 그 음성들의 주체가 누구인지에 대해 밝히지 않고 침묵하는데 이것은 찬양하는 주체보다는 "찬양 그 자체를 강조하기" 위한 것이라고 할 수 있다.[429]

15절에서는 예상을 깨고 심판의 메시지와는 전혀 다른 내용이 소개되고 있다. 15c절은 "세상의 나라가 우리의 주와 그의 그리스도의 나라가 되었다"라고 하는가 하면, 15d절은 그리스도께서 "영원토록 통치하실 것이다"라고 하면서 하나님의 통치가 완성되는 상태를 묘사한다. 곧 이 두 문구는 심판의 절정에서 하나님의 왕권과 그리스도의 왕권이 완전하게 세워지게 되었음을 선포하고 있다. 심판의 절정과 하나님의 왕권의 완성은 서로 모순되지 않고 동전의 양면과 같다. 이러한 내용은 결론 부분인 17-22장에서 잘 나타나고 있다.

구약 배경: 시편 2편과 다니엘 7장. 15c절의 "우리의 주와 그의 그리스도"라는 문구는 "메시아적으로"(messianically) 해석되는 70인역 시편 2편 2절의 '카타 투 퀴리우 카이 카타 투 크리스투 아우투'(κατὰ τοῦ κυρίου καὶ κατὰ τοῦ χριστοῦ αὐτοῦ)가 그 배경이다.[430] 이 문구의 전반부인 "주"(τοῦ κυρίου, 투 퀴리우)는 하나님을 가리키고 후반부의 "그의 기름 부음 받은 자"(χριστοῦ αὐτοῦ, 크리스투 아우투)는 당시의 이스라엘 왕인 다윗을 가리키고 있다.[431] 그리고 "기름 부음 받은 자"는 에녹1서 48장 10절에서 최초로 메시아적 왕을 의미하는 것으로 사용되고 솔로몬의 시편 17편 36절, 18편 6절, 8절도 이러한 의미로 사용되고 있다.[432] 여기에서 다윗은 하나

---

427 Osborne, *Revelation*, 440.
428 앞의 책.
429 앞의 책.
430 Mounce, *The Book of Revelation*, 226. 시 2:2을 사용한 또 다른 신약 본문으로는 행 4:26이 있다(Charles, *A Critical and Exegetical Commentary on the Revelation of St. John*, 1:294).
431 P. Craigie, *Psalms 1-5*, WBC 19. 2nd ed. (Waco, TX: Thomas Nelson, 2005), 66.
432 Charles, *A Critical and Exegetical Commentary on the Revelation of St. John*, 1:294.

님의 왕권을 위임받은 대리 통치자로 세워졌다. 그러므로 그의 왕적 통치는 하나님의 통치와 동일시된다. 이러한 관계의 패턴은 요한계시록에서 하나님과 메시아 예수님의 관계에 적용된다. 곧 시편 2편 1절에서 하나님을 향하여 대적하는 나라들을 언급하고, 시편 2편 7절에서 기름 부음 받은 자인 이스라엘 왕이 하나님의 아들로 인정되고, 시편 2편 8절에서 이방 나라를 유업으로 주시겠다고 한 약속이 요한계시록 11장 15c절에서 세상의 나라가 "우리의 주"(=하나님)와 "그의 그리스도"(=메시아 예수님)의 나라가 되었다는 표현을 통해 완성된 것으로 표현된다. 한마디로 말하면 요한계시록 본문에서 세상에 속한 나라가 하나님의 통치를 받는 대상이 되었다는 것이다.

시편 2편 외에도 요한계시록 11장 15절 말씀의 배경이 될 수 있는 또 다른 구약 본문으로는 다니엘 7장을 꼽을 수 있다. 다니엘 7장은 요한계시록 13장의 배경이 되기도 하고, 앞서 언급한 1장 7절의 "구름과 함께 오심"의 배경이 되기도 한다. 이러한 배경적 관계로 인해 다니엘 7장은 요한계시록의 틀을 구성하는 중요한 구약 본문에 속한다.[433] 다니엘 7장에 의하면 3–6절에서 세상 세력을 상징하는 네 짐승은, 13–14절에서 하늘 구름을 타고 와서 옛적부터 항상 계신 이에게 권세와 영광과 나라를 받은 인자 같은 이의 통치를 받게 된다. 이 "인자 같은 이"는 사해 문서(4Q246)에서 메시아적 인물을 가리키는 것으로 재해석된다.[434] 요한계시록 1장 7절은 바로 이러한 인자 같은 이의 승천을 예수님의 승천에 적용하여 예수님의 우주적 통치를 선언한다. 그리고 11장 15절 본문은 이러한 사건의 연속선상에서 하늘에 계신 하나님과 메시아 예수님의 우주적 통치의 완성을 선포한다.

누가 진정한 통치자인가?(15d절). 특별히 15c절에서 "세상의 나라"(ἡ βασιλεία τοῦ κόσμου, 헤 바실레이아 투 코스무)가 "우리의 주와 그의 그리스도의 나라"가 되었다는 것은 요한계시록 전체에 걸쳐 있는 가장 중요한 이슈를 해결해 주고 있다. 요한계시록에서 가장 중요한 이슈는 누가 세상을 다스리는 통치자인가에 대한 것이다. 바로 이 본문이 이러한 질문에 명확하게 답해 주고 있다. 하나님은 사탄의 왕국이 대적하는 현재의 상황에서 심판을 통해 사탄의 나라와 그것에 속한 자들

---

433 Bauckham, *The Climax of Prophecy*, 424.
434 단 7:13의 인자가 4Q246에서 메시아적 개념으로 발전한 것에 대해서는 1:7에서 논의한 내용을 참고하라.

을 철저히 제거하시거나 선지적 증거 사역을 통해 하나님의 백성으로 삼으신다. 하나님의 백성으로 삼으시는 경우는 두 증인의 예언 사역을 통해 이루어지는 것으로서 11장 3-13절에서 기록된 바 있다. 곧 하나님의 심판에도 불구하고 회개하지 않던(9:20-21) 세상 나라가 우리 주와 그리스도의 나라가 되는 것은(15c절) 11장 3-13절에서 소개된 두 증인의 선지적 증거 사역의 결과라고 할 수 있다. 그들을 통해 심판받을 자는 심판을 받게 되고, 회개하여 하나님께 영광을 돌릴 자는 따로 구별되어 하나님의 백성의 반열에 들어오게 된 것이다. 이제 하나님의 나라를 대적하던 세상 나라가 변하여 하나님과 그리스도의 나라가 되기에 충분하게 되었고, 더 나아가서 15d절의 말씀대로 그리스도께서 영원토록 통치하시기에 충분하다. 이것은 "세상에 대한 신적 정복"(the divine conquest of the world)이라 일컬어질 수 있다.[435] 이처럼 요한계시록 11장 15c절에서 세상 나라가 하나님의 나라가 되는 것은 다니엘 7장에서 세상을 통치하는 강력한 나라들이 하나님 나라에 굴복하는 종말적 전망의 완성을 나타낸다.[436] 결국 세상의 나라가 하나님의 나라가 되었다는 것은 새로운 창조의 완성을 의미한다.

하나님의 나라와 세상의 나라: 나라 쟁탈전(15c절). 세상의 나라가 하나님의 나라가 되는 이러한 대조적인 전환의 상태는 15c절의 헬라어 구문을 통해 더욱 분명하게 드러난다. 이 본문에 의하면 "세상의 나라"(ἡ βασιλεία τοῦ κόσμου, 헤 바실레이아 투 코스무)에서는 "나라"(βασιλεία, 바실레이아)라는 표현이 사용되는 반면 "우리 주와 그의 그리스도의"(τοῦ κυρίου ἡμῶν καὶ τοῦ χριστοῦ αὐτοῦ, 투 퀴리우 헤몬 카이 투 크리스투 아우투)에서는 "나라"라는 표현이 생략된다.[437] 그것은 세상의 "나라"를 공통적으로 사용하고 있음을 보여준다. 이처럼 "나라"가 공통 분모로 사용됨으로써 그 나라가 처음에는 세상의 것이었다가 이제는 우리 주와 그리스도의 것이 되었음을 명시하고 있는 것이다. 즉 "세상"과 "하나님" 사이에 쟁탈전이 발생했다는 것을 보여준다. 그러므로 이러한 구문 관계에 의해 "세상의 나라"와 "우리 주와 그의 그리스도의 나라" 사이에 존재하는 긴장을 더욱 고조시키고 있다는 것을 발견할 수 있다.[438]

---

435 Charles, *A Critical and Exegetical Commentary on the Revelation of St. John*, 1:294.
436 Bauckham, *The Climax of Prophecy*, 424.
437 오즈번도 이러한 문형의 특징을 발견한다(Osborne, *Revelation*, 440-441).
438 앞의 책.

하나님의 영원한 통치(15d절). 15d절은 하나님이 영원토록 통치하실 것이라고 선언한다. 이것은 15c절에서 세상의 나라가 하나님의 나라가 된 결과로 볼 수 있다. 예수님의 초림으로 새창조가 이미 성취되어 시작되었지만 아직 완성되지 않은 상태에 있었다. 하나님의 통치는 예수님의 재림으로 이루어질 새창조의 완성 안에서 온전하게 드러난다. 그리고 저항 세력의 방해 없이 영원히 지속된다. 이러한 정황은 에덴에서 하나님의 통치가 온전히 드러나도록 기획된 것과 같은 맥락이다. 그러나 에덴에서의 이러한 기획은 인간의 타락으로 종말적 회복의 순간을 바라보게 되었다. 이제 온전한 회복의 순간이 와서 하나님의 통치가 영원히 지속될 것을 선언하고 있는 것이다.

종말의 시대에 교회의 사명. 이러한 일곱 번째 나팔 심판의 상황은 여섯 번째 나팔 심판의 상황과는 큰 차이를 보이고 있다. 그 차이는 여섯 번째 나팔 심판에서는 하나님의 심판에도 불구하고 사람들이 회개하지 않는 반면(9:20-21) 일곱 번째 나팔 심판에서는 그 세상 나라가 하나님의 나라가 되었다는 것에 있다. 이것은 13절에서도 이미 선행적으로 언급된 바 있는데 15절의 여섯 번째와 일곱 번째 나팔 심판의 관계 속에서 좀 더 깔끔하게 정리된다. 여기에서 두 나팔 심판 사이의 차이점은 바로 10-11장에 기록된 두 증인의 증거 사역에 의해 결정적으로 발생한다. 따라서 일곱 번째 나팔 심판이 여섯 번째 나팔 심판과 함께 10-11장의 두 증인 이야기와 밀접하게 관련되면서 구성되고 있음을 알 수 있다. 곧 A(여섯 번째 나팔 심판)-B(두 증인의 선지적 사역)- A′(일곱 번째 나팔 심판)의 구조를 이루게 된다. 이러한 구성은 교회 공동체의 종말적 역할과 기능을 보여주기 위해 저자 요한에 의해 매우 치밀하게 기획된다. 곧 심판이 초림과 재림 사이의 종말적 기간을 특징짓는 것이라면 이 종말의 시대에 교회 공동체의 사명은 하나님 나라의 복음으로 세상의 세력에 도전하며 회개의 역사를 일으키는 것이다.

2) 하늘에서의 반응(11:16-18)

16-18절은 앞서 소개되었던 하늘에서의 큰 음성에 대한 반응으로서 이십사 장로들이 부르는 찬양의 내용을 소개한다. 16-17절은 하나님의 통치에 대한 장로들의 찬양을 기록하고, 18절은 통치의 방편으로 구원과 심판을 언급한다.

장로들의 경배와 찬양(16-17절)

(1) 이십사 장로의 역할(16-17a절)

16-17a절은 이십사 장로의 등장을 알리고 그들이 하나님 앞에 경배하며 말하는 내용을 도입한다. 이 이십사 장로는 두 증인의 경우처럼 하나님의 교회 공동체를 의미하는 상징적 이미지이지만 여러 가지 상징적 환상에서 제의적 역할을 감당하는 제사장적 천사의 캐릭터로 등장하기도 한다.

5장 9-10절에서 이십사 장로는 네 생물과 함께 새 노래를 부른다. 성도의 구속을 노래하는 새 노래를 이십사 장로가 주도하고 있는 것은 우연이 아니다. 이에 상응해서 하나님 나라의 완성과 세상에 대한 심판의 완성과 성도의 구속의 완성을 노래하는 일곱 번째 나팔 심판의 현장에서 이십사 장로가 출현하는 것은 매우 치밀하고 조화로운 구성이다. 이것은 제사장적 역할을 하는 이십사 장로의 특징을 잘 드러낸다(4:10-11; 5:9-10; 7:11-12; 12:10-11; 19:6).

(2) 경배의 내용(17bcd절)

17bcd절은 이십사 장로가 하나님을 "지금 계시고 전에도 계셨던 주 하나님 전능자시여"라고 부르며 하나님께 감사를 드리는 이유를 소개한다.

a. 하나님의 이름: 지금 계시고 전에도 계셨던 주 하나님 전능자시여(17b절)

17b절에 나오는 하나님의 이름은 1장 8절에 나오는 하나님의 이름과 유사하지만 차이도 있다.[439] 가장 큰 차이점은 11장 17b절에서는 "장차 오실 이"라는 문구가 생략되었다는 것이다. 그 이유는 분명하다. 이 본문은 하나님이 이미 오신 상태의 정황을 전제하고 서술하고 있기 때문이다.[440] 곧 미래가 현재가 된 것이다. 더 이상 기다려야 하는 미래는 없다. 10장 7절에서 일곱 번째 천사가 나팔불었던 순간 하나님의 비밀이 이루어졌다. 그리고 하나님의 최종적 오심은 11장 15절에서 이미 제시되었다. 그것은 세상의 나라가 하나님의 나라가 되었다는 것이다. 이십사 장로는 바로 이러한 하나님께 감사를 드리고 있다. 감사의 표현은 예배의 가장 중요한 본질이다. 이상에서 하나님의 이름 속에 심오한 신학적 사고가 담겨 있다는 것을 확인할 수 있다.

---

439 이 이름에 대한 구체적인 내용은 1:8에서의 논의를 참고하라.
440 Harrington, *Revelation*, 126; Beaseley-Murray, *The Book of Revelation*, 189; Charles, *A Critical and Exegetical Commentary on the Revelation of St. John*, 1:295.

b. 큰 능력을 취하시다(17c절)

17c절은 17b절의 감사하는 행위의 이유를 제시해 주는 내용인데, 그 이유는 하나님이 자신의 큰 능력을 취하셨다는 것이다. 이것은 하나님이 능력이 없다가 취하시게 되었다는 오해를 불러올 수 있다. 당연히 하나님은 단 한 순간도 그의 큰 능력을 상실하신 적이 없고 로마 제국의 황제가 원로원으로부터 능력과 권세를 수여받는 것처럼 누구로부터 능력을 허락받아야 할 필요가 있는 분도 아니시다.[441] 그렇다면 여기에서 그의 능력을 취하셨다는 것은 무엇을 의미할까? 그것은 심판을 통해 모든 악의 세력을 제압하시고(18절), "그 나라를 세우시기 위해 그의 능력을 사용하셨다"(15절)는 의미이다.[442] 곧 하나님의 통치가 온전히 가시적으로 온 우주 가운데 편만히 드러나게 되었다는 것을 의미한다. 이러한 모습은 4장에서 하나님을 보좌에 앉으신 모습으로 표현한 데서 잘 나타나 있다.[443] 그리고 15절에서 세상의 나라가 하나님의 나라가 되었다는 사실과 다음 18절에서 땅을 망하게 한 세상에 대한 심판에서 잘 드러나고 있다.

c. 통치하기 시작하시다(17d절)

17d절의 내용은 17c절의 결과로 주어진다. 곧 큰 능력을 취하셔서 이제 통치하기 시작하신다. 큰 능력과 통치는 원인과 결과의 관계라고 할 수 있다. 곧 큰 능력으로 악의 세력을 심판하셔서 하나님의 통치를 이루게 된 것이다. 이 경우에도 하나님이 그동안 통치하지 않으셨던 것이 아니다. 그럼에도 불구하고 여기에서 하나님이 통치하기 시작하셨다고 한 것은 큰 능력을 취하셨던 것과 같은 패턴으로 이해할 수 있다. 이제 완전한 통치가 시작된 것이다. 그동안 죄와 사망으로 온전하게 드러날 수 없었던 하나님의 통치가 이제 그 실체를 드러내게 된 것이다. 이것은 15d절에서 "그가 영원토록 통치하실 것이다"(βασιλεύσει εἰς τοὺς αἰῶνας τῶν αἰώνων, 바실류세이 에이스 투스 아이오나스 톤 아이오논)라고 한 것과 같은 맥락이다. 15d절에서는 미래형으로 사용되었고 17d절에서는 부정과거형으로 사용되었는데, 이는 각각의 문맥에서 각각 적절한 의미와 독특한 특징을 가지고 동일한 정황을 표현하는 것이다. 이제 에덴에서 이루시고자 하셨던 창조의 목적을 온전히 이루시게 된 것이다.

---

441 Koester, *Revelation*, 515.
442 앞의 책.
443 Beaseley-Murray, *The Book of Revelation*, 189.

심판과 구원의 선포(18절). 18절은 17절의 연속으로서, 앞의 내용과 관련되면서도 좀 더 진전된 내용을 소개한다.

(1) 복수법의 구약 배경 1: 시편 2편

17b절에서는 이십사 장로가 하나님께 감사로 찬양하는 반응을 보였던 반면 18a 절에서는 "나라들"(τὰ ἔθνη, 타 에드네)이 분노하는 반응을 보여주고 있다. 여기에서 나라들이 "분노했다"(ὠργίσθησαν, 오르기스데산〉ὀργίζω, 오르기조)는 반응은 시편 2편 1-3절을 배경으로 한다.

> ¹어찌하여 이방 나라들이 분노하며 민족들이 헛된 일을 꾸미는가 ²세상의 군왕들이 나서며 관원들이 서로 꾀하여 여호와와 그의 기름 부음 받은 자를 대적하며 ³우리가 그들의 맨 것을 끊고 그의 결박을 벗어 버리자 하는도다(시 2:1-3)

시편 2편 1절에서는 "이방 나라들이 분노하다"와 "민족들이 헛된 일을 꾸미다"가 평행 관계를 형성한다.[444] 곧 이 두 행위가 동일한 의미를 가지고 있다고 볼 수 있고 혹은 이방 나라들이 분노하는 것과 헛된 일을 꾸미는 것을 인과 관계로 볼 수도 있다. 그리고 2-3절은 그러한 나라들이 계획하는 헛된 일의 내용을 소개한다. 그것은 한 마디로 하나님과 그 기름 부음 받은 메시아를 대적하고 그 맨 것을 끊고 그 결박을 벗어 버림으로써 그 통치에서 벗어나고자 하는 것이다. 여기에서 "분노하다"의 의미와 그 정황을 파악할 수 있다. 그것은 바로 인간의 타락한 본성에서 비롯되는 하나님의 통치에 대한 반감이며 하나님의 통치로부터 벗어나고자 하는 저항의 표시이다. 이것은 새로운 것이 아니다. 하나님의 통치로부터 벗어나고자 하는 이방 나라들의 이러한 태도는 타락한 이후에 일관되게 지속되어 왔던 것이다. 이러한 이방 나라들의 정황의 패턴이 요한계시록에 적용된다. 특별히 위의 시편 2편 본문에서 대표적인 두 단어는 "이방 나라들"(ἔθνη, 에드네)과 "분노하다"(ἐφρύαξαν, 에프뤼악산〉φρυάσσω, 프뤼아쏘)인데, 이 두 단어가 요한계시록에 사용된다.

그런데 흥미로운 것은 요한계시록이 이 두 단어를 그대로 가져오는 것이 아니라 창의적으로 변화를 가한다는 점이다. 곧 "나라들"(ἔθνη, 에드네)이라는 단어

---

444 이 문장은 질문 형태로 되어 있는데 이러한 질문의 형식은 단순히 "문자 그대로의 질문"이 아니라 "놀라움의 외침"으로서 이방 나라들의 태도에 대해 "놀라움"(astonishment)과 "당황스러움"(puzzlement)의 감정을 표출하는 효과를 가져온다고 볼 수 있다(deClaissé-Walford, *The Book of Psalms*, 67-68).

는 그대로 가져오되 70인역의 '에프뤼악산'(ἐφρύαξαν)φρυάσσω, 프뤼아쏘) 대신 '오르기스데산'(ὠργίσθησαν)ὀργίζω, 오르기조)을 사용한다. 사실상 70인역의 '에프뤼악산'(ἐφρύαξαν)은 "분노하다"라는 의미보다는 "교만하다"라는 의미가 더 강하다.[445] 여기에서 요한계시록의 '오르기스데산'(ὠργίσθησαν)은 70인역이 아니라 동일하게 "분노하다"라는 의미를 갖는 마소라 본문의 '라그슈'(רָגְשׁוּ>רגשׁ, 라가쉬)를 번역한 것으로 간주할 수 있다.

이러한 이방 나라들의 행태에 대해 하늘에 계신 하나님은 그들을 비웃으시며(70인역 시 2:4) "그의 분노로"(ἐν ὀργῇ αὐτοῦ, 엔 오르게 아우투) 말씀하시고 "그의 진노로 말미암아"(ἐν τῷ θυμῷ αὐτοῦ, 엔 토 뒤모 아우투) 그들을 곤란케 하신다(70인역 시 2:5). 시편 2편 6-9절에서 하나님은 다윗 왕을 자신의 통치 대리자로 세우셔서 자신을 대적하는 이방 나라들을 심판하신다. 이러한 하나님의 반응은 이방 나라들에 대한 보응의 특징을 드러낸다. 다윗 왕을 통한 하나님의 통치의 발현은 이방 나라들에 대한 심판의 효과적인 방법이다. 이러한 다윗 왕의 역할은 후대에 메시아적 인물의 모델이 되었다. 이러한 패턴은 요한계시록 11장 15c절에서 "세상의 나라가 우리의 주와 그의 그리스도의 나라가 되었다"고 할 때 "그의 그리스도의"(τοῦ χριστοῦ αὐτοῦ, 투 크리스투 아우투)라는 문구에 잘 나타나 있다. 이것은 시편 2편의 다윗 왕의 출현에 대한 기대가 바로 이러한 메시아적 인물에 의한 대리적 통치 행위를 통해 성취됨을 보여준다.

또한 우리는 요한계시록 11장 15-18절에서 시편 2편이 일관성 있게 사용되고 있음을 확인할 수 있다. 다음은 레디쉬가 관찰한 내용이다.[446]

계 11장	시 2편
우리의 주와 그의 그리스도(15c절)	여호와와 그의 기름 부음 받은 자(2절)
나라들이 분노하다(18a절)	나라들이 분노하다(1절)
당신의 분노가 임하다(18b절)	분노를 발하다(5절); 주께서 진노하다(12절)

이와 같이 11장의 마지막 부분에서 일곱 번째 나팔 심판과 관련하여 시편 2편이 압도적으로 사용되고 있는 것은 시편 2편이 이방 세계를 제압하는 메시아적 통치를 통한 하나님 나라의 절정을 묘사하기에 가장 적절한 것으로 여겨지기 때문이다.

---

445 BDAG, 1067.
446 Reddish, *Revelation*, 226.

(2) 요한계시록의 "종말적 복수법"(eschatological *jus talionis*)[447]

18a절은 나라들이 하나님에 대하여 "분노했다"(ὠργίσθησαν, 오르기스데산>ὀργίζω, 오르기조)고 말하고, 18b절은 하나님의 "분노"(ὀργή, 오르게)가 임하였다고 말한다. 여기서 이방 나라들이 보여주는 행위인 "분노하다"(ὀργίζω, 오르기조)와 그에 대한 하나님의 반응인 "분노"(ὀργή, 오르게)는 동일한 어근을 갖는 동사와 명사다. 이러한 동족어들의 사용이 저자의 언어유희(word play)라는 것은 쉽게 알아차릴 수 있다. 이러한 언어유희는 단순히 언어적 기법이 아니라 신학적 의도를 갖는다. 곧 종말적으로 발생하는 일종의 "복수법적 문구"(lex-talionic phrases)라 할 수 있다.[448] 곧 하나님에 대해 분노하였으니 하나님의 분노가 그들에게 임하게 되는 것이다. 이것은 직전에 살펴봤던 시편 2편의 패턴이 배경으로 적용되고 있다고 볼 수 있다.

그렇다면 하나님의 분노가 어떠한 방법으로 그들에게 임하는가? 18def절에서 그 방법이 소개되고 있다.[449] 여기에서 18def절은 A(18d절)-B(18e절)-A′(18f절)의 구조를 갖는다. 곧 A와 A′가 모두 18a절에서 분노한 이방 나라들에 대한 하나님의 분노의 내용인 데 반해 B는 하나님을 경외하는 자들에게 주어지는 "상"을 언급한다. 더 나아가서 이러한 구조를 구성하는 각 부분들은 구문적 관계에 의해 더욱 밀접하게 연결된다. 18def절에서 동사로 사용되는 "심판하다"(κριθῆναι, 크리데나이; 18d절), "상을 주다"(δοῦναι τὸν μισθόν, 두나이 톤 미스돈; 18e절), "망하게 하다"(διαφθεῖραι, 디아프데이라이; 18f절)는 모두 부정사 형태로서 18c절의 "때"(ὁ καιρός, 호 카이로스)를 수식하는 형식을 취한다("구문 분석 및 번역"의 원문과 해설 참고). 이러한 구조는 종말적 정황을 더욱 극적으로 보여주고 있다. 한쪽은 심판을 받고 다른 한쪽은 상을 받는다.

A(18d절)에서 심판의 내용을 살펴보면, "죽은 자들"(τῶν νεκρῶν, 톤 네크론)을 심판할 때가 왔다는 것이다. 이 부분에 대한 좀 더 자세한 내용은 20장 10-15절에서 다뤄진다. 요한계시록에서는 믿지 않고 죽은 불신자들을 표현할 때 "죽은 자들"이라는 문구를 사용한다(참고, 20:12). 반면 믿고 죽은 신자들은, "죽은 자들의 영혼"(τὰς ψυχὰς τῶν ἐσφαγμένων, 타스 프쉬카스 톤 에스파그메논)이라고 표현하여(참고, 6:9; 20:4) 죽은 자들 중에 신자와 불신자의 정체성을 뚜렷이 구분한다. 그러므로 A(18d절)에서 "죽은 자들을 심판할 때가 되었다"고 한 것은 믿지 않고 죽은 불신자들을

---

447 이 용어는 Bauckham, *The Theology of the Book of Revelation*, 52에서 가져왔다.
448 P. J. Leithart, *Revelation*, eds. M. Allen and S. R. Swain, ITC (Edinburgh: T&T Clark, 2018), 1:436.
449 Harrington, *Revelation*, 126.

심판할 때가 되었다는 것을 의미한다. 그리고 A'(18f절)는 이것을 다른 측면에서 표현하여 "땅을 망하게 하는 자들을 망하게 하실 때"라고 기록하고 있다. 여기에서 "땅을 망하게 하는 자들"(τοὺς διαφθείροντας, 투스 디아프데이론타스)과 "망하게 하다"(διαφθεῖραι, 디아프데이라이)는 동일한 헬라어 동사 '디아프데이로'(διαφθείρω)를 사용하고 있으며, 전자는 분사 형태이고 후자는 부정사 형태다. 이것도 역시 18a절의 "분노하다"와 18b절의 "분노"의 경우처럼 언어유희라고 할 수 있다. 땅을 망하게 하는 자들은 망해야 할 것이다.

여기에서 "땅을 망하게 하는 자들"을 다르게 표현하면 "땅을 더럽힌 자들"이라고 할 수 있다. 왜냐하면 동사 '디아프데이로'(διαφθείρω)가 이 두 가지 의미를 모두 가지고 있고 이 두 가지 의미는 서로 보완적으로 여겨질 수 있기 때문이다.[450] 예를 들면, 19장 2절에서 바벨론의 심판을 묘사할 때 이 동사는 "더럽히다"라는 의미로 사용된다. 곧 바벨론이 심판받아야 하는 근거로 땅을 더럽힌 존재라는 사실이 제시된다. 땅을 더럽게 한 것이 심판을 받아야 하는 이유인 것이다. 결국 타락하여 하나님을 떠난 자들은 하나님의 피조 세계인 이 땅을 더럽히는 자들이다. 그들은 땅을 하나님의 영광을 드러내기 위해 잘 관리해야 할 대상으로 보지 않고 경제적 이익을 창출하기 위해 착취해야 할 대상으로 삼는다. 그러므로 이 땅은 환경 오염으로 더럽혀질 수밖에 없다. 이 모든 것은 죄로 말미암아 초래된 것이며 이에 대해 대가를 치르게 될 날이 오게 될 것이다. 그것은 바로 심판으로 인한 멸망이다.

18f절에서 "망하게 하다" 혹은 "더럽히다"라는 단어가 사용되는 것은 18b절의 경우처럼, 행한 대로 철저하게 되갚아 주는 특징을 갖는 "종말적 복수법"(eschatological *jus talionis*)이 종말적 심판에 적용되는 것이라 할 수 있다.[451] 이는 하나님이 종말적 심판을 말씀하시는 방법으로서, 죄에 대한 표현과 심판에 대한 표현이 서로 언어적으로 일치하는 경우를 말하며(참고, 16:6; 18:6; 22:18-19), 하나님의 심판이 "절대 정의"(the absolute justice)임을 표방한다.[452]

이상에서 요한계시록의 종말적 복수법의 최고의 성취를 보여주는 일곱 번째 나팔 심판은 세 번째 화로서 심판의 최고 절정이다.

---

450 BDAG, 239. BDAG가 규정하는 '디아프데이로'의 의미는 다음과 같다(앞의 책): (1) "어떤 것의 파괴를 초래하다, 더럽히다, 파괴하다," (2) "도덕적으로 타락하도록 하다, 부패시키다, 망치다."
451 Bauckham, *The Theology of the Book of Revelation*, 52.
452 앞의 책.

(3) 복수법의 구약 배경 2: 노아 홍수

18f절에서 땅을 망하게 하는 자들을 망하게 하는 복수법에 대한 구약 배경은 노아 홍수 사건이다(창 6:11-13, 17).[453] 창세기 6장 11-13절은 땅이 "부패하였다"(ἐφθάρη, 에프다레)φθείρω, 프데이로)고 말하고,[454] 창세기 6장 17절에서 하나님은 땅을 "멸절하겠다"(καταφθεῖραι, 카타프데이라이)καταφθείρω, 카타프데이로)고 선언하신다. 따라서 하나님은 땅을 망하게 하는 자들을 망하게 하시기 위하여 홍수 사건을 일으키신다. 여기에서 노아 홍수 사건은 땅을 더럽힌 자들을 멸망시키심으로써 땅을 새롭게 하시고자 하는 목적을 갖는다. 그러므로 "창조주(Creator)의 창조 세계(Creation)에 대한 신실하심(faithfulness)"을 강력하게 시사한다.[455] 이에 대한 "의미 있는 인유"가 요한계시록 본문에 나타나고 있다. 땅을 망하게 한 자들을 망하게 하는 종말적 심판의 행위는 "창조 언약의 갱신(renewal)"으로서 심판의 목적은 파괴가 아니라 인간과 땅의 회복에 있음을 보여준다.[456] 요한계시록의 문맥에서 땅을 망하게 하는 자들은 누구인가? 그들은 바로 악의 세력으로서 "용과 두 짐승 그리고 음녀 바벨론"이며 또한 그들을 추종하는 자들이라고 할 수 있다. 노아 홍수 때의 패턴과 동일하게 그들을 망하게 함으로써 하나님은 새창조의 완성을 이루시게 된다.

그렇다면 A′(18f절)도 A(18d절)와 마찬가지로 불신자들에 대한 심판을 언급하는 내용이라 할 수 있다. 그러나 18f절은 18d절보다 좀 더 포괄적인 심판 대상을 설정한다. 18d절의 심판 대상은 죽은 불신자들이지만 18f절의 심판 대상에는 살아서 종말을 맞이하게 될 불신자들도 포함된다. 이것은 바로 이 내용이 일곱 번째 나팔 심판답게 예수님의 재림 때 이루어질 완벽하고 철저한 심판의 정황을 보여주고 있는 것이다.

(4) 상 주심(18e절)

11장 18e절은 18d절 및 18f절과는 대조적인 정황을 소개한다. 여기에서 저자는 심판이나 멸망이라는 표현 대신 "상을 주시다"라는 표현을 사용한다. 심판이나 멸망과 대조적 개념으로서의 "상 주심"이라면 그러한 "상"(μισθός, 미스도스)은 무

---

453 앞의 책.
454 이 본문에서는 "부패하였다"(혹은 "더럽히다")라는 단어가 세 번 사용된다. 한 번은 '에프다레'(ἐφθάρη)φθείρω, 프데이로)가 사용되고, 다른 두 번은 '카타프데이로'(καταφθείρω)라는 단어가 사용된다.
455 앞의 책.
456 Fiorenza, *Revelation*, 79.

엇이겠는가? 그것은 구원받은 자에게 등급의 차이를 두어 주어지는 여러 다양한 상이라고 할 수 없다. 그 상대 개념으로서 심판 혹은 멸망과 대조적 관계에서 상의 의미를 고려할 필요가 있다. 그러므로 이 문맥에서 심판 혹은 멸망과 대조되는 개념이라면 그것은 바로 구원이 아닐 수 없다. 종말의 완성 때에 주어질 이 완전한 구원을 주시는 것이 바로 "상 주심"인 것이다. 이미 2-3장에서 이기는 자에게 주어지는 여러 다양한 상들을 구원의 다양한 표현이라고 규정한 바 있다. 이와 같은 맥락에서 11장 18e절에서 언급되는 "상"도 바로 심판과 대조되는 구원의 의미를 갖는 것으로 이해하는 것이 가능하다. 그런데 그 상이 주어지는 대상을 하나님의 "종들 곧 선지자들과 성도들"과 하나님의 "이름을 경외하는 자들"로 정하고 있다. 이런 표현들은 바로 성도들 곧 신자들에 대한 여러 다양한 표현이다.

이상의 일곱 번째 나팔 심판의 내용에서는 일곱 번째 인 심판의 경우와는 약간 다르게 하늘에서의 큰 음성과 이십사 장로의 찬양의 내용을 통해 미래 종말적 정황이 매우 풍성하게 표현되고 있음을 관찰할 수 있다. 바로 이러한 미래 종말적 정황을 담고 있는 찬양의 핵심은 죽은 자들에 대한 심판과 하나님의 백성들에 대한 상 주심 곧 구원이 서로 대비되어 언급되는 것이라 할 수 있다.

3) 하늘 성전이 열리다(11:19)

마지막으로 19절에서는 이러한 미래 종말적 정황의 절정을 소개한다.

하늘이 열리다(19a절).

(1) 하늘이 열리게 된 동기

예수님이 십자가에서 죽으실 때 성전의 휘장이 위에서 아래로 찢어지는 사건이 일어났다(마 27:51; 막 15:38; 눅 23:45).[457] 곧 예수님의 죽음으로 말미암아 성전 체계의 "배타성"(exclusions)이 파쇄되고 누구든지 하나님의 임재 가운데로 들어갈 수 있는 길이 열리게 되었다.[458] 이러한 패턴을 요한계시록 본문에서 하늘이 열리는 경우에 적용할 수 있다. 요한계시록 11장에서 예수님의 십자가 죽음과 같은 죽음이 발생한 바 있다. 그것은 바로 두 증인의 죽음이다. 두 증인의 죽음은 심

---

457 Leithart, *Revelation*, 1:437.
458 앞의 책.

판에도 불구하고 회개치 않던 자들을 회개케 하는 결과를 가져왔다. 세상의 나라가 하나님의 나라가 되는 변화를 일으켰다. 이와 같은 맥락에서 두 증인의 죽음은 바로 하늘의 문이 열리게 되는 결과를 가져오게 되었다고 추론할 수 있다: "그들이 십자가로 갔을 때 또 다른 휘장이 찢어지고 또 다른 성전의 문이 열려지게 된 것이다."[459]

(2) 19a절의 성전의 열림과 4장 1절의 하늘의 열림 비교

먼저 19a절에서 "하늘에 있는 하나님의 성전이 열려졌다"고 한 것은 4장 1절의 "하늘에 열려져 있는 문이 있다"라는 문구를 연상케 한다.[460] 4장 1절의 경우에 하늘은 하늘 성전과 동일시되므로 하늘의 문이 열렸다는 것은 하늘 성전이 열린 것과 동일하다. 두 본문 모두에서 "열렸다"는 표현이 종말적 의미를 갖는다는 점에서 두 본문은 공통점이 있지만,[461] 4장 1절은 예수님의 초림으로 말미암아 이루어진 정황인 반면 11장 19a절은 예수님의 재림의 때 곧 미래적 종말의 때에 일어나는 정황이라는 점에서 서로 다른 차원의 성격을 갖는다. 또한 이 둘은 전자가 후자를 대망하고 후자는 전자의 완성이라는 점에서 서로 유기적인 의미를 갖기도 한다.

(3) 하늘의 열림의 의미

결국 하늘 혹은 하늘 성전이 열린다는 사실은 모든 것이 새로워진 새창조 안에서는, 거룩성을 유지하기 위해 극히 제한적인 사람들에게 출입이 허용되었던 지상 성전의 한계를 넘어서, 모든 성도가 하늘 성전에 스스럼없이 접근할 수 있게 된다는 의미를 갖는다. 더 나아가서 하늘의 열림은 그렇게 우주적인 접근이 가능해진다는 의미뿐 아니라 하늘과 땅이 통합된다는 의미도 갖는다. 이러한 정황은 바로 에덴에서 아담과 하와에게 허락되었던 특권을 보여준다. 종말은 창조 곧 에덴의 회복인 것이다. 종말적 정황은 하늘이 열려 땅과 하늘이 하나가 되는 경향성을 가지고 있음이 분명하다. 왜냐하면 땅을 더럽힌 자들을 심판함으로 땅이 새롭게 되기 때문이다.

---

459 앞의 책.
460 Osborne, *Revelation*, 448. 이 외에도 하늘 성전을 언급하는 요한계시록 본문으로는 4-5장; 7:9-17; 8:1-5; 14:2-3; 15:2-8; 19:1-10; 21:3-8이 있다.
461 앞의 책.

언약궤(19b절). 19b절은 요한계시록에서 언약궤가 등장하는 최초이자 유일한 본문이다. 언약궤라는 것은 우리가 통상적으로 부르는 명칭이고 이것을 문자 그대로 표현하면 "언약의 궤"(ἡ κιβωτὸς τῆς διαθήκης, 헤 키보토스 테스 디아데케스)라고 할 수 있다. 여기에서 중요한 단어는 "언약의"(διαθήκης, 디아데케스)이다. 이 단어 때문에 성전 안에 있는 궤는 "하나님의 임재의 상징"으로서 언약적 신실함을 나타내 준다.[462] 이러한 점에서 언약궤 이미지의 등장은 하나님의 언약이 완성되는 순간을 확증한다. 예수님의 재림 때에 이루어지는 새창조를 말하는 21장 3절에서 이러한 언약의 완성의 정황을 자세하게 풀어서 묘사하고 있다: "보라 하나님의 장막이 사람들과 함께 있다. 그리고 그는 그들과 함께 거하실 것이다. 그들은 그의 백성이 될 것이요 하나님 자신은 그들과 함께하실 것이다."

그런데 이 문맥에서 그 언약궤가 하늘 성전 안에서 보이는 것은 또 다른 특별한 의미가 있다. 이 언약궤는 그것이 처음 만들어졌던 출애굽 시대에는 "증거궤"로 불리었고, 성막의 거룩한 휘장 안에 놓였으며, 후에 솔로몬 성전에서는 지성소에 위치하게 되었다.[463] 그리고 BC 587년에 바벨론의 느부갓네살 왕이 이스라엘을 침공하여 성전을 파괴하였을 때 언약궤도 함께 불에 태워 버렸을 가능성이 크다.[464] 이것이 예레미야 3장 16절과 타키투스의 『역사』 5.9에서 언약궤에 대한 기억이 사라져 버린 것처럼 언급되는 것이나 에스겔서의 성전에 언약궤가 등장하지 않는 이유일 것이다.[465] 그리고 마카베오 2서 2장 7-8절은 예레미야가 이스라엘의 회복의 날에 대비하여 언약궤와 향단을 감추어 놓은 것으로 기록하고 있다(참고, 바룩2서 6:1-9).[466] 즉, 마카베오2서 2장 7-8절은 다음과 같이 말한다: "그 감추어진 장소는 하나님이 그의 백성들을 다시 모아 그의 자비를 보여주실 때까지 알려지지 않은 채로 있을 것이다. 그리고 그때 주께서 이러한 일들을 알려 주실 것이며 주님의 영광이 나타나게 될 것이다."[467] 이러한 내용들은 19b절에서 종말적 현상으로서 언약궤가 보여지면서 그것이 있는 장소가 알려지는 순간이 바로 마카베오2서에서 대망하는 순간임을 보여주며, 따라서 이 장면은 미래 종말적 정황을 소개하는 이 문맥과 자연스럽게 조화되고 있다.

---

462 Harrington, *Revelation*, 126. 비즐리 머레이는 "약속의 표증"(sign of promise)이라고 표현하기도 한다 (Beasley-Murray, *The Book of Revelation*, 190).

463 Swete, *The Apocalypse of St. John*, 142.

464 앞의 책.

465 앞의 책.

466 Harrington, *Revelation*, 126.

467 앞의 책.

번개들과 소리들과 우레들과 지진과 큰 우박(19c절). 끝으로 19c절도 마찬가지로 종말적 현상들인 "번개들과 소리들과 우레들과 지진과 큰 우박"의 현상을 소개한다. 이런 현상은 이미 4장 5절과 8장 5절에서 각각 "번개들/소리들/우레들"과 "우레들/소리들/번개들/지진"으로 묘사된 바 있는데, 11장 19c절에서는 여기에 "큰 우박"이 덧붙는다. 이런 현상들이 하늘 성전에서 발생한 4장 5절의 경우와는 달리, 8장 5절과 11장 19c절에서는 이런 현상들이 공통적으로 심판의 마지막 순서인 일곱 번째에서 소개되고 있다. 그런데 일곱 번째 나팔 심판에서 좀 더 특별한 조합을 관찰할 수 있다. 그것은 일곱 번째 나팔 심판에 등장하는 "나팔"과 "성전"과 "언약궤"와 "우박"의 조합이 시내 산에서의 정황과 매우 정교하고도 밀접하게 평행 관계를 이룬다는 점이다.[468] 일곱 번째 나팔 심판의 이러한 평행 관계는 시내 산에서 왕으로 좌정하시는 하나님의 왕권을 가장 극대화하여 드러내려는 의도를 보여준다. 이것은 10장 7절의 "일곱째 천사가 나팔불게 될 ... 날들에 하나님의 비밀이 ... 완성되어질 것"이라는 말씀의 구체적 정황이라고 할 수 있다. 결국 일곱 번째 나팔 심판에서 하나님의 비밀이 이루어지게 된 것이다.

한편, 4장 5절에서는 하늘 성전에서 번개들/소리들/우레들이 발생하고, 인 심판에서는 여기에 "지진"이 첨가되고, 나팔 심판에서는 "큰 우박"이 추가되어서 심판의 강도가 더욱 강화되고 있음을 보여준다. 여기에서 요한은 심판에 대한 기록을 전개해 가는 과정에서 인 심판과 나팔 심판을 평행 관계로 설정하지만, 그것은 단편적인 평행이 아니다. 인 심판보다는 나팔 심판에서 심판의 강도가 더 강화됨으로써 입체적인 평행을 구성한다.

4) 정리

일곱 번째 나팔 심판은 세 번째 화로서 심판의 절정을 보여준다. 물론 심판은 동전의 양면처럼 구원의 역사를 포함한다. 따라서 일곱 번째 나팔 심판에는 구원의 메시지도 풍성하게 기록된다. 이 사실은 세상의 나라가 하나님과 메시아 그리스도의 나라가 되었음을 통해 잘 드러난다(15c절). 하나님의 통치는 영원할 것이다. 하나님은 아담과 다윗의 지위와 역할을 성취하고 완성하는 대리 통치자 메시아 그리스도를 통해 그 나라의 왕권을 세우신다. 에덴의 시스템을 완성시켜 주신다. 이에 대해 하늘에서 이십사 장로는 경이로운 반응을 보인다. 곧 하나님

---

468 Leithart, *Revelation*, 1:437.

의 통치, 그 완벽한 출발을 경배하고 찬양한다(16-17절). 이때가 바로 종말적 복수법을 따라 땅을 망하게 한 자들을 망하게 할 시점이다(18f절). 대신 하나님의 백성들에게는 구원의 상을 베풀어 주신다(18e절). 하늘 성전이 열리고 언약궤가 등장함으로써 하늘과 땅의 진정한 통일이 이루어지게 되었다(19절). 시내 산에서 발생한 왕권의 발현이 가장 극대화되어 나타나고 있다.

📑 핵심 메시지

10장 1절–11장 14절은 여섯 번째 나팔 심판과 일곱 번째 나팔 심판 사이에 놓여 있으며 동시에 요한계시록의 전체에서 반환점을 도는 지점이다. 그러므로 나팔 심판의 삽입 부분이라는 의미뿐 아니라 요한계시록 전체에서 이 삽입 부분이 차지하는 의미도 동시에 존재한다. 먼저 이 본문은 삽입 부분으로서 매우 중요하다. 이 삽입 부분이 속하는 문맥에 포함되어 있는 여섯 번째 나팔 심판의 결론 부분(9:20-21)에 의하면 하나님의 심판에도 불구하고 사람들은 회개하지 않는다.

그러므로 10장 1절–11장 14절에서 중요한 화두는 사람들로 하여금 회개케 하는 "예언의 사역"이다. 10장에서는 열려져 있는 책을 먹는 요한에게 예언 사역에 대한 명령이 부여된다. 그리고 11장에서는 두 증인에게 이 예언 사역이 계승된다. 이러한 예언 사역은 두 증인의 이름에 걸맞게 증거 사역을 의미하며 이러한 증거를 통해 결국 많은 사람들로 하여금 하나님께 영광을 돌리게 하는 결과를 낳게 된다. 여기에서 두 증인은 두 촛대로서 교회 공동체를 상징한다. 결국 11장은 교회 공동체로 하여금 예언의 사역을 감당하도록 촉구하는 메시지를 전달한다.

그런데 11장 1–2절은 이 예언 사역을 감당하는 교회 공동체의 이중적 측면을 제시한다. 그것은 바로 하나님의 보호하심과 고난이라는 두 측면이다. 실제로 11장 3절 이하에서 두 증인이 예언 사역을 감당할 때 이러한 두 측면이 드러난다. 더 나아가서 두 증인은 예수님이 가신 길을 좇아간다. 그들의 죽음의 장소가 그러하고 그들의 부활과 승천의 모습이 그러하다. 그러나 이 두 증인은 그들의 주님이 당하신 수치보다 더 극심한 수치를 당한다. 그것은 바로 그들이 죽은 후에 그들의 시체가 삼 일 반 동안 장사 지내지 않은 채로 길에 놓여 땅에 사는 자들에게 온갖 모욕을 받게 되기 때문이다. 그러나 결국 두 증인을 모욕하던 자들의 일부가 하나님께 영광을 돌리는 결과를 맞이하게 된다(11:13).

요한계시록의 전체적인 문맥을 볼 때 10-11장을 중심으로 전개되는 두 증인의 이야기는 매우 중요한 의미를 갖는다. 다니엘서를 배경으로 하는 하나님 나라의 도래가 요한계시록의 중요한 주제라고 한다면, 바로 이 두 증인의 예언 사역은 이러한 하나님 나라를 이 땅에 도래케 하는 매우 결정적인 요인이 무엇인지를 보여주고 있다. 이렇게 요한계시록 독자들로 하여금 교회의 사명을 분명히 깨닫도록 해 준다.

📋 설교 포인트

10-11장을 설교한다는 것은 매우 흥미로운 일이 아닐 수 없다. 왜냐하면 이 본문은 요한계시록에서 교회의 사명이 무엇인지를 매우 분명하게 밝혀 주기 때문이다. 따라서 이 본문은 교회의 청중들에게 매우 감동적인 본문이 될 것이며 실제적인 적용을 이끌어 내는 데 매우 효과적인 본문이 될 것이다. 설교자는 10-11장에서 가장 핵심적인 부분인 11장 3-13절을 설교 본문으로 정하고 나머지 부분은 문맥 관찰로 처리하는 것이 좋을 것이다. 먼저 이 본문에 대한 넓은 문맥은 여섯 번째 나팔 심판의 결론 부분으로서 회개하지 않는 내용을 담고 있는 9장 20-21절과 일곱 번째 나팔 심판인 11장 15절의 "세상의 나라가 우리의 주와 그리스도의 나라가 되었다"는 내용이다.

가까운 문맥으로서는 10장과 11장 1-2절을 설정한다. 10장에서는 열려져 있는 책을 요한에게 먹게 함으로써 예언 사역이 계속 진행되어야 함을 촉구하고, 11장 1-2절에서는 그러한 예언 사역을 교회 공동체가 감당하게 될 때 필연적으로, 내부적으로는 하나님의 보호하심을 받지만 외부적으로는 핍박을 받을 수밖에 없다는 사실을 강조한다. 이러한 문맥에 대한 설명이 끝났으면 이제 본론으로 들어간다. 이 본론 부분에서는 두 증인이 교회 공동체를 상징한다는 사실과 그 공동체가 결국 그리스도의 발자취를 따라감으로써 예언 사역을 온전히 감당할 수 있다는 사실에 초점을 맞출 필요가 있다. 이것은 예수님이 교회 공동체의 예언 사역의 기초를 이미 세워 놓으셨으며 더 나아가서 예수님이 교회 공동체가 살아가야 할 방향의 나침반을 이미 세워 놓으셨다는 것을 의미한다.

11장 3-13절의 본문을 설교할 때에 어려운 점은, 이 본문의 각 내용이 시간적 순서에 따라 발생할 것으로 의도되지 않았음을 청중들에게 설득하는 일이다. 만일 이 내용이 시간적 순서대로 일어나도록 의도되었다면 매우 이상한 일이 벌어질 것이다. 곧 교회 공동체 전체가 죽임을 당하고 부활하는 일이 발생해야 한다. 어느 때에 교회 공동체 전체가 순교를 당한다는 것인가? 이것은 박해가 가장 심했던 초대 교회 시대에도 일어나지 않았던 일이다. 앞으로도 그러한 일은 일어나지 않을 것이다. 그렇다면 이러한 내용은 사실은 역사상 모든 시대에 일어날 수 있는 사건임에도 불구하고 이야기의 어느 한 시점을 설정하여 마치 그 시점에 일어나는 것처럼 표현하고 있는 것이 분명하다. 설교자는 이 점을 잘 이해하고 정리해서 청중들을 설득시킬 필요가 있다.

📑 설교 요약

● **제목:** 두 증인 이야기
● **본문:** 요한계시록 11장 3-13절

● **문맥 관찰**

11장 3-13절은 교회가 어떠해야 함을 말하려는 비유 이야기로서, 10장과 함께 여섯 번째 나팔 심판과 일곱 번째 나팔 심판 사이에 있다.

문맥 1(9:20-21): 여섯 번째 나팔 심판에서 하나님의 극심한 심판에도 불구하고 사람들은 회개하지 않는다.

문맥 2(11:15-19): 일곱 번째 나팔 심판에서 세상의 나라가 하나님과 그리스도의 나라가 되었다.

문맥 3(10:8-11): 요한에게 예언 사역을 감당하도록 명령이 주어지며 이는 교회 공동체에게 계승될 것을 예상케 한다.

문맥 4(11:1-2): 성전(성소)과 성소 바깥 마당이 대조되는데, 전자는 측량해야 하고 후자는 측량하지 말고 밖으로 던져버려야 한다. 이는 교회 공동체가 예언의 사역을 감당할 때 하나님의 보호하심이 있지만 동시에 핍박으로 인한 고난이 주어질 것을 의미하면서 11장 3-13절의 두 증인 이야기의 배경적 역할을 한다.

● **서론**

이 세상에서 교회는 어떠한 모습으로 존재하고 존재해야 하는가? 때로는 그 방향을 잃어버릴 때가 있다. 그러나 성경을 중심으로 본다면 교회가 가야 할 방향은 바로 예수님이 가신 길을 따라가는 것이다. 오늘 본문은 바로 이러한 점을 우리들에게 잘 보여주고 있다. 본문을 통해 이 내용을 나누어 보도록 한다.

● 본론

1. 두 증인의 특징(3-6절)

    1) 두 증인은 증거하는 삶을 통해 예언의 사역을 감당한다: 증인이
라는 말에서 그 의미를 찾는다

    2) 두 증인은 회개케 하는 사역을 감당한다(3b절): 굵은 베옷을 입음

    3) 두 증인은 교회 공동체를 상징한다(4a절): 두 촛대(참고, 1:12, 20; 2:1의
일곱 촛대 → 일곱 교회)

    4) 두 증인은 두 감람나무(4a절): 스가랴 4장에서 기름 부음 받은 자
스룹바벨과 여호수아를 가리킨다. 이는 교회 공동체가 두 가지
특징 곧 왕 같은 제사장으로서 특징을 가지고 있음을 상징한다.

    5) 두 증인은 적대적 세력 앞에서 선지적 사역을 감당하면서 구약
의 엘리야(5-6c절)와 모세(6defg절)의 사역을 계승한다: 엘리야는 이
스라엘 왕 아하시야가 에그론의 신 바알세붑에게 의지하는 것에
대해 "이스라엘에 하나님이 없어서 에그론의 신 바알세붑에게
묻느냐"고 질타했고(왕하 1:3, 6, 16), 아하시야가 보낸 병사들에게는
불이 내려졌다. 한편, 모세는 하나님을 대적하고 하나님의 백성
을 핍박하며 하나님의 말씀을 듣지 않는 바로 왕과 애굽에 대한
심판의 대리인으로서 선지적 사역을 감당한다.

2. 두 증인의 죽음(7-8절): 이 죽음은 교회 공동체가 언제나 죽기까지 증
거 사역을 감당해야 함을 말해 준다.

    1) 언제: 두 증인이 증거를 다 마칠 때(1260일 다 지났을 때; 7a절) → 재림
의 때

    2) 누가: 아뷔쏘스에서 올라오는 짐승(7b절)

    3) 어떻게: 전쟁을 일으켜 두 증인을 이기고 죽인다(7bc절)

    4) 어디서: 영적으로 소돔과 애굽이라 불리는 곳 → 주님이 죽임을
당한 곳 → 예루살렘(8절)

    5) 왜: 영적 전쟁에서 사탄은 교회 공동체를 가만 두지 않는다

3. 두 증인의 죽음과 그에 대한 사람들의 반응(8a절, 9-10절)

   1) 두 증인의 시체가 큰 도시의 넓은 길에 있다(8a절)

   2) 백성들과 족속들과 언어들과 나라들 중에서 사람들이 삼 일 반 동안 목도하며 장사 지내지 아니함(9절)

   3) 땅에 사는 자들이 두 증인의 죽음을 기뻐하고 선물을 주고받음 (10ab절) → 두 선지자가 그들을 괴롭게 했으므로(10c절)

4. 두 증인의 부활(11절): 예수님과 동일한 길을 가고 있음

   1) 삼 일 반(11a절)

      a. 삼 년 반과 삼 일의 조합 → 예수님의 죽음 및 부활과 평행

      b. 삼 년 반에 대응됨 > 예수님이 삼 일 후에 부활하신 것과의 차이 → 영광은 길고 수치는 짧다

   2) 하나님으로부터 생명의 영이 두 증인 안에 들어가자 그들이 그들의 발로 일어서게 됨(11ab절): 에스겔 37장 9-10절의 성취로서 하나님의 새로운 백성인 교회 공동체의 형성을 상징함

   3) 구경하던 자들에게 큰 두려움이 엄습함(11c절)

5. 두 증인의 승천(12절)

   1) 구름의 도움으로 올라감 → 예수님의 승천과 동일한 방법

   2) 두 증인의 대적자들이 바라봄

6. 두 증인의 부활과 승천에 대한 사람들의 반응: 회개함(13절)

   1) 도시의 십분의 일이 무너짐

   2) 지진으로 인해 칠천 명이 죽음: 완전한 심판을 의미(겔 39:9, 12, 14)

● 결론: 적용

우리가 두 증인이 상징하는 교회 공동체라면 예수님의 제자들로서 예수님을 좇는 삶을 살도록 부르심을 받은 것이다. 그렇다면 우리는 어떻게 살아야 하는가? 주님처럼 죽기를 각오하고 증인으로 살아갈 것이 요구된다. 죽는 일은 언제나 일어나며 예수님의 재림 때가 가까울수록 이러한 영적 전쟁은 점점 강렬해질 것이다.

참고 문헌

참고 문헌

Abbott, E. A. *Johannine Grammar*. London: Adam and Charles Black, 1906.

Alford, H. *Alford's Greek Testament: An Exegetical and Critical Commentary*. Grand Rapids, MI: Guardian, 1976.

Allen, L. C. *Ezekiel 1-19*. WBC 28. Nashville, TN: Thomas Nelson, 2006.

Aune, D. E. *Prophecy in Early Christianity and the Ancient Mediterranean World*. Grand Rapids, MI: Eerdmans, 1983.

Aune, D. E. *Revelation 1-5*. WBC 52A. Dallas, TX: Word, 1997.

Aune, D. E. *Revelation 6-16*. WBC 52B. Nashville, TN: Nelson, 1998.

Aune, D. E. *Revelation 17-22*. WBC 52C. Nashville, TN: Nelson, 1998.

Baldwin, J. G. *Daniel: An Introduction and Commentary*. TOTC 23. Downers Grove, IL: InterVarsity Press, 1978.

Barrett, C. K. *A Critical and Exegetical Commentary on the Acts of the Apostles*. ICC. Edinburgh: T&T Clark., 2004.

Bauckham, R. "The List of the Tribes in Revelation 7 Again," *JSNT* 42 (1991): 99-115.

Bauckham. R. *The Theology of the Book of Revelation*. Cambridge: CPU, 1993.

Bauckham, R. *The Climax of Prophecy*. Edinburgh: T&T Clark, 1993.

Bauckham, R. "The Lord's Day." Pages. 221–50 in *From Sabbath to Lord's Day*. Edited by D. A. Carson. Grand Rapids, MI: Zondervan, 1986.

Beale. G. K. *The Use of the Old Testament in Revelation*. Sheffield: Sheffield Academic Press, 1993.

————. *The Book of Revelation*. NIGTC. Grand Rapids, MI: Eerdmans, 1999.

————. *The Temple and the Church's Mission*. NIBTC. Downers Grove, IL: InterVarsity Press, 2004.

Beasley-Murray, G. R. *Revelation*. NCB. Grand Rapids, MI: Eerdmans, 1974.

————. *John*. WBC 36. 2nd ed. Nashville, TN: Thomas Nelson, 1999.

Beckwith, I. T. *The Apocalypse of John: Studies in Introduction with a Critical and Exegetical Commentary*. New York, NY: Macmillan, 1919.

Block, D. I. *The Book of Ezekiel 25-48*. NICOT. Grand Rapids, MI: Eerdmans, 1998.

Blount, B. K. *Revelation*. NTL. Louisville, KY: Westminster John Knox, 2009.

Bock, D. L. *Acts*. BECNT. Grand Rapids, MI: Baker Academic, 2007.

Bock, D. L. *Luke: 9:51–24:53*. Vol. 2. BECNT. Grand Rapids, MI: Baker Academic, 1996.

Boring, M. E. *Revelation*. Louisville, KY: John Knox, 1989.

Bovon, F. *Luke 2: A Commentary on the Gospel of Luke 9:51–19:27*. Hermeneia. Edited by H. Koester. Translated by D. S. Deer. Minneapolis, MN: Fortress, 2013.

Boxall, I. *Revelation of St. John*. BNTC. London: Continuum, 2006.

————. *Patmos in the Reception History of the Apocalypse*. Oxford: Oxford University Press, 2013.

Boyer, J. L. "Are There Seven Letters of Revelation 2-3 Prophetic?" *Grace Theological Journal*. 6 (1985): 267-73.

Bratcher, R. G. and H. Hatton. *A Handbook on the Revelation to John*. UBSHS. New York, NY: United Bible Societies, 1993.

Brueggemann, W. *Isaiah 40–66*. Edited by P. D. Miller and D. L. Bartlett. Louisville, KY: Westminster John Knox, 1998.

Bruce, F. F. *The Book of the Acts*. NICNT. Grand Rapids, MI: Eerdmans, 1988.

Caird, G. B. *A Commentary on the Revelation of St. John the Divine*. New York, NY: Harper and Row, 1966.

Carroll, J. T. *Luke: A Commentary*. Edited by C. C. Black and M. E. Boring. 1st ed. NTL. Louisville, KY: Westminster John Knox, 2012.

Campbell, C. R. *Basic of Verbal Aspect in Biblical Greek*. Grand Rapids, MI: Zondervan, 2008.

Carson, D. A. *The Gospel according to John*. PNTC. Grand Rapids, MI: Eerdmans, 1991.

Charles, R. H. *A Critical and Exegetical Commentary on the Revelation of St. John*. 2 vols. Edinburgh: T&T Clark, 1920.

Childs, B. S. *Isaiah: A Commentary*. Edited by W. P. Brown, C. A. Newsom, and B. A. Strawn. 1st ed. Louisville, KY: Westminster John Knox, 2001.

Collins, J. J. "Current Issues in the Study of Daniel." Pages 1-15 in vol. 1 of *The Book of Daniel: Composition and Reception*. Edited by J. J. Collins and P. W. Flint. Leiden: Brill, 2002.

Collins, J. J. and A. Y. Collins. *Daniel: A Commentary on the Book of Daniel*. Hermeneia. Edited by F. M. Cross. Minneapolis, MN: Fortress, 1993.

Craigie, P. *Psalms 1-5*. WBC 19. 2nd ed. Waco, TX: Thomas Nelson, 2005.

Dahood, M. J. *Psalms III: 101-150: Introduction, Translation, and Notes with an*

Appendix: The Grammar of the Psalter. AB 17A. New Haven, CT: Yale University Press, 2008.

Davis, C. A. *Revelation.* CPNC. Joplin, MO: College Press, 2000.

Day, J. "Origin of Armageddon: Revelation 16:16 as an Interpretation of Zechariah 12:11." Pages 315-26 in *Crossing the Boundaries: Essays in Biblical Interpretation in Honour of Michael D. Goulder.* Edited by S. E. Porter, P. Joyce, and D. D. Orton. Leiden: Brill, 1994.

DeClaissé-Walford, N. L., R. A. Jacobson, and B. L. Tanner. *The Book of Psalms.* NICOT. Grand Rapids, MI: Eerdmans, 2014.

Deissmann, A. *Light From the Ancient Past.* New York, NY: Hodder and Stoughton, 1910.

Dempster, S. G. *Dominion and Dynasty: A Biblical Theology of the Hebrew Bible.* NSBT 15. Edited by D. A. Carson. Downers Grove, IL: InterVarsity Press, 2003.

DeSilva, D. A. "The 'Image of the Beast' and the Christians in Asia Minor: Escalation of Sectarian Tension in Revelation 13." *TJ* 12.2 (1991):185–208.

Dmitriev, S. *City Government in Hellenistic and Roman Asia Minor.* Oxford: Oxford University Press, 2005.

Düsterdieck, F. *Critical and Exegetical Handbook to the Revelation of John.* KEK. Translated by H. E. Jacobs. New York, NY: Funk & Wagnalls, 1887.

Farrer, A. M. *The Revelation of St John the Divine.* Oxford: Clarendon, 1964.

Fee, G. D. *Revelation.* NCC. Eugene, OR: Cascade, 2011.

Fekkes, J. *Isaiah and Prophetic Traditions in the Book of Revelation.* JSNTsup 93. Sheffield: Sheffield Academic, 1994.

Fiorenza, E. S. *Revelation: Vision of A Just World.* Minneapolis, MN: Fortress, 1991.

Ford, J. M. *Revelation: Introduction, Translation, and Commentary.* AB 38. Garden City, NY: Doubleday. 1975.

————. "The Christological Function of the Hymns in the Apocalypse of John." *AUSS.* 36 (1998): 207–29.

France, R. T. *The Gospel of Matthew.* Grand Rapids, MI: Eerdmans, 2007.

————. *The Gospel of Mark: A Commentary on the Greek Text.* NIGTC. Grand Rapids, MI: Eerdmans, 2002.

Gilbertson, M. *God and History in the Book of Revelation.* SNTS 124. Cambridge: CPU, 2003.

Goldingay, J. E. *Daniel*. WBC 30. Waco, TX: Word, 1989.

Greenberg, M. *Ezekiel 1-20: A New Translation with Introduction and Commentary*. AB 22. Garden City, NY: Doubleday, 1983.

Gundry, R. H. *Church and Tribulation*. Grand Rapids, MI: Zondervan, 1973.

Hagner, D. A. *Matthew 14-28*. WBC 33B. Grand Rapids, MI: Zondervan, 2000.

Alexander, T. D., and B. S. Rosner eds. *New Dictionary of Biblical Theology*. Downers Grove, IL: InterVarsity Press, 2000.

Harrington, W. J. *Revelation*. SP. Collegeville, MN: The Liturgical Press, 1993.

Hartley, J. E. *The Book of Job*. NICOT. Grand Rapids, MI: Eerdmans, 1988.

Harman, A. M. *A Study Commentary on Daniel*. EPSC. Darlington, England: Evangelical Press, 2007.

Hartman, L. F., and A. A. Di Lella. *The Book of Daniel*. AB 23. Garden City, NY: Doubleday, 1977.

Hendriksen, W. *More than Conquerors*. Grand Rapids, MI: Baker, 1967.

Hemer, C. J. *The Letters to the Seven Churches of Asia in Their Local Setting*. Grand Rapids, MI: Eerdmans, 2001.

Hoekema, A. A. *The Bible and the Future*. Grand Rapids, MI: Eerdmans, 1979.

Hoeksema, H. *Behold He Cometh*. Grand Rapids, MI: Reformed Free Publishing Association, 1969.

Holladay, W. L. *Jeremiah 1: A Commentary on the Book of the Prophet Jeremiah, Chapters 1–25*. Hermeneia. Edited by P. D. Hanson. Philadelphia, PA: Fortress, 1986.

Holwerda, D. "The Church and the Little Scroll (Revelation 10, 11)." *CTJ* 34 (1999):148-61.

Horowitz, W. *Mesopotamian Cosmic Geography*. Winona Lake, IN: Eisenbrauns, 1998.

Hurtado, L. W. *Mark*. UBC. Grand Rapids, MI: Baker, 2011.

Johnson, A. F. "Revelation." Pages 397-603 in vol. 12 of *The Expositor's Bible Commentary*. Edited by F. E. Gaebelein. Grand Rapids, MI: Zondervan, 1981.

Josephus, F. *The Works of Josephus: Complete and Unabridged*. Translated by W. Whiston. Peabody, MA: Hendrickson, 1987.

Kim, Kyoung-Shik. "God Will Judge Each One According to His Works: The Investigation into the Use of Psalm 62:13 in Early Jewish Literature and the New Testament." Ph.D. diss., University of Aberdeen, 2005.

Keener, C. S. *Revelation*. NIVAC. Grand Rapids, MI: Zondervan, 2000.

Klein, G. L. *Zechariah*. NAC 21B. Nashville, TN: Broadman & Holman, 2008.

Klein, R. W. *1 Chronicles: A Commentary*. Hermeneia. Edited by T. Krüger. Minneapolis, MN: Fortress, 2006.

Koester, C. R. *Revelation: A New Translation with Introduction and Commentary*. AB 38A. Edited by J. J. Collins. New Haven, CT: Yale University Press, 2014.

Krodel, G. A. *Revelation*. ACNT. Minneapolis, MN: Augsburg, 1989.

Lacocque, A. *The Book of Daniel: Commentary*. Translated by D. Pellauer. Eugene, OR: Wipf & Stock, 2014.

―――. "Allusions to Creation in Daniel 7." Pages 114-31 in *The Book of Daniel: Composition and Reception I*. Edited by J. J. Collins and P. W. Flint. Leiden: Brill, 2002.

Ladd, G. E. *A Commentary on the Revelation of John*. Grand Rapids, MI: Eerdmans, 1972.

Lambdin, T. O. *Introduction to Biblical Hebrew*. New York, NY: Charles Scribner's Sons, 1971.

Lee, Pilchan. *The New Jerusalem in the Book of Revelation: A Study of Revelation 21-22 in the Light of its Background in Jewish Tradition*. WUNT 2.129. Tübingen: Mohr Siebeck, 2001.

Leithart, P. J. *Revelation*. 2 vols. ITC. Edited by M. Allen and S. R. Swain. London: Bloomsbury, 2018.

Lenski, R. C. H. *The Interpretation of St. John's Revelation*. Columbus, OH: Lutheran Book Concern, 1935.

Lindsey, H. *There's a New World Coming*. New York, NY: Bantam, 1975.

Longenecker, R. N. *Galatians*. WBC 41. Dallas, TX: Word, 1990.

Longman III, T. *Daniel*. NIVAC. Grand Rapids, MI: Zondervan, 1999.

Lukaszewski, A. L. *The Lexham Syntactic Greek New Testament Glossary*. Bellingham, WA: Lexham Press, 2007.

Lundbom, J. R. *Jeremiah 1–20: A New Translation with Introduction and Commentary*. AB 21A. New Haven, CT: Yale University Press, 2008.

Mathewson, D. L. *Verbal Aspect in the Book of Revelation: The Function of Greek Verb Tenses in John's Apocalypse*. Leiden: Brill, 2010.

Mcdonough, S. *YHWH at Patmos: Rev 1:4 in its Hellenistic and Early Jewish Setting*. WUNT 2.107. Tübingen: Mohr Siebeck, 1999.

Metzger, B. M. *Breaking the Code: Understanding the Book of Revelation*. Nashville, TN: Abingdon, 1993.

―――. *A Textual Commentary on the Greek New Testament, Second Edition a Companion Volume to the United Bible Societies' Greek New Testament (4th Rev. Ed.)*. London: United Bible Societies, 1994.

Meyers, C. L., and E. M. Meyers. *Haggai, Zechariah 1–8: A New Translation with Introduction and Commentary*. AB 25. New Haven, CT: Yale University Press, 2008.

Michaels, J. R. *Revelation*. IVPNTC 20. Downers Grove, IL: InterVarsity Press, 1997.

Miller, S. R. *Daniel*. NAC 18. Nashville, TN: Broadman & Holman, 1994.

Mitchell, H. G. *A Critical and Exegetical Commentary on Haggai, Zechariah, Malachi and Jonah*. ICC. New York, NY: Charles Scribner's Sons, 1912.

Montgomery, J. A. *A Critical and Exegetical Commentary on the Book of Daniel*. ICC. New York, NY: Charles Scribner's Sons, 1927.

Moulton, J. H., and N. Turner. *A Grammar of New Testament Greek: Style*. vol. 4. Edinburgh: T & T Clark, 1976.

Moulton, J. H., and G. Milligan. *The Vocabulary of the Greek Testament*. London: Hodder and Stoughton, 1930.

Mounce, R. H. *The Book of Revelation*. NICNT. Grand Rapids, MI: Eerdmans, 1997.

Morris, L. *Revelation: An Introduction and Commentary*. TNTC 20. Downers Grove, IL: InterVarsity Press, 1987.

Moyise, S. *The Old Testament in the Book of Revelation*. JSNTSup 115. Sheffield: Sheffield Academic, 1995.

Mussies, G. *The Morphology of Koine Greek: As Used in the Apocalypse of St. John A Study in Bilingualism*. Leiden: Brill, 1971.

Newport, K. G. C. *Apocalypse & Millennium*. Cambridge: CPU, 2000.

Newsom, C. A., and B. W. Breed. *Daniel: A Commentary*. 1st ed. OTL. Louisville, KY: Westminster John Knox, 2014.

Nogalski, J. D. *The Book of the Twelve: Hosea–Malachi*. SHBC. Edited by L. Andres and S. E. Balentine. Macon, GA: Smyth & Helwys, 2011.

Nolland, J. *The Gospel of Matthew: A Commentary on the Greek Text*. NIGTC. Grand Rapids, MI: Eerdmans, 2005.

Oakman, D. E. "The Ancient Economy and St. John's Apocalypse." *Listening* 28 (1993): 200-214.

O'Brien, P. T. *Colossians*. WBC 44. Nashville, TN: Thomas Nelson, 2006.

Osborne, G. R. *Revelation*. BECNT. Grand Rapids, MI: Baker Academic, 2002.

Oswalt, J. N. *The Book of Isaiah, Chapters 1–39*. NICOT. Grand Rapids, MI: Eerdmans, 1986.

Pace, S. *Daniel*. SHBC. Macon, GA: Smyth & Helwys, 2008.

Perry, P. S. *The Rhetoric of Digression: Revelation 7:1-17 and 10:1-11:13 and Ancient Communication*. WUNT 2.268. Tübingen: Mohr Siebeck, 2009.

Porter, S. E. *Idioms of the Greek New Testament*. Sheffield: JSOT, 1999.

Ramsay, W. M. *The Letters to the Seven Churches of Asia and Their Place in the Plan of the Apocalypse*. London: Hodder and Stoughton, 1904.

Ramsey, M. J. *Revelation*. Vol. 20. IVPNTC. Downers Grove, IL: InterVarsity Press, 1997.

Reddish, M. G. *Revelation*. SHBC. Macon, GA: Smyth and Helwys, 2001.

Roberts, Alexander, James Donaldson, and A. Cleveland Coxe, eds. *The Apostolic Fathers with Justin Martyr and Irenaeus*. Vol. 1. *The Ante-Nicene Fathers*. Buffalo, NY: Christian Literature Company, 1885.

Roberts, J. J. M. *First Isaiah: A Commentary*. Hermeneia. Edited by P. Machinist. Minneapolis, MN: Fortress, 2015.

Robertson, O. P. *The Christ of the Covenants*. Grand Rapids, MI: Baker, 1980.

Roloff, J. *A Continental Commentary: The Revelation of John*. Minneapolis, MN: Fortress, 1993.

Rowland, C. "The Apocalypse in History: The Place of the Book of Revelation in Christian Theology and Life." Pages 151-71 in *Apocalyptic in History and Tradition*. Edited by C. Rowland and J. Barton. Sheffield: Sheffield Academic, 2002.

————. *Christian Origins: An Account of the Setting and Character of the Most Important Messianic Sect of Judaism*. 2nd ed. London: SPCK, 2002.

Silva, M. *Biblical Words and their Meaning; An Introduction to Lexical Semantic*. Grand Rapids, MI: Zondervan, 1994. Kindle edition).

Smalley, S. S. *The Revelation to John: A Commentary on the Greek Text of the Apocalypse*. Downers Grove, IL: InterVarsity Press, 2005.

Smith, R. L. *Micah/Nahum/Habakkuk/Zephaniah/Haggai/Zechariah/Malachi*. WBC 32. Waco, TX: Thomas Nelson, 1984.

Stott, W. "Note on the Word Kyriakos in Rev 1:10." *NTS*. 12.1 (1965): 70–75.

Strelan, J. G. *Where Earth meets Heaven*. Eugene, OR: Wipf & Stock, 2007.

Sweet. J. P. M. *Revelation*. London: SCM, 1979.

Swete, H. B. *The Apocalypse of St. John*. 2nd. ed. CCGNT. New York, NY: Macmillan, 1906.

Thomas, R. L. *Revelation 1-7: An Exegetical Commentary*. Chicago, IL: Moody, 1992.

————. *Revelation 8-22: An Exegetical Commentary*. Chicago, IL: Moody, 1995.

Thompson, L. L. *Revelation*. ANTC. Nashville, TN: Abingdon Press, 1998.

Thompson, S. *The Apocalypse and Semitic Syntax*. SNTSMS 52. Cambridge: CPU, 1985.

————. "The End of Satan." *AUSS* 37.2 (1999): 257–68.

Geoffrey, W. B. ed. *The International Standard Bible Encyclopedia*. vol. 2. Grand Rapids, MI: Eerdmans, 1995.

Wall, R. W. *Revelation*. 2nd ed. NIBCNT 18. Peabody, MA: Hendrickson, 1993.

Walton, J. H. *Genesis*. The NIVAC. Grand Rapids, MI: Zondervan, 2001.

————. *The Lost World of Genesis One: Ancient Cosmology and the Origins Debate*. Downers Grove, IL: InterVarsity Press, 2009.

————. *The Lost World of Adam and Eve: Genesis 2–3 and the Human Origins Debate*. Downers Grove, IL: InterVarsity Press, 2015.

Walvoord, J. F. *The Revelation of Jesus Christ*. Chicago, IL: Moody, 1966.

Watts, J. D. W. *Isaiah 1-33*. WBC 24. Waco, TX: Thomas Nelson, 2001.

Witherington III, B. *Revelation*. NCBC. Cambridge: CPU, 2003.

Wright, N. T. *New Testament and the People of God*, Christian Origins and the Question of God 1. Minneapolis, MN: Fortress, 1922.

Philo of Alexandria. *The Works of Philo: Complete and Unabridged*. Translated by C. D. Yonge. Peabody, MA: Hendrickson, 1995.

이필찬. 『요한계시록 어떻게 읽을 것인가?』 개정 2판. 서울: 성서 유니온 선교회, 2019.

헬라어, 히브리어 문법서

Burton, E. D. *Syntax of the Moods and Tenses in New Testament Greek.* 3rd ed. Edinburgh: T&T Clark, 1898.

Gesenius, F. W. *Gesenius' Hebrew Grammar.* 2nd English edition. Edited by E. Kautzsch and Sir A. E. Cowley. Oxford: Clarendon, 1910.

Lambdin, T. O. *Introduction to Biblical Hebrew.* New York, NY: Charles Scribner's Sons, 1971.

Moulton, J. H. and N. Turner. *A Grammar of New Testament Greek: Syntax.* vol. 3. Edinburgh: T&T Clark, 1963.

──────. *A Grammar of New Testament Greek: Style.* vol. 4. Edinburgh: T&T Clark, 1976.

Robertson, A. T. *A Grammar of the Greek New Testament in the Light of Historical Research.* Logos Bible Software, 2006.

Wallace, D. B. *Greek Grammar beyond the Basics: An Exegetical Syntax of the New Testament.* Grand Rapids, MI: Zondervan, 1996.

Zerwick, M. and M. Grosvenor. *A Grammatical Analysis of the Greek New Testament.* Rome: Biblical Institute Press, 1963.

Zerwick, M. *Biblical Greek Illustrated by Examples.* Rome: Pontificio Istituto Biblico, 1963.

사전 및 어휘 사전

Freedman, D. N. ed. *The Anchor Yale Bible Dictionary*. 6 vols. New York, NY: Doubleday, 1992.

VanGemeren, W. A. ed. *The New International Dictionary of Old Testament Theology and Exegesis*. 5 vols. Grand Rapids, MI: Zondervan, 1997.

Louw, J. P., and E. A. Nida, eds. *Greek-English Lexicon of the New Testament Based on Semantic Domains*. 2vols. New York, NY: United Bible Societies, 1996(electronic ed. of the 2nd edition).

Arndt, W., F. W. Danker, and W. Bauer. *A Greek-English Lexicon of the New Testament and Other Early Christian Literature*. Chicago, IL: University of Chicago Press, 2000.

Kittel, G., G. W. Bromiley, and G. Friedrich eds. *Theological Dictionary of the New Testament*. Grand Rapids, MI: Eerdmans, 1964.

Brenton, Lancelot Charles Lee. *The Septuagint Version of the Old Testament: English Translation*. London: Samuel Bagster and Sons, 1870.

Orr, J., J. L. Nuelsen, E. Y. Mullins, and M. O. Evans, eds. *The International Standard Bible Encyclopaedia*. Chicago, IL: The Howard-Severance, 1915.

Bromiley, G. W. ed. *The International Standard Bible Encyclopedia*. Rev. ed. Grand Rapids, MI: Eerdmans, 1979–1988.

Mounce, W. D. and Bennett, Jr., R. D. eds. *Mounce Concise Greek-English Dictionary of the New Testament*(Accordance edition, 2011).

성경

Brenton, L. C. L. *The Septuagint Version of the Old Testament: English Translation*. London: Samuel Bagster and Sons, 1870.

Rahlf, A. *Septuaginta: With Morphology*. Electronic ed. Stuttgart: Deutsche Bibelgesellschaft, 1979.

Hebrew Masoretic Text with Westminster Hebrew Morphology (HMT-W4)

Tan, R. K., D. A. deSilva, and I. Hoogendyk. *The Lexham Greek-English Interlinear Septuagint: H.B. Swete Edition*. Bellingham, WA: Lexham Press, 2012.